Wilhelm Sollmann

Archiv der sozialen Demokratie der Friedrich-Ebert-Stiftung
Reihe: Politik- und Gesellschaftsgeschichte, Band 97

Herausgegeben von Dieter Dowe, Anja Kruke und Michael Schneider

Simon Ebert

Wilhelm Sollmann

Sozialist – Demokrat – Weltbürger (1881–1951)

Bibliografische Information der Deutschen Nationalbibliothek

Die Deutsche Nationalbibliothek verzeichnet
diese Publikation in der Deutschen Nationalbibliografie;
detaillierte bibliografische Daten sind im Internet
über *http://dnb.d-nb.de* abrufbar.

ISBN 978-3-8012-4223-7
ISSN 0941-7621

© 2014 by
Verlag J. H. W. Dietz Nachf. GmbH
Dreizehnmorgenweg 24, 53175 Bonn
Reihengestaltung: Just in Print, Bonn · Kempken DTP-Service, Marburg
Umschlagfoto: *Abb. links:* Archiv der sozialen Demokratie/Friedrich-Ebert-Stiftung,
FA037478 | *Abb. rechts:* Rechteinhaber unbekannt
Satz: Kempken DTP-Service | Satztechnik · Druckvorstufe · Mediengestaltung, Marburg
Druck und Verarbeitung: digimediprint GmbH, Köln
Alle Rechte vorbehalten
Printed in Germany 2014

Besuchen Sie uns im Internet: *www.dietz-verlag.de*

Inhaltsverzeichnis

Vorwort 7

I   Einleitung 9
     1   Ein sozialdemokratischer Individualist 9
     2   Forschungsstand und Quellenlage 14

II   Im Kaiserreich 19
     1   Kindheit und Jugend in der thüringischen Provinz 19
     2   Verwurzelung in Köln: Lebensreform und Sozialdemokratie 23
     3   Die sozialistische Jugendbewegung: Rebellion gegen die Partei 36
     4   Der Beginn der journalistischen Karriere:
         Redakteur der Rheinischen Zeitung 62
     5   Politische Profilierung in der rheinischen Sozialdemokratie: Zwischen
         Massenstreikdebatte, Bakschisch-Prozess und Reichstagskandidatur 67
     6   Politischer Standpunkt vor dem Ersten Weltkrieg 80

III   Weltkrieg und Revolution 85
     1   Wandlungen des politischen Standpunkts: Burgfrieden
         statt Klassenkampf 85
     2   Kooperation statt Konfrontation: Der Richtungsstreit in Köln 94
     3   Zwischen Burgfrieden und Klassenkampf: Kommunalpolitik im
         Ersten Weltkrieg 105
     4   Profilierung als »Reformer« 124
     5   Die Revolution in Köln 134
     6   Revolutionär wider Willen: Wilhelm Sollmann und der
         Systemwechsel in Köln 149

IV   In der Weimarer Republik 159
     1   Beginn der parlamentarischen Karriere 159
     2   Die Sozialdemokratie in der Verantwortung:
         Für eine machtbewusste Politik 182
     3   Die Republik in Bedrängnis: Zwischen außenpolitischer Erfüllungspolitik
         und innenpolitischer Koalitionspolitik 205
     4   Innenminister in den Kabinetten Stresemann 236
     5   Kommunalpolitik in Köln 270
     6   Die Reform der Parteipresse 298

7	Zwischen Opposition und Koalition: Die SPD in der Mittelphase von Weimar	323
8	Klassen- oder Volkspartei? Bemühungen um eine Verständigung mit dem Katholizismus	338
9	Die Krise des Parlamentarismus: Der Weg zu den Präsidialkabinetten	350
10	Die Ära Brüning	370
11	Kontroversen um den richtigen Kurs: Reparationen und Wehrpolitik	402
12	Das Ende von Weimar	423

V	Stationen der Emigration	429
1	Der Weg in die Emigration	429
2	Im Wartestand in Luxemburg: Der Beginn der Diskussion um die Zukunft des Sozialismus	446
3	Unsichere Zeiten: Das private Umfeld und die Probleme des Emigrantenlebens	469
4	Die Anfänge in den USA: Zwischen existenziellen Sorgen und persönlicher Begeisterung	479
5	Das sozialistische Exil in den Vereinigten Staaten	497
6	»Für Deutschland, gegen Hitler.« Vorstellungen und Konzeptionen für die internationale Friedensordnung und ein Deutschland nach Hitler	514
7	Im Zeichen des demokratischen Wiederaufbaus: Die letzten Lebensjahre	533

VI	Fazit: Vom Jungsozialisten zum amerikanischen Politologen: Ein Sozialdemokrat zwischen den Zeiten	555

Anhang

Abkürzungsverzeichnis	566
Abbildungsnachweis	567
Quellen- und Literaturverzeichnis	567
1 Ungedruckte Quellen	567
2 Schriftenverzeichnis Wilhelm Sollmann	570
3 Gedruckte Quellen und Literatur	578
4 Internetquellen	596
Personenregister	597
Über den Autor	605

Vorwort

Die vorliegende Studie ist die überarbeitete Fassung meiner im Sommersemester 2012 von der Philosophischen Fakultät der Rheinischen Friedrich-Wilhelms-Universität Bonn unter dem Titel »Wilhelm Sollmann (1881–1951) – Sozialdemokratischer Journalist und Politiker« angenommenen Dissertation.

Seit dem Beginn meiner Promotion habe ich in vielerlei Hinsicht Unterstützung erhalten, ohne die aus dem Vorhaben, eine Biografie über Wilhelm Sollmann zu schreiben, nicht diese Publikation hätte entstehen können. An erster Stelle gilt mein Dank Herrn Professor Dr. Günther Schulz, der das Projekt als Doktorvater von Anfang an wohlwollend und mit stets großem Interesse begleitet und mit konstruktiver Kritik gefördert hat. Herrn Professor Dr. Joachim Scholtyseck danke ich herzlich für die Übernahme des Zweitgutachtens.

Für die Aufnahme in die Reihe »Politik- und Gesellschaftsgeschichte« danke ich Frau Dr. Anja Kruke und den Mitherausgebern. Herr Dr. Alexander Behrens vom Verlag J. H. W. Dietz Nachf. hat die Drucklegung umsichtig betreut.

Die Mitarbeiterinnen und Mitarbeiter der Archive und Bibliotheken waren mit ihrer Fachkompetenz und Hilfsbereitschaft eine unverzichtbare Unterstützung. Stellvertretend seien hier das Historische Archiv der Stadt Köln und die Bibliothek der Friedrich-Ebert-Stiftung genannt. Dem Deutschen Historischen Institut in Washington D. C. danke ich für die Gewährung eines Stipendiums, das mir die Sichtung der Quellenbestände in den USA ermöglicht hat.

Die Promotionsphase wurde überwiegend durch meine Tätigkeit am Lehrstuhl für Verfassungs-, Sozial- und Wirtschaftsgeschichte der Universität Bonn begleitet. Dies habe ich durch die Möglichkeit zum wissenschaftlichen Austausch und die angenehme Arbeitsatmosphäre stets als großen Gewinn empfunden. Durch kollegiale und freundschaftliche Unterstützung sowie Anregungen und Hinweise waren Volker Ebert, Boris Gehlen, Cathrin Gehlen und Regine Jägers eine wertvolle Hilfe. Tanja Junggeburth und Heiko Braun haben darüber hinaus die Abgabefassung der Arbeit sorgfältig korrigiert, wofür ich ihnen herzlich danke.

Weiterhin haben meine Familie, Freunde und Bekannten während der Promotion auf vielerlei Weise das Leben diesseits und jenseits des Schreibtisches erleichtert und damit wesentlich zum Gelingen der Arbeit beigetragen.

Mein besonderer Dank gilt meinen Eltern, die meine Interessen stets gefördert haben und deren Vertrauen und Unterstützung ich mir immer sicher sein konnte. Ihnen ist dieses Buch gewidmet.

Bonn, im März 2014 *Simon Ebert*

I Einleitung

1 Ein sozialdemokratischer Individualist

»Ich bin immer treuer Parteigenosse gewesen, der sich der Parteidisziplin fügte, auch wenn diese meist gegen mich entschied, aber ich war mir nie darüber im Zweifel, dass ich mich oft an der Peripherie des für die Partei Erträglichen bewegt habe.«[1]

Zu diesem Urteil kam Wilhelm Sollmann, als er im amerikanischen Exil über sein Wirken in der Weimarer Sozialdemokratie sinnierte. Was auf den ersten Blick wie ein Kokettieren mit der eigenen Rolle aus der Retrospektive erscheint, erweist sich bei genauerer Betrachtung als durchaus angemessene Einschätzung der eigenen Person. Sollmann war sicherlich kein Außenseiter, kein hoffnungsloser Einzelgänger, der sich mit seinen Positionen innerhalb der Partei isolierte.[2] Aber er war unbequem, streitbar, ein Querdenker, der mit seinen Ideen aneckte; er verkörperte eine »Individualität von persönlichem und politischen Rang«[3].

In einem Sammelband zu den Lebenswegen Weimarer Sozialdemokraten wurde festgestellt, dass viele der darin behandelten Personen nicht dem gängigen Bild des »biederen, langweiligen und selbstgenügsam-saturierten« Politikers entsprechen, sondern Charisma besaßen, glänzende Redner waren, »scharfsinnig in ihrer Argumentation und glaubwürdig in ihrer Haltung, urban, weltoffen und liberal«[4]. Zu den Untersuchten zählt auch Wilhelm Sollmann. Zweifelsohne gehörte er in der Weimarer Republik zu den markantesten Vertretern seiner Partei. Dennoch teilt er das Schicksal zahlreicher Politiker, nicht nur aus der Sozialdemokratie, die der Weimarer Republik ihr Gepräge gaben, heute aber weitgehend unbekannt und nur noch einem engeren Fachpublikum ein Begriff sind. Bereits von Sollmanns Tod wurde in Deutschland nur noch wenig Notiz genommen. Paul Löbe widmete ihm einen kurzen Nachruf[5]; lediglich in der Rheinischen Zeitung in Köln, der Sollmann als leitender Redakteur von 1920 bis 1933 vorgestanden hatte, findet sich ein längerer Artikel aus der Feder seines

---

1 Sollmann an Landauer vom 4. Dezember 1939, HAStK 1120/570/V-3-256, 256 a.
2 Das zeigt sich u. a. daran, dass die Partei ihn dazu drängte, in der Krise des Herbstes 1923 den Posten des Innenministers zu übernehmen und er 1929 als Parteivorsitzender im Gespräch war.
3 Schwering: Zum Tode von Wilhelm Sollmann, S. 82.
4 Lösche/Scholing/Walter: Vorwort, S. 7.
5 Löbe: Wilhelm Sollmann.

langjährigen politischen Wegbegleiters und Redakteurskollegen Johann Meerfeld.[6] In keiner überregionalen Tageszeitung wurde an den ehemaligen Reichsinnenminister erinnert, nur in einigen Parteiblättern gedachte man seiner noch.

Dies mag damit zusammenhängen, dass Wilhelm Sollmann nach dem Zweiten Weltkrieg kein politisches Amt mehr einnahm, weil er im amerikanischen Exil blieb und lediglich zu Gastaufenthalten in Deutschland weilte. Auch in der Weimarer Republik hatte er nur kurzzeitig ein hohes Staatsamt inne, als er für wenige Monate Reichsinnenminister in den Kabinetten Stresemann war. Es ist in der Regel so, dass Personen, die nicht wegen ihrer Ämter, sondern wegen ihrer politischen Ideen von Bedeutung waren, schneller in Vergessenheit geraten. Die Person Wilhelm Sollmann einer kritischen Würdigung zu unterziehen, sie in die Geschichte zurückzuholen, ist daher das Ziel der vorliegenden Arbeit. Nachdem die historische Forschung lange Zeit der Form der Biografie wegen ihres angeblichen Theoriedefizits kritisch gegenüberstand, hat sich dies in den letzten Jahrzehnten nachhaltig gewandelt und die Biografieforschung hat »eine erstaunliche Renaissance erlebt«[7]. Obwohl sich damit auch die Zweifel am Erkenntnisgewinn des biografischen Zugriffs weitgehend aufgelöst haben, bedarf es doch einer Begründung, wie sich dem Lebensweg Sollmanns in der vorliegenden Untersuchung genähert wird.[8]

Die Analyse von Sollmanns Lebenslauf erfolgt nicht durch die Fixierung auf einen methodischen Zugriff, sondern durch eine Herangehensweise, die individual-, sozial- und strukturhistorische Ansätze miteinander verbindet. Damit wird dem Problem Rechnung getragen, das sich zwangsläufig bei der Beschäftigung mit einer historischen Person ergibt, der angemessenen Einordnung des Individuums in die Zeitumstände. Die Person Sollmann kann nicht aus den sozioökonomischen Strukturen herausgelöst betrachtet werden, sie war in soziale, kulturelle und politische Kontexte eingebunden, die prägend auf die Persönlichkeit einwirkten und ihr Handeln beeinflussten. Die Annäherung an den Untersuchungsgegenstand kann daher nur erfolgen, wenn die langfristigen persönlichen Entwicklungen und Prägungen, Generationserfahrungen, die Sozialisation sowie die regionalen und sozialen Milieus

---

6 Meerfeld: Wilhelm Sollmann/Persönliches und Menschliches.
7 Ullrich: Die schwierige Königsdisziplin. Dementsprechend zahlreich sind die Publikationen, die sich mit Theorie und Methodik der Biografie auseinandersetzen. Aktuell dazu Lässig: Die historische Biographie; Fetz (Hg.): Die Biographie. Einen guten Überblick über den derzeitigen Stand der wissenschaftstheoretischen Ansätze, methodischen Schulen und Traditionen bietet: Klein (Hg.): Handbuch Biographie. Zur Diskussion über den Nutzen der Biografie für die Geschichtswissenschaft siehe Schulze: Die Biographie in der »Krise der Geschichtswissenschaft«. Harscheidt: Biographieforschung: Werden und Wandel einer komplexen Methode. Zur Rolle der Biografik in der Arbeitergeschichtsschreibung siehe Depkat: Ein schwieriges Genre.
8 Die Diskussion um die biografische Methode ist damit aber keineswegs verstummt. So plädierte etwa Wolfram Pyta jüngst dafür, Biografien in der Geschichtswissenschaft möglichst weitreichend von methodischen Zwängen zu befreien, weil dies gerade die Stärke der Biografie sei. Vgl. Pyta: Biographisches Arbeiten als Methode.

einbezogen werden. Auf diese Weise wird die historische Person zu den bewegenden Kräften und Tendenzen ihrer Zeit in Beziehung gesetzt.[9] So ist beispielsweise das Handeln des Politikers Sollmann in der Weimarer Republik nicht zu verstehen, wenn nicht berücksichtigt wird, inwiefern die spezifische soziale und politische Situation im Köln des Kaiserreichs seine persönliche Entwicklung und politische Einstellung beeinflusste. Das Individuum steht zwar im Zentrum der Darstellung, »jedoch nicht als vereinzelter ›homo clausus‹, sondern in der Form einer konsequenten Analyse seiner Bezüge zur Umwelt«[10]. Ziel ist es, die Verflechtung eines Lebens mit seinem Umfeld zu berücksichtigen, den »dialektischen Zusammenhang von Persönlichkeit und Struktur«[11] herauszustellen. Durch die Einbindung der Person in übergeordnete Zusammenhänge stellt sich auch immer die Frage nach Zwangslagen und Handlungsspielräumen in den jeweiligen Kontexten, wobei berücksichtigt werden muss, dass sich die Wirkungsanteile personaler Faktoren in historischen Zusammenhängen nicht immer eindeutig bestimmen lassen. Ebenso kann individuelles Handeln nicht allein aus den gesellschaftlichen Rahmenbedingungen abgeleitet werden.[12]

Über die Person hinaus ist Sollmanns jahrzehntelange politische und publizistische Tätigkeit, seine Karriere vom Handlungsgehilfen im Kaiserreich zum amerikanischen Hochschuldozenten in der Nachkriegszeit dazu geeignet, Zäsuren und Kontinuitäten der deutschen Geschichte in der ersten Hälfte des 20. Jahrhunderts aus der biografischen Perspektive in einem Längsschnitt zu untersuchen. Die Person wird hier gleichsam zum Spiegel der Ereignisse, die sie hautnah miterlebte und in gewissem Maße beeinflusste. Zudem erlaubt die Darstellung über den engeren Untersuchungsgegenstand hinaus auch eine Betrachtung der Parteiengeschichte auf regionaler wie auf Reichsebene aus biografischer Perspektive. Dies schließt mit ein, dass es sich nicht um eine Teilbiografie handelt, die sich auf einen bestimmten Lebensabschnitt fokussiert, sondern dass die Arbeit um die Darstellung lebensgeschichtlicher Geschlossenheit bemüht ist. Die Person Sollmann wird möglichst umfassend von der Kindheit bis zu ihrem Tode analysiert, um aus den Erkenntnissen der jeweiligen Lebensabschnitte abschließend ein Gesamtbild entwerfen zu können. Man darf aber nicht der Versuchung verfallen, den Lebenslauf und seine komplexen persönlichen Zusammenhänge im Sinne einer logischen Abfolge zu interpretieren und daraus ein kohärentes Bild zu konstruieren.[13] Es kann sich hier nur um die Analyse von Handlungsmotiven und

---

9   Vgl. Winstel: Der Geschichte ins Gesicht sehen.
10 Gestrich: Einleitung, S. 7.
11 Schulze: Die Biographie in der »Krise der Geschichtswissenschaft«, S. 516 f.
12 Vgl. Lässig: Die historische Biographie, S. 551; Szöllösi-Janze: Fritz Haber, S. 13 f.
13 Zur Kritik an einer »biographischen Illusion«, die dazu verleitet, die Lebensgeschichte eines Menschen als folgerichtige und konsequente Entwicklung darzustellen, aus der sinnstiftende Zusammenhänge abgeleitet werden, siehe Bourdieu: Die biographische Illusion. Dieser Aspekt ist zu berücksichtigen, wird aber nicht als Argument gegen einen biografischen Ansatz verstanden.

Leitlinien handeln, die aus der Vielfalt der Handlungsebenen und dem Geflecht von Ereignissen hervortreten.

Die Analyse des Lebenslaufs wird grundsätzlich chronologisch erfolgen. Innerhalb der chronologischen Vorgehensweise wird aber auch eine synchrone Betrachtung von Handlungsebenen vorgenommen. Sollmanns vielfältige Tätigkeiten als Reichstagabgeordneter in Berlin und als Kommunalpolitiker und Journalist in Köln können nicht getrennt voneinander betrachtet werden, es ist im Gegenteil erforderlich, sein Handeln auf zentraler und auf lokaler Ebene miteinander zu verknüpfen, weil sie in elementarer Weise zusammenhängen. In Berlin war Sollmann immer auch ein Vertreter Kölns und des Rheinlands, genauso wie er umgekehrt in Köln als leitender Redakteur des offiziellen Parteiblatts nicht losgelöst von der Reichspolitik agierte. Durch eine verflechtende Betrachtung der verschiedenen Ebenen lässt sich auch überprüfen, wie sich die politischen Entwicklungen auf der Reichsebene auf lokaler und regionaler Ebene konkret auswirkten und inwiefern dies der allgemeinen Entwicklung entsprach beziehungsweise sich regionale und lokale Eigenheiten herausstellten.

Weiterhin erfordern die zahlreichen Betätigungsfelder Sollmanns auch eine systematische Vorgehensweise. Um der Person in ihren vielfältigen Schattierungen gerecht zu werden, muss sowohl der Parteipolitiker, der Journalist, der Kommunalpolitiker als auch der Privatmensch berücksichtigt werden. Erst im Zusammenspiel dieser Aspekte lässt sich ein angemessenes Bild der Person gewinnen. Vor dem Hintergrund der genannten Handlungs- und Tätigkeitsfelder eröffnen sich zahlreiche Fragestellungen und Erkenntnismöglichkeiten, die hier kurz skizziert werden und als Analyseraster für die Untersuchung des Lebenslaufs dienen.

Für die Kindheit, Jugend- und Ausbildungszeit sind die Prägungen interessant, die Sollmann in dieser Zeit erhielt. Dies steht im engen Zusammenhang mit seinem Engagement in der Jugend- und Antialkoholbewegung, denen er sein Leben lang verbunden war. Wie brachte Sollmann sich hier ein und wie nahm er umgekehrt Gedanken auf und wurde von ihnen beeinflusst? Ebenso ist zu untersuchen, aus welchen Gründen er sich der Arbeiterbewegung anschloss.

Daran anknüpfend ist Sollmanns Karriere innerhalb der SPD ein zentraler Untersuchungsgegenstand. Wie profilierte er sich in der Kölner Arbeiterbewegung in der Zeit des Ersten Weltkriegs? Welche kommunalpolitischen Ziele verfolgte er als Vorsitzender der Stadtverordnetenfraktion in Köln von 1918 bis 1924? Hier wird auch sein Verhältnis zum Kölner Oberbürgermeister Konrad Adenauer zu analysieren sein. Adenauer und Sollmann arbeiteten in dieser Zeit weitgehend konstruktiv zusammen. War dies Vorbild oder Bestätigung für Sollmanns Auffassung, die Sozialdemokratie solle im Bündnis mit dem republikanischen Bürgertum konstruktive Politik betreiben?

Nach der Revolution, in der er in Köln eine Schlüsselrolle innehatte, gelang ihm auch auf Reichsebene der Aufstieg in den Führungszirkel der Partei bis zur Ernennung zum Reichsinnenminister 1923. Was waren die Gründe, die ihn ministrabel werden ließen? Für seine parteipolitische Tätigkeit in der Weimarer Republik sind die zentralen Themen zu ergründen, denen er sich beispielsweise in seinen Reichstagsreden widmete. Wofür setzte er sich ein? Was waren seine politischen Kernziele? In diesem Zusammenhang ist auch zu thematisieren, welche Vorstellungen Sollmann von der programmatisch-strategischen Ausrichtung der SPD besaß. In erster Linie betrifft dies seine Ideen für die geistige Öffnung der Partei gegenüber dem republikanischen Bürgertum und die Versöhnung des Sozialismus mit Kirche und Religion. Ebenso versuchte er, das Verhältnis der Partei zu Staat und Nation zu klären. Welche Beweggründe besaß er für diese betont reformistische Politik? Welche Bedeutung hatte für ihn Staat und Nation? Warum war ihm das Verhältnis zur Religion so wichtig? Wie erklärt sich seine Grundüberzeugung, dass die Partei unbedingt die Klassenschranken überwinden müsse? Schließlich ist hier auch zu fragen, ob diese Grundüberzeugungen in der Weimarer Sozialdemokratie Aussicht auf Erfolg hatten, ob es gelang die von ihm angestrebten Reformen auf den Weg zu bringen.

Für seine parlamentarische Tätigkeit ist auch von Belang, welches Demokratie- und Parlamentarismusverständnis ihn leitete. Sollmann stritt leidenschaftlich für die parlamentarische Demokratie, einen zweiten Weg gab es für ihn nicht. Wie argumentierte er für den demokratischen Rechtsstaat? Warum sah er darin die bestmögliche Staatsform zur Etablierung des Sozialismus? Weiterhin war er ein Verfechter der sozialdemokratischen Regierungsbeteiligung, des Bekenntnisses zum »regieren wollen«. Was erhoffte er sich von der Regierungsbeteiligung der Partei und warum plädierte er für eine machtbewusste Politik?

Sein Wirken als Politiker ist von seiner journalistischen Tätigkeit kaum zu trennen. Als leitender Redakteur bestimmte er fast die gesamte Zeit der Weimarer Republik über die Geschicke des Parteiblatts in Köln. Der Posten des Redakteurs war für Sollmann das Sprungbrett für den Aufstieg innerhalb der Partei. Als einer der herausragenden sozialdemokratischen Journalisten war er mehr politischer Publizist als Politiker. Deswegen stellt sich die Frage nach dem Zusammenspiel zwischen Pressearbeit und politischer Tätigkeit. Welche Rolle spielte die Presse für Sollmanns politisches Wirken und beeinflusste seine journalistische Tätigkeit sein politisches Handeln? Ein wichtiger Aspekt sind in diesem Zusammenhang auch die Bemühungen Sollmanns um eine Reform der sozialdemokratischen Presse. Was erhoffte er sich von einer Reform der Presse für die Partei? Hier ist auch darauf zu achten, ob es ihm gelang, die von ihm geleitete Rheinische Zeitung gemäß seinen Zielen umzugestalten.

Die Emigration bildet einen weiteren großen Themenkomplex, den es zu untersuchen gilt. Mit dem Ende von Weimar war für Sollmann ein scharfer biografischer Bruch verbunden. Ein Aspekt sind die Fragen, wie sich Sollmann im amerikanischen Exil einlebte und wie er sich unter den neuen Lebensumständen persönlich entwickelte. Wie vollzog sich die Akkulturation? Was waren die Gründe dafür, dass Amerika nicht nur Exil, sondern auch Heimat wurde? Welche Aufgabe, welche Rolle sah er für sich selbst in den Vereinigten Staaten? Wie engagierte er sich in den USA für

Deutschland, was waren die Intentionen seiner Deutschlandreisen nach dem Zweiten Weltkrieg? Von zentraler Bedeutung ist auch, wie Sollmann innerhalb der deutschen Emigration zu verorten ist, welche politischen Ideen er entwickelte und ob die Erfahrungen des Exils sich auf seine politischen Ordnungsvorstellungen und sein konkretes Handeln auswirkten.

Damit ist der Rahmen abgesteckt, in dem sich die vorliegende Arbeit bewegt. Die kurz umrissenen Tätigkeitsfelder Sollmanns deuten vor dem Hintergrund der beschriebenen Rahmenbedingungen darauf hin, welche vielfältigen Erkenntnisse die Auseinandersetzung mit Sollmanns Lebensweg bieten kann.

2 Forschungsstand und Quellenlage

Die Forschung hat eine umfassende Analyse des Lebenswerks von Wilhelm Sollmann bisher nicht geleistet, obwohl seine Bedeutung durchaus anerkannt wurde. Eberhard Kolb wies darauf hin, dass für sozialdemokratische Politiker, »die in Weimar-Deutschland im vordersten Glied agierten«, keine wissenschaftlich fundierten Biografien existieren, und nennt neben Carl Severing, Paul Löbe und Hermann Müller auch Wilhelm Sollmann.[14] Zwar liegt bereits seit den 60er-Jahren eine Dissertation von Eugene Kist vor, die einen guten Einblick in Sollmanns Lebenslauf bietet und anregend geschrieben ist, aber deren Quellen- und Literaturbasis unzureichend ist.[15] In biografischen Aufsätzen würdigten Felix Hirsch[16] und Susanne Miller[17] Sollmanns Lebensweg. Zum hundertsten Geburtstag Sollmanns organisierte das Kölner Stadtarchiv 1981 eine Ausstellung, zu der eine biografische Skizze von Heinz Kühn erschien.[18] Ulrike Nyassi-Fäuster dokumentierte Sollmanns Weg ins Exil 1933 im Spiegel von Briefen aus dem Nachlass und seines Aufenthalts in Luxemburg 1934/35.[19]

---

14 Kolb, Eberhard: Literaturbericht Weimarer Republik, Teil 2: Biographien und biographische Nachschlagewerke, in: GWU 10 (1992), S. 636-651, 641.

15 Kist: William Sollmann. Die Arbeit entspricht eher einem ausführlichen Essay. Da der Autor noch nicht auf den geordneten Nachlass Sollmanns zurückgreifen konnte, beruht die Arbeit auf wenigen unveröffentlichten Quellen und Zeitungsartikeln Sollmanns. Literatur wurde eher spärlich verwendet. Die Darstellung ist daher in einigen Punkten lückenhaft, etwa für die Lebensphase bis in den Ersten Weltkrieg hinein.

16 Hirsch: Wilhelm Sollmann; ders.: William Sollmann. Wanderer between two Worlds; ders.: Memories of William Sollmann. Hirsch, wie Sollmann Emigrant und als Professor für Geschichte am Bard und Trenton College tätig, kannte Sollmann persönlich und war nach eigenen Angaben von ihm gebeten worden, sein Leben niederzuschreiben. Vgl. Hirsch an Arnold Brecht vom 27. Mai 1953, SUNY, Arnold Brecht Papers, Series 2, Box 4. Hirsch plante auch eine größere Studie über Sollmann, verwirklichte dieses Vorhaben aber nicht mehr. Vgl. Hirsch an Staudinger vom 30. November 1973, SUNY, Hans Staudinger Papers, Box 2.

17 Miller: Wilhelm Sollmann.

18 Kühn: Wilhelm Sollmann.

19 Nyassi-Fäuster: Der Weg; dies.: »Hier sind mir viele Freundlichkeiten erwiesen worden«.

Kist verfasste neben der Dissertation auch einen Aufsatz über die ideellen Quellen von Sollmanns politischen Grundüberzeugungen.[20]

Die ausführlichste neuere Darstellung des Lebenswegs von Sollmann stammt von Franz Walter, dessen pointierter Beitrag die bisher gelungenste Charakterisierung Sollmanns bietet.[21] Neben diesen biografischen Annäherungen wird vor allem in Werken zur Kölner Arbeiterbewegung auf Sollmann Bezug genommen. Hier ist in erster Linie die vorzügliche Studie von Faust für die Zeit des Ersten Weltkriegs zu nennen, der sich ausführlich mit der Rolle Sollmanns innerhalb der Kölner Sozialdemokratie auseinandersetzt.[22] Weiterhin gibt es zwei Sammelbände zur Arbeiterbewegung, die mit unterschiedlichen Akzentuierungen die Geschichte der Kölner Arbeiterorganisationen vom 19. Jahrhundert bis zum Ende der Weimarer Republik thematisieren.[23] Hilfreich ist auch die Studie von Frohn zu den Kölner Arbeiterbewegungskulturen im Kaiserreich und der Weimarer Republik.[24]

Zur Geschichte der Arbeiterbewegung im Kaiserreich und der Weimarer Republik liegen zahlreiche Studien vor, die für die Rahmenbedingungen und die Einordnung Sollmanns in den historischen Kontext von großer Bedeutung sind. Aufgrund der Fülle von Literatur wird hier auf eine detaillierte Darstellung verzichtet, verwiesen sei lediglich exemplarisch auf das Standardwerk zur Arbeiterbewegung von Heinrich August Winkler.[25] Vor allem Winklers Leitgedanke von der Notwendigkeit der Zusammenarbeit zwischen der gemäßigten Sozialdemokratie und dem Bürgertum – dies war eine Kernforderung Sollmanns – ist eine erhellende Perspektive.

Die sozialistische Emigration ist ebenfalls gut erforscht. Neben dem Standardwerk des Handbuchs der deutschsprachigen Emigration waren für die vorliegende Untersuchung besonders das umfangreiche dreibändige Werk von Ursula Langkau-Alex zur Deutschen Volksfront und Rainer Behrings Studie über die außenpolitischen Konzeptionen deutscher Sozialdemokraten im Exil, welche auch ausführlich Sollmanns Ansichten berücksichtigt, von Bedeutung.[26] Zum sozialdemokratischen Exil in den Vereinigten Staaten und dessen Umfeld gibt es eine Reihe von Studien und Aufsätzen, die gewinnbringend hinzugezogen werden konnten.[27] Es bleibt festzuhalten, dass die Forschung zu Parlamentarismus und Arbeiterbewegung eine gute Basis für

---

20 Kist: A Teacher.
21 Walter: Der Parteireformer.
22 Faust: Sozialer Burgfrieden.
23 Brunn (Hg.): Sozialdemokratie in Köln; Billstein (Hg.): Das andere Köln. Trotz dieser Publikationen ist vor allem die Geschichte der Kölner Arbeiterbewegung in der Weimarer Republik ein Desiderat der Forschung. Es gibt lediglich einige Magisterarbeiten zu Einzelthemen. Für die Zeit des Kaiserreichs wird durch die Arbeit von Faust die Zeit des Weltkriegs umfassend abgedeckt.
24 Frohn: Arbeiterbewegungskulturen.
25 Winkler: Revolution; ders.: Der Schein der Normalität; ders.: Der Weg in die Katastrophe.
26 Langkau-Alex: Deutsche Volksfront I-III; Behring: Demokratische Außenpolitik.
27 Vgl. bspw. Krohn: Exilierte Sozialdemokraten; ders.: Wissenschaft im Exil; Peterson: Das Umfeld.

die Analyse der Biografie Wilhelm Sollmanns bietet. Auch zu Sollmann selbst liegen einige kleinere Studien vor, die Forschung hat ihn nicht vergessen, aber mehr als einen Einstieg in seinen Lebenslauf oder ausschnitthafte Informationen zur Person bieten die genannten Publikationen naturgemäß nicht. Um Sollmanns Handlungsmotive zu ergründen, seine Verhaltensweisen in bestimmten Konfliktlagen zu verstehen und seinen Überzeugungen nachzugehen, ist es daher notwendig, die Quellen zurate zu ziehen. Nur über die sorgsame Einordnung der Quellenbefunde in den durch die Literatur erhellten historischen Kontext kann eine fundierte Analyse des Lebenslaufs geleistet werden.

Für die Arbeit konnte eine Vielzahl an Quellen aus zahlreichen Archiven herangezogen werden.[28] Wichtigster Quellenbestand ist der umfangreiche persönliche Nachlass Sollmanns[29], der trotz einiger durch die Emigration bedingter Verluste als »wichtige Quelle zur deutschen Geschichte«[30] bezeichnet werden kann. Rund 4.500 Briefe, persönliche Papiere, Zeitungen, Aufsätze und Broschüren sowie Fotos sind enthalten. Allerdings sind die Überlieferungsdichte und der Aussagewert der Korrespondenz, die den Hauptbestandteil ausmacht, für die jeweiligen Lebensabschnitte sehr unterschiedlich. Während der Briefbestand für die Zeit der Emigration zahlreich und von hoher Aussagekraft ist, kann er für die Zeit des Kaiserreichs und der Weimarer Republik nur als lückenhaft bezeichnet werden. Über einige Einzelvorgänge hinaus lassen sich zu Sollmanns politischem Wirken innerhalb der Sozialdemokratie und seinen anderen Betätigungsfeldern nur wenige Informationen gewinnen. Ein weiteres Problem ist, dass der Nachlass häufig nur die an Sollmann gerichteten Briefe enthält,

---

28 Ein grundsätzliches Problem für die Quellenrecherche und -auswertung stellte der Einsturz des Kölner Stadtarchivs im März 2009 dar. Zwar wurde der persönliche Nachlass Sollmanns bereits vorher eingehend gesichtet und ausgewertet, aber jegliche notwendigen Nachrecherchen in dem äußerst umfangreichen Bestand, die Klärung offener Fragen, die Überprüfung von Zitaten, Fundstellen, etc. waren für die vorliegende Arbeit nicht mehr möglich. Zudem konnten durch den Einsturz einige Bestände nicht mehr eingesehen werden, darunter der Nachlass Marx sowie Akten der Kölner Verwaltung. In diesen Fällen musste entweder die Quellenanalyse entfallen, oder auf Studien verwiesen werden, die diese Quellen ausgewertet haben. Wo nicht anders möglich, wurden Quellen aus der Literatur zitiert. Für den Nachlass Marx konnte das detaillierte Findbuch herangezogen werden, aus dem die Quellenverweise entnommen wurden.
29 Der originale Nachlass befindet sich in der Swarthmore College Peace Collection in Philadelphia. Doppelstücke sind bereits in den 50er-Jahren an das Kölner Stadtarchiv gegeben worden, in den 80er-Jahren kamen aus den Händen der Tochter Elfriede Sollmann persönliche Papiere, Briefe und Fotos hinzu sowie in verfilmter Form der gesamte Nachlass aus Philadelphia. Die beiden Überlieferungen sind weitestgehend identisch, allerdings befinden sich in Swarthmore noch Stücke, die von Elfriede Sollmann offenbar erst nach der Verfilmung abgegeben wurden und in Köln weder im Nachlass ihres Vaters noch in ihrem eigenen Nachlass vorliegen. Für die Quellenrecherche wurden beide Archive benutzt. Da die Qualität der Ausdrucke der Mikrofichefilme in Köln bisweilen schlecht ist, wird in diesen Fällen wie für die Ausnahmen der Einzelüberlieferung auf den Bestand in Swarthmore verwiesen. Zur Überlieferungsgeschichte siehe auch die Einleitung des Findbuchs: Nyassi: Der Nachlass Wilhelm Sollmann.
30 Rebentisch: Der Nachlaß Wilhelm Sollmann, S. 621.

aber keine Durchschläge oder Kopien seiner eigenen Briefe.[31] Dieses Problem konnte nur bedingt durch die Heranziehung von Nachlässen der Korrespondenzpartner gelöst werden. Die vorhandenen Lücken können auch nicht durch Erinnerungen oder Memoiren geschlossen werden. Sollmann dachte zwar darüber nach, seine Weimarer Erfahrungen niederzuschreiben[32], setzte dieses Vorhaben aber nicht mehr in die Tat um. So stellt sich der Nachlass zwar insgesamt als eine gute Quellenbasis dar, die aber vor allem für die Zeit des Kaiserreichs und der Weimarer Republik der Ergänzung durch weitere Quellenbestände bedarf.

Dazu gehört als wichtiger Teil die Überlieferung seines journalistischen Schaffens. Über rund vier Jahrzehnte vom Kaiserreich bis in die Zeit der Bundesrepublik verfasste Sollmann Beiträge, in erster Linie für sozialdemokratische Blätter und hier natürlich vor allem für die lange Jahre von ihm geleitete Rheinische Zeitung, das Parteiblatt für die Obere Rheinprovinz. Dank der lückenlosen Überlieferung stellt die Zeitung eine Quelle ersten Ranges für Sollmanns publizistisches Wirken und die von ihm ausgeübte Tätigkeit als Chefredakteur dar. Darüber hinaus ist sie aufgrund der Vernichtung der Parteiakten und eines Großteils der die Sozialdemokratie überwachenden Behörden die wichtigste und nahezu einzige Quelle für die Geschichte der Sozialdemokratie in Köln. Hierbei ist zu beachten, dass sie als offizielles Parteiorgan in erster Linie der Darstellung und Rechtfertigung der sozialdemokratischen Politik in Köln und auf Reichsebene diente. Für sein publizistisches Wirken stehen des Weiteren noch zahlreiche Artikel in anderen Zeitungen sowie etliche eigenständige Schriften aus der Feder Sollmanns zur Verfügung.[33]

Sein politisches Wirken lässt sich unter anderem durch zahlreiche gedruckt vorliegende Quellen untersuchen. Dazu gehören die stenografischen Reichstagsprotokolle, die Protokolle der SPD-Fraktion in der verfassunggebenden Nationalversammlung, die Protokolle der sozialdemokratischen Parteitage zwischen 1913 und 1931, auf denen Sollmann zahlreiche Redebeiträge leistete, und vor allem für seine Zeit als In-

---

31 Umfangreichere Briefwechsel haben sich u. a. erhalten von Konrad Adenauer, Heinrich Brüning, Paul Hertz, Rudolf Katz, Erich Rinner, Gerhart Seger, Max Sievers, Friedrich Stampfer, Otto Strasser, Marie Juchacz, Georg Beyer und Johann Meerfeld.
32 Vgl. Sollmann an Prinz zu Löwenstein-Wertheim-Freudenberg vom 4. Juni 1941, BA-K Nl. 1222/12. Felix Hirsch schlug Sollmann vor, eine Autobiografie zu schreiben. Vgl. Hirsch: Memories, S. 14 f. Laut den Angaben von Hirsch gibt es im Nachlass von Sollmann einen handschriftlichen Entwurf über Inhalte einer Autobiografie. Dieser Entwurf konnte bei der Durchsicht nicht gefunden werden.
33 Alle recherchierten Beiträge Sollmanns sind in seinem Schriftenverzeichnis im Anhang aufgeführt. Neben den namentlich gekennzeichneten wurden auch einige Artikel aufgenommen, die nicht durch eine Namensnennung Sollmann zuzuordnen sind. In diesen Fällen handelt es sich entweder um Beiträge, die durch Hinweise in seinem Nachlass eindeutig Sollmann zuzurechnen sind, oder aus der Rheinischen Zeitung stammen und wegen ihrer inhaltlichen und sprachlichen Gestaltung eine Autorenschaft Sollmanns nahe legen. Die jeweiligen Beiträge sind durch den Zusatz »ungezeichnet« gekennzeichnet.

nenminister die Akten der Reichskanzlei. Auf kommunalpolitischer Ebene sind in erster Linie die Protokolle der Stadtverordnetenversammlung von Bedeutung. Seine Tätigkeit in der sozialistischen Jugendbewegung fand ihren Niederschlag in Berichten der staatlichen Aufsichtsbehörden.

Für den Lebensabschnitt der Emigration ist seine Korrespondenz außerordentlich erkenntnisreich. Man gewinnt einen hervorragenden Einblick in die Gruppierungen und Richtungskämpfe sowie in Sollmanns Stellung innerhalb des deutschsprachigen Exils. Auch seine ganz persönlichen Nöte, die materiellen Schwierigkeiten und die sukzessive Akkulturation in den Vereinigten Staaten treten deutlich hervor. Für sein parteipolitisches Engagement sind die Akten des Exilparteivorstands aufschlussreich, dessen Mitglied Sollmann war. Seine Tätigkeit als Dozent am Quäkercollege Pendle Hill ist ebenso dokumentiert. Ergänzend können hier die weiterhin von ihm verfassten Beiträge für Zeitungen und Zeitschriften sowie die amtlichen Berichte der amerikanischen Behörden über die Emigrantenszene herangezogen werden. Zu seinen Deutschlandreisen zwischen 1948 und 1950, die er als Vertreter amerikanischer Institutionen beziehungsweise staatlicher Behörden unternahm, fertigte Sollmann umfangreiche Berichte an, die sich in seinem Nachlass befinden.

Ergänzend wurden die Nachlässe zahlreicher Zeitgenossen, darunter naturgemäß vorwiegend Sozialdemokraten, herangezogen.

Insgesamt gesehen bietet die Literatur- und Quellenlage einen reichen Fundus, der aber nicht in jeder Hinsicht befriedigt. Ein Problem, das sich bei vielen Biografien stellt, ist, dass sich zu Kindheit und Jugend kaum Informationen finden lassen und auch der Privatmensch Sollmann in den Quellen insgesamt blass bleibt. Auch manch anderer Aspekt beziehungsweise Vorgang kann aus den Quellen nicht hinreichend rekonstruiert werden. Dennoch ermöglicht das vorliegende Material eine angemessene Darstellung der Persönlichkeit Wilhelm Sollmanns und seines Schaffens unter den Rahmenbedingungen der abwechslungsreichen deutschen Geschichte in der ersten Hälfte des 20. Jahrhunderts.[34]

---

34 An dieser Stelle seien einige editorische Bemerkungen erlaubt: Alle direkten Zitate, die aus einem vollständigen Satz bestehen, stehen als eingerückter Blocktext. Offensichtliche Fehler der Grammatik, Interpunktion und Orthografie in Quellenzitaten wurden stillschweigend berichtet. Die Schreibweise ebenso wie zeitgenössische Ausdrücke und Begriffe wurden ansonsten beibehalten. Zusätze in den Zitaten stehen in [eckigen Klammern]. Aufgrund der in dieser Arbeit auftretenden Vielzahl von Personen werden nur bei der Familie Sollmanns Lebensdaten genannt.

II   Im Kaiserreich

1   Kindheit und Jugend in der thüringischen Provinz

Wilhelm Sollmanns politische Laufbahn ist untrennbar mit dem Rheinland verbunden. Geboren wurde er aber am 1. April 1881 in Oberlind in Thüringen, einer kleinen Gemeinde nahe Coburg, als erstes Kind von Johann Jakob (1853–1930) und Christiane Sollmann (1854–1922).[1] Sein Vater, gelernter Brauer, der in Oberlind eine gepachtete Brauerei mit Gastwirtschaft betrieb, entstammte einer Familie, die schon seit Jahrhunderten im Herzogtum Coburg ansässig war.[2] Den Unternehmungen Johann Sollmanns war wohl jedoch kein wirtschaftlicher Erfolg vergönnt. Bereits wenige Jahre nach Wilhelms Geburt zog die Familie nach Fechheim, wo der Vater ebenfalls eine Brauerei mit Gastwirtschaft betrieb. Es folgten in kurzen Abständen Aufenthalte in Sonneberg, Coburg, Münnerstadt, Frankfurt am Main, Nürnberg, Graben bei Karlsruhe und Untersiemar bei Coburg, bis die Familie schließlich 1896 in die damals noch eigenständige Stadt Kalk bei Köln zog. Zwischenzeitlich waren die Geschwister Alma (1882–1964), Christian-Louis (1886–1952) und Louis-Georg (1892–1968) geboren worden.

Über seine Kindheit und Jugend ist über diese Rahmendaten hinaus nur wenig bekannt. Es gibt Hinweise darauf, dass es in der Beziehung der Eltern Probleme gab. 1906 schreibt Sollmann seiner späteren Ehefrau Katharina Grümmer (1883–1972), er habe vor 21 Jahren seine Mutter »im Arme irgendeines Bauernlümmels« gesehen, wodurch »ein unumgänglicher Schatten« auf seine Kindheit gefallen sei.[3] Das Verhältnis zur Mutter scheint dies nachhaltig beeinträchtigt zu haben, zumindest berichtet er weiter, seine Achtung vor dem Vater sei höher gewesen.[4] Über diesen offensichtlich belastenden Vorfall hinaus scheint er aber sein Elternhaus in guter Erinnerung gehabt zu haben. Als eine der wenigen Überlieferungen aus seiner Kindheit berichtet Sollmann später, er habe als Neunjähriger von seiner Mutter eine Lincoln-Biografie geschenkt bekommen. Die Geschichte von einem Mann, der aus extremer Armut zum Staatsoberhaupt aufsteigt, habe ihn sehr beeindruckt. Er sei sich sicher, dass die-

---

1   Geburtsurkunde Sollmanns, HAStK 1120/341.
2   Die Mutter stammte ebenfalls aus der Umgebung Coburgs. Vgl. Sollmann: Aus altem Bauernstamm, in: Coburger Tageblatt, Nr. 8, 10. Januar 1918. Die folgenden Ausführungen basieren, soweit nicht anders angegeben, auf diesem Artikel. Die Lebensdaten der Geschwister sind entnommen aus Kühn: Sollmann, S. 85.
3   Sollmann an Katharina Grümmer vom 31. Januar 1906, SCPC DG 45 Wilhelm Sollmann, Box 18, Folder »Correspondence Sollmann family 1906–1920«, Bl. 6.
4   Ebd.

se frühe Verehrung Lincolns ihn bereits in seiner Jugendzeit zu einem Anhänger der demokratischen Republik und Gegner des Kaisertums gemacht habe.[5]

Über seine Erziehung schreibt er rückblickend, er sei »in einer ganz liberalen Familie aufgewachsen«[6]. Die Kindheit in einer ländlichen Umgebung und die Abstammung aus einer über Jahrhunderte überwiegend aus Bauern bestehenden Familie hat er als durchaus prägend empfunden. Häufiger begründete er seine politische Haltung damit, er sei »ein alter deutscher Bauernjunge. Alle meine Vorfahren, auch mütterlicherseits, nachweisbar bis 1463 waren freie Bauern, gelegentlich Dorfschullehrer und Kantoren. Das sind tiefe konservative Züge, die ich nie verleugnen werde.«[7] Mag dies auch eine in der Rückschau etwas überspitzte Darstellung seiner Wurzeln sein, so wuchs Sollmann in einem kleinbürgerlich-bäuerlichen Umfeld auf.[8] Die Wohnorte der Familie waren zumeist kleinstädtisch-ländlich geprägt. Den Großteil seines Lebens bis zum 16. Lebensjahr verbrachte er im Raum Coburg.[9] In der alten Residenzstadt der Herzöge von Sachsen-Coburg und Gotha besuchte der junge Wilhelm auch das Gymnasium. Denn trotz der ständigen Orts- und Arbeitsplatzwechsel scheint die Familie keine materielle Not gelitten zu haben, konnte sie dem ältesten Sohn immerhin einige Jahre den Besuch einer höheren Bildungsanstalt finanzieren. Nach der Bürgerschule wechselte Wilhelm Sollmann 1891 auf das herzogliche Gymnasium Casimirianum in Coburg, eine humanistisch-altsprachliche Lehranstalt. Über seine Schulzeit schreibt er gut zehn Jahre später, das Casimirianum habe unter »hurrapatriotischer und ultrareaktionärer Leitung die Vorbildung der Bourgeoisiesprößlinge« gefördert.[10] Die Bürger der Stadt erschienen dem »ehemaligen Coburger Bourgeoisiesöhnlein« als »kleinbürgerliche Philister, deren geistige Rückständigkeit höchstens

---

5 So Sollmann in einem in der Emigration verfassten Entwurf für einen Lebenslauf, HAStK 1120/640/XIV-2-271. Diese mit mehr als vier Jahrzehnten Abstand entstandene Deutung ist in dieser Form sicherlich zu hinterfragen, aber zumindest ist die Beschäftigung mit der Person Lincolns ein Hinweis darauf, dass sich Sollmann frühzeitig für Themen aus Politik und Geschichte interessierte.
6 Sollmann an Hertz vom 20. Januar 1936, HAStK 1120/562/IV-4-24, 24 a–b.
7 Sollmann an Ermarth vom 22. Dezember 1940, HAStK 1120/574/VI-1-196, 196 a. Vgl. auch Sollmann an Kroll vom 14. Januar 1949, UAK Zug. 28/628; Sollmann an Dittmer vom 21. Februar 1936, AsD, Dep. Henry Dittmer, Nr. 14.
8 Sein Vater Johann Sollmann betrieb zumindest in Fechheim Landwirtschaft als Nebenerwerb. Vgl. Sollmann: Aus altem Bauernstamm. Von einem dörflich-ländlichen Umfeld seiner Kindheit berichtet er auch in: Fränkische Dorfkirchweih, in: Arbeiter-Jugend 22 (1917), S. 170-174. Hier spricht er auch explizit von »unserm Bauernhof«. Ebd., S. 171.
9 Sollmann berichtet, dass die Familie bis auf Frankfurt a. M. den Arbeitsplatzwechseln des Vaters stets folgte, ohne dass die jeweilige Aufenthaltsdauer bekannt ist. Die Familie muss aber spätestens ab 1891 wieder in Untersiemar bei Coburg ansässig gewesen sein, da Wilhelm ab diesem Zeitpunkt das Gymnasium in Coburg besuchte, was von den vorherigen Wohnorten aus nicht möglich gewesen sein kann.
10 Sollmann: Coburg. Von einem ehemaligen Coburger, in: Beilage zu Nr. 188 des Thüringer Volksfreund, 13. August 1908.

von ihrer Anmaßung übertroffen wird, und die das was ihnen an Bildung fehlt, reichlich durch Einbildung ersetzen«[11].

Aus diesen Worten spricht die Protesthaltung des jungen, in das Umfeld der Großstadt Köln umgesiedelten und von den Ideen der Sozialdemokratie begeisterten Mannes, dem seine Heimat nur noch als spießiger, kleinbürgerlicher Kosmos erscheint. Als gereifter Mensch mit jahrzehntelanger politischer Erfahrung meint er dagegen, er sei »in der damals liberalsten Stadt Deutschlands, in Coburg« aufgewachsen.[12] Während seiner Schulzeit empfindet er die Verhältnisse jedenfalls wohl noch nicht als beengend kleinbürgerlich. Besonders große Freude scheint ihm die Schule nicht bereitet zu haben, denn besonderen Fleiß entwickelte er nicht. Das Abgangszeugnis vom Casimirianum aus dem Jahr 1897 zeigt einen höchst durchschnittlichen Schüler. Bis auf sein gutes Betragen bewegten sich alle Noten im Spektrum von »genügend« bis »fast gut«.[13] Der spätere Bildungseifer scheint beim jugendlichen Wilhelm Sollmann noch nicht vorhanden gewesen zu sein oder er wollte sich unter den Bedingungen der Lehranstalt nicht recht entfalten. (☞ s. Abb. 1, S. 22)

Bis zum 16. Lebensjahr zeigt sich damit das Bild eines Sohnes aus kleinbürgerlichem Hause, der eine bis auf die häufigen Ortswechsel gewöhnliche Kindheit in kleinstädtischer Umgebung verlebte. Für seine langfristigen Prägungen ist zu berücksichtigen, dass er über eine gymnasiale Ausbildung verfügte, die er zwar durch den Abgang in der Obertertia nicht mit dem Abitur abschloss, die ihn aber von den Sozialdemokraten unterscheidet, die nur die Volksschule besuchten. Auch das kleinbürgerlich-bäuerliche Umfeld seiner Familie beeinflusste ihn; bei aller spöttischen Verachtung, die er nur wenige Jahre später darüber zum Ausdruck brachte, ist hier doch etwas angelegt, was die Persönlichkeit Sollmanns prägte. Denn im Grunde blieb er sein Leben lang ein Mensch der bürgerlichen Weltordnung und entspricht damit und seiner Herkunft nach in vielerlei Hinsicht dem, was als typisch für den handwerklich ausgebildeten Arbeiterführer gelten kann.[14] Ob er politisch durch seine Eltern beeinflusst wurde, ist unklar. Sein Vater war zunächst Anhänger der Freisinnigen Volkspartei, schloss sich später aber der Sozialdemokratie an.[15]

---

11 Ebd.
12 Sollmann an Hertz vom 20. Januar 1936, HAStK 1120/562/IV-4-24, 24 a, b. Dies ist Ausdruck einer im Alter zunehmenden Sehnsucht nach seiner Heimat. So schreibt er 1950 dem damaligen Direktor des Coburger Gymnasiums: »Coburg und die Doerfer in der Nachbarschaft sind der einzige Fleck auf der Erde, für den ich Heimatsgefühl habe, und zwar ein ungeuer tiefes.« Sollmann an Barth vom 1. November 1950, HAStK 1120/381.
13 Abgangszeugnis des Herzoglichen Gymnasiums Casimirianum zu Coburg vom 8. Mai 1897, HAStK 1120/341.
14 Vgl. Siemann: Der sozialdemokratische Arbeiterführer, S. 99.
15 Vgl. den wohl von Sollmann verfassten Artikel »Johann Sollmann. In den Sielen gestorben«, in: RZ Nr. 223, 16. August 1930. Dieser Nachruf zeichnet ein geradezu glorifizierendes Bild des Verstorbenen: »Es gab wohl keinen aus dieser Generation, der mit solch liebender Hingabe im

Kapitel II · Im Kaiserreich

Abb. 1 Wilhelm Sollmann als Schüler des Gymnasiums Casimirianum in Coburg 1897.

Auf eine politische Laufbahn deutete zu diesem frühen Zeitpunkt noch nichts hin. Der Gymnasiast Wilhelm Sollmann ließ noch kein politisches Interesse erkennen. Eine wichtige Wegmarke war dann der Umzug der Familie nach Kalk bei Köln 1896. Wilhelm folgte der Familie ein Jahr später nach Abschluss des Schuljahres.[16] Dies

---

Kleinen und Kleinsten der Sache des Sozialismus diente.« Wann der Vater zur SPD übertrat, geht aus dem Artikel nicht hervor.
16 Über die Gründe des Umzugs ins Rheinland kann nur spekuliert werden. Es erscheint naheliegend, dass der Vater mit der Aussicht auf eine dauerhafte Stellung seine Heimat verließ. Wie

war die erste wichtige Zäsur in seinem Leben, waren mit dem Umzug doch grundlegende Veränderungen verbunden, die für seine weitere persönliche Entwicklung von großer Bedeutung waren. Zunächst musste er die Gymnasiallaufbahn abbrechen, es heißt aus finanziellen Gründen, und er begann eine kaufmännische Lehre, die er 1901 abschloss.[17] Entscheidender war wohl aber der Umstand, dass er aus der kleinstädtischen Idylle Coburgs in das Arbeitermilieu in Kalk und das Umfeld der sich rasant entwickelnden Großstadt Köln kam.

2 Verwurzelung in Köln: Lebensreform und Sozialdemokratie

In Köln kam er mit den Ideen und Organisationen in Verbindung, die ihn entscheidend prägten und zeit seines Lebens begleiteten. Beruflich ging er zunächst den normalen Weg eines kaufmännisch Ausgebildeten. Nach Abschluss der Lehre fand er bei den Ölwerken Stern-Sonneborn AG in Köln-Klettenberg eine Anstellung als Handlungsgehilfe, die er wohl durchgehend bis 1911 behielt.[18] Intellektuell war er dadurch aber nicht ausgelastet. Der Abbruch des Gymnasiums und die folgende Lehre sowie Anstellung haben bei Sollmann offenbar das Gefühl eines Bildungsdefizits hinterlassen, das er, wie viele andere Sozialdemokraten seiner Generation auch, durch ein Selbststudium zu kompensieren suchte. Seinen Bildungshunger stillte er mit Abendkursen an der Kölner Handelshochschule in Volkswirtschaft, Soziologie, Geografie und Geschichte, die er zwischen 1901 und 1903 belegte.[19] Ebenso widmete er sich

---

bereits thematisiert, hatten seine vorherigen Unternehmungen kaum wirtschaftlichen Erfolg. Welcher Arbeit Johann Sollmann in Kalk nachging, ist nicht bekannt. Sie war aber offensichtlich nicht einträglich genug, um dem ältesten Sohn weiterhin den Besuch des Gymnasiums zu ermöglichen. Kist: William Sollmann, S. 8 berichtet ohne Quellenangabe, Wilhelm habe vor seiner eigenen Umsiedlung nach Köln bei Verwandten gewohnt.

17 Diese Vorgänge lassen sich nicht durch Quellen belegen. Erstmals finden sich Angaben darüber bei Hirsch: Memories, S. 14; ders.: Wanderer, S. 208 f. Da Sollmann Hirsch gebeten hatte, sein Leben niederzuschreiben, ist davon auszugehen, dass Hirsch diese Informationen von Sollmann erhielt. Vgl. Hirsch an Arnold Brecht vom 27. Mai 1953, SUNY, Arnold Brecht Papers, Series 2, Box 4. Über die Dauer der Ausbildung gibt es widersprüchliche Angaben. In einem Entwurf für einen Lebenslauf in Sollmann Nachlass ist angegeben, die Ausbildung hätte nur bis 1899 gedauert. Vgl. F. Wilhelm Sollmann. Personal Data, HAStK 1120/531/I-3-30.

18 Diese Informationen finden sich bei Kühn: Sollmann, S. 85. Eine Tätigkeit bei einer Ölfirma in Klettenberg erwähnt auch Meerfeld: Wilhelm Sollmann. Möglicherweise begann er seine Tätigkeit dort schon 1899. Vgl. F. Wilhelm Sollmann, Personal Data, HAStK 1120/531/I-3-30. Sollmann bewarb sich zumindest einmal auf eine andere Stelle. Vgl. Kappel an Sollmann vom 25. April und 19. Mai 1903, HAStK 1120/537/II-2-1,II-2-2.

19 F. Wilhelm Sollmann. Personal Data, HAStK 1120/531/I-3-30. Sollmann hat sich später als Stadtverordneter vehement dafür eingesetzt, dass die Handelshochschule zur Universität erhoben wurde. Vgl. Kapitel IV.5.

dem autodidaktischen Sprachstudium.[20] Sein Wissensdrang war es, der ihn zu den Gewerkschaften führte. Angezogen von der gut ausgestatteten Bücherei der Ortsgruppe, besonders hinsichtlich sozialistischer und naturwissenschaftlicher Literatur, die keine andere Bibliothek in Köln besaß, trat er 1906 dem Verband der Angestellten bei.[21]

Neben der persönlichen Weiterbildung fand Sollmann in der Lebensreformbewegung, und hier vor allem bei den Abstinenzlern, eine geistige Heimat, in der er vollkommen aufging. Seit 1902 lebte er bis zu seinem Tode abstinent.[22] Es wurde vermutet, dass es die Erfahrung in der elterlichen Gastwirtschaft war, wo er miterlebte, wie Menschen ihr letztes Geld vertranken, die ihn zum Abstinenzler werden ließ.[23] Auch sein alter Redaktionskollege und Freund Johann Meerfeld berichtet, Sollmann sei zur Abstinenzbewegung gekommen, weil er »die verwüstenden Wirkungen des Alkohols allzuoft [hat] beobachten müssen«[24]. Er war zudem Vegetarier aus der Überzeugung, dass kein Mensch das Recht habe, ein anderes Geschöpf als Nahrung zu benutzen.[25] Diese Überzeugung bekundete er durch Mitgliedschaft zunächst im Guttempler-Orden, später im Deutschen Arbeiter-Abstinenten-Bund.[26] Im Fokus seiner Betätigung in der Lebensreformbewegung stand aber in erster Linie der Kampf gegen den Alkoholismus.[27]

Sein Engagement im Guttempler-Orden hatte aber auch noch andere Folgen. Auf einer Veranstaltung Ende des Jahres 1905 lernte er seine spätere Ehefrau Katharina kennen, die sich selbst nur Käthe nannte. Sie interessierte sich für die Bewegung, weil ihr Stiefvater Alkoholiker war und sie dementsprechend für die Belange der Antial-

---

20 SCPC, DG 45 Wilhelm Sollmann, Box 19, Folder »Elfriede Sollmann, biographical material, non-familiy correspondence«, Bl. 29-36, Bl. 29. Es handelt sich um einen Text ohne Titel, der die Lebensgeschichte Elfriede Sollmanns, der Tochter von Wilhelm und Käthe, erzählt. Die Originalnamen sind durch Pseudonyme ersetzt. Er basiert auf einem Interview des unbekannten Verfassers mit Elfriede. Da die Informationen auf ihren Aussagen beruhen und sie den Bericht unter ihren Papieren aufbewahrte, können die Angaben als glaubwürdig gelten.
21 Sollmann: Klassenkampf in Köln, in: Jugendblätter des Zentralverbands der Angestellten, Nr. 5, Mai 1927, S. 82-83, S. 83.
22 Vgl. Sollmann: Umwandlung und Umwertung, in: Abstinenter Sozialist, Organ des Sozialistischen Abstinentenbundes der Schweiz Nr. 11, 1. November 1935.
23 Kühn: Wilhelm Sollmann, S. 18.
24 Meerfeld: Wilhelm Sollmann. Sollmann hat sich selbst nie zu den Gründen geäußert. Da Kühn und Meerfeld aber im engen Kontakt mit ihm standen, erscheint diese Interpretation glaubwürdig.
25 Meerfeld: Wilhelm Sollmann. Vgl. auch SCPC, DG 45 Wilhelm Sollmann, Box 19, Folder »Elfriede Sollmann, biographical material, non-familiy correspondence«, Bl. 29-36, Bl. 29.
26 Sollmann war von 1903 bis 1906 Mitglied des Guttempler-Ordens. Sollmann an Dittmer vom 9. Dezember 1935, HAStK 1120/558/IV-2-67. Im September 1906 trat er dem Arbeiter-Abstinenten-Bund bei. Vgl. Sollmann: Nach 25 Jahren, S. 14.
27 Anders als beim Alkohol, dessen Konsum er zeit seines Lebens strikt ablehnte, machte er bezüglich des Vegetarismus Zugeständnisse. Vgl. SCPC, DG 45 Wilhelm Sollmann, Box 19, Folder »Elfriede Sollmann, biographical material, non-familiy correspondence«, Bl. 29 f.

koholbewegung sensibilisiert war.²⁸ Käthe arbeitete als Dienstmädchen und Putzfrau. Die Beziehung wurde von Wilhelms Seite mit großem Ernst und tiefer Überzeugung angegangen. Seine Briefe zeigen einen bewegten jungen Mann, der von der Idee der Abstinenzbewegung absolut überzeugt war. Sollmann suchte nicht nur eine Partnerin, er suchte eine Seelenverwandte, die mit ihm den Weg ging, der ihn durch Abstinenz zu einem besseren Menschen machen sollte:

> »Mein einziges und höchstes Ziel ist es ein wahrer Mensch zu werden. Sie wollen mit mir stehen. Seien Sie mir willkommen.«²⁹

Hier wird ersichtlich, dass es den Lebensreformern wie Sollmann nicht nur um die Heilung oder Vorbeugung somatischer Krankheiten wie des Alkoholismus ging, sondern dass sich ihre Bestrebungen auf den Menschen als Ganzes richteten. Die Lebensreform war eine »säkularisierte Heilslehre«, die ähnlich den religiösen Gemeinschaften eine Veränderung der Gesellschaft durch die Veränderung des Einzelnen anstrebte, wodurch sich letztlich die gesamte Gesellschaft umformen lasse.³⁰ Die Ziele der Antialkoholbewegung waren für Sollmann der Leitfaden seiner Lebensgestaltung. Nur durch die Abstinenz sah er die Möglichkeit, sein Wesen zu vervollkommnen. Dies war der Anspruch, den er an sich selbst und seine Lebenspartnerin stellte. Aus diesen Gründen versuchte er, Käthe Grümmer zu überzeugen, sich der Bewegung anzuschließen und sich ihren Zielen zu widmen.³¹ Ob sie sich der Bewegung formal anschloss, ist nicht festzustellen, aber auch sie lebte wohl Zeit ihres Lebens abstinent.

Doch die Beziehung stand zwischenzeitlich unter keinem guten Stern. Sollmanns Familie, besonders seine Mutter, waren gegen die Verbindung. Am 30. April 1906 schrieb er Käthe:

> »Meine Familie hat ihr Ziel erreicht, ich gebe Dich auf, vorläufig auf [...]. So gab ich dem nach unter einer Bedingung: dass man Dich von nun an völlig ungeschoren lässt und Dir ruhig Gelegenheit zur Entwicklung gibt. Und um einen Preis: Jedes

---

28 Ebd., Bl. 29.
29 Sollmann an Katharina (Käthe) Grümmer vom 31. Januar 1906, SCPC DG 45 Wilhelm Sollmann, Box 18, Folder »Correspondence Sollmann family 1906–1920«, Bl. 6.
30 Krabbe: Lebensreform/Selbstreform, S. 74. Zwar weist Krabbe daraufhin, dass für die Abstinenzbewegung nicht von einer »Erlösungsbewegung« gesprochen werden kann, weshalb für sie eher der Terminus »Sozialreform« zutreffe, aber in Sollmanns Briefen tritt die heilsähnliche Erwartung deutlich hervor und er war ja zudem Vegetarier, bei denen laut Krabbe diese Einstellung zur Lebensreform am stärksten ausgeprägt war. Vgl. ebd.
31 Geradezu mit Entsetzen äußert er sich über Frauen, die sich Vergnügungen, sprich Alkohol, hingaben: »Als ich in ihre ausdruckslosen Gesichter unter den geschmacklosen bunten Hüten sah, schüttelte ich mich vor Grauen in dem Gedanken, mich mit einer von ihnen eine Stunde lang unterhalten zu müssen.« Sollmann an Katharina (Käthe) Grümmer vom 31. Januar 1906, SCPC DG 45 Wilhelm Sollmann, Box 18, Folder »Correspondence Sollmann family 1906–1920«, Bl. 5 b.

verwandtschaftliche Verhältnis zwischen ihnen und mir ist von nun an gelöst, ich habe keine Familie mehr. Dagegen habe ich mich verpflichtet, jeden Verkehr mit Dir abzubrechen, der über das Verhältnis zu den anderen Ordensleuten hinausgeht.«[32]

Der Hintergrund dieser Entscheidung ist unklar. Es ließe sich nur darüber spekulieren, warum die Familie gegen die Beziehung war. Allerdings war der Widerstand nur temporär, denn bereits am 12. Oktober 1906 fand die Hochzeit statt. Auch der angedrohte Bruch mit der Familie wurde von Sollmann nicht vollzogen. Er pflegte weiterhin Kontakt, auch wenn die Beziehungen wohl nicht sehr innig waren.

Die Briefe Sollmanns an Käthe Grümmer geben neben seiner Begeisterung für die Abstinenzbewegung Auskunft über eine weitere prägende Erfahrung dieser Jahre – das Christentum. Sollmann war nicht nur zwischenzeitlich Mitglied im CVJM, sondern besuchte auch Gottesdienste und setzte sich mit der christlichen Lehre auseinander.[33] Es gibt Hinweise darauf, dass er ein Anhänger beziehungsweise Sympathisant von Carl Jatho war, Pfarrer an der evangelischen Christuskirche in Köln von 1891 bis 1911.[34] Jatho, um dessen Wirken ein heftiger innerkirchlicher Streit entbrannte, war ein Vertreter des liberalen Protestantismus, der mit der Absetzung Jathos endete.[35] In seiner Lehre stand die ethische Bedeutung Jesu im Vordergrund, dessen Handeln Vorbildcharakter für die Menschen in einer Welt haben sollte, »deren Entwicklung man durch Vernunft und Wissenschaft fortschrittlich gestalten zu können glaubte«. Religion und Kultur gehörten bei Jatho untrennbar zusammen. Er war begeisterter Anhänger der Klassiker, verwies auf Kant und Lessing, die in der Religion »die vernünftige Betätigung der höchsten Geisteskräfte, des Denkens und Wollens, erblickten«[36]. Jatho mahnte auch zur »Selbstveredelung«, ein Aspekt, der für Sollmann vor allem im Rahmen der Abstinenzbewegung eine große Rolle spielte.

Subjektivität des religiösen Empfindens, Opposition gegen festgelegte Glaubenssätze und kirchliche Institutionen, stattdessen ein undogmatisches Christentum und die Annahme, dass der Offenbarung auch Natur, Geschichte und Kultur innewohne –

---

32 Sollmann an Käthe Grümmer vom 30. April 1906, SCPC DG 45 Wilhelm Sollmann, Box 18, Folder »Correspondence Sollmann family 1906–1920«. Der Begriff »Ordensleute« bezieht sich auf die Mitglieder des Guttemplerordens, Bl. 9 f.
33 Auch Kist berichtet unter Berufung auf die Tochter Elfriede, Sollmann sei in seinen jungen Jahren sehr religiös gewesen; vgl. Kist: William Sollmann, S. 13.
34 Sollmann empfahl Käthe die Lektüre einer Predigt Jathos und vermerkte dazu: »Wir hören ihn ja bei erster Gelegenheit.« Sollmann an Käthe Grümmer vom 31. Januar 1906, SCPC DG 45 Wilhelm Sollmann, Box 18, Folder »Correspondence Sollmann family 1906–1920«, Bl. 5 a. Die Predigten Jathos sind 1903 erstmals veröffentlicht worden und in weiteren Auflagen erschienen. Jatho: Predigten.
35 Siehe dazu Keller: Carl Jatho; ders. Verantwortung, S. 90-93; Huber/Huber (Hg.): Staat und Kirche im 19. und 20. Jahrhundert, S. 735-782.
36 Jatho: Persönliche Religion, S. 413 f.

dies waren Elemente eines Christentums, das Jatho großen Zulauf sicherte und auch Sollmann offensichtlich ansprach. Bei ihm finden sich sehr ähnliche Grundüberzeugungen, die für sein Wirken prägend waren: die freie Entfaltung des Menschen, dessen Handeln an ethischen Werten orientiert ist und nach »Veredlung« des menschlichen Geistes strebt sowie der Glaube an Fortschritt durch vernunftorientiertes Handeln. Auch er berief sich oft auf deutsche Geistesgrößen wie Goethe, Schiller, Kant und Lessing, die für ihn Vorbild und Inbegriff der deutschen Kultur waren. Ebenso wie Jatho sich gegen eine streng dogmatische kirchliche Lehre wandte, war Sollmann ein Gegner der geschichtsphilosophischen Begründung des Sozialismus. Jathos Auslegung des Protestantismus war für Sollmann ein Beweis dafür, dass sich zwischen Religion und Sozialismus Brücken schlagen lassen.[37]

Wenn er sich auch bald von der Amtskirche abwandte – Sollmann trat 1908 aus der preußischen Staatskirche, seine Frau aus der katholischen Kirche aus[38] – so blieb ihm doch eine Wertschätzung der Religion eigen. Das Christentum war für ihn *eine* Möglichkeit, seinem Handeln eine ethische Grundlage zu geben. Persönlich lehnte er fortan jedes Bekenntnis zu einer Religionsgemeinschaft ab, aber er blieb religiös in dem Sinne, dass er sich mit den Fragen menschlichen Daseins beschäftigte und der Überzeugung war, dass der Mensch eine Mission habe und sein Handeln ethischen Pflichten unterliege.[39] Die Bedeutung der Abstinenz für die ethische Grundlage seines Handelns hob er selbst deutlich hervor und bezeichnete sie als richtungsweisend für seinen gesamten Lebensweg:

> »Ohne die Abstinenz und die ethischen Strömungen, mit denen sie mich bekannt machte, wäre ich vermutlich auf ein ganz anderes Ziel losgesteuert, das mich als jungen Kaufmann lockte: Geld verdienen.«[40]

Interessant ist in diesem Zusammenhang, dass die Lehre des Guttempler-Ordens auf der christlichen Ethik aufbaute und die Toleranz gegenüber Andersdenkenden verlangte.[41] Dies deutet erneut darauf hin, dass die christliche Ethik für Sollmanns

---

37 Sollmann berief sich immer wieder auf Jatho, bspw. schreibt er 1918: »Daß zwischen dieser keineswegs vereinzelten Auffassung protestantischer Religion und auch der fortgeschrittensten sozialistischen Theorie und Praxis Synthesen möglich sind, wird man schwerlich bezweifeln können.« Sollmann: Zur Religionsfrage, in: Die Glocke 2 (1918), S. 62.
38 Eine Bescheinigung über den jeweiligen Austritt findet sich im Nachlass, HAStK 1120/344 und 345. Den Austritt begründete er später folgendermaßen: »Ich bin etwa 1907 aus der lutherischen Kirche ausgetreten, nicht, weil sie mir zu christlich war, sondern weil sie mir nicht christlich genug war. Es schien mir, daß sie, im ganzen gesehen, einem imperialistischen, monarchistischen, antisozialen Materialismus verfallen war.« Sollmann: Christen und Marxisten, in: Der Tagesspiegel Nr. 15, Beiblatt, 18. Januar 1948.
39 Siehe dazu auch Meerfeld: Wilhelm Sollmann.
40 Sollmann: Nach 25 Jahren, S. 14.
41 Krabbe: Gesellschaftsveränderung durch Lebensreform, S. 44.

Prägungen eine große Rolle spielte. Auch die weltanschauliche Toleranz wurde zu einer der charakteristischen Eigenschaften von Sollmanns politischem Denken und Handeln.

In diesen Jahren muss er auch zu dem Schluss gekommen sein, dass die Arbeiterbewegung der richtige Rahmen sei, um im Sinne seiner Überzeugungen wirken zu können.[42] Dadurch ist wohl seine Situation in den Jahren nach der Jahrhundertwende zu charakterisieren – er suchte nach dem Umfeld, in dem er sich ganz im Sinne seiner Überzeugungen einbringen konnte. Sollmann hatte erste Erfahrungen in der Jugendbewegung beim CVJM gesammelt, den Verein aber bald wieder verlassen, weil er »die Organisation als antagonistisch zur Demokratie und den Arbeitern ansah«[43]. Ebenso sah er seine Mitgliedschaft im Guttempler-Orden nie als erfüllend an. Als Begründung für sein Unbehagen gab er an, die Bewegung sei aus seiner Sicht für »junge Stürmer, die angreifen und kämpfen wollten«[44] nicht geeignet. Waren diese Jahre also noch geprägt von der Suche nach dem richtigen Weg, fand er schließlich in der SPD und hier dann insbesondere im Rahmen der sich gerade entwickelnden sozialistischen Jugendbewegung seine geistige Heimat.[45] Hier wollte er zur Weiter- und Höherentwicklung der Menschen beitragen, denn das war der Anspruch, den er als Lebensreformer an sich selbst und sein Handeln stellte. Gleichzeitig trat er auch dem Deutschen Arbeiter-Abstinenten-Bund bei, der Organisation sozialistischer Alkoholgegner. Dass er bereits kurze Zeit später Gauleiter in Rheinland-Westfalen war, belegt sein Engagement für die Bewegung.[46] Der DAAB verstand seinen Einsatz für die Abstinenz als Teil des proletarischen Befreiungskampfes, für den zunächst die weiteren Arbeiterorganisationen gewonnen werden sollten.[47] Insofern war es nur

---

42 Sollmann berichtet, er sei seit 1902 »innerlich Sozialdemokrat« gewesen. Sollmann: Nach 25 Jahren, S. 14. Der erste Nachweis für eine Betätigung in der Arbeiterbewegung sind zwei Vorträge aus dem Jahr 1904 und 1905 in Kalk, in denen er unter den Titeln »Alkohol und Arbeiterklasse« und »Der Generalstreik gegen den Alkohol« für die Abstinenz warb. Vgl. RZ Nr. 249, 24.10.1904; RZ Nr. 275, 25.11.1905.
43 So begründet er es später in der Emigration. F. Sollmann. Personal Data, HAStK 11201120/531/I-3-30. Wann er Mitglied war, geht aus den Quellen nicht hervor.
44 Sollmann an Dittmer vom 9. Dezember 1935, HAStK 1120/558/IV-2-67.
45 Sollmann berichtet, nach dem Eintritt in die SPD sei es ihm vorgekommen, »als sei ich einer kümmerlichen Handwerkerbude entronnen und in eine riesige Halle modernster Technik geraten«. Sollmann: Nach 25 Jahren, S. 14 f. In der Lebensreformbewegung gab es neben der Freikörperkultur nur in der Abstinenzbewegung eine dezidert sozialistische Richtung. Grundsätzlich standen der Abstinenzbewegung vor allem demokratische und sozialistische Parteien am nächsten. Vgl. Krabbe: Gesellschaftsveränderung, S. 151. Insofern ist es nicht ungewöhnlich, wenn bei Sollmann die Lebensreform für seinen Weg in die SPD eine große Rolle spielte.
46 Auf der Generalversammlung des DAAB Pfingsten 1907 wurde Sollmann als Gauleiter aufgeführt. Protokoll der Generalversammlung, S. 26.
47 Walter: Der Deutsche Arbeiter-Abstinenten-Bund, S. 109. Der Aspekt der Abstinenz als Teil des Freiheitskampfes der Arbeiterklasse tritt bei Sollmann immer wieder deutlich hervor; vgl. Sollmann: Sozialismus der Tat.

konsequent, bereits die Jugend für seine Belange zu sensibilisieren, bot sich doch dadurch die Möglichkeit, frühzeitig die Vorzüge der Abstinenz zu vermitteln.[48]

Abstinenz und Sozialdemokratie, dies waren die zwei Pole, an denen Sollmann sein Leben ausrichtete. Er sprach von den »zwei glückhaften Sternen«, unter denen sein Leben stehe.[49] Seine persönlichen Handlungsrichtlinien hatte er in der Auseinandersetzung mit der Lebensreform und christlich-ethischen Fragen entwickelt. Wenn er zu der Auffassung kam, dass er in der Arbeiterbewegung seine Überzeugungen am besten verwirklichen konnte, waren es wohl in erster Linie ethische Gründe, die ihn in die SPD führten.[50] Dies ist für sein Verständnis des Sozialismus von entscheidender Bedeutung, denn seine ethischen Überzeugungen speisten sich wie beschrieben aus dem Christentum und der Lebensreform und in diesen wurzelten sein Einsatz für weltanschauliche Toleranz in der Sozialdemokratie und seine Ablehnung dogmatischer Sozialismusauffassungen.

Sein Beitritt zur SPD erfolgte wahrscheinlich im September 1906.[51] Die lokale Parteiorganisation besaß zu diesem Zeitpunkt lediglich 3.700 Mitglieder bei einer Einwohnerzahl Kölns von rund 430.000.[52] Dies war bedingt durch die spezifischen wirtschaftlichen, sozialen und kulturellen Verhältnisse der Stadt, die der Entwicklung des Ortsvereins eine recht eigene Prägung gaben. Die rheinische Metropole war traditionell vom Handel geprägt, gewann aber im Kaiserreich einen starken industriellen Zweig hinzu. Industriebetriebe siedelten sich vor allem in den Vororten an, da die Stadt Köln in ihren Mauern keinen Raum zur Expansion besaß.[53] Mit der großen Eingemeindung von 1888 wurden wichtige Industriestandorte wie die Stadt Deutz zu Teilen von Köln und veränderten die wirtschaftliche Struktur der Stadt erheblich. Zudem waren damit die Voraussetzungen für eine weitere dynamische Entwick-

---

48 Die Aufklärung im Sinne der Abstinenz war ein wesentlicher Bestandteil der programmatischen Ausrichtung der Kölner Jugendbewegung. Sollmann und Walter Stoecker waren die zwei führenden Köpfe der Bewegung und beide auch Mitglieder des DAAB. Vgl. die Christov: Junge Garde, S. 96-102.
49 Sollmann: Nach 25 Jahren, S. 14.
50 Dies berichtet auch Bruno Runowski, der mit Sollmann in der Jugendbewegung aktiv war. Vgl. Kist: A Teacher, S. 113. Auch Walter: Wilhelm Sollmann, S. 363, verweist auf die Ethik als Wurzel von Sollmanns Sozialismusverständnis.
51 Diesen Beitrittstermin gibt Sollmann selbst an. Sollmann: Nach 25 Jahren, S. 14. Zum Beitrittsjahr gibt es abweichende Angaben. Vgl. Kühn: Wilhelm Sollmann, S. 85. Im Folgenden wird ausführlicher auf die Rahmenbedingungen eingegangen, aus der sich die spezifische Entwicklung der Kölner Sozialdemokratie ergab, weil sie den Hintergrund für Sollmanns politische Betätigung in den nächsten Jahrzehnten bilden und für seine politischen Prägungen von Bedeutung sind.
52 StJb Cöln 1916, S. 3. Dort ist für das Jahr 1905 eine Einwohnerzahl von 428.722 angegeben. Zu den Mitgliederzahlen siehe Frohn: Arbeiterbewegungskulturen, S. 312.
53 Durch ihre Festungseigenschaft war Köln in den Festungsgürtel eingeschnürt, eine Ausdehnung oder die Neuansiedlung von Industriebetrieben in der dicht besiedelten Stadtfläche daher kaum möglich. Die Stadt besaß dadurch die mit Abstand höchste Bevölkerungsdichte Preußens. Jasper: Der Urbanisierungsprozess, S. 38.

lung gegeben, weil die Ausdehnung der Stadt auf Flächen außerhalb des Festungsrings Raum für Gewerbeansiedlung bot. Wirtschaftliches Wachstum und die damit in Wechselwirkung stehende starke Bevölkerungszunahme in den Jahren bis zum Ersten Weltkrieg sind Kennzeichen des Industrialisierungs- und Urbanisierungsprozesses, von dem die Stadt erfasst wurde.[54] Trotz einer damit verbundenen Verschiebung der Wirtschaftsstruktur zugunsten des sekundären Sektors war Köln von der Bevölkerungsstruktur her keine Industriestadt mit Dominanz der Industriearbeiter, sondern besaß eine differenzierte Wirtschafts- und Gewerbestruktur. Besonders der Dienstleistungssektor mit Handel, Banken und Versicherungen war weiterhin stark ausgeprägt, die Stadt gleichermaßen Handels- wie Industriestadt geworden.[55] Der Modernisierungsprozess, der sich aus der Urbanisierung ergab, sicherte Köln weiterhin den Rang als Metropole und wirtschaftliches Zentrum des Rheinlands.

Infolge der gemischten Wirtschafts- und Beschäftigtenstruktur war die Stadt kein klassischer Hort sozialdemokratischer Agitation. Besonders die Stadtteile innerhalb der Ringe, deckungsgleich mit dem Bezirk des SPD-Vereins Köln-Stadt und dem Reichstagswahlkreis Köln-Stadt, wurden viel stärker durch das Bürgertum als durch die Arbeiterschaft geprägt. Ein noch größeres Problem für die SPD war freilich die fast einzigartig starke Stellung der katholischen Kirche und ihrer angeschlossenen Organisationen. Köln war als ein Kerngebiet des deutschen Katholizismus eine Hochburg der Zentrumspartei und der christlichen Arbeiterbewegung. Der katholische Bevölkerungsanteil sank zwar im Zuge der Industrialisierung kontinuierlich, dennoch lag er 1910 noch bei über 78 und 1933 bei 75,3 Prozent.[56] Es war aber nicht allein die quantitative Dominanz der Katholiken, sondern ihr hoher Organisationsgrad, der ein großes Hindernis für die Sozialdemokratie war. Der Kulturkampf in den 1870er-Jahren hatte zu einer beispiellosen Politisierung des katholischen Milieus geführt, was neben der Zentrumspartei auch durch eine Reihe weiterer Organisationen und Institutionen, die sich seit den 1880er-Jahren kontinuierlich ausbildeten, zum Ausdruck kam.[57] Unter der Führung des Kölners Karl Trimborn, seit 1893 Vorsitzender

---

54 Henning: Die Stadterweiterung, S. 268. Abgeschlossen wurde die Expansion durch die Eingemeindung von 1910 und 1914, als u. a. mit Kalk und Mülheim größere Gemeinden mit bedeutenden Industriebetrieben Köln zugeschlagen wurden. Dadurch wurde Köln zur flächenmäßig größten Stadt des Kaiserreichs, bezüglich der Bevölkerung nahm die Stadt den vierten Rang ein. Die Einwohnerzahl stieg von 129.000 1871 auf 635.000 1914; vgl. Jasper: Der Urbanisierungsprozess, S. 34, 37.
55 1907 waren 57 Prozent der Erwerbstätigen im sekundären Sektor beschäftigt. Henning: Die Stadterweiterung, S. 286. In der Weimarer Republik sank der Anteil bis 1933 auf 45,3 Prozent, wogegen im tertiären Sektor der Anteil bis 1933 auf 52,4 Prozent stieg. Hermann: Wirtschaftsgeschichte der Stadt Köln, S. 386.
56 StJb Cöln 1915, S. 3, 1933, S. 6. Die Veränderung ist in erster Linie auf die Zuwanderung zurückzuführen.
57 Zu den katholischen Arbeiterorganisationen gehörten etwa die Arbeitervereine. Vgl. für Köln Broch: Katholische Arbeitervereine.

der Rheinischen Zentrumspartei, wurde im Rheinland begonnen eine weitreichende und effektive Organisation aufzubauen, die über den eigentlichen Wahlkampf hinaus das öffentliche Leben durchdringen und auf allen Ebenen präsent sein sollte. Stützen konnte man sich dabei auf die gut ausgebildete Zentrumspresse, unter anderem die Kölnische Volkszeitung. In den 1890er-Jahren entwickelte sich auch die katholische Arbeiterbewegung. Zudem entstanden zunächst vorwiegend auf lokaler Ebene christliche Gewerkschaften, aus denen um die Jahrhundertwende der Gesamtverband der christlichen Gewerkschaften hervorging.[58] Parallel dazu gewann der 1890 gegründete Volksverein für das katholische Deutschland an Popularität, der sich nach und nach zu einer hauptsächlich von Arbeitern getragenen Bewegung entwickelte, die sich der Förderung der katholischen Arbeiterbewegung durch Fortbildungskurse, Verteilung von Propagandamaterial, der Einrichtung von Arbeitersekretariaten sowie der politischen Betätigung im Zentrum widmete.[59] Der Volksverein wurde zur eigentlichen Massenorganisation des Zentrums und hatte im Rheinland seinen mit Abstand größten Verband, der stets über ein Vielfaches der Mitgliederzahlen der SPD verfügte.[60] Ein wesentliches Ziel des Volksvereins war es, die Arbeiter durch die Vereinsarbeit gegen die Sozialdemokratie zu immunisieren und ihnen in der katholischen Arbeiterbewegung Partizipationsmöglichkeiten zu verschaffen.[61]

Als weltanschauliche Interessenspartei vereinte das Zentrum durch die hohe Bindungskraft der Religion unterschiedliche Gruppen, zu denen auch die katholischen Arbeiter gehörten. Hier kamen zwei für die Sozialdemokratie nachteilige Punkte zusammen. Zum einen war Köln »keine Stadt mit überwiegendem Industrieproletariat, sondern Handelsstadt mit starkem Kleinbürgerthum« und daher »müsse die Agitation dementsprechend gestaltet sein«[62]. Zum anderen war die Industriearbeiterschaft zu einem erheblichen Teil katholisch. Dies hatte zur Folge, dass die Sozialdemokratie sich in beständiger Auseinandersetzung mit der katholischen Kirche, der Zentrumspartei und den Milieuorganisationen wie dem Volksverein entwickeln musste.

Der SPD stand mit diesen Institutionen ein machtvolles Organisationsgebilde entgegen, das seine Energie auf die Bekämpfung der Sozialdemokratie konzentrierte. In ihr sah man auf katholischer Seite den weltanschaulichen Gegner, dessen politischen Aufstieg es unter allen Umständen zu verhindern galt. Dies waren die Rahmenbe-

---

58 Vgl. Schneider: Die christlichen Gewerkschaften, S. 116-149.
59 Loth: Katholiken im Kaiserreich, S. 89 f.
60 Heitzer: Der Volksverein, S. 18 f., 313-315. Zwischen Volksverein und Zentrumspartei entwickelte sich eine enge Zusammenarbeit bei klarer organisatorischer Trennung, bei der dem Verein die Schulung und Mobilisierung der Wähler zukam. Klein: Der Volksverein, S. 49. 1907 hatte der Volksverein in Köln 15.069, die SPD 5.100 Mitglieder. Frohn: Arbeiterbewegungskulturen, S. 312, 314. Zu Karl Trimborn siehe Morsey: Karl Trimborn. Zur organisatorischen Entwicklung der Rheinischen Zentrumspartei siehe Lepper (Bearb.): Volk, Kirche, Vaterland, S. 41-58.
61 Mergel: Zwischen Klasse und Konfession, S. 311.
62 So die Feststellung von Adolf Hofrichter. Zitiert nach Bers/Klöcker: Die sozialdemokratische Arbeiterbewegung im Kölner Raum 1890–1895, S. 350.

dingungen, innerhalb derer die Kölner Sozialdemokratie zu agieren hatte. Diese fest gefügte Front zu durchbrechen, erschien für sie lange Zeit kaum möglich:

> »Mit seiner festgefügten Organisation, mit der katholischen Kirche im Rücken, dem Volksverein für das katholische Deutschland, den christlichen Gewerkschaften, den katholischen Arbeiter-, Gesellen-, Männer- und Jünglingsvereinen erschien das Zentrum viele Jahre wie eine unbezwingbare Festung.«[63]

Unter den katholisch geprägten Gebieten, in denen die Sozialdemokratie reichsweit kaum vordringen konnte, gehörte das Rheinland zu den sozialdemokratischen Agitationsbezirken mit den niedrigsten Mitgliederzahlen. Zudem war in Köln auch der Anteil der SPD-Mitglieder an den Wählern der SPD unterdurchschnittlich niedrig.[64] Auch die traditionelle Stärke der SPD in Großstädten galt für Köln nur bedingt. Wählten reichsweit in Städten über 100.000 Einwohner bei den Reichstagswahlen 1898, 1903 und 1907 52,6, 55,1 und 50,6 Prozent der Einwohner die SPD, waren es in Köln nur 33,5, 37,6 und 35,2 Prozent.[65] Daher gewann Karl Trimborn bei den Reichstagswahlen bis 1907 stets das Mandat im Wahlkreis Köln-Stadt für die Zentrumspartei.[66]

Dies sind Indikatoren dafür, dass es der Sozialdemokratie in Köln lange Zeit weder gelang eine starke Organisation aufzubauen noch den überwiegenden Teil der Arbeiterschaft an sich zu binden. Ein erster sozialdemokratischer Arbeiterverein gründete sich 1877, der durch das Sozialistengesetz bereits ein Jahr später zusammen mit dem von ihm herausgegebenen Organ Kölner Freie Presse wieder aufgelöst wurde.[67] Nach Aufhebung des Gesetzes bildete sich als Nachfolgeorganisation am 4. Oktober 1890 der Sozialdemokratische Verein für Köln und Umgebung, der ab 1892 die Rheinische Zeitung zunächst als Kopfblatt, ab 1893 als selbstständige Zeitung über die hauseigene Druckerei herausgab.[68] Trotzdem war die Entwicklung der Mitgliederzahlen in den

---

63 Meerfeld: Der Bezirk Obere Rheinprovinz, in: RZ Nr. 105, 30 April 1931, Beilage »40 Jahre Rheinische Zeitung«.
64 1907 waren im Agitationsbezirk Obere Rheinprovinz nur 0,3 Prozent der Bevölkerung SPD-Mitglied. Dies war einer der niedrigsten Werte im gesamten Reich. Der reichsweite Durchschnitt betrug 0,9 Prozent. Ritter: Sozialdemokratie, S. 201-203.
65 Ritter: Sozialdemokratie, S. 218; Handbuch der Reichstagswahlen 1890-1918, S. 831. In den jeweiligen Stichwahlen in Köln bekam die SPD 35,6, 45,2 und 46,0 Prozent. Ebd.
66 Handbuch der Reichstagswahlen, S. 831. Im zweiten Kölner Wahlkreis Landkreis Köln bekam der Zentrumskandidat jeweils im ersten Wahlgang die absolute Mehrheit. Vgl. ebd. S. 834.
67 Brunn: Kellerkind, S. 54. Zur Geschichte der Sozialdemokratie im Rheinland siehe Lademacher: Die nördlichen Rheinlande, S. 617-633. Zu den Anfängen der Kölner Arbeiterbewegung siehe auch Köster/Nyassi: Vaterlandslose Gesellen, S. 135-155.
68 Auf dem Parteitag 1893 stellte die Kölner Parteiorganisation den Antrag, die Rheinische Zeitung zu einem eigenständigen, täglich erscheinenden Organ zu machen, weil dies zur wirksamen Bekämpfung der Zentrumspartei notwendig sei. Der Antrag wurde vom Berliner Parteivorstand genehmigt. Vgl. Protokoll des Parteitags 1893, S. 274. Zur Geschichte der Rheinischen Zeitung siehe Fuchs: Das Kampfblatt, S. 105-126.

2 Verwurzelung in Köln: Lebensreform und Sozialdemokratie

folgenden Jahren rückläufig, beeinflusst durch interne Streitigkeiten, die weder eine kontinuierliche Führung noch eine geordnete Agitation erlaubten. Der zwischenzeitlich zu verzeichnende Stimmenrückgang bei den Reichstagswahlen war aber nicht nur auf die mangelnde Führung und das Desinteresse der Arbeiter an der Partei zurückzuführen[69], sondern in größerem Maße der verstärkten Wahlagitation durch Zentrum und katholische Kirche gegen die Sozialdemokratie geschuldet.[70] Die Schwierigkeiten, die sich daraus ergaben, waren offensichtlich:

»Der Zentrumskampf gegen die Sozialdemokratie ist in den industriellen oder gemischten Gebieten unseres Agitationsbezirks nicht weniger skrupellos, und im Verein mit dem wirtschaftlichen Druck durch das Scharfmachertum bereitet er auch hier der Ausbreitung unserer Bewegung bedeutende Schwierigkeiten. Saalabtreibungen, Maßregelungen, Beeinflussung durch Kanzel und Beichtstuhl sind an der Tagesordnung und Hand in Hand damit geht die umfangreiche Agitationsarbeit des katholischen Volksvereins, der in unzähligen Versammlungen sowohl als namentlich durch die massenhafte Verbreitung von Flugschriften und durch die Fütterung der Zentrumspresse im Kampfe gegen die Sozialdemokratie das Menschenmögliche leistet.«[71]

Aber die Partei konnte die Phase der inneren Lähmung in den 1890er-Jahre überwinden und nach der Jahrhundertwende setzte ein stetiger Anstieg der Mitgliederzahlen von 500 im Jahr 1903 auf 7.704 im Jahr 1914 ein.[72] Dies war durch mehrere Faktoren bedingt. Innerparteilich gelang es nach den Zwistigkeiten der 1890er-Jahre einen gemeinsamen Kurs zu fahren. Zentrale Figuren der SPD waren in dieser Zeit Adolf Hofrichter, der seit 1896 der Reichstagskandidat der Partei war, im Laufe der Jahre mehrere Parteiämter bekleidete und seit 1905 als hauptamtlicher Parteisekretär für das Oberrheinische Agitationskomitee zuständig war, und August Erdmann, von 1896 bis 1906 Chefredakteur der Rheinischen Zeitung, unter dessen Leitung das Parteiblatt

---

69 Dies wurde parteiintern als eine Begründung für die Schwäche der SPD in Köln herangezogen. Vgl. RZ Nr. 146, 26. Juni 1913.
70 Darauf verweist zu Recht Faust: Sozialer Burgfrieden, S. 30 f.
71 Bericht des sozialdemokratischen Agitationskomitees für die Obere Rheinprovinz über das Geschäftsjahr 1902/03, abgedruckt bei Bers (Hg.): Die Sozialdemokratische Partei, Teil I, S. 41.
72 Frohn: Arbeiterbewegungskulturen, S. 312. Ab 1908 trugen die Frauen zum Mitgliederanstieg bei, da im selben Jahr das Verbot der Mitgliedschaft in politischen Vereinen für Frauen aufgehoben wurde. 1914 stellten die Frauen 12,6 Prozent der Mitglieder. Vgl. Brunn: Kellerkind, S. 59. Der Zuwachs entsprach dem durchschnittlichen Anstieg der Mitgliederzahlen auf Reichsebene, weil die Relation zum Mitgliedsanteil auf Reichsebene gegenüber 1907 gleich blieb. Trotz dieses Anstiegs war der Agitationsbezirk Obere Rheinprovinz bezüglich der Mitgliederzahl aber immer noch einer der reichsweit schwächsten. Vgl. Ritter: Sozialdemokratie, S. 202.

politisch und journalistisch deutlich an Qualität gewann.[73] Die Parteiorganisation wurde gefestigt und ausgebaut. Teil dieser Entwicklung war die Gründung des Sozialdemokratischen Vereins für Köln-Stadt und -Land 1904 und die damit verbundene Einstellung eines besoldeten Parteisekretärs. Parallel zur Konsolidierung der SPD konnten die eng mit der Partei verzahnten freien Gewerkschaften einen starken Mitgliederzuwachs verzeichnen.[74] Sichtbarer Ausdruck der sich etablierenden Arbeiterpartei war das Volkshaus im Severinsviertel, das Herz der Kölner Arbeiterbewegung in der Innenstadt. Das 1906 eingeweihte Haus war Sitz der Geschäftsstelle, des Arbeitersekretariats, mehrerer Gewerkschaften, beherbergte die zentrale Bibliothek sowie Versammlungsräume, ein Restaurant und einen Bierkeller.[75] Stimmgewinne konnte die Partei vor allem bei den Stichwahlen zum Reichstag verzeichnen. Durch ihren beständigen Kampf gegen das Zentrum, der durch die Charakterisierung der Partei als Verräterin der Arbeiterklasse bestimmt wurde, gelang es, katholische Arbeiter als Wähler zu gewinnen.[76]

Die Kölner Parteiorganisation kennzeichnete eine eher gemäßigte politische Linie, obwohl sich auch in Köln die innerparteilichen Strömungen spiegelten. In den Grundsatzfragen standen sich zumeist als Vertreter des rechten Parteiflügels August Erdmann und Johann Meerfeld, beide bei der Rheinischen Zeitung beschäftigt, und die dem Parteizentrum und eher linken Strömungen nahestehenden und stärker direkt in der Parteiorganisation tätigen Mitglieder gegenüber, wie Adolf Hofrichter, Heinrich Gilsbach, der Verleger der Rheinischen Zeitung, oder der Parteisekretär Bernhard Müller. Erdmann vertrat die Richtung des Bernstein'schen Revisionismus und wurde darin von Meerfeld unterstützt.[77] Hofrichter dagegen wandte sich energisch gegen die Bestrebungen, die SPD zu einer Reformpartei umzugestalten und hatte damit die Mehrheit der Kölner Parteimitglieder hinter sich. Dies schlug sich etwa in der Auseinandersetzung über den Dresdner Parteitag 1903 nieder, auf dem die revisionistischen Bestrebungen verurteilt wurden.[78] Erdmann kritisierte den Beschluss in einem Artikel und löste damit eine intensive Debatte aus, die damit endete, dass eine von Hofrichter eingebrachte Resolution, die sich für die Ablehnung des Revisionismus und gegen den Artikel Erdmanns aussprach, von der Kölner Parteiversammlung an-

---

73   Zu Hofrichter siehe Schröder: Sozialdemokratische Parlamentarier, S. 514. Zu Erdmann siehe Osterroth: Biographisches Lexikon. 1 Teil, S. 134.
74   Zwischen 1900 und 1906 stieg die Mitgliederzahl von 2.927 auf 19.246 und nach einem kurzen Einbruch bis 1913 auf 31.176. Frohn: Arbeiterbewegungskulturen, S. 315.
75   Brunn: Kellerkind, S. 63.
76   Zu Taktik und Wahlkämpfen der Kölner SPD im Kaiserreich siehe Brunn: Kellerkind, S. 66-70. Zum Stimmgewinn bei den katholischen Arbeitern siehe Schuckmann: Die politische Willensbildung, S. 284.
77   Meerfeld wurde als Nachfolger Erdmanns 1906 Chefredakteur der Rheinischen Zeitung. Vgl. Fuchs: Das Kampfblatt, S. 111. Erdmann trat zurück, weil er sich mit seiner politischen Haltung in der Kölner SPD nicht durchsetzen konnte. Vgl. ebd., S. 111, S. 113.
78   Fülberth: Reformismusstreit, S. 46 f.

genommen wurde.[79] Diese Vorgehensweise, sich jeweils den Beschlüssen der Parteitage und der Linie der Parteiführung in den wichtigen Entscheidungen anzuschließen, war eine Konstante der Kölner Sozialdemokratie. Dabei war das Bestreben, sich auf den Boden der Parteimehrheit zu stellen, wohl entscheidender als eine grundlegende Ablehnung revisionistischer Tendenzen.[80] Insgesamt gesehen kann man daher hinsichtlich der politischen Ausrichtung der Kölner Parteiorganisation von einem »ganz undramatische[n] Mittelkurs«[81] sprechen.

Die Ursachen dafür sind auf die skizzierten Rahmenbedingungen zurückzuführen, unter denen sich die Kölner Sozialdemokratie entwickeln musste. Dies nötigte den sozialdemokratischen Funktionären und Anhängern viel Geduld ab und wirkte sich auch auf die Vorgehensweise aus. Mit radikalen Tönen lief man Gefahr, die eigene Zielgruppe abzuschrecken.[82] Besonders hinsichtlich kirchenkritischer Tendenzen musste man Vorsicht walten lassen. Allein die Besucherzahlen bei Vorträgen zu religiösen Themen, die stets ein Vielfaches der üblichen Zuhörer zu verzeichnen hatten, zeigen die besondere Sensibilität für das Thema Religion in Köln.[83] In dieser Hinsicht mahnte besonders Johann Meerfeld, die Verletzung religiöser Gefühle könne der Partei schaden. In taktischer Hinsicht bestand für ihn kein Zweifel:

»Die Sozialdemokratie kann sich nur neben der Kirche und ohne sie, niemals aber gegen sie durchsetzen.«[84]

Die soziale und konfessionelle Struktur der Stadt beeinflusste daher die politische Ausrichtung der Sozialdemokratie entscheidend. Das Ergebnis war eine völlig unspektakuläre, weder nach außen noch nach innen durch besondere Auseinandersetzungen gekennzeichnete »brave, vorstandsfromme, mausgraue Durchschnittsorgani-

---

79 RZ Nr. 240, 17. Oktober 1903. Ähnlich verlief es in der Massenstreikdebatte, als Erdmann sich ebenfalls der Mehrheit um Hofrichter beugen musste, die den Massenstreik als politisches Mittel nicht grundsätzlich ausschließen wollte. Vgl. Bers (Hg.): Die Kölner Sozialdemokratie im Jahre 1914, S. 8 f.; RZ Nr. 153, 4. Juli 1905.
80 Darauf weist Faust: Sozialer Burgfrieden, S. 37, hin.
81 Brunn: Kellerkind, S. 72.
82 Zeitgenössisch ist als Begründung für die mangelnde Radikalität der Kölner Arbeiterschaft noch angebracht worden, dies liege in der kölnischen Mentalität begründet. Der Kölner verfüge über einen Optimismus, der ihn auch schwere Zeiten nicht tragisch nehmen lasse und dementsprechend neige er auch nicht zu radikalen Forderungen. Vgl. Neuhaus: Entwicklung der Stadt Cöln, S. 343.
83 Den Vortrag »Kann ein Christ Sozialdemokrat sein« besuchten bspw. 2.000 Zuhörer. Brunn: Kellerkind, S. 72.
84 RZ Nr. 270, 21. November 1913; RZ Nr. 9, 12. Januar 1914. Es ist kein Zufall, dass von der Kölner Sozialdemokratie starke Impulse für eine sachliche Auseinandersetzung zwischen Sozialismus und Religion im Allgemeinen und dem Katholizismus im Besonderen ausgingen. Erdmann, Meerfeld, später Georg Beyer und eben auch Wilhelm Sollmann setzen sich intensiv mit diesem Aspekt auseinander.

sation«[85], die sich hauptsächlich in der tagtäglichen Organisationsarbeit erging. Die farblose Erscheinung der Kölner Partei war auch auf einen Mangel an Führungspersönlichkeiten zurückzuführen. An vorderster Front stand Adolf Hofrichter, ein typischer Vertreter des fleißigen Parteiarbeiters, der sich aus kleinen Verhältnissen hocharbeitete und sich unermüdlich in die Organisation einbrachte, durch Sachverstand zu überzeugen wusste, aber eben auch bieder, kein anregender Kopf war, der der Partei eine gewisse Kontur hätte geben können.[86]

Aber trotz der widrigen Umstände ist doch nicht zu übersehen, dass die Sozialdemokratie im Jahrzehnt nach der Jahrhundertwende einen Aufschwung nahm und sich mühsam einen Raum zur Betätigung schuf. Ein wichtiger Aspekt der Etablierung und Stärkung des sozialdemokratischen Milieus waren auch die Entstehung und der Ausbau der Arbeiterbewegungskulturen, die seit der Jahrhundertwende in Köln »wie Pilze aus dem Boden«[87] schossen und für Sollmanns Werdegang entscheidende Bedeutung besaßen. In diese Zeit der sich langsam konsolidierenden Kölner Arbeiterbewegung fiel der Beginn von Sollmanns politischen Aktivitäten. Mitglied der SPD war er, wie berichtet seit September 1906, in Erscheinung trat er innerhalb der Arbeiterbewegung erstmals 1907 im Rahmen der Jugendorganisation. Hier brachte er sich in den folgenden Jahren mit aller Kraft ein.

3 Die sozialistische Jugendbewegung: Rebellion gegen die Partei

Eine sozialistische Jugendbewegung gab es in Köln bis dahin nicht. Sie entstand erst im Jahr 1907 im Zuge der sich ausbreitenden Arbeiterjugendorganisation, die etwa zeitgleich mit Gründung von ersten Vereinen in Berlin und Mannheim 1904 ihren Anfang nahm.[88] Für die norddeutsche Jugendbewegung gewann das Statut des Berliner Vereins Vorbildcharakter. Ausgangspunkt dieser Bewegung war vor allem die prekäre rechtliche Situation von Lehrlingen, die häufig Opfer von Misshandlungen durch ihre Meister wurden.[89] Der Zusammenschluss war Ausdruck des Bestrebens, eine Interessenvertretung für Lehrlinge und jugendliche Arbeiter zu schaffen. Zweckbestimmungen des Berliner Vereins waren nach Statut:

---

85 Brunn: Kellerkind, S. 64.
86 Ebd., S. 65.
87 Frohn: Arbeiterbewegungskulturen, S. 63.
88 Zur Entstehung der beiden Vereine siehe Korn: Die Arbeiterjugendbewegung, S. 31-95. Zur Geschichte der Arbeiterjugendbewegung siehe weiterhin Damerius/Hartmann: Entstehungszusammenhänge; Eppe: Selbsthilfe; Sieger: Das erste Jahrzehnt.
89 Siehe dazu Damerius/Hartmann: Entstehungszusammenhänge, S. 30-41. Im Juni 1904 gab es einen in der Presse heftig diskutierten Vorfall, als sich in Berlin ein Lehrling aus Angst vor weiteren Misshandlungen das Leben nahm. Vgl. Korn: Die Arbeiterjugendbewegung, S. 33.

»§ 1. Der Zweck des Vereins ist die Wahrung der wirtschaftlichen, rechtlichen und geistigen Interessen der Lehrlinge, jugendlichen Arbeiter und Arbeiterinnen. Dieser Zweck soll erreicht werden durch:
1. Gewährung von Rechtsschutz und sonstigen Unterstützungen;
2. Errichtung von Stellennachweisen;
3. Einrichtung von Bibliotheken und Leseräumen;
4. Veranstaltung von Unterrichtsräumen und Vorträgen
Der Verein trägt weder politischen noch religiösen Charakter.«[90]

Der letzte Zusatz ist von entscheidender Bedeutung, denn nach dem preußischen Vereinsgesetz von 1850 durften Vereine, die zu politischen Zwecken gegründet wurden, »keine Frauenpersonen, Schüler und Lehrlinge als Mitglieder aufnehmen«[91]. Wollten sie die sofortige Auflösung durch die Behörden verhindern, mussten die Ortsvereine jeden Anschein politischer Betätigung vermeiden.

Die Bewegung hatte regen Zulauf, der sich in Gründungen zahlreicher weiterer Ortsvereine ausdrückte. Bereits im Dezember 1906 schlossen sich die norddeutschen Arbeiterjugendvereine im Dachverband der Vereinigung der freien Jugendorganisationen Deutschlands mit Sitz in Berlin zusammen.[92] Seit 1905 hatte die Bewegung durch die Zeitschrift Arbeitende Jugend auch ein Organ. In der Zeitschrift wurde 1906 mehrmals auf Ereignisse in Köln aufmerksam gemacht, darunter ein Bericht über den Selbstmord eines Lehrlings, in dem es am Ende lautet:

»Und macht sich nicht eine Stimme in Euch laut bemerkbar: Wir müssen uns selbst schützen – eine Organisation schaffen?«[93]

---

90 Zitiert nach Eppe: Selbsthilfe, S. 31.
91 Preußische Verordnung über die Verhütung eines die gesetzliche Freiheit und Ordnung gefährdenden Missbrauchs des Versammlungs- und Vereinigungsrechts, in: Gesetz-Sammlung für die Königlich-Preußischen Staaten 1850, S. 316.
92 Korn: Die Arbeiterjugendbewegung, S. 62. Es gab parallel eine süddeutsche Organisation der sozialistischen Jugendvereine, den im September 1904 gegründeten Verband junger Arbeiter. Da es in Süddeutschland kein vergleichbares Vereinsgesetz gab, konnte der Verband sich einen ausgesprochen politischen Anstrich geben. Vgl. ebd., S. 67. Dies fand durch die Ausdehnung des preußischen Gesetzes auf das gesamte Reich am 15. Mai 1908 ein Ende. Zur Entstehung des Gesetzes siehe Sieger: Das erste Jahrzehnt, S. 111-113.
93 In Köln, in: AJ 2 (1906), S. 5. Christov sieht in diesem Artikel analog zu den Vorgängen in Berlin den Auslöser für die Kölner Vereinsgründung. Vgl. Christov: Junge Garde, S. 23.

Dies war eine deutliche Aufforderung, auch in Köln einen Verein zu gründen. Es dauerte aber noch ein gutes Jahr, bis sich am 23. Mai 1907 auch in Köln eine Ortsgruppe mit anfänglich 15 Mitgliedern bildete.[94] Ob Sollmann zu den Gründungsmitgliedern gehörte, ist nicht zu klären, aber wahrscheinlich, denn bereits im Juli 1907 publizierte er in der Rheinischen Zeitung einen Artikel, in dem er die Aufgaben der Bewegung aus seiner Sicht erörterte.[95] Darin führt er aus, dass die zögerliche Behandlung der Organisation der Jugend durch die Partei der schwierigen Frage geschuldet sei, wie die Jugend geschult und erzogen werden solle. Die Verpflichtung auf eine bestimmte Lehre, auch die sozialistische, lehnte Sollmann ab. Ziel müsse es sein, »freie, unabhängig denkende Menschen« zu erziehen, »die in geistiger Arbeit und innerem Ringen sich selbst ihre Überzeugung bilden«. In erster Linie solle die Jugendarbeit Bildungsaufgaben übernehmen, »geistige Belehrung und Belebung«, um die mangelhafte Ausbildung der »verpfafften und versklavten« Schule auszugleichen. Insbesondere die Naturkunde, die Völkergeschichte sowie Kunst- und Kulturgeschichte sollten Beachtung finden. Weiterhin hielt Sollmann die sexuelle Aufklärung sowie die Sensibilisierung für die Gefahren des Alkoholkonsums für geboten. Den Jugendlichen sollte der Konsum von Alkohol zwar nicht grundsätzlich untersagt werden, aber durch Hinweise auf die Folgen verhindert werden, dass es zu unbotmäßigem Gebrauch komme. Schließlich sollte dies um sportliche Betätigung ergänzt werden, um die Jugendlichen von den bürgerlichen Sportvereinen fernzuhalten, die »zum Hurrapatriotismus und geistiger Verödung führen«. Wesentlicher Teil der Sportpflege sollten Fußmärsche sein, um die Liebe zur Natur zu wecken und wachzuhalten. Dazu sollte noch der Lehrlingsschutz kommen, womit sich ein riesiges Aufgabenfeld vor der Bewegung auftürmte.[96]

Der proletarischen Jugendbewegung kam in Sollmanns Augen in erster Linie die Aufgabe zu, durch ein breit gefächertes Bildungsangebot den Jugendlichen die Grundlage für eine freie geistige Entwicklung und Willensbildung zu geben.[97] Politi-

---

94 AJ 3 (1907), S. 14. Bruno Runowski berichtet, der Impuls zur Gründung sei von ihm und Peter Winnen ausgegangen. Beide waren kurze Zeit vorher nach Köln gekommen. Vgl. Runowski: Die Gründungszeit der Kölner SAJ, in: RZ Nr. 72, 25. März 1932.
95 W. S.: Junge Garde, in: RZ Nr. 165, 19. Juli 1907. Der Verfasser ist aller Wahrscheinlichkeit nach Sollmann. Helmuth Stoecker sieht zwar seinen Vater Walter Stoecker als Verfasser, was jedoch aus zwei Gründen nicht glaubwürdig erscheint: Er selbst erwähnt, dass es auch Artikel mit dem Kürzel W. St. gibt, die er berechtigterweise W. Stoecker zuschreibt. Warum dieser unter zwei Kürzeln publiziert haben soll und zusätzlich unter dem einzigen, das für einen anderen führenden Jugendgenossen naheliegend ist, erklärt er nicht. Weiterhin berichtet er, W. Stöcker habe erstmals im Oktober 1908 längere Artikel in der RZ veröffentlicht. Durch den umfangreichen Artikel vom Juli 1907 mit dem Kürzel W.S. kann die Urheberschaft Sollmanns für die Artikel unter diesem Kürzel daher wohl als gesichert gelten. Vgl. Stoecker: Walter Stoecker, S. 22, Anm. 7, S. 25, Anm. 11.
96 Ebd.
97 Sollmann schreibt rückblickend auf die Anfänge der Jugendbewegung in Köln, die Bildung habe ihnen als oberste Aufgabe gegolten. Sollmann: Zwanzig Jahre, S. 124.

sche Unterweisung und Betätigung sah er dagegen nicht vor, dies war aber schon aus rechtlicher Sicht nicht möglich, weil beim kleinsten Anschein politischer Betätigung die Auflösung durch die Behörden drohte. Aber auch wenn Sollmann die politische Unterweisung nicht als Aufgabenfeld aufführt, war die Arbeit der Jugendorganisation doch darauf ausgerichtet, die Jugendlichen für die Arbeiterbewegung zu gewinnen. In Erinnerung an die Anfänge der Bewegung schreibt Sollmann:

»Wir wollten uns und andre rüsten für den Klassenkampf der Sozialdemokratie.«[98]

In einem Aufruf an die Jugendlichen in Köln zu Ostern 1909 wird ausgeführt, Ausgangspunkt und Ziel der Erziehung sei die Weltanschauung des Proletariats. Der Eintritt in die Arbeitswelt sei für die Jugendlichen kein Schritt in die Freiheit, sondern in den Zwang der »kapitalistischen Fron«[99].

Über die Aktivitäten der Kölner Ortsgruppe lässt sich für das Gründungsjahr nur wenig berichten. In der Arbeitenden Jugend heißt es im April 1908, man habe 25 Mitgliederversammlungen, zwei Museumsbesichtigungen, vier Unterhaltungsabende und fünf Ausflüge veranstaltet. Dieses Programm mit Schwerpunkt auf der Bildungsarbeit entsprach dem, was Sollmann im Juli 1907 an Aktivitäten vorgeschlagen hatte. Über die Nachfrage der Jugendlichen ist nichts bekannt, aber die Ortsgruppe entwickelte sich recht gut, im Februar 1908 verzeichnete sie 208 Mitglieder.[100]

Die weitere Entwicklung der Kölner Arbeiterjugend fand im Spannungsfeld von programmatischen und organisatorischen Diskussionen innerhalb der Arbeiterbewegung, der staatlichen Überwachung und Verfolgung, der Auseinandersetzung mit dem bürgerlichen beziehungsweise katholischen Vereinswesen sowie dem Schulwesen statt. Organisatorisch standen der Bewegung kurz nach ihrer Gründung einschneidende Veränderungen bevor. Im Zuge der Einführung des Reichsvereinsgesetzes stellte sich für die SPD und die Gewerkschaften das Problem, wie die Frage der Jugendorganisation gelöst werden sollte. Es entwickelte sich eine rege Diskussion, in der Konzepte von einer weitgehenden Eigenständigkeit der Arbeiterjugend bis zu einer eng an die Gewerkschafts- und Parteiorganisation gebundenen Form kursierten.[101] Bereits frühzeitig sprachen sich die Gewerkschaften gegen eine eigenständige Jugendorganisation aus. Auf dem Gewerkschaftskongress von 1908 wurde die ablehnende Haltung damit begründet, die Jugendvereine würden durch ihre Tätigkeit im Bereich des Jugendschutzes in gewerkschaftliche Aufgabenbereiche eingreifen.[102]

---

98 Ebd.
99 RZ Nr. 84, 10. April 1909.
100 Runowski: Aus unserer Bewegung. Köln, in: AJ 4 (1908), S. 7.
101 Die Diskussion lief hauptsächlich über die Neue Zeit, die Sozialistischen Monatshefte und den Vorwärts. Eine Typisierung der Organisationsentwürfe findet sich bei Eppe: Selbsthilfe, S. 84-98.
102 Protokoll der Verhandlungen der Gewerkschaften Deutschlands, S. 327 f. Zur Haltung der Gewerkschaften vgl. auch Schmidt: Jugendbildung, in: SM Nr. 11 (1908), S. 732-735.

In der Jugendorganisation erblickte man eine Konkurrenz, die als eigenständige Bewegung eine Schwächung der Gewerkschaften bewirke.[103] Nur kurze Zeit später im September 1908 bildete sich der Verband der arbeitenden Jugend Deutschlands auf einer Tagung der nord- und süddeutschen Jugendverbände.[104] Diese Tagung wurde von der norddeutschen Richtung dominiert. Man erhoffte sich von dem unpolitischen Programm und der den Bildungszwecken dienenden Tätigkeit eine Anerkennung des Zentralverbandes durch den folgenden Parteitag.

Auf dem sozialdemokratischen Parteitag im September legte der Parteivorstand jedoch eine Resolution vor, die den Entschlüssen des Gewerkschaftskongresses zur Jugendbewegung entgegenkam. Beschlossen wurde die Bildung von Jugendausschüssen, zu je einem Drittel aus Vertretern der Partei, der Gewerkschaften und der Jugendlichen über 18 Jahre besetzt, die sukzessive die Ortsvereine ersetzen sollten. Diese traten neben die bereits existierenden Jugendvereine, die weiter bestanden. Infolge dessen wurde der erst kurz zuvor gegründete Verband der arbeitenden Jugend Deutschlands am 11. Oktober 1908 wieder aufgelöst. Stattdessen wurde als Ergänzung zu den Jugendausschüssen die Zentralstelle für die arbeitende Jugend Deutschlands eingerichtet, deren Vorsitzender Friedrich Ebert war. Diese gab ab Januar 1909 die Zeitschrift Arbeiter-Jugend als Zentralorgan der Jugendausschüsse heraus.[105] Die wirtschaftliche Interessenvertretung, eine der wichtigsten Aufgaben der bisherigen Jugendvereine, wurde den Jugendausschüssen entzogen. Sie sollte den gewerkschaftlichen Organisationen überlassen bleiben. Die Gewerkschaftskartelle sollten dazu Lehrlingsschutzkommissionen einrichten.[106] Den Jugendausschüssen wurde aber zugestanden, Missstände im Jugendschutz aufzudecken und Material darüber an die Gewerkschaften weiterzuleiten. Alle politischen Diskussionen und Beschlüsse sollten der Partei vorbehalten bleiben. Als Ziel der Jugendbewegung wurde formuliert, sie solle die Jugend »im Sinne unserer sozialistischen Weltanschauung für den Klassenkampf«[107] erziehen.

Zu den wichtigsten Aufgaben der Jugendausschüsse gehörte es, die Arbeiter-Jugend zu verbreiten und neue Abonnenten zu werben. Die Jugendlichen standen nur als Abonnenten der Zeitschrift in Verbindung zur Organisation. Eine formale Mitgliedschaft, Statuten oder andere vereinsähnliche Strukturen gab es nicht mehr. Die vormalige Jugendorganisation war damit ihrer Eigenständigkeit beraubt und hatte zentrale Aufgaben verloren. Im Rahmen des Reichsvereinsgesetzes ist dies insofern verständlich, als man in der Partei befürchten musste, dass aufgrund der restriktiven

---

103 Vgl. Eppe: Selbsthilfe, S. 84 f.; Damerius/Hartmann: Entstehungszusammenhänge, S. 138-143.
104 Korn: Die Arbeiterjugendbewegung, S. 132 f.
105 Die Zentralstelle setzte sich zu gleichen Teilen aus Vertretern der Partei, der Gewerkschaften und der Jugend zusammen. Ebert hatte die Leitung bis zu seiner Ernennung zum Reichskanzler inne. Korn: Die Arbeiterjugendbewegung, S. 175 f.
106 Protokoll Parteitag 1908, S. 551.
107 Ebd.

3 Die sozialistische Jugendbewegung: Rebellion gegen die Partei

Vorgehensweise der staatlichen Behörden eine eigenständige sozialistische Jugendbewegung mit weitreichendem Aufgabenbereich nicht lange Bestand haben würde. Hinsichtlich der Aufgabenverteilung war die Resolution ein Kompromiss zwischen den Interessen der Partei und denen der Gewerkschaften. In der Jugendbewegung wurde die Entscheidung des Parteitags jedoch zwiespältig aufgenommen.[108] Sollmann selbst wertete die Entschlüsse des Gewerkschaftskongresses und des Parteitags zur Jugendfrage rückblickend als bewusste Entscheidung, um das Entstehen politischer Jugendorganisationen zu verhindern, ohne daraus einen Vorwurf abzuleiten.[109]

In Köln resultierte diese Entwicklung in der Gründung des Jugendausschusses für Köln-Stadt und -Land.[110] Gebildet wurde er aus zwei Vertretern der SPD, drei der Gewerkschaften und vier Jugendlichen, was nicht der vorgesehenen Regelung entsprach.[111] Derartige Zusammensetzungen stellten aber eine Ausnahme dar, zumeist mussten sich die Jugendlichen mit dem vorgesehenen Drittel zufriedengeben.[112] Dies ist ein Ausdruck der Bestrebungen der Kölner und der rheinischen Arbeiterjugend, die sich als Vorreiter gegen eine Bevormundung durch Partei und Gewerkschaften auszeichneten.[113] Einer der Wortführer dieser Opposition war Wilhelm Sollmann. Kurze Zeit nach Gründung der Jugendausschüsse regte sich auf einer Konferenz der rheinisch-westfälischen Jugendausschüsse im August 1909 offener Protest gegen die

---

108 Korn berichtet: »In der Jugend wurde das Ergebnis des Parteitags mit Jubel begrüßt.« Korn: Die Arbeiterjugendbewegung, S. 141. Diese Wertung ist zu pauschal. Die Reaktionen zeigen ein viel differenzierteres Bild, das eher von negativer Stimmung geprägt ist. Vgl. Protokoll der Konferenz der Jugendausschüsse 1910.

109 RZ Nr. 34, 12. Juni 1911. Die Interpretation von Brandt, der darin einen heftigen Protest Sollmanns gegen diese Entscheidung sieht, ist irreführend. Vgl. Brandt: Die Anfänge, S. 172. Sollmann führte die Entscheidung des Parteitags hier als Argument gegen die Bezeichnung der Jugendbewegung als politischem Verein an, und nicht um gegen diese Entscheidung zu protestieren.

110 Trotz des sich konstituierenden Jugendausschusses verlor die Bewegung in Köln den alten Vereinscharakter nie ganz. Es ist in Bezug auf Köln immer von der Freien Jugend die Rede, also dem alten Vereinsnamen. So heißt es auch in den Jahresberichten meist: »Die Kölner freie Jugendbewegung«. Vgl. bspw. RZ Nr. 10, 12. Januar 1911. Nach außen wurde aber stets betont, dass es sich nicht um einen Verein handele. Vgl. RZ Nr. 34, 12. Juni 1911.

111 Sollmann: Die Jugendbewegung in Köln, in: Arbeiter-Jugend 6 (1910), S. 83. Vgl. auch RZ Nr. 84, 10. April 1909. Der Beschluss des Parteitages sah eine Zweidrittelmehrheit der Erwachsenen vor. Die Ortsgruppen gingen in dieser Frage aber recht eigenständig vor. Vgl. Korn: Die Arbeiterjugendbewegung, S. 185. Ob Sollmann von Beginn an Mitglied war, lässt sich nicht direkt belegen. Da er den Jahresbericht des Ausschusses für die Arbeiter-Jugend, das offizielle Organ der Jugendausschüsse, verfasste, ist aber davon auszugehen. Er muss einer der Vertreter der Partei gewesen sein. Daher hatte er spätestens 1909 eine führende Rolle in der Kölner Jugendbewegung inne. Vorsitzender des Ausschusses war er spätestens 1910. Vgl. RZ Nr. 283, 6. Dezember 1910.

112 Stoecker gibt an, 1911 wären ca. 20 Prozent der 280 Jugendausschüsse zur Hälfte mit Jugendlichen besetzt gewesen, die Mehrheit davon im Rheinland. Stoecker: Walter Stoecker, S. 35.

113 Zu dieser Phase heißt es bei Sieger: »Ging bisher die Initiative in der Jugendbewegung von Berlin und von Süddeutschland aus, so waren es zu Beginn der neuen Epoche die rheinischen Jugendlichen, die Leben und Schwung in die Jugendbewegung hineinbrachten«. Sieger: Das erste Jahrzehnt, S. 162.

Unterdrückung durch Partei- und Gewerkschaftsfunktionäre. Dies äußerte sich im Beschluss zur Gründung eines Bezirksausschusses und der Forderung einer Reichskonferenz der Jugendausschüsse, auf der die Frage der Organisation geklärt werden sollte. Die Generalversammlung der Kölner Sozialdemokraten 1909 nahm diese Anregung auf und formulierte einen Antrag für den Parteitag in Leipzig.[114]

Dieser Antrag wurde auf dem Parteitag angenommen und die Reichsjugendkonferenz für den 18./19. April 1910 in Berlin einberufen. Dort sorgte die Kölner Delegation, bestehend aus Wilhelm Sollmann und Walter Stoecker, durch eine Reihe von Anträgen für Spannungen. Neben der Forderung, Jugendausschüsse zur Hälfte mit Jugendlichen zu besetzen, beinhalteten sie eine möglichst weitgehende Selbstständigkeit der Ausschüsse, die Herstellung der Verbindung zum internationalen Jugendsekretariat, die Teilnahme am internationalen Kongress der Jugendinternationale, die Gründung von Bezirksjugendausschüssen und größere Aktivitäten der Zentralstelle. Zudem forderten sie die Zentralstelle auf, eine für Jugendliche geeignete Agitationsschrift herauszugeben.[115] Nach dem Rechenschaftsbericht ergänzten sie dies um den Antrag, auch die Zentralstelle zur Hälfte mit Vertretern der Jugendlichen zu besetzen. Die Anträge wurden von Stoecker und Sollmann begründet. Letzterer führte aus, die derzeitige Vertretung in den Jugendausschüssen sei keine gleichberechtigte, weil die Jugendlichen stets in der Minorität seien. Er selbst sei zwar nicht mehr jugendlich, könne aber auf die Mitarbeit der meisten älteren Genossen verzichten. Würden die Jugendlichen zur Führung herangezogen, werde es schneller vorangehen. Diese Anregung sollte dem nächsten Parteitag und Gewerkschaftskongress unterbreitet werden. Zudem warf Sollmann der Zentralstelle vor, sie unterschätze die Wirkung des internationalen Gedankens auf die Jugendlichen. Er regte an, eine Agitationsschrift herauszugeben und internationale Korrespondenten zu werben. Auch ein eigenes Organ nur für die Jugendausschüsse sei nötig. Stoeckers Ausführungen zur Zentralstelle könne er sich nur anschließen. Er vermisse bei ihr das Feuer und die Begeisterung, die gerade für die Förderung der Jugendbewegung so wichtig seien.[116]

Viele Vertreter der Jugendausschüsse schlossen sich in ihren Redebeiträgen diesen Forderungen in mehr oder minder direkter Form an beziehungsweise äußerten ähnliche Kritik. Es gab aber auch Versuche, den Kölner Anträgen einen inneren Widerspruch nachzuweisen, weil sie einerseits mehr Eigenständigkeit für die Jugendlichen anstrebten, andererseits mehr Anleitung durch die Zentralstelle einforderten. Darin lag aber kein Widerspruch, weil die eigenständige Leitung ja eine tatkräftige Unterstützung durch die Zentralstelle nicht ausschloss. Als Vertreter dieser stellte Herr-

---

114 RZ Nr. 188, 16. August 1909.
115 Protokoll der Konferenz der Jugendausschüsse, S. 4-8. Dies bedeutete eine Kritik an der von der Zentralstelle herausgegebenen Arbeiter-Jugend. Sollmann brachte diese Kritik auf dem Parteitag 1913 erneut zum Ausdruck. Vgl. Protokoll Parteitag 1913, S. 245 f.
116 Protokoll der Konferenz der Jugendausschüsse, S. 15. Stoecker hatte die mangelnde Aktivität der Zentralstelle beklagt. Ebd. S. 14 f.

mann Müller fest, es seien »temperamentvolle Angriffe auf die Zentralstelle erfolgt«, womit in erster Linie wohl die Kölner Anträge und Bekundungen gemeint waren. Er lehnte jedoch die meisten Beschwerden als »kleinlich« oder »wenig fruchtbar« ab. Auch Ebert beklagte, es sei wenig sachliche Kritik vorgetragen worden. Die Kölner hätten zwar um ihre Anträge »viel Aufhebens« gemacht, allein drei hätten aber bereits sachgemäße Erledigung gefunden. Er wandte sich auch gegen eine Stärkung der Jugendlichen in den Jugendausschüssen, weil dies nicht zu einer Verbesserung der Arbeit führe, womit er Sollmann direkt widersprach.[117] Da die Zentralstelle die Organisationsfrage gar nicht als eigenen Tagungsordnungspunkt vorgesehen hatte, wollte sie eine Diskussion darüber offensichtlich vermeiden. Einen Beschluss darüber konnte sie verhindern, indem Ebert in seinem Schlusswort beantragte, alle Anträge der Konferenz an die Zentralstelle lediglich »zur Erwägung« zu überweisen, was gegen Sollmanns Protest mit großer Mehrheit beschlossen wurde.[118] Damit hatte die Zentralstelle ihre Position gegenüber dem Ruf nach Veränderung zunächst behauptet. Auf Ebene der Reichskonferenz wurde diese Diskussion auch nicht weitergeführt, weil die Jugendausschüsse nie mehr zu einer solchen zusammentraten.

In gewissem Maße spiegeln sich hier die unterschiedlichen Auffassungen innerhalb der SPD über die Aufgaben der Jugendorganisation wider.[119] Die Mitglieder der Zentralstelle waren von der Partei abgeordnet und traten als deren Vertreter auf. Derweil die Befürworter einer Jugendorganisation sich im linken sowie im revisionistischen beziehungsweise reformistischen Flügel fanden, bestand in der Mitte der SPD um den Vorsitzenden August Bebel und den Parteitheoretiker Karl Kautsky weniger Interesse für die Jugendorganisation.[120] Zwar war man sich der Bedeutung einer Jugendbewegung als Vorfeldorganisation zur frühzeitigen Gewinnung der Jugendlichen für die Arbeiterbewegung durchaus bewusst, aber auch wegen der Bedenken der Gewerkschaften sollte diese inhaltlich und organisatorisch von der Partei kontrolliert werden. Von der Parteileitung ging somit kein Impuls für einen größeren Einfluss der Jugend in der Bewegung aus; auch die Zentralstelle, die ja mit Ebert einen Vertreter der Parteimitte an ihrer Spitze hatte, hielt die Jugendorganisation in der bestehenden Weise bis auf kleinere Änderungen für zufriedenstellend.[121] Dagegen wandten sich die Anhänger einer kämpferischen Jugendbewegung, zu denen Sollmann gehörte, die

---

117 Ebd., S. 19-21. Welche Anträge der Kölner sachgemäß erledigt worden sein sollen, geht aus dem Protokoll nicht hervor.
118 Ebd., S. 21. Vgl. auch RZ Nr. 95, 25. April 1910.
119 Eine Typisierung der in Partei und Gewerkschaften diskutierten Formen, in der die Jugendbewegung organisiert werden sollte, findet sich bei Eppe: Selbsthilfe, S. 84-98.
120 Eppe: 100 Jahre Sozialistische Jugend, S. 50.
121 Die Forschung hat Friedrich Eberts Tätigkeit in der Zentralstelle kaum berücksichtigt. Die ausgezeichnete Biografie von Walter Mühlhausen: Friedrich Ebert thematisiert diesen Aspekt nicht und verweist auf die Arbeit von Peters: Friedrich Ebert. Peters, Mitarbeiter von Ebert in der Zentralstelle und dadurch potenziell eine ergiebige Quelle, berichtet zu Eberts Arbeit in der Zentralstelle aber nur wenig und dies mit apologetischem Charakter. Kotowski geht in seiner Biografie etwas

größere Eigenständigkeit und inhaltliche Ausweitung der Betätigung, Anschluss an die internationale Jugendbewegung und Kampf gegen Militarismus forderten.

Sollmann ließ sich durch den Dämpfer auf der Reichskonferenz nicht entmutigen. Auf Ortsebene blieb genug Raum für eine Ausgestaltung nach dem Willen der jeweiligen Ausschussmitglieder.[122] Als eindeutige Führer der Kölner Arbeiterjugend profilierten sich Walter Stoecker und Wilhelm Sollmann, die in enger Zusammenarbeit ihr Vorgehen koordinierten. Sollmann war eine Art Mentor für den ein Jahrzehnt jüngeren Stoecker.[123] Diese Zusammenarbeit war insofern auch vorteilhaft, als Stoecker durch sein Alter als Vertreter der Jugendlichen gelten konnte, und Sollmann die Rolle des erwachsenen Jugendleiters einnahm, der in der Partei als Fürsprecher der kämpferischen Jugendlichen auftrat. Gemeinsam verfolgten sie weiter ihr Ziel, die Arbeiterjugendbewegung weiterzuentwickeln.

Die Bemühungen manifestierten sich zunächst in drei Anträgen an die Zentralstelle durch die Bezirkskonferenz der Jugendausschüsse des Bezirks Oberrhein, die Jugendausschüsse möglichst paritätisch zu besetzen, eine Korrespondenz für die Jugendausschüsse und eine leicht verständliche Agitationsschrift für die Jugendlichen herauszugeben.[124] Ein Antrag mit dem gleichlautenden Ziel wurde von Stoecker auf der Generalversammlung der Kölner SPD an den Parteitag formuliert und von der Versammlung angenommen.[125] Zudem wich man auch von der Vorgabe der Zentralstelle ab, den Jugendschutz den Gewerkschaften zu überlassen. Im Juni 1910 wurde auf einer Versammlung in Köln eine Jugendschutzkommission gegründet, welche die Jugendschutzbestimmungen verbreiten sowie Beschwerden von Jugendlichen ent-

---

ausführlicher auf diesen Aspekt ein, verweist aber in den wesentlichen Punkten auch auf Peters. Vgl. Kotowski: Friedrich Ebert, S. 174-182.
122 Der Kölner Jugendausschuss konnte paritätisch besetzt werden, ohne Konsequenzen befürchten zu müssen. Dies wurde wohl von der Zentrale stillschweigend geduldet. Vgl. Korn: Die Arbeiterjugendbewegung, S. 188.
123 Sollmann selbst berichtet, er habe mit Stoecker »die Kölner Jugend in engster Freundschaft geführt«. Sollmann: Zwanzig Jahre, S. 124. Dies zeigt u. a. der Briefwechsel, der besonders für das Jahr 1910 einen regen Austausch belegt. Vgl. HAStK 1120/537/II-4-10-II-4-46. Helmut Stoecker führt aus, dass sein Vater nach Beratung mit Sollmann über seine Zukunft im November 1908 eine kaufmännische Lehre begann. Stoecker: Walter Stoecker, S. 23. Sollmann schreibt über Stoecker, dieser sei »meine ureigenste Entdeckung« gewesen. Sollmann: Zwanzig Jahre. Beiden war auch die abstinente Lebenshaltung gemeinsam.
124 B. P.: Bezirkskonferenz für den Oberrhein, in: Arbeiter-Jugend 27 (1910), S. 218; Vorwärts 17. Dezember 1910. Sollmann war Vorsitzender des Bezirksausschusses für den Oberrhein, der auf einer Konferenz der Jugendausschüsse von Rheinland und Westfalen im Juli 1910 durch den Beschluss, Bezirke nach Einteilung der Parteiorganisation zu bilden, gegründet worden war. RZ Nr. 161, 14. Juli 1910.
125 RZ Nr. 182, 8. August 1910.

gegennehmen und bei Verstößen die Untersuchung und Anzeige bei der Gewerbeinspektion übernehmen sollte.[126]

Auch die bereits auf der Reichskonferenz erhobene Forderung nach einer Zeitschrift für die Jugendbewegung wurde zwischen Sollmann und Stoecker weiter erörtert und der Zentralstelle erneut übermittelt. Friedrich Ebert gestand zwar zu, dass eine bessere Information der Partei- und Gewerkschaftspresse über die Jugendbewegung wünschenswert sei, lehnte aber die Schaffung einer eigenen Korrespondenz ab, weil die gestellte Aufgabe auch über das zentrale Pressebüro gelöst werden könnte. Der Redakteur der Arbeiter-Jugend, Karl Korn, sollte das Büro mit geeignetem Material beliefern. Ebert bat Sollmann und Stoecker darum, Korn dabei zu unterstützen.[127] Der erneute Vorstoß war daher nur bedingt erfolgreich.

In organisatorischer Hinsicht bemühte sich Sollmann um eine Klärung der Zuständigkeiten. Die Einrichtung der Jugendausschüsse hatte sich seiner Meinung nach bewährt:

»In anderthalbjähriger Arbeit haben die Jugendausschüsse an den allermeisten Orten einen vollen Befähigungsnachweis erbracht, und selbst die Genossen, die den bekannten Resolutionen von Nürnberg und Hamburg skeptisch gegenüberstanden, werden inzwischen eingesehen haben, daß Partei und Gewerkschaften damit einer gesunden, innerlich kräftigen Jugendbewegung und planmäßigen Jugenderziehung Bahn gebrochen haben.«[128]

Ebenso unterstützte er die Arbeitsteilung, die den Jugendausschüssen die Bildungsarbeit und den Gewerkschaften beziehungsweise der Partei die wirtschaftliche und politische Interessenvertretung übertrug. Sogar die Bildung von gewerkschaftlichen Jugendabteilungen befürwortete er. Entscheidend war für ihn in diesem Fall, dass es innerhalb der Bewegung eine klare Abgrenzung der Kompetenzen gab. Da es Bestrebungen mancher gewerkschaftlicher Ortsverbände gab, Aufgaben der Jugendausschüsse zu übernehmen, forderte Sollmann ausdrücklich, allein den Jugendausschüssen die gesamte Jugendbildungsarbeit zu überlassen:

»Die politische Vertretung der Partei, die wirtschaftlichen Interessen der Jugendlichen den Gewerkschaften, die ganze allgemeine Erziehungsarbeit aber den Jugend-

---

126 RZ Nr. 129, 7. Juni 1910; Arbeiter-Jugend 15 (1910), S. 227. Insofern beging der Kölner Jugendausschuss auch selbst die von Sollmann beklagten Kompetenzüberschreitungen.
127 Vgl. Stoecker an Sollmann vom 31. August 1910, HAStK 1120/537/II-4-19, 19 a–c; Ebert an Sollmann vom 7. Oktober 1910, HAStK 1120/537/II-4-33. Inwiefern Sollmann dieser Bitte nachkam, lässt sich nicht überprüfen. Die Korrespondenz zwischen Sollmann und Korn gibt darüber keine Auskunft.
128 Sollmann: Jugendausschüsse und Jugendabteilungen der Gewerkschaften, in: Die Neue Zeit 28/2 (1910), S. 933-935, S. 933.

ausschüssen, in denen Partei, Gewerkschaften und Jugend gemeinsam arbeiten. Bleibt es dabei, dann Glückauf zu möglichst vielen gewerkschaftlichen Jugendsektionen.«[129]

Es ging Sollmann daher in erster Linie darum, den Jugendausschüssen ihren Aufgabenbereich zu sichern. Uneinigkeit mit der Zentralstelle bestand vor allem darüber, wie die Arbeit der Jugendausschüsse und der Bewegung insgesamt möglichst wirksam werden könnte. Die meisten Kölner Anträge auf der Reichskonferenz zielten ja darauf ab, dass die Organisation ausgebaut werden und die Zentralstelle mehr Aktivität in diesem Sinne entwickeln sollte.[130]

Wie dieses Ziel seiner Meinung nach erreicht werden konnte, führte er in einem programmatischen Beitrag zum Ausbau der Jugendbewegung aus.[131] Nach einer kurzen Analyse der Mitgliederentwicklung, die er als nicht zufriedenstellend charakterisierte und auf organisatorische Mängel zurückführte, nannte er die Ideen, die seiner Meinung nach Abhilfe schaffen könnten. Zunächst bedürfe es einer neuen Zentralstelle für die arbeitende Jugend. Die derzeitige Einrichtung arbeite nach Kräften, aber weil die Mitarbeiter ihre Aufgaben neben ihrer Tätigkeit als Abgeordnete oder an anderer Stelle verrichteten, könnten sie nicht ihre volle Aufmerksamkeit auf die Jugendarbeit richten. Als Gegenbeispiel verwies er auf das Generalsekretariat der katholischen Jugendbewegung, gegen das die überlastete Zentralstelle nicht mithalten könne.[132]

Dies waren im Grunde die gleichen Ideen, die er bereits zuvor genannt hatte, ergänzt um die Forderung, eine Zentralstelle mit hauptamtlichen Mitarbeitern einzurichten, die eine Fülle zusätzlicher Aufgaben übernehmen könnten. Auf die Frage des Einflusses der Jugendlichen beziehungsweise die Eigenständigkeit der Bewegung ging er nicht ein. Sein Ziel war es, die Bewegung organisatorisch zu festigen, um die Grundlagen für eine fruchtbare Weiterentwicklung zu legen. Besonders die Stärke der katholischen Jugendbewegung machte ihm Sorgen. Wenn man sich gegen diese behaupten wolle, dürfe man nicht an der bestehenden Organisationsform festhalten.[133]

Die Vorschläge, die er in seinen Beiträgen in der Neuen Zeit unterbreitete, waren eine Absage an eine eigenständige Jugendbewegung mit weitgehender Selbstverwaltung sowie umfassender Interessenvertretung der Jugendlichen. Dies war aber wohl

---

129 Sollmann: Jugendausschüsse, S. 935. Er sprach damit ein Problem an, das sich ergeben hatte, weil der Nürnberger Parteitag bei der Neukonzeptionierung der Organisation der Jugendbewegung die Jugendsektionen der Gewerkschaften ausgeklammert hatte. Vgl. Eppe: Selbsthilfe, S. 66-68.
130 Die Organisationsfrage blieb auch in den folgenden Jahren ein Streitthema. Auf dem Parteitag in Jena wurde das Thema unter Beteiligung Sollmanns erneut kontrovers diskutiert, ohne dass es zu einem Ergebnis kam. Vgl. Protokoll des Parteitags, S. 245 f., 256-260.
131 Sollmann: Zum Ausbau unserer Jugendbewegung, in: Die Neue Zeit, 29/2 (1911), S. 813-816.
132 Ebd., S. 816. Er forderte darüber hinaus erneut eine eigene Zeitungskorrespondenz und einen Ratgeber für die Jugendausschüsse sowie ein eigenes Sekretariat für die Jugendausschüsse.
133 Dies war sicherlich auch den Erfahrungen in Köln, wo die katholischen Jugendvereine eine starke Stellung hatten, geschuldet. Vgl. dazu weiter unten im Kapitel.

weniger seiner inneren Überzeugung geschuldet, dass die bestehende Organisation besser geeignet sei, als der Einsicht, unter den gegebenen Rahmenbedingungen nicht anders agieren zu können. Die Reichskonferenz hatte gezeigt, dass eine andere Form der Organisation kaum durchzusetzen war. Zudem erschienen derartige Bestrebungen auch im Rahmen des Reichsvereinsgesetzes und dessen restriktiver Auslegung durch die Behörden, die seit 1909 gezielt gegen die Arbeiterjugend vorgingen, aussichtslos.[134] Möglicherweise trat Sollmann für die Jugendausschüsse ein, weil sich gezeigt hatte, dass bei entsprechendem Einsatz auch in der bestehenden Form vor Ort eine gewisse Gestaltungsfreiheit bestand, die sich in Köln unter anderem darin äußerte, dass den Jugendlichen entgegen den Vorgaben mehr Stimmen in den Ausschüssen zugestanden wurden.

Da in organisatorischer Hinsicht keine Weiterentwicklung zu erkennen war, ging es daher vor allem um die Frage, mit welchen Inhalten die Jugendarbeit in den lokalen Organisationen gefüllt werden sollte. Die Rahmenbedingungen waren einer aktiven Jugendarbeit nicht zuträglich, weil die lose Form der Organisation, die die Jugendlichen nur als Abonnenten der Arbeiter-Jugend an die Bewegung band, eine zielgerichtete Agitation erschwerte. Die Kölner Jugendbewegung entfaltete dennoch ein breites Spektrum an Aktivitäten. Besonders die rheinisch-westfälischen Jugendausschüsse gelten als Beispiel dafür, dass man auch in der gegebenen Organisationsform eine rege Betätigung entfalten konnte.[135]

Die Aufgabe der Jugendausschüsse war laut Parteitagsbeschluss, die Jugendlichen im Sinne der proletarischen Weltanschauung zu erziehen. In erster Linie sollte dies durch Vorträge aus den Gebieten der Volkswirtschaft, Geschichte, Gesetzeskunde, Naturwissenschaft, Technik, Literatur, Kunst und Gesundheitspflege erreicht werden. Weiterhin sollten Sport, Spiel, Unterhaltung und Geselligkeit gepflegt, Bibliotheken aufgebaut und, soweit möglich, Jugendheime eingerichtet werden.[136] Die Jahresberichte des Kölner Jugendausschusses über seine Aktivitäten entsprechen genau diesem Aufgabenfeld. So heißt es für das Jahr 1909:

> »Zur Bildung und Aufklärung der Jugend veranstaltete der Ausschuß im Jahre 1909 insgesamt 35 Vorträge, zwei Vorlesungen, einen literarischen Abend, vier öffentliche Jugendversammlungen, sechs Unterhaltungsabende und Feste, eine Schiller- und eine Weihnachtsfeier. Es wurden folgende Gebiete behandelt: Jugendbewegung, Reisebilder und Wanderungen, Geschichte, Naturwissenschaft,

---

134 Dieses grundsätzliche Problem für die Führer der Arbeiterjugendbewegung wird auch von Eppe betont: »Die restriktiven Einwirkungen des politisch-rechtlichen Systems verzerrten die Formulierungen von Zielsetzungen und die Praxis der Jugendorganisationen. Man kann nicht davon ausgehen, daß die Realität dem entsprach, was als Idealbild den Gründern und Gestaltern der Arbeiterjugend vor Augen stand.« Eppe: Selbsthilfe, S. 98.
135 Sieger: Das erste Jahrzehnt, S. 163.
136 Protokoll des Parteitags 1908, S. 551; Korn: Die Arbeiterjugendbewegung, S. 174 f.

Alkoholfrage, geschlechtliche Aufklärung, Literatur- und Zeitungswesen. [...] Die Zentralbibliothek im Volkshause findet steigende Benutzung durch die Jugendlichen. [...] Durch 4 Tages- und 8 Halbtagswanderungen in die nähere und weitere Umgebung Kölns und eine Nachtfahrt (Sonnenwendfeier) ins Siebengebirge wurde die Freude an den Schönheiten der Natur und die Lust am frischfrohen Wandern geweckt und gepflegt.«[137]

Besonderen Wert legte man auf den sittlichen Aspekt der Erziehung:

»In den Grundsätzen, nach denen unsre Jugend geführt wird, hat sich im letzten Jahre nichts geändert. Über die großen Feinde der Jugend: Alkohol, Nikotin, literarischer Schund wurde unermüdlich Aufklärung geschaffen.«[138]

War dies ein grundsätzliches Anliegen der Arbeiterjugendbewegung, so fand es in Köln verstärkte Beachtung, waren hier doch mit Sollmann und Stoecker die beiden Führungspersonen in der Abstinenzbewegung aktiv.[139] Die lebensreformerische Überzeugung Sollmanns kommt in seiner Betätigung deutlich zum Vorschein. Die Alkoholfrage scheint keiner Diskussion bedurft zu haben, die Jugendlichen ließen auf den Veranstaltungen keinerlei Anzeichen des Widerstands gegen das Alkoholverbot erkennen – im Gegenteil, sie befürworteten dies.[140] Die zahlreichen Vorträge von Sollmann, Stoecker und anderen Genossen fanden daher regen Anklang. Bei Sollmann tauchten in dieser Hinsicht auch zivilisationskritische Überlegungen auf, wenn er etwa in einer Mädchenversammlung vor den »Großstadtvergnügungen« warnte, zu denen für ihn nicht nur Alkohol, sondern auch Tanzsäle zählten.[141] Unterhaltung sollte zwar auch bei der Arbeiterjugend nicht zu kurz kommen, aber sie sollte nicht Selbstzweck sein, sondern einen erzieherischen Wert haben.

---

137 Sollmann: Die Jugendbewegung in Köln, in: Arbeiter-Jugend 6 (1910), S. 83. Die folgenden Jahresberichte weisen bei steigender Zahl der Veranstaltungen stets ähnliche Inhalte auf. Vgl. RZ Nr. 10, 12. Januar 1911; Arbeiter-Jugend 3 (1912), S. 39; Arbeiter-Jugend 13 (1914), S. 199.
138 Arbeiter-Jugend 3 (1912), S. 39.
139 Sollmann schreibt dazu: »Oh nein, es gibt keine Bewegung, die mehr als die unsere bestrebt ist, die Jugend zu sittlich reifen Menschen zu erziehen.« Sollmann: Frisch-fröhliche Jugend, in: Arbeiter-Jugend 1 (1911), S. 1.
140 Franz Dahlem, selbst Mitglied der Kölner Arbeiterjugend, berichtet, viele der Jugendgenossen seien im Arbeiter-Abstinenten-Bund organisiert gewesen. Dahlem: Jugendjahre, S. 261. Auch die Nachfolgerin Sollmanns als Vorsitzende der Kölner Sektion des Arbeiter-Abstinenten-Bundes Emma Tromm stammte aus der Arbeiterjugend. Vgl. Nl. Franz und Käthe Dahlem, BA-B NY 4072/137.
141 RZ Nr. 163, 17. Juli 1911. Dies steht im engen Zusammenhang mit seinem lebensreformerischen Überzeugungen, wie sie in den Briefen an seine Frau Katharina vor der Ehe zum Ausdruck kommen. Vgl. Sollmann an Käthe Grümmer vom 14. und 31. Januar 1906, SCPC, DG 45 Wilhelm Sollmann, Box 18, Folder »Correspondence Sollmann Family 1906–1920«, Bl. 1 f., 3 f.

Neben der Aufklärung über die Gefahren des Alkohols war besonders der Kampf gegen die »Schundliteratur« ausgeprägt.[142] Dieser richtete sich unter anderem gegen preiswerte Büchlein, wie sie in Köln der Verlag J. P. Bachem herausgab. Es handelte sich oft um triviale Erzählungen, die Imperialismus und Krieg verherrlichten, männliches Draufgängertum anpriesen und auch rassistische Vorurteile schürten.[143] Gegen derartige Literatur wandte sich Sollmann, wenn er sich über »Räuberromane« mokierte.[144] Was ihm als Lesestoff vorschwebte, waren die Klassiker, Goethe, Lessing, Schiller und Heine. Den Jugendlichen den Zugang zur klassischen Literatur zu eröffnen, darin lag für ihn ein wichtiger Schritt auf dem Weg zu einer höheren Kultur der Arbeiterjugend.[145] Dieses Bildungsverständnis offenbart eindeutig bürgerliche Züge. Auch die Forderung nach der Herausgabe einer auf die Bedürfnisse der Jugendlichen zugeschnittenen Agitationsschrift, die von Sollmann und seinen Mitstreitern wiederholt erhoben wurde, gehört zu diesem Einsatz für jugendgerechte Schriften. Themen aus dem Pressewesen zählten auch zum Vortragsspektrum. Ebenso verurteilte er die Verherrlichung des Militarismus in der katholischen Jugend.[146]

Einen wichtigen Teil der Jugendarbeit machten die Wanderungen und Ausflüge aus. Dem Bezug zur Natur wurde von den Führern um Sollmann großer Wert beigemessen.[147] Die Liebe zur Natur war bei ihm sehr ausgeprägt. Wanderungen standen mindestens einmal pro Monat an. Regelmäßige Veranstaltungen waren die Pfingstwanderungen, an denen mehrere hundert Jugendliche teilnahmen. Hinzu kamen Sonnenwendfeiern in der Umgebung Kölns. Dies war zunächst ein Ausgleich für die physischen Anstrengungen der Arbeit und sollte dem körperlichen und seelischen Gleichgewicht dienen, wie es auf der Reichsjugendkonferenz formuliert worden war.[148] Aber diese Veranstaltungen hatten auch einen politischen Charakter, wie anhand der Sonnenwendfahrt 1910 deutlich wird. Am Fahnenmast des Schiffes, das die Teilnehmer nach Königswinter brachte, wehte die rote Fahne. Auf einem Berggipfel des Siebengebirges angekommen, wurde erneut die rote Fahne gehisst. Bei Sonnenaufgang trat man zur »Morgenandacht« zusammen:

---

142 Sollmann: Die Kölner freie Jugendbewegung im Jahre 1910, in: Arbeiter-Jugend 3 (1911), S. 38. Die Bemühungen um eine sozialdemokratische, für Kinder und Jugendliche geeignete Literatur sind ein Charakteristikum der frühen Arbeiterbewegung. Auf den Parteitagen zwischen 1870 und 1904 wurde dies immer wieder erörtert. Eppe: Selbsthilfe, S. 52.
143 Beispielhaft wird in der RZ die Erzählung von Karl Tanera »Aus der Prima nach Tientsin« herangezogen. RZ Nr. 292, 14. Dezember 1911. Vgl. Tanera: Aus der Prima nach Tientsin.
144 Sollmann: Zwanzig Jahre.
145 Sollmann: Junge Garde. Die klassische Literatur wurde stets als zentraler Inhalt der Bildungsbestrebungen hervorgehoben. Vgl. RZ Nr. 84, 10. April 1909.
146 Vgl. Sollmann: Zeitungsabende, in: Arbeiter-Jugend 18 (1910), S. 276; Sollmann: Stillgestanden!, in: Arbeiter-Jugend 21 (1912), S. 326.
147 Meerfeld betont in seinem Nachruf auf Sollmann dessen Liebe zur Natur und Begeisterung für Wanderungen. Meerfeld: Wilhelm Sollmann.
148 Protokoll der Reichsjugendkonferenz, S. 6.

»Die Genossen Sollmann und Stoecker sprachen von dem großen weltgeschichtlichen Sonnenaufgang der Arbeiterbewegung, in dessen Strahlen nun auch die Jugendbewegung aufleuchtet.«[149]

In den Ruinen des Klosters Heisterbach wurde anschließend die Internationale gesungen.[150] So dienten die Wanderungen und Fahrten auch dazu, ein Gemeinschaftsgefühl zu schaffen und die Betätigung der Arbeiterjugend als Teil des Emanzipationskampfes der Arbeiterbewegung zu verdeutlichen.

Auch die internationale Vernetzung, die die Kölner auf der Reichskonferenz gefordert hatten, wurde in die Tat umgesetzt. Mit der belgischen Arbeiterjugend stand man in regem Austausch: 1909 empfing man in Köln eine Delegation der »gewezen Volkskinderen« aus Gent. Sollmann begrüßte die Gäste und führte aus, dass die Arbeiterjugend »die Verbrüderung der Proletarier aller Länder fortsetzen und beenden werde«[151]. Im folgenden Jahr organisierten die Kölner eine Fahrt nach Belgien, die auch einen Besuch der Weltausstellung in Brüssel beinhaltete.[152]

Ebenso war man im Jugendschutz sehr aktiv. Die im Juni 1910 gegründete Jugendschutzkommission nahm nicht nur Meldungen und Informationen über Missstände im Lehrlingsverhältnis entgegen, um sie dem Gewerkschaftssekretariat weiterzureichen, sondern bearbeitete die Fälle selbst.[153] Lediglich für das Jahr 1912 lässt sich feststellen, in welchem Umfang das Angebot genutzt wurde:

---

149 Sollmann: Eine Sommersonnenwendfahrt, in: Arbeiter-Jugend 17 (1910), S. 259.
150 Gesang spielte bei den Wanderungen und Veranstaltungen der Arbeiterjugend eine große Rolle. Er wurde als Ausdruck von Mut und Lebensfreude verstanden. Besonders gerne wurden die Marseillaise und die Internationale gesungen. Vgl. Sollmann: Singt!, in: Beilage zur Arbeiter-Jugend 15 (1910), S. 234.
151 RZ Nr. 163, 17. Juli 1909.
152 Stoecker: Die belgische Reise der Kölner Freien Jugend, in: Arbeiter-Jugend 20 (1910), S. 314 f. Zur Finanzierung der Reise wurden Wander- und Reisesparkassen eingerichtet, die Vorbildcharakter für andere Jugendausschüsse hatten. Über die Wintermonate wurden von den Jugendlichen kleinere Beträge einbezahlt, die für die Belgien-Reise immerhin 800 Mark einbrachten. Dies ließ sich mit der Kampagne gegen Alkohol und Nikotin verbinden, indem man argumentierte, das durch den Verzicht auf die Drogen gesparte Geld könne gespart werden. Stoecker: Wander- und Reisesparkassen, in: Arbeiter-Jugend 16 (1910), S. 250.
153 Dies war auch dadurch begründet, dass sich die Gewerkschaften nicht wie gewünscht um den Jugendschutz kümmerten. Vgl. RZ Nr. 93, 22. April 1909. Zur Gründung siehe RZ Nr. 129, 7. Juni 1910; Arbeiter-Jugend 15 (1910), S. 227. Zur Bearbeitung der Fälle siehe Arbeiter-Jugend 19 (1912), S. 296. Vgl. auch Eppe: Selbsthilfe, S. 76. Zur Tätigkeit des Aktionsausschusses, dem zwei Jugendliche und der Arbeitersekretär angehörten – einer der Jugendlichen war Walter Stoecker –, siehe Arbeiter-Jugend 15 (1910), S. 228; Arbeiter-Jugend 7 (1910), S. 100; RZ Nr. 105, 6. Mai 1911; Arbeiter-Jugend 15 (1911), S. 232; Sollmann: Nieder mit der Nachtarbeit, in: Arbeiter-Jugend 9 (1912), S. 133 f.; Arbeiter-Jugend 8 (1914), S. 118.

> »Es wurden in 11 Fällen junge Arbeiter am Gewerbegericht vertreten und in 30 Fällen mündliche Auskunft erteilt. In einem Falle wurde der Staatsanwalt angerufen und Verurteilung erzielt.«[154]

Allerdings musste die Jugendschutzkommission nach nur wenigen Jahren die Arbeit einstellen. Wegen der Arbeitsbelastung der Mitglieder, die diese Tätigkeit ehrenamtlich ausübten, und der Gefahr, dass die Betätigung im Jugendschutz von den Behörden als politisch eingestuft werden konnte, gab die Kommission diese Aufgabe 1914 an die Gewerkschaften und die Arbeitersekretariate ab.[155]

Ein zentrales Problem für die Agitation und die Veranstaltungen war lange Zeit das Fehlen eines eigenen Jugendheimes, weil die Räume im Volkshaus nicht genügend Platz boten.[156] Ende des Jahres 1910 konnte durch die Einweihung des ersten Jugendheimes in Kalk ein Schritt zur Lösung getan werden.[157]

Das Programm des Kölner Jugendausschusses wurde nicht nur von den eigenen Mitgliedern bestritten, man bemühte sich auch um prominente Gastredner. Unter anderem hielt Simon Katzenstein, der Referent an der sozialdemokratischen Parteischule in Berlin war und den Sollmann aus dem Arbeiter-Abstinenten-Bund kannte, Vorträge über »Der Kampf um die Kinderseele« und »Der Sozialismus als Religion«.[158] Zum Frühlingsfest 1910 konnte Karl Liebknecht gewonnen werden, der aber kurzfristig absagen musste.[159]

Die Kölner Arbeiterjugend entwickelte ein breites Spektrum an Aktivitäten. Über das, was dieses Angebot geleistet wurde, berichtet Franz Dahlem, selbst Mitglied der Bewegung:

> »Für alle bedeutete diese Jugendbewegung sehr viel; denn sie bot ihnen ein Betätigungsfeld für ihre karge Freizeit, in der sie, ohne nennenswerte Mittel zu verausgaben, die sie ohnehin nicht besaßen, ihre geistigen und sportlichen Interessen sowie ihren Wunsch nach Geselligkeit befriedigen konnten. Hier lernten sie die solidarische Gemeinschaft, das Miteinander- und Füreinandereinstehen sehr lebendig kennen und schätzen. [...] So wuchs die neue Generation von bewußten Kämpfern der Arbeiterklasse heran, die sich vor allem durch Selbsterziehung und durch die eigenen kollektiven Anstrengungen zur Vervollkommnung der allgemeinen wie der politischen Bildung formte. Selbstverständlich gab es auch damals ältere Genossen der Partei, die die Jugend tatkräftig unterstützten, wie den bereits mehrfach genannten Wilhelm Sollmann [...]. Dennoch war für die Aktivitäten unserer Köl-

---

154 Arbeiter-Jugend 19 (1912), S. 296.
155 Vgl. Arbeiter-Jugend 13 (1911), S. 199; Arbeiter-Jugend 2 (1914), S. 32 f.
156 RZ Nr. 49, 1. März 1910; RZ Nr. 10, 12. Januar 1911; Arbeiter-Jugend 3 (1912), S. 39.
157 RZ Nr. 283, 6. Dezember 1910.
158 Katzenstein an Sollmann, o. D., HAStK 1120/537/II-4-6, 6 a.
159 RZ Nr. 84, 12. April 1910; RZ Nr. 88, 16. April 1910.

ner Jugendbewegung die eigenverantwortliche Selbstbetätigung das entscheidende, wobei der Austausch der unterschiedlichen Erfahrungen zwischen den Älteren und den jüngeren eine wichtige Rolle spielte.«[160]

Diese Darstellung kommt wohl dem sehr nahe, was Sollmann als Aufgabe der Jugendbewegung vorschwebte und beschreibt auch seine Rolle für die Kölner Arbeiterjugend treffend. Sein Ziel war es, den Jugendlichen einen Raum zur möglichst eigenverantwortlichen Selbstbetätigung in solidarischer Gemeinschaft zu schaffen, in dem sie sich unter dem Leitbild der eigenen Vervollkommnung die Bildung aneignen konnten, die sie zur Bewertung der eigenen Lage in der Gesellschaft befähigen sollte. Ihm selbst kam dabei die Rolle des Protegés zu, der nach außen als beredter Befürworter der Jugend in der Partei auftrat und durch eigene Vorträge sowie im Dialog und Ideenaustausch mit den Jugendlichen die Jugendarbeit maßgeblich mitgestaltete.[161] Es gab kaum ein Thema, zu dem er keinen Vortrag hielt oder einen Artikel verfasste. Nicht nur in der Bewegung selbst, auch durch seinen persönlichen Austausch mit den Jugendlichen drückte sich Sollmanns Engagement aus. So berichtet Franz Dahlem, er habe von Sollmann viel über die Strömungen innerhalb der Sozialdemokratie gelernt, dank ihm habe er Einsicht gewonnen in die politischen Vorgänge innerhalb und außerhalb der Partei.[162] Die relative Freiheit der Jugendlichen belegt auch, dass die vielfach bemängelte Organisationsstruktur der Jugendausschüsse Platz genug ließ für eine Betätigung der Jugendlichen frei von parteilicher Bevormundung, wenn man vor Ort gewillt war, diesen genügend Raum zu geben.[163] Dass dies in Köln der Fall war, ist in besonderer Weise auf Sollmanns Einfluss zurückzuführen.

Die Resonanz auf das Angebot lässt sich einigermaßen genau verfolgen. Durch die Auflösung des Vereins und den Übergang zum Jugendausschuss im Jahr 1909 als neuer Form wurden nun nicht mehr Mitglieder, sondern Abonnenten der Arbeiter-Jugend erfasst. Ende 1909 gab es 429 Abonnenten, ihre Zahl stieg bis 1913 auf 1.776 an.[164] Deutschlandweit hatte die Arbeiter-Jugend 1909 20.000, 1910 45.000, 1911 65.000 und 1913 schließlich rund 100.000 Abonnenten.[165] Köln blieb damit zwar in Relation hinter dem Anstieg auf Reichsebene zurück, war aber eine der stärkeren

---

160 Dahlem: Jugendjahre, S. 255 f.
161 Nl. Franz und Käthe Dahlem, BA-B NY 4072/137. Darin wird von einem Mitglied berichtet, Sollmann sei in diesen Jahren der Führer der Jugend gewesen.
162 Dahlem: Jugendjahre, S. 345.
163 Dahlem berichtet dazu: »Jedenfalls gingen wir weitestgehend selbständig unseren Weg.« Ebd., S. 265.
164 Arbeiter-Jugend 6 (1910); RZ Nr. 10, 12. Januar 1911; Arbeiter-Jugend 6 (1914), S. 199.
165 Korn: Die Arbeiterjugendbewegung, S. 249.

Ortsgruppen. Gemessen an der Einwohnerzahl war die Rheinmetropole aber unbedeutender als viele andere Großstädte.[166]

Auch dies ist wohl auf die besonderen Rahmenbedingungen zurückzuführen. Dass Köln auch für die proletarische Jugendbewegung eine Ausnahmestellung besaß, wurde bereits frühzeitig in der Arbeiter-Jugend thematisiert. Dort wird etwa darauf hingewiesen, dass »selbst im kirchlich beherrschten ›heiligen Köln‹ die proletarische Jugend sich ihrer elenden Lage bewusst wird«[167]. Sollmann selbst betonte diesen Aspekt mehrfach. So stellte er fest: »Auch im ›heiligen‹ Köln ist der Vormarsch der freien Jugend sicher!«[168] oder meinte hinsichtlich der Mitgliederentwicklung: »Ein beachtenswerter Fortschritt in diesem pechschwarzen Gebiete«[169]. Dies verdeutlicht sich anhand der Mitgliederzahlen der jeweiligen Jugendbewegungen: Besaß die Arbeiterjugendbewegung Ende 1910 in Köln 714 Abonnenten, hatten die katholischen Jugendvereine angeblich über 5.000 Mitglieder aufzuweisen.[170] Wie der Sozialdemokratie im Allgemeinen, so standen auch der Jugendbewegung im Speziellen in Köln aber nicht nur die katholische Kirche und die ihr angeschlossenen Organisationen, sondern auch viele bürgerliche Vereine, die Handwerksorganisationen, die Fortbildungsschule und die staatlichen Behörden feindselig gegenüber. Auch die Jugendbewegung machte die Erfahrung »des Klassenkampf[s] ›von oben‹«, dem die Arbeiterbewegung im Kaiserreich ausgesetzt war.[171] Ihre Betätigung wurde grundsätzlich als Angriff auf die bestehende Ordnung begriffen:

»In dieser Bewegung wollten wir Frieden. Unsere königlichen und kirchlichen Gegner aber wollten den Krieg, um einen politisch-militärischen Ausdruck zu gebrauchen: den Präventivkrieg. Himmel und Hölle machten gegen uns mobil. Der ›Himmel‹, das waren alle Kapläne und Pfarrer von Köln, auch hunderte Lehrer, auch der ›Kölner Lokalanzeiger‹. […] Die ›Hölle‹, das war das königliche Polizeipräsidium mit seinen tausend Pickelhauben und seinen Kriminalbeamten und Spitzeln.«[172]

---

166 So verfügten etwa Hamburg, Dresden, Leipzig, Magdeburg und Hannover über absolut und auch relativ größere Arbeiterjugendbewegungsorganisationen. Vgl. ebd., S. 182-184; Zentralstelle (Hg.): Jahresbericht 1911/1912, S. 20-25. Den Umstand der teilweise noch mangelhaften Mobilisierung thematisierte Sollmann. Vgl. Sollmann: Tust du deine Pflicht?, in: Beilage zur Arbeiter-Jugend 22 (1910), S. 343.
167 Arbeiter-Jugend 2 (1906), S. 4.
168 Sollmann: Ein Rückzug, in: Arbeiter-Jugend 12 (1910), S. 180.
169 Sollmann: Die Kölner freie Jugendbewegung im Jahre 1910, in: Arbeiter-Jugend 3 (1911), S. 38. Vgl. zu diesem Aspekt auch Sollmann: Zum Ausbau, S. 816.
170 Sollmann: Die Kölner freie Jugendbewegung im Jahre 1910, in: Arbeiter-Jugend 3 (1911), S. 38.
171 Wunderer: Arbeitervereine und Arbeiterparteien, S. 30. Vgl. auch Groh: Negative Integration, S. 17; Ritter: Staat, Arbeiterschaft und Arbeiterbewegung, S. 33-43.
172 Sollmann: Zwanzig Jahre.

Die bürgerlichen Vereine, die bei der katholischen Kirche meist von Geistlichen geleitet wurden, lehrten die Jugendlichen neben der fast obligatorischen Verteufelung der Sozialdemokratie ein Gedankengut, das bei allem Aufbruch, den die Jugendbewegung auch innerhalb der katholischen Kirche in gewissem Maße verkörperte, doch auch stark rückwärtsgewandte, an ständischen Ordnungsvorstellungen orientierte Ideen enthielt.[173] Sehr deutlich kommt dies im Hirtenbrief des Kölner Erzbischofs Fischer aus dem Jahr 1912 zum Ausdruck:

> »Soll aber aus diesen jungen Leuten ein starkes Geschlecht erwachsen, das, dem Vaterlande und seinem Fürsten treu, sich später willig und verständnisvoll in die von Gott gesetzte gesellschaftliche Ordnung eingliedert, so muß ihr Charakter zeitig fest sein, und zwar auf religiöser Grundlage gegründet werden.«[174]

Das skizzierte Angebot der Jugendausschüsse sollte dem nationalistischen und konfessionell beeinflussten Gedankengut eine Gegenkultur, eine Arbeiterkultur entgegensetzen, die den Jugendlichen Gelegenheit zu Emanzipation und Selbstverwirklichung bieten wollte. Auf der Reichskonferenz 1910 war dies in einer Resolution deutlich hervorgehoben worden, in der es zu den Zielen der bürgerlichen und proletarischen Jugendbewegung heißt:

> »Der Zweck dieser Bestrebungen ist die Beibehaltung und Befestigung der wirtschaftlichen und politischen Herrschaft der Bürgerklasse, die Beibehaltung und Befestigung der wirtschaftlichen und politischen Botmäßigkeit des Proletariats – ihre Methode besteht darin, daß durch ideologische Einwirkungen auf das Proletariat, besonders durch religiöse und nationale Vorstellungen, der Durchbruch des proletarischen Klassenbewusstseins hingehalten wird [...]. Die bewußte Gegenaktion auf proletarischer Seite ist unsere moderne proletarische Jugendbewegung. Ihr Ziel ist die Vorbereitung des jugendlichen Proletariats für den Klassenkampf des Gesamtproletariats [...]. Die proletarische Jugendbewegung sucht deshalb [...] jener ideologischen Beeinflussung von bürgerlicher Seite entgegenzuwirken.«[175]

Der hier beschriebene Konflikt stand auch in Köln im Mittelpunkt der Auseinandersetzungen. Die Verhältnisse in den konfessionellen beziehungsweise bürgerlichen Vereinen sah man in der sozialistischen Jugendbewegung als spießig an und empörte

---

173 Zum geistesgeschichtlichen Kontext der katholischen Jugendbewegung siehe Klöcker: Aufbruch, S. 102-105. Auch in den evangelischen Jünglingsvereinen wurde durch die Geistlichen gegen die »rote Gefahr« gewettert. Arbeiter-Jugend 27 (1910), S. 419 f. Zur Auseinandersetzung mit der bürgerlichen Jugendbewegung siehe auch Christov: Junge Garde, S. 86-96; Brand: Anfänge, S. 182 f.
174 Arbeiter-Jugend 7 (1912), S. 103.
175 Zentralstelle (Hg.): Konferenz der Jugendausschüsse, S. 6 f.

sich über die Ausgabe von Alkohol, die minderwertigen Theaterstücke, denen man sich dort widmete, über die »Schundliteratur«, die den Jugendlichen empfohlen wurde sowie über das »blöde« Liedgut.[176] Ein Großteil der Betätigung der Kölner Arbeiterjugend fand daher in Auseinandersetzung mit dem Angebot der bürgerlichen Jugendvereine statt, denn mit diesen konkurrierte man um den Einfluss auf die Jugendlichen. Sollmann kritisierte in zahlreichen Artikeln deren Betätigung und hielt diesbezüglich allein 1911 drei Vorträge.[177] Ziel der Erziehung sei es, wie Sollmann anhand der katholischen Mädchenerziehung ausführte, die Mädchen »zu demütigen, knechtseligen Sklavinnen, oder modern gesprochen, zu willenlosen Ausbeutungsobjekten« zu machen.[178] Die Jugendlichen würden in den katholischen Jünglingsvereinen zu einer »gedankenlosen Herde« herangezogen. Ziel der Arbeiterjugend war es dagegen, »freie, unabhängig denkende Menschen [zu] erziehen, die in geistiger Arbeit und innerem Ringen sich selbst ihre Überzeugung bilden«[179]. Auch wenn, wie im Falle der Jugendabteilungen des Guttempler-Ordens die Abstinenz Ziel der Erziehung war, sah man in ihnen dennoch einen Gegner, weil die Jugendlichen dort unter »bürgerlichen Anschauungen« erzogen würden:

»In den Jugendlogen wird gebetet, werden fromme Lieder gesungen, und auch der ›Patriotismus‹ wird gepflegt. Daher ist dort für denkende, strebende junge Menschen kein Platz.«[180]

Die von Sollmann und seinen Mitstreitern angestrebte eigenverantwortliche Leitung der Jugendgruppen, die den Jugendlichen Raum für Emanzipation und Identitätsbildung lassen und Selbstständigkeit fördern sollte, wurde von bürgerlicher Seite kritisiert. Auch die Mischung zwischen männlichen und weiblichen Jugendlichen wurde als sittlich unannehmbar aufgefasst.[181]

---

176 RZ Nr. 10, 12. Januar 1911. Es gibt darüber hinaus zahlreiche namentlich nicht gekennzeichnete Artikel in der RZ und der Arbeiter-Jugend, die sich mit diesem Themenkreis auseinandersetzen. Vgl. Arbeiter-Jugend 21 (1911), S. 327; Arbeiter-Jugend 27 (1910), S. 419 f.; RZ Nr. 178, 3. August 1910.
177 N. N.: Die Kölner freie Jugend im Jahre 1911, in: Arbeiter-Jugend 3 (1912), S. 39; Die Jugendbewegung der Guttempler, in: Beilage zur Arbeiter-Jugend 19 (1910), S. 292; Katzenjämmerliches aus den evangelischen Jünglingsvereinen, in: Beilage zur Arbeiter-Jugend 2 (1911), S. 24; Katholische Mädchenerziehung I, in: Arbeiter-Jugend 3 (1912), S. 38 f.; Katholische Mädchenerziehung II, in: Arbeiter-Jugend 4 (1912), S. 53 f.; Stillgestanden!, in: Arbeiter-Jugend 21 (1912), S. 326; Aus dem dunkelsten Deutschland, in: Arbeiter-Jugend 5 (1911), S. 72.
178 Sollmann: Katholische Mädchenerziehung I, in: Arbeiter-Jugend 3 (1912), S. 38.
179 Sollmann: Junge Garde, in: RZ Nr. 165, 19. Juli 1907.
180 Sollmann: Die Jugendbewegung der Guttempler, in: Beilage zur Arbeiter-Jugend 19 (1910), S. 292.
181 RZ Nr. 103, 5. Mai 1910.

Gelegentlich gab es Versuche der Aussprache zwischen katholischer und sozialistischer Jugendbewegung. Zu einer Versammlung des katholischen Jünglingsvereins wurden auch die Mitglieder der Arbeiterjugend eingeladen. Nach einer 45-minütigen Rede des Kaplans Sprick, in der er der freien Jugendbewegung Verführung zur »Sinnlichkeit« und zum »Amüsement« vorwarf und die gemeinsame Erziehung der Geschlechter kritisierte, sprach Sollmann. Er wies die Vorwürfe zurück, kritisierte seinerseits die Pädagogik der katholischen Vereine, die der Jugend das Denken verwehre. Nach Ausführungen weiterer Redner hielt der Rektor einer Schule ein Schlusswort, das er zur Verleumdung der Sozialdemokratie, der freien Gewerkschaften und der Arbeiterjugend nutzte. Nach einer kurzen Diskussion verließen schließlich die Mitglieder der Arbeiterjugend den Saal.[182] Ähnlich verliefen auch die anderen Begegnungen der Jugendorganisationen.[183] Zu einem wirklichen Dialog kam es nicht. Stattdessen wurde über die jeweiligen Presseorgane eine fortwährende Auseinandersetzung geführt, die hauptsächlich aus gegenseitigen Unterstellungen und Anschuldigungen bestand. Die Veranstaltungen der weltanschaulichen Gegner wurden beobachtet und kommentiert. Nur sehr selten fand man ein Wort der Anerkennung.[184] Dieser Konflikt wurde in erster Linie von der freien Jugendbewegung geschürt, wie der Redakteur der Arbeiter-Jugend Karl Korn feststellte:

> »Immerhin muß man sagen, daß auf dieser Front der Angriff von der Arbeiterjugend ausging, und sie musste angreifen, denn bürgerlich war diese Bewegung ja nur in ihren Leitern und in den Zwecken, die die Leiter verfolgten, während die jugendlichen Mitglieder sich zum größten Teil aus den proletarischen Bevölkerungsschichten rekrutierten.«[185]

Die freie Jugend verfolgte also eine offensive Taktik gegen die bürgerlichen Jugendvereine. Es war aber nicht nur das Vereinswesen, gegen das die Arbeiterjugend rebellierte. Auch das staatliche Bildungswesen, vor allem die Volksschule und die Fortbildungsschule, wurde zum Gegenstand ihrer Kritik. Besonderes Augenmerk galt der Fortbildungsschule.[186] Diese war »Teil der staatlichen Gesamtoffensive gegen die Sozialdemokratie, in die sowohl Unterrichtsinhalte, als auch die über den Schulunterricht hinausgehenden jugendpflegerischen Aktivitäten einbezogen wurden«[187]. Die Problematik wurde in der Arbeiterjugendbewegung deutlich herausgestellt:

---

182 RZ Nr. 163, 17. Juli 1911.
183 Vgl. Arbeiter-Jugend 27 (1910), S. 419 f.
184 Arbeiter-Jugend 7 (1912), S. 103.
185 Korn: Die Arbeiterjugendbewegung, S. 194. In der Arbeiter-Jugend findet sich bspw. eine eigene Rubrik »Die Gegner an der Arbeit«, in der über Betätigung der bürgerlichen Jugendvereine berichtet wurde.
186 Zur Fortbildungsschule siehe Eppe: Selbsthilfe, S. 28 f., 44 f.
187 Ebd., S. 28.

> »Die Fortbildungsschule soll ein Gegengewicht gegen die sozialdemokratische Agitation werden. Durch sie soll der Arbeiter, Geselle und Handlungsgehilfe nicht nur tüchtiger und leistungsfähiger in wirtschaftlicher Hinsicht werden, sondern es sollen die besitzlosen, wirtschaftlich unselbständigen Volksklassen auch für die sozialistischen Ideen unempfänglich gemacht werden.«[188]

Auch in Köln zeigte sich dies, was von der Arbeiter-Jugend und der Rheinischen Zeitung ausführlich thematisiert wurde.[189] Man reagierte aber nicht nur in destruktiver Weise, sondern versuchte auch das eigene Angebot attraktiver zu gestalten. So beschaffte die Fortbildungsschule Sportgeräte und bot an Sonntagnachmittagen Spielstunden für Fortbildungsschüler an. Sollmann bewertete dies als positiv, solange die Spielstunden nicht dazu benützt würden, um Propaganda gegen die Sozialdemokratie zu betreiben.[190]

Der versuchten Beeinflussung durch die Schulen stand die staatliche Förderung der bürgerlichen und konfessionellen Jugendverbände zur Seite. Mit Erlass des preußischen Staatsministeriums vom 18. Januar 1911 wurde die staatliche Jugendpflege in Preußen neu geordnet. Ziel war die »freie Entfaltung aller geeigneten Kräfte«. Dazu wurden Stadt-, Orts- und Kreisausschüsse für die Jugendpflege eingerichtet. Für die Jugendarbeit wurde eine Million Mark zur Verfügung gestellt, die aber nur den bürgerlichen Jugendvereinen zugutekam. Die Arbeiterjugendbewegung war dagegen von jeglicher Unterstützung ausgeschlossen.[191] Auch die Bestimmungen des Reichsvereinsgesetzes galten nur für die sozialdemokratische Jugend. Politische Themen konnten in den bürgerlichen Vereinen problemlos auf der Tagesordnung stehen, ohne dass Konsequenzen befürchtet werden mussten. Die Arbeiterjugend musste sich damit begnügen, diese Ungerechtigkeit anzuprangern, wie es auch Sollmann tat, der diesbezüglich feststellte: »Inzwischen verhöhnt die bürgerliche Jugendbewegung das

---

188 Hoffmann, Julius: Die deutsche Fortbildungsschule, in: Arbeiter-Jugend 11 (1909), S. 121 f.
189 Verhetzungen gegen die Sozialdemokratie und die Arbeiterjugendbewegung waren an der Tagesordnung. Arbeiter-Jugend 2 (1910), S. 20; RZ Nr. 164, 18. Juli 1912. Die Jugendlichen wurden bspw. aufgefordert, einen Aufsatz zum Thema: »Von dem Flugblatt der freien Jugendbewegung« zu verfassen. Arbeiter-Jugend 14 (1911), S. 215.
190 Sollmann: Das Ringen um die Jugend, in: Arbeiter-Jugend 18 (1910), S. 228. Er verkannte aber, dass sich dahinter eine klar gegen die Arbeiterjugend gerichtete Absicht verbarg. Diese neue Taktik entsprach den Zielsetzungen, die von staatlicher Seite mit der Fortbildungsschule verbunden waren. Explizit sollte diese dazu benutzt werden, den Jugendlichen auch außerhalb der Schulstunden in Konkurrenz zur Arbeiterjugend ein Freizeitangebot zu bieten. Vgl. Eppe: Selbsthilfe, S. 29 f.
191 Anträge wie der von Karl Liebknecht im preußischen Abgeordnetenhaus, die Fonds unabhängig vom politischen oder religiösen Bekenntnis zu verteilen, wurden regelmäßig abgelehnt. Vgl. Eppe: Selbsthilfe, S. 81 f.

Reichsvereinsgesetz alle Tage.«[192] Weiterhin stellte er fest: »Die bürgerliche Jugendbewegung darf machen, was sie will, nur die Arbeiterjugend soll geknechtet werden.«[193]

Die hier beschriebene Unterdrückung fand in Preußen nicht nur indirekt, sondern auch ganz offen statt. Die Arbeiterjugend stand im Fokus staatlicher Überwachung, weil das Reichsvereinsgesetz mit dem Verbot der Mitgliedschaft Jugendlicher in politischen Vereinen den rechtlichen Vorwand bot, vermeintliche Verstöße zu verfolgen. Seit Gründung der freien Jugend stand die Bewegung unter Beobachtung, »damit jeder Verstoß gegen die Bestimmungen des Vereinsgesetzes sofort geahndet und gegebenenfalls ihre Auflösung erfolgen kann«[194]. Zur Auflösung von Versammlungen kam es zwar nur vereinzelt, aber die Polizei war stets präsent. Häufig kam es auch bei Wanderungen und Umzügen zu Zusammenstößen. Selbst bei kleineren Umzügen kam ein größeres Polizeiaufgebot zum Einsatz.[195] Die Entwicklung der Organisation wurde genauestens beobachtet und in den jährlich angefertigten Berichten des Kölner Regierungspräsidenten an den preußischen Innenminister weitergeleitet. Über die Betätigung in der Jugendbewegung geriet auch Sollmann ins Blickfeld der Behörden. In einem Bericht der Kölner Polizei heißt es:

> »Sollmer ist identisch mit dem Kommis Wilh. Sollmann, dessen Hausblattabschrift bereits beigefügt ist. Sollmann ist eifriger Agitator der sozialdemokratischen Jugendbewegung, er ist gleichzeitig Führer des deutschen Arbeiter-Abstinentenbundes – Gau Rheinland und Westfalen. Bezüglich der Ehefrau Sollmann konnte weiteres nicht festgestellt werden. Sie tritt, wie bereits in dem Berichte vom 02.03 d. Js. erwähnt, in der sozialdemokratischen Frauenbewegung als eifrige Agitatorin hervor. [...] 1. Sollmann ist in das Verzeichnis der sozialdemokratischen Führer einzutragen.«[196]

Dieser Bericht enthält eine der wenigen Informationen über Sollmanns Frau Katharina aus dieser Zeit. Offensichtlich war auch sie in der Arbeiterbewegung aktiv. In einem früheren Bericht heißt es dazu, sie sei Vorstandsmitglied des Vereins für Dienstmädchen, Wasch- und Putzfrauen sowie Agitatorin der gewerkschaftlichen Frauenbewegung gewesen.[197]

---

192 Sollmann: Für Staatsanwälte und Polizeipräsidenten, in: Arbeiter-Jugend 14 (1911), S. 215.
193 Sollmann: Der Polizeiknüppel als Erzieher, in: Arbeiter-Jugend 11 (1914), S. 161.
194 Bericht des Regierungspräsidenten von Köln an den preußischen Innenminister vom 22. Oktober 1907; LHAK 403/6850, Bl. 553. Bereits in der ersten Versammlung der freien Jugend war ein Polizeibeamter anwesend. Arbeiter-Jugend 6 (1927), S. 125. Dies entsprach der allgemeinen Praxis. Vgl. Eppe: Selbsthilfe, S. 25.
195 Sollmann: Köln in Gefahr, in: Arbeiter-Jugend 8 (1910), S. 116.
196 Zitiert nach: Arbeiter-Jugend 6 (1927), S. 125. Sollmer war der Deckname, unter dem Sollmann lange Zeit in der Jugendbewegung auftrat.
197 LAVD, Regierung Köln 7710, Bl. 250.

Sollmanns Tätigkeit in der Jugendbewegung wurde weiter von den Behörden beobachtet. Aus den Berichten wird ersichtlich, dass man ihm zunehmend mehr Bedeutung innerhalb der Kölner Sozialdemokratie zumaß. Anfang des Jahres 1911 wurde er in einer Auflistung der im Regierungsbezirk Köln festgestellten Anarchisten und Sozialdemokraten, der Gefährlichkeit nach geordnet, unter »radikale und gefährliche Personen« aufgeführt:

»Sollmann ist ein verbissener Sozialdemokrat und eifriger Agitator der Jugendbewegung. Er ist Vorsitzender des Jugend-Ausschusses und tritt sehr viel als Redner hervor.«[198]

Zu diesem Zeitpunkt begannen die Behörden, ihr Vorgehen gegenüber der sozialistischen Jugendbewegung zu ändern. Nachdem das preußische Oberverwaltungsgericht am 14. Oktober 1910 in einem Präzedenzurteil die Freie Jugendorganisation in Berlin zu einem politischen Verein erklärt hatte, gewann die staatliche Verfolgung eine neue Qualität.[199] Das Urteil nahmen die preußischen Behörden zum Anlass, um systematisch gegen die Arbeiterjugendbewegung vorzugehen. In einem Runderlass des preußischen Innenministers wurden die Regierungspräsidenten angewiesen, von jeder möglichen Handhabe zur Bekämpfung der Arbeiterjugendbewegung schärfsten Gebrauch zu machen. Dem wurde entsprochen und innerhalb der nächsten drei Jahre wurden alle örtlichen Jugendorganisationen in Preußen aufgelöst. Die Kölner Gruppe traf dieses Schicksal im Februar 1911. Der Kölner Polizeipräsident teilte Sollmann als Vorsitzendem in einem Schreiben vom 9. Februar mit:

»Nach den angestellten Ermittlungen wird die ›Freie Jugendbewegung‹ hierselbst von bestimmten Personen, die den Jugendausschuss bilden, geleitet und ist eine Vereinigung Mehrerer zur Verfolgung bestimmter gemeinschaftlicher Zwecke, trägt also die Merkmale eines Vereins. Dieser Verein bezweckt, da er nach den in der Oeffentlichkeit hervorgetretenen Kundgebungen Propaganda für die Ziele der Sozialdemokratie macht, eine Einwirkung auf politische Angelegenheiten und zählt zu seinen Mitgliedern nicht nur eine große Anzahl Personen, welche das Achtzehnte Lebensjahr noch nicht vollendet haben, sondern ist auch bestrebt, weitere Personen unter diesem Alter als Mitglieder zu gewinnen. Damit verfolgt der Verein einen Zweck, der den Strafbestimmungen in §§ 17, 18 Nr. 5 und 18 Nr. 6 des Reichsvereinsgesetzes zuwiderläuft.«[200]

---

198 LAVD, Regierung Köln 7684, Bl. 31. Als Vorstrafe wird 300 Mark wegen Beleidigung durch die Presse angegeben. Wie es zu dieser Vorstrafe kam, ließ sich nicht rekonstruieren.
199 Eppe: Selbsthilfe, S. 25. Zum Urteil siehe Preußisches Verwaltungsblatt Bd. 32, 1910, S. 297-301.
200 Zitiert nach Sollmann: Kriegserklärung, S. 65. Diese Argumentation findet sich in vergleichbarer Form auch bei der Auflösung der anderen Ortsgruppen. Vgl. Eppe: Selbsthilfe, S. 25, Anm. 81.

Davon unbeeindruckt organisierte die Kölner Jugend eine große Protestversammlung im Volkshaus, auf der Sollmann als Redner kritisierte, dass für die Auflösung keinerlei Anlass bestanden habe, weil es weder Vereinsstrukturen gebe noch politische Betätigung der Arbeiterjugend. Er verwies zudem auf das Unrecht, dass die konfessionellen Jünglingsvereine keinerlei Beschränkungen in ihrer Arbeit unterlägen.[201] Die Versammlung zeigte, dass die Auflösungsverfügung die Jugendlichen eher mobilisierte als abschreckte. Über tausend Jugendliche nahmen an der Protestkundgebung teil, 60 neue Abonnenten gewann die Arbeiter-Jugend. Es herrschte eine Art Aufbruchsstimmung, die sich in der abschließenden Resolution manifestierte, in der es optimistisch heißt:

»Die Versammelten haben die unerschütterliche Überzeugung, daß alle Unterdrückungsmaßnahmen der herrschenden Gewalten auch an dieser Bewegung zunichte werden.«[202]

Gegen die Auflösung legte Sollmann auch beim Polizeipräsidenten Beschwerde ein. Er argumentierte, dass es keine Grundlage für die Verfügung gebe, weil die mit der Auflösung gemeinte Freie Jugendbewegung, die vom Jugendausschuss geleitet werde, nicht existiere. Der Jugendausschuss strebe in der Tat die Bildung jugendlicher Personen an, die angebotenen Veranstaltungen hätten aber unpolitischen Charakter und es fehle jeglicher Beweis des Gegenteils. Einen Verein bildeten der Ausschuss und die Teilnehmer an seinen Angeboten aber ebenso wenig wie die Abstinenzbewegung oder die Friedensbewegung.[203] Sollmann intervenierte auch beim Regierungspräsidenten gegen die Auflösung. Dieser bestätigte jedoch nach monatelangem Zögern im Juni 1911 die Verfügung. Auf einer weiteren Protestkundgebung der Arbeiterjugend verurteilte Sollmann dies in scharfer Form. Erneut bestritt er energisch den Vereinscharakter und rügte die mangelnde Beweisführung seitens der Behörden. Anschließend übte er beißende Kritik an der konfessionellen Jugendbewegung, der er die Leistungen der Arbeiterjugend gegenüberstellte. Gegen die Bestätigung der Auflösung legte Sollmann Beschwerde vor dem preußischen Oberverwaltungsgericht ein. Als Rechtsbeistand vertraten ihn Wolfgang Heine und Felix Behrend.[204] Die Argumentation der

---

201 RZ Nr. 43, 20. Februar 1911. Vgl. auch Sollmann: Kriegserklärung, S. 65. Auf die unterschiedliche Behandlung der bürgerlichen Jugendbewegung wies Sollmann wiederholt hin. Vgl. Sollmann: Für Staatsanwälte und Polizeipräsidenten, in: Arbeiter-Jugend 14 (1911), S. 215; Sollmann: Polizeiknüppel; Der Protest der Jugend, in: RZ Nr. 134, 12. Juni 1911.
202 RZ Nr. 43, 20. Februar 1911.
203 Das Antwortschreiben ist abgedruckt in Sollmann: Kriegserklärung, S. 66.
204 RZ Nr. 134, 12. Juni 1911; Sollmann: Die Auflösung der Kölner Jugendbewegung bestätigt, in: Arbeiter-Jugend 13 (1911), S. 199. LHAK 6854, Bl. 880. Heine gehörte zu den profiliertesten Rechtsexperten der SPD und trat vielfach als Verteidiger in politischen Prozessen auf, so etwa im Verfahren gegen Ignaz Auer 1896/97. Osterroth: Biographisches Lexikon, S. 121 f. Er verteidigte Sollmann auch 1914 in einem weiteren Prozess. Siehe Kapitel II.5.

Anwälte gegen die Auflösung entsprach im Wesentlichen dem, was Sollmann gegen das Verbot vorgebracht hatte. Zu einem Prozess kam es aber nicht, weil die Klage zurückgezogen wurde.[205] Warum Sollmann dies tat, ist nicht zu klären. Möglicherweise verzichtete man auf ein weiteres Vorgehen, weil die Auflösung auf die Betätigung der Arbeiterjugendbewegung praktisch keine Auswirkungen hatte. Davon ging auch der Kölner Regierungspräsident aus, der die Beschwerde gegen die Auflösung abgelehnt hatte. In seinem Bericht über die Entwicklung der sozialdemokratischen Bewegung im Jahr 1911 heißt es dazu:

> »Ich glaube nicht, daß als Folge eine Einschränkung der sozialdemokratischen Jugendpflege eintreten wird. Es wird vielleicht eine noch losere Form der Organisation, als sie bisher bestand, gewählt und so das polizeiliche Einschreiten unmöglich gemacht. Schon die bisherige Cölner Organisation war übrigens so wenig greifbar, daß die nunmehr rechtskräftige polizeiliche Auflösungsverfügung m. E. keine praktischen Veränderungen haben kann.«[206]

Insgeheim wird hier bestätigt, dass die Auflösung nicht nur in rechtlicher Hinsicht eine fragwürdige Entscheidung war, sondern man sich auch kaum Folgen davon versprach, es sich also hauptsächlich um einen Akt der Schikane handelte. Zudem wird deutlich, dass sich die Behörden selbst nicht genau darüber im Klaren waren, ob der aufgelöste Verein überhaupt existierte. Daher hatte dieser Akt auch keine Folgen, weil es sich ja tatsächlich um keinen Verein handelte und das Abonnieren der Arbeiter-Jugend sowie die Teilnahme an den unpolitischen Veranstaltungen keinerlei rechtliche Handhabe für ein Einschreiten boten. An der Betätigung änderte sich durch das Verbot letztlich so gut wie nichts, was auch in den Überwachungsberichten des Regierungspräsidenten zum Ausdruck kommt. Zwar wurde im Jahr nach dem Verbot dort festgestellt, der Jugendausschuss habe sich aufgelöst, dies beruhte aber auf einer Fehlinterpretation.[207]

Die Repressalien durch die staatlichen Behörden waren zwar eine schwere Hypothek für die Arbeiterjugend, das Verbot schadete ihr aber nicht. Selten hatten ihre Veranstaltungen so viele Teilnehmer wie bei den beiden großen Protestversammlungen. Zudem konnte jeweils eine Reihe neuer Abonnenten für die Arbeiter-Jugend gewonnen werden. So trugen die behördlichen Maßnahmen eher dazu bei, den Zusammenhalt zu festigen und gaben den führenden Köpfen die Gelegenheit, die Jugendlichen auf die Bewegung einzuschwören. Vor allem Sollmann profilierte sich als Anwalt der Jugendbewegung, deren Rechte er als Vorsitzender des Jugendausschusses verteidigte. So

---

205 LHAK 6855, Bl. 320.
206 Bericht des Regierungspräsidenten von Köln an den preußischen Innenminister vom 10. Oktober 1912, LHAK 403/6855, Bl. 320.
207 LHAK 403/6856, Bl. 215.

wurde den Jugendlichen das Verbot als Lehrbeispiel der Unterdrückung der Arbeiterbewegung durch den Staat und den Klassencharakter der wilhelminischen Gesellschaft vor Augen geführt, um ihr Klassenbewusstsein zu stärken und sie für den Klassenkampf des Gesamtproletariats vorzubereiten. Diese Argumentation findet sich in diesem Zusammenhang bei Sollmann immer wieder. Er verstand die Arbeiterjugendbewegung als Weg für den klassenkämpferischen Emanzipationsprozess der Jugendlichen:

> »Ihr merkt: die Polizei kommt nicht aus eigenem Antrieb. Sie wird geschickt von der Klasse der Besitzenden, die den Arbeiter für immer im Joch halten will. So ahnt Ihr im Polizeikampf die großen Klassenkämpfe unserer Zeit: Hie Kapital, hie Arbeit – hie Besitzende, hie Nichtbesitzende! Und es wächst in euch die Erkenntnis: ich Arbeiterjunge, ich Arbeitermädchen, gehöre zu meiner Klasse, zu den Arbeitern.«[208]

4   Der Beginn der journalistischen Karriere: Redakteur der Rheinischen Zeitung

In die turbulenten Tage des Verbots der sozialistischen Jugendbewegung in Köln fiel ein für Sollmanns weiteren Lebensweg entscheidendes Ereignis – er wurde als Nachfolger von Ernst Andrée Redakteur bei der Rheinischen Zeitung.[209] Die Umstände der Berufung sind nicht bekannt. Wahrscheinlich ist seine Anstellung auf seine Tätigkeit in der Jugendbewegung zurückzuführen, durch die er sich innerhalb der Kölner Parteiorganisation ein Profil verschafft hatte. Zudem hatte er in diesem Zusammenhang zahlreiche Artikel verfasst, unter anderem auch für die Rheinische Zeitung, sodass er auch bereits über eine gewisse journalistische Erfahrung verfügte. Da er durch seine mehrjährige Tätigkeit in der Kölner Organisation auch über die nötigen Beziehungen zu den Redakteuren verfügt haben wird, erscheint dies als Hintergrund der Anstellung plausibel.

Der Journalismus wurde zu einem zentralen Handlungsfeld für ihn. Der Rheinischen Zeitung blieb er abgesehen von einem kurzen Intermezzo bis zu ihrem Verbot durch die Nationalsozialisten im Jahre 1933 als Redakteur und ab 1920 als Chefredakteur treu. Für seinen Aufstieg innerhalb der SPD war die Position des Redakteurs das Sprungbrett – ein nicht ungewöhnlicher Karriereweg in der Partei, stammten doch zahlreiche Parlamentsmitglieder aus dem Presseapparat.[210]

---

208 Sollmann: Polizeiknüppel, S. 161.
209 Die Wahl Sollmanns durch die Presskommission fiel einstimmig aus. RZ Nr. 77, 14. April 1911; Sonderausgabe der RZ »25 Jahre Kölner Arbeiterpresse 1888–1913«.
210 Von den sozialdemokratischen Parlamentariern in Reichs- und Landtagen zwischen 1867 und 1933 waren 14 Prozent bei Erstmandatsantritt in der Parteipublizistik beschäftigt und 10 Prozent im Redaktionsbereich. Schröder: Sozialdemokratische Parlamentarier, S. 78.

Außerhalb der Jugendbewegung gibt es in diesen Jahren nur wenige Hinweise auf Aktivitäten Sollmanns in der Arbeiterbewegung.[211] Er trat gelegentlich als Redner auf Parteiveranstaltungen auf, der Jahresbericht des Sozialdemokratischen Vereins für das Jahr 1911/12 weist für ihn vier Vorträge auf.[212] Das Jahr 1912 war aber in mehrfacher Hinsicht ereignisreich für die Familie. Am 21. August 1912 wurde Elfriede (1912–1997) geboren, erstes und einziges Kind des Ehepaars Sollmann.[213] Im Vorfeld gab es die Befürchtung, dass Käthe Sollmann keine Kinder bekommen könnte.[214] Dies bestätigte sich zwar nicht, aber es gibt bereits aus dieser Zeit Hinweise auf eine kränkliche Natur Käthe Sollmanns. Auch bei Elfriede scheint es in den ersten Lebensjahren gesundheitliche Probleme gegeben zu haben.[215] Bei der Tochter war dies wohl nicht von Dauer, aber Käthe Sollmann blieb ihr Leben lang von gesundheitlichen Problemen beeinträchtigt, deren Ursache medizinisch nie eindeutig geklärt werden konnte.[216] Elfriede wurde zu einem wichtigen Bezugspunkt in Sollmanns Leben. Das Verhältnis zur Tochter war sehr eng, was sich in späteren Jahren in einem umfangreichen Briefwechsel ausdrückte, der die beste Quelle für das Familienleben ist.[217]

Nur kurze Zeit nach der Geburt wechselte Wilhelm Sollmann im Oktober 1912 als politischer Redakteur zum Fränkischen Volksfreund nach Würzburg.[218] Das Parteiblatt besaß zwar nur eine kleine Auflage von circa 7.000 Exemplaren – die Auf-

---

211 Für sein Engagement im Arbeiter-Abstinenten-Bund konnten für diese Zeit keine Quellen gefunden werden.
212 RZ Nr. 162, 16. Juli 1912.
213 HAStK 1120/343.
214 Sollmann schreibt im Oktober 1911 an seine Frau, ihr Arzt wolle sie noch durch einen Spezialisten untersuchen lassen. Er sei der Meinung, sie könne Kinder bekommen. Sollmann an Katharina Sollmann vom 2. Oktober 1911, SCPC, DG 45 Wilhelm Sollmann, Box 18, Folder »Correspondence Sollmann Family 1906–1920«, Bl. 16.
215 Einige Jahre später berichtet Sollmann, seine Frau sei seit zehn Jahren leidend und auch sein Kind bedürfe der Pflege. Sollmann an Heilmann vom 30. März 1917, HAStK 1120/539/II-11-23, 23 a–b. Die gesundheitlichen Schwierigkeiten Käthes könnten auch der Grund sein, warum sie nur ein Kind bekamen.
216 In der Korrespondenz Sollmanns wird immer wieder von gesundheitlichen Problemen seiner Frau berichtet, die häufiger zu längeren Kuraufenthalten führten. Es handelte sich wohl um eine Art der Magersucht, zumindest wird vor allem in der Zeit der Emigration von extremer Magerkeit berichtet. Vgl. Sollmann an Elfriede Sollmann vom 26. November 1935, 1. Dezember 1935, HAStK 1451/3.
217 Aus der Zeit der Weimarer Republik sind kaum Briefe erhalten, die Aussagen über die familiären Beziehungen zulassen. Erst danach gibt es Belege durch den Briefwechsel mit seiner Tochter. Siehe dazu auch Kapitel V.
218 Fränkischer Volksfreund Nr. 199, 2. September 1912. In der Meldung wird sein Posten als »politischer Redakteur« bezeichnet. Im Impressum des Volksfreundes wird Sollmann aber stets als Verantwortlicher für den redaktionellen Teil genannt. Bei seinem Austritt aus der Redaktion heißt es dann, er sei »leitender Redakteur« gewesen; Fränkischer Volksfreund Nr. 112, 15. Mai 1913. Faktisch war er daher wohl Chefredakteur.

lage der Rheinischen Zeitung betrug etwa zeitgleich rund 21.000[219] – dennoch stellte die Berufung nach Würzburg nur anderthalb Jahre nach Beginn der journalistischen Laufbahn einen Karrieresprung dar. Gewissermaßen war dies auch eine Rückkehr in heimatliche Gefilde, seine Geburtsstadt liegt nur gut 100 km entfernt. Sollmann hat wohl durchgesetzt, dass Walter Stoecker, der selbst zwischenzeitlich Köln verlassen hatte, seine Nachfolge bei der Rheinischen Zeitung antrat, womit er möglicherweise bezweckte, dass dieser wieder in die Jugendarbeit einstieg.[220]

In die Zeit seiner Tätigkeit in Würzburg fällt mit der Teilnahme am außerordentlichen Internationalen Sozialistenkongress in Basel vom 24. bis 25. November 1912 der erste Kontakt mit der »großen« Politik.[221] Der Kongress war wegen des Balkankriegs, der im Oktober 1912 begonnen hatte, durch das Sekretariat des Internationalen Sozialistischen Bundes einberufen worden.[222] Die Balkankrise hatte in der deutschen Sozialdemokratie eine außenpolitische Debatte in Gang gesetzt, die bis zum Ausbruch des Ersten Weltkriegs anhielt, und zu Massendemonstrationen gegen den Krieg in deutschen Großstädten geführt.[223] Auch in Würzburg wurde das Thema erörtert. Sollmann referierte am 1. November auf der sozialdemokratischen Kreiskonferenz über »Der Balkankrieg und die Sozialdemokratie«.[224] Seine Ausführungen schloss er mit dem Hinweis, die Internationale habe augenblicklich in erster Linie die Aufgabe, in den bedrohten Ländern eine Stimmung gegen den Krieg zu erzeugen.

Ausdruck des internationalen Willens zum Frieden sollte der Basler Sozialistenkongress werden. Wegen der prekären Lage auf dem Balkan befürchtete man eine Ausweitung des Konflikts zum Weltkrieg. Im Vorfeld waren in vertraulichen Besprechungen die Resolutionsentwürfe zu einer endgültigen, dem Kongress zur Abstimmung vorzulegenden Version zusammengefasst worden. Zugleich wollte man verhindern, dass die Meinungsverschiedenheiten, vor allem zum Thema Generalstreik, an die Öffentlichkeit kamen. Hier standen sich in erster Linie die führenden deutschen und französischen Sozialisten gegenüber. Im Kern betraf die Auseinandersetzung den Glauben an die Wirkmächtigkeit der Sozialistischen Internationalen. Sahen die Fran-

---

219 Die Angaben zu den Auflagen datieren aus dem Jahr 1914. Handbuch Arbeiterpresse 1914, S. 109, 126.
220 Dies berichtet Stoecker: Walter Stoecker, S. 54 unter Berufung auf einen Brief Sollmanns an W. Stoecker vom 10. September 1912. Der Brief ist im Nachlass Sollmanns nicht enthalten. Dass Sollmann sich um Stoeckers Rückkehr bemühte, ist plausibel, weil sie die maßgeblichen Köpfe der Arbeiterjugend gewesen waren und Sollmann wohl befürchtete, dass durch seinen Weggang ein Führungsproblem entstehen könnte. Zudem hatte er Stoecker stets gefördert, sodass die Empfehlung Stoeckers für die Stelle naheliegend war.
221 Vgl. Sollmann: Kinship of Spirit, in: The Christian Century, 13. September 1939, S. 1099 f. Seine Teilnahme dort war bislang nicht bekannt. Vgl. Schröder: Sozialdemokratische Parlamentarier, S. 708.
222 Haupt, Georg: Der Kongreß fand nicht statt, S. 67.
223 Groh: Negative Integration, S. 356-358.
224 Fränkischer Volksfreund Nr. 252, 4. November 1912.

zosen um Jaurès und Vaillant in der Internationalen den entscheidenden Friedensfaktor und versuchten diese bei jedem ernsten Anzeichen einer Kriegsgefahr zu mobilisieren, maßen die Deutschen der Organisation untergeordnete Bedeutung bei und sahen deren Einflussmöglichkeiten als begrenzt an.[225] Zudem bestand auf deutscher Seite einerseits mangels außenpolitischer Konzepte und Einsicht in die internationale Politik oft eine gewisse Ratlosigkeit gegenüber den Entwicklungen, die sich in einer schwankenden und zögerlichen Linie niederschlug, andererseits großer Optimismus, dass sich die internationalen Krisen lösen ließen.[226]

Die verabschiedete Resolution nannte als Mittel zur Bekämpfung der Kriegsgefahr lediglich Demonstrationen und richtete sich in erster Linie gegen die russische und folglich gegen die österreichisch-ungarische Außenpolitik. Erwähnung fand aber auch die Gefahr des deutsch-englischen Gegensatzes sowie in dessen Konsequenz die Beschränkung der Flottenrüstung.[227] Dies entsprach der deutschen Linie, die radikale Elemente aussparen wollte.[228] So sprach Haase in seinem Beitrag auch nur von »Frieden und Völkerverständigung« und vermied die Verbindung von Krieg und Revolution.[229] Dies war Ausdruck der Tendenz, dass das pazifistische Element in der sozialdemokratischen Antikriegsbewegung noch stärker als bisher das sozialrevolutionäre in den Hintergrund rückte.[230]

Der Kongress wurde von vielen Teilnehmern als großer Erfolg beurteilt. Dies klingt auch bei Sollmann an, auf den die Atmosphäre tiefen Eindruck machte. Dazu zählte auch das Erlebnis, die Führer der sozialistischen Parteien zu erleben, vor allem Jean Jaurès, den Sollmann später zu seinen politischen Vorbildern zählte.[231] Sollmann selbst berichtete Jahrzehnte später über seine Erinnerungen an den Kongress, am meisten habe ihn beeindruckt, wie die roten Fahnen um den Altar im Münster, dem Tagungsort, geweht hätten:

---

225 Haupt: Der Kongreß, S. 37.
226 Ebd., S. 35 f., 39-41; Groh: Negative Integration, S. 361 f.
227 Außerordentlicher Sozialistenkongreß zu Basel 24.–25.11.1912, Berlin 1912, S. 26.
228 Zwar hatte Rosa Luxemburg für die Aufnahme des Generalstreiks als kriegsverhinderndes Mittel in die Resolution gekämpft, sich aber nicht durchsetzen können. Vgl. Haupt: Der Kongreß, S. 71.
229 Die auf dem Kongress gehaltenen Reden sind abgedruckt in: Sozialistenkongreß. Krieg dem Kriege (Sozialdemokratische Flugschriften 15), Berlin 1912.
230 Groh: Negative Integration, S. 367.
231 Vgl. Sollmann an Stampfer vom 9. September 1938, HAStK 1120/493,2; Sollmann an Meerfeld vom 11. August 1946, HAStK 1120/340. Die Bewunderung für Jaurès tritt auch in einem Bericht des Fränkischen Volksfreundes deutlich hervor, der aller Wahrscheinlichkeit nach von Sollmann verfasst wurde: »Die französische Rede des Genossen Jaurès, dieses vielleicht größten Redners unserer Tage, läßt sich unmöglich in nüchternen Worten wiedergeben. Jaurès muß gehört werden. Bei ihm spricht nicht nur die Stimme, der ganze Mann, die Wucht dieser Persönlichkeit spricht mit. Wie in einem Banne lauschte ihm die Versammlung […].« Fränkischer Volksfreund Nr. 271, 26. November 1912.

»It was an unforgettable symbol: two spiritual world powers, international christianity and international socialism, united in the proclamation of international peace.«[232]

Die Ergebnisse der Basler Zusammenkunft unterzog er zeitnah einer Bewertung.[233] Der Enttäuschung mancher Genossen, die Resolution nenne nicht, wie etwa von Keir Hardie und Vaillant gefordert, den Generalstreik als politisches Mittel, hielt er entgegen, sie schließe ihn aber auch nicht aus.[234] Das Hauptgewicht der Resolution sah Sollmann in dem »leidenschaftlichen Friedenswillen des Proletariats«, das den Regierungen vor Augen stehe. Zwar sei die Resolution nur ein Minimalprogramm, aber der große Fortschritt bestehe darin, dass in der Sozialistischen Internationalen über Grundsatzfragen hinaus zum ersten Mal die gemeinsame Aktion beschlossen wurde. Man stimme nicht mehr nur in allgemeinen Grundsätzen überein, sondern bilde auch in der Aktion eine vollständige Einheit.[235] Diese optimistische Beurteilung verkannte, dass trotz der weithin als Erfolg beurteilten Resolution die Einigkeit in der Aktion nicht so weit fortgeschritten war, wie Sollmann es darstellte. Dass weiterhin unterschiedliche Ansichten bestanden, zeigte sich bereits darin, dass in dem deutschen Sitzungsbericht einige als zu radikal beurteilte Stellen aus den Reden gestrichen wurden.[236] Für Sollmann war der Kongress offensichtlich ein beeindruckendes Erlebnis, an das er sich Jahrzehnte später noch eindringlich erinnerte. Abgesehen davon, dass sich in Basel die Möglichkeit zu Kontakten bot, die sich nicht in den Quellen niederschlagen, blieb der internationale Dialog ein Anliegen Sollmanns, das sich in seinem Engagement im Rahmen der Interparlamentarischen Union ausdrückte.[237]

Seine Tätigkeit beim Fränkischen Volksfreund endete bereits nach einem halben Jahr im Mai 1913. Er war nach Köln zurückgerufen worden, um bei der Rheinischen Zeitung die Lokalredaktion als Nachfolger von Reiner Kempgens zu übernehmen. Die Anstellung in Köln war für ihn offensichtlich reizvoller als der Posten in Würz-

---

232 Sollmann: Kinship of Spirit, in: The Christian Century, 13. September 1939, S. 1099 f. Dies ist auch ein weiterer Beleg für Sollmanns Wertschätzung der Religion.
233 Vgl. »Ein Schritt vorwärts« im Fränkischen Volksfreund Nr. 274 vom 29. November 1912. Der Beitrag ist nicht namentlich gekennzeichnet, da Sollmann aber selbst Teilnehmer des Kongresses war und zudem leitender politischer Redakteur, spricht vieles dafür, dass dieser Kommentar von ihm stammt.
234 Diese Interpretation wurde von der Mehrheit der Kongressteilnehmer geteilt, wogegen Bebel in einer geheimen Kommissionssitzung deutlich gemacht hatte, dass die deutsche Sozialdemokratie bei Kriegsausbruch nicht den Generalstreik unterstützen bzw. ausrufen würde; eine Meinung, die nicht nur von Kautsky seit Jahren unterstützt wurde, sondern in der SPD weitverbreitet war. Vgl. Groh: Negative Integration, S. 366.
235 Sollmann: Ein Schritt vorwärts.
236 Haupt: Der Kongreß, S. 74.
237 Er nahm seit 1925 bis zum Ende der Weimarer Republik an allen Tagungen der Interparlamentarischen Union teil.

burg, zumal er nach eigener Auskunft seine gute Verhandlungsposition nicht dazu benutzte, um bestimmte Gehaltsforderungen durchzusetzen.[238] Die Verbundenheit zum Rheinland war wohl auch zu diesem Zeitpunkt bereits so groß, dass ihm das Kölner Umfeld wichtiger war als ein höherer Verdienst oder ein höherer Posten.[239] Möglicherweise versprach er sich aber auch in Köln bessere Entfaltungsmöglichkeiten für sein journalistisches Wirken. Der Fränkische Volksfreund in Würzburg besaß gegenüber der Rheinischen Zeitung in der Großstadt Köln ein deutlich geringeres Entwicklungspotenzial.

5 Politische Profilierung in der rheinischen Sozialdemokratie: Zwischen Massenstreikdebatte, Bakschisch-Prozess und Reichstagskandidatur

Nach seiner Rückkehr aus Nürnberg verlagerte sich der Schwerpunkt seiner Tätigkeit außerhalb des Journalismus von der Jugendbewegung zur Arbeit in der Kölner Parteiorganisation, in der Sollmann langsam aber sicher in den Vordergrund trat. Der Arbeiterjugend blieb er zwar eng verbunden, die eigentliche Leitung übernahm aber in dem Maße, in dem Sollmann sich zurückzog, Walter Stoecker mit anderen Jugendgenossen.[240]

Innerhalb der Kölner SPD trat Wilhelm Sollmann erstmals im Rahmen der Massenstreikdebatte in Erscheinung. Diese war die Folge der krisenhaften Situation innerhalb der Sozialdemokratie im Jahr 1913. Ursprung dessen war eine zunehmende Unzufriedenheit mit der Entwicklung der Arbeiterbewegung, von der auch die Basis erfasst wurde, und durch die erst der Boden für die Massenstreikdiskussion geschaffen wurde.[241] Eine nicht unwesentliche Rolle spielte dabei Johann Meerfeld, Chefredakteur der Rheinischen Zeitung und Vorstandsmitglied des SPD-Bezirks Ober-

---

238 Fränkischer Volksfreund Nr. 112, 15. Mai 1913; Sollmann an die Presskommission der Rheinischen Zeitung vom 1. Mai 1917, HAStK 1120/II-11-36, 36 a. Er berichtet, obwohl er gewusst habe, dass die Lokalredaktion der Rheinischen Zeitung besonders schwer zu besetzen sei, habe er nur sehr bescheidene Gehaltsforderungen gestellt. Ihm sei auch das Gehalt von Kempgens nicht bekannt gewesen. Erst später habe er erfahren, dass dieser für die Arbeit, für die er jährlich 3.300 Mark erhalte, 3.900 Mark bekommen habe. Bislang wurde das Ende seiner Tätigkeit in Würzburg auf März 1913 datiert. Vgl. Nyassi: Nachlass Sollmann, S. 9; Schröder: Sozialdemokratische Parlamentarier, S. 708.
239 1917 schreibt er angesichts eines möglichen Wechsels zur Volksstimme in Chemnitz, dies sei für ihn eine sehr schwierige Entscheidung, weil er sehr stark mit der Kölner und rheinischen Arbeiterbewegung verwachsen sei und zudem Köln als Stadt »ein Paradies« sei. Sollmann an Heilmann vom 30. März 1917, HAStK 1120/539/II-11-23, 23 a–b.
240 Stoecker: Walter Stoecker, S. 57. Sollmann gab spätestens 1914 den Vorsitz des Bezirksausschusses sowie des Kölner Jugendausschusses ab. Vgl. Arbeiter-Jugend 11 (1914), S. 167.
241 Groh: Negative Integration, S. 463-465.

rhein.²⁴² In einem viel beachteten Beitrag in der Neuen Zeit gab er der allgemeinen Kritik Ausdruck und schärfte das Bewusstsein dafür, dass sich die Partei in einer Krise befand. Meerfeld stellte fest, es verstärkten sich in der Organisation die Anzeichen einer Verbürgerlichung, die bereits zu stark ausgeprägt sei, um den Generalstreik als Mittel des Kampfes gegen die bürgerliche Gesellschaft einsetzen zu können. Zudem warnte er vor übermäßiger Bürokratisierung, Organisation dürfe nicht zum Selbstzweck werden. Seine Kritik am Zustand der Partei konnte wohl auf eigene Anschauungen in Köln zurückgreifen, wo das Parteileben nicht allzu lebendig war, nur ein Bruchteil der Mitglieder die Versammlungen besuchte und sie sich nur einfanden, »um sich von einem gewandten Sprecher wieder nur bestätigen zu lassen, was sie selber schon dachten oder zumindest dunkel empfanden«²⁴³. Meerfeld kritisierte die Verflachung des Parteilebens, man sei mittlerweile »ein wohlfunktionierender und wohlgeordneter Parteibetrieb geworden«, es bestehe die Gefahr der inneren Erstarrung. Besonders in den sozialdemokratischen Hochburgen sah er »denn auch allem scheinbaren Radikalismus zum Trotz die stärksten Ansätze zur Verspießerung«; für ihn war unverkennbar:

> »Ein konservativer Zug hat sich eingeschlichen, und vom gewaltsamen Umsturz reden nur noch auf Stimmenfang bedachte böswillige Gegner«.²⁴⁴

Damit hatte er offensichtlich einen neuralgischen Punkt getroffen, denn sein Beitrag wurde vielfach aufgenommen und erörtert und seine Thesen fanden Eingang in eine auch an der Basis geführte Diskussion. Zustimmung bekam er vor allem vom linken Flügel und den Revisionisten; beim Parteizentrum um den Cheftheoretiker Kautsky – Bebel als Parteivorsitzender spielte wegen seiner schweren Erkrankung und seinem bald folgenden Tod keine Rolle mehr – herrschte Ratlosigkeit und Unsicherheit, wie mit der Situation umzugehen sei.²⁴⁵ Im Grunde ging es in dieser Diskussion um die bereits lange Zeit diskutierte Frage, wie das angesichts der wachsenden Parteiorganisation und des Gewinns an Wählerstimmen steigende Potenzial der Arbeiterbewegung in konkrete politische Erfolge umgemünzt werden könne. Die Parteiführung hing dem marxistischen Gedankengut an, das die Entwicklung der kapitalistischen

---

242 Zu Meerfeld siehe: Osterroth: Biographisches Lexikon, S. 218 f.; Schröder: Sozialdemokratische Parlamentarier, S. 608.
243 Meerfeld: Nachdenkliche Betrachtungen, in: Die Neue Zeit 27/2 (1912/13), S. 399.
244 Ebd., S. 400. Sollmann, der eng mit Meerfeld zusammenarbeitete, verfasste fast zwanzig Jahre später am Ende der Weimarer Republik einen Artikel, der ebenso wie Meerfelds Beitrag einen regen innerparteilichen Widerklang fand und in dem er ebenfalls in einer Zeit der innerparteilichen Reformdiskussion eine innere Erstarrung der Partei und eine Fixierung auf die Organisation kritisierte; vgl. Sollmann: Positive Parteikritik. Erneuerung und Machtwille, in: RZ Sonderausgabe, 27. November 1932. Siehe dazu auch Kapitel IV.11.
245 Groh: Negative Integration, S. 465-469.

Gesellschaft als einen naturnotwendigen Prozess interpretierte – eine naturgesetzliche Entwicklung zum Sozialismus – an dessen Ende die Übernahme der Gewalt durch das Proletariat stände. Diese Entwicklung konnte man durch Agitation und Organisation fördern, aber der revolutionäre Endpunkt, der Zusammenbruch der bürgerlichen Gesellschaft, war in dieser Sichtweise eine zwangsläufige Folge historisch-ökonomischer Gesetzlichkeiten. In den Strategiediskussionen der Sozialdemokratie bildete sich das Parteizentrum als Bollwerk gegen die Versuche heraus, den damit verbundenen Immobilismus durch radikale oder reformistische Methoden zu durchbrechen. Der rhetorische Radikalismus sollte den Mitgliedern der Arbeiterbewegung als Ventil für die Frustration über die Unterdrückung durch Staat und Gesellschaft dienen. Dies war Ausdruck des revolutionären Attentismus: Man war revolutionär, ohne die Revolution selbst zu betreiben. Zu den wichtigsten Vertretern dieser Richtung gehörte Kautsky, der als Cheftheoretiker die offizielle Linie, die von der Parteiführung um Bebel getragen wurde, entscheidend beeinflusste.[246]

Diese Konzeption barg die Gefahr, dass die Unzufriedenheit über die mangelnde Umsetzung der errungenen Machtposition bei ausbleibendem Erfolg zunahm und sich die innerparteilichen Friktionen verstärkten. Diese Tendenzen kamen seit 1910 zum Ausdruck und zeigten in der Situation des Jahres 1913 anhand der Massenstreikdebatte, dass sich die Partei in einer Krise befand.[247] Dies lag an den besonderen Rahmenbedingungen. Zunächst setzte in vielen Wirtschaftsbereichen eine Rezession ein, das Lohnniveau verschlechterte sich und der Argumentation der Parteiführung, die bewährte politische Taktik führe zu einer ökonomischen Besserstellung der Arbeiterschaft, wurde somit ein Stück Glaubhaftigkeit entzogen. Was half die als so stark empfundene Parteiorganisation, wenn gegen diese Entwicklung nichts getan wurde? Weiterhin machte sich Enttäuschung bezüglich der Umsetzung des Erfolgs bei den Reichstagswahlen 1912 breit.[248] Angesichts der Stimmengewinne hatte sich in Teilen der Wählerschaft die Hoffnung verstärkt, dass die SPD größeren Einfluss auf die

---

246 Zur Rolle Kautskys siehe: Gilcher-Holthey: Das Mandat; Rojahn/Schelz/Steinberg: Marxismus und Demokratie. Zur Haltung Kautskys in der Massenstreikdebatte 1913 siehe Kautsky: Nachgedanken zu den nachdenklichen Betrachtungen, in: NZ 31/2 (1912/13), S. 558-568; ders.: Nachbemerkungen, S. 662-664. Vgl. dazu Groh: Negative Integration, S. 484, 491. Allerdings erwartete man, dass bei steigendem Einfluss der Sozialdemokratie die Gefahr der Gegenaktion durch die herrschenden Eliten wachse. Je konkreter die Debatten um den Massenstreik oder andere Aktionen wurden, umso mehr befürchtete man daher in der Parteiführung, dass dies zum Schaden der Partei sei. Zur Ideologie der Sozialdemokratie und den innerparteilichen Strömungen im Kaiserreich siehe Grebing: Arbeiterbewegung, S. 117-134; Groh: Negative Integration, S. 57-63; im Zusammenhang mit der Massenstreikdebatte 1913 S. 476-502; Steinberg: Sozialismus und deutsche Sozialdemokratie, hier S. 60-86.
247 Zum Folgenden siehe, wenn nicht anders angegeben, Grohe: Negative Integration, S. 469-476.
248 Die SPD hatte bei den Wahlen große Stimmengewinne zu verzeichnen und kam auf 34,8 Prozent. Mit 110 Abgeordneten stellte sie die stärkste Fraktion. Hohorst/Kocka/Ritter: Sozialgeschichtliches Arbeitsbuch II, S. 175.

Reichspolitik nehmen werde. Aber schnell machte sich die Erkenntnis breit, »daß vorläufig alles beim alten bleiben wird, daß trotz starker Organisation, trotz starker Vertretung im Reichstag wir noch immer Bürger zweiter Klasse, Entrechtete sind«.[249] Dadurch verlor die Taktik, allein über das Parlament politischen Einfluss zu nehmen beziehungsweise die politische Macht zu erringen, an Überzeugungskraft.

Verstärkt wurden diese Entwicklungen durch den zu verzeichnenden problematischen Stand der Mitglieder- und Abonnentenzahlen. Ob Partei, Presse oder angegliederte Organisationen wie die Jugendbewegung, die Zahlen stagnierten oder waren rückläufig.[250] Der Glaube an den stetigen Aufstieg der Bewegung, die Überzeugung von der »naturgesetzlichen Entwicklung« hin zu einer sozialistischen Gesellschaft, geriet ins Wanken.[251]

Unter diesen Umständen stand vieles auf dem Prüfstand, was bisher als bewährt gegolten hatte. Weder die Entwicklung der Bewegung selbst noch ihr Einfluss auf die Politik schienen die bisherige Strategie und Taktik der Partei zu rechtfertigen. In dieser Atmosphäre wurde der Massenstreik als Mittel zur Erkämpfung der Wahlrechtsreform Gegenstand der Diskussion. Ausgelöst wurde sie vom süddeutschen Reformisten Ludwig Frank, der in einer Versammlung vorschlug, die preußische SPD solle sich des Massenstreiks bedienen.[252]

Wie in der gesamten Partei so wurde auch in Köln im Sommer 1913 ausgiebig die Frage des Massenstreiks als Mittel zur Durchsetzung politischer Forderungen erörtert. In Köln stellte sich im Prinzip das gleiche Problem wie in der Gesamtpartei. Die SPD hatte sich konsolidiert, 1912 sogar das Reichstagsmandat in einer Stichwahl im Wahlkreis Köln-Stadt gegen das Zentrum gewonnen, und auch bei den preußischen Landtagswahlen hatte man Gewinne zu verzeichnen, konnte sich aber nicht gegen das Zentrum durchsetzen.[253] Wie bei den Landtagswahlen beeinflusste das Dreiklassenwahlrecht auch in der Kommunalpolitik die Einflussmöglichkeiten der SPD negativ. Hier spielte man politisch keine Rolle; vor dem Ersten Weltkrieg gewann

---

249 Eggerstedt: Nochmals »Nachdenkliche Betrachtungen«, in: Die Neue Zeit 27/2 (1912/13), S. 609.
250 Konnte die Gesamtpartei zwischen 1911 und 1912 über 130.000 Mitglieder gewinnen, waren es im folgenden Jahr nur noch gut 12.000. Bei den Freien Gewerkschaften war es vergleichbar, die Gesamtauflage der Parteipresse war leicht rückläufig. Vgl. Parteitagsprotokolle 1912, 1913; Protokoll des Gewerkschaftskongresses 1914; Fricke: Organisation und Tätigkeit, S. 1303.
251 Mehrere Landtagswahlen, darunter die preußischen Landtagswahlen vom Juni 1912, stellten für die Sozialdemokratie eine Enttäuschung dar. Zwar konnte sie in Preußen Stimmengewinne verzeichnen, aber nicht im gewünschten Ausmaße und zudem blieb die Konstellation für eine Wahlrechtsreform, ein zentrales Ziel der Sozialdemokratie in Preußen, weiterhin ungünstig. Vgl. Kühne: Abgeordnetenhaus, S. 55.
252 Groh: Negative Integration, S. 479. Zu Frank siehe Watzinger: Ludwig Frank.
253 Trotz einer deutlichen Steigerung der SPD gegenüber 1908 gewann das Zentrum auch in der dritten Wählerklasse mit 64,1 Prozent überaus deutlich. Der Gewinn eines Mandats war daher für die SPD aussichtslos. Vgl. Kühne: Abgeordnetenhaus, S. 703.

die Partei kein einziges Mandat in der Stadtverordnetenversammlung.[254] Zudem bestätigte sich in Köln der reichsweite Trend einer Stagnation der Parteimitglieder.[255] Die Frage des Massenstreiks wurde zuerst auf dem Parteitag der Sozialdemokratie für die Obere Rheinprovinz erörtert. In seinem Referat über das Ergebnis der preußischen Landtagswahlen hatte Hofrichter auch zum Massenstreik Stellung genommen. In der anschließenden Diskussion führte Sollmann an, er halte die Durchführung eines wohlvorbereiteten Streiks für möglich. Die Demonstrationen des Jahres 1908 hätten die Wahlrechtsbewegung bedeutend gefördert und auch jetzt werde sich eine der Vorbereitung des Streiks annähernde Diskussion in gleicher Weise auswirken. Im preußischen Proletariat stehe das Stimmungsbarometer zwar noch nicht auf Sturm, aber es könne sehr wohl dahin kommen. Die mehrheitliche Unterstützung des Massenstreiks auf dem Bezirksparteitag äußerte sich in der angenommenen Resolution, in der es heißt:

»Die Anwendung neuer und verschärfter Kampfmittel, zu denen auch der Massenstreik zu rechnen ist, muß mit allem Eifer erörtert und durch Ausbau und Stärkung der Organisationen praktisch vorbereitet werden.«[256]

Damit war die Debatte in Köln aber noch nicht beendet, es bestand offensichtlich großer Gesprächsbedarf. Sollmann gehörte zu den eifrigsten Diskutanten. Er betonte weiterhin nachdrücklich, dass ein von langer Hand vorbereiteter Massenstreik aus seiner Sicht möglich sei und nahm dafür die Ereignisse in Belgien als Beispiel.[257] An Sollmanns Ansichten zu dieser Frage wird die in weiten Kreisen der SPD zu verzeichnende Tendenz ersichtlich, dass der Massenstreik sowie die Wiederaufnahme des Wahlrechtskampfes zwar vielfach bejaht wurden und als Ventil für die Enttäuschung und Unzufriedenheit in der Arbeiterbewegung dienten, aber letztlich doch die Forderungen so allgemein gehalten waren, dass sie keine konkreten Ergebnisse nach sich zogen und der Massenstreik »zu einer regulativen Idee«[258] wurde. Die Kölner Resolution und die Debatten liefen zwar darauf hinaus, dass die Mehrheit der Partei es begrüßte, den Massenstreik als politisches Mittel in Betracht zu ziehen und Vorbereitungen dafür zu treffen. Dies war aber auch in Köln, wo die Partei fern jeder Radikalität und jedes revolutionären Elans agierte, mehr eine vage Zukunftshoffnung als ein unmittelbar bevorstehendes Ereignis. Wann die Zeit reif sei für den Massenstreik,

---

254 Der Wahlgewinn 1912 war durch die Unterstützung der Liberalen möglich geworden. Vgl. Brunn: Kellerkind, S. 68.
255 RZ Nr. 145, 25. Juni 1913.
256 RZ Nr. 154, 7. Juli 1913. Dies entsprach der allgemeinen Stimmung an der Parteibasis, wie es die große Zahl von Resolutionen zugunsten des Massenstreiks in Bezirks- und Ortsvereinen belegen. Vgl. Groh: Negative Integration, S. 486 f.
257 RZ Nr. 155, 8. Juli 1913; RZ Nr. 160, 16. Juli 1913.
258 Groh: Negative Integration, S. 481.

wusste auch Sollmann, einer der entschiedenen Befürworter, nicht zu benennen. Er glaubte, dass die Zeit für die Sozialdemokratie arbeite:

> »Je länger die Regierung zaudert, und je entschiedener wir fordern, desto stärker wird die Mißstimmung der Teile des Bürgertums werden, die ebenfalls unter dem Dreiklassenwahlrecht leiden.«[259]

Die weitverbreitete Diskussion machte eine Erörterung der Massenstreikfrage auf dem Jenaer Parteitag 1913 unumgänglich. Aufgrund der krisenhaften Anzeichen in der Arbeiterbewegung waren kontroverse Debatten zu erwarten. Für den sozialdemokratischen Verein von Köln-Stadt und -Land sprach Sollmann die Erwartungen an den Parteitag aus. Er führte aus, angesichts des Stillstands der Organisation habe sich der Parteitag die Frage zu stellen, ob Taktik, Agitation und Kampfmittel richtig und ausreichend gewesen seien. Mit der Wirtschaftskrise sei keine hinreichende Erklärung gefunden. Die Unzufriedenheit der Massen habe die Partei weder organisatorisch noch agitatorisch auszunutzen verstanden, beispielsweise während der Balkankrise. Auch mangele es an einem aktuellen Militärprogramm, mit dem man den Rüstungsvorlagen der Regierung begegnen könne. Die Krise der sozialdemokratischen Presse führte er unter anderem darauf zurück, dass sie nicht mehr volkstümlich genug sei, was auch für die Presse und Schriften der Jugendbewegung zutreffe. Dass Letztere in einem guten Zustand sei, wie der Parteivorstand behaupte, treffe nicht zu. Hinsichtlich der Wahlrechtsfrage und des Massenstreiks bat er um Zustimmung für den Antrag, beide Aspekte auf die Tagesordnung zu setzen – mit der Erwartung, dass eine einheitliche Taktik beschlossen werde. Die Wahl Sollmanns zu einem der beiden Kölner Delegierten auf dem Parteitag zeigt, ebenso wie die Tatsache, dass er das Referat zum Parteitag übertragen bekam, welches Gewicht er innerhalb der Kölner Partei mittlerweile besaß.[260]

Seine Kritik bekräftigte er auf dem Parteitag im Anschluss an den Bericht des Parteivorstands durch Scheidemann. Der Stillstand sei nicht wie ausgeführt allein auf die wirtschaftlichen Umstände zurückzuführen. Ein zentrales Problem sei die Ausgestaltung der Presse. Diese betreibe keine verständliche Propaganda mehr, weshalb man nicht mehr so leicht in die der Arbeiterbewegung noch indifferent gegenüberstehenden Kreise eindringen könne. Besonders das Feuilleton sei für weite Teile der Arbeiter ungenießbar, weil es zu wenig an den Interessen der Leser, die mehr Unter-

---

259 RZ Nr. 155, 8. Juli 1913.
260 RZ Nr. 179, 5. August 1913. In der anschließenden Diskussion brachte Stoecker einen radikaleren Antrag zum Massenstreik ein, der aber von Sollmann und der Mehrheit abgelehnt wurde. Sollmann bekam bei der Wahl der Delegierten die meisten Stimmen (80 von 223). Außerdem wurde Philipp Fries gewählt.

haltung wollten, ausgerichtet sei.[261] Die Darstellung des Vorstands zur Jugendbewegung bezeichnete er als Schönfärberei, sie sei keineswegs so gefestigt, was besonders auf die mächtige bürgerliche Jugendbewegung zurückzuführen sei, die man keinesfalls unterschätzen dürfe. Das Agitationsmaterial, die Werbeschriften und auch die Arbeiter-Jugend waren aus seiner Sicht zu anspruchsvoll und damit insgesamt für Jugendliche ungeeignet. In ähnliche Richtung zielten seine Bemerkungen zum Bericht der Reichstagsfraktion. Hinsichtlich der Aufklärung der Jugendlichen über den Militarismus bestehe ein Defizit, hier müsse man der Erziehung in den gegnerischen Organisationen wie dem Jungdeutschlandbund stärker entgegentreten.[262]

Sollmann wandte sich insgesamt gegen die Linie des Parteivorstands, die krisenhaften Erscheinungen in der Arbeiterbewegung weniger mit inneren, als mit äußeren Umständen zu begründen. Die Frage des Massenstreiks berücksichtigte Sollmann in seinen Äußerungen nicht, sie spielte aber auf dem Parteitag eine wichtige Rolle. Der Parteivorstand hatte sich im Vorfeld darum bemüht, diesen Brandherd möglichst einzudämmen, konnte aber nicht verhindern, dass es zu einer kontroversen Diskussion kam. Vor allem Rosa Luxemburg versuchte mit einer Gegenresolution, die einen »Wahlrechtssturm der großen Massen« und eine Taktik, die »den Schwerpunkt des Kampfes bewußt in die Aktion der Massen verlegt«, forderte, größere politische Aktivität zu erreichen.[263] Die Resolution des Vorstands spricht sich zwar für die Anspannung aller Kräfte im Kampf gegen das bestehende Wahlrecht aus, beinhaltet bezüglich des Massenstreiks aber nur die Aufgabe, in Vorbereitung der möglichen Anwendung die politischen und gewerkschaftlichen Organisationen auszubauen.[264]

In der Abstimmung stimmten für den Antrag Luxemburgs 142 Delegierte, unter ihnen Sollmann, bei 333 Gegenstimmen.[265] Seine Ansicht zur Behandlung der Massenstreikfrage auf dem Parteitag gibt Aufschlüsse über seine Beweggründe, für den Antrag von Rosa Luxemburg zu stimmen. In einer Mitgliederversammlung erstattete Sollmann für den Kölner Ortsverein den Bericht über den Parteitag. Zur Massenstreikdebatte führte er aus, sie sei unbefriedigend verlaufen, was nicht zuletzt an der Einführung durch Scheidemann gelegen hätte, der nicht über die Massenstreikdebatte gesprochen, sondern gegen die Befürworter einer solchen und hier vor allem gegen

---

261 Dies blieb eine Konstante seiner Argumentation hinsichtlich der Parteipresse, deren Reform zu einem seiner grundlegenden Ziele gehörte. In zahlreichen Beiträgen forderte er eine Umgestaltung hinsichtlich einer verständlicheren, weniger theoretisierenden Schreibweise und größerer Berücksichtigung der Unterhaltung, um den Blättern größere Leserkreise zu eröffnen. Siehe dazu unten Kapitel IV.6. Einen ähnlichen Standpunkt nahm auf dem Parteitag Adolf Braun ein, mit dem Sollmann später den Sozialdemokratischen Pressedienst gründete. Vgl. Protokoll des Parteitags, S. 256-258.
262 Ebd., S. 244-246, 363. Vor allem seine Kritik an der Arbeiter-Jugend wurde zurückgewiesen, namentlich von Heinrich Schulz und Scheidemann. Ebd. S. 259, 276.
263 Ebd., S. 194 f.
264 Ebd., S. 192.
265 Ebd., S. 337 f.

Vertreter des linken Parteiflügels polemisiert habe. Es mache einen schlechten Eindruck, wenn ein Vertreter des Vorstands eine nicht unerhebliche Gruppe als Schädlinge für die Organisation darstelle. Auch die Rede Luxemburgs habe nicht der Größe des Problems entsprochen, aber sie habe wenigstens darauf hingewiesen, dass ein Parteiführer vor allem ein Ohr für die Stimmung der Massen haben müsse. Der Parteivorstand habe die tiefe Missstimmung in den Reihen der Arbeiterbewegung offenbar nicht ausreichend erkannt und spüre ihr nicht nach. Geradezu als peinlich habe er die Rede Bauers empfunden, mit Erstaunen habe er dessen Einschätzung der Wahlrechtsfrage vernommen. Seine Verurteilung Luxemburgs sei unangebracht, er wende sich entschieden dagegen, die Untersuchungen der Theoretiker so abwertend zu behandeln. Einzig die Rede Franks habe die Diskussion auf die richtige Formel gebracht: »Entweder Wahlreform oder Massenstreik!« Hätte die Resolution der Parteiführung so gelautet, wäre die Abstimmung anders verlaufen. So aber habe eine beträchtliche Anzahl für den Antrag Luxemburgs gestimmt. Die Frage des Massenstreiks sei aber nicht für immer verschoben. Sie werde wiederkommen und man werde zu diesem Mittel greifen, »wenn die Situation reif geworden ist und die Massen genügend gerüstet sind«. In der Gesamtbeurteilung sei der Parteitag weniger einer der Klärung als der Gärung gewesen. In den Abstimmungen seien die in der Partei vorhandenen Richtungen nicht klar zum Ausdruck gekommen. Fest stehe, dass die alte Schablone Revisionismus–Radikalismus unbrauchbar geworden sei.[266]

In der Beurteilung der Haltung Scheidemanns und der Massenstreikdebatte stand Sollmann nicht alleine. Vielfach äußerte sich Unzufriedenheit über den Verlauf. Scheidemanns Behandlung der Massenstreikfrage hatte schon in den Parteiausschusssitzungen Kritik hervorgerufen. Seine Vorgehensweise wurde wie die von Bauer als ungeschickt empfunden und stieß vielfach auf Unverständnis.[267] In der Beurteilung der Haltung des Parteivorstands irrte er aber insofern, als er die Motive der Parteiführung nicht durchschaute. Diese agierte gegenüber der Massenstreikfrage nicht deshalb zurückhaltend, weil sie die Unzufriedenheit in der Bewegung verkannte, sondern weil es nicht in ihr politisches Konzept passte beziehungsweise man über kein Konzept verfügte, das erlaubte, die Forderung nach politischer Aktion in eine aktive Politik umzusetzen. In der Parteiführung war man zunächst der Ansicht, dass das alte Verhaltensmuster, auf die Unterprivilegierung in sozialer und wirtschaftlicher Hinsicht nur mit Wortradikalismus und gegebenenfalls Demonstrationen, wie etwa im Jahr 1908 gegen das Wahlrecht, zu reagieren, nicht problemlos durchbrochen werden könne. War man sich in dieser Analyse mit Rosa Luxemburg einig, zog man entgegengesetzte Schlüsse daraus. Die Parteiführung sah den Massenstreik nur als politisches Droh-

---

266 RZ Nr. 228, 1. Oktober 1913.
267 Groh: Negative Integration, S. 495 f., 500, 502.

mittel und wollte an der alten, aus ihrer Sicht bewährten Taktik festhalten, lediglich auf Organisation und Agitation zu setzen.[268]

Die entscheidenden Faktoren für die Herbeiführung einer für den Massenstreik notwendigen Stimmung ergäben sich aus den nicht beeinflussbaren ökonomischen und politischen Rahmenbedingungen. Luxemburg dagegen wollte die fehlenden revolutionären Traditionen der deutschen Arbeiterschaft durch einen von oben eingeleiteten, intensiven Lernprozess kompensieren, in dem der Massenstreik eine zentrale Rolle spielte und zur revolutionären Sprengung der Verhältnisse führen sollte.[269]

Aus der Unterstützung des Antrags von Rosa Luxemburg ist nicht direkt zu schließen, dass Sollmann Anhänger ihrer politischen Linie gewesen ist.[270] In grundsätzlichen Fragen hatten sie unterschiedliche Auffassungen – Luxemburg glaubte beispielsweise im Gegensatz zu Sollmann nicht, dass der Massenstreik langfristig organisatorisch vorbereitet werden konnte. Auch fehlen bei Sollmann jegliche Hinweise auf eine Strategie, die den Massenstreik zur revolutionären Umwälzung der Verhältnisse benutzen wollte. Der Massenstreik erscheint bei ihm stets als Mittel, dessen Einsatz er befürwortete, für den aber in der Arbeiterschaft noch nicht die Voraussetzungen bestanden und der noch der organisatorischen Vorbereitung bedurfte. Allerdings konnte aus seiner Sicht die Stimmung der Massen in dieser Frage nicht durch taktische Maßnahmen beeinflusst werden. Daraus leitete er die Aufgabe der Partei ab, die Massen zu schulen, sie über den Massenstreik aufzuklären. Aber der Streik blieb für ihn auf den Kampf gegen das Dreiklassenwahlrecht beschränkt und war anders als bei Rosa Luxemburg der Endpunkt einer Entwicklung, kein grundsätzliches Mittel in der politischen Auseinandersetzung.[271] Bei Sollmann war die Zustimmung zur Resolution Rosa Luxemburgs daher wohl eher eine Folge der Unzufriedenheit mit der Parteiführung und deren Passivität angesichts des Stillstandes der Bewegung – eine Reaktion, die im Nachklang des Parteitags in der gesamten Partei zu verzeichnen war und keinesfalls nur »linke Exzesse«

---

268 Diese Haltung war stark von den Gewerkschaften beeinflusst, die den Massenstreik ablehnten. Vgl. Groh: Negative Integration, S. 499. Zur Ablehnung des Massenstreiks durch die Gewerkschaften siehe auch Lehnert: Reform und Revolution, S. 238-242.

269 Grebing: Arbeiterbewegung, S. 131; Groh: Negative Integration, S. 481 f. Zu den gegensätzlichen Haltungen des Parteizentrums und Luxemburgs siehe auch Lehnert: Reform und Revolution, S. 248-264.

270 Eine Resolution von Luxemburg hatte noch nie so viele Stimmen bekommen. Die Zustimmung wäre noch größer gewesen, wenn nicht die Ressentiments gegenüber Luxemburg oder die Loyalität gegenüber dem Vorstand größer gewesen wären als die Unzufriedenheit. Aber die Befürworter bildeten auch keine einheitliche Fraktion, die ihre revolutionäre Strategie uneingeschränkt unterstützte. Vgl. Groh: Negative Integration, S. 496.

271 Vgl. RZ Nr. 240, 15. Oktober 1913. Zu Luxemburgs Haltung siehe ihre Beiträge in der Neuen Zeit und der Leipziger Volkszeitung: Das Offiziösentum der Theorie, in: NZ 31/2 (1912/13), S. 828-843; Taktische Fragen, in: LVZ Nr. 145-147, 26.-28. Juni 1913. Eine Nähe Sollmanns bestand eher zu der Konzeption Franks – dessen Beitrag zum Massenstreik auf dem Parteitag Sollmann als den einzigen der Sache gerecht werdenden beurteilt hatte – die flexibler und realistischer war. Vgl. Franks Rede auf dem Parteitag; Protokoll des Parteitags 1913 S. 304-306.

darstellte, wie es die Parteiführung interpretierte[272] – sowie deren Umgang mit den kritischen Stimmen als eine weitgehende Übereinstimmung mit der Konzeption Luxemburgs.[273] Was er auf dem Parteitag kritisiert hatte, waren Mängel in der Agitation und hier vor allem in der Presse, und er griff in diesem Zusammenhang auch erneut das Thema der Jugendbewegung auf, das ihn weiter umtrieb. Als Lösung der von ihm diagnostizierten Probleme empfahl er eine Reform der Presse und die Herausgabe geeigneter Agitationsschriften, für ihn eine zentrale Voraussetzung, die Bewegung weiter auszubauen. Wie schon im Falle der Jugendorganisation, als er in der Zentralstelle in erster Linie mit Vertretern des Parteivorstands zu tun hatte, wandte er sich gegen Stillstand in der Organisation, spürte den Ursachen nach und setzte sich für praktische Reformen ein. Revolutionär oder radikal war das nicht.

In der Kölner Partei spiegelten sich die innerparteilichen Kontroversen über das Ergebnis des Parteitages wider. Es bedurfte dreier Versammlungen, um das Thema abschließend zu diskutieren. Sollmanns Haltung stieß dabei durchaus auf Kritik.[274] Er nahm in den Debatten eine Position ein zwischen der dem Parteizentrum zugeneigten Gruppe um Hofrichter und Meerfeld, die auch die Gewerkschaftsvertreter umfasste und in der Mehrheit war, und der stärker der Linie Luxemburgs anhängenden kleinen Gruppe der jüngeren Genossen Stoecker, Fries und Schubarth.[275] Letztlich verliefen diese Diskussionen ergebnislos, es blieb bei den unterschiedlichen Ansichten, die die Uneinigkeiten des Parteitags widerspiegeln und den Massenstreik als bloße Idee erscheinen lassen, deren Verwirklichung in einer fernen Zukunft lag.[276]

Für Wilhelm Sollmann trat bald darauf ein anderes Thema in den Vordergrund, das für seinen weiteren Werdegang erhebliche Bedeutung gewann. Am 3. Oktober

---

272 Groh: Negative Integration, S. 502.
273 Mehrmals beurteilte er die Behandlung der Luxemburg-Gruppe als unangebracht. Die Unterdrückung von Meinungen, namentlich der Theoretiker, hielt er für schädlich und erkannte darin »Methoden des Klassenstaates [...], der aufgrund seiner Machtmittel jede geistige Bewegung niederzuhalten versucht«. RZ Nr. 240, 15. Oktober 1913. Die Zustimmung Sollmanns erfolgte daher vielleicht auch aus Protest gegen diese Tendenzen. Gegen eine revolutionäre Anwendung des Massenstreiks spricht bei Sollmann auch, dass er im Vorfeld des Parteitags auf der Generalversammlung der Kölner SPD einen Antrag Stoeckers, die Formulierung hinsichtlich des Massenstreiks zu verschärfen, abgelehnt hatte. Vgl. RZ Nr. 179, 5. August 1913.
274 Mehrfach wurde die Unterstützung Luxemburgs durch die Kölner Delegierten und auch Sollmanns Analyse der Ergebnisse kritisiert. Es wurde kontrovers diskutiert, in Sachfragen bekam er aber durchaus Unterstützung. Vgl. RZ Nr. 228, 1. Oktober 1913; RZ Nr. 236, 10. Oktober 1913; RZ Nr. 240, 15. Oktober 1913.
275 Meerfeld war in der Kölner Debatte der Einzige, der das auf dem Parteitag zu Tage tretende Dilemma erkannt hatte: »Die Massenstreikdebatte, wie sie jetzt in Jena geführt worden ist, hat uns nicht genützt, sondern im Gegenteil nur vor den Gegnern unsre Schwäche enthüllt.« RZ Nr. 228, 1. Oktober 1913. Vgl. dazu Groh: Negative Integration, S. 503.
276 Die Kölner Debatten bestätigen, dass die Massenstreikdebatte nicht wie vom Parteivorstand gewünscht durch den Parteitag beendet wurde, sondern bis in den Sommer 1914 andauerte, und erst dann durch den Gang der Ereignisse überholt wurde. Vgl. ebd., S. 502.

hatte er in der Rheinischen Zeitung den Artikel »Bakschisch« veröffentlicht, in dem er die in der Kölner Polizei gängige Korruption offenlegte.[277] Anlass war der Freispruch des Kriminalkommissars Hannemann durch das Kölner Schwurgericht. Hannemann war angeklagt, weil er für die Wiederbeschaffung einer gestohlenen Brieftasche von einem Ziegeleibesitzer 300 Mark Belohnung erhalten hatte. Hannemann gab in dem Prozess nicht nur zu, dass derartige Zuwendungen für Polizeibeamte bis zu den höchsten Posten in Köln an der Tagesordnung waren – für Wirtschaftskonzessionen wurden in einem von Sollmann genannten Fall 1.000 Mark bezahlt –, er bestätigte auch die Existenz einer eigens für die Bestechungsgelder eingerichteten Kasse, in welche die Polizisten die erhaltenen Geldbeträge einzahlen sollten, um sie am Jahresende gleichmäßig verteilen zu können. Tatsächlich hielten sich wohl die wenigsten an dieses vom Polizeipräsidenten vorgegebene Verfahren und behielten die Gelder stillschweigend ein.[278] All dies wurde von Sollmann schonungslos offengelegt. Der Polizeipräsident sah sich genötigt, Strafanzeige gegen Sollmann zu stellen, infolge dessen die Staatsanwaltschaft Köln wegen übler Nachrede und Verstoßes gegen das Pressegesetz Anklage erhob. In der am 7. Januar 1914 eröffneten Hauptverhandlung wurde Sollmann wie 1911 im Verfahren anlässlich der Auflösung des Jugendausschusses von Wolfgang Heine vertreten.[279] Der Prozess wurde ein großer Erfolg für den Angeklagten. Obwohl sich zahlreiche als Zeugen geladene Personen der Aussage entzogen, gelang es der Verteidigung nicht nur die in Sollmanns Artikel erhobenen Vorwürfe nachzuweisen, sondern auch diverse Details der Zuwendungs- und Bestechungspraxis aufzudecken, die von der Rheinischen Zeitung detailliert dargelegt wurden.[280] Dennoch wurde Sollmann zu einer Geldstrafe von 500 Mark verurteilt. In der Begründung führte der vorsitzende Richter Kewer aus, Sollmann habe zwar den von ihm erhobenen Vorwurf der Bestechung gegen die Polizeibehörden belegen können, jedoch nicht die von ihm behauptete Teilnahme der Staatsanwaltschaft. Daher habe er sich nach § 186 des Reichstrafgesetzbuches strafbar gemacht.[281] Trotz dieses

---

277 Sollmann: Bakschisch, in: RZ Nr. 230, 3. Oktober 1913. Der Artikel ist namentlich nicht gekennzeichnet, Sollmanns Urheberschaft aber durch den folgenden Prozess gesichert.
278 Ebd. Vgl., auch Klein: Hundert Jahre Akten, S. 112-114.
279 RZ Nr. 5, 7. Januar 1914. Sein zweiter Verteidiger war der Kölner Anwalt Mertz.
280 So wurde aufgedeckt, dass auf der Kölner Rennbahn die Polizisten sowohl vom Rennverein als auch von den Buchmachern bestochen wurden. RZ Nr. 9, 12. Januar 1914. Für die Rheinische Zeitung war der Prozess ein glänzendes Werbemittel, weil die Missstände in der Kölner Polizei durch ihren Redakteur ans Tageslicht kamen. Über den täglichen Fortgang des Prozesses wurde ausführlich stets als erstes Thema auf der Titelseite berichtet. Neben Kommentaren zum Prozessverlauf enthalten die Ausgaben auch immer eine meist mehrere Seiten umfassende wörtliche Wiedergabe der Verhandlung. Vgl. die Ausgaben Nr. 5-15 vom 7.-19. Januar 1914.
281 RZ Nr. 15, 19. Januar 1914. Sollmann hatte die Anschuldigung gegen die Staatsanwaltschaft aufgrund einer missverständlichen Aussage des Kriminalkommissars Hannemann erhoben, die sich durch spätere Vernehmungen als falsch erwiesen. Diesen Irrtum hatte Sollmann bereits zu Anfang des Prozesses eingestanden, die Staatsanwaltschaft beharrte jedoch auf einer Verurteilung. Vgl. RZ Nr. 5, 7. Januar 1914; Heine: Bakschisch, S. 598.

Urteils bestand kein Zweifel daran, dass Sollmann der eigentliche Sieger des Prozesses war. Seine Anschuldigungen wurden in der deutlich überwiegenden Mehrheit vom Gericht als erwiesen bestätigt. Das in der Folge des Prozesses eingeleitete Disziplinarverfahren führte zu empfindlichen Geldstrafen, zur Versetzung von mehreren Polizeikommissaren sowie bei einigen untergeordneten Beamten zu Verweisen. Gegen vier Polizeiinspektoren wurde sogar ein Verfahren mit dem Ziel der Entfernung aus dem Amte eingeleitet, Polizeipräsident von Weegmann zog selbst die Konsequenz und bat um Entlassung aus dem Staatsdienst.[282] Die Nachbeben des Prozesses gingen bis ins preußische Abgeordnetenhaus, wo der sozialdemokratische Abgeordnete Hue eine Untersuchung beantragte, ob die in Köln nachgewiesenen Missstände auch in anderen Polizeiverwaltungen bestünden.[283]

Der aufsehenerregende Prozess war aber nicht nur eine Bestätigung für Sollmanns Anschuldigungen, er steigerte auch sein Ansehen und seinen Bekanntheitsgrad beträchtlich. Über mehrere Wochen sorgte er landesweit für Schlagzeilen, besonders in der sozialdemokratischen Presse. Aufgrund der großen Resonanz ist davon auszugehen, dass Wilhelm Sollmann fortan in der deutschen Sozialdemokratie ein bekannter Name war und der Bakschisch-Artikel somit gewissermaßen seinen journalistischen Ritterschlag darstellte.[284] Selbst die bürgerliche Presse Kölns kam nicht umhin, die Berechtigung der Anschuldigungen anzuerkennen.[285] Die Partei versuchte diese

---

282 LHAK 403/9046, Bl. 386 f.; RZ Nr. 80, 6. April 1914.
283 RZ Nr. 48, 27. Februar 1914.
284 Zahlreiche Parteiblätter widmeten dem Prozess ihre Aufmerksamkeit: Vorwärts, Volksstimme Chemnitz, Volksstimme Frankfurt, Freie Presse Elberfeld, Dresdner Volkszeitung, Leipziger Volkszeitung, Hamburger Echo, Arbeiter-Zeitung Dortmund, Schwäbische Volkswacht, Arbeiter-Zeitung Wien. Auch in der bürgerlichen Presse wurde der Fall thematisiert, so im Deutschen Kourier, in der Post, im Berliner Tageblatt, in der Berliner Volkszeitung, der Rheinisch-Westfälische Presse, der Welt am Montag und im Hannoverscher Courier. Teilweise wurde fortlaufend berichtet. Siehe die Auszüge aus den jeweiligen Berichten in der RZ in den Ausgaben Nr. 10, 13, 15, 16, 18 vom 13., 16., 19., 20. und 22. Januar 1914. Die Berichterstattung hebt stets in mehr oder minder direkter Form die Verdienste Sollmanns hervor, auch in der bürgerlichen Presse. So urteilt die linksliberale Berliner Volkszeitung: »In den Augen der Bevölkerung hat sich der Verurteilte jedenfalls ein großes Verdienst erworben, weil er einen Sumpf aufgedeckt hat, von dem der Chef der Kölner Polizei keine blasse Ahnung hatte.« Zitiert nach RZ Nr. 16, 20. Januar 1914. Auch der Bericht des Regierungspräsidenten über den Prozess betont das mediale Echo: »Der Prozeß gegen den Redakteur Sollmann hat das Interesse der Oeffentlichkeit, insbesondere der Presse, nicht nur in Cöln, sondern auch in weiteren Gebieten der Monarchie, längere Zeit hindurch wachgehalten.« LHAK 403/9046, Bl. 387. Die Bedeutung des Prozesses für Sollmann und die Rheinische Zeitung wird auch von Meerfeld betont: »Das Ansehen der Rheinischen Zeitung und des Redakteurs Sollmann war durch den Prozeß stark gestiegen.« Meerfeld: Wilhelm Sollmann. Auch Sollmanns Verteidiger Wolfgang Heine veröffentlichte in der NZ einen Artikel zu dem Prozess. Heine: Bakschisch. Insofern dürfte die Einschätzung von Miller, Sollmann sei 1914 »ein nur lokal bekannter Redakteur der ›Rheinischen Zeitung‹« gewesen, nicht zutreffend sein. Vgl. Miller. Burgfrieden, S. 207, Anm. 10.
285 Die Kölnische Zeitung brachte bereits vor dem Urteil die Bedeutung des Prozesses auf den Punkt: »Wie das Urteil des Gerichts in dem Kölner Kriminalprozeß lauten wird, steht heute noch nicht

Popularität unmittelbar auszunutzen. Sollmann war bereits am 21. Dezember als Kandidat für die Nachwahl zum Reichstag im Wahlkreis Köln-Land nominiert worden, möglicherweise gerade deshalb, weil der anstehende Prozess eine große mediale Aufmerksamkeit versprach. Zudem war er mittlerweile einer der beiden Vorsitzenden des sozialdemokratischen Vereins und gehörte dadurch zum engeren Führungskreis der Kölner SPD.[286] Die Bedeutung des Polizeiprozesses für seine Kandidatur wurde von der SPD frühzeitig hervorgehoben. In einem Wahlaufruf in der RZ heißt es noch vor der Urteilsverkündung:

> »Die vergangene Woche hat unsern Kandidaten zu einem der volkstümlichsten Männer in Köln gemacht. Viele tausend Bürger, die außerhalb unsrer Partei stehen, sind ihm dankbar, weil er sie von einem drückenden Alp befreit hat. Diese Stimmung gilt es der Partei und dem Wahlkampfe nutzbar zu machen.«[287]

Nur zwei Tage nach dem Urteil hielt Sollmann im Volkshaus einen Vortrag über den Prozess vor mehreren tausend Zuhörern. Auch in der Folge wurde der Polizeiprozess gezielt für den Wahlkampf eingesetzt, um die SPD mit Sollmann als Kandidaten als die Partei herauszustellen, die gegen die Missstände in Staat und Gesellschaft im Interesse des Volkes kämpft.[288] Aber trotz der auf Hochtouren laufenden Wahlkampfmaschinerie, der unermüdlichen Agitation, der zahlreichen Wählerversammlungen, bei denen auch prominente Gastredner wie Breitscheid und Molkenbuhr auftraten[289], ergaben die Wahlen eine deutliche Niederlage Sollmanns, der 36,8 Prozent der Stim-

---

fest. Für das Urteil der öffentlichen Meinung ist das Urteil des Gerichts in diesem Fall kaum noch notwendig. Denn ob der Angeklagte sozialdemokratische Redakteur wegen zu starker Ausdrücke bestraft wird, fällt nicht ins Gewicht im Vergleich mit der Tatsache, daß er mindestens für eine Reihe von Fällen den Wahrheitsbeweis geführt hat.« KöZ 15. Januar 1914.

286 Vgl. den Jahresbericht des sozialdemokratischen Vereins für die Reichstagswahlkreise Köln-Stadt und -Land. 1. April 1913 bis 31. März 1914, in: RZ Nr. 119, 25. Mai 1914. Zur Wahl Sollmanns als Reichstagskandidat siehe RZ Nr. 296, 22. Dezember 1913. Der bisherige SPD-Kandidat Gilsbach, der Geschäftsführer und Verleger der RZ, trat aus gesundheitlichen Gründen nicht mehr an. Vgl. RZ Nr. 119, 25. Mai 1914. Sollmann wurde vom Wahlausschuss, dem Parteivorstand und den Funktionären der Kölner Wahlkreise einstimmig zum Nachfolger vorgeschlagen und von der Generalversammlung nahezu einstimmig gewählt. Die Nachwahl fand statt, weil die Reichstagswahl für den betreffenden Wahlkreis für ungültig erklärt worden war. Der Zentrumskandidat Kuckhoff hatte mit 31 Stimmen Mehrheit gewonnen, es war jedoch zu diversen Verstößen gegen die Wahlvorschriften gekommen. Vgl. den Bericht der Wahlprüfungskommission und den Beschluss des Reichstags; Protokoll des Rt., Bd. 299, S. 521-525; Bd. 302, S. 1393-1397; Bd. 291, S. 6128. Vgl. auch LHAK 403/9046, Bl. 377.
287 RZ Nr. 13, 16. Januar 1914.
288 RZ Nr. 16, 20. Januar 1914; »Polizeistaat am Pranger«, Flugblatt zur Kandidatur Sollmanns, abgedruckt in: Wilhelm Sollmann, Bd. II, S. 100. Die Verhandlungen des Prozesses wurden sogar als eigenständige Publikation herausgebracht. Vgl. Bakschisch. Der Kölner Polizeiprozeß.
289 RZ Nr. 35, 11. Februar 1914. Im Wahlkampf wurden 695.500 Flugblätter verteilt und 86 Wählerversammlungen abgehalten. Vgl. RZ Nr. 119, 25. Mai 1914.

men erreichte und damit gegenüber der Vorwahl lediglich ein halbes Prozent beziehungsweise 300 Stimmen für die SPD hinzugewinnen konnte, wogegen der Zentrumskandidat Kuckhoff dreieinhalb Prozent zulegte.[290] Die Hoffnung der SPD, im Landkreis Köln das Mandat zu gewinnen, kann nicht allzu groß gewesen sein, weil die SPD dort kaum verwurzelt war, wie die Wahlergebnisse bis einschließlich 1912 zeigen.[291] Daher bedeutet der Wahlausgang keine persönliche Niederlage Sollmanns, hatte er doch unter schwierigen Bedingungen für seine Partei leichte Stimmengewinne erzielen können.

6   Politischer Standpunkt vor dem Ersten Weltkrieg

Die ersten Monate des Jahres 1914 waren für Sollmann überaus ereignisreich gewesen. Die Nominierung als Reichstagskandidat war Ausdruck seiner gestiegenen Bedeutung innerhalb der Kölner SPD, was im Vorfeld der Wahl vor allem durch den Kölner Polizeiprozess beschleunigt worden war und aufgrund seines vergleichsweise geringen Alters von 32 Jahren zurzeit der Wahl einen bemerkenswert schnellen Aufstieg darstellte.[292] Seine Kandidatur in der Nachwahl kann man als den eigentlichen Beginn seiner politischen Karriere bezeichnen.[293] Zugleich bildet sie den ersten Höhepunkt seines politischen Lebensweges. Vor dem Ersten Weltkrieg waren damit die wichtigsten Weichenstellungen für seinen weiteren Werdegang gestellt. Mit der Anstellung als Redakteur bei der Rheinischen Zeitung war seine berufliche Zukunft gesichert. Zudem zeichnete sich ab, dass er höhere politische Ämter, eine politische Karriere anstrebte.

Sein Werdegang ist nicht ungewöhnlich und gleicht in vielen Aspekten dem anderer Sozialdemokraten, die im späten Kaiserreich ihren Aufstieg in der Parteiorganisation begannen. Sollmann gehört zu den jüngeren Vertretern der »Generation Ebert«,

---

290 Handbuch der Reichstagswahlen, S. 834 f.; LHAK 403/9046, Bl. 377. Angesichts des von den vorherigen Wahlen kaum abweichenden Ergebnisses erscheint die Interpretation Meerfelds hinsichtlich der Bedeutung der Kandidatur Sollmanns nicht zutreffend: »Der Name des Kandidaten hatte höchst günstig gewirkt.« Meerfeld: Wilhelm Sollmann.
291 Vgl. Handbuch der Reichstagswahlen, S. 834 f. Im Landkreis Köln war die Konfessionsstruktur für das Zentrum noch günstiger als in Köln-Stadt. Besaßen die Katholiken dort 1910 noch einen Bevölkerungsanteil von 76,7 Prozent, waren es im Landkreis Köln 82,9 Prozent. Vgl. ebd. S. 828, 833. Sollmann schreibt zum Wahlergebnis: »Die Bevölkerungszunahme in Köln-Land kommt in ihrer Mehrheit keineswegs aus den Schichten, die zu den treuen Anhängern der Sozialdemokratie gehören. […] Beamte und Privatangestellte bilden einen großen Teil des Zustroms nach Köln-Land. Gerade auch in Köln-Land werden wir auch um diese Schichten noch stark zu werben haben.« RZ Nr. 41, 18. Februar 1914.
292 Sollmann gehörte zu den jüngsten sozialdemokratischen Reichstagskandidaten des Kaiserreiches überhaupt. Braun: Generation Ebert, S. 71.
293 Diese Meinung vertritt Meerfeld: Wilhelm Sollmann.

der die Jahrgänge der zwischen 1861 und 1884 Geborenen zugerechnet werden.[294] Sie entfalteten ihre Aktivitäten in der Arbeiterbewegung zu einer Zeit, als diese nicht mehr dem Bannstrahl der Illegalität unterlag und einen stetigen Aufschwung nahm. Trotz gewisser Repressalien, wie in Köln die behördliche Behinderung der Jugendorganisation, fehlte ihnen das Erlebnis der Ausgrenzung ihrer Vorgängergeneration. Die sich immer weiter ausdifferenzierende Parteiorganisation bot ihnen vielfältige Arbeitsfelder. Sie teilten die Erfahrung, die Möglichkeit zur politischen Betätigung nicht erkämpfen zu müssen und wuchsen in die Gesellschaft und das politische System des Kaiserreiches hinein, das sie nicht mehr als Feindbild schlechthin, sondern vielmehr als Faktum betrachteten, dass es durch Reformen weiterzuentwickeln und dadurch schließlich zu überwinden galt.[295] Sollmann gehörte weiterhin zum »Typus des handwerklichen Arbeiterführers«[296], für den auch andere gemäßigte Sozialdemokraten wie Carl Severing, Albert Grzesinski und Friedrich Ebert stehen. Er stammte aus kleinbürgerlichen Verhältnissen mit der dementsprechenden Schulbildung und dem anfänglichen beruflichen Werdegang. Wie viele seiner Parteigenossen versuchte er, sein empfundenes Bildungsdefizit auf dem zweiten Bildungsweg auszugleichen. Seine eigentliche Erfüllung fand er in der Betätigung in der Arbeiterbewegung, in der er durch unermüdliche Mitarbeit in der Organisation aufstieg. Sein Interesse galt hier weniger der theoretischen Auseinandersetzung als der praktischen Mitarbeit und Fortentwicklung der Arbeiterbewegung. Wo aber war sein politischer Standpunkt, kurz bevor sich durch die Ereignisse im Sommer die Rahmenbedingungen grundlegend veränderten?

Sollmann ist für die Zeit vor dem Ersten Weltkrieg als Vertreter der Linken innerhalb der Kölner SPD bezeichnet worden.[297] Diese Klassifizierung erscheint aufgrund seiner Rolle in der Arbeiterjugend und der Massenstreikdebatte naheliegend, bedarf aber einer Überprüfung. Er gehörte sicher zu denen, die sich nicht auf den Standpunkt des Parteivorstands stellten. Inwiefern er tatsächlich einer linken Strömung zuzurechnen ist, lässt sich nicht eindeutig bestimmen, zumal die Klassifizierung »links«, »Zentrum« oder »rechts« nur in wenigen Fällen eindeutig zu treffen ist.[298]

Der von den führenden Kölner Vertretern in der sozialistischen Jugendbewegung eingenommene Standpunkt ist als Beleg dafür genommen worden, dass die Bewegung in Köln unzweifelhaft von Karl Liebknechts Auffassungen geprägt gewesen seien.[299] Dies ist insofern richtig, als die erhobenen Forderungen der Kölner denen

---

294 Zur Definition und Abgrenzung der Generation Ebert siehe Braun: Generation Ebert. Die Eingrenzung der Jahrgänge ebd., S. 70 f.; Mühlhausen: Der Typus Ebert, S. 107-110.
295 Ebd., S. 78-84.
296 Zu dieser Typisierung siehe Siemann: Arbeiterführer, S. 80-100.
297 Brunn: Kellerkind, S. 71.
298 Grebing: Abwehr gegen rechts und links. Zentrismus – ein aussagekräftiger Begriff?
299 Helmut Stoecker sieht darin den Kampf zweier Richtungen: die Zentralstelle um Ebert, die aufseiten der Reformisten stünde und »seelenlosen Organisationsbürokratismus« betreibe, und die

der Liebknecht-Richtung recht ähnlich waren und einige der Kölner Jugendgenossen, namentlich Walter Stöcker, später Fraktionsvorsitzender der KPD im Reichstag, zweifelsohne dieser Richtung anhingen.[300] Für Sollmann lässt sich dies nicht feststellen. Fakt ist, dass er sich für eine möglichst selbstständige Jugendbewegung einsetzte, wie sie innerhalb der Partei von linken Minderheiten, der sozialdemokratischen Frauenorganisation um Clara Zetkin, aber auch vom revisionistischen Flügel der Partei unterstützt wurde.[301]

Betrachtet man seine Ausführungen zur Jugendbewegung, so finden sich aber nur bedingt Hinweise auf seinen innerparteilichen Standpunkt. Ein geschlossenes politisch-pädagogisches Konzept für die sozialistische Jugendbewegung lässt sich bei ihm nicht feststellen.[302] Noch bevor überhaupt die Partei in die Jugendorganisation eingriff, hatte Sollmann 1907 seine Ziele für die Jugendarbeit formuliert, eine Festlegung auf eine bestimmte Lehre und namentlich auch die sozialistische lehnte er aber ab.[303] Die Kölner Anträge auf der Konferenz der Jugendausschüsse 1910 sind zwar Ausdruck großer Aktivität und zeugen von der Bereitschaft, im Kampf für ihre Anliegen keine Konflikte mit der Zentralstelle zu scheuen, radikal im politischen Sinne waren sie aber nicht. Insofern ist es richtig, wenn Walter Stoecker berichtet, die sozialdemokratische Jugendbewegung im Rheinland sei wie allgemein in Deutschland reformistisch beeinflusst, habe aber in Opposition zum offiziellen Parteikurs gestanden.[304] Sollmann unterstützte diese Oppositionshaltung nicht nur, als führender Kopf besaß er eine zentrale Rolle in der Auseinandersetzung mit der Berliner Zentralstelle. Er versuchte stets, auch den revolutionär gestimmten Jugendlichen wie Stoecker ein Betätigungsfeld in der Bewegung zu eröffnen und Einfluss innerhalb der Bewegung zu sichern.[305]

Liebknecht-Richtung, die für eine starke, unabhängigere Jugendbewegung kämpfe, zu denen die Kölner gehörten. Vgl. Stöcker: Walter Stöcker, S. 31 f. Zu Liebknechts Ansichten zur Jugendbewegung siehe Trotnow: Karl Liebknecht, S. 95-112; Liebknecht: Die Jugend und der Kampf gegen den Militarismus.

300 Walter Stoecker schreibt 1929 über die Beziehungen zu Liebknecht: »Er stand mit uns in besonders enger Verbindung und der häufige Gedankenaustausch mit ihm wirkte sich auf die rheinische Jugendbewegung erfreulich befruchtend aus.« Stoecker: Meine Arbeit in der sozialdemokratischen Jugendbewegung im Rheinlande, in: SR Nr. 272, 21. November 1929.

301 Vgl. Eppe: Selbsthilfe, S. 66, 91-93. Vgl. auch Zetkin: Die Jugendorganisation.

302 Dies ist eine Parallele zu Liebknecht; vgl. Eppe: Selbsthilfe, S. 93.

303 Sollmann: Junge Garde, in: RZ Nr. 165, 19. Juli 1907.

304 Stoecker: Meine Arbeit in der sozialdemokratischen Jugendbewegung im Rheinlande, in: SR 21. November 1929.

305 Dies entsprach dem, was er 1907 über die Ziele der Jugendbewegung geäußert hatte: Sie sollte den Jugendlichen Raum für freie geistige Entwicklung lassen, sie zu unabhängigen denkenden Menschen erziehen, die sich ihre eigene Überzeugung bilden. Sollmann: Junge Garde, in: RZ Nr. 165, 19. Juli 1907. Diese Haltung vertrat er auch in der Weimarer Republik gegenüber den Jungsozialisten, als deren Fürsprecher er innerhalb der Parteiorganisation auftrat. Siehe dazu Kapitel IV.2.

Von der Tatsache, dass aus der von Sollmann maßgeblich beeinflussten Kölner Arbeiterjugend einige prominente Kommunisten wie Stoecker und Dahlem hervorgegangen sind, kann aber nicht auf die politische Haltung Sollmanns geschlossen werden. Es ist zurecht darauf hingewiesen worden, dass die Kölner zwar als besonders radikal galten, für Sollmann aber weniger politische Radikalität charakteristisch sei als vielmehr eine grundsätzliche Auflehnung gegen Bevormundung und Gängelung durch den Parteiapparat sowie starren Patriarchalismus und der Wille nach freier Entfaltungsmöglichkeit der Jugendlichen in ihrer Bewegung.[306] Sollmann bestätigte selbst, dass es ihm in der Jugendbewegung darum gegangen sei, den Jugendlichen Raum zu selbstständiger Entwicklung zu geben. Er stellte fest, sein Grundsatz sei es immer gewesen, dass die jungen Leute sich in Überzeugungsfragen austoben sollten. Er habe es keinem übel genommen, wenn er politisch gewesen sei.[307] Sein Engagement entsprang sicherlich auch einem jugendbewegt-lebensreformerischen Impuls. Dass es zwischen Sollmann und den jüngeren Jugendaktivisten um Stoecker grundsätzlich unterschiedliche politische Auffassungen gab, wurde dann bald in der Haltung zum Ersten Weltkrieg offenbar.[308]

Ebenso ist seine Haltung in der Massenstreikdebatte kein Indiz für seinen innerparteilichen Standpunkt. Er wandte sich in dieser Frage vor allem gegen Stillstand in der Bewegung und Verharren in altbewährten Verhaltens- und Erklärungsmustern angesichts innerparteilicher Probleme und zeigte Willen zur Gestaltung und zur Weiterentwicklung der Arbeiterbewegung durch praktische Reformen. Was ihn charakterisierte, war die Verbindung von einer bisweilen radikalen Rhetorik mit konkreten Vorschlägen. In der Sache zog er sich nie auf theoretische Erörterung zurück, sondern entwickelte ganz konkrete Ideen. Es zeigt sich bereits hier, dass das Theoretisieren nicht seine Sache war. Wie anhand seines Engagements in der Jugendbewegung wird auch in diesem Zusammenhang sein Eintreten für eine innerparteiliche Toleranz gegenüber Minderheitenpositionen, gegen Unterdrückung von Meinungen und Bevormundung durch die Majorität der Partei und für eine offene Diskussionskultur offenkundig.

Seinen politischen Standpunkt hatte er zu diesem Zeitpunkt noch nicht endgültig gefunden. Eindeutig ist aber, dass er die attentistische Linie des Parteizentrums nicht teilte und nicht wie die Mehrheit der Kölner Funktionäre in allen wichtigen Fragen letztendlich die Haltung des »offiziellen« Parteikurses einnahm. Damit stand er in Köln zwar nicht alleine, aber unverkennbar ist, dass er sich zu diesem Zeitpunkt in seinem Ortsverein in einer Minderheitenposition befand.[309] Geschadet hat ihm das

---

306 Vgl. Walter: Der Parteireformer, S. 364.
307 Sollmann an Riep vom 13. August 1918, HAStK 1120/542/II-12-85, 85 a–b.
308 Siehe dazu Kapitel III.1.
309 Dies wird unterstützt durch eine Mitteilung Sollmanns aus dem Jahr 1936. Er schreibt rückblickend, er habe 1913 auf dem Parteitag mit Liebknecht und Luxemburg gegen den Parteivorstand gestimmt, obwohl er schon in einem Parteibezirk in Stellung war, der ganz gegen ihn gestanden

offensichtlich nicht, denn er wurde dennoch in den Vorsitz des Ortsvereins gewählt und als Reichstagskandidat aufgestellt.

Über diese Fragen hinaus hatten sich zu diesem Zeitpunkt bereits wichtige Konstanten seiner weiteren Betätigung ausgebildet. Dazu gehören die Förderung der Jugend in der Partei und sein beständiges Plädoyer für eine Reform der sozialdemokratischen Presse hinsichtlich einer deutlicheren Ausrichtung an den Interessen und Bedürfnissen der Zielgruppe und an dem Problem, inwiefern eine Umgestaltung zur Gewinnung breiterer Leserkreise notwendig war. Dies war Teil der übergeordneten Frage – die ein zentraler Punkt seiner Tätigkeit blieb und die anhand seiner Stellung in der sozialistischen Jugendbewegung und der Massenstreikdebatte bereits aufschien – wie die Arbeiterbewegung organisatorisch und inhaltlich weiterentwickelt werden konnte.

---

hätte. Sollmann an Sievers vom 16. Juli 1936, HAStK 1120/535/I-7-17, 17 a. Diese Einschätzung ist zwar eindeutig überspitzt, tendenziell aber zutreffend, da die Kölner Parteimitglieder in der Mehrzahl der Linie der Parteiführung folgten. Auch Franz Dahlem, selbst in der Kölner Jugendbewegung engagiert, in der Weimarer Republik Landtags- und Reichstagsabgeordneter der KPD und in der DDR Mitglied im Zentralkomitee der SED, spricht in seiner Autobiografie davon, dass er Sollmann damals als Gegner des Parteizentrums angesehen habe, aber sich durch dessen Haltung zum Ersten Weltkrieg getäuscht sah. Vgl. Dahlem: Jugendjahre, S. 256. Zu Dahlem siehe Weber/Herbst (Hg.): Deutsche Kommunisten, S. 170-172.

III   Weltkrieg und Revolution

1   Wandlungen des politischen Standpunkts: Burgfrieden statt Klassenkampf

Die Zuspitzung der internationalen Lage durch die Ermordung des österreichischen Thronfolgers am 28. Juni 1914 sorgte zunächst weder in Köln noch in der deutschen Sozialdemokratie insgesamt für größere Erregung. In der Rheinischen Zeitung wurde zwar ausführlich über die Ereignisse berichtet und die Gefahr erkannt, dass aus dem Konflikt ein europäischer Krieg werden könnte, in der Partei selbst aber herrschte zunächst noch Ruhe.[1] Erst das österreichische Ultimatum an Serbien am 23. Juli versetzte die Sozialdemokratie wie die deutsche Öffentlichkeit in Alarmstimmung. Der Parteivorstand forderte in einem Aufruf vom 25. Juli die Anhänger dazu auf, in Massenversammlungen gegen den Krieg zu protestieren, »um den unerschütterlichen Friedenswillen des klassenbewußten Proletariats zum Ausdruck zu bringen«[2]. In Köln warnte die Rheinische Zeitung eindringlich vor der »furchtbaren Gefahr eines verheerenden Kriegsbrandes«[3], aber auch jetzt noch schien man im Ortsverein die Situation nicht als besonders bedrohlich zu empfinden. Auf der außerordentlichen Generalversammlung am 26. Juli anlässlich des bevorstehenden Parteitags wurde nicht vom vorgesehenen Programm abgewichen und erst ganz zum Schluss ohne jegliche Diskussion der Lage eine Resolution verabschiedet, in der festgestellt wurde, dass die Kriegsgefahr in unmittelbare Nähe gerückt sei und man den sofortigen Zusammentritt des internationalen sozialistischen Büros und die »Einleitung einer internationalen unerschrockenen Massenbewegung gegen den Krieg« fordere.[4]

In den Mittelpunkt rückte die Kriegsgefahr erst durch eine vom Kölner Parteivorstand um Sollmann für den 28. Juli einberufene große Protestkundgebung im Volks-

---

1   Vgl. die Berichte in der RZ bis Mitte Juli. Zur Stimmung in der deutschen Sozialdemokratie siehe Miller: Burgfrieden, S. 37 f., Groh: Negative Integration, S. 610-616; Kruse: Krieg, S. 29 f. Für Köln siehe Bers: Kölner Sozialdemokratie, S. 11-14; Billstein: Krieg und Revolution, S. 192 f.; Faust: Krieg, Revolution, Spaltung, S. 83 f.; Fuchs: Rheinische Zeitung, S. 116 f.
2   RZ Nr. 171, 27. Juli 1914.
3   RZ Nr. 170, 25. Juli 1914.
4   RZ Nr. 171, 27. Juli 1914. Im einleitenden Vortrag führte Sollmann nahezu identisch wie vor dem Parteitag 1913 aus, dass der Stillstand in der Organisation nicht auf die wirtschaftliche Krise zurückzuführen sei, und stellte besonders den Ausbau der Presse und die Förderung der Jugendarbeit als Aufgabe heraus. Zudem forderte er, der Parteitag solle sich dafür aussprechen, dass die Kritik Rosa Luxemburgs am Militarismus den Standpunkt der Partei darstelle. RZ Nr. 172, 28. Juli 1914.

haus, auf der Hofrichter, Meerfeld, Röhl und Sollmann als Redner auftraten. Die Kundgebung zeigte die erhebliche Erregung in der Kölner Bevölkerung, sie war eine der größten sozialdemokratischen Versammlungen in der Kölner Geschichte bis zu diesem Zeitpunkt.[5] Der Krieg wurde von allen Rednern aufs schärfste verurteilt, in der Resolution wurde vor »dem grauenvollsten Ereignis in der Menschheitsgeschichte« gewarnt und von der Reichsregierung verlangt, dass man »sich zur Unterstützung der österreichischen Gewaltpolitik unter keinen Umständen gebrauchen läßt«.[6] So deutlich diese Worte klingen mögen, die Resolution enthielt auch bereits verdeckte Hinweise darauf, dass man sich im Falle der Bedrohung der Verteidigung des Vaterlandes nicht verschließen werde, »wenn seine Kulturgüter von Barbaren bedroht werden«[7].

Die große Kundgebung war in Köln die einzige öffentliche Protestaktion, danach blieb, wie in nahezu allen lokalen SPD-Organisationen, die Erörterung der Kriegsproblematik auf die inneren Parteikreise und das Presseorgan beschränkt. Anders als in anderen Städten hatte man in Köln auch beschlossen, jegliche spontanen Demonstrationen im Anschluss an die Kundgebung zu vermeiden. Als sich dennoch einige jüngere Genossen zu einem Demonstrationszug in die Innenstadt formierten, wurde dies von der Polizei schnell unterbunden und später von den Parteifunktionären heftig kritisiert.[8]

---

5   Die Versammlung wurde laut RZ von fast 10.000 Menschen besucht. Diese Angaben sind wohl zu hoch gegriffen, aber die Kundgebung war zweifellos ein Großereignis von seltenem Ausmaß in der Kölner Sozialdemokratie. Dazu und zum Verlauf der Versammlung siehe RZ Nr. 172, 29. Juli 1914; Dahlem: Jugendjahre, S. 359-361; Stoecker: Walter Stoecker, S. 81 f. Aufgrund der ungewöhnlich hohen Beteiligung ist der Interpretation Kruses zuzustimmen, der anders als Groh: Negative Integration, S. 638, zu dem Ergebnis kommt, die Antikriegsbewegung sei 1914 nicht schwächer gewesen als die Massenbewegungen vorangegangener Jahre, und dafür Köln als Beispiel heranzieht. Kruse: Krieg, S. 37 f.
6   RZ Nr. 172, 29. Juli 1914.
7   RZ Nr. 172, 29. Juli 1914. Bereits am 27. Juli hatte die RZ nach Angriffen der Kölnischen Zeitung geschrieben, dass man sich nicht den Verpflichtungen entziehen werde, wenn es zu einem russischen Überfall käme. RZ Nr. 171, 27. Juli 1914.
8   RZ Nr. 172, 29. Juli 1914; Dahlem: Jugendjahre, S. 360 f., 371 f.; Stoecker: Walter Stoecker, S. 81 f.; Lademacher: Arbeiterverein, S. 86; Walther/Engelmann: Arbeiterbewegung, Bd. 1, S. 40. Walther/Engelmann sahen darin eine »gewaltige Antikriegsdemonstration«. Nach den Angaben von Dahlem, der zu den Initiatoren gehörte, bestand sie überwiegend aus Mitgliedern der Jugendbewegung, was eine Teilnehmerzahl von wenigen hundert wahrscheinlich macht. Dass die spontane Aktion gegen den ausgesprochenen Willen der Parteiführung initiiert worden war, zeigt die Berichterstattung der RZ, in der die Demonstration ignoriert und hinsichtlich der Zusammenstöße lediglich erwähnt wurde, es habe sich um Personen gehandelt, die sich auf dem Heimweg von der Veranstaltung befanden. Die gegen die Anweisungen der Parteiführung durchgeführte Aktion stellt in gewisser Hinsicht den Beginn der Herausbildung einer Oppositionsgruppe in der Kölner Partei dar. Viele der sich später zunächst der USPD und der KPD zuwendenden Kölner Parteimitglieder stammten aus der freien Jugend und hatten an der Demonstration teilgenommen. Über die Sitzung des Jugendausschusses, in der die Partei- und Gewerkschaftsfunktionäre die Jugendlichen für ihr Verhalten kritisierten, wird in der RZ nicht berichtet. Einzige Quelle dafür

1 Wandlungen des politischen Standpunkts: Burgfrieden statt Klassenkampf

In den nächsten Tagen schwenkte die Rheinische Zeitung auf einen Kurs, der für die sozialdemokratische Presse beispielhaft ist. Angesichts der Herausforderung durch eine bis dahin unbekannte Situation war man sich in der Einschätzung der Lage sowie den daraus zu ziehenden Konsequenzen unsicher. Einen Krieg wollte man unter allen Umständen verhindern, aber falls es soweit kommen sollte, war das Schreckgespenst des russischen Zarismus das wichtigste Argument sich an der Verteidigung Deutschlands zu beteiligen. In der Rheinischen Zeitung wurde am 30. Juli folgerichtig vor »Rußland: die furchtbare Gefahr Europas« gewarnt.[9] Am folgenden Tag enthielt dann die Berichterstattung unter dem Eindruck der russischen Mobilmachung bereits die Argumente, die für die Haltung der sozialdemokratischen Mehrheit zum Krieg charakteristisch waren:

»In dieser Stunde mit der deutschen Regierung zu rechten wäre sinnlos. Wir haben keine Beweise dafür, daß sie den Frieden nicht mit allem Ernst zu erhalten gewünscht hat, und wenn sie selbst diplomatische Fehler begangen haben sollte: die schwere Not der Zeit gebietet uns zunächst Schweigen. Im Osten dräut unserem Volke die furchtbare Gefahr der russischen Barbarei, in deren Überflutung die deutsche Kultur rettungslos ersticken würde. [...] In diesem Augenblick können wir nur noch einmal sehnlich wünschen, daß die Gefahr im letzten Moment gebannt werde; wenn aber keine Rettung aus der Not mehr möglich und der furchtbare Krieg unvermeidlich ist, dann haben auch die Sozialdemokraten keinen Anlaß, unserm Lande eine Niederlage zu wünschen; dann werden vielmehr auch unsre Freunde, die sich in den nächsten Tagen von ihren Lieben blutenden Herzens losreißen müssen, als Soldaten ihre Pflicht erfüllen, auch wenn sie nicht von heute auf morgen ihre Drangsalierung durch die herrschenden Klassen vergessen vermögen.«[10]

---

ist der Bericht von Dahlem: Jugendjahre S. 371 f.: »Gewerkschafts- und Parteifunktionäre waren über unsere Vertreter hergefallen, weil wir gegen den Krieg demonstriert hatten. [...] Es half uns auch nichts, daß wir uns auf den Aufruf des Parteivorstandes und auf das Baseler Manifest beriefen; dem wurde vielmehr die Drohung entgegengesetzt, daß Partei und Gewerkschaft weitere ›anarchistische‹ Aktionen mit allen Mitteln unterdrücken und notfalls das Jugendheim schließen würden.«

9   RZ Nr. 174, 30. Juli 1914. Zur Entwicklung der innerparteilichen Stimmungen siehe Miller: Burgfrieden, S. 37-55.

10 RZ Nr. 175, 31. Juli 1914. Diese Beurteilung der Friedensbemühungen der Reichsregierung findet sich in zahlreichen sozialdemokratischen Zeitungen. Hintergrund ist wohl ein streng vertrauliches Schreiben des Parteivorstands an die Redaktionen der Parteipresse, in dem dazu aufgefordert wird, die Antikriegspropaganda abzuschwächen. Um Konflikte mit der Reichsregierung zu vermeiden, die zum Verzicht auf Repressalien gegen die Parteipresse bereit war, hielt man die Redaktionen dazu an, Vorsicht walten zu lassen. Vgl. Kruse: Krieg, S. 50 f. mit Zitaten aus dem Schreiben. Der Artikel weist inhaltliche Parallelen zu dem von Friedrich Stampfer verfaßten Korrespondenzartikel »Sein oder Nichtsein« vom 31. Juli auf. Den Bruch, den die in den Artikeln benutzte Neuinterpretation des Verständnisses sozialdemokratischer Landesverteidigung mit der

Damit war in den wichtigen Punkten die weitere Vorgehensweise vorgezeichnet. Durch die Ereignisse der folgenden Tage, die Kriegserklärung Deutschlands an Russland und Frankreich, ist der befürchtete Weltkrieg eingetreten. Mit der Zustimmung der sozialdemokratischen Reichstagfraktion zu den Kriegskrediten war das Einschwenken der Sozialdemokratie in die nationale Einheitsfront vollzogen.[11] Kritik an der Entscheidung der Fraktion war in Köln vonseiten der Parteifunktionäre nicht zu vernehmen. Die Schuld für den Krieg wurde, gemäß der Argumentation der Reichsregierung, Russland und Frankreich zugeschoben, sodass man die Zustimmung zu den Kriegskrediten als Unterstützung eines gerechten Verteidigungskriegs verbrämen konnte.[12] Eine ähnliche Argumentation findet sich in der Rechtfertigung der Zustimmung zu den Kriegskrediten, in der die Beteiligung an der Verteidigung Deutschlands auch als Teil des Befreiungskampfes der Arbeiterklasse, als Begründung für eine später zu vollziehende Gleichberechtigung der Arbeiterschaft herangezogen wurde. Auch die Widerlegung des Vorwurfs, die Sozialdemokraten seien »Vaterlandsverräter«, wurde in diesem Zusammenhang als Begründung hervorgehoben.[13]

In Köln herrschte wie in der gesamten deutschen Arbeiterschaft keine Kriegsbegeisterung, die Berichte vermitteln eher den Eindruck einer getrübten Stimmung.[14] Zudem war man bis auf die Berichterstattung in der Rheinischen Zeitung mit der

---

bisherigen Politik der SPD beinhaltete, brachte Karl Kautsky auf den Punkt: »Indem Vaterland und Regierung gleichgesetzt wurden, solidarisierte sich die deutsche Sozialdemokratie vor aller Welt mit der bestehenden Regierung.« Kautsky: Sozialisten und Krieg, S. 459.

11 Zu der Entscheidung der Reichstagsfraktion siehe Kruse: Krieg, S. 61-89; Witt: Ebert, S. 63-70.
12 In der RZ wurde argumentiert, Russland sei nicht nur der Aggressor, sondern habe den Angriff von langer Hand geplant: »Gegen diesen Zarismus kämpfen wir. Mit seinen Bärentatzen will er die Kultur ganz Westeuropas zerstampfen und seine barbarischen Völkerschaften auf unsre Frauen und Kinder hetzen. Jahre hindurch hat er auf der Lauer gelegen und den Überfall vorbereitet.« Zugleich kommt trotz aller Hinweise auf die fürchterlichen Folgen, die der Krieg haben werde, in pathetischer Ausdrucksweise eine gewisse Begeisterung für den nationalen Abwehrkampf zum Ausdruck: »Der grandiose Aufmarsch eines ganzen Volkes packt auch den Geist des Skeptikers, dieses Riesenschauspiel voller Tragik und Erhabenheit wirkt mächtig auf uns ein. Wir erleben Weltgeschichte.« RZ Nr. 179, 5. August 1914. Diese Beurteilung entspricht der Begründung für die Zustimmung der Kriegskredite durch die Reichstagfraktion. Vgl. Miller: Burgfrieden, S. 62 f. Die RZ stand in dieser Frage ganz klar auf der Linie der Reichstagsfraktion. Zur Frage, inwiefern man in der Partei tatsächlich der Meinung war, es handele sich um einen reinen Verteidigungskrieg, an dessen Ausbruch Deutschland keine Schuld trage, siehe Kruse: Krieg, S. 66-75. Kruse kommt zu dem Ergebnis, dass man sich in führenden sozialdemokratischen Kreisen durchaus bewusst war, dass Deutschland zumindest eine Teilschuld an diesem Kriege traf.
13 RZ Nr. 181, 7. August 1914.
14 So heißt es in der RZ: »Es scheint, als ob viele Einwohner unsrer Stadt Köln mit großer Verständnislosigkeit den ebenso gewaltigen wie furchtbaren Ereignissen dieser Tage gegenüberstehen. Der Weltkrieg ist kein Ereignis, daß man mit Gassenhauern einleitet. In wenigen Tagen werden viele unsrer Brüder mit ihrem Blut und mit ihrem Leben für unser Land einzustehen haben. Das sollte alle reinen Menschen mit Ernst und Festigkeit erfüllen.« RZ Nr. 178, 4. August 1914. Am folgenden Tag wird berichtet: »Eine eigne Stimmung liegt in den späten Abendstunden über unsren Arbeitervierteln. Kein Lärm und keine Lieder. Weinende Frauen und ernst gefaßte Männer.« RZ

Erörterung der Situation auf sich alleine gestellt, alle Veranstaltungen waren von der Partei abgesagt worden. An der sozialdemokratischen Basis herrschte Rat- und Orientierungslosigkeit, man war von den schnell aufeinanderfolgenden Ereignissen überrollt worden.[15]

Die lokale Parteiführung und die Rheinische Zeitung, deren Redaktion teilidentisch mit dem Parteivorstand war, bestimmten die offiziellen Verlautbarungen der Kölner Sozialdemokratie zu den Ereignissen im Juli und August 1914. Wilhelm Sollmann war sowohl Mitglied des Vorstands als auch Redakteur des Kölner Parteiblattes und hat anscheinend die bedingungslose Unterstützung des Kurses des Berliner Parteivorstands mitgetragen und daher mit zu verantworten. Wie aber ist Wilhelm Sollmanns Haltung zum Ersten Weltkrieg zu deuten? Über die innerparteilichen Diskussionen in Köln im Juli und August 1914 geben die Quellen keine detaillierten Informationen, aber alle Hinweise sprechen dafür, dass Sollmann tatsächlich nicht gegen die Linie der Parteiführung opponierte, was angesichts seiner Haltung in den Jahren zuvor, in denen er sich in der Regel nicht widerspruchslos der Argumentation des Parteizentrums anschloss, überraschend erscheint. Es gibt nur wenige Hinweise für die Motive seines Verhaltens. Rückblickend begründete er seine Haltung im Sommer 1914 folgendermaßen:

»Eine Abkehr von der ›Revolution‹ habe ich erst vollzogen, als ich am 1. August 1914 nicht nur die Partei, sondern die Masse der Arbeiter erlebt habe. Ich bin keineswegs kriegsbegeistert gewesen. Da habe ich bemerkt, dass man mit dieser Partei, der Arbeiterbewegung überhaupt und auch mit der Masse der deutschen Arbeiter nur Reformpolitik betreiben kann. Man kann nicht mit Organisationen und Menschen, die rein reformistisch aufgebaut und erzogen sind, revolutionäre Politik treiben, auch wenn die Zeiten revolutionär werden. Jede Bewegung vollendet sich nach den Gesetzen, nach denen sie angetreten.«[16]

Die Frage, ob die sozialdemokratische Basis einem Aufruf zu einer wie auch immer gearteten Aktion gegen den Krieg mehrheitlich gefolgt wäre, auch wenn man überwiegend gegen den Krieg eingestellt war, muss tatsächlich skeptisch beurteilt wer-

---

Nr. 179, 5. August 1914. Siehe zu diesem Aspekt in vergleichender Perspektive auch Ullrich: Kriegsalltag.
15 Die Absage aller Veranstaltungen datiert vom 1. August. Vgl. RZ Nr. 176, 1. August 1914. Marie Juchacz, seit 1913 Parteisekretärin Köln, berichtet, der Kriegsausbruch habe sie vollkommen überrascht und erschüttert. Vgl. Juchacz: Leben und Werk, S. 62 f. Die Erkenntnisse für Köln bestätigen die Deutung, dass die Arbeiterschaft keineswegs kriegsbegeistert war und die Entscheidungen der Parteiführung losgelöst von dieser Stimmung getroffen wurden. Vgl. Kruse: Krieg, S. 54-61.
16 Sollmann an Sievers vom 16. Juli 1936, HAStK 1120/535/I-7-17, 17 a.

den.[17] Für Sollmann war dies wohl das entscheidende Motiv. Dies wird unterstützt durch seine Ausführungen, die er im Februar 1915 auf einer Aussprache des Kölner Ortsvereins über die Stellung der Partei zum Krieg machte. Er betonte, eine Ablehnung der Kriegskredite sei nur im Falle der Möglichkeit einer internationalen Erhebung gegen den Krieg infrage gekommen. Daran habe aber im August 1914 niemand in der Partei geglaubt. Eine Stimmenthaltung hätte nicht nur eine politische Selbstausschaltung, sondern auch das Versagen in einer Schicksalsstunde sowie die Herbeiführung der deutschen Niederlage bedeutet. Wenn man keine Niederlage Deutschlands wolle, könne man sich aber nicht neutral verhalten, weil eine Niederlage die Arbeiterklasse härter treffe als die Kapitalisten.[18] In erster Linie klingt bei ihm das Argument der Pflicht zur Landesverteidigung im Falle eines Verteidigungskriegs an, was in der Partei stets unbestritten war und für die Zustimmung zu den Kriegskrediten im Mittelpunkt stand.[19] Sollmanns Argumentation, der Krieg als schicksalhafte Tatsache sei von der Sozialdemokratie nicht zu verhindern gewesen, aber um schlimmere Folgen für die Arbeiterklasse zu verhindern, bestehe die Pflicht zur Verteidigung, war typisch für viele Sozialdemokraten, die sich der Bewilligung der Kriegskredite anschlossen.[20] Ob für ihn darüber hinaus andere Beweggründe eine Rolle spielten, wie die Hoffnung, das Verhalten der SPD werde sich in der Zukunft durch eine Demokratisierung des Reiches auszahlen, lässt sich mangels Quellen nicht feststellen.

Auch die Frage, ob die von Sollmann gewonnene Überzeugung von der reformistischen Prägung der Arbeiterschaft und den daraus zu ziehenden Konsequenzen für die politische Taktik tatsächlich nur aus den Erfahrungen der wenigen Tage im Juli und August 1914 entsprang oder nicht doch das Ergebnis eines längeren Erkenntnisprozesses war, muss offenbleiben. Der Kölner Parteivorstand, dem er ja angehörte, ergriff jedenfalls von Beginn an weder Initiativen für eine alternative Politik noch unternahm er in irgendeiner Weise einen Versuch, die Arbeiterschaft gegen den Krieg zu mobilisieren – im Gegenteil, man versuchte, alle spontanen Demonstrationen zu unterdrücken. Auch die Rheinische Zeitung ließ – wie die überwiegende Mehrheit der Parteiblätter – keine Anzeichen einer oppositionellen Haltung erkennen. Die Kölner Sozialdemokratie gehörte daher sicher nicht zu den Ortsvereinen, in denen die Linie der Parteiführung einer besonders kritischen Analyse unterzogen worden wäre. Inwiefern es innerhalb der Kölner Funktionäre Unstimmigkeiten über den Kurs gab und ob Sollmann anfänglich Versuche unternahm, eine andere Richtung einzuschlagen, aber diesbezüglich überstimmt wurde, lässt sich aus den Quellen nicht rekonstruieren. Was die nachträgliche Interpretation seines Verhaltens im Sommer 1914 glaubhaft macht, ist die Tatsache, dass der Erste Weltkrieg zweifelsfrei eine Zäsur in

---

17 Vgl. Kruse: Krieg, S. 57.
18 RZ Nr. 45, 23. Februar 1915.
19 Miller: Burgfrieden, S. 69; Kruse: Krieg, S. 124-131.
20 Diese Haltung vertrat etwa auch Friedrich Ebert. Vgl. Mühlhausen: Friedrich Ebert, S. 74.

seiner politischen Haltung darstellt. Hatte er sich zuvor stets als kritischer Beobachter der Linie des Parteivorstands gezeigt, unterstützte er in der Folge die Burgfriedenspolitik der Partei uneingeschränkt und verteidigte sie gegen die Angriffe der Opposition. Sollmann gehört insofern zu den Sozialdemokraten, für die der Krieg einen Wechsel des innerparteilichen Standpunkts bedeutete.[21]

Besonders offensichtlich wird dies im Verhältnis zu seinen Mitstreitern in der Jugendbewegung. Sollmanns Verhalten wurde bei den jüngeren Genossen, aus denen ein Gutteil der innerparteilichen Opposition hervorging, die schließlich zur Parteispaltung führte, mit Unverständnis und Verbitterung aufgenommen. Es war ihnen unerklärlich, wie sich ihr Anführer und Mitstreiter in der Auseinandersetzung mit dem Parteivorstand um mehr Freiheiten für die Jugendbewegung zu einem Unterstützer der aus ihrer Sicht unverantwortlichen Haltung in der Kriegsfrage gewandelt hatte. Sollmann wurde für sie zu einem Symbol des »ungeheuren Verrats an den Interessen der Arbeiterklasse«, den sie in der Politik der Parteiführung erblickten.[22] Aber so weitreichend, wie es aus dieser Sicht erscheinen mag, war Sollmanns Wandlung nicht. Abweichende Auffassungen hatte es bereits vorher gegeben. In der Massenstreikfrage etwa hatte Walter Stoecker schon eine deutlich radikalere Haltung eingenommen.[23] Sollmann war daher schon vorher nicht immer mit seinen Genossen aus der Jugendbewegung einig gewesen. Dies hatte bis dahin nicht zu Problemen geführt, weil Sollmann nach dem Grundsatz verfuhr, den Jugendlichen in politischen Fragen alle Freiheiten zu gewähren. In der Frage zur Stellung zum Krieg schieden sich aber wie in der Arbeiterbewegung insgesamt die Geister. Im Laufe des Jahres 1914 wird vor allem zwischen Sollmann und Walter Stoecker eine immer größere Diskrepanz in ihrer Interpretation der politischen Vorgänge deutlich, die schließlich im Frühjahr 1915 zum Bruch des ehemals freundschaftlichen Verhältnisses führte.[24] In den folgenden Jahren wurden aus den ehemaligen Jugendgenossen erbitterte Gegner. Stoecker entwickelte sich zu einem der Wortführer eines Kreises Oppositioneller, der

---

21 Siehe dazu und zur Herausbildung der innerparteilichen Gruppierungen in der Haltung zum Krieg Kruse: Krieg, S. 98-106; Miller: Burgfrieden, S. 75-113; Mühlhausen: Ebert, S. 76.
22 Dahlem: Jugendjahre, S. 378, der weiter schreibt: »Bei uns war es vor allem Wilhelm Sollmann, der nun einträchtig mit den Rechten marschierte und gegenüber den Jugendfunktionären die Richtigkeit der offiziellen Politik der Partei nachzuweisen suchte.« Ebd. In gewisser Hinsicht ist die Enttäuschung über Sollmann verständlich. Er, der sich vorher stets gegen eine Gängelung der Jugendlichen durch die Partei eingesetzt hatte und sie in Überzeugungsfragen nicht bevormunden wollte, der der Meinung war, dass man oppositionelle Stimmen nicht einfach übergehen dürfe, trug nun in Köln die Unterdrückung der Opposition, die überwiegend aus Mitgliedern »seiner« Jugendorganisation bestand, die wie Stoecker seine Zöglinge waren, mit.
23 Sollmann hatte seinen Antrag für den Parteitag 1913 als zu weitgehend abgelehnt. Vgl. oben Kapitel II.5.
24 Vgl. Stoecker: Walter Stoecker, S. 91-93. Der Briefwechsel blieb noch eine kurze Zeit erhalten, riss aber Ende des Jahres 1914 ab. Der letzte nachweisbare schriftliche Kontakt datiert aus dem Dezember 1914. Vgl. Stoecker an Sollmann von 3. Dezember 1914, HAStK 1120/538/II-8-10, 10 a.

die Unterstützung der Politik des Parteivorstands durch die Kölner Parteiführung bekämpfte.[25] Zu einer offenen Konfrontation kam es anfangs jedoch noch nicht, weil das Parteileben in Köln infolge der Einberufungen vorerst gelähmt wurde und die oppositionelle Gruppe auch zu klein und unorganisiert war, um sich in den Wirren der sich überschlagenden Ereignisse nachhaltig Gehör zu verschaffen.[26]

Kurz nach Beginn des Weltkriegs unternahm Wilhelm Sollmann im Herbst 1914 eine Reise als Presseberichterstatter in das von deutschen Truppen besetzte Belgien.[27] Seine Schilderungen sind ein Beispiel dafür, wie unkritisch viele deutsche Sozialdemokraten der deutschen Kriegsführung und deren Zielen im Allgemeinen und dem Schicksal Belgiens im Besonderen gegenüberstanden. Sollmann berichtet zwar über Leiden der belgischen Bevölkerung und Kriegsverwüstungen, diese stehen aber nicht im Mittelpunkt seines Berichts. Eine politische Stellungnahme fehlt völlig, ebenso ist keinerlei Kritik an dem deutschen Vorgehen zu erkennen. Die Artikel vermitteln stellenweise den Eindruck, als handele es sich um einen ereignisreichen Wanderausflug, angereichert mit Eindrücken deutscher Soldaten in einem verklärenden Unterton.[28] Sollmann stand offensichtlich auf dem Standpunkt, dass Deutschland für den Krieg nicht verantwortlich war und das Agieren der deutschen Truppen daher lediglich ein notwendiges und gerechtfertigtes Vorgehen zur Verteidigung des Vaterlands war – eine Argumentation, die in der Sozialdemokratie zentrale Bedeutung für die Verteidigung der Politik des 4. August hatte. Anders lässt sich nicht erklären, dass ihm zu diesem Zeitpunkt – diesen Eindruck vermitteln seine Schilderungen aus Belgien – jegliche kritische Distanz zum Kriegsgeschehen fehlte.[29]

---

25 Bereits im August kam es wohl zu ersten Auseinandersetzungen. Vgl. Stoecker: Walter Stoecker, S. 92.
26 Vgl. Dahlem Jugendjahre, S. 384; Billstein: Krieg und Revolution, S. 194, Faust: Sozialer Burgfrieden, S. 212-215.
27 Die Besetzung war ein Bruch der Neutralität Belgiens. Die sozialdemokratische Fraktion hatte sich aber mit der Erklärung des Reichskanzlers Bethmann Hollweg zufriedengegeben, in der er eine Wiedergutmachung des dadurch begangenen Unrechts nach Erreichen der militärischen Ziele in Aussicht stellte. Miller: Burgfrieden, S. 205.
28 Sollmann: Kriegsfahrten I, in: Arbeiter-Jugend 22 (1914), S. 306 f.; ders.: Kriegsfahrten II, in: Arbeiter-Jugend 25 (1914), S. 335 f. Über die Erlebnisse von Soldaten heißt es: »Während wir im trüben Schein eines Talglämpchens zwischen den Pferden lagen, erzählten uns die Soldaten von ihren abenteuerlichen Fahrten: von tollkühnen Patrouillenritten, von Nachtlagern unterm Sternenhimmel, von den Szenen des Schlachtfeldes und mit leiser Stimme von dem und jenem Kameraden, der schon auf dem Feld der Ehre gefallen.« Sollmann: Kriegsfahrten I, S. 307. Von den eigenen Erlebnissen berichtet er: »Die letzten Posten warnten uns, aber wir tippelten, deutsche Wanderlieder singend, so seelenruhig durch ›Feindesland‹, als pilgerten wir durch ein deutsches Flußtal dahin. Niemand behelligte uns. Im Gegenteil. Wir hatten das Gefühl, als sei die ganze Bevölkerung erfüllt von Furcht vor allem, was deutsch ist. Wenn uns danach zumute gewesen wäre, in den Dörfern den ›Hauptmann von Köpenick‹ zu spielen, wir glauben, hier hätte die Rolle Erfolg gehabt.« Sollmann: Kriegsfahrten II, S. 335.
29 Vgl. zur Haltung der deutschen Sozialdemokratie zur belgischen Frage im Weltkrieg Miller: Burgfrieden, S. 205-215.

Diese Auffassung von der Kriegsschuldfrage, wie sie auch von der Rheinischen Zeitung vertreten wurde, basierte auf der Überzeugung, dass die Gerechtigkeit aufseiten Deutschlands stehe. Dass die deutsche Armee auch im Westen offensiv agierte, wurde dabei nicht als problematisch empfunden, weil England und Frankreich mittlerweile wie Russland als Bedrohung angesehen wurden. Die Rheinische Zeitung sprach in diesem Zusammenhang von den »Feinden Deutschlands« und den »Scheindemokratien Frankreich und England«, mit denen sich Deutschland in einem »historischen Gegensatz« befinde.[30] Aus dieser Sicht war der Überfall auf Belgien legitimiert, weil er nur der Abwehr der deutschen Bedrohung diene, und so erklärt sich Sollmanns Berichterstattung, der die deutsche Kriegsführung als Abwehrmaßnahme stilisierte.[31] Die Rheinische Zeitung beließ es nicht bei dieser Argumentation, sondern schloss sich der Argumentation der Reichsregierung an, Deutschland führe einen Kampf für die Freiheit der europäischen Völker:

> »Und wahrlich hoffen wir es, daß das geschichtliche Wort des deutschen Reichskanzlers, soweit es auf Deutschlands Willen ankommt, allen Völkern die Freiheit verheißt: daß sie in keine fremde Herrschaft geraten und von fremdem Joche alle befreit werden. Dann wird der furchtbare Krieg der Welt nicht bloß Leid und Schmerz bereitet haben, dann wird er ihr auch Heil und Fortschritt bringen.«[32]

Aufbauend auf der Gegnerschaft zum Zarismus, der als Inbegriff der Bedrohung deutscher Kultur galt, und unter Berufung auf Autoritäten der Partei wie Bebel[33] wurde die nationale Kriegspolitik unterstützt. Die Integration in die nationale Einheitsfront ermöglichte es der Sozialdemokratie, die eigenen Ziele, die Überzeugung von der Fortschrittlichkeit der eigenen Bewegung auf das kriegführende Reich zu projizieren:

> »Indes sie mit Säbel und Flinte für das eigne Volk kämpft, muß sie zugleich mit des Gedankens Schärfe für die ganze Menschheit eintreten. Nur die Erkenntnis, so zu handeln, nur die Zuversicht, daß der Sieg des deutschen Volkes schließlich zum Sieg der höchsten Menschheitsgedanken führen werde, nicht aber stumpfer Haß und blinde Leidenschaft darf sie auf ihrem Wege leiten.«[34]

---

30 RZ Nr. 242 a, 18. Oktober 1914. Dies war eine in der sozialdemokratischen Parteipresse weitverbreitete Haltung. Vgl. Kruse: Krieg, S. 124-131.
31 So heißt es im abschließenden Satz des Berichts über seine Belgienreise: »Im raschen Ausschreiten dachten wir der Schreckensbilder hinter uns und danken im Stillen den Brüdern im Felde, deren Heldenmut unser Land vor blutigen Geißelhieben bewahrt.« Sollmann: Kriegsfahrten II, S. 336.
32 RZ Nr. 231, 5. Oktober 1914.
33 Vgl. RZ Nr. 180, 6. August 1914.
34 RZ Nr. 303, 31. Dezember 1914.

Die Kölner Partei und ihr Presseorgan machten sich diesen Standpunkt zu eigen. Sollmann teilte diese Ansichten nicht nur, sondern er wurde zu einem der maßgeblichen Verfechter der Burgfriedenspolitik in Köln, was sich auch in seinem Verhalten gegenüber der innerparteilichen Opposition ausdrückte.

2 Kooperation statt Konfrontation: Der Richtungsstreit in Köln

Eine Aussprache über die Stellung der Partei zum Krieg fand in Köln lange Zeit nicht statt.[35] Eine Mitgliederversammlung tagte im Dezember 1914. Bezeichnenderweise gab es dort aber keinerlei Diskussion über die Haltung zum Krieg, sondern lediglich einen Bericht über den Zustand der Organisation.[36] Erst Ende Februar 1915 kam es in der bereits erwähnten Mitgliederversammlung vom 21. Februar zu einer Aussprache.[37] Hier meldete sich erstmals eine innerparteiliche Opposition offen zu Wort.[38] Nach dem einleitenden Referat Hofrichters, der die Bewilligung der Kriegskredite verteidigte, wurde von ihr eine Entschließung eingebracht, die Rheinische Zeitung solle zukünftig oppositionelle Ansichten zu Wort kommen lassen. Danach wurde eine von 28 Personen unterzeichnete Erklärung abgegeben, dass unter den gegenwärtigen Verhältnissen die oppositionelle Haltung nicht unzweideutig vertreten werden könne. Eine Untersuchung, ob die Bewilligung der Kriegskredite richtig gewesen

---

35 Dies war im Sinne des Parteivorstands, der alle Informationen über die Auseinandersetzung innerhalb der Reichstagsfraktion im Vorfeld der Abstimmung unter Verschluss hielt, um zu verhindern, dass es an der Basis zu einer Diskussion darüber und damit zu einer Ausdehnung des Konflikts kam. Eine Erörterung der Entscheidung der Reichstagfraktion in Parteiversammlungen war daher ausdrücklich nicht erwünscht. Vgl. Miller: Burgfrieden, S. 76 f.
36 Man ging davon aus, ohne über detaillierte Angaben zu verfügen, dass rund 40 Prozent der Parteimitglieder zwischen 18 und 45 einberufen worden waren. Von den 164 Funktionären seien 65 eingezogen worden mit der Folge, dass in zahlreichen Bezirken des sozialdemokratischen Vereins das Parteileben entweder völlig zum Erliegen gekommen war oder als verbesserungswürdig bezeichnet wurde. Vgl. RZ Nr. 285, 8. Dezember 1914.
37 RZ Nr. 45, 23. Februar 1915. Befördert wurde diese Aussprache wahrscheinlich durch das Bekanntwerden der Ablehnung der Verlängerung der Kriegskredite durch Liebknecht. Vgl. zum Fall Liebknecht Miller: Burgfrieden, S. 92-100.
38 Die Opposition in Köln bildete keine geschlossene Einheit und besaß weder organisatorisch noch konzeptionell eine klare Strategie. Zu ihr gehörten nur wenige erfahrene Funktionäre wie Bruno Runowski, Mitbegründer Arbeiterjugend, und Philipp Fries, zusammen mit Sollmann Delegierter der Kölner Partei auf dem Jenaer Parteitag 1913. In der Mehrzahl waren es junge Genossen, die vorwiegend aus der Kölner Arbeiterjugend stammten. Dazu zählten auch Walter Stoecker und Franz Dahlem, die aber zum Militär eingezogen waren und daher keine aktive Rolle in Köln spielten, sondern nur ideell die Opposition unterstützten. Eine Aufzählung der Anhänger findet sich bei Stoecker: Jugend, S. 194; ders.: Walter Stoecker, S. 91; Dahlem: Jugendjahre, S. 254 f., 622 f., 637. Insgesamt waren es wohl nie mehr als 30 Personen, die man der Gruppe zurechnen kann.

sei, könne erst nach Beendigung des Kriegs durchgeführt werden. Eine Diskussion darüber müsse bis dahin verschoben werden.³⁹ In der Aussprache begründete Johann Meerfeld die Entscheidung des 4. August in einer bemerkenswerten Erklärung, die vor allem die Haltung der Rheinischen Zeitung seit Kriegsausbruch illustriert:

> »Wir sind längst eine Partei geworden, die den Staat nicht von außen umstürzen, sondern ihn durch praktische und friedliche Arbeit zielbewußt nach ihren Ideen umgestalten will; trotzdem aber spukt noch in gewissen Köpfen die Revolutionsromantik. Wenn am 4. August anstatt der Reichstagsfraktion die 4 ½ Millionen sozialdemokratischer Wähler abgestimmt gehabt hätten, würden sie die Kredite mit überwältigender Mehrheit bewilligt haben. Eine Volkspartei wie die unsere würde Selbstmord begehen, wenn sie sich in einer solchen Frage außerhalb der Volksgemeinschaft stellen wollte. Die Verteidigung des Vaterlandes gegen äußere Feinde haben wir stets als unsere selbstverständliche Pflicht bezeichnet, stets haben wir uns erbittert gegen den Vorwurf der Vaterlandslosigkeit gewehrt. [...] Die Sozialdemokratie kann ihre Ideale nur verwirklichen durch die Erkämpfung staatlicher Macht, also darf sie nicht diesen Staat negieren; sie kann auch international nur wirken, wenn sie nationale Kraft hat. Mit welchem Recht hätte überhaupt die Partei bei den Friedensverhandlungen, die über die Zukunft Europas entscheiden, mitreden sollen, wenn sie die Mittel zur Landesverteidigung verweigert hätte? [...] Ein Sieg Deutschlands wird die Demokratie ungemein fördern, eine Niederlage dagegen würde sie völlig vernichten. Die Zeit ist furchtbar, aber auch groß. Da dürfen wir nicht kläffend neben der Weltgeschichte herlaufen, sondern müssen mit aller Kraft und in vollem Bewußtsein unserer ungeheuren Verantwortlichkeit mitarbeiten, damit aus dem Chaos das Neue geboren wird und wir der neuen Entwicklung die Spuren unseres Geistes aufdrücken können. Die Nachwelt wird über uns richten. Diese gewaltige Zeit darf in uns kein Zwergengeschlecht finden.«⁴⁰

Gebündelt finden sich in dieser Erklärung die zentralen Motive der Befürworter einer Burgfriedenspolitik, die auch für die Kölner Parteiführung in ihrer Haltung zum Krieg maßgeblich blieben. Sollmann unterstrich wie bereits ausgeführt ebenfalls das Argument, eine Ablehnung der Kredite hätte die politische Selbstausschaltung bedeutet. Er griff die Opposition an, indem er auf die Widersprüchlichkeit ihrer Aussagen hinwies, dass einerseits die oppositionelle Meinung in der Rheinischen Zeitung stärker berücksichtigt werden solle, sie andererseits zu diesem Zeitpunkt keine Aus-

---

39 Dieses Vorgehen der Opposition zeigt deutlich die Erkenntnis der eigenen Schwäche ebenso wie die Erwartung, der Krieg werde in Kürze beendet sein. Die RZ versuchte durch die Anmerkung, dass sich nur rund 30 der über 500 Besucher dieser Erklärung anschlossen, die Opposition als unbedeutend darzustellen.
40 RZ Nr. 45, 23. Februar 1915.

sprache wolle. Er sprach sich aber dafür aus, gegenteilige Ansichten zu achten und zu tolerieren, solange nicht auf eine Spaltung der Partei hingearbeitet werde. Auf eine Beschlussfassung zur Kriegsfrage verzichtete die Versammlung aber mit Rücksicht auf die zahlreichen eingezogenen Genossen[41], nahm aber die Entschließung an, die oppositionelle Haltung in der Rheinischen Zeitung zu Wort kommen zu lassen.

Die Erörterung der Kriegsfrage war damit nicht beendet, aber die Taktik der Kölner Partei gegenüber der oppositionellen Gruppe hatte sich bereits herauskristallisiert. Man zeigte sich grundsätzlich diskussionsbereit, machte taktische Zugeständnisse, etwa durch die Zusicherung kritische Stimmen in der Rheinischen Zeitung zu berücksichtigen – was freilich an der Berichterstattung nichts änderte –, in der Sache blieb es aber bei der uneingeschränkten Unterstützung der Burgfriedenspolitik.

Für Sollmann stellte sich bald darauf die Kriegsfrage ganz konkret, weil auch er einberufen und als Kanonier zum Rekrutendepot der 44. Feldartillerie in Trier abkommandiert wurde.[42] Allerdings handelte es sich nur um ein kurzes Intermezzo, weil er bereits weniger als zwei Wochen nach seinem Dienstantritt wegen Felddienstunfähigkeit die Armee wieder verlassen musste.[43] Dies bewahrte ihn vor einem Fronteinsatz und ermöglichte ihm einen Einblick in das Leben beim Militär, der geprägt war von den Verhältnissen in den Kasernen und mit den Erlebnissen eines Frontsoldaten nicht vergleichbar war. Er empfand seinen Aufenthalt als »sehr interessant«, man könne es sich von außen nicht vorstellen, um es zu verstehen, müsse man es mit-

---

41 Stoecker führt dies auf die Stärke der oppositionellen Stimmung zurück. Stoecker: Walter Stoecker, S. 108. Dies vermag aber angesichts von lediglich 28 Unterzeichnern der Erklärung bei 500 Teilnehmern der Versammlung nicht zu überzeugen.

42 Das genaue Datum seiner Einberufung lässt sich nicht feststellen. Der erste Beleg dafür stammt vom 18. Juni 1915, dem Tag der Ankunft in der Kaserne in Trier. Vgl. Sollmann an Käthe Sollmann vom 18. Juni 1915, SCPC, DG 45 Wilhelm Sollmann, Box 18, Folder »Correspondence Sollmann Family 1906–1920«. Die Angaben über seinen Dienstort und Rang finden sich auf einer Feldpostkarte mit Poststempel vom 22. Juni 1915. SCPC, DG 45 Wilhelm Sollmann, Box 18, Folder »Correspondence Sollmann Family 1906–1920«.

43 Er war vom Militärarzt für felddienstunfähig erklärt worden, eine mögliche Versetzung in die Schreibstube erfolgte nicht. Welche Beschwerden vorlagen, geht aus seinen Schreiben nicht hervor. Vgl. Sollmann an Käthe Sollmann vom 29. und 30. Juni 1915, SCPC, DG 45 Wilhelm Sollmann, Box 18, Folder »Correspondence Sollmann Family 1906–1920«. Kist teilt unter Berufung auf Sollmanns Tochter Elfriede mit, dieser sei wegen Herzproblemen untauglich gewesen. Kist: A Teacher, S. 90. Sollmann berichtet später, er sei dreimal einberufen und siebenmal ärztlich untersucht worden und immer habe das Ergebnis untauglich gelautet. Sollmann: Sozialdemokratischer Bruderkampf, in: RZ Nr. 175, 30. Juli 1917. Bei einer Versetzung in die Schreibstube hatte er 1915 geplant, sich vom »Geschäft« anfordern zu lassen. Vgl. Sollmann an Käthe Sollmann vom 29. Juni, SCPC, DG 45, Box 18, Folder Correspondence Sollmann Family 1906–1920. Wahrscheinlich meinte er damit die Textilhandlung seiner beiden Brüder Louis und Christian, an der er wohl stiller Teilhaber war. Die gesundheitsbedingte Entlassung hat man später gegen ihn auszulegen versucht. Im Sommer 1917 wurde im vorgeworfen, er sei reklamiert. Sollmann: Sozialdemokratischer Bruderkampf, in: RZ Nr. 175, 30. Juli 1917. Noch 1930 unterstellte man ihm, er habe sich vor dem Kriegsdienst gedrückt. Vgl. SR 2. September 1930.

gemacht haben.⁴⁴ Negativ fiel ihm als Abstinenzler besonders der unter den Soldaten weitverbreitete Alkoholkonsum auf.⁴⁵

Wegen seines kurzfristigen Militärdienstes blieb Sollmann in der Kölner Parteiorganisation ein meinungsbildender Faktor. Noch bis zum Sommer 1915 war die Kriegsfrage Gegenstand von mehreren Funktionärssitzungen und der viermal vertagten Jahreshauptversammlung. Dies zeugt von einem erheblichen Diskussionsbedarf im Kölner Ortsverein, was sich auch in dem in der Rheinischen Zeitung vermerkten starken Besucherandrang bei den Veranstaltungen ausdrückte.⁴⁶ In der ersten Versammlung am 16. Juni kam es zu keiner Debatte, Parteisekretär Runge bestätigte lediglich die Position des Parteivorstands, man sei für Diskussionen offen, aber die Einheit der Partei stehe über allem.⁴⁷ Fortgeführt wurde die Jahreshauptversammlung am 14. Juli, bei der erneut die Berichterstattung der Rheinischen Zeitung, die sich trotz des Zugeständnisses vom Februar nicht geändert hatte, kritisiert wurde, eine Debatte aber unterblieb.⁴⁸ Für die auf den 24. Juli vertagte Versammlung war ein Referat von Meerfeld zu den »Friedensbestrebungen des Parteivorstands« angesetzt, über das am 4. und 9. August eine Aussprache stattfinden sollte; zudem sollte am 9. August auch über die vorliegenden Entschließungen abgestimmt werden.⁴⁹

Die Rheinische Zeitung berichtete jedoch nicht über die letzten drei Versammlungen, sodass weder über den Verlauf noch über die Entschließung, in der die Haltung der Kölner SPD zum Kriege zum Ausdruck kommt, etwas bekannt ist. Da die Kölner Oppositionsgruppe schwach war, ist nicht zu erwarten, dass man sich von der Linie der Reichstagsfraktion distanzierte. Warum aber ließ man die Öffentlichkeit

---

44 Sollmann an Käthe Sollmann vom 22. Juni 1915, SCPC, DG 45 Wilhelm Sollmann, Box 18, Folder »Correspondence Sollmann Family 1906–1920«.
45 Sollmann: Kamerad Alkohol, SCPC, DG 45 Wilhelm Sollmann, Box 18, Folder »Writings of W. Sollmann not dated«.
46 Diese Entwicklung ist Teil der stärker in Gang kommenden Diskussion über die Stellung der Sozialdemokratie zum Krieg und die Burgfriedenspolitik. Dabei wurden verstärkt Friktionen innerhalb der Partei deutlich. Vgl. Kruse: Krieg, S. 152-158; 178-184; Miller: Burgfrieden, S. 75-113. Angesichts dem Verteidigungskrieg widersprechenden Kriegszielforderungen aus führenden Kreisen des Reichs im Frühjahr 1915 und den zunehmenden Härten des Kriegs begann die Parteiopposition größer angelegte Aktionen gegen die Burgfriedenspolitik. Dazu zählte auch ein u. a. von Liebknecht initiiertes »Unterschriftenflugblatt« vom 9. Juni 1915. Es wurde als Eingabe an den Parteivorstand und den Vorstand der Reichstagfraktion verfasst. Darin wird Protest gegen die Burgfriedenspolitik und die Passivität des Parteivorstands erhoben und gefordert, den Klassenkampf und den Kampf für den Frieden zu eröffnen. Nachdrucke wurden an nahezu alle Partei- und Gewerkschaftsorganisationen zur Unterschrift versandt. Vgl. Miller: Burgfrieden, S. 104-113. In Köln wurde es von Horcks, Kulm, Sömmerau, Fuchsius, Hirsch, Schubarth und Fries unterzeichnet. Dokumente und Materialien Bd. II/1, S. 183.
47 RZ Nr. 140, 18. Juni 1915.
48 Als Sprecher der Oppositionsgruppe traten auf dieser Versammlung auch der niederländische Genosse Hymann Fryda und der Tabakwaren- und Buchhändler O. H. Müller auf. Faust: Sozialer Burgfrieden, S. 167 f.
49 Dies sah zumindest der Einladungstext für den 9. August vor. Vgl. RZ Nr. 183, 7. August 1915.

darüber im Unklaren? Waren die Diskussionen so kontrovers gewesen, dass man darüber lieber schwieg? Eine mögliche Erklärung bietet die Rolle von Adolf Hofrichter, Reichstagsabgeordneter für Köln-Stadt.[50] Hofrichter hatte auf der Versammlung am 21. Februar die Bewilligung der Kriegskredite noch uneingeschränkt verteidigt, aber bald darauf seine Meinung geändert. Anlässlich der Budgetbewilligung im Reichstag am 20. März 1915 stimmte er in der Fraktion zwar für die erneute Bewilligung der Kriegskredite, aber bei der Abstimmung über den Haushalt verließ er den Saal.[51] Laut Helmut Stoecker kritisierte Hofrichter aber auf einer Versammlung im Juni 1915 die Berichterstattung der Rheinischen Zeitung heftig.[52] Diese Haltung Hofrichters musste zu Konflikten in der Kölner Parteispitze führen, die möglicherweise auf den Versammlungen im Sommer 1915 zum Tragen kamen und über die deswegen nicht berichtet wurde.[53] Jedenfalls verlor Hofrichter den Meinungskampf, denn er trat seit dem Februar 1915 in der Kölner Partei als Redner nicht mehr in Erscheinung, dies waren in erster Linie Johann Meerfeld und Wilhelm Sollmann.

Die Haltung zum Krieg wurde nach den Versammlungen im Sommer 1915 zunächst nicht weiter erörtert. Erst im Zuge der Spaltung der Reichstagsfraktion nach der Reichstagsabstimmung über den Notetat und der daraus resultierenden Gründung der Sozialdemokratischen Arbeitsgemeinschaft (SAG) im Frühjahr 1916 flamm-

---

50 Diese Interpretation wird von Faust: Sozialer Burgfrieden, S. 169 f., als Hintergrund der Ereignisse ins Spiel gebracht.
51 Die Kriegskredite waren erstmals im Reichshaushalt enthalten, über den abgestimmt wurde. Von der SPD-Fraktion stimmten Liebknecht und Otto Rühle gegen die Bewilligung, 30 Mitglieder verließen den Saal. Matthias/Pikart: Reichstagsfraktion, Bd. 2, S. 99; Miller Burgfrieden, S. 102-104. Zur Haltung Hofrichters innerhalb der Fraktion siehe Prager: USPD, S. 58-60. Hofrichter stellte sich in der Folge eindeutig gegen die Fraktionsmehrheit. Bei der Abstimmung am 20. August stimmte er in der Fraktion gegen die Kreditbewilligung und verließ bei der Abstimmung den Saal. Im Dezember 1915 unterzeichnete er die im Namen von 33 Mitgliedern durch Hugo Haase abgegebene Erklärung, im Reichstag gegen die Kredite stimmen zu wollen. Allerdings verließ er auch bei allen folgenden Abstimmungen jeweils den Saal. Als es zur Spaltung der Fraktion im März 1916 kam, verblieb er zwar in der Fraktion, stimmte aber gegen den Ausschluss der Oppositionellen. Vgl. Matthias/Pikart: Reichstagsfraktion Bd. 2, S. 74 f., 133, 190, 209; Prager: USPD, S. 82.
52 Er beruft sich auf ein Schreiben Elfriede Baylays, der Verlobten Walter Stoeckers, vom 7. Juni 1915, in dem sie berichtet, Hofrichter habe gesagt, »daß es unbedingt notwendig sei, die Schäden, die unsere Presse, ganz besonders die Rheinische Zeitung, bei den Massen angerichtet habe, wieder gutzumachen«. Stoecker: Walter Stoecker, S. 115, Anm. 7.
53 So auch die Interpretation von Faust: Sozialer Burgfrieden, S. 170. Informationen über die Diskussionen innerhalb der Kölner Führung liefern nicht datierte handschriftliche Notizen Sollmanns. Unter der Überschrift »Reichstagsbericht Hofrichters« heißt es dort: »Wünschte, Hofrichter hätte dafür gestimmt. Wäre Konsequenz unserer Haltung v. 4.8.-2.12. Schaukelpolitik. [...] Verwirrung unter den Anhängern. [...] Sollmann-Horcks äussert laut. Massenstreik – Massenstimmung. Brandrede – revolutionäre Phrasen. Welchen Beweis hat [er] dafür, dass Massen versagen?« IISG, Wilhelm Sollmann Papers, Nr. 47.

te die Diskussion wieder auf.⁵⁴ Zunächst nahm man auf einer Bezirksleiterkonferenz Stellung zur Spaltung. Zwar verurteilte Meerfeld die aus der Fraktion Ausgeschiedenen scharf, aber die abschließende Resolution nahm eine vermittelnde Position ein, wies auch die Position des rechten Parteiflügels zurück und betonte vor allem die Bedeutung der Parteieinheit. Alle Sonderbestrebungen hätten hinter diesem Gebot zurückzustehen und es solle alle Kraft aufgeboten werden, um »den unheilvollen Geist zersetzender Zwietracht aus dem Bezirk obere Rheinprovinz fernzuhalten«⁵⁵.

Wenn man gehofft hatte, durch diese Entschließung die innerparteilichen Diskussionen einzudämmen und dadurch einer Spaltung vorzubeugen, so erwies sich dies als falsch. Zunächst setzte sich auf der Jahreshauptversammlung des Kölner Ortsvereins im Juni 1916 die Debatte fort.⁵⁶ Sollmann erstattete den Vorstandsbericht, in dem er nach der Schilderung der kommunalpolitischen Tätigkeit der Partei herausstellte, der Vorstand habe vor allem darauf hingearbeitet, die organisatorische Einheit der Partei zu bewahren. Anschließend brachte er eine Entschließung zum Fall Liebknecht ein:

> »Die Sozialdemokratie der Kölner Reichstagswahlkreise erhebt Einspruch dagegen, daß gegen den Abgeordneten Genossen Karl Liebknecht Anklage wegen versuchten Kriegsverrates im Felde erhoben worden ist. Ohne uns mit der grundsätzlichen und taktischen Haltung Liebknechts einverstanden erklären zu können, sind wir doch der sichern Überzeugung, daß Liebknechts Kampf gegen den Krieg von hohen sittlichen Empfindungen getragen ist, und dem Willen entspringt, die blutenden Völker zu einem baldigen Frieden zu führen. Eine entehrende und mit der Aberkennung der Mandate verbundene Zuchthausstrafe für Liebknecht wäre im höchsten Maße ungerecht und eine politische Unklugheit allererersten Ranges. Wir erwarten, daß Genosse Liebknecht auch in Zukunft im Kampfe für seine Ueberzeugung die Freiheit genießt, die in einem starken und politisch reifen Volke jedem Staatsbürger zustehen sollte.«⁵⁷

---

54 18 Reichstagsabgeordnete hatten nach Auseinandersetzungen über die Zustimmung zum Notetat, über den am 24. März 1916 abgestimmt wurde, die Fraktion verlassen und die SAG gegründet. Zu den Entwicklungen siehe Miller: Burgfrieden, S. 113-133. Bereits vorher war die Spartakus-Gruppe entstanden, eine reichsweite Vereinigung der entschiedenen Kriegsgegner und Vorläufer des Spartakusbundes. Trotnow: Liebknecht, S. 234-236.
55 RZ Nr. 99, 1. Mai 1916. Der Inhalt der Resolution ist im Zusammenhang mit der Rolle Hofrichters als Kompromiss zwischen den in der Kölner Parteiführung bestehenden Richtungskämpfen interpretiert worden, um in einem möglicherweise letzten Versuch eine Spaltung der Partei im Bezirk zu verhindern. Vgl. Faust: Burgfrieden, S. 169 f. Angesichts des Verhaltens Hofrichters, des einzigen Oppositionellen in Köln mit größerem Einfluss in der Partei, erscheint dies plausibel.
56 RZ Nr. 144, 26. Juni 1916. In der Zwischenzeit war Karl Liebknecht nach einer Rede auf einer Kundgebung am 1. Mai in Berlin verhaftet und wegen Hochverrats angeklagt worden. Vgl. Miller: Burgfrieden, S. 138.
57 RZ Nr. 144, 26. Juni 1916. Diese Entschließung hatte Sollmann nach eigenen Angaben »nach Rücksprache mit Genossen verschiedener Ansichten« formuliert; ebd. Dies zeigt die Taktik der Parteiführung, der Minderheitsgruppe keine Möglichkeit zur Initiative zu geben, sondern Ent-

Damit hatte er die Opposition überrascht[58], die sich in Person von Horcks gegen diese Entschließung aussprach und eine eigene Version vorschlug, in der Liebknecht die volle Unterstützung ausgesprochen wurde. Zudem brachte er einen Antrag ein, der den Parteivorstand aufforderte, auch die Schriften der Minderheitsvertreter zu veröffentlichen. Die Rheinische Zeitung verbreite so einseitige Informationen, dass er den Genossen die Lektüre eines Organs empfehle, das den entgegengesetzten Standpunkt vertrete.[59] Weder damit noch mit seinem Gegenentwurf zur Entschließung konnte er sich durchsetzen. Sollmann schlug zum Abschluss eine veränderte Fassung vor, in der er die Haltung zu Liebknechts Vorgehen neutraler formulierte und die mit deutlicher Mehrheit angenommen wurde.[60]

Die Opposition in Köln war weiterhin schwach und konnte keinen Zulauf verzeichnen. Unabhängig davon gewannen die Auseinandersetzungen in der kommenden Zeit aber an Schärfe. Eine vom Berliner Parteivorstand eingeleitete Friedensinitiative schien zwischenzeitlich die Möglichkeit zu eröffnen, gegenüber den innerparteilichen Kritikern durch eine groß angelegte öffentlichkeitswirksame Aktion den Friedenswillen zu demonstrieren. Die Partei bereitete die Unterschriftensammlung mit großer Akribie vor, wurde jedoch bald durch die Militärbehörden gestoppt.[61] Von der Friedensinitiative konnte daher keine befriedende Wirkung ausgehen, was sich auf der nächsten Mitgliederversammlung zeigte, auf der sich die Fronten weiter verhärteten.

Gegenstand der Versammlung waren der Geschäftsbericht der Rheinischen Zeitung sowie die anstehende Reichskonferenz.[62] In der Ablehnung der Konferenz be-

---

schließungen einzubringen, die so allgemein formuliert waren, dass sie der Mehrheit der Partei die Möglichkeit zur Zustimmung ließen.
58 Horcks sagte in seinem Beitrag der Aussprache, er sei sehr verwundert über die Resolution Sollmanns, da die RZ Liebknecht schon seit Monaten das Prädikat »Genosse« abspreche. Ebd.
59 Auf welches Organ er sich bezieht, ist nicht eindeutig zu klären. Die Kölner Oppositionsgruppe hatte zwischenzeitlich Verbindungen zu Gleichgesinnten, vor allem zu Spartakus-Anhängern im Bezirk Niederrhein aufgenommen, über die man Schriften bezog, die man in Köln verbreiten wollte. Vgl. Walter/Engelmann: Arbeiterbewegung, Bd. 1, S. 110. Ab Juli 1916 erschien Der Kampf, ein in Duisburg vom Spartakus-Anhänger Karl Minster herausgegebenes Blatt, das auch von den Kölner Oppositionellen bezogen wurde und in dem Artikel von ihnen erschienen. Stoecker: Walter Stoecker, S. 126 f.; Meyer: Gründung, S. 87.
60 RZ Nr. 144, 26. Juni 1916.
61 Die Petition forderte von Reichskanzler Bethmann Hollweg die Ablehnung sämtlicher Eroberungspläne und eine möglichst baldige Beendigung des Kriegs. Sie wurde auch von Adolf Hofrichter unterstützt und war für die Kölner Organisation die Chance für ein einmütiges Vorgehen. Vgl. RZ Nr. 188, 19. August 1916. Bereits am 19. August wurden alle Listen beschlagnahmt, auf denen nach den Angaben der RZ schon 5.000 Personen unterschrieben hatten. RZ Nr. 189, 21. August 1916; RZ Nr. 190, 22. August 1916.
62 Die Konferenz sollte der Aussprache dienen, wurde aber von der Parteiopposition scharf kritisiert, weil man keine Klärung erwartete und zudem befürchtete, die eigene Schwäche vor der Parteiöffentlichkeit demonstriert zu bekommen. Siehe dazu Miller: Burgfrieden, S. 133-139. Für die Kölner Versammlung hatte man eine Redezeitbegrenzung von zehn Minuten pro Redner

kam die Parteiminderheit Unterstützung von einigen weiteren Mitgliedern.[63] Die Forderung, auch einen Vertreter der Opposition als Delegierten für die Reichskonferenz zu wählen, wurde unter anderem mit dem Argument abgelehnt, dass die Delegierten die Parteistimmung in Köln widerspiegeln sollten. Eine weitere Debatte wurde unterbunden. Als Delegierte wählte die Versammlung schließlich Sollmann und Erkes.[64] Hatte man damit erneut die Parteiminderheit in ihre Schranken gewiesen, prallten in der Aussprache über den Geschäftsbericht der Rheinischen Zeitung die Meinungen mit großer Härte aufeinander. Für die Opposition griff Henriette Ackermann die Haltung des Blattes mit scharfen Worten an, was Meerfeld mit der Feststellung konterte, dass sie mit ihren Äußerungen den Boden der Partei verlasse, womit die Auseinandersetzungen eine neue Qualität bekamen. Der Antrag des Genossen Strick, ein neues Parteiblatt zu gründen, Meerfeld als Redakteur zu entlassen und aus der Partei auszuschließen, war ein hoffnungsloser, fast lächerlich anmutender Versuch, gegen die Parteiführung anzugehen. Die Versammlung zeigte in ganzer Deutlichkeit die Schwäche und Konzeptlosigkeit der Parteiopposition, die über keinerlei Strategie verfügte, wie sie der Parteimehrheit entgegentreten sollte. So sprach man sich gegen die Parteispaltung aus, die von der Zeitung Der Kampf, die man auf der Sitzung noch verteilt hatte, offen vertreten wurde. Zudem erklärte man, die Zeitung sei kein oppositionelles Blatt, wie es von der Parteiführung behauptet werde. Sollmann widerlegte dies anhand von Zitaten der ihm vorliegenden Ausgabe, womit die Minderheit erneut vorgeführt wurde.[65]

Zugleich stellte die Versammlung einen Wendepunkt im taktischen Vorgehen der Parteiführung um Meerfeld und Sollmann gegenüber den innerparteilichen Kritikern dar. Hatte man bis dahin darauf hingearbeitet, die Einheit zu wahren und sich daher in gewissem Maße diskussionsbereit gezeigt, ging man dazu über, die kleine Gruppe auszugrenzen und, wie es Meerfeld getan hatte, offen ihre Zugehörigkeit zur Partei infrage zu stellen.[66] Ob man damit nur Druck ausüben oder die Gruppe tatsächlich aus der Partei hinausdrängen wollte, ist nicht abschließend zu klären.[67] Aber offensichtlich hatte die Kölner Parteiführung das Heft des Handelns in der Hand und trieb die Kritiker vor sich her.

---

festgelegt, ein Indiz dafür, dass man vonseiten des Parteivorstands keine ausgiebige Diskussion wollte. Vgl. RZ Nr. 198, 31. August 1916.

63 Darunter waren auch angesehene Mitglieder wie der ehemalige Reichstagsabgeordnete Klemens Hengsbach, Edmund Lentzen und der ehemalige Chefredakteur der RZ, August Erdmann. Zumindest bei Erdmann, der seit 1912 für den Wahlkreis Dortmund-Hörde im Reichstag saß, war dies keine Überraschung, da er bereits 1915 intern gegen die Kriegskredite gestimmt hatte und sich später der USPD anschloss. Matthias/Pikart: Reichstagfraktion Bd. 1, S. CLXXXVIII f.
64 RZ Nr. 202, 5. September 1916.
65 Ebd. Zur Stellungnahme in Der Kampf siehe Nr. 12 vom 26. August 1916.
66 Faust: Sozialer Burgfrieden, S. 175.
67 Gegen das Ziel, einen Bruch herbeizuführen, spricht Meerfelds Plädoyer für die Parteieinheit und die Beilegung des Konflikts. Vgl. Protokoll Reichskonferenz, S. 127.

Den entscheidenden Schritt zur Spaltung der Partei in Köln stellte dann die Reichstagsnachwahl im Januar 1917 dar, die durch den Tod Adolf Hofrichters nötig geworden war. Über die Kandidatennominierung entflammte ein Konflikt, der mit der völligen Niederlage der Opposition endete, die taktisch äußerst unklug vorging.

Auf der Mitgliederversammlung, die über den Nachfolgekandidaten entschied, brachte die Opposition Rudolf Breitscheid als Kandidaten ein, was als Friedensangebot verstanden werden konnte, da Breitscheid der gemäßigten Opposition angehörte.[68] Wie stets zuvor ging die Parteileitung darauf nicht ein und nominierte stattdessen Johann Meerfeld, was Ackermann in der Aussprache zu der Bemerkung verleitete, diesem könne ein »klassenbewußter Arbeiter« seine Stimme niemals geben. Sollmann, ein Verfechter der Kandidatur Meerfelds, forderte daraufhin von der Opposition eine feste Zusage, ob sie das Wahlergebnis auch beim Sieg des Mehrheitskandidaten akzeptieren werde. Dazu war die Oppositionsgruppe aber nicht bereit und erklärte lediglich, Sollmann sei nicht berechtigt, dies einzufordern.[69] Bei der anschließenden Wahl gewann Meerfeld zwar mit 242 Stimmen, aber Breitscheid erhielt mit 71 Stimmen immerhin über 20 Prozent und damit überraschend viel Zustimmung.[70]

Hätte man es dabei belassen und sich bei der Reichstagswahl enthalten, wäre die Kandidatenwahl ein Achtungserfolg der Opposition gewesen. Aber entgegen aller Vernunft rief die radikale Gruppe um Ackermann nur kurze Zeit vor dem Wahltermin dazu auf, die Stimme Karl Liebknecht zu geben. Ohne die Möglichkeit einer gezielten Agitation – die Partei verhinderte, dass Ackermann auf einer Wahlversammlung zu Wort kam[71] – wurde die Wahl zu einem Debakel: Liebknecht erhielt lediglich 18 Stimmen, Meerfeld 3.095.[72] Die Opposition war blamiert, ihr harter Kern hatte sich selbst ins Abseits gestellt und sich auch für die schwankenden Mitglieder nicht als Alternative zur Mehrheitspolitik erwiesen.

Für die Kölner Parteiführung bot dies die Möglichkeit, endgültig die kleine Gruppe, deren Abspaltung man problemlos verkraften konnte, aus der Organisation zu

---

68 RZ Nr. 271, 27. November 1916. Ursprünglich hatte man in Teilen der Minderheitsgruppe eine Kandidatur des inhaftierten Karl Liebknecht favorisiert. Vgl. Der Kampf; Nr. 24, 18. November 1916. Über seine Kandidatur schreibt Breitscheid später an Sollmann, er habe gegenüber O. H. Müller seine Bereitschaft zur Kandidatur erklärt, den Kölner Parteivorstand aber absichtlich nicht darüber informiert. Breitscheid an Sollmann vom 30.11.1916, HAStK 1120/538.
69 Dies bezeichnete Henriette Ackermann später als Fehler, man hätte klar erklären sollen, dass man sich an das Ergebnis nicht gebunden fühle. Der Kampf Nr. 32, 13. Januar 1917.
70 Auf Heinrich Erkes, der noch vorgeschlagen wurde, entfielen 16 Stimmen. RZ Nr. 271, 27. November 1916.
71 Ackermann hatte sich als Rednerin auf einer Wahlversammlung angemeldet, der Gastredner Eduard David sprach jedoch nach Auskunft der RZ »leider« bis zum Beginn der Polizeistunde, sodass die Veranstaltung direkt danach beendet werden musste. RZ Nr. 3, 4. Januar 1917.
72 RZ Nr. 5, 6. Januar 1917. Dies bedeutete, dass die überwiegende Mehrheit der Mitglieder, die bei der Nominierung Meerfelds noch gegen ihn gestimmt hatten, bei der Reichstagswahl nicht für den Gegenkandidaten Liebknecht, sondern für Meerfeld votierten oder sich der Stimme enthielten.

drängen. Bereits am Tag nach der Wahl schrieb die Rheinische Zeitung, die Urheber dieser Aktion hätten sich gegen die Partei gestellt und die nötigen Konsequenzen müssten sofort gezogen werden.[73]

Auf der Generalversammlung des Kölner Ortsvereins am 16. April 1917 schritt man dann zur Tat. Zunächst rechtfertigte Meerfeld die Politik der Parteimehrheit und stellte fest, man wolle eine Volkspartei sein, »keine Sekte weltfremder Ideologen«. Auf wen dies abzielte, war allen Beteiligten klar. Dies wurde durch Wilhelm Sollmann verdeutlicht, der in Bezug auf die von ihm als »Spartakus-Grüppchen« bezeichneten Oppositionellen ausführte, dass »diese Schädlinge sich möglicherweise trotz allem noch als Parteimitglieder fühlten«, und daher klarstellte, »daß die Veranstalter der Sonderkandidatur Liebknecht ihren Austritt aus der Partei vollzogen haben«[74].

Obwohl er gar nicht genau benannte, welche Mitglieder aus der Partei ausgeschlossen werden sollten und das Verfahren daher höchst zweifelhaft war, wurde der Antrag nahezu einstimmig angenommen[75] – ein deutliches Zeichen dafür, dass der Kern der Opposition über keinen Rückhalt verfügte und kaum noch beachtet wurde.[76] Das versprengte Häuflein entschloss sich am 17. Mai 1917 zur Gründung einer USPD-Ortsgruppe, die zu diesem Zeitpunkt lediglich 26 Mitglieder hatte.[77] Damit war auch in Köln die Parteispaltung vollzogen.[78]

Die Schwäche der Opposition in Köln hatte sich seit Beginn der Konflikte gezeigt und galt auch für die USPD, was durch mehrere Faktoren bedingt wurde.[79] Die USPD war besonders in den traditionellen Hochburgen der Sozialdemokratie,

---

73 RZ Nr. 5, 6. Januar 1917.
74 RZ Nr. 89, 17. April 1917.
75 Es gab lediglich drei Gegenstimmen. Vgl. ebd.
76 Bezeichnend ist die Einschätzung des Kölner Regierungspräsidenten in seinem Verwaltungsbericht vom 30. April 1917: »Die Anhänger der sogenannten Liebknecht-Gruppe sind hier sehr gering und werden von den führenden Personen der Sozialdemokratie heftig bekämpft, sodaß eine weitere Entwickelung dieser Gruppe in absehbarer Zeit nicht zu erwarten ist.« LHAK 403/9046, Bl. 421.
77 Diese Zahl findet sich im Überwachungsbericht der Kölner Polizei. LAVD, Landgericht und Staatsanwaltschaft Köln 354. Alternativ ist von 24 Gründungsmitgliedern die Rede. Vgl. SR 5. Januar 1929; Stoecker: Walter Stoecker, S. 138; Bers: Bezirk Mittelrhein/Saar, S. 3. Die USPD war auf der Konferenz der Opposition vom 6.–8. April in Gotha gegründet worden. Zur Gründungsphase siehe Prager: USPD, S. 132-151; Protokoll Gründungsparteitag.
78 Die in gemäßigter Opposition stehenden Mitglieder der Partei versuchte man möglichst zu halten. Symptomatisch dafür war der Aufruf des Bezirksvorstands bezüglich der Reichskonferenz der Opposition in Berlin: »Es handelt sich keineswegs darum, jeden Genossen auf die Kriegspolitik der Parteimehrheit zu verpflichten, sondern darum, ob die Sozialdemokratie auch in Zukunft dem Gegner eine geschlossene Front entgegenstellen oder ob sie durch Untergrabung ihrer organisatorischen Grundlagen geschwächt und völlig ohnmächtig gemacht werden soll.« RZ Nr. 40, 16. Februar 1917.
79 Vgl. zum folgenden Miller: Burgfrieden, S. 169-177, die vier entscheidende Merkmale herausarbeitet, die über Erfolg und Misserfolg der USPD als politische Kraft entschieden, die auch für Köln aufschlussreich sind.

die stark von der Industrie geprägt waren, erfolgreich. Köln war aber wie ausgeführt keine klassische Industriestadt, mit den entsprechenden Auswirkungen auf die Sozial- und Wählerstruktur, die zusätzlich durch den großen Einfluss der katholischen Kirche ungünstig für die Sozialdemokratie war. Weiterhin spielte die personelle Konstellation im Richtungsstreit eine zentrale Rolle. Explizit wurde auch von der Kölner Opposition ihre Schwäche mit dem Wirken Meerfelds und Sollmanns begründet.[80] Sollmann hatte von Kriegsbeginn an im Zusammenspiel mit Meerfeld den Ortsverein klar auf den Kurs der Berliner Parteiführung gebracht und durch kluges Taktieren, das zwar ein Abweichen von ihrer Linie tolerierte, aber jegliche Unterminierung der Parteieinheit scharf verurteilte, die schwankenden Parteimitglieder in der Organisation gehalten.[81] Zudem darf man nicht vergessen, wer den führenden Parteifunktionären gegenüberstand. Dies waren bis auf wenige Ausnahmen ungeschulte Arbeiter oder junge Genossen, die sich in den Debatten kaum mit den erfahrenen und schlagfertigen Rednern messen konnten, wie es insbesondere Meerfeld und Sollmann zweifellos waren. Der Opposition fehlte eine Führungsfigur, die entweder durch ihren Einfluss in der Partei oder ihre besonderen persönlichen Fähigkeiten die unentschlossenen Mitglieder hätte mitreißen können.[82] Sollmann, der den meist oppositionellen Jugendlichen in der Arbeiterjugend durch seinen Einsatz Freiraum verschafft hatte, wäre eine solche Person gewesen. Er galt den jungen, radikal Gesinnten bis zum Ausbruch des Weltkriegs als Führungsfigur. Aber gerade er war es, der wiederholt seine vormaligen Mitstreiter in den Versammlungen vorführte und ihnen ihre Unterlegenheit deutlich vor Augen führte. Gegen diese Front, die es geschickt verstand die Politik des Parteivorstands zu verteidigen, ließ sich mit der kleinen Gruppe kaum ankämpfen. Hinzu kam, dass fast nur die Mitgliederversammlungen infrage kamen, um die Meinungsbildung zu beeinflussen, da die Rheinische Zeitung in den Händen der Parteiführung lag, die in Person von Meerfeld den Chefredakteur und in Sollmann einen weiteren maßgeblichen Redakteur stellte.[83] Die wenigen Flugblätter und auswärtigen Zeitun-

---

80 Miller hat für ihre Untersuchung Befragungen von Zeitgenossen durchgeführt, u. a. mit Bruno Runowski, Vertreter der Kölner Oppositionsgruppe. Dieser verwies auf die herausragende Rolle von Meerfeld und Sollmann in der Kölner Organisation als eine Begründung für die geringe Bedeutung der USPD in Köln. Vgl. Miller: Burgfrieden, S. 168 f.
81 Dass es der Parteiführung durchaus gelang, durch geschickt formulierte Entschließungen, die für eine breite Mehrheit zustimmungsfähig waren, auch gemäßigte Oppositionelle auf ihre Seite zu ziehen, bilanziert auch Stoecker: »In der Hauptversammlung der Kölner Parteiorganisation am 16. April gelang es ihr, eine Anzahl zentristisch gesinnter Sozialdemokraten mitzureißen und ein Abstimmungsergebnis zu erzielen, demzufolge sich die Hauptversammlung auf den Boden des sozialimperialistischen Parteivorstands stellte.« Stoecker: Walter Stoecker, S. 130.
82 Verschärfend für die Opposition kam hinzu, dass Personen wie Walter Stoecker, die zumindest eine gewisse Erfahrung hatten, zum Kriegsdienst eingezogen waren.
83 Dieser Aspekt wird von Gertrud Meyer, Mitglied der Parteiminderheit, betont. Vgl. Meyer: Gründung, S. 87. Die Bedeutung der Presse für die Entwicklung der innerparteilichen Auseinandersetzungen wird für mehrere andere Städte betont. Vgl. Boll: Massenbewegung, S. 21 f.; Ullrich: Hamburger Arbeiterbewegung, S. 187.

gen, die von der Opposition beschafft werden konnten, reichten bei Weitem nicht aus, um die Parteimitglieder in Köln über die Ziele der Opposition umfassend zu informieren, wogegen die Rheinische Zeitung den Lesern fast täglich verkündete, es gebe keine Alternative zur Burgfriedenspolitik.

Schließlich hatte auch die traditionelle Ausrichtung der Kölner Sozialdemokratie Einfluss auf die Entwicklung des Parteistreits. In den entscheidenden Fragen hatte sich die Lokalorganisation in der Domstadt letztlich immer den Beschlüssen der Parteitage angeschlossen, beziehungsweise war der Linie des Berliner Parteivorstands gefolgt. Grundsatzfragen über die taktische Ausrichtung der Gesamtpartei hatten hier nie eine besondere Rolle gespielt, man hatte sich darauf konzentriert, den organisatorischen Ausbau des Ortsvereins voranzutreiben. Es gab daher auch in dieser Hinsicht unter den Kölner Parteimitgliedern traditionell schon keine Tendenzen Opposition zu betreiben.

Es war also nicht zuletzt auf Sollmanns Wirken zurückzuführen, dass zum Zeitpunkt der Gründung der USPD und noch lange darüber hinaus die Kräfte in Köln eindeutig verteilt waren. Auf der einen Seite die Mehrheitssozialdemokratie, die mit Sollmann als Parteivorstandsmitglied und unter seiner tatkräftigen Führung im Zusammenspiel mit seinen Gesinnungsgenossen eine politische Haltung einnahm, die ganz auf dem Boden der Burgfriedenspolitik stand und die Mehrheit der Mitglieder hinter sich wusste. Auf der anderen Seite die USPD, die nicht mehr als ein Häuflein Unentwegter war, das über keinerlei Einfluss verfügte und von dessen politischen Zielen 1917 kaum jemand Notiz nahm.

3 Zwischen Burgfrieden und Klassenkampf: Kommunalpolitik im Ersten Weltkrieg

Mit der Festlegung auf die Burgfriedenspolitik, aus der die Ausschaltung der parteiinternen Opposition resultierte, waren die grundlegenden Entscheidungen getroffen, die Sollmanns weitere Tätigkeit im Ersten Weltkrieg bestimmten. Dies ist insofern von zentraler Bedeutung, weil sich in dieser Zeit die politischen Grundüberzeugungen ausbildeten, die für seinen weiteren Werdegang richtungsweisend sind.

Der eigentliche Kern seiner Tätigkeit, der die Frage nach der Haltung zum Krieg zumindest in den ersten Monaten überlagerte und auch darüber hinaus im Mittelpunkt seiner Betätigung stand, war die Versorgung der Bevölkerung, der Kampf gegen Hunger und Wucher. Diesbezüglich verfolgte die Kölner Sozialdemokratie eine zweigleisige Strategie: Einerseits beteiligte sie sich an den städtischen Hilfsmaßnahmen zur Linderung der Kriegsfolgen, der sogenannten Kriegsfürsorge, andererseits übte sie scharfe Kritik am allgemeinen Versorgungszustand der Bevölkerung und an den Kriegsverhältnissen mit ihren Auswüchsen in Gestalt von Schleichhandel, Wucherei und Schieberei. Dies betrieb die Kölner Parteiführung von Beginn an mit aller Konsequenz – sei es der Aufruf zur städtischen Kriegssammlung, die Kriegsarbeitszentrale oder die Nationale Frauengemeinschaft, die Sozialdemokratie war überall engagiert.[84] Aber man beließ es nicht dabei, sich an Initiativen anderer zu beteiligen, sondern wurde auch selbst aktiv durch die Einrichtung von Kriegsauskunftsstellen, die Informationen allgemeiner Natur beispielsweise über im Zuge des Kriegs erlassener Verordnungen bereit hielten und der gesamten Bevölkerung zur Verfügung standen.[85]

Ebenso schnell, wie sich die Kölner SPD in die Kriegsfürsorge integrierte, begann man mittels der Rheinischen Zeitung die Auswirkungen des Kriegs auf die Lebensverhältnisse der Bevölkerung anzuprangern.[86] Besonders anhand der Berichterstattung des Parteiblattes wird deutlich, dass die angemessene materielle Versorgung der Bevölkerung seit dem Kriegsausbruch im Zentrum der Betätigung der Kölner Sozialdemokratie stand und dies bis zum Kriegsende blieb.[87] In dem Maße, in dem sich die Lebensbedingungen verschlechterten, weitete das Parteiblatt seine Berichterstattung darüber aus. Sobald sich ein Problem auftat, wurde es sofort aufgegriffen und eine Lösung angemahnt. Es gab wohl kaum ein Thema, das nicht erörtert wurde. Man beließ es in der Regel nicht bei Kritik der jeweiligen Verhältnisse, sondern machte konkrete Vorschläge, um den Missstand zu beheben. Beispielhaft dafür ist die Einführung des Brotmarkensystems. Da mit dem gebräuchlichen Brotbuch die Brotabgabe nicht zuverlässig überprüft werden konnte, hatte man in der Rheinischen Zeitung monatelang ein Markensystem gefordert, das von der Stadtverwaltung lange Zeit abgelehnt, im Juni 1916 aber schließlich eingeführt wurde.[88]

Die ausführliche Berichterstattung, die sich häufig durch eine sehr kritische Haltung auszeichnete, führte zwangsläufig zu Konflikten mit der Militärzensur. Im Verlaufe des Kriegs wurde die Zeitung achtmal verboten und fünfmal unter Vorzensur

---

84 Zur Kriegssammlung siehe die Artikel in der RZ Nr. 180, 6. August 1914; Nr. 185, 12. August 1914; Nr. 197, 26. August 1914. Zur Einrichtung der Kriegsarbeitszentrale, an der sich die freien Gewerkschaften beteiligten, siehe VStVK 20. August 1914. Die spätere Gründerin der Arbeiterwohlfahrt Marie Juchacz hat die Tätigkeit der Frauengemeinschaft geschildert. Vgl. Juchacz: Leben und Werk, S. 65-69.

85 Die Stellen wurden zusammen mit den Freien Gewerkschaften eingerichtet. RZ Nr. 196, 25. August 1914.

86 Bereits am 5. August 1914 fand sich in der RZ die Schlagzeile: »Kein Grund zur Preistreiberei!«, als Reaktion auf die Teuerung infolge der Hamsterkäufe zu Kriegsbeginn. RZ Nr. 179, 5. August 1914.

87 Dies arbeitet Faust für Köln deutlich heraus und weist zu Recht darauf hin, dass dieser Aspekt sozialdemokratischer Politik in der Forschung lange vernachlässigt wurde. Faust: Sozialer Burgfrieden, S. 146-151, insbesondere S. 148.

88 Zur Ablehnung der Stadtverwaltung siehe die Sitzung der Stadtverordnetenversammlung vom 16. März 1916; VStVK 1916, S. 48. Angenommen wurde das Markensystem in der Sitzung der Stadtverordnetenversammlung vom 29. Juni 1916, VStVK 1916. Für weitere Beispiele siehe Faust: Sozialer Burgfrieden, S. 155-159.

gestellt.⁸⁹ Aber gerade durch die kompromisslose Haltung, die trotz der behördlichen Interventionen beibehalten wurde, konnte sich das Parteiblatt stellvertretend für die Kölner Sozialdemokratie als Anwalt und Hüter der Interessen der gesamten Kölner Bevölkerung, und eben nicht nur ihrer Stammklientel, etablieren.⁹⁰

Was das Ziel dieser Politik war, konnte man bereits kurz nach Kriegsbeginn in der Rheinischen Zeitung lesen. Unter der Schlagzeile »Wie der Krieg sozialistisch denken lehrt«, wurde darüber berichtet, welche Vorteile eine kollektivistische Wirtschaft habe und dass die Enteignung und Kontrolle von Produktion und Preisen unumgänglich sei. Die Begleitumstände des Kriegs würden zwangsläufig sozialistisch denken lehren: »Jetzt führt die Not der Zeit ganz von selbst zu sozialistischen Maßnahmen.«⁹¹ Dies war eine Ansicht, die in der deutschen Sozialdemokratie schon früh verbreitet war. Man ging davon aus, dass die privatkapitalistische Produktion und Verteilung durch die Interventionstätigkeit des Staates und der Militärbehörden ersetzt, und dass der Sozialismus im Laufe des Kriegs die kapitalistische Wirtschaftsordnung sukzessive ablösen werde. Dieses »kriegssozialistische« Denken wurde zu einem festen Bestandteil sozialdemokratischer Interpretationsmuster im Ersten Weltkrieg.⁹² Den Sozialismus sah man auf einem unaufhaltsamen Siegeszug. In einem Korrespondenzartikel, der von zahlreichen Parteiblättern abgedruckt wurde, heißt es:

> »In diesen Tagen, in denen ganz Europa von Waffen starrt und jedermann nach Ost und West auf das Schlachtengetöse lauscht, ist bereits ein Kampf im Gebiet des Geistes ausgetragen worden, ein Kampf, der mit einem glänzenden Siege der einen Partei des Sozialismus endete, wie er vollständiger gar nicht gedacht werden kann. […] So mächtig hat jetzt die proletarische Tugend der Solidarität alle Volksklassen in ihren Bann genommen, daß selbst die bürgerlichen Zeitungen immer wieder dieses Wort gebrauchen, von der Solidarität des gesamten deutschen Volkes schreiben. Für die sittliche Kraft, die unser Volk jetzt durchströmt, wissen sie eben kein andres Wort als das in der Arbeiterbewegung übliche. Und das ist das weitaus Wichtigere noch: daß die Sittlichkeit des Sozialismus sich als überlegen erwiesen

---

89 Beyer: Auf Befehl des Gouverneurs, in: 40 Jahre RZ, Sonderausgabe, 30. April 1931; Fuchs: Das Kampfblatt, S. 118. Beyer berichtet, es seien keine drei Tage in den Kriegsjahren vergangen, in denen die Redaktion keine mündlichen oder schriftlichen Anweisungen der Militärbehörden bekam.
90 Dies fiel ihr umso leichter, als die bürgerlichen Zeitungen im Verlauf des Kriegs nur ausgesprochen vorsichtig auf einen kritischeren Kurs umschwenkten. Vgl. Faust: Sozialer Burgfrieden, S. 150.
91 RZ Nr. 196, 28. August 1914.
92 Siehe hierzu Krause: Krieg, S. 116-124. »Kriegssozialismus« war ein Terminus, der auch von führenden Nationalökonomen und Vertretern der kriegswirtschaftlichen Verwaltung verwendet wurde. Vgl. Zunkel: Industrie und Staatssozialismus; Ehlert: Zentralbehörde. Er hatte seinen Ursprung jedoch in der Sozialdemokratie und diente in weiten Kreisen der Partei zur Rechtfertigung der sozialdemokratischen Haltung in der Kriegsfrage. Kruse: Krieg, S. 116.

hat gegenüber dem von dem Kapitalismus geborenen Eigennutz, ja daß sie die Retterin des deutschen Volkes geworden ist.«[93]

In diesen Äußerungen zeigt sich die Tendenz, die bestehenden Verhältnisse idealisierend umzuwerten, und auch die in sozialdemokratischen Kreisen weitverbreitete Vorstellung, dass bereits die staatlichen Maßnahmen zum Aufbau einer kriegswirtschaftlichen Verwaltung ein sozialistischer Akt seien.[94] Diese Maßnahmen stellten also nicht nur »die Notwendigkeit der sozialistischen Wirtschaft mit überwältigender Überzeugungskraft vor Augen«[95], sondern wurden auch als sozialistisch verstanden. Da die Kölner Stadtverwaltung viele sozialdemokratische Forderungen mit Verzögerung umsetzte, war für Sollmann der Einfluss seiner Partei auf die Kommunalpolitik eindeutig erkennbar und er sah sich darin bestätigt, dass der Krieg sozialistisch denken lehre, dass man »sich mit Windesflügeln den sozialistischen Organisationsgedanken nähert«[96]. Aus dieser Sicht erfuhr die Burgfriedenspolitik eine weitere Bestätigung, war sie doch Voraussetzung dafür, dass sich ureigenste sozialdemokratische Forderungen endlich verwirklichen lassen konnten.

Es ist nicht verwunderlich, dass sich die Kölner Parteiführung, die ja zu den entschiedenen Verfechtern der Burgfriedenspolitik gehörte, diese Argumentation zu eigen machte, um die eigene Politik zu rechtfertigen. Sollmann betonte mehrfach, dass er die Umformung der Kommunalpolitik im sozialistischen Sinne auf einem guten Weg sehe:

»Wir wollen gern zugestehen, daß in den Bahnen sozialistischer Kommunalpolitik Anerkennenswertes geschehen ist.«[97]

Ein dreiviertel Jahr später ergänzte er:

»Manche der städtischen Kriegsmaßnahmen tragen unverkennbar den Stempel sozialistischen Einflusses.«[98]

Und 1917 war er bereits überzeugt, »daß wir mit vollen Segeln in den Kommunalsozialismus hineinsteuern«[99]. Der weitere Weg schien ihm vorgezeichnet:

---

93 RZ Nr. 206, 5. September 1914.
94 Vgl. zu diesem Aspekt Kruse: Krieg, S. 116-124.
95 RZ Nr. 296, 23. Dezember 1914.
96 RZ Nr. 144, 26. Juni 1916; RZ Nr. 109, 12. Mai 1916 (Zitat).
97 RZ Nr. 272, 22. November 1915.
98 RZ Nr. 144, 26. Juni 1916.
99 RZ Nr. 253, 29. Oktober 1917.

»Fortschritt und Sieg des Gemeindesozialismus sind unaufhaltsam. Seine mächtige Strömung bricht jeden Bann.«[100]

Diese von Sollmann angesprochene Identifikation mit den kriegswirtschaftlichen Maßnahmen barg aber Gefahren für die SPD. Im Verlauf des Kriegs zeigte das System der Kriegswirtschaft immer stärker seine Schattenseiten. Damit wurde auch offenbar, dass die von der SPD als sozialistisch begrüßten Errungenschaften nicht die Patentlösung für die Ernährungsprobleme der Bevölkerung waren. Im Gegenteil: Allgemein war die Mangelwirtschaft spürbar und der Schwarzmarkt blühte. Zwar konnte man sich darauf zurückziehen, nicht in der politischen Verantwortung zu stehen, aber die Forderungen der SPD nach einem Ausbau des kriegswirtschaftlichen Apparats mussten auf Dauer ins Leere laufen, wenn die Maßnahmen nicht zu einer Verbesserung der Situation führten. Vielmehr war zu befürchten für die missliche Lage mitverantwortlich gemacht zu werden.[101]

Die Sozialdemokraten erkannten diese Gefahr jedoch nicht. Die Probleme wurden nicht mit den Unzulänglichkeiten von manchen der von ihnen eingeforderten und von der Verwaltung auch umgesetzten Maßnahmen begründet, sondern damit, dass die kapitalistischen Strukturen noch nicht durchbrochen waren. Sollmann plädierte in einer großen Volkskundgebung im Juli 1917 trotz der Erfahrungen, die man mit der Stadtküche gemacht hatte, weiter für den Aufbau einer ganz und gar sozialistischen Kriegswirtschaft und sparte auch nicht mit Angriffen auf die Stadtverwaltung. Die Losung sei weiter:

»Nieder mit dem Kapitalismus!«

Angesichts der prekären Ernährungssituation führte er aus, die rechtzeitigen Warnrufe der Sozialdemokratie seien zu lange als »sozialdemokratische Hetze« abgetan worden. Die Sitzungsprotokolle der Kölner Stadtverordnetenversammlung belegten dies eindrucksvoll. Aus den Missständen in der Ernährungslage leitete er folgende Forderungen ab:

---

100 RZ Nr. 219, 19. September 1917.
101 Dies arbeitete Faust: Sozialer Burgfrieden, S. 158 f., am Beispiel der Massenspeisung heraus. Die SPD forderte bereits seit 1915, diese einzuführen. Mit einer breit angelegten Kampagne übte man Druck auf die Verwaltung aus, die im Juli 1916 schließlich eine Stadtküche mit der Kapazität von 40.000 Essensrationen eröffnete. Trotz ständiger Werbung der RZ nahmen jedoch zunächst nur 3.000 Kölner das Angebot wahr. Obwohl die Zahlen anschließend stiegen, bewährte sich das Projekt auch wegen Qualitätsproblemen nicht. Die RZ war nun in der unangenehmen Lage, einerseits zum Besuch aufzufordern, andererseits die Mängel der Massenspeisung anzuprangern. So sah man sich etwa im Januar 1917 dazu genötigt festzustellen: »Wir machen auf das Versagen der Massenspeisung mit größtem Nachdruck aufmerksam.« RZ Nr. 19, 23. Januar 1917.

»Öffentliche Bewirtschaftung und ihr Ausbau, Höchstpreissystem vom Erzeuger bis zum Verbraucher und unterstützt von Beschlagnahme und Enteignung. Schärfere Kontrolle auch der Preispolitik der Reichsstellen.«[102]

Diese Haltung blieb bis zum Ende des Ersten Weltkriegs charakteristisch für Sollmann. Von der Forderung eines weiteren Ausbaus der kriegswirtschaftlichen Organisation unter staatssozialistischen Gesichtspunkten rückte er trotz der sich im Laufe des Kriegs immer deutlicher abzeichnenden Probleme der Kriegswirtschaft nicht ab. Eine andere Taktik schien für die Mehrheitssozialdemokraten auch nicht denkbar. Ein Abweichen von dieser Linie musste sie in ein gewisses Glaubwürdigkeitsproblem stürzen. Die Kritik an der Versorgung der Bevölkerung und die beständigen Forderungen nach einem Ausbau der Kriegswirtschaft waren ein wichtiger Faktor, um sich als Interessenvertreter der Arbeiterschaft, aber auch der Bevölkerung insgesamt zu profilieren. Gerade der Einsatz auf diesem Gebiet nahm zunächst der innerparteilichen Opposition und dann der USPD die Möglichkeit, sich zu positionieren, weil sie zugestehen mussten, dass die Rheinische Zeitung und damit die Mehrheitssozialdemokraten in Ernährungsfragen »Ausgezeichnetes« leisteten.[103] Der Erfolg schien ihnen Recht zu geben. Zwar waren die Mängel des kriegswirtschaftlichen Systems mittlerweile unübersehbar, aber dies lastete man den Sozialdemokraten offenbar nicht an. Die Abonnentenzahlen stiegen seit 1916 zunächst langsam und ab 1917 dann sprunghaft an. Mitte 1917 war der Vorkriegsstand von rund 21.000 Exemplaren übertroffen, ein Jahr später betrug die Auflage 46.000.[104] Darin sah die Zeitung den Beweis die richtige Politik zu vertreten, fand man doch »bei den breiten Massen starke Zustimmung«[105].

In den letzten beiden Kriegsjahren verschoben sich die inhaltlichen Prioritäten der Kölner Sozialdemokratie und damit auch Sollmanns insofern, als neben die Ernährungsfrage verstärkt der Einsatz für einen Verständigungsfrieden und die Forderung nach der Abschaffung des Dreiklassenwahlrechts traten, das den Sozialdemokraten im Preußischen Landtag und den Kommunalparlamenten die politische Partizipation bislang verwehrt hatte.

---

102 RZ Nr. 157, 9. Juli 1917.
103 So der zur USPD übergetretene Max Heinig auf einer gemeinsamen Versammlung von MSPD und USPD. RZ Nr. 175, 30. Juli 1917.
104 Zur Vorkriegsauflage siehe Handbuch des Vereins Arbeiterpresse, S. 109; Koszyk: Arbeiterbewegung, S. 171. Zur Entwicklung der Auflage im Weltkrieg siehe die Jahresberichte in RZ Nr. 189, 16. August 1917; RZ Nr. 150, 1. Juli 1918. Die Mitgliederzahlen dagegen verharrten lange Zeit deutlich unter dem Stand vor dem Weltkrieg. Von März 1914 bis März 1917 war ein Rückgang von 15.460 auf 3.342 zu verzeichnen. Erst im Jahr 1917/18 stiegen die Zahlen dann wieder auf 6.641. RZ Nr. 122, 28. Mai 1916. Zur Entwicklung der Organisation insgesamt siehe Faust: Sozialer Burgfrieden, S. 212-217.
105 So Heinrich Gilsbach im Referat zum Stand des Pressewesens auf dem Parteitag 1918. RZ Nr. 150, 1. Juli 1918.

3 Zwischen Burgfrieden und Klassenkampf: Kommunalpolitik im Ersten Weltkrieg

Hintergrund dieser Entwicklung sind die innen- und außenpolitischen Ereignisse, die zu einer veränderten Taktik der Sozialdemokratie führten. Während des bitteren Hungerwinters 1916/17 wurde die Burgfriedenspolitik durch die Vorlage eines Gesetzes »über Familienfideikommisse, Stammgüter und Familienstiftungen« im preußischen Abgeordnetenhaus einer kaum zu akzeptierenden Belastung ausgesetzt.[106] Mit der Februarrevolution in Russland war weiterhin die Abwehr des Zarismus, eines der zentralen sozialdemokratischen Kriegsziele, erreicht. Zudem ging von den russischen Ereignissen ein demokratischer Impuls aus. Ein viel beachteter Artikel Scheidemanns, den auch die Rheinische Zeitung abdruckte, forderte mit Blick auf Russland, wo ein allgemeines, gleiches und direktes Wahlrecht eingeführt werden sollte, auch in Deutschland nicht länger damit zu warten. Dieser Vorstoß sollte zur Richtlinie für die Taktik der Partei werden.[107] In der Rheinischen Zeitung griff man diese Argumentation nur kurze Zeit später auf. Man verwies darauf, dass nach dem Sturz des Zaren nur noch das Deutsche Reich als letzter Hort der Reaktion erscheine und folgerte daraus:

> »Deutschland darf nicht als rückständigstes Staatsgebilde in der Welt dastehen, wenn es aus diesem furchtbarsten aller Kriege zu einem ehrenvollen und ehrlichen Frieden gelangen will. [...] Wir deutschen Sozialdemokraten wollen es nicht dazu kommen lassen, daß die ganze Welt einen Krieg gegen Deutschland führt in der Meinung, dies sei ein notwendiger Freiheitskrieg. [...] Und darum fordern wir die sofortige Inangriffnahme der politischen Neuordnung in Reich und Staat, ohne dabei Rücksicht auf einzelne Personen zu nehmen.«[108]

Die zögerliche Haltung der Reichsregierung zu einer Neuorientierung, unter der man in der Sozialdemokratie unter anderem wirtschafts-, finanz- und sozialpolitische Reformen, aber vor allem die Abschaffung des preußischen Dreiklassenwahlrechts verstand, wollte man nicht mehr tatenlos hinnehmen. Zwar hatte die SPD eine solche Neuorientierung nicht zur Bedingung für die Burgfriedenspolitik gemacht, aber die Hoffnung auf eine innenpolitische Wende war doch ein zentraler Bestandteil der Erwartungen, welche die Partei mit dem Krieg verband.[109]

Die veränderte Stimmungslage äußerte sich im Frühjahr 1917 auch an der Basis mit unverkennbarer Deutlichkeit. Im April 1917 kam es zur ersten großen Streikbewegung im Krieg, als in mehreren Industriestädten vor allem die Rüstungsarbeiter die

---

106 Das Gesetz war 1914 noch aus Rücksicht auf die Burgfriedenspolitik zurückgestellt worden. Die Wiedervorlage wurde auch von den Nationalliberalen und den Fortschrittlern als Provokation empfunden. Miller Burgfrieden, S. 284.
107 RZ Nr. 67, 20. März 1917. Zu den Auswirkungen vgl. Boll: Frieden ohne Revolution?, S. 29 f.; Miller: Burgfrieden, S. 283-285.
108 RZ Nr. 77, 31. März 1917.
109 Miller: Burgfrieden, S. 241-243.

Arbeit niederlegten.[110] Köln wurde davon noch nicht erfasst. Aber die angespannte Stimmung war auch bald in der Domstadt spürbar. Am 6. Juli 1917 traten laut der Rheinischen Zeitung im rechtsrheinischen Gebiet rund 10.000 Arbeiter zahlreicher Rüstungsbetriebe in den Streik. Hintergrund ihrer Aktion waren in erster Linie die schlechte Ernährungslage, aber auch Lohn- und Arbeitsfragen.[111] Wie bei den Aprilstreiks waren an der Kölner Aktion weder die Gewerkschaften noch die Mehrheitssozialdemokraten beteiligt.[112] Die Partei bemühte sich aber sofort darum, die Proteste der Arbeiter aufzugreifen. An einer für den Nachmittag anberaumten Versammlung der Streikenden nahm neben August Haas vom Metallarbeiterverband auch Sollmann teil. Er stellte in einer kurzen Ansprache den Zusammenhang zwischen der Ernährungs- und der Verfassungsfrage her. Eine genauere Bestimmung seines Standpunkts gab er auf der bereits erwähnten großen Volkskundgebung am folgenden Tag, die mehrere tausend Menschen mobilisierte. Sollmann stellte fest, die landesweiten Streiks hätten gezeigt, dass es unter diesen Umständen nicht weitergehen könne. Die Ernährungsprobleme seien eine Folge des Zurückweichens der Regierung vor »drei Götzen des Kapitalismus: vor dem Privateigentum an Produktionsmitteln, vor der so genannten persönlichen Freiheit und vor dem kapitalistischen Profitbetrieb«[113].

Nach einer ausführlichen Schilderung der bestehenden Probleme in der Versorgung, ihrer Ursachen und der Forderung nach stärkeren staatlichen Eingriffen, bot er an, dass man an der Lösung der Probleme gerne mitarbeiten wolle. Aber dafür bedürfe es der Möglichkeit der Mitbestimmung. Es gebe keinen Grund, noch länger mit der Wahlrechtsreform zu warten:

»Das Dreiklassenwahlrecht in Staat und Gemeinde, die Provinzial- und Kreisverfassungen, die verrottete Landgemeindeordnung, die gesamte preußische Junkerregierung werden ja doch den umwälzenden Sturm dieses Krieges unter keinen Umständen überleben.«[114]

Auch die Friedensfrage sei für die Ernährungslage von Bedeutung. Mit dem Frieden werde sich auch bald die Versorgung verbessern. Ein baldiger Friedensschluss sei daher zu begrüßen. Annexionistische Ziele, die auf eine unnötige Verlängerung

---

110 Ebd., S. 293 f.
111 RZ Nr. 155, 6. Juli 1917; RZ Nr. 156, 7. Juli 1917. Politische Akzente lassen sich aus den Berichten nicht erkennen. Diese waren in der Streikwelle im April unverkennbar gewesen. Vgl. Miller: Burgfrieden, S. 291 f.
112 Die Gewerkschaften hatten sogar vor einem Streik gewarnt. Allerdings kommt Faust zu dem Urteil, dass die Freien Gewerkschaften dem Ausbruch des Streiks wohl nicht ohne Sympathie gegenüberstanden. Zur Vorgeschichte und zum Verlauf des Streiks siehe Faust: Sozialer Burgfrieden, S. 112-116.
113 RZ Nr. 156, 7. Juli 1917.
114 RZ Nr. 157, 9. Juli 1917.

des Kriegs hinausliefen, könne man keinesfalls unterstützen. Im Vertrauen auf eine Wende in naher Zukunft, die er durch die Bewegung der Massen unterstützt sehe, gab Sollmann die Parole aus: »Brot – Freiheit – Frieden«[115].

Die große Resonanz – es war die bestbesuchte Veranstaltung seit der Antikriegsversammlung im Juli 1914 – ist ein deutliches Indiz für die Erregung in der Bevölkerung. Die Versammlung zeigt aber auch, dass es der SPD und den Gewerkschaften gelungen war, sich an die Spitze der Protestbewegung zu stellen. Sollmann als Vertreter der Partei und Haas für die Gewerkschaften nahmen die Anregungen auf und gossen sie in klare Forderungen an Stadtverwaltung und Regierung. Einmal mehr konnte man sich als Interessenvertreter der Bevölkerung profilieren. Diese Vorgehensweise ließ der USPD überhaupt keine Möglichkeit, sich den Streik zu Nutze zu machen. Da mit dem Streik keinerlei politische Forderungen verbunden waren und die MSPD in der Ernährungsfrage unbestritten gute Arbeit leistete, war dies, von der organisatorischen Schwäche der Unabhängigen in Köln ganz abgesehen, auch kaum möglich. Sollmann hatte aber auch, obwohl dies ja kein Streikgrund gewesen war, in geschickter Weise die Verbindung zwischen der Ernährungs- und der Wahlrechtsfrage hergestellt. Auf diese Weise demonstrierte er den Versammlungsbesuchern, dass die SPD konsequent für die Belange der Arbeiterschaft eintrat.[116]

Die von Sollmann ausgebrachte Parole war bis zum Ende des Kriegs der Leitfaden der SPD in Köln.[117] Die Ernährungsfrage, die Abschaffung des Dreiklassenwahlrechts und die Hoffnung auf einen baldigen Verständigungsfrieden bestimmten ihre Tätigkeit. Je nach innen- und außenpolitischer Lage trat einer der Aspekte stärker in den Vordergrund, zumeist wurden die jeweiligen Forderungen aber miteinander verknüpft, wie es Sollmann auf der großen Volkskundgebung getan hatte.[118]

Ein erstes Ziel dieser Politik konnte Ende des Jahres 1917 erreicht werden, als drei Sozialdemokraten in die Stadtverordnetenversammlung aufgenommen wurden, woran Sollmann entscheidend beteiligt war. Die Abkoppelung von kommunalpolitischen Entscheidungen war der SPD schon lange ein Dorn im Auge. Im Weltkrieg hatte die Frage zunächst keine Rolle gespielt, da sie im Sinne der Burgfriedenspolitik auf die Zeit nach dem Weltkrieg verschoben werden sollten. Lediglich 1915, als sich bei den anstehenden Stadtverordnetenwahlen das Zentrum und die Liberalen auf eine Ver-

---

115 RZ Nr. 157, 9. Juli 1917. Insofern ist die Feststellung von Faust zu korrigieren, die Koppelung der drei Forderungen habe die Politik der Kölner SPD erst 1918 bestimmt. Vgl. Faust. Sozialer Burgfrieden, S. 194.

116 Im Gegensatz zu den Aprilstreiks, während derer die USPD sich in einigen Städten als Fürsprecher der Streikenden profilieren konnte, gelang dies in Köln nicht, weil dort die MSPD die Szenerie völlig beherrschte. Vgl. Miller. Burgfrieden, S. 295.

117 Die in leicht abgewandelter Form immer wieder benutzte Parole »Brot – Frieden – Freiheit« stammte ursprünglich nicht von Sollmann, sondern aus den Streiks im April 1917. Vgl. Miller: Burgfrieden, S. 299.

118 Siehe hierzu Faust: Sozialer Burgfrieden, S. 186-195.

teilung der Sitze ohne Wahlkampf einigten – der Burgfrieden sah Wahlkämpfe nicht vor –, protestierte man heftig gegen diese hinterlistige Vorgehensweise, die die SPD weiterhin von der kommunalpolitischen Mitbestimmung ausschloss.[119]

Immerhin wurden 1916 Sozialdemokraten, die bis dahin in der Kommunalpolitik keine Rolle gespielt hatten, in eine Reihe städtischer Kommissionen aufgenommen.[120] Ein Jahr später wurde Sollmann selbst Mitglied der Deputation für Wohnungsfürsorge und der Lebensmittelkommission.[121] Ein kaum zu überschätzender Aspekt für die Etablierung der Kölner Sozialdemokratie in der Kommunalpolitik war der aus dieser Entwicklung resultierende regelmäßige Kontakt mit ranghohen Vertretern der Kölner Stadtverwaltung und der Kommunalpolitik. Dies waren in erster Linie Oberbürgermeister Max Wallraf und aufgrund seines Aufgabenbereichs der für die Versorgung Kölns zuständige Erste Beigeordnete Konrad Adenauer.[122] Letzterer suchte bewusst den Kontakt zu den Vertretern der Sozialdemokratie. Er brauchte die Unterstützung der Rheinischen Zeitung, um die Maßnahmen im Bereich der Lebensmittelversorgung auch den Bevölkerungsgruppen zu vermitteln, die man nicht über das übrige Pressespektrum erreichte. Vor diesem Hintergrund ist die Aufnahme von Sozialdemokraten in die städtischen Kommissionen zu sehen, die im Bereich der Ernährung tätig waren.[123] Wie sich nach Kriegsbeginn ein informeller Austausch zwischen Sozialdemokraten und Stadtverwaltung entwickelte, verdeutlicht eine von Sollmann überlieferte Begebenheit. Seit Ostern 1915 vertrat er die Redaktion der Rheinischen Zeitung auf den seit jener Zeit vom Oberbürgermeister abgehaltenen Pressekonferenzen. Im Anschluss daran hätten Wallraf und der Erste Beigeordnete Adenauer ihn gelegentlich zu einer persönlichen Aussprache über die Lebensmittelverhältnisse eingeladen.[124] Auf diese Weise konnte sich zwischen den Beteiligten ein Vertrauensverhältnis entwickeln. Man nahm sich gegenseitig jenseits parteipolitischer Gegensätze ernst und konnte einen an der Sache orientierten Austausch pflegen.[125]

---

119 Faust: Krieg, Revolution, Spaltung, S. 90.
120 RZ Nr. 32, 7. Februar 1916; VStVK 1916, S. 27, 84. Vgl. auch den Bericht von Sollmann; RZ Nr. 144, 26. Juni 1916. Sollmann zählte in seinem Vorstandsbericht auf der Generalversammlung insgesamt neun städtische Institutionen auf. Er betonte aber auch, dass man die Sozialdemokraten aus einer Reihe wichtiger Kommissionen herausgehalten habe. Die Sozialdemokratie war bis dahin völlig von der kommunalpolitischen Mitgestaltung ausgeschlossen gewesen. Vgl. Brunn: Kellerkind, S. 70.
121 VStVK 1917, S. 132; Wallraf an Sollmann vom 12. April 1917, HAStK 1120/539/II-11-28; Wallraf an Sollmann vom 4. Juni 1917, HAStK 1120/539/II-11-42. Neben Sollmann wurden auch zwei weitere Sozialdemokraten aufgenommen.
122 Wallraf amtierte seit 1907 als Oberbürgermeister. VStVK 1907, S. 264 f. Adenauer war 1909 zum Ersten Beigeordneten gewählt worden. Siehe dazu und zu seiner Tätigkeit im Rahmen der Lebensmittelversorgung der Stadt Kleinertz: Beigeordneter, S. 51-53, 61-77.
123 Ebd., S. 76.
124 Nicht datierter Bericht Sollmanns, HAStK 1120/539/II-11-54, 54 c–d.
125 Dies belegt bspw. ein Brief Wallrafs, in dem er sich nach seinem Ausscheiden als Oberbürgermeister bei der Redaktion der RZ für »so manche Unterstützung und Anregung« bedankte. Wallraf an Sollmann vom 14. August 1917, HAStK 1120/540/II-11-75.

Hier bahnte sich an, was Ende 1917 zur Aufnahme von drei Sozialdemokraten in die Stadtverordnetenversammlung führte.

Sollmann berichtet, in den Gesprächen mit Wallraf und Adenauer habe Letzterer gelegentlich die Kommunalwahl von 1917 angesprochen. Zwar habe sich der Erste Beigeordnete sehr vorsichtig ausgedrückt, aber Sollmann glaubte, Adenauers Äußerungen entnehmen zu können, dass in den bürgerlichen Parteien eine Stimmung vorhanden sei, der Sozialdemokratie bei den kommenden Wahlen möglicherweise zwei Mandate zu überlassen. Im Juli habe ihn Wallraf noch einmal zu sich gerufen, um sich mit ihm wegen der Schwierigkeiten der Kartoffelernte zu beraten. Am Schluss habe er allgemeinpolitische Fragen thematisiert, wie das preußische Wahlrecht, und habe wie Adenauer erkennen lassen, dass es Interesse daran gebe, der Sozialdemokratie zwei Sitze zu überlassen.[126] Zwar wies Sollmann den Vorwurf seiner Parteikollegen zurück, ohne Wissen des Vorstands Verhandlungen über die Aufnahme von Sozialdemokraten geführt zu haben, aber eine Mitteilung von Adenauer lässt vermuten, dass die Gespräche nicht so unverbindlich waren, wie Sollmann sie darstellte:

»Sehr gefreut hat mich die Nachricht aus Köln […], daß eine Einigung mit Ihrer Partei über die Stadtverordnetenwahl zweifellos kommen wird. Unsere vor vielen Monaten begonnene Aktion kommt damit endlich zum Ziel, ich erwarte davon manches Gute.«[127]

Adenauer scheint überzeugt gewesen zu sein, dass sich die Mitarbeit der Sozialdemokraten positiv auswirken werde. Die Einblicke in die schwierigen Lebenslagen der Arbeiterschaft, die er in seiner Tätigkeit als Dezernent für die Lebensmittelversorgung gewonnen hatte, beeinflussten seine sozialen Ansichten. Deutlich wird dies in seiner Antrittsrede als Oberbürgermeister:

»Unsere soziale Kenntnis hat der Krieg erweitert und vertieft: der Hebung aller Klassen, die einer solchen bedürfen, muß unsere soziale Arbeit gelten und sie muß sich erstrecken auf alle Gebiete menschlichen Lebens. Mit warmem Herzen und starkem Willen wollen wir die neuen Wege sozialer Erkenntnis, die ein Geschenk des Krieges ist, gehen. Unsere ganze Arbeit mit sozialem Geiste und Verständnis zu erfüllen und zu durchdringen, wird meine vornehmste und liebste Pflicht sein.«[128]

Dies war ein überraschend deutliches Bekenntnis zu einer Sozialpolitik, die vor allem der Arbeiterschaft zugutekommen musste. Zu den Erkenntnissen des Kriegs zählte für Adenauer auch, dass die Sozialdemokratie als politischer Faktor nicht mehr aus-

---

126 Nicht datierter Bericht Sollmanns. HAStK 1120/539/II-11-54, 54 c–d.
127 Adenauer an Sollmann vom 15. Juli 1917, HAStK 1120/533/I-5-1, 1 a–c.
128 VStVK 18. Oktober 1917, S. 236 f.

geschlossen werden konnte und sollte. Die Entwicklung hatte gezeigt, dass die SPD auch in der Kommunalpolitik an Einfluss gewann und durch eine im Raum stehende Wahlrechtsreform früher oder später auch in die Stadtverordnetenversammlung einziehen würde. Adenauer war klug genug, um dies frühzeitig zu erkennen und das politische Potenzial der SPD nicht zu ignorieren. Für ihn waren wohl auch taktische Gründe ausschlaggebend, die Sozialdemokratie einzubinden. Da die Sozialdemokraten Bereitschaft und Fähigkeit zur konstruktiven Mitarbeit unter Beweis gestellt hatten, erschien es ihm als ein Gebot der Stunde diese einzubeziehen. Er hatte kein Interesse daran, sich eine in der Bevölkerung populäre Opposition zu schaffen, wenn man diese zur produktiven Mitarbeit gewinnen konnte.

Sollmann wiederum hatte die Entwicklung Adenauers im Ersten Weltkrieg sehr genau verfolgt. In einem Artikel anlässlich dessen Wahl gab er seine Eindrücke wieder und entwarf zugleich ein Bild der zukünftigen Aufgaben:

> »Daß er während des Krieges die wertvolle Fähigkeit des Hinzulernens gezeigt hat, ist sicher. Der Oberbürgermeister Adenauer von 1917 ist ein anderer als der erste Beigeordnete von 1914. [...] Adenauer ist eine nüchterne, beinahe langweilige Persönlichkeit. Er ist kein Blender [...]. Im Vordergrund aller gemeindepolitischen Arbeit des nächsten Jahrzehnts werden wirtschaftliche und soziale Fragen stehen. Wahrung und Erweiterung der vielverzweigten wirtschaftlichen Interessen Kölns, Gesundung seiner Bürgerschaft durch mannigfache soziale Reformen. Fruchtbringende Arbeit wird Adenauer auf diesen Gebieten nur leisten können, wenn er sich des Vertrauens der Bürgerschaft sicher weiß, und er muß sehr wohl beachten, daß die Arbeiterklasse eine wesentlich erweiterte Beachtung ihrer Forderungen verlangen muß. [...] Eines glauben wir von Herrn Adenauer zu wissen: er hat soziales Gefühl und soziales Verständnis. Möge er beides behalten und entwickeln.«[129]

In einer Mischung aus vorsichtiger Anerkennung und Mahnung skizzierte Sollmann seine Erwartungen an das neue Stadtoberhaupt. Das nötige soziale Verständnis, um diesen Erwartungen gerecht zu werden, glaubte er bei Adenauer zu erkennen. Vor diesem Hintergrund wurden der Prozess der Annäherung nach Adenauers Amtsantritt beschleunigt und die Gespräche bald zu einem konkreten Ergebnis gebracht.[130]

---

129 RZ Nr. 219, 19. September 1917. Der Artikel ist zwar nicht namentlich gekennzeichnet, aber stammt sehr wahrscheinlich von Sollmann. Georg Beyer, Redakteur bei der RZ, schreibt einen Tag vorher an Sollmann: »Es ist uns natürlich lieber, wenn Sie über Adenauer schreiben. Sie kennen ihn besser und wissen auch, wie man ihn am geschicktesten behandelt.« Beyer an Sollmann vom 18. September 1917, HAStK 1120/540/II-11-87, 87 a.
130 Das Amt war durch Wallrafs Berufung als Unterstaatssekretär ins Reichsamt des Inneren frei geworden. Kleinertz: Beigeordneter, S. 77. Die Wahl fand am 18. September 1917 statt, VStVK 1917, S. 210. Zu den Auseinandersetzungen über die Wahl Adenauers siehe Wegener: Wahl, S. 84-95. Sollmann stand der Kandidatur Adenauers wahrscheinlich wohlwollend gegenüber, weil dieser

Lange Zeit hatte man die Verhandlungen im Verborgenen geführt. Erst auf einer Versammlung am 7. Oktober informierte man die Mitglieder darüber, welche die Absprache billigten und dem Vorstand die Zustimmung zu den Verhandlungen erteilten, über deren Ergebnis eine Parteiversammlung abstimmen sollte.[131] Am 28. Oktober begründete Sollmann auf dieser Hauptversammlung die Absprachen vor den Mitgliedern. Dies war insofern wichtig, als die Annäherung zwischen Zentrum und SPD nicht unproblematisch war, weil auf beiden Seiten noch erhebliche Vorbehalte bestanden. Zu sehr hatte sich in den zurückliegenden Wahlkämpfen der Antagonismus zwischen den beiden Parteien verfestigt. Es war aufseiten der SPD in erster Linie Sollmann zu verdanken, dass diese Hindernisse überwunden wurden. Für ihn war durch die Mitarbeit der Sozialdemokratie in den städtischen Kommissionen die Frage, ob man an der Gestaltung der Kommunalpolitik teilhaben oder nur von außen Kritik üben wolle, längst entschieden. Die gewaltigen Aufgaben, vor denen die Kommunalpolitik stehe, könne keine Klasse oder Partei alleine lösen. Jetzt zähle nur die praktische Mitarbeit im Sinne des Sozialismus. Das Abkommen sei kein Geschenk der regierenden Parteien, sondern Ausdruck der Anerkennung der von den Sozialdemokraten geleisteten Arbeit und hebe die Benachteiligung durch das Dreiklassenwahlrecht zumindest teilweise auf. Anschließend stellte Runge das Ergebnis der Verhandlungen vor. Das Zentrum verzichtete auf zwei Mandate in der dritten, die Liberalen auf eines in der zweiten Wählerklasse. Als Kandidaten hatte eine Funktionärsversammlung am 26. Oktober Sollmann, Haas und Erkes gewählt. Trotz einiger Kritik – sowohl die unklaren Absichten des Zentrums als auch die geringe Zahl an Mandaten wurden angeführt – wurde dem Abkommen zugestimmt.[132]

Ein Wahlkampf war unter diesen Umständen nicht nötig. Die Wahlen am 12. November brachten ein überraschendes Ergebnis, weil Sollmann und Erkes in der dritten Wählerklasse mehr Stimmen erhielten als die Zentrumskandidaten[133]: ein nicht erwarteter Triumph für die Sozialdemokratie und eine Bestätigung für Sollmanns Linie,

---

aufseiten des Zentrums die treibende Kraft für die Aufnahme von Sozialdemokraten in die Stadtverordnetenversammlung war. Die positive Einstellung aufseiten der SPD gegenüber Adenauer belegt auch eine Mitteilung des Stadtverordneten Schreiber, der Adenauer darüber informierte, dass Georg Beyer, Redakteur der RZ, sich für ihn einsetzen wolle. Schreiber an Adenauer vom 9. August 1917, StBKAH 295, 2 a.

131 RZ Nr. 235, 8. Oktober 1917.
132 RZ Nr. 253, 29. Oktober 1917.
133 RZ Nr. 265, 13. November 1917. In der dritten Wählerklasse kandidierten für acht Sitze sechs Zentrumskandidaten und Sollmann sowie Erkes. Da nach der Rheinischen Städteordnung im ersten Wahlgang die absolute Mehrheit benötigt wurde, war zu erwarten gewesen, dass die Sozialdemokraten im ersten Wahlgang unterliegen und erst in einem zweiten Wahlgang gewählt würden. Bei der Wahl in der zweiten Abteilung musste Haas allerdings in den zweiten Wahlgang und wurde am 12. Dezember in den Rat gewählt. RZ Nr. 290, 13. Dezember 1917.

die Möglichkeit der Annäherung an die bürgerlichen Parteien zu nutzen und die Zusammenarbeit zu suchen.[134]

In den Kommissionen wirkte sich die Beteiligung der Sozialdemokraten positiv aus. Dort hatten sich die Sozialdemokraten, wie Sollmann es ausdrückte, an »Fleiß, Eifer und Uneigennützigkeit von niemandem übertreffen lassen«[135]. Dies musste sich in der Stadtverordnetenversammlung, die anders als die Kommissionen ein öffentliches Forum für politische Debatten war, noch erweisen. Sollmann hatte die Mitgliedschaft der Sozialdemokraten in der Stadtverordnetenversammlung angestrebt, weil man positiv an der Kommunalpolitik mitarbeiten wollte[136], und davon war das Verhalten der drei sozialdemokratischen Stadtverordneten getragen. Die Sitzungen der Stadtverordnetenversammlung im Ersten Weltkrieg waren weniger durch parteipolitisch aufgeheizte Kontroversen als durch sachliche Debatten gekennzeichnet. Zwar wusste Sollmann diese politische Bühne durchaus für spektakuläre Auftritte und Forderungen zu benutzen. Gleich am Tag der Einführung der neuen Stadtverordneten stellte er den Antrag auf Änderung des Gemeindewahlrechts.[137] Er fuhr eine Doppelstrategie, die sich zwischen Grundsatzforderungen wie der Demokratisierung des Wahlrechts, worauf man in der Stadtverordnetenversammlung keinen Einfluss hatte, und der Mitarbeit in praktischen kommunalpolitischen Fragen bewegte. So konnte man sich einerseits als Vertreter der Rechte der Arbeiterschaft beweisen, andererseits durch die Zusammenarbeit auch darauf verweisen, sich für das Wohl der Stadt einzusetzen. Das Bemühen sich als kompetente, an sachlicher Arbeit orientierte Mitglieder der Stadtverordnetenversammlung zu profilieren, ist unverkennbar. Charakteristisch dafür sind Sollmanns Anmerkungen zum Haushaltsplan für das Jahr 1918:

---

134 Wie sehr das Abkommen auch von Außenstehenden mit Sollmann verknüpft wurde, zeigt ein Artikel in der Leipziger Volkszeitung, einem USPD-Blatt, das bezüglich der Vorgänge in Köln von den »Sollmännern« spricht, die sich »von Zentrumsgnaden in die weichen Stadtratssessel setzen möchten«. LVZ Nr. 262, 9 November 1917.
135 So Sollmann auf einer Wahlversammlung im Vorfeld der Kommunalwahl am 4. November. RZ Nr. 258, 5. November 1917.
136 In seiner Begründung der Absprache stand dieser Aspekt eindeutig im Vordergrund. Vgl. RZ Nr. 253, 29. Oktober 1917.
137 VStVK 24. Januar 1918, S. 36-38. Auch manch provokante Äußerung Sollmanns ist in den Protokollen überliefert. Er zitierte Marx und bediente sich der Klassenkampfrhetorik. Vgl. VStVK 6. März 1918, S. 72; 26. März 1918, S. 106. Bernhard Falk berichtet in seinen Erinnerungen: »Unter den neuen Stadtverordneten befanden sich zwei sehr tüchtige Männer, von denen einer, der Redakteur Sollmann, sich einen Namen weit über Kölns Mauern hinaus gemacht hat. Die Zusammenarbeit mit ihnen gestaltete sich durchaus zufriedenstellend. Zwar hielten sie im Plenum lange, übrigens gut vorbereitete Reden, die weniger der praktischen Arbeit als der Verherrlichung ihres Parteiprogramms dienten. [...] Aber sie brachten regen Arbeitseifer, manche Kenntnisse und Erfahrungen mit und lebten sich schnell in ihre neue Aufgabe ein. Ihre Mitarbeit in den Ausschüssen erwies sich als fruchtbar. Sie vermochten auch wertvolle Anregungen zu geben, die ihrer Lebenssphäre entstammten.« Stalmann (Bearb.): Bernhard Falk, S. 256.

»Da uns aber nichts an Protestreden, desto mehr aber an sachlicher Arbeit zum Nutzen der Arbeiterklassen gelegen ist, werden wir uns an den Beratungen eifrig beteiligen.«[138]

Kritikern dieser Haltung gab er zu bedenken, dass das Verhältnis im Rathaus 57 zu drei betrage und es nicht ihre Aufgabe sei, »gepfefferte Reden zu halten«, sondern »etwas für die Allgemeinheit zu erreichen«. Dies sei aber nicht ohne die Bereitschaft zur Zusammenarbeit möglich.[139]

Tatsächlich waren die drei Sozialdemokraten an Eifer kaum zu übertreffen. Gleich, welche Entscheidungen anstanden, die SPD-Vertreter beteiligten sich intensiv an den Beratungen. Wie es auch schon die Rheinische Zeitung in ihrer Berichterstattung praktiziert hatte, gab es kein Gebiet, zu dem man nicht Stellung bezog. Bis ins kleinste Detail gehende Wortbeiträge zeugen von intensiver Vorbereitung der Sitzungen. Da die Partei nur über drei Stadtverordnete verfügte, blieb wenig Spielraum für eine Aufteilung der vielfältigen Themengebiete. Sollmann widmete sich vor allem den grundsätzlichen politischen Fragen, wie etwa der Wahlreform, dem Haushalt und Ernährungsfragen. Auch an den Debatten über den Wohnungsbau und das Schulwesen beteiligte er sich. Zusätzlich wurden die Sozialdemokraten in eine Reihe von Ausschüssen gewählt.[140]

Über mangelnden Einsatz von der sozialdemokratischen Seite konnten sich die bürgerlichen Parteien daher nicht beklagen. Wenn Sollmann vorher geäußert hatte, an Fleiß und Eifer übertreffe die Sozialdemokraten niemand, so galt dies auch für ihre Tätigkeit in der Stadtverordnetenversammlung. Sie waren vor allem auf konstruktive Mitarbeit bedacht. Zwar bemühten sie sich, die Entscheidungen im eigenen Sinne zu beeinflussen, betrieben auch manche Kritik an den Beschlussvorlagen und Entwürfen, aber nur in den seltensten Fällen und auch nur in Fragen von untergeordneter Bedeutung stimmten die Sozialdemokraten gegen die Vorlage.[141] In den wichtigen Punkten zeigte man sich kompromissbereit. Selbst in der für das Zentrum und die Sozialdemokratie äußerst heiklen Frage der Schulpolitik gelang es, sich zu einigen. Beharrte die Zentrumspartei auf der konfessionellen Volksschule, so forderte die SPD eine weltliche Einheitsschule ohne religiöse Erziehung. Die Begründung für die schließlich von den Sozialdemokraten angenommene Vorlage, die unter einigen Modifizierungen des Schulwesens die Konfessionsschule beibehielt, ist charakteristisch für die Politik der SPD in der Stadtverordnetenversammlung. Zwar entspreche der Beschluss in vielen Punkten noch nicht den eigenen Vorstellungen, aber unter den Rahmenbedingungen

---

138 VStVK 26. März 1918, S. 103.
139 RZ Nr. 156, 8. Juli 1918.
140 Sollmann wurde etwa gleich in der ersten Sitzung Mitglied des Verfassungsausschusses. VStVK 24. Januar 1918, S. 41.
141 So stimmte man gegen die Einrichtung eines Instituts des Landwirtschaftlichen Vereins Rheinpreußen für Tierhaltung und -ernährung. VStVK 9. April 1918, S. 126.

wären weitergehende Beschlüsse nicht möglich gewesen, weshalb man diesem »als einem Anfang zu weiteren und tiefgreifenden Reformen«[142] zustimme. Diese Einstellung war grundlegend für die sozialdemokratische Politik. Man gab sich nicht der naiven Hoffnung hin, auf einen Schlag die Kommunalpolitik reformieren zu können, sondern wollte durch gestaltende Mitarbeit sukzessive den Umbau einleiten. Dies konnte aber nur Aussicht auf Erfolg haben, wenn die Kompromissbereitschaft nicht einseitig war. Diesbezüglich hatte Sollmann seine Hoffnungen auf den neuen Oberbürgermeister gesetzt und der enttäuschte diese nicht. Adenauer zeigte sich, ohne den sozialdemokratischen Vorschlägen und den manchmal kämpferischen Redebeiträgen immer das volle Verständnis entgegenbringen zu können, ihren Interessen gegenüber grundsätzlich aufgeschlossen. Es ist nicht zuletzt auf ihn zurückzuführen, dass man sich in vielen Punkten einigen konnte. Aber auch mit den anderen Fraktionen war eine Verständigung durchaus möglich. Anlässlich einer von den Sozialdemokraten initiierten Erklärung zur Ernährungslage der Stadt konnte Sollmann erfreut feststellen:

> »Wir Sozialdemokraten waren bei dem Einreichen unserer Anträge von der Absicht geleitet, eine einheitliche Kundgebung der städtischen Körperschaften herbeizuführen. Das ist uns gelungen. Die vorliegenden gemeinsamen Anträge enthalten mit einer leichten Abschwächung unsre sämtlichen Forderungen und Anregungen. Daneben haben beide andern Fraktionen bemerkenswerte und auch von uns begrüßte Ergänzungen beigetragen. Mit Genugtuung stellen wir fest, daß sich das Kollegium durch die Annahme dieser Anträge bei aller notwendigen Kritik zu der öffentlichen Bewirtschaftung der notwendigsten Lebensmittel bekennen wird.«[143]

Der Schlüssel für die konstruktive Zusammenarbeit in der Stadtverordnetenversammlung lag aber im Verhältnis von Sollmann und Adenauer.[144] Die Erfahrungen, die Adenauer bewogen hatten, die Aufnahme von Sozialdemokraten in die Wege zu leiten, wurden vollauf bestätigt. Obwohl Adenauer in dieser Hinsicht sicher auch taktische Überlegungen geleitet hatten, gab es wichtige grundsätzliche Übereinstimmungen in der Beurteilung der kommunalpolitischen Aufgaben mit dem Führer der SPD-Fraktion. Dies betraf etwa die Beurteilung der Ernährungslage. Als Erster Beigeordneter war Adenauer für die Versorgung zuständig gewesen und kannte sehr genau die Zustände, die Sollmann immer wieder anprangerte. Hinsichtlich der Beurteilung der Situation stimmten sie in erstaunlichem Maße überein. Sollmann führte in einer Sitzung der Stadtverordneten aus:

---

142 So die Begründung von Runge. VStVK 25. Juli 1918, S. 291.
143 VStVK 19. September 1918, S. 339. Die Erklärung war auch auf Vermittlung Adenauers zustande gekommen, was Falk in seinem Redebeitrag betonte und auch von Sollmann ausdrücklich bejaht wurde. Ebd., S. 342.
144 Dies sieht auch Faust: Sozialer Burgfrieden, S. 211, als entscheidend an.

3 Zwischen Burgfrieden und Klassenkampf: Kommunalpolitik im Ersten Weltkrieg

»Wer von den uns Städtern zugewiesenen Rationen leben will, begeht Selbstmord. Die ungenügende Lebensmittelzuteilung zwingt jeden ohne Ausnahme auf Schleichwege [...]. Die Behauptung, daß die Ernährung besser geworden sei, lehnen wir ab. Alles in allem hat sie sich verschlechtert. [...] Die Leute arbeiten, bis sie zusammenbrechen, weil der Wucher sie dazu zwingt. [...] Diese Leute habe längst die Grenze ihrer normalen Leistungsfähigkeit überschritten. Ihre Stimmung entspricht ihrer körperlichen Verfassung.«[145]

Adenauer bemerkte in der gleichen Sitzung:

»Niemand, der Selbstversorger ist, kann mit den Nahrungsmitteln, die ihm behördlich zugewiesen werden, auskommen und dabei die Arbeit leisten, die das Vaterland von ihnen verlangt. Notgedrungen greift derjenige, der nicht auskommt, zu den Notversorgungsfahrten oder zum Schleichhandel. Ein solches System muß unbedingt zum Niedergang führen. Es untergräbt das Rechtsgefühl in bedenklichster Weise, es powert die städtische Bevölkerung unerträglich aus und es erregt eine gefährliche Erbitterung und Empörung; [...]. Die Sache ist soweit gediehen, daß man mit Recht sagen kann: es muß umgekehrt werden, es kann so nicht weitergehen.«[146]

Hier besteht inhaltlich kein Unterschied zwischen dem Sozialdemokraten und dem Oberbürgermeister aus der Zentrumspartei. Abgesehen von dieser Sachfrage verband sie aber auch die Einschätzung der Gesamtsituation. Adenauer stellte diesbezüglich fest, die wirtschaftlichen, politischen und sozialen Verhältnisse würden sich nach dem Kriege deutlich wandeln. Für Sollmann war dies völlig unzweifelhaft. Bereits 1917 hatte er ausgeführt, dass bei Erringung des demokratischen Wahlrechts die Sozialdemokratie eine wesentlich andere Taktik verfolgen müsse als vor dem Krieg. Man werde dann in allen öffentlichen Körperschaften zur Mitarbeit berufen sein. Beide lagen mit ihren Aussagen richtig. In politischer Hinsicht bestand darin die Grundlage für die Kooperation zwischen Adenauer und Sollmann, woraus besonders in den ersten Jahren der Weimarer Republik eine erstaunlich enge Zusammenarbeit erwuchs.[147]

Diese Entwicklungen belegen, in welchem Maße es der Kölner Sozialdemokratie im Laufe des Kriegs gelungen war, ihre soziale und politische Isolation aufzubrechen. Vor dem Ersten Weltkrieg spielte die Partei in der Kommunalpolitik überhaupt keine Rolle. Zwar hatte man sich organisatorisch konsolidiert und auch im Aufbau eines Vereinswesens Fortschritte erzielt, aber grundsätzlich war doch die Erfahrung der Ausgrenzung dominierend. Die sozialistische Arbeiterbewegung hatte in Köln nur

---

145 VStVK 19. September 1918, S. 340, 342.
146 Ebd., S. 346.
147 Siehe dazu Kapitel IV.5.

begrenzten Rückhalt in der Bevölkerung – lediglich in wenigen Stadtvierteln konnte man von der Ausbildung eines sozialdemokratischen Milieus sprechen – und war politisch und gesellschaftlich isoliert. Gerade Sollmann hatte als Führer der sozialistischen Jugendbewegung die Erfahrung staatlicher Unterdrückung und systematischer Benachteiligung gemacht.

Innerhalb von nur vier Jahren hatten sich diese Verhältnisse entscheidend geändert, woran Wilhelm Sollmann einen nicht unerheblichen Anteil hatte. Was waren die Gründe für diese Entwicklung? Die richtungsweisende Grundsatzentscheidung war das Einschwenken auf die Burgfriedenspolitik. Diese unterstützte auch Sollmann von Beginn an. Zunächst hatte er dies damit begründet, dass sich die Sozialdemokratie in dieser Ausnahmesituation des Sommers 1914 nicht der Verantwortung entziehen dürfe, wenn man sich nicht ins politische Abseits stellen wolle. Bald traten dann weitere Motive hinzu, die für die Kölner Sozialdemokratie insgesamt charakteristisch waren. Bereits Ende 1915 glaubte Sollmann bei allen Parteien die Einsicht feststellen zu können, dass nach Kriegsende »nicht etwa der reichgewordene Lebensmittelwucherer in der ersten Klasse und die zurückkehrenden heldenhaften Vaterlandsverteidiger in der dritten Klasse wählen dürfen«[148].

Hier klingt an, worin die Erwartungen Sollmanns und der meisten Mitglieder der Kölner SPD im Ersten Weltkrieg bestanden. Man wollte Anerkennung des eigenen Einsatzes für das Vaterland und politische und gesellschaftliche Gleichberechtigung. Den häufig vorgebrachten Vorwurf der Vaterlandslosigkeit fand man im zunehmenden Maße ungerecht, schließlich brachte man sich überall tatkräftig ein, wo man zur Mitarbeit berufen wurde, um »dem Wohle unsrer großen zukunftsreichen Stadt Köln zu dienen«[149]. Nachdem erstmals Sozialdemokraten in städtische Kommissionen aufgenommen worden waren, verkündete Sollmann stolz:

> »Daß in leitenden Kreisen der Stadtverwaltung während des Krieges wesentlich andere Anschauungen über den Wert sozialdemokratischer Mitarbeit sich angebahnt haben, darf wohl gesagt werden. Auch der Rat sozialdemokratischer Bürger, die freilich keine gesetzlichen Mandate besitzen, wird jetzt im Rathause gehört und beachtet.«[150]

Den Wert ihrer Mitarbeit unter Beweis zu stellen und dadurch als politische Kraft ernst genommen und als gleichberechtigter Partner anerkannt zu werden, war das eigentliche Ziel der Kölner Sozialdemokratie. Darauf lief auch Sollmanns Strategie hinaus und der Erfolg dieser Politik war unübersehbar.[151] Man saß in zahlreichen

---

148 RZ Nr. 272, 22. November 1915.
149 So Sollmann auf einer Mitgliederversammlung. RZ Nr. 258, 5. November 1917
150 RZ Nr. 144, 26. Juni 1916.
151 Siehe zum Folgenden Faust: Sozialer Burgfrieden, S. 219-226.

städtischen Kommissionen an einem Tisch mit den Bürgerlichen, mit denen sich die Zusammenarbeit zumeist als sehr fruchtbar erwies.[152] In der Stadtverordnetenversammlung hatte man Sitz und Stimme und konnte in wichtigen Punkten auf die Zusammenarbeit mit dem Oberbürgermeister bauen. Das Vereinswesen führte nicht länger ein Außenseiterdasein, sondern wurde des Öfteren in das städtische Kulturangebot integriert. Speziell für Sollmann muss es eine besondere Genugtuung gewesen sein, als er im Sommer 1917 vom Regierungspräsidenten die Nachricht bekam, dass der Antrag der Kölner Arbeiterjugend auf einen Zuschuss zum Erhalt und Ausbau der Jugendheime bewilligt worden war.[153] Sogar der Gürzenich wurde der sozialistischen Jugend für eine Versammlung geöffnet und endlich schien man das erreicht zu haben, was man immer wollte:

»Und doch Gleichberechtigung in Köln.«[154]

In welchem Maße es vor allem Sollmann gelungen war, sich als politische und gesellschaftliche Kraft zu etablieren, zeigt auch seine Verbindung zu einem hochrangigen Vertreter der Kölner Wirtschaft. Mit Paul Silverberg, Vorstandsvorsitzender der RAG und einer der einflussreichsten Kölner Unternehmer, stand er im persönlichen Meinungsaustausch.[155]

Die Arbeiterbewegung war zweifellos auf dem Wege, sich in die Kölner Gesellschaft zu integrieren. Dies ging nicht ohne Rückschläge, Reibereien und Widerstände

---

152 Anschaulich schildert etwa Marie Juchacz, wie überrascht und angetan sie von der freundlichen Aufnahme in der Nationalen Frauengemeinschaft war. Juchacz: Leben und Werk, S. 77.
153 Sollmann hatte den Antrag selbst gestellt. Vgl. Sollmann an den Kölner Regierungspräsidenten vom 1. Mai 1917, HAStK 1120/593/II-11-35; der Kölner Regierungspräsident an Sollmann vom 9. Juli 1917, HAStK 1120/540/II-11-69a; RZ Nr. 171, 25. Juli 1917. Auch wenn er sich aus der aktiven Leitung zurückzog, blieb er der Jugendbewegung doch eng verbunden, was sich u. a. in einer Reihe von Artikeln niederschlug, in denen er sich mit der Bewegung auseinandersetzte. Vgl. Sollmann: Für künftige Tage, in: Arbeiter-Jugend 18 (1915), S. 142; ders.: Moselfahrten, in: Arbeiter-Jugend 19 (1917), S. 148-150; ders.: Der Schatz im Schrank, in: Arbeiter-Jugend 23 (1917), S. 176; ders.: Was die Jugend braucht, in: Arbeiter-Jugend 23 (1917), S. 177 f.; ders.: Die »Arbeiter-Jugend« zu hoch?, in: Arbeiter-Jugend 23 (1917), S. 183; ders.: Ein Wintertag im Siebengebirge, in: Arbeiter-Jugend 3/4 (1918), S. 20 f., ders.: Jugendverfehlung und Jugendgericht, in: Arbeiter-Jugend 11 (1918), S. 81 f.; ders.: In die Gewerkschaft, in: Arbeiter-Jugend 14 (1918), S. 105 f.; ders.: Auf dem Staffelberg, in: Arbeiter-Jugend 16 (1918), S. 124 f.; ders.: Jugendgenosse Allwissend, in: Arbeiter-Jugend 17 (1918), S. 130 f.; ders.: Vom Exerzierplatz zum Landheim, in: Die Glocke 27, 6. Oktober 1917, S. 27-32; ders.: Um die Jugend, in: Die Glocke 35, 1. Dezember 1917, S. 348-351.
154 RZ Nr. 191, 17. August 1918.
155 Sollmann schickte Silverberg bspw. Zeitungsartikel zu oder berichtete ihm über den Würzburger Parteitag, was dieser jeweils mit Kommentaren beantwortete. Vgl. Silverberg an Sollmann vom 1. September, 15. Oktober und 21. Dezember 1917, HAStK 1120/540/II-11-83; 1120/540/II-11-127; 1120/540/II-11-113, 113 a. Zur Bedeutung Silverbergs siehe Gehlen: Silverberg.

vonstatten[156], aber die Fortschritte waren offensichtlich. Aber dies konnte für Sollmann und seine Genossen nur ein Zwischenschritt sein, denn für die volle Gleichberechtigung fehlte zumindest noch die Abschaffung des Dreiklassenwahlrechts. Die Sozialdemokraten hielten daher weiter an ihrer scharfen Kritik an den innenpolitischen Verhältnissen fest und blieben Oppositionspartei. Gerade an Sollmann wird diese eigentümliche Rolle zwischen Bereitschaft zur Zusammenarbeit in praktischen Fragen auf der einen und unverhohlener Kritik auf der anderen Seite deutlich. Genau diese Doppelrolle von Integration und Opposition war es, die der Kölner Sozialdemokratie die Zustimmung der Arbeiterschaft einbrachte, was sich nicht nur an der Bedeutungslosigkeit der USPD, sondern auch an den seit 1917 wieder eindeutig ansteigenden Abonnenten- und Mitgliederzahlen zeigte, und dies war wiederum Voraussetzung dafür, dass es Sollmann und seinen Mitstreitern gelang, in den Revolutionstagen den Lauf der Ereignisse in Köln in einer Art und Weise zu bestimmen, die der Kölner Revolution ihren Stempel aufdrückten.

4 Profilierung als »Reformer«

In Köln hatte sich Sollmann im Laufe des Weltkriegs als Führungsfigur der Sozialdemokraten etabliert. Aber auch in der Gesamtpartei war er auf dem Wege, sich einen Namen zu machen und dies vor allem als Vertreter des Reformflügels. Welche Ideen ihn dabei leiteten, zeigte sich auf dem Parteitag 1917 in Würzburg, dem ersten seit 1913. Sollmann war auf der Jahreshauptversammlung der Kölner SPD einstimmig zum Delegierten gewählt worden und hatte auch das Referat zum anstehenden Parteitag gehalten. Er ging davon aus, dass dort die Fragen nach Frieden und Demokratisierung sowie die kommenden Aufgaben im Vordergrund stehen würden. Aber auch mit dem Verhältnis zur USPD müsse man sich auseinandersetzen. An eine Wiedervereinigung während des Kriegs glaube er zwar nicht, es solle aber die Möglichkeit zur sachlichen Auseinandersetzung erhalten bleiben.[157] Zur Frage der Wiedervereinigung wurde von den beiden Kölner Wahlkreisorganisationen ein Antrag zur Überwindung der Parteispaltung gestellt.[158]

Der Parteitag brachte zunächst für die Parteileitung ein deutliches Vertrauensvotum für ihre Politik. Die Entschließung, die von der Reichstagsfraktion vertretene Politik zu billigen und sie darauf zu verpflichten, auch zukünftig ihre Stellungnahme zur Bewilligung der Kriegskredite davon abhängig zu machen, ob dies hinsichtlich

---

156 Vgl. bspw. RZ Nr. 122, 28. Mai 1918.
157 RZ Nr. 171, 25. Juli 1917. Die einstimmige Wahl Sollmanns kann als Zeichen seiner Führungsrolle in der Kölner SPD gewertet werden. Meerfeld, potenziell auch ein Kandidat für die Wahl als Delegierter, war durch seine Eigenschaft als Reichstagsabgeordneter auf dem Parteitag vertreten. Vgl. Protokoll des Parteitags, S. 482.
158 Protokoll des Parteitages, S. 209.

der Landesverteidigung geboten ist, fand eine überwältigende Mehrheit, der auch Sollmann angehörte, der die von der Fraktion betriebene Kriegspolitik stets voll unterstützt hatte.[159]

Hinsichtlich der Frage der Wiedervereinigung gab es auf dem Parteitag keine neuen Ergebnisse. Sollmann begründete in einer ausführlichen Stellungnahme den Kölner Antrag. Eine Einigung auf einer mittleren Ebene hielt er für möglich. Er gab besonders zu bedenken, dass an der Basis eine andere Stimmung herrsche, dort seien die Gegensätze bei Weitem nicht so tief wie an der Parteispitze:

»Die Leute, die in der Werkstatt nebeneinander stehen, empfinden nicht diesen persönlichen Hass und kümmern sich auch gar nicht soviel um den Parteistreit wie die Genossen, die die Zeitungen und Zeitschriften mit diesen Geschichten vollschreiben.«[160]

Er empfahl deshalb, »die Psychologie der Masse« zu studieren. In Köln habe man sich besonders darum bemüht, die Gegensätze auszugleichen und man werde alles dafür tun, um dem Proletariat im nächsten Wahlkampf eine gespaltene Arbeiterbewegung zu ersparen.[161]

Das Argument, die Stimmung an der Basis genauer zu erfassen, ist auch Kern seiner anschließenden kritischen Analyse des sozialdemokratischen Pressewesens. Anknüpfend an seine Ausführungen auf dem Jenaer Parteitag begründete er die Probleme des Pressewesens nicht mit den Rahmenbedingungen, sondern sah den Hauptgrund in der Unfähigkeit, die Zeitungen angemessen zu redigieren, worin die bürgerliche Presse einen großen Vorsprung besitze:

»Auf Grund der Kriegserfahrungen wiederhole ich, der Grund liegt darin, daß unsere Presse den praktischen Bedürfnissen und der Aufnahmefähigkeit ihrer Leser selbst viel zu wenig Rechnung trägt. [...] Das politische Interesse und die poli-

---

159 Ebd., S. 217 f., 399 f.
160 Ebd., S. 261. Bereits im Vorfeld des Parteitags hatte Sollmann mit den gleichen Argumenten den Kölner Antrag gegen Angriffe verteidigt. Sollmann: Gegen die Unversöhnlichen, in: Die Glocke 25/2 (1917), S. 979-983.
161 In Köln war es gelungen, durch die Berücksichtigung der Stimmung in der Arbeiterschaft und eine vermittelnde Position die Spaltung der Partei auf ein geringes Maß zu reduzieren. Allerdings war diese Politik wegen der erwähnten spezifischen Bedingungen in Köln leichter zu verwirklichen. Sollmann bemühte sich auch um eine Annäherung an die USPD, indem er gemeinsame Versammlungen anregte. Der Hinweis auf die »Psychologie der Massen« ist ein Aspekt, den Sollmann im Laufe seiner politischen Tätigkeit immer wieder aufgriff. Die Ansicht, dass die Basis die Spaltung anders interpretiere als die Parteiführung, wurde auch von einer Reihe anderer Parteitagsdelegierter erhoben, darunter Adolf Braun, der zu den entschiedensten Verfechtern der Einigung gehörte; Protokoll des Parteitags, S. 256-259. Vgl. zu diesem Aspekt auch Miller: Burgfrieden, S. 337.

tische Aufnahmefähigkeit der Massen wird von unserer Presse wesentlich überschätzt und andere Dinge unterschätzt. Wenn wir hunderttausend Leser verloren haben, so liegt auch ein wesentlicher Grund darin, daß wir allzulange große Spalten unserer Parteipresse mit dem verdammten Parteistreit gefüllt haben. [...] Das ist eine große Verkennung der Psychologie der Massen. Die Massenpsychologie müßte überhaupt von unserer Parteipresse mehr gepflegt werden. [...] Die Zeitungen müssen lokal abgetönt, müssen bodenständig sein. Unsere Presse muß vielmehr auf die örtlichen, auf die kommunalpolitischen Eigenschaften Rücksicht nehmen.«[162]

Sollmann schloss seine Ausführungen mit dem Hinweis, der Ausbau der Presse sei eine der wichtigsten Aufgaben der Partei für die Zukunft.

Am dritten Verhandlungstag begründete er einen weiteren Kölner Antrag, der, wie Sollmann bemerkte, erstmals in der Geschichte der Partei fordere, dass die Parteiorgane sich stärker mit der Lage der Staats- und Gemeindebeamten auseinandersetzen sollten.[163] Er verwies auf Kautsky, der in seinem »Erfurter Programm« geschrieben hatte, die SPD habe die Tendenz, sich zu einer Volkspartei zu entwickeln, die nicht nur die Industriearbeiterschaft, sondern alle arbeitenden und ausgebeuteten Schichten vertritt. Dieser Auffassung gemäß habe man weitere Bevölkerungskreise zu werben versucht. Den Beamten sei bisher aber eine Tätigkeit in der Sozialdemokratie unmöglich gewesen. Die Hindernisse dafür fielen aber zusehends weg. Nach dem Krieg werde die Bedeutung der Beamtenschaft noch zunehmen. Es gebe Bestrebungen die Beamtenschaft, deren Gehaltsbezüge weit hinter den Bedürfnissen zurückgeblieben seien, zusammenzufassen, um ihren Forderungen mehr Nachdruck zu verleihen. Diesen Bestrebungen müsse die Partei wachsam gegenüberstehen.[164]

Hinsichtlich der politischen Taktik sind Sollmanns Kommentare zu den Ausführungen von August Winnig bemerkenswert.[165] Er glaubte zwar, Winnig überschätze

---

[162] Protokoll des Parteitags 1917, S. 262. Diese Analyse fand auf dem Parteitag Zustimmung. Insbesondere Paul Löbe forderte, den von Sollmann genannten Aspekten die »volle Aufmerksamkeit« zu schenken; Protokoll des Parteitags, S. 270. Vgl. auch die Beiträge von Juchacz und Kolb; S. 265 f., 281.

[163] Der Antrag entsprang wohl einer Initiative Sollmanns: »Auf meinen Antrag hin hat der hiesige S. V. an den Parteitag den Antrag gestellt, dass die Partei sich mehr mit den Beamtenfragen beschäftigen möge.« Sollmann an Haenisch vom 4. September 1917, BA-B, Nl. 2104/368, Bl. 7.

[164] Protokoll des Parteitags, S. 212, 371 f. Der Antrag wurde angenommen. Ebd. S. 400. Siehe dazu und zum Verhältnis der SPD zum öffentlichen Dienst Sühl: SPD und öffentlicher Dienst, S. 47 f.

[165] Winnig war der Ansicht, dass eine Mehrheitsbildung im Reichstag für die Sozialdemokratie möglich war und leitete daraus die Forderung ab, die Arbeit ganz auf die Erringung einer Parlamentsmehrheit zu konzentrieren: »Es war unser geschichtlicher Irrtum, daß wir vor dem Kriege glaubten, eine Zeit ruhiger, organisatorischer Arbeit und aufsteigender wirtschaftlicher Konjunktur, in der sich die unteren Klassen durch zähe organisatorische Arbeit emporkämpften, mit einer revolutionären Ideologie etwas erreichen zu können.« Protokoll des Parteitags 1917, S. 368.

die Bereitschaft der bürgerlichen Parteien zu einer Zusammenarbeit, sah dies aber als zukünftige Option an.[166]

Der Würzburger Parteitag konzentrierte sich auf Sachfragen. Kontroverse Debatten fanden nicht statt. Die vier Referate zu den Zukunftsaufgaben der Sozialdemokratie waren die ersten offiziellen Äußerungen der Partei zu der Frage, auf welchen Vorstellungen ihre Politik in der Nachkriegszeit basieren sollte. In der Tendenz liefen diese darauf hinaus, dass man im Grunde dazu bereit war, sich von der Rolle der Oppositionspartei zu verabschieden und die Verantwortung im Parlament anzustreben, ohne sich freilich von den ideologischen Wurzeln und gewachsenen Traditionen verabschieden zu wollen.[167]

Sollmanns Beiträge liefen in der Sache auf eine Unterstützung dieser Tendenz hinaus. Was seine Anmerkungen zum Stand der Organisation betraf, zeigt sich eine große Kontinuität zu seinen Ausführungen auf dem Jenaer Parteitag 1913. Er verwies erneut auf die aus seiner Sicht zentrale Rolle des Pressewesens. Seine Ausführungen zur Presse wurden flankiert von einer ganzen Reihe von Artikeln, die er seit 1915 in den Mitteilungen des Verbandes Arbeiterpresse veröffentlichte.[168] Darin fordert er unter anderem wie auf dem Parteitag ausgeführt eine Reform des sozialdemokratischen Pressewesens, das vor allem in Konkurrenz zur bürgerlichen Presse mehr Rücksicht auf die Interessen der Leser nehmen und sich stärker an den örtlichen Gegebenheiten orientieren sollte. Die von ihm in den Artikeln und auf dem Parteitag skizzierten Vorschläge können als Kern seiner Reformbestrebungen des sozialdemokratischen Pressewesens, die er bis zum Ende der Weimarer Republik weiter verfolgte, angesehen werden.[169]

---

166 Protokoll des Parteitags 1917, S. 372.
167 Hinzu kam die Rede von Scheidemann, der ohne thematische Eingrenzung grundsätzliche Überlegungen zur Nachkriegspolitik anstellte. Protokoll des Parteitags S. 132-207, 404-413. Zur Deutung siehe Miller: Burgfrieden, S. 339-347.
168 Sollmann: Zum Ausbau des lokalen Teils, in: MdVA Nr. 141, Dezember 1915, S. 1 f.; ders.: Presse und Stadtverwaltung, in: MdVA Nr. 144, März 1916, S. 2; ders.: Zur Kriegsgeschichte unserer Parteipresse, in: MdVA Nr. 152, November 1916, S. 6 f.; ders.: Die Sonntagsausgabe, in: MdVA Nr. 155, Februar 1917, S. 6; ders.: Mehr Auslandskunde für Journalisten!, in: MdVA Nr. 158, Mai 1917, S. 4 f.; ders.: Briefkasten, Briefwechsel, Sprechstunde, in: MdVA Nr. 158, Mai 1917, S. 5 f.: ders.: Grundsätzliches Zur Gehaltsfrage, in: MdVA Nr. 159, Juni 1917, S. 5-7; ders.: Mehr Praxis, in: MdVA Nr. 161, August 1917, S. 2 f.; ders.: Redakteurkonferenzen, in: MdVA Nr. 162, 1. September 1917, S. 1 f., ders.: Die Gehaltsfrage und ihre tiefere Bedeutung, in: MdVA Nr. 162, September 1917, S. 2 f.; ders.: Bürgerliche und sozialdemokratische Redakteure, in: MdVA Nr. 163, Oktober 1917; ders.: Ein Wort für unsere Mitteilungen, in: MdVA Nr. 165, Dezember 1917, S. 1; ders.: Gegen den Hinweis, in: MdVA Nr. 166, Januar 1918, S. 2 f.; Zur Gerichtsberichterstattung, in: MdVA Nr. 166, Januar 1918, S. 3 f.; ders.: § 193, in: MdVA Nr. 169, April 1919, S. 1; ders.: Stadtverwaltung und Presse, in: MdVA Nr. 170, Mai 1918, S. 5; ders.: Hochsaison, in: MdVA Nr. 174, September 1918, S. 2-4; ders.: Verantwortlicher oder Ressortzeichnung, in: MdVA Nr. 175, Oktober 1918, S. 3 f.
169 Siehe dazu unten Kapitel IV.6.

Sein vitales Interesse am sozialdemokratischen Pressewesen verdeutlicht sein Plan, ein Handbuch über die Parteipresse zu schreiben, was er dem Verlag der Glocke vorschlug.[170] Weil die Erörterung in den Mitteilungen des Verbands der Arbeiterpresse nur ein Expertenkreis wahrnehmen würde, sollte sein Buch es ermöglichen, die breite Masse der Parteimitglieder über die sozialdemokratische Presse zu informieren.[171] Die Argumente, die er für sich als Autor anbrachte, zeugen von einem gewissen Selbstbewusstsein hinsichtlich der Einschätzung seiner Sachkenntnis:

> »Wenn ich mich gerade zur Bearbeitung eines solchen Buches für geeignet halte, so nicht nur deshalb, weil ich mit meiner journalistischen Tätigkeit in Köln (und eigentlich noch mehr unter schwierigsten Verhältnissen als Leiter in Würzburg) unleugbare praktische Erfolge hatte und die journalistische Literatu[r] und Technik einigermassen zu beherrschen glaube, sondern vor allem auch deshalb, weil ich alle parteijournalistischen Fragen mit brennendstem Interesse [verfolge] und an die Arbeit mit wirklicher Liebe herangehen würde. Gescheiter und gelehrter sind sicher manche Kollegen, aber grösseres Verständnis als ich für die Bedürfnisse unsrer Presse und ihrer Leser haben wohl doch nicht viele Kollegen.«[172]

Für Sollmann sprach in der Tat, dass er sich so intensiv wie kaum ein anderer mit dem sozialdemokratischen Pressewesen auseinandergesetzt hatte.[173] Dies sah man beim

---

170 Sollmann an Haenisch vom 7. Februar 1917, BA-B, Nl. 2104/368, Bl. 1 f. Sollmann bat Haenisch, sich für sein Anliegen beim Verlag einzusetzen. Haenisch, später Kultusminister in Preußen, war Redakteur des MdVA sowie Schriftleiter des Vereins Arbeiterpresse und Chefredakteur der Glocke. Siehe dazu John: Konrad Haenisch, S. 47, 58-67.
171 »Die große Zahl unserer Leser der Parteipresse und die Mitglieder der Organisationen, übrigens auch die Mitglieder der Presskommissionen, erfahren von den Gedanken und Plänen, mit denen wir uns beschäftigen, so gut wie nichts. Sie kennen überhaupt von jeher über die äussere und innere Entwicklung unsrer Parteipresse sehr wenig. Trotzdem werden sie immer wieder zu einem Urteil berufen. Es fehlt meines Wissens in unsrer Parteilitcratur ein Werkchen, das die Masse unsrer Leser, Parteigenossen und Gewerkschafter mit dem Wesen, der Technik, den Schwierigkeiten, den Wünschen, Plänen u.s.w. unsrer Parteipresse bekannt machen könnte. Ich habe seit längerer Zeit den Wunsch und traue mir die Fähigkeit zu, ein solches Büchlein zu schreiben.« Sollmann an Haenisch vom 7. Februar 1917, BA-B, Nl. 2104/368, Bl. 1 f.
172 Ebd.
173 Er bekam für seine Artikel anscheinend reichlich Anerkennung. »Zu meiner eigenen Überraschung haben meine Anregungen nicht nur in den ›Mitteilungen‹ selbst mancherlei sachkundige Zustimmung und Beachtung gefunden, sondern auch Zuschriften von Kollegen an mich veranlasst, die mich eigentlich erst bewogen, Ihnen diese ganze Reihe von Einsendungen zu machen. Auch ein sehr bekannter und erfahrener Parteijournalist drückte mir ungesucht mündlich und schriftlich Anerkennung aus.« Ebd. Wer der angesprochene Journalist ist, ließ sich nicht recherchieren.

Verlag wohl ähnlich, denn Sollmann wurde beauftragt eine Disposition für den Band zu erstellen. Obwohl er diesem Auftrag nachkam, versandete das Projekt.[174]

Auch die von ihm beantragte stärkere Berücksichtigung der Belange der Beamtenschaft ist ein Aspekt, der für seine programmatischen Vorstellungen zentrale Bedeutung gewann. Bereits zu diesem Zeitpunkt ist erkennbar, dass Sollmanns Initiativen den Ausbau der SPD zur Volkspartei zum Ziel hatten. Die Frage, wie die Sozialdemokratie breitere Bevölkerungsschichten gewinnen könne, hatte er bereits einige Zeit vor dem Parteitag in einem Beitrag über das Verhältnis der Sozialdemokratie zu den Angestellten erörtert.[175] Seine Analyse entsprach dem, was er zur Lage der Beamten ausgeführt hatte. Auch bei den Angestellten sah er aufgrund sinkender Einkommen eine Radikalisierung der Stimmung, die zu einer Politisierung führen werde. Zwischen den Forderungen der Angestellten und der Programmatik der Sozialdemokratie konnte er keinen Widerspruch erkennen. Er konstatierte stattdessen eine »völlige wirtschaftliche und politische Interessengemeinschaft« bei grundsätzlichen Fragen wie der Wirtschafts- und Finanzpolitik oder der Demokratisierung des Wahlrechts.[176] Eine stärkere Konzentration auf die Interessen der Angestellten stellte für Sollmann eine politische Notwendigkeit dar:

> »Reichstagswahlkreise wie Köln, Magdeburg und ähnliche sind ohne eine große Zahl von Stimmen der Angestellten auch für die Sozialdemokratie nicht zu holen.«[177]

Daraus folgte für ihn aber auch, dass die Sozialdemokratie sich gegenüber den neuen Schichten flexibler zeigen musste:

> »So wenig wir die Landarbeiter und die Kleinbauern mit denselben Methoden an uns ziehen können wie die großstädtischen Industrieproletarier – was allgemein begriffen ist –, so wenig lassen sich die Privatangestellten mit denselben Mitteln gewinnen wie etwa die Maurer oder die Transportarbeiter. Eine geschickte Diffe-

---

174 Heinrich Cunow hatte einer Veröffentlichung im Verlag der Glocke zugestimmt. Haenisch an Sollmann vom 22. Februar 1917, HAStK 1120/539/II-11-7, 7 a. Sollmann schickte die Disposition an den Verlag, bis auf eine Nachfrage, ob die Disposition an die Verlagsleitung gelangte, geben die Quellen aber keine Auskunft über den weiteren Verlauf der Angelegenheit. Vgl. Sollmann an Haenisch vom 9. März, 30. Mai und 12. Juli 1917, BA-B, Nl. 2104/368, Bl. 3-5.
175 Sollmann: Angestelltenpolitik und Sozialdemokratie, in: Die Glocke 47, 17. Februar 1917, S. 779-785. Sollmann war fast zehn Jahre als Handlungsgehilfe beschäftigt gewesen und besaß dadurch gute Kenntnisse über die Angestellten. Zudem hatte er als Mitglied des Verbands der Handlungsgehilfen, aktuelle Einblicke.
176 Ebd., S. 783. Zur Frage der Radikalisierung der Angestellten im Ersten Weltkrieg siehe Kocka: Klassengesellschaft S. 65 f. Eine Radikalisierung bezweifelt dagegen Winkler: Revolution, S. 274.
177 Sollmann: Angestelltenpolitik und Sozialdemokratie, in: Die Glocke 47, 17. Februar 1917, S. 782 f.

renzierung unserer Agitation – nicht nach Berufen, aber nach Bevölkerungsschichten – ist keine Verletzung der Grundsätze einer sozialistischen Volkspartei.«[178]

Hier sprach er ein Problem der sozialdemokratischen Agitation an, das im Prinzip bis zum Ende der Weimarer Republik ungelöst blieb, weil der überwiegende Teil der Partei nicht die Notwendigkeit erkannte, den spezifischen Belangen von Arbeitnehmergruppen außerhalb der Industriearbeiterschaft hinreichend Rechnung zu tragen.[179] Sollmann zeigte sich dagegen ausgesprochen sensibel gegenüber gesellschaftlichen Veränderungen und leitete daraus seine Forderungen einer Anpassung der Agitation ab, deren Ziel eine Überwindung der soziostrukturellen Grenzen der traditionellen sozialdemokratischen Wählerschaft war. Er gehörte innerhalb der SPD zu denjenigen, die frühzeitig aus ihrer Analyse des gesellschaftlichen Wandels ihre Schlussfolgerungen für die Nachkriegszeit zogen und nachdrücklich für eine Transformation der SPD zu einer Volkspartei eintraten.

Ein weiterer Aspekt von Sollmanns Anregungen der Weiterentwicklung zur Volkspartei war das Verhältnis der Sozialdemokratie zur Religion. Ebenfalls in der Glocke entwickelte er in einem programmatischen Beitrag seine Ansichten zur Klärung dieser heiklen Frage.[180] Er kritisierte Vertreter seiner Partei, die durch »philosophisch-materialistische Anschauungen«, die nichts mit dem Programm und der Politik der SPD zu tun hätten, den Eindruck der Kirchen- und Religionsfeindschaft schüren würden. Vor allem für den Katholiken sei die Entscheidung für die Sozialdemokratie am härtesten, weil die katholische Kirche den Anspruch habe, alle Lebensbereiche zu beherrschen und jede konkurrierende geistige Macht bekämpfe. Anders sehe es dagegen bei der evangelischen Kirche aus, die vielgestaltiger sei und nicht annähernd über eine feste Ordnung ähnlich der katholischen Kirche verfüge. Er sah dort eine neue Religiosität im Entstehen, die keine konfessionelle Bindung mehr habe, sondern eher eine Religionsphilosophie sei. Sollmann bezog sich in diesem Zusammenhang vor allem auf Carl Jatho, den er aus Köln kannte und dessen Glaubensauslegung ihn beeinflusste. Zwischen dieser nicht kirchengebundenen Lehre und der sozialistischen Theorie und Praxis sah er problemlos die Möglichkeit der Synthese. Grundsätzlich warnte Sollmann vor antireligiöser und antikirchlicher Agitation. Man sei sich häufig nicht im Klaren darüber, welchen Schaden man damit bei den Katholiken im Rheinland und Süddeutschland anrichten würde. Er warnte davor, die Bedeutung der Religion zu unterschätzen und plädierte für die Gewissensfreiheit innerhalb der Partei:

---

178 Ebd., S. 784 f.
179 Siehe zu dieser Problematik Lösche/Walter: Klassenpartei – Volkspartei – Quotenpartei, S. 21-30, insbesondere S. 29 f.
180 Sollmann: Zur Religionsfrage, in: Die Glocke 2 (1918), S. 59-63.

> »Wir alle müssen den Wert, die Ehrlichkeit und die Freiheit religiösen Fühlens anerkennen, auch wenn wir sie nicht teilen und für eine absterbende Überlieferung halten. Man schweige von ›Gespenstern‹. Es ist eine gewaltige, ganz reale Macht und lebt doch noch in mehr Parteigenossen, als manche ahnen, von den vielen geistig nur lose erfaßten Gewerkschaftern ganz zu schweigen. [...] Es ist jedermanns Sache, wie er seine Religion und seine Politik miteinander verbinden will.«[181]

In einer etwas konstruierten Argumentation stellte er die Mitgliedschaften von Sozialdemokraten in den Kirchen sogar als Vorteil dar:

> »Daß die Sozialdemokratie sich mit keiner Konfession verbinden kann, ist klar. Nicht minder aber ist einleuchtend, daß jeder Sozialdemokrat, der noch aus irgendwelchen Gründen Mitglied der Kirche ist und ihr finanziell das Mehrfache seiner Parteibeiträge zuwendet, soviel kulturpolitisches Verständnis haben sollte, um die kirchlichen Kräfte zu stützen und zu fördern, die die kirchliche Autokratie zersetzen, um so einer Demokratisierung und Dezentralisierung des kirchlichen Lebens Bahn zu brechen. In diesen Fragen der Kulturpolitik gibt es zwischen vielen Sozialdemokraten und vielen Protestanten zahlreiche starke Verbindungsfäden, die benutzt, nicht aber verwirrt werden sollten.«[182]

Diese Haltung war zum einen sicherlich durch die Erkenntnisse aus seiner Tätigkeit in Köln entstanden, wo man sich mit der allgegenwärtigen katholischen Kirche auseinanderzusetzen hatte. Für Sollmann waren diese Überlegungen aber nicht nur wahltaktischer Natur. Er hatte selbst in der Auseinandersetzung mit der Religion den Weg zur Sozialdemokratie gefunden und sah besonders in der von ihm herausgehobenen Lehre eines Carl Jatho die Verbindungsmöglichkeiten zwischen Religion und Sozialismus. Unabhängig von der Konfession sah er in der ethischen Fundierung des Christentums den Anknüpfungspunkt, wie er es in einem Brief an einen befreundeten Pfarrer darlegt:

> »Mich persönlich leitet lediglich das Bestreben, Verbindungsfäden zwischen den ethischen Kräften des Christentums und denen der Sozialdemokratie herzustellen.«[183]

---

181 Ebd., S. 63.
182 Ebd. Besonders an dieser Textstelle stieß sich eine Kritik an Sollmanns Artikel im Zentrumsorgan aus Paderborn. Vgl. »Demokratisierungsabsichten der Sozialdemokratie«, in: Westfälisches Volksblatt Nr. 108, 21. April 1918.
183 Sollmann an Nack vom 19. Januar 1919, HAStK 1120/547/II-19-45.

Dies war für ihn der Schlüssel, um Religion und Sozialismus auszusöhnen. Weil es für ihn eindeutige Übereinstimmungen in den ethischen Grundlagen gab, stellte es für Sollmann auch keinen Widerspruch dar, als Sozialist einer Kirche anzugehören.[184] Vielmehr sah er es als verpasste Chance an, all diejenigen auszuschließen, die sich zu einer Konfession bekannten. Die SPD sollte also eine wahre Volkspartei sein, die nicht nur Menschen verschiedener gesellschaftlicher Schichten, sondern auch verschiedener weltanschaulicher Herkunft vereint.

Diese Überlegungen wie auch seine weiteren Beiträge auf dem Parteitag und in Zeitschriften sowie sein Wirken in Köln verdeutlichen, dass sich bei Sollmann im Laufe des Ersten Weltkriegs zunehmend eine integrative Perspektive als Ziel sozialdemokratischer Politik durchsetzte. Durch sein Bestreben der Weiterentwicklung der SPD, wie er es unter anderem auf dem Parteitag und in seinen Artikeln zum Ausdruck gebracht hatte, setzte er aber auch innerhalb der Partei Akzente. Es ist sicher kein Zufall, dass er seine Gedanken zur Weiterentwicklung der SPD in der Glocke veröffentlichte. Unter Konrad Haenisch avancierte die Zeitschrift zu einer Plattform für Vertreter des rechten Parteiflügels[185], zu deren Redakteuren und Autoren Sollmann in Kontakt stand. Haenisch bildete im Verlauf des Weltkriegs zusammen mit Paul Lensch und Heinrich Cunow eine Gruppe, die als Mitarbeiter bei der Glocke als Vertreter des äußersten rechten Flügels für die Rechtfertigung der mehrheitssozialdemokratischen Kriegspolitik eine wichtige Rolle spielte, ohne immer auf dem Standpunkt des Parteivorstands zu stehen.[186]

Auch wenn Sollmann nicht in allen Punkten mit den Vertretern dieses äußersten rechten Parteiflügels übereinstimmte – die nationale Einheit spielte in der Begründung der Burgfriedenspolitik bei ihm etwa keine Rolle – waren die unterschiedlichen Ansichten nicht prinzipieller Natur. Die Gemeinsamkeiten überwogen. Sie vereinte das Ziel, die SPD zu einer Partei zu wandeln, die keinen Umsturz des Systems anstrebte, sondern unter Bejahung des bürgerlichen Staates diesen durch Reformen zu wandeln versuchte. Denn darauf liefen Sollmanns Initiativen hinaus. Die Gewinnung neuer Wählerschichten und der Ausbau der SPD zur Volkspartei waren Vorbedin-

---

184 Diesbezüglich führte er später einmal aus, das »hohe ethische Ziel des Sozialismus« könne »ebensowohl aus einer atheistischen wie aus einer christlichen Weltanschauung begründet werden«. Protokoll Parteitag 1929, S. 76.
185 Sigel: Lensch-Cunow-Haenisch-Gruppe, S. 63. Haenisch gehörte zu der Gruppe von Sozialdemokraten, zu denen auch Sollmann zählte, die mit dem Weltkrieg ihren politischen Standpunkt gewechselt hatten. War er vorher ein Vertreter des radikalen marxistischen Parteiflügels, entwickelte er sich zu einem entschiedenen Verfechter der Burgfriedenspolitik. Vgl. Sigel: Lensch-Cunow-Haenisch-Gruppe, S. 29-43. Sollmann stimmte hinsichtlich der Haltung zur Kriegsfrage in einigen Punkten mit Haenisch und dessen Umfeld überein. Dazu zählte etwa die Begründung der Zustimmung zu den Kriegskrediten oder die Interpretation des »Kriegssozialismus. Für Sollmann siehe diesbezüglich bspw. RZ Nr. 45, 23. Februar 1915; RZ Nr. 144, 26. Juni 1916. Für Haenisch siehe Sigel: Lensch-Cunow-Haenisch-Gruppe, S. 29-43; Haenisch: Zur Lage der Partei.
186 Sigel: Lensch-Cunow-Haenisch-Gruppe, S. 163-165.

gung dafür, im bürgerlichen Staat mehrheitsfähig zu sein. Auch seine Vorschläge zur Reform des Pressewesens, bei denen er immer wieder auf die bürgerliche Presse als Vorbild für manche Bereiche verwies, zielten letztlich auch darauf ab, ihr größere Leserkreise zu erschließen, die Voraussetzungen dafür zu schaffen, sie auch für Beamte und Angestellte interessant zu machen. Die Entwicklungen während des Ersten Weltkriegs bestärkten Sollmann offenbar darin, dass die SPD in diesen Staat hineinwachsen könne und dieses Ziel blieb für ihn zukünftig leitend.

Seine inhaltliche Nähe zur Parteirechten, aber auch seine Anerkennung als Journalist in diesen Reihen verdeutlicht eine andere Episode. Zu Beginn des Jahres 1917 war in Chemnitz bei der Volksstimme eine Stelle als politischer Redakteur freigeworden. Die Volksstimme wurde von Gustav Noske und Ernst Heilmann redigiert und war auf dem rechten Flügel der Sozialdemokratie eines der einflussreichsten Organe.[187] Sowohl Noske als auch Heilmann, um dessen Nachfolge es ging, fragten bei Sollmann an, ob er Interesse habe.[188] Man war offensichtlich der Ansicht, Sollmann passe sehr gut in das journalistische Profil des Blattes. Heilmann, dem bisweilen auch chauvinistische Töne nicht fremd waren, gehörte zu den hervorragenden Verfechtern der Burgfriedenspolitik.[189] Dass Heilmann selbst Sollmann als seinen Nachfolger befürwortete, lässt darauf schließen, dass er von führenden Vertretern des rechten Flügels der Partei zumindest als Sympathisant ihrer Linie angesehen wurde, denn Noske hätte sich kaum freiwillig einen Redakteur ins Haus geholt, mit dem Auseinandersetzungen über die politische Linie des Blattes zu erwarten waren. Sollmanns Einschätzung der Volksstimme, deren betont burgfriedensfreundliche und nationale Haltung manchen Widerspruch hervorgerufen hatte[190], erlaubt wiederum Rückschlüsse auf seinen politischen Standpunkt. Er fand das Angebot reizvoll, weil er das Blatt journalistisch »hoch stelle« und es in der deutschen Presse eine bedeutende Stellung einnehme.[191] An der politischen Haltung des Blattes hatte er offensichtlich nichts auszusetzen, er hatte aber dennoch gewisse Bedenken hinsichtlich eines Engagements in Chemnitz.[192]

---

187 Zu dieser Wertung kommt Miller: Burgfrieden, S. 173. Die Volksstimme und die Rheinische Zeitung weisen in ihrer Haltung zur Kriegspolitik einige Übereinstimmungen auf. Vgl. dazu die bei Kruse: Krieg, S. 90-151, herangezogenen Artikel aus beiden Zeitungen.
188 Noske an Sollmann vom 20. März 1917, HAStK 1120/539/II-11-20, 20 a–b; Heilmann an Sollmann vom 28. März 1917, HAStK 1120/539/II-11-22.
189 Vgl. Koszyk: Kaiserreich, S. 106; Lösche: Heilmann, S. 91.
190 Siehe dazu Koszyk: Kaiserreich, S. 59 f. Über die Volksstimme heißt es etwa in einem anderen sozialdemokratischen Blatt, »daß die Fortschritte der Parteipresse nicht erzielt werden dürfen aufgrund einer Haltung, die denn doch jeden Sozialdemokraten zum Widerspruch herausfordern muß«. Zitiert nach ebd., S. 60.
191 Sollmann an Heilmann vom 30. März 1917, HAStK 1120/539/II-11-23, 23 a–b.
192 Eine wichtige Rolle spielte seine Verbundenheit zum Rheinland. Köln sei »eine wundervolle Stadt und das Rheinland ein Paradies«. Chemnitz habe er dagegen bisher nur schauderhaft erlebt und er sei sich unsicher, ob man dort frische Luft schnappen könne, ohne Tagesreisen machen zu müssen. Schließlich blieb noch die Gehaltsfrage, bezüglich der er ein Gehalt von 6.000 Mark forderte. Sollmann an Heilmann vom 30. März 1917, HAStK 1120/539/II-11-23, 23 a–b. Gegenüber Noske

Diesbezüglich bat er um Heilmanns Rat und wollte die Angelegenheit auch noch mit Meerfeld besprechen, entschloss sich aber letztlich gegen einen Wechsel.[193]

Sollmann hatte sich aber, das zeigt die Episode, durch sein Wirken in Köln und sein journalistisches Schaffen in der Partei mittlerweile vor allem auf dem rechten Flügel einen Namen als Vertreter einer reformistischen Politik gemacht und war mittlerweile in der Partei recht gut vernetzt.[194] Im Verlauf des Ersten Weltkriegs hatte Sollmann damit seinen politischen und innerparteilichen Standpunkt gefunden, von dem aus er seine weitere Politik betrieb.

5 Die Revolution in Köln

Die Wahlrechts- und die Friedensfrage waren wie beschrieben seit 1917 verstärkt in den Fokus der Kölner Sozialdemokratie geraten. Sollmann wies wie dargestellt mehrmals auf die Bedeutung dieser Aspekte hin und nutzte unter anderem seinen Antritt als Stadtverordneter zu einem Appell für die Erlangung des gleichen Wahlrechts. Aber die Hoffnung auf eine Demokratisierung des Wahlrechts erhielt im Frühjahr 1918 einen herben Dämpfer, als im preußischen Abgeordnetenhaus die Vorlage einer Wahlrechtsreform abgelehnt wurde.[195] Diese Enttäuschung veranlasste die Partei in Köln dazu, zunächst auf weitere Agitationen in diesem Sinne zu verzichten. Die Hoffnung auf einen demokratischen Wandel schien vorerst vergeblich gewesen zu sein. Weiterhin blieb der Verständigungsfrieden eine Forderung, deren Erfüllung nicht in Aussicht stand.

---

betonte Sollmann, er wolle das Angebot nicht ohne Weiteres ausschlagen, sein Verwachsensein mit der rheinischen Arbeiterbewegung lasse ihn aber zögern. Sollmann an Noske vom 30. März 1917, HAStK 1120/539/II-11-24. Warum Sollmann sich gegen Chemnitz entschied, darüber gibt der Briefwechsel mit Noske und Heilmann keine Auskunft. Anscheinend überwogen bei Sollmann die Vorteile des Kölner Umfelds gegenüber der für ihn offensichtlich reizvollen journalistischen Aufgabe. Zumindest scheiterte der Wechsel nicht finanziellen Fragen, da er in Chemnitz deutlich mehr verdient hätte als in Köln. Vgl. Sollmann an die Presskommission der Rheinischen Zeitung vom 1. Mai 1917, HAStK 1120/II-11-36, 36 a.

193 Sollmann an Heilmann vom 30. März 1917, HAStK 1120/539/II-11-23, 23 a–b. Er fragte auch bei Karl Korn und Georg Davidsohn um Rat. Vgl. Korn an Sollmann vom 2. April 1917, HAStK 1120/539/II-11-25, 25 a–e; Sollmann Davidsohn an Sollmann vom 2. April 1917, HAStK 1120/539/II-11-26, 26 a–b. Letzterer antwortete ihm, wenn Sollmann ein anständiges Gehalt herausschlage, könne er ihm nicht von Chemnitz abraten. Wenn er weiter kandidieren wolle, solle er sich dies im Vertrag zusichern lassen, sonst gebe es später nur Probleme. Noske sei ein netter, umgänglicher und anständiger Mensch, absolut kein Gewaltmensch. Davidsohn an Sollmann vom 2. April 1917, HAStK 1120/539/II-11-26, 26 a–b.

194 Die Kontakte zu Haenisch etwa bestanden nicht nur auf der journalistischen Schiene, Sollmann gewann ihn auch für einen Versammlungsauftritt in Köln. Vgl. Sollmann an Haenisch vom 13. Dezember 1917, BA N 2104/368, Bl. 11. Die Versammlung fand am 6. Januar 1918 statt. Vgl. RZ Nr. 5, 7. Januar 1918.

195 Patemann: Der Kampf, S. 182 f.

Von der Kölner Bevölkerung waren bis dahin nur wenige Impulse für eine sofortige Veränderung ausgegangen. Lediglich in den Streiks vom Sommer 1917 hatte sich die Empörung über die Ernährungslage Bahn gebrochen. Zwar hatte es im Januar 1918 eine weitere Streikbewegung gegeben, die aber in Beteiligung und Wirkung deutlich hinter den Ereignissen vom Sommer 1917 zurückblieb.[196] Infolge der Verbesserung der Lebensmittelversorgung beruhigte sich die Situation aber jeweils wieder. Eine Lageveränderung, die der Situation eine neue Dynamik verlieh, trat im Sommer 1918 ein, als mehrere Faktoren zu einer deutlichen Verschlechterung der Stimmung in der Bevölkerung führten. Zu der sich erneut verschlimmernden Ernährungslage kam infolge schlechter Witterung eine Grippewelle hinzu.[197] Die prekäre Ernährungslage hielt bis in den Herbst an und sorgte für eine dauernde Erregung in der Kölner Bevölkerung. Eine zusätzliche Dynamik gewann die Situation durch die Meldungen über die militärische Lage an der Westfront. Nachdem man durch bewusste Falschmeldungen einige Zeit die tatsächlichen Verhältnisse kaschiert hatte, traf die Nachricht vom Rückzug der deutschen Truppen die Bevölkerung völlig unvorbereitet und ließ die Durchhalteparolen und die Hoffnung auf einen glimpflichen Ausgang des Kriegs als unbegründet erscheinen.[198] Angesichts der Erkenntnis, dass alle weiteren Entbehrungen sinnlos erscheinen mussten, da der Krieg verloren schien, war die Bevölkerung endgültig demoralisiert. Zunächst führte dies aber nicht zu Protestbekundungen. Es gab keinerlei Reaktion; Resignation machte sich breit. Aber allgemein zu spüren war, dass ein weiterer Kriegswinter außerhalb der Vorstellungskraft lag.[199]

Daher rückte durch das deutsche Waffenstillstandsangebot vom Oktober 1918 die Friedensfrage ganz in den Mittelpunkt des öffentlichen Interesses. Zudem glaubte man mit dem neuen Kabinett unter Prinz Max von Baden, dem auch vier Sozialdemokraten angehörten, auch die Demokratie erreicht zu haben. Die Rheinische Zeitung feierte den neuen »Volksstaat«, an dessen Gestaltung man sich beteiligen wollte, und sah die so lang ersehnte Gleichberechtigung endlich erreicht.[200] In der Bevölkerung

---

196 Wenn Sollmann die politischen Massenstreiks im Januar 1918 als »ein wuchtiges Warnzeichen« bezeichnete, war dies in Bezug auf Köln falsch. Vgl. Sollmann: Revolution, S. 3. Sie sind eher Ausdruck der geringen Bereitschaft der Kölner Arbeiter, sich an politischen Streiks zu beteiligen. Faust: Sozialer Burgfrieden, S. 132. Später kam er dann zu der Erkenntnis, die Streiks hätten nicht die leiseste Möglichkeit gehabt, die Regierung zu stürzen. Sollmann: How Revolution Will Come to Germany, in: The Saturday Evening Post, 13. November 1943.
197 Der Bericht des Regierungspräsidenten sieht eine »wesentliche Verschlechterung« der Stimmung. RP Köln an das Oberpräsidium Koblenz vom 25. Juni 1918, LHAK 403/12327. Auf Anfrage der Sozialdemokraten musste der Oberbürgermeister zugeben, dass er nicht in der Lage war, Auskunft darüber zu erteilen, welche Lebensmittel der Bevölkerung in den nächsten Wochen ausgeteilt werden könnten. VStVK 27. Juni 1918, S. 259 f.
198 Die Wirkung auf die Kölner Bevölkerung beschrieb Adenauer in der Stadtverordnetensitzung vom 20. September. VStVK 20. September 1918.
199 Faust: Sozialer Burgfrieden, S. 246.
200 RZ Nr. 233, 5. Oktober 1918.

erhoffte man sich von der Volksregierung vor allem die baldige Beendigung des Kriegs und auch dies wurde vom Kölner Parteiorgan gebührend berücksichtigt.[201] Zwar wich die Anspannung der letzten Wochen und Monate langsam einer Zuversicht auf einen baldigen Frieden, aber solange dieser nicht erreicht war, verfolgte man gespannt den Gang der Ereignisse. Dem Bedürfnis nach Informationen kam die Kölner SPD durch zahlreiche Versammlungen nach, deren überaus guter Besuch die Erregung in der Bevölkerung widerspiegelte. Den Höhepunkt der Veranstaltungen bildete die Massenkundgebung am 23. Oktober im Gürzenich, auf der Sollmann vor tausenden Zuhörern eine mitreißende Ansprache hielt.[202] Diese Rede verdient besondere Beachtung, weil sie sowohl ein Beweis seiner herausragenden rhetorischen Fähigkeiten ist, als auch eine Standortbestimmung der Kölner Sozialdemokratie und der Mehrzahl ihrer Anhänger kurz vor Kriegsende liefert.[203] Nur vor diesem Hintergrund lässt sich der Ablauf der Revolution in Köln richtig einordnen.

Sollmann führte aus, dass es angesichts des Ziels der raschen Beendigung des Kriegs und der Demokratisierung Deutschlands zur Regierungsbeteiligung der Sozialdemokratie keine Alternative habe geben können, weil man sonst auf die Mitwirkung an Friedensverhandlungen und an der demokratischen Neuordnung verzichtet hätte. Man habe bereits viel erreicht, aber man könne noch nicht zufrieden sein, weil insbesondere noch das Frauenwahlrecht, die Wiederherstellung der vollen bürgerlichen Freiheit und des Arbeiterschutzes, die Aufhebung des Hilfsdienstgesetzes, gesetzliche Amnestie und demokratische Verwaltungsreformen im Reich und in Preußen fehlten. Denjenigen, die sich über die Verhandlungsangebote der Entente entrüsteten, gab er zu bedenken, wie die Deutschen den Frieden von Brest-Litowsk gestaltet haben. Bezüglich der künftigen Staatsgestalt hielt er angesichts der »furchtbaren Kriegsgreuel« den Verlust der Dynastien für verschmerzbar. Obwohl in der SPD die Frage nach Monarchie oder Republik nie eine wichtige Rolle gespielt habe, hege er den Wunsch, »daß wir in deutscher Ordnung und Gründlichkeit vordringen zur deutschen Republik«. Den »alleräußersten Linken«, die auf eine Revolution warteten, hielt er entgegen: »Die deutsche Revolution ist da!« In dieser Stunde sei es an der Sozialdemokratie, sich den schweren Aufgaben zu stellen:

> »Was in Deutschland geschehen ist, muss das arbeitende Volk Deutschlands selber schaffen. Unsere große Sorge geht zurzeit nicht auf einen Munitionsstreik, sondern kreist um die Frage, wie wir den Millionen Männern und Frauen, die demnächst arbeitslos werden, Arbeit und Brot verschaffen können (Lebhafte Zustimmung).

---

201 Über den ganzen Oktober hin wurde immer wieder gefordert, einen schnellen Friedensschluss herbeizuführen. Vgl. RZ Nr. 231, 233, 234, 245, 250 vom 3., 5., 7., 19. und 25. Oktober.
202 Die RZ berichtet über »die größte Kundgebung, die wir je in Köln erlebt haben«. RZ Nr. 249, 24. Oktober 1918.
203 Vgl. Faust: Sozialer Burgfrieden, S. 196 f. Faust bezeichnet Sollmanns Rede als eines der »rhetorischen Meisterstücke in seiner langen politischen Karriere«. Ebd.

Von demokratischen Rechten wird man nicht satt. Sie dienen uns nur dazu, um die kapitalistische Bereicherung einzelner abzulösen von der sozialistischen Gemeinwirtschaft. Mit dem alten Kapitalismus ist es zu Ende, den Sozialismus aber kann man nicht proklamieren auf Tag und Stunde, wie trotz Marx und Kautsky immer noch Leute glauben, die sich für Sozialdemokraten halten. Der Sozialismus ist ein gesellschaftliches Werden, ein geschichtliches Entwicklungsprinzip, das wir Sozialisten handhaben müssen, um das Kapital unter die Botmäßigkeit der Arbeit zu bringen. Der Sozialismus ist nicht mehr allein eine Wissenschaft der Hörsäle, ein Agitationsmittel für Wahlversammlungen, er ist eine Riesenaufgabe, die unmittelbar drängend vor uns steht. In einer solchen Schicksalsstunde ist es mit Kritik und Verneinung nicht getan. Wir müssen die geistigen und körperlichen Kräfte des Proletariats zur schaffenden Mitarbeit mobilisieren (Stürmische Zustimmung). Unser alter Lehrsatz: ›Der Weltkrieg ist die Weltrevolution!‹ ist Wahrheit geworden. Der große Kladderadatsch, den Bebel so oft prophezeit hat, ist da. Aber unsere Aufgabe ist schwerer, als Bebel voraussahnte. Wir müssen aufbauen, auf Trümmerstätten in einem erschöpften Volke und stehen vor der Schwierigkeit, daß nur der deutsche Imperialismus geschlagen ist, der englisch-amerikanische aber triumphiert. Als Partei bleiben wir grundsätzlich revolutionär, das heißt, wir streben an die völlige Umwälzung des Obrigkeitsstaates in den freien Volksstaat, und die Umwälzung der kapitalistischen Wirtschaft in die des Sozialismus, die nach dem Grundsatz produziert: Einer für alle, und alle für einen. Wir bleiben auf dem Wege des Klassenkampfes (Bravo!), daß heißt, wir streben unsre Ziele an durch den politischen und wirtschaftlichen Zusammenschluß aller Volkskräfte, die unter den kapitalistischen Zuständen leiden. Willkommen aber auch jeder Mitarbeiter, der aus dem Bürgertum, von seinem Idealismus getrieben, zu uns kommt. […] Arbeiten wir in dem Geiste, der immer unsere Stärke war, in dem Glauben an eine bessere Zukunft. Was ist denn verloren? Der preußische Militarismus, den wir bis zu dieser Stunde gehaßt und bekämpft haben, hat seinen Todesstreich empfangen; der deutsche Imperialismus ist geschlagen, die Junkerherrschaft bricht zusammen. […] Noch lebt das deutsche Volk, es lebt die deutsche Arbeiterklasse, die deutsche Wissenschaft, die deutsche Technik, die deutsche Kunst. Es wirken unermüdet die Massen und Führer unserer Volkswirtschaft. Von diesem arbeitenden und schaffenden Volke gilt auch heute das Wort: ›Deutschland hat ewigen Bestand; es ist ein kerngesundes Land.‹ So oder so: der Friede ist nahe. Das ist bestimmt. Geht aus diesem Weltkriege ein freies deutsches Volk hervor geführt von einer starken Sozialdemokratie, dann muß diese Schicksalsstunde Deutschlands unser Geschick doch noch zum Guten wenden. Darum: Kameraden und Kameradinnen der Arbeit, Mut und Zukunftsglaube, Hand ans Werk! Vorwärts für das sozialistische Deutschland der Zukunft! (Lang anhaltender stürmischer Beifall).«[204]

---

[204] RZ Nr. 249, 24. Oktober 1918.

Sollmann spielte in dieser Rede sein ganzes rhetorisches Geschick aus. Was ihn auszeichnete, war die Fähigkeit, verschiedene Erwartungen der Zuhörer zu bedienen, ohne dabei beliebig zu werden. Ihm gelang es, revolutionäre Parolen und Klassenkampfrhetorik mit nationalem Pathos und dem Plädoyer für »deutsche Ordnung« und staatsmännischem Verantwortungsgefühl zu verbinden. Den im Krieg gebrachten Opfern und den gewaltigen vor Augen stehenden Aufgaben stellte er den Gewinn gegenüber, den man durch tatkräftige Mitarbeit erzielen konnte. Mit dieser Rede traf er offensichtlich den Nerv der Zuhörer, wie die begeisterte Zustimmung zu den Ausführungen nahe legt. Was bedeutete dies für die Erwartungen der Kölner Arbeiterschaft für die kommende Zeit? Zunächst einmal bedurfte es keiner Revolution mehr, denn diese war bereits vollzogen. Das wichtigste Ziel, die Demokratie, war erreicht. Alle weiteren von Sollmann genannten Forderungen ließen sich durch die Beteiligung der Sozialdemokratie an der demokratischen Neuordnung durchsetzen. Vor allem wird hier deutlich, dass »Revolution« für Sollmann nicht Umsturz, sondern konstruktiver Aufbau bedeutete. Es ging ihm nicht um eine abrupte Ablösung der bestehenden staatlichen Ordnung, sondern um einen gestaltenden Prozess der Umwandlung in einen demokratischen Volksstaat.

Diese Auffassung war nicht nur charakteristisch für die Kölner Mehrheitssozialdemokratie, sondern auch für die Stimmung in der Arbeiterschaft und daraus erklärt sich auch der Lauf der Ereignisse in den folgenden Wochen. Bis in den November hinein blieb die Lage trotz der Anspannung in der Bevölkerung äußerlich ruhig. Die Oktoberreformen hatten die erhoffte innenpolitische Wende gebracht, jetzt wünschte man sich nur einen möglichst schnellen Friedensschluss. Fragen wie die Abdankung des Kaisers und die zukünftige Staatsform spielten nur eine untergeordnete Rolle.[205] An der Niederlage Deutschlands bestand zunehmend weniger Zweifel. Schließlich gestand die Rheinische Zeitung offen ein, dass der Krieg verloren war: »Sagen wir es: Wir sind besiegt.«[206] An weiteren Widerstand wollte in der Kölner Bevölkerung auch niemand mehr denken. Allgemein brach sich eine Friedensstimmung Bahn, als ob der Krieg bereits beendet gewesen wäre.[207]

---

205 Sollmann hatte zwar seine persönliche Vorliebe für die Republik geäußert, die RZ nahm in diesem Zusammenhang aber lange Zeit eine zurückhaltende Meinung ein. Zur Kaiserfrage schreibt man am 31. Oktober: »Der Friedensschluß wird leichter und billiger, wenn Wilhelm II. geht.« RZ Nr. 255, 31. Oktober 1918.
206 RZ Nr. 254, 30. Oktober 1918.
207 Die RZ berichtete bereits Mitte Oktober über eine Friedensstimmung und ausgelassene Menschenmengen, die sich in Tanzlokalen vergnügten. RZ Nr. 240, 14. Oktober 1918. Der unbedingte Friedenswille der Bevölkerung zeigte sich auf einer Versammlung der rheinischen Reichstagsabgeordneten am 3. November. Als der Nationalliberale Böttger weiteren Widerstand und weitere Opfer sowie den Erhalt der Monarchie forderte, kam es zu Tumulten, die beinahe zum Abbruch seiner Rede führten. Vgl. RZ Nr. 258, 5. November 1918, KöZ 4. November 1918; KVZ 4. November 1918.

Der Gang der Friedensverhandlungen wurde gebannt verfolgt, aber von einer revolutionären Stimmung war Köln weit entfernt, als die Nachrichten über den Matrosenaufstand am 5. November bis in die Domstadt durchdrangen.[208] Als den Auslöser einer revolutionären Entwicklung erkannte die SPD die Ereignisse zunächst jedoch nicht.[209] Aber noch im Verlauf des 6. November setzte sich bei Sollmann unter dem Eindruck der neuesten Meldungen die Erkenntnis durch, dass die revolutionären Unruhen weiterreichende Kreise ziehen würden und die für den 9. November anberaumten Versammlungen zu spät kämen, um die revolutionäre Bewegung in den Griff zu bekommen.[210] Daher brachte er am Abend des 6. November auf einer Versammlung in Mülheim nach seiner zweistündigen Rede zu den jüngsten Ereignissen folgende Resolution ein:

»Die Versammlung beklagt und ehrt die Opfer der Bewegung in Kiel und Hamburg. Sie ist gewillt, alles zu tun, damit im Kölner Gebiet die unaufhaltsame revolutionäre Bewegung unblutig in geordneten Bahnen verläuft. Die Versammlung bezeichnet als Forderung des Tages: die sofortige Freilassung aller politischen Gefangenen, einerlei, von welchem Gericht sie verurteilt worden sind, die sofortige Abdankung der Hohenzollerndynastie und die schnellste Einberufung einer von allen volljährigen deutschen Männern und Frauen demokratisch gewählten Nationalversammlung zur Herbeiführung der großdeutschen sozialistischen Republik.«[211]

Sollmann versuchte, wie es während des Ersten Weltkriegs stets die Taktik der Kölner SPD gewesen war, die Ereignisse unter Kontrolle zu halten, indem man sich von Beginn an an die Spitze der Bewegung stellte. Es war vor dem Hintergrund seiner Ausführungen am 23. Oktober nur konsequent, wenn er dafür eintrat, die Revolution in »geordneten Bahnen« verlaufen zu lassen. Bemerkenswert ist in diesem Zusammen-

---

208 Der Revolutionsverlauf in Köln wurde mehrfach ausführlich dargestellt und analysiert. Die folgenden Erörterungen stellen die Rolle Sollmanns in den Mittelpunkt. Zu den Abläufen im Einzelnen siehe Metzmacher: Novemberumsturz; Neidiger: Der Kölner Arbeiter- und Soldatenrat; Faust: Sozialer Burgfrieden, S. 244-309. Sollmann hat noch 1918 eine Darstellung der Ereignisse verfasst. Sie ist in den Fakten größtenteils zuverlässig, in der Wertung naturgemäß ganz von der Haltung der Mehrheitssozialdemokratie beeinflusst und stellt die eigene Person stark in den Vordergrund. Vgl. Sollmann: Revolution.
209 Die Kölner Parteiführung veröffentlichte am folgenden Tag einen Aufruf, der vor Putschversuchen warnte und zu Ruhe und Ordnung aufrief sowie einen sofortigen Waffenstillstand und die Abdankung des Kaisers forderte. RZ Nr. 259, 6. November 1918.
210 Sollmann: Revolution, S. 5.
211 Die Resolution wurde von Sollmann nach kurzer Absprache mit Parteisekretär Runge eingebracht, ist inhaltlich aber auf ihn zurückzuführen. Sie wurde mit nur einer Gegenstimme angenommen. Mehrere Mitgliederversammlungen in anderen Kölner Bezirken schlossen sich diesen Forderungen an. RZ Nr. 260, 7. November 1918.

hang Sollmanns Forderung nach Einberufung einer Nationalversammlung, weil dies früher als an den meisten anderen Orten und ohne Absprache mit übergeordneten Parteiinstanzen erfolgte.[212] Er erhoffte sich durch seine Forderung wohl, das revolutionäre Potenzial abzufedern und zu verdeutlichen, dass man aufseiten der Revolution stand, aber den Übergang zur Republik ohne Chaos bewerkstelligen wollte. Dies blieb oberste Maxime der Kölner Mehrheitssozialdemokratie für die folgenden Tage und Wochen.[213] Mit dieser Resolution war jedenfalls der Handlungsrahmen vorgegeben, an dem sich die folgenden Aktionen orientierten und Sollmann, der sofort die Initiative ergriffen hatte, nahm im weiteren Verlauf eine Schlüsselrolle ein.

Der folgende Tag war infolge der Nachrichten über die sich auch auf Köln zubewegenden revolutionären Matrosen von einer hektischen Betriebsamkeit geprägt.[214] Als am Abend die Nachricht von einer großen Menschenversammlung am Hauptbahnhof eintraf, eilte der zu einer Sitzung zusammengetretene Vorstand der Kölner SPD zum Ort des Geschehens. Da es weder Sollmann noch den anwesenden USPD-Vertretern gelang, sich in der aufgeheizten Atmosphäre nachhaltig Gehör zu verschaffen, berief man für den folgenden Morgen eine Massenkundgebung auf dem Neumarkt ein.[215] In dem Glauben, alle notwendigen Vorkehrungen zur Beruhigung der Situation getroffen zu haben, gingen die Sozialdemokraten auseinander, was sich als Fehler herausstellen sollte. In der Nacht machten sich die Matrosen zunächst zu den Festungsgefängnissen und dann den übrigen Gefängnissen auf, um die dort Inhaftierten zu befreien, was ihnen problemlos gelang.[216]

---

212 Vgl. Metzmacher: Novemberumsturz, S. 161, der zuerst darauf hinwies, dass die Kölner Sozialdemokratie in den ersten Tagen losgelöst von anderen Parteiinstanzen agierte. Die Forderung nach Einberufung der Nationalversammlung wurde außerhalb von Köln erst am 9. November erhoben. Ebd.

213 Dies entsprach, wie es sich in den Wochen vorher gezeigt hatte, der Haltung der Mitglieder. Der Vorschlag aus Reihen der USPD, eine Straßenkundgebung zur Befreiung der Gefangenen zu organisieren, wurde von der Versammlung mit großer Mehrheit abgelehnt. RZ Nr. 260, 7. November 1918; Sollmann: Revolution, S. 5. Vgl. zur Taktik der Kölner MSPD auch Neidiger: Der Kölner Arbeiter- und Soldatenrat, S. 68 f.

214 Es fanden Besprechungen mit dem Oberbürgermeister und Vertretern der anderen Parteien sowie dem Generalgouverneur statt. Sollmann und die anderen sozialdemokratischen Funktionäre drängten erfolgreich darauf, jegliches gewaltsame Vorgehen gegen aufständische Soldaten und Matrosen zu unterlassen. Sollmann: Revolution, S. 6; ders.: Kaiser und Revolution, in: RZ Nr. 263, 9. November 1922. Zu den Ereignissen siehe auch Metzmacher, S. 166-170.

215 Rund 200 aufständischen Matrosen war es trotz der Absperrungsmaßnahmen des Gouverneurs gelungen, nach Köln zu gelangen. Sollmann berichtet, dass Kübler, der erste Parteivertreter vor Ort, die Matrosen von eigenmächtigen Aktionen abgehalten habe und dazu verpflichten konnte, nichts ohne die Zustimmung der Parteivertreter zu unternehmen. Nach Rücksprache mit Vertretern der Matrosen habe Kübler auch zu der Versammlung am 8. November aufgerufen. In der Bergischen Arbeiterstimme wird dagegen das USPD-Mitglied Hecker als Urheber genannt. Sollmann: Revolution, S. 7 f. Bergische Arbeiterstimme 14. November 1918.

216 Köln war Stammgefängnis für Marinegefangene, weshalb hier einige der bereits im Verlauf der Matrosenaufstände aus dem Jahr 1917 Verhafteten inhaftiert waren. Die Matrosen hatten daher

5 Die Revolution in Köln

Auf der Massenkundgebung auf dem Neumarkt am Morgen des 8. November hielten Sollmann und weitere Vertreter beider sozialistischer Parteien Ansprachen vor der hauptsächlich aus Matrosen und Soldaten bestehenden Menge und verkündeten die vorher gemeinsam von MSPD und USPD vereinbarten Forderungen, die durch lautstarken Beifall angenommen wurden:

> »1. Sofortiger Friede. 2. Vereidigung des Heeres auf die Verfassung. 3. Freilassung sämtlicher politischer Gefangenen. 4. Abschaffung aller Dynastien im Deutschen Reiche. 5. Einstellung aller militärischen Einberufungen. 6. Annullierung der Kriegsanleihen. 7. Abschaffung des militärischen Grußes.«[217]

Zudem wurde die vorher ausgehandelte Zusammensetzung des Arbeiter- und Soldatenrats bekannt gegeben.[218] Nach Einberufung zweier Versammlungen für den Mittag begab sich Sollmann mit Parteikollegen zum Gouverneur, wo er auch auf einen Offizier aus dem Großen Hauptquartier traf.[219] Auf die vorgetragenen Forderungen der Versammlung musste der Gouverneur bekennen, dass ihm keine Truppen zur Ver-

---

Anlass zu der Vermutung, dass auch die zuletzt verhafteten Kameraden in Köln einsaßen. In der Befreiung der Inhaftierten ist wohl auch der Hauptgrund zu sehen, warum die Kieler Matrosen Köln als eines ihrer ersten Ziele aufsuchten. Sowohl die Kölner Sozialdemokraten als auch der Gouverneur kalkulierten dies anscheinend nicht ein. Vgl. Faust: Sozialer Burgfrieden, S. 252 f. Auch Sollmann rechnete nicht mit dieser Entwicklung und fand auch in der Rückschau keine Erklärung dafür. Weder in seiner Broschüre noch in anderen Erinnerungen erkannte er dies als Versäumnis. Er berichtet lediglich, er habe gegen fünf Uhr morgens aus seinem Fenster den Zug der Menschen gesehen, die die Gefangenen befreit haben. Sollmann: Revolution, S. 8; ders.: Blitzlichter im Nebeltage, in: RZ Nr. 262, 9. November 1921. Bernhard Falk, Vorsitzender der liberalen Stadtverordnetenfraktion, berichtet später, Sollmann habe am Abend des 7. November nach einer Sitzung im Rathaus gesagt: »Wir wollen ruhig schlafen gehen, ich glaube nicht, daß etwas zu befürchten ist.« VStVK 2. Januar 1919, S. 24. Vgl. auch die Bemerkungen dazu in den Erinnerungen Falks. Stalmann (Bearb.): Bernhard Falk, S. 259.

217 RZ Nr. 262, 9. November 1918. Die Wiedergabe der Forderungen differiert in den Quellen, ohne grundsätzlich voneinander abzuweichen. Vgl. Metzmacher: Novemberumsturz, S. 177. Sollmann war an der Ausarbeitung nicht beteiligt, weil er sich in den Morgenstunden in der Redaktion der RZ aufhielt. Ebd., S. 9 f. In der Besprechung am Morgen des 8. November war es zu einigen Unstimmigkeiten gekommen, die von den Mehrheitssozialdemokraten schließlich mit der Drohung beendet wurden, notfalls ohne die Unabhängigen zu agieren. Man einigte sich auf einen paritätisch besetzten Arbeiter- und Soldatenrat, dem je sechs Vertreter beider Parteien, darunter Sollmann angehörten. Runge: Am 7. und 8. November 1918, in: RZ Nr. 262, 9. November 1921; Metzmacher: Novemberumsturz, S. 174 f.; Sollmann: Revolution, S. 10.

218 Von einer Wahl des Rates kann man daher nicht sprechen. Sollmann berichtet zwar, der Rat sei auf dem Neumarkt gewählt worden, tatsächlich wurde aber nur die ausgehandelte Zusammensetzung bestätigt. Vgl. Sollmann: Revolution, S. 10. Diese Entstehung des ASR ist vor allem für Großstädte spezifisch. Vgl. Kolb: Arbeiterräte, S. 91 f.

219 Major von Jahreis war aus dem Großen Hauptquartier nach Köln entsandt worden, um die Lage zu sondieren. Vgl. Groener: Lebenserinnerungen S. 452.

fügung ständen, um den Aufstand niederzuschlagen.[220] Da auch Oberbürgermeister Adenauer angesichts der nicht mehr von den Behörden zu kontrollierenden Verhältnisse zur Kooperation bereit war, stand dem Arbeiter- und Soldatenrat kein Widerstand mehr entgegen.[221] Innerhalb von nur rund zwei Tagen hatte sich die gesamte öffentliche Ordnung in Köln aufgelöst und es lag jetzt in der Hand des neu gebildeten Rats, die Situation unter Kontrolle zu bekommen.[222]

Am Nachmittag fand die konstituierende Sitzung statt. Neben dem Vorstand wurden sieben Kommissionen gebildet und eine Erklärung an die Kölner Bevölkerung verabschiedet. Umgehend nahm man die Arbeit auf.[223] Noch während der Sitzung wurde Sollmann erneut beim Gouverneur vorstellig. Der mit der Situation völlig überforderte Generalleutnant Kruge ließ sich schließlich von Sollmann die Zusage abringen, alle Truppenteile den zivilen Behörden für den Sicherheitsdienst zur Verfügung zu stellen.[224] Dies war ein wichtiger Schritt, weil angesichts der chaotischen Zustände in der Stadt die volle Konzentration des Arbeiter- und Soldatenrats der

---

220 Zwar rückten Truppen an, um das Gouvernement zu beschützen, aber laut Sollmann machten diese nicht den Eindruck, als ob sie bereit wären, sich gegen das Volk zu wenden. Sollmann: Revolution, S. 10. Sollmann berichtet auch, angesichts der Offiziere sei ihm die Bedeutung der Situation erst bewusst geworden. Da er über keinerlei reale Macht verfügte und lediglich Forderungen vorbringen konnte, habe er auch seine Verhaftung einkalkuliert. Die Offiziere hätten aber in einer Mischung aus Resignation und Wut seinen Auftritt hingenommen. Sollmann: Blitzlichter.
221 Adenauer stellte dem Rat Räume im Rathaus zur Verfügung. Metzmacher: Novemberumsturz, S. 178. Sollmann: Revolution, S. 11. Sollmann berichtet, das Gespräch mit Adenauer habe nur eine Minute gedauert: »Adenauers politischer Sinn weiß seit Tagen, was kommen muß.« Sollmann: Blitzlichter. Auf den Massenkundgebungen am Mittag war die Zusammensetzung des Rates von der Menge angenommen und durch Zuwahl von sechs Soldatenvertretern der Arbeiter- und Soldatenrat vorerst gebildet. Metzmacher: Novemberumsturz, S. 179.
222 Da die Matrosen nicht nur ihre Kameraden, sondern sämtliche Insassen der Gefängnisse freigelassen hatten, befanden sich allerlei Kriminelle auf freiem Fuß, die ein nicht unerhebliches Gefährdungspotenzial darstellten. Im Verlaufe des 8. November kam es zu zahlreichen Plünderungen. Schäfer: Tagebuchblätter, S. 16 f.; Weymar: Adenauer, S. 63. Sollmann berichtet von einem »heillosen Durcheinander«. Sollmann: Revolution, S. 13.
223 Dem Vorstand gehörten Runge und Schulte von der MSPD und Fuchsius von der USPD an. An Kommissionen gab es: Öffentliche Sicherheit, Verpflegung und Unterkunft, Einkleidung und Abtransport, Presse, Sanitärer Dienst, Finanzen und Verkehr. Sollmann war zunächst nur Mitglied der Kommission für Verpflegung und Unterkunft, bereits am nächsten Tag wurde er aber auch als Mitglied der Pressekommission aufgeführt. Protokoll des ASR vom 8. November, abgedr. bei Neidiger: Der Kölner Arbeiter- und Soldatenrat, S. 93-95. RZ Nr. 262, 9. November 1918. Der ASR begann sofort durch Ausgabe von Ausweisen und Passierscheinen und Anfertigung von Stempeln organisatorische Maßnahmen zu ergreifen. Sollmann: Revolution, S. 11 f.
224 Sollmann interpretierte dies als Abdankung des Gouverneurs. Protokoll des ASR, abgedr. bei Neidiger: Der Kölner Arbeiter- und Soldatenrat, S. 94; Sollmann: Revolution, S. 12. Köln als Festungsstadt verfügte mit 60.000 Mann über eine erhebliche Truppenstärke. Am Nachmittag des 8. November hatte sich aber laut Sollmann fast die gesamte 60.000 Mann starke Garnison aufgelöst. Sollmann: Revolution, S. 9, 11 f. Dies berichtet auch der Kölner Stadtanzeiger. KStA Nr. 523, 9. November 1918. Spätestens am Abend des 8. Novembers befand sich daher die Garnison in der Hand von aufständischen Truppenteilen. Vgl. Kluge: Soldatenräte, S. 66.

Wiederherstellung der öffentlichen Sicherheit galt, was auch das zentrale Ziel seiner Tätigkeit blieb.[225]

Im Laufe des 9. November setzte sich die Revolution in Köln endgültig durch. Nach der Erklärung der Vertreter aller in Köln stationierten Truppen, den Anweisungen des Arbeiter- und Soldatenrats Folge zu leisten[226], traf auch die Nachricht von der Abdankung des Kaisers und der Ernennung Eberts zum Reichskanzler in Köln ein. Daraufhin erkannte der Gouverneur Kruge den Rat offiziell an und war kooperationsbereit. Auch die Polizeibehörden erklärten sich jetzt zur Zusammenarbeit bereit und übernahmen gemeinsam mit dem Sicherheitsdienst des Rats die Überwachung der öffentlichen Ordnung.[227] Am Nachtmittag des 9. November fand unter der Leitung von Sollmann als Vorsitzender des Presseausschusses des Arbeiter- und Soldatenrats eine Pressekonferenz statt, in der er eine vorläufige Bilanz der revolutionären Ereignisse zog und die weiteren Aufgaben skizzierte.[228] Angesichts der Geschehnisse hätte es für die Sozialdemokratie keine andere Wahl gegeben, als sich an die Spitze der Bewegung zu setzen und Ruhe und Ordnung zu schaffen. Der Arbeiter- und Soldatenrat habe lediglich transitorischen Charakter bis zur Etablierung einer neuen Zentralgewalt:

»Es entstand für die Sozialdemokratie die Frage: soll sie der so spontan entstandenen Bewegung jede Mitwirkung versagen, oder sollte sie versuchen, sie in ge-

---

225 Nahezu alle Aufrufe, Kundgebungen und Verordnungen drehten sich um diesen Aspekt. Vgl. bspw. die Aufrufe vom 8. und 9. November 1918, abgedr. bei Sollmann: Revolution, S. 11, RZ Nr. 262, 9 November 1918. Siehe dazu auch die Sitzungsprotokolle des ASR und des später gebildeten Aktionsausschusses, abgedr. bei Neidiger: Kölner Arbeiter- und Soldatenrat, S. 93-160. Sollmann bemerkte selbstironisch über den Kölner ASR: »Unsre erste Sorge galt, wie es echten Deutschen auch in einer großen Revolution geziemt, der Wiederherstellung und Aufrechthaltung der Ordnung.« Sollmann: Revolution, S. 11. Dies entsprach der grundsätzlichen Haltung der von der MSPD dominierten Räte. Vgl. Lehnert: Novemberrevolution, S. 70; Miller: Bürde der Macht, S. 122 f.

226 Der Arbeiter- und Soldatenrat hatte noch in der Nacht per Funkspruch alle Truppen in Köln und Umgebung aufgefordert, je zwei Vertreter zu einer Versammlung im Hansasaal zu entsenden. RZ Nr. 262, 9. November 1918.

227 KStA 9. November 1918. Kaiser und Kronprinz hatten am 9. November auf den Thron verzichtet und Prinz Max von Baden hatte die Reichskanzlerschaft an Friedrich Ebert übergeben. Sollmann überschätzt die Bedeutung Kölns, wenn er davon spricht, die Vorgänge am Rhein seien »für das Große Hauptquartier und die ganze Westfront von unabsehbarer Bedeutung« gewesen. »Sie führten zu weltgeschichtlichen Beratungen und Beschlüssen im Großen Hauptquartier. Es waren diese Stunden, in denen sich der Kaiser zu Abdankung entschloß.« Sollmann: Revolution, S. 17. Für die Einschätzung der Gesamtsituation im Großen Hauptquartier hatte Köln als Brückenkopf und Festungsstadt mit wichtigen Rheinübergängen sicherlich Bedeutung und Major von Jahreis hat auch die positive Wirkung der Gründung des ASR auf die Aufrechthaltung der Ordnung betont. Vgl. Groener: Lebenserinnerungen, S. 452; Rakenius: Groener, S. 67; Kluge: Soldatenräte, S. 130 f. Aber die von Sollmann konstruierten Zusammenhänge überschätzen den Einfluss der Kölner Ereignisse. Vgl. Metzmacher: Novemberumsturz, S. 189 f., der die Kölner Entwicklung nur als ein Puzzleteil im Gesamtbild interpretiert.

228 RZ Sonderausgabe, 10. November 1918.

ordnete Bahnen zu lenken? [...] Diese Entscheidung war in der Tat die einzige Rettung vor der wildbewegten, vielleicht mit Blut getauften Anarchie, zumal der Gouverneur keinerlei Macht und Autorität mehr hatte; keine Truppe folgte ihm mehr. Jetzt ist der Arbeiter- und Soldatenrat Inhaber der militärischen Macht. Er will sich ihrer bedienen im Interesse der öffentlichen Sicherheit [...]. Der Arbeiter- und Soldatenrat will seine Funktion solange behalten, solange wir keine Zentralgewalt haben. [...] Hat sich das neue Deutschland eine neue Verfassung gegeben, ist die deutsche Republik als Zentralmacht etabliert, dann werden die Arbeiter- und Soldatenräte abtreten; ihre Mission ist in dem Augenblick erfüllt, wenn der neue Verwaltungskörper arbeiten wird. Inzwischen geht die Bitte an alle Behörden, alle Beamten, ruhig weiter im Dienste der Allgemeinheit auf ihrem Posten zu wirken. [...] Von Köln aus kann der Sozialismus nicht proklamiert werden.«[229]

Kaum war man im Besitz der Macht, dachte die Kölner Parteiführung schon daran, sie alsbald wieder abzugeben. Der Arbeiter- und Soldatenrat war für sie nur Mittel zum Zweck zur Aufrechterhaltung der öffentlichen Sicherheit und kein politisches Modell zum Umbau der staatlichen Ordnung. Alle Erwartungen richteten sich in diesem Zusammenhang auf die Nationalversammlung und die deutsche Republik.

Wie wenig den Kölner Sozialdemokraten an einer alleinigen Herrschaft in der Domstadt gelegen war, zeigen die Umgestaltungen des Rates in den folgenden Tagen. Am 10. November wurden zunächst sechs Vertreter der Gewerkschaften in den Rat aufgenommen. Weiterhin entsandte man zu allen wichtigen Behörden einen Vertreter des Rats, der die leitenden Beamten kontrollieren sollte.[230] Zudem wurde als neues Leitungsgremium ein Aktions-Ausschuss eingerichtet, der nach anfänglichen Unstimmigkeiten schließlich von je fünf Mitgliedern von MSPD und USPD gebildet wurde, darunter Sollmann.[231] Bedeutender als diese Maßnahmen war jedoch die Entscheidung zur Gründung des Wohlfahrtsausschusses noch am gleichen Tag. Dieser Ausschuss sollte unter Vorsitz von Oberbürgermeister Adenauer mit Vertretern aller Parteien besetzt sein; es sollte auch eine Bürgerwehr gegründet werden. Nach Rücksprache mit Adenauer, der durchsetzen konnte, die Bürgerwehr nicht dem Rat, sondern dem Wohlfahrtsausschuss zu unterstellen, einigte man sich gegen den Wil-

---

229 Ebd.
230 Es handelte sich bei den neuen Funktionsträgern fast ausschließlich um Mehrheitssozialdemokraten, worin sich das Kräfteverhältnis der beiden Parteien in Köln widerspiegelt und sich auch in den weiteren Maßnahmen des Rats noch auswirken sollte. Zur Zusammensetzung der »Volksbeauftragten« siehe Sollmann: Revolution, S. 16. Zur Tätigkeit dieser siehe Neidiger: Kölner Arbeiter- und Soldatenrat, S. 26-28.
231 Ebd. Im Protokoll des ASR vom 14. November 1918, abgedr. bei Neidiger: Der Kölner Arbeiter- und Soldatenrat, S. 96, ist fälschlicherweise von dem Mitglied Frings die Rede. Wie bei Sollmann aufgeführt, handelt es sich jedoch um den Genossen Fries (USPD). Zu den Mitgliedern zählte nun auch Sollmanns früherer Weggefährte und mittlerweile Gegner Walter Stoecker.

len der Unabhängigen auf eine paritätische Besetzung mit sozialdemokratischen und bürgerlichen Vertretern. Neben Sollmann und sechs weiteren Sozialdemokraten gehörten Adenauer als Vorsitzender, Falk (Liberale) und Mönnig (Zentrum) als Führer der bürgerlichen Stadtratsfraktionen, Jakob Kaiser als Vertreter der christlichen Gewerkschaften, der Generaldirektor Becker als Vertreter der Arbeitgeber, Regierungspräsident von Starck und der Gouverneur dem Gremium an.[232] Da die Aufgabengebiete sich weitgehend überschnitten und auch die zu bildende Bürgerwehr unter der Aufsicht des Wohlfahrtsausschusses stehen sollte, hatte der Arbeiter- und Soldatenrat, nur wenige Tage nachdem er die Macht übernommen hatte, freiwillig alle wichtigen Kompetenzen abgegeben.[233] Wie es bereits von Sollmann am 8. November angeführt wurde, begriff man den Arbeiter- und Soldatenrat nicht als Herrschaftsinstrument. Vielmehr suchte man so schnell wie möglich die Zusammenarbeit mit dem Oberbürgermeister und den bürgerlichen Kräften, um gemeinsam die anstehenden Aufgaben anzugehen, denen man sich alleine nicht gewachsen sah.[234] Die besondere Rolle von Köln als westlicher Verkehrsknotenpunkt für die nächsten Wochen war auch der Obersten Heeresleitung bewusst. Noch am Abend des 10. November begab sich Sollmann zusammen mit Fuchsius und Schulte in das Große Hauptquartier nach Spa. Hindenburg hatte eine Kölner Abordnung des Kölner Arbeiter- und Soldatenrates eingeladen, um die Organisation des Truppendurchmarschs zu besprechen.[235]

---

232 Die Initiative dazu ging vom Mehrheitssozialisten Heinrich Schäfer mit der Begründung aus, der ASR könne die Verantwortung für die anstehenden Aufgaben, vor allem die Bewältigung des Truppenrückzugs, nicht alleine tragen. Schäfer: Tagebuchblätter, S. 24. Die anderen Mehrheitssozialdemokraten teilten offenbar diese Meinung. Sollmann schreibt in seiner Broschüre: »Insbesondere galt es, für die gewaltigen wirtschaftlichen Aufgaben während des Durchmarsches der zurückflutenden Heere eine möglichste Zusammenfassung der Kräfte herbeizuführen, und deshalb beschloß der A.-S.-Rat schon am 10. November die Gründung eines Wohlfahrtsausschusses […].« Sollmann Revolution, S. 17. Zur Zusammensetzung siehe ebd.; RZ Nr. 264, 12. November 1918; KStA Nr. 12. November 1918.
233 Aufgabenbereiche des Wohlfahrtsausschusses waren: Öffentliche Sicherheit, Verkehr und Transport, Verpflegung und Unterkunft, Gesundheitswesen. Vgl. RZ Nr. 264, 12. November 1918; KStA Nr. 527, 12. November 1918. Der Wohlfahrtsausschuss ist kein Kölner Spezifikum, sondern findet sich auch in anderen Städten. Stets arbeiteten in diesen Ausschüssen Sozialdemokraten und Vertreter der bürgerlichen Parteien zusammen. Vgl. Brandt/Rürup: Arbeiterräte, S. LXI f., LXV-LXVIII.
234 Dies wurde dadurch befördert, dass die Arbeit des ASR anfangs von den Behörden und bürgerlichen Kräften durchaus gelobt und unterstützt wurde. Vgl. LA 9. November 1918; LA 11. November 1918; RZ Nr. 264, 12. November 1918; RP Köln an MdI vom 14. November 1918, LHAK 403/13570. Auch der Rat der Volksbeauftragten betonte, dass »in Köln die ungeheure Katastrophe und das Chaos vermieden worden sind, die durch die planlos zurückflutenden Truppenteile und die aus Furcht vor Internierung fliehenden, im militärpflichtigen Alter stehenden Zivilpersonen zu entstehen drohte. […] Das Verhalten des A.-S.-Rates Köln in dieser Angelegenheit ist für sämtliche A.-S.-Räte vorbildlich.« RZ Nr. 267, 15. November 1918; Sollmann: Revolution, S. 17.
235 Sollmann: Revolution, S. 16; ders.: Die rote Fahne im Großen Hauptquartier, in: RZ Nr. 266, 14. November 1918; ders.: Kaiser und Revolution, in: RZ Nr. 263, 9. November 1922; RZ Nr. 263, 13. November 1918; KV 13. November 1918. In diesen Berichten findet sich auch die In-

Damit war ein brennendes Problem der kommenden Wochen zumindest vorerst geklärt worden. In Köln tagte am 14. November erstmals der umgebildete Arbeiter- und Soldatenrat. Auf Initiative von Schäfer und Sollmann wurde in der Sitzung eine Resolution angenommen, die Sollmann als »Grundgesetz der Revolution in Köln« bezeichnete:

> »Der A.-S.-Rat Kölns erklärt sich mit den Kundgebungen der sozialdemokratischen Regierung einverstanden. Er hält daran fest, daß die Organisation des A.-S.-Rates nur vorübergehend sein kann. Die endgültige innerpolitische Gestaltung Deutschlands muß Sache der Nationalversammlung sein. Jede Diktatur ist abzulehnen.«[236]

Damit hatte man allen möglichen Hoffnungen vonseiten der USPD, den Rat als politisches Machtmittel des Proletariats zu etablieren, endgültig eine Absage erteilt. Es ist bezeichnend für die Schwäche der Kölner Unabhängigen, dass dieser Beschluss einstimmig angenommen wurde.[237] Diese Resolution bildet im Grunde den Abschluss der Revolution in Köln. Bei den Mehrheitssozialdemokraten richtete sich die Aufmerksamkeit hinsichtlich der innenpolitischen Neugestaltung fortan ganz auf die Nationalversammlung.[238] Vergleichsweise früh war damit die Revolution in Köln

---

formation, das Große Hauptquartier habe an die Truppen den Befehl erlassen, »Soldatenräte nach Kölner Muster« zu bilden. Dafür gibt es aber keinen Beleg. Der Befehl Hindenburgs zur Bildung von Vertrauensräten im Feldheer vom 10. November enthält keinen Hinweis auf das angebliche Kölner Vorbild. Vgl. Berthold/Neef: Militarismus, S. 103 f. Auch in den Erinnerungen Wilhelm Groeners, seit Ende Oktober 1918 Nachfolger Ludendorffs als Erster Generalquartiermeister der OHL, fehlt hinsichtlich der Erläuterung des Zustandekommens des Befehls ein solcher Bezug. Groener: Lebenserinnerungen, S. 469 f. Auch die Interpretation von Scheidemann, dass Sollmann die Bildung eines ASR bei der OHL organisiert hätte, ist falsch. Vgl. Scheidemann: Memoiren, S. 323.

236 Sollmann: Revolution, S. 18; RZ Nr. 267, 15. November 1918; Schäfer: Tagebuchblätter, S. 24.

237 Nach der anfänglichen Zusammenarbeit wurden spätestens mit der Gründung des Wohlfahrtsausschusses die Differenzen zwischen den Vertretern von MSPD und USPD deutlich. Letztere konnte aber aufgrund ihrer organisatorischen Schwäche und fehlenden Führungspersönlichkeiten ihre Interessen nicht durchsetzen. Sie verfügte wie die USPD insgesamt über keine klare Strategie. Vgl. Neidiger: Kölner Arbeiter- und Soldatenrat, S. 58-66; Metzmacher: Novemberumsturz, S. 261; Miller: Bürde der Macht, S. 203-207; dies.: USPD. Für die Überlegenheit der MSPD spielte wieder die Presse eine zentrale Rolle. Sollmann konnte als Vorsitzender der Pressekommission mithilfe der RZ die Außendarstellung des ASR ganz in seinem Sinne beeinflussen. Zum Verhältnis von MSPD und USPD in Köln in der Revolution siehe Faust: Sozialer Burgfrieden, S. 269-274, 290-298.

238 Bezeichnenderweise endet Sollmanns Darstellung der Revolution mit dem Beschluss des ASR vom 14. November. Die letzten Seiten seines Berichts sind nicht mehr dem Ereignisablauf gewidmet. Auch die Tatsache, dass er den Bericht bereits am 23. November verfasste, spricht dafür, dass die Revolution für ihn bereits beendet war. Vgl. Sollmann: Revolution, S. 13, 18-20. Bereits die Parteiversammlungen am 17. November standen ganz im Zeichen des bevorstehenden Wahlkampfs für die Nationalversammlung. Vgl. RZ Nr. 269, 18. November 1918.

beendet worden. Dies lag in erster Linie an dem Einfluss von Sollmann und seinen Parteikollegen, deren oberstes Ziel die Gewährleistung eines kontrollierten Übergangs zur Republik unter Einbeziehung der bürgerlichen Kräfte war.[239]

Die Mehrheitssozialisten hatten durch die Gründung des Wohlfahrtsausschusses freiwillig wichtige Kompetenzen des Arbeiter- und Soldatenrats abgetreten und damit seine Stellung geschwächt. In den folgenden Wochen erhöhte sich aber auch der Druck von außen, was zu einem schnellen Bedeutungsverlust des Rats beitrug. Kaum hatte sich die Lage in Köln beruhigt, wandelte sich die anfängliche Unterstützung und Anerkennung des Rats seitens der bürgerlichen Kräfte in eine immer deutlichere Kritik an den revolutionären Vorgängen und allen Personen, die man damit in Zusammenhang brachte.[240] Es waren in erster Linie die Zentrumsblätter, die einen Frontalangriff gegen die Sozialdemokraten starteten. Diesen wurde unterstellt, sie hätten der Revolution seit Jahren Vorschub geleistet und diese auch durchgeführt. Darüber hinaus erhob man nicht nur Vorwürfe wegen angeblicher Korruption und Unterschlagung, Machtmissbrauch und Zusammenarbeit mit Spartakus-Anhängern, bald waren sie auch verantwortlich für die wirtschaftlichen Probleme, die Waffenstillstandsbedingungen und die deutsche Niederlage. Die Kölner MSPD versuchte sich gegen diese Vorwürfe zur Wehr zu setzen[241], aber aus einer defensiven Position heraus, aus der sie sich nicht mehr befreien konnte. Das Problem war, dass ihre Exponenten wie Sollmann stets verkündet hatten, die Oktoberreformen hätten jede Revolution überflüssig gemacht. Die Sozialdemokraten hatten die Revolution nicht gewünscht, sich aber in dem Moment, indem es darauf ankam, nicht der Verantwortung entzogen. Sie standen vor dem Dilemma, für eine Revolution eintreten zu müssen, die sie nicht gewollt hatten. Diesen Widerspruch konnten sie nicht lösen.

Eine nicht unerhebliche Unterstützung erfuhr die Kampagne gegen die Sozialdemokraten durch den Rückmarsch der Truppen, die Köln zwischen dem 23. November und 3. Dezember passierten. Die von der Kölner Bevölkerung in der mit reichsdeutschen und preußischen Flaggen geschmückten Stadt feierlich und unter Jubel empfangenen Soldaten waren alles andere als revolutionär gestimmt. Mehrfach hielten Regimenter Paraden vor dem Dom ab und brachten ein Hoch auf den Kaiser aus. Symbole der Revolution wie die roten Fahnen wurden auch mit Gewalt entfernt.[242]

---

239 Auch Miller sieht in den Persönlichkeiten Sollmanns und Meerfelds den Grund für »die Effektivität des Kölner- Arbeiter- und Soldatenrats«. Die Interpretation, dies beruhe darauf, dass man mit der USPD »einen guten Modus vivendi« fand, ist allerdings falsch. Die MSPD-Führer setzten ihre Positionen gegenüber der USPD durch, weshalb die Unabhängigen im Kölner ASR nach wenigen Tagen keine Rolle mehr spielten.
240 Bereits am 17. November protestierte die Kölner Zentrumspartei in einem Telegramm an Reichskanzler Ebert gegen die »Diktatur der Arbeiter- und Soldatenräte«. LA 18. November 1918.
241 Vgl. bspw. RZ Nr. 278, 29. November 1918.
242 KStA Nr. 552, 28. November 1918; RZ Nr. 276, 27. November 1918; Sollmann: Blitzlichter im Nebeltage, in: RZ Nr. 262, 9. November 1921. Es machten auch Gerüchte die Runde, die Absetzung des ASR werde von Offizieren vorbereitet. RZ Nr. 276, 27. November 1918.

In Köln wogte in diesen Tagen noch einmal die nationale Begeisterung hoch, die aber von dem Bewusstsein der Niederlage gedämpft wurde. Der Revolution konnte in dieser Stimmung kaum jemand etwas abgewinnen.

Letztlich führten die andauernden Provokationen durch die Truppen, gegen die man keine Handhabe hatte[243], der mühselige Flaggenstreit[244], die fortlaufenden Anschuldigungen aus der Zentrumspresse und die eigene Hilflosigkeit dazu, dass der Kölner Arbeiter- und Soldatenrat Anfang Dezember bedeutungslos geworden war. Seine Auflösung schien auch infolge der bevorstehenden Besetzung durch englische Truppen besiegelt und angesichts seiner Machtlosigkeit wäre es der Kölner MSPD wohl nicht unrecht gewesen, wenn die Briten diesbezüglich sofort zur Tat geschritten wären.[245] Allerdings war die Vorgehensweise der britischen Besatzungsoffiziere so missverständlich, dass für einige Wochen ein Schwebezustand herrschte.[246] Erst am 21. Dezember veröffentlichte die Rheinische Zeitung eine durch den Regierungspräsidenten bereits am 14. Dezember erlassene, aber erst nachträglich durch den britischen Generalgouverneur gebilligte Verfügung:

»Der britische Generalgouverneur hat angeordnet, daß sich in den von den britischen Truppen besetzten Gebieten die A.-S.-Räte jeglicher Einwirkung auf die Staats- und Kommunalbehörden sowie die Einmischung in Verwaltungsangele-

---

243 In einem Flugblatt, das vor dem Eintreffen in der Stadt verteilt werden sollte, appellierte man an die Soldaten, sich gegenüber dem ASR und den Revolutionsanhängern tolerant zu verhalten. RZ Nr. 278, 29. November 1918. Das Flugblatt ist abgedruckt bei Neidiger: Kölner Arbeiter- und Soldatenrat, S. 173 f. Es verfehlte aber seine Wirkung. Die Hilflosigkeit gegenüber dem Verhalten der durchziehenden Truppen zeigt sich in der offensichtlich leeren Androhung, dem ASR stehe »die gesamte, in den Vororten untergebrachte immobile Besatzung mit hinreichenden Maschinengewehren und Munition zur Verfügung«. KStA 28. November 1918.
244 Hindenburg hatte das Tragen roter Fahnen und Abzeichen im Heer unter der Androhung strengster Strafen verboten. Dagegen protestierte der Kölner ASR bei der OHL und der Reichsregierung. Protokoll des Aktionsausschusses, abgedr. bei Neidiger: Kölner Arbeiter- und Soldatenrat, S. 135; RZ Nr. 276, 27. November 1918. Dagegen protestierten die Kölner Beamten- und Angestelltenvereine gegen das Einholen der »vaterländischen« Fahnen auf Regierungspräsidium und Rathaus unter der Androhung eines Streiks. RZ Nr. 274, 25. November 1918; Protokoll des Aktionsausschusses, abgedr. bei Neidiger: Kölner Arbeiter- und Soldatenrat, S. 137 f.
245 Dies wird auch dadurch deutlich, dass bereits vor Eintreffen der Besatzungstruppen die überwiegende Zahl der den öffentlichen Ämtern zugeordneten Vertretern des ASR abgezogen wurden. Vgl. Protokoll des Aktionsausschusses, abgedr. bei Neidiger: Kölner Arbeiter- und Soldatenrat, S. 152. Die Besetzung erfolgte auf Grundlage des Waffenstillstandsabkommens vom 11. November 1918, das eine Besetzung des linksrheinischen Gebiets mit den Brückenköpfen Köln, Koblenz und Mainz durch englische, französische und belgische Truppen beinhaltete, die die Oberhoheit über die örtliche Verwaltung ausüben sollten. Die Einteilung der Zonen erfolgte gemäß der Stellung der Truppen an der Front, sodass den Engländern das Kölner Gebiet zugeteilt wurde. Marhefka/Hammerstein: Waffenstillstandsabkommen, S. 75. Zur englischen Besetzung Kölns siehe auch Recker: Adenauer und die englische Besatzungsmacht.
246 Siehe dazu Faust: Sozialer Burgfrieden, S. 306-308.

genheiten zu enthalten haben. Hiernach haben die A.-S.-Räte ihre gesamte hierauf bezügliche Tätigkeit unverzüglich einzustellen und sich auch der Benutzung staatlicher und kommunaler Gebäude und Einrichtungen zu enthalten.«[247]

Damit war der Arbeiter- und Soldatenrat förmlich zwar nicht aufgelöst, aber faktisch trat er nicht mehr in Erscheinung.[248] Sollmann und seine Parteikollegen werden eher erleichtert gewesen sein, dass Klarheit herrschte. Im Grunde hatten sie auch ihr Ziel erreicht, wie Heinrich Schäfer Anfang Dezember auf der ersten Mitgliederversammlung nach der Revolution bilanzierte:

»Es lag im Interesse der gesamten Bürgerschaft von Köln, daß wir uns an die Spitze der Kölner revolutionären Bewegung stellten. […] Mit der Monarchie, dem Militarismus, dem Obrigkeitsstaat und der Junkerherrschaft ist es endgültig vorbei. Dagegen haben sich die Gewerkschaften durchgesetzt und wichtige sozialpolitische Errungenschaften hereingebracht. Was uns übrig bleibt, ist die Sozialisierung der Produktionsmittel und die Verwirklichung unserer kulturpolitischen Ideale. Hierzu bedürfen wir des Auftrags der Volksmehrheit. Überstürztes Handeln, zumal auf dem Wege des Dekretierens, schafft Verwirrung und bedroht den Frieden im inneren und nach außen.«[249]

Die ganze Konzentration konnte jetzt auf die Wahlen zur Nationalversammlung gerichtet werden.

6 Revolutionär wider Willen: Wilhelm Sollmann und der Systemwechsel in Köln

Betrachtet man die Beurteilung Wilhelm Sollmanns, der sich von Beginn an entschlossen an die Spitze der revolutionären Bewegung in Köln gestellt hatte, so wird ersichtlich, dass ihm die Ereignisse nicht nur fremd waren, sondern er sie sogar als ein Desaster empfand:

---

247 RZ Nr. 297, 21. Dezember 1918.
248 Der Rat trat nach dem 18. Dezember 1918 nur noch ein einziges Mal am 17. März 1919 zusammen, um die Delegierten für den zweiten Reichsrätekongress zu wählen. Vgl. Neidiger: Kölner Arbeiter- und Soldatenrat, S. 101 f., 160. Sollmann wies in der Stadtratssitzung am 2. Januar 1919 daraufhin, dass der Rat nicht aufgelöst sei, die Besatzungsbehörden lehnten es nur ab, mit ihm zu verhandeln. VStVK 2. Januar 1919, S. 15 f. Eine formelle Auflösung durch die Besatzungsbehörden erfolgte auch nicht mehr.
249 RZ Nr. 283, 5. Dezember 1918. Mit den sozialpolitischen Errungenschaften sind wohl die Vereinbarungen in dem von den Kölner Metallgewerkschaften ausgehandelten Tarifvertrag gemeint, der die Einführung des Achtstundentags regelte. Vgl. RZ Nr. 281, 3. Dezember 1918.

»Wir empfanden nicht nur das nationale Unglück Deutschlands, sondern sahen auch die furchtbare Tragödie, die auf dem größten Trümmerhaufen sich vollzog, den jemals der Kapitalismus aufgetürmt hatte. Es war nicht ein Ausbruch der großen sozialistischen Geistesbewegung, die in Jahrzehnten im Strome der wirtschaftlichen Entwicklung die Massen für die große soziale Umwälzung geschult hatte, es war ein Zusammenbruch, eine Erschlaffung, eine Auflösung.«[250]

Wie erklärt sich diese negative Beurteilung, die angesichts des in Köln vergleichsweise ruhigen und geordneten Verlaufs der Revolution erstaunlich erscheint?

Zunächst einmal stand Sollmann Revolutionen grundsätzlich skeptisch gegenüber.[251] Unter der sozialistischen Revolution hatte er sich jedenfalls, das belegen seine Äußerungen, etwas anderes vorgestellt. Sie sollte ein kultureller Akt sein, ein geistiger Aufbruch einer geschulten Masse, die einen konstruktiven Umbau der Gesellschaft anstrebt. Was er im November 1918 erlebte, schreckte ihn nur ab. Statt Zeuge eines Aufbruchs zu werden, hatten die Sozialdemokraten alle Hände voll zu tun, die chaotischen Zustände unter Kontrolle zu bringen.

Die Revolution war aus Sollmanns Sicht aber auch schädlich, weil sie die bisherigen Reformen gefährdete. Die entscheidenden Schritte waren für ihn mit den Oktoberreformen eingeleitet, die er mit den bereits zitierten Worten begrüßt hatte: »Die Revolution ist da.« Er hatte sich daran anschließend erhofft, »daß wir in deutscher Ordnung und Gründlichkeit vordringen zur deutschen Republik«[252]. Die November-

---

[250] RZ Nr. 258, 9. November 1920. Diese Gleichsetzung von Revolution und Zusammenbruch findet sich häufiger in der Beurteilung der Revolution bei MSPD-Mitgliedern. Vergleiche die bei Miller: Bürde der Macht, S. 101 zitierte Stellungnahme auf dem bayerischen Landesparteitag 1922: »Die Sozialdemokratie hat die Revolution weder gemacht noch gewollt. Aber als sie da war, hat sie ihre Pflichten dem Volk gegenüber dem Volk erfüllt. Wir haben uns mit an die Spitze gestellt, um aus dem Zusammenbruch zu retten, was zu retten war.« Die skeptische Beurteilung der revolutionären Ereignisse teilte er mit führenden Sozialdemokraten. Vgl. Löbe: Der Weg, S. 74; Mittag: Keil, S. 173.
[251] Er wies mehrfach darauf hin, dass er die Revolution nicht gewollte habe. So führte er im Dezember 1918 in der Stadtverordnetenversammlung aus: »Ich für meine Person und auch meine Freunde lehnen die Verantwortung für die Revolution durchaus ab. Wenn ich zu bestimmen gehabt hätte, wäre die Revolution nicht ausgebrochen, vor allen Dingen nicht zu dem gegenwärtigen Zeitpunkte.« VStVK 27. Dezember 1918, S. 427. In der Fortsetzung der Debatte ergänzte er: »Ich bin kein Freund von Revolutionen. Ich bin der Ansicht, daß die Revolution eine Krankheitserscheinung eines fiebernden Volkes ist, und wer die Revolution verhindern kann und tut es nicht, der ist nach meiner Ansicht ein Verbrecher. Aber die Fieberbazillen sind von andrer Seite ins Volk getragen worden. Das Volk war krank durch vier Jahre Krieg, und manchmal, wenn das Fieber zu hoch gestiegen ist, muß eine Radikalkur eintreten. Aber da kann man nicht Tag und Stunde bestimmen. Ich habe den Wunsch, daß die Revolution zu andrer Zeit gekommen wäre; nachdem sie aber nun einmal kam, konnten wir den Kopf nicht in den Sand stecken. Da mußten wir sorgen, daß dem Volke so wenig wie möglich Schaden aus ihr erwuchs, und das haben wir getan.« VStVK 2. Januar 1919, S. 19.
[252] RZ Nr. 249, 24. Oktober 1918.

revolution war aus dieser Sicht nur störend, weil sie diesen ruhigen Übergang gefährdete. Um diese Gefährdung abzuwenden, ergriff Sollmann bei den ersten Anzeichen einer revolutionären Bewegung die Initiative, um durch die Kontrolle der Ereignisse radikale Auswüchse zu verhindern. Sobald aber der Arbeiter- und Soldatenrat Herr der Lage war, holte man die kurzzeitig ausgeschalteten bürgerlichen Kräfte zurück ins Boot. Man war nicht bereit, die alleinige Verantwortung für die Bewältigung der Neuordnung zu übernehmen, eine charakteristische Haltung für die von der MSPD dominierten Arbeiter- und Soldatenräte.[253]

Die Revolution kam in Sollmanns Augen weder zum richtigen Zeitpunkt noch hatte sie das Potenzial für grundlegende gesellschaftliche und politische Veränderungen. Diese konnten aus seiner Sicht nur durch eine konsequente Reformpolitik erreicht werden. Für ihn bestand zu keinem Zeitpunkt die Frage, ob die Arbeiter- und Soldatenräte nicht auch als ein Mittel zur Durchsetzung dieser Reformen eingesetzt werden könnten. Dies war nicht allein eine unmittelbar vor Ort zu entscheidende Angelegenheit, sondern auch eine Frage prinzipieller Natur, ob die SPD-Führung willens war, auf die Benutzung der Räte zu diesem Zweck hinzuwirken. Aber Sollmann befand sich diesbezüglich im völligen Einklang mit der Parteiführung mit Friedrich Ebert an der Spitze.[254] An dieser Revolutionsinterpretation durch die sozialdemokratisch geführte Revolutionsregierung hat sich eine Forschungsdiskussion entzündet, die vor allem die Handlungsspielräume in den Wintermonaten 1918/19 in den Blick genommen hat. Anknüpfend an die These von Arthur Rosenberg, dass die Arbeiter- und Soldatenräte durchaus die Möglichkeit zur Gründung einer volkstümlichen Demokratie boten[255], hat sich aufbauend auf zahlreichen Detailstudien weitgehend die Meinung durchgesetzt, dass es die SPD versäumt hat, das demokratische Potenzial der Räte zu nutzen und eine wirkliche demokratische Neuordnung durchzuführen.[256] Auf dieser Grundlage ist man zu dem Ergebnis gekommen, dass die Revolution ihr Ziel verfehlt habe, weil »eine tiefgreifende demokratische Umgestaltung der politischen, sozialen und ökonomischen Verhältnisse« ausblieb und »die Befreiung der großen Masse des Volkes von politischen und sozialen Abhängigkeiten und die Begründung der Verfassung der Freiheit« nicht gelang.[257] Folgt man dieser Argumentation, so muss auch die Haltung der Kölner MSPD und insbesondere Soll-

---

253 Vgl. Winkler: Revolution, S. 64 f.
254 Sollmann und Ebert vertraten nahezu identische Standpunkte in ihrer Beurteilung der Revolution und hinsichtlich der Auffassung, dass die anstehenden Reformen Aufgabe des künftigen Parlaments waren. Vgl. dazu und zum Folgenden Mühlhausen: Ebert, S. 150-164, insb. S. 155, 163. Große Übereinstimmungen bestanden auch mit weiteren Sozialdemokraten, etwa Wilhelm Keil und Albert Grzesinski. Vgl. Mittag: Keil, S. 173-179; Albrecht: Grzesinski, S. 79-89.
255 Rosenberg: Weimarer Republik, S. 64.
256 Siehe dazu Kolb: Weimarer Republik, S. 166-178, insbesondere 172 f.; Kluge: Revolution, S. 14-32.
257 Rürup: Probleme, S. 50.

manns in den Revolutionstagen kritisch beurteilt werden. Er erscheint in dieser Sicht als einer der Vertreter der MSPD, denen eine »mangelnde Fähigkeit zur aktiven Improvisation« und der Mut »zum kühnen Wagnis« fehlten[258], weil er der Revolution skeptisch gegenüberstand und von Beginn an dafür eintrat, sie erst gar nicht zur Entfaltung kommen zu lassen. Fraglich ist, ob man damit der Situation in Köln und der daraus resultierenden Vorgehensweise der Parteifunktionäre gerecht wird. Zumindest setzt diese Sichtweise voraus, dass es Handlungsalternativen gab, die eine andere Entwicklung ermöglich hätten.

Betrachtet man Sollmanns Haltung in den Revolutionstagen, so kristallisieren sich vor allem zwei Leitlinien heraus, an denen er seine Strategie ausrichtete. Grundlegend für alle weiteren Schritte war für ihn die Etablierung der demokratischen Republik, die

> »Umwälzung des Obrigkeitsstaates in einen Freien Volksstaat und die Umwälzung der kapitalistischen Wirtschaft in die des Sozialismus.«[259]

Nur die Demokratie gewährleistete in seinen Augen die Möglichkeit, den Sozialismus in einem evolutionären Prozess zu verwirklichen, weil nur dort »die Regierung durch das Volk in der vernünftigsten, die Gesellschaft förderndsten Weise« möglich sei.[260] Das Ziel der Sozialisierung der Wirtschaft war für Sollmann ein Projekt der Zukunft, zu dessen Durchsetzung eine staatliche Stabilität notwendig war, die im Winter 1918/19 noch nicht bestand. Die Bevölkerung war zu diesem Zeitpunkt seiner Meinung nach noch nicht reif für die Sozialisierung, denn mit der sozialistischen Umstellung der Betriebe müsse auch das kapitalistische Denken in sozialistischen Gemeinschaftsgeist umgewandelt werden.[261] Diesen Weg konnte man aber nur gehen, wenn man dazu durch die Bevölkerung legitimiert wurde. In der Rheinischen Zeitung heißt es dazu:

---

258 So urteilt Kolb über die SPD-Führung. Kolb: Einleitung, S. 26.
259 RZ Nr. 249, 24. Oktober 1918.
260 So die Formulierung in der RZ, die Sollmann in seiner Revolutionsbroschüre als Beispiel für die Ziele der Sozialdemokratie zitiert. Vgl. Sollmann: Revolution, S. 18-20, hier 19. RZ Nr. 268, 16. November 1918.
261 RZ Nr. 258, 9. November 1920. Vgl. die bereits zitierte Passage aus der Rede am 23. Oktober: »Mit dem alten Kapitalismus ist es zu Ende, den Sozialismus aber kann man nicht proklamieren auf Tag und Stunde, wie trotz Marx und Kautsky immer noch Leute glauben, die sich für Sozialdemokraten halten. Der Sozialismus ist ein gesellschaftliches Werden, ein geschichtliches Entwicklungsprinzip, das wir Sozialisten handhaben müssen, um das Kapital unter die Botmäßigkeit der Arbeit zu bringen.« RZ 249, 24. Oktober 1918. Darin stimmte er auch mit dem führenden Theoretiker der USPD Rudolf Hilferding überein, der auf dem Reichsrätekongress ausführte, die neue Gesellschaftsordnung könne »nicht in einem Tage und nicht in einem Monat« erreicht werden. Allgemeiner Kongreß, Sp. 320.

»Dazu brauchen wir zunächst geordnete Verfassungszustände im Deutschen Reiche und eine Volksmehrheit, die dazu bereit ist, unsre Wege zu unsern Zielen mitzugehen.«[262]

Der Volksstaat und der Sozialismus sollten auf dem Wege demokratisch-parlamentarischer Entscheidungen erreicht werden. Bevor nicht die Nationalversammlung die innenpolitische Gestaltung Deutschlands geregelt hatte, sah Sollmann auch keine Legitimation für Entscheidungen über die zukünftige Gestaltung Deutschlands durch die Arbeiter- und Soldatenräte. In einem Artikel, der auch für Sollmanns Einstellung charakteristisch ist, begründete die Rheinische Zeitung das Verhältnis der Kölner MSPD zur Rätebewegung,

»Die Arbeiter- und Soldatenräte sind die revolutionäre Überleitung zur sozialen Republik. Solange sie herrschen, sind weite Volksschichten politisch einflußlos. Die Demokratie gebietet, diesen Zustand möglichst abzukürzen, mit größter Beschleunigung auf die Wahl der Nationalversammlung hinzuarbeiten. Es würde eine Preisgabe bisher feierlich verkündeter Grundsätze gleichkommen, wenn etwa versucht werden sollte, diesen Übergangszustand länger als nötig zu erhalten. In dem Augenblick, wo wir von unseren demokratischen Idealen auch nur um ein Weniges abrücken, legen wir die Axt an die Wurzel unsrer eigenen Existenz. Wir sind Sozialisten und Demokraten, Sozialismus ohne Demokratie ist undenkbar.«[263]

Die Umgestaltung von Wirtschaft und Gesellschaft in der Demokratie sollte aber nicht allein durch die Sozialdemokratie, sondern, und dies war seine zweite politische Leitlinie, im Bündnis mit den Kräften der bürgerlichen Mitte in die Wege geleitet werden. Diese Überlegungen beruhten auf der Erkenntnis, dass die SPD nicht allein mit der Arbeiterschaft diesen Staat reformieren konnte. Gerade in der Situation des Umbruchs gab es für ihn dazu keine Alternative:

»Die Führer der Revolution maßten sich weder das Recht noch die Fähigkeiten an, die geistigen Kräfte ersetzen zu können, die auch in andern Klassen der Bevölkerung und bei andern Weltanschauungen vertreten sind.«[264]

---

262 RZ Nr. 273, 23. November 1918.
263 RZ Nr. 265, 13. November 1918. Diese Haltung war charakteristisch für die Einstellung der MSPD zur Rätebewegung. Vgl. Miller: Burgfrieden, S. 123.
264 Sollmann: Revolution, S. 17. So auch der Aufruf »An alle geistig Schaffenden Kölns« seines Partei- und Redaktionskollegen Georg Beyer, den Sollmann in seiner Broschüre abdruckte: »Das große Werk deutscher Freiheit und deutscher Zukunft, die wahrhaft demokratisch sein muß und keine Gewaltherrschaft von Volksminderheiten aufrichten darf, kann unsre aufbauende Mithilfe nicht entbehren.« Sollmann: Revolution, S. 18.

Schon 1917 hatte er wie beschrieben dafür plädiert, dass die Sozialdemokratie sich neuen Schichten öffnen müsse, wenn sie in der Zeit nach dem Krieg in einem demokratischen Staat mehrheitsfähig sein wolle.[265] Diese Schichten erreichte man aber in Sollmanns Augen nicht durch sofortige, von der Rätebewegung in die Wege geleitete Maßnahmen.[266] Die Umwandlung der kapitalistischen Wirtschaft in eine sozialistische war in den Augen Sollmanns ein Vorgang, der an den Willen der demokratischen Mehrheit gekoppelt war und sich nicht per Dekret durchsetzen ließ.

Allein aus diesen grundsätzlichen Überlegungen heraus konnte die Rätebewegung für Wilhelm Sollmann nur ein Provisorium zur Erhaltung der öffentlichen Ordnung sein, bis sich die Republik etabliert hatte. Aber auch die Erfahrungen in Köln sprechen für die Erkenntnis, dass die Arbeiter- und Soldatenräte nicht dazu geeignet waren, als dauerhaftes politisches Machtmittel eingesetzt zu werden. Betrachtet man die Geschehnisse in der Domstadt, so wird schnell deutlich, dass es sich bei der Revolution in Köln um keine Volksbewegung handelte, sondern allenfalls um eine Soldatenrevolution.[267] Der Arbeiter- und Soldatenrat war daher auch nicht Repräsentant einer revolutionären Volksbewegung, denn die breite Bevölkerung war weder an der Bildung dieses Gremiums beteiligt noch wurde jemals eine solche Gründung gefordert. Genau genommen gab es einen Arbeiter- und Soldatenrat in Köln nie, da Soldaten nur kurzfristig und Arbeiter überhaupt nicht vertreten waren. Der Rat bestand aus

---

265 Vgl. die oben zitierten Beiträge auf dem Parteitag 1917 und in der Glocke. Dieser Thematik widmete er sich auch auf einer Parteiversammlung unter dem Thema »Revolution und Angestellte«. RZ Nr. 278, 29. November.
266 Dies unterstrich er auf dem Weimarer Parteitag im Juni 1919: »Es hat sich bisher auf dem Parteitag keine Stimme erhoben, die die Forderung: alle Macht den Arbeiter- und Soldatenräten zu der ihrigen gemacht hätte. Das ist erfreulich, denn nichts hat in den letzten Monaten unserer Partei mehr geschadet, als die auch von manchen unserer Anhänger mißverstandenen Losung von der Diktatur des Proletariats. In weiten Kreisen wird das nicht anders aufgefaßt als die Diktatur der Faust über das Gehirn.« Protokoll Parteitag 1919, S. 435.
267 Die Kundgebungen am 7. und 8. November waren hauptsächlich von Soldaten besucht. Die Kölner Bevölkerung nahm daran nur sehr begrenzt Anteil, die Arbeiterschaft war überhaupt nicht präsent. Vgl. KStA 8. November 1918; RZ Nr. 264, 12. November 1918. Sollmann schreibt berechtigterweise in seiner Broschüre: »Es war eben in erster Linie eine Soldatenrevolution.« Sollmann: Revolution, S. 15. Auch 1921 wies er nochmals auf diesen Aspekt hin: »Um uns Soldaten, Soldaten, Soldaten. Nur vereinzelt Zivilisten. Die Arbeiter, die Sozialdemokraten sind ganz und gar ahnungslos an ihren Arbeitsstätten in den Fabriken.« Sollmann: Blitzlichter im Nebeltage, in: RZ Nr. 262, 9. November 1921. Aber auch die Soldaten hatten nur wenig revolutionären Elan. Kaum war der ASR gegründet, zog es die Soldaten nach Hause. Weitergehende Ziele verfolgten sie nicht. Der Große Soldatenrat tagte nur einmal am 9. November und stellte sich »freudig unter die sozialdemokratische Führung.« Sollmann: Revolution, S. 15. In den Gremien traten Soldaten daher auch anschließend nicht mehr in Erscheinung. Im Aktionsausschuss war später als »Soldatensprecher« nur das langjährige MSPD-Mitglied Schulte vertreten. Siehe dazu die Protokolle der Sitzungen des Aktionsausschusses, abgedruckt bei Neidiger: Kölner Arbeiter- und Soldatenrat, S. 103-160, sowie die biografische Angabe zu Schulte, ebd., S. 184.

den Funktionären der beiden sozialdemokratischen Parteien und war fast identisch mit den Parteivorständen.[268]

Diesem Gremium fiel nun ungewollt die Aufgabe zu, die Revolution zu organisieren, die nicht von der Kölner Bevölkerung initiiert, sondern von außen hereingetragen worden war. Die Frage war, wie man nach der Beruhigung der Situation mit diesem plötzlichen Machtgewinn umgehen sollte.[269] Betrachtet man die anstehenden Aufgaben, erscheint der Handlungsspielraum begrenzt. Der überschaubare Stab von Funktionären, über den die MSPD verfügte – die USPD besaß kaum geschulte Funktionäre –, stieß schnell an seine Grenzen. Jahrelang hatte man in der Kommunalpolitik außen vor gestanden und nun sollte man von heute auf morgen die gesamte Verantwortung tragen. Darauf war man nicht vorbereitet und fühlte sich mit der Situation schlichtweg überfordert, wie die Äußerungen der Beteiligten belegen.[270] Es ist daher verständlich, dass man wieder die Zusammenarbeit mit den bürgerlichen Parteien und den Behörden suchte, die in den letzten Jahren durchaus fruchtbar gewesen war. Gerade Sollmann hatte ein gewisses Vertrauensverhältnis zu Adenauer aufgebaut und suchte auch deshalb in den Tagen des Umsturzes den ständigen Kontakt zu ihm.

Selbst wenn die Mehrheitssozialdemokraten wie Sollmann den Arbeiter- und Soldatenrat nicht nur als Hilfsmittel angesehen hätten, ist fraglich, ob eine andere Strategie durchsetzbar gewesen wäre. In Köln wurde etwa erst gar nicht der Versuch gemacht, die Beamtenschaft zu reorganisieren. Die Beamten- und Angestelltenschaft

---

268 Der am 8. November ausgehandelte, und nur per Akklamation bestätigte ASR hatte nur ein Mitglied, das nicht einem der beiden Parteivorstände angehörte. Zwar erweiterte sich in der Folge dieses Gremium beständig, sodass es zu keinem Zeitpunkt einen fest umrissenen Mitgliederkreis gab, es wurden aber stets für alle anfallenden Aufgaben bewährte Parteifunktionäre herangezogen. Neidiger führt insgesamt 70 Mitglieder oder Beauftragte des ASR auf. Neidiger: Kölner Arbeiter- und Soldatenrat, S. 176-185. Im Grunde war nach außen hin zu keinem Zeitpunkt klar, wie viele Personen dem Rat angehörten. Wenn überhaupt lässt sich der am 10. November gebildete Aktionsausschuss als ASR bezeichnen, da er einen fest umrissenen Personenkreis umfasste und auch allein aus Parteifunktionären bestand. Zur Zusammensetzung des Aktionsausschusses siehe Neidiger: Kölner Arbeiter- und Soldatenrat, S. 50 f.
269 Sollmann sprach in seiner Broschüre von der »Macht in unseren Händen.« Sollmann: Revolution.
270 Heinrich Schäfer formulierte dies am deutlichsten: »Der Kölner Arbeiter- und Soldatenrat übernahm mit der politischen Gewalt eine ungeheure Verantwortung und Arbeitslast. Die Garnison löste sich auf und glich einem Chaos. Das Gouvernement und die Kommandantur waren zusammengebrochen, die Bezirkskommandos geschlossen. [...] Auch der Apparat des Polizeipräsidiums versagte. Die Fäden mit den Zentralstellen in Berlin und Koblenz waren zerrissen. Der Eisenbahnverkehr war in Unordnung geraten, so daß die Lebensmittelversorgung bedroht schien. Dabei harrten tausende und Abertausende Heeresangehörige des Abtransports in die Heimat. Und vom Westen drohte eine neue, in ihren Folgen zunächst gar nicht zu übersehende Gefahr – der Anmarsch der Millionenheere aus der Etappe und von der Front. Unter diesen Umständen gab es nur eines, was Köln retten konnte: der A.-S.-Rat mußte die behördlichen Stellen, die zusammengebrochen waren, wieder aufrichten, und diejenigen, die in Gang geblieben waren, zur tätigen Mitarbeit heranziehen.« Schäfer: Tagebuchblätter, S. 28 f. Vgl. auch die Rückblicke in der RZ Nr. 262, 9. November 1921.

drohte ja schon mit Streik, wenn die Reichsflagge von den öffentlichen Gebäuden eingeholt wurde. Es fehlten zur Durchsetzung weiter gehender Ziele aber nicht nur der Wille, sondern auch die Macht, wie es sich während des Truppenrückzugs eindeutig zeigte, und die Unterstützung der Bevölkerung und insbesondere die der Arbeiterschaft. Die Arbeiter waren mit der Gewissheit, den Frieden und die Demokratie gewonnen zu haben, vorerst vollauf zufrieden und daher auch mit der Politik der Kölner MSPD einverstanden. Alles Weitere bedurfte keiner Eile. Hätte man vonseiten des Rats versucht, sofort auf weiter gehende Maßnahmen zu drängen, konnte man nicht auf den Rückhalt der Bevölkerung bauen.[271]

Angesichts dieser Umstände musste sich Sollmann darin bestätigt sehen, die Rätebewegung nicht als Mittel zu einer inneren Neuordnung zu begreifen, sondern lediglich als Hilfsorgane, um das Machtvakuum bis zur Etablierung der neuen Zentralgewalt auszufüllen. In der Zeit seines Bestehens war der Kölner Arbeiter- und Soldatenrat jedenfalls nicht der Träger eines revolutionären Machtstrebens der breiten Massen. Es verbietet sich auch angesichts dieser Umstände für Köln davon zu sprechen, dass die Räte »Kampf- und Herrschaftsinstrumente der Revolution«[272] waren. Der Kölner Arbeiter- und Soldatenrat ist vielmehr durch die Selbstbeschränkung auf die Mitsprache und den »Verzicht auf politische Alleinführung« ein Beispiel für die »immanenten Grenzen der Leistungsfähigkeit des Rätesystems«[273].

Nun bedeutet das Kölner Beispiel keineswegs, dass die These, im Winter 1918/19 habe eine prinzipielle Offenheit der Situation bestanden und »die Sozialdemokraten hätten bei stärkerem politischem Gestaltungswillen mehr verändern können und weniger bewahren müssen«[274] falsch ist. Zumindest ist es aber ein Hinweis darauf, dass man mit der Beurteilung der Arbeiter- und Soldatenräte hinsichtlich ihres Potenzials zu einer durchgreifenden inneren Neuordnung vorsichtig sein muss. Vor dem Hintergrund der Kölner Situation und Sollmanns grundsätzlichen Überzeugungen, die von einer demokratischen Legitimation weiterer Reformen und der Zusammenarbeit mit dem reformbereiten Bürgertum bestimmt waren, gab es für ihn keine Alterna-

---

271 Hier wirkte sich laut Sollmann aus, dass die Revolution das Resultat der militärischen Niederlage und nicht der Erhebung eines klassenbewussten Proletariats war. In Gesprächen mit den Matrosen habe er gemerkt, dass sie außer der Befreiung ihrer Kameraden keine Pläne hatten. Alle wollten selbstverständlich sofortigen Frieden und Entwaffnung. Sollmann: How Revolution Will Come to Germany, in: The Saturday Evening Post, 13. November 1943. Faust kommt bezüglich der Kölner Gewerkschaften zu dem Schluss: »Auch hier wird das Streben nach Normalität, der Wunsch, sich von der gewohnten gewerkschaftlichen Alltagsarbeit mit Forderungen, Verhandlungen, Funktionärskonferenzen möglichst erst gar nicht abbringen zu lassen oder doch schnellstens wieder zu ihr zurückzukehren, deutlich. Eine Revolution mit ernsthaften sozialen und ökonomischen Erschütterungen paßte da überhaupt nicht ins Konzept.« Faust: Sozialer Burgfrieden, S. 283 f.
272 Rürup: Probleme, S. 20.
273 Bermbach: Das Scheitern, S. 456.
274 Winkler: Vorwort, S. 5.

tive zu der von ihm betriebenen Politik und insofern erscheint auch der Vorwurf der verpassten Chancen unberechtigt. Die von Sollmann angestrebte Kooperation mit den Kräften der bürgerlichen Mitte stand ja einer tief greifenden demokratischen Neuordnung nicht im Wege.[275] Dass dies in der Folge nicht in dem von Sollmann gewünschten Maße gelang, war eine schwere Belastung für die Weimarer Republik, aber nicht die notwendige Folge der von Sollmann unterstützten Politik der MSPD in der Revolution.

---

275 Sollmann hatte gerade in Köln die Erfahrung gemacht, dass die bürgerlichen Kräfte wie Adenauer zu einer Zusammenarbeit bereit waren. Das Bündnis der sozialdemokratischen Faktion mit Adenauer in den folgenden Jahren gab dieser Einschätzung dann auch recht.

IV   In der Weimarer Republik

1   Beginn der parlamentarischen Karriere

Bereits eine Woche nach Beginn der revolutionären Bewegung hatte sich das Augenmerk der Kölner Mehrheitssozialdemokraten auf die Wahlen zur Nationalversammlung gerichtet. Nach der Besetzung Kölns durch englische Truppen und der faktischen Bedeutungslosigkeit des Arbeiter- und Soldatenrats stand einzig und allein der Wahlkampf im Vordergrund.[1] Als Kandidaten wurden für den Wahlkreis Köln/Aachen aus Köln Johann Meerfeld, Elisabeth Röhl und Wilhelm Sollmann nominiert.[2] Dass Sollmann zu den Reichstagskandidaten zählte, stand außer Frage. Im Rheinland gehörte er mittlerweile zusammen mit Johann Meerfeld zu den Führungsfiguren der MSPD. Darüber hinaus hatte er sich durch die Organisation des Systemwechsels in Köln überregional einen Namen gemacht.[3] Der Wahlkampf war bestimmt von einer zunehmenden Polarisierung zwischen MSPD und USPD. Da sich während der Revolution erneut die eindeutige Unterlegenheit der Unabhängigen gezeigt hatte, suchten diese nun Unterstützung von stärkeren Ortsgruppen aus der Region.[4] In der Folge gewann der linke Flügel in Köln zunehmend an Gewicht. Analog zur Gesamtpartei war jedoch auch die Kölner Organisation der USPD innerlich gespalten und zu keiner einheitlichen Vorgehensweise in der Lage.[5]

---

1   Der Termin des 19. Januars für die Wahl war seit dem 17. Dezember bekannt. RZ Nr. 293, 17. Dezember 1918.
2   RZ Nr. 299, 26. Dezember 1918; vgl. auch RZ Nr. 14, 17. Dezember 1918.
3   Miller nennt Sollmann und Meerfeld »ihrer Position und Persönlichkeit nach die regional angesehensten Männer ihrer Partei«. Miller: Bürde, S. 121. Nach Potthoff/Weber: SPD-Fraktion, S. XIII, war der Aufstieg Sollmanns zum Reichsparlamentsmitglied durch dessen Amt als Vorsitzender der SPD in Köln und sein »geschicktes Agieren als Vorsitzender des ASR« begründet. Dies hat sicherlich wesentlich dazu beigetragen, es darf aber nicht übersehen werden, dass Sollmann bereits 1912 Reichstagskandidat war.
4   Dies fanden sie vor allem am Niederrhein und im Bergischen Land, wo die revolutionäre Bewegung in der Hand der USPD lag. Namentlich Walter Stoecker spielte in diesem Zusammenhang eine Rolle. Vgl. Stoecker: Walter Stoecker, S. 169, 173; Dahlem: Jugendjahre, S. 750. Aktionen der USPD hielt man auch in Köln nicht für ausgeschlossen. Die RZ berichtet nur kurze Zeit später über »Gerüchte über wilde Pläne der Spartakusleute.« RZ Nr. 274, 25. November 1918.
5   In der USPD hatten sich im Verlaufe des Dezembers die Konfliktlinien zwischen gemäßigtem und linkem Flügel so verstärkt, dass es schließlich zur Abspaltung und Gründung der KPD am 30. Dezember 1919 kam. Weber: Gründungsparteitag; Miller: Bürde, S. 218–224; Winkler: Revolution, S. 114–119. In Köln wurde der gemäßigte Vorstand Mitte Dezember gestürzt und durch Mitglieder aus dem linken Spektrum der Partei ersetzt. Dahlem: Jugendjahre, S. 773.

Die Kölner Mehrheitssozialdemokraten fuhren einen klaren Konfrontationskurs gegen die USPD.[6] Auf Parteiveranstaltungen und in der Rheinischen Zeitung wurde ein regelrechter Feldzug gegen die angeblichen Spartakus-Anhänger geführt. Sollmann nahm als Reichstagskandidat in dieser Frage eine Schlüsselrolle ein. Hatte er ein Jahr zuvor noch eine Wiedervereinigung für möglich gehalten, erteilte er diesen Bestrebungen nun eine klare Absage. Er schrieb in der Rheinischen Zeitung, von einer Verbindung mit den Kölner Unabhängigen sei nur politischer Schaden zu erwarten, weil diese sich für Spartakus entschieden hätten. Die Sünden des »Berliner Spektakelbundes«, besonders die »Kulturkämpferei« des Ministers Adolph Hoffmann, seien eine Belastung für den eigenen Wahlkampf, auf die man gerne verzichte.[7] Auf einer Versammlung unter dem Motto »Gegen Spartakus« im Zusammenhang mit den Berliner Januar-Unruhen erneuerte er seine scharfen Angriffe gegen die Unabhängigen.[8] Statt ein eigenes Programm zu verkünden, würden sie den Bruderkampf predigen. Da die Kölner USPD-Vertreter einer Distanzierung von der Spartakus-Gruppe auswichen, müsse verdeutlicht werden, »wer am 19. Januar für die U.S. P. stimmt, unterstützt die Horden des Spartakus«[9].

Die von Sollmann geschürte Stimmung entsprach weder der tatsächlichen Ausrichtung noch der realen Gefahr, die von der Kölner Ortsgruppe für die Mehrheitssozialdemokratie ausging. Auch der neue USPD-Vorstand hatte ein distanziertes Verhältnis zum Spartakusbund und die Partei blieb in Köln weiterhin nahezu bedeutungslos. Letzteres wurde von Sollmann und der Rheinischen Zeitung auch immer wieder betont. Die angebliche Nähe zu Spartakus ist wohl bewusst übertrieben dargestellt worden, um sie vor dem Hintergrund der allgemeinen Entwicklungen politisch ausschlachten zu können. Die Politik der Kölner MSPD in diesen Wochen und Monaten 1918/19 erklärt sich weniger aus den Kölner Verhältnissen als aus den Geschehnissen in Berlin. Alle Angriffe gegen die USPD wurden letztlich dazu benutzt, vor der grundsätzlichen Gefahr des Bolschewismus zu warnen und die eigene Politik zu rechtfertigen:

---

6 Die RZ schreibt dazu: »Mit Leuten aber, die bei der USP nur untergekrochen sind, weil sie sich scheuen, sich öffentlich ihrer Spartakus-Ideen zu bekennen, oder weil sie glauben, die Masse verwirren zu können, darf es keine Zusammenarbeit geben. Der Fall Stoecker ist für die ›Politik‹ dieser Elemente bezeichnend.« RZ Nr. 273, 23. November 1918.
7 Sollmann: Sozialdemokratische Einheitsfront?, in: RZ Nr. 297, 21. Dezember 1918. Der preußische Kultusminister Hoffmann von der USPD hatte die Abschaffung der geistlichen Schulaufsicht und die Trennung von Staat und Kirche betrieben. Damit schürte er in den katholischen Bevölkerungsteilen die Erinnerung an den Kulturkampf, was für die Gewinnung katholischer Arbeiter für die sozialistischen Parteien kontraproduktiv war. Siehe zu Hoffmann Groschopp (Hg.): »Los von der Kirche!«.
8 Die Unruhen schlossen sich an die Entlassung des Berliner Polizeipräsidenten und USPD-Mitgliedes Emil Eichhorn an. Siehe dazu Miller: Bürde, S. 225–228; Winkler. Revolution, S. 120–123.
9 RZ Nr. 8, 10. Januar 1918.

»In Berlin randalieren Liebknecht und Rosa Luxemburg. Mit Maschinengewehren, Brownings und Handgranaten rasen sie gegen die Regierung Ebert-Haase. Für den hirnverbrannten Fanatismus der Spartakus-Gruppe gibt es kein glorreicheres Vorbild als den russischen Bolschewismus, der das arme russische Volk in Hunger und Tod treibt. Der Terror der Spartakusse erfaßt leider auch beträchtliche Teile der ›Unabhängigen‹. Sie haben das großkalibrige Schlagwort gezüchtet, jetzt entlaufen ihnen die Massen zu den Liebknecht und Konsorten, gegen deren blutrünstige Sprache die Saftigkeiten eines Ledebour matte Limonade sind.«[10]

Diesem Befund stellte man die Ziele der Mehrheitssozialdemokratie gegenüber:

»Nach ihrem Willen sollte sich an die politische Umwälzung eine ruhige, organische Fortentwicklung, eine Überleitung in geordnete Bahnen des politischen und wirtschaftlichen Lebens anschließen. Die baldigst einzuberufende Nationalversammlung sollte die Grundlage der demokratisch-sozialistischen Neuordnung schaffen und zugleich das junge Staatswesen verhandlungsfähig für den Frieden machen. [...] Wenn es anders gekommen ist, wenn heute der Zusammenbruch droht, das Chaos herrscht und weiteste Volkskreise enttäuscht, unmutig oder verbittert sind, so sind die Schuldigen die doktrinären ›Unabhängigen‹, denen das Augenmaß für das Mögliche und Notwendige fehlt. In noch größerem Maße jedoch die Radikalen von ganz links, die mit ihren kranken Hirnen unser Volk einer Katastrophe entgegentreiben.«[11]

Für Sollmann und seine Parteikollegen blieb die schnelle Etablierung der parlamentarischen Regierungsform oberstes Ziel und aus diesem Grund wandten sie sich vehement gegen alle Strömungen, die diesem Ziel entgegenstanden. Dabei ließen sie sich jedoch von einer geradezu irrationalen Furcht vor der USPD und dem Spartakusbund leiten. Nicht nur der Austritt der USPD-Vertreter aus dem Rat der Volksbeauftragten stieß auf erleichterte Zustimmung,[12] sondern auch die Ermordung Karl Liebknechts und Rosa Luxemburgs wurde dazu benutzt, um scharfe Attacken gegen den politischen Gegner zu reiten. Der Kommentar der Rheinischen Zeitung zu den Berliner Ereignissen ist von Verachtung gekennzeichnet.[13] Die permanenten Angriffe auf die

---
10 RZ Nr. 287, 10. Dezember 1918.
11 Ebd. Dies entsprach der grundsätzlichen Haltung der MSPD in dieser Frage; Miller: Bürde, S. 198.
12 Zu den Hintergründen siehe Miller: Bürde, S. 208–218; Winkler: Revolution, S. 109–113.
13 Dort heißt es u. a. über Liebknecht und Luxemburg: »Sein zweifellos pathologischer Zustand trieb ihn gemeinsam mit Rosa Luxemburg von einer Wahnsinnstat zur anderen, und daß er geistesverwirrt, seiner Sinne nicht mehr Herr gewesen sei, ist die einzige, wirklich einzige Erklärung. Frau Luxemburgs russischer Bolschewismus verband sich ihm; die von beiden (mit großkapitalistischem Gelde) gegründete Rote Fahne stürzte sich von einer Raserei in die andere und peitschte

USPD deuten aber auf eine Unsicherheit der Kölner Mehrheitssozialdemokraten angesichts der eigenen Lage hin. Dies hing wohl einerseits damit zusammen, dass sie wie beschrieben schon kurze Zeit nach der Revolution gegenüber dem bürgerlichen Lager in die Defensive geraten waren. Die Vorwürfe, die Revolution betrieben zu haben, versuchten sie zu widerlegen, indem sie sich scharf von allen radikalen Bestrebungen distanzierten. Zudem war man sich aber wohl nicht sicher, ob die sozialistische Linke in Köln auch in Zukunft so bedeutungslos bleiben würde, wie sie es in den letzten Jahren gewesen war. Die weitere Entwicklung sollte diese Einschätzung bewahrheiten. Aber zu diesem Zeitpunkt konnte die MSPD sich als eigentlicher Träger der sozialdemokratischen Politik fühlen. Seit dem Herbst 1918 stiegen die Mitgliederzahlen sprunghaft an. Im Januar 1919 verfügte die Partei bereits über rund 13.000 Mitglieder, die USPD konnte dagegen nur wenige hundert verzeichnen.[14] Aber zumindest gelang es der kleinen Oppositionspartei endlich eine eigene Zeitung herauszugeben. Am 5. Januar 1919 erschien die erste Ausgabe der Sozialistischen Republik. Dadurch konnte man zwar auf den Wahlkampf nur noch wenig Einfluss nehmen, aber es war damit die Voraussetzung für die nun auch auf Ebene der Presse kontinuierlich geführte Auseinandersetzung zwischen den Arbeiterparteien gegeben. Zudem verfestigte sich in der Zeit des Wahlkampfs auch in Köln die Feindschaft zwischen Rechts- und Linkssozialismus in einer Weise, die das Verhältnis bis zum Ende der Weimarer Republik bestimmen und belasten sollte.[15] Die andere Stoßrichtung des Wahlkampfs der MSPD richtete sich gegen die Zentrumspartei. Sie war nach wie vor die Kraft, die es »im schwärzeste[n] Bezirk in ganz Deutschland«[16] zu schlagen galt. Man akzentuierte besonders die kriegstreibende Rolle der Zentrumspresse und betonte den konservativen Standpunkt der Partei unter dem Schlachtruf: »Nieder mit dem reaktionären Zentrum«[17].

Das Ziel des Wahlkampfs war es laut der Rheinischen Zeitung, die Errungenschaften der Revolution zu sichern und durch eine sozialistische Mehrheit dafür zu sorgen, Deutschland in einen »volkstümlichen Arbeitsstaat«[18] umzuwandeln. Angesichts dieser Ziele war das Wahlergebnis ernüchternd, zeigte sich doch, dass es für eine sozialistische Politik keine Mehrheit der Wähler gab. Auf Reichsebene erhielt die MSPD 37,9 Prozent, die USPD 7,6 Prozent, Zentrum und BVP erhielten 19,7 Pro-

---

verblendete Arbeiter zu jenen Putschen und großzügig organisierten Aufständen auf, die eine furchtbare Volksgefahr wurden und blutig niedergeschlagen werden mussten.« RZ Nr. 14, 17. Januar 1919.
14 RZ Nr. 17, 21. Januar 1919.
15 Siehe dazu auch Winkler: Revolution, S. 130 f.
16 RZ Nr. 15, 18. Januar 1919.
17 RZ Nr. 4, 6. Januar 1919. Vgl. auch RZ Nr. 9, 11. Januar 1919; RZ Nr. 11, 14. Januar 1919; RZ Nr. 15, 18. Januar 1919.
18 RZ Nr. 15., 18. Januar 1919.

zent, die DDP 18,5 Prozent, die DNVP 10,3 Prozent und die DVP 4,4 Prozent.[19] Im Wahlkreis Köln/Aachen lag das Ergebnis deutlich unter dem Reichsschnitt. Hier kam die SPD lediglich auf 25,5 Prozent, die USPD auf 0,6 Prozent, das Zentrum konnte 59,7 Prozent erreichen, die DDP 7,6 Prozent, die DVP 3,5 Prozent und die DNVP 3,2 Prozent. Damit lag man zwar fast fünf Prozent über dem Ergebnis von 1912, aber damals hatte man bei einem für die Partei nachteiligen System einen Erfolg errungen, der beim nun deutlich günstigeren Wahlsystem nicht signifikant übertroffen wurde.[20] Lediglich für den Wahlbezirk Köln-Stadt konnte die SPD einen Erfolg verbuchen und das Zentrum um knapp 200 Stimmen überflügeln.[21] Im Wahlkreis Köln/Aachen gelang insgesamt drei Sozialdemokraten der Einzug in die Nationalversammlung: Johann Meerfeld, Elisabeth Röhl und Wilhelm Sollmann.[22]

Sollmanns parlamentarische Karriere startete mit einer Sonderaufgabe.[23] Kurz nach Beginn der Verhandlungen der Weimarer Nationalversammlung am 6. Februar wurde er als Regierungsvertreter zur Obersten Heeresleitung (OHL) entsandt.[24] Die von ihm geschilderten Eindrücke über die Besprechungen mit Hindenburg sind von Respekt geprägt. Sein Wesen sei durch »Schlichtheit und Ehrlichkeit« geprägt, er

---

19 StJB Köln 1919, S. 236 f.
20 Statistisches Jahrbuch des Deutschen Reichs 1919, S. 236 f. Zum Problem der Vergleichbarkeit der Wahlergebnisse von 1912 und 1919 siehe Winkler: Revolution, S. 138.
21 RZ Nr. 17, 21. Januar 1919.
22 Der Kommentar der RZ unter der Überschrift »Der große Sieg der Linken« stützte sich auf die Tatsache, dass die MSPD die stärkste Fraktion stellte und die DDP zu den Linksparteien gezählt wurde. RZ Nr. 19, 23. Januar 1919. Vgl. dazu auch Lehnert: Novemberrevolution, S. 259. Dies änderte aber nichts daran, dass die bürgerlichen Parteien eine klare Mehrheit von 238 Sitzen gegenüber den sozialistischen Parteien besaßen, die zusammen auf 185 Sitze kamen (MSPD: 163, USPD 22). Das Ergebnis in Köln-Stadt konnte auch nicht darüber hinwegtäuschen, dass es der SPD nicht gelungen war, die Zentrumsdominanz zu durchbrechen. Für die Kölner Parteiorganisation referierte Parteisekretär Runge und führte den Erfolg des Zentrums vor allem auf die Stimmen der Frauen zurück. Tatsächlich konnte die SPD bei den Männern signifikant höhere Stimmanteile erzielen als bei den Frauen: SPD: männliche Stimmen 50.733, weibliche Stimmen: 37.518; Zentrum: männliche Stimmen: 35.488, weibliche Stimmen: 59.691. RZ Nr. 28, 3. Februar 1919. Warum es zu diesem Ergebnis kam und welche Konsequenzen daraus zu ziehen seien, wurde allerdings nicht erörtert. Wie in der Gesamtpartei unterblieb auch in Köln eine systematische Auseinandersetzung mit dem Wahlergebnis. Siehe dazu Miller. Bürde, S. 117 f. Siehe zur Analyse der Wahl auch Winkler: Revolution, S. 135–144; Ritter: Kontinuität, S. 134–139.
23 Über die Eindrücke der ersten Tage in Weimar schrieb er zwei Artikel: In Weimar, in: RZ Nr. 31, 8. Februar 1919; Weimarer Brief, in: RZ Nr. 33, 11. Februar 1919.
24 Sollmann berichtet, in der zweiten Sitzung der Nationalversammlung habe ihn der Wunsch Noskes, dem Volksbeauftragten für Heer und Marine, getroffen, vorübergehend als Vertreter der Reichsregierung im Großen Hauptquartier zu fungieren. Sollmann. Hindenburg, in: RZ Nr. 37, 15. Februar 1919. Die Protokolle der Nationalversammlung geben darüber keinen Aufschluss. Der OHL waren ursprünglich vier Regierungsvertreter beigeordnet, von denen nur der SPD-Abgeordnete Giebel längere Zeit amtierte. Vgl. Hürten: Militär, S. S. XXXII f.; Miller: Bürde, S. 180 f.; Elben: Kontinuität, S. 140 f. Wie lange Sollmann diese Aufgabe übernahm, geht aus den Quellen nicht hervor. Zumindest war er im Mai 1919 noch die Verbindungsstelle zur OHL.

sei »stockkonservativ« und »altpreußisch«, aber ein pflichttreuer Mensch. Ihm fehle aber der Zug des politischen Führers. Sollmann sah schon damals die Gefahr, dass Hindenburg unter gewissen Umständen politisch missbraucht werden könne. Er berichtet weiter, Hindenburg habe keinen Zweifel daran gelassen, dass er Royalist sei. Er werde zwar der Republik loyal dienen, in seinem Herzen bleibe er aber Anhänger der Monarchie.[25] Die Frage, ob im Großen Hauptquartier gegenrevolutionäre Pläne geschmiedet würden, beurteilte Sollmann skeptisch. Die meisten Offiziere schienen ihm zu klug, solchen Gedanken nachzuhängen. Mancher sei zwar Monarchist und Gegner des Sozialismus, aber ihm schien es gewiss, dass weder Hindenburg noch seine Umgebung sich mit putschistischen Plänen abgeben würden. Vielmehr würden die Offiziere über die ihnen unterstellten gegenrevolutionären Pläne scherzen. Besonders der Generalquartiermeister Groener beeindruckte ihn positiv. Die von diesem geäußerten Gedanken zur Heeresreform seien sehr viel weiter gehender, als man es einem deutschen General zutrauen würde.[26] Sollmanns Berichte waren wohl vor allem darauf bedacht, die Furcht vor einer militärischen Gegenrevolution zu entkräften und die Aussicht auf eine Heeresreform, für die der entscheidende Zeitpunkt aber bereits verpasst war, zu bekräftigen. In seiner Einschätzung der Offiziere der OHL zeigt sich aber auch die in der MSPD in der Revolutionszeit herrschende »Nachgiebigkeit und Vertrauensseligkeit«[27], die einer durchgreifenden Reform des militärischen Apparats im Weg stand. Sollmann hat später mehrfach beklagt, dass die Sozialdemokratie nie ein realistisches Verhältnis zum Heer besessen und es versäumt habe, ein Revolutions-

---

25 Sollmann: Hindenburg, in: RZ Nr. 37, 15. Februar 1919; ders.: Im Großen Hauptquartier, in: Vorwärts Nr. 89, 18. Februar 1919; ders.: How Revolution will come to germany. Zur überwiegend positiven Einschätzung von Hindenburgs Rolle nach Beginn der Revolution bis in die Reihen der Sozialdemokratie siehe Pyta: Hindenburg, S. 390. In einem undatierten Bericht aus der Zeit der Emigration behauptete Sollmann, Hindenburg habe in den Gesprächen auch ausgeführt, er wisse, dass er [Sollmann] und seine Freunde für Entwaffnung überall auf der Welt seien. Er glaube nicht daran und er möge es nicht. Ewiger Friede sei nur ein Tagtraum und kein besonders schöner. Er sei zuversichtlich, dass einer der jungen Soldaten, die im Hauptquartier zugegen waren, in einem kommenden Krieg alles wiedergewinnen, was man zuletzt verloren habe. In diesem Moment, so Sollmann, habe er das erste Mal das Bild einer militärischen Konterrevolution vor Augen gehabt und ebenso das Bild einer zukünftigen deutschen Wiederbewaffnung, die ein Signal für das schlimmste Wettrüsten der Geschichte liefere. HAStK 1120/642. Vor dem Hintergrund der unmittelbar nach den Gesprächen geschriebenen Artikel erstaunt es aber, dass diese Aussagen dort mit keinem Wort erwähnt werden. Allerdings passt zu dem späteren Bericht Sollmanns Behauptung in einem Artikel aus dem Oktober 1919, er habe direkt nach der Rückkehr aus Kolberg dem Reichswehrminister und dem preußischen Kriegsminister die Auflösung der Obersten Heeresleitung vorgeschlagen. RZ Nr. 225, 4. Oktober 1919. Seine Artikel vom Februar 1919 lassen aber keine Anzeichen erkennen, die eine solche Initiative notwendig erscheinen lassen. Ob er tatsächlich die Auflösung der OHL vorschlug, lässt sich nicht belegen. Es muss daher zweifelhaft bleiben, welche der sich in wesentlichen Punkten widersprechenden Haltungen er damals vertrat.
26 Diese positive Einschätzung Groeners war in der MSPD weit verbreitet. Vgl. Miller: Bürde, S. 176 f.
27 Ebd., S. 187.

heer aufzubauen.[28] Er übersah dabei, dass seine im Februar 1919 geäußerte Haltung beispielhaft dafür war, warum die Chance zu einer Reform im Übergang zur Republik nicht genutzt wurde.

Nach dem Aufenthalt bei der Obersten Heeresleitung begann die eigentliche parlamentarische Arbeit in der Nationalversammlung. Die Regierung aus den Parteien der »Weimarer Koalition« von MSPD, Zentrum und DDP hatte als dringendste Aufgaben, den Friedensschluss vorzubereiten, an der Entstehung der Reichsverfassung mitzuwirken und das Reich im Innern zu befrieden.[29] An allen drei Aufgabengebieten beteiligte sich Sollmann in mehr oder minder direkter Form. Seine Tätigkeit war vor allem durch die spezielle Situation im Rheinland als besetztes Gebiet gekennzeichnet. Dies brachte ganz eigene Probleme mit sich, die sein Handeln maßgeblich beeinflussten. Zunächst einmal ging es in diesem Zusammenhang um elementare Fragen wie die Versorgungslage. Sollmann machte die Probleme der Versorgung der Bevölkerung in den Besatzungsgebieten zum Thema mehrerer Reden und Anfragen in der Nationalversammlung.[30] Darüber hinaus waren die besetzten Gebiete aber auch ein wichtiger Punkt sowohl für die Friedensverhandlungen als auch die Ausgestaltung der Weimarer Verfassung hinsichtlich des Verhältnisses von Reich und Ländern. Besonders die Frage nach der Gründung einer Rheinischen Republik, die seit der Revolution vor allem aus Zentrumskreisen im Rheinland betrieben wurde, spielte in diesem Zusammenhang eine wichtige Rolle. Die Auseinandersetzung mit diesen Strömungen bestimmte Sollmanns Handeln seit der Revolution ganz entscheidend.

Die Verselbstständigungstendenzen im Rheinland basierten zunächst einmal auf der grundsätzlichen Abneigung des katholisch geprägten Rheinlands gegenüber dem als wesensfremd empfundenen Preußen. Diese historisch gewachsene Ablehnung der Berliner Hegemonie hatte durch die Politik des preußischen Kultusministers Hoffmann, der die Furcht vor einem neuen Kulturkampf schürte, erneuten Auftrieb erhalten. Auch ein antisozialistisches Element spielte in diesem Zusammenhang eine Rolle. Den revolutionär anmutenden Bestrebungen der sozialistischen Regierung in Berlin standen viele Rheinländer mit großem Misstrauen gegenüber. Zudem wurden diese Bestrebungen durch die Angst vor einer Annexion des linken Rheinufers durch die Franzosen befördert, was angesichts der französischen Haltung nicht ganz unberechtigt war. Durch die Loslösung von dem besonders in Frankreich verhassten

---

28 Sollmann: Deutsches Volk und deutsches Heer. Fehler der Sozialdemokratie, in: Der Bund, Nr. 294, 28. Juni 1935; ders.: Ein wunder Punkt in der Politik der Arbeiterbewegung: Unser Verhältnis zum Heere, in: NVZ, Nr. 18, 4. Mai 1940; ders.: Wir und die Reichswehr. Eine historische Untersuchung, undatiertes Manuskript, HAStK 1120/633/XIII-11-60, 61.
29 Miller: Bürde, S. 248.
30 Vgl. Verhandlungen Nationalversammlungen: Bd. 326, 10. März 1919, S. 654; Bd. 337, Anfrage 208, S. 337; Bd. 339, Anfrage Nr. 376, S. 1083; Bd. 339, Anfrage Nr. 500, S. 1386; Bd. 364, Anfrage Nr. 311, S. 475.

Preußen wollte man diesen Plänen entgegenarbeiten.[31] Weiterhin standen diese Pläne eines rheinischen Bundesstaats im Kontext der Überlegungen hinsichtlich einer Neugliederung des Reichs, die in den Beratungen zur Weimarer Reichsverfassung eine wichtige Rolle spielten. So strebte Hugo Preuß, der an der Ausarbeitung der Verfassung maßgeblich beteiligt war, ursprünglich eine Aufteilung beziehungsweise Auflösung Preußens an.[32]

Bei den Plänen zur Lösung des Rheinlands von Preußen muss zwischen zwei Strömungen unterschieden werden. Zum einen gab es Vertreter der föderalen Richtung, die die Errichtung eines autonomen Bundesstaats im Rahmen des Deutschen Reichs anstrebten. Innerhalb dieser Gruppe ist wiederum zwischen aktionistischen und moderaten Vertretern zu unterscheiden. Zum anderen traten Anhänger eines selbstständigen Rheinstaats auf, der aus dem Verbande des Reichs gelöst werden sollte.[33] Letztere bildeten die Gruppe der Separatisten, die 1919 aber noch eine untergeordnete Rolle spielten.[34]

Die Sympathisanten eines Rheinstaats unter dem Dach des Reichs waren vor allem in der Rheinischen Zentrumspartei zu finden und hier besonders in Kreisen des Kölner Zentrums aus der Umgebung der Kölnischen Volkszeitung, die als geistiger Mittelpunkt der Bestrebungen zur Gründung eines Staats im Verbande des Reichs gelten kann.[35] Aus diesem Kreis war die Idee eines Rheinstaats bereits in den Ta-

---

31 Die komplexen und vielschichtigen Abläufe und Hintergründe der Rheinlandbewegung sind ausgiebig diskutiert worden. Die aktuellste Untersuchung, die auf der Basis der bisherigen Forschung einen detaillierte Analyse der Rheinlandbewegung liefert, ist der Band von Schlemmer: »Los von Berlin«. Zum Forschungsstand siehe die ausführliche Erörterung ebd., S. 19–30. Zu den mentalitätsgeschichtlichen Hintergründen der Loslösungsbestrebungen siehe ebd.: S. 450–489. Vgl. auch Morsey: Zentrumspartei, S. 117–120.
32 Zum Hintergrund der Neuordnungsdebatte im Zusammenhang mit der Rheinlandbewegung siehe Erdmann: Adenauer, S. 21–28; Schlemmer: »Los von Berlin«, S. 70–81. Zur grundsätzlichen Frage der Reichsreformpläne siehe Biewer: Reichsreformbestrebungen; Stolleis: Geschichte des öffentlichen Rechts; Kothe: Neugliederung. Zum Verfassungsentwurf von Hugo Preuß siehe dessen Ausführungen auf der Länderkonferenz vom 25./26. Januar 1919, abgedr. bei Huber: Dokumente, S. 29–31.
33 Morsey: Rheinlande, S. 188–190; Schlemmer: »Los von Berlin«, S. 21 f.
34 Über diese Strömungen sagte Sollmann 1920: »Eine Bewegung zur Loslösung vom Reiche gibt es im Rheinland überhaupt nicht. Es gibt im Rheinland einige vereinzelte Subjekte, die die allgemeine Verachtung genießen, hinter denen aber keine Bewegung zur Loslösung vom Reiche steht. Die Schwäche dieser Leute geht am besten daraus hervor, daß keine dieser wirklich separatistischen Richtungen es gewagt hat, bei der Reichstagswahl mit einer eigenen Liste hervorzutreten.« Verhandlungen Reichstag, Bd. 345, 6. November 1920, S. 1049. Diese Einschätzung war zum damaligen Zeitpunkt tendenziell richtig, aber die separatistischen Bestrebungen sollten im Krisenjahr 1923 noch eine größere Gefahr werden, als Sollmann es damals ahnte. Vgl. Morsey: Rheinlande, S. 189. Siehe dazu auch Kapitel IV.3.
35 Erdmann: Adenauer, S. 25; Köhler: Autonomiebewegung, S. 101; Schlemmer: »Los von Berlin«, S. 85 f. Ein föderalistischer Neuaufbau, der diesen Bestrebungen zugrunde lag, fand Zustimmung in weiten Kreisen der rheinischen Bevölkerung. Morsey: Zentrumspartei, S. 120; Schlemmer: »Los von Berlin«, S. 226–420.

gen der Revolution an Konrad Adenauer herangetragen worden.[36] Diesem Umfeld entsprangen auch die ersten Initiativen zur Gründung einer rheinischen Republik.[37] Sollmann verurteilte diese Pläne frühzeitig. Er zweifelte auf einer Protestkundgebung im Dezember 1918 die Zuverlässigkeit der Politiker an, die noch vor kurzem für den Erhalt der Monarchie gekämpft hatten und sich nun als geborene Führer einer westdeutschen Republik ausgäben. Solange es keinen Beweis dafür gäbe, dass eine rheinisch-westfälische Republik der einzige mögliche Ausweg sei, bleibe für ihn die großdeutsche sozialistische Republik das oberste Ziel.[38] Sollmann stand zwar einer Neugliederung Deutschlands nicht grundsätzlich ablehnend gegenüber, aber diese sollte nur im Rahmen der von der Nationalversammlung getroffenen gesetzlichen Regelungen möglich sein. Die Tolerierung der Loslösungsbestrebungen barg für ihn vor allem die Gefahr des Zerfalls Deutschlands, weil man damit Putschversuchen Vorschub leistete. Die Kundgebung verabschiedete schließlich eine Resolution, die alle Loslösungsbestrebungen verurteilt:

»Die vom Arbeiterrat in Köln einberufene Versammlung im Gürzenich erhebt schärfsten Protest gegen den Plan bürgerlicher und klerikal-kapitalistischer Kreise, die rheinisch-westfälische Republik auszurufen. In diesem Bestreben, unter den Schutze der Okkupationsmächte die westdeutschen Provinzen in die Gefahr der Loslösung vom Reich zu bringen, ganz gleich, in welcher Form es geschieht, erblickt die Versammlung einen Verrat an der deutschen Volkseinheit. […] Die Versammelten erklären, daß nur der großdeutsche demokratisch-sozialistische Einheitsstaat […] Gewähr dafür bietet, daß das deutsche Volk in seiner kulturellen und

---

36 Am 9. November waren einige Kölner Zentrumsmitglieder bei Adenauer erschienen, um mit über die Gründung eines Rheinstaats zu sprechen, da nur dies die Annexion des Rheinlands durch Frankreich verhindern könne. Sollmann befand sich an diesem Abend im Rathaus und wurde von Adenauer über die Gespräche informiert. In der Folge fanden wohl interfraktionelle Gespräche über dieses Thema statt, an denen Sollmann beteiligt war. Adenauer stand diesen Bestrebungen mit Vorsicht gegenüber. Erdmann: Adenauer, S. 29 f. Vgl. auch die Denkschrift Adenauers über sein Verhältnis zu den Rheinstaatsbestrebungen, abgedruckt ebd., S. 238–253, 239 f.
37 Auf einer Veranstaltung am 4. Dezember sollte die rheinische Republik ausgerufen werden, wozu es jedoch nicht kam. Siehe dazu Erdmann: Adenauer, S. 35; Morsey: Zentrumspartei, S. 122 f. Schlemmer: »Los von Berlin«, S. 87 f. Auf Initiative Konrad Adenauers fand am 1. Februar 1919 in Köln eine Zusammenkunft der linksrheinischen Abgeordneten zur Nationalversammlung und der rheinischen Oberbürgermeister statt, die zur Sondierung und möglicherweise auch als ein Schritt zur Gründung eines Rheinstaats geplant war. Vgl. Erdmann: Adenauer, S. 40 f, 47 f.; Morsey: Zentrumspartei, S. 246 f. Das Protokoll der Versammlung ist abgedruckt bei ebd., S. 212–234. Zu einer Einigung kam man durch den Widerstand der Sozialdemokratie aber nicht. Als Kompromiss gründete man einen Ausschuss und übertrug ihm die Aufgabe, die weiteren Pläne zur Errichtung einer Westdeutschen Republik zu bearbeiten. Dieser Ausschuss trat aber nur ein einziges Mal zusammen. Ebd., S. 48.
38 RZ Nr. 285, 7. Dezember 1918. Vgl. zur Haltung Sollmanns in dieser Frage vor allem seine Ausführungen in der Nationalversammlung; Verhandlungen 22. Juli 1919, S. 1800 f.

wirtschaftlichen Entwicklung zur höchsten Stufe emporgehoben werden kann. Jeder Separatismus und Partikularismus wird mit Entschiedenheit abgelehnt.«[39]

Damit war die grundsätzliche Haltung der Kölner Mehrheitssozialdemokratie in dieser Frage umschrieben. Die Ablehnung der Rheinlandbewegung durch Sollmann und die MSPD war aber nicht nur durch die aktuelle Lage begründet. Laut Sollmann waren drei Gründe ausschlaggebend. Erstens glaubte man nicht, dass ein Rheinstaat die Friedensbedingungen mildern könnte. Zweitens sah man in einer vom Zentrum beherrschten rheinischen Republik eine Gefahr für die Errungenschaften der Revolution. Drittens ging man davon aus, dass ein neuer Bundesstaat im Westen auf Dauer unter die Kontrolle Frankreichs gelangen werde.[40] Lange Jahre hatte die Sozialdemokratie in Preußen und im Reich darum gekämpft, die Rolle der Oppositionspartei zu überwinden. Als man nun endlich an der Regierung beteiligt war, konnte es nicht in ihrem Interesse sein, einen neuen Bundesstaat zu gründen, der vor allem in Zentrumskreisen Unterstützung fand. Zudem spielte auch das Verhältnis von Reich und Ländern eine Rolle. Die Sozialdemokratie war traditionell Verfechter eines Einheitsstaats und einer starken Zentralgewalt.[41] Besonders in den unsicheren Zeiten nach der Revolution erschien diese als einziger Garant, einen Zerfall Deutschlands zu verhindern. Sollmanns Forderung nach der großdeutschen Republik stand daher im Einklang mit der vorherrschenden Meinung in der Partei.[42]

Mit dem Zusammentritt der Nationalversammlung war der günstigste Zeitpunkt für die Gründung eines Rheinstaats vergangen und dieses Problem verlagerte sich nun hauptsächlich auf die Ebene des Parlaments.[43]

---

39 RZ Nr. 285, 7. Dezember 1918.
40 Sollmann: Die rheinische Sozialdemokratie und der Artikel 18 R. V., S. 488.
41 Schulz: Demokratie, S. 101. Allerdings wurden in den Verfassungsberatungen gerade von den Ländervertretern der Sozialdemokratie auch die Rechte der Einzelstaaten vehement verteidigt. Vgl. Vestring: Mehrheitssozialdemokratie, S. 284 f.; Winkler: Revolution, S. 228. Auch die bei Sollmann und anderen erhobene Forderung nach einer großdeutschen Republik besaß nicht mehr als »rein deklamatorischen Charakter«. Dieses Ziel wurde politisch nie ernsthaft verfolgt. Miller: Bürde, S. 192 f.; Winkler: Revolution, S. 223.
42 Der Rätekongress verabschiedete am 19. Dezember eine Resolution, die der Kölner Resolution vom 6. Dezember sehr ähnlich ist: »Der Rätekongreß protestiert gegen alle Absonderungsbestrebungen, ganz gleich, unter welchem Vorwand sie propagiert werden. Der Kongreß erklärt, daß nur der großdeutsche, demokratische, sozialistische Einheitsstaat Gewähr dafür bietet, daß das Volk in seiner kulturellen und wirtschaftlichen Entwicklung zur höchsten Stufe emporgehoben werden kann.« Allgemeiner Kongreß, S. 283.
43 Die Loslösungstendenzen wurden in der Nationalversammlung vielfach kritisiert, weshalb die Agitation im Rheinland vorerst eingestellt wurde, ohne die Pläne aufzugeben. Morsey: Zentrumspartei, S. 251. Zahlreiche Parlamentarier sprachen sich gegen die Rheinstaatsbestrebungen aus, darunter Außenminister Brockdorff-Rantzau (parteilos), Falk (DDP), Meerfeld (MSPD), Stresemann (DVP). Verhandlungen Nationalversammlung, Bd. 326, 14. Februar, S. 68; 19. Februar, S. 190, 21. Februar 1919, S. 262, 4. März 1919, S. 493.

Dort ging es um die grundsätzliche Frage, wie die Neubildung von Ländern im Rahmen der Weimarer Reichsverfassung gelöst werden sollte. Dies war Aufgabe des Verfassungsausschusses, der im März 1919 einen Entwurf für den späteren Artikel 18 vorlegte.[44]

Neuen Auftrieb erhielten die Rheinstaatspläne durch die Verkündigung der Friedensbedingungen am 7. Mai 1919. Enttäuschung und Entsetzen über die Härte der Bedingungen gingen durch ganz Deutschland. Für das linksrheinische Gebiet drohte auf lange Jahre die Besetzung durch fremde Truppen, wenn auch keine Annexionen zu befürchten waren.[45]

Mehrere Aktivisten der Rheinlandbewegung aus dem Kreis der Kölnischen Volkszeitung nahmen dies zum Anlass, Verbindung zu französischen Stellen aufzunehmen. Am 17. Mai kam es zu einem folgenschweren Treffen mit dem General Charles Mangin in Mainz. Unter den Anwesenden waren auch die beiden Zentrumsmitglieder der preußischen Landesversammlung Bertram Kastert und Joseph Kuckhoff.[46] Dieses Treffen blieb zunächst geheim. An die Öffentlichkeit gelangte es erst durch Wilhelm Sollmann. Dieser hatte durch einen Bericht des Hauptmanns Otto Schwink, Generalstabsoffizier im Brückenkopf Köln, davon erfahren. Am 24. Mai veröffentlichte Sollmann einen Artikel in der Rheinischen Zeitung mit dem Titel »Alarm«, in dem er die Verhandlungen scharf verurteilte und vor den Folgen warnt:

> »Wir stehen unmittelbar vor der Gefahr eines Rheinstaates, der nicht nur von Preußen, sondern diesmal vom Reiche losgelöst werden würde. [...] Wir erheben gegen diese geheimen Unterhandlungen schärfsten Einspruch und fragen, wer diese Herren beauftragt hat?«[47]

Der Bericht löste einen Proteststurm aus und brachte die Rheinische Zentrumspartei, die sich sofort von den Vorgängen distanzierte, in eine unangenehme Lage.[48] Auch das

---

44 Laut Meerfeld war Sollmann Mitglied des Verfassungsausschusses. Meerfeld: Sollmann. Die lässt sich in den Protokollen der SPD-Fraktion nicht nachweisen. Vgl. Potthoff/Weber: SPD-Fraktion, S. 23. Laut Vestring wechselten die Mitglieder mehrfach, aber Sollmann wird nicht zu den Mitgliedern gezählt. Vestring: Mehrheitssozialdemokratie, S. 34. Sollmann äußerte sich zwar in der Nationalversammlung zu der Ausgestaltung von Artikel 18 und brachte auch einen Antrag dazu ein. Vgl. Verhandlungen Nationalversammlung, Bd. 328, 22. Juli 1919, S. 1800. Eine Beteiligung an den Beratungen im Ausschuss erscheint eher zweifelhaft.
45 Zur innerdeutschen Reaktion siehe Haupts: Friedenspolitik, S. 357–372.
46 Zur Vorgeschichte und zum Ablauf des Treffens siehe Morsey: Zentrumspartei, S. 257; Schlemmer: »Los von Berlin«, S. 91–93.
47 RZ Nr. 117, 24. Mai 1919. Morsey berichtet, Schwink habe den Bericht an die Waffenstillstandskommission in Spa, an die Verbindungsstelle der OHL, an den Regierungspräsidenten und an den Oberbürgermeister von Köln geschickt. Morsey: Zentrumspartei, S. 253. Der Bericht Schwinks ist abgedruckt bei Erdmann: Adenauer, S. 284–286.
48 Kastert und Kuckhoff mussten ihre Mandate niederlegen. Die preußische Zentrumsfraktion gab eine Erklärung ab, in der sie die Verhandlungen und die Politik der KVZ verurteilte und verdeut-

Reichskabinett, das erst durch Sollmann Kenntnis von dem Bericht Schwinks erhalten hatte, beschäftigte sich mit den Vorgängen.[49] Sollmanns Strategie war es offensichtlich, durch die Bekanntgabe der Vorgänge die Beteiligten bloßzustellen und damit den Rheinstaatsplänen, die abseits der offiziellen Kanäle vorangetrieben wurden, endgültig einen Riegel vorzuschieben. Um Klarheit über die Haltung der Reichsregierung zu gewinnen, führte er am 27. Mai ein Gespräch mit Vertretern des Kabinetts, darunter Scheidemann. Er fragte seinem eigenen Bericht zufolge den Reichsministerpräsidenten, ob die Regierung es für möglich halte, dass die Gründung eines westdeutschen Bundesstaats für Erleichterungen der Friedensbedingungen sorgen könne und ob diesbezüglich jemals von der Entente Andeutungen gemacht worden seien. Beides wurde verneint und stattdessen warnte Scheidemann vor den Gefahren für die Einheit des Reichs durch derartige Bestrebungen. Abschließend äußerte Sollmann gegenüber Scheidemann den Wunsch, einen Reichskommissar in die besetzten Gebiete zu entsenden, wofür sich Scheidemann persönlich einsetzen wollte.[50] Die Ansichten Scheidemanns waren ganz in Sollmanns Sinne, entkräfteten sie doch zentrale Argumente der Rheinstaatsbefürworter.

Den dringenden Wunsch nach Einsetzung eines Reichskommissars wiederholte Sollmann am 30. Mai auf der Sitzung des am 1. Februar gegründeten westdeutschen Ausschusses, den Adenauer aufgrund der letzten Entwicklungen einberufen hatte. Den Pessimismus Adenauers, der bei Unterzeichnung des Friedensvertrags zu den bekannten Bedingungen das Rheinland auf absehbare Zeit für verloren hielt, teilte Sollmann nicht. Durch sein Gespräch mit Scheidemann war er zudem darin bestärkt worden, dass es keinerlei Anzeichen dafür gebe, dass ein Rheinstaat irgendwelche Auswirkungen auf die Friedensbedingungen haben könne und es daher auch keine Unterstützung der Regierung für derartige Pläne gebe. Aber Adenauer war zu der Auffassung gelangt, dass durch Gründung einer Rheinischen Republik als deutscher Bundesstaat eine Milderung der Bestimmungen des Friedensvertrags erreicht werden könne. Er stützte sich dabei auf Aussagen des englischen Generals George Clive. Seinen Lagebericht trug er auch Vertretern der Friedensdelegation und der Waffenstillstandskommission vor – mit der Bitte um Weitergabe dieser Informationen an Außenminister Ulrich von Brockdorff-Rantzau.[51]

---

lichte, dass diese nie die Auffassung der Zentrumspartei vertreten habe. Morsey: Zentrumspartei, S. 256 f.
49 Sollmann an Scheidemann vom 30. Mai 1919, BA-B, R 43 I/1837; AdR, Kabinett Scheidemann, Bd. 1, Dok. 88, S. 383.
50 RZ Nr. 120, 30. Mai 1919. Die Intervention Sollmanns bei Scheidemann und dessen Stellungnahme zur Rheinlandfrage wurden bislang übersehen. Ein Reichskommissar wurde in Person des Regierungspräsidenten von Starck am 17. Juni ernannt. Außer Sollmann hatten sich auch Zentrumsabgeordnete dafür eingesetzt. Morsey: Zentrumspartei, S. 261. Die Behauptung der KVZ, die Ernennung sei nur der »Zugkraft der rheinischen Freiheitsbewegung« zu verdanken, ist falsch. Vgl. KVZ 22. Oktober 1919.
51 Protokoll der Sitzung des westdeutschen politischen Ausschusses, abgedr. bei Erdmann: Adenauer, S. 253–279, S. 266 f., 274–279.

Die Frage der Rheinischen Republik war auch das Thema einer Besprechung des Reichskabinetts mit den rheinischen Abgeordneten der Nationalversammlung und der preußischen Landesversammlung.[52] Man kam zu dem Ergebnis, dass bis zu dem ausstehenden Friedensschluss alle Bestrebungen hinsichtlich einer Trennung des Rheinlands von Preußen eingestellt werden sollten. Zudem wurde beschlossen, eine Sachverständigenkommission aus Vertretern des besetzten Gebiets, der auch Sollmann angehörte, nach Versailles zu entsenden, um die deutsche Delegation über die Lage im Rheinland in Kenntnis zu setzen.[53]

Die rheinische Delegation traf am 6. Juni 1919 in Versailles ein. In einem Gespräch mit Außenminister Brockdorff-Rantzau erläuterten sie die Lage im Rheinland. Man erörterte ausführlich die Frage einer rheinischen Republik. Die Ansicht, eine Abspaltung von Preußen könne Einfluss auf die Friedensbedingungen haben, teilte von Brockdorff-Rantzau nicht. Der Außenminister führte aus, dass dies nur ein Lockmittel der Entente sei und eine Gefahr für die Zersplitterung des Reichs bestehe. Von diesen Argumenten ließen sich die Vertreter des Rheinlands anscheinend überzeugen.[54] Welche Positionen von den jeweiligen Mitgliedern der rheinischen Delegation eingenommen wurden, lässt sich nicht mehr im Einzelnen rekonstruieren. Aber man fand zu einer Einigung, die ganz in Sollmanns Sinn war.[55] In einem Brief an Brockdorff-Rantzau berichtete er diesem, er habe dem britischen Oberst Rupert Ryan über die Besprechung in Versailles mitgeteilt, »daß jetzt zwischen allen politischen Parteien des Rheinlands Einigkeit darüber bestehe, die Angelegenheit einstweilen ruhen zu lassen«, weil »verständliche Kundgebungen der Alliierten in dieser Richtung«[56] nicht vorlägen.

Auf die Nachfrage des Obersten, ob die Reichsregierung dementsprechende Hinweise verstehen würde, erklärte Sollmann, seiner Auffassung nach würde sie diese »ernsthaft beachten und prüfen«[57]. Der Außenminister zeigte sich mit diesen Aus-

---

52 Vgl. AdR Kabinett Scheidemann, Bd. 1, Dok. 95, S. 407–410. Sollmann musste seine Teilnahme an diesem Treffen absagen. Protokoll der Sitzung des westdeutschen politischen Ausschusses, abgedr. bei Erdmann: Adenauer, S. 267. Er hatte seine Auffassung gegenüber der Regierung aber bereits in der Besprechung am 27. Mai kundgetan.
53 Außerdem gehörten ihr Adenauer, der Kölner Bankier Louis Hagen, die Zentrumspolitiker Loenartz (Koblenz) und Kaas (Trier) sowie Regierungspräsident von Starck an. Sollmann war auf Vorschlag von Starcks in die Kommission aufgenommen worden. Regierungspräsident Köln an Brockdorff-Rantzau vom 3. Juni 1919, PA, Deutsche Friedensdelegation in Versailles, Pol 8m, Die Rheinlinie Bd. 1.
54 Diese Ausführungen stützen sich auf einen Bericht über das Treffen im Nachlass von Brockdorff-Rantzau. AA, Nl. Brockdorff-Rantzau, Versailles II. Vgl. auch den Bericht des Ministerialdirektors Simons. AdR, Kabinett Scheidemann, Bd. 1, Dok. 95, S. 410.
55 Brockdorff-Rantzau berichtet in seinen Aufzeichnungen, »daß der Mehrheitssozialist Sollmann mit Professor Kaas eine einigende Formel gefunden habe«. ADAP, Serie A, Bd. II, Dok. 60, 7. Juni 1919, S. 98.
56 Sollmann an Brockdorff-Rantzau vom 10. Juni 1919, AA, Nl Brockdorff-Rantzau.
57 Ebd.

führungen einverstanden und bat Sollmann, ihn auf dem Laufenden zu halten.[58] Da nun nach innen alle Bestrebungen zur Loslösung des Rheinlands von Preußen vorerst eingestellt werden sollten und eine Wiederbelebung der Pläne nur in Frage käme, wenn von der Entente belastbare Angebote kämen, die zu einer Milderung der Friedensbedingungen führten, konnte Sollmann sich in seiner Haltung bestätigt fühlen. Von Beginn an hatte er gefordert, eine Rheinstaatslösung nur in Betracht zu ziehen, wenn es keine andere Möglichkeit gebe, das Rheinland für Deutschland zu retten.[59]

Diese Entwicklungen bedeuteten nicht das Ende der Rheinstaatspläne, aber vorerst herrschte weit gehende Einigkeit darüber, diesen Aspekt nur noch in Zusammenhang mit der grundsätzlichen Frage einer Neugliederung des Reichs im Rahmen der Reichsverfassung zu behandeln.[60] Zum wichtigsten Gremium für die Erörterung dieser Angelegenheit wurde der parlamentarische Beirat, der dem Reichskommissar beratend zur Seite stand. Entsprechend seiner Rolle in den letzten Monaten gehörte ihm Sollmann neben 17 weiteren Personen an.[61]

Die Lage des Rheinlands bestimmte auch Sollmanns Haltung in der Diskussion um die Annahme des Versailler Friedensvertrags. Nach Bekanntgabe der Friedensbedingungen am 7. Mai war man sich in der Fraktion weit gehend einig, sie als unannehmbar zu bezeichnen.[62] Reichsministerpräsident Scheidemann erklärte in pathetischer Form in der Nationalversammlung:

> »Dieser Vertrag ist so unannehmbar, daß ich heute noch nicht zu glauben vermag, die Erde könne solch ein Buch ertragen, ohne daß aus Millionen und aber Millionen Kehlen aus allen Ländern, ohne Unterschied der Partei der Ruf erschallt: Weg mit diesem Mordplan!«[63]

Vor allem die Kriegsschuldfrage, die als Begründung für die harten Bedingungen diente, wurde kritisiert. Über eine Strategie, wie die Regierung in den Verhandlungen vorgehen sollte, verfügte man in der MSPD aber nicht. Der Parteitag in Weimar stimmte lediglich einem Antrag zu, dass die Schuldfrage von einem neutralen Gerichtshof

---

58 Brockdorff-Rantzau an Sollmann vom 13. Juni 1919, HAStK 1120/545/II-14-2.
59 Die in Versailles getroffene Entscheidung bedeutete jedoch nicht, dass die Rheinstaatsaktivisten ihre Tätigkeit einstellten. Kurz vorher hatte es am 1. Juni einen Putsch-Versuch in Wiesbaden gegeben. Siehe dazu Schlemmer: »Los von Berlin«, S. 116–123.
60 Siehe dazu die bei Morsey geschilderte Entscheidungsfindung im Rheinischen Zentrum. Morsey: Zentrumpartei, S. 260–269.
61 In der RZ heißt es am 20. Juni 1919, dass ein Beirat mit wahrscheinlich sieben Personen eingerichtet werden soll und Sollmann Mitglied werde. RZ Nr. 136, 20. Juni 1919. Im Juli wurde der Beirat dann in seiner vorläufigen Zusammensetzung ins Leben gerufen. Schulthess 1919/I, S. 306.
62 Potthoff/Weber: SPD-Fraktion, S. 79–84.
63 Verhandlungen Nationalversammlungen, Bd. 327, 12. Mai 1919, S. 1084.

untersucht werden solle.⁶⁴ Der deutschen Friedensdelegation um Brockdorff-Rantzau gelang es indes nicht, durch die deutschen Gegenvorschläge eine bedeutende Milderung der Vertragsbedingungen zu erreichen. Sie führten lediglich in untergeordneten Punkten zu unwesentlichen Änderungen.⁶⁵

In der Fraktion herrschte mittlerweile keine Einigkeit mehr darüber, ob der Vertrag unannehmbar sei. Scheidemann erklärte in der Sitzung am Vormittag des 19. Juni, er werde zurücktreten, wenn die Unterzeichnung nicht erneut abgelehnt würde. Bei einer Probeabstimmung entschieden sich jedoch 75 Abgeordnete für und 39 gegen eine Unterzeichnung. Scheidemann trat daraufhin zurück.⁶⁶ In der Abstimmung in der Nationalversammlung, die namentlich stattfand, obsiegte die Fraktionsdisziplin; die Gegner der Unterzeichnung blieben der Abstimmung fern. Es votierten 131 Abgeordnete der MSPD für und nur einer gegen die Unterzeichnung, 29 waren nicht anwesend.⁶⁷ Allerdings fand diese Abstimmung unter dem Vorbehalt statt, dass im Vertrag nicht die alleinige Kriegsschuld verankert würde. Die Alliierten forderten jedoch noch am gleichen Tag ultimativ eine vorbehaltlose Unterzeichnung. Dies brachte die Zustimmung in der Nationalversammlung noch einmal in ernste Gefahr, da im Zentrum große Vorbehalte bestanden und auch DDP, DVP und DNVP gegen eine Unterzeichnung waren. Schließlich ermächtigte die Nationalversammlung aber in einer nicht namentlichen Abstimmung die Regierung zur Unterzeichnung des Friedensvertrags.⁶⁸

Sollmann gehörte in der Fraktion zu den frühzeitigen Befürwortern der Unterzeichnung. Leitend war für ihn die Gefahr, die durch einen Einmarsch der Alliierten bei Ablehnung der Unterzeichnung drohte. Er hielt die Rede Scheidemanns vom 12. Mai für einen Fehler, nicht weil dieser auf die Ungerechtigkeiten des Vertrags hingewiesen habe, sondern wegen der Art und Weise, wie dies geschah. Sollmann berichtete, er habe direkt danach »gegen das unüberlegte Droh- und Rachegeschrei Einspruch erhoben«⁶⁹. Für ihn sei eindeutig gewesen, dass eine Unterzeichnung unausweichlich war:

---

64 Protokoll Parteitag 1919, S. 122, 287. Sollmann unterstützte diese Ansicht. Vgl. RZ Nr. 195, 1. September 1919.
65 Siehe zur Einschätzung des geänderten Vertrags Brockdorff-Rantzau: Dokumente, S. 109.
66 Miller: Bürde, S. 282 f.; Winkler: Revolution, S. 220. Vgl. auch Sollmann: Die Schicksalsstunde Deutschlands. Scheidemanns Rücktritt, in: RZ Nr. 136, 20. Juni 1919.
67 Verhandlungen Nationalversammlung, Bd. 327, 22. Juni 1919, S. 1136–1138. Von den Kölner Abgeordneten stimmten Sollmann und Röhl für die Unterzeichnung, Meerfeld war aus Krankheitsgründen abwesend, hätte aber zweifelsfrei auch zugestimmt. Vgl. RZ Nr. 225, 4. Oktober 1919.
68 Verhandlungen der Nationalversammlung, Bd. 327, 23. Juni 1919, S. 1141. Zum Entscheidungsprozess innerhalb des Zentrums siehe Morsey: Zentrumspartei, S. 80–192.
69 Sollmann: Es mußte sein, in: RZ Nr. 139, 24. Juni 1919. Dieser Artikel wurde von Sollmann am 22. Juni noch vor der Abstimmung in der Nationalversammlung verfasst, wie die Redaktion anmerkte.

»Mancher von uns hatte schon aus der Heimat den festen Willen mitgebracht: unterschreiben unter Protest, selbst wenn die Entente keinerlei Zugeständnisse gemacht hat. Für uns war der große Protest am 12. Mai nicht mehr gewesen als ein Mittel, unser Volk und die Völker des Auslandes auf die Unerträglichkeit dieses unerhörten Gewaltfriedens hinzustoßen und möglichst mündliche Verhandlungen mit der Entente zu erzwingen. Das Ergebnis war, wie wir zugeben, unbefriedigend.«

Der Streit um die Annahme sei, so Sollmann, in eine völlig falsche Richtung gelaufen. Alle Einwände gegen den Gewaltfrieden würden nichts an der Tatsache ändern, dass es lediglich um eine Frage gehe:

»Erreichen wir einen bessern Frieden, wenn wir einige Wochen oder Monate die Unterschrift verweigern, oder besteht nicht die Gefahr, daß wir uns noch größern Gewaltmaßnahmen der Entente aussetzen? Darauf antworteten wir Jasager so: die Entente wird sofort einmarschieren, die wirtschaftliche Abschnürung des Innern Deutschlands, die Blockade, Massenelend und revolutionäre Putsche werden binnen kürzester Frist Deutschland in eine Katastrophe treiben, gegen die alles bisher Erlebte Kinderspiel ist.«[70]

Früher oder später, so Sollmann weiter, hätte die Regierung den Vertrag unterschreiben müssen. Eine Ablehnung hätte den Einmarsch der Alliierten und möglicherweise noch härtere Vertragsbedingungen zur Folge, mit dem Unterschied, dass das deutsche Volk zusätzlich gelitten hätte. Mancher Politiker würde argumentieren, dass damit wenigstens die Ehre gerettet worden wäre. Damit hätte man jedoch den deutschen Kriegsgefangenen und ihren Angehörigen zusätzliche Wochen und Monate des Leids zugefügt. Daher plädierte Sollmann dafür, »zähneknirschend« zu unterschreiben. Über die Folgen war er sich im Klaren:

»Es ist sicher, daß politisch ungeschulte Teile des Volkes die Unterzeichner des Friedens für die Folgen verantwortlich machen werden. Ihnen hat die sozialistische Aufklärung beizubringen, daß dieser Frieden nichts ist als die Folge eines wahnsinnigen Krieges, die Folge einer Politik, gegen die wir allezeit gekämpft haben.«[71]

---

70 Ebd.
71 Ebd.

Diese klare Situationsanalyse beinhaltet fast alle zentralen Argumente, die in der Fraktion für die Unterzeichnung sprachen.[72] Sollmann setzte sich auf dieser Grundlage vehement für die Unterzeichnung ein.[73]

Es war wohl vor allem der Zerfall des Reichs, der den Mehrheitssozialdemokraten als schlimmste Folge vor Augen stand, denn auch in anderen Grenzgebieten fürchtete man die Gefahr des Separatismus. Hinzu kamen der drohende Einmarsch der Ententetruppen bei Ablehnung der Bedingungen sowie die Stimmung in der Bevölkerung, von der man glaubte, dass sie keinen Widerstand mehr wolle.[74] Sollmanns Stellung zur Frage der Unterzeichnung beruhte auf einer realistischen Einschätzung der Situation. Es gab im Sommer 1919 keine Alternative. Zu einem zentralen Problem wurde allerdings, dass es weder gelang, die von ihm angestrebte Revision zu erreichen noch die Schuldlosigkeit der Sozialdemokratie an diesem Vertrag in der Bevölkerung zu verankern. Die Sozialdemokratie verpasste es, die Aufklärung der deutschen Kriegsschuldfrage voranzutreiben. Auch Sollmann trug nicht dazu bei. Er vertrat wie viele mehrheitssozialdemokratische Politiker die Ansicht, dass Deutschland nicht alleine am Krieg schuld sei und dass diese Frage erst nach Öffnung der Archive beantwortet werden könne.[75] Seiner Meinung nach traf die Schuld »eine internationale Verbrecherclique«, die »am Werke war um auf Bergen von Leichen ihre wahnwitzigen Machtpläne zu verwirklichen«[76]. Durch diesen zögerlichen Umgang mit der Kriegsschuldfrage und den Aufschub einer Klärung beraubte man sich der Möglichkeit, durch eine klare Benennung der Verantwortlichen für die Kriegspolitik im Jahr 1914 und der daraus resultierenden Niederlage der von den Rechten gesponnenen Legende von der Kriegsunschuld entgegenzuwirken, und sich von der Verantwortung für die Folgen des Kriegs in Gestalt des Versailler Vertrags zu befreien.

Nach der Zustimmung zum Friedensvertrag rückten für Sollmann vor allem die Ausarbeitung der Verfassung sowie die Ausgestaltung der Gesetzgebung in den Mittelpunkt. In den Verfassungsberatungen beteiligte er sich besonders an der Ausarbeitung des Artikels 18, der das Verhältnis von Reich und Ländern regelte. Dies betraf den Teil der Verfassung, der gegenüber dem ersten Verfassungsentwurf den

---

72 Vgl. dazu Miller: Bürde, S. 283 f.
73 »Im Gegenteil habe ich gemeinsam mit Sinzheimer, Davidsohn, Hoch und andern Fraktionskollegen mit wahrer Leidenschaft gegen den Standpunkt Scheidemanns und für die Unterzeichnung des Friedens gewirkt. [...] Meine Darlegungen über die militärischen und politischen Folgen einer Ablehnung des Friedens für die Rheinlande haben in unsrer Fraktion den stärksten Eindruck hinterlassen.« RZ Nr. 225, 4. Oktober 1919. Dies wird bestätigt durch das Protokoll der Fraktionssitzung vom 18. Juni 1919. Potthoff/Weber: SPD-Fraktion, S. 90.
74 Miller: Bürde, S. 283; Winkler: Revolution, S. 220. Sollmann stellte am 20. Juni fest: »Die Arbeiterklasse aber verlangt die Unterzeichnung unter Protest mit einer künftigen Politik, die auf die Revision des Vertrages durch die fortschreitende Weltrevolution hinarbeitet.« Sollmann: Die Schicksalsstunde Deutschlands. Scheidemanns Rücktritt, in: RZ Nr. 136, 20. Juni 1919.
75 Winkler: Revolution, S. 212 f.
76 RZ Nr. 195, 1. September 1919.

weitreichendsten Veränderungen unterlegen war. Ursprünglich hatte Hugo Preuß eine Aufteilung Preußens vorgesehen und auf der Basis von Volksabstimmungen die Neugründung von Freistaaten ermöglichen wollen, ohne dass die bestehenden Länder ein Widerspruchsrecht hatten. Dagegen regte sich aber vor allem in Preußen ein derartiger Widerstand, dass diese Fassung des Artikels 18 keinen Bestand hatte.[77] Zwischenzeitlich legte der Verfassungsausschuss einen Entwurf vor, der eine Gebietsänderung gegen den Willen der Länder nur durch ein verfassungsänderndes Reichsgesetz ermöglichen sollte, wenn die Bevölkerung des betreffenden Gebiets sich dafür ausgesprochen hätte oder ein überwiegendes Allgemeininteresse festgestellt würde.[78] Dies hätte eine extrem hohe Hürde für Gebietsveränderungen bedeutet. Gegen diese Fassung opponierte besonders die rheinische Zentrumspartei. Auch Sollmann setzte sich mit Blick auf das Rheinland dafür ein, diese Bestimmungen zu lockern. Gemeinsam mit Löbe (MSPD), Trimborn (Zentrum), Kaas (Zentrum) und Heile (DDP) brachte er am 19. Juli einen Antrag auf Abänderung des Artikels 18 ein.[79] Dieser Antrag sah vor, Gebietsveränderungen gegen den Willen der betroffenen Länder auch durch ein einfaches Reichsgesetz zuzulassen, wenn die Länder sich verweigerten. Der entscheidende Unterschied bestand darin, dass bei einem einfachen Reichsgesetz der Reichsrat, in dem Preußen eine starke Stellung hatte, nicht zustimmen musste. Sollmann stellte in seiner Begründung fest, der Fraktion sei der Verzicht auf das verfassungsändernde Gesetz schwergefallen, die Zentrumspartei habe aber gute Gründe vorgebracht.[80] In erster Linie sprach aus Sollmanns Sicht die Gefahr eines Putsches für diese Änderung. Da bei der vorliegenden Fassung eine Gebietsänderung ohne die Zustimmung der Länder nahezu unmöglich sei, würden illegale Loslösungsbestrebungen gefördert, wobei er natürlich vor allem das Rheinland im Blick hatte. Gleichzeitig plädierte er aber dafür, Änderungen nicht zu leicht durchführbar zu machen, da ansonsten besonders im Westen »die Losung ›Los von Berlin‹ und ›Los von Preußen‹ von den französischen Imperialisten allzu leicht, wenn auch fälschlich, in ein ›Los von Deutschland‹ umgedeutet werden könne«[81].

Um dies zu verhindern, sah der Antrag vor, die außerparlamentarischen Vorbedingungen zu erweitern. Reichte vorher eine einfache Mehrheit, mussten sich nun drei Fünftel der Bevölkerung eines Landes für eine Gebietsveränderung aussprechen. Weiterhin enthielt der Antrag die Bestimmung, dass der Artikel 18 erst zwei Jahre nach Verkündigung der Reichsverfassung in Kraft treten sollte. Auch diese Regelung

---

77 Zur Entstehungsgeschichte des Artikels 18 und der Diskussion um die Stellung Preußens im Reich siehe: Anschütz: Verfassung, S. 141–159; Apelt: Weimarer Verfassung, S. 35–124; Eimers: Preußen; Schulz: Demokratie, S. 101–173. Zur Haltung der MSPD siehe Vestring: Mehrheitssozialdemokratie, S. 77–98.
78 Anschütz: Verfassung, S. 143 f.
79 Verhandlungen Nationalversammlung, Bd. 337, Antrag 361, S. 394.
80 Verhandlungen Nationalversammlung, Bd. 328, 22. Juli 1919, S. 1800 f.
81 Ebd., S. 1801.

war in erster Linie auf die Verhältnisse im Westen bezogen. Sollmann führte aus, dass sich wohl alle Vertreter des Rheinlands einig seien, dass momentan keinerlei »Loslösungsexperimente« erwünscht seien. Dieser Haltung stimmte auch Ludwig Kaas in seiner folgenden Begründung des Antrags zu, wobei dieser im Gegensatz zu Sollmann ein Anhänger eines rheinischen Bundesstaats war.[82] Mit der Annahme des Antrags wurden diese Bestimmungen in den Artikel 18 aufgenommen.[83] Seine endgültige Fassung stellte für die Rheinstaatsbestrebungen eine hohe Hürde dar. Gebietsänderungen und Neugründungen von Ländern waren an ein verfassungsänderndes Gesetz geknüpft. Falls die Länder zustimmten, ein Bevölkerungsentscheid sich dafür aussprach oder ein Interesse des Reichs es verlangte, konnte dies auch durch ein einfaches Reichsgesetz verabschiedet werden. Indes zeigte sich, dass für diese Möglichkeiten keine Mehrheiten zu erreichen waren. So gab es in der Weimarer Republik nur sehr wenige Gebietsveränderungen, von denen nur die Zusammenfassung der thüringischen Kleinstaaten erwähnenswert ist.[84] Diese Regelung kam Sollmanns Zielen in dieser Frage recht nahe. Als prinzipieller Anhänger eines unitarischen Staates war ihm nicht daran gelegen, Neugründungen von Ländern zu erleichtern. Mit Blick auf die Loslösungsbestrebungen im Rheinland durften wiederum die Hürden für Gebietsveränderungen nicht zu hoch gesetzt werden, um separatistischen Strömungen keinen Auftrieb zu geben. Der ausgehandelte Kompromiss schien in dieser Hinsicht ein tragbares Ergebnis zu sein. Es sollte sich freilich zeigen, dass damit den separatistischen Bestrebungen kein Einhalt geboten wurde.

Sollmanns Haltung in der Frage des Verhältnisses von Reich und Ländern stand in einem engen Zusammenhang mit seinen finanzpolitischen Vorstellungen. Als Mitglied des Ausschusses der Fraktion zur Bearbeitung der Steuerfragen beziehungsweise einer der beiden Steuerkommissionen der Fraktion war er an den Diskussionen um die finanzpolitischen Reformen beteiligt.[85] Seine grundsätzlichen Überzeugungen legte er in einem programmatischen Artikel dar, in dem er sich eindeutig für den Einheitsstaat aussprach.[86] Es sei ein schwerer Fehler gewesen, dass die Revolution

---

82 Ebd., S. 1801–1803. Vgl. auch May: Kaas, Bd. 2, S. 38–47. Dieser Antrag beruhte wohl auch auf einer Verständigung zwischen den rheinischen Reichstagsmitgliedern, die sie vor dem Hintergrund der Rheinlandbewegung trafen. Mit Sollmann, Kaas und Trimborn waren drei der fünf Antragsteller Mitglieder der rheinischen Delegation in Versailles gewesen. Brockdorff-Rantzau berichtet wie bereits erwähnt, »daß der Mehrheitssozialist Sollmann sich mit Professor Kaas auf eine einigende Formel gefunden habe«. ADAP Serie A, Bd. II, Dok. 60, 7. Juni 1919, S. 98. Diese Einigung bestand wohl auch in der Frage der Behandlung des Artikels 18. Sollmann bezeichnete sich selbst als einen der Väter dieses Kompromisses. RZ Nr. 195, 1. September 1919. An der Ausarbeitung der endgültigen Fassung des Artikels 18 war er laut eigenen Angaben ebenfalls beteiligt. Verhandlungen Reichstag, Bd. 356, 1. Juli 1922, S. 8227.
83 Verhandlungen Nationalversammlung, Bd. 328, 22. Juli 1919, S. 1840–1842.
84 Siehe dazu Anschütz: Verfassung, S. 141.
85 Potthoff/Weber: SPD-Fraktion, S. 123, 130.
86 Nieder mit dem Steuer-Partikularismus, in: RZ Nr. 168, 28. Juli 1919.

die Neugliederung des Reichs verpasst habe. Der Einheitsstaat sei allein aus steuerlichen Gründen eine Notwendigkeit, weil die Erfüllung des Friedensvertrags dem Reich große Lasten auferlege, die nur durch eine weit gehende Steuerhoheit bewältigt werden könne. Aber auch aus prinzipiellen Gründen gab es für ihn dazu keine Alternative. Eine Vereinheitlichung der Steuergesetzgebung schaffe nicht nur mehr Steuergerechtigkeit, sondern stärke auch die innere Kraft und die Einheit des Reichs. Die Vereinheitlichung der Steuerverwaltung und der Steuerveranlagung sollte aus seiner Sicht auch einem Verwaltungsabbau dienen, die Strukturen verschlanken. Aus diesen Gründen unterstützte er die Erzberger'sche Finanzpolitik nachdrücklich:

»Wenn der Weg, der jetzt mit Energie beschritten ist, zielsicher weiter verfolgt wird, muß er uns rascher und zuverlässiger zum Einheitsstaate führen als alle theoretischen Erörterungen und verfassungsrechtlichen Bestimmungen.«[87]

Als Kommunalpolitiker war ihm aber auch daran gelegen, die Gemeinden steuerpolitisch nicht zu benachteiligen. So sprach er sich beispielsweise in den Beratungen des Grundwechselsteuergesetzes für eine stärkere Beteiligung der Gemeinden aus.[88] Besondere Bedeutung für Köln hatte das Rayonsteuergesetz, bei dem Sollmann als Berichterstatter fungierte.[89]

Eine Gesamtschau und Begründung der weit reichenden Entscheidungen seit dem Zusammentreten der Nationalversammlung gab Sollmann am 31. August auf einer Versammlung der Kölner MSPD unter dem Titel »Das neue Reich«, in der er den Wählern Rechenschaft über die Arbeit der Abgeordneten ablegte. Im Zentrum seiner Ausführungen standen der Friedensvertrag, die Verfassung des Reichs und die sich im Gange befindende Finanzreform. Er betonte, zur Annahme des Friedensvertrags habe es besonders vor dem Hintergrund der Situation im Rheinland keine Alternative gegeben. Die Zusammenarbeit mit dem Zentrum in dieser Frage verteidigte er mit dem Argument, dass eine Mehrheit nur mit einer bürgerlichen Partei zu erreichen gewesen sei. Darüber hinaus hielt er den »schwarzroten Block« für die derzeit beste Verbindung, um die Reichseinheit zu gewährleisten, die innere Ordnung herzustellen sowie den Wiederaufbau einzuleiten. Nur MSPD und Zentrum hätten abgesehen von der äußersten Linken noch großen Einfluss auf weite Kreise der Arbeiterschaft. Einen Gegensatz zwischen Christentum und Sozialismus konnte er nicht erkennen. Das Zusammenspiel »der sittlichen Kräfte beider großen Geistesmächte« sei notwendig, um Deutschland aus seinem derzeitigen Elend herauszuführen. Den Kritikern der bürgerlich-sozialistischen Kompromisspolitik hielt er entgegen, dass es in der parlamentarischen Demokratie keinen anderen Weg gebe.

---

87 Ebd. Zur Erzberger'schen Finanzreform siehe Epstein: Erzberger, S. 369–391.
88 Verhandlungen Nationalversammlung, Bd. 329, 11. August 1919, S. 2294 f.
89 Siehe dazu Kapitel IV.5.

»Natürlich tragen alle Gesetze vom Weimar den Charakter bürgerlich-sozialistischer Kompromisse in sich. Wer von unsern Kritikern will uns parlamentarisch einen anderen Weg zeigen. Auch die Verfassung ist nur der Ausdruck der tatsächlichen Machtverhältnisse im Lande. Der Sozialismus hat ebenfalls einstweilen weder wirtschaftlich noch geistig das Übergewicht in Deutschland. Das sollten sich alle hinter die Ohren schreiben, die bis zur Revolution gelben Gewerkschaften oder bürgerlichen Parteien nachgelaufen sind und jetzt als radikale Kommunisten und Spartakisten innerhalb vierundzwanzig Stunden den Sozialismus verwirklichen wollen.« [90]

So sei auch die Abschaffung der geistlichen Schulen nicht durchsetzbar gewesen, die Nationalversammlung sei eben kein sozialdemokratischer Parteitag und die anderen Parteien hätten auch ihre Forderungen. Er gab zu bedenken, dass die Mehrheit des deutschen Volkes christlichen Kirchen angehöre und dies Einfluss auf entsprechende Gesetzgebung habe.

Die Verfassung sei auch kein Verrat an der Arbeiterklasse, wie es von linker Seite beschworen würde. Sie enthalte alle wesentlichen Forderungen des Erfurter Programms. Das Ringen um die Wirtschaftsform sei noch nicht abgeschlossen und die Verfassung noch wenig vom Sozialismus geprägt. Sie lasse aber alle Möglichkeiten offen, den Staat umzugestalten. Es komme nur auf den Wählerwillen an. Der Artikel 18 schütze vor den separatistischen Bestrebungen, an deren Anhänger Sollmann eine deutliche Warnung richtete. Die Arbeiter würden einen Putsch zur Ausrufung einer rheinischen Republik nicht hinnehmen. Vorwürfen, er rede dem Nationalismus das Wort, begegnete er folgendermaßen:

»Wenn mir soeben jemand höhnend zugerufen hat: ›Deutschland, Deutschland über alles‹, so greife ich den Zwischenruf auf. Das Lied der Deutschen ist mißbraucht, aber nicht entwertet worden. Das Deutschland der Hohenzollern und Militaristen wollte durch die Gewalt über alles in der Welt siegen. Von diesem Geiste steht nichts in diesem Liede drin. Das Deutschland der demokratischen Republik und des freien Volkes, das Deutschland von Kant und Fichte, von Marx und Engels, von Schiller und Goethe, von Lassalle und Bebel geht auch uns über alles, über alles in der Welt.« [91]

Hinsichtlich der Finanzreform verteidigte er Erzberger. Die großen Steuerlasten, die besonders durch die Reichseinkommensteuer anstünden, würden aber nur von der Arbeiterschaft getragen werden, wenn die besitzenden Klassen scharf besteuert wür-

---

90 RZ Nr. 195, 1. September 1919.
91 Ebd.

den, dafür gebe es aber gute Ansätze. Trotz des Bekenntnisses für eine Zusammenarbeit mit dem Zentrum richtete er am Ende eine Warnung an das Bürgertum:

> »Wir wären eine erledigte Partei, wenn wir nicht die Klassengegensätze aufzeigten und den Klassenkampf fortsetzten, der freilich in der demokratischen Republik in anderer Form geführt werden muß als im halbabsolutistischen Staate Wilhelms II.«[92]

In dieser Rede breitete er die Grundzüge seines politischen Programms aus, das er in der Weimarer Republik verfolgte. Seine Haltung war geprägt durch ein pragmatisches Politikverständnis, das auf Kompromissbereitschaft aufbaute und einen Weg suchte, der eine Brücke zwischen der Politik der Parteien des republikanischen Bürgertums, vor allem dem Zentrum, und sozialistischen Zukunftshoffnungen schlug. Diese Politik war eine konsequente Fortführung seines im Ersten Weltkrieg entwickelten Standpunkts. Die Durchsetzung des Sozialismus war für ihn ein Prozess, der Zeit in Anspruch nahm und sich nicht ohne Kompromisse durchführen ließ. Mit der Verfassung waren für ihn die Rahmenbedingungen geschaffen, um die Ziele sozialdemokratischer Politik zu verwirklichen.

Sollmanns Bilanz der bisherigen Arbeit der Nationalversammlung fiel damit insgesamt positiv aus und ist in ihrer Begründung charakteristisch für die Haltung der Parteiführung und auch der Fraktionsmehrheit. Für ihn wie viele andere waren besonders formal-demokratische Maßstäbe richtungsweisend für die Beurteilung: »Das Volk ist tatsächlich im Besitze der Staatsgewalt«[93], dies war das lang ersehnte Ziel gewesen.[94] Die Euphorie über die »demokratischste Demokratie der Welt«[95] überstrahlte alles andere. Fraglich ist, ob durch diese Fokussierung auf den demokratischen Staatsaufbau grundlegende Reformen wie die Umstrukturierung der Wirtschaft, der Verwaltung, des Militärs und der Gliederung Deutschlands nicht zu stark vernachlässigt wurden. Dies wurde auch parteiintern bemängelt. So gab es Kritik daran, dass die Demokratie zwar verwirklicht worden sei, aber nicht der Sozialismus. Sollmann vertrat dagegen den Standpunkt, dass dies nicht die Aufgabe einer Verfassung sein könne:

> »Allerdings, der Sozialismus wird durch diese Verfassung nicht dekretiert, das ist aber auch nicht der Zweck einer Verfassung. Ein von Verfassungswegen dekretierter Sozialismus ist weiter nichts als eine leere Deklamation, die an den Tatsachen nichts ändert. Die wirkliche Aufgabe der Verfassung ist es vielmehr, der Gesetzge-

---

92 Ebd.
93 RZ Nr. 195, 1. September 1919.
94 Vgl. Potthoff: Verfassungswerk, S. 469.
95 So die für die offizielle Haltung der Partei charakteristische Aussage von Eduard David in der Nationalversammlung. Verhandlungen Nationalversammlung, Bd. 329, 31. Juli 1919, S. 2195.

bung und der Verwaltung alle Wege offenzuhalten, die der Volkswille beschreiten könnte, also auch den Weg einer sozialistischen Gesetzgebung und Verwaltung. Die neue Reichsverfassung erfüllt diesen Zweck und widerlegt damit die Behauptung ihrer grundsätzlichen Gegner, nur durch ihre gewaltsame Zertrümmerung sei der Weg zum Aufstieg für die Arbeiterklasse, der Weg zum Sozialismus zu öffnen. Es gibt im Gegenteil in der Deutschen Republik keinen anderen Weg des Aufstieges als den der Verfassung und der Gesetzgebung aus dem freien Willen des Volkes.«[96]

Wie die Parteiführung war auch er der irrigen Ansicht, dass durch den Primat der Politik auf lange Sicht auch eine Umstrukturierung der Wirtschaft gewährleistet war.[97] Aus Sollmanns Sicht sprachen in der Situation des Jahres 1919 aber ganz praktische Gründe gegen Eingriffe in die Wirtschaftsverfassung. Die Fähigkeiten der Sozialdemokraten, ein komplexes Wirtschaftssystem zu organisieren, schätzte er gering ein. So gab es seiner Meinung nach zu wenig Organisatoren und geschulte Mitglieder, die für die Arbeit in den Betriebsräten geeignet waren. Gerade in den schwierigen wirtschaftlichen Zeiten nach Kriegsende hielt er daher tief greifende Einschnitte für gefährlich und gab zu bedenken, dass Sozialisierung und Rätebewegung kein Selbstzweck waren.[98] Allein schon aus diesen Gründen lehnte er eine Diktatur des Proletariats ab, die für ihn zum baldigen Untergang Deutschlands führen musste. Diese Sichtweise war nicht ganz unberechtigt, aber der Verzicht auf grundlegende Weichenstellungen gab den antisozialistischen Kräften die Möglichkeit, sich zu sammeln und barg damit die Gefahr, dass die Unzufriedenheit bei den eigenen Anhängern in dem Maße wuchs, in dem Reformfortschritte durch eine Blockadehaltung der bürgerlichen Parteien ausblieben. Die Probleme, die sich daraus ergaben, erkannte Sollmann selbst:

»Die Tatsache, daß die unabhängigen-kommunistischen Parteien den Massen sofortige Herrschaft versprechen, während wir nur auf den langwierigen Weg der Demokratie verweisen können, bringt unsere Partei in eine schwierige Situation.«[99]

Dies hätte sich verhindern lassen können, wenn das Fundament für eine soziale Demokratie in der Weimarer Regierungskoalition gestärkt worden wäre, etwa durch eine strukturelle Umformung der Wirtschaft mittels einer Teilsozialisierung und den Ausbau der Rätebewegung in der Wirtschaft. Dass dies unterblieb, kann als Versäumnis der Sozialdemokratie betrachtet werden und brachte die Parteifunktionäre gegenüber der Parteibasis schon bald in Erklärungsnöte.

---

96 Sollmann (ungezeichnet): Reichsverfassung und Sozialismus, in: RZ Nr. 195, 1. September 1919.
97 Vgl. Vestring: Mehrheitssozialdemokratie, S. 286.
98 RZ Nr. 24, 29. Januar 1920.
99 Ebd.

Ungeachtet dieser Einschätzungen war die Zeit seit der Revolution für Sollmann persönlich durchaus erfolgreich. Er war nicht nur Reichstagsmitglied geworden, sondern hatte sich durch sein Engagement in der Rheinlandfrage als einer der profiliertesten Vertreter des Rheinlands in der Nationalversammlung einen Namen gemacht. Auf Reichsebene wurde er zu fast allen Fragen, die das Rheinland betrafen, als Experte hinzugezogen und war in den wichtigsten Gremien vertreten. Nach eigenen Angaben mangelte es in dieser Zeit an Angeboten für hochrangige Posten nicht.[100] Sollmann aber sah seinen Platz in Köln:

> »Mein Ehrgeiz ist, am Rhein gegen diejenigen kämpfen zu können, die die schönste und reichste Provinz der deutschen Republik verraten und verschachern wollen. Das kann ich am besten in der Redaktion der ›Rheinischen Zeitung‹.«[101]

Als unbestrittenen Anführer der oberrheinischen Sozialdemokratie kam vor allem ihm die Aufgabe zu, die von ihm mitgetragene Politik der MSPD in der Nationalversammlung vor den eigenen Anhängern zu vertreten.

2 Die Sozialdemokratie in der Verantwortung: Für eine machtbewusste Politik

In Köln stand der Herbst 1919 ganz im Zeichen der Stadtverordnetenwahlen, die, abgesehen von einem besseren Abschneiden der USPD, mit einem vergleichbaren Ergebnis wie die Wahlen zur Nationalversammlung endeten.[102] Konnte die MSPD darüber Befriedigung empfinden, zeigte sich dagegen, dass der von ihr gestützte Kurs nach der Revolution nicht auf die ungeteilte Zustimmung der Wähler stieß. Trotz einer scheinbaren äußeren Beruhigung zeigte sich eine zunehmende Unzufriedenheit in großen Teilen der Arbeiterschaft. Diese Stimmung kam vor allem der USPD zugute, die eine wachsende Anhängerschar verzeichnen konnte.[103] Zugleich zeigte sich immer deutlicher die Gesinnung reaktionärer Kräfte, die aus ihrer Einstellung zur Republik keinen Hehl machten, wie es deutschnationale Kundgebungen in Berlin

---

100 Sollmann berichtet, man habe ihm folgende Posten angetragen: die Leitung des Vorwärts, Staatsrat, Reichskommissar, Unterstaatssekretär, Regierungspräsident und Bürgermeister. RZ Nr. 225, 4. Oktober 1919. Belegen lässt sich von diesen Angaben nur die Anfrage Scheidemanns, ob Sollmann den Posten eines Unterstaatssekretärs im Kriegsministerium annehmen wolle. Scheidemann an Sollmann vom 5. Mai 1919, HAStK 1120/544/II-13-21. Sollmann lehnte ab, da er sich wegen einer ernsten Erkrankung Meerfelds in Köln als unabkömmlich sah. Sollmann an Scheidemann vom 6. Mai 1919, HAStK 1120/544/II-13.
101 RZ Nr. 225, 4. Oktober 1919.
102 Zur Kommunalpolitik in Köln siehe Kapitel IV.5.
103 Miller: Bürde, S. 363.

offenbarten.[104] Die gewaltbereite Stimmung, die sich gegen die Republik und ihre Vertreter wandte, äußerte sich in dem Attentat auf Finanzminister Matthias Erzberger am 26. Januar 1920.[105] Auch im linken Spektrum regte sich unverkennbar Unmut über die Entwicklung seit der Revolution. Die USPD agitierte durch außerparlamentarische Aktionen, was in den blutig endenden Unruhen im Zusammenhang mit dem Betriebsrätegesetz am 13. Januar in Berlin tragische Folgen hatte.[106] Nur ein gutes Jahr nach der Revolution war offensichtlich, dass die MSPD sich in einer schwierigen Lage befand, was in der Partei auch genau wahrgenommen wurde.[107] In Köln reagierte die Kölner Parteiorganisation auf die Proteststimmung in den eigenen Reihen und die zunehmende Polarisierung durch die Agitation von rechts und links mit einer Reihe von Veranstaltungen, in denen die Hintergründe der aktuellen Probleme erörtert wurden.[108] Unter dem Titel »Die Krisis der Revolution« widmete sich Sollmann in einer Rede im Gürzenich den Entwicklungen der letzten Monate.[109] Die Gewaltanwendung gegen die Demonstranten in Berlin rechtfertigte er mit dem Argument, dass sich die Demokratie gegen die Angriffe einer Minderheit auf das von der Mehrheit des Volkes gewählte Parlament verteidigen müsse. In der Auseinandersetzung mit der USPD hoffte er auf eine sachliche Diskussion über die gegenseitigen Ansichten. Das Problem bestehe in der unterschiedlichen Auffassung darüber, wie die Umgestaltung des Staats betrieben werden sollte:

> »Auch wir bekennen uns zur sozialen Revolution. Wir unterscheiden uns aber in unsern Anschauungen über das Tempo der Revolution und über die Methoden, die zur dauernden Beherrschung der Produktion durch das körperlich und geistig arbeitende Proletariat führen, von unseren Gegnern auf der äußersten Linken. Die Tatsache, daß die unabhängigen-kommunistischen Parteien den Massen sofortige Herrschaft versprechen, während wir nur auf den langwierigen Weg der Demokratie verweisen können, bringt unsere Partei in eine schwierige Situation. Die Frage, ob die soziale Umwälzung diktatorisch oder demokratisch mit dem Siege der Arbeiterklasse enden soll, birgt die eigentliche Krisis der deutschen Revolution in sich.«

---

104 Vgl. RZ Nr. 264, 21. November 1919.
105 Der Täter wurde zu lediglich 18 Monaten Haft verurteilt, ein für die Weimarer Justiz bezeichnendes Urteil. Epstein: Erzberger, S. 400–402.
106 Siehe dazu Miller: Bürde, S. 358 f. Sollmann war Augenzeuge der Geschehnisse. Vgl. RZ Nr. 24, 29. Januar 1920.
107 So führte Otto Wels im Parteiausschuss am 13. Dezember 1919 aus, in der Bewegung bestehe »eine tiefgehende Erregung, eine außerordentliche Unzufriedenheit mit der Partei und der Parteileitung«. Protokoll Parteiausschuss, S. 1.
108 Zwischen dem 11. Januar und dem 28. Februar fanden insgesamt sechs Versammlungen statt, auf denen neben Sollmann Otto Landsberg, Elisabeth Röhl und Johann Meerfeld sprachen. Vgl. die Berichterstattung der RZ im genannten Zeitraum.
109 RZ Nr. 24, 29. Januar 1920.

Die erst ansatzweise in Angriff genommene Sozialisierung der Wirtschaft begründete er mit den schwierigen Umständen. In der Phase des Aufbaus könne man weder auf die Unterstützung der kapitalistischen Demokratien verzichten noch auf eine gewisse Zusammenarbeit mit den Unternehmern. Das Betriebsrätegesetz sei nur ein kümmerlicher Anfang, aber ein Schritt in die richtige Richtung. Vor allem aber müsse bedacht werden, dass es der Arbeiterbewegung noch an der Fähigkeit mangele, die Produktion zu übernehmen oder auch nur zu kontrollieren. Es fehle an Kräften, die ausreichend geschult seien, um effektiv in den Räten wirken zu können:

> »Wir haben in Deutschland einen Überschuß an Deklamatoren und einen Mangel an Organisatoren. Nicht der messianische Glaube an die Rätediktatur kann uns helfen, sondern nur die geistige und wirtschaftliche Hebung der Massen und die Auswahl und Schulung der organisatorisch begabten Hirne, die zahlreich in diesen Massen schlummern.«

Mit radikalen Forderungen stoße man aber die geistigen Kräfte ab, die man für die Bewegung gewinnen müsse. Eine Diktatur des Proletariats blieb für ihn undenkbar, weil sie zum Untergang Deutschland führen müsse. Derartige Experimente würde er bis zum Letzten bekämpfen. Weder wäre die Arbeiterschaft in der Lage, allein einen so weit entwickelten Staat wie Deutschland zu regieren, noch würden es die gegnerischen Kräfte kampflos hinnehmen. Zwar sprach sich auch Sollmann für die Fortführung des Klassenkampfes aus, dieser müsse aber anders geführt werden als unter dem Dreiklassenwahlrecht. Auch gebe es zweifellos Defizite in der Umsetzung der berechtigten Wünsche der notleidenden Masse. Die Beseitigung der Alleinherrschaft der Unternehmer und der Ausbeutung der Arbeiter müsse das Ziel sein. Aber jeder weitere Fortschritt werde gefährdet, wenn man die Demokratie nicht gegen die Gewalt von links und rechts verteidige.[110]

Der Tenor seiner Rede war, dass die Bewahrung der Demokratie im Mittelpunkt allen Bestrebens stehen müsse. Nur dann und wenn die Arbeiterschaft durch systematische Schulung und Gewinnung neuer, bisher außenstehender Kräfte die Fähigkeit erlangte, die Führung der Wirtschaft zu übernehmen, sei der Fortgang der sozialen Revolution gewährleistet. Damit setzte Sollmann bei der Arbeiterschaft die Einsicht voraus, dass Reformen Zeit benötigen und die angestrebten Ergebnisse wahrscheinlich erst in einer nicht genau zu bestimmenden Zukunft erreicht werden können. Für die Arbeiterschaft blieb aber vor allem deutlich, dass von den Errungenschaften, die man sich von der Revolution versprochen hatte, wenig erreicht worden war. Die Krisis der Revolution, die Sollmann ansprach, bestand vor allem in »dem Auseinanderklaffen zwischen den Erwartungen, die an die Revolution und an eine sozialdemokratische geführte Regierung gesetzt wurden – Erwartungen, die durch die sozialistische

---

110 Ebd.

2 Die Sozialdemokratie in der Verantwortung: Für eine machtbewusste Politik

Vorkriegs-Propaganda geweckt und genährt worden sind –, und deren tatsächlichen ›Errungenschaften‹«[111].

Zweifellos hatte Sollmanns Analyse ihre Berechtigung, aber sein von einem evolutionären Sozialismusverständnis getragenes Konzept einer sukzessiven Realisierung sozialistischer Zielvorstellungen, das sich auch nur verwirklichen ließ, wenn die Arbeiterschaft die nötige Reife erlangte, konnte die Enttäuschung über die ausbleibenden Fortschritte nicht kompensieren. Dies galt für die Politik der MSPD grundsätzlich. Nutznießerin dieser Situation war die USPD, die zum Sammelbecken der Enttäuschten wurde.[112]

Sollmann sah den Weg einer Reformpolitik im Rahmen der parlamentarischen Demokratie bis zu diesem Zeitpunkt vor allem durch den Bolschewismus gefährdet, durch die Forderungen nach einer Diktatur des Proletariats. Er glaubte, dass die erste gewalttätige Aktion gegen die Republik von der radikalen Linken ausgehen würde.[113] Dies war für ihn das Schreckensbild, der personifizierte Untergang Deutschlands. Aus diesen Gründen rechtfertigte er auch die durchaus umstrittene blutige Niederschlagung der Demonstration am 13. Januar und verteidigte die »bluttriefenden Nosketiere«, wie sie in Anspielung auf den Reichswehrminister Noske von den Unabhängigen genannt wurden. Wer sich mit Gewalt gegen die Demokratie wende, müsse mit Gewalt niedergeschlagen werden, so seine Überzeugung.[114] Führende Sozialdemokraten hatten dagegen auch schon frühzeitig vor den wiedererstarkten reaktionären Kräften gewarnt. Als erster wies Philipp Scheidemann eindringlich unter der Parole »der Feind steht rechts« auf diese Gefahr hin.[115] Von dieser Seite aus wurde auch mit dem Kapp-Lüttwitz-Putsch der erste Versuch gestartet, die Republik zu stürzen. Am 13. März 1920 marschierten Einheiten unter Befehl des Generals Walther Freiherr von Lüttwitz in Berlin ein und besetzten das Regierungsviertel. Mitverschwörer Wolfgang Kapp, Vorstandsmitglied der DVP, proklamierte sich zum Reichskanzler und preußischen Ministerpräsidenten.[116] Noch am Vormittag des 13. März erschien ein von Reichspräsident Ebert, den sozialdemokratischen Regierungsmitgliedern und dem Parteivorsitzenden Otto Wels unterzeichneter Aufruf, der zum Generalstreik aufrief.[117] Der zügig begonnene Generalstreik und die Weigerung der Ministerial-

---

111 Miller: Bürde, S. 449.
112 Vgl. Miller: Bürde, S. 448 f.
113 So seine Aussage nach dem Kapp-Lüttwitz-Putsch. RZ Nr. 69, 22. März 1919.
114 RZ Nr. 24, 29. Januar 1920.
115 Verhandlungen Nationalversammlung, Bd. 330, 7. Oktober 1919, S. 2888. Vgl. auch seinen Artikel »Der Feind steht rechts«, in: Vorwärts Nr. 586, 15. November 1919.
116 Der Putsch ist in der Forschung ausgiebig erörtert worden. Grundlegend ist immer noch die Studie von Erger: Kapp-Lüttwitz-Putsch. Zum Kreis der Putschisten und ihrer Ziele siehe ebd., S. 60–107.
117 Zur Entstehung des Aufrufs siehe Miller: Bürde, S. 377–380.

beamten, die Befehle der Putschisten umzusetzen, führten nach wenigen Tagen zum Zusammenbruch des Umsturzplans.[118]

In Köln trat nach Bekanntwerden des Putsches am 13. März die Parteileitung zusammen. Eine Einigung mit der USPD über eine einheitliche Aktion scheiterte an den Unabhängigen, die unter Führung des in Köln weilenden Mitglieds des Parteivorstands Wilhelm Dittmann Bedingungen stellten. Vor allem die Forderung nach der Anerkennung der Diktatur des Proletariats war für die Mehrheitssozialisten unerfüllbar. Immerhin konnte man sich auf Einberufung einer Demonstration am 15. März und einen Streikaufruf einigen. Ein länger andauernder Generalstreik schien beiden Parteien allerdings im besetzten Gebiet nicht durchführbar.[119]

Sollmann war nach eigener Aussage vom Putsch überrascht worden. Er gestand auf einer Parteiversammlung am 21. März den Irrtum ein, die Republik vor allem von linker Seite aus bedroht gesehen zu haben.[120] Für die folgende Zeit sei nun vor allem auf die Gefahr von rechts zu achten, wie er auf der kurze Zeit später folgenden Hauptversammlung ausführte. Vom Bolschewismus ginge im Moment keine große Bedrohung aus.[121] Sollmann vollzog also infolge des Putsches eine gewisse Wende. Zwar wurde er nicht müde, vor der Diktatur des Proletariats zu warnen – lieber lasse er sich totschlagen, so Sollmann, als dazu beizutragen, dieses Unglück herbeizuführen[122] –, aber für die nächste Zeit rückten die reaktionären Kräfte stärker in sein Blickfeld. Zudem stellte er in Einklang mit dem Kölner Ortsverein die Forderung auf, den Umbau von Wirtschaft und Gesellschaft zu forcieren. Schnellste Umsetzung der in der Verfassung zugesagten Reformen wie die Sozialisierung der dazu reifen Betriebe, die Umformung der Reichswehr zu einer republikanischen Garde und eine Reform der Polizei, die schärfste Bestrafung der Putschisten und eine durchgreifende Demokratisierung der Verwaltungen – dies war der Katalog, der von der Kölner Versammlung am 21. März auf Sollmanns Vorschlag hin beschlossen wurde.[123] Auch war für ihn Reichswehrminister Gustav Noske nicht mehr tragbar. Dieser war schon längere Zeit parteiintern dafür kritisiert worden, dass er der Reichswehr zu viel Vertrauen entgegenbrachte und eine Reform unterließ. Nach dem Putsch, der die Unzuverlässig-

---

118 Zum Widerstand gegen den Putsch siehe Erger: Kapp-Lüttwitz-Putsch, S. 154–227.
119 Siehe zu den Beratungen am 13. März die Berichte in der RZ, Nr. 63, 15. März 1920. Die gescheiterte Einigung wurde von der MSPD nachdrücklich mit dem Verhalten der USPD begründet. In den Tagen des Notstands sei es unverantwortlich, Bedingungen an die Einigung zu stellen. Es gelte, vorbehaltlos gegen den Untergang der Republik zusammenzustehen. RZ Nr. 65, 20. März 1920.
120 RZ Nr. 69, 22. März 1920.
121 RZ Nr. 78, 1. April 1920.
122 So seine Bemerkung auf der Versammlung am 21. März. RZ Nr. 69, 22. März 1920.
123 Ebd. Dies entsprach weit gehend den von den Gewerkschaften formulierten Bedingungen für den Abbruch des Generalstreiks, die von den Regierungsparteien am 20. März akzeptiert wurde. Vgl. Könnemann/Berthold/Schulze: Arbeiterklasse, S. 210–212; Miller. Bürde, S. 382–385; Winkler: Revolution, S. 311 f.

keit und antirepublikanische Gesinnung im Heer deutlich offenbart hatte, forderten nahezu alle führenden Sozialdemokraten seinen Rücktritt.[124] Auch Sollmann traute ihm die notwendige Reform der Reichswehr nicht zu und sprach sich auch gegen eine weitere Kandidatur Noskes für den Reichstag aus. Er hielt es für ein falsches Signal an die Wähler, wenn der Reichswehrminister, der für eine versäumte Reformpolitik stand, weiter politische Führungspositionen einnahm. Zugleich erinnerte er aber an die großen Schwierigkeiten, die mit einer Reichswehrreform verbunden waren und relativierte die Kritik an Noske, dessen Verdienste in der Revolution man nicht vergessen dürfe.[125]

Auch für das Verhältnis der beiden sozialistischen Parteien in Köln hatte der Putsch Folgen. Der von Sollmann am 21. März initiierte Forderungskatalog war in gewisser Hinsicht taktischer Natur und ein Schritt in Richtung der USPD. Angesichts der unverkennbaren Radikalisierung der Arbeiterschaft nach dem Kapp-Lüttwitz-Putsch galt es, dieser Stimmung Rechnung zu tragen. Aber im Gegensatz zu vielen anderen Städten gelang es in Köln nicht, sich mit der USPD auf ein gemeinsames Vorgehen zu einigen.[126] Das Verhältnis zwischen den beiden Parteien war seit Monaten von heftigen Attacken und Beschimpfungen geprägt, wobei auf Seiten der USPD besonders Sollmann, der in der MSPD zu den entschiedensten Gegnern des »linken« Radikalismus gehörte, im Zentrum der Attacken stand.[127] Selbst als durch den Putsch die Chance zu einer Annäherung gegeben war, blieben die Gräben zwischen dem ausgesprochen reformistisch ausgerichteten Ortsverein der MSPD und der in Köln besonders radikalen USPD zu groß. Zwar wurde von Sollmann und der Rheinischen Zeitung mehrfach darauf verwiesen, dass man eine Einigung angestrebt habe, was durch die Haltung der Unabhängigen aber unmöglich gewesen sei. Eine Bedingung wie die Anerkennung der Diktatur des Proletariats als politisches Ziel war für Sollmann, Meerfeld und die restliche Parteiführung indiskutabel.[128]

Die Kölner Mehrheitssozialisten standen wie die Gesamtpartei vor einem Dilemma. Der »Ruck nach links« in der Mitgliedschaft erforderte Zugeständnisse, die aber im Widerspruch zu ihrer bisherigen Politik standen und sie in die Abhängigkeit von der USPD zu bringen drohten. Zudem bedurfte es auf Reichsebene dem Entgegenkommen der bürgerlichen Koalitionspartner und der Reichswehr, um die geforderten

---

124 Zur Kritik an Noske siehe Miller: Bürde, S. 376; Winkler: Revolution, S. 246 f., 309 f.
125 So heißt es in einem wahrscheinlich von Sollmann verfassten Bericht der RZ, Noske habe unbestreitbare geschichtliche Verdienste. RZ Nr. 76, 30. März 1920. Noske wurde in der RZ auch die Möglichkeit eingeräumt, seine Sicht auf den Kapp-Putsch darzulegen. Vgl. Noske: Reichswehr und Kapp-Putsch, in: RZ Nr. 79, 2. April 1920 und Nr. 93, 26. April 1920.
126 Vgl. dazu Miller: Bürde, S. 389–392.
127 In den Ausgaben von RZ und SR finden sich fast täglich Artikel, in denen die jeweils andere Partei angegriffen wird. Exemplarisch hierfür steht der Artikel »Die Diktatur des Stumpfsinns«, RZ, Nr. 46, 24. Februar 1920.
128 RZ Nr. 65, 17. März 1920; RZ, Nr. 63, 15. März 1920; RZ Nr. 69, 22. März 1920.

Reformen umzusetzen, wozu diese aber nicht bereit waren. Schließlich wurde die Zusammenarbeit mit den bürgerlichen Parteien erschwert, weil dadurch eine weitere Radikalisierung der eigenen Anhängerschaft drohte.[129] So führte die Kooperation der Kölner MSPD in der Stadtverordnetenversammlung mit den bürgerlichen Kräften auch dazu, dass sie anders als noch im Ersten Weltkrieg nicht mehr als die schärfste Kritikerin der Missstände auftreten konnte – man war schließlich an den meisten Entscheidungen beteiligt – sondern diese Rolle zunehmend auf die USPD überging.[130]

Der Kapp-Lüttwitz-Putsch und die folgenden Entwicklungen trugen letztlich zur Vertiefung der Spaltung der Arbeiterbewegung in Köln und damit zu ihrer Schwächung bei. Sollmann begrüßte die Regierungsbildung der Weimarer Koalition unter Hermann Müller, die keinen Ruck nach links bedeutete, und verurteilte die Weigerung der USPD, sich daran zu beteiligen. Auch die brutale Niederschlagung der Rotarmisten im Ruhrgebiet, die sich infolge des Kapp-Lüttwitz-Putsches erhoben hatten, durch Reichswehrtruppen wurde von der Rheinischen Zeitung verteidigt.[131] Dies verstärkte jedoch nur die Enttäuschung in der Arbeiterschaft. Der Putsch und seine Niederschlagung hatten zunächst die Hoffnung genährt, die Position der Arbeiterbewegung stärken und die bisher ausgebliebenen Reformen nachholen zu können. Am Ende zeigte sich jedoch, dass nichts davon gelungen war, im Gegenteil, die Reichswehr, die kurz vorher noch die Kräfte der Reaktion beim Umsturzversuch gestützt hatte, durfte von der Regierung ungehindert einen regelrechten Rachefeldzug gegen die aufständischen Arbeiter im Ruhrgebiet führen, ein Verhalten, dass berechtigterweise von vielen Arbeitern als Kapitulation vor dem Militär empfunden wurde. Damit leistete man einer Entfremdung des linken Flügels der Arbeiterbewegung vom Staat Vorschub.[132]

Für den bevorstehenden Wahlkampf – im Zuge des Kapp-Lüttwitz-Putsches waren Neuwahlen anberaumt worden[133] – war diese Konstellation eine schwere Hypothek, wie Sollmann es beim Wahlkampfauftakt der Kölner MSPD auf der Kreiskonferenz des oberrheinischen Agitationsbezirks skizzierte.[134] Die Situation bezeichnete er als schwierig. Als Regierungspartei habe man die bisherige Politik mitzuverantworten. Diese sei bei Fehlern in den Details in den großen Linien richtig gewesen.

---

129 Siehe zu dieser Problematik Miller: Bürde, S. 389–392; Winkler: Revolution, S. 319–324.
130 Siehe dazu auch Kapitel IV.5.
131 RZ Nr. 76, 30. März 1920; RZ Nr. 78, 1. April 1920; RZ Nr. 78, April 1920. Zur Roten Armee und der Niederschlagung siehe Winkler: Revolution, S. 324–344. Das Reichskabinett war in Folge des Putsches zurückgetreten. Die USPD hatte eine Beteiligung bei der Neubildung abgelehnt. Zur Regierungsbildung unter Herrmann Müller siehe Miller: Bürde, S. 392–401.
132 Ebd., S. 405 f.
133 Ebd., S. 394.
134 RZ Nr. 98, 26. April 1920. Auf dem Weimarer Parteitag waren Veränderungen im organisatorischen Aufbau beschlossen worden, infolge derer an Stelle der Generalversammlung des Sozialdemokratischen Vereins für die früheren Wahlkreise Köln-Stadt und -Land nun die Kreiskonferenz der Kreisverbände trat. Ebd.

2 Die Sozialdemokratie in der Verantwortung: Für eine machtbewusste Politik

Politisch habe man einiges erreicht, dies hätten die Ereignisse im März gezeigt. Auf eine zukünftige Koalition wollte er sich nicht festlegen, gab aber zu bedenken, dass an eine rein sozialistische Regierung keine allzu großen Hoffnungen geknüpft werden dürften. Der Wahlkampf müsse vor allem gegen rechts geführt werden, weshalb er hoffte, einen sozialistischen Bruderkampf vermeiden zu können. Es gelte besonders die Verantwortlichkeit der imperialistischen Politik für den Kriegsausbruch und damit für die derzeitigen Zustände aufzuzeigen und die Bedeutung der Weimarer Verfassung zu betonen, deren Wert die meisten Wähler noch nicht erkannt hätten.[135]

Mitten im Wahlkampf erreichte Sollmanns Karriere einen weiteren Höhepunkt. Er übernahm ab dem 1. Juni den Posten des Chefredakteurs bei der Rheinischen Zeitung. Sein Vorgänger Jean Meerfeld wurde Beigeordneter für Volksbildungs- und Kunstfragen in der Kölner Verwaltung.[136] Damit war er nun Leiter des Parteiblattes im Rheinland, Vorsitzender der Stadtverordnetenfraktion in Köln und Mitglied des Reichstags, was eine erhebliche Arbeitsbelastung bedeutet haben muss. Aber Sollmann gehörte zu den Menschen, die darin weniger eine Belastung als eine Herausforderung sahen.[137] An der politischen Ausrichtung der Rheinischen Zeitung änderte sich durch den Wechsel an der Spitze der Redaktion wenig, da Meerfeld und Sollmann sich politisch sehr nahe standen. Aber für Sollmanns weitere Betätigung war die Verbindung des Postens des Chefredakteurs mit dem Reichstagsmandat durchaus günstig, weil er seine politischen Ziele nun noch deutlicher publizistisch akzentuieren konnte.

Ein offensiver Umgang der bisherigen Politik mit ihren Resultaten und ein Kampf gegen die Bedrohung von rechts, die Sollmann immer noch als akut empfand – dies waren die großen Linien, an denen der Wahlkampf aus seiner Sicht ausgerichtet werden sollte. Dies betonte er auch auf der Reichskonferenz der Sozialdemokratie im Mai 1920. Er wandte sich gegen die Pessimisten in den eigenen Reihen, die nur von den möglichen Verlusten sprachen. Mit den Errungenschaften der Revolution solle offensiv umgegangen werden, denn mit der Demokratie werde auch wirtschaftliche Befreiung kommen. Der Wahlkampfparole »Der Feind steht rechts« stimmte er zu,

---

135 Ebd.
136 RZ Nr. 124, 29. Mai 1920. Dort heißt es zwar, dass die Redaktion fortan kollegial geleitet würde, aber an der Führungsposition Sollmanns besteht kein Zweifel. Meerfeld selbst bezeichnete ihn als den Chefredakteur. Meerfeld: Sollmann. Sollmann hatte bereits zuvor faktisch die Leitung übernommen, da Meerfeld seit 1919 gesundheitlich angeschlagen war. Sollmann hat sich mehrmals dafür eingesetzt, dass Meerfeld einen Posten in der Verwaltung erhielt, da er infolge seiner Verfassung die Belastung als Parlamentarier und Chefredakteur nicht verkraftete. Vgl. Sollmann an Scheidemann vom 6. Mai 1919, HAStK 1120/544/II-13-24, 24 a; Sollmann an Wolfgang Heine vom 6. Mai 1919, HAStK 1120/544/II.
137 Über sein journalistisches Dasein sagte er einmal, dies fülle seine Arbeitskraft nicht aus. Sollmann an Heilmann vom 30. März 1917, HAStK 1120/539/II-11-23, 23 a, b. Allerdings scheint die dreifache Belastung auch für Sollmann auf Dauer nicht tragbar gewesen zu sein, da er bei den Kommunalwahlen 1924 nicht mehr für die Stadtverordnetenversammlung kandidierte.

gab aber zu bedenken, dass man wahrscheinlich nicht umhin komme, auch nach links einen scharfen Kampf zu führen.[138]

Tatsächlich erwies sich die Hoffnung, einen sozialistischen Bruderkampf vermeiden zu können, sowohl in Köln als auch auf Reichsebene als illusorisch. Sollmann war von Beginn des Wahlkampfs an das Ziel heftiger Angriffe durch die USPD.[139] Man war gezwungen, einen Zweifrontenkampf zu führen, der sich sowohl gegen die bürgerlichen Parteien, mit denen man Koalitionen im Reich und in Köln eingegangen war, als auch gegen die USPD richtete.[140] Sollmann brachte die daraus resultierenden Gefahren kurz vor den Wahlen zum Ausdruck:

»Der Kampf zwischen den Sozialisten belebt nicht den Wahleifer, sondern dämpft ihn. […] In der Stärkung der Extreme von rechts und links liegt zugleich die Gefahr neuer innerer Verwicklungen und Katastrophen, die größer und unmittelbarer sind als viele ahnen. [..] Die Reaktion ist seit dem 13. März nicht schwächer, sondern stärker geworden. Sie wird noch mehr anschwellen, wenn nicht eine taktische Einigung der sozialistischen Parteien in naher Zukunft erreicht ist.«[141]

In einer rastlosen Folge von Wahlkampfauftritten versuchte Sollmann noch, das Ruder zugunsten der MSPD herumzureißen,[142] aber das Wahlergebnis war eine Katastrophe für seine Partei. Auf Reichsebene stürzte die MSPD von 37,9 auf 21,6 Prozent ab. Im Wahlkreis Köln/Aachen waren die Verluste nicht so dramatisch, aber auch hier verlor man ein Fünftel der Stimmen und konnte nur noch 20,0 Prozent gegenüber 25,5 Prozent bei den Wahlen zur Nationalversammlung erreichen. Eindeutiger Gewinner war die USPD, die 18,8 statt 7,6 Prozent im Reich und in Köln 8,3 statt 0,6 Prozent erzielte. Das Zentrum, wenngleich weniger stark, und die DDP verloren, wogegen die DNVP und besonders die DVP von 4,4 auf 13,9 Prozent zulegen konnten.[143] Insgesamt stellte sich der Wahlausgang als Debakel für die Weimarer Koalition dar und musste als Abstrafung der Politik von Sozialdemokraten und Demokraten verstanden werden.[144]

---

138 Protokoll Reichskonferenz 1920, S. 29 f.
139 In der RZ heißt es über einen Artikel in der SR dazu: »Ihre Ausgabe vom Dienstag, die die Rede des Abgeordneten Braß bringt, wimmelt von persönlichen Angriffen auf den Genossen Sollmann. Man muß erlebt haben, mit welchem blöden Haß diese Lügen draußen weiterverbreitet werden, um ermessen zu können, mit welcher lächerlichen Überschätzung des politischen Einflusses Sollmanns die politisch ungeschulten Nachläufer der U.S.P. diesen Mann für alles Mögliche und Unmögliche verantwortlich machen.« RZ Nr. 117, 20. Mai 1920.
140 Vgl. RZ Nr. 125, 31. Mai 1920; RZ Nr. 126, 1. Juni 1920.
141 Was uns droht! Ein Mahnruf Sollmanns, in: RZ Nr. 122, 27. Mai 1920.
142 Allein an Fronleichnam sprach er auf einem Dutzend Versammlungen. RZ Nr. 128, 4. Juni 1920.
143 StJB Köln 1920, S. 177–179.
144 Zur Interpretation des Wahlergebnisses siehe Miller: Bürde, S. 412–415; Winkler: Revolution, S. 350–359.

Angesichts der neuen Konstellation im Reichstag stellte sich die Frage, ob sich die MSPD an einer Regierung beteiligen sollte, was nach der Absage der Unabhängigen von der Fraktion mit großer Mehrheit abgelehnt wurde.[145] Stattdessen entschied man sich zur Tolerierung eines bürgerlichen Minderheitskabinetts unter der Führung des Zentrumspolitiker Konstantin Fehrenbach. Sollmann unterstützte diese Entscheidung, übte aber Kritik an der Einstellung vieler Sozialdemokraten zur Regierungsbeteiligung. In der Rheinischen Zeitung schreibt er, in der ganzen Partei habe man nach der Entscheidung, aus der Regierungsverantwortung zu scheiden, »nur vergnügte Gesichter« gesehen.[146] Tatsächlich war sowohl an der Basis als auch in der Parteiführung durchaus Erleichterung darüber zu spüren, nun die unbequeme Regierungsverantwortung, die zu manch schwer zu vermittelnder Entscheidung genötigt hatte, abgegeben zu haben und aus der Opposition heraus Politik betreiben zu können.[147] Psychologisch war dies für Sollmann leicht zu erklären, aber er fand es bedenklich, eine Genugtuung darüber feststellen zu müssen, dass die Arbeiterbewegung wesentlich an Einfluss auf die Regierung verloren habe:

»Es gibt in Deutschland, ganz besonders in Arbeiterkreisen, in der Tat Leute, die am liebsten eine Partei wählen würden, deren Mitglieder sich verpflichten, bis zu ihrem Tode kein Staatsamt anzunehmen. Die Leute, die so denken oder empfinden, muss man von ihrer Kinderei abbringen. Eine Partei, die nicht das Streben hat, ihre Forderungen zu verwirklichen, ist ein Widerspruch in sich selbst. Wie soll aber eine Partei durchsetzen, was sie will, wenn sie in Bezug auf die Annahme von Ministerposten ein ewiges Keuschheitsgelübde ablegt.«[148]

Man dürfe, so Sollmann weiter, auf keinen Fall die Regierungszeit als Fehler ansehen, im Gegenteil, die Regierungsbeteiligung müsse so schnell wie es die Umstände hergeben, wieder angestrebt werden.

»Es darf uns keinen Augenblick einfallen, unsre Vergangenheit zu verleugnen, und auch darüber dürfen wir keinen Zweifel lassen, daß die Wiederbeteiligung an den Regierungsgeschäften oder ihre Alleinübernahme für uns nur eine Frage der augenblicklich gegebenen Zustände ist. Daß wir es also als die natürliche Aufgabe unsrer Partei betrachten, nicht bloß zu opponieren und zu kritisieren, sondern unter voller Ausnutzung der gegebenen Machtmöglichkeiten praktische Arbeit im Dienste des arbeitenden Volkes zu leisten, daß wir daher unsre Wiederbeteiligung

---

145 Zu den Hintergründen der Koalitionsgespräche siehe Winkler: Revolution, S. 359–364.
146 Sollmann (ungezeichnet): Das Ende der Koalition!, in: RZ Nr. 139, 22. Juni 1920.
147 Winkler: Revolution, S. 434 f.
148 Sollmann (ungezeichnet): Das Ende der Koalition!, in: RZ Nr. 139, 22. Juni 1920.

an den Regierungsgeschäften nicht ablehnen werden in dem Augenblick, in dem uns diese Beteiligung praktischen Erfolg versprechen wird.«[149]

In der Situation des Jahres 1920 gab es auch für Sollmann keine Alternative zur Oppositionsrolle, weil unter den Mehrheitsverhältnissen im Reichstag keine produktive Arbeit im Sinne der Arbeiterbewegung möglich war. Eine Zusammenarbeit mit der DVP war auch für ihn unhaltbar, weil sie zu einer Regierung führen würde, in der alle Gesetze im Sinne der Arbeiterbewegung blockiert oder so umgestaltet würden, dass man dies gegenüber den Wählern nicht rechtfertigen könnte.[150] Aber in der parlamentarischen Demokratie musste es nach Sollmanns Ansicht das Ziel einer Partei sein, grundsätzlich die Regierungsbeteiligung anzustreben. Dieses Verständnis von der derzeitigen Oppositionsrolle trennte die MSPD seiner Meinung nach auch von den Unabhängigen. Diese würden Opposition um jeden Preis betreiben. Man selbst dagegen trete nur nicht in eine Regierung ein, wenn die Umstände einer fruchtbaren sozialistischen Politik entgegenstünden. Man habe daher gegen bestimmte Regierungen die Pflicht zur Opposition, aber man könne nicht zu diesem Staate in grundsätzlicher Opposition stehen.[151] Sollmann vertrat damit nachdrücklich einen Standpunkt, der in den internen Diskussionen nach der Wahlniederlage 1920 eine wichtige Rolle spielte. Denn trotz der gewissen Zufriedenheit mit der Übernahme der Oppositionsrolle hatte die Wahl von 1920 doch auch gezeigt, dass man Einfluss und Wähler verloren hatte, die erst nach der Revolution zur SPD gefunden hatten. Wenn man als Partei wieder mehrheitsfähig werden wollte, dessen war man sich in der Parteiführung bewusst, durfte man sich nicht auf der Oppositionsrolle ausruhen, sondern musste versuchen, die Sozialdemokratie für breitere Wählerschichten attraktiv zu gestalten.[152] In der Form, wie Sollmann diese Aufgabe interpretierte, bedeutete dies den Ausbau der SPD zu einer linken Volkspartei, die gewillt war, die Regierungsverantwortung anzustreben.

Diese Haltung wurde von ihm konsequent vertreten und war für sein politisches Wirken in der Weimarer Republik bestimmend. Er plädierte dafür, dass die SPD grundsätzlich die Regierungsverantwortung anstrebte und sich an Koalitionen beteiligte. Damit unterschied er sich von der vorherrschenden Meinung in der MSPD insofern, als diese sich zwar als Staatspartei verstand, »mit dem unbedingten Willen zur unmittelbaren Machtausübung war dieses Selbstverständnis jedoch nicht verbunden«[153]. Die Beteiligung an der Regierung war für ihn allein deswegen ein Gebot, weil die Arbeiterklasse seiner Ansicht nach politisch und wirtschaftlich zu bedeutend

---

149 Ebd.
150 Sollmann (ungezeichnet): Opposition und Opposition. Positive oder negative Politik?, in: RZ Nr. 143, 26. Juni 1920.
151 Sollmann: Reichspolitik und Sozialdemokratie.
152 Winkler: Revolution, S. 435.
153 Miller: Bürde, S. 423.

war, als dass sie sich auf Dauer von der Verantwortung fernhalten könne. Da er eine Klassenherrschaft weder für politisch durchsetzbar noch zielführend hielt, strebte er Koalitionen mit den sozial und demokratisch geprägten Elementen des Bürgertums an.¹⁵⁴ Koalitionspolitik war für ihn in der Demokratie prinzipiell notwendig. Seine Hoffnung und sein Ziel waren es, dieses Verständnis von der Sozialdemokratie als einer wirklichen staatstragenden Partei, die machtbewusst und verantwortungsbereit die Führung des Staats anstrebt, in der sozialistischen Wählerschaft verankern zu können. Daran entschied sich für ihn die Frage, ob die Republik lebensfähig war oder nicht, denn nur dann werde die Demokratie nicht nur eine »formale« sein.¹⁵⁵ Diese Haltung bestimmte in elementarer Weise sein weiteres parteipolitisches Wirken und war zentraler Bestandteil seines politischen und publizistischen Engagements.

In diesem Bemühen suchte er auch wieder die Nähe der Jugend, zu der sein Kontakt in den letzten Jahren zwar nicht vollständig abgerissen, aber doch merklich zurückgegangen war. Im Laufe des Weltkriegs und besonders seit der Revolution und den folgenden parlamentarischen Verpflichtungen hatten sich die Verbindungen gelockert, wie er selbst feststellte.¹⁵⁶ Eine gewisse Entfremdung entsprang auch dem Werdegang vieler seiner ehemaligen Kölner Zöglinge, die überwiegend den Weg zu den Kommunisten gefunden hatten und nun seine erbitterten politischen Gegner waren, was Sollmann mit einer gewissen Enttäuschung erfüllte, vor allem über die Art und Weise, wie ihm diese ehemaligen Weggefährten nun begegneten. Daraus entsprang bei ihm eine Skepsis, ob es noch einen hoffnungsvollen Nachwuchs in der Arbeiterbewegung gab.¹⁵⁷ Diese Bedenken schwanden durch den Besuch des Reichsjugendtags in Weimar im August 1920. Er hatte gerade zwei Wochen lang allein, nur aus dem Rucksack lebend, die bayerischen Alpen durchwandert, ein Urlaub ganz nach den Vorstellungen des Naturfreunds Sollmann. Das genaue Kontrastprogramm bot sich ihm auf der Zugfahrt nach Weimar, während der er dank seiner Reichstagskarte in der ersten Klasse »die erhebenden Eindrücke« aufnehmen durfte, die seine »vornehmen Reisegefährten sich gegenseitig vermittelten«. Für ihn waren die um materielle Dinge kreisenden Gespräche der großbürgerlichen Mitreisenden, deren größte Sorge darin bestand, wie teuer die Pelze im nächsten Winter sein würden, Ausdruck einer »entarteten Zivilisation, die das Wort Kultur unnützlich führt«, sie waren für ihn nichts anderes als Vertreter des »Pöbels des Kapitalismus«. Es waren aus seiner Sicht genau diese Menschen, an denen die Republik zugrunde gehen musste, weil sie Teil einer dekadenten, sich selbst genügenden und der Lebenswirklichkeit eines Großteils der Bevölkerung entfremdeten Schicht waren, mit denen ein geistiger Aufbruch unmöglich war. Ein ganz anderes Bild bot sich ihm dagegen von den Jugendlichen

---

154 So Sollmann auf einer Massenversammlung in Köln. RZ Nr. 163, 20. Juli 1920.
155 Ebd.
156 Sollmann (ungezeichnet): Frei Heil!, in: RZ Nr. 204, 3. September 1920.
157 Ebd.

in Weimar. Geradezu euphorisch schilderte Sollmann seine Eindrücke aus diesen Tagen, die ihm den Glauben an »eine im besten Sinne revolutionäre Jugend« zurückgaben. Die langhaarigen, barfüßigen Jugendlichen, die auf den Wiesen lagerten und in Diskussionen um Formen und Inhalte der Arbeiterbewegung und der Zukunft Deutschlands rangen, waren für ihn Sinnbild einer Gemeinschaft, die so sehr seinem lebensreformerischen Ideal entsprach, weil sie »ihre Gesinnung und Lebensführung revolutionieren« wollten.[158] Vor diesen Jugendlichen entfaltete er seine Vorstellungen von den kommenden Aufgaben:

> »Wir haben nicht Mangel an Freiheit und Rechten, aber wir haben einen beängstigenden Mangel an Menschen, die von diesen großen Rechten Gebrauch machen können; nur deshalb kommen die Errungenschaften der Revolution von Tag zu Tag in Gefahr. [...] Die deutsche Arbeiterklasse kann also, wenn sie will oder den Mut dazu hat, und wenn sie die geistig-sittlichen Kräfte genügend in sich spürt, die Regierungsgewalt jederzeit übernehmen. Die proletarische Jugend im neuen Deutschland hat heute größere und ganz andere Aufgaben vor sich als die Jugend im kaiserlichen Staate. Damals war die Arbeiterklasse noch machtlos und begann erst den Kampf um die Herrschaft; jetzt aber seid ihr die Jungmannschaft einer Klasse, die nahe vor der politischen Herrschaft steht und nur durch ihre eigene Schwäche und politische Unreife diese einmal errungenen Freiheiten wieder verloren hat. [...] Wenn wir die Herrschaft erringen wollen, müssen wir ein Wille werden, reif werden, die Gemeinden und den Staat zu verwalten. [...] Falsche Propheten reden auch schon in der Jugend von der Reife des Proletariats; als ehrliche Menschen wollen wir dagegen betonen: Wir sind noch nicht reif, aber wir wollen möglichst bald reif werden. [...] Das neue Deutschland braucht politisch und wirtschaftlich gut geschulte Massen, wenn es sich wieder erheben und entwickeln will. [...] Uns schwebt als doppeltes Ziel ein wirklich neues Deutschland vor: ein Reich und ein Volk, in dessen Politik und Wirtschaft der Geist seiner Größten und Edelsten gilt. Diesem laßt uns zustreben, dem Deutschland der Kant und Fichte, Marx und Engels, Hegel und Heine, Goethe und Hebbel, Beethoven und Mozart, Schiller, Lassalle und Freiligrath usw. Dieses Deutschland dürfen und werden wir in Zukunft fordern, und dieses Deutschland geht uns dann ›über alles in der Welt‹.«[159]

Mit dieser Rede traf er den »Geist von Weimar«, der getragen war von einem kulturellen Patriotismus, wie er in Sollmanns Ausführungen deutlich hervortrat.[160] Eine

---

158 Ebd.
159 Sollmann: Die Jugend im neuen Deutschland, S. 42–46.
160 In der Arbeiter-Jugend war für den Jugendtag die Parole ausgegeben worden: »An der Geburtsstätte der deutschen Republik muß sich die deutsche Arbeiterjugend zu der Republik und ihrer Verfassung bekennen, sich verpflichten, ihre Mitglieder zu Staatsbürgern zu erziehen, die die Verfassung vor jeder Verschlechterung schützen, weil sie die Möglichkeit gibt, auf dem Wege

nationalistische Politik war Sollmann freilich fremd, aber er hoffte auf die Versöhnung der Arbeiterschaft mit der Nation. Das spezifisch Nationale eines Landes war für ihn das Ergebnis von historisch gewachsenen Eigenarten der Kultur, Tradition und Geschichte, die sich auch im Austausch mit den Nachbarländern entwickelt hatten.[161] Sollmann wollte den Internationalismus nicht durch den Nationalismus ersetzen, aber ein Stück nationaler Egoismus, so führte er es auf dem Parteitag 1922 aus, war seiner Meinung nach durchaus hilfreich, daran würde es den deutschen Arbeitern mangeln. Man könne den republikanischen Staat nicht erhalten, wenn die Arbeiter die deutsche Republik und das Vaterland nicht aus ganzem Herzen lieben lernen würden.

»Wir sind im republikanischen Deutschland nicht eine, sondern die staatserhaltende Partei. Wir allein im Verein mit unseren unabhängigen Brüdern haben auch die Kraft, die Republik wirklich zu schützen. Wenn wir die Massen dazu aufrufen, dürfen sie diesen republikanischen Staat und dieses Vaterland nicht mit kalten Gefühlen betrachten, sondern mit aller Kraft lieben, die in uns ist.«[162]

Auch als internationale Sozialisten dürfe man die Worte Deutschland und Vaterland in echter Innigkeit aussprechen. In Anlehnung an sein Vorbild Jean Jaurès erklärte er:

»Ich wünsche dieses Zusammenklingen von proletarischem Klassenbewußtsein, von nationaler staatsbürgerlicher Gesinnung und von internationalen Gedanken und Gefühlen der deutschen Arbeiterklasse.«[163]

In der eigenen Partei stieß er mit seinen patriotischen Äußerungen durchaus auf Widerstand. Auf dem Augsburger Parteitag 1922 machte man ihm etwa den Vorwurf, er neige einem überspannten Nationalismus zu.[164] Diese Interpretation wird Sollmann nicht gerecht, denn einem übertriebenen Nationalismus hing er nicht an, aber innerhalb der Sozialdemokratie gehörte Sollmann zweifelsohne zu den vehementesten Verfechtern einer Identifizierung der Arbeiterklasse mit dem Nationalstaat. Er wollte ein positives Nationalbewusstsein schaffen und damit ein Bedürfnis stillen, das von der Partei stets ignoriert worden war. Diese Ansicht teilte er in der Partei mit den

---

der Demokratie den Sozialismus zu erreichen. Ein solches Bekenntnis wäre gleichzeitig ein Bekenntnis zum deutschen Volk und zur deutschen Heimat.« Arbeiter-Jugend 12 (1920), S. 161. Zur Haltung der Jugendorganisationen zum Staat siehe auch Hägel: Stellung.

161 Sollmann führte bspw. im Reichstag aus, man sei im Rheinland keinesfalls Frankreich gegenüber feindlich eingestellt. Im Gegenteil, die französische Kultur habe im wechselseitigen Austausch den Rheinländern viel gegeben, wie sie auch umgekehrt den Franzosen. Verhandlungen Reichstag, Bd. 350, S. 4244 ff.
162 Protokoll Parteitag 1922, S. 19.
163 Ebd. Vgl. auch RZ Nr. 230, 30. September 1922.
164 So der Delegierte Fellisch aus Dresden. Das Protokoll vermerkt an dieser Stelle Zustimmung und Widerspruch. Protokoll Parteitag 1922, S. 26.

Vertretern der Generation sozialdemokratischer Reformaktivisten, die in ganz ähnlichen Kategorien dachten. Sie verband ihn auch mit den Hofgeismarern[165] wie Carlo Mierendorff, Theodor Haubach, Hermann Heller und anderen Jungsozialisten, die ähnlich wie er ein gesundes Nationalgefühl als Voraussetzung einer republikanischen Staatsgesinnung ansahen.[166] Anders als der Parteiführung und wohl den meisten Sozialdemokraten waren Sollmann die jugendbewegte Sprache und die hehren Ansprüche der Jungsozialisten nicht fremd, die sie für sich formulierten:

> »Daher schließen sie sich zu besonderen jungsozialistischen Gemeinschaften innerhalb der Partei zusammen, ohne zu verkennen, daß auch ihr Wirken der einigen Partei und den Gewerkschaften als den eigentlichen Kampfgemeinschaften des Proletariats gilt, die sie mit neuem Leben und höherer sozialistischer Tatkraft führen wollen. Die Jungsozialisten wollen ihr Leben in Aufrichtigkeit und Verantwortlichkeit vor sich und der Gemeinschaft gestalten.«[167]

Die Jungsozialisten sahen in Sollmann denn auch einen Mitstreiter, der zu den wenigen bekannten Sozialdemokraten gehörte, die an ihrer Seite standen. Franz Osterroth schrieb anlässlich des Augsburger Parteitags 1922 an Sollmann:

> »Die Freude glomm auf, als ich im Parteitagsbericht Ihre Worte von der notwendigen Nationalgesinnung und Vaterlandsliebe der deutschen Arbeiter las. Was Sie in Augsburg gesagt und bekannt haben, tragen wir – ich spreche für viele Menschen der Jugendbewegung – in uns, weil wir neben dem Erlebnis deutscher Landschaft, deutschen Volkstums und deutscher Gemeinschaft die Tragik der Nation fühlen und ermessen lernten. [...] Weil der junge Mensch notwendigerweise nur das Entweder-Oder kennt und von der Haltung Sowohl-Als auch noch nicht gewonnen ist, bringt ihm seine Vaterlandsliebe häufig innere Qual, denn er vermeint kein richtiger Sozialist mehr zu sein, wenn er ein ›Nationaler‹ ist. [...] Wie gut ist es, wenn sie auch von bewährten und bekannten ›Parteihäuptlingen‹ hören, daß man Deutscher und Sozialdemokrat nicht nur sein kann, nein, daß man es sein muss. [...] Also wird es für uns Aufgabe werden, das Gefühl der Arbeiter in der Richtung auf die Nation positiv zu machen. Meiner Überzeugung nach bricht die Jugendbewegung in dieser Richtung auf.«[168]

---

165 Zum Hofgeismarer Kreis und seinen Strömungen siehe Walter: Nationale Romantik; Osterroth: Hofgeismarkreis; Rathmann: Arbeiterleben; Rudloff (Hg.): Sozialdemokratie und Nation; Vogt: Nationaler Sozialismus.
166 Vgl. bspw. Ollenhauer: Arbeiterjugend und Republik. Siehe dazu auch Sollmanns Beitrag im Organ der Jungsozialisten, den Jungsozialistischen Blättern. Sollmann: Volk und Staat und wir, in: JB 2/1923, S. 66 f.
167 Osterroth: Hofgeismarkreis, S. 527, 529 f.
168 Zitiert nach RZ Nr. 230, 30. September 1922. Der Brief ist im Nachlass Sollmanns nicht enthalten.

Es verwundert angesichts dieser Zeilen nicht, dass Sollmann eine Art Mentor und Fürsprecher der Jungsozialisten in der Partei wurde.[169] Besonders in der zweiten Hälfte der Weimarer Republik entwickelte sich ein enger Austausch mit ehemaligen Jungsozialisten aus dem Hofgeismarkreis, die etwa in der Zusammenarbeit in den Neuen Blättern für den Sozialismus ihren Ausdruck fand.[170] Was sie grundsätzlich verband, war das Streben nach einer geistigen Erneuerung der Sozialdemokratie, um den Aufgaben einer staatstragenden Partei in der Republik gerecht werden zu können.[171] Wie er es schon bei der Arbeiterjugend getan hatte, verteidigte er auch die Jungsozialisten gegen Angriffe aus der Partei. Es waren seiner Ansicht nach gerade solche jungen Querdenker, die mit ihren Ideen der Partei nur gut tun konnten, weil sie »nicht Nurpolitiker und Nurwissenschaftler« seien, sondern »den Anschluß an die großen allgemeinen Geistesströmungen unserer Zeit suchen«[172]. Das aber war für Sollmann eine zentrale Aufgabe der Sozialdemokratie, wenn sie in Zukunft mehrheitsfähig sein wollte.

Bei den meisten Arbeitern vermisste er dagegen die Einsicht in Erfordernisse praktischer Politik und die Erkenntnis vom Wert der parlamentarischen Demokratie und den Möglichkeiten, die sie für eine Ausgestaltung im Sinne der Arbeiterbewegung eröffnete.[173] Fast auf den Tag genau zwei Jahre nach der Wahlniederlage von 1920 machte er dies zum Gegenstand einer Grundsatzrede auf dem Kölner Bezirksparteitag. Macht und Einfluss der Sozialdemokratie, so Sollmann, würden ihre Grenze an der Macht und dem Einfluss anderer Parteien finden. In einer beinahe vollendeten demokratischen Verfassung wie der deutschen komme die zahlenmäßige Stärke einer Partei bei den Wahlen mit ziemlicher Genauigkeit zum Ausdruck. Bei den Wahlen vom Juni 1920 hätten die SPD knapp ein Viertel, die sozialistischen Parteien knapp zwei Fünftel der Mandate erreicht. Nach seiner Überzeugung sei aber noch kein besseres Verfassungssystem gefunden, das innerhalb der kapitalistischen Gesellschaft den arbeitenden Massen eine bessere politische Vertretung verschaffen könne als die Demokratie. Es habe ein halbes Jahrhundert gedauert um dem Proletariat zur Mitregierung im Staat zu verhelfen, es werde vielleicht weitere 50 Jahre dauern, der Arbeiterklasse das

---

169 Vgl. Walter: Der Parteireformer, S. 381 f. Sollmann suchte auch von sich aus den Kontakt zu den Jungsozialisten. So lud er 1921 Osterroth zu Versammlungen nach Köln ein. Sollmann an Osterroth vom 21. Januar 1921, AsD, Nl. Franz Osterroth, Box 126/204.
170 Siehe dazu unten Kapitel IV.9.
171 Vgl. Osterroth: Hofgeismarkreis, S. 528.
172 Protokoll Parteitag 1924, S. 116.
173 Die Jungsozialisten hatten dies dagegen schon verinnerlicht. So führte der damals 19-jährige Erich Ollenhauer in Weimar aus, man solle nicht vergessen, dass erst die Republik »unseren Aufstieg und diese Tagung ermöglicht habe«. Das Weimar der arbeitenden Jugend, S. 26. Max Westphal, ein anderes führendes Mitglied, schreibt, die Aufgabe der Jugend in der Partei sei es, »aus dem taktischen Haufen eine schaffende Gemeinde« zu machen, die auf dem Boden des seit der Revolution verbreiteten politischen Kampffeldes und »auf den neuen Bahnen positiven Schaffens im Wirtschaftsleben, im Erziehungswesen usw.« wirkt. Zitiert nach Osterroth: Hofgeismar, S. 528.

volle Mitbestimmungsrecht im Produktionsprozess zu erkämpfen. Das Schicksal der Partei und der deutschen Arbeiterklasse hänge davon ab, ob es gelinge, das Proletariat zu einer Politik auf so weite Sicht zu erziehen, ohne dass die Begeisterung für ihre Ideale und die Treue zur Mitarbeit genommen wird. Als Minderheitspartei stehe die Sozialdemokratie vor der Wahl, entweder auf die Teilnahme an der Regierungsgewalt zu verzichten, oder sich mit anderen Parteien zu einer Arbeitsgemeinschaft in der Regierung oder im Parlament zu verbinden. Unter den gegebenen Mehrheitsverhältnissen bliebe nur die Koalitionspolitik mit einer oder mehreren bürgerlichen Parteien, wenn man nicht die Regierung den bürgerlichen Parteien alleine überlassen wolle. Es sei mehrfach behauptet worden, die Koalition mit den bürgerlichen Parteien sei für die Arbeiterklasse erfolglos oder schädlich. Mindestens zwei große geschichtliche Erfolge dieser Politik seien unbestreitbar:
1. Die Errungenschaften der Revolution seien noch immer gewahrt.
2. Der politische und wirtschaftliche Zusammenbruch des Reichs sei verhindert worden.

So gut wie nichts habe man auf dem Gebiet der Sozialisierung erreicht. Aber auch wenn man im Reichstag eine Mehrheit gehabt hätte, hätte man zwar viele Gesetze besser gestalten können, aber eine Sozialisierung im nennenswerten Maße wäre unmöglich gewesen, unter einer sozialistischen Reichstagmehrheit wie auch unter der Diktatur des Proletariats. Es fehle an sozialistischen Wirtschaftskapitänen, an sozialistisch geschulten Massen. Daraus müsse man Schlüsse für die politische Tagesarbeit ziehen. Auch die USPD müsse zur Zusammenarbeit mit bürgerlichen Parteien bereit sein. Man müsse die Politik betreiben, die möglich ist. Nicht auf das Wollen, sondern auf das Können komme es in der Politik an.[174]

Den Mangel an Experten für viele Bereiche des Staatswesens sprach Sollmann auch anlässlich der Revolutionsfeier 1922 in Köln an, als er ausführte, es sei ein Trugschluss, dass man bereits in der Lage sei, die komplizierte deutsche Wirtschaft allein zu beherrschen. Es brauche die geistige Eroberung nicht nur der Massen, sondern auch der besten Köpfe in Industrie, Handel und Landwirtschaft. Man unterschätze die Größe der Aufgaben, wenn man glaube, ein Ziel, das nur in der Arbeit von Jahrzehnten zu erreichen sei, im Sturmlauf einiger Monate zu verwirklichen.[175]

Es fehlten der Sozialdemokratie seiner Meinung nach darüber hinaus auch die politischen Führerpersönlichkeiten. Weil das Volk zu lange von der Mitwirkung an den Staatsgeschäften ferngehalten wurde, sei seine politische Betätigung noch zu kurz, als dass sich die Führerauslese hätte vollziehen können, die man in den alten Demokratien beobachten könne. Zudem habe sich erst seit der Revolution die Möglichkeit ergeben, dass politische Köpfe sich positiv schaffend an der Leitung des Staats beteiligten. Erst seitdem das Parlament den entscheidenden Einfluss auf die

---

174 Sollmann: Sozialdemokratische Politik und sozialistische Ziele.
175 RZ Nr. 264, 10. November 1922.

Zusammensetzung der Minister habe und nicht mehr die Launen, die Vorurteile, die Umgebung des Monarchen den Charakter der Regierung bestimmen, stehe politischen Führertalenten, die nicht einer dünnen Oberschicht entstammen, der Weg zur Leitung eines Ministeriums offen. Daran habe sich aber weder das Parlament noch die Wählerschaft in der kurzen Zeit gewöhnt. Große Teile des Reichstags und der Landesparlamente trieben noch Politik, als lebten sie im Obrigkeitsstaat. Von dem Mut zur Verantwortung und dem Willen zur Führung, auch wenn sie unbequem ist, sei in diesen Teilen des Parlaments, die interparteilich sind, noch wenig zu spüren. Diese Politik der Trägheit und des Beharrens in altgewohnten Gedankengängen werde begünstigt durch die noch sehr geringe Vertrautheit der Wählerschaft mit den veränderten verfassungsrechtlichen Tatsachen. Das Volk rede von der Regierung, als sei sie »aus Himmelshöhen« in ihren Beruf gesetzt oder als habe der Reichspräsident die Möglichkeit, eine Regierung nach seinem Willen zu benennen. Dabei würden die Regierungskrisen und die komplizierten parlamentarischen Verhältnisse lediglich der Tatsache entspringen, dass die deutsche Wählerschaft im Juni 1920 ein Parlament von zerfahrener Zusammensetzung gewählt habe. Die Leitung eines Staats erfordere aber den Ausgleich vieler gegeneinander wirkender Anschauungen, der widerstreitenden wirtschaftlichen und politischen Kräfte.[176]

So deutlich wie kaum ein anderer Sozialdemokrat sprach Sollmann bereits frühzeitig Aspekte an, die ein grundsätzliches Problem der politischen Parteien und der politischen Kultur in der Weimarer Republik waren. Es ist bemängelt worden, dass die Parteien nicht die politische Verantwortung suchten, dass es nicht »zur Herausbildung einer auf den Parlamenten basierenden politischen Führungsschicht mit umfassenden praktisch-politischen Erfahrungen und einem auf der gemeinsamen Arbeit beruhenden esprit de corps der Abgeordneten« wie in Frankreich und Großbritannien kam.[177] Es mangelte an Selbstbewusstsein, Bereitschaft zur Verantwortung und der Fähigkeit zum Kompromiss – wichtige Vorbedingungen einer funktionierenden parlamentarischen Demokratie. Es gab im überwiegenden Teil der Sozialdemokratie kein modernes Verständnis vom parlamentarischen Regierungssystem.[178] Auch die Ursachen dieser Probleme lagen für Sollmann auf der Hand. Es war, wie er festgestellt hatte, das aus dem Kaiserreich stammende Verständnis von dem über den Parteien stehenden Staat und der daraus resultierenden Geringschätzung der Parteien, die in der Weimarer Republik fortwirkte. Weder Wähler noch Parteien hatten sich an die gewandelten verfassungsrechtlichen Rahmenbedingungen angepasst:

---

176 Sollmann (ungezeichnet): Regierung und Reichstag, in: RZ Nr. 99, 27. April 1923.
177 Ritter: Kontinuität, S. 118.
178 Lösche/Walter: SPD, S. 4–6, 62 f.; Winkler: Klassenbewegung, S. 53. Vgl. auch Ritter: Kontinuität, S. 117 f.; Miller: Sozialdemokratie, S. 103.

»Es fehlt nicht an Rechten, sondern an einem Volke, daß diese Rechte zu gebrauchen weiß. Es fehlt nicht die Republik, sondern es mangelt an Republikanern. Es fehlt nicht an Demokratie, sondern an ihrem Geiste und an Demokraten.«[179]

In den Parteien herrschte für ihn immer noch das aus dem Kaiserreich überlieferte Denken in weltanschaulichen Kategorien, war immer noch die Neigung vorhanden, das eigene Deutungssystem zu verabsolutieren, was die Bereitschaft zum Kompromiss erheblich einschränkte. Damit konnten sie nicht die von Sollmann intendierte Aufgabe übernehmen, die wirtschaftlichen und politischen Konflikte auf dem Weg des Kompromisses auszugleichen. Für Sollmann dagegen stellte die Koalition eine Art Grundgesetz der Republik dar, nur dadurch war sie überhaupt lebensfähig. Sollmann erkannte und formulierte wie kaum ein anderer Sozialdemokrat, dass das Schicksal der Republik davon abhing, ob die SPD zur Kooperation mit den bürgerlichen Parteien bereit war. In dem Maße, in dem man sich diesem Wunsch verschloss, gab man auch seinen Einfluss auf die Entwicklung der Republik auf und überließ sie den Kräften, die eben nicht wie die Sozialdemokratie fest auf dem Boden der parlamentarischen Demokratie standen. Für Sollmann war es daher eine staatspolitische Notwendigkeit, dass die Sozialdemokratie die Regierungsbeteiligung anstrebe.

In der eigenen Partei vermisste er auch den Willen zur Macht. Man sei von Anfang an, statt die Staatsgewalt mit fester Hand zu ergreifen, mutlos zurückgewichen. Er erhoffte sich vor allem eins:

»Wir wollen stark werden, den Willen dieses Staates selbst zu lenken und, solange wir nicht stark genug sind, bereit sein, Koalitionen einzugehen, die dem demokratischen und sozialen Fortschritt dienen.«[180]

Um diesen Anspruch erfüllen zu können, bedurfte es, wie er es mehrfach gefordert hatte, der Gewinnung bürgerlicher Kreise, die über fachliche Kenntnisse verfügten, die in der Sozialdemokratie vielfach fehlten. Die Sozialdemokratie sollte sich daher um diese Schichten bemühen, auch programmatisch über die Arbeiterschaft hinausgreifen. Sollmanns Haltung zielte daher in der Summe darauf ab, die SPD von der Klassen- zur linken Volkspartei weiter zu entwickeln.

Er sprach hier frühzeitig Probleme an, die von der Weimarer Sozialdemokratie nie gelöst wurden, in den kurzen Jahren der Weimarer Republik wohl auch nicht gelöst werden konnten, weil eine Transformation zur Volkspartei mehr Zeit und an-

---

179 Sollmann: Reichspolitik und Sozialdemokratie. Ebenso auf der Generalversammlung des Kreisverbands Köln am 9. März: »Nicht die Demokratie ist an dem Unglück Deutschlands Schuld, sondern die Tatsache, daß neun Zehnteln des deutschen Volkes absolut die Fähigkeit fehlt, von dieser Demokratie Gebrauch zu machen.« RZ Nr. 59, 10. März 1924.
180 Sollmann: Volkswohl im Volkstaat, S. 13.

derer Rahmenbedingungen bedurft hätte. Aber Sollmann ist ein Beispiel dafür, dass es in der Sozialdemokratie auch Vertreter eines modernen Verständnisses des parlamentarischen Regierungssystems gab. Die Rolle der SPD war für ihn klar: Sie hatte sich wenn irgend möglich an der Regierung zu beteiligen, musste bündnisfähig sein und die Grundlagen dafür schaffen, mehrheitsfähig zu sein. Diese Haltung teilte er mit einigen führenden Sozialdemokraten, in erster Linie den Exponenten der preußischen Sozialdemokratie, wie dem Ministerpräsidenten Otto Braun, dem langjährigen Innenminister Carl Severing und seinem Nachfolger Albert Grzesinski sowie dem Fraktionsführer Ernst Heilmann. Es gab weitere Anhänger dieser Auffassung, wie etwa Wilhelm Keil, Albert Südekum, Eduard David, Wolfgang Heine und Philipp Scheidemann.[181] Aber vor allem im »Roten Preußen« wurde von der SPD die Politik betrieben, wie Sollmann sie vorschwebte. Dort war die Partei machtbewusst und damit bereit, politische Verantwortung zu übernehmen. Ebenso war sie kompromissfähig und sah die Koalition ganz pragmatisch als machtpolitische Notwendigkeit, die man nicht an Prinzipien und Weltanschauungsfragen scheitern lassen durfte.[182]

Aber auf Reichsebene blieb das Verhältnis der Sozialdemokratie zur Weimarer Demokratie und ihrer Aufgabe in diesem Staat insgesamt gesehen ambivalent: Der Weg von der Oppositionspartei des Kaiserreichs mit ihrer revolutionär sozialistischen Ideologie zur Volkspartei, die unter Anerkennung der im Parteienstaat unabdingbaren Kompromissbereitschaft für die Übernahme der Regierung in Koalitionen mit den bürgerlichen Parteien bereit war, war lang und schwierig und die Verlockung, sich auf die bequeme Position der Opposition zurückziehen statt selbst die Verantwortung zu übernehmen, blieb groß.

Aber diese Entwicklung war weder zwangsläufig noch fehlten Bemühungen, die SPD an die gewandelten Rahmenbedingungen des demokratisch-parlamentarischen Staates anzupassen. Zu Beginn der 20er-Jahre fand in der Mehrheitssozialdemokratie die wohl intensivste Diskussion über die Notwendigkeit einer weltanschaulichen und soziologischen Wandlung der Partei statt, zu der auch die aufgeführten Beiträge Sollmanns gehören. Dabei stand besonders das Erfurter Programm von 1891 auf dem Prüfstand, das immer noch Gültigkeit hatte. Dass darin keine hinreichende programmatische Basis mehr gegeben war, darüber gab es in den Kreisen, die sich an dieser Debatte beteiligten, keinen Zweifel. Nachdem man in der Regierungsverantwortung

---

181 Sollmann hebt explizit Severing als Beispiel für eine republikanische Persönlichkeit und eines energischen Staatsmanns hervor. Sollmann: Kamerad Severing, in: Das Reichsbanner Nr. 20, 15. Oktober 1926. Siehe zur preußischen Sozialdemokratie und ihren Protagonisten Möller: Parlamentarismus; Schulze: Otto Braun; Albrecht: Grzesinski; Alexander: Severing; Lösche: Heilmann; Möller: Heilmann. Zu den weiteren Vertretern siehe Gellinek: Scheidemann; Mittag: Keil; Bloch: Südekum. Zu David und Heine liegen keine Biografien vor. Siehe zu diesen und zum sozialdemokratischen Reformismus Bloch: »Arbeiterverräter«.
182 Siehe dazu Möller: Parlamentarismus, S. 594 f. Zur Rolle Brauns für die besondere Stellung der Sozialdemokratie in Preußen siehe zusammenfassend Schulze: Braun, S. 851–858.

seit 1918 nicht die Zeit gefunden hatte, eine Programmdiskussion zu führen, trat diese nach dem Ausscheiden aus der Regierung im Sommer 1920 wieder in den Vordergrund.[183] Eine auf dem Parteitag von 1920 eingesetzte Programmkommission war für die Ausarbeitung eines Entwurfs zuständig, über den auf dem Parteitag von Görlitz abgestimmt wurde. Das Ergebnis war für Reformer wie Sollmann zufriedenstellend. Er war selbst Mitglied der während des Parteitags mit der endgültigen Ausarbeitung beauftragten Kommission.[184] Das Programm von Görlitz meldete deutlicher als je zuvor den Anspruch der Sozialdemokratie an, linke Volkspartei zu sein, die »körperlich und geistig Schaffenden« zu gewinnen, namentlich auch kleinere und mittlere Besitzer, Gewerbetreibende, geistige Arbeiter, Beamte, Angestellte, Künstler, Schriftsteller, Lehrer und die Angehörigen der freien Berufe. Trotz des Kompromisscharakters – der Begriff »Klassenkampf« wurde nicht aufgegeben, aber politisch entschärft – war dies unverkennbar ein Versuch zur Gewinnung der nichtproletarischen Schichten und Ausdruck der Wandlung der Sozialdemokratie von der Agitations- zur Regierungspartei.[185] (☛ s. *rechts* Abb. 2)

Das Programm wurde von der Rheinischen Zeitung äußerst positiv aufgenommen,[186] was auch Sollmanns Ansicht entsprach, war das Görlitzer Programm doch ein Versuch, die Mehrheit zu gewinnen und die Partei programmatisch für die Machtausübung in einer parlamentarischen Demokratie zu rüsten. Es war der weitest gehende Schritt, den die Partei in der Weimarer Republik in dieser Hinsicht ging.

Zudem wurde in Görlitz eine andere Grundsatzentscheidung getroffen, die eine der zentralen Forderungen Sollmanns für die politische Stellung der Sozialdemokratie in der parlamentarischen Demokratie erfüllte. Noch auf dem Kasseler Parteitag von 1920 hatte sich die Sozialdemokratie mit der Rolle der Oppositionspartei anzufreunden versucht. In der Zwischenzeit aber hatte sich gezeigt, dass die Oppositionsrolle keineswegs fruchtbar gewesen war. Im Gegenteil, weder war man in der Verfolgung der eigenen Ziele weiter gekommen noch hatte man Einfluss auf die wichtigen politischen Entscheidungen nehmen können. Nach knapp einem Jahr auf der Oppositionsbank im Reich und fünf Monaten in Preußen war offensichtlich geworden, wie wenig man davon profitiert hatte, den bürgerlichen Parteien das Feld der Regierungsverantwortung zu überlassen. Dementsprechend war der Wunsch nach einer Rückkehr in die Regierungsrolle gewachsen.

Unterstützt wurde dies durch die Erkenntnis, dass auch mit der DVP ein Modus vivendi zu finden war. Unverkennbar hatten sich in der Deutschen Volkspartei nach den Wahlen 1920 Kräfte profiliert, die bereit waren, auf dem Boden der Republik

---

183 Zur Programmdiskussion in der Sozialdemokratie in der ersten Hälfte der 20er-Jahre siehe Winkler: Klassenbewegung.
184 Winkler: Revolution, S. 443.
185 Kastning: Sozialdemokratie, S. 73.
186 Vgl. RZ Nr. 224, 24. September 1921.

Abb. 2 Gruppenaufnahme mit Mitgliedern der SPD-Programmkommission auf dem Parteitag in Görlitz 1921. Sollmann in der hintersten Reihe (3. v. l.).

mitzuarbeiten. Zwar gab es weiterhin demokratiefeindliche Kräfte in der Partei, aber man hegte in der SPD doch die Hoffnung, die kompromissbereiten Kräfte der DVP mittels einer Zusammenarbeit vom schwerindustriellen Flügel trennen zu können.[187] Vor allem aber war die DVP nach der deutlichen Wahlschlappe der DDP nicht nur zur Hauptvertreterin des deutschen Bürgertums geworden, ohne die Volkspartei war bei den gegebenen Mehrheitsverhältnissen auch eine Regierungsbildung unter Einschluss der Sozialdemokratie nicht möglich. Die Weimarer Koalition war wegen der Schwäche der DDP nicht zu reaktivieren. In Preußen hatte die Weigerung, sich an einer Koalition mit der DVP zu beteiligen, bereits zu einem Rechtsruck geführt. Auch die Reichsregierung unter Wirth stand auf schwachen Füßen, hatte sie doch im Parlament keine Mehrheit. Wenn die SPD also im Herbst 1921 wieder die Regierungsbeteiligung anstrebte und damit die Bereitschaft zur Koalition mit den bürgerlichen Parteien bekundete, dann musste sie auch für den Weg der Großen Koalition offen

---

187 Auf dem Parteitag in Görlitz sprachen sich in diesem Sinn bspw. Hermann Müller und Adolf Köster aus. Protokoll Parteitag 1921, S. 179 f. Zur innerparteilichen Entwicklung der DVP siehe Hartenstein: Anfänge, S. 266–275.

sein. Über diese Frage wurde auf dem Parteitag ausgiebig diskutiert. Während die Vertreter des linken Flügels eine Koalition mit der DVP weiterhin ablehnten, argumentierten die Befürworter, eine große Koalition könne eine positive Wirkung auf die Entwicklung der DVP haben. Zudem müsse man, so betonte Otto Braun, das Wahlergebnis berücksichtigen. In diesem Rahmen müsse man gewillt sein, die Macht zu übernehmen.[188] Diese Meinung setzte sich schließlich durch. In einer Resolution erklärte die SPD die Bereitschaft zur Zusammenarbeit mit anderen Parteien, wenn diese bestimmten Grundforderungen einer demokratiefreundlichen Politik zustimmten.[189]

Sollmann begrüßte diese Entscheidung, der er in Görlitz zustimmte, ausdrücklich und verteidigte sie in der Kölner Partei gegen Kritik.[190] Mit dem Parteitag hatte die Sozialdemokratie entscheidende Schritte auf dem Weg gemacht, den Sollmann beständig eingefordert hatte. Mit dem neuen Parteiprogramm war die Grundlage geschaffen worden, um die SPD zu einer linken Volkspartei entwickeln zu können, auch wenn damit keineswegs gewährleistet war, dass die Handwerker, Angestellten und Beamten dem Öffnungsversuch der Partei auch folgten.[191] Tatsächlich konnte sich das Programm nie bewähren, denn nach nur einem Jahr war durch die Wiedervereinigung mit der USPD eine erneute Anpassung unumgänglich. Zwar dauerte es bis 1925, bis das Heidelberger Programm, das sich wieder stärker an der marxistischen Gesellschaftsanalyse des Erfurter Programms von 1891 orientierte, an seine Stelle trat, aber faktisch war der soziale Öffnungsversuch 1922 wieder in Frage gestellt. Damit erfüllte sich auch Sollmanns Forderung nach einer Weiterentwicklung der Sozialdemokratie über die Klassengrenzen hinweg zu einer linken Volkspartei als ein Sammelbecken für die Kopf- und Handarbeiter vorerst nicht. Wie sich aus der Rückschau feststellen lässt, war Görlitz auch der letzte Versuch, den die Weimarer Sozialdemokratie in dieser Hinsicht beschritt. Die Wiedervereinigung mit der USPD stärkte in der vereinigten Sozialdemokratie die Anhänger der innerparteilichen Opposition und der traditionellen Ideologie, also genau die Strömungen, die Sollmanns Ansichten entgegenstanden. Dies bedeutete nicht automatisch das Ende aller Reformabsichten, wie Sollmann sie vertrat, aber die Erfolgsaussichten für derartige Bestrebungen waren mit dem Zusammenschluss mit der USPD 1922 deutlich geringer geworden.

---

188 Protokoll Parteitag 1921, S. 192.
189 Ebd., S. 267 f., 389.
190 RZ Nr. 230, 1. Oktober 1921.
191 Die jeweiligen Verbände der selbstständigen Mittelschichten und der Beamten reagierten denn auch keineswegs positiv auf das Görlitzer Programm, weil sie darin ihre Interessen nicht ausreichend berücksichtigt sahen. Siehe dazu Lösche/Walter: SPD, S. 27–29; Winkler: Revolution, S. 447 f.

3 Die Republik in Bedrängnis: Zwischen außenpolitischer Erfüllungspolitik und innenpolitischer Koalitionspolitik

Neben den grundsätzlichen Fragen der progammatischen Ausrichtung der Sozialdemokratie war Sollmanns politische Betätigung, wie bereits thematisiert, in den ersten Jahren der Republik vor allem durch die außenpolitischen Rahmenbedingungen, die durch den Versailler Vertrag determiniert waren, und deren Rückwirkungen auf die Lage im Rheinland bestimmt. Nachdem durch den Abschluss des Friedensvertrags die Pläne zur Gründung einer rheinischen Republik vorerst an Bedeutung verloren hatten, ging es jetzt um die Frage, wie im Rahmen der Vertragsbestimmungen Politik gestaltet wurde. Innen- und außenpolitische Inhalte waren in dieser Zeit für Sollmann kaum zu trennen und als Vertreter der besetzten Gebiete war er geradezu dazu berufen, außenpolitisch tätig zu werden, waren diese doch unmittelbar von den in Versailles festgelegten Bestimmungen betroffen.[192] Grundsätzlich waren die Bestimmungen des Friedensvertrags hart, aber nicht so vernichtend, wie sie zeitgenössisch in Deutschland wahrgenommen wurden. Aus den festgelegten Gebietsabtretungen resultierten Bevölkerungsverluste und eine erhebliche wirtschaftliche Schwächung, weil dadurch beträchtliche Rohstoffvorkommen, Industrieanlagen und landwirtschaftliche Nutzflächen verloren gingen.[193] Darüber hinaus musste Deutschland 90 Prozent seiner Handelsflotte und auf zehn Jahre 60 Prozent seiner Kohlenförderung abtreten. Noch unklar war bei Vertragsunterzeichnung das genaue Ausmaß der wirtschaftlichen Wiedergutmachung der Kriegsschäden in Form von Reparationszahlungen. Diese sollten von einer Kommission bis zum 1. Mai 1921 bestimmt werden.[194] Zudem wurden Deutschland strenge Rüstungsbeschränkungen auferlegt.[195] Noch größere Bedeutung als die wirtschaftliche Seite der Reparationen hatte ihre juristische Begründung, die auf der alleinigen Kriegsschuld Deutschlands basierte und in Deutschland

---

192 Vgl. etwa den Kommentar in der RZ Nr. 301 vom 31. Dezember 1920: »Schwer lastet dieser Frieden seitdem auf dem deutschen Volke, das sich selbst seinen innern Angelegenheiten kaum widmen, kann, ohne sich durch diesen Frieden und die von ihm diktierte Politik des Ententeauslandes an Händen und Füßen gefesselt zu fühlen.«
193 Die Zahlenangaben variieren. Büttner nennt als Verluste: 13 Prozent der Fläche, 10 Prozent der Bevölkerung, 48 Prozent der Eisenerz-, 63 Prozent der Zinkerz- und 16 Prozent der Steinkohlevorkommen, 40 Prozent der Hochöfen, 19 Prozent der Eisen- und Stahlproduktion, 15 Prozent der landwirtschaftlichen Nutzfläche. Büttner: Weimar, S. 125.
194 Allerdings waren schon bei Unterzeichnung des Waffenstillstands und seiner Verlängerung weitreichende Sachleistungen festgelegt worden, darunter 5.000 Lokomotiven, 150.000 Eisenbahnwaggons und 5.000 LKW sowie Holz-, Kohle, Vieh- und weitere Sachlieferungen. Ebd., S. 126.
195 Erlaubt wurden ein Berufsheer von 100.000 Mann und eine Marine von 150.000 Mann. In den Vertragsbestimmungen heißt es dazu, dies solle der Beginn einer allgemeinen Beschränkung der Rüstung in allen Ländern werden, was von den Deutschen als Verpflichtung der Alliierten zur eigenen Abrüstung interpretiert und als ein Ansatz zur Revision des Vertrags benutzt wurde.

als nationale Demütigung wahrgenommen wurde und ein wesentlicher Grund für die Ablehnung des Vertrags war.[196]

Gravierend für die europäische Nachkriegsordnung wirkte sich ebenso aus, dass Versailles nicht die Grundlage für ein stabiles europäisches Staatensystem und eine friedliche Zukunft Europas war. Dies hing eng mit dem französischen Sicherheitsbedürfnis gegenüber Deutschland zusammen. Frankreich hatte in den Pariser Verhandlungen zunächst den Rhein als strategische Grenze der Alliierten angestrebt, die durch die Abtrennung eines oder mehrerer linksrheinischer unabhängiger oder vom Völkerbund kontrollierter deutscher Staatsgebilde als Sicherung gegenüber deutschem Machtstreben garantiert werden sollte. Dieses besonders vom französischem Militär befürwortete Ziel wurde jedoch von den USA und England abgelehnt, die stattdessen eine zeitweilige Besetzung des Rheinlands und als zusätzliche Sicherung Frankreichs Bündnisverträge für den Fall eines erneuten deutschen Angriffs anboten. Dieser Plan wurde vom französischen Verhandlungsführer Georges Clemenceau angenommen, woraus die Besatzung des Rheinlands für 15 Jahre resultierte, die den Alliierten als Garantie und Druckmittel für die Ausführung der Bestimmungen des Versailler Vertrags diente. Diese linksrheinischen Gebiete und ein 50 km breiter Streifen westlich des Rheins mussten entmilitarisiert bleiben und zudem konnte bei Nichterfüllung der Vertragsbedingungen durch Deutschland die Besatzung verlängert werden. Für Frankreich schien damit ein adäquater Ersatz für die ursprünglichen Forderungen für eine Absicherung gegenüber Deutschland gefunden zu sein.[197]

Das so gestillte französische Verlangen nach Sicherheit wurde jedoch durch den Rückzug der USA aus dem gerade erst geschaffenen Bündnissystem durch die Nichtratifizierung des Versailler Vertrags durch den amerikanischen Senat erneut geweckt. Die Vereinigten Staaten schlossen einen separaten Frieden mit Deutschland und der Garantievertrag mit Frankreich wurde durch diese Entwicklungen faktisch bedeutungslos, was auch für den englisch-französischen Vertrag galt. Dadurch geriet die gesamte Friedensordnung ins Wanken, weil die USA auch dem in Versailles begründeten Völkerbund nicht beitraten, der damit wesentlich an Bedeutung verlor und weil die Lösung des Reparationsproblems deutlich erschwert wurde. Frankreich sah sich plötzlich auf sich alleine gestellt, denn auch mit den Engländern, die in erster Linie wirtschaftliche Interessen hatten und eine hegemoniale Politik Frankreichs gegenüber Deutschland ablehnten, war ein gemeinsames Vorgehen auf Basis des Versailler Vertrags nicht möglich. Durch diese Entwicklungen gewann das Rheinland für Frankreich aber sicherheitspolitisch im Sinne einer dauerhaften Trennung von Deutschland wieder an Bedeutung, was den Bestimmungen des Versailler Vertrags zuwiderlief.

---

196 Vgl. Bariéty: Vom Ersten zum Zweiten Weltkrieg, S. 307; Krüger: Außenpolitik, S. 77 f.; Hildebrand: Das vergangene Reich, S. 401 f.
197 Siehe dazu Bariéty: Vom Ersten zum Zweiten Weltkrieg, S. 301–307; Krüger Außenpolitik, S. 84–88; Hildebrand: Das vergangene Reich, S. 399 f.

3 Zwischen außenpolitischer Erfüllungspolitik und innenpolitischer Koalitionspolitik

Zudem verkomplizierte sich dadurch das Reparationsproblem, denn zwischen den sicherheitspolitischen und den wirtschaftspolitischen Zielen Frankreichs bestand ein Widerspruch, der sich nicht so einfach auflösen ließ. Einerseits bestand durch das Sicherheitsbedürfnis die Überlegung, die Reparationsforderungen möglichst weit zu treiben, um Deutschland wirtschaftlich zu überfordern, was Grundlage für eine weitere Besetzung des Rheinlands war, aber zu einem Ausfall der Reparationsleistungen führen musste. Andererseits war Frankreich an regelmäßigen Reparationszahlungen interessiert, um den eigenen ökonomischen Wiederaufbau zu finanzieren. Dafür aber musste die deutsche Wirtschaft leistungsfähig sein und der Bestand Deutschlands als Nation gewährleistet werden. Zwischen diesen beiden kaum miteinander zu vereinbarenden Optionen schwankte die französische Außenpolitik in den folgenden Jahren, ohne dass eine klare Linie zu erkennen war.[198]

Auch in Deutschland überwog die negative Sicht des Versailler Vertragswerkes, unabhängig von der politischen Richtung. Die durchaus gegebenen Entfaltungsmöglichkeiten – Deutschland konnte trotz der Abtretungen den größten Teil des Staatsgebiets und den Nationalstaat erhalten und war auch wirtschaftlich nicht so geschwächt, dass die Rückkehr als Großmacht ausgeschlossen war – wurden nicht erkannt. Tatsächlich waren die realen Belastungen durch Versailles deutlich geringer als die psychologischen Folgen, die der verzerrten Wahrnehmung des Vertragswerks in Deutschland entsprangen. So diente den antirepublikanischen Kräften die Verbindung von Dolchstoßlegende mit dem Friedensvertrag als Begründung und Argument für die Ablehnung Weimars.[199] Die Revision des Vertragswerks und die Verständigung mit den Siegermächten, und dies besonders hinsichtlich der Reparationen, waren daher ein entscheidender, wenn nicht sogar der ausschlaggebende Faktor für die Außenpolitik der Weimarer Republik. Andere außenpolitische Interessen standen oftmals dahinter zurück.[200] Allerdings herrschte keineswegs Einigkeit darüber, mit welchen Zielen und Methoden eine Revision erreicht werden sollte. Die Sozialdemokratie stand grundsätzlich auf dem Boden einer demokratischen Außenpolitik, die eine Revision des Vertrags auf dem Weg des Ausgleichs und der Kooperation mit den Siegermächten zu erreichen suchte.[201] Fraglich war, inwiefern dies vor dem Hintergrund der alliierten Interessen, insbesondere Frankreichs, Erfolg haben konnte. (☞ s. Abb. 3, S. 208)

Wie agierte Sollmann vor diesem Hintergrund und was war seine außen- und innenpolitische Strategie, um die prekäre Lage des Rheinlands und der Republik zu stabilisieren? Grundsätzlich gehörte Sollmann in der sozialdemokratischen Reichs-

---

198 Bariéty: Les Relations, S. 65 f.
199 Siehe dazu Hillgruber: Unter dem Schatten von Versailles.
200 Krüger: Außenpolitik, S. 14. Siehe dazu auch den Forschungsüberblick bei Niedhart: Außenpolitik, S. 77–80. Zu den Inhalten sozialdemokratischer Außenpolitik siehe Feucht: Haltung.
201 Zu dieser grundsätzlichen Haltung in der SPD siehe Feucht: Haltung, S. 76–81. Vgl. auch Krüger: Außenpolitik, S. 89 f.

Abb. 3 Kongress der Sozialistischen Arbeiter-Internationale in Marseille im August 1925: Boris Skomorowski, Hanna Hertz, Paul Hertz, Luise Kautsky, Wilhelm Keil, Rosa Skomorowski, Wilhelm Sollmann (v. l. n. r.).

tagsfraktion zu den profilierteren Außenpolitikern und ergriff häufiger das Wort zu den auswärtigen Beziehungen.[202] Er ließ diesbezüglich von Beginn an keinen Zweifel daran, dass er den Versailler Frieden als unerfüllbar und ungerecht ansah. Seit der Annahme des Vertrags, die für ihn allerdings alternativlos war, arbeitete er auf eine Revision hin.[203] Anlässlich der Konferenz von Spa im Juli 1920, auf der die Fragen der Reparationen und der Entwaffnung Deutschlands behandelt wurden, legte er in einer Grundsatzrede seine Sicht auf Versailles dar. Den »Gewaltfrieden« lehnte er ab, weil er seiner Meinung nach falsch konzipiert war:

---

202 Vgl. Feucht: Haltung, S. 109, der Sollmann hinter den außenpolitischen Spitzenpolitikern wie Müller, Wels, Crispien, Ebert, Breitscheid und Hilferding zu den Vertretern aus der zweiten Reihe zählt, die in der Weimarer Sozialdemokratie eine Rolle für die Behandlung außenpolitischer Fragen spielten. Sollmanns Interesse an außenpolitischen Fragen und seine diesbezügliche Rolle innerhalb der Partei wird auch daran deutlich, dass er wie bereits genannt seit 1925 an allen Tagungen der Interparlamentarischen Union teilnahm und ein Vertreter der deutschen Sozialdemokratie auf dem Zweiten Kongress der Sozialistischen Arbeiter-Internationalen 1925 in Marseille war.

203 »Die Arbeiterklasse aber verlangt die Unterzeichnung unter Protest mit einer künftigen Politik, die auf die Revision des Vertrages durch die fortschreitende Weltrevolution hinarbeitet.« Sollmann: Die Schicksalsstunde Deutschlands. Scheidemanns Rücktritt, in: RZ Nr. 136, 20. Juni 1919. Diese Haltung war in der Sozialdemokratie vorherrschend. Vgl. Feucht: Haltung, S. 78.

3 Zwischen außenpolitischer Erfüllungspolitik und innenpolitischer Koalitionspolitik

»Die Entente ist ausgezogen, um die Hohenzollern zu stürzen und den Kaiserismus und den Militarismus in Deutschland zu besiegen. Sie hat sie besiegt. Die Schläge, die sie jetzt wirtschaftlich gegen uns führt, treffen nicht die Hohenzollern, nicht Ludendorff und Hindenburg, sondern mit voller Wucht die deutsche Arbeiterklasse. [...] Der Friedensvertrag von Versailles ist unerfüllbar und deshalb unerträglich. Soweit er erfüllt wird, gehen Milliarden und Abermilliarden dem deutschen Volkswohlstand verloren. Was an Waren und Geld der Entente zufließt, wird zum größten Teile herausgeholt aus den deutschen Arbeitern. Infolgedessen wächst die Steuerbelastung ins Unerträgliche, wird die Sozialpolitik behindert, wird die Versorgung der Kriegsopfer vernachlässigt, leiden die Ausgaben für Kulturzwecke not, wird die Produktion in Industrie und Landwirtschaft gehemmt und verarmt Deutschland. Deshalb ist ein Kernstück sozialistischer Politik die Forderung nach der Revision des Friedens von Versailles. Wer diese Verschleierungen verwischt, der mag die radikalsten Phrasen dreschen, er ist kein Anwalt deutscher Arbeiter, sondern gewollt oder ungewollt ein Agent des Kapitalismus und des Imperialismus der Entente.«[204]

Dies war eine Standardargumentation in der sozialdemokratischen Bewertung des Friedens. In dieser Sichtweise war es ein imperialistischer Vertrag, weil er die Entfaltung des Sozialismus in Deutschland unmöglich machte.[205] Dies ging zumeist einher mit der Einforderung des Selbstbestimmungsrechts der Völker und der Gleichberechtigung auch für Deutschland, worum man sich durch Versailles gebracht sah. Auch Sollmann klagte über die Entmündigung Deutschlands, das durch Versailles weder wirtschaftlich noch politisch selbstständig und daher ein »Vasallenstaat der Entente« geworden sei. Die in Oberschlesien, dessen Verbleib bei Deutschland in Versailles offen gelassen worden war, vorgesehene Volksabstimmungen sah er als ersten Erfolg des von den Sozialisten geforderten Selbstbestimmungsrechts der Völker. Schließlich verurteilte er auch die Klausel der Besetzung des Ruhrgebiets als Ausdruck des imperialistischen Charakters des Gewaltfriedens. Die beständige Androhung militärischer Gewalt stärke nur den Chauvinismus in Deutschland und dadurch die antidemokratischen Kräfte.[206] Der Vertrag war damit in Sollmanns Interpretation, die ganz auf der

---

204 RZ Nr. 163, 20. Juli 1920. Vgl. auch seine Äußerungen über die Besatzungskosten im November 1920: »Diese Milliarden werden dem hungernden deutschen Volke entzogen. Wir wollen und können die in Nordfrankreich zerstörten Häuser wieder aufbauen. Die Männer, Frauen und Kinder, die in Deutschland verhungern, werden nie wieder auferstehen. Was der Friedensvertrag von Versailles an uns sündigt, wird nie wieder gut gemacht werden können.« RZ Nr. 264, 16. November 1920.
205 Vgl. Feucht: Haltung, S. 76 f. und die dort zitierten parteioffiziellen Verlautbarungen und persönlichen Stellungnahmen von mehrheitssozialdemokratischen Politikern.
206 RZ Nr. 163, 20. Juli 1920.

Linie der parteioffiziellen Haltung lag, eine Gefährdung für Demokratie, Sozialismus und Frieden.[207]

Wie aber wollte Sollmann seiner Bestandsaufnahme, die eine wirtschaftliche Zerrüttung Deutschlands durch den Vertrag feststellte, entgegenwirken? Seine Antwort darauf war wie bei den meisten Anhängern einer demokratischen Außenpolitik die Strategie, den alliierten Reparationsforderungen in vollem Maße nachzukommen, um die Unerfüllbarkeit der Lasten nachzuweisen.[208] Er gehörte innerhalb der Sozialdemokratie zu den entschiedensten Verfechtern dieser »Erfüllungspolitik«. Zur vollen Entfaltung kam diese Strategie, nachdem im Frühjahr 1921 die alliierten Reparationsforderungen bekannt geworden waren, was innenpolitisch entscheidende Folgen hatte. Das Kabinett Fehrenbach trat infolge der ultimativ von den Alliierten verlangten Anerkennung der Reparationsforderungen in Höhe von 132 Milliarden Goldmark, für deren Annahme die Reichsregierung nicht die Verantwortung übernehmen wollte, am 4. Mai 1921 zurück.[209] Für eine Annahme dieser Bedingungen fanden sich die sozialdemokratischen Parteien, das Zentrum und mit knapper Mehrheit die DDP bereit. Da die USPD aber den Eintritt in eine Regierung mit bürgerlicher Beteiligung ablehnte, bildete sich schließlich ein Minderheitskabinett aus den Parteien der Weimarer Koalition unter dem Reichskanzler Joseph Wirth vom Zentrum, das sich seine Mehrheiten jeweils im Reichstag suchen musste.[210] Sollmann befürwortete diese Entscheidung. Es war, wie die Rheinische Zeitung schreibt, einer der Zeitpunkte, an denen die SPD sich der Verantwortung nicht entziehen durfte.[211] Ausschlaggebend für die Regierungsbeteiligung waren die außenpolitischen Rahmenbedingungen. Für den Eintritt sprach aber noch ein anderer Grund, der besonders für Sollmann von Bedeutung war. Die knapp einjährige Oppositionszeit hatte für die Partei keinerlei Fortschritt gebracht, man hatte in einer Neutralität verharrt, »die fast gar keine Vorteile und fast nur Nachteile bot«. Statt fruchtbare Politik betreiben zu können, hatte man zusehen müssen, wie die politischen Gegner die Errungenschaften der Revolution abbauten.[212] Der Oppositionsrolle konnte man daher nur noch wenig

---

207 Vgl. Feucht: Haltung, S. 77.
208 Dies hatte er bereits nach dem Vertrag von Spa geäußert: »Wir deutschen Sozialisten werden nach Kräften mit dafür sorgen, daß der Vertrag von Spa erfüllt wird. Geht die Erfüllung über die Kraft der deutschen Bergarbeiter und rücken die Ententetruppen ein, dann werden wir deutschen Sozialisten die als eine Verletzung des Friedensvertrages empfinden, als einen Friedensbruch ohne Kriegserklärung, als einen unberechtigten Einfall in deutsches Gebiet, als eine imperialistische Bedrohung der deutschen Arbeiterklasse.« RZ Nr. 163, 20. Juli 1920.
209 Zu den Reparationsforderungen und dem Ultimatum siehe Krüger: Außenpolitik, S. 122–132.
210 Zur Regierungsbildung siehe Kastning: Sozialdemokratie, S. 64–67; Morsey: Zentrumspartei, S. 379–386; Hörster-Philipps: Wirth, S. 98–115.
211 Vgl. RZ Nr. 109, 11. Mai 1921; RZ Nr. 110, 12. Mai 1921. Bereits im Sommer 1920 hatte er angemahnt, dass die Not der Zeit eine Beteiligung an der Regierung erfordere, denn nur so könne die Arbeiterbewegung Einfluss auf die Entwicklung nehmen. RZ Nr. 163, 20. Juli 1920.
212 RZ Nr. 110, 12. Mai 1921.

Positives abgewinnen.[213] Durch einen Eintritt in die Regierung wollte man wieder verstärkten Einfluss auf die Regierungsgeschäfte nehmen. Das entsprach ganz der Haltung, die Sollmann in dieser Frage vertrat. Die neu erwachte Bereitschaft zur Regierungsbeteiligung äußerte sich auch in dem Beschluss des Parteitages von Görlitz, eine Koalition mit der DVP unter gewissen Bedingungen einzugehen. Zudem wurde die Annäherung an die DVP von Reichspräsident Ebert gefördert, der eine Große Koalition aus staatspolitischen Gründen befürwortete.[214] Das Kabinett Wirth stand auf schwachen Füßen, weil es im Reichstag über keine Mehrheit verfügte und nicht in allen Fragen auf die Unterstützung der USPD setzen konnte. Daher suchte man nach Wegen die Koalition zu verbreitern. Über diese Entscheidung wurde in Köln in drei Versammlungen diskutiert, was den innerparteilichen Diskussionsbedarf über die Koalitionsfrage widerspiegelt. Namentlich Robert Görlinger als einer der Berichterstatter bedauerte die Entschließung und fand dafür auch Unterstützung. Sollmann, der auf dem Parteitag für die Koalitionsentscheidung gestimmt hatte, wandte ein, dass in der gegenwärtigen Situation eine Minderheitenregierung die Probleme nicht lösen könne. Als die staatserhaltende Partei müsse die SPD bereit sein, in die Regierung einzutreten.[215]

Mit Joseph Wirth trat ein Zentrumspolitiker an die Regierungsspitze, der als Vertreter eines »Linksrepublikanismus« mit einem ausgeprägten sozialen Empfinden und einem entschiedenen Bekenntnis zur Republik bei der Sozialdemokratie große Unterstützung fand. Namentlich Sollmann sah gerade in bürgerlichen Politikern wie Wirth die Grundlage für das Bündnis mit den Parteien der bürgerlichen Mitte.[216] Die Regierung Wirth, in der die Sozialdemokratie mit drei Ministern vertreten war, strebte in der Außenpolitik durch eine konsequente Erfüllung der Reparationsforderungen den Beweis ihrer Unerfüllbarkeit an und wollte dadurch Vertrauen und Zeit für eine

---

213 Vgl. Winkler: Revolution, S. 453 f.
214 Protokoll Parteitag 1921, S. 267 f., 389. Dieser Beschluss war nicht unumstritten, was in den Gegenstimmen von 67 Delegierten zum Ausdruck kam. Siehe dazu Kastning: Sozialdemokratie, S. 72. Der Programmentwurf hatte dagegen nur fünf Gegenstimmen gefunden. Zur Haltung Eberts siehe Mühlhausen: Ebert, S. 447–465.
215 RZ Nr. 230, 1. Oktober 1921. In zwei Resolutionen schloss man sich schließlich auch in Köln in der Koalitionsfrage und dem Programm den Entscheidungen des Parteitags an. Eine Erweiterung der Koalition kam in der Folge aber nicht zustande, weil die DVP trotz weit gehender Zugeständnisse der MSPD sich nicht dazu bereitfand, in die Regierung einzutreten. Siehe dazu Winkler: Revolution, S. 454–459. Zu den Hintergründen der Probleme der parteipolitischen Annäherung siehe auch Raithel: Das schwierige Spiel, S. 115–120.
216 Sollmann sagte über Wirth, er sei »der stärkste bürgerliche Republikaner«. Sollmann: Das Zentrum und wir, in: Vorwärts Nr. 347, 26. Juli 1926. Diese Wertschätzung beruhte auf Gegenseitigkeit. Wirth äußerte über Sollmann: »Ich kenne diesen sozialdemokratischen Politiker seit Jahren. Er verbindet Leidenschaft mit Geist, kühles Abwägen mit angemessener Form. Er führt eine gewandte Feder und ist in der deutschen Publizistik weithin bekannt.« Wirth: Der Bürgerblock, in: Frankfurter Zeitung Nr. 924, 12. Dezember 1926.

politische wie wirtschaftliche Konsolidierung sowie größere außenpolitische Spielräume gewinnen.[217]

Sollmann wie die SPD im Allgemeinen deckten diesen Kurs, auch wenn die Partei kaum aktiven Anteil daran hatte, durch ihre konsequente Unterstützung im Reichstag.[218] Für Sollmann hatte besonders die Beendigung der Besatzung oberste Priorität. Dies war für ihn ein Kernproblem der Reparationsfrage und der deutsch-französischen Beziehungen, die im Mittelpunkt seiner Bemühungen um eine Verständigung mit den Siegermächten standen.[219] Neben den grundsätzlichen materiellen Belastungen durch die Besatzungstruppen drohte im Rheinland ständig eine Verschärfung der Situation durch die bei Nichterfüllung der Versailler Vertragsbedingungen möglichen Sanktionen für Deutschland, die vor allem in den Besatzungszonen spürbar waren.[220]

Sollmanns Hauptargument gegen die Besatzung des Rheinlands waren aus seiner Sicht die daraus resultierenden unnötigen Belastungen, die es dem Reich unmöglich machen würden, seine Verpflichtungen zu erfüllen. Er erkannte zwar den guten Willen der Rheinlandkommission an, aber ihre Versprechen, die Belastungen der Besetzung möglichst gering zu halten, habe sie nicht gehalten.[221] Ebenso prangerte er die aus seiner Sicht kontraproduktiven Sanktionen an, die gegen Deutschland wegen

---

217 Krüger: Außenpolitik, S. 133; Morsey: Zentrumspartei, S. 389.
218 Winkler: Revolution, S. 460 f. Dazu führte Sollmann nach Angriffen aus der DNVP gegen die außenpolitische Taktik der Regierung Wirth im Reichstag aus: »Und die von Ihnen heute wieder so leidenschaftlich angegriffene Erfüllungspolitik hat für uns keinen anderen Sinn, als durch die Erfüllung des Möglichen die Unsinnigkeit und die weltverwüstende Wirkung des Versailler Vertrages aufzudecken. Dieser Weg zur Revision des Vertrages ist langsam und ist schwer, aber wir halten ihn für den einzig möglichen.« Protokolle Reichstag, Bd. 355, 23. Juni 1922, S. 8013.
219 Das Problem der Besatzung und des Verhältnisses zu Frankreich thematisierte er in zahlreichen Artikeln. Vgl. Sollmann: Frankreichs Sicherheitsforderungen; ders.: Sozialdemokratie und Rheinpolitik; ders.: Jahrtausendjubel – Jahrtausendkampf; ders.: Ausblick; ders.: Verständigung und Besatzung; ders.: Die Sicherungsfalle; ders.: Unser Wille – Unser Vertrauen; ders.: Reparationen und Räumung. Genf – Paris – Haag; ders.: Freiheit und Friede am Rhein. Die Beziehungen zu England spielten für ihn eine andere Rolle, weil sie sich als deutlich unkomplizierter darstellten. Köln war von englischen Truppen besetzt und Sollmann stellte stets den französischen Besatzungsmethoden die rücksichtsvolle Handhabung der Besatzung durch die Briten gegenüber. Vgl. Sollmann: Abschied vom England. Zur englischen Besatzung siehe Fraenkel: Military Occupation; Recker: Adenauer und die englische Besatzung.
220 Im Versailler Vertrag war die Besetzung des Rheinlands auf 15 Jahre festgelegt worden. Die Belastungen der Besatzung waren erheblich, weil die gesamten Kosten vom besetzten Gebiet selbst getragen werden mussten. Zu den Problemen der Besatzung siehe als Fallbeispiel Recker: Adenauer und die englische Besatzung, S. 100–104.
221 Protokolle Reichstag, Bd. 345, 6. November 1920, S. 1048. Vgl. auch Protokolle Reichstag, Bd. 357, 23. Oktober 1922, S. 8873. Die Rheinlandkommission, offiziell Interalliierter Hoher Ausschuss für die Rheinlande genannt, war die oberste Verwaltungsbehörde der von den vier Besatzungsmächten Frankreich, Belgien, USA und Großbritannien nach den Bestimmungen des Friedensvertrags von Versailles und des zugehörigen Rheinlandabkommens besetzten Gebiete des Rheinlands und hatte weit gehende Befugnisse. Siehe dazu Fraenkel: Military Occupation, S. 81–91.

Verstößen gegen die Vertragsbestimmungen verhängt wurden. Die Sanktionen im besetzten Gebiet, so Sollmann im Reichstag bei einer Aussprache über die infolge der Londoner Reparationsverhandlungen getroffenen Maßnahmen, würden zu einer ungeheuren wirtschaftlichen Verwüstung führen und die Besatzung würde die Deutschen Unsummen kosten. Der Kampf um das Rheinland sei weniger ein politischer als ein wirtschaftlicher Kampf und die Aufrechterhaltung der Sanktionen nichts anderes, als eine Sabotage der Möglichkeit zur Reparation. Daher verlangte er die Aufhebung der Sanktionen, weil sie ein Verbrechen an der deutschen Volkswirtschaft und vor allem der deutschen Arbeiterklasse seien.[222]

Die Belastungen durch die Besatzung waren tatsächlich erheblich und wurden von den Vertretern der besetzten Gebiete immer wieder vorgebracht.[223] Eine Verbesserung dieser Situation war jedoch nicht in Sicht. Zwar wurden die Sanktionen im Rheinland im September 1921 aufgehoben, aber an eine Änderung des Besatzungszustands war nicht zu denken. Dies lag daran, dass mit der Aufhebung der Besatzung ein Kernproblem im deutsch-französischen Verhältnis berührt wurde. Problematisch in dieser Hinsicht war nicht nur die enge Verbindung zwischen den Reparationen und nahezu allen weiteren internationalen Beziehungen, sondern die bereits erwähnte Verknüpfung der Reparationen mit dem Sicherheitsbedürfnis Frankreichs. Die wirtschaftliche Schwächung Deutschlands durch die Reparationszahlungen verhinderte dessen Wiederaufstieg als Großmacht und diente damit der Sicherheit Frankreichs. Die Besetzung des Rheinlands wiederum war im Versailler Vertrag als Sicherheit für die Erfüllung der Bestimmungen vorgesehen, was besonders für die Reparationen galt. Damit gab es also eine Verbindung der Besatzung mit den Reparationen und dem französischen Sicherheitsstreben. Wenn man die Besatzung aufheben wollte, mussten zugleich die anderen Probleme gelöst werden.

Sollmanns Forderung nach einer Beendigung der Besatzung hatte unter diesen Umständen keine Aussicht auf Erfolg. Es hätte bedeutet, dass Frankreich das aus seiner Sicht nach dem Wegfall der Bündnisabsicherung mit den Vereinigten Staaten und England letzte verbliebene Pfand für die Erfüllung der Versailler Vertragsbestimmungen aus der Hand gab. Sollmann erkannte diesen Zweck der Besatzung auch:

---

222 Protokolle Reichstag, Bd. 350, 30. Juni 1921, S. 4244–4247. Ebenso in einer Rede zur Londoner Konferenz, RZ Nr. 67, 21. März 1921. Vgl. auch seine Äußerungen über die Besatzungskosten im November 1920: »Diese Milliarden werden dem hungernden deutschen Volke entzogen. […] Die Männer, Frauen und Kinder, die in Deutschland verhungern, werden nie wieder auferstehen. Was der Friedensvertrag von Versailles an uns sündigt, wird nie wieder gut gemacht werden können.« RZ Nr. 264, 16. November 1920. Weil die deutsche Delegation den ersten alliierten Zahlungsplan abgelehnt hatte, waren das Gebiet von Düsseldorf, Duisburg und Ruhrort besetzt worden. Zudem verfügten die Engländer die Einbehaltung von 50 Prozent der deutschen Exporterlöse und die Franzosen führten im Rheinland ein alliiertes Zollregiment ein. Krüger: Außenpolitik, S. 124.
223 So drängte Konrad Adenauer bei Reichskanzler Wirth auf eine auf eine stärkere finanzielle Unterstützung und eine Verteilung der Schäden durch die Besatzung auf das gesamte Reich. Morsey: Zentrumspartei, S. 455.

»Nach dem Dokument von Versailles hat die Besatzung am Rhein einen doppelten Zweck: Sie ist Druckmittel für die Erfüllung der dem Deutschen Reiche auferlegten materiellen Verpflichtungen, und sie ist Sicherung der alliierten und assoziierten Mächte gegen einen deutschen Angriff.«[224]

Aber die Schlüsse, die er daraus zog, verkannten die Situation der internationalen Beziehungen. Seine Anmerkung, die Besatzung könne gar nicht entscheidend für Frankreichs Sicherheit sein, denn sonst hätte man sie nicht zeitlich begrenzen dürfen, zog nicht in Betracht, dass diese Regelung nur zustande gekommen war, weil als Ersatz in Versailles Bündnisverträge vereinbart worden waren, die Frankreichs Sicherheit dienen sollten.[225] Sollmann übersah den Umstand, dass das Ausscheiden der USA aus der Versailler Friedensordnung den französischen Sicherheitsbedenken neuen Auftrieb gegeben hatte und deshalb das besetzte Rheinland als Faktor an Bedeutung gewonnen hatte. Wenn er immer wieder in Erinnerung rief, dass Deutschland durch den Versailler Vertrag so geschwächt sei, dass es unmöglich eine Gefahr für Frankreich sein könne, so vergaß er dabei, dass dies allein als Garantie nicht ausreichend sein konnte.[226] Wie die deutsche Außenpolitik insgesamt durchschaute auch Sollmann die Problematik der internationalen Beziehungen nicht völlig. Er glaubte, ganz auf der Linie der sozialdemokratischen Außenpolitik, dass die Vermeidung künftiger Konflikte allein durch »die Verständigung und Versöhnung beider Völker«[227] zu erreichen sei. Sollmann war grundsätzlich ein Anhänger einer europäischen Verständigungspolitik, die durch die Vertiefung des Friedensgedankens, die Solidarität und die Verflechtung der Wirtschaft erreicht werden sollte. Es sollte nicht nur eine Veränderung der materiellen Bestimmungen, sondern auch des Geistes, der dem Vertrag zugrunde lag, erreicht werden. Ihm schwebte ein Europa der gleichberechtigten Partner auf nationalstaatlicher Basis vor. Deswegen wollte er eine Revision von Versailles, denn dieser Gewaltfrieden widersprach dem Gedanken der Gleichberechtigung aller Völker:

»Wer aber redet in der Welt von Gleichberechtigung und Gegenseitigkeit, wenn Deutschland in Betracht kommt? Wir sind immer nur Objekt fremder Außenpolitik.«[228]

---

224 Sollmann: Verständigung und Besatzung, S. 15.
225 »Glücklicherweise kann aber unmöglich gerade die Besetzung den entscheidenden Faktor für Frankreichs Sicherheit darstellen, denn sonst hätte man sie nicht bis 1935 begrenzen dürfen«. Ebd.; Sollmann: Unser Wille – Unser Vertrauen, S. 162.
226 Vgl. Sollmann: Frankreichs Sicherheitsforderungen, S. 1 f. Die Nichtratifizierung des Versailler Vertrags wurde in der RZ nicht kommentiert und damit auch nicht die Folgen, die sich daraus für die europäischen Beziehungen ergaben.
227 Ebd., S. 3.
228 Ebd., S. 2.

3 Zwischen außenpolitischer Erfüllungspolitik und innenpolitischer Koalitionspolitik

Damit verlangte er von Frankreich den Verzicht auf seine 1918/19 errungene Position zugunsten einer europäischen Verständigung.[229] Dass aber diese Verständigung mit Frankreich nur möglich sein konnte, wenn das Sicherheitsproblem gelöst war, erkannte er umfassend erst später.[230] Unter den Rahmenbedingungen der frühen 20er-Jahre war eine Außenpolitik, wie Sollmann sie einforderte, kaum realisierbar. Dazu hätte es vor allem einer deutschen Außenpolitik bedurft, die keinen Zweifel daran ließ, dass man eine Verständigung tatsächlich suchte. Dies war aber von deutscher Seite aus nicht gegeben, denn ein in sich geschlossenes Konzept, das eine klare außenpolitische Linie erkennen ließ, verfolgte man bis 1923 nicht.[231]

Die Problematik der außenpolitischen Beziehungen zeigte sich im Verlaufe des Jahres 1921 ganz deutlich. Zunächst schien sich die Lage Deutschlands zu verbessern. Mit Frankreich kam es zu einer Einigung über die Modalitäten der Sachlieferungen im Wiesbadener Abkommen am 6. Oktober 1921, was zur Aufhebung der im April errichteten Zollgrenze im besetzten Gebiet führte.[232] Bereits zuvor hatte man die Beziehungen zu den USA durch den Abschluss eines separaten Friedensvertrags verbessert.[233] Dies war aber nur eine vorübergehende Tendenz zum Positiven, denn die zentralen Problemen blieben bestehen, wie der Entscheid des Völkerbunds vom 12. Oktober 1921 zeigte, der vor allem auf Betreiben Frankreichs das wirtschaftlich bedeutende Oberschlesien größtenteils Polen zuschlug.[234] Reichskanzler Wirth trat aus Protest gegen diese Entscheidung zurück. Da sich DVP und DDP einer Beteiligung widersetzten, bildete sich schließlich unter dem Druck der äußeren Umstände ein Minderheitenkabinett von Zentrum und SPD.[235] Am Ziel der Erfüllungspolitik hielt der alte und neue Reichskanzler unbeirrt fest.

Der Verlust Oberschlesiens war ein schwerer Rückschlag für die deutsche Außenpolitik und besonders für das Verhältnis zu Frankreich und Polen. Gescheitert waren damit auch die Ansätze einer Politik des Ausgleichs, was vor allem an der Komplexi-

---

229 Europäische Verständigung und Vereinigung tauchen bei Sollmann immer wieder als Ziel der Außenpolitik auf. Vgl. Sollmann: Jahrtausendjubel – Jahrtausendkampf, S. 451; ders.: Ausblick, S. 6.
230 Dazu stellte er 1925 fest: »Deutsch-französische Verständigung ist nur möglich, wenn Frankreich genügende Sicherungen am Rhein erhält. Das müsste jeder wissen, der die Forderungen französischer Politiker und Generale seit dem Kriege und nachher kennt. La France a peur. Darum will und wird es dort einen Deich gegen neue deutsche Invasionsflut errichten, wo es, von Frankreich her gesehen, allein möglich ist, am Rhein. Wir wußten es und wehrten uns daher jahrelang gegen jede Lösung, die Frankreichs militärische Sicherheit durch einen tiefen Schnitt zwischen Rhein und Reich erreichen wollte. Sicherung ja, Trennung nie!« Sollmann: Jahrtausendjubel – Jahrtausendkampf, S. 451.
231 Krüger: Außenpolitik, S. 78.
232 Bariéty: Les relations, S. 84 f.
233 Link: USA, S. 64 f.
234 Krüger: Außenpolitik, S. 135.
235 Zur Koalitionsbildung siehe Kastning: Sozialdemokratie, S. 74–77; Morsey: Zentrumspartei, S. 418–421.

tät der internationalen Beziehungen lag.[236] Zudem erlitt die Erfüllungspolitik auch in der Reparationsfrage einen Rückschlag. Die wirtschaftliche Lage Deutschlands im Herbst war prekär. Die zwischenzeitliche wirtschaftliche Erholung hatte nicht ausgereicht, um genügend Reserven für die Reparationszahlungen anzusammeln und die Mark verlor zunehmend an Wert. Zwar hatte man im August 1921 fristgerecht die erste Ratenzahlung überwiesen, aber im Januar 1922 stand eine weitere in Höhe von 500 Millionen Goldmark an, deren Erfüllung zweifelhaft war. Dementsprechend skeptisch beurteilte Sollmann die Situation Ende des Jahres 1921. Deutschland, so stellte er fest, stehe vor dem finanziellen Zusammenbruch.[237] Wie die kommende Ratenzahlung aufgebracht werden sollte, war für ihn völlig unklar. Einen Ausweg sah er in der stärkeren Erfassung der Sachwerte und einer Beteiligung der Industrie an den Reparationen, denn die »Kapitalisten« hätten es in den vergangenen Jahren fertiggebracht, »sich vor den Lasten des verlorenen Krieges zu drücken« und sich zugleich »wahnwitzig bereichern können«.[238] Daher befürwortete er den Versuch Wirths, Kredithilfen der Großindustrie zu bekommen, was aber an der unnachgiebigen Haltung einer Minderheit im Reichsverband der Deutschen Industrie (RdI) scheiterte. Hugo Stinnes, DVP-Mitglied, setzte durch, dass als Sicherung der erbetenen Kredite die Reichsbahn und andere staatliche Betriebe privatisiert werden sollten. Das kam einer Erpressung der Regierung gleich und wurde von der Sozialdemokratie wie den Gewerkschaften kategorisch abgelehnt, weshalb Wirth nur die Ablehnung dieses Ansinnens übrig blieb.[239]

In diesen Verhandlungen machte sich ein grundsätzliches Problem deutscher Außenpolitik bemerkbar, nämlich dass die deutsche Wirtschaft eigene Interessen verfolgte, was den politischen Handlungsspielraum einengte und einer Verständigungspolitik im Wege stand. Mit dem Versailler Vertrag war auch das Ziel verbunden, die Vormacht der deutschen Industrie in Europa zu durchbrechen, was von den Vertretern der deutschen Industrie als Herausforderung gesehen wurde. Es war in erster Linie Hugo Stinnes, der einflussreichste Unternehmer der Zeit, der den Kampf gegen

---

[236] England musste dem Wiesbadener Abkommen zustimmen, da es sich um eine Abänderung des Versailler Vertrags handelte, zögerte dies jedoch hinaus, da es eine wirtschaftliche Annäherung Deutschlands an Frankreich kritisch sah und die britische Regierung selbst eine Revidierung der Reparationsverpflichtungen anstrebte. Hier machte sich erneut deutlich bemerkbar, dass England und Frankreich in der Reparationsfrage keinen gemeinsamen Nenner fanden. Auch in der Oberschlesienfrage hatte England Deutschlands Ansinnen wohlwollend unterstützt, sich aber gegen Frankreich nicht durchsetzen können. Krüger: Außenpolitik, S. 132–136.
[237] RZ Nr. 277, 28. November 1921.
[238] Ebd.
[239] Winkler: Revolution, S. 416. Sollmann sagte noch vor Wirths Entscheidung: »Sie (die Industrie, S. E.) will die Kredithilfe benutzen, um durch Mittel der Erpressung vom Reiche die Eisenbahnen zu erhalten und den Arbeitern den Achtstundentag zu nehmen. Ich glaube sagen zu können: Das Kabinett Wirth lehnt diese Bedingungen ab. Daß wir sie ablehnen, ist selbstverständlich.« RZ Nr. 277, 28. November 1921.

3 Zwischen außenpolitischer Erfüllungspolitik und innenpolitischer Koalitionspolitik

Versailles und das damit verbundene Ziel Frankreichs, die eigene Wirtschaft auf Kosten Deutschlands zu stärken, führte.[240]

Die Regierung Wirth konnte daher in ihrem Kurs nicht auf den Rückhalt einflussreicher Wirtschaftskreise und deren politischer Vertreter in DVP und DNVP bauen und stieß dort zunehmend auf Widerstand. Dies hatte zunächst keine unmittelbaren Folgen, weil es im Januar 1922 auf der Konferenz von Cannes gelang, einen Zahlungsaufschub zu erhalten.[241] Allerdings wurde dieser Erfolg bereits im März durch zwei Noten der Reparationskommission zunichte gemacht, die ein provisorisches Moratorium von neuen Steuern in Höhe von 60 Milliarden Mark und der alliierten Kontrolle des Reichshaushalts abhängig machten. Sollmanns Reaktion, die Reparationskommission habe ihre Aufgabe »erbärmlich schlecht gelöst«[242], war angesichts der allgemeinen Empörung in Deutschland fast noch zurückhaltend. Er kritisierte vor allem die verheerende wirtschaftspolitische Kurzsichtigkeit, die aus seiner Sicht der alliierten Reparationspolitik zugrunde lag. Die angedrohten Maßnahmen würden nur zu einer weiteren Senkung des Markkurses führen, wodurch Deutschland seine Einfuhren weiter einschränken müsse und dem Ausland als Absatzmarkt zunehmend verloren ginge. Gleichzeitig führe der niedrige Kurs der Mark zu gesteigerten Ausfuhren, was den Export der Gläubigerländer schädige. Es sei das grundlegende Problem, dass sich die Reparationsforderungen nur erfüllen ließen, wenn Deutschland dem Export der Ententestaaten verstärkte Konkurrenz mache.[243]

Diese Feststellungen betrafen ein Kernproblem der Reparationsproblematik. Reparationszahlungen hatten in einem hoch entwickelten Wirtschaftssystem weit reichende Folgen und bedurften einer Koordinierung nicht nur zwischen den unmittelbar Betroffenen, sondern auch mit Drittländern. Dies war schon theoretisch nicht einfach zu lösen und in der Situation zu Beginn der 20er-Jahre erwies sich dies als praktisch nicht durchführbar, was nicht zuletzt daran lag, dass es bei den Reparationen nicht nur um wirtschaftliche Aspekte ging, sondern ganz massiv auch machtpolitische Fragen eine Rolle spielten.[244]

Die weiteren Rückschläge durch die Entscheidungen der Reparationskommission trübten die Stimmung in Deutschland erheblich. Von der Erfüllungspolitik hatte man sich schnellere Erfolge versprochen. Infolgedessen stieg auch der innenpolitische

---

240 Weil der Wiederaufbau der Wirtschaft nach dem Weltkrieg sowohl für die innere Stabilität als auch die Erfüllung der Reparationszahlungen zentrale Bedeutung hatte, waren Wirtschaftsvertreter von Beginn an den Verhandlungen mit den Alliierten beteiligt. So war Stinnes auf der Konferenz von Spa neben dem deutschen Außenminister Verhandlungsführer Deutschlands. Mit Rathenau wurde im Januar 1922 ein führender Wirtschaftsvertreter deutscher Außenminister.
241 Zu Ablauf und Ergebnissen der Konferenz siehe Krüger: Außenpolitik, S. 161–166.
242 Sollmann (ungezeichnet): Die finanzielle Überwachung Deutschlands. Man muß verhandeln!, in: RZ Nr. 71, 24. März 1922.
243 Ebd.
244 Siehe zu diesem Problemkomplex Krüger: Reparationsproblem, S. 40–47.

Druck auf die Regierung Wirth, in der nun insbesondere Außenminister Rathenau darauf drängte, die Reparationszahlungen auf eine neue Grundlage zu stellen. Dafür war man auch zu einer Konfrontation mit Frankreich bereit. Der Weltwirtschaftskonferenz von Genua im April und Mai des Jahres 1922 kam für die Frage der weiteren Beziehungen entscheidende Bedeutung zu.[245]

Die Aussichten waren von Beginn an wenig verheißungsvoll. Frankreich war unter dem neuen Ministerpräsidenten Raymond Poincaré zu keinen Zugeständnissen in der Reparationsfrage bereit, England hingegen wollte eine neue Basis für den wirtschaftlichen Wiederaufbau und die Reparationen schaffen. Die Deutschen hatten sich dagegen, enttäuscht von den letzten Entwicklungen, bereits im Vorfeld mit Russland auf einen Vertrag geeinigt, um ihren außenpolitischen Spielraum zu vergrößern. An die Verhandlungen in Genua war man von Beginn an skeptisch herangetreten und kalkulierte ein Scheitern ein. Je weniger die Konferenz im eigenen Interesse verlief, desto mehr war man daran interessiert, das Abkommen mit den Russen nicht zu gefährden. Noch während der Verhandlungen in Genua wurde daher der Vertrag unterzeichnet, der den gegenseitigen Verzicht auf Kriegsentschädigungen und die Wiederaufnahme diplomatischer Beziehungen sowie Absprachen auf dem Gebiet der Wirtschaft beinhaltete.[246]

Inhaltlich war der Vertrag von Rapallo nicht spektakulär, aber für die Beziehungen mit den Alliierten hatte er entscheidende Bedeutung. War England trotz der unmissverständlich zum Ausdruck gebrachten Enttäuschung über das deutsche Verhalten weiter zu einer Verständigung bereit, bedeutete das deutsch-russische Abkommen für Frankreich eine Bestätigung dafür, dass Deutschland auf dem Weg war, sich neu zu positionieren und eine Regelung der Reparationen im eigenen Sinne zunehmend schwerer werden würde. Dies bestärkte die Franzosen in der Ansicht, dass eine schnelle Entscheidung zur Sicherung der Reparationen nötig sei, was den Ruhreinmarsch als Zwangsmittel wahrscheinlicher werden ließ.[247]

Auch innenpolitisch war die Situation problematisch. Nachdem der Versuch des gewaltsamen Umsturzes der Republik durch den Kapp-Lüttwitz-Putsch gescheitert war, wurde von den republikfeindlichen Kreisen öffentliche Hetze gegen die Republik und ihre Repräsentanten betrieben, die selbst vor Morddrohungen nicht zurückschreckten. Welche Gefahren hinter dieser Propaganda lauerten, hatte sich bereits am Mord an Matthias Erzberger im August 1921 gezeigt, für den Mitglieder einer nach dem Kapp-Lüttwitz-Putsch gebildeten Geheimorganisation verantwortlich waren.[248] Seitdem hatte das innenpolitische Klima nicht an Brisanz verloren, wie das

---

245 Krüger: Außenpolitik, S. 170 f.
246 Zum Ablauf der Konferenz und den Hintergründen der gescheiterten Verhandlungen siehe Krüger: Außenpolitik, S. 173–183; Hildebrand: Das vergangene Reich, S. 422–430.
247 Zur Bewertung von Rapallo siehe Krüger: Außenpolitik, S. 175–183. Zur sozialdemokratischen Haltung siehe Winkler: Revolution, S. 460–462.
248 Zum Hintergrund der an der Ermordung Erzbergers beteiligten Kreise siehe Hörster-Philipps: Wirth, S. 116–121.

missglückte Attentat auf den ehemaligen Reichskanzler Philipp Scheidemann im Juni 1922 unter Beweis stellt. Auch die Regierung Joseph Wirth und die von ihr betriebene Erfüllungspolitik standen im Fokus der rechten Diffamierungskampagne. Jegliche Bereitschaft zur Anerkennung der Versailler Vertragsbedingungen und zum friedlichen Ausgleich wurde als Verrat interpretiert. Vor allem Außenminister Walther Rathenau war als Jude und Befürworter der Erfüllungspolitik das Ziel antisemitischer wie nationalistischer Hetze.[249] Im Reichstag zeichneten sich immer wieder Mitglieder der DNVP durch Ausfälle gegen den Außenminister aus. In einer Aussprache über die Ergebnisse der Reparationsverhandlungen Rathenaus im Juni 1922 zeigte sich in aller Deutlichkeit, wie sehr das politische Klima durch Wut und Hass der Deutschnationalen auf die Erfüllungspolitiker vergiftet war. Insbesondere der Abgeordnete Karl Helfferich, der bereits an der Diffamierung Erzbergers erheblichen Anteil gehabt hatte, polarisierte in seinem Redebeitrag am 23. Juni durch seine Ausfälle gegenüber Rathenau, Wirth und der Republik, die er für das deutsche Elend verantwortlich machte.[250] Sollmann griff Helfferich und die Deutschnationalen in der erhitzten Diskussion heftig an.[251] Er hielt ihnen vor, es sei die Politik des Kaiserreichs gewesen, die Deutschland in den Krieg und die Niederlage gestürzt hätte und sprach ihnen das Recht ab, sich über die Zustände im besetzten Gebiet zu empören. Bereits zuvor hatte Sollmann mehrfach darauf hingewiesen, das Geschrei der Monarchisten über die Friedensbedingungen sei verlogen, weil bei einem deutschen Sieg der Friedensschluss keinen Deut milder ausgefallen wäre.[252] Es gebe überhaupt keine Alternative zur Erfüllungspolitik Rathenaus. Helfferichs Vorschläge Widerstand zu leisten, würden binnen kurzem in einer Katastrophe enden und seien eine Bankrotterklärung der deutschnationalen Außenpolitik. Die beste Arbeit in Deutschland für die besetzten Gebiete und ihre Befreiung sei es, den militaristischen und den Revanchegeist niederzuhalten. Für Sollmann stand fest, dass Poincaré die Rheinlande vom Reich abtrennen wollte. Genau diese Bestrebungen würden aber durch die rechte Propaganda nur unterstützt.

---

249 Daran hatte auch Hugo Stinnes einen erheblichen Anteil, der sich schon nach der Konferenz von Spa antijüdische Ausfälle gegenüber dem »Erfüllungspolitiker« Rathenau geleistet hatte und damit die völkisch-nationalistischen Propaganda anheizte. Schölzel: Rathenau, S. 304.
250 Protokolle Reichstag, Bd. 355, 23. Juni 1922, S. 7988–8001.
251 Ebd., S. 8006–8013.
252 So etwa in einer Rede in Köln: »Hätten wir diesen Krieg so siegreich beendet wie unsre Gegner, so bin ich überzeugt, daß die Mehrheit des deutschen Volkes dem Kaiser zugejubelt hätte, wenn er unsern Gegnern denselben Frieden diktiert hätte, der uns auferlegt wurde. Sagen wir die Dinge wie sie sind, nur so können wir für die Zukunft daraus lernen. Der große Götze der Deutschnationalen, Helfferich, erklärte bereits 1915: ›Die Last der Kriegsmilliarden sollen die Feinde tragen.‹ Genau nach diesen Rezepten verfahren die Gegner mit uns und alle die haben kein Recht zu protestieren, die bereit waren, Belgien und Frankreich ebenso zu vergewaltigen«. RZ Nr. 67, 21. März 1921.

»All die drohenden deutschnationalen Reden, alle die Regimentsfeiern, alle die Feldmarschallparaden, das ganze Aufgebot der nationalistischen Blechmusik ist nichts anderes als eine Unterstützung der französischen Chauvins und ihrer Politik im Rheinlande.«[253]

Die Politik Helfferichs sei nichts anderes als Unterstützung der Politik Ferdinand Fochs und Poincarés. Nur die Erfüllungspolitik habe Deutschland bisher gerettet und nur auf diesem Weg sei die gewünschte Revision von Versailles möglich.[254]

Wie berechtigt die Anklage gegen die Deutschnationalen war, zeigte sich nur einen Tag später, als mit der Ermordung Walter Rathenaus, deren Hintermänner aus denselben Kreisen wie beim Erzberger-Attentat stammten, die Hetzkampagne ihren traurigen Höhepunkt fand. Diese Tat setzte die Republik unter Schock, weil mit Rathenau nicht nur ein Mitglied der Regierung, sondern auch ein Symbol der Weimarer Republik ermordet worden war.[255] Überall im Lande kam es zu Kundgebungen und Protestversammlungen. In Köln versammelten sich am Tag der Beisetzung Rathenaus zur Trauerkundgebung laut der Rheinischen Zeitung 250.000 Menschen.[256] Die Wut richtete sich vor allem gegen die Deutschnationalen und insbesondere gegen Karl Hellferich.[257] In seiner Ansprache ließ Sollmann keinen Zweifel daran, wer für die Ermordung verantwortlich war. Ebenso wie Erzberger sei Rathenau von kaiserlichen Offizieren ermordet worden. Die Deutschnationalen seien die geistigen Urheber dieser Tat und die eigentlich Schuldigen und deshalb sollten Helfferich und sein Fraktionskollege Oskar Hergt aus dem Reichstag geworfen werden. Den Deutschnationalen gab er zu bedenken, dass man im Notfall die Republik auch mit Waffen verteidigen würde. Es dürfe aber nicht vergessen werden, dass die Entente diese Entwicklung durch den Versailler Frieden unterstützt habe, denn durch den Vertrag seien Deutschnationale gezüchtet worden. Erneut plädierte er für das Ende der Besatzung, weil sie Milliarden verschlinge, die man besser in den Wiederaufbau Frankreichs investieren könne. Um die Republik zukünftig besser schützen zu können, forderte

---

253 Ebd., S. 8011.
254 Ebd., S. 8013.
255 In der RZ heißt es dazu: »Die Mordtat an Rathenau ist die entsetzlichste Bluttat, die die schuldbeladenen Geheimorganisationen der Rechtsbolschewisten auf dem Gewissen haben. Sie übertrifft an politischer Bedeutung weitaus den Mord an Erzberger, weil dieser längst nicht mehr an führender Stelle stand, als ihn die Schüsse von Griesbach niederstreckten. Rathenau war der Führer der deutschen Außenpolitik, er trug auf seinen Schultern den weltpolitischen Umschwung zugunsten Deutschlands, der sich in Genau anbahnte. Und niemand von seinen Feinden vermochte ihn in irgendeinen Zusammenhang mit Deutschlands Zusammenbruch zu bringen. […] Was er hier geleistet hat, bedarf keiner Erläuterung.« RZ Nr. 147, 26. Juni 1922.
256 Hierzu und zum folgenden siehe den Bericht in der RZ Nr. 149, 28. Juni 1922.
257 So heißt es in der RZ über Schilder unter den Versammelten: »Hellferich, am improvisierten Galgen hängend – so drückte sich der heiße Wunsch nach Vergeltung an diesem Volksverderber wohl hundertfach aus.« Ebd.

er die Säuberung der Reichswehr, des Beamtentums und der Justiz von allen nicht republiktreuen Kräften. Aber dies allein langte aus Sollmanns Sicht nicht. Auch die Arbeiter müssten lernen, dieses Staatswesen mehr zu schätzen:

> »Ich klage die deutschen Arbeiter an, daß sie mit nicht genug Begeisterung, mit nicht genug Liebe an der Deutschen Republik hängen. Es ist nicht wahr, daß wir in Deutschland eine ›Stinnesrepublik‹ haben. Wir haben in Deutschland die Republik, die ihr, die arbeitenden Massen, haben wollt. Was ihr wollt, wird Gesetz, wenn ihr wollt, und deswegen muss in den Massen der deutschen Arbeiter ein starkes lebendiges Gefühl für die Republik wachsen.«[258]

Die Rede war ein Appell für die Republik und an den Zusammenhalt aller ihrer Anhänger, wie er in diesen Tagen vielfach zu hören war. Für Sollmann zählte in diesen Tagen mehr denn je seine immer wieder vorgebrachte Mahnung, dass die Republik nur geschützt werden könne, wenn die Arbeiterschaft diese in staatsbürgerlicher Gesinnung verteidigte.

Allgemein war nach dem Schock der Ermordung Rathenaus eine größere Bereitschaft zur Zusammenarbeit für diese Republik zu spüren, wie sie im Gesetz zum Schutz der Republik vom 21. Juli 1922 zum Ausdruck kommt.[259] Auch auf das Verhältnis der SPD zur Rest-USPD hatte die Ermordung Rathenaus Einfluss. Bereits vorher hatte es Fortschritte in der Annäherung gegeben, was angesichts der vor Augen stehenden Bedrohung der Republik nun beschleunigt wurde, da ein gemeinsames Vorgehen umso dringlicher erschien.[260] Am 14. Juli 1922 bildete sich im Reichstag eine Arbeitsgemeinschaft beider Parteien und auf dem eigens dafür einberufenen Nürnberger Parteitag im September wurde der Zusammenschluss endgültig besiegelt.[261] In der Rheinischen Zeitung wurde der Zusammenschluss begrüßt, aber auch auf die noch bestehenden taktischen Streitfragen hingewiesen und zwar in erster Linie hinsichtlich der Bereitschaft zur Koalition mit den bürgerlichen Parteien.[262] In Köln vollzog sich die Vereinigung am 3. Oktober mit einer Einigungsfeier im Volkshaus. Auch hier wurde in den Reden darauf hingewiesen, es gebe weiterhin Gegensätze in grundsätzlichen und taktischen Fragen. Diesbezüglich war es Sollmann, der Disziplin in der Partei anmahnte. Es gelte, so führte er aus, die Meinungsfreiheit für alle, aber wenn es zu einem Entschluss gekommen sei, »dann hat jeder im Gliede zu marschie-

---

258 Ebd.
259 RGBl. 1922 I, S. 585–590.
260 Zu der Phase der Annäherung siehe Winkler: Revolution, S. 486–488.
261 Alle wesentlichen Fragen waren auf den von den beiden Parteien im unmittelbaren Vorfeld von Nürnberg abgehaltenen Parteitagen bereits geklärt worden, sodass dort alle Regelungen nur noch bestätigt wurden. Vgl. Protokoll des Parteitags, S. 178–200.
262 RZ Nr. 227, 27. September 1922.

ren«[263]. Da in Köln die Unabhängigen in der vereinigten Partei in der deutlichen Minderheit waren, können diese Äußerungen Sollmanns als ein eindeutiger Hinweis gedeutet werden, dass er zwar abweichende Meinungen anzuhören bereit war, aber am Kurs des Ortsvereins, den er maßgeblich bestimmte, keine Veränderungen wünschte. Trotzdem zeigte sich schon bald darauf angesichts der Ruhrbesetzung und der Koalitionsfrage, dass durch die Wiedervereinigung die innerparteiliche Opposition gegen die inhaltliche und taktische Ausrichtung der Kölner Organisation deutlich gestärkt worden war. Es waren die ehemaligen USPD-Mitglieder um Phillip Fries, mit dem Sollmann bereits zuvor mehrfach aneinandergeraten war, die der Parteiführung kritisch bis ablehnend gegenüber standen.[264]

Was Sollmann in Köln auf jeden Fall verhindern wollte, zeigte sich auf Reichsebene bald deutlich; die SPD rückte durch den Zusammenschluss mit der USPD im politischen Koordinatensystem weiter nach links. Sollmann hatte die Vereinigung gutgeheißen, aber die Konsequenzen daraus liefen seinen eigenen politischen Vorstellungen doch entgegen.[265] War er ein Verfechter der Regierungsbeteiligung in der Koalition mit den Parteien des Bürgertums, so hatte sich die Zahl derer in der Partei, die eben dies ablehnten, durch den Zusammenschluss mit den Unabhängigen deutlich erhöht. Dies zeigte sich bei der Umbildung der Regierung Wirth. Nach dem Mord an Rathenau war noch vor der Vereinigung der Parteien die Koalitionsfrage neu aufgeworfen worden. Die SPD wollte die USPD mit einbeziehen, was die Koalitionspartner aber nur mit einer gleichzeitigen Aufnahme der DVP akzeptieren wollten. Da zunächst keine Einigung zu erzielen war, vertagte man die Entscheidung darüber schließlich auf den Herbst. Durch die Vereinigung der SPD hatte die Koalition wieder eine Mehrheit im Parlament und eine Erweiterung war daher für die Mehrheitsverhältnisse nicht mehr von Nöten. Dennoch wollte Reichskanzler Wirth im Herbst 1922 die Koalition um die Deutsche Volkspartei erweitern, zwar nicht unbedingt als offizieller Koalitionspartner, aber zumindest durch die Berufung eines Ministers, welcher der DVP nahestand. Dafür sprach neben dem neuen Gewicht der SPD innerhalb der Regierung auch die schwierige innen- wie außenpolitische Lage, in der eine Konzentration aller politischen und wirtschaftlichen Kräfte, so führte Wirth es aus, erforderlich sei.[266]

---

263 RZ Nr. 233, 4. Oktober 1922.
264 Die politischen Gegensätze zwischen Sollmann und Fries bestanden schon vor der Parteispaltung im Weltkrieg und hatten sich auch bei den Versuchen gezeigt, eine Annäherung zwischen den beiden Parteien zu finden. Vgl. bspw. RZ Nr. 283, 5. Dezember 1921. Vgl. auch zur Auseinandersetzung mit der USPD RZ Nr. 76, 21. April 1921.
265 Bereits in der ersten gemeinsamen Fraktionssitzung kam es nach Angaben von Eduard David zu einem Konflikt zwischen den ehemaligen Unabhängigen und einigen Mehrheitssozialdemokraten, darunter auch Sollmann. BA-B, Nl. 1027, Eduard David, 1027/17, Bl. 19.
266 AdR Kabinette Wirth II, Kabinettssitzung vom 23. Oktober 1922, S. 1136. Die Koalition besaß durch die wiedervereinigte Sozialdemokratie wieder eine Mehrheit im Parlament. Aber gerade diese Stärke, die SPD besaß mehr als 35 Prozent der Sitze, ließ aus Sicht der Koalitionspartner eine Erweiterung der Koalition vorteilhaft werden, um das sozialdemokratische Gewicht zu mindern.

3 Zwischen außenpolitischer Erfüllungspolitik und innenpolitischer Koalitionspolitik

Nach komplizierten Verhandlungen, in denen Wirth selbst bald in die Defensive geriet, stand schließlich die Forderung, die DVP in die Regierung aufzunehmen.[267] Die SPD lehnte dies zunächst ab, was parteiintern aber umstritten war. Die Mehrheit der Fraktion hielt es in einer ersten Sitzung nicht für möglich, in der gegenwärtigen Situation eine Regierungsbeteiligung unter Einschluss der DVP der Anhängerschaft zu vermitteln. Der Vorsitzende Hermann Müller führte unter Verweis auf Äußerungen von Hugo Stinnes aus, dass die SPD eine Koalition mit der DVP ablehne, wogegen der preußische Ministerpräsident Braun die Meinung vertrat, dass damit eine Annäherung der DVP an die DNVP zu befürchten sei.[268] Nach einer weiteren Rücksprache mit dem Reichskanzler, der im Falle der Absage schon zuvor seinen Rücktritt angekündigt hatte und dies erneut unterstrich, trat die Fraktion erneut zusammen. Taktisch durchaus geschickt einigten sich die Mitglieder auf eine Erklärung, die einen Regierungsbeitritt der DVP nicht grundsätzlich ablehnte, aber deren Stellungnahme zu der von der SPD geforderten Stabilisierung der Mark als oberstem Ziel nicht als ausreichend erachtete. Wenn die DVP ihre diesbezügliche Haltung ändern würde, so der Tenor der Erklärung, sei man auch zur Zusammenarbeit bereit. Die DVP zeigte jedoch keinerlei Kompromissbereitschaft. Da der Reichskanzler ohne weitere inhaltliche Diskussion von der SPD eine Entscheidung forderte, lehnte die Fraktion nach einer erneuten Sitzung den Regierungsbeitritt der DVP ab. Nach der folgenden Kabinettssitzung erklärte Wirth daraufhin seinen Rücktritt.[269]

Sollmann gehörte zu der Minderheit, die ein Verbleiben in der Regierung befürwortete.[270] Er begründete dies mit der Frage, auf welchem Wege man den arbeitenden Massen besser dienen könne. Wenn man der Meinung sei, dass der Einfluss der DVP

Zudem wollte man sich die Unterstützung der Wirtschaft für den Versuch der Eindämmung der Inflation sichern. Da die DVP sich zudem zuletzt kooperationsbereit gezeigt hatte, sah man den geeigneten Augenblick für ihre Einbindung gekommen. Richter: Problematik der Großen Koalition, S. 162 f. Daneben spielten für Wirth aber auch noch eine Kabinettsumsetzung sowie der Einfluss des Reichspräsidenten Ebert eine Rolle. Mühlhausen: Ebert, S. 558 f.

267 Zu den Hintergründen dieser Entwicklung siehe ebd., S. 558–563; Raithel: Das schwierige Spiel, S. 122–158.
268 Kastning: Sozialdemokratie, S. 106 f.; AdR Kabinette Wirth II, S. 1168–1170.
269 Raithel: Das schwierige Spiel, S. 158–164.
270 Nach Kastning, der sich auf den Deutschen Geschichtskalender II/1922 (Inland), S. 170 beruft, traf die Fraktion den Beschluss mit einer Dreiviertelmehrheit. Dagegen meldete die Vossische Zeitung Nr. 541 vom 15. November 1922 ein Verhältnis von 150 zu 20 Stimmen. Dies wird von Mühlhausen: Ebert, S. 565 in Zweifel gezogen, weil demnach nur acht Abgeordnete in der Abstimmung gefehlt hätten, er hält aber das Verhältnis einer Dreiviertelmehrheit für richtig. Laut Sollmann haben zahlreiche Abgeordnete in der Sitzung gefehlt. Er wiederum verweist auf die Deutsche Allgemeine Zeitung, die am 21. November ein Ergebnis von 84 gegen 48 Stimmen meldet. Sollmann nennt auch diese Angaben falsch, denn das Ergebnis sei noch knapper ausgefallen und es hätte seiner Meinung nach fast ein Patt gegeben, wenn nicht so viele Fraktionsmitglieder verhindert gewesen wären. Sollmann (ungezeichnet): Rein bürgerliche Regierung, in: RZ Nr. 273, 21. November 1922. Dieses Verhältnis erscheint angesichts der überwiegend gegenläufigen Angaben als unwahrscheinlich.

in der Regierung schädlich sei, wäre es besser, sich zu beteiligen, um diesen Einfluss möglichst gering zu halten. Wenn man befürchte, dass eine Zusammenarbeit mit DVP schwer zu vermitteln sei, sollte man bedenken, dass es für viele Arbeiter noch unbegreiflicher sei, sich als mit Abstand stärkste Fraktion aus der Regierung zurückzuziehen. Am bedenklichsten fand Sollmann aber, dass man keine klare Oppositionspolitik betreiben könne, denn entweder hole sich die Minderheitsregierung die Unterstützung bei der DNVP, was ein Abgleiten in die Reaktion bedeute, oder bei der Sozialdemokratie, was wahrscheinlicher sei. Dann aber würde man eine Regierung mit mehreren Ministern der Volkspartei unterstützen, habe es aber abgelehnt, in eine Regierung mit nur einem Volksparteiler einzutreten. Die Lage sei nicht einfach, aber für taktische Winkelzüge zu ernst. Es gehe nicht um Rücksicht oder Dank, in dieser Situation gehe es um Reich und Republik, um Zerrüttung oder Gesundung der Wirtschaft. Wenn keine der Parteien alle Kräfte verkörpere, die zur Rettung notwendig seien, müsse sich eine Zweckgemeinschaft bilden; daher werde die Krisis über kurz oder lang neue Verhandlungen erfordern.[271]

Diese grundsätzlichen politischen Erwägungen waren jedoch nicht mehrheitsfähig.[272] Für Sollmann war aufgrund seiner Überzeugung, dass sich die Sozialdemokratie als die staatstragende Partei der Verantwortung zur Regierungsbeteiligung nicht entziehen durfte, die Absage an die Große Koalition besonders in der bedrohten Lage der Republik ein Fehler. Denn man verzichtete nicht nur freiwillig auf Einfluss auf die Regierung, sondern gewann dadurch noch nicht einmal politischen Spielraum. Zudem hatte man mit Joseph Wirth einen Kanzler gestürzt, der Sollmanns Idealvorstellung von der Zusammenarbeit mit dem republikanischen Bürgertum sehr nahe kam. Dies alles opferte man aus seiner Sicht taktischen Überlegungen, die die schwer wiegenden Probleme der Zeit verkannten.[273]

Diese Analyse, die vor allem der Sozialdemokratie das Scheitern des Kabinetts Wirth wegen mangelnder Kompromissbereitschaft anlastete, lag auf einer Linie mit der zeitgenössischen Beurteilung und wurde auch in der Forschung überwiegend vertreten. Dieser Sichtweise ist entgegengehalten worden, dass sowohl der Reichskanzler wie auch die DVP entscheidend dazu beigetragen hätten, einen Kompromiss zu verhindern. Zudem sei fraglich, ob bei den grundlegenden Differenzen in zentralen politischen Fragen zwischen der Sozialdemokratie und Teilen der DVP eine Große Koalition überhaupt eine tragfähige Alternative im Herbst 1922 gewesen wäre.[274] Tat-

---

271 Ebd.
272 So Winkler: Revolution, S. 500, der auf eine Äußerung des Parteivorsitzenden Wels verweist, der die Gefahr sah, dass eine Große Koalition die gerade gewonnene Einheit der Partei gefährden würde.
273 In diesem Sinne äußerten sich auch Radbruch und Molkenbuhr. Vgl. Kastning: Sozialdemokratie, S. 108 f.
274 Raithel: Das schwierige Spiel, S. 164–167. Vgl. auch Wirsching: Probleme des Weimarer Parlamentarismus, S. 46–54, der kritisch hinterfragt, inwiefern die Große Koalition grundsätzlich als Lösung der Probleme des Weimarer Parlamentarismus geeignet war.

sächlich erscheint bei genauerer Betrachtung der Ereignisse eine einseitige Schuldzuweisung an die SPD verfehlt. Die Verhandlungen liefen letztendlich darauf hinaus, dass die SPD ultimativ vor die Wahl gestellt wurde, einen Regierungseintritt der DVP unter Aufgabe grundlegender politischer Forderungen zu akzeptieren. Sollmann mochte im Scheitern der Regierung einen größeren Verlust sehen als im Verzicht auf die eigenen Bedingungen einer Zusammenarbeit mit der DVP, wie allerdings diese Zusammenarbeit bei der kompromisslosen Haltung der DVP faktisch funktionieren sollte, erläuterte er nicht. Das Verhalten der Volkspartei ließ nicht darauf schließen, dass sie an einer Koalition größeres Interesse gehabt hätte. Es ist daher fraglich, ob der von Sollmann im Zeichen staatspolitischer Verantwortung geforderte Verzicht der Sozialdemokratie auf politische Forderungen zugunsten einer weiteren Regierungsbeteiligung tatsächlich zur Bildung einer tragfähigen Koalition geführt hätte.[275]

Die neue Regierung stellte einen deutlichen Rechtsruck dar. Unter dem parteilosen Reichskanzler Wilhelm Cuno, vormals Mitglied der DVP, bildete sich ein überparteiliches »Geschäftsministerium«, das sich aus parteilosen Mitgliedern sowie Vertretern von Zentrum, DDP, BVP und DVP zusammensetzte, welche aber nicht als Repräsentanten ihrer Parteien, sondern als Fachminister ins Kabinett eintraten.[276] Jedoch bereits am Tag der Regierungserklärung kam es zu einer Veränderung im Kabinett, woran Wilhelm Sollmann erheblichen Anteil hatte. Rudolf Breitscheid hatte in seinem Kommentar zur Regierungserklärung den Ernährungsminister Karl Müller von der Zentrumspartei beschuldigt, sich an separatistischen Bestrebungen beteiligt zu haben.[277] Müller bestritt, eine Abtrennung des Rheinlands vom Reich jemals befürwortet zu haben.[278] Gestützt auf umfangreiches Material wies Sollmann anschließend die Verstrickungen Müllers in die separatistischen Umtriebe im Jahre 1919 nach.[279] Noch am selben Abend fand nach der Reichstagssitzung eine Besprechung beim Reichskanzler statt, an der neben dem Justizminister Rudolf Heinze der beschuldigte Müller, Arbeitsminister Heinrich Brauns sowie Sollmann teilnahmen. Sollmann wiederholte in geraffter Form seine Vor-

---

275 Damit ist auch die Frage berührt, ob die immer wieder von Zeitgenossen geforderte Bildung einer Großen Koalition als Idealbild der Regierung unter den gegebenen Rahmenbedingungen realistisch war.
276 Zur Regierungsbildung siehe Arns: Regierungsbildung, S. 138–151; Mühlhausen: Ebert, S. 572–590. Das Kabinett Cuno war in der Reihe der Weimarer Regierungen der erste Schritt weg vom Parteienstaat und brachte das Unbehagen in bürgerlichen Kreisen am parlamentarischen System zum Ausdruck. Vgl. Kastning: Sozialdemokratie, S. 110; Winkler: Revolution, S. 553.
277 Protokolle Reichstag, Bd. 357, 24. November 1922, S. 9112.
278 Ebd., S. 9139.
279 Ebd., S. 9139–9143. Sollmann konnte nachweisen, dass Müller Vorsitzender eines Aktionsausschusses zur illegalen Gründung der rheinischen Republik war und Mitglieder des Ausschusses, darunter der bekannte Separatist Dorten, mit dem französischen General Mangin über die Loslösung der Rheinlande vom Reich verhandelt hatten.

würfe gegen Müller, der diese nicht entkräften konnte.[280] Müller, dessen Nachfolger Hans Luther wurde, reichte daraufhin am nächsten Tag seinen Rücktritt beim Reichspräsidenten ein.[281] Sollmann hatte mit dieser Intervention seine Rolle als Vorkämpfer gegen den Separatismus im Rheinland bestätigt.

Was das Verhältnis der Sozialdemokratie zur Regierung Cuno anging, so erwies sich Sollmanns Prognose als richtig, dass man um eine Tolerierung nicht herumkommen werde. Es waren vor allem außenpolitische Gründe, die eine Unterstützung der Politik der Reichsregierung nötig machten. Diese stellte sich außenpolitisch auf den Boden der Regierung Wirth, indem sie deren Note vom 13. November, in der die Alliierten aufgefordert wurden, die Reparationen der deutschen Leistungsfähigkeit anzupassen und Deutschland ein mehrjähriges Moratorium zu gewähren, zur Grundlage ihrer Außenpolitik machte. Dies machte der SPD eine Tolerierung leichter, wozu es angesichts der problematischen Lage auch keine tragbare Alternative gab, wenn man die Republik nicht unregierbar machen wollte.[282] Als die Reichsregierung den Alliierten ein Angebot auf der Linie besagter Note machte, stieß dies bei den Franzosen jedoch auf strikte Ablehnung. Frankreich wollte nicht mehr verhandeln und suchte eine Entscheidung in der Reparationsfrage. Entweder die eigenen Forderungen wurden akzeptiert, oder man marschierte ins Ruhrgebiet ein. Ministerpräsident Poincaré wartete nur noch darauf, einen geeigneten Anlass zu finden.[283] Diese Gelegenheit bot sich bezüglich der deutschen Sachlieferungen. Am 26. Dezember 1922 und am 9. Januar 1923 stellte die Reparationskommission jeweils gegen das Votum des englischen Vertreters fest, dass Deutschland im Rückstand mit der Lieferung von Holz, Telegrafenmasten und Kohle war und beurteilte dies als absichtliche Verfehlung. Dies genügte Poincaré als Vorwand, um am 11. Januar 1923 das Ruhrgebiet besetzen zu lassen, was juristisch höchst fragwürdig war und als Tarnung für eine machtpolitisch motivierte Entscheidung diente.[284]

---

280 Über diese Zusammenkunft berichtete Sollmann in der Reichstagssitzung am folgenden Tag. Protokolle Reichstag, Bd. 357, 25. November 1922, S. 9173.
281 Mühlhausen: Ebert, S. 589. Das Rücktrittsgesuch Müllers wurde von Reichskanzler Cuno am 25. November dem Reichstag zur Kenntnis gebracht. Protokolle Reichstag, Bd. 357, 25. November 1922, S. 9151. Sollmann zog kurze Zeit später aufgrund neuer Erkenntnisse über die Verstrickungen Müllers dessen Erläuterungen über seine Rolle im Jahr 1919 in Zweifel und erhebt die Forderung, dass Reichskanzler Cuno und Justizminister Heinze, die Müllers Erklärung über seine vaterländische Gesinnung gedeckt hätten, zu den neuen Anschuldigungen Stellung nehmen müssten. Sollmann: Reichstag und Reichskabinett angelogen, in: RZ Nr. 282, 2. Dezember 1922.
282 Winkler: Revolution, S. 554.
283 Krüger: Außenpolitik, S. 194–197.
284 Ebd. S. 197 f. Die Ziele, die Frankreich mit den herbeigeführten Entscheidungen der Reparationskommission beabsichtigte, wurden auf deutscher Seite durchaus erkannt. So stellte bspw. die RZ nach der Sitzung der Kommission vom 26. Dezember fest, die Entscheidung sei lediglich ein Vorwand für die zukünftigen Ziele der Politik Poincarés. RZ Nr. 302, 28. Dezember 1922. Vgl. auch RZ Nr. 3, 4. Januar 1923; RZ Nr. 4, 5. Januar 1923.

3 Zwischen außenpolitischer Erfüllungspolitik und innenpolitischer Koalitionspolitik

Aus Protest gegen diesen Gewaltakt wurden alle Reparationsleistungen gestoppt und der passive Widerstand, die Verweigerung jeglicher Zusammenarbeit mit den Besatzungstruppen, begonnen. Der Ruhreinmarsch der französischen und belgischen Truppen löste anfangs eine Welle der nationalen Solidarität aus. Allerdings zeigte die Abstimmung über eine Resolution, die der Regierung die volle parlamentarische Unterstützung für die Abwehr der Ruhrbesetzung zusichern sollte, dass in der sozialdemokratischen Fraktion keineswegs Einigkeit über eine Zusammenarbeit mit der Regierung herrschte.[285] Sollmann stand weiterhin für eine Verpflichtung der Reparationen im Rahmen der Leistungsfähigkeit Deutschlands. Von der viel beschworenen Einheitsfront hielt er nicht viel, weil die Sozialdemokratie nicht in einer Front mit denen stehen könne, deren Kriegspolitik im Ausland noch nicht vergessen sei. Bevor an eine Notgemeinschaft mit diesen Kräften gedacht werden könne, müsse zuerst die Wirtschaft Opfer bringen, um dem Preisverfall, der die Massen Deutschlands bedrohe, entgegenzutreten.[286] Mit der Regierung war Sollmann zur Zusammenarbeit bereit, wenn diese die geeigneten Maßnahmen ergreife. Die Billigung der Resolution der Regierung sollte kein Freifahrtsschein sein, sondern war an Erwartungen geknüpft. Damit befand er sich auf der Linie der Parteiführung, wie sie von Hermann Müller im Reichstag skizziert wurde.[287] Diese war gekennzeichnet durch eine gemäßigte nationale Position, die eine Zusammenarbeit mit der Regierung ermöglichte, aber die Verbindung mit den nationalen Kräften auf der Rechten ausschloss. Die Ruhrbesetzung wurde als Rechtsbruch interpretiert, der eine gewisse nationale Solidarität und den gewaltlosen Widerstand gegen die Franzosen rechtfertigte.

An der Unterstützung des passiven Widerstands bestand in der Partei aber schon bald kein Zweifel mehr. Er wurde als die angemessene Form des Kampfes gegen die widerrechtliche Besetzung des Ruhrgebiets verstanden. In der Interpretation dieses Widerstands gingen die Meinungen zwar bisweilen auseinander, aber über die Notwendigkeit gab es keine zwei Meinungen. Man verstand ihn als Kampf für die Republik und die Demokratie und als Klassenkampf gegen den französischen Imperialismus:

»Der deutsche republikanische Nationalstaat kämpft am Rhein und an der Ruhr um seine Existenz und die Grundlagen seiner Wirtschaft. Wir müssen ganz ruhig

---

285 Von den 172 Abgeordneten der Fraktion waren 76 überwiegend ehemalige USPD-Mitglieder der Abstimmung ferngeblieben und vier fehlten entschuldigt. Da sich auch noch 14 der Stimme enthielten, stimmten nur 78, deutlich weniger als die Hälfte der Fraktion, für die Resolution. Es ist daher Feucht zuzustimmen, der die Behauptung von einer Burgfriedensstimmung im Reichstag relativiert. Feucht: Haltung, S. 243. Sollmann stimmte für die Resolution. Siehe die namentliche Aufschlüsselung der Abstimmung bei Diekmann: Ruhrkampf, S. 88. Sollmann hatte noch am 10. Januar die Berichte über Unstimmigkeiten in der Fraktion als unwahr zurückgewiesen. Dies wurde allerdings durch das Abstimmungsverhalten widerlegt. Vgl. Sollmann (ungezeichnet): Der Marsch an die Ruhr, in: RZ Nr. 8, 10. Januar 1923.
286 Sollmann (ungezeichnet): Einheitsfront der Schaffenden!, in: RZ Nr. 9, 11. Januar 1923.
287 Protokolle Reichstag, Bd. 357, 13. Januar 1923, S. 9424–9428.

und fest ins Auge fassen, daß eine deutsche Niederlage in diesem Kampfe unabsehbare Gefahren in sich birgt [...]. An Rhein und Ruhr würde sich die kapitalistische Reaktion Europas gegen das Vordringen des Sozialismus einnisten. Insofern hatte Breitscheid ganz recht, wenn er am Freitag im Reichstage sagte, daß wir im Industriegebiet eine unblutige Schlacht nicht nur für Bestand und Unversehrtheit des Deutschen Reiches schlagen, sondern auch ein gutes Stück Klassenkampf ausfechten. Ohne jede Übertreibung, wie der Sozialist und Demokrat das Kampfgebiet überblicken möge, er sieht es voller Gefahren und sieht alles bedroht, was in jahrzehntelanger Arbeit errungen ist.«[288]

Der passive Widerstand zeigte zunächst auch Erfolge, weil beispielsweise die Kohleförderung deutlich sank. Aber die französische Regierung ergriff Gegenmaßnahmen, mit denen man nicht gerechnet hatte. Das Ruhrgebiet wurde durch eine Zollgrenze abgetrennt, die Ausfuhr von Kohle verboten, wodurch Deutschland auf Importe aus England angewiesen war, und Personen, die die Zusammenarbeit verweigerten, wurden ausgewiesen oder vor ein Kriegsgericht gestellt.[289] Somit führte der passive Widerstand nicht zu der erhofften Einsicht auf französischer Seite, dass die Besetzung ein Fehlschlag war und nur Verhandlungen einen Ausweg brachten, sondern wurde mit aller Härte beantwortet. Damit zerstöre man aber, wie Sollmann bedauernd feststellte, die letzten Reste profranzösischer Gesinnung im Rheinland und stärke den Revanchismus.[290] Er hatte schon in den Jahren zuvor stets bemängelt, dass die Politik Frankreichs in keiner Weise geeignet sei, der Verständigung einen Weg zu bahnen.[291]

Obwohl ein Erfolg der angewandten Strategie damit völlig offen war, hielt man vorerst an ihr fest. Unstrittig war, dass baldige Verhandlungen und eine Finanzreform zur stärkeren Erfassung der Sachwerte das Ziel waren. Allerdings war man sich nicht einig darüber, wie man dies erreichen sollte und wie man sich zur Regierung stellte. Auf dem rechten Flügel befürchtete man, durch eine zu scharfe Kritik an der Regierung würde man sich seitens der nationalistischen Kräfte erneut dem Vorwurf ausgesetzt sehen, einen neuen »Dolchstoß« gegen das Vaterland zu führen. Es gab aber auch Meinungen, die dennoch eine stärkere Distanzierung von Cuno forderten – wie Phi-

---

288 RZ Nr. 25, 30. Januar 1923. Zur sozialdemokratischen Interpretation des passiven Widerstands siehe auch Feucht: Haltung, S. 251–257.
289 Zu den Maßnahmen der französischen Besatzung siehe Ruck: Die freien Gewerkschaften, S. 218 f.
290 Sollmann: Verwüstete Gebiete, in: Vorwärts Nr. 6, 6. Februar 1923.
291 Vgl. seine Ausführungen im Reichstag: »Die Besetzung der Rheinlande hat in eineinhalb Jahren mehr zur Verstärkung des Chauvinismus in Deutschland beigetragen als alle Agitatoren der Alldeutschen zusammen. Wir halten in diesem Sinne die Besetzung der Rheinlande – und möchten, daß es in Frankreich gehört wird – für ein europäisches Unglück, daß je eher, desto besser beseitigt werden sollte.« Protokolle Reichstag, Bd. 345, 6. November 1920, S. 1048. »Das einzige Aktivum der Sanktionspolitik, das ich im Rheinland beobachten konnte ist, daß im Rheinland täglich die Abneigung gegen den französischen Imperialismus und Militarismus wächst.« Protokolle Reichstag, Bd. 350, 30. Juni 1921, S. 4244.

lipp Scheidemann. Die extreme Linke befürwortete dagegen eine scharfe Opposition gegen die Regierung, lehnte sie doch jede Zusammenarbeit mit bürgerlichen Parteien ab.[292] Sollmann nahm in dieser Frage eine Position ein, die auf der Linie von Scheidemann lag. Seine Unzufriedenheit mit der Passivität der Regierung hatte er bereits vor dem Ruhrkampf zum Ausdruck gebracht. Dies war für ihn eine Bestätigung, dass die Verweigerung der Regierungsbeteiligung durch die Sozialdemokratie ein Fehler gewesen war.[293] Bei der Beratung über den Entwurf eines Notgesetzes hielt er der Regierung vor, sie habe seit Beginn der Ruhrbesetzung nichts getan und keine Pläne vorgelegt, was sie zu tun gedenke. Dem Notgesetz wolle man nur zustimmen, wenn es auf eine Erhöhung der Besitzsteuern ausgelegt sei. Das Ziel sei klar: Der Kampf werde geführt, um die Grundlage für Verhandlungen zu schaffen, die Deutschlands Hoheitsrechte unangetastet lassen und wirklich erfüllbare Verpflichtungen zum Ergebnis haben. Von dem Verdacht, seine Partei wolle die deutsche Abwehrfront gegen den französischen Imperialismus brechen, könne gar keine Rede sein. Ihre Pläne seien im Gegenteil dazu angetan, diese zu stärken. Zugleich warnte er vor einem nationalen Überschwang, vor dem Heraufbeschwören einer August-Stimmung wie im Jahre 1914. Dies sei eine leere Phrase, die im In- und Ausland nur schädlich wirken könne.[294] Die Abwehr der Bedrohung Deutschlands sollte auf einer anderen Grundlage geführt werden. In der gegenwärtigen Situation musste seiner Ansicht nach der Gedanke der Reichseinheit mit aller Macht vertreten werden, um das föderale Gebilde des Reichs zusammenzuhalten. Deshalb warnte er explizit vor Hitler und seiner Bewegung, die auch durch die Unterstützung von im Reichstag vertretenen Parteien an Einfluss gewonnen habe.[295] Damit unterstütze man Reichsfeinde, denn wer den Arbeitern erzähle, diese Republik habe keinen Wert, der arbeite auf ihren Untergang hin. Der Abwehrkampf an der Ruhr war für ihn aber nur möglich, weil man eine Demokratie habe, und weil die Arbeiter wüssten, dass sie Einfluss auf diesen Staat hätten, weshalb die Demokratie die beste Waffe des Reichs sei. Der Kampf im Westen war für ihn Ausdruck einer Treue zum deutschen Staat, in der er sogar Ansätze eines

---

292 Zur innerparteilichen Haltung in dieser Frage siehe Feucht: Haltung, S. 272–279.
293 Sollmann (ungezeichnet): Cuno in Schwierigkeiten, in: RZ Nr. 303, 29. Dezember 1922.
294 Protokolle Reichstag, Bd. 358, 12. Februar 1923, S. 9616–9619.
295 Protokolle Reichstag, Bd. 358, 14. Februar 1923, S. 9699. Sollmann bezieht sich hier auf die Duldung und Unterstützung der nationalsozialistischen Bewegung Hitlers in Bayern. Diese war in den meisten Ländern des Reichs auf Grundlage des Republikschutzgesetzes verboten, genoss aber wie andere nationalistische Verbände den Schutz des bayerischen Ministerpräsidenten von Knilling von der BVP und konnte sich ungestört betätigen. Vgl. RZ Nr. 23, 27. Januar 1923 und RZ Nr. 63, 15. März 1923, wo über die Nationalsozialisten und die Verhältnisse in Bayern berichtet wird. Adolf Hitler verlangte am 18. Mai 1923 von der RZ eine Berichtigung der Behauptung, dass der Konzern der Guten Hoffnungshütte Hauptfinanzier der NSDAP sei. Hitler an Sollmann vom 18. Mai 1923, HAStK 1120/424. Der Artikel, in dem diese Behauptung aufgestellt worden sein soll, ließ sich nicht recherchieren. Unter dem von Hitler angegebenen Datum findet sich kein Artikel über die NSDAP.

neuen deutschen Idealismus erkennen zu können glaubte. Deshalb sah er positiv in die Zukunft:

»Das Reich mag vorübergehend erschüttert werden. Unüberwindlich aber ist der Wille, diejenigen Menschen zu einem Staate zusammenzuschließen, die von deutscher Zunge sind, auf deutschem Boden leben und von deutscher Kultur gesegnet werden. Dieser soziale und demokratische Wille wird alle Widerstände besiegen, die sich ihm entgegenstellen. [...] Die innere Politik der deutschen Republik soll also, wie wir wünschen, fordern und wollen, der Kräftigung aller wirtschaftlich und kulturell aufbauenden Elemente dienen, die ihrerseits dem Geist, dem Wohl des Volkes und der Republik dienen.«[296]

Bei Sollmann kommt zum Ausdruck, dass man trotz der grundsätzlichen Unterstützung des passiven Widerstands nicht mit den Ergebnissen der Regierungspolitik in Verbindung gebracht werden wollte und vor allem Änderungen in der Steuergesetzgebung forderte.[297] Zudem distanzierte er sich klar von allen nationalistischen Bestrebungen, ohne sich dem Vorwurf aussetzen zu wollen, die nationale Abwehr zu schwächen. Auch Sollmann setzte im Abwehrkampf gegen die Ruhrbesetzung auf eine nationale Bewegung, aber aus einem anderen Geist heraus als die rechten Kräfte. Nationale Belange waren bei ihm identisch mit den sozialen Interessen der Arbeiter. Der Angriff Poincarés wurde als Kriegserklärung an die deutschen Arbeiter interpretiert:

»Wir sind verloren, und 50 Jahre politischer und gewerkschaftlicher Entwicklung sind zum Teufel, wenn wir uns einschüchtern lassen.«[298]

Deswegen war der Widerstand gegen den französischen Imperialismus nicht nur berechtigt, sondern auch eine Pflicht gegenüber der Arbeiterschaft:

»Es wäre Verrat an der deutschen Arbeiterklasse und an der Internationale des Sozialismus, wenn wir uns der Gewalt fügen, solange noch die geringste Aussicht auf Erfolg vorhanden ist, sie abzuwehren.«[299]

---

296 Protokolle Reichstag, Bd. 358, 14. Februar 1923, S. 9700.
297 Dies zeigte sich auch bei Hugo Sinzheimer, der monierte, die Reparationsziele der Regierung seien keinesfalls ersichtlich. Sinzheimer an Sollmann vom 17. Februar 1923, HAStK 1120/546/II-18-5, 5 a–c.
298 Sollmann (ungezeichnet): Cunos Aufruf, in: RZ Nr. 56, 7. März 1923. Vgl. auch Sollmann: Kampf und Ziel, in: Die Glocke 47 (1923), S. 1189–1192. Dort heißt es: »Der Wille zur Freiheit ist es, der die Massen der Arbeiter, Angestellten und Beamten an Rhein und Ruhr gegen die französisch-belgische Herrschaft sich aufbäumen lässt.« Ebd., S. 1190.
299 RZ Nr. 54, 5. März 1923.

In der folgenden Zeit verstärkte sich bei Sollmann wie bei der SPD insgesamt das Unbehagen mit der Regierung Cuno. Eine Tagung der rheinischen Sozialdemokratie am 8. April in Köln forderte in einer von Sollmann formulierten Entschließung die Regierung mit aller Dringlichkeit auf, sie solle endlich ein Reparationsprogramm vorlegen, das als Verhandlungsgrundlage für die Räumung des Ruhrgebiets dienen könne.[300] Dieser Appell war wohl vor allem dadurch bedingt, dass die Lage in den besetzten Gebieten immer problematischer wurde. Meerfeld berichtete in einer Fraktionssitzung wenige Tage später über die gedrückte Stimmung in den rheinischen Städten, die ihre Ursache in der steigenden Arbeitslosigkeit habe, und betonte, dass die Bevölkerung Verhandlungen wünsche.[301] Die verheerenden wirtschaftlichen und sozialen Auswirkungen des passiven Widerstands waren zu diesem Zeitpunkt offensichtlich und betrafen neben dem Ruhrgebiet auch das Rheinland. Durch die Finanzierung des Ruhrkampfs mithilfe der Notenpresse wurde die Mark endgültig ruiniert, Löhne und Gehälter sanken unter ein Existenzminimum. Die Versorgung der Bevölkerung mit Lebensmitteln und anderen Gütern des täglichen Bedarfs gestaltete sich zunehmend schwierig. Insgesamt schritt die soziale Verelendung voran.[302]

Die Zusammenkunft in Köln und die Entschließung, die Sollmann formuliert hatte, sind Ausdruck der Führungsrolle, die er im Kampf gegen die Ruhrbesetzung zunehmend einnahm. Sollmann verstand sich als Sprachrohr der besetzten Gebiete und ihrer Bevölkerung und konnte diese Rolle auch ausfüllen. Im Reichstag wies er in seinen Reden immer wieder auf die Lage in den besetzten Gebieten hin und sprach auch die großen wirtschaftlichen und sozialen Probleme an.[303] Seit Beginn der Ruhrbesetzung gab es kaum eine Ausgabe der Rheinischen Zeitung, in der nicht die Besatzung an Rhein und Ruhr und die damit verbundenen wirtschaftlichen und politischen Probleme erörtert wurden. Entscheidend trug dazu bei, dass in Köln als Teil der britischen Besatzungszone eine Pressezensur im Prinzip nicht ausgeübt wurde und auch darüber hinaus das politische Leben kaum Einschränkungen unterlag. Die Rheinische Zeitung konnte sich daher nicht nur als Ankläger gegen die französische Besatzung frei entfalten, ohne Konsequenzen fürchten zu müssen, sondern Köln gewann für die Organisation des Abwehrkampfs insgesamt entscheidende Bedeutung.[304]

---

300 RZ Nr. 83, 9. April 1923. Dies bekräftigte Sollmann in der RZ wenige Tage später: »Deutschland muß die Initiative zur Einleitung von Verhandlungen ergreifen und der Welt sagen, wie es sich die Lösung der gegenwärtigen Krise vorstellt.« Sollmann (ungezeichnet): Mehr Mut!, in: RZ Nr. 87, 13. April 1923.
301 AsD, Nl. Giebel II/3, Bl. 229–231.
302 Zu den wirtschaftlichen Auswirkungen der Ruhrbesetzung siehe Steegmann: Rheinland- und Ruhrbesetzung; Fischer: The Ruhr-Crisis, S. 108–135.
303 Vgl. bspw. Protokolle Reichstag, Bd. 358, 12. Februar 1923, S. 9616–9619.
304 Dies betonte etwa Erich Koch-Weser in einem Bericht über die Lage im altbesetzten Gebiet: »Wie richtig für den Abwehrkampf das Verbleiben der Briten in Köln ist, habe ich immer mehr eingesehen. Der Kreissyndikus in Moers erklärte, nur solange sie in Köln sicheren Rückhalt hätten, könnten sie im belgisch und französisch besetzten Gebiet die Abwehr aufrecht erhalten.

Der Druck auf die Regierung wurde auch von den Gewerkschaften erhöht, in denen man um die sozialen Errungenschaften der Republik fürchtete.[305] Ihr Vorsitzender Leipart sah die Regierung Cuno und den Weg des passiven Widerstands bereits endgültig als gescheitert an und sprach sich für eine Große Koalition aus.[306] Die SPD war aber noch nicht so weit, sich endgültig gegen Cuno zu wenden und einen Regierungseintritt zu bevorzugen. Aber bei Sollmann, ehedem ein Befürworter der Regierungsbeteiligung, zeichnete sich schon die Erkenntnis ab, dass die amtierende Regierung nicht mehr lange im Amt sein werde. Cuno fehlte seiner Ansicht nach das politische Format, er sei den Anforderungen an eine straffe Führung der Regierung nicht gewachsen. Innen- wie außenpolitisch habe er es versäumt rechtzeitig einzugreifen. Dieser Zustand sei nicht mehr lange zu ertragen. Man sehne sich in der Sozialdemokratie nicht nach der Regierung, aber die Gefahr innenpolitischer Krisen wachse und die Sozialdemokratie tat seiner Meinung nach gut daran, sich darauf einzustellen.[307] Auch einer Zusammenarbeit mit der DVP schien aus seiner Sicht nichts im Wege zu stehen. Nach der großen außenpolitischen Debatte im Reichstag stellte er fest, zwischen der Sozialdemokratie und Stresemann gebe es keine grundsätzlichen Unterschiede in den wichtigen außenpolitischen Fragen.[308] Obwohl er der Regierung Cuno ein politisches Armutszeugnis ausgestellt hatte und die Grundlagen zur Zusammenarbeit mit der DVP vorhanden sah, zog er noch nicht die Konsequenz, dass die SPD durch die Bildung einer Großen Koalition einen Ausweg aus der unbefriedigenden außen- wie innenpolitischen Situation suchen sollte. Anscheinend war Sollmann noch der Überzeugung, dass die Sozialdemokratie sich nicht die Bürde der Ruhrbesetzung aufhalsen sollte, die erst durch die Politik der bürgerlichen Regierung zustande gekommen war.[309] Allerdings ließ seine Analyse der Regierung auch kaum noch die Hoffnung zu, dass diese der Aufgabe der Beendigung der Ruhrbesetzung gewachsen war. Im Grunde war damit auch für Sollmann klar, dass diese Regierung gescheitert war. Sein Zögern, daraus die Konsequenzen zu ziehen, war wohl dadurch

---

Der Präsidenten der Handelskammer Aachen betonte die Notwendigkeit, daß Köln als Sitz der wirtschaftlichen Abwehr mindestens für das altbesetzte Gebiet erhalten bleibe. Alle wichtigen Verhandlungen des besetzten Gebietes finden in Köln statt. Wirtschaftsausschuß, Ministerialkonferenzen etc.« Zitiert nach AdR Cuno, S. 241.
305 Siehe dazu Ruck: Die Freien Gewerkschaften, S. 344–352.
306 Siehe dazu Winkler: Revolution, S. 573–575.
307 Sollmann (ungezeichnet): Regierung und Reichstag, in: RZ Nr. 99, 27. April 1923. Die Kritik an Cuno unterstrich er kurze Zeit später. Sollmann (ungezeichnet): Regiert von Ahnungslosen!, in: RZ Nr. 112, 15. Mai 1923. Dies ist Ausdruck des schleichenden Autoritätsverlustes von Cuno. Auch von anderer Seite wurde der Reichskanzler bereits im April in Frage gestellt. Vgl. Mühlhausen: Ebert, S. 614; Raithel: Spiel, S. 212.
308 Sollmann (ungezeichnet): Der Lösung näher?, in: RZ Nr. 91, 18. April 1923; Reichstags-Ausklang, in: RZ Nr. 92, 19. April 1923. Zu der Reichstagsdebatte siehe Feucht: Haltung, S. 292–295.
309 Darauf lässt seine Bemerkung schließen, die Sozialdemokratie dränge sich nicht danach, »den schwerverdaulichen Ruhrbrei auszulöffeln, an dessen Zubereitung sie nicht beteiligt war«. Sollmann (ungezeichnet): Regierung und Reichstag, in: RZ Nr. 99, 27. April 1923.

begründet, dass es in der Sozialdemokratie noch keine Bereitschaft zur Bildung einer Koalition mit der DVP gab und damit die konstruktive Alternative fehlte.[310]

Neben dem innenpolitischen Druck hatte auch der englische Außenministers Lord George Curzon in einer Rede am 20. April die deutsche Regierung zum Handeln aufgefordert.[311] Diese Vorschläge stießen in der Sozialdemokratie auf Zustimmung, wogegen Sollmann Vorbehalte hatte. Ihm missfielen die von Curzon aus seiner Sicht zu einseitig zugunsten von Frankreich gemachten Zugeständnisse in der Sicherheitsfrage. Jegliche Einschränkungen der Selbstbestimmungen im Rheinland, wie sie von Curzon erörtert wurden, lehnte er ab. Er brachte stattdessen eine entmilitarisierte Grenzzone ins Spiel, die sich beidseits der jeweiligen Landesgrenzen erstrecken sollte und auf eine Regelung im schwedisch-norwegischen Vertrag von 1905 zurückging.[312] Nur auf diese Weise, und nicht durch einseitige, die französischen Interessen berücksichtigende Regelungen, erschien ihm eine dauerhafte friedliche Einigung zwischen Deutschland und Frankreich möglich.[313]

Der Regierung gelang es auch in der Folge nicht, für eine innen- und außenpolitische Entlastung zu sorgen. Ein konkretes Zahlungsangebot an die Alliierten vom 2. Mai lehnten diese einstimmig ab. Zwar fand ein weiteres Memorandum Anfang Juni mehr Anklang, aber Frankreich blieb bei der Haltung, dass vor Aufnahme der Verhandlungen der passive Widerstand abgebrochen werden müsse.[314] Obwohl sich damit die deutsche Strategie endgültig als aussichtslos erwiesen hatte, war noch niemand dazu bereit, sich der französischen Haltung zu beugen und den Widerstand aufzugeben. Dabei waren nicht nur die politische Aussichtslosigkeit des Unterfangens offensichtlich, sondern auch die verheerenden wirtschaftlichen und sozialen Folgen. Ein Treffen der Vertrauensleute von Partei und Gewerkschaften des besetzten Gebiets mit Vertretern des ADGB und des Parteivorstands am 31. Mai, auf dem Sollmann referierte, verabschiedete eine Entschließung, die eine konsequente Weiterführung des passiven Widerstands forderte. Zwar distanzierte man sich deutlich von der Regierung, der man schwere Unterlassungen vorwarf, aber eine Alternative zum Widerstand formulierte man nicht.[315] Die Situation und damit auch die Stimmung in den besetzten Gebieten hatte sich indes weiter verschlechtert und die Arbeiterschaft

---

310 Vgl. Winkler: Revolution, S. 574.
311 Krüger: Außenpolitik, S. 203.
312 Sollmann: Die Sicherungsfalle, in: Vorwärts Nr. 193, 26. April 1923. Auch abgedruckt in: RZ Nr. 99, 27. April 1923. Den Vorschlag einer entmilitarisierten Zone brachte er auch später noch einmal ins Spiel. Vgl. Sollmann: Verständigung und Besatzung, in: Die Hilfe 1 (1927); ders.: Ausblick, in: Rheinischer Beobachter, 1 Januarheft (1926).
313 Ähnlich äußerte sich auf einer großen Versammlung in Köln auch Rudolf Breitscheid, der eine Internationalisierung des linken Rheinufers ausschloss und eine Sicherung auch der Grenzen Deutschlands forderte. Das Rheinland müsse deutsch bleiben: »Der Rhein ist Deutschlands Strom, nicht Deutschlands Grenze.« RZ Nr. 101, 30. April 1923.
314 Zur Vorgeschichte der Noten vom 2. Mai und 7. Juni 1923 siehe Rupieper: Cuno, S. 147–152.
315 RZ Nr. 126, 1. Juni 1923.

forderte eine möglichst schnelle Beendigung des Ruhrkampfs, da diese Politik in ihren Augen nur noch den Interessen der kapitalistenfreundlichen Regierung diente. Die Lasten der Besatzung, darauf wiesen Sollmann und die Rheinische Zeitung immer wieder hin, trugen die Arbeiter auf ihren Schultern.[316] Zudem arbeiteten die Unternehmer offensichtlich auf eine Aushöhlung der sozialpolitischen Errungenschaften hin. Sie erhoben als Bedingung für ein Ersuchen Cunos an den RdI Ende Mai, Garantien für die Reparationsleistungen zu geben, die Forderung, im Grunde zu den wirtschaftlichen und sozialen Verhältnissen der Vorkriegszeit zurückzukehren.[317] Dies war für die Arbeiterbewegung unannehmbar und sorgte für dementsprechende Reaktionen.[318] Allerdings verzichtete der Reichskanzler auf eine Distanzierung von den Forderungen, weshalb seine Regierung in den Augen der Arbeiterschaft um so mehr als unternehmerfreundlich gelten musste. Obwohl damit auch die Erfüllungspolitik diskreditiert war und trotz der offensichtlichen Diskrepanz zwischen der Ablehnung einer Einheitsfront und der dennoch weiter unterstützten Politik des passiven Widerstands, der in der Arbeiterschaft zunehmend auf Ablehnung stieß, rückten die Sozialdemokratie und auch Sollmann bis in den Juli 1923 nicht von ihrer Strategie ab.[319]

Bis zu diesem Zeitpunkt hatte sich in der innen- wie außenpolitischen Situation keine Verbesserung ergeben, sondern die Lage hatte sich verschärft. Die Mark war im freien Fall, ebenso dramatisch waren die Lohneinbußen der Arbeiter, deren Löhne häufig 30 bis 50 Prozent unter dem Vorkriegsniveau lagen.[320] Zudem mehrten sich die Berichte über separatistische Bestrebungen an Rhein und Ruhr.[321] Angesichts dieser Umstände malte die Rheinische Zeitung ein düsteres Bild der Lage Deutschlands:

»Die furchtbare außen- und innenpolitische Lage Deutschlands, die Vernichtung der Reichsmark, der Hexensabbath an den Börsen und Märkten, die Verzweiflung

---

316 Sollmann: Kampf und Ziel, in: Die Glocke 47 (1923), S. 1189–1192; RZ Nr. 123, 29. Mai 1923; RZ Nr. 126, 1. Juni 1923; RZ Nr. 143, 21. Juni 1923.
317 Dazu zählte die Aushöhlung des Achtstundentags. Die Antwort des Präsidiums des Reichsverbandes der Industrie ist abgedruckt in: RZ Nr. 123, 29. Mai 1923.
318 Vgl. exemplarisch die Berichterstattung in der RZ. RZ Nr. 123, 29. Mai 1923; Nr. 124, 30. Mai 1923; Nr. 125, 31. Mai 1923; Nr. 143, 21. Juni 1923. Vgl. auch Sollmanns Kritik an der Haltung der Unternehmer. Sollmann: Zur Geschichte des Ruhrkampfes, in: Gewerkschafts-Zeitung Nr. 7 (1925), S. 102 f.
319 So kam es im Mai zu einer Streikbewegung im Ruhrgebiet, an der sich über 300.000 Arbeitnehmer aus Bergbau und Schwerindustrie beteiligten. Die Streikbewegung wurde durch die Besatzungsbehörden gefördert, weil man dadurch den Zerfall des Widerstands befördern wollte. Ruck: Die freien Gewerkschaften, S. 378–381. Vgl. auch RZ Nr. 122, 28. Mai 1923. Auch in Köln kam es im Juni zu einem wilden Streik der städtischen Arbeiter wegen der unzureichenden Lohnerhöhungen. Uellenberg-van Dawen: Schwierige Zeiten, S. 130.
320 Holtfrerich: Inflation, S. 229 f.
321 In der RZ wurde immer wieder auf die Umtriebe der Separatisten hingewiesen. Vgl. RZ Nr. 25, 30. Januar 1923; RZ Nr. 127, 2. Juni 1923; RZ Nr. 146, 25. Juni 1923; RZ Nr. 178/180, 3. August 1923; Nr. 182, 6. August 1923.

von Millionen hungernden Volksgenossen, die rauschenden Feste und Tänze auf dem grollenden Vulkan, das Gieren und Raffen nach Devisen, der völlige Bankrott des bürgerlichen Reichskabinetts, die fühlbar nahende Gefahr eines allgemeinen Chaos, all das grinst aus allen Meldungen, die uns vorliegen.«[322]

In Bezug auf Beschlüsse von Bezirks- und Landesorganisationen und einen aufsehenerregenden Artikel in der Germania, einer zentrumsoffiziösen Zeitung, die am Tag vorher die Regierung Cuno scharf attackiert hatte, kam man zu dem Schluss, der August sei ohne eine schwere innere Krise nicht zu überstehen.[323] Daraus folgerte man nun anders als zuvor, man solle sich endlich darüber klar werden, dass schließlich eine starke und entschlossene Regierung geschaffen werden müsse, die zum vollen Einsatz der Staatsgewalt bereit sei, ansonsten sei es mit dem Parlamentarismus und der Demokratie bald zu Ende. An einer Regierungsbeteiligung, so schien man sich in Köln sicher, kam die SPD nicht mehr vorbei:

»Alles aber, was in Deutschland noch politischen Verstand besitzt, wird das nun zum zweiten Male wiederholte Experiment einer rein bürgerlichen Regierungsweisheit (erst Fehrenbach, dann Cuno) herzlich satt haben.« [324]

Diese Meinung war nun in der Partei vorherrschend.[325] Als der Kanzler in einer Rede am 8. August erneut das Parlament enttäuscht und seine Unfähigkeit zur Krisenbekämpfung gezeigt hatte, verstärkten sich die Rufe nach einem Regierungswechsel. Sollmann schrieb am 11. August, es gebe keinen anderen Ausweg als die Große Koalition und forderte »den Mut zur Tat«[326]. Nur wenige Stunden später beschloss die Fraktion, die schweren außen- und innenpolitischen Probleme bedürften einer Regierung, die die Unterstützung der breiten Masse habe. Zur Regierung Cuno habe sie nicht das Vertrauen diesen Voraussetzungen zu genügen. Nachdem der Reichskanzler darüber informiert worden war, kam es zu Besprechungen zwischen Vertretern der

---

322 RZ Nr. 175, 28. Juli 1923.
323 Diese Krise hatte Sollmann bereits im April kommen sehen, ohne daraus eine Änderung seiner politischen Taktik abzuleiten. Vgl. Sollmann: Regierung und Reichstag, in: RZ Nr. 99, 27. April. Dass er nun drei Monate später vor der gleichen Erkenntnis stand wie im April, nämlich dass diese Regierung nicht zu einer Lösung der Probleme in der Lage war, sich die Rahmenbedingung aber deutlich verschlechtert hatten, muss als Versagen von Sollmanns Strategie gedeutet werden. Da er und die Sozialdemokratie die Regierung nicht ernsthaft in Frage gestellt hatten, trugen sie auch eine Mitverantwortung für die Politik der Regierung und die Situation, in die Deutschland durch diesen Kurs geraten war.
324 RZ Nr. 175, 28. Juli 1923.
325 Für den Parteivorstand signalisierte Hermann Müller am gleichen Tag die Bereitschaft zur Übernahme der Regierungsverantwortung. Müller: Die Pflicht der Parteien, in: Vorwärts Nr. 350, 28. Juli 1923. Auch abgedruckt in: RZ Nr. 176, 30. Juli 1923.
326 Sollmann (ungezeichnet): Vor der großen Koalition?, in: RZ Nr. 187, 11. August 1923.

bürgerlichen Parteien und der Sozialdemokratie, um über die Konsequenzen des Beschlusses der sozialdemokratischen Fraktion zu beraten, was schließlich im Rücktritt der Regierung Cuno endete.[327]

4 Innenminister in den Kabinetten Stresemann

Die neue Regierung bildete sich binnen kurzer Zeit. Die Nachfolge Cunos war in den Gesprächen zwischen den Parteiführern am Nachmittag des 12. August besprochen worden und so konnte der neue Reichskanzler der Großen Koalition, Gustav Stresemann, schon am Abend des 13. August vom Reichspräsidenten ernannt werden. Damit war vollendet, was sich schon seit Monaten abgezeichnet hatte und in den letzten Wochen fast unausweichlich wurde. Die Initiative zur Bildung der Großen Koalition war von der SPD ausgegangen und entsprang dem Willen, eine von der breiten Masse getragene, starke Führung des Staats zu garantieren. Sollmann befürwortete die Entscheidung zur Bildung der Koalition nicht nur eindeutig, sondern wurde selbst auch Mitglied der neuen Regierung.[328] Wie erklärt es sich, dass Sollmann ministrabel geworden war? Die Sozialdemokratie stellte im ersten Kabinett Stresemann vier Minister: Robert Schmidt wurde Vizekanzler und Minister für Wiederaufbau, Gustav Radbruch übernahm das Justizministerium, Rudolf Hilferding das Finanzministerium und Wilhelm Sollmann das Innenministerium.[329] Er strebte diesen Posten nach eigener Aussage nicht an und hegte ernste Bedenken angesichts der Schwere der Aufgabe, aber schließlich sah er sich in der schwierigen Situation der Republik wohl in der Verantwortung. Zudem wurde er von der Partei offensichtlich gedrängt, das Amt zu

---

327 Der Beschluss der Fraktion ist abgedruckt in: RZ Nr. 188, 13. August 1923.
328 Sollmann schrieb sich einen erheblichen Anteil an der Bildung der Koalition zu. Dem Sohn Gustav Stresemanns schreibt er im 1939: »Ich glaube nicht dass Gustav Stresemann Kanzler geworden wäre, wenn ich nicht mit einigen Freunden jahrelang vorher die Idee der großen Koalition gegen starke Widerstände in der Sozialdemokratischen Partei durchgesetzt hätte.« Sollmann an Joachim Stresemann vom 26. September 1939, HAStK 569/V-3-192, 192 a. Diese Darstellung überschätzt seinen Einfluss, aber sein beständiges Werben innerhalb der Partei für die Koalition wird nicht ohne jegliche Wirkung auf innerparteiliche Meinungsbildung gewesen sein. Sollmann gehörte im Sommer 1923 in der Sozialdemokratie zweifelsohne zu den entschiedensten Befürwortern der Regierungsbeteiligung. Vgl. Kastning: Sozialdemokratie, S. 113.
329 Sollmanns Ernennungsurkunde datiert auf den 13. August 1923. HAStK 1120/353. Außerdem waren in der Regierung vertreten: Reichskanzler und Außenminister Stresemann (DVP), Wirtschaftsminister Hans von Raumer (DVP), Arbeitsminister Heinrich Brauns (Zentrum), Postminister Anton Höfle (Zentrum), Minister für die besetzten Gebiete Johannes Fuchs (Zentrum), Reichswehrminister Otto Geßler (DDP), Verkehrsminister Rudolf Oeser (DDP), Ernährungsminister Hans Luther (parteilos). Zur Zusammensetzung des Kabinetts siehe AdR Stresemann I, S. XXVII–XXX.

übernehmen.³³⁰ Seine Berufung stand im direkten Zusammenhang mit seiner Eigenschaft als Vertreter der besetzten Gebiete. Er hatte sich durch seinen beständigen Kampf gegen alle Loslösungsbestrebungen und als Sprecher der besetzten Gebiete in den letzten Jahren verdient gemacht, was sogar von der rechtskonservativen Presse anerkannt wurde. Dort lobte man sein »mannhaftes Eintreten für den Widerstand gegen die französische Willkür«³³¹. Auch bei bürgerlichen Politikern war Sollmann angesehen. Hans Luther meinte gar über ihn, er sei »tatsächlicher Führer der Sozialdemokraten […], ein kluger Kopf, aber mit einem Zug von Fanatismus«³³². Mit der Ernennung eines entschiedenen Gegners des Separatismus zum Innenminister war von Seiten der Regierung offensichtlich die Absicht verbunden, derartigen Bestrebungen, die in den Wochen zuvor hervorgetreten waren, einen Riegel vorzuschieben.³³³

Allerdings zeigte sich bald, dass sich selbst in den Regierungsparteien die Zustimmung zu der neuen Regierung in Grenzen hielt. In der Abstimmung nach der Regierungserklärung gab es zwar eine breite Zustimmung von 239 gegen 76 Stimmen, aber jeweils ein Drittel der Abgeordneten von SPD und DVP blieb der Abstimmung fern.³³⁴ In der SPD wandten sich sogar 43 Fraktionsmitglieder in einer Erklärung

---

330 In einem Brief an seine Frau vom 13. August schreibt Sollmann: »Wie Du inzwischen schon erfahren haben wirst, komme ich ernsthaft als Reichsminister des Innern in Betracht. Die Entscheidung fällt noch heute. Einstweilen sträube ich mich noch, denn die politischen und persönlichen Konsequenzen sind gar nicht abzusehen. […] Auch politisch ist es natürlich ein schweres Experiment, denn die Verhältnisse sind beinahe verzweifelt. Aber schließlich müssen es einige tun, und ich glaube mit Stresemann als Kanzler läßt sich arbeiten.« Sollmann an Käthe Sollmann vom 13. August 1923. SCPC, DG 45 Wilhelm Sollmann, Box 18, Folder »Correspondence Sollmann Family 1906–1920«, Bl. 4 f. Felix Hirsch berichtet in seiner Stresemann-Biografie, Sollmann habe nur auf dringlichen Wunsch Eberts das Innenministerium übernommen. Hirsch: Stresemann, S. 145. Diese Aussage beruht auf Mitteilungen Sollmanns, der Hirsch in mehreren Interviews über Stresemann berichtete. Zweifellos wurde Sollmann gedrängt, sich der Aufgabe nicht zu verweigern. Auf dem Parteitag 1924 berichtet Sollmann: »Ich bin ja auch zum Minister gepreßt worden.« Das Protokoll vermerkt an dieser Stelle die Aussage vom Parteivorsitzenden Hermann Müller: »Sehr richtig.« Protokoll Parteitag 1924, S. 115.
331 DAZ 15. August 1928.
332 Luther: Politiker ohne Partei, S. 110.
333 Dies wurde auch zeitgenössisch so interpretiert. Siehe dazu Severing: Mein Lebensweg, Bd. 1, S. 425. Es hatte anscheinend von Beginn an Einigung darüber geherrscht, dass Innenministerium mit einem Rheinländer zu besetzen. Dafür spricht, dass auch der ursprüngliche Kandidat Johannes Fuchs als Oberpräsident der Rheinprovinz ein Vertreter des Rheinlands war. Mit Hans Luther, dem ehemaligen Oberbürgermeister von Essen war ein weiterer Vertreter der besetzten Gebiete Mitglied des Kabinetts. Da aber im Zuge der Regierungsbildung die Sozialdemokratie das Innenministerium als Kompensation für die Aufgabe ihres Widerstands gegen den Verbleib des Reichswehrministers Geßler erhalten hatte, fiel das Innenministerium an Sollmann. Siehe dazu AdR Stresemann I, S. XXVIII f. Sollmann war dann bereits auf der ersten Ministerliste, die Stresemann Reichspräsident Ebert am 13. August übermittelte, als Innenminister aufgeführt. BA-B, R 601/399, Bl. 184.
334 Das Abstimmungsergebnis Protokoll Reichstag, Bd. 361, S. 11839, 11871. Vgl. auch Arns: Regierungsbildung, S. 158 f.; Mühlhausen: Ebert, S. 621 f.; Winkler: Revolution, S. 602 f.

gegen die Koalition. Darunter befand sich auch der Kölner Abgeordnete Fries, der bereits im Juli zu den Initiatoren eines Aufrufs an den Parteivorstand gehört hatte, der unter anderem forderte, eine Koalition mit den Kommunisten in Betracht zu ziehen.[335] Im Geiste dieses Aufrufs kritisierte Fries in einer Kölner Parteiversammlung, die anlässlich des Eintritts in die Koalition einberufen worden war, die Beteiligung an der Koalition.[336] Aber das Unbehagen ob des Eintritts in die Regierung beschränkte sich nicht auf die innerparteiliche Opposition. Sogar der Parteivorsitzende Otto Wels gestand, kein Anhänger der großen Koalition zu sein und diese solange verhindert zu haben, bis die Umstände den Regierungseintritt erzwungen hätten. Bis in die Spitze der Partei wurde die Rückkehr in die politische Verantwortung als Ergebnis einer Zwangslage und nicht mit dem Willen zur Gestaltung begründet, was für den Rückhalt der neuen Regierung nicht förderlich war.[337] Sollmann dagegen hatte schon vor der Regierungsbildung geäußert, die Monate der Opposition, in denen eine konstruktive Politik kaum möglich gewesen sei, müssten die Augen geöffnet haben und forderte den Mut zur Tat; er interpretierte die Regierungsbeteiligung als Chance.[338]

Es war aber nicht nur die in der SPD geäußerte Kritik, die das Fundament der Koalition von Beginn an schwächte. Auch auf dem rechten Flügel der DVP wurde die Große Koalition abgelehnt. Ernst Scholz, Stresemanns Nachfolger als Fraktionsvorsitzender, war ein Gegner der Zusammenarbeit mit der Sozialdemokratie. Darüber hinaus stießen insbesondere die sozialdemokratischen Minister auf unverhohlene Kritik aus dem rechten Lager, vor allem in Bayern. Dort begegnete man Sollmann wegen seines energischen Einsatzes für den Einheitsstaat und seiner kulturpolitischen Ansichten mit deutlichen Vorbehalten bis hin zu eindeutiger Ablehnung.[339] Strese-

---

335 Winkler: Revolution, S. 586. Die Erklärung der 43 oppositionellen Abgeordneten ist abgedruckt in: RZ Nr. 191 16. August 1923.
336 RZ Nr. 196, 22. August 1923.
337 Mühlhausen: Ebert, S. 621 f.
338 Sollmann (ungezeichnet): Vor der großen Koalition?, in: RZ Nr. 187, 11. August 1923.
339 In einem Brief an den Reichskanzler brachte der Abgeordnete Hamm von der DDP zum Ausdruck, dass die Zusammensetzung der neuen Reichsregierung in Bayern auf starken Widerspruch stoßen werde. Über Sollmann heißt es in dem Brief: »Vom Reichsminister des Innern wird man sagen, daß er für die historische Art der Länder, besonders für die bäuerlich-bürgerliche Art Bayerns kein Verständnis haben werde, noch weniger für die christliche Schule [...].« Hamm an den Reichskanzler vom 16. August 1923, AdR Stresemann I, S. 11–17. Die Vorbehalte gegenüber Sollmann fand man bestätigt durch dessen Aufforderung an den Staatssekretär im Innenministerium Freiherrn von Welser, seinen Rücktritt zu nehmen, was in der bürgerlichen Presse Bayerns große Aufmerksamkeit erregte, weil man darin einen Systemwechsel zu erkennen glaubte. Vgl. den Bericht des Staatssekretärs von Haniel. AdR Stresemann I, S. 12, Anm. 9. Dort heißt es in einem Zitat aus dem Bayerischen Kurier: »Der neue Reichsminister des Innern ist bekannt als eifriger Verfechter kulturpolitischer ›Ideale‹ der Sozialdemokratie, namentlich auch auf dem Gebiet des Schulwesens. Offenbar soll nun die Bahn frei gemacht werden für die Verwirklichung dieser seiner Anschauung auf breitestem Boden, nicht etwa nur innerhalb des Burgfriedens von Köln.« Dieser Bericht zeigt auch, wie sehr die Zusammenarbeit der Kölner Sozialdemokratie

mann gab aber gegenüber dem bayerischen Ministerpräsidenten zum Ausdruck, er habe sich zwar des Anspruchs der Sozialdemokratie auf das Innenministerium nicht widersetzen können, ohne die Regierungsbildung zu gefährden, aber in der Wahl Sollmanns glaube er die Grundlage für eine gute Zusammenarbeit mit dem Reichswehrministerium und für die Aufrechterhaltung der öffentlichen Ordnung gewährleistet zu sehen.[340]

Vor dem Hintergrund dieser kaum zu übersehenden Kritik an der neuen Regierung bis in die Koalitionsparteien hinein musste für die Beteiligten erkennbar sein, dass man zwar nominell einen großen Rückhalt im Parlament besaß, ihr Fundament faktisch jedoch deutlich schwächer war. Dennoch waren große Erwartungen an sie geknüpft, denn die Bildung der Großen Koalition war ja vor allen Dingen deshalb zustande gekommen, weil man angesichts der schwierigen Lage eine Regierung mit breiter parlamentarische Basis für notwendig hielt.[341] Ob sie den Erwartungen gerecht werden würde, musste sich angesichts der höchst problematischen Rahmenbedingungen noch zeigen. Finanziell stand das Reich vor dem Abgrund, der Wert der Mark sank ins Bodenlose. Der passive Widerstand musste als gescheitert betrachtet, der Ruhrkampf beendet werden. Ein weiteres Problem war die zunehmende innenpolitische Radikalisierung, die vor allem Sollmann als Innenminister betraf. Er hat als eine seiner vordringlichen Aufgaben daher auch die Wahrung der öffentlichen Ordnung genannt, weil alle Planungen der neuen Reichsregierung zur Behebung der finanziellen und wirtschaftlichen Not durch Streiks und Unruhen gestört würden. Er mahnte zu Ruhe und Einigkeit und warnte vor den Gefahren des Separatismus im Westen und in Bayern sowie Aufständen in Sachsen.[342] Darauf zielte auch seine erste Rede als Innenminister im Reichstag. Er verurteilte die Hetze gegen die Regierung und die Aufrufe zur Gewalt in der kommunistischen und völkischen Presse gegen die Regierung scharf und rief zum Schutz der Verfassung und des Reichs auf.[343] Dies illustriert die Umstände, unter denen die Regierung ihre Arbeit aufnahm und gibt

---

unter Sollmanns Führung mit Adenauer auch reichsweit wahrgenommen wurde. Zur Kulturpolitik Sollmanns in Köln siehe Kapitel IV.5.
340 Der Reichskanzler an den bayerischen Ministerpräsidenten vom 18. August 1923. AdR Stresemann I, S. 33–37.
341 Vgl. RZ Nr. 189, 14. August 1923; Nr. 193, 18. August 1923.
342 RZ Nr. 195, 21. August 1923.
343 Protokolle Reichstag, Bd. 361, 15. August 1923, S. 11887–11889. Die ständigen Zwischenrufe kommunistischer und deutschnationaler Abgeordneter während Sollmanns Rede sind ein Beleg für die aufgeheizte Atmosphäre. Sollmann hatte sich in den Jahren zuvor stets als scharfer Kritiker der deutschnationalen Politik gezeigt. In einem Interview brachte er die Gefahren der deutschnationalen Agitation noch einmal deutlich zum Ausdruck. Die antinationale Politik der DNVP, die eine Frontstellung der bürgerlichen Parteien gegen die Sozialdemokratie fordere, würde zum sofortigen Abfall des Rheinlands führen. Ihre Politik, ihre Franzosenhetze, ihr Ruf nach gewaltsamer Veränderung des Versailler Vertrags, ihr Revanchegeist seien die wertvollste Begründung der Franzosen für weitere Sicherungen am Rhein. RZ Nr. 206, 3. September 1923.

einen Ausblick darauf, welche Gefahren dem Reich in den kritischen Monaten im Herbst 1923 von links und rechts drohten.[344]

Ein Regierungsprogramm besaß die Große Koalition nicht. Aber über die allgemeinen Zielsetzungen bestand ein Grundkonsens. Unzweifelhaft für alle Beteiligten war, dass der passive Widerstand nicht mehr lange aufrecht erhalten werden konnte und eine Lösung des Ruhrkonflikts auf dem Weg der Verhandlungen gefunden werden musste. Weiterhin wollte man, wie Sollmann es in seiner Antrittsrede als Minister gefordert hatte, die Einheit des Reichs wahren und die Verfassung gegen die Angriffe von links und rechts schützen.[345] Inwiefern auch über die Wahl der Mittel zur Durchsetzung dieser allgemeinen Ziele Einigkeit herrschte oder ob dies den Bestand der Koalition in Frage stellte, musste sich allerdings noch zeigen. Von Seiten der sozialdemokratischen Reichstagsfraktion war vor Eintritt in die Regierung ein Forderungskatalog aufgestellt worden.[346] Am drängendsten war das Problem der Finanz- und Währungsreform, was auch der Schlüssel zur Lösung der weiteren innen- und außenpolitischen Probleme war.

Eine Voraussetzung für das Gelingen einer Währungsreform war die Lösung des Ruhrkonflikts. Das ursprüngliche Ziel, den passiven Widerstand nur bei Zugeständnissen Frankreichs abzubrechen, wurde zunehmend unrealistischer. Solange der passive Widerstand finanziert wurde, konnte eine Währungsstabilisierung nicht gelingen. In der Kabinettssitzung am 23. August war man einheitlich der Meinung, dass der passive Widerstand vor dem Winter beendet sein müsse. Sollmann forderte, das Ende des Widerstands innenpolitisch vorzubereiten, wofür vor allem vier Maßnahmen notwendig seien: der Zusammenschluss der wirtschaftlichen und politischen Organisationen im besetzten Gebiet, die Aufrechterhaltung der Presse in den besetzten Gebieten, eine Konferenz der Innenminister aller Länder in Berlin und die Reichswehr müsse unbedingt auf den Boden der Republik gestellt werden. Eine gewisse Diktatur, so Sollmann weiter, sei unter Umständen nicht zu vermeiden. Stresemann zeigte sich mit diesen Vorschlägen in den Grundzügen einverstanden.[347]

Sollmann gab hier wie auch später zu verstehen, dass er zum Schutz der Republik notfalls auch diktatorische Maßnahmen für vertretbar hielt. Zweifellos stand dahinter stets der Wille zur Erhaltung der Demokratie. Wenn diese gefährdet war, so musste in Sollmanns Verständnis der Staat alle seine Möglichkeiten ausschöpfen, um sie zu

---

344 Auch Stresemann hatte am 11. August gegenüber dem englischen Botschafter geäußert, er fürchte einen kommunistischen Angriff und die darauf folgende nationalistische Reaktion. D'Abernon: Botschafter, Bd. 2, S. 270.
345 AdR Stresemann I, S. XXV.
346 Zu den Forderungen siehe Vorwärts Nr. 374, 12. August 1923.
347 AdR Stresemann I, S. 81 f. An dieser Sitzung nahmen auch die Mitglieder des Preußischen Kabinetts teil.

verteidigen. Dazu gehörte auch, dass die Regierung sich vom Parlament unabhängig machte.[348]

Für eine schnelle Entscheidung sprachen aus Sollmanns Sicht nicht nur die hoffnungslos zerrüttete Währung, sondern ebenso die schlimme Lage der Bevölkerung in den besetzten Gebieten.[349] In der Kabinettssitzung am 30. August drängte er mit Rücksicht auf die Bevölkerung darauf, den Abbruch vorzubereiten und gegenüber den Vertretern der besetzten Gebiete deutlich zu machen, dass weitere Kredite nicht mehr gegeben werden könnten. Wichtig sei das volle Einvernehmen der Bevölkerung, denn alles was geschehe, müsse getragen sein von dem Wunsch und dem Willen des besetzten Gebiets.[350] Sollmann bekam Unterstützung durch die Rheinische Zeitung, die bislang den passiven Widerstand konsequent unterstützt hatte, nun aber offen die Notwendigkeit des Abbruchs diskutierte.[351] Die Arbeiter an der Ruhr, so die Rheinische Zeitung, seien bereit, den Widerstand sofort aufzugeben, weil der herrschende Zustand nicht mehr zu ertragen sei und sie daher nichts mehr begrüßen würden als eine Regelung, die ihnen die Rückkehr an ihre Arbeitsplätze ermöglichte. Zu den Voraussetzungen für die Aufgabe des Ruhrkampfs heißt es:

»An der Ruhr ist man zur Beendigung des passiven Widerstandes bereit, wenn der Bevölkerung für ihr ferneres Wohlergehen Zusicherungen gegeben werden und Frankreich Gewähr dafür leistet, daß die Produktion sofort in einem Rahmen wieder aufgenommen wird, der die zukünftige Lebensmöglichkeit für die ihm Ruhrgebiet ansässigen Volksgenossen sichert. Diese Gewähr erblickt die Arbeiterschaft vor allem in der Zurücklassung der Ausgewiesenen und in der Freilassung der Verhafteten. Werden diese Sicherheiten gegeben […], dann steht dem Verzicht auf den

---

348 In den ersten Wochen des Kabinetts Stresemann wurden die Maßnahmen der Regierung überwiegend auf Grundlage des Artikels 48 getroffen, da das Parlament sich nach der Sitzung vom 15. August auf unbestimmte Zeit vertagte und in die Sommerpause ging. Vgl. AdR Stresemann I, S. XXX.
349 In der Sitzung vom 23. August hatte etwa der preußische Innenminister Severing berichtet: »Der moralische Tiefstand der Arbeiterschaft ist so groß, daß es jahrelanger Erziehungsarbeit bedürfen wird, die Arbeiterschaft wieder zu gewerkschaftlicher Disziplin zu bringen.« AdR Stresemann I, Dok. Nr. 18, S. 80. Ähnliche Berichte häuften sich in dieser Zeit. Vgl. ebd. Dok. 56, 59, 76, 79.
350 AdR Stresemann I, Dok. Nr. 33, 30. August 1923, S. 166.
351 RZ Nr. 201, 28. August 1923; Nr. 202, 29. August 1923; Nr. 203, 30. August 1923. Grundlage der Berichterstattung war ein Bericht des Sekretärs der Arbeiterinternationalen (SAI) Tom Shaw. Shaw war im Auftrag der SAI ins besetzte Gebiet gefahren, um dort die Lage zu sondieren. Er hielt sich zunächst in Köln auf, wo er auch mit Sollmann zusammentraf. Ruck: Die Freien Gewerkschaften, 435 f. Der vollständige Bericht Shaws findet sich ebd., Bl. 14–19. Auszüge aus dem Bericht finden sich auch im Vorwärts und der LVZ. Vorwärts Nr. 399, 28. August 1923; LVZ Nr. 200, 28. August 1923. Allerdings werden dort nicht ebenso eindeutige Schlüsse gezogen wie in der RZ. Während diese offen ausspricht, dass die Bevölkerung den Abbruch des passiven Widerstandes wolle, heißt es im Vorwärts zu dem Bericht Shaws, er verdiene »eingehende Beachtung«.

passiven Widerstand nichts mehr im Wege, und dann sollte man annehmen, wäre selbst nach Frankreichs Auffassung die Zeit für Verhandlungen gekommen.«[352]

Es ist zu Recht darauf hingewiesen worden, dass diese eindeutige Stellungnahme der Rheinischen Zeitung in mehrfacher Hinsicht von Bedeutung war.[353] Die Rheinische Zeitung war das einzige Organ der Sozialdemokratie im besetzten Gebiet, das im Prinzip uneingeschränkt berichten konnte und war daher dort zum wichtigsten Sprachrohr von Partei und Freien Gewerkschaften geworden. Wenn dieses Blatt nun von der Linie der eindeutigen Unterstützung des passiven Widerstands abwich, dann hatte dies Signalwirkung. Dass der Chefredakteur zugleich der Innenminister des Reichs war, gab dieser Haltung noch mehr Gewicht.

Für Sollmann diente die Berichterstattung der Rheinischen Zeitung offensichtlich dazu, die Bevölkerung auf das Unvermeidliche, die Aufgabe des passiven Widerstands, vorzubereiten, wie er es mehrfach gefordert hatte. Es sprach tatsächlich immer weniger dafür, den Widerstand noch lange aufrechterhalten zu können.[354] In einer Besprechung mit rheinischen Abgeordneten eröffnete Stresemann diesen, dass der passive Widerstand möglichst bald abgebrochen werden müsse. Vorher, so war man sich einig, sollte jedoch der Kontakt mit Frankreich gesucht werden, um zu einer Verständigung zu kommen.[355] Stresemann hatte diesbezüglich am 24. August und 2. September in zwei Reden Frankreich die Gewährleistung von produktiven Pfändern durch eine hypothekarische Belastung der deutschen Wirtschaft und die Gewährleistung der französischen Sicherheit durch einen Rheinpakt angeboten.[356] Sollmann stellte sich hinter den Reichskanzler. Der Kernpunkt der weiteren Entwicklung, so führte er aus, sei die Verständigung mit Frankreich. Die Bekundungen Stresemanns hätten der Welt gezeigt, dass Deutschland eine Kehrtwende in der Außenpolitik vollzogen habe. Er unterstrich die Bereitschaft der Regierung zur Verständigung. Man sei gewillt, Entschädigungen zu leisten und Sicherheitsregelungen zu akzeptieren, solange

---

352 RZ Nr. 202. 29. August 1923.
353 Ruck: Die Freien Gewerkschaften, S. 442.
354 In einer Sitzung des preußischen Staatsministeriums berichtet Sollmann, auch bei den Kommunalbeamten herrsche der Eindruck, nicht mehr lange Widerstand leisten zu können. Ebd., S. 441.
355 AdR Stresemann I, Dok. 43. Stresemann glaubte anfangs noch an eine Besserung der außenpolitischen Lage, da England in einer Note vom 11. August die Ruhrbesetzung als unrechtmäßig erklärt hatte. Auch in der SPD hatte dies Anlass zur Hoffnung gegeben. Vgl. Vorwärts Nr. 374 a, 13. August 1923. Da Frankreich davon aber völlig unbeeindruckt blieb, kam Stresemann zu der Erkenntnis, dass die Umstände ein Warten auf eine weitere englische Initiative nicht erlaubten und versuchte, durch Kontakte nach Frankreich Bedingungen für die Aufgabe des passiven Widerstands zu stellen. Vgl. Baechler: Stresemann, S. 354–359; Wright: Stresemann, S. 218 f.
356 Vorwärts Nr. 394, 24. August 1923; Stresemann: Vermächtnis I, S. 98–103.

nicht die Souveränität Deutschlands eingeschränkt werde. Es sei jetzt an Frankreich, auf diesen Verständigungswillen einzugehen.[357]

Stresemann hoffte, da Poincaré Verhandlungen vor Abbruch des passiven Widerstands ablehnte, durch nicht amtliche Kontakte eine Übereinkunft zu erzielen. Deshalb wollte er am 15. September auch noch nicht auf die Anregung des preußischen Ministerpräsidenten Otto Braun eingehen, den Widerstand sofort abzubrechen. Sollmann schloss ebenfalls eine sofortige Aufgabe aus, da dies zu chaotischen Zuständen im besetzten Gebiet führen würde. Er fragte jedoch, wie viel Zeit der Reichskanzler für die Verhandlungen mit Frankreich noch benötige, weil im besetzten Gebiet eine starke Verschlechterung der Stimmung zu verzeichnen sei. Er schlug deshalb eine erneute Fühlungnahme mit Abgeordneten der Besatzungsgebiete vor. Stresemann wollte keine Fristen für die Verhandlungen nennen, erwartete aber eine Entscheidung in der nächsten Woche.[358]

Sollmann begab sich am folgenden Tag im Auftrag Stresemanns nach Köln, um dort die Pläne der Reichsregierung darzulegen.[359] Über die Rücksprache mit den Führern der Koalitionsparteien berichtete er im Kabinett, dass in den behandelten Fragen volle Einmütigkeit erzielt worden sei. Sollmanns in Köln gewonnene Erkenntnisse bestätigten seine Einschätzung, dass der passive Widerstand nicht mehr lange zu halten sei. Moralisch sah er die Zustände auf einem Tiefpunkt. Allein wegen der um sich greifenden Korruption sei die Aufgabe nötig. Er berichtete, man habe ihm auch dann zur Aufgabe geraten, wenn keine Möglichkeit für Verhandlungen mehr bestünde. Zudem verstärkten sich die separatistischen Umtriebe.[360]

---

[357] So die mit Stresemann abgesprochenen Ausführungen Sollmanns gegenüber einer Abordnung der Internationalen Frauenliga. RZ Nr. 213, 11. September 1923. Die Übereinstimmung mit Stresemann unterstrich er auch in einem Beitrag für die Rheinische Zeitung. RZ Nr. 219, 18. September 1923. Vgl. auch die Berichterstattung der RZ, die ebenfalls Stresemanns Kurs unterstützte. Dort glaubte man auch Anzeichen einer Bereitschaft Frankreichs zur Verständigung erkennen zu können. RZ Nr. 211, 8. September 1923; Nr. 213, 11. September 1923. Die Vertreter der besetzten Gebiete erklärten jedoch, dass sie keinesfalls bereit seien, die Initiative für die Aufgabe des passiven Widerstands zu ergreifen, wie Sollmann es angeregt hatte. Dies bekräftigte Karl Jarres, Oberbürgermeister von Essen, in einem Brief gegenüber dem Staatskommissar Mehlich vom 10. September. Auch Adenauer lehnte laut Jarres dieses Ansinnen ausdrücklich ab. AdR Stresemann I, Dok. 52, S. 234.

[358] AdR Stresemann I, Dok. 59, S. 276–280. In den Notizen des Reichssparkommissars Saemisch steht zu den Ausführungen Sollmanns: »Sollmann gegen sofortige Aufgabe des p. W. aus den vom Kanzler dargelegten Gründen. Wie lange dauert es noch bis zum Abschluß? Abbruch muß vorbereitet werden, Illusion muß zerstört werden.« Ebd., S. 280.

[359] Stresemann: Vermächtnis I, S. 128. In der RZ heißt es, Sollmann sei wegen der Einweihung des Müngersdorfer Stadions in Köln gewesen. Vgl. RZ Nr. 219, 18. September 1923. Sollmann wird wohl diesen schon länger feststehenden Termin genutzt haben, um die von ihm selbst im Kabinett geforderte Rücksprache zu halten.

[360] AdR Stresemann I, Dok. 64, S. 303 f.

Sollmanns Bericht bestätigte die allgemeinen Eindrücke. Eine Fortführung des Ruhrkampfs war unmöglich.[361] Über die Notwendigkeit dieses Schritts herrschte weit gehende Einigkeit. Aber die Kräfte im rechten politischen Spektrum machten sich den Abbruch zu Nutze, um ihn als Kapitulation vor Frankreich und Verrat an Deutschland zu brandmarken. Die Regierung sah sich vor eine weitere existenzielle Bedrohung gestellt, den Zerfall der Einheit des Reichs. Noch am Tag der Verkündigung der Aufgabe des passiven Widerstands verhängte die bayerische Regierung den landesrechtlichen Ausnahmezustand.[362] Die Reaktion in Bayern kam für die Regierung jedoch nicht völlig überraschend, weil sich die Gerüchte über mögliche Aktionen verdichtet hatten und man generell mit einer großen inneren Erregung rechnete.[363] Diesbezüglich hatte man bereits über die Presse verbreitet, dass man zum Einsatz aller Machtmittel bereit war.[364] In diesen Zusammenhang gehört auch ein Artikel Sollmanns in der Rheinischen Zeitung, in dem er vor kulturellen Teilkämpfen warnte. Für den Erhalt der Republik werde man bis zum Äußersten kämpfen. Drohungen von rechts und links könnten die Regierung nicht schrecken. Auch die Reichswehr stehe zur Republik.[365]

Zudem kam es in den Tagen vor Verkündigung des Abbruchs des passiven Widerstands zu Beratungen darüber, welche Maßnahmen im Fall einer Aktion republikfeindlicher Kreise ergriffen werden könnten.[366] Erörtert wurde eine Verordnung, welche die Übergabe der vollziehenden Gewalt an eine Person auf Grundlage des Artikels 48 bestimmte. Die endgültige Fassung dieser Verordnung kam in der Nacht vom 26. auf den 27. September zustande, nachdem durch die Verkündigung des Ausnahmezustands in Bayern akuter Handlungsbedarf bestand.[367] Zum Inhaber der vollziehenden Gewalt wurde der Reichswehrminister ernannt.[368] Nach den Bestimmungen für den

---

361 Dies wurde auch in Gesprächen von den Parteivertretern aus dem besetzten Gebiet, den Ministerpräsidenten und den Parteiführern anerkannt. Vgl. AdR Stresemann, Dok. 76, 79, 80.
362 Bereits am 25. September hatte der bayerische Ministerpräsident Andeutungen über das Verhältnis von Bayern zum Reich gemacht, falls bei Abbruch des Ruhrkampfs nicht auch der Versailler Vertrag aufgekündigt würde. AdR Stresemann, Dok. 79, S. 351 f. Die Verordnung des Ausnahmezustands ist abgedruckt in: Ursachen und Folgen V, S. 388.
363 In der Kabinettssitzung vom 26. September wurde u. a. von Sollmann gefordert, möglichst schnell einen Regierungskommissar in das besetzte Gebiet zu entsenden, um zu verhindern, dass die Bevölkerung mit den Besatzungsbehörden in Verbindung trete. AdR Stresemann I, Dok. Nr. 82, S. 373–275.
364 Amtliche Mitteilung zitiert bei Mühlhausen: Ebert, S. 625.
365 Sollmann: Um das Reich!, in: RZ Nr. 224, 24. September 1923.
366 Mühlhausen: Ebert, S. 625. Zu den Details der Vorbereitungen siehe ebd. S. 625–628.
367 Über die Teilnehmer an der in großer Eile einberufenen Sitzung gibt es abweichende Angaben. Nach den Erinnerungen Radbruchs war von den sozialdemokratischen Ministern nur Sollmann anwesend. Radbruch: Der innere Weg, S. 170. Laut Bremer Volkszeitung nahmen an der Sitzung u. a. Ebert und Stresemann sowie die Minister Geßler, Sollmann, Hilferding, Höfle, Oeser und Seeckt teil. Mühlhausen: Ebert, S. 627.
368 Die Hintergründe dieser Entscheidung lassen sich nicht genau rekonstruieren. In den vorhergehenden Beratungen war offengelassen worden, wem die vollziehende Gewalt übertragen werden sollte. Siehe dazu ebd., S. 626–628.

zivilen Ausnahmezustand hätte man den Innenminister, also Sollmann, zum Inhaber der vollziehenden Gewalt ernennen müssen. Diesem fehlten jedoch die Mittel, um die ihm übertragene Macht auch zum Ausdruck bringen zu können. Dazu hätte es des Einsatzes der Reichswehr bedurft, die sich aber kaum dem Innenministerium unterstellt hätte. Gegen Sollmann sprach zudem, dass in Bayern starke Vorbehalte gegen seine Person bestanden und seine Ernennung daher in der hochbrisanten Situation die Gefahr der Eskalation des Verhältnisses zwischen Bayern und dem Reich vergrößert hätte. Mit dem aus Bayern stammenden Reichswehrminister glaubte man berechtigterweise auf weniger Widerstände zu stoßen.³⁶⁹

Die Verhängung des Ausnahmezustands über das gesamte Reich hätte aus juristischer Sicht die Aufforderung an Bayern nach sich ziehen müssen, die eigene Verordnung aufzuheben. Es gab in der Regierung aber Zweifel daran, dass Bayern der Aufforderung nachkommen werde. Sollmann forderte dennoch in der Kabinettssitzung am 27. September, eine Aufhebung des Ausnahmezustands einzufordern. Aus seiner Sicht musste gegenüber Bayern unmissverständlich deutlich gemacht werden, dass Reichsgewalt über Landesgewalt stehe. Bereits die Ernennung von Kahrs zum Generalstaatskommissar sei eine Provokation aller republikfreundlichen Kreise.³⁷⁰ Sollmann war bereit, die Konfrontation mit Bayern zu wagen. Auf eine Machtprobe wollten es die bürgerlichen Kabinettsmitglieder aber nicht ankommen lassen.³⁷¹ So blieb die Notverordnung lediglich ein vorgebliches Zeichen der Stärke, die damit verbundenen Möglichkeiten wollte die Reichsregierung gegenüber Bayern nicht ausschöpfen.

Sollmann plädierte wohl aus zwei Gründen für eine harte Linie: Zum einen stellte der bayerische Ausnahmezustand nur den Gipfel einer Reihe von Provokationen dar. Sollmann hatte gleich zu Beginn seiner Amtszeit eine Denkschrift verfasst, in der er

---

369 Diese Einschätzung bestätigte auch der Bericht des Vertreters der Reichsregierung in München vom 28. September: »Die Ernennung des Reichswehrministers Geßler hat hier schon wegen seines Gegensatzes zu dem hier bestens gehaßten Herrn Zeigner wohltuend berührt. Hingegen wird seine »Kontrollierung« durch den Reichsminister des Innern bemängelt. Gegen letzteren herrscht hier ein starkes Mißtrauen schon im allgemeinen wegen seiner Parteiangehörigkeit, ferner aber weil ihm vorgeworfen wird, durch seine Erklärung, daß die Liquidierung des Ruhrkonfliktes die Aufgabe des Reichskabinetts sei, unsere außenpolitischen Karten vorzeitig aufdeckt und dadurch unsere Niederlage besiegelt und verschärft zu haben.« AdR Stresemann, Dok. 87, S. 393–396.
370 Siehe dazu AdR Stresemann I, Dok, 83, S. 383. Im Innenministerium lagen bereits eine Aufhebungsverordnung sowie ein Brief an den bayerischen Ministerpräsidenten vor. BA-B, R 43 I/2218, Bl. 135.
371 Stresemann führte aus, wenn man keine Gewissheit habe, dass der Aufhebungsforderung auch entsprochen würde, so wäre es besser, ein derartiges Ersuchen erst gar nicht an die bayerische Regierung zu richten. Postminister Höfle (Zentrum) wollte erst die weitere Entwicklung abwarten, Verkehrsminister Oeser (DDP) wollte zunächst die Rechtslage geklärt sehen. Sollmann bat darum, die Beschlussfassung über die Aufforderung nur bis zum nächsten Tag auszusetzen. AdR Stresemann I, Dok. 83, S. 381–384.

diverse Verstöße der bayerischen Staatsregierung auflistete.[372] Für einen ausgeprägten Republikaner wie Sollmann, für den der Republikschutz zum Selbstverständnis als Politiker zählte, waren die beständigen Verstöße und das Untergraben der zentralstaatlichen Autorität ein nicht zu tolerierendes Verhalten, das an den Grundfesten der Republik rührte.

Zum anderen musste befürchtet werden, dass bei einem Zurückweichen der Zentralgewalt gegenüber Bayern die rechtsradikalen Kräfte auch in anderen Teilstaaten losschlugen.[373] Nur wenige Tage später war Sollmann aber von seiner kompromisslosen Einstellung abgerückt. Statt einer förmlichen Aufforderung, wie sie im Innenministerium vorformuliert vorlag, präsentierte der Reichskanzler in der Kabinettssitzung vom 30. September einen mit Sollmann und Otto Geßler abgestimmten Brief an die bayerische Staatsregierung, in dem lediglich darum gebeten wurde, die Aufhebung der Verordnung zu prüfen. Zudem sollte der Generalstaatskommissar seine Maßnahmen in der Zivilverwaltung gegenüber allen Seiten gleich treffen, eine verklausulierte Bitte, gegenüber den Nationalsozialisten nicht mehr so rücksichtsvoll zu agieren.[374] Wie erklärt sich, dass Sollmann so schnell seine Forderungen zurücknahm? Ein Grund war wohl die Warnung des Vorsitzenden der bayerischen Landtagsfraktion Erhard Auer, zu großen Druck auf die Staatsregierung in München auszuüben.[375] Möglicherweise hatte er auch eingesehen, dass seine ursprüngliche Haltung im Kabinett keine Chance auf Erfolg hatte. Selbst dem deutlich entschärften Brief wollten die bürgerlichen Minister bis auf Geßler nicht zustimmen.[376] An diesem Vorgang wird letztlich deutlich, wie begrenzt die tatsächliche Macht der Reichsregierung war. Wenn sie, wie von Sollmann zunächst gefordert, gegenüber Bayern kompromisslos vorgehen wollte, hätte es des Einsatzes der Reichswehr bedurft. Eine Reichsexekutive lehnte Reichswehrminister Geßler, Inhaber der vollziehenden Gewalt, jedoch ab.[377]

---

372 »Denkschrift über Anstände gegen das Verhalten der bayerischen Regierung und über Meinungsverschiedenheiten zwischen der Reichsregierung und der bayerischen Regierung.« Diese Denkschrift hatte Sollmann dem Reichskanzler anlässlich eines Gesprächs mit dem bayerischen Ministerpräsidenten übermittelt. AdR Stresemann I, Dok. Nr. 21, S. 87–92.
373 Winkler: Revolution, S. 614.
374 AdR Stresemann I, Dok. 94, S. 411. Vgl. auch Winkler: Revolution, S. 615; Mühlhausen: Ebert, S. 629, 631. So weigerte sich von Kahr, das von Reichswehrminister Geßler als Inhaber der vollziehenden Gewalt angeordnete Verbot des Völkischen Beobachters zu vollstrecken. AdR Stresemann I, Dok. 94, S. 410.
375 Darauf verweist Winkler: Revolution, S. 615. Auer hatte dies in einem Interview mit dem Vorwärts ausgeführt. Vorwärts Nr. 458, 1. Oktober 1923. Zudem wollte auch Reichspräsident Ebert es nicht auf eine Machtprobe ankommen lassen. Mühlhausen: Ebert, S. 629.
376 Schließlich einigte man sich am folgenden Tag auf Vorschlag des Reichspräsidenten darauf, im Reichstag zu erklären, man beabsichtige einen Brief an die bayerische Regierung abzusenden. Stresemann I, Dok. 97, S. 425.
377 AdR Stresemann I, Dok. 94, S. 414. So blieb auch die Weigerung des Kommandeurs der Reichswehrtruppen in Bayern von Lossow, das Verbot des Völkischen Beobachters gegen den Willen

Bayern war aber nicht der einzige Brandherd des Reichs. Im Rheinland verstärkten sich die Anzeichen separatistischer Umtriebe, die von den Besatzungsbehörden gedeckt wurden.[378] Auch die Gefahr eines kommunistischen Putsches war nicht auszuschließen, vor allem in Sachsen und Thüringen, wo sich die KPD unter den linkssozialdemokratisch geführten Regierungen relativ frei entfalten konnte.[379] Angesichts der bedrohlichen Lage des Reichs wurden im Kabinett auch die Möglichkeiten beraten, wie man sich in die Lage versetzen konnte, um die zur Beruhigung der Situation notwendigen Maßnahmen möglichst schnell ergreifen zu können. Sollmann sah durch die steigende Bedrohung von rechts und links und die Folgen, die eine gewaltsame Aktion nach sich ziehen würde, »diktatorische Maßnahmen« als unvermeidbar an. Er schlug vor, die Regierung von der Kontrolle der Parteien zu lösen, damit »die Kabinettsmitglieder nicht das Werkzeug ihrer Fraktionen seien«[380]. Damit wären die parlamentarischen Spielregeln zumindest teilweise ausgehebelt worden. Aber Sollmann war wohl der Meinung, dass das parlamentarische System nur auf diesem Wege überhaupt zu erhalten sei.

Übereinstimmung herrschte im Kabinett darüber, sich durch ein Ermächtigungsgesetz von der Kontrolle des Parlamentes unabhängig zu machen. In der Ministerratssitzung am 1. Oktober wurde darüber Einigung erzielt, welche Maßnahmen durch das Ermächtigungsgesetz gedeckt werden sollten. Die sozialdemokratischen Minister zeigten sich in den Verhandlungen äußerst kompromissbereit. Sie stimmten sogar einer Ausdehnung der Arbeitszeit über die Norm von acht Stunden beziehungsweise bei Untertagearbeit sieben Stunden zu. Dieser Punkt war besonders heikel, weil der Achtstundentag als zentrale Errungenschaft der Revolution von der Sozialdemokratie zuvor als unantastbar bezeichnet worden war. Aber angesichts der wirtschaftlichen Notsituation sah man eine vorübergehende Abkehr als notwendig an. Dies betraf vor allem den Bergbau, da das Reich auf umfangreiche Kohlenimporte angewiesen war.[381]

Dem Vorgehen Sollmanns und seiner Parteikollegen lag wohl die Ansicht zugrunde, die sozialdemokratische Fraktion würde einer Arbeitszeitverlängerung mittels eines Ermächtigungsgesetzes eher zustimmen als durch ein eigenes Arbeitszeitgesetz,

---

des Generalstaatskommissars durchzusetzen, folgenlos, obwohl es sich um Befehlsverweigerung handelte. Vgl. Winkler: Revolution, S. 616.
378 Vgl. AdR Stresemann I, Dok. 89, S. 398–401.
379 Siehe dazu Angress: Kampfzeit, S. 418–444.
380 So Sollmann in der Kabinettssitzung am 30. September. AdR Stresemann I, Dok. 94, S. 414. Ähnlich äußerte sich auch Hilferding. Ebd., S. 413.
381 Sollmann hatte bereits anlässlich seines Besuchs in Köln geäußert, die sozialdemokratischen Minister seien weiter strikt gegen die Aufhebung des Achtstundentags, aber Überarbeit werde dort nötig sein, wo es die Interessen der Gesamtwirtschaft erforderten. RZ Nr. 219, 18. September 1923. In der Sitzung am 1. Oktober sagte Vizekanzler Schmidt: »Was die Lage im Bergbau anbetreffe, so müsse er zugeben, daß es nicht zu entschuldigen sei, daß gegenwärtig, wo wir gezwungen seien, Kohlen im großen Ausmaß aus England einzuführen, die Bergarbeiter in Schlesien nur 7 Stunden arbeiten.« AdR Stresemann I, Dok. 97, S. 429 f.

bei dem eine ausführliche Debatte im Reichstag unausweichlich gewesen wäre.[382] Die sich damit anbahnende Einigung im Kabinett wurde aber durch einen neuen Konflikt überlagert, der von der DVP ausging. In der Parteiführerbesprechung am 2. Oktober stellte der Fraktionsvorsitzende der DVP, Ernst Scholz, zwar eine Zustimmung zum Ermächtigungsgesetz in Aussicht, forderte allerdings eine Umbildung des Kabinetts. Beabsichtigt war die Erweiterung der Regierung um die DNVP, was von der SPD keinesfalls zu akzeptieren war. Hermann Müller lehnte dies entschieden ab und erklärte auch eine Zustimmung zum Ermächtigungsgesetz in der vorliegenden Form für unmöglich. Anders als die sozialdemokratischen Minister lehnte er die beabsichtigte Arbeitszeitregelung ab und wollte diese Frage ausgeklammert sehen.[383] Vom Verhalten von Scholz waren auch die übrigen Parteiführer überrascht und angesichts der Differenzen war völlig unklar, wie eine Lösung herbeigeführt werden konnte. Eine weitere Besprechung der Parteiführer am gleichen Tag brachte keinen Fortschritt.[384] Vor der abendlichen Koalitionssitzung schien damit der Bruch der Koalition kaum noch zu verhindern. Aber überraschend konnte noch einmal ein Konsens gefunden werden. Dies war in erster Linie den sozialdemokratischen Ministern zu verdanken. Sollmann betonte für sich und »für die überwiegende Mehrheit seiner Fraktion« den Willen zu einer Einigung. Ihr Entgegenkommen zeigte sich auch in der Frage der Arbeitszeit, wo man sich auf eine Regelung verständigen konnte.[385]

Schien damit ein Ende der Regierungskrise möglich, so zerbrach die Koalition doch am nächsten Tag. Weder die Sozialdemokratie, die eine Regelung sozialpolitischer Maßnahmen im Rahmen des Ermächtigungsgesetzes ablehnte, noch die DVP, die auf der Einbeziehung eben dieser Regelungen beharrte, waren zu einer Zustim-

---

[382] So die Interpretation von Winkler: Revolution, S. 627. Dafür sprechen die Ausführungen von Vizekanzler Schmidt am 1. Oktober: »Er halte es für zweckmäßig, über das Gebiet der Arbeitszeit möglichst wenig zu sprechen, um nicht eine vorzeitige umfangreiche Diskussion in der Öffentlichkeit über diese Frage zu entfesseln.« AdR Stresemann I, Dok. 97, S. 429. Auch der Hinweis von Winkler, die von Sollmann am 30. September geforderten diktatorischen Maßnahmen würden sich wohl auch auf die Arbeitszeitfrage beziehen, ist plausibel. Sollmann hatte ja ausgeführt, »die vorliegenden wirtschaftlichen und sozialpolitischen Fragen müßten ohne parteipolitische Einstellung gelöst werden«. AdR Stresemann I, Dok. 94, S. 414. Dies war nur auf dem Wege des Ermächtigungsgesetzes möglich.

[383] Weiterhin kündigte Müller eine scharfe Kritik des Verhaltens gegenüber Bayern an. AdR Stresemann I, Dok. 99, S. 437. Hinsichtlich der Arbeitszeitfrage rächte sich wohl, dass die sozialdemokratischen Minister keine Rücksprache mit der Fraktion und dem Parteivorstand gehalten hatten. Winkler: Revolution, S. 627.

[384] Ebd., S. 438; Dok. 100, S. 444. Hermann Müller betonte erneut, einem Ermächtigungsgesetz werde man nur für die Regelung von Finanzen und Währung zustimmen, nicht für Sozialpolitik und Arbeitszeit. Ebd., S. 445. Zu den Hintergründen dieser Entwicklung siehe Arns: Die Krise. Zur Ablehnung der Zusammenarbeit mit der DNVP siehe RZ Nr. 232, 3. Oktober 1923.

[385] AdR Stresemann I, Dok. 102, S. 447–452. In der Arbeitszeitfrage folgte man weit gehend dem Vorschlag von Arbeitsminister Brauns. Im Bergbau sollten acht Stunden, in der Industrie nach Möglichkeit länger als acht Stunden gearbeitet werden. Ebd. S. 451.

mung zu bewegen.³⁸⁶ In der Kabinettssitzung am frühen Abend wurde noch nach einem Ausweg gesucht. Ein Kompromissvorschlag sah vor, die sozialpolitischen Fragen im Allgemeinen durch das Ermächtigungsgesetz, die Arbeitszeitfrage aber durch ein eigenes Gesetz zu regeln. Die sozialdemokratischen Minister wollten sich für eine derartige Regelung in ihrer Fraktion einsetzen. Eine Anfrage Sollmanns, ob mit dem Arbeitszeitgesetz zugleich eine stärkere Besteuerung des Besitzes verbunden werden könne, wurde von Geßler bejaht.³⁸⁷

Aber die sozialdemokratische Reichstagsfraktion war weiterhin gegen die Aufnahme sozialpolitischer Belange in das Ermächtigungsgesetz.³⁸⁸ Sollmann gehörte zu der Minderheit, die bereit war, »bis zur äußersten Grenze entgegenzukommen«³⁸⁹. Dies war für ihn das Ergebnis ganz praktischer Erwägungen. In der prekären Lage des Reichs durfte man seiner Ansicht nach eine Reichstagsauflösung und eine Neubildung der Regierung nicht riskieren. Denn würde sich eine Rechtsregierung oder, was einkalkuliert werden musste, eine Rechtsdiktatur ergeben, so würden in der Arbeitszeitfrage Ergebnisse zustande kommen, die über die zur Disposition stehenden Regelungen weit hinausgingen. Ihm war bewusst, dass seine Haltung bei der Arbeiterschaft unpopulär war. Aber in der gegebenen Situation ging es für ihn in erster Linie darum, dass die Regierung entschlossen die notwendigen Schritte zur Rettung Deutschlands ergreife und von den dazu notwendigen Mitteln Gebrauch mache.³⁹⁰ Es war eine der Situationen, in der die SPD nach Sollmanns Ansicht staatspolitische Verantwortung zeigen und bereit sein müsse, auch unpopuläre Entscheidungen mitzutragen. Ein Rückzug aus der Regierung wegen der Arbeitszeitfrage fand sicherlich die Zustimmung der Basis, aber Sollmann fragte sich, was damit politisch gewonnen sei. Aus seiner Sicht würde alles nur noch schlimmer, zumal völlig unklar war, was danach passieren würde.³⁹¹ Aber die Mehrheit der Fraktion hatte wie schon häufiger zuvor andere politische Auffassungen. Für ihre Entscheidung gab es gute Gründe, schließlich war die Arbeitszeitverlängerung in der Partei ein äußerst sensibles Thema und es war kaum zu verkennen, dass vor allem die Schwerindustrie bestrebt war, den in der Revolution errungenen Achtstundentag zu beseitigen und die Vorkriegsverhält-

---

386 Auch die Rheinische Zeitung lehnte das Gesetz ab und dies nicht nur wegen der sozialpolitischen Regelungen, sondern grundsätzlich. RZ Nr. 232, 3. Oktober 1923. Damit stellte sie sich gegen Sollmann, der nicht nur das Ermächtigungsgesetz für notwendig hielt, sondern auch in der Arbeitszeitfrage zu Kompromissen bereit war.
387 AdR Stresemann I, Dok. 105, S. 455–459.
388 In der Abstimmung sprach man sich mit 61 gegen 54 Stimmen dagegen aus. Gegen die vorgeschlagene Regelung sprachen sich namentlich Hermann Müller und Paul Löbe aus. Ebenso stellte sich der ADGB dagegen. Siehe dazu AdR Stresemann I, Dok. 106, S. 459–462; AsD, Nl. Giebel II/3, Bl. 246; Frankfurter Zeitung Nr. 735, 4. Oktober 1923.
389 RZ Nr. 244, 17. Oktober 1923.
390 Ebd. Aus diesem Grunde war Sollmann auch für das Ermächtigungsgesetz.
391 Diese Haltung vertrat auch der preußische Ministerpräsident Braun. Schulze: Braun, S. 436

nisse wiederherzustellen.[392] Zudem ist es auch diskutabel, ob die SPD als mit Abstand stärkste Fraktion dem Erpressungsversuch der DVP hätte nachgeben und sich somit ganz deren Willen unterwerfen sollen. Die Entscheidung der sozialdemokratischen Fraktion gegen den von ihren Ministern befürworteten Kurs ist daher nachvollziehbar, auch wenn Sollmann sie aus staatspolitischer Sicht für einen Fehler hielt.[393]

Das Ende der ersten Regierung Stresemann wurde auf der spätabendlichen Kabinettssitzung am 3. Oktober vollzogen.[394] Der Bruch der Großen Koalition wurde in der Sozialdemokratie als Sieg des rechten Flügels der DVP und der Deutschnationalen gesehen.[395] Aber eine Rechtsregierung, die das Ziel der von der DVP initiierten Regierungskrise gewesen war, kam nicht zustande. Dies war unter anderem dem Reichspräsidenten zu verdanken, der Stresemann umgehend nach dessen Rücktritt mit der Regierungsbildung beauftragte. Die DNVP lehnte eine weitere Kanzlerschaft Stresemanns ab, weshalb eine Rechtskoalition unmöglich wurde. Vor dieser Entscheidung hatte Stresemann geplant, ein überparteiliches Kabinett der Persönlichkeiten zu bilden. Um die Unterstützung der Sozialdemokratie für diese Lösung zu gewinnen, wollte er Sollmann als Innenminister im Amt belassen. Dieser lehnte dieses Ansinnen jedoch nach Rücksprache mit dem Parteivorstand ab.[396] Ohne die Sozialdemokratie war Stresemann auf die Zusammenarbeit mit der DNVP angewiesen, deren strikte Weigerung, ein Kabinett unter der Führung Stresemanns zu unterstützen, aber alle bisherigen Sondierungen aussichtslos machte. Stresemann rückte daher von seinem Plan ab und bemühte sich um die Erneuerung der Großen Koalition, worauf Zentrum und DDP schon zuvor gedrängt hatten. Auch in der Sozialdemokratie und der DVP reifte die Einsicht, dass es zur Großen Koalition keine Alternative gab.[397] Möglich wurde die Wiederbelebung des alten Regierungsbündnisses durch einen Kompromiss in der Arbeitszeitfrage.[398] Begründet wurde die Zustimmung zu diesem Kompromiss mit der wirtschaftlichen Zwangslage und dem drohenden Scheitern der Regierungs-

---

392 Siehe zur Haltung der Schwerindustrie Weisbrod: Schwerindustrie, S. 301–306. Grundsätzlich zu diesem Aspekt Feldman/Steinisch: Entscheidung gegen den Achtstundentag.
393 Zur Interpretation der Ursachen des Bruchs der Koalition siehe Raithel: Das schwierige Spiel, S. 283–287, der anders als Winkler: Revolution, S. 635, die Entscheidung der Fraktion nicht als staatspolitischen Fehler sieht.
394 Stresemann: Vermächtnis I, S. 143. Zur letzten Kabinettssitzung siehe AdR Stresemann I, Dok. 106, S. 459–462.
395 Vorwärts Nr. 463, 4. Oktober 1923; RZ Nr. 233, 4. Oktober 1923; Nr. 234, 5. Oktober 1923.
396 Vossische Zeitung Nr. 471, 5. Oktober 1923. Vgl. auch RZ Nr. 234, 5. Oktober 1923.
397 Zu den Hintergründen siehe Arns: Regierungsbildung, S. 166–169; Mühlhausen: Ebert, S. 633–636.
398 Diese sollte durch ein eigenes Gesetz geregelt werden, das die grundsätzliche Beibehaltung des Achtstundentags festschreiben, dabei jedoch die Möglichkeit der tariflichen und gesetzlichen Überschreitung der bestehenden Arbeitszeit geben sollte. Damit war zwar formal der Achtstundentag von der Sozialdemokratie gerettet worden, aber faktisch wurde er zumindest vorübergehend ausgehoben. Winkler: Revolution, S. 637. Zu der Absprache über die gesetzliche Regelung siehe AdR Stresemann I, Dok. 113, S. 484.

bildung, was für die Arbeiter noch schlimmere Konsequenzen gehabt hätte.[399] Aus den genannten Gründen hatten sich Sollmann und die anderen sozialdemokratischen Minister aber bereits vor dem Scheitern der ersten Großen Koalition für einen Kompromiss eingesetzt, was die Fraktion und der Parteivorstand aber nicht gebilligt hatten. Wenn sie sich jetzt auch auf diesen Standpunkt stellten, dann mussten sie sich fragen lassen, warum sie nicht wenige Tage vorher zu dieser Einsicht gekommen waren und lieber den Sturz der Regierung riskiert hatten.

Die Sozialdemokratie verfügte im neuen Kabinett, dessen Gewicht sich nach rechts verschob, nur noch über drei Ministerien. Neben Sollmann, der weiterhin das Innenministerium besetzte, blieben Radbruch und Schmidt auf ihren Posten.[400] Aufgrund der Vorgeschichte ging das zweite Kabinett Stresemann geschwächt an die schwierigen Aufgaben. Teil der Absprachen über die Kabinettsbildung war die Einigung auf ein Ermächtigungsgesetz, das am 13. Oktober vom Reichstag verabschiedet wurde. Dieses gab der Regierung Vollmachten für Maßnahmen im wirtschaftlichen, finanziellen und sozialen Bereich, wobei die Arbeitszeit und weitere sozialpolitische Belange ausgenommen waren.[401] Die Zustimmung des Reichstags war vor der Abstimmung nicht sicher, weil in der SPD und DVP erneut Abgeordnete mit Verweigerung drohten.[402] Sollmann sprach sich im Reichstag vehement für die Ermächtigung aus. Aus seiner Sicht waren die außerordentlichen Vollmachten notwendig, um durch zweifellos unpopuläre Maßnahmen Deutschland vor dem Abgrund zu bewahren. Eine starke Hand, die ohne langwierige Verhandlungen die notwendigen Maßnahmen einleiten könne, war für ihn in der gegebenen Situation des Reichs lebensnotwendig.[403] Allerdings ist das Gesetz auch Ausdruck des geringen Vertrauens in das Parlament und dessen Fähigkeit zur Krisenbewältigung. Man versuchte erst gar nicht, die Probleme mit Unterstützung des Parlaments auf regulärem Weg der Gesetzgebung zu lösen. Zudem gab das Ermächtigungsgesetz der Regierung ohne Spezifizierung der Ziele die

---

399 So Hermann Müller gegen über der Reichstagfraktion. AsD, Nl. Giebel II/3, Bl. 254.
400 Siehe dazu Arns: Regierungsbildung, S. 169; Mühlhausen: Ebert, S. 636. Stresemann stellte die neue Regierung am 6. Oktober im Reichstag vor. Protokolle Reichstag, Bd. 361, S. 11933–11943.
401 Zur Beratung des Gesetzes siehe die Kabinettssitzung vom 6. Oktober. AdR Stresemann II, Dok. 115, S. 489–492. Vgl. auch Sollmann: Die Ermächtigung, RZ Nr. 242, 15. Oktober 1923.
402 Vgl. RZ Nr. 240, 12. Oktober.
403 Protokolle Reichstag, Bd. 361, 9. Oktober 1923, S. 12061; Sollmann: Die Ermächtigung. RZ Nr. 242, 15. Oktober 1923. In diesem Sinne sprach sich auch der Parteivorstand durch Hermann Müller aus. Protokolle Reichstag, Bd. 361, 9. Oktober 1923, S. 12043–12047. Das Gesetz war auf fünfeinhalb Monate befristet und trat außer Kraft, wenn eine der Regierungsparteien aus der Koalition austrat oder die Regierung zurücktrat. Darin sah Sollmann die Begründung dafür, dass es weiterhin eine parlamentarische Kontrolle der Regierung gab, weil es den Fraktionen freistehe, durch Aufkündigung der Koalition das Ermächtigungsgesetz zu Fall zu bringen: »Nicht als Diktatoren, sondern als Beauftragte des demokratischen Parlaments, als sein Vollzugsausschuss und unter seiner Kontrolle, übt die Reichsregierung ihre großen Vollmachten aus.« Sollmann. Die Ermächtigung, in: RZ Nr. 242, 15. Oktober 1923.

Möglichkeit, innenpolitisch quasi diktatorisch zu agieren.[404] Eine derartig pauschale Ermächtigung war durchaus problematisch und in der SPD keineswegs unumstritten. Bei der Abstimmung kam zwar die erforderliche Mehrheit zustande, allerdings hatte die SPD für die Abstimmung auch den Fraktionszwang erklärt.[405]

Auf Grundlage des Gesetzes begann die Regierung, Maßnahmen zur Lösung der drängenden Probleme zu treffen. Zunächst wurde mit der Schaffung der Rentenmark am 15. Oktober die Grundlage zur Stabilisierung der Währung geschaffen. Damit war das Finanzproblem des Reichs aber noch nicht gelöst. Im engen Zusammenhang damit stand die Frage nach der Zukunft der besetzten Gebiete, deren Lage nach Abbruch des passiven Widerstands äußerst prekär war. Eine weitere finanzielle Unterstützung durch das Reich kam nicht in Frage, wenn die Währungsstabilisierung gelingen sollte. Da Frankreich immer noch beabsichtigte, die besetzten Gebiete vom Reich zu trennen und sie in ein Abhängigkeitsverhältnis zu sich zu bringen, weigerte sich Ministerpräsident Poincaré, mit Deutschland in Verhandlungen über die beschlagnahmten Güter zu treten.[406] Unter diesen Umständen konnte sich auch die Wirtschaft im besetzten Gebiet nicht erholen.

Über die Frage, welche Strategie man angesichts dieser Rahmenbedingungen verfolgen sollte, kam es im Kabinett zum Konflikt. Diskutiert wurde wegen der aussichtslosen Lage die Einstellung der Zahlungen an Rhein und Ruhr, was die Gefahr einer Abtrennung der besetzten Gebiete vom Reich in sich barg. Diese so genannte »Versackungspolitik«, die auf eine Preisgabe des Rheinlands hinauslief, stieß insbesondere bei den Vertretern des Rheinlands auf erheblichen Widerstand. Die unterschiedlichen Meinungen prallten in der Kabinettssitzung am 20. Oktober aufeinander. Finanzminister Luther drängte darauf, sämtliche Zahlungen an das besetzte Gebiet außer der Erwerbslosenfürsorge einzustellen. Sollmann widersprach dieser Ansicht vehement, da dies »der Aufkündigung des Rheinlandes von Berlin aus« gleichkomme. Wegen der Meinungsverschiedenheiten vertagte man eine Entscheidung in dieser Frage.[407] Sollmann war weiterhin der Ansicht, die er bereits 1919 vertreten hatte. Die Bildung eines Bundesstaats im Westen oder gar die Trennung vom Reich lehnte er kategorisch ab.[408]

---

404 Zur Kritik am Ermächtigungsgesetz siehe Raithel: Das schwierige Spiel, S. 288–295.
405 Ebd., S. 12152–12154. Tatsächlich war die innerparteiliche Opposition aber größer, als es das Abstimmungsergebnis widerspiegelt. 31 Abgeordnete der SPD unterzeichneten eine Erklärung, dass sie nur unter Zwang zugestimmt hätten. Winkler: Revolution, S. 639. Die Erklärung ist abgedruckt in: Vorwärts Nr. 481, 14. Oktober 1923. Auch in Köln stießen sowohl das Ermächtigungsgesetz als auch die Große Koalition auf Kritik. RZ Nr. 244, 17. Oktober 1923; RZ Nr. 245, 18. Oktober 1923.
406 Zur Haltung Frankreichs siehe Bariéty: Relations, S. 221–246.
407 AdR Stresemann II, Dok. 156, S. 662–673. Das Zitat auf S. 670.
408 Vgl. dazu Kapitel IV.1. Dies war im Grunde auch die Haltung der Sozialdemokratie. Siehe Winkler: Revolution, S. 642 f. Allerdings unterstützte der preußische Ministerpräsident Braun die Meinung Luthers. AdR Stresemann II, Dok. 156, S. 671. Vgl. auch Schulze: Braun, S. 438 f.

Aber es setzte sich in der Regierung zunehmend die Ansicht durch, die Verantwortung für Rhein und Ruhr allein den Besatzungsmächten zu überlassen. Für den 25. Oktober war eine Besprechung mit Vertretern der besetzten Gebiete in Hagen angesetzt, an der von Seiten der Regierung neben Stresemann noch Sollmann und Fuchs teilnahmen. Dort präsentierte Konrad Adenauer den Vorschlag, durch Verhandlungen zur Gründung eines westdeutschen Staatsgebildes zu gelangen, das von Preußen und eventuell auch vom Reich vorübergehend gelöst werden müsse. Der DVP-Reichstagsabgeordnete Moldenhauer schlug vor, die Zahlungen in das besetzte Gebiet einzustellen, aber keine Verhandlungen über eine staatsrechtliche Trennung einzugehen, sondern das Problem der Versorgung der Bevölkerung den Besatzungsmächten zu überlassen.[409] Weder die eine noch die andere Lösung war für Sollmann und die rheinische Sozialdemokratie akzeptabel. Sollmann hatte zu Beginn der Veranstaltung in einer pathetischen Rede zu Einigkeit in der Stunde der Not aufgerufen und versichert, die Regierung werde alles ihr Mögliche tun, um der Bevölkerung in den besetzten Gebieten zu helfen. Aber nur wenn alle sich in den Dienst des Gemeinwohls stellten, könnten die Herausforderungen gemeistert werden.[410] Jean Meerfeld forderte für die SPD Verhandlungen mit Frankreich über die Wiederherstellung des Wirtschaftslebens. Falls Frankreich dies weiterhin ablehne, solle die Regierung die Vertreter des besetzten Gebiets ermächtigen, mit Frankreich und Belgien unmittelbar zu verhandeln.[411] Zwar gestand auch Meerfeld ein, dass man bald möglicherweise eine andere Taktik verfolgen müsse, aber für den Moment solle alles getan werden, um das Rheinland zu retten. In diesem Sinne wirkte auch Sollmann weiter und stellte sich im Kabinett gegen eine Preisgabe des Rheinlands.[412]

Für Sollmann war wohl leitend, dass wegen der Auflehnung Bayerns gegen das Reich, der separatistischen Bestrebungen im Osten des Reichs und der Krisenherde Sachsen und Thüringen eine Abspaltung des Rheinlands eine Kettenreaktion auslösen würde, in deren Folge die Einheit Deutschlands akut gefährdet wäre. Zudem konnte in seiner Sicht schon aus prinzipiellen Gründen der Bevölkerung eines Landesteils die Unterstützung nicht versagt werden.[413] Mit ihrer in Hagen präsentierten Strategie

---

409 AdR Stresemann II, Dok. 179, S. 766 f. Darüber hatten die Vertreter der besetzten Gebiete auf einer Konferenz in Barmen am 24. Oktober 1923 debattiert. Siehe dazu Erdmann: Adenauer, S. 88–94.
410 BA-B, R 43 I/216, Bl. 13–18.
411 AdR Stresemann II, Dok. 179, S. 803 f.
412 Über Sondierungen in Berlin berichtet ein Mitglied des rheinischen Provinziallandtags: »Nicht zu verkennen war eine starke Einwirkung des Ministers Sollmann, der immer wieder betonte, es sei noch nichts verloren und er sei seiner Leute sicher.« HAStK 902/253/4. Auf der Kabinettssitzung am 2. November forderte er »alle Verhandlungsmöglichkeiten mit Frankreich auszuschöpfen und alle Wirtschaftsmaßnahmen zu treffen, um uns das Rheinland zu erhalten«. AdR Stresemann II, Dok 215, S. 948 f.
413 Sollmann hatte in der Kabinettssitzung am 20. Oktober den Vorschlag von Finanzminister Luther u. a. mit der Begründung abgelehnt, »solange das Rheinland zum Deutschen Reich gehöre, habe

wollten die Vertreter der rheinischen Sozialdemokratie eine Alternative zur Trennung des Rheinlands und zur Versackungspolitik aufzeigen. Erfolg hatte man damit jedoch nicht, weil es dafür weder bei den bürgerlichen Parteien noch bei der Führung der preußischen Sozialdemokratie Unterstützung gab.[414] Auf die weitere Entwicklung in dieser Frage hatte Sollmann daher wenig Einfluss. Dies lag neben den unterschiedlichen Konzeptionen vor allem daran, dass nur eine gute Woche nach der Konferenz von Hagen die Sozialdemokratie aus dem Kabinett Stresemann ausschied.

Ursache dafür war die Frage, wie die Regierung gegenüber zwei anderen Brandherden im Reich, Bayern und Sachsen, vorgehen sollte. Parallel zu den Verhandlungen über die besetzten Gebiete hatte sich die Krise zwischen der Reichsregierung und den beiden Landesregierungen zugespitzt. Mit Sachsen schwelte der Konflikt schon längere Zeit und verschärfte sich seit dem Amtsantritt des sozialdemokratischen Ministerpräsidenten Erich Zeigner im März 1923, der einer von den Kommunisten tolerierten Minderheitsregierung vorstand, zunehmend. Zeigner provozierte die Berliner Zentrale immer wieder durch scharfe Kritik an der Reichswehr und an der Politik der Reichsregierung. Zudem begann er mit dem Aufbau von Milizverbänden, so genannten proletarischen Hundertschaften, die sich aus Mitgliedern von SPD und KPD zusammensetzten und der Abwehr gegen rechtsradikale Putschversuche dienen sollten.[415]

Nach dem Antritt der Großen Koalition kam es durch Bemühungen Stresemanns zu einer scheinbaren Entspannung des Verhältnisses.[416] Aber dies erwies sich schnell als Trugschluss. Insbesondere Reichswehrminister Geßler sah keine Möglichkeit der Zusammenarbeit mit Sachsen. Sollmann stellte zwar eine gewisse Entspannung fest, wies aber darauf hin, die Vorgänge in Sachsen müssten »mit erhöhter Aufmerksamkeit verfolgt werden«. Er ersuchte die sächsische Regierung dringend, »nichts unversucht zu lassen, um die öffentliche Sicherheit und Ordnung in Sachsen aufrecht zu erhalten«[417]. Der sächsische Ministerpräsident sorgte aber immer wieder für Verärgerung in Berlin. Zwar gab er intern zu verstehen, ebenfalls an einer Verständigung interessiert zu sein, provozierte aber öffentlich durch scharfe Kritik an Geßler und der

---

die Bevölkerung gleichen Anspruch an die Reichsregierung wie die jedes anderen Gebiets des Reiches«. AdR Stresemann II, Dok. 156, S. 670. Diesen Standpunkt vertrat auch der preußische Ministerpräsident Braun, der am 5. Dezember vor dem Landtag ausführte, die preußische Regierung werde »auf die gleichmäßige Behandlung der Bevölkerung der Bevölkerung in den besetzten und unbesetzten Teilen des Staates auf finanziellem und wirtschaftlichem Gebiet hinwirken«. Protokolle Preußischer Landtag, 5. Dezember 1923, Sp. 20018.

414 Winkler: Revolution, S. 643.
415 Zu den Entwicklungen in Sachsen siehe Klenke: SPD-Linke, S. 366; Mühlhausen: Ebert, S. 641–644.
416 Zwei Besprechungen mit Zeigner am 17. und 22. August vermittelten den Eindruck, als ob eine Verständigung möglich wäre. Beim Treffen am 17. August war auch Sollmann anwesend. AdR Stresemann I, Dok. 7, S. 17; Dok. 130 f.
417 Zu den Beschwerden Geßlers siehe seinen Brief an Stresemann vom 22. August. AdR Stresemann I, Dok. 17. Zu Sollmanns Einschätzung siehe ebd. Dok. 75, S. 333, Anm. 2.

Reichswehr neuen Ärger und sparte auch nicht mit Vorwürfen gegen die sozialdemokratischen Minister, weil diese gegenüber der Gefahr von rechts untätig blieben.[418]

Auf diese Weise schwelte der Konflikt einige Zeit vor sich hin, ohne dass es zur offenen Konfrontation kam. Dies war auch durch die unterschiedlichen Meinungen begründet, die im Kabinett über den Umgang mit Sachsen herrschten. Wollte Reichswehrminister Geßler möglichst schnell gegen Sachsen vorgehen, setzten die Sozialdemokraten auf weitere Verhandlungen mit Zeigner und lehnten ein Eingreifen ab. Sollmann selbst versuchte diesen mehrmals zu einem Einlenken zu bewegen.[419] Als Geßler nach der Neukonstituierung der Regierung am 6. Oktober vom Kabinett die Zusage für schärfere Maßnahmen gegen Sachsen haben wollte, kam dies für die sozialdemokratischen Minister nicht in Frage, weil sie ein Einschreiten rechtlich und politisch für ausgeschlossen hielten. Politisch hatten sie größte Bedenken in Sachsen einzuschreiten, während man dies in Bayern vermied. Sollmann schlug stattdessen vor, sein Partei- und Ministerkollege Robert Schmidt solle einen Verständigungsversuch in Dresden unternehmen.[420] Geßler gab sich aber nicht zufrieden und brachte noch am gleichen Tag im Kabinett vor, die Absetzung der sächsischen Reichsregierung und die Einsetzung eines Reichskommissars vorzubereiten. Stresemann wollte der Entwicklung nicht vorgreifen, aber mögliche Maßnahmen geprüft sehen. Sollmann plädierte ebenfalls dafür zu warten, da er in Gesprächen mit sächsischen Reichstagsabgeordneten gehört habe, Zeigner sei aus seiner Partei Mäßigung nahegelegt worden und die Stellung des Ministerpräsidenten sei erschüttert. Er kündigte zudem an, am Abend noch mit dem sächsischen Gesandten Georg Gradnauer darüber zu reden.[421]

Aber die von Sollmann angedeutete Möglichkeit zu einer Verständigung erfüllte sich erneut nicht; ganz im Gegenteil ging der Konflikt seinem Höhepunkt entgegen. Am 10. Oktober gab Zeigner die Aufnahme der KPD in die Regierung bekannt. Sollmann wird darüber wahrscheinlich ebenso besorgt gewesen sein, wie die bürgerlichen Kabinettsmitglieder. Vor Bündnissen mit den Kommunisten hatte er immer gewarnt und sie für sich persönlich kategorisch ausgeschlossen.[422] Die Reichswehr reagierte

---

418 So urteilt Zeigner in einer Rede in Dresden am 7. September. Eine Mitschrift der Rede findet sich BA-B, R 43 I/2309, Bl. 42–44.
419 Stresemann hatte am 6. September bei Sollmann angefragt, ob das Reich in Sachsen zur Gewährleistung von Ruhe und Ordnung eingreifen solle und in welcher Form dies gegebenenfalls möglich sei. Sollmann hatte darauf geantwortet, dies sei nur in Form der Reichsexekution nach Artikel 48 möglich, wofür derzeit aber nicht die Voraussetzungen gegeben seien. BA-B, R 43 I/2308, Bl. 272. Zu Sollmanns Einwirken auf Zeigner vgl. AdR Stresemann I, Dok. 75, S. 333; Stresemann: Vermächtnis, S. 117.
420 Ursache für Geßlers Vorgehen war eine anstehende Sitzung im sächsischen Landtag, auf der u. a. die Stellung Geßlers als Reichswehrminister diskutiert werden sollte. AdR Stresemann II, Dok. 115, S. 491 f.
421 AdR Stresemann II, Dok. 117, S. 495–498.
422 Er versuchte Zeigner dazu zu bringen, die Ernennung des Kommunisten Brandler zum Staatssekretär rückgängig zu machen, indem er ihm Material über diesen schickte, das ihm aber

auf die Bildung der neuen Regierung mit dem Verbot der proletarischen Hundertschaften am 13. Oktober durch General Müller, der auf Grundlage des Ausnahmezustands von Geßler am 27. September zum Inhaber der vollziehenden Gewalt in Sachsen ernannt worden war. Wenige Tage später wurde auch die sächsische Polizei unter die Befehlsgewalt der Reichswehr gestellt.[423]

Für Sollmann und seine Ministerkollegen ergab sich daraus eine problematische Situation. Man war Teil einer Regierung, die gegenüber dem sozialdemokratisch geführten Sachsen mit harter Hand vorging, gegenüber Bayern aber tatenlos blieb. Zudem hatte sich die Regierung in Sachsen, anders als diejenige in Bayern, noch keine Verstöße gegen Reichsrecht zu Schulden kommen lassen. Dieses Vorgehen war der eigenen Wählerschaft kaum zu vermitteln. Sollmann war sich dessen durchaus bewusst und drängte fortan im Kabinett auf eine Gleichbehandlung Bayerns und Sachsens.[424]

Der Reichspräsident hatte sich dazu entschlossen, gegenüber Sachsen keine Toleranz mehr zu zeigen und die Kommunisten aus der Regierung zu verdrängen, weil er in ihnen eine Bedrohung der Reichsregierung erblickte. Darin war er sich mit Stresemann einig. Hintergrund war die nicht unberechtigte Befürchtung einer kommunistischen Revolte, die von Sachsen aus auf das Reich übergriff.[425] In der grundsätzlichen Einschätzung der Kommunisten gab es zwischen Sollmann und Ebert keinen Unterschied, sie lehnten eine Zusammenarbeit ab. Aber in der Frage der Behandlung Sachsens hatten sie abweichende Vorstellungen. Für Sollmann war nicht akzeptabel, dass für Sachsen gelten sollte, was für Bayern nicht galt. Aber noch waren er und seine sozialdemokratischen Kabinettskollegen nicht soweit, darüber die Regierung stürzen zu lassen. Als am 22. Oktober die Reichswehr in Sachsen mit Billigung Eberts einmarschierte, protestierten sie auf Drängen Eberts nicht.[426]

Gleichzeitig zu den Vorgängen in Sachsen spitzte sich nun aber auch in Bayern die Lage zu. Am 19. Oktober weigerte sich General Otto von Lossow, Kommandeur der Reichswehrtruppen in Bayern, den Völkischen Beobachter gemäß der Anweisung von

---

ohne jeden Kommentar zurückgeschickt wurde. Zeigner an Sollmann vom 17. Oktober 1923, HAStK 1120/546/II-18-28. Was die Kommunisten von Sollmann hielten, brachte der KPD-Abgeordnete Fröhlich im Reichstag zum Ausdruck: »Die Regierung Stresemann-Sollmann, in deren Hände die großen verfassungswidrigen Vollmachten gelegt werden, kann weder den wirtschaftlichen Verfall Deutschlands noch die Auflösung des Reichs aufhalten. [...] Die Regierung Stresemann-Sollmann hat in der Führung der Außenpolitik bereits an die Schwerindustrie abgedankt. Sie sieht tatenlos zu, ja sie fördert praktisch die Loslösung des Rheinlandes [...].« Protokolle Reichstags, Bd. 361, 13. Oktober 1923, S. 12149 f.

423 Angress: Kampfzeit, S. 467–470.
424 Vgl. AdR Stresemann II, Dok. 144, S. 612–614.
425 Zu den Hintergründen siehe Mühlhausen: Ebert, S. 655 f.
426 So der Bericht Sollmanns in einem Brief an Walther Victor vom 8. Februar 1943. Victor: Kehre wieder, S. 163. Der Einmarsch erfolgte ohne Kabinettsbeschluss. Stresemann hatte lediglich am 19. Oktober mitgeteilt, wegen Berichten über mögliche Einwirkungen rechtsradikaler Kreise auf Thüringen und Sachsen und um die Rechtssicherheit in beiden Ländern wieder herzustellen würden dort Reichswehrtruppen zusammengezogen.

Reichswehrminister Geßler zu verbieten. Daraufhin beschloss die Reichsregierung Lossow seines Amtes zu entheben, gab aber Geßler noch einen Tag Zeit für Vermittlungen. Daran dachte man in Bayern aber nicht. Die bayerische Staatsregierung verkündete am 20. Oktober, die Reichswehr in Bayern stehe unter General von Lossow als Landeskommandanten bis es wieder zu einem Einvernehmen mit der Reichsregierung komme.[427]

Sollmann erkannte darin zu Recht eine seit Wochen vorbereitete Aktion. In einem Interview stellte er fest, die Darstellung des Generalstaatskommissars Gustav Ritter von Kahr, der Bruch sei allein durch den Fall Lossow hervorgerufen, sei falsch. Seit Monaten sei die bayerische Bevölkerung durch die bayerische Presse in Formen, die bestimmte Richtlinien klar erkenntlich gemacht hätten, gegen die Reichsregierung bearbeitet worden. Es sei bewusst der Eindruck erweckt worden, die Reichsregierung stehe unter marxistischem Einfluss und die Sozialdemokraten trieben die Regierung zum Bruch. Man habe Bayern keinerlei Anlass zum Bruch gegeben. In der Taktik gegenüber Bayern seien das Reichskabinett, der Reichspräsident und der Chef der Heeresleitung immer einig gewesen.[428]

Von Einigkeit im Kabinett konnte nun aber vor allem in Bezug auf Sachsen keine Rede mehr sein. Am 27. Oktober legte Geßler seinen Ministerkollegen einen Brief vor, in welchem die Absetzung der sächsischen Regierung und die Einsetzung eines zivilen Staatskommissars angekündigt werden.[429] Während Justizminister Radbruch die verfassungsrechtliche Möglichkeit zur Absetzung einer Landesregierung nach Artikel 48 bestritt, stimmte Sollmann einer Berufung auf den Artikel 48 zu, regte aber an, der Reichspräsident solle die Initiative auf der Grundlage des ersten Absatzes des Artikels ergreifen.[430] Dies war wohl ein taktisches Manöver, das dem Kabinett diese vor allem für die SPD äußerst problematische Entscheidung ersparen und Ebert in die Pflicht nehmen sollte.[431] Stresemann stellte sich aber auf den Standpunkt Geßlers, der selbst die Dinge in die Hand nehmen wollte, und erklärte, er könne die sächsische Regierung nicht als verfassungsmäßig anerkennen. Der Vorschlag von Schmidt, in Sachsen die gleiche Taktik wie in Bayern anzuwenden, also Androhung von Sanktionen bei gleichzeitigen Verhandlungen, fand keine Zustimmung der bürgerlichen Minister. Sollmann gab zu bedenken, dass die Koalition durch das geplante einseitige

---

427 AdR Stresemann II, Dok. 151, S. 638; Dok. 157, S. 175, 673 f.
428 Interview Sollmanns mit einer Schweizer Nachrichten-Agentur. Abgedruckt in RZ Nr. 249, 23. Oktober 1923.
429 AdR Stresemann II, Dok. 186, S. 854. Anlass für Geßlers Initiative waren Zusammenstöße zwischen Demonstranten und der Reichswehr sowie ein Streik der sächsischen Bergarbeiter. Ebd., Anm. 5.
430 Ebd. Der Absatz 1 des Artikels 48 besagte, dass der Reichspräsident mithilfe der Reichswehr ein Land zur Erfüllung seiner Pflichten anhalten konnte. Wie dies im konkreten Falle vor sich gehen sollte, war nicht geregelt.
431 So auch Mühlhausen: Ebert, S. 659.

Vorgehen gefährdet sei, da die Arbeiterschaft dies missverstehen könne und die Abgeordneten seiner Partei dies nicht billigen würden. Durch derartige Aktionen treibe man die Sozialdemokraten den Kommunisten zu, obwohl man doch im Moment genau das verhindern wolle. Die bürgerlichen Kabinettsmitglieder sahen jedoch in der kommunistischen Bedrohung das zentrale Problem, dessen Lösung nicht nur positive Wirkung auf Bayern habe, sondern auch das Vertrauen in die Reichsregierung in den bürgerlichen Kreisen stärken werde.[432]

Die sozialdemokratischen Minister hielten aber die Ablösung einer verfassungsmäßig gebildeten Landesregierung für nicht tragbar. Erst wenn der Versuch, Zeigner zu einem freiwilligen Rücktritt zu bewegen, scheitere, wolle man dem Kabinett die erforderlichen Maßnahmen überlassen.[433] Dies war keine Absage an die Reichsexekution, sondern der letzte Versuch der sozialdemokratischen Minister, jene durch Verhandlungen überflüssig zu machen und damit das Gesicht zu wahren. Auch vom Reichspräsidenten ging ein Vermittlungsvorschlag ein, der durch eine Rücktrittsforderung an Zeigner mit kurzer Befristung bei gleichzeitiger Vorbereitung eventuell notwendiger Maßnahmen Raum für Verhandlungen ließ. Trotz Bedenken wegen der Verzögerung ließen sich die bürgerlichen Minister auf diesen Vorschlag ein.[434]

Der Brief Stresemanns an Zeigner vom 27. Oktober war im Ton äußerst scharf und setzte dem Ministerpräsidenten ein Ultimatum bis zum folgenden Tag.[435] Der SPD-Führung blieb daher kaum Zeit, um Zeigner noch zum Einlenken zu bewegen. Noch am Abend des 27. Oktober begaben sich je zwei Reichsminister und Vertreter des Parteivorstands sowie der sächsische Gesandte Gradnauer nach Dresden, um dort auf den Landesverband und den Ministerpräsidenten einzuwirken.[436] Zeigner war tatsächlich zum Einlenken bereit, wurde aber überstimmt. Er lehnte daher das Ultimatum ab, wies aber Stresemann darauf hin, im Landtag die Vertrauensfrage zu stellen.[437]

Am gleichen Tag, als durch Zeigners Antwort die Dinge ins Rollen kamen, rechtfertigte Sollmann in der Rheinischen Zeitung das Verhalten der Regierung und insbesondere der sozialdemokratischen Minister. Er führte aus, obwohl deutlich sei, dass

---

432 AdR Stresemann II, Dok. 186, S. 854–856.

433 Ebd., S. 858.

434 Anschließend beriet man noch über die Fassung des Ultimatums an Zeigner sowie eine Pressemitteilung. Bei der Formulierung überließ man Stresemann freie Hand. Ebd. S. 858 f.

435 Ein Entwurf des Briefs ist abgedruckt in AdR Stresemann II, Dok. 188, S. 860. Zeigner selbst erhielt den Brief erst am 28. Oktober, sodass er noch am gleichen Tag entscheiden musste. Siehe Zeigner an Reichspräsident vom 29. Oktober 1923, BA-B, R 43 I/2309, Bl. 243.

436 Es gibt abweichende Angaben darüber, welche Personen sich nach Dresden begaben. Eine Auflistung der in Frage kommenden Personen findet sich bei Mühlhausen: Ebert, S. 661, Anm. 301. Bisweilen wird auch Sollmann als Teil der Delegation genannt. Dies kann aber ausgeschlossen werden, da Sollmann sich am 28. Oktober in Köln zu Beratungen aufhielt. RZ Nr. 254, 29. Oktober 1923.

437 AdR Stresemann II, Dok. 191, S. 896. Zur Abstimmung in Sachsen siehe Dittmann: Erinnerungen, Bd. 2, S. 867.

die schwerbewaffnete Reaktion in Bayern weitaus gefährlicher sei als die Kommunisten in Sachsen, hätten die sozialdemokratischen Minister die entschiedene Klärung der politischen Zustände in Sachsen wie in Bayern verlangt. Man müsse die Möglichkeit klar ins Auge fassen, dass die Gegenrevolution von Bayern aus nach Norddeutschland vorgetragen werde. Eine verfassungstreue, republikanische Regierung in Sachsen sei in dieser Lage sehr hilfreich, aber die habe man nicht und dies sei eine ungeheure Gefahr für die Republik. Persönlich habe er sich immer darum bemüht, den Arbeitern klar zu machen, dass das Bündnis mit den Kommunisten, den »Bolschewiken«, Schrittmachertätigkeit für die Reaktion sei. Die kommunistischen Führer in Sachsen, denen viele Arbeiter ahnungslos folgten, stellten nicht nur die sächsischen Genossen bloß, sondern kompromittierten die ganze Sozialdemokratie. Ihnen allein sei es zu verdanken, dass der Einmarsch der Reichswehr in Sachsen nicht mehr verhindert werden konnte. Nun würden die kommunistischen Führer zum Kampf gegen Reichsregierung und Reichsgewalt auffordern. Das sei das gleiche Spiel, das die Rechtsradikalen in Bayern treiben würden. Wenn die Gegenrevolution noch aufgehalten werden solle, müssten sich die sächsischen Genossen von den Kommunisten trennen. Das wisse auch Zeigner, trotz seiner allzu geringen politischen Erfahrung, die sich für ihn und die Partei ungünstig ausgewirkt habe.[438]

Diese Ausführungen waren sicher auch taktischer Natur, da er wohl nicht damit rechnete, dass Zeigner auf die Vermittlungsversuche eingehen würde.[439] Für diesen Fall wollte er deutlich machen, dass die Regierung keine Wahl habe und schob damit die Verantwortung für das parteiintern äußerst umstrittene Vorgehen gegenüber Sachsen auf die Kommunisten und den von ihm als politisch naiv skizzierten Zeigner. Im Grunde schloss er sich auch der Argumentation der bürgerlichen Kabinettsmitglieder an, dass man erst das Problem in Sachsen lösen müsse, bevor man zu einer Regelung mit Bayern kommen könne. Aber Sollmanns Äußerungen über die Kommunisten und Zeigner legen auch nahe, dass er auch ganz persönlich der Ansicht war, dass er die Entwicklungen in Sachsen als hochproblematisch ansah.

Als es aber an die Umsetzung der Reichsexekution ging, versuchten die sozialdemokratischen Minister noch einmal zurückzurudern. Stresemann hatte am Vormittag des 29. Oktober die von Ebert unterschriebene Verordnung erhalten, die den Kanzler zur Absetzung der sächsischen Landesregierung ermächtigte.[440] Nachdem

---

438 RZ Nr. 254, 29. Oktober 1923.
439 Seine Meinung über den sächsischen Ministerpräsidenten war noch deutlich schlechter, als es hier zum Ausdruck kam. Gegenüber Walter Victor äußerte er, beim Kabinett und Ebert habe eine große Animosität gegenüber Zeigner geherrscht, die er persönlich geteilt habe. Er habe Zeigner für »politisch taktlos und unmöglich« gehalten. Victor: Kehre wieder, S. 163. Gegenüber Felix Hirsch hat Sollmann geäußert, Zeigner sei ein »sentimentaler Psychopath«. Hirsch: Stresemann, S. 157.
440 Schon zuvor hatte Stresemann das DVP-Mitglied Heinze zum Staatskommissar ernannt. Stresemann: Vermächtnis I, S. 187. Die Verordnung war vom Innenministerium in Absprache mit dem

Stresemann auf die Nachricht von Zeigners Ablehnung einen Staatskommissar ernennen wollte, baten Sollmann und seine Parteikollegen am 28. Oktober darum, der Reichskommissar solle mit Maßnahmen warten, bis im Kabinett und möglichst auch im sächsischen Landtag die Lage erörtert worden sei. Radbruch wies zudem daraufhin, die SPD-Minister hätten nur der Absendung des Briefs, aber nicht weiteren Maßnahmen zugestimmt. Dies war ein offensichtlicher Vorwand, denn die Formulierung des Briefs ließ keinen Zweifel über die einer Ablehnung folgenden Maßnahmen, die zudem im Kabinett besprochen worden waren, wie Stresemann anmerkte.[441] Auf einer Parteiführerbesprechung am 29. Oktober brachte Hermann Müller seitens der SPD deutlichen Unmut über das Vorgehen in Sachsen zum Ausdruck. Die Situation sei aus Sicht seiner Partei allenfalls tragbar, wenn auch in Bayern ein Reichskommissar eingesetzt würde. Er glaubte jedoch eher daran, dass die Fraktion sich in der nächsten Sitzung zum Austritt aus der Regierung entschließen werde.[442]

Auf der folgenden Kabinettssitzung kritisierte Sollmann den Kanzler, weil dieser vor Ernennung des Kommissars keine Rücksprache mit dem Kabinett gehalten habe. Die Wahl Heinzes als Mitglied der DVP sei verfehlt. Weitere Maßnahmen seien dringend zu unterlassen, bis man weitere Verständigungsversuche unternommen habe. Auch gegen die Vorgehensweise der Reichswehr protestierte er und stellte erneut fest, dass er seine Zustimmung zu den ergriffenen Maßnahmen nicht erteilt habe. Zudem wies er daraufhin, er habe als Ergebnis der Gespräche am 27. September erwartet, dass Reichswehrminister Geßler als Inhaber der vollziehenden Gewalt die Verantwortung für das Vorgehen in Sachsen trage.[443] Anscheinend hätte Sollmann es bevorzugt, wenn der Reichswehrminister die Absetzung der sächsischen Regierung vollzogen hätte. Die Bedeutung der Entscheidung, Stresemann und nicht Geßler für das Vorgehen in Sachsen zu ermächtigen, blieb ihm offenbar verborgen. Stresemann hatte ganz bewusst darauf hingearbeitet, den Machtdrang des Reichswehrministers zu begrenzen, und damit verhindert, dass die Reichswehr als innenpolitischer Machtfaktor entscheidend Bedeutung gewann. Im Gegensatz zu Sollmann und den anderen sozialdemokratischen Ministern hatte der Reichskanzler erkannt, dass die andauern-

---

Präsidialbüro entworfen worden. Eine Übertragung der Vollmacht an eine andere Person war darin nicht ausgeschlossen. Ebert übertrug diese aber dem Reichskanzler. BA-B, R 43 I/2309, Bl. 241; BA-B, R 601/429, Bl. 77. Sollmann muss also über den Inhalt der Verordnung informiert gewesen sein. In einem Bericht, den die drei sozialdemokratischen Minister nach dem Ausscheiden aus der Regierung über den Sozialdemokratischen Pressedienst verbreiten ließen, wird jedoch behauptet, diese Verordnung habe weder dem Kabinett vorgelegen, was richtig ist, noch habe ein sozialdemokratischer Minister an der Verordnung mitgewirkt. Vgl. RZ Nr. 276, 26. November 1923. Dies würde bedeuten, dass die Verordnung ohne Sollmanns Kenntnis vom Innenministerium angefertigt wurde. Es ist aber kaum vorstellbar, dass ein derart wichtiges Dokument ausgestellt wurde, ohne dass der Minister den Inhalt kannte.

441 AdR Stresemann II, Dok. 192, S. 869 f.
442 Ebd., Dok. 193, S. 871.
443 Ebd., Dok. 194, S. 876–879.

den Konflikte zwischen Sachsen und der Reichswehr durch die Art des Ausnahmezustands bedingt waren, die der Reichswehr das Heft des Handelns in die Hand gab, und daraus die Konsequenz gezogen, nun sich selbst ermächtigen zu lassen.[444] Sollmann hatte zwar das Verhalten der Reichswehr in Sachsen mehrmals scharf kritisiert, aber ohne daraus zu folgern, den Einfluss der Reichswehr zugunsten der zivilen Reichsgewalt schwächen zu müssen. Wenn er am 29. Oktober noch die Meinung vertrat, die Absetzung der Landesregierung in Sachsen sei besser in der Verantwortung des Reichswehrministers geschehen, so zeugt dies von einem Unverständnis der Problematik, weil dadurch die Position Geßlers und der Reichswehr noch weiter gestärkt worden wäre.

Am gleichen Abend rief Stresemann die Minister wegen der Vorgänge in Sachsen zu einer Besprechung zusammen. Sollmann schilderte die ihm berichteten Vorfälle, wobei er vor allem das provokante Verhalten der Reichswehr gegenüber der Landesregierung hervorhob. Für derartige Geschehnisse könnten er und seine Fraktionskollegen im Kabinett nicht die Verantwortung tragen, weshalb sie aus dem Kabinett ausscheiden müssten. Dies müsse freilich erst von der Fraktion beschlossen werden. Den Schilderungen Sollmanns konnten die bürgerlichen Minister nicht uneingeschränkt zustimmen, gestanden aber ein gewisses Fehlverhalten der Reichswehr ein. Stresemann und Luther wiesen darauf hin, dass angesichts günstiger Berichte über die außenpolitische Lage sowie der positiven Entwicklungen der Wirtschaft und Finanzen die innenpolitische Krise, bedingt durch einen Austritt der SPD, diese Erfolge zu Nichte machen würde.[445]

Auf der Fraktionssitzung am 31. Oktober entbrannte eine Diskussion über die weitere Vorgehensweise. Müller plädierte dafür, Bedingungen für ein Verbleiben im Kabinett zu stellen. Löbe sprach sich dagegen für einen Austritt aus der Regierung und für die Rückkehr zum Klassenkampf aus. Sollmann berichtete, die sozialdemokratischen Minister hätten Stresemann und Ebert in keinem Zweifel über die Haltung der SPD zum Vorgehen in Sachsen gelassen. Er hielt aber Löbes Vorschlag für falsch. Ein Austritt bedeute ein Bündnis des Reichs mit Bayern-Preußen gegen Sachsen. Im Kabinett gebe es Mitglieder, die das Rheinland preisgeben und Restdeutschland zusammenhalten wollten, um Krieg mit Frankreich zu führen. Er habe seine Aufgabe darin gesehen, das Rheinland beim Reich zu halten, um einen Bruch mit Frankreich zu vermeiden. Stresemann sei zu weiten Zugeständnissen in der Reparationsfrage bereit. Sollmann plädierte daher wie Müller dafür, die weitere Regierungsbeteiligung an Bedingungen zu knüpfen. Diese Haltung setzte sich schließlich durch. Man verlangte

---

444 Stresemann hatte in der Kabinettssitzung am 17. Oktober bezüglich der Spannungen ausgeführt, die Form des Eingreifens durch die Reichswehr sei durch die Art des Ausnahmezustands bedingt, »die eine Zwischenschaltung des Reichskanzlers nicht vorsieht. Es sei zu überlegen, ob in künftigen Fällen eine andere Form des Ausnahmezustandes zu wählen sei.« Ebd., Dok. 144, S. 614.
445 Ebd., Dok. 195, S. 879–882.

die Aufhebung des militärischen Ausnahmezustands, eine Erklärung der Reichsregierung, in der das Verhalten Bayerns als Verfassungsbruch bezeichnet werde, die Einleitung der nötigen Schritte gegen Bayern, die Beschränkung der Reichswehr auf Hilfsdienste für die zivilen Behörden und die Entlassung von Mitgliedern rechtsradikaler Organisationen aus der Reichswehr.[446]

Mit diesen Forderungen ging man in die Kabinettssitzung am 1. November. Sollmann fasste dort noch einmal die Haltung der Sozialdemokratie zusammen. Die sozialdemokratische Fraktion sei sich darin einig, dass die missliche politische Lage durch das Vorgehen in Sachsen hervorgerufen worden sei. Die sozialdemokratischen Minister hätten zugestimmt, Sachsen eine Frist zu setzen, mit der Form des Briefs sei man aber nicht einverstanden. Danach sei die Entwicklung ohne Befragung des Kabinetts vorangetrieben worden. Von der Fraktion werde nun gefordert, den militärischen Ausnahmezustand aufzuheben. Er hob zudem die Ungleichbehandlung von Bayern und Sachsen hervor. Er selbst habe schon frühzeitig auf die unhaltbaren Zustände in Bayern hingewiesen. Abschließend fasste er die Situation dahingehend zusammen, dass sich jetzt für die bürgerlichen Parteien die Frage stelle, ob sie noch weiter mit der Sozialdemokratie regieren wollten. Er fügte aber für den Fall des Austritts der Sozialdemokratie hinzu, dass eine wohlwollende Neutralität dann nicht möglich sei. Sollmann stellte also im Namen der Fraktion die bürgerlichen Parteien vor die Wahl, entweder die Forderungen der Sozialdemokratie anzunehmen oder sie in die regierungskritische Opposition zu drängen. Es deutete sich jedoch an, dass die bürgerlichen Minister sich nicht auf die Forderungen einlassen wollten.[447]

Der Eindruck vom Vortag bestätigte sich auf der Besprechung der bürgerlichen Kabinettsmitglieder am 2. November, in der sich alle Anwesenden dafür aussprachen, die von der Sozialdemokratie erhobenen Forderungen abzulehnen.[448] Damit war der Bruch der Koalition fast unvermeidbar. In der Ministerbesprechung am Nachmittag des 2. November prallten die unterschiedlichen Meinungen noch einmal aufeinander, wobei besonders Sollmann scharfe Töne anschlug und für Verstimmungen sorgte. Nach der Erklärung Stresemanns, die Forderungen seien aus politischen und sachlichen Gründen nicht annehmbar, antwortete Sollmann, schon längere Zeit habe es aus

---

[446] Sollmann hatte noch erwogen, die Aufnahme Müllers in die Regierung als Minister ohne Portefeuille zu fordern. Der endgültige Beschluss war nicht ohne kontroverse Diskussionen zustande gekommen, in der vor ultimativen Forderungen gewarnt wurde. AsD, Nl. Keil II/24; AsD, Nl. Giebel II/3, Bl. 257–267. Siehe dazu auch Kastning: Sozialdemokratie, S. 123. Wenig glücklich war die Veröffentlichung dieser Forderungen im Vorwärts, noch bevor sie dem Kabinett vorgetragen worden waren. Vgl. Vorwärts Nr. 511, 1. November 1923.

[447] Stresemann hielt die Aufhebung des militärischen Ausnahmezustands für unmöglich. Reichswehrminister Geßler wurde deutlicher und erklärte, mit der Sozialdemokratie im Kabinett sei eine Verständigung mit Bayern nicht möglich, was einer Aufforderung an die SPD gleichkam, aus der Regierung auszutreten. Die weitere Besprechung der Angelegenheit wurde auf den folgenden Tag verlegt. AdR Stresemann II, Dok. 212, S. 935–938.

[448] Ebd., Dok. 214, S. 944–947.

seiner Sicht tiefe Gegensätze im Kabinett gegeben. Von der Fraktion seien bei einem Verbleib im Kabinett weitere Forderungen gestellt worden. Eine weitere Mitarbeit hänge davon ob, dass alle Verhandlungsmöglichkeiten mit Frankreich ausgeschöpft und alle Wirtschaftsmaßnahmen getroffen würden, um das Rheinland beim Reich zu halten. Eine Kapitulation gegenüber Bayern sei für die SPD unter keinen Umständen hinnehmbar. Der Bruch der Regierung sei bedauerlicherweise unvermeidlich, was auch durch die personelle Zusammensetzung des Kabinetts begründet sei. Er griff in der Folge Reichsarbeitsminister Brauns und den Reichswehrminister für ihre Ausführungen in der letzten Kabinettssitzung an. Brauns verließ nach einem Disput mit Sollmann schließlich die Sitzung. Auf die Nachfrage Stresemanns, ob die sozialdemokratischen Minister Rücksprache mit der Fraktion halten wollten, entgegnete Sollmann, es bliebe ihnen nur das Ausscheiden aus dem Kabinett. Sein Parteigenosse, Wiederaufbauminister Schmidt, relativierte jedoch Sollmanns Aussagen. Zwar hatte auch er den Eindruck von schwer überbrückbaren Differenzen, sah aber noch Chancen zur Einigung. Die Verlautbarungen seiner Partei wollte er nicht als Forderungen verstanden wissen. Dies sei nicht ihre Auffassung gewesen. Allerdings sei bei Aufhebung des Ausnahmezustands ein Verbleiben in der Regierung nur schwer möglich. So sicher wie von Sollmann dargestellt, sei die Ablehnung aber nicht. Dies müsse die Fraktion entscheiden.[449]

Diese Uneinigkeit kam auch in der Fraktionssitzung der SPD am Nachmittag des 2. November zum Ausdruck. Schmidt kritisierte, ihre Forderungen seien für Stresemann nicht annehmbar gewesen. Nun bleibe nur noch der Austritt, was politisch schwer wiegende Folgen habe. Sollmann sah als mögliche Folgen innere Kämpfe und den Marsch der Faschisten nach Berlin. Auch er hielt das Ultimatum für falsch. Als wesentlicher Grund für den Bruch sah er weiterhin die personelle Zusammensetzung, weil im Gegensatz zum ersten Kabinett Stresemann eine Gruppe um Brauns, Geßler und Luther den Bruch mit Frankreich wolle und die besetzten Gebiete abgeschrieben habe. Zwar löse er die Koalition nur äußerst ungern, aber er sehe keinen Ausweg, weil man im Hinblick auf Bayern kein für die Partei tragbares Ergebnis finden könne. Hermann Müller sah trotz der zweifellos negativen Auswirkungen schließlich als einzige Möglichkeit den Austritt aus dem Kabinett, was mit großer Mehrheit beschlossen wurde.[450] Direkt anschließend gaben die drei sozialdemokratischen Minister in einem Brief an den Reichskanzler ihren Rücktritt bekannt.[451]

Der Bruch der Großen Koalition war vollzogen und Sollmann, der einer der größten Befürworter dieses Kabinetts gewesen war, hatte zuletzt nichts dafür getan, um dies zu verhindern. Nicht nur in der SPD war man der Meinung, dass diese Entwicklung un-

---

449 AdR Stresemann II, Dok. 215, S. 948–952.
450 AsD, Nl. Giebel II/3, Bl. 268–270; AsD, Nl. Keil, 4. Siehe dazu auch Kastning: Sozialdemokratie, S. 126.
451 AdR Stresemann II Dok. 216.

vermeidlich gewesen war, weil man die Sozialdemokraten aus der Regierung gedrängt habe. Sollmann selbst begründete seinen Austritt damit, dass er nicht mehr den Eindruck gehabt habe, dass »dieses Kabinett diesen Staat wirklich mit allen Mitteln verteidigen [wolle]«[452]. Dies spielte vor allem auf die Haltung einiger Kabinettsmitglieder zu den besetzten Gebieten an. Denn vielleicht noch mehr als die Ungleichbehandlung von Sachsen und Bayern war für Sollmann diese Frage der Anlass, die Große Koalition aufzukündigen. Beide Begründungen haben eine gewisse Berechtigung, aber die Sozialdemokraten waren sicher nicht unschuldig daran, dass die Regierung scheiterte. Eine Schlüsselfrage war der Umgang mit Sachsen. So ist die Kritik am Vorgehen gegen Sachsen nachvollziehbar, aber an der Entwicklung trug man eine Mitschuld. Monieren konnte man zwar, dass Stresemann eine Aussprache über die Umsetzung von Maßnahmen in Sachsen in der Kabinettssitzung am 29. Oktober angeboten und der Reichspräsident die Ermächtigung mit der Auflage verknüpft hatte, sich vor ihrer Umsetzung mit den sozialdemokratischen Ministern ins Benehmen zu setzen. Als das Kabinett am 29. Oktober zusammentrat, hatte Staatskommissar Heinze aber bereits die Landesregierung abgesetzt. Zudem war die Ermächtigung Eberts auf die Absetzung der kommunistischen Minister in Dresden gerichtet, was auch verfassungsrechtlich unproblematisch gewesen wäre, weil die verfassungsfeindliche Agitation der Kommunisten Grundlage des Eingreifens in Sachsen war.[453] Aber von Seiten der Sozialdemokratie war auch wenig getan worden, um die eingetretene Situation zu verhindern. Dabei wäre die Reichsexekution durchaus zu vermeiden gewesen. Zeigner hatte am 26. Oktober signalisiert, die Koalition mit den Kommunisten auflösen und zurücktreten zu wollen.[454] Davon bekamen aber Stresemann und der Parteivorstand der SPD wohl erst Kenntnis, als der Brief mit dem Ultimatum bereits abgeschickt worden war. Erst danach versuchte man von Seiten der Parteispitze, gezielt auf die sächsischen Parteigenossen Einfluss zu nehmen. Zwar gab es vorher bereits Verständigungsversuche – Sollmann hatte selbst versucht, auf Zeigner einzuwirken –, aber wirklich aktiv wurde man erst, als es schon zu spät war. Im Kabinett wirkte man zwar noch darauf hin, die Reichsexekution zu verhindern, aber Sollmann und seine Kollegen stemmten sich im Vorfeld nicht energisch dagegen. Ebenso vermied Sollmann lange Zeit eine klare Frontstellung insbesondere gegen die sächsische Parteiorganisation, obwohl er persönlich davon überzeugt war, dass Zeigners Politik der Sozialdemokratie schadete. Die Verbindung mit den Kommunisten, die für ihn Steigbügelhalter der Reaktion waren, verurteilte er stets scharf. Sie brachte die Partei in seinen Augen in Misskredit und in ein Glaubwürdigkeitsproblem, weil man mit einer Partei des Umsturzes paktierte. Diese Meinung teilten viele maßgeb-

---

452 RZ Nr. 259, 5. November 1923.
453 Mühlhausen, Ebert, S. 663–665, 669; Rudolph: Sozialdemokratie, S. 406; Winkler: Revolution, S. 660. Sollmann erklärte auf dem Parteitag 1924, Ebert hätte einer gewaltsamen Entfernung der sächsischen Regierung niemals zugestimmt. Protokoll Parteitag 1924, S. 115.
454 Dies berichtete Wilhelm Dittmann der Fraktion. Winkler: Revolution, S. 665.

liche Personen in der Partei, aber nach außen zeigte man sich gegenüber Sachsen kompromissbereit und zurückhaltend. Mit einem einheitlichen und konsequent verfolgten Kurs hätte sich Zeigner aber womöglich eher zum Aufkündigen der Koalition beziehungsweise Kooperation mit den Kommunisten bewegen und die Reichsexekution damit verhindern lassen. Insgesamt ließ die SPD in diesen Tagen ein deutliches Defizit der innerparteilichen Kommunikation erkennen. Das Vorgehen scheint zwischen Parteiführung, Fraktion und Kabinettsmitgliedern nicht hinreichend abgestimmt worden zu sein und auch mit dem Reichspräsidenten wurde offensichtlich nicht ausreichend Rücksprache gehalten.[455] So musste den sozialdemokratischen Reichsministern doch klar gewesen sein, dass eine Reichsexekution gegen Sachsen in der Fraktion schärfsten Protest hervorrufen würde. Warum taten sie dann nicht alles dafür, eine Abstimmung mit dem Reichskanzler zu gewährleisten, bevor dieser auf Grundlage der Ermächtigung zur Tat schritt?

Zweifellos war es für die Sozialdemokraten schwer zu ertragen, die Ungleichbehandlung von Bayern und Sachsen im Kabinett absegnen zu müssen. Aber es musste ihnen auch klar sein, dass ein kompromissloses Vorgehen gegenüber Bayern nicht möglich gewesen wäre, selbst wenn im Kabinett der einheitliche Wille dazu vorhanden gewesen wäre. Die Möglichkeit zum Eingreifen stand und fiel mit der Bereitschaft der Reichswehr, eine Reichsexekution zu unterstützen. Als Sollmann Ende Oktober feststellte, dass »des Reiches Ohnmacht gegen München peinlich in die Erscheinung tritt«[456], so hatte er damit den entscheidenden Punkt getroffen. Die Reichswehr weigerte sich, eine Reichsexekution gegen Bayern durchzuführen, womit diese Möglichkeit ausschied. Der Umstand, dass die Reichswehr ihre eigenen Interessen gegen die Regierung verfolgte und sich vor allem nach rechts tolerant zeigte, war aber nicht neu. Vor diesem Hintergrund muss den Sozialdemokraten bewusst gewesen sein, dass eine Gleichbehandlung faktisch unmöglich und ihr Beharren darauf aussichtslos war. Einen alternativen Weg von Sanktionen gegen Bayern zeigte Sollmann selbst auf. Am 24. Oktober hatte er die Zahlungen an die bayerische Landespolizei einstellen lassen.[457] Wenn eine Reichsexekution nicht möglich war, musste es im Interesse der SPD liegen, andere Möglichkeiten auszuschöpfen, um Bayern entgegenzutreten, was aber einen Verbleib in der Regierung vorausgesetzt hätte. Durch den Austritt beraubte man sich aber auch dieser Option.[458]

---

455 In der Kabinettssitzung am 17. Oktober hatte Sollmann bspw. ein Vorgehen kritisiert, für das Stresemann aber die Zustimmung des Reichspräsidenten hatte, wovon die sozialdemokratischen Minister aber keine Kenntnis hatten. AdR Stresemann II, Dok. 144, S. 612–614. Ebert nahm in den Tagen vor der Reichsexekution auch nicht an den Kabinettssitzungen teil. Ebert: Mühlhausen, S. 669.
456 RZ Nr. 254, 29. Oktober 1923.
457 BA-B, R 43 I/2264, Bl. 315–318.
458 Die Anordnung Sollmanns wurde nur drei Tage nach seinem Ausscheiden am 5. November aufgehoben. AdR Stresemann II, Dok. 222, S. 969.

Sollmann nannte aber nicht nur die Frage Sachsens und Bayerns, sondern auch die Rheinlandfrage als Grund, weshalb er den Austritt aus der Regierung befürwortete. Die Preisgabe des Rheinlands, wie sie bei einigen Kabinettsmitgliedern befürwortet wurde, war für ihn völlig indiskutabel.[459] Eine seiner zentralen Aufgaben als Innenminister sah er in der Rettung des Rheinlands. Aber auch hier stellt sich die Frage, welche Besserung er sich diesbezüglich erhoffte, wenn er aus dem Kabinett ausschied. Wenn Sollmann über die Regierungskrise im ersten Kabinett Stresemann ausgeführt hatte, ein Austritt sei in der prekären Situation des Reiches verantwortungslos gewesen,[460] so stellt sich die Frage, warum er dies nur zwei Wochen später anders interpretierte. An den innen- wie außenpolitischen Rahmenbedingungen hatte sich wenig geändert. Es drohte im Inneren weiter ein Rechtsputsch, eine Gefahr, die durch eine Regierungskrise und den Austritt der Sozialdemokraten eher gefördert als gemindert wurde. Auch außenpolitisch drohte sich die Lage eher zu verschlechtern, weil dadurch die Kräfte Auftrieb erhielten, die den Bruch mit Frankreich wollten. Die Nachteile eines Regierungsaustritts waren daher offensichtlich. Dennoch drängten der Parteivorstand und diesem folgend auch die Fraktion darauf. Man war nicht dazu bereit, den bei der Mitgliedschaft nur schwer zu vermittelnden Weg zu gehen und in der Regierung zu verbleiben. Parteiinteressen wurden dem Interesse, die parlamentarische Demokratie in einem Moment der Krise zu stützen, vorgezogen. Genau dies hatte Sollmann zuvor mehrfach der eigenen Partei vorgeworfen. In der Situation Anfang November 1923 aber unterstützte er diese Haltung. Im Kabinett war er der Sozialdemokrat, der durch sein aggressives Auftreten den Zusammenstoß mit den bürgerlichen Ministern provozierte und den Bruch der Regierung als unvermeidlich darstellte. Wie kam es zu diesem Sinneswandel?

Zweifellos wirkte der Parteivorstand auf die Kabinettsmitglieder ein, von ihren Ämtern zurückzutreten, wenn man mit den bürgerlichen Parteien keine Einigung mehr erzielen konnte. Die Bedingungen für den Verbleib in der Regierung, die am 31. Oktober aufgestellt wurden, dienten aber nur noch der Rechtfertigung für den Austritt. Eine Fortsetzung der Koalition war von Seiten der SPD nicht mehr gewollt. Sollmann versuchte anscheinend nicht, den Bruch der Koalition zu verhindern. Auch für ihn war offensichtlich der Punkt gekommen, an dem eine Regierungsbeteiligung nicht mehr vermittelbar und wegen der unterschiedlichen Auffassungen auch nicht mehr vertretbar war. Die von ihm genannten Begründungen für den Austritt aus der

---

459 In der RZ heißt es dazu am 3. November: »In diesen letzten Tagen hat sich gezeigt, wie selbst von Reichsministern mit der deutschen Einheit und mit dem ganzen deutschen Volke gespielt wird, und heute dürfen wir sagen, daß es in der Regierung des Herrn Stresemann, deren Auftrag es ist, das Reich zu retten, selbst Minister gibt, die ihr Hauptziel nicht mehr in der Wahrung der Reichseinheit sehen, sondern bestrebt sind, den vollendeten Bruch mit Frankreich zu vollziehen. Es handelt sich um Minister, die kein Herz mehr haben für unsere bedrängten Rheinländer [...].« RZ Nr. 258, 3. November 1923.

460 Siehe dazu RZ Nr. 244, 17. Oktober 1923.

Koalition waren für sich genommen nicht ohne Berechtigung, in der Gesamtschau aber widersprach die von ihm unterstützte Handlungsweise seinen bis dahin postulierten politischen Überzeugungen. Rückblickend stellte Sollmann seine Entscheidung dann auch in Frage. Die Ereignisse in der Regierungskrise 1923 resümierend schreibt er 1943:

»Ich reichte sofort meine Demission ein. [...] Heute bin ich zweifelhaft, ob der Beschluß nicht übereilt war.«[461]

Vielleicht entsprang diese Äußerung auch dem Wissen, dass dieses Handeln genau das zur Folge hatte, was Sollmann eigentlich immer verhindern wollte: eine lange Abstinenz der Sozialdemokratie von der politischen Macht. Es dauerte mehr als vier Jahre, bis sie wieder an einem Kabinett beteiligt war.

Die drei Monate als Reichsinnenminister waren für Sollmann – die Wahl in den Parteivorstand 1933 ausgenommen – der einzige Ausflug in höhere Ämter in seiner politischen Karriere. Er bedauerte sein Ausscheiden freilich nicht. Die Leitung eines Ministeriums war eine Aufgabe, die nicht den Neigungen Sollmanns entsprach. Er fühlte sich wohl als Parlamentarier und Journalist, der mit der Kraft des Wortes und der Schrift agieren konnte, frei von Bindungen an ein bestimmtes Amt. Als Minister musste er aber eine Behörde mit ihren bürokratischen Abläufen leiten, eine Aufgabe, die ihm nicht lag. Dies war ein völlig anderes Arbeiten als im kleinen, wohlvertrauten Umfeld der Redaktion der Rheinischen Zeitung. Für journalistische Betätigung und Auftritte in Parteiveranstaltungen blieb ihm kaum Zeit. Auch fehlte ihm der Kontakt zu Köln und seiner Familie. Seine Bedenken hinsichtlich der Amtsübernahme rührten nicht zuletzt von der Annahme her, dann nur noch selten nach Hause kommen zu können.[462] Sollmann hatte wohl keine Abneigung gegen Berlin, aber eine tiefe Zuneigung zum Rheinland. Er gehörte zu den Menschen, die ihr vertrautes Umfeld nicht gerne verließen. Er hatte ja bereits 1917 einen Wechsel nach Chemnitz trotz besserer Bezahlung abgelehnt, weil er in Köln bleiben wollte. Die Arbeit in der Redaktion, den regelmäßigen Aufenthalt im Kreis der Familie und in der Heimat musste er als Minister aber größtenteils entbehren. Es ist bezeichnend, dass er anlässlich seiner Teilnahme an der Einweihung des Müngersdorfer Stadions im September 1923 ausführte, dies seien die ersten unbeschwerten Stunden in seiner Zeit als Minister gewesen.[463] Diese Aussage lässt auch erkennen, dass er das Amt als Belastung ansah. Womöglich ist auch dieser Aspekt eine Erklärung für Sollmanns Verhalten in den letzten Tagen der Großen Koalition. Sein Auftreten im Kabinett wirkte gereizt und entsprach nicht

---

461 Sollmann an Walther Victor vom 8. Februar 1943. Zitiert in Victor: Kehre wieder, S. 163.
462 Sollmann an Käthe Sollmann vom 13. August 1923. SCPC, DG 45 Wilhelm Sollmann, Box 18, Folder »Correspondence Sollmann Family 1906–1920«, Bl. 5.
463 Siehe RZ Nr. 219, 18. September 1923.

seinem ansonsten vermittelnden Charakter. Vielleicht fühlte er sich mit zunehmender Amtsdauer mit der Aufgabe überfordert und reagierte daher dementsprechend.

Persönlich gehörte die Tätigkeit als Innenminister für Sollmann nicht zu den glücklicheren Abschnitten seines Lebens. Ein höheres Amt strebte er nie wieder an. Politisch ist die Bilanz dieser drei Monate positiver. Das Kabinett Stresemann stand vor gewaltigen Aufgaben. Der passive Widerstand musste beendet, die völlig zerrütteten Staatsfinanzen saniert und die Putschversuche von links und rechts sowie die separatistischen Strömungen abgewehrt werden. Vieles davon wurde bewältigt, ohne dass die drängendsten Probleme endgültig gelöst wurden. Aber dass Deutschland den Herbst 1923 überstand und sich mittelfristig innen- und außenpolitisch stabilisieren konnte, dazu trug die Große Koalition wesentlich bei. Bei allem Ärger Sollmanns über die Umstände des Scheiterns der Koalition stand für ihn doch der Erfolg ihrer Politik fest, wie er es Kritikern auf dem Parteitag 1924 vorhielt:

> »Wir haben den passiven Widerstand knapp vor dem Chaos in Deutschland zu Ende gebracht. Wir haben zu Verhandlungen mit dem Verband gedrängt und sie erreicht. Wenn Sie heute die Politik des Sachverständigengutachtens billigen, so strömt sie aus der Außenpolitik, die wir im Herbst vorigen Jahres im Kabinett getrieben haben. Der Separatismus im Rheinlande ist erledigt worden. Wir haben gegenüber den Versackungspolitikern im Kabinett erreicht, daß dem Rheinlande die finanzielle Hilfe nicht gesperrt wurde, und so die Rheinlande politisch fest bei Deutschland gehalten [...]. Wir haben durch Hilferding die Rentenmark vorbereitet, die Sanierung der Reichsfinanzen eingeleitet, den Rechtsputsch, namentlich mit Hilfe Severings, verhindert, die Republik gerettet und die Reichseinheit gewahrt.«[464]

Auch wenn die Rolle der SPD hier in mancher Hinsicht überbewertet wird, so ist Sollmanns Resümee der Großen Koalition doch im Großen und Ganzen zuzustimmen. Trotz ihres aus Sicht der Sozialdemokratie unrühmlichen Endes konnte für Sollmann kein Zweifel bestehen, dass die Beteiligung an den Kabinetten Stresemann richtig war. Insbesondere der Reichskanzler ist von ihm für seine Amtsführung gelobt worden. Stresemann sei seiner Ansicht nach von der staatspolitischen Notwendigkeit der Großen Koalition überzeugt gewesen und habe in ihr nicht nur ein taktisches Mittel gesehen. Auch seine Kabinettsführung hatte Sollmann positiv in Erinnerung.[465]

---

464 Protokoll Parteitag 1924, S. 115 f.
465 In diesem Sinne äußerte sich Sollmann in einem Vortrag im April 1924 über die Große Koalition. RZ Nr. 98, 25. April 1924. Hirsch berichtet, Sollmann habe ihm gegenüber Stresemann wiederholt ein gutes Zeugnis ausgestellt. Im Kabinett sei er kollegial aufgetreten, habe Diskussion gefördert und sei persönlich immer umgänglich gewesen. Besonders Stresemanns Energie und Ehrlichkeit wurden von Sollmann hervorgehoben. Hirsch: Stresemann, S. 145 f. Von den anderen Kabinettsmitgliedern hatte Sollmann besonders zu Gustav Radbruch ein gutes Verhältnis. Rad-

Er selbst sah seine Aufgaben als Innenminister vor allem darin, die parlamentarische Demokratie gegen die Umsturzversuche von links und rechts zu verteidigen und die Einheit Deutschlands zu wahren. Dies waren zwei Konstanten seiner politischen Tätigkeit seit seiner Wahl in die Nationalversammlung. Durch seine Amtsführung als Innenminister trug er dazu bei, dass die Republik sich in dieser schwierigen Situation behaupten konnte. Er ließ von Beginn an klar erkennen, hart gegen alle Gegner der Republik vorzugehen und war bereit, notfalls auch diktatorische Maßnahmen anzuwenden. Hier deutete sich bereits die Haltung an, die er zum Ende der Weimarer Republik einnahm. Sollmann entwickelte angesichts der Bedrohung durch die Nationalsozialisten Gedanken einer autoritären Demokratie, der es durch ihre größere Machtfülle leichter fallen sollte, ihre Gegner in die Schranken zu weisen. Im Herbst 1923 aber beschränkten sich diese Gedankenspiele noch auf eine vorübergehende Ausschaltung der parlamentarischen Spielregeln auf dem Wege eines Ermächtigungsgesetzes, zu dessen größten Befürwortern er zählte. In Krisenzeiten musste der Staat aus seiner Sicht Stärke zeigen. Dies schloss Waffengewalt mit ein. Gegenüber Gegnern, die selbst keine Skrupel kannten, durfte man seiner Ansicht nach nicht zimperlich sein. Auf einer Kundgebung der republikanischen Jugendverbände sagte er zwei Tage nach seinem Ausscheiden als Minister:

»Ich ehre den Pazifismus und hoffe, daß einmal eine Zeit kommt, in der die Schärfe der Waffen überwunden ist, aber ich freue mich, daß einer der jungen Männer auch nach Waffen gerufen hat in dieser Stunde. Nach den Lehren jeder Religion ist die Waffe der Notwehr erlaubt, und das Deutsche Reich ist in höchster Not. Fünfzigtausend bewaffnete Republikaner im südlichen Thüringen, und um den Spuk der antinationalen, feigen Faschisten wäre es geschehen.«[466]

Der Erhalt der Republik als oberstes Ziel rechtfertigte für ihn eine Loslösung der Regierung vom Willen des Parlaments. Vielleicht waren es gerade die Erfahrungen mit Bayern im Herbst 1923, die Sollmann später vor dem Eindruck neuer Bedrohungen von rechts für andere Lösungen plädieren ließen. Die Machtlosigkeit gegenüber dem bayerischen Treiben scheint ihm geradezu körperliche Qualen bereitet zu haben. Es war für den überzeugten Republikaner Sollmann unerträglich, tatenlos dem offenen Widerstand gegen die Reichsregierung zusehen zu müssen:

---

bruch schreibt Ende des Jahres 1923 an Sollmann: »Wenn die üblen Wochen der beiden Kabinette Stresemann eine schöne Erinnerung hinterlassen, so ist es die Kameradschaft und Gesinnungsgemeinschaft mit Ihnen und ich hoffe, daß ein Stück uns dauernd miteinander verbinden wird.« Radbruch an Sollmann vom 23. Dezember 1923, HAStK 1120/546-II-18-45, 45 a.
466 RZ Nr. 259, 5. November 1923.

»Mich widert das ewige Lavieren und Verhandeln mit denjenigen an, die die Republik bedrohen.«[467]

Sein anderes zentrales Ziel, der Erhalt des Rheinlands, war zum Ende der Großen Koalition keineswegs gesichert. Als Vertreter der rheinischen Sozialdemokratie widersetzte Sollmann sich allen Bestrebungen, die auf eine Preisgabe oder Abtrennung des Rheinlands hinausliefen. Das Konzept der Sozialdemokraten, Verhandlungen mit Frankreich auf Regierungsebene zu führen und, falls dies keine Ergebnisse brachte, Vertreter der besetzten Gebiete mit den Besatzungsmächten verhandeln zu lassen, war aus ihrer Sicht plausibel, aber es gab dafür keine Unterstützung bei den anderen Parteien. Tatsächlich hatte diese Strategie wohl auch keine Aussicht auf Erfolg. Aber der Einfluss des Widerstands durch Sollmann und die Sozialdemokratie darf auch nicht unterschätzt werden. Ihr vehementer Einsatz für das Rheinland sorgte in den Verhandlungen auf den verschiedenen Ebenen dafür, Entscheidungen hinsichtlich einer möglichen Verselbstständigung der besetzten Gebiete zumindest zu verzögern.[468] Besonders die Rheinische Zeitung spielte als das Sprachrohr der Sozialdemokratie in den besetzten Gebieten in diesem Zusammenhang eine bedeutende Rolle. Der entscheidende Impuls für die Lösung des Reparationsproblems und damit auch für die Frage nach der Zukunft der besetzten Gebiete kam dann durch die Kehrtwende des französischen Ministerpräsidenten Poincaré, der sich doch noch bereitfand, die Reparationsfrage zu überprüfen. Das Ergebnis der daraufhin eingesetzten Kommissionen war der Dawes-Plan, der im April 1924 vorgestellt wurde.[469]

5 Kommunalpolitik in Köln

Parallel zu seinen Aufgaben als Reichstagsmitglied und Chefredakteur der Rheinischen Zeitung war Sollmann bis 1924 auch Mitglied der Stadtverordnetenversammlung und dort Vorsitzender der sozialdemokratischen Fraktion.

Bis zur Stadtratswahl 1919 saßen in der Stadtverordnetenversammlung nur drei Sozialdemokraten – neben Sollmann noch August Haas und Heinrich Erkes –, die wie bereits beschrieben durch ein Wahlabkommen mit den bürgerlichen Parteien in die Stadtverordnetenversammlung einzogen.[470] Von Beginn an unterstrichen die So-

---

467 Ebd.
468 Vgl. bspw. den bereits zitierten Bericht des Abgeordneten des rheinischen Provinziallandtags von Stedman über Sondierungen in Berlin: »Nicht zu verkennen war eine starke Einwirkung des Ministers Sollmann, der immer wieder betonte, es sei noch nichts verloren und er sei seiner Leute sicher.« HAStK 902/253/4.
469 Zu den Entwicklungen, die zum Dawes-Plan führten, und dessen Bestimmungen siehe Krüger: Außenpolitik, S. 218–247.
470 Siehe Kapitel III.3.

zialdemokraten aber, dass sie sich nicht mit einer Außenseiterrolle zufrieden geben wollten. Eine ihrer ersten Initiativen war im Januar 1918 ein Antrag auf Einführung des allgemeinen Wahlrechts bei den Kommunalwahlen, hatte doch das Dreiklassenwahlrecht dafür gesorgt, dass die SPD keinen Einfluss in der Kommunalpolitik hatte. Noch gelang es den bürgerlichen Parteien, diesen Vorstoß abzuwehren, aber fast genau ein Jahr später hatten sich die Rahmenbedingungen durch die Revolution fundamental geändert. Die kommunale Selbstverwaltung war zwar durch die Revolution kaum berührt worden,[471] aber eine entscheidende Veränderung ergab sich durch das allgemeine, gleiche, unmittelbare und geheime Wahlrecht, dessen Einführung von den sozialdemokratischen Stadtverordneten bald nach der Revolution erneut gefordert wurde.[472] Zugleich forderte man Neuwahlen. Sollmann konnte unter Verweis auf das Ergebnis der Wahlen zur Nationalversammlung argumentieren, dass die Zusammensetzung der Stadtverordnetenversammlung nicht mehr dem politischen Willen der Wähler entspreche.[473] Die Rahmenbedingungen für die Wahlen zur Stadtverordnetenversammlung wurden kurz danach durch die vorläufige preußische Regierung vorgegeben. Diese löste per Verordnung die Gemeindevertretungen auf und ordnete Neuwahlen bis zum 2. März nach dem gleichen, geheimen, allgemeinen und direkten Wahlrecht an.[474] Die Besatzungsbehörden untersagten jedoch zunächst eine Umsetzung dieser Verordnung für die besetzten Gebiete. Erst im August 1919 wurde dieses Verbot aufgehoben, sodass in Köln die Kommunalwahlen auf den 5. Oktober 1919 festgelegt werden konnten.[475] Damit war der Zeitrahmen für den ersten Kommunalwahlkampf in Köln unter Beteiligung der Sozialdemokratie vorgegeben. Entsprechend ihrer hohen Erwartungen an diese Wahlen ging die SPD mit großem Engagement an diese Aufgabe heran. Nur eine gute Woche nach der Festlegung des Wahltermins präsentierte man als erste Partei eine Kandidatenliste. Als Spitzenkandidaten fungierten die drei bisherigen Stadtverordneten, an der Spitze Wilhelm Sollmann. Anhand der Kandidatenliste lässt sich bereits die Strategie der Partei erkennen. In der Rheinischen Zeitung kommentierte man die Kandidaten folgendermaßen:

»Die Liste zeigt, daß Sozialdemokratie in Wahrheit eine Partei aller Erwerbstätigen ist. Kopf- und Handarbeiter, Erziehungsfachleute und Verwaltungsbeamte, An-

---

471 Rebentisch: Programmatik, S. 34 f.
472 VStVK 16. Januar 1919, S. 36. Die bürgerlichen Stadtverordneten versuchten eine namentliche Abstimmung über diesen Antrag zu verhindern, worüber sich eine heftige Debatte zwischen Sollmann und Vertretern der bürgerlichen Parteien entspann. VStVK 18. Januar 1919, S. 45–50.
473 RZ Nr. 18, 22. Januar 1919. Vgl. auch VStVK 27. Februar 1919, S. 96 d.
474 Preußische Gesetzsammlung 1919, Nr. 6, Verordnung über die anderweitige Regelung des Gemeindewahlrechts vom 24. Januar 1919, S. 14.
475 VStVK 21. August 1919, S. 282 Das Verbot der Wahlen im besetzten Gebiet war durch die Waffenstillstandsbedingungen nicht gerechtfertigt. Siehe dazu und zur Begründung des Verbots durch die Besatzungsmächte die Anfrage Sollmanns im Reichstag. Verhandlungen Nationalversammlung, Bd. 326, 11. März 1919, S. 662.

gehörige der freien Berufe, Kleinhandwerker und Kleinbürger, sie alle werden auf der Vorschlagsliste unserer Partei berücksichtigt.«[476]

Man hatte sich also zum Ziel gesetzt, die Schranken des Industrieproletariats zu überwinden und Wähler aus dem Bürgertum anzusprechen. Dies dürfte wohl nicht zuletzt auf den Einfluss Sollmanns zurückzuführen sein, der sich bereits im Ersten Weltkrieg dafür ausgesprochen hatte, die Partei für breitere Schichten zu öffnen und die gleiche Strategie auf Reichsebene verfolgte. Dies war aus seiner Sicht schon deshalb nötig, um den kommunalpolitischen Herausforderungen, die auf die Partei zukamen, gerecht zu werden:

»Jede sozialdemokratische Gemeindefraktion soll so zusammengesetzt sein, daß sie über möglichst alle Bedürfnisse des Gemeindelebens selbstständig entscheiden kann. In einer mittleren und größeren Sicht brauchen wir Arbeiter, Privatangestellten, Beamte, Lehrer, Handwerker, Kaufleute, Baufachleute. [...] Ein Mandat ist keine Belohnung für treue Parteiarbeit, sondern entscheidend ist die Befähigung der Genossen.«[477]

Personell sollten dadurch die Voraussetzungen geschaffen werden, um die Kommunalpolitik konstruktiv mitgestalten zu können. In programmatischer Hinsicht bediente man sich des 1910 verabschiedeten Kommunalprogramms der preußischen Sozialdemokratie. Dieses enthielt typische sozialdemokratische Forderungen, so die Einheitsschule, Kommunalisierung, Ausbau des Fürsorge- und Gesundheitswesens und Maßnahmen gegen die Arbeitslosigkeit.[478] Dieser Rückgriff war auch insofern nötig, als es zu diesem Zeitpunkt kein neueres kommunalpolitisches Programm gab.

Die folgenden Wochen waren von fieberhafter Aktivität gekennzeichnet. Beinahe täglich fand eine Wahlkampfveranstaltung in einem der Parteibezirke statt. Gezielt wandte man sich mit Veranstaltungen an bestimmte Zielgruppen. Dazu zählten neben den Frauen Beamte, Mittelständler, Lehrer und Handwerker. So sprach Sollmann auf einer Handwerkerversammlung. Er distanzierte sich dort von den Aussagen des Erfurter Programms, die den Untergang der Kleinbetriebe voraussagten und betonte

---

476 RZ Nr. 192, 28. August 1919. Zur Kandidatenliste siehe RZ Nr. 194, 30. August 1919. Unter den 50 Kandidaten befanden sich vier Frauen, die erste auf Platz vier der Liste. Die Aufstellung der Kandidaten verlief nicht ganz reibungslos. In der RZ wird von einer ausgiebigen Aussprache berichtet. Vgl. RZ Nr. 192, 28. August 1919.
477 So Sollmann auf dem Bezirksparteitag für die Obere Rheinprovinz am 28. September 1919. RZ Nr. 220, 29. September 1919.
478 RZ Nr. 219, 27. September 1919. Zum Kommunalprogramm siehe auch Rebentisch: Deutsche Sozialdemokratie, S. 18–20; Hirsch: Das Kommunalprogramm. In den Programmdiskussionen der Mehrheitssozialdemokratie zu Beginn der Weimarer Republik spielte die Kommunalpolitik nur eine untergeordnete Rolle. Man orientierte sich im Wesentlichen an der Terminologie der Vorkriegsprogramme. Rebentisch: Deutsche Sozialdemokratie, S. 34 f.

das Interesse der SPD, das Handwerk zu fördern. So forderte er, dass städtische Aufträge vorwiegend an lokale Handwerksbetriebe vergeben werden müssten.[479] Dies entsprach dem Tenor des sozialdemokratischen Wahlkampfs. Man gab sich gemäßigt und versuchte sich als Partei zu positionieren, die durch sachorientierte Politik für das Gemeinwohl eintrat. Ideologische Debatten wollte man möglichst vermeiden.

Höhepunkte des Wahlkampfs waren Massenveranstaltungen, zu denen tausende Anhänger strömten. Die erste in dieser Reihe fand am 21. September 1919 statt. Hauptredner waren die drei Spitzenkandidaten. Sollmann kam dabei die Aufgabe zu, die großen politischen Linien darzustellen. Neben der Skizzierung der Ziele sozialdemokratischer Kommunalpolitik hob er besonders hervor, was sich die Sozialdemokratie von der Wahl erhoffte: »Zertrümmerung der Zentrumsherrschaft im Kölner Rathause, gegen die Diktatur der Kölner Zentrumspartei.«[480] So konziliant man sich ansonsten gab, gegenüber dem politischen Hauptgegner fuhr man einen harten Kurs. Wenn man mehr Einfluss auf die Kommunalpolitik gewinnen wollte, so konnte dies nur auf Kosten des Zentrums gelingen. Seit dem Aufstieg der Sozialdemokratie in Köln am Ende des Kaiserreichs war die Partei des politischen Katholizismus der Gegner, den es zu schwächen galt. Angriffspunkte boten sich aus Sicht der SPD genügend. So stellte man die demokratische Zuverlässigkeit des Zentrums in Frage, weil einflussreiche Kreise, besonders Klerus und Adel, nicht auf dem Boden der Republik stünden. Auch die wankelmütige Einstellung zum Wahlrecht, das erst abgelehnt und schließlich doch befürwortet wurde, zog man als Argument dafür heran.[481] Zudem kritisierte man den »Zentrumsklüngel«, die Dominanz von Zentrumsleuten in der Verwaltung. Eine derartige Vorherrschaft einer politischen Richtung musste aus Sicht der Sozialdemokratie unbedingt durchbrochen werden. Schließlich führte man auch die unterschiedlichen Gruppierungen innerhalb des Zentrums ins Feld, die eine konstruktive Politik der Partei verhindern würden. So nutzte man den Wechsel Louis Hagens von den Liberalen zum Zentrum als Aufhänger, um die Partei als Interessenvertreterin des Großkapitals zu brandmarken. Die Kandidatur von Arbeitern auf der Zentrumsliste war aus dieser Sicht nur ein Vorwand, um die eigentlichen Ziele zu kaschieren. Ausgenommen von den Angriffen wurde jedoch meist Oberbürgermeister Adenauer. Dem politischen Gegner, so argumentierte Sollmann, müsse man auch Gerechtigkeit widerfahren lassen und Adenauers Amtsführung bot aus seiner Sicht kaum Anlass zur Kritik.[482]

---

479 RZ Nr. 216, 24. September 1919.
480 RZ Nr. 214, 21. September 1919.
481 Diese Vorwürfe konnten durch Zitate aus der Kölnischen Volkszeitung belegt werden, die Aussagen eines Zentrums-Abgeordneten abgedruckt hatte, der sich skeptisch zur Republik äußerte. RZ Nr. 216, 24. September. Ebenso wurde auf Aussagen von Bischöfen Bezug genommen. RZ Nr. 217, 25. September 1919; Vgl. auch RZ Nr. 221, 30. September 1919, Nr. 224, 3. Oktober 1919.
482 RZ Nr. 214, 21. September 1919; RZ Nr. 216, 24. September 1919; RZ Nr. 221, 30. September 1919; RZ Nr. 224, 3. Oktober 1919.

So sehr man auf Seiten der Mehrheitssozialdemokratie immer wieder betonte, man kämpfe allein gegen das Zentrum, so befand man sich faktisch doch in einem Zweifrontenkampf. Wie bereits im Vorfeld der Wahlen zur Nationalversammlung gab es scharfe Auseinandersetzungen mit der USPD.[483] Dieser Kampf wurde mit viel Polemik geführt. Die Unabhängigen richteten ihren Wahlkampf fast ausschließlich auf die Bekämpfung der ehemaligen Parteibrüder aus. Insbesondere Wilhelm Sollmann stand im Fokus der Angriffe. Wenn dieser kurz vor dem Wahltag verkündetet, er zahle 500 Mark in den Wahlfonds der USPD, wenn man ihm einen Artikel aus der Sozialistischen Republik zeige, der gegen das Zentrum gerichtet ist, so war dieser Hinweis durchaus berechtigt.[484] Man versuchte sich aber auf Seiten der MSPD gelassen gegen die beständigen Angriffe von links zu zeigen und verwies darauf, dass die Unabhängigen über kein eigenes Programm verfügten und sich in Polemik verlieren würden. Man selbst dagegen leiste seit Jahren konstruktive Arbeit in der Stadtverordnetenversammlung.

Am Ende eines intensiven Wahlkampfes stand für die MSPD ein Wahlergebnis, das ihre Erwartungen erfüllte. Zwar konnte man die Zentrumspartei nicht erreichen, aber mit 37,6 Prozent und 43 Stadtverordneten, das Zentrum kam auf 42,1 Prozent und 49 Stadtverordnete, war man mit weitem Abstand zweistärkste Partei und hatte die absolute Mehrheit des Zentrums durchbrochen. Nimmt man die Stimmen der USPD hinzu, die 6,7 Prozent erreichte, hatten die sozialistischen Parteien sogar das Zentrum überflügelt. Die anderen bürgerlichen Parteien, DDP, DVP und DNVP, kamen zusammen auf nur 15 Sitze beziehungsweise 13,5 Prozent. Gegenüber den Wahlen zur Nationalversammlung hatte die MSPD geringfügig verloren, aber man hatte sich auf hohem Niveau stabilisiert.[485] Aber trotzdem war der Wahlausgang nicht völlig zufriedenstellend. Die bürgerlichen Parteien konnten alle sozialdemokratischen Anträge weiterhin mit einer Mehrheit blockieren. Zudem war eine Zusammenarbeit mit den Unabhängigen aufgrund der Vorgeschichte kaum zu erwarten. Gewisse Hoffnungen setzte man auf die DDP, deren Unterstützung man in kulturpolitischen Fragen für möglich hielt. Grundsätzlich ging man aber davon aus, dass sich durch das Wahlergebnis eine stärkere Zusammenarbeit der Parteien ergeben würde.[486] Außer Frage steht die Politisierung der Stadtverordnetenversammlung durch den Einzug der Arbeiterparteien. Der Demokratisierungsprozess hatte nun auch die Ebene der Gemeinde erreicht. Oberbürgermeister Adenauer konnte nicht mehr allein mit der Zentrumspartei seine Vorhaben umsetzen, sondern war auf Unterstützung zumindest einer weiteren Partei angewiesen. Zudem war zu erwarten, dass sich der Verhandlungsstil ändern und die kommunalpolitischen Debatten eine stärker parteipolitische Komponente bekommen würden. Entscheidende

---

483 Vgl. Kapitel IV.1.
484 RZ Nr. 224, 3. Oktober 1919.
485 In der RZ wurde ausgerechnet, dass nach dem Ergebnis der Wahlen zur Nationalversammlung die MSPD 45 Sitze erhalten hätte. RZ Nr. 226, 6. Oktober 1919. Dort findet sich auch eine Auswertung des Wahlergebnisses nach Bezirken.
486 Ebd.

Bedeutung hatte in diesem Zusammenhang vor allem die MSPD, weil ihr als zweitstärkster Partei ein ganz neues Gewicht zukam.

Nun war die Wahl nicht die kommunalpolitische Stunde null für die Mehrheitssozialdemokraten, die ja bereits seit fast zwei Jahren drei Mitglieder der Stadtverordnetenversammlung stellten. In dieser Zeit hatten Sollmann, Erkes und Haas sich um eine konstruktive Zusammenarbeit bemüht und dies hatte sich besonders in Bezug auf den Oberbürgermeister als durchaus fruchtbar erwiesen. Eine Folge war die Kooperation in den Tagen der Revolution, als der Arbeiter- und Soldatenrat unter Führung Sollmanns gemeinsam mit Adenauer den Systemwechsel in Köln organisierte. Auch in den Monaten vom Ende der Revolution bis zu den Wahlen setzte sich diese Entwicklung fort. Konrad Adenauer hatte nach der Revolution zielstrebig seine Planungen vorangetrieben, die auf eine umfassende Neugestaltung Kölns abzielten. Die Rheinmetropole sollte sich zu einer modernen, attraktiven Großstadt entwickeln, zu dem wirtschaftlichen und kulturellen Zentrum der Region werden, das alle anderen Städte des Rheinlands an Ausstrahlung und Anziehungskraft übertraf.[487] Dazu bedurfte es einer weit reichenden und umsichtigen Strukturpolitik. Ein zentraler Punkt des stadtplanerischen Konzeptes war die Umgestaltung des inneren und äußeren Festungsgürtels der Stadt. Diese Planungen trafen die Zustimmung aller Parteien in der Stadtverordnetenversammlung.[488] Allerdings bedurfte es für die Umsetzung gesetzlicher Regelungen, die der Stadt die Möglichkeit zur Gestaltung gaben. Kölner Parlamentarier aller Parteien wirkten in diesem Sinne im preußischen Landtag und in der Nationalversammlung auf den Gesetzgebungsprozess ein und waren damit erfolgreich. Sollmann war als Mitglied des Steuerausschusses in der Nationalversammlung und Berichterstatter zum Rayonsteuergesetz, das die Besteuerung des durch die Aufhebung der Rayonbeschränkungen bedingten Wertzuwachses der im Festungsvorland liegenden Grundstücke regelte, unmittelbar daran beteiligt. Ebenso war er Berichterstatter zum Gesetz über das Enteignungsrecht von Gemeinden bei der Aufhebung von Rayonbeschränkungen. In den Beratungen wurde jeweils explizit auf Köln Bezug genommen und Sollmann wirkte insbesondere bei letzterem Gesetz vor dem Hintergrund der Kölner Interessen auf Veränderungen der Gesetzesvorlage hin.[489] Auch dank dieses einmütigen Einsatzes wurden schließlich die gesetzlichen

---

487 Zu den kommunalpolitischen Planungen Adenauers in den ersten Jahren der Weimarer Republik siehe Schwarz: Adenauer, S. 235–247; Köhler: Adenauer, S. 114–138.

488 Nach der Vorstellung der Vorlage für die Bebauung des Rayongeländes führte Haas für die SPD aus: »Auch meine Fraktion stimmt mit Freuden der Vorlage zu und ich darf wohl auch aussprechen, daß wir uns dem Dank an den Herrn Oberbürgermeister und seine Mitarbeiter anschließen […].« VStVK 4. April 1919, S. 147.

489 Zu den Beratungen über das Rayonsteuergesetz siehe Sollmanns Bericht in der Nationalversammlung. Verhandlungen Nationalversammlung, Bd. 329, 15. August 1919, S. 2465 f. Zu den Beratungen waren auch Vertreter der Stadt Köln hinzugezogen wurden. Ebd., S. 2466. Zu den Beratungen über das Enteignungsgesetz siehe den Bericht Sollmanns ebd., Bd. 333, 16. April 1920, S. 5190–5192. Die RZ berichtet, die Verhandlungen im Ausschuss seien in erster Linie von den

Regelungen verabschiedet, die eine Umsetzung der stadtplanerischen Neugestaltung Kölns ermöglichten.⁴⁹⁰

Auch das andere kommunalpolitische Großprojekt, das unmittelbar nach der Revolution in Angriff genommen wurde, die Gründung der Universität Köln, fand die uneingeschränkte Unterstützung der Sozialdemokraten. Seit Napoleon die Universität 1798 geschlossen hatte, war Köln keine Hochschulstadt mehr. Seit 1901 besaß man zwar eine Handelshochschule, aber es war Adenauers erklärtes Ziel, Köln auch kulturpolitisch wieder aufzuwerten.⁴⁹¹ Trotz der schwierigen Rahmenbedingungen unmittelbar nach der Revolution trieb Adenauer seine Planungen voran. Zusammen mit dem Direktor der Handelshochschule, Christian Eckert, und Johann Meerfeld versuchte er im Dezember 1918, in Berlin den sozialdemokratischen Kultusminister Konrad Haenisch für die Idee einer Kölner Universität zu gewinnen. Meerfeld war wohl aus parteipolitischen Gründen Teil der Delegation.⁴⁹² Tatsächlich konnte man die Zustimmung der preußischen Regierung gewinnen, die am 4. Januar 1919 die Gründung der Universität genehmigte. Zwei Gründe waren dafür wohl ausschlaggebend. Zum einen hatte Adenauer zugesichert, die Stadt werde sämtliche Kosten der Universität tragen, ein kühnes Versprechen, dass die Stadt noch teuer zu stehen kommen sollte. Zum anderen konnte man der kulturpolitischen Propaganda Frankreichs, die im Kontext der vom westlichen Nachbarn angestrebten Trennung des Rheinlands vom Reich stand, durch die Universität eine deutsche Bildungsinstitution entgegenstellen, die diesen Bestrebungen entgegenwirkte.⁴⁹³ Anlässlich der Eröffnung der

---

Interessen der Stadt Köln geleitet worden. Deswegen seien zwei Vertreter der Kölner zu den Beratungen hinzugezogen worden. An den Wänden des Sitzungssaales hätten Bodenpläne der Stadt Köln gehangen. Über die Rolle der Kölner Parlamentarier im Ausschuss heißt es: »Im Ausschusse gelang es den Kölner Abgeordneten Falk und Sollmann, die als Kölner Stadtverordnete gute Kenner der Rayonpläne sind, wesentliche Verbesserungen zu erreichen.« RZ Nr. 91, 17. April 1920. Dieser Bericht dürfte auf Informationen Sollmanns beruhen. Vgl. dazu auch die Erinnerungen Falks, der das Mitwirken Sollmanns an der Änderung der Gesetzesvorlage allerdings nicht erwähnt. Stalmann (Bearb.): Bernhard Falk, S. 283 f. Zu den Rayongesetzen in Bezug auf Köln siehe auch Gebert: Festung und Stadt Köln, S. 243–265.

490 Adenauer legte bereits am 12. Dezember 1919 einen von Professor Fritz Schumacher, den Adenauer in der Zwischenzeit als Stadtplaner gewonnen hatte, entworfenen Bebauungsplan für Köln in der Stadtverordnetenversammlung vor. VStVK 12. Dezember 1919, S. 471–481. Zu Schumachers Tätigkeit in Köln und Adenauers stadtplanerischen Zielen siehe Schümann: Adenauers Ansichten.

491 Zu den Planungen Adenauers für die Gründung der Universität siehe Düwell: Universität, S. 169–173; Hofmann: Rathaus, S. 120–133; Köhler: Adenauer, S. 123–129.

492 Sollmann schreibt später darüber: »Die Kölner Universität dankt er [Adenauer] hervorragender Mitwirkung von Sozialdemokraten, insbesondere des Kultusministers Hänisch und des Beigeordneten Meerfeld.« RZ Nr. 315, 16. November 1929.

493 Düwell: Universität, S. 171; Köhler: Adenauer, S. 125. Diese Auffassung vertrat auch Sollmann: »Die Universität in Köln ist nach dem Zusammenbruche vor allen Dingen genehmigt worden – ich weiß es – als ein nationales Bollwerk am Rhein. Ich darf in Erinnerung rufen, daß diese Kölner Universität ein Kind der deutschen Revolution ist, und ich darf daran die Hoffnung knüpfen, daß

Universität am 12. Juni 1919 hob Konrad Adenauer ausdrücklich die Unterstützung der Sozialdemokraten für die Verwirklichung der Hochschulpläne hervor.[494]

Es konnte also kaum ein Zweifel daran bestehen, dass die Sozialdemokraten auch weiter aktiv die Kommunalpolitik mitgestalten wollten. Allerdings hatten sich durch die Wahl die Vorzeichen geändert. Die MSPD war zu einem maßgeblichen Faktor der Kommunalpolitik geworden. Fraglich war nur, ob es ihr gelingen würde, diesen Bedeutungsgewinn umzusetzen. In dieser Frage kam Wilhelm Sollmann entscheidende Bedeutung zu, der in der ersten Sitzung der neuen Fraktion am 20. Oktober neben Haas und Erkes zu einem der drei gleichberechtigten Vorsitzenden gewählt wurde.[495] An die USPD erging ein Angebot für eine sozialistische Arbeitsgemeinschaft im Stadtrat, das ein gemeinsames Aktionsprogramm sowie ein gemeinsames Vorgehen in der Stadtverordnetenversammlung zum Ziel hatte. Es war allerdings nicht überraschend, dass diese Annäherung strikt abgelehnt wurde. Die USPD forderte von den Mehrheitssozialdemokraten nichts weniger als »eine grundsätzliche Umstellung ihrer Politik«. Diese kommentierten dies dahingehend, dass man nun auf die Unabhängigen keine Rücksicht mehr zu nehmen brauche.[496] Damit war eine Zusammenarbeit der sozialistischen Parteien ad acta gelegt.

Sollmanns herausgehobene Bedeutung zeigte sich bereits in der konstituierenden Sitzung der Stadtverordnetenversammlung. Als einziger Sozialdemokrat wurde er sowohl in die Verfassungs- als auch in die Wohnungskommission gewählt.[497] In Kommissionen war man aber bereits vorher vertreten gewesen. Auf der Verwaltungsebene der Stadt fehlten Sozialdemokraten bislang aber gänzlich. Lediglich der Parteisekretär Paul Runge war im September 1919 zum kommissarischen Polizeipräsidenten ernannt worden. Eine zentrale Forderung war daher die »Demokratisierung der Verwaltung«:

»Für selbstverständlich halten wir, daß die Sozialdemokratie, die bei der Stärke ihrer Fraktion und ihrem Willen zur positiven Mitarbeit nächst dem Zentrum

---

sie nicht nur ein deutsches Bollwerk bleibt, sondern daß sie auch wird ein Bollwerk für die geistige Freiheit am Rhein.« VStVK 2. Juni 1921, S. 417.
494 In seiner Eröffnungsansprache sagte Adenauer: »In dieser Stunde denen zu danken, die mitgeholfen haben an dem großen Werke, ist mir eine besonders liebe Pflicht. Es drängt mich zu danken […] Herrn Abgeordneten Meerfeld, der, als es galt, den anfänglichen Widerstand der preußischen Regierung zu überwinden, sehr wertvolle Hilfe gewesen ist. Danken muß ich an dieser Stelle und in dieser Stunde den drei Fraktionsvorsitzenden der Kölner-Stadtverordnetenversammlung, den Herren Mönnig, Falk und Sollmann. Sie waren seit über einem Jahre treue Helfer bei der Durchführung des Universitätsplanes.« Eröffnungsfeier, S. 11.
495 RZ Nr. 240, 22. Oktober 1919. Trotz des dreiköpfigen Führungsgremiums kristallisierte sich Sollmann schnell als die leitende Figur der sozialdemokratischen Fraktion heraus.
496 Ebd.
497 VStVK 30. Oktober 1919, S. 335. Die Verfassungskommission entsprach dem Hauptausschuss im Reichstag und war die wichtigste Kommission der Stadtverordnetenversammlung. Bei der Wahl des Vorstands des Kreisverbandes Köln im Frühjahr 1920 trat er nicht mehr an. Vgl. RZ Nr. 78, 1. April 1920.

einen großen Teil der Verantwortung zu übernehmen haben wird, auch eine entsprechende Vertretung im Beigeordnetenkollegium erhalten muß.«[498]

In dieser Frage war man sich mit dem Oberbürgermeister einig. Für Adenauer bestand kein Zweifel daran, dass die zweitstärkste Partei der Stadtverordnetenversammlung auch Anspruch auf Teilhabe an der Verwaltung habe.[499] Zu diesem Zeitpunkt waren zwei Beigeordnetenstellen unbesetzt, für die Adenauer der Stadtverordnetenversammlung am 8. Januar 1920 die beiden Sozialdemokraten August Haas für das Arbeitsamt und Heinrich Schäfer für die Lebensmittelversorgung vorschlug, die beide einstimmig gewählt wurden.[500] Kurze Zeit später erbat er die Zustimmung drei neue Beigeordnetenposten zu schaffen, von denen das Dezernat für »Volksbildungs- und Kunstangelegenheiten« an Johann Meerfeld fallen sollte. Gegen die Wahl Meerfelds erhoben nun aber DVP und DNVP Protest, weil er fachlich nicht vorgebildet sei. Daher forderten sie eine Ausschreibung der Stellen, was Adenauer aber zusammen mit der MSPD verhindern konnte. Meerfeld wurde am 19. Februar 1920 gewählt.[501] Diese Posten waren in enger Absprache zwischen Adenauer und der Mehrheitssozialdemokratie vergeben worden, wobei Sollmann als Fraktionsführer unmittelbar involviert gewesen sein wird.[502] Adenauer begründete diese Personalentscheidungen anlässlich der Einführung der neuen Beigeordneten mit einer bemerkenswerten Rede über die Grundsätze seiner Personalauswahl. Wichtiger als die fachliche Vorbildung eines Kandidaten sei das Vertrauensverhältnis zwischen Exekutive und Legislative, das nur gegeben sei, wenn sich die Kräfteverhältnisse ungefähr entsprechen würden. Deshalb sei es unbedingt notwendig, dass die MSPD, die in der Stadtverordnetenversammlung zum Wohle der Stadt wirke, auch Verantwortung in der Verwaltung übertragen bekomme. Zudem könne in einigen Bereichen der städtischen Verwaltung fachliche Vorbildung nicht mit Eignung für die Verwaltung gleichgesetzt werden, da dort die Art der Gesinnung und des Denkens, die hauptsächlich von der politischen Richtung abhing, wichtiger sei. Daher müssten manche Posten nach politischen Gesichtspunkten vergeben werden, eine Praxis, die in Köln auch schon während des Kaiserreichs gepflegt worden sei. Zwar sei eine juristische Ausbildung weiterhin für die Verwaltung die geeignetste, aber häufig werde der Mangel an einer fachspezifischen

---

498 RZ Nr. 272, 1. Dezember 1919.
499 Pabst: Personalpolitik, S. 258. Adenauer hatte sich bereits während des Ersten Weltkriegs für die Ernennung von August Haas zum Beigeordneten eingesetzt, was sich jedoch aus mehreren Gründen nicht realisieren ließ. Vgl. VStVK 4. März 1920, S. 98.
500 VStVK 8. Januar 1920, S. 3.
501 VStVK 19. Februar 1920, S. 79 f. Damit war für Meerfeld der Verwaltungsposten gefunden, um den Sollmann sich schon längere Zeit für seinen Parteifreund bemüht hatte. Vgl. Kapitel IV.2. Zu den Protesten der liberalen Arbeitsgemeinschaft und der DNVP sowie der der Kölnischen Zeitung und des Kölner-Stadtanzeigers siehe den Bericht in der RZ Nr. 46, 24. Februar 1920.
502 Vgl. die Ausführungen Adenauers in der Stadtverordnetenversammlung am 4. März 1920. VStVK 4. März 1920, S. 100.

Vorbildung durch Lebenserfahrung und Tatkräftigkeit wett gemacht. Daher sah er keinen Grund, gegen die sozialdemokratischen Beigeordneten sachlich begründete Einwände zu erheben. Zudem habe die Sozialdemokratie auch kaum eine Möglichkeit, Verwaltungsfachleute zu präsentieren, da ihre Vertreter meist nicht aus Kreisen mit akademischer Bildung stammten. Dies konnte aus seiner Sicht kein Ausschlusskriterium für die Teilhabe von Sozialdemokraten an der Verwaltungsverantwortung sein, die »von allen politisch ruhig denkenden und von wahrer Vaterlandsliebe erfüllten Kreisen gewünscht werden muß«[503].

Mit der Erfüllung der personellen Forderungen der Sozialdemokratie war der Rahmen für die weitere Zusammenarbeit in der Stadtverordnetenversammlung abgesteckt. Der Oberbürgermeister hatte in klarer Form die Ansprüche der SPD anerkannt, was ihm auch deshalb nicht allzu schwer gefallen sein dürfte, da ihm die drei sozialdemokratischen Beigeordneten aus ihrer bisherigen Tätigkeit in guter Erinnerung waren.[504] Beide Seiten zeigten sich also gewillt, weiterhin zu kooperieren.

Die SPD versuchte sich auch organisatorisch für die kommenden Aufgaben zu rüsten und begann, einen kommunalpolitischen Organisationsapparat aufzubauen. Auf Bezirksebene wurde die Kommunalpolitische Abteilung gegründet, die seit Januar 1920 die Sozialdemokratische Gemeindezeitung (SGZ) herausgab.[505] Damit sollte einem Umstand abgeholfen werden, den Sollmann schon vor den Wahlen thematisiert hatte. Da viele angehende Gemeinderäte über keine kommunalpolitische Erfahrung verfügen würden, so hatte er auf dem Bezirksparteitag 1919 ausgeführt, müssten diese an die neue Tätigkeit herangeführt werden. Dazu diene die vor der Gründung stehende Abteilung, die durch Konferenzen und Verteilung von Material zur Schulung der neuen Stadtverordneten beitragen werde.[506] Weiterhin hatte Sollmann auf dem Parteitag als Aufgabe ausgegeben, möglichst aus allen Berufsgruppen kompetente Vertreter für die sozialdemokratische Kommunalpolitik zu gewinnen. Auch in dieser Beziehung wurde man nach der Wahl bald aktiv. Man begann Arbeitsgruppen einzurichten, die sich an spezifische Berufsgruppen wandten, darunter die Gruppe für geistige Arbeit in der Sozialdemokratie und die Arbeitsgemeinschaft sozialdemokratischer

---

503 VStVK 4. März 1920, S. 97–101. Das Zitat auf S. 99.
504 Haas war bereits seit 1917 Stadtverordneter und Mitglied des ASR gewesen. Schäfer war ebenfalls Mitglied des ASR und hatte in dieser Eigenschaft das Büro des Oberbürgermeisters beaufsichtigt. Meerfeld hatte sich durch seinen Einsatz für die Gründung der Kölner Universität nachhaltig Anerkennung bei Adenauer erworben. Meerfeld gehörte ab 1920 ebenso wie Adenauer dem Preußischen Staatsrat an. Pabst: Personalpolitik, S. 261 f.
505 RZ Nr. 101, 29. April 1920. Auf Kreisebene wurden zudem Gemeindevertreterkonferenzen eingerichtet. Durch diese wurden wiederum Kreisvereinigungen sozialdemokratischer Gemeindevertreter in der Form von Vereinen gegründet. Ebd.
506 RZ Nr. 220, 29. September 1919. Da die Nachfrage nach der SGZ offensichtlich nicht den Erwartungen der Parteileitung entsprach, wurde auf dem Bezirksparteitag 1920 beschlossen, dass alle sozialdemokratischen Gemeinderäte die Zeitung beziehen mussten. RZ Nr. 133, 10. Juni 1920.

Lehrer. Zudem wurden im ganzen Bezirk Beamtenwerbeausschüsse aufgebaut und der Rheinische Bauern-, Winzer- und Handwerkerbund gegründet.[507]

Auf Seiten der SPD wurden damit weitreichende Anstrengungen unternommen, um der gestiegenen kommunalpolitischen Bedeutung gerecht zu werden. Inhaltlich knüpfte man an die bisher betriebene Politik an. Als Minderheitspartei hatte sie sich stets als Vorkämpferin für die Belange der minderbemittelten Bevölkerungsschichten eingesetzt, für die man praktische Verbesserungen erreichen wollte. Dies blieb auch weiterhin oberstes Ziel. Zentrale Themen der folgenden Jahre waren die Sozial- und Bildungspolitik, die ausreichende Versorgung und Ernährung der Bevölkerung, die Erwerbslosenfürsorge, der Kampf gegen Wucher und Schiebertum, der Wohnungsbau und das Volksschulwesen, alles Themen, die größtenteils bereits im Ersten Weltkrieg von der Sozialdemokratie immer wieder in den Mittelpunkt ihrer Politik gerückt worden waren.[508]

Was die Grundsätze und Inhalte von Sollmanns kommunalpolitischem Handeln betrifft, so ist seine Stellungnahme im Namen seiner Fraktion zum Haushalt für das Jahr 1920 aufschlussreich, in der er ausführlich die Etatvorlage bewertet. Er mahnt Entlastungen für die minderbemittelten Schichten an, etwa durch Senkung der Tarife bei Gas- und Wasserwerk und bei den Straßenbahnen, und stellt Forderungen wie den Ausbau der Museen und Bibliotheken zu wirklichen Volksbildungsanstalten, aber es handelt sich bei Sollmanns Rede eher um ergänzende Bemerkungen und Verbesserungsvorschläge. Eine generelle Kritik findet sich in seinen Ausführungen nicht. Sogar die Ausgaben für religiöse Zwecke werden von ihm toleriert, obwohl die SPD dies in ihrem Parteiprogramm ablehnt.[509] Über diese Haltung zum Haushaltsplan entwickelte sich eine Grundsatzdebatte zwischen Sollmann und Franz Dahlem über die Ziele sozialdemokratischer Kommunalpolitik. Dahlem unterzog den Etat einer Generalkritik und lehnte ihn im Namen der USPD ab. Besonders die Ausgaben für religiöse Zwecke, deren Streichung er beantragte, und die Polizei kritisierte er.[510] Sollmann antwortete darauf, die USPD würde nur allgemeine Sätze produzieren, ohne sich darum zu kümmern, wie dies praktisch umgesetzt werden könne. Die USPD rede immer davon, es müsse kommunalisiert und sozialisiert werden, ohne praktische Vorschläge zu machen. Es sei aber schwere praktische Arbeit, die Wege zum Kommunalisieren und Sozialisieren zu finden.

---

507 Vgl. RZ Nr. 248, 3. November 1919; RZ Nr. 101, 29. April 1920; RZ Nr. 126, 1. Juni 1920; RZ Nr. 143, 26. Juni 1920; RZ Nr. 174, 2. August 1920; SGZ 10. Mai 1920.
508 VStVK 30. Oktober 1919, S. 342.
509 Zur Rede siehe VStVK 8. Juli 1920, S. 425–431. Die Ausgaben für religiöse Zwecke waren seiner Ansicht nach im Gesamtetat so unbedeutend, dass er deswegen keine Debatte heraufbeschwören wollte. Man habe schließlich viel größere Probleme, die wichtiger seien als nutzlose Religionsdebatten. Ebd. S. 428.
510 Zu Dahlems Rede siehe VStVK 9. Juli 1920, S. 440–445. Der Antrag findet sich auf S. 442.

»Wenn Sie wirklich auf diesem Gebiet etwas erreichen wollen, so muß die Sache doch so angefangen werden, daß dafür hier in diesem Raum eine Mehrheit gefunden wird. Und dann müssen sie lernen, gerade wenn Sie auf kulturellem Gebiet etwas erreichen wollen, müssen Sie zunächst versuchen, auf irgendeiner andern Seite des Hauses Unterstützung zu finden.«[511]

Eine Ablehnung des Etats kam für Sollmann nicht in Frage. Die Einwände der USPD gegen den Haushalt rechtfertigten aus seiner Sicht eine derartige Haltung nicht:

»Beim Etat müssen ganz andre Gründe vorgebracht werden, wenn wir einen Etat ablehnen sollen. Wir lehnen diesen Etat nicht ab. Wir können diesen Etat aus vielen Gründen nicht ablehnen. [...] Das glaube ich ohne Übertreibung sagen zu können, daß drei Viertel, vielleicht sogar neun Zehntel der Ausgaben in diesem Etat für kulturelle und soziale Zwecke den breitesten Schichten der Kölner Bevölkerung zugutekommen. [...] Wenn wir einen solchen Etat mit nichtiger Begründung ablehnen würden, so würden wir uns einer Pflichtvergessenheit schuldig machen.«[512]

Hier kommen die Richtlinien, an denen Sollmann sein kommunalpolitisches Handeln ausrichtete, noch einmal deutlich zum Ausdruck. Sein Ziel war es, die für das Wohlergehen der Bevölkerung und insbesondere der minderbemittelten Schichten nötige Förderung sozialer und kultureller Zwecke zu gewährleisten. Es ging nicht um die Durchsetzung von Maximalforderungen, sondern um Maßnahmen, die in der Stadtverordnetenversammlung konsensfähig waren. Dafür war er bereit, Kompromisse einzugehen, wie sie sich im Etat anhand der Ausgaben für religiöse Zwecke zeigten. Konstruktive Mitarbeit um praktische Lösungen zu erreichen, darin, so betonten es Sollmann und seine Parteigenossen immer wieder, sah die sozialdemokratische Fraktion ihre Aufgabe in der Stadtverordnetenversammlung.[513]

---

511 VStVK 9. Juli 1920, S. 450–453. Das Zitat auf S. 452.
512 Ebd., S. 453. Die von der USPD besonders kritisierten Ausgaben für religiöse Zwecke betrugen nach Sollmanns Angaben 84.000 Mark, die für Polizeizwecke vier Millionen Mark bei einem Gesamtetat von über einer Milliarde Mark. Ebd. S 451 f. Schon in seiner Stellungnahme zum Etat hatte Sollmann gesagt, unter den schwierigen Rahmenbedingungen sei es die Aufgabe, »die Kritik auf die großen kommunalpolitischen Aufgaben zu konzentrieren und sich nicht in Kleinigkeiten zu verlieren«. VStVK 8. Juli 1920, S. 426.
513 Vgl. VStVK 3. Juni 1921, S. 412; Sozialdemokratische Gemeindezeitung 10. April 1920 und 31. August 1921 sowie die Ausführungen im Rechenschaftsbericht für die Jahre 1919 bis 1921 in RZ Nr. 202, 30. August 1921. Dies entsprach der Haltung, die von der SPD seit Beginn ihrer kommunalpolitischen Mitarbeit in Köln im Ersten Weltkrieg vertreten wurde. Sollmann hatte dazu bemerkt: »Da uns aber nichts an Protestreden, desto mehr aber an sachlicher Arbeit zum Nutzen der Arbeiterklassen gelegen ist, werden wir uns an den Beratungen eifrig beteiligen.« VStVK 26. März 1918, S. 103. Vgl. dazu auch Kapitel III.3.

Tatsächlich betrieb die sozialdemokratische Fraktion mit Sollmann an der Spitze durchgehend eine sachorientierte Politik. Dies schloss hitzige Diskussionen mit polemischen Äußerungen zwar nicht aus, aber es überwog ganz eindeutig der Wille, konsensfähige Lösungen zu finden. Aus den genannten Gründen unterstützte die Sozialdemokratie daher auch weiterhin den Oberbürgermeister in seinem Stadtentwicklungsprogramm, etwa beim Neubau des Hafens in Köln-Niehl, als sie ihn gegen Kritik aus dem bürgerlichen Lager unterstützte.[514] Was aber waren die spezifischen Akzente, die von der Partei gesetzt wurden? Sollmann ergriff neben seinen Grundsatzreden zum Etat vor allem zu Fragen aus den Bereichen Steuern, Wohnungsbau und Versorgung das Wort. Was den letzten Aspekt betrifft, so zeigte sich die SPD-Fraktion besonders engagiert, gehörte die ausreichende Versorgung der Bevölkerung mit dem Bedarf zum täglichen Leben doch zu den größten Problemen in diesen Jahren. In den besetzten Gebieten war die Versorgung der Bevölkerung besonders problematisch, weil das deutsche Zollrecht dort von den Besatzungsmächten außer Kraft gesetzt worden war. Dadurch wurden Waren des täglichen Bedarfs ausgeführt und massenhaft Luxusgüter eingeführt, was Wucher und Schieberei begünstigte.[515] Schon in der ersten Sitzung der neu gewählten Stadtverordnetenversammlung stellte die SPD einen Antrag, der unter anderem die Sicherung der Lebensmittelversorgung und die Bekämpfung von Wuchertum und Schieberei forderte.[516] In den folgenden Monaten wurde man in dieser Hinsicht immer wieder aktiv. Im Oktober 1920 stellte die SPD eine Anfrage in der Stadtverordnetenversammlung bezüglich der Aufhebung der Zwangswirtschaft und der daraus resultierenden Probleme der Versorgung der Bevölkerung im bevorstehenden Winter. Zwangswirtschaft und das Problem der Versorgung standen in einem engen Zusammenhang. Seit dem Weltkrieg waren die wichtigsten Güter des täglichen Bedarfs und der Wohnraum durch staatliche Regelungen bewirtschaftet worden, was aber zunehmend aufgehoben wurde. In der Debatte um den von der SPD gestellten Antrag, die sich über drei Sitzungen zog, zeigte sich deutlich, wie kontrovers die Meinungen zur Wirtschaftsverfassung waren. Sollmann sah die Aufhebung der Zwangswirtschaft mit Sorge. Er plädierte eindringlich dafür, dass der Staat bei der Produktion und Verteilung im Bereich der Lebensmittel weiter eingreifen müsse. Solange die Nachfrage das Angebot deutlich übersteige und Millionen hungern müssten, sei ein freier Markt nicht zu verantworten. Um eine Kontrolle der Produktion und Verteilung komme der Staat nicht herum, weil zu viele Bauern und Händler die Situation zu ihrem Vorteil ausnutzen würden. Alle Parteidoktrin und

---

514 Köhler: Adenauer, S. 142.
515 Vgl. die Berichte in der RZ Nr. 233, 14. Oktober 1919; RZ Nr. 94, 21. April 1920. Vgl. auch den ausführlichen Beitrag von Heinrich Schäfer in der SGZ 26. Januar 1920.
516 VStVK 30. Oktober 1919, S. 343–345. Im Dezember 1919 wurde die sozialdemokratische Ratsfraktion beim Reichsernährungsministerium aktiv und erreichte eine zusätzliche Einfuhr von 300.000 Zentnern Kartoffeln in Köln aus den Niederlanden. RZ Nr. 273, 4. Dezember 1919; RZ Nr. 280, 13. Dezember 1919.

Parteitheorie sollten bei dieser Frage ausgespart werden. Es ginge darum, dem Wohl der Gesamtheit zu dienen.[517] Zwar war man sich auch von Seiten der anderen Parteien einig, dass in dieser Stunde das Wohl der Bevölkerung im Vordergrund stehen müsse und Einschränkungen der freien Wirtschaft in gewissen Bereichen nötig seien, aber dennoch kam man in diesem Punkt nicht auf einen Nenner. Eine weitere Aufrechterhaltung der Zwangswirtschaft lehnten die bürgerlichen Parteien ab.[518]

Allerdings stimmten auch die Fraktion der SPD und auch die Rheinische Zeitung in dieser Hinsicht nicht überein. So hatten sich schon im Frühjahr 1920 die Stadtverordnete Schulte und der sozialdemokratische Beigeordnete Schäfer dahingehend geäußert, dass eine Zwangswirtschaft in der bisherigen Form nicht aufrecht erhalten werden könne. Es war daher nicht von der Hand zu weisen, wenn Johannes Rings der Sozialdemokratie vorhielt, dass in ihren Kreisen sehr unterschiedliche Meinungen über die Zwangswirtschaft herrschen würden.[519] Ebenso zwiespältig war das Verhältnis der SPD zur Landwirtschaft. Einerseits prangerte man die Bauern an, weil sie die Lebensmittelknappheit auf Kosten der Bevölkerung zur persönlichen Bereicherung nutzen würden, andererseits war man bemüht, stärkeren Einfluss in der Bauernschaft zu gewinnen und schlug deshalb moderatere Töne an.[520] So verurteilte in der bereits erwähnten Debatte um die Zwangswirtschaft der sozialdemokratische Stadtverordnete Hoff das Gebaren der Bauern, die Kartoffeln aufgrund höherer Preise ins Ausland verschieben würden, scharf. In der Fortsetzung der Diskussion war es Sollmann, der gegenüber der Landwirtschaft mäßigende Töne anschlug. Er wies zwar daraufhin, dass es unter den Produzenten in der Landwirtschaft schwarze Schafe gebe, die sich die Situation zu Nutze machten, es werde aber zu viel auf die Bauern geschimpft. Die Landwirtschaft sei nicht für die schwierige Lage verantwortlich und könne Deutschland nicht allein retten. Nur in einem engen Bündnis zwischen den Produzierenden in Industrie und Landwirtschaft und der Bevölkerung sei ein Ausweg möglich.[521] Hier klingt die Idee der Volksgemeinschaft an, die von Sollmann besonders in Krisenzeiten immer wieder als Ausweg gesehen wurde. Parteipolitik und theoretische Überlegungen sollten in diesen Zeiten zurückstehen und stattdessen die Krise durch ein Bündnis aller zur Zusammenarbeit bereitstehenden Kräfte bewältigt werden.

Im Verhältnis zur Landwirtschaft zeigte sich aber auch das Dilemma der SPD. Ihre Verurteilung der Bauern wegen Wucherpreisen war durchaus gerechtfertigt, aber

---

517 VStVK 28. Oktober 1920, S. 678–682; VStVK 25. November 1920, S. 725 f.
518 Vgl. die Redebeiträge von Müller und Rings. VStVK 25. November 1920, S. 726–729.
519 Zu Schulte und Schäfer siehe SGZ 26. Januar 1920; SGZ 10. März 1920. Zu den Äußerungen von Rings siehe VStVK 25. November 1920, S. 727.
520 Dazu sollte auch der bereits erwähnte Rheinische Bauern-, Winzer und Handwerksbund dienen, der von der SPD im Februar 1910 ins Leben gerufen worden war. Laut eigenen Angaben hatten sich dem Bund in den ersten Monaten mehrere tausend Kleinproduzenten aus der Landwirtschaft angeschlossen. SGZ 10. Mai 1920.
521 VStVK 28. Oktober 1920, S. 681; VStVK 25. November 1920, S. 726 f.

ebenso war es richtig, dass man nicht alle Bauern über einen Kamm scherte. Zudem war man auf die Stimmen aus der Landwirtschaft angewiesen, wenn man dem Zentrum den Rang ablaufen wollte. Gerade auf dem Land konnte man nicht annähernd an die Wahlergebnisse in städtischen Wahlkreisen heranreichen. Der Grat zwischen angemessener Kritik auf der einen und dem Angebot zur Zusammenarbeit auf der anderen Seite war schmal und die Kölner Sozialdemokratie tat sich anscheinend schwer damit, einen klaren Kurs zu fahren. Sollmann selbst bemühte sich um ausgleichende Worte, aber andere Aussagen konterkarierten diese Bemühungen, sodass nach außen der Eindruck entstehen konnte, die Partei schwanke in ihrer Haltung.

Im Bereich des Wohnungswesens war die Lage ähnlich prekär wie bei der Ernährung. Es herrschte erheblicher Wohnraummangel, der sich laut Verwaltungsbericht Ende März 1921 auf 11.309 Wohnungen beläuft.[522] Bereits im September 1919 hatte Sollmann in der Stadtverordnetenversammlung eindringlich die erschreckenden Zustände auf dem Wohnungsmarkt geschildert. Er plädierte für eine Rationierung der Wohnungen und Zwangseinmietungen in nicht ausreichend belegten Wohnungen. Dies könnten aber nur vorübergehende Maßnahmen sein, um die akute Not zu lindern. Auf Dauer könnte nur der Neubau von Wohnungen helfen.[523] In der ersten Sitzung nach den Kommunalwahlen brachte die SPD-Fraktion einen Antrag ein, der die bereits von Sollmann angesprochene Wohnungsrationierung und Zwangseinmietung forderte.[524] Die Zahlen aus dem Jahr 1921 belegen aber, dass diese Maßnahmen nicht fruchteten. Schon im Januar 1921 berichtete die Rheinische Zeitung nach einer Inspektion der Kölner Armenviertel von schockierenden Zuständen und verknüpfte dies mit der Forderung nach einer Wohnungsluxussteuer. Es waren vor allem die ärmsten Bevölkerungsschichten, die von der Wohnungsnot betroffen waren.[525] Der Ausweg war, wie Sollmann es anmerkte, vor allem im Neubau von Wohnungen zu suchen. Im Laufe des Jahres 1921 wurden auf Reichs- und Länderebene gesetzliche Regelungen zur Förderung des Wohnungsbaus getroffen, durch welche die Kommu-

---

[522] Verwaltungsbericht 1920, S. 6. Dies ist in erster Linie durch den Bevölkerungszuwachs in Köln zu erklären. Zwischen 1919 und 1921 stieg die Einwohnerzahl von 618.268 auf 666.398 Einwohner. Ebd., S. 1. Zudem wirkte sich auch hier die Besetzung durch die alliierten Truppen negativ aus, die allein 10.500 Räume in Beschlag nahmen, was knapp einem Drittel der fehlenden Räume entsprach. Vgl. RZ Nr. 203, 31. August 1921.

[523] VStVK 11. September 1919, S. 297–301. Maßnahmen zur Rationierung und Zwangseinmietungen waren im Dezember 1918 begonnen worden. Vgl. VStVK 13. November 1919, S. 389 f.

[524] Der Antrag wurde in der Sitzung am 30. Oktober 1919 gestellt. Zur Diskussion des Wohnungswesens kam es aber erst in der Sitzung vom 13. November. Siehe VStVK 30. Oktober 1919, S. 342; VStVK 13. November 1919, S. 387.

[525] RZ Nr. 3, 4. Januar 1921. Sollmann besuchte wohl selbst die Armenviertel. In den Beratungen über den Etat im Juni 1921 wies er erneut auf die »entsetzlichen« Zustände hin, die man sich nicht vorstellen könne, wenn man sie nicht selbst gesehen habe. Zugleich kritisierte er, die Zwangseinmietungen wären nicht in dem Maße vorgenommen worden, wie es wünschenswert gewesen sei. VStVK 3. Juni 1921, S. 418.

nen in die Lage versetzt wurden, finanzielle Mittel für den Wohnungsbau zu generieren.[526] Über die Nutzung dieser Möglichkeiten war man sich jedoch in der Kölner Stadtverordnetenversammlung nicht einig. Sollmann kritisierte die Verwaltungsvorlage sowohl wegen der Höhe des Gemeindezuschlags auf die Wohnungsbauabgabe als auch wegen der Erhöhung der Höchstmietzuschläge, die jeweils viel zu hoch ausfallen und nicht im Einklang mit den Gesetzen stehen würden. Eine Erhöhung war auch für ihn unumgänglich, aber es fehlten für ihn in der Vorlage die Sicherungen, dass die Mieterhöhungen auch der Instandsetzung der Wohnungen zu gute kommen würden. Zudem sollte vor allem der gemeinnützige genossenschaftliche Wohnungsbau gefördert werden, in Köln sei aber die großzügige Förderung privater Bauherren geplant. Schließlich lobte er aber auch die bisherigen Schritte zur Gesundung des Wohnungswesens unter Oberbürgermeister Adenauer, die SPD sei gewillt, weitere Verbesserungen auf den Weg zu bringen.[527] Die Vorlage der Verwaltung nahm man aber dennoch in der vorliegenden Form an.

Eine Förderung der Wohnungsbaugenossenschaften, die von Sollmann gefordert worden war, konnte wenige Monate später durchgesetzt werden. Im Zuge der Beratungen über den Neubau der Kölner Messe stimmte die SPD der Bewilligung von 152 Millionen Reichsmark unter der Bedingung zu, dass Wohnungsbaugenossenschaften Mittel aus der Förderung des Wohnungsbaues erhielten.[528] Hier zeigt sich, dass die Kompromissbereitschaft der SPD keineswegs immer von den bürgerlichen Parteien mit einem dementsprechenden Entgegenkommen honoriert wurde.

Ein weiteres drängendes Problem waren die Finanzen der Stadt Köln. Wie alle Kommunen hatte die Rheinmetropole ein chronisches Finanzproblem. Dies war in erster Linie eine Folge der Erzberger'schen Steuerreform, die zu einer vollständigen Umkehrung der finanzhoheitlichen Kompetenzen zwischen Reich und Ländern

---

526 Siehe das Gesetz betreffend die vorläufige Förderung des Wohnungsbaues vom 12. Februar 1921 und das Gesetz vom 26. Juni 1921 über die Erhebung einer Abgabe zur Förderung des Wohnungsbaues. Reichsgesetzblatt 1921 S. 175, 773. Preußen erließ am 22. November 1921 die Verordnung betreffend die Erhebung einer Abgabe zur Förderung des Wohnungsbaues. Gesetzessammlung für Preußen 1921, S. 549.

527 VStVK 30. Dezember 1921, S. 816–820. Mietsteigerungen hatte er bereits als unvermeidlich bezeichnet, aber die Erträge sollten so kapitalisiert werden, dass daraus Wohnungsbau in wirtschaftlich gemeinnütziger Weise gefördert werden konnte. VStVK 3. Juni 1921, S. 418 f. Der genossenschaftliche Wohnungsbau gehörte zu den zentralen Themen sozialdemokratischer Kommunalpolitik in der Weimarer Republik. In der Publizistik der Partei gab es eine intensive Auseinandersetzung darüber, wie der akute Wohnungsmangel beseitigt werden konnte. Überwogen vorher Verstaatlichungs- und Kommunalisierungstheorien, sah man ab 1918 zunehmend die Förderung des Genossenschaftswesen als zielführend an. Siehe dazu Fülberth: Konzeption und Praxis, S. 41–44.

528 VStVK 2. März 1922, S. 95–107. Allerdings setzten die bürgerlichen Fraktionen dann doch die Vergabe der Mittel an private Bauherren durch.

führte und die Kommunen an die letzte Stelle rückte.[529] Zwar wirkte sich dies in den Jahren der Inflation noch nicht so dramatisch aus wie in der zweiten Hälfte der 20er-Jahre und dann besonders in der Weltwirtschaftskrise, aber auch schon zu diesem Zeitpunkt war die Stadtverordnetenversammlung regelmäßig damit beschäftigt, die Finanzlöcher im Etat zu stopfen.[530] Einzige Möglichkeit neue Einnahmen zu erschließen, waren Gebühren- und Steuererhöhungen. Die SPD unterstützte dies fast immer, wenn auch meist mit schweren Bedenken wegen der steigenden Belastung der Bevölkerung. Nur selten erhob man Einwände, wie etwa durch Sollmann gegen die Erhöhung der Straßenbahntarife, weil die Geringverdiener, die meist in städtischen Randlagen wohnten, besonders auf dieses Verkehrsmittel angewiesen waren. Auch die Überschüsse aus den städtischen Gas-, Elektrizitäts- und Wasserwerken waren in den Augen der SPD zwiespältig. Zwar war man auf die Einnahmen angewiesen, es sollte aber eigentlich die kommunale Daseinsvorsorge möglichst preiswert gesichert und den unteren Einkommensschichten durch eine Senkung der Tarife eine Entlastung verschafft werden.[531] Das Problem bestand darin, dass andere Einnahmequellen kaum zu erschließen waren. Daher fügte sich die Sozialdemokratie meist den finanzpolitischen Zwängen und trug die Erhöhungen mit.[532] Bei den Steuern sprach sich Sollmann in der Tradition sozialdemokratischer Kommunalpolitik vor allem für eine stärkere Belastung von Grundbesitz und Gewerbe aus. Akzente versuchte man auch

---

529 Die Kommunen verloren das Recht, einen Zuschlag auf die Einkommensteuer zu erheben und waren auf die Zuteilung von Mitteln aus dem Steueraufkommen in Rahmen des Finanzausgleichs zwischen Reich, Ländern und Kommunen, die Realsteuern, in erster Linie Gewerbe und Grundsteuer, sowie auf Bagatellsteuern wie etwa für Schankkonzessionen angewiesen. Zur Auswirkung der Erzberger'schen Steuerreform auf die Kölner Finanzen siehe Henning: Finanzpolitische Vorstellungen, S. 124–129. Neben den Steuern entwickelten sich Anleihen, also die Kreditaufnahme, zur regelmäßigen Finanzquelle der Kommunen. Ebd., S. 129 f.
530 Kölns Verschuldung war allerdings in Relation zu den Einnahmen immer recht moderat. Zur Entwicklung der Finanzen der Stadt Köln siehe Henning: Finanzpolitische Vorstellungen, S. 129–140.
531 So Sollmann in seiner Stellungnahme zum Etat des Jahres 1920. VStVK 8. Juli 1920, S. 427 f. Gewinne aus städtischen Betrieben wurden in der Sozialdemokratie nicht grundsätzlich als Problem gesehen. Schon im preußischen Kommunalprogramm von 1910 heißt es: »Gegen mäßige Überschüsse [...] ist nichts einzuwenden«. Kommunalprogramm, S. 7. In der sozialdemokratischen Publizistik wurde u. a. argumentiert, wegen des seit dem Ersten Weltkrieg außerordentlich stark gestiegenen Finanzbedarfs der Kommunen seien sie dringend auf Gewinne der städtischen Betriebe angewiesen. Hirsch: Aufgaben, S. 35 f. Die Daseinsvorsorgebetriebe mit Monopolcharakter waren in Köln kommunalisiert, weswegen diese ureigenste Forderung sozialdemokratischer Kommunalpolitik erfüllt war. Die weitere Kommunalisierung von Betrieben war für Sollmann eine Frage der Zweckmäßigkeit. Vgl. RZ Nr. 214, 22. September 1919. Dies entsprach der vorherrschenden Meinung innerhalb der SPD. Vgl. Fülberth: Konzeption und Praxis, S. 136 f. Insgesamt scheint diese Frage keine besondere Rolle für Sollmann gespielt zu haben.
532 Beispielsweise wurden im Februar 1920 auf einen Schlag die Gebühren für die städtischen Werke, die Marktverwaltung, die Schlacht- und Viehhöfe, die Friedhöfe, die Tiefbauverwaltung, die Bäder, die Bahnen, den Fuhrpark, die Theater und Häfen erhöht. VStVK 5. Februar 1920, S. 69 f.

durch die Forderung nach einer Wohnungsluxussteuer und einer »Schlemmersteuer« zu setzen. Das Aufkommen dieser Steuern, zumindest was die Steuer auf Luxuswohnungen betraf, war auch aus Sollmanns Sicht zu vernachlässigen, es ging ihm aber um die psychologische Wirkung. In Zeiten großer Not war für ihn eine Besteuerung dieser Bereiche ein Mittel, um ein Zeichen gegen die in manchen Kreisen herrschende Verschwendungssucht zu setzen.[533]

In allen genannten Bereichen fand man trotz gewisser Meinungsverschiedenheiten doch fast immer einen Kompromiss, der es der sozialdemokratischen Fraktion unter dem Vorsitzenden Sollmann ermöglichte, die Entscheidungen mitzutragen. Ein heikler Punkt, der dauerhaft für Zündstoff in den Verhandlungen der Stadtverordnetenversammlung sorgte, war die Bildungs- und Kulturpolitik und hier besonders die Frage nach der Einrichtung freier Schulen. Kultur- und Bildungspolitik gehörten zu Sollmanns persönlichen Vorlieben. Er hatte bereits die Gründung der Universität nach Kräften unterstützt und war auch in der Folge bemüht, in diesem Bereich für weitere Fortschritte vor allem zugunsten der breiten Bevölkerung zu sorgen. Er kritisierte, dass die Museen und Bibliotheken noch nicht ausreichend der Volksbildung dienen würden. Das Angebot der Bibliotheken umfasse weder die wichtigsten naturwissenschaftlichen Werke noch die sozialistischen Klassiker. Es ginge hier nicht um eine politische Orientierung, sondern um die Möglichkeit, diese Theorien im Sinne einer Allgemeinbildung kennenzulernen. Auch wurde seiner Ansicht nach in Relation zu viel Geld für die Theater ausgegeben, die nur von den gehobenen Schichten besucht würden, wogegen für Volkskunstabende und Volksunterrichtskurse kaum Mittel bereit stünden.[534] Kultur sollte stärker im Sinne einer volksbildenden Wirkung gefördert und offener, demokratischer werden:

> »Demokratie ist nicht nur Gleichheit im Recht, sondern auch gleiche Teilnahme aller an den Gütern der Kultur [...] Daraus ergibt sich für unsere Fraktion die Forderung an die Gemeinde, sich ihrer Verpflichtung gegenüber der Volksgemeinschaft auf diesem Gebiet bewußt zu werden.«[535]

Dazu gehörte auch die Einrichtung von freien Schulen. Die SPD hielt sich aus taktischen Gründen zwar zumeist mit Angriffen gegen die Konfessionsschulen zurück, aber ein zentrales Ziel ihrer Bildungspolitik war die Etablierung von freien Schulen,

---

533 VStVK 3. November 1922, S. 596 f. Unterstützung erhielt Sollmann von Johannes Rings vom Zentrum, der die Einführung einer »Schlemmersteuer« wegen ihrer moralischen Wirkung befürwortete. Ebd., S. 604. Allerdings wurde diese Steuer nicht eingeführt, weil die steuertechnischen Hürden sehr hoch waren. Vgl. die Ausführungen des Beigeordneten Cleff. Ebd., S. 603.
534 VStVK 8. Juli 1920, S. 430.
535 So Sollmanns Kollege Georg Beyer. VStVK 15. Januar 1920, S. 16. Siehe auch die anschließende kulturpolitische Debatte sowie im September des gleichen Jahres. Ebd., S. 16–26; 30. September 1920, S. 627–647.

die im katholisch dominierten Schulwesen der Stadt Köln eine Alternative bieten sollten.[536] Dazu gründeten die Sozialdemokraten in den Stadtteilen Ortsgruppen des Bundes der freien Schule, eine Organisation, die sich für die Errichtung weltlicher Schulen stark machte. Man sammelte rund 2.500 Willenserklärungen von Eltern, ihre Kinder vom Religionsunterricht abzumelden. Die meisten Schulleiter ignorierten dies jedoch oder gaben die Listen an die Kirche weiter, die daraufhin Druck auf die Familien ausübte. Auch in Verhandlungen mit der Stadt konnten die Vertreter des Bundes auf kein Entgegenkommen zählen. Aber der SPD gelang in dieser Frage in der Stadtverordnetenversammlung ein aus ihrer Sicht großer Erfolg. Trotz des vehementen Widerstands aus dem Zentrum wurde zunächst in der Schuldeputation mit neun zu acht Stimmen und dann in der Stadtverordnetenversammlung mit einer Mehrheit von 56 gegen 51 Stimmen die Einrichtung von freien Schulen beschlossen.[537] Die Debatte war damit aber keineswegs beendet. Von Seiten des Zentrums wollte man sich nicht mit der Entscheidung zufrieden geben. Hugo Mönnig argumentierte aus juristischer Sicht gegen die Einführung der weltlichen Gemeinschaftsschule. Sollmann mahnte daraufhin zu Duldsamkeit. Die freie Schule entspreche dem Geist der Weimarer Reichsverfassung, deshalb sei juristische Haarspalterei seiner Meinung nach hier nicht angebracht. In Weltanschauungsfragen würde er mit dem Zentrum nicht mehr auf einen Nenner kommen, aber er warnte ausdrücklich davor, sich über religiöse Angelegenheiten zu zerstreiten. An das Zentrum richtete er den Hinweis, dass eine engstirnige Haltung in der Schulpolitik sicher nicht die Zusammenarbeit auf den anderen Gebieten fördern würde.[538]

Aber nur wenige Tage später zeigte sich, dass diese Frage nicht durch sachliche Diskussion zu lösen war. Die Kölner Bezirksregierung weigerte sich, mit Vertretern des Bundes zu verhandeln und den Beschluss der Stadtverordnetenversammlung anzuerkennen, woraufhin ein Schulstreik ausgerufen wurde. Als schließlich nach Vermittlung des Kultusministeriums Sammelklassen ohne Religionsunterricht eingeführt

---

536 Laut Artikel 146 der Weimarer Reichsverfassung sollte die interkonfessionelle Gemeinschaftsschule die Regelschule sein. Die Verfassung legte aber nur einige Grundsätze und programmatische Richtlinien fest, die durch ein Reichsschulgesetz konkretisiert werden sollten. Ein derartiges Gesetz wurde allerdings nie verabschiedet. Tatsächlich blieb dann die Konfessionsschule die vorherrschende Schulform. Zymek: Schule, S. 161–165.
537 Zu den Aktivitäten des Bundes in Köln siehe Heilmann/Walter: Religiöse Sozialisten, S. 306–311. Zur Diskussion in der Stadtverordnetenversammlung VStVK 7. April 1921, S. 259–278. Die Abstimmungsergebnisse in: RZ Nr. 80, 6. April 1921; Nr. 82, 8. April 1921. Die Abstimmung war allerdings rechtlich nicht bindend, da dafür die Schuldeputation entscheidend war, die ebenfalls für die weltliche Schule stimmte. Vgl. Adenauer an die Redaktion der Rheinischen Zeitung vom 15. Mai 1921, HAStK 1120/533/I-5-17, 17 a.
538 VStVK 3. Juni 1921, S. 407 f., 417 f. Adenauer erkannte im Gegensatz zu vielen Parteikollegen die Berechtigung der freien Schulen an und stimmte in der Schuldeputation gegen die eigene Partei für die weltliche Schule. Adenauer an die Redaktion der RZ vom 15. Mai 1921, HAStK 1120/533/I-5-17, 17 a.

wurden, einige von diesen aber aus Platzgründen in einer katholischen Schule Räume gestellt bekommen sollten, kam es zu einem Streik der katholischen Elternschaft. Die Auseinandersetzung ging soweit, dass es bei der Einschulung konfessionsloser Schüler zu Tätlichkeiten kam. Die freie Schule blieb auch in der Folge ein Reibungspunkt im politischen und gesellschaftlichen Leben Kölns.[539]

Insgesamt gesehen konnte die Sozialdemokratie ihrem Anspruch, sich aktiv an der Kölner Kommunalpolitik zu beteiligen, um möglichst viele Verbesserungen für die von ihnen vertretenen Schichten zu erreichen, überwiegend gerecht werden. Dies war nicht zuletzt auf die Fraktionsspitze zurückzuführen, an der Sollmann entschieden darauf hinwirkte, die Prinzipien, die auch für seine politische Tätigkeit auf Reichsebene galten, auch auf lokaler Ebene umzusetzen. Er gehörte zu den Pragmatikern unter den sozialdemokratischen Kommunalpolitikern, die eine Verwirklichung sozialdemokratischer Ziele durch praktische Arbeit vor Ort erreichen wollten. Durch eine konstruktive Politik im Bündnis mit den progressiven Kräften des Bürgertums wollte er die Lebenssituation der hilfsbedürftigen Bevölkerungsschichten verbessern. Aus seiner Sicht diente man der Arbeiterschaft mehr durch eine Politik, die konkrete Ergebnisse vorweisen konnte, als durch eine strikte Orientierung an theoretischen Prinzipien, die jeden Kompromiss verhinderte. Besonders in der Kommunalpolitik, deren Entscheidungen viel stärker als in der Reichspolitik für die Bürger unmittelbar spürbare Folgen hatten, war die Politik der Sozialdemokratie für ihn nur sinnvoll, wenn sie einen praktischen Nutzen hatte. Auf diese Weise sollten die Umwandlung der Gesellschaft eingeleitet werden, die Vorteile der Teilhabe an Politik und Verwaltung in der Demokratie offenbar werden und die Arbeiterschaft durch die Erkenntnis dieses Gewinns in den Staat hineinwachsen.[540]

Er war auch insofern Pragmatiker, als er sich mit der Theorie sozialdemokratischer Kommunalpolitik nicht auseinandersetzte. Es ist von ihm außerhalb der direkt mit seiner Tätigkeit in Köln zusammenhängenden Artikel in der Rheinischen Zeitung kein Beitrag überliefert, der sich mit dem Aspekt sozialdemokratischer Kommunalpolitik auseinandersetzt. Er gehörte auch zu der Fraktion innerhalb der Sozialdemokratie, die keine möglichst weite Ausdehnung kommunaler Selbstverwaltung befürwortete, sondern den Vorrang der Zentralgewalt vor den nachgeordneten Instanzen betonte. So ließ er bei allen Finanzproblemen der Kommunen keinen Zweifel daran, dass er die Erzberger'sche Finanzreform für richtig hielt. Auch verteidigte er immer wieder Reich und Länder gegen Angriffe Adenauers, der in manch Gesetz und Verordnung eine Benachteiligung der Gemeinden sah, was Sollmann nicht anerkennen wollte. Er gehörte damit, ohne sich an der Diskussion innerhalb der kommunalpoli-

---

539 Heimann/Walter: Religiöse Sozialisten, S. 309–311.
540 Vgl. hierzu vor allem die bereits zitierten Redebeiträge Sollmanns zu den Etatvorlagen 1920 und 1921. VStVK 8. Juli 1920, S. 425–431; VStVK 9. Juli 1920, S. 450–453; VStVK 3. Juni 1921, S. 412–419.

tischen Publizistik zu beteiligen, zu den Verfechtern der »Staatsverwaltungslinie« innerhalb seiner Partei, die Ländern und Gemeinden eine nachgeordnete Eigenständigkeit zuwiesen.[541]

Der pragmatische Ansatz hatte zur Folge, dass das übergeordnete Ziel der Überwindung der kapitalistischen Gesellschaftsordnung an Bedeutung verlor. Zwar wurde weiter rhetorisch daran festgehalten, aber dies in verklausulierter Weise. So sprach Heinrich Erkes Ende 1919 davon, man wolle den »Übergang vom kapitalistischen Ausbeutersystem zum kommunal-sozialen Versorgungssystem«[542]. Sollmann verzichtete in der Stadtverordnetenversammlung darauf, kommunalpolitische Belange mit sozialistischen Theorien in Verbindung zu bringen.

Die SPD suchte in der Stadtverordnetenversammlung häufig die Zusammenarbeit mit dem Zentrum. Versuche, ein Bündnis mit USPD und DDP besonders bei kulturpolitischen Fragen zu schmieden, wurden offenbar kaum unternommen. Als Begründung, warum man eine Kooperation mit der liberalen Arbeitsgemeinschaft nicht als Option ansah, wurde angeführt, dass man dadurch »eine so starke Minorität gegen sich [habe], daß auf Dauer an ein gedeiliches Zusammenarbeiten im Stadtverordnetenkollegium nicht zu denken [sei]«[543]. Im Rechenschaftsbericht vom August 1921 über die Arbeit der Fraktion seit den Wahlen im Oktober 1919 heißt es, »selbst in Kulturfragen sind die so genannten Liberalen sehr unsichere Kantonisten«. Wenn man praktisch etwas für die von ihnen vertretenen Schichten herausholen wollte, sei man daher auf gelegentliches Zusammenarbeiten mit dem Zentrum angewiesen gewesen.[544] Die Aussage war in gewisser Hinsicht taktischer Natur, weil die Kooperation mit dem Zentrum vielen sozialdemokratischen Wählern nur schwer zu vermitteln war, handelte es sich doch besonders in Kulturfragen um den weltanschaulichen Hauptgegner. Die Präferenz für das Zentrum war aber sicherlich auch dem parteipolitischen Hintergrund des Oberbürgermeisters geschuldet. Im Einvernehmen mit Adenauer, der zwar als Oberbürgermeister überparteilich war, aber sich fast ausnahmslos auf den Rückhalt der Zentrumspartei stützen konnte, ließen sich Dinge leichter durchsetzen, vor allem in Personalfragen. Im Bündnis mit den Liberalen waren Mehrheiten zwar möglich, aber nur, wenn auch die Unabhängigen mitspielten. Dies erwies sich aber praktisch als fast unmöglich. Die immer wiederkehrenden Auseinandersetzungen in der Stadtverordnetenversammlung wie in den Parteiblättern zeugen von derart verhärteten Fronten, dass ein Spielraum für ein Zusammengehen nicht erkennbar ist. In Köln traf eine vom rechten Flügel dominierte Mehrheitssozialdemokratie auf vergleichsweise

---

541 Die Finanzreform war bei den kommunalpolitischen Experten der Sozialdemokratie nicht unumstritten. Dort gab es zahlreiche Befürworter einer Kompetenzerweiterung der Gemeinden. Sie gehörten zu den Anhängern der »Selbstverwaltungslinie«, der zweiten Richtung innerhalb der sozialdemokratischen Kommunalpolitik. Vgl. Fülberth: Konzeption und Praxis, S. 52 f., 135 f.
542 VStVK 6. November 1919, S. 367.
543 RZ Nr. 43, 20. Februar 1920.
544 RZ Nr. 202, 30. August 1921.

radikale Unabhängige. Im Kommunalparlament kam es andauernd zu Redegefechten zwischen den beiden Parteien, was in der Regel weitere Auseinandersetzungen in den Parteiblättern nach sich zog.[545] Selbst nach der Wiedervereinigung im Oktober 1922 kam man in Köln kaum auf einen Nenner. Immer wieder war es Philipp Fries, der auf Parteiversammlungen den Kurs der Führung um Sollmann kritisierte und eine Politik in Konfrontation zu den bürgerlichen Parteien forderte. Konstruktive Politik und praktische Mitarbeit waren nicht das Ziel der USPD in der Kommunalpolitik, das gab sie klar zu erkennen.[546] Das war eine Grundsatzentscheidung, die ein Bündnis der sozialistischen Parteien praktisch ausschloss. Vor diesem Hintergrund blieb im Prinzip nur die Zusammenarbeit mit dem Zentrum übrig. Dies war aber insofern kein Problem, da sich dies als durchaus praktikabel erwies.

Die Zusammenarbeit mit dem Zentrum und dem Oberbürgermeister schien für beide Seiten Vorteile zu haben. Adenauer konnte sich dadurch auf eine breite Mehrheit in der Stadtverordnetenversammlung stützen und konnte auch gegen die nicht immer kooperationswillige liberale Arbeitsgemeinschaft regieren. Die Sozialdemokraten wiederum gewannen mit Adenauers Unterstützung Posten in der Verwaltung, was von bürgerlicher Seite durchaus kritisiert wurde, weil dadurch Personalwünsche aus DDP und DVP unberücksichtigt blieben. Auch konnte die Sozialdemokratie zumindest einige ihrer kommunalpolitischen Ziele umsetzen. Aber betrachtet man den tatsächlichen Einfluss der Partei in der Kölner Kommunalpolitik, so blieb dieser doch begrenzt. Man konnte zwar drei Beigeordnetenstellen gewinnen, aber im Verhältnis zum Ergebnis der Kommunalwahl war die Sozialdemokratie in der Verwaltung deutlich unterrepräsentiert. Insgesamt gab es 1921 nur zehn Sozialdemokraten in gehobenen Positionen der Stadtverwaltung, angesichts der Größe des Verwaltungsapparats eine geringe Anzahl.[547] Nach den Wahlen von 1924 veränderte sich dieses Bild noch

---

545 Es wurden auch persönliche Auseinandersetzungen geführt. So warf Sollmann Dahlem vor, private Briefe von ihm aus ihrer gemeinsamen Zeit in der Jugendbewegung in Umlauf zu bringen. VStVK 28. Juli 1921, S. 553. Beispiel für Angriffe gegen die USPD in: RZ Nr. 9, 17. April 1920. Sollmann zeigte sich im Konflikt mit dem Gegner nicht zimperlich. Besonders die USPD-Vertreterin Henriette Ackermann wurde von ihm immer wieder attackiert. In einer Debatte bezeichnete er sie etwa als »Megäre«, wofür er zur Ordnung gerufen wurde. VStVK 25. November 1920, S. 731.

546 Schon das Angebot einer Arbeitsgemeinschaft mit der MSPD war von der USPD mit klaren Worten abgelehnt worden, weil deren Politik »unsozialistisch, voller kleinmütiger Zugeständnisse« sei. SR 1. November 1919. Über das Selbstverständnis der USPD in der Stadtverordnetenversammlung führte Franz Dahlem aus: »Wir sind, ich sage es offen, [...], auch nicht hier, um ›praktische Arbeit‹ zu treiben; [...]. Wir können hier keine ›praktische Arbeit‹ in unserem Sinne tun. Wir kommen hierher, um Einblick zu bekommen, wie das kapitalistische System funktioniert; ein anderes Interesse haben wir nicht.« VStVK 16. April 1920, S. 222.

547 Neben den drei Beigeordneten stellte man noch drei Stadtdirektoren, zwei Bibliothekare, einen Stadtschulrat und einen Abteilungsleiter. RZ Nr. 202, 30. August 1921. 1923 kamen zwei Stadtdirektoren hinzu. Pabst: Adenauers Personalpolitik, S. 275. Die RZ schreibt dazu: »Man muß sich wohl wundern, daß die Sozialdemokratie, die mit anerkennenswertem Mute zur Verantwortung

deutlich zum Negativen. Zwischenzeitlich war Meerfeld der einzige sozialdemokratische Beigeordnete. Der Oberbürgermeister, dem in der Stellenbesetzung eine zentrale Rolle zukam, verstand es, die Schlüsselpositionen der Verwaltung in Zentrumshand zu belassen. Es erscheint also insgesamt so, dass Adenauer mehr Nutzen aus der Koalition mit der MSPD zog als umgekehrt.

Unzweifelhaft ist auch, dass diese Politik die Kölner SPD immer wieder in Erklärungsnot brachte und bei der Anhängerschaft keineswegs populär war. Die Übernahme von Verwaltungsposten führte dazu, dass die SPD für Entscheidungen der Verwaltung geradestehen musste; sie wurde Teil des Establishments und konnte sich nicht mehr so eindeutig wie früher als scharfe Kritikerin von Missständen profilieren, weil sie nun stärker als zuvor selbst in der Verantwortung stand.[548] Die Rolle, die man noch bis zu den Kommunalwahlen 1919 innehatte, verlor man zunehmend an die USPD beziehungsweise später an die KPD. Dies zeigte sich bereits bei den Reichstagswahlen 1920, als die SPD herbe Verluste in Köln erlitt, ebenso wie bei den preußischen Landtagswahlen im selben Jahr.[549] Gewinner war jeweils die USPD, deren strikte Oppositionshaltung größere Anziehungskraft auf die Wähler hatte. Bei den Reichs- und Kommunalwahlen 1924, die zeitgleich stattfanden, brach die SPD dramatisch ein. Im Stadtrat verlor sie fast drei Viertel ihrer 43 Sitze und blieb mit elf Sitzen nun deutlich hinter der KPD zurück, die 16 Sitze erreichte. Auf Reichsebene sah das Ergebnis ebenso erschreckend aus. Dort erlangte man im Wahlkreis Köln-Stadt lediglich 12,6 gegenüber 26,3 Prozent 1920 und lag damit deutlich unter dem reichsweiten Ergebnis der SPD von 20,5 Prozent.[550] Die von Sollmann verfochtene Politik der konstruktiven Mitarbeit sowohl im Reichstag als auch in Köln, durch die man die politischen Entscheidungen im eigenen Sinne beeinflussen wollte und deshalb Kompromisse einzugehen bereit war, erwies sich bei den Wählern als unpopulär. Noch stärker als die Gesamtpartei, die ebenfalls herbe Rückschläge bei den Wahlen einstecken musste, wurde die Kölner Sozialdemokratie von den Wählern abgestraft. Es bestand anscheinend ein unauflöslicher Widerspruch zwischen dem Anspruch, weiterhin die legitime Vertreterin der Arbeiterklasse zu sein, den »Klassencharakter der Partei« weiter zu bekennen,[551] und gleichzeitig in der Stadtverordnetenversamm-

---

eine doch recht unpopuläre Kommunalpolitik zu treiben hat, sich noch immer mit drei Beigeordneten unter achtzehn begnügt.« RZ Nr. 242, 14. Oktober 1922.
548 So geriet etwa der sozialdemokratische Polizeipräsident Runge des Öfteren wegen Übergriffen der Polizei in die Kritik. Vgl. RZ Nr. 133, 10. Juni 1920. Die SPD sah sich in der Pflicht, die Maßnahmen Runges zu verteidigen. Ähnliches galt auch für die Beigeordneten. So hatte etwa Schäfer die Verantwortung für die Lebensmittelversorgung. Die chronischen Versorgungsprobleme Kölns hatte er zwar nicht zu verantworten, aber die Probleme in diesem Bereich fielen durch seine Zuständigkeit auch auf die SPD zurück. Zumindest konnte die Partei nicht mehr die Versäumnisse der Stadtverwaltung anprangern, weil sie damit sich selbst beschuldigt hätte.
549 Siehe dazu Kapitel IV.2.
550 StJb Cöln 1924, S. 131.
551 So Sollmann auf einer Wahlkampfveranstaltung im April 1920, RZ Nr. 98, 26. April 1920.

5 Kommunalpolitik in Köln

lung wie auch im Reichstag mit den bürgerlichen Parteien zusammenzuarbeiten. Die Wähler honorierten Sollmanns Kurs nicht, der die Regierungsbeteiligung, die ein gewisses Entgegenkommen gegenüber den Koalitionspartnern erforderte, der Opposition vorzog. Dagegen verzeichneten die strikten Oppositionsparteien USPD und dann KPD deutliche Gewinne bei den genannten Wahlen. Dies bedeutet nicht, dass Sollmann mit der von ihm vertretenen Politik schon nach wenigen Jahren gescheitert war, aber seine ausgeprägt reformistische Haltung, so deuten es die Wahlergebnisse an, war der Arbeiterschaft nur schwer zu vermitteln.

Für die Kooperation der SPD mit dem Oberbürgermeister spielte das Verhältnis zwischen Sollmann und Adenauer eine wichtige, wenn nicht gar die entscheidende Rolle.[552] Befördert wurde die Zusammenarbeit durch persönliche Eigenschaften, die für beide charakteristisch waren. Sie verband ein ähnlicher Lebensweg, der mit gewissen Prägungen einherging. Beide stammen aus kleinbürgerlichen Verhältnissen und verdanken ihren persönlichen Aufstieg vor allem Fleiß und Disziplin.[553] Ausschweifungen waren beiden fremd, sie bevorzugten eine asketische Lebensweise, die bei Sollmann besonders ausgeprägt war. Sie waren von ihrer Natur her eher nüchterne Persönlichkeiten und neigten nicht dazu, sich in theoretischen Auseinandersetzungen zu verlieren, sondern waren sachorientiert und kompromissfähig. Kommunalpolitik war für beide kein Forum für ideologische Grundsatzdebatten, sondern erforderte pragmatische Lösungen. Aus der Verbindung dieser Momente – Übereinstimmung in wichtigen politischen Grundsatzfragen, Kompromissbereitschaft und dem Hang zu Pragmatismus – entwickelte sich das Zusammenspiel, das Sollmann neben Adenauer zur wohl wichtigsten Figur in der Stadtverordnetenversammlung werden ließ und die Grundlage für die einige Zeit recht enge Zusammenarbeit war.

Beide schätzten sich als Partner, auf dessen Wort man sich verlassen konnte, wobei das Verhältnis zwischen Adenauer und Sollmann keineswegs störungsfrei war. Von Beginn an war der Sozialdemokrat ein kritischer Begleiter des Oberbürgermeisters und die Rheinische Zeitung widmete Adenauer manch scharfen Artikel, der nicht selten aus der Feder Sollmanns stammte. Zu entschiedenem Widerspruch führte etwa die Meldung, Adenauer habe in seinen Verhandlungen zur Übernahme des Reichskanzleramts die Aufgabe des Achtstundentags gefordert.[554] Sollmann bemerkte dazu,

---

552 Zum Verhältnis Adenauers zur Sozialdemokratie in Köln siehe allgemein Ebert: Adenauers Beziehungen.
553 Diesen Aspekt hebt Sollmann für Adenauer anlässlich der Wahl zum Oberbürgermeister 1917 hervor: »Der Förderung durch das Rathauszentrum verdankt der noch verhältnismäßig junge Mann seinen raschen Aufstieg. Aber der Förderung durch diese Partei allein? Die Frage ist zu verneinen. Seine Tüchtigkeit und sein außergewöhnlicher Fleiß haben ihm dabei geholfen. Daß Adenauer auf irgendeinem der ihm bisher zugewiesenen Posten versagt hätte, diese Behauptung haben wir nirgends vertreten gefunden.« Sollmann (ungezeichnet): Die Wahl des Kölner Oberbürgermeisters, in: RZ Nr. 219, 19. September 1917.
554 Siehe dazu die Berichterstattung in der Rheinischen Zeitung. RZ Nr. 109, 11. Mai 1921; RZ Nr. 110, 12. Mai 1921; RZ Nr. 127, 19. Mai 1921.

er habe den Eindruck gewonnen, der Oberbürgermeister sei wohl in letzter Zeit etwas stärker unter den Einfluss der Hochfinanz und Großindustrie gekommen, als es für ein Vertrauensverhältnis gut sei. Er habe ihn bisher immer als einen Mann von demokratischer Überzeugung und sozialem Empfinden angesehen und er hoffe, dass ihn dieser Glaube auch in Zukunft nicht täuschen werde.[555] Grundsätzlich war Sollmann die Nähe Adenauers zu Wirtschaftsgrößen und Bankiers suspekt, etwa zu Louis Hagen, der in der Kölner Wirtschaft und Gesellschaft eine Schlüsselposition einnahm.[556] Auch der bisweilen autoritäre Führungsstil Adenauers stieß häufiger auf Unverständnis, weil er als diktatorisch empfunden wurde.[557]

Trotz aller Kritik und Polemik der Rheinischen Zeitung gegen Adenauer und trotz der politisch immer wieder hart ausgefochtenen Kämpfe in der Stadtverordnetenversammlung, pflegten beide stets einen respektvollen persönlichen Umgang, der in ihrem Briefwechsel seinen Niederschlag findet. Er ist das Zeugnis zweier Männer, die die Geradlinigkeit und Aufrichtigkeit des anderen schätzten. In der mit persönlichen Momenten nicht reich gesegneten Korrespondenz des Oberbürgermeisters sind die Briefe an seinen kommunalpolitischen Kontrahenten einer der wenigen Fälle, in denen persönliche Sympathie zum Ausdruck kommt.[558] Es war auch nicht alltäglich, dass Adenauer Sollmann bisweilen vorab Redemanuskripte zur Kenntnisnahme zusandte.[559] Nach außen wird kaum ersichtlich gewesen sein, wie eng der Austausch des Oberbürgermeisters mit seinem sozialdemokratischen Kontrahenten war. Aus politischer Sicht war dies vor allem für Sollmann auch nicht erwünscht, denn die Zusammenarbeit mit dem Zentrumsoberbürgermeister in der Kommunalpolitik war wie dargelegt bei der sozialdemokratischen Anhängerschaft keineswegs unumstritten.

Sollmann war der einzige kommunalpolitische Gegenspieler von Format, den Adenauer in der Weimarer Republik hatte. In den anderen Parteien gab es zwar auch Kritiker Adenauers, aber diesen fehlte das rhetorische Talent Sollmanns. Man wird sogar nicht fehl gehen in der Annahme, dass Adenauer den Sozialdemokraten Soll-

---

[555] VStVK 3. Juni 1921, S. 413. Diesen Vorwurf wies Adenauer sofort zurück. Ebd. S. 419 f. Bereits in einem Brief hatte er dies zurückgewiesen und seine Bedingungen für die Übernahme des Kanzleramts dargelegt. Adenauer an Sollmann vom 15. Mai 1921, HAStK 1120/533/1-5-17, 17 a–c. Im Oktober 1922 beschwerte er sich über die Behauptung der RZ, er sei ein Kandidat der Schwerindustrie. HAStK 902/274/1, Bl. 224.
[556] Besonders im Wahlkampf 1929 griff Sollmann Hagen mehrfach an. Vgl. RZ Nr. 298, 30. Oktober 1929. Aber auch schon vorher war der Bankier immer wieder Gegenstand der Kritik seitens der Sozialdemokratie.
[557] RZ Nr. 258, 4. November 1921.
[558] Rückblickend schreibt Adenauer über ihre gemeinsame Zeit in Köln: »Ich habe immer gern an Sie zurückgedacht, auch wenn wir manchmal verschiedener Meinung waren. Geistige Auseinandersetzungen gehören zum Leben und sie sind notwendig zu jedem Fortschritt. Die geistigen Auseinandersetzungen mit Ihnen waren mir immer eine Freude.« Adenauer an Sollmann vom 16. März 1946, HAStK 1120/596-VIII-1-21 a.
[559] Vgl. Adenauer an Sollmann vom 6. Februar 1919, HAStK 1120/533/I-5-5; Adenauer an Sollmann vom 14. November 1929, HAStK 1120/533/I-5-21, 22, 22 a–c.

mann mehr schätzte als viele Politiker der Kölner Zentrumspartei. Sollmann sorgte im Zusammenspiel mit der von ihm geleiteten Rheinischen Zeitung dafür, dass die Kölner Kommunalpolitik lebendig war. Das sozialdemokratische Parteiblatt war ein journalistisch hochstehendes Blatt, dessen klare Linie, die durch redaktionelle Kontinuität und enge Abstimmung zwischen Redaktion und Stadtverordnetenfraktion gewährleistet wurde, eine stringente, kritische aber überwiegend sachliche Auseinandersetzung mit der Politik des Oberbürgermeisters ermöglichte. Die Überschneidung zwischen Kommunalpolitik und Zeitungsredaktionen in Köln war allgemein groß.[560] Aber nur bei der Sozialdemokratie und dem Parteiblatt funktionierte die Koordination gut. Adenauer zeigte sich häufiger verärgert über die Berichterstattung im Zentrumsblatt, in dem auch der Oberbürgermeister mit Kritik rechnen musste und bisweilen auch vertrauliche Informationen an die Öffentlichkeit gerieten.[561] Wirklich verlässlich war nur die Berichterstattung der Rheinischen Zeitung, die sich zwar durchgehend kritisch zeigte, aber dies mit klarer Linie. Der Oberbürgermeister konnte daher dem sozialdemokratischen Oppositionsblatt mehr vertrauen als dem Organ der eigenen Partei, eine bemerkenswerte Situation.[562]

Wie sehr das vergleichsweise gute Verhältnis zwischen dem Zentrumsoberbürgermeister und der Oppositionspartei durch die Verbindung zwischen Sollmann und Adenauer geprägt war, zeigte sich nach Sollmanns Ausscheiden aus kommunalpolitischen Ämtern. Zwischen seinem Nachfolger als Fraktionsvorsitzenden, Robert Görlinger, und Adenauer gestaltete sich die Zusammenarbeit deutlich schwieriger. Adenauer schilderte Sollmann ausführlich die Probleme, die er vor allem auf Verstimmungen über persönliche Dinge zurückführte.[563] Die Gründe für die Missstimmung waren aber nicht nur persönlicher Natur. Auf Seiten der Sozialdemokratie herrschte eine tiefe Unzufriedenheit mit der Politik Adenauers, was Ausdruck einer allgemeinen Verschlechterung des kommunalpolitischen Klimas seit Mitte der 20er-Jahre war.[564] Kritisiert wurden Adenauers autoritärer Führungsstil, seine Neigung, bei der Entscheidungsfindung die Stadtverordnetenfraktionen zu übergehen. Die Zusammenarbeit mit der Sozialdemokratie war von Adenauer seit Mitte der 20er-Jahre zunehmend weniger verfolgt worden. Görlinger brachte in einem ausführlichen

---

560 So saßen für das Zentrum Hugo Mönnig als Verleger der Kölnischen Volkszeitung und des Kölner Local-Anzeiger und Rings als Chefredakteur des Local-Anzeiger in der Stadtverordnetenversammlung. Vgl. Häussermann: Presse, S. 223–225.
561 Vgl. Adenauer an Mönnig vom 1. Dezember 1926, HAStK 902/258/4, Bl. 427.
562 Die Wertschätzung Adenauers kam noch Jahrzehnte später zum Ausdruck. In einem Brief an Sollmann aus dem Jahr 1946 berichtet er über die Wiederbegründung der Rheinischen Zeitung in Köln, »die alte Zeitung stand geistig turmhoch darüber«. Adenauer an Sollmann vom 16. März 1946, HAStK 1120/596/VIII-1- 21 a.
563 Adenauer an Sollmann vom 8. Mai 1927, HAStK 1120/533/I-5-18, 19 a–t. Die Beziehung Adenauers zu Görlinger war dauerhaft schlecht. Noch seine Absetzung als Oberbürgermeister im Jahr 1945 führte er auf eine Intrige Görlingers zurück. Schwarz: Adenauer, S. 471.
564 Siehe dazu u. a. RZ Nr. 107, 7. Mai 1927; RZ Nr. 62, 13. März 1928.

Schreiben an den Oberbürgermeister deutlich zum Ausdruck, wie groß die Gräben zwischen den ehemaligen Partnern in der Kommunalpolitik geworden waren.[565] Aber auch zwischen Sollmann und Adenauer kühlte sich das Verhältnis deutlich ab, besonders im Zusammenhang mit der Wiederwahl Adenauers 1929. Schon nach einem Treffen im Sommer 1928, das möglicherweise die kommende Wahl zum Thema hatte, notierte Sollmann:

> »Starke sachliche Gegensätze, die ausgekämpft werden müssen, bleiben aber bestehen.«[566]

Im Wahlkampf des Jahres 1929 prallten die einstigen Partner, ausgehend von Sollmann, heftig aufeinander. Der Chefredakteur der Rheinischen Zeitung, der bis dahin zwar kritisch und bisweilen mit einer gewissen Polemik, aber immer mit Achtung vor der Person dem Oberbürgermeister begegnet war, verlor das rechte Maß im Umgang mit dem politischen Gegner. Die Rheinische Zeitung überschlug sich mit Angriffen gegen das Stadtoberhaupt, die schärfsten Artikel stammen von Sollmann persönlich. Auch in mehreren Wahlkampfreden rechnete er mit Adenauers Kommunalpolitik ab. Glaubt man Sollmann, so war die Amtsführung des Kölner Oberbürgermeisters durch Großmannssucht, Verschwendung und Korruption gekennzeichnet.[567] Übel stieß ihm auch Adenauers Mitgliedschaft im Aufsichtsrat der Deutschen Bank, »einem der Sitze unserer Sozialreaktion«, auf. Adenauer habe zwar seine Verdienste für Köln, aber seine wirklich großen Leistungen, die Grünflächenpolitik, die Universität und der Hafenbau seien nur durch die Unterstützung der Sozialdemokratie ermöglicht worden. Adenauer habe sich in den letzten Jahren zum Alleinherrscher von Köln entwickelt, seine Amtsführung sei von einer Missachtung der Stadtverordnetenversammlung gekennzeichnet.[568] Sollmann wurde auch polemisch, er bezeichnete Adenauer als »Duce von Köln«, der Oberbürgermeister sei eine »menschenverachtende Herrennatur«.[569]

---

565 Görlinger an Adenauer, HAStK 902/1010/5, Bl. 9–19.
566 Sollmann an Adenauer vom 14. August 1928, HAStK 902/258/3, S. 3.
567 RZ Nr. 298, 30. Oktober 1929.
568 RZ Nr. 315, 16. November 1929.
569 RZ Nr. 298, 30. Oktober 1929; Sollmann (ungezeichnet): Die Wahl des Kölner Oberbürgermeisters, in: RZ Nr. 346, 17. Dezember 1929. Adenauers autoritäre Amtsführung stand seit Ende der 20er-Jahre häufiger zur Debatte. Vgl. Köhler: Adenauer, S. 200–204. In mancher Hinsicht waren diese Vorwürfe zutreffend. So verringerte sich die Anzahl der Sitzungen der Stadtverordnetenversammlung im Laufe der Jahre deutlich. Hatten zwischen 1919 und 1923 im Schnitt rund 34 Sitzungen pro Jahr stattgefunden, waren es 1927 noch 19 und 1931 nur noch sieben. Die kommunalpolitische Arbeit wurde immer stärker in die Kommissionen getragen. Dies kam Adenauers Hang entgegen, Entscheidungen im kleinen Kreis vorzubereiten und zu treffen. Vgl. Pabst: Personalpolitik, S. 288 f.

Das Verhältnis zwischen den einstigen kommunalpolitischen Partnern war am Ende der Weimarer Republik ernsthaft gestört.[570] Aus Sollmanns Sicht hatte Adenauer das rechte Gespür für das politische Geschäft verloren. Wenn er zu Beginn seiner Amtszeit noch den Willen zur Kooperation und ein Gespür für die sozialen Belange erkannt hatte, sah er seit Ende der 20er-Jahre den Hang zu politischen Alleingängen, zu Klientelpolitik für die Wirtschaft und mangelndes Verständnis für die drängenden sozialpolitischen Probleme. Sollmanns Vorwürfe waren nicht ganz von der Hand zu weisen und wurden auch aus anderen Parteien erhoben, aber in ihrer Schärfe und Polemik waren sie sicherlich überzogen.[571] Tatsächlich hatten zwischen den beiden kommunalpolitischen Kontrahenten von Anfang an Unterschiede bestanden, die erst zum Ende der Weimarer Republik offen hervortraten. Sollmann und Adenauer waren beide Demokraten, aber mit sehr unterschiedlicher Ausprägung. Der Sozialdemokrat Sollmann wollte kommunalpolitische Entscheidungsprozesse demokratisieren, den Wählern den Eindruck vermitteln, dass sie durch die von ihnen gewählten Ratsmitglieder möglichst eng und direkt an den kommunalpolitischen Entwicklungen beteiligt waren, die durch die Verhandlungen in der Stadtverordnetenversammlung transparent wurden. Adenauer stand zwar auch auf dem Boden der Republik und war der Ansicht, dass man den geänderten politischen Rahmenbedingungen Rechnung tragen und die Sozialdemokratie in die politischen Entscheidungen einbinden musste, aber Sollmanns Vorstellungen hinsichtlich einer möglichst direkten Beteiligung der Wähler an den Entscheidungen der Stadtverwaltung teilte er nicht. Adenauer ging es darum, seine Pläne zur weit reichenden Umgestaltung der Domstadt umzusetzen. Dabei kam es ihm darauf an, in den zuständigen Gremien die Mehrheiten dafür zu erhalten. Seine Einschätzung der Stadtverordnetenversammlung beschrieb er dabei einmal so, dass er die Pflicht habe »bei der Stadtverordnetenversammlung darauf hinzuwirken, daß sie den Beschluß faßt, den ich für den richtigen halte«[572]. Mit Sollmanns Demokratieverständnis waren derartige Einstellungen nur schwer zu vereinbaren.

In einigen zentralen Punkten der Stadtentwicklung waren sich die beiden durchaus einig. Die Grünflächenpolitik, die allen Bürgern zugutekam, die Universität, die den Bildungssektor der Stadt stärkte, fanden Sollmanns volle Unterstützung. Er sah aber bei Adenauers Stadtplanung die wirtschaftlichen Projekte zu sehr im Vordergrund und die Probleme der minderbemittelten Schichten zu wenig berücksichtigt.

---

570 Auch wenn das anfänglich gute Verhältnis in dieser Zeit stark litt, so resultierte daraus kein endgültiger Bruch. Nachdem die Verbindung in der Zeit des NS-Regimes völlig abgebrochen war, nahmen sie 1946 wieder Kontakt auf. Von den Auseinandersetzungen zum Ende der Weimarer Republik blieb nichts hängen, was die Beziehung belastete. Zu den Kontakten zwischen Sollmann und Adenauer seit 1946 siehe Kapitel V.7.
571 Siehe dazu und zu Adenauers Verhältnis zu den Parteien in der Kommunalpolitik Schulz (Hg.): Konrad Adenauer, S. 169–179.
572 HAStK 902/233. Dieser Satz findet sich in einem Konzept für eine Rede am 25. April 1927, wurde aber von Adenauer aus dem Konzept wieder gestrichen.

In dieser Hinsicht standen für ihn anders als für Adenauer nicht die langfristigen Entwicklungen im Vordergrund, sondern die ganz akut drängenden sozialen Probleme. Fremd war ihm auch Adenauers Wille, Köln durch repräsentative Veranstaltungen als moderne Metropole zu präsentieren. So sah er in dem Großereignis der internationalen Presseausstellung 1928, der PRESSA, die von zahlreichen Empfängen für die namhaften Gäste begleitet wurde, in erster Linie die Verschwendung von Steuergeldern.[573]

Die Gegensätze waren also vor allem durch die unterschiedliche Zielrichtung ihrer kommunalpolitischen Pläne begründet. Konflikte waren daher kaum zu vermeiden. Es ist auch kein Zufall, dass diese besonders zum Ende der Weimarer Republik auftraten. In den Jahren der Inflation war die Finanzierung kommunalpolitischer Vorhaben unkomplizierter, weil Geld leicht zu beschaffen war. Als zum Ende der Weimarer Republik die Finanzlage der Kommunen immer prekärer wurde, konnten entsprechend weniger Projekte umgesetzt werden. Wo das knappe Geld am besten eingesetzt werden sollte, darüber war man sich nun zunehmend weniger einig. Wollte Adenauer weiterhin Stadtentwicklungspolitik betreiben, sahen Sollmann und die Sozialdemokratie die Linderung der sozialen Probleme als drängendste Aufgabe.

Ungeachtet dieser Meinungsverschiedenheiten waren der Zentrumsoberbürgermeister und sein Kontrahent von der SPD unbestritten die dominierenden Figuren der Kölner Kommunalpolitik in der Weimarer Republik. Man wird Sollmann zustimmen dürfen, wenn er immer wieder betonte, dass viele Projekte, die zurecht mit dem Namen Adenauers verbunden waren, doch auch der Sozialdemokratie zu verdanken seien, weil sie mithalf, die Widerstände gegen diese Pläne innerhalb und außerhalb zu Kölns zu überwinden und durch ihre aktive Mitarbeit ihren Teil dazu beigetragen habe, die beachtliche Entwicklung Kölns in den 20er-Jahren voranzutreiben.

6 Die Reform der Parteipresse

Parallel zu seinen politischen Aktivitäten in der Reichs- und Kommunalpolitik verfolgte Sollmann weiterhin die Reform des sozialdemokratischen Pressewesens.[574] Der Presse kam innerhalb der Parteiorganisation der SPD traditionell die Aufgabe der Meinungsbildung zu. Sie hatte politisches Kampf- und Aufklärungsmittel zu sein, das die politische Überzeugung und Verankerung der Leserschaft im sozialistischen Milieu fördern sollte. Dagegen waren Information und Unterhaltung von untergeordneter Bedeutung. Als Teil des schwerfälligen Organisationsapparats der SPD und überwacht durch die aus den regionalen Parteiorganisationen gebildeten Presskommissionen, waren die Redakteure keine freien Berichterstatter, was dazu führte, dass die ganz überwiegende Zahl der Parteiblätter sich inhaltlich kaum über die Wieder-

---

573 Zur PRESSA siehe Köhler: Adenauer, S. 204–208.
574 Siehe dazu Kapitel III.4.

gabe der parteioffiziellen Verlautbarungen hinaus entwickelte.[575] Man richtete die Berichterstattung nicht nach der Leserschaft aus, sondern danach, was von der Parteispitze vorgegeben wurde. Die Presseerzeugnisse spiegelten nicht die Arbeiterkultur wider, sondern die Zielvorstellungen des Führungszirkels der Partei.

Die Abhängigkeit von der Partei bestand auch in finanzieller Hinsicht, denn die finanzielle Selbstständigkeit der sozialdemokratischen Zeitungen wäre nur erreichbar gewesen, wenn man wie in der bürgerlichen Presse die Werbung als Einnahmequelle ausgeschöpft hätte. Eine Ausweitung des Anzeigengeschäfts wurde jedoch lange Zeit abgelehnt, weil man den Erziehungsanspruch der Zeitungen gefährdet sah, wenn man gleichzeitig durch Werbung kapitalistischen Unternehmen ein Forum bot. Deshalb waren die Zeitungen zumeist auf Zuschüsse aus der Parteikasse angewiesen, weil die laufenden Kosten nicht durch die Erlöse aus dem Verkauf zu decken waren. Die durch den Parteivorstand investierten Summen standen jedoch in keinem Verhältnis zum Einfluss der unterstützten Zeitungen. Man hatte in der deutschen Presselandschaft nur einen Anteil von rund zwei Prozent, die Partei hatte aber bei den Reichstagswahlen 1912 einen Stimmanteil von 28 Prozent erreicht. Ebenso ernüchternd war, dass nur zwischen 15 und 20 Prozent der sozialdemokratischen Wähler auch regelmäßig eine Parteizeitung bezogen.[576] Auf die Anhängerschaft hatte die Parteipresse daher nur in begrenztem Maße Anziehungskraft.

Der unbefriedigende Stand des Pressewesens führte auf dem Parteitag 1913 in Jena zu einer Diskussion über die Missstände. Adolf Braun bemerkte in seinem Bericht, 78 der 90 täglich erscheinenden Parteizeitungen seien Schablonenarbeit.[577] Sollmann kritisierte, die Parteipresse betreibe keine allgemein verständliche Propaganda. Erkundigungen von ihm in Arbeiterkreisen hätten ergeben, dass besonders die Schreibweise vieler Parteiblätter die Leser abschrecken würde. Vor allem Frauen würden die Zeitungen abbestellen, weil das Feuilleton für die meisten Arbeiter nicht genießbar sei. In den Redaktionen sei man wohl der Ansicht, jeder Arbeiter habe die Klassiker gelesen und gehe regelmäßig ins Theater. Bildung sei wichtig, aber sie müsse angemessen vermittelt werden. Er habe den Eindruck, viele Redakteure wollten lieber journalistisch glänzen als verständliche Beiträge für die breite Masse zu schreiben.[578]

Sollmann sprach hier ein weiteres grundsätzliches Problem des sozialdemokratischen Pressewesens an. Es wurde kein eigener Kulturbegriff entwickelt, sondern man orientierte sich an den bürgerlichen Bildungsprinzipien, die man mehr oder minder kritisch übernahm. Wenn man sich wie von Sollmann angemerkt in den Feuilletons

---

575 Koszyk: Geschichte, S. 5. Die Arbeit der Presskommissionen war vor allem bei den Redakteuren umstritten, weil die Mitglieder häufig wenig Eignung besaßen und dementsprechend unzureichend ihr Aufsichtsrecht ausübten und die Weiterentwicklung der Zeitungen hemmten. Siehe dazu Mayer: Vom Vereinsorgan.
576 Koszyk: Geschichte, S. 4–6.
577 Protokoll Parteitag 1913, S. 256 f.
578 Ebd., S. 244.

auf die Klassiker bezog, so produzierte man letztendlich lediglich ein Abbild der bürgerlichen Bildungsvorstellungen.[579]

Im sich herausbildenden Markt der Massenpresse hatten die sozialdemokratischen Parteiblätter durch die geschilderten Umstände einen schweren Stand. Weil die Parteiblätter den Fokus auf die von der Parteispitze vorgegebenen politischen und kulturpolitischen Zielsetzungen legten, verschlossen sie sich der populären Kultur und waren den massenmedialen Herausforderungen nicht gewachsen. In der unpolitischen, mehr an Unterhaltung orientierten bürgerlichen Presse sah man geistlose Produkte, die den Leser verdummen ließen, aber man verkannte, dass auch die Arbeiterschaft lieber seichte Unterhaltung als politische Belehrung wollte. Wegen der programmatischen Rückständigkeit der sozialdemokratischen Presseerzeugnisse, die die Mehrheit der sozialdemokratischen Wähler nicht ansprachen, griffen diese zu den »bürgerlichen« Generalanzeigern und Boulevardblättern, die in viel stärkerem Maße dem Unterhaltungsinteresse der Leser nachkamen. Sozialdemokratische Zeitungen wurden, darüber sprach man in der Partei offen, häufig nicht wegen ihres Inhalts, sondern nur aus Pflichtgefühl gegenüber der Partei bezogen.[580] Wenn man aber schon die eigenen Anhänger mit den sozialdemokratischen Presseerzeugnissen kaum erreichte, so war an die Gewinnung neuer Leserkreise nicht zu denken. Sollmann schrieb dazu 1915:

> »Das zu gewinnende Publikum hungert nicht nach politischen Leitartikeln und mehr oder minder geistsprühenden Entrefilets, es sucht nach leichterem anregenden Lesestoff, den es in den ihm zusagenden bürgerlichen Zeitungen überreichlich im unterhaltenden und lokalen Teil findet, während es bei uns nur wenig auf seine Kosten kommt.«[581]

---

579 Koszyk: Geschichte, S. 4. In dieser Hinsicht äußerte sich auch der Redakteur Franke von der Rheinischen Zeitung in der Neuen Zeit: »Das Feuilleton unserer Parteipresse steht in seiner heutigen Zusammensetzung dem Gefühlsleben und der geistigen Auffassungsfähigkeit der meisten Leser der Arbeiterpresse und besonderes derer, die es werden sollen, fern. Das Feuilleton der sozialdemokratischen Presse ist leider nicht populär. Die Verhältnisse, aus denen die Arbeiterpresse emporwuchs, ließen eine sorgsame Pflege dieses für die Werbung so wichtigen Gebietes nicht zu. Später lehnte man sich bei der Ausgestaltung dieses Teiles an die wenigen guten bürgerlichen Blätter an. Und auch heute noch unterscheidet sich der Unterhaltungsteil unserer gut fundierten Parteiblätter wenig von dem der bezeichneten bürgerlichen Blätter.« Franke: Die Parteipresse auf dem Parteitag, in: Die Neue Zeit 1 (1913/14), S. 25.
580 Mayer: Vom Vereinsorgan. In den Mitteilungen des Vereins Arbeiterpresse ist für das Jahr 1907 versucht worden, das Verhältnis zwischen Wählern und Abonnenten zu ermitteln. Kühn: MDVA 10 (1910), S. 3.
581 Sollmann: Zum Ausbau des lokalen Teils, in: MdVA Nr. 141, Dezember 1915, S. 1 f. In welchem Maße Arbeiter tatsächlich bürgerliche Zeitungen lasen, ist allerdings mangels Quellen kaum zu quantifizieren. Aber es gibt im Ersten Weltkrieg und vor allem für die Zeit nach 1918 deutliche Hinweise, dass die SPD-Presse Leser an die bürgerliche Presse verlor. Meier: Vom Parteiorgan zur modernen Zeitung?, S. 269.

6 Die Reform der Parteipresse

Die Funktion der Presse als Erziehungs- und Bildungsorgan im Sinne der Partei war nicht kompatibel mit den Interessen der Zielgruppe und damit auch ungeeignet für die Erschließung neuer Wählerkreise. Dies war dem Parteivorstand durchaus bewusst:

>»Unsere Presse wendet sich ersichtlich immer fast ausschließlich an den organisierten und geschulten Parteigenossen, bei dem sie vieles voraussetzen darf, was dem Indifferenten, der erst aufmerksam gemacht, zum Nachdenken veranlaßt und für uns gewonnen werden soll, zumeist vollkommen unbekannt ist.«[582]

Diesem Problem widmete sich Sollmann im Ersten Weltkrieg in einer Reihe von Artikeln in den Mitteilungen des Vereins Arbeiterpresse, dem Organ, in dem die Diskussion um eine Reform der Parteipresse hauptsächlich geführt wurde.[583] Er warb auch auf dem Würzburger Parteitag von 1917 dafür, die Parteipresse nicht nur als politisches Bildungsinstrument zu sehen, sondern sie stärker an den Interessen der Leser auszurichten. Wie dies genau zu bewerkstelligen war, darüber war man sich in der Partei keineswegs einig. Es ging vor allem um die Frage, wie man die Zeitung für die Leser attraktiver gestalten konnte, ohne eine Kopie der bürgerlichen Presse zu sein. Otto Braun brachte das Problem der Parteipresse in der Diskussion auf dem Parteitag in Würzburg 1917 auf den Punkt:

>»Man kann, sagt man ja oft, die Parteipresse nicht vollständig auf die Sensationslust der großen Masse einstellen. Gewiß, das kann man nicht und soll man auch nicht, denn unsere Zeitungen sind vorwiegend politische Aufklärungs- und Kampforgane, auf dem politischen Gebiete liegt ihre Hauptaufgabe. Aber diese wichtige Aufgabe kann unsere Parteipresse nur erfüllen, wenn sie Leser hat.«[584]

Trotz der fortwährend laufenden und zu gewissen Zeiten stärker aufflammenden Diskussion um die Reform der Parteipresse war man bis zum Ende des Kaiserreichs zu keiner Lösung gekommen. Durch den Übergang zur Republik stellten sich nun neue Herausforderungen. Im Kaiserreich war die Sozialdemokratie Oppositionspartei gewesen, hatte sich ganz auf diese Rolle zurückziehen können, was auch für die Presse galt. Gerade in Köln hatte sich die Rheinische Zeitung durch ihre kritische Haltung während des Ersten Weltkriegs als Sprachrohr der leidenden Bevölkerung profiliert. In der Republik erweiterte sich das Aufgabengebiet der Parteipresse. Da man selbst häufig in der Regierungsverantwortung stand, konnte man nicht mehr nur Parteipolitik aus der Oppositionsrolle betreiben, sondern musste die Entscheidungen der

---
582 Protokoll Parteitag 1913, S. 226.
583 Siehe hierzu Kapitel III.4.
584 Protokoll Parteitag 1917, S. 249.

Parlamente und Regierungen erklären und verteidigen. Der Leser sollte nun im Sinne der Partei zur positiven Mitarbeit für die Republik, zum vollwertigen Staatsbürger erzogen werden, der sich mit dem demokratischen Staat identifiziert. Die häufig unpopulären Regierungsmaßnahmen, die von den Parteiblättern unterstützt wurden, waren jedoch kaum dazu geeignet, bei den sozialdemokratischen Wählern die Beliebtheit der Presse zu steigern.

Der Zustand des sozialdemokratischen Pressewesens war nach dem Krieg eher schlechter als 1914. Im März 1919 verfügte die Partei über 95 Zeitungen mit einer Abonnentenzahl von 1,7 Millionen. Damit hatte man zwar gegenüber 1914 250.000 Leser hinzugewonnen, aber dies war nur auf den ersten Blick ein Erfolg. Bei den Wahlen zur Nationalversammlung hatten 11,4 Millionen Wähler die SPD gewählt, wogegen man bei der letzten Wahl vor dem Krieg 4,25 Millionen Wähler hatte. In Relation dazu war die Entwicklung der Presse enttäuschend. Auch der Anteil an der deutschen Presselandschaft war mit drei Prozent verschwindend gering, wenn man bedenkt, dass bei den Wahlen 39 Prozent für die SPD gestimmt hatten.[585]

An den Inhalten wollte man jedoch wenig ändern, wie es der Bericht der Presskommission auf dem Weimarer Parteitag 1919 darlegt. Aber in gewisser Hinsicht sollten die bürgerlichen Zeitungen doch als Vorbild dienen:

> »Es ist selbstverständlich, daß unsere Parteipresse in erster Linie politisches Kampf- und Aufklärungsmittel bleiben muß. Sie ist nicht dazu da, ein ordinäres Sensationsbedürfnis zu fördern und zu befriedigen. Ihre vornehmste Aufgabe muß sein die Schulung und Beeinflussung der Massen im Sinne der sozialistischen Weltanschauung. Aber darüber hinaus muß sich unsere Parteipresse mehr als bisher bestreben, in größerem Maße Nachrichtenorgan zu sein. [...] Allein die redaktionelle und technische Aufmachung läßt noch sehr zu wünschen übrig. Man werfe nur einmal einen Blick auf die großen bürgerlichen Tageszeitungen. Der sehr geschickten Wahl und Anwendung ihrer sogenannten Schlagzeilen verdanken sie einen wesentlichen Teil ihres Erfolges und der Verbreitung, und wir müssen das Gute da nehmen, wo wir es finden. Eine geschickte Aufmachung ist noch längst nicht eine Förderung des Sensationsbedürfnisses.«[586]

Eine verbesserte Versorgung mit aktuellen Informationen und die stärkere Konzentration der sozialdemokratischen Zeitungen auf Nachrichten waren das Ziel einer Initiative Sollmanns gemeinsam mit zwei weiteren sozialdemokratischen Journalisten. Zusammen mit Adolf Braun und Ernst Andrée war er mitverantwortlich für die Gründung eines Pressedienstes in Berlin, aus dem sich später der Sozialdemokratische Pressedienst entwickelte. Braun war wie Sollmann ein ausgesprochener Experte für

---

585 Koszyk: Geschichte, S. 30.
586 Protokoll Parteitag 1919, S. 179 f.

die Parteipresse.[587] Auf dem Parteitag von Weimar hatte er in seinem Referat zur Presse die Einrichtung eines Nachrichtendienstes gefordert, weil eine Nachrichtenquelle benötigt werde, welche die Parteipresse mit selbstständigem politischen Inhalt bereichern solle, keinerlei Privatinteressen diene und der bürgerlichen Presse nicht zugänglich sei.[588] Da die Partei aus finanziellen Gründen zunächst nicht tätig wurde, beruhte die Gründung dieses Nachrichtenbüros auf Eigeninitiative. Die Idee ging sehr wahrscheinlich von Adolf Braun aus, aber Sollmann gehörte zu seinen ersten Ansprechpartnern. Träger des Dienstes sollte eine Auswahl von Parteizeitungen sein, die gemeinsam die Finanzierung übernahmen. Im Briefwechsel wurde die Konzeption besprochen, die eine Beteiligung von fünf bis sechs Zeitungen vorsah, die unter anderem nach regionalen Gesichtspunkten ausgewählt wurden. Schließlich fanden sich die Fränkische Tagespost aus Nürnberg, die Rheinische Zeitung aus Köln, der Volkswille aus Hannover, das Hamburger Echo und die Breslauer Volkswacht, die unter der Leitung von Paul Löbe stand, zusammen. Der in den Beratungen geplante Nachrichtendienst sollte die angeschlossenen Zeitungen mit aktuellen Nachrichten aus Berlin versorgen. Den Dienst in Berlin sollten schichtenweise Braun und Sollmann übernehmen.[589] Im Herbst 1919 nahm das Berliner Büro seine Arbeit auf.[590] Vor allem in den Anfängen mussten die Initiatoren einen enormen zeitlichen Aufwand betreiben.

»Jahrelang ist unser Adolf Braun mit seinen 40 Parteidienstjahren auf dem Rücken, morgens vor 5 Uhr im Reichstag gewesen – wenn ich in Berlin sein konnte, auch ich – und bald nachher rasselten die Fernsprecher, durch die wir unsere Meldungen an einige unserer größten Parteiblätter gaben, die die Auslagen ersetzten. Jahrelang währte unsere Arbeit – wir waren ja auch Abgeordnete – von früh 5 Uhr bis gegen 11 Uhr abends. Wie oft sind wir dann die Nacht im voll besetzten Abteil

---

587 Zu Braun siehe die eher skizzenhafte Dissertation von Fasel: Adolf Braun (1862–1929). Braun hatte wie Sollmann eine Reihe von Beiträgen zum Pressewesen verfasst und war Mitglied der Kommission, die vom Parteiausschuss beauftragt worden war, Vorschläge zum Ausbau der Parteipresse zu machen. Auf dem Parteitag von Weimar 1919 hielt Braun dann das Referat zum Stand des Pressewesens. Ebd., S. 181 f.
588 Protokoll Parteitag 1919, S. 4. Das seit 1908 bestehende Sozialdemokratische Pressebureau war kurz nach Beginn des Ersten Weltkriegs eingestellt worden. Koszyk: Geschichte, S. 16; ders.: Zwischen Kaiserreich und Diktatur, S. 148, Anm. 51.
589 Der nur fragmentarisch erhaltene Schriftwechsel gibt nur einen lückenhaften Einblick über die Entstehungsphase. Vgl. die Korrespondenz zwischen dem 13. August und 24. September 1919 zwischen Adolf Braun von der Fränkischen Tagespost in Nürnberg, Ernst Andrée vom Volkswillen in Hannover und Sollmann. HAStK 1120/544/II-13-43, 43 a, 50, 50 a, 51, 54, 55, 56, 56 a, 57, 57 a, 58, 59, 59 a–k, 60, 63, 72, 72 a. Ein Brief von Braun vom 6. September 1919, in dem er sein Auffassung von den Aufgaben des Pressedienstes und die Aufgabenteilung, wie sie wohl auch umgesetzt wurde, darlegte, ist abgedruckt bei Fasel: Braun, S. 368–373.
590 Obwohl an der Gründung mehrere Personen beteiligt waren, ist die Einrichtung des Büros doch anscheinend in erster Linie auf Braun und Sollmann zurückzuführen. So Koszyk: Zwischen Kaiserreich und Diktatur, S. 148.

500 Kilometer weit ins Land gefahren, um am frühen Morgen dort wieder an der Arbeit zu sein.«[591]

Relativ schnell weitete sich der Kreis der belieferten Zeitungen aus, was eine organisatorische Umgestaltung nötig machte. Lediglich ausgestattet mit einer Sekretärin sowie Braun und Sollmann als Leiter war ein Nachrichtendienst, der über ein umfangreiches Angebot verfügen sollte, auf Dauer nicht zu unterhalten. Auf Initiative von Braun und wohl auch Sollmann wurde daher an die Partei der Wunsch herangetragen, das Nachrichtenbüro in die Trägerschaft der SPD zu überführen und organisatorisch auszuweiten. Bereits im Sommer 1920 verabschiedete der Parteiausschuss die von Braun eingebrachte Beschlussvorlage, die neben der Zentrale in Berlin zehn regionale Büros vorsah, die für die Verteilung der aus Berlin gelieferten Berichte zuständig waren.[592] Im Jahr darauf regte eine Konferenz von Redakteuren und Geschäftsführern der sozialdemokratischen Presse an, den Parlamentsdienst in ein genossenschaftliches Unternehmen zu überführen, das die Aufgabe übernehmen sollte, die gesamte sozialdemokratische Presse mit Nachrichten zu versorgen.[593] Die Konferenz der Geschäftsführer der Parteipresse und der Vorsitzenden der Pressekommissionen beschloss im November 1921, die Sozialdemokratische Parlamentsdienst GmbH zu gründen. Diese stand weiterhin unter der Leitung von Braun und Sollmann. Daraus wiederum entstand im November 1924 die Sozialdemokratische Pressedienst GmbH, die ein eigens eingerichtetes Büro mit Funkdienst erhielt. Braun und Sollmann zogen sich zu diesem Zeitpunkt aus der Leitung zurück, blieben aber Gesellschafter. Leiter des neuen Büros wurde Erich Alfringhaus.[594] Der Erfolg der 1919 gestarteten Initiative war beachtlich. Aus dem anfänglichen Projekt von fünf Zeitungen entwickelte sich ein modernes Nachrichtenbüro der sozialdemokratischen Presse, das 1927 auf dem Zusammenschluss von 191 Zeitungen beruhte. Berichtet wurde über alle Erscheinungen des politischen, wirtschaftlichen und sozialen Lebens mit dem Schwerpunkt auf der politischen Tätigkeit der SPD in Regierungen und Parlamenten. In der Weimarer Republik entwickelte sich der Pressedienst zu einem Produzenten und Anbieter von Nachrichten, der über einen eigenen Bild- und Funkdienst verfügte. Ein Netz von Korrespondenten im In- und Ausland versorgte den Pressedienst mit Informationen. Zum Angebot gehörten Auslandsnachrichten, Artikel- und Informationsdienste zu einem breiten Themenspektrum von der Wirtschaft bis zum Feuilleton. Mehrmals täglich gingen die neuesten Nachrichten an die Parteipresse.[595] Mit ihrer Initiative

---

591 Sollmann: Der »Sozialdemokratische Pressedienst«, in: Volk und Zeit 8 (1925).
592 Protokoll der Sitzung des PA vom 25. August 1920, S. 1024. Zur Initiative Brauns siehe Fasel: Braun, S. 183, Anm. 9.
593 Vorwärts Nr. 359, 2. August 1921.
594 Vorwärts Nr. 515, 31. Oktober 1924; Vorwärts Nr. 520, 4. November 1924; RZ Nr. 105, 30. April 1931, Beilage »40 Jahre Rheinische Zeitung«; Kampffmeyer: Pressedienst, S. 4 f.
595 Ebd.

hatten Braun und Sollmann Pionierdienste geleistet. Der Pressedienst als Konkurrenz zu den bereits bestehenden Nachrichtenbüros war ein wichtiger Schritt, um die sozialdemokratischen Zeitungen aktueller und interessanter zu gestalten.[596] Damit allein waren aber noch nicht die Probleme gelöst, die zur Rückständigkeit gegenüber den bürgerlichen Zeitungen geführt hatten.[597]

Sollmann verfolgte weiterhin das Ziel, die sozialdemokratische Presse journalistisch ansprechender zu gestalten, sie für die Leser attraktiver zu machen. Diesbezüglich gab es weiterhin erhebliche Defizite; die Lage gegenüber der Konkurrenz aus dem bürgerlichen Lager hatte sich kaum gebessert. Nachdem Sollmann sich abgesehen von seinem Engagement für den Sozialdemokratischen Pressedienst in den ersten Jahren der Weimarer Republik mit Vorschlägen für eine Reform der Presse zurückgehalten hatte, widmete er sich diesem Aspekt Mitte der 20er-Jahre mit neuer Energie. In diese Zeit fallen neue Diskussionen um die Modernisierung des Pressewesens, in denen erstmals in der Sozialdemokratie eine systematische Beschäftigung mit konzeptionellen Fragen des Pressewesens vollzogen wurde, an denen Sollmann entscheidenden Anteil hatte.[598] Ein Höhepunkt dieser Bemühungen war die Redakteurskonferenz des Vereins Arbeiterpresse im Januar 1926 in Berlin, auf der Sollmann das Hauptreferat zum Thema »Ausbau der sozialdemokratischen Presse« hielt.[599] Darin legt er einen umfangreichen Bericht über den Zustand der Presse und die aus seiner Sicht nötigen Reformansätze dar. Sowohl quantitativ wie qualitativ gab es laut Sollmanns Analyse zahlreiche Missstände. Obwohl sich die Anzahl der Tageszeitungen seit dem Weltkrieg von 93 auf 177 fast verdoppelt hatte, war die Auflage von rund 1,8 Millionen auf knapp 1,1 Millionen gesunken. Dies war aus Sollmanns Sicht nicht allein auf die

---

596 Sollmann sah in dem Pressedienst einen entscheidenden Faktor für die weitere Entwicklung der Parteipresse: »Keiner der zur Kritik Berufenen wird aber leugnen, daß hier zum ersten Male in unserer Parteigeschichte ein Nachrichten- und Korrespondenzbureau erwachsen ist, das sich nahezu aller für seine Zeit gegebenen technischen Mittel bedient und Material von eindrucksvoller, da und dort vielleicht überreicher Vielseitigkeit und Fülle liefert. Ich neige zu der Auffassung, daß Schicksal und Zukunft dieses Pressedienstes zu einem guten Teil die Entwicklung unserer Parteipresse bestimmen werden.« Sollmann: Auf dem Wege zur Zeitung, in: MdVA 283, Februar 1925, S. 1.
597 Es gab auf wirtschaftlicher Seite ebenfalls Modernisierungsbestrebungen. 1925 wurde die Konzentration A. G. gegründet, die zentral für den Einkauf der Rohstoffe und Betriebsmittel sowie die Überprüfung der sozialdemokratischen Zeitungsbetriebe zuständig war. Koszyk: Zwischen Kaiserreich und Diktatur, S. 171.
598 Sollmann gehörte 1925 als Teilnehmer am Zweiten Kongress der Sozialistischen Arbeiter-Internationale in Marseille zu den Mitgliedern der in dessen Rahmen tagenden Konferenz für technische Zeitungsfragen und berichtete dort über den Stand der Parteipresse in Deutschland. Vgl. Zweiter Kongress, S. 315 f., 355.
599 Das Referat wurde unter dem Titel »Wir und die Leserwelt« in der Schriftenreihe des Vereins Arbeiterpresse veröffentlicht. Eine Skizze der hier von ihm ausführlich behandelten Problematik hatte er bereits ein Jahr zuvor publiziert. Vgl. Sollmann: Auf dem Wege zur Zeitung, in: MdVA Nr. 238, Februar 1925, S. 1 f.

schwierigen wirtschaftlichen Rahmenbedingungen zurückzuführen, weil die bürgerliche Presse eine Auflage zwischen zehn und zwölf Millionen aufweise.[600]

Es sei daher die dringende Aufgabe, mit den kaufmännischen Leitern der Zeitungen Reformvorschläge zu diskutieren, um der Presse einen größeren Leserkreis zu erschließen. Zwischen Redaktion und kaufmännischer Leitung sei es bei manchen Zeitungen darüber in letzter Zeit zu Spannungen gekommen, weil Reformvorschläge meist mit höheren Kosten einhergingen. Man dürfe aber die Frage der Reform nicht aus finanziellen Gründen verneinen.[601]

Bezüglich der inhaltlichen Ausgestaltung wandte sich Sollmann gegen die Auffassung, eine größere Verbreitung der Parteipresse scheitere daran, dass der Textteil im Vergleich zum Annoncenteil zu kurz sei. Als Vergleich zog er den Kölner Stadtanzeiger und die Berliner Morgenpost heran, die deutlich weniger Text als Anzeigen hätten, vom Text sei zudem nur ein Sechstel politischen Themen gewidmet. Der Stadtanzeiger werde aber von Kommunisten bis zu den Deutschnationalen gelesen. Das Publikum, so kam er zum gleichen Ergebnis wie bereits 1915, verspüre keine Lust auf politische Inhalte. In den sozialdemokratischen Zeitungen sei im Schnitt die Hälfte des Textes politischen Themen gewidmet und selbst der unpolitische Teil sei mit politischen Anmerkungen durchsetzt. Die großen Vorteile der Generalanzeiger gegenüber den sozialdemokratischen Parteiblättern sah Sollmann neben dem größeren Umfang, weil dies mehr Einwickelpapier ergebe, besonders im Anzeigenteil und dem Lokal- und Unterhaltungsteil, der den Geschmack der Massen treffe.[602]

Eine Kopie der Generalanzeiger sah Sollmann dennoch nicht als Ausweg. Die sozialdemokratische Presse sollte weiterhin »Führer der zur sozialistischen Kultur im Klassenkampfe empordrängenden Massen« bleiben. Man müsse sich aber auch verdeutlichen, was neben den sicherlich vorhandenen geschulten Anhängern die große Menge unpolitischer Leser erwarte:

»Sehen wir doch die Menschen in ihrer Einfalt, wie sie wirklich sind, nicht wie wir sie haben möchten.«[603]

Die Folgerungen daraus waren für ihn eindeutig:

---

600 Sollmann: Wir und die Leserwelt, S. 4. Er stellte in diesem Zusammenhang noch einen Vergleich für das Land Baden an, für das kurz vorher eine Aufstellung der Tageszeitungen mit politischer Tendenz und Auflagenzahl publiziert wurde. Ebd., S. 4 f.
601 Ebd., S. 5 f.
602 Ebd., S. 6–9.
603 Ebd., S. 9. Ähnlich hatte er bereits ein Jahr zuvor geurteilt: »Wir Berufspolitiker alle machen manchmal den Fehler, zu schreiben und zu reden, als ob die anderen auch Berufspolitiker wären. […] Eine Zeitung, die nicht auch ein gut Teil Erholung und Ausspannung, Nervenkitzel, ja Amüsement bedeutet, kann eine Standarte himmelstürmender Ideale sein, auf dieser Erde aber wird sie von weniger idealem Wettbewerb geschlagen werden.« Sollmann: Auf dem Wege zur Zeitung, in: MdVA Nr. 283, Februar 1925, S. 2.

»Wir müssen über die Parteipresse hinaus zur wirklichen Zeitung werden. Die indifferente Masse liest die bürgerlichen Zeitungen, weil diese es verstehen, sich auf ihre geistige Armut einzustellen.«[604]

Eine stärkere Berücksichtigung der Interessen dieser Leser glaubte Sollmann durch eine Reihe von Vorschlägen erreichen zu können. Zunächst empfahl er eine abwechslungsreichere Aufmachung der Zeitung. Entscheidend war für ihn die Einschränkung des politischen Teils, weil die Masse der Leser sich dafür nicht in dem Maße interessiere, wie er derzeit in der Parteipresse ausgebreitet werde. Mehr Aufmerksamkeit müsse dagegen dem Feuilleton und dem Lokalteil gewidmet werden. In den meisten Feuilletons würden die Interessen der Leser völlig verkannt und Maßstäbe angelegt, die für die Redakteure, aber nicht für die Leser geeignet seien. Man müsse endlich berücksichtigen, wer das Blatt lesen solle und was diese Leser denken würden. Auch im lokalen Teil begehe man große Fehler, dieser sei aber entscheidend für den Erfolg einer Zeitung. Die meisten Leser interessierten sich mehr für lokale Ereignisse als für die große Politik.[605] Man polemisiere im Lokalen zu viel und plaudere zu wenig. Auch seien die Interessen der Frauen zu wenig berücksichtigt. Illustrationen könnten helfen, die Berichterstattung anschaulicher zu machen:

»Streifzüge, die mit Zeichnungen und im plaudernden Tone den Lesern erzählt werden, finden immer ein dankbares Publikum.«[606]

Mit diesen Vorschlägen fand Sollmann größtenteils Zustimmung auf der Konferenz, insbesondere bei Adolf Braun. Es gab aber auch Einwände, weil man eine »Amerikanisierung« der sozialdemokratischen Presse befürchtete. Es überwog jedoch die Ansicht, dass Reformen, wie sie von Sollmann angeregt wurden, angegangen werden mussten, wenn die Parteipresse auf dem Zeitungsmarkt bestehen wollte.[607]

Auf der Konferenz gab es daher kaum Widerspruch gegen Sollmanns Vorschläge. Betrachtet man seine Ideen, so liefen diese auf eine Art sozialdemokratischen Generalanzeiger hinaus, wobei er selbst behauptete, dass die Generalanzeiger nicht das Ziel sein konnten.[608] Aber die Orientierung an Aufmachung und Inhalt der bürgerlichen Konkurrenz war in seinen Ansätzen doch deutlich zu erkennen. Ausgehend vom Erfolg der Zeitungen vom Typus Generalanzeiger schloss er daraus auf die Defizite der sozialdemokratischen Zeitungen. Unter Generalanzeiger verstand Sollmann ein unpolitisches Blatt, das sich am Informations- und Unterhaltungsinteresse der Leser

---

604 RZ Nr. 21, 26. Januar 1925.
605 Für eine stärkere Konzentration auf den Lokalteil hatte er kurz vor der Konferenz in einem Beitrag geworben. Sollmann: Für den Lokalen, in: MdVA Nr. 249, Januar 1926, S. 1 f.
606 Ebd., S. 13.
607 Die Aussprache zu Sollmanns Referat ist abgedruckt in: MdVA Nr. 250, Februar 1926, S. 2 f.
608 Sollmann: Wir und die Leserwelt, S. 8.

orientierte und dadurch einen breiten Leserkreis aus allen Schichten der Gesellschaft besaß. Finanziert wurden diese Zeitungen durch Werbung beziehungsweise das Anzeigengeschäft und hier besonders über die vor allem in Städten wichtigen Kleinanzeigen.[609]

Für die sozialdemokratischen Parteiblätter wünschte sich Sollmann konzeptionell eine stärkere Unabhängigkeit von der Partei. Den Redakteuren sollte größerer Freiraum zugestanden werden. Damit ging auch ein anderes Verständnis von der Funktion der Journalisten einher. Sie sollten sich eben nicht in erster Linie als Redakteure einer Parteizeitung verstehen, die als politische Agitatoren auftraten. Stattdessen sollten sie mehr die Rolle des Vermittlers von politischen und gesellschaftlichen Informationen einnehmen. Inhaltlich plädierte er daher für eine Entpolitisierung der Berichterstattung. An die Stelle der parteipolitisch überfrachteten Artikel solle eine allgemeine politische Berichterstattung treten, die nur über die wichtigsten Entwicklungen informiere. Grundsätzlich wollte er eine Anpassung an den Geschmack der Massen, an den Zeitgeist. Die häufig belehrende Art, ihren oftmals übertriebenen Erziehungsanspruch sollten die Zeitungen aufgeben:

»Nachricht und Bild, Sensation, Sport und Kolportage schlagen im Pressewesen die Konkurrenz, wie das Kino für 95 von 100 Menschen lockender ist als die ›Iphigenie‹ und ›Tristan und Isolde‹. Man erzieht die Masse nicht, sondern verliert sie und liefert sie der kapitalistischen Presse aus, wenn man sie langweilt und Vorwürfe erhebt, die übrigens gar nicht die erreichen, an die sie gerichtet sind. [...] Aber Zeitungen können nichts anderes sein als eine Widerspiegelung der Zeit, und je

---

609 Eine Definition des Zeitungstypus »Generalanzeiger« bietet Wolter: »Generalanzeiger sind eine programmatisch ausgewiesene, vornehmlich im späten 19. Jahrhundert existente Zeitungsgattung, die durch intensive, systematische Nutzung und Optimierung vorhandener Möglichkeiten und Methoden der Produktion und Distribution, durch Verknüpfung von Maßnahmen der gleichgewichtigen bis dominanten Finanzierung durch Anzeigen, Senkung des Bezugspreises, Proklamation der Unabhängigkeit von Gruppeninteressen sowie die Popularisierung des redaktionellen Textangebots eine quantitative Publizitätssteigerung erzielt und damit einen strukturellen Wandel innerhalb des Pressewesens bewirkt.« Wolter: Generalanzeiger, S. 177 f. Jürgen Schlimper merkte kritisch an, dass Sollmann mit dem Typ des Generalanzeigers eine Zeitung vor Augen hatte, wie sie im 19. Jahrhundert entwickelt worden war, in der Zwischenzeit aber infolge eines Modernisierungsprozess in dieser Form nicht mehr existierte. Schlimper: Zum Wandel konzeptioneller Vorstellungen, S. 63 f. Dies wird durch zeitgenössische Einschätzungen bestätigt. So meint der Verleger August Madsack 1928: »Man darf ruhig sagen, daß es heute dem Sinne nach keine ›General-Anzeiger‹ mehr gibt, selbst wenn der Titel noch beibehalten ist. Jedes Blatt hat heute, wenn auch jeder Parteizugehörigkeit fern, seine bestimmte Richtung, das eine mehr nach links, das andere mehr nach rechts [...].« Zitiert nach Wolter: Generalanzeiger, S. 175. Schlimper ist allerdings entgegenzuhalten, dass Sollmann seine Schlüsse aus Vergleichen mit aktuellen Ausgaben der bürgerlichen Presse wie der Berliner Morgenpost gewann. Der Bezug war daher aktuell, die Bezeichnung für die zum Vergleich herangezogenen Zeitungen aber unzutreffend.

treuer sie dieser Aufgabe dienen, um so besser werden sie ihren Beruf erfüllen, der zugleich ein Stück Bau an der Zukunft sein kann.«[610]

Was bei Sollmann allerdings unklar blieb, war die Antwort auf die Frage, wie man die Zeitungen populärer gestalten konnte, ohne den Anspruch auf sozialistische Schulung der Leser aufzugeben. Er selbst gestand ein, dass er dafür keine Paradelösung hatte.[611]

Ausgebaut werden sollte unbedingt der Lokalteil. Daran entschied sich für ihn der Erfolg einer Zeitung. Das Hauptinteresse der Leser galt seiner Meinung nach nicht der großen Politik, sondern den Ereignissen vor Ort. Mit einer abwechslungsreichen, durch Illustrationen und Fotografien angereicherten lokalen Berichterstattung wollte er daher die Leser gewinnen.

> »Hinaus mit dem politischen Zank, der den allermeisten Leuten zuwider ist, aus dem lokalen und provinziellen Teil und Benutzung des Raumes zu Aufsätzen, Plaudereien, Kritiken an örtlichen Mißständen, Notizen, Gerichtsberichten, Streifzügen.«[612]

Pragmatisch sah er den Annoncenteil. Solange deutlich sei, dass die Anzeigen nicht die Meinung der Redaktion widerspiegelten und sie nicht sittenwidrig waren, hatte er keine Bedenken gegen eine Ausweitung des Annoncenteils, weil die Zeitungen dadurch wichtige Einnahmen generieren konnten. Aus eigener Tätigkeit war ihm bekannt, dass Parteimitglieder häufiger Anstoß an Anzeigen nahmen, beispielsweise von Brauereien, für Kriegervereine, für historisch-patriotische Filmtitel oder Regimentsfeste. Das war für ihn aber kein Grund, diese Anzeigen nicht zu bringen. Unverständlich war ihm auch, warum man keine Heiratsanzeigen in der Parteipresse veröffentlichte. Gerade Heiratsannoncen und eine »Seufzerecke« waren seiner Meinung nach genau das, was dem Inseratenteil der sozialdemokratischen Zeitungen fehlte.[613] Ferdinand Lassalles Ideal, die Presse frei von Annoncen zu halten, war für ihn nach sechs Jahrzehnten nicht mehr aufrecht zu erhalten:

> »Wir müssen unseren Genossen beibringen, sozialistische Politik und Ethik im redaktionellen Teil zu suchen und den Inseratenteil zu beurteilen, wie einen anderen Markt auch. [...] Zeigen wir uns zimperlich, so helfen wir nur die Kassen

---

610 Sollmann: Auf dem Wege zur Zeitung, in: MdVA Nr. 238, Februar 1925, S. 2.
611 Sollmann führte dazu aus: »Ein Leitfaden, wie wir den wertvollen und wichtigsten Charakter unserer Presse als politische Streitart verbinden mit dem linderen Wesen einer Halle für Neuigkeiten und Unterhaltung, läßt sich nicht geben.« Sollmann: Auf dem Wege zur Zeitung, in: MdVA Nr. 238, Februar 1925, S. 2.
612 Sollmann: Für den Lokalen, in: MdVA Nr. 249, Januar 1926, S. 2.
613 Sollmann: Zum Annoncenteil, in: MdVA Nr. 256, August 1926, S. 1 f.

der bürgerlichen Inseratenplantagen noch mehr füllen, die mit Annoncengewinnen Politik gegen die Arbeiterklasse macht.«[614]

Sollmanns Reformvorschläge gehörten zu den weitreichendsten, die in der Diskussion in sozialdemokratischen Kreisen gemacht wurden, und zu den wenigen, die ein gewisses Konzept erkennen lassen. Er bekam dafür Zustimmung, es gab aber auch kritische Stimmen. Dies waren in erster Linie Redakteure aus dem linkssozialistischen Spektrum, von denen vor allem der Redakteur des Sächsischen Volksblatt Walther Victor eine Konzeption entwickelte, die als Gegenmodell zu Sollmann verstanden werden kann.[615] Victor war sich zwar mit Sollmann darin einig, dass die bürgerlichen Zeitungen viel stärker auf dem Pressemarkt präsent waren als die sozialdemokratischen Presseerzeugnisse; anders als Sollmann hielt Victor aber am Erziehungs- und Bildungsauftrag fest. Er sah in der Presse die beste Möglichkeit, um das Proletariat zu bilden und damit die Arbeiterbewegung für ihre historische Mission vorzubereiten. Eine neue, sozialistische Gesellschaft war für ihn nur erreichbar, wenn neben den politischen und wirtschaftlichen auch die kulturellen Voraussetzungen im Proletariat gegeben waren. Er wollte daher die Zeitung als Bildungsplattform nutzen. In den Inhalten der Parteiblätter sah auch er Defizite. Mit modernen journalistischen Methoden wollte Victor dafür sorgen, dass die Presse der Sozialdemokratie die bildungspolitischen Inhalte so vermittelte, dass sie auch für den Leser zu verstehen und damit wirkungsmächtig waren.[616]

Stärker als bei Sollmann hatte die Presse für Victor noch funktionalen Charakter. Wenn Sollmann sich mehr der Massenkultur öffnen wollte, beharrte er auf dem sozialistischen Bildungsideal, das aber neuartig vermittelt werden sollte. Diese Positionen zeigen in den Grundzügen die beiden wichtigsten Ansätze, die in der Diskussion um die Reform der sozialdemokratischen Presse in der Weimarer Republik vertreten wurden. Dies war im Grunde Teil der Frage, inwiefern sich die SPD zur Volks- beziehungsweise Massenpartei entwickeln sollte. Denn durch die Gewinnung neuer Leserschichten wollte natürlich auch Sollmann der Sozialdemokratie neue Wähler zuführen. Es galt jeweils Konzepte zu finden, wie man über die Stammklientel hinaus neue Leser beziehungsweise Wähler gewinnen konnte. Ob sich eines der Reformkonzepte durchsetzte beziehungsweise inwiefern überhaupt diese Anstöße in den sozialdemokratischen Zeitungsredaktionen Gehör fanden und umgesetzt wurden, lässt sich allgemein kaum beantworten, da lokale und regionale Studien zur sozialdemokratischen

---

614 Ebd., S. 2.
615 Schlimper: Zum Wandel konzeptioneller Vorstellungen, S. 65. Victor und seine Frau Maria Victor-Gleit, die wie Sollmann später in die USA emigrierten, unterhielten im Exil gute Kontakte zu Sollmann und seiner Familie. Vgl. den umfangreichen Briefwechsel im Nachlass Sollmanns. Walther Victor kehrte 1947 nach Deutschland zurück und wurde in der DDR ein viel beachteter Publizist. Zu Victor siehe: Voigt: Victor.
616 Schlimper: Vom konzeptionellen Wandel, S. 66–68.

Presse rar gesät sind.[617] Unzweifelhaft ist aber, dass bei den sozialdemokratischen Zeitungen gewisse Veränderungen festzustellen sind, die auf die Herausforderungen der sich wandelnden politischen, sozialen, wirtschaftlichen, kulturellen und technischen Rahmenbedingungen zurückzuführen sind. Die Printmedien bekamen neue Konkurrenz in Gestalt von Rundfunk und Kino. Hinzu kam ein verändertes Freizeitverhalten, das etwa im boomenden Sportbereich seinen Ausdruck fand. Diese Entwicklungen führten dazu, dass an die Inhalte der Zeitungen neue Ansprüche gestellt wurden. Die Lektüre von Zeitungen, die ja hauptsächlich in der Freizeit stattfand, war nur eine von vielen Möglichkeiten, sich zu beschäftigen. Auf der anderen Seite gewannen die Zeitungen gerade in den Großstädten für die proletarischen Unterschichten über die Funktion der Vermittlung von Nachrichten hinaus auch eine Bedeutung für die innerhalb der Familie stattfindende Kommunikation, da die Zeitung den erlebnisarmen Alltag dieser Familien mit Stoff für Unterhaltungen versorgte. Zudem hatte der Kleinanzeigenmarkt in Großstädten eine wichtige Funktion. Einige dieser Entwicklungen wie den veränderten Lebenswandel und die Entstehung der Massenkultur erkannte Sollmann und zog daraus seine Konsequenzen für die konzeptionelle Gestaltung der Parteiblätter. Interessant ist hier die Frage, ob Sollmann die Vorschläge, die er in die Reformdebatte einbrachte, bei der von ihm geleiteten Rheinischen Zeitung umsetzte.

Als Sollmann im April 1920 Chefredakteur der Rheinischen Zeitung wurde, hatte sich am Erscheinungsbild und der Konzeption seit dem Kaiserreich nur wenig geändert. Dies war wohl auch bedingt durch die problematischen wirtschaftlichen und finanziellen Rahmenbedingungen, denn die Gestaltung einer Zeitung war abhängig von der zur Verfügung stehenden technischen Ausstattung.[618] Aber auch inhaltlich entsprach die Rheinische Zeitung in vielem doch dem, was Sollmann als Hindernis für die Gewinnung breiter Leserschichten ansah. Zu diesem Zeitpunkt hatte das Blatt einen Umfang von sechs bis acht Seiten und für den Leser über die politischen Informationen hinaus kaum etwas zu bieten. Es gab keine Beilagen zur Zeitung, als

---

617 Dies gilt für die Parteipresse der Weimarer Republik allgemein. Vgl. Dussel: Deutsche Tagespresse, S. 138. Für die Presse der Sozialdemokratie wäre hier der bereits zitierte Beitrag von Schlimper zu nennen. Weiterhin die Studie von Meier: Zwischen Milieu und Markt. Aus den 1920er-Jahren stammt eine Studie über den Zeitungsmarkt in Deutschland unter besonderer Berücksichtigung von Westfalen und dem Niederrhein. Vgl. Dierichs: Der Zeitungsmarkt. Die Übersichtswerke von Koszyk enthalten bezüglich des konzeptionellen Wandels der sozialdemokratischen Presse nur wenige Aussagen.

618 Der Geschäftsführer und Verleger der Rheinischen Zeitung Heinrich Gilsbach berichtete auf dem Parteitag für die Obere Rheinprovinz 1919, die Entwicklung der Presse werde durch die enorm gestiegenen Preise für Rohstoffe und alle Bedarfsartikel sowie das grassierende Wucher- und Schiebertum stark beeinträchtigt. RZ Nr. 220, 29. September 1919. Die RZ erschien in einem eigenen Verlag und wurde seit 1910 in der Druckerei von Heinrich Gilsbach, der Gilsbach & Co. O. H. G gedruckt. Meerfeld: Ein Vierteljahrhundert Kampf, in: Jubiläumsausgabe der RZ 24. Juni 1913; Fuchs: Das Kampfblatt, S. 110.

spezielle Rubrik gab es lediglich »Kunst und Bildung«, die aber inhaltlich dem entsprach, was man von Parteiseite als Bildungsanspruch definierte, und weniger darauf ausgerichtet war, was die Leser interessierte. Darüber hinaus gab es wie in fast allen Parteiblättern den Abdruck eines Romans. Hier griff man gerne auf bekannte deutsche Autoren wie Theodor Storm zurück. Ein erster Schritt zu einer Ausweitung des inhaltlichen Angebots war 1919 die Rubrik »Welt und Wissen«. Bis zu diesem Zeitpunkt war die Rheinische Zeitung aber doch das trockene und langweilige Blatt, das beispielhaft für die von Sollmann kritisierte inhaltliche Gestaltung der sozialdemokratischen Presse war.

Trotzdem verlief die Auflagenentwicklung der Rheinischen Zeitung nach dem Kriege sehr positiv. Gegenüber einer Auflage von rund 37.000 im Jahr 1918 waren es im September 1919 schon 70.000, also fast eine Verdoppelung. Damit übertraf man deutlich die Zahl der eingeschriebenen Mitglieder, die 40.000 betrug, und lag nur knapp hinter der Kölnischen Zeitung, die auf etwa 80.000 Exemplare kam, und deutlich vor der Kölnischen Volkszeitung, die lediglich eine Auflage von rund 28.000 hatte.[619] Diese erstaunlich hohe Zahl in einer Stadt, die keinesfalls als sozialdemokratische Hochburg bezeichnet werden kann, ist zum einen darauf zurückzuführen, dass die SPD nach der Revolution insgesamt einen großen Zulauf hatte. Allein zwischen März und Dezember 1919 stieg die Zahl der Mitglieder im Bezirk Oberrhein von 28.000 auf 48.000.[620] Zum anderen war dies sicherlich auf die gute Arbeit der Redaktion zurückzuführen, galt das Blatt doch schon zu diesem Zeitpunkt als eines der bestgeleiteten Parteiorgane.[621] Aber das Ziel war, wie es Gilsbach in seinem Bericht zur Presse ausgeführt hatte, die Zeitung weiter auszubauen.

---

619 So die Zahlen von Gilsbach im erwähnten Bericht zum Pressewesen und dem Geschäftsbericht der Bezirkskommission auf dem Parteitag 1919. RZ Nr. 220, 29. September 1919. In den folgenden Geschäftsberichten werden keine Zahlen mehr zur Auflage genannt. Die Zahlen zur Kölnischen Volkszeitung und zur Kölnischen Zeitung bei Heenemann: Auflagenhöhe. Bezugsjahr ist hier allerdings 1923, sodass der Vergleich nur bedingt zulässig ist, aber Richtgrößen liefert. Damit schnitt die RZ im Vergleich mit anderen Parteiblättern gut ab. Auflagen anderer Parteiblätter waren: Breslauer Volkswacht 60.000 (1918), Dresdner Volkszeitung 40.000 (1922), Volksstimme Frankfurt 45.880 (1920), Hamburger Echo 90.000 (1920), Leipziger Volkszeitung 90.000 (1920), Volksstimme Magdeburg 70.000 (1920), Vorwärts Berlin 100.000 (1925). Alle Zahlen bis auf den Vorwärts nach Eisfeld: Titelverzeichnis, S. 65 ff. Die Angaben zum Vorwärts nach Heenemann: Auflagenhöhen, S. 77. Im Vergleich zum Stimmenanteil bei den Wahlen zur Nationalversammlung fiel der Vergleich aber deutlich schlechter aus. In Köln-Stadt und Köln-Land gewann die SPD rund 133.000 Stimmen. RZ Nr. 17, 21. Januar 1919. Ein Vergleich von Wahlstimmen und Auflage der RZ ist insofern problematisch, als die Wahlbezirke nicht identisch mit dem Verbreitungsgebiet der RZ waren. Das Verbreitungsgebiet war größer als die Wahlbezirke Köln-Stadt und -Land, aber kleiner als der Wahlkreis Köln/Aachen. Zum Verbreitungsbezirk der RZ siehe die Karte in RZ Nr. 285, 1. Dezember 1931. Nimmt man das Kerngebiet der RZ, den Kreisverband Köln, so bieten die Wahlergebnisse für die Kölner Wahlbezirke aber ein aussagekräftiges Ergebnis bezüglich des Verhältnisses von Lesern und Wählern.
620 RZ Nr. 101, 29. April 1920.
621 Miller: Bürde, S. 118.

Bis in die 20er-Jahre hinein war, wie bereits angesprochen, besonders die sozialdemokratische Presse durch einen Mangel an Formen gekennzeichnet. Die Parteiblätter waren nicht nur äußerlich sondern auch von den Inhalten her einförmig gestaltet. Die Artikel hoben sich kaum voneinander ab. Eine deutliche Trennung zwischen Politik, Nachrichten und Feuilleton gab es häufig nicht und die Dominanz der politischen Themen war allenthalben spürbar. Abwechslungsreiche Formate, die dem Leser ein breites Spektrum an Beiträgen lieferten, waren die Ausnahme. Unter Sollmanns Leitung waren bei der Rheinischen Zeitung diesbezüglich bald Veränderungen festzustellen. Bereits im Oktober 1919 richtete man eine eigene Schriftleitung in Berlin ein. Gegen Ende des Jahres 1920 wurde dann der redaktionelle Umfang ausgeweitet. Die Zeitung hatte nun einen Umfang von durchschnittlich rund zwölf Seiten, der in der Wochenendausgabe vom Samstag auf über 20 Seiten anstieg. Dies war durch eine steigende Anzahl von Anzeigen begründet, zudem wurden aber auch die redaktionellen Formate ausgeweitet. Seit September 1920 erschien das kleine Feuilleton, ab Anfang des Jahres 1921 gab es zudem vier Beilagen zur Rheinischen Zeitung. »Der Rheinische Hausfreund«, eine Feuilleton- und Unterhaltungsbeilage erschien wöchentlich, »Die arbeitende Frau« alle 14 Tage, »Die Arbeitende Jugend« monatlich und »Das Neue Werden. Beiträge zur sozialistischen Kulturpolitik – Fortentwicklung der sozialistischen Theorie« ebenfalls alle 14 Tage.

Relativ frühzeitig versuchte man von Seiten der Redaktion der Rheinischen Zeitung, das inhaltliche Spektrum auszubauen. Zwei Erkenntnisse steckten offensichtlich dahinter, die Sollmann in der Diskussion Mitte der 20er-Jahre zum Ausdruck brachte. Die Zeitungen mussten sich stärker nach den allgemeinen Interessen der Leser richten, was besonders den Unterhaltungsaspekt betraf, und sie mussten Inhalte für spezifische Bevölkerungsgruppen bieten. Gerade die Frauen waren in dieser Hinsicht von Bedeutung, waren sie es doch häufig, die laut Sollmann über den Kauf der Zeitung entschieden.[622]

Im Laufe der 20er-Jahre wurde die Rheinische Zeitung um immer weitere Rubriken und Beilagen erweitert, die das Angebot an Formaten deutlich ausdifferenzierten. Zu den Beilagen zählten »Unterhaltung und Wissen«, »Volk und Zeit«, eine Illustrierte Wochenbeilage,[623] die humoristisch-satirische Beilage »Der Spatz«, »Die Wirtschaft«, die Gewerkschaftsbeilage »Der Arbeiter«, die Wochenendbeilage »Der Freie Tag«, das »Blatt der Frau«, »Der Kleingärtner«, »Die Tribüne – Aussprache zwischen Katholiken und Sozialisten« und in der Weltwirtschaftskrise wurde dann sogar eine eigene Beilage für Arbeitslose, die »Erwerbslosentribüne«, eingeführt. Neue Rubri-

---

622 »Unsere ganze Parteipresse ist zu maskulin. [...] Die Frauen aber sind die Mehrheit im Lande. Sie entscheiden meistens darüber, welches Blatt gelesen wird, und die meisten Männer fügen sich um des lieben Friedens willen.« Sollmann: Wir und die Leserwelt, S. 12 f.

623 »Volk und Zeit« war eine zentral produzierte Beilage für die sozialdemokratische Presse, die ursprünglich als Bilderbeilage gedacht war, sich über die Laufe Jahre aber zu einer kleinen Illustrierten entwickelte. Schlimper: Zum Wandel konzeptioneller Vorstellungen, S. 74, Anm. 110.

ken waren »Welt und Wissen«, »Kunst und Unterhaltung«, »Vom Sender zum Hörer«, »Aus dem Reich der Technik« und »Kommunale Rundschau«.

Die zahlreichen Beilagen richteten sich sowohl an bestimmte Bevölkerungsgruppen wie auch an Freizeitinteressen oder standen im Dienst sozialdemokratischer oder der Partei nahestehender Organisationen. Die Zeitung wurde damit für einen größeren Leserkreis attraktiv. Im allgemein zu verzeichnenden Trend der inhaltlichen Ausweitung des Angebots spiegeln sich die in der Weimarer Republik erkennbare Ausdifferenzierung der Freizeitinteressen und das sich verändernde Freizeitverhalten. Die Attraktivität der modernen Freizeit- und Konsumofferten wirkte sich zweifelsohne auch auf die Arbeiterschaft aus. Fraglich ist nur, in welchem Maße sie tatsächlich davon ergriffen wurde.[624] Unabhängig davon, wie man diesen Aspekt bewertet, ist doch unstrittig, dass sich das Freizeitangebot ausweitete. Die Ausdehnung des inhaltlichen Spektrums der Rheinischen Zeitung wie auch anderer Parteiblätter ist somit auch eine Reaktion auf den Zeitgeist. Man trug den Interessen der Leser stärker Rechnung und bildete in gewissem Maße die sich wandelnde Lebenswelt der Arbeiterschaft ab.

Eine Neuerung war auch die Rubrik »Was unsere Leser schreiben«, die seit 1927 den Lesern die Möglichkeit bot, sich zu Inhalten der Rheinischen Zeitung zu äußern. Bis dahin hatte der Kommunikationsprozess nur in einer Richtung bestanden, von der Redaktion zum Leser. Die Arbeiterpresse verstand sich traditionell als Normen setzend. Die Leser sollten durch die Inhalte geschult und ihr Denken und Handeln im Sinne der Redaktion, was bei der Parteipresse im Sinne der Partei bedeutete, beeinflusst werden. Eine Beteiligung der Leserschaft am Meinungsbildungsprozess, eine Diskussion über Inhalte war nicht vorgesehen. Eine lebendige Demokratie sah aber gerade vor, dass die Menschen sich zu mündigen Bürgern entwickelten, die sich ein eigenes Urteil bildeten und aktiv am politischen Willensbildungsprozess teilnahmen und nicht nur reine Empfänger politischer Handlungsanweisung waren. Insofern war auch diese Entwicklung eine Anpassung an die sich ändernden Rahmenbedingungen. Aber auch aus Sollmanns Forderung an die Redakteure, die Zeitungen nach den Interessen und Wünschen der Leser und nicht nach den Vorstellungen der Redakteure zu gestalten, was nichts anderes bedeutete, als den Leser ernst zu nehmen, war die Ein-

---

624 In der Forschung wurde ausgiebig erörtert, ob die sich in der Weimarer Republik durchsetzende Massenkultur den Auflösungsprozess der sozialdemokratischen Kulturorganisationen einleitete, oder ob nicht erst in der Weimarer Zeit der Höhepunkt der sozialdemokratischen Organisationskultur zu sehen ist. Während etwa Wunderer meint, die sozialdemokratischen Kulturorganisationen hätten ihren Charakter als Klassenorganisationen in den 20er-Jahren verloren, vertreten Lösche und Walter die Ansicht, in der Weimarer Republik habe aus quantitativer Sicht die sozialdemokratische Arbeiterkultur ihren Höhepunkt erreicht. Von einer Erosion der Arbeiterkulturorganisationen könne daher nicht gesprochen werden. Vgl. zu den beiden Positionen in der Forschungsdiskussion Lösche/Walter: Organisationskultur; Wunderer: Arbeitervereine; ders.: Niedergang. Für Köln wurde festgestellt, dass sich die Arbeiterkulturorganisationen in der Weimarer Republik sehr stabil zeigten und Mitglieder hinzugewannen. Allerdings erreichten sie nur eine Minderheit der Arbeiterschaft. Frohn: Arbeiterbewegungskulturen, S. 301–310.

führung einer Leserbriefrubrik nur konsequent. Das Ausmaß dieser Veränderung darf man aber nicht überschätzen. Die Leserbriefrubrik erschien nur einmal wöchentlich und füllte maximal eine halbe Seite. Von einer echten Rückkoppelung der Redaktion an die Meinung der Leser konnte nicht die Rede sein. Ebenso wenig lässt sich ein Einfluss auf inhaltliche Entscheidungen der Redaktion durch die Leserbriefe erkennen.

Auch wenn sich einige Inhalte weiterhin explizit an das sozialdemokratische Milieu richteten, so ist doch eine gewisse Aufbrechung des Themenspektrums zu erkennen. Dazu zählt die Sportberichterstattung, ein heikles Thema im sozialdemokratischen Pressewesen. Lange Zeit wurden Berichte über Sportereignisse außerhalb des Arbeitersports abgelehnt. Im Laufe der 20er-Jahre aber weitete sich der Sportteil in der Rheinischen Zeitung immer mehr aus. Waren es am Anfang nur kurze Meldungen, etablierte sich schließlich ein eigener Sportteil. Besonders in der Montagsausgabe wurde durch die zweiseitige Beilage »Spiel und Sport« ausführlich über die Sportereignisse des Wochenendes berichtet. Im Zentrum standen Fußball, Turnen und Radsport, aber auch zahlreiche andere Sportarten fanden Berücksichtigung. Gegenstand der Berichterstattung waren dabei nicht nur die Arbeitersportbewegung, sondern auch die »bürgerlichen« Sportvereine, die sogar im Mittelpunkt der Montagsausgabe standen. Für die Fußballmeisterschaft gab es für die Begegnungen recht detaillierte Spielberichte, die über die Wiedergabe von Fakten wie der Torfolge hinaus reportageähnliche Züge hatten. Diese umfangreiche Berichterstattung über Sportereignisse außerhalb des Arbeitersports war für ein sozialdemokratisches Parteiblatt ungewöhnlich und durchaus umstritten, weil Arbeitersportvertreter darin nicht ganz grundlos einen Angriff auf die eigene Bewegung sahen, wurde damit doch in gewisser Hinsicht für den verpönten »bürgerlichen« Sport geworben.[625]

Eine »Amerikanisierung der Parteipresse«, wie sie 1926 von manchen Teilnehmern auf der Konferenz des Vereins Arbeiterpresse nach Sollmanns Vortrag über die Reform des Pressewesens befürchtet und abgelehnt wurde, ist eindeutig zu erkennen. Dazu zählte auch als neue journalistische Form die Reportage. Unter der Überschrift »So ist das Leben!« wurde in der Rheinischen Zeitung täglich über Ereignisse aus aller Welt berichtet. Dazu gehörten Milieustudien wie anekdotenhafte Geschichten, die in unterhaltender Art und Weise Einblick in die Lebenswelt der Großstadt gaben. Aber auch sozialkritische Beiträge, die sich mit den Schattenseiten des Großstadtlebens auseinandersetzten, waren Teil dieses Formats.

Auch die Vermittlung kultureller Inhalte, die von Sollmann bei den Parteiblättern mehrfach kritisiert worden war, wandelte sich. Verstärkt wurden populärwis-

---

625 Schlimper schreibt, der Vorwärts und die Rheinische Zeitung hätten im Gegensatz zu vielen anderen Parteiblättern über den bürgerlichen Sport wenigstens in Randnotizen berichtet. Für die RZ ist dieses Urteil zumindest für die Montagsausgabe nicht zutreffend, weil es sich nicht nur um Randnotizen, sondern eine recht ausführliche Berichterstattung handelt. Vgl. Schlimper: Zum Wandel konzeptioneller Vorstellungen, S. 93.

senschaftliche Aufsätze gedruckt, die Themen aus Geschichte, Natur, Geografie und Technik aufgriffen.[626] Daneben gab es die Rubrik »Welt und Wissen«, die sich ebenfalls Bildungsinhalten widmete. Ganz deutlich spiegelte sich auch die Technikeuphorie der 20er-Jahre in den Inhalten der Rheinischen Zeitung. Neben einer eigenen Rubrik für den Rundfunk, der sich in der Weimarer Republik in den Großstädten zum Massenmedium entwickelte, informierte die Beilage »Aus dem Reich der Technik« regelmäßig über aktuelle Entwicklungen. Nahezu alle Aspekte des modernen Lebens fanden in der Berichterstattung ihren Niederschlag. Häufige Themen waren etwa der moderne Wohnungsbau, Industriearchitektur und Produktionsmethoden.

Auch der von Sollmann geforderte Ausbau des Lokalteils und die stärkere Fokussierung auf kommunale Themen lassen sich in der Rheinischen Zeitung feststellen. Es gab neben unterhaltenden Beiträgen über lokale Ereignisse und Glossen, die häufiger von Sollmann selbst geschrieben wurden, Reportagen und Berichte über das städtische Leben in Köln, entsprechend Sollmanns Vorstellung, der Leser habe Interesse an »Aufsätzen, Plaudereien, Kritiken an örtlichen Mißständen, Notizen, Gerichtsberichten, Streifzügen«[627]. Seit die Kölner Sozialdemokratie in der Stadtverordnetenversammlung zur bedeutenden Kraft geworden war, nahm auch die Kommunalpolitik in der Berichterstattung einen gewichtigen Teil ein. Die bereits erwähnte enge Verbindung zwischen Stadtverordnetenfraktion und Redaktion, die beide zeitweise in Sollmann ihre führende Figur hatten, aber auch nach Sollmanns Ausscheiden aus dem kommunalpolitischen Amt weiterbestanden, führte dazu, dass die Rheinische Zeitung die kommunalpolitischen Entscheidungen ausführlich thematisierte. Intensiv diskutierte man die städtische Entwicklung und stellte Vorschläge der Sozialdemokratie zu bestimmten Problemen vor. Dafür bediente man sich auch Beiträgen von Experten. So analysierte etwa der Kölner Professor Bruno Kuske mehrfach die moderne Großstadtentwicklung.[628] Zudem gab es mit der Beilage »Kommunale Rundschau« ein weiteres Forum für die Erörterung kommunalpolitischer Themen. Darüber hinaus war das Kölner Parteiblatt aber auch ein kommunalpolitisches Kampfmittel. Dies zeigte sich ganz deutlich im Kommunalwahlkampf gegen Konrad Adenauer im Herbst 1929. Die Rheinische Zeitung entfachte ein Trommelfeuer gegen den Oberbürgermeister, indem fast täglich neue Angriffe gegen das Stadtoberhaupt gefahren wurden.

Ihre Stellung als eines der führenden Blätter der Sozialdemokratie zeigte sich darin, dass in der Rheinischen Zeitung zahlreiche bekannte Persönlichkeiten der Arbeiterbewegung Aufsätze veröffentlichten. Zu den regelmäßigen Beiträgern zählten Wilhelm Keil, Rudolf Breitscheid, Paul Löbe, Rudolf Hilferding, Friedrich Stampfer, Rudolf Wissell, Paul Hertz, Gustav Radbruch und Philipp Scheidemann. Erkenn-

---

626 Aufsatzthemen waren bspw. »Der Indio«, RZ Sonderausgabe, 13. Mai 1928.
627 Sollmann: Für den Lokalen, in: MdVA Nr. 249, Januar 1926, S. 2.
628 Vgl. etwa seinen Artikel: »Was bedeutet uns die Großstadt«, RZ 6. Mai 1928, Sondernummer zur Pressa.

bar ist hier aber auch, dass Linkssozialisten in der Rheinischen Zeitung eher selten zu Wort kamen. Die Zeitung war unter Sollmann zweifelsohne ein Sprachrohr des rechten Parteiflügels.

Neben der inhaltlichen Umgestaltung ist auch eine deutliche Veränderung der äußeren Erscheinungsform zu erkennen. Die Artikel waren anfangs kaum voneinander abgesetzt, lediglich der Leitartikel auf der ersten Seite hob sich durch seine Platzierung ab. Die Überschriften waren einförmig gestaltet und unterschieden sich nur durch die Schriftgröße. Fotografien fehlten vollständig und Illustrationen waren äußerst selten. Hier sind wesentliche Veränderungen in der Rheinischen Zeitung erst gegen Mitte der 20er-Jahre festzustellen. Vorher verhinderten wohl die allgemein herrschenden wirtschaftlichen Probleme und insbesondere die Inflation Investitionen in diesem Bereich. Seit 1924 finden sich dann häufiger grafische Illustrationen, die Inhalte von Artikeln veranschaulichten. Fotografien tauchen ab Ende 1926 auf, wurden jedoch relativ selten benutzt. Zum Ende der Weimarer Republik hin wurden dann auch Fotomontagen eingesetzt, so etwa im März 1932, als man den Kopf Adolf Hitlers auf eine Ritterrüstung montierte und mit der Unterschrift »Wilhelm II.« versah.[629]

Auch das Layout veränderte sich im Laufe der 20er-Jahre. Unterschiedliche Schrifttypen für Überschriften und fette Balken setzten klarere Akzente zur Unterteilung der Artikel. Insgesamt wurde das Layout übersichtlicher und klarer gestaltet. Ab 1928 stand auf der ersten Seite ein Überblick über Artikel aus dem Inhalt mit Seitenangaben.

Die hier beschriebenen Veränderungen des inhaltlichen wie äußerlichen Charakters der Rheinischen Zeitung unter Sollmanns Leitung waren keine singuläre Entwicklung, sondern mit gewissen, durch die jeweiligen finanziellen wie fachlichen Potenziale bedingten Unterschiede, in der sozialdemokratischer Parteipresse der Weimarer Republik allgemein zu verzeichnen.[630] Ein wichtiges Vergleichskriterium für die Beurteilung der Veränderungen ist der Anteil der jeweiligen Ressorts am Gesamtumfang der Zeitung. Sollmann kritisierte in seiner Analyse aus dem Jahr 1926, dass die Parteiblätter viel zu stark von politischen Inhalten dominiert würden. Der Umfang der Rheinischen Zeitung wuchs im Laufe der 20er-Jahre und betrug an manchem Wochenende bis zu 25 Seiten. Im Wahlkampf 1928 führte die Rheinischen Zeitung eine Sonntagsausgabe ein, die ursprünglich nur für die Zeit des Wahlkampfs erscheinen sollte, wegen des großen Erfolgs aber auch danach beibehalten, Anfang der 30er-Jahre wohl aus finanziellen Gründen jedoch wieder eingestellt wurde.[631]

---

629 RZ Nr. 58, 9. März 1932.
630 Schlimper: Zum Wandel konzeptioneller Vorstellungen, S. 70 f. So zeigt die von Schlimper für die Leipziger Volkszeitung nachgewiesene Entwicklung weitreichende Übereinstimmung mit der der Rheinischen Zeitung.
631 Zur Einführung der Sonntagsausgabe vgl. RZ Nr. 126, 31. Mai 1928.

Betrachtet man die Verteilung der Themenbereiche nach Ressorts bei der Rheinischen Zeitung, so fällt vor allem die »Entpolitisierung« der Inhalte auf. Seit Mitte der 20er-Jahre hatten politische Themen nur noch einen Anteil von durchschnittlich 19,5 Prozent.632 Zwar liegen nicht viele Vergleichswerte für sozialdemokratische Parteiblätter vor, aber die Politik nahm bei der Rheinischen Zeitung wohl doch einen recht geringen Anteil ein. Die Rheinische Zeitung bewegte sich damit eher im Bereich bürgerlicher Zeitungen.633 Die lokalen und regionalen Nachrichten nahmen fast den gleichen Umfang ein wie das Politikressort. Vergleichsweise hoch war auch der Anteil der Unterhaltung. Dagegen sind die niedrigen Werte von Wirtschaft, Sport und Kultur vergleichbar mit Ergebnissen anderer Parteiblätter.634 Die Anzeigen machten wie bei allen Zeitungen den größten Anteil aus, dieser war aber im Vergleich nicht besonders hoch.635

Insgesamt ergibt sich das Bild einer Zeitung, das in vielfacher Hinsicht für den Wandel sozialdemokratischer Parteiblätter in der Weimarer Republik typisch ist, aber

---

632 Als statistische Grundlage wurden die Ausgaben je einer Woche aus den Jahren 1925 (sechs Ausgaben), 1927 (sechs Ausgaben) und 1929 (sieben Ausgaben) ausgewertet und anhand der Gesamtseitenzahl aller 19 Ausgaben der durchschnittliche Anteil der jeweiligen Ressorts berechnet. Ergebnisse für die Ressorts im redaktionellen Teil sind: Politik (19,5 Prozent), Wirtschaft (3,1 Prozent), Kultur (3,8 Prozent), Unterhaltung (12,9 Prozent), Lokales/Regionales (17,3 Prozent), Sport (3,5 Prozent) und Beilagen (8 Prozent). Nicht zum redaktionellen Teil gehören die Anzeigen (32,0 Prozent). Die Entscheidung über die Zuordnung von Inhalten zu bestimmten Ressorts ist nicht immer eindeutig zu treffen. Daher können je nach Sichtweise abweichende Werte ergeben. Problematisch ist daher auch der Vergleich mit anderen Ergebnissen, weil möglicherweise unterschiedliche Maßstäbe bei der Auswertung gesetzt wurden. Insgesamt können die Werte für die RZ aber als zuverlässig genug angesehen werden, um bestimmte Tendenzen zu verdeutlichen.
633 Meier nennt in seiner Untersuchung zu Tageszeitungen in Ostwestfalen für die sozialdemokratische Bielefelder Volkswacht für das Jahr 1931 einen Anteil des Politikressorts von 30,8 Prozent, für die bürgerlichen Zeitungen dagegen Werte von 18,2 und 20,0 Prozent. Meier: Zwischen Milieu und Markt, S. 262.
634 Für die Volkswacht gibt Meier 0,5, 8,2 und 4,8 Prozent an. Ebd. Für die drei Bereiche muss beachtet werden, dass es für sie in der Rheinischen Zeitung jeweils gesonderte Beilagen gab. So wurde in der Montagsausgabe die Sportberichterstattung fast ausschließlich in die Beilage »Spiel und Sport« verlagert, sodass der Anteil der Sportberichterstattung, rechnet man die Beilage hinzu, bei rund sechs Prozent liegt. Da die Wirtschafts- und Kulturbeilage nur alle vierzehn Tage erschienen, ist hier die Abweichung vom oben genannten Wert geringer.
635 Meier gibt für die Volkswacht einen Anteil von 27,8 Prozent an, Schlimper nennt für die Leipziger Volkszeitung 35,5 Prozent. Meier: Zwischen Milieu und Markt, S. 262; Schlimper: Zum Wandel konzeptioneller Vorstellungen, S. 90. Die RZ lag in diesem Vergleich also im oberen Mittelfeld, wobei eine größere Vergleichsgrundlage nötig wäre, um diesbezüglich zu aussagekräftigen Ergebnissen zu kommen. Über die Einnahmen aus Anzeigen bei der Rheinischen Zeitung gibt es keine Informationen. Auch lässt sich nicht feststellen, welchen Anteil die Anzeigen an den Gesamteinnahmen hatten. Für das Jahr 1933 sind zumindest die Preise für Anzeigen in der RZ bekannt. Der Millimeterpreis im Anzeigenteil lag mit 14 Pfennig dort deutlich unter den Preisen der Kölnischen Zeitung mit 35 Pfennigen und der Kölnischen Volkszeitung mit 21 Pfennigen. Zeitungs-Katalog 1933, S. 72 f.

auch gewisse Abweichungen von der allgemeinen Entwicklung zeigt. So ist der sinkende Anteil des Politikressorts eine allgemeine Tendenz, aber bei der Rheinischen Zeitung war dieses Ressort doch erstaunlich stark geschrumpft und nicht mehr dominierend, sondern nur noch ein Teil von vielen. Auch der Zuwachs des Unterhaltungsressorts war, so die wenigen Vergleichszahlen eine Beurteilung erlauben, relativ hoch. Diesbezüglich bewegte man sich in ähnlichen Verhältnissen, wie es bei bürgerlichen Zeitungen der Fall war. Lokale und regionale Berichterstattung hatten fast den gleichen Stellenwert wie die allgemeine Politik. Die Anteile des Wirtschafts- und Sportteils blieben dagegen recht gering.

Hatte die Rheinische Zeitung das Format, das Sollmann in seinen Beiträgen für die Reform der Parteipresse als Ziel angegeben hatte? Eine Art sozialdemokratischer Generalanzeiger war die Zeitung sicher nicht. Sie war immer noch unverkennbar ein Parteiblatt, dessen Inhalte sich überwiegend an Mitglieder des sozialdemokratischen Milieus richteten. Aber es gab auch Abweichungen. So stellt die Zurückdrängung des politischen Teils und die stärkere Berücksichtigung unterhaltender Teile einen Versuch dar, die Zeitung grundsätzlich attraktiver zu machen. Auch innovative Beilagen wie »Die Tribüne – Aussprache zwischen Sozialisten und Katholiken« und die ausführliche Sportberichterstattung am Montag waren in der Parteipresse außergewöhnlich. Die Rheinische Zeitung kann man wohl resümierend als ein Blatt bezeichnen, das stärker als die meisten anderen Parteiorgane die Wandlung zu einer für breitere Bevölkerungsschichten attraktiveren Zeitung vollzog, ohne sich des Charakters des Parteiblatts wirklich entledigen zu können oder zu wollen. Peter Trimborn, ehemaliger Redakteur der Rheinischen Zeitung stellt 1931 in der Beilage zum 40-jährigem Jubiläum und des Umzugs des Verlags in das August-Bebel-Haus unter der vielsagenden Überschrift »Vom Parteiblatt zur Zeitung« fest:

> »Heute ist aus dem Kölner Parteiblatt der Vorkriegsjahre eine große, moderne Tageszeitung geworden, die mit ihrem Domizilwechsel nun auch äußerlich offenbar werden läßt, was sich bei ihr innerlich und äußerlich, technisch und journalistisch in 20 Jahren vollzogen hat.«[636]

Diese Interpretation ist sicher übertrieben, aber sie gibt doch auch den Eindruck wieder, den die Redakteure, die selbst überwiegend schon im Kaiserreich tätig gewesen waren, von der Entwicklung der Presse in der Weimarer Republik hatten. Die Rheinische Zeitung war keine moderne Tageszeitung, aber sie hatte doch gegenüber dem Kaiserreich zweifellos einen recht umfangreichen Wandel vollzogen.

Ob das Ergebnis tatsächlich ein attraktives Presseerzeugnis war, lässt sich hinsichtlich der Entwicklung der Auflage nicht beurteilen, da die Geschäftsberichte seit

---

636 Trimborn: Vom Parteiblatt zur Zeitung, in: Sonderbeilage 40 Jahre Rheinische Zeitung, RZ Nr. 105, 30. April 1931.

1920 keine Auflagenzahlen mehr nennen. Nimmt man nur die Zahlen von 1919, so stand die Rheinische Zeitung wie beschrieben vergleichsweise gut dar. Es wird in der Folge zumindest nie darüber berichtet, dass sich die Auflage, die im Herbst 1919 70.000 betrug, verringert hätte. Selbst im Geschäftsjahr 1922/23 soll die Zahl der Bezieher kaum zurückgegangen sein. Sollmann berichtete auf der Jahreshauptversammlung 1923, die Rheinische Zeitung sei bezüglich der Zahl der Bezieher das unter allen deutschen Parteiblättern am wenigsten von der Krise betroffene.[637] Eine positive Entwicklung gab es auch im Bereich der Finanzen. Auf der Kreiskonferenz 1925 wurde berichtet, die Einnahmen aus dem Anzeigenteil seien außerordentlich gestiegen und eine Reihe von Landorten neu erschlossen worden. Das vergangene Jahr sei technisch und journalistisch sehr erfolgreich gewesen. Die Rheinische Zeitung könne sich in die Reihe der größten und leistungsfähigsten Unternehmen der Partei stellen.[638] Auch der Bau des August-Bebel-Hauses in Köln-Deutz, das 1931 rechtzeitig zum 40-jährigen Jubiläum der Rheinischen Zeitung eingeweiht wurde, lässt darauf schließen, dass die Entwicklung der Zeitung positiv war. Dort fanden Verlag und Reaktion in einem modernen Zweckbau ein neues Zuhause.[639]

Auch wenn genaue Zahlen fehlen, so scheint sich die Rheinische Zeitung doch besser als viele andere Parteiblätter in der Weimarer Republik entwickelt zu haben.[640] Dies war sicherlich auch auf die inhaltliche Ausgestaltung zurückzuführen, die in den wesentlichen Punkten Sollmanns verschiedentlich erhobenen Forderungen und Ideen zur Reform der sozialdemokratischen Presse entsprach. Stärker als anderen Parteiblättern war es wohl gelungen, das Blatt auf die Interessen der Leser umzustellen. Der Erfolg der Rheinischen Zeitung ist auch deshalb bemerkenswert, weil es in Köln kein gefestigtes sozialdemokratisches Milieu gab, das dem Parteiblatt einen stabilen Leserkreis verschaffen konnte. Hochburgen der Sozialdemokratie beziehungsweise der politischen Linken gab es zwar in Mülheim, Kalk, Teilen der Alt- und Neustadt und in Bickendorf/Ehrenfeld. Aber auch diese Bezirke wurden nicht flächendeckend,

---

637 RZ Nr. 134, 11. Juni 1923.
638 RZ Nr. Nr. 104, 4. Mai 1925. Die RZ war als wirtschaftlich gesund bekannt. Adolf Braun schreibt 1919: »Die ›Rheinische Zeitung‹ steht finanziell um so vieles besser als die Parteiblätter in Hannover und Nürnberg […].« Braun an »Werte Kollegen« vom 6. September 1919, HAStK 1120/544/II-13-59, 59 a–k.
639 Die große Sonderbeilage aus Anlass dieser beiden Ereignisse enthält zwar viele Informationen zur Geschichte der RZ, aber kaum Hinweise auf die wirtschaftliche Entwicklung und keine Angaben zur Auflagenhöhe. Lediglich Peter Trimborn spricht in seinem Beitrag »Vom Parteiblatt zur Zeitung« davon, die RZ habe sich zur »größten westdeutschen sozialistischen Tageszeitung« entwickelt, ohne Zahlen zu nennen. Sonderbeilage 40 Jahre Rheinische Zeitung, RZ Nr. 105, 30. April 1931.
640 Die sozialdemokratische Presse verlor Ende der Weimarer Republik zunehmend Leser. Bis 1929 stieg die Zahl der Zeitungen auf 203 und die Zahl der Leser auf 1,3 Millionen gegenüber 1924 mit 1,09 Millionen. Bis 1932 verlor sie dann ein Viertel ihrer Abonnenten. Koszyk: Zwischen Kaiserreich und Diktatur, S. 177, 188.

sondern nur jeweils in einigen Straßenzügen dominiert. Es gab im Köln in der Weimarer Republik keine Stadtviertel, die ausschließlich dem sozialdemokratischen Milieu zuzuordnen waren. Dies machte sich nicht nur bei den Wahlen bemerkbar, sondern war auch für die RZ eine Herausforderung, weil ein größerer Abonnentenkreis nur über die Qualität der Zeitung zu erreichen war. Anscheinend ist es gelungen, diese Anforderungen zu erfüllen. Der Erfolg der Rheinischen Zeitung beruhte in erster Linie auf der guten Arbeit der Redaktion unter dem Chefredakteur Sollmann. Sie umfasste zwar nur fünf Personen, aber diese kleine Gruppe harmonierte ausgezeichnet, was sich auch in der langjährigen Tätigkeit der Redakteure ausdrückt.[641] In der Redaktion pflegte man einen freundschaftlichen Umgang. Der spätere Ministerpräsident von Nordrhein-Westfalen Heinz Kühn, der bei der Rheinischen Zeitung mit einem Volontariat seine journalistische Laufbahn begann, berichtet, Sollmann habe das Blatt »am langen Zügel geführt«, weil er sich auf seine Mitarbeiter stets verlassen konnte.[642] Zu den bekannten Köpfen zählte neben Sollmann vor allem Georg Beyer, der sich als Experte für Kulturpolitik und besonders durch seine Auseinandersetzung mit dem Verhältnis von Katholizismus und Sozialismus und mit der Zentrumspartei einen Namen machte.[643] (☛ s. Abb. 4, S. 322)

Aber besonders Sollmann selbst war es, der mit seinem journalistischen Talent die Rheinische Zeitung zu einem der angesehensten Parteiblätter der Sozialdemokratie in der Weimarer Republik weiterentwickelte.[644] Er gehörte zu den herausragenden Journalisten der Sozialdemokratie in der Weimarer Republik.[645] Häufig wird sein ge-

---

[641] 1931 waren neben Sollmann in der Redaktion tätig: Georg Beyer (seit 1912), verantwortlich für allgemeine Politik, Kulturpolitik und Kunst, Max Schneider (seit 1920), verantwortlich für Sozialpolitik, Wirtschaft, Gewerkschaft, Unterhaltung, Hugo Efferoth (seit 1927), verantwortlich für Kölnisches und Kommunalpolitik, Konrad Dahl (seit Anfang der 20er-Jahre), verantwortlich für Provinz, Sport und Sonstiges. Sonderbeilage 40 Jahre Rheinische Zeitung, RZ Nr. 105, 30. April 1931.

[642] Kühn: Wilhelm Sollmann, S. 73. Die guten Beziehungen zeigt auch der umfangreiche Briefwechsel zwischen Sollmann und der Familie Beyer sowie mit Hugo Efferoth in der Zeit der Emigration. Auch der ehemalige Redakteur Peter Trimborn, bis 1927 bei der RZ tätig, betonte die Kameradschaft in der RZ. Trimborn: Vom Parteiblatt zur Zeitung, in: Sonderbeilage 40 Jahre Rheinische Zeitung, RZ Nr. 105, 30. April 1931. Ebenso berichtet die Redaktionssekretärin Käthe Schlechter-Bonnesen über die angenehme Atmosphäre in der Redaktion. Schlechter-Bonnesen: Erinnerungen, S. 32–35.

[643] Von Beyer stammen mehrere Veröffentlichungen aus diesem Themenbereich. Am bekanntesten ist sein Buch »Katholizismus und Sozialismus«, das 1927 erschien.

[644] Vgl. Schlimper: »Unter seiner Leitung entwickelte sich die ›Rheinische Zeitung‹ in Köln zu einer der journalistisch herausragenden sozialdemokratischen Zeitungen«. Schlimper: Zum Wandel konzeptioneller Vorstellungen, S. 62.

[645] Walter: Parteireformer, S. 365 f. Joseph Wirth schreibt 1926 über Sollmann: »Er verbindet Leidenschaft mit Geist, kühles Abwägen mit angemessener Form. Er führt eine gewandte Feder und ist in der deutschen Publizistik weithin bekannt.« Wirth: Der Bürgerblock, in: Frankfurter Zeitung Nr. 924, 12. Dezember 1926.

Abb. 4 Die Redaktion der Rheinischen Zeitung feiert den 40. Geburtstag von Georg Beyer am 2. Oktober 1924. Wilhelm Sollmann, Emil Kirschmann, Georg Beyer, Paula Drouvé (sitzend v. l. n. r.). Peter Trimborn, Max Schneider, Konrad Dahl, Hans Här (stehend v. l. n. r.).

schliffener Stil gelobt, seine feine Ironie, die treffend aber nicht verletzend war.[646] Es waren nicht zuletzt diese rhetorischen Fähigkeiten, durch welche die Rheinische Zeitung ihre Qualität gewann. Ebenso besaß Sollmann Sinn und Gespür für neue Themen und geistige Strömungen. Gerade darauf beruhte seine Forderung nach einer Reform der sozialdemokratischen Presse, die stärker den Entwicklungen des Zeitgeistes Rechnung tragen sollte. Aber darüber hinaus sollte die Rheinische Zeitung auch ein Forum für geistigen Austausch sein und den Lesern neue Horizonte eröffnen. So war die Beilage »Die Tribüne – Aussprache zwischen Katholiken und Sozialisten« ein Versuch, die Annäherung zwischen Katholiken und Sozialisten zu fördern. In der ersten Ausgabe der Beilage heißt es:

---

646 Sein langjähriger journalistischer Weggefährte Meerfeld schreibt über Sollmann: »Sollmann war ein Journalist von hohen Gnaden, der geborene Mann der Feder. Sein immer wacher Geist, sein scharfer Verstand, seine Fähigkeit zu sofortiger schriftlicher Fixierung eines Gedankens und dazu ein feiner überlegener Humor, vereinigten sich zu einer wunderbaren Einheit. Was er schrieb konnte nie langweilen, es war im Gegenteil stets kurzweilig. Er war ein geschickter Polemiker und verstand in der Presse seine Widersacher elegant abzustechen.« Meerfeld: Wilhelm Sollmann.

»Sie soll eine ›Tribüne‹ für alle diejenigen sein, die sich über die Fragen einer künftigen Lebensgestaltung und Lebensgemeinschaft aussprechen wollen. Männer und Frauen aus den verschiedensten weltanschaulichen Kreisen, vor allem aber junge Katholiken, drängen zu einer Auseinandersetzung mit dem Sozialismus. […] Genauso, wie die hier sprechenden jungen Katholiken Zeugen für einen tiefen Wandlungsprozeß innerhalb des Katholizismus sind, bekennen wir, daß sich auch der Sozialismus in einer geistigen Krise befindet. Alle die zu diesen Fragen etwas sagen wollen, werden in der ›Tribüne‹ zu Wort kommen.«[647]

Insofern kann man seinen Einsatz für die Reform der Parteipresse auch als einen Teil beziehungsweise einen Aspekt seiner Bemühungen um eine Weiterentwicklung der SPD und den Versuch der Gewinnung neuer Wählerschichten für die Partei verstehen. Der Journalismus war in dieser Hinsicht eine Möglichkeit, den Adressaten die Ziele des Sozialismus so zu vermitteln, dass er auch über die klassische sozialdemokratische Klientel hinaus Anziehungskraft gewann. Ob dies mit der Rheinischen Zeitung gelang, muss angesichts der Kölner Wahlergebnisse bezweifelt werden. Der Erfolg der Zeitung stand in keinem Verhältnis zu den Ergebnissen der Kölner SPD bei den Wahlen nach 1919. Dies ändert aber nichts daran, dass sich die Rheinische Zeitung unter Sollmanns Leitung zu den journalistisch herausragenden Zeitungen der Weimarer Sozialdemokratie entwickelte.

7 Zwischen Opposition und Koalition: Die SPD in der Mittelphase von Weimar

Nach den Krisen des Herbstes 1923, die die parlamentarische Demokratie mit dem Scheitern der Großen Koalition und den Putschversuchen von rechts und links hart an den Rand des Untergangs gebracht hatten, begann überraschend schnell eine Phase der Stabilisierung, die durch eine innenpolitische Konsolidierung wie eine außenpolitische Entspannung gekennzeichnet war. Außenpolitisch ergab sich durch die Währungsreform, wodurch die Basis für eine realistische Kalkulation der deutschen Leistungsfähigkeit und für neues Vertrauen in die finanzpolitische Stabilität Deutschlands gelegt worden war, und die Bereitschaft der USA, das Reparationsproblem mit dem alliierten Schuldenproblem zu verbinden, die Möglichkeit eines reparationspolitischen Neubeginns, der im Dawes-Plan vom Sommer 1924 seinen Ausdruck fand. Unterstützt wurde dies durch die Entwicklung in Frankreich, das sich unter anderem durch die Krise des Francs gezwungen sah, den USA und Großbritannien in ihrem Bestreben einer neuen Regelung der Reparationen entgegenzukommen. Zudem siegte

---

647 RZ Nr. 295, 18. Dezember 1926.

im Mai 1924 bei den Wahlen in Frankreich der Linksrepublikaner Édouard Herriot, der sich um eine Stabilisierung des Verhältnisses zu Deutschland bemühte.[648]

Innenpolitisch hatte diese außenpolitische Entspannung konsolidierende Wirkung. Den Anhängern einer Konfrontation mit Frankreich wie auch den Befürwortern eines westdeutschen Bundesstaates, der dem Sicherheitsbedürfnis Frankreichs Rechnung tragen sollte, war damit der Wind aus den Segeln genommen. Das Scheitern der Umsturzversuche markierte auch das Ende der Putsche gegen die Republik.[649] Auch in wirtschaftlicher Hinsicht verhießen die finanzpolitische Stabilisierung und die Neuregelung der wirtschaftlichen Beziehungen in Europa und zu den USA im Rahmen der Reparationsfrage positive Entwicklungen. Außen- wie innenpolitisch war damit der seit der Revolution auf der Republik lastende Druck spürbar zurückgegangen, es begann eine Phase der Konsolidierung, die wie in der Außenpolitik das Ende der unmittelbaren Nachkriegszeit kennzeichnet.

Freilich war die innenpolitische Lage hinsichtlich der Regierungszusammensetzung im Frühjahr 1924 noch keineswegs geklärt. Seit dem Scheitern des zweiten Kabinetts Stresemann regierte ein bürgerliches Minderheitskabinett unter der Führung von Wilhelm Marx vom Zentrum, das mithilfe des Ermächtigungsgesetzes vom 8. Dezember 1923 agierte. An eine Verlängerung der im Februar 1924 auslaufenden Ermächtigung war nicht zu denken, sodass die Regierung von sich aus um die Auflösung des Reichstags bat. Neuwahlen wurden für den 4. Mai 1924 angesetzt.[650]

Die SPD befand sich zu diesem Zeitpunkt unverkennbar in einer Krise. Exemplarisch dafür waren die Vorgänge in Sachsen, wo sich die Fraktion im Landtag gegen einen Beschluss des Landesparteitags an einer Großen Koalition beteiligte. Die gleichen Gräben gab es auf Reichsebene, wo der linke Flügel die bisher praktizierte Koalitionspolitik des Parteivorstands scharf verurteilte und einen konsequenten Oppositionskurs forderte. Man hoffte in diesem Kreis darauf, dass die SPD in der Zukunft entweder alleine oder gemeinsam mit der KPD eine Mehrheit erringen würde. Aus

---

[648] Bereits Ende November 1923 waren zwei Sachverständigenausschüsse eingesetzt worden, um Deutschlands Zahlungsfähigkeit zu untersuchen. Der Dawes-Ausschuss legte im April 1924 sein Gutachten vor, das als Grundlage des im Sommer unterzeichneten Abkommens diente. Das Verhältnis zu Frankreich besserte sich auch dadurch, dass vom Kabinett am 5. Dezember 1923 beschlossen wurde, die Kosten für die Besatzung wieder zu übernehmen. Siehe zu den Entwicklungen der Außenpolitik Hildebrand: Das vergangene Reich, S. 438–451.

[649] Da die ohnehin durch den Hitler-Putsch diskreditierten Pläne einer Rechtsdiktatur für den Kreis der Schwerindustriellen um Stinnes angesichts der neuen Verhandlungen mit Frankreich an Bedeutung verloren, erschien ihnen das Ziel einer deutsch-französischen Wirtschaftsunion nun doch auf dem Verhandlungswege im Rahmen der parlamentarischen Demokratie möglich. Auch von Seiten der KPD ging nach dem Scheitern der Putschpläne im Oktober 1923 keine Gefahr mehr aus, weil die Partei organisatorisch und wirtschaftlich geschwächt war. Winkler: Revolution, S. 689 f., 730.

[650] Ebd., S. 695 f.

ihrer Sicht kompromittierten Koalitionen mit den bürgerlichen Parteien nur die Ideale der Sozialdemokratie.[651]

Ihnen gegenüber standen die Parteimitte, die die Mehrheit der Partei repräsentierte und die Koalitionen als ein taktisches Mittel ansah, ohne sie grundsätzlich zu befürworten, und der rechte Flügel, der in der Koalition mit dem Bürgertum eine Notwendigkeit sah, die Ausdruck der positiven Einstellung zum Weimarer Staat war. Die Differenzen in der Partei, das zeigte sich im Vorfeld der Wahl deutlich, waren groß. Sollmann als Vertreter des rechten Flügels machte die Erfahrung des innerparteilichen Streits in Köln, wo auf der Kreiskonferenz im Februar 1924 deutliche Kritik an der Politik der Partei, insbesondere der Koalitionsbereitschaft geäußert wurde.[652] Tatsächlich befanden sich die Befürworter der Koalition zu diesem Zeitpunkt in der Defensive. Die Erfahrungen mit der DVP, ohne die eine Koalition unter Einbezug der SPD keine Mehrheit besaß, in den Kabinetten Stresemann hatten berechtigte Zweifel daran gelassen, dass die Volkspartei die parlamentarische Demokratie verteidigen wollte. Zudem, und in dieser Einschätzung herrschte in der Partei Einigkeit, war der Kapitalismus seit der Revolution nicht schwächer, sondern stärker geworden, und man sah sich durch die bürgerlichen Parteien, die den Kapitalismus repräsentierten, in die Defensive gedrängt.[653] Exemplarisch für diese Einschätzung steht Sollmanns Analyse aus dem Dezember 1923:

> »Die Kraft des Kapitalismus ist wirtschaftlich und geistig gewachsen. Die proletarische Bewegung ist wirtschaftlich und geistig geschwächt. Wir mögen diesen Umschwung beklagen – und er schmerzt jeden Sozialisten tief –, aber wir können vor den Tatsachen die Augen nicht verschließen.«[654]

Zwar hatte die Republik die Stürme des Herbstes 1923 überstanden, aber in der SPD überwog statt einer Aufbruchsstimmung eindeutig das Gefühl, vor schwierigen Zeiten zu stehen.

Trotz der Rückschläge, die es für die Sozialdemokratie gegeben hatte, und der Kritik, die am Kurs der Partei geübt wurde, sah Sollmann seinen Ansatz für die Strategie

---

651 Kastning: Sozialdemokratie, S. 157 f.
652 RZ Nr. 35, 11. Februar 1924.
653 Winkler: Revolution, S. 700. Allerdings spaltete sich während des Wahlkampfes im März 1924 der schwerindustriellen Kreis um Stinnes von der DVP ab, was die Partei taktisch flexibler machte. Der Eindruck, in die Defensive geraten zu sein, rührte nicht zuletzt daher, dass es den Arbeitgebern schrittweise gelungen war, den Achtstundentag auszuhöhlen, bis er mit der Arbeitszeitverordnung vom 21. Dezember 1923 für weite Bereiche der Wirtschaft faktisch aufgehoben wurde. Die Unternehmer arbeiteten besonders in der Schwerindustrie gezielt daraufhin, den 1918 in der Zentralarbeitsgemeinschaft gefundenen Interessensausgleich einseitig zu ihren Gunsten aufzulösen. Siehe zu dieser Entwicklung Feldman/Steinisch: Industrie und Gewerkschaften 1918–1924.
654 Sollmann: Zu neuem Aufstieg, in: Die Glocke 36 (1923), S. 883–893, S. 893.

der SPD nicht als gescheitert an, wie er es auf einer Kölner Parteiveranstaltung zum Ausdruck brachte:

> »Wir haben wohl die Möglichkeit und unter Umständen die Pflicht zur Opposition gegen eine bestimmte Regierung, aber können nicht zu diesem Staate in grundsätzlicher Opposition stehen. Wenn wir den Willen des Staates dahin lenken wollen, daß er die Ordnung der gesellschaftlichen Verhältnisse nach unserm Sinne ändern soll, dürfen wir den Staatswillen auch nicht leichthin den andern überlassen. Aus dieser Erwägung und aus ihr allein entspringt der Gedanke der Koalitionspolitik. [...] Immer wieder standen wir vor der Frage, ob es für das arbeitende Volk besser ist, die Regierung allein den Bürgerlichen zu überlassen oder mit auf dem Führerstand der Staatslokomotive zu stehen. Ich glaube, daß es für das Volk im allgemeinen besser ist wenn die Sozialdemokratie auch in der Regierung ihren Einfluss geltend machen kann.«[655]

Die Partei war aus seiner Sicht nicht wegen einer falschen Strategie, sondern wegen der schwierigen Umstände in eine Krise geraten. Eine wichtige Aufgabe für die SPD sah er daher darin, bei den Massen den Blick für das politisch Machbare zu schärfen. Viele ihrer Wähler, so seine Erkenntnis, seien desillusioniert, weil sie die Schwere der Aufgaben nicht vollends erkannt hätten. Die allgemeine Not habe die Einsicht in die politischen Fortschritte verdrängt. Zugleich warnte er vor einem Dogmatismus in Wirtschaftsfragen, die entscheidend für die Gesundung Deutschlands seien und nicht gelöst werden könnten, wenn man nicht zu einer Zusammenarbeit bereit sei. Schließlich hätten sich die gesellschaftlichen Rahmenbedingungen geändert. Der Klassenkampf sei auch zu einer Schicksalsfrage für die geistigen Arbeiter geworden. In den letzten Jahren seien viele ehemalig im Mittelstand Lebende in das Proletariat herabgesunken. Die geistige Eroberung dieser neuen proletarischen Schichten war für Sollmann eine Schlüsselaufgabe. Er plädierte daher für eine größere Differenzierung in der Werbearbeit, um diese Schichten anzusprechen. Dazu gehörte für ihn auch eine größere Duldsamkeit gegenüber Strömungen, die außerhalb der Politik lagen – wie die Religion.[656]

Sollmanns Verweis auf die schwierigen Umstände hatten sicher ihre Berechtigung, aber die SPD hatte in den letzten Jahren auch eine Politik betrieben, die ihren Anhängern viel abverlangt hatte. Auch für seine Erkenntnis einer Proletarisierung des Mittelstandes gab es genügend Anzeichen, aber dem Versuch diese Schichten für die Sozialdemokratie zu gewinnen, waren enge Grenzen gesetzt, wenn man wie er mit Klassenkampfrhetorik versuchte, Gemeinsamkeiten herauszustellen. Gerade der materiell gefährdete »alte Mittelstand« verstand sich eben explizit nicht als Teil des

---

655 RZ Nr. 41, 18. Februar 1924.
656 Sollmann: Zu neuem Aufstieg, in: Die Glocke 36 (1923), S. 883–892.

Proletariats und lehnte die Formel des Klassenkampfs strikt ab.[657] Solange man dies nicht erkannte, mussten die Öffnungsversuche der Partei ohne größere Resonanz in diesen Schichten bleiben.

Wie weit die SPD von den Zielen entfernt war, die Sollmann formuliert hatte, zeigte sich mit aller Deutlichkeit bei den Reichstagswahlen vom 4. Mai 1924. Das Wahlergebnis war für die Sozialdemokratie eine Katastrophe. Auf Reichsebene gewann die SPD 20,5 Prozent der Stimmen, was zwar nur einen Verlust von 1,2 Prozent gegenüber 1920 bedeutete, aber eine herbe Niederlage war, hatte die vereinigte Sozialdemokratie 1924 doch weniger Stimmen bekommen als die Mehrheitssozialdemokraten 1920.[658] Im Wahlkreis Köln/Aachen war der Einbruch noch dramatischer. Die SPD verlor fast 50 Prozent der Stimmen und kam nur noch auf 10,2 Prozent. Großer Gewinner waren dagegen die Kommunisten, die mit 14,2 Prozent die Sozialdemokratie klar überflügelten. Das Zentrum blieb im Wahlkreis Köln/Aachen, wo die Partei reichsweit das zweitbeste Ergebnis erzielte, mit 48,5 Prozent mit Abstand stärkste Partei und besaß damit doppelt so viele Stimmen wie die Arbeiterparteien zusammen.[659] Dieser Trend zeigte sich auch bei den Kommunalwahlen, die gemeinsam mit der Reichstagswahl stattfanden. Auch hier wurde die Sozialdemokratie abgestraft und verlor in Köln dreiviertel ihrer Sitze in der Stadtverordnetenversammlung.[660]

---

657 Siehe dazu Winkler: Schein der Normalität, S. 166–173.
658 1920 hatten SPD und USPD zusammen rund 11.1 Millionen Stimmen erhalten, die vereinigte Partei 1924 aber nur noch gute sechs Millionen Stimmen. Die Arbeiterparteien unter Einbeziehung der KPD kamen auf knapp zehn Millionen Wähler gegenüber 11,7 im Jahr 1920. Prozentual sank der Anteil der Arbeiterparteien von 41,7 auf 34,0 Prozent. Winkler: Schein der Normalität, S. 177.
659 Köln/Aachen war einer von nur sechs Wahlkreisen, in denen die KPD die SPD überflügeln konnte. Zudem gewannen die Arbeiterparteien in nur vier der insgesamt 35 Wahlkreise weniger Stimmen als in Köln/Aachen. Der Rückgang des Anteils der Arbeiterparteien fiel dagegen mit vier Prozent wegen des überdurchschnittlichen Zugewinns der KPD geringer aus als auf Reichsebene. Zum Wahlergebnis siehe Statistisches Jahrbuch des Deutschen Reichs 1924/25, S. 390 f.; Winkler: Schein der Normalität, S. 177–188. Zum Wahlergebnis der Wahlkreise Köln/Aachen und Köln-Stadt siehe auch RZ Nr. 105, 5. Mai 1924. Das Ergebnis erklärt sich nicht allein dadurch, dass die vormaligen Anhänger der USPD zur KPD übergegangen waren, weil der Gewinn der KPD über sechs Prozent über dem Anteil der USPD bei den letzten Wahlen lag. Die Kommunisten gewannen wohl auch wegen der spezifischen Umstände im besetzten Gebiet mit einer überdurchschnittlichen hohen Arbeitslosigkeit, denn außerhalb des besetzten Gebiets holte die KPD im Durchschnitt weniger Stimmen. Vgl. Winkler: Schein der Normalität, S. 219. Aber der Stimmenanteil der KPD lag auch unter dem Gesamtverlust der SPD gegenüber den Wahlen von 1920, sodass rund drei Prozent der vormaligen sozialdemokratischen Wähler nach rechts abgewandert sein müssen oder nicht zur Wahl gegangen sind.
660 Mit elf Vertretern war man damit hinter dem Zentrum mit 31 und der KPD mit 15 nur noch drittstärkste Fraktion. Gewinner waren die neu angetretene Mieterpartei, die auf Anhieb acht Sitze gewann sowie die DVP und die DNVP. Die Kommunalwahlen spiegelten damit den Rechtsruck, den es auch bei den Reichstagswahlen gegeben hatte. Zum Wahlergebnis auf kommunaler Ebene siehe RZ Nr. 105, 5. Mai 1924.

Die Analyse Sollmanns, die Niederlage sei in erster Linie der Notlage im besetzten Gebiet geschuldet, weil die Verzweiflung der Massen über die Vernunft gesiegt habe, ist insofern richtig, als dies ein wichtiger Faktor war.[661] Dies zeigte sich bei den Reichstagwahlen im Dezember 1924, als die wirtschaftliche Erholung bereits eingesetzt hatte. Die SPD gewann in Köln ziemlich genau den Anteil von gut fünf Prozent hinzu, den die KPD verlor, die damit wiederum fast genau den Anteil erzielte, den die USPD 1920 gewonnen hatte. Damit hatte sich in Köln links von der SPD das Wählerspektrum angesiedelt, das vorher die USPD gewählt hatte.[662] Aber dennoch ist Sollmanns Erklärung nicht hinreichend, denn es fehlten der SPD im Wahlkreis Köln/Aachen immer noch fünf Prozent und damit ein Viertel der Stimmen von 1920.[663] Auch wenn man das Ergebnis der Partei auf Reichsebene heranzieht, so war die Partei doch weit von dem entfernt, was Sollmann vorschwebte. Seinem Ziel, die Sozialdemokratie zu einer Volkspartei auszubauen, waren klar Grenzen aufgezeigt worden. Weder hatte man die eigenen Stammwähler behalten noch andere Schichten in nennenswertem Maße für sich gewinnen können. Der Weg dorthin, das hatten die Wahlen des Jahres 1924 gezeigt, war noch sehr weit. Daher war auch die Feststellung in der Rheinischen Zeitung, die Dezember-Wahl habe die Anhänger der Republik gestärkt, trügerisch. Dies war im Vergleich zur Wahl vom Mai zwar richtig und der Erhalt der Demokratie schien gesichert, aber fast zwei Drittel der Wähler hatten für bürgerliche Parteien gestimmt. Die Kräfteverhältnisse sahen vorerst so aus, dass eine Gestaltung der Verhältnisse im sozialdemokratischen Sinne nicht zu erwarten war.

Die entscheidende Frage war demnach, wie die Partei sich zukünftig zur Frage der Regierungsbeteiligung stellen und ob es ihr gelingen werde, neue Schichten für sich zu gewinnen, um wieder mehrheitsfähig zu werden. Schon auf dem Parteitag im Juni 1924 hatte Sollmann einen klaren Appell an die Partei gerichtet:

»Es wird nach einer Klärung der Stellung zum republikanischen Staat gerufen. Warten sie damit nicht zu lange, sonst ist dieser Staat nicht mehr vorhanden. Während wir Theorie treiben, machen die anderen Politik. Wir müssen den Willen zur Eroberung der Staatsgewalt auf dem Wege der Demokratie haben […] Das ist der Quell der Mißerfolge unserer Politik in den letzten Jahren nicht nur in der geeinten

---

661 Zu Sollmanns Wahlanalyse siehe RZ Nr. 116, 17. Mai 1924.
662 Die baldige Neuwahl des Reichstags war angesetzt worden, weil nach den Wahlen im Mai 1924 weder eine Erweiterung der Regierung nach links noch nach rechts zustande gekommen war und auch eine Fortführung der Minderheitsregierung scheiterte. Siehe dazu Stürmer: Koalition, S. 78.
663 Die Wahlbeteiligung war fast identisch mit den Wahlen zuvor. Vgl. Statistisches Jahrbuch des Deutschen Reichs 1924/25, S. 392 f. Die Wahlbeteiligung lag in Köln stets deutlich unter dem Reichsdurchschnitt und zählte zu den niedrigsten im ganzen Reich. Auf Reichsebene war die SPD mit 26 Prozent stärkste Partei geblieben vor der DNVP mit 20,5, dem Zentrum mit 13,6, der KPD mit neun und der DDP mit 6,3 Prozent. Siehe zum Wahlergebnis auf Reichsebene Winkler: Schein der Normalität, S. 216–222.

Partei, sondern auch vorher, daß viele nicht mit dem Herzen bei dieser Republik gewesen sind. [...] Die Partei aber muß wie die Labour Party in England die große gemeinsame Ausnahmestellung für alle Menschen werden, die wirtschaftlich, politisch, kulturell, ethisch, ja auch religiös über die Barbarei des Kapitalismus hinaus zu klassenlosen Gesellschaftsformen streben.«[664]

Dieser Aufruf fand wie das Referat des Agrarexperten Helling, der anmahnte, man müsse ernsthaft prüfen, ob die Sozialdemokratie »eine Partei der Lohnempfänger bleiben will, oder ob sie die Partei des arbeitenden Volkes in Land Stadt sein will«, keine große Resonanz. Eine vom Parteivorstand eingebrachte Entschließung zur Frage der Koalition war sehr defensiv gehalten und ließ nicht vermuten, dass hier eine Partei mit Macht in die Regierungsverantwortung zurückstrebte.[665]

Eine Regierungsbeteiligung war aber unter den gegebenen Umständen auch vorerst nicht zu verwirklichen. Das Wahlergebnis vom Dezember 1924 ließ nur zwei Möglichkeiten, um eine Regierung mit parlamentarischer Mehrheit zu bilden, die Große Koalition oder einen bürgerlichen Rechtsblock. Die Bedingungen für eine Regierungsbildung hatten sich also keineswegs verbessert. Da die DVP eine Große Koalition, die von der SPD akzeptiert worden wäre, ablehnte und Zentrum und DDP nicht bereit waren, ein Minderheitenkabinett der Weimarer Koalition zu bilden, blieb die Sozialdemokratie bei der Regierungsbildung außen vor. Es kam daher im Januar 1925 zu einer Koalition aus Zentrum, DVP, DNVP und BVP unter dem parteilosen, aber der DVP nahestehenden Reichskanzler Hans Luther.[666]

Dass die SPD sich in der Opposition wiederfand, war weder überraschend noch enttäuschend für die Partei. Nur kurz danach ging es für die Sozialdemokratie erneut um die Frage, ob sie ihren Einfluss auf die Entwicklung der Republik behaupten könne. Am 28. Februar 1925 starb Friedrich Ebert, was für die Partei trotz mancher Konflikte mit dem Reichspräsidenten ein harter Schlag war, stand Ebert doch für die unbedingte Sicherung und den Ausbau der Republik.[667] Zudem bestanden

---

664 Protokoll Parteitag 1924, S. 116.
665 Ebd., S. 162 (Zitat); S. 204.
666 Zur Regierungsbildung siehe Stürmer: Koalition, S. 78–89.
667 Eberts Tod stand indirekt im Zusammenhang mit fortlaufenden Verleumdungen, die ihn körperlich stark mitnahmen. Siehe dazu Mühlhausen: Ebert, S. 936–966. Sollmann selbst hatte den Oberreichsanwalt 1923 über unflätige Bemerkungen von Mitreisenden in einem Zugabteil informiert und einen Antrag auf Einleitung eines Strafverfahrens gestellt. Sollmann an den Oberreichsanwalt vom 1. Juni 1923, HAStK 1120/546/II-18-17, 17 a. Zur Beurteilung von Eberts Amtszeit siehe Mühlhausen: Ebert, S. 991–1002. Kritischer dagegen Winkler: Schein der Normalität, S. 229–234. Sollmann äußerte sich anlässlich des 20. Todestages über Ebert: »Ebert ist in seiner bedächtigen, mehr wägenden als wagenden Politik der echte deutsche Arbeiterführer gewesen.« Sollmann: Friedrich Ebert, in: Friedrich Eberts zwanzigster Todestag. Gedächtnisfeier in New York am 2. März 1945, S. 18 f. In diesem Sinne ist auch eine ausführliche Würdigung Eberts gehalten. Sollmann: Ebert und das Reichsbanner, in: Das Reichsbanner Nr. 8, 22. Februar 1930.

kaum Chancen, wieder einen Sozialdemokraten in das Amt des Reichspräsidenten zu hieven. Dies zeigte sich im ersten Wahlgang, in dem der SPD-Kandidat Otto Braun mit 29,0 Prozent das zweitbeste Ergebnis erlangte.[668] Im zweiten Wahlgang reichte die relative Stimmenmehrheit, weshalb für die Parteien der Weimarer Koalition nur eine Sammelkandidatur als Möglichkeit blieb, um den Bewerber des Reichsblocks um DVP und DNVP zu schlagen. Da ein Sozialdemokrat in einer Stichwahl erfahrungsgemäß bei vielen Wählern aus dem Bürgertum keinen Anklang fand, unterstützte die SPD Wilhelm Marx. Da wiederum Karl Jarres gegen Marx wenig Chancen eingeräumt wurden, nominierte der Reichsblock Generalfeldmarschall Paul von Hindenburg, dessen Popularität immer noch groß war und der als klarer Gegenpol zur Sozialdemokratie auch in Zentrumskreisen Anklang fand.[669] Da zudem die KPD ihren Kandidaten Ernst Thälmann erneut ins Rennen schickte, obwohl sie damit indirekt Hindenburg unterstützte, war die Situation aus Sicht der Sozialdemokratie ernst. Dementsprechend reagierte die Partei mit dramatischen Appellen an die Wähler, die Wahl Hindenburgs unbedingt zu verhindern. Kurz nach der Entscheidung für Marx als Sammelkandidat verbreitete der Sozialdemokratische Pressedienst einen Artikel Sollmanns, in dem er die Wahl als Ringen um die Zukunft der Republik charakterisierte und klar stellte, dass man als Sozialdemokrat den Republikaner Marx, aber keinesfalls das Zentrum wähle.[670] Besonders wurde auf die außenpolitischen Belastungen hingewiesen, die ein Sieg Hindenburgs für Deutschland hätte. So berichtete die Rheinische Zeitung, Anleiheverhandlungen der Stadt Köln, die für die städtische Entwicklung große Bedeutung hätten, seien durch die Kandidatur Hindenburgs, »die in der ganzen Welt das Vertrauen in die ruhige Entwicklung Deutschlands und die Stabilität unserer Währung erschüttert«, ernsthaft gefährdet.[671] Trotz des energischen Einsatzes konnte der Sieg Hindenburgs, der rund 900.000 Stimmen mehr erhielt als Marx, im zweiten Wahlgang nicht verhindert werden.[672] Die Rheinische Zeitung titelte am nächsten Tag »Sieger Hindenburg auf Thälmanns Krücken«, womit ein wichtiger Punkt angesprochen wurde, hätten die Wähler Thälmanns doch bei einem Votum

---

668 Brauns Ergebnis lag leicht über dem der SPD bei der letzten Reichstagwahl. Diese Tendenz zeigte sich auch im Wahlkreis Köln/Aachen. Karl Jarres, der für die DVP, DNVP und die Wirtschaftspartei angetreten war, bekam 38,8 Prozent, Wilhelm Marx für das Zentrum 14,5 Prozent, Ernst Thälmann für die Kommunisten sieben Prozent und Willy Hellpach für die DDP 5,8 Prozent. Zum Wahlergebnis siehe RZ Nr. 75, 30. März 1925.
669 Zu den Hintergründen der Kandidatur Hindenburgs siehe Pyta: Hindenburg, S. 441–458.
670 Sollmann: Nicht Zentrum, sondern Marx, RZ Nr. 85, 10. April 1925.
671 RZ Nr. 91, 18. April 1925.
672 Im Wahlkreis Köln/Aachen erreichte Marx mit 71,9 Prozent das reichsweit beste Ergebnis. Er erhielt dort 72.000 Stimmen und damit rund elf Prozent mehr als die drei Kandidaten der Weimarer Koalition im ersten Wahldurchgang. Köln hatte sich damit als Zentrumshochburg bestätigt, aber auch die sozialdemokratischen Wähler stimmten sehr wahrscheinlich geschlossen für Marx. Zum Wahlergebnis siehe Statistisches Jahrbuch des Deutschen Reichs 1924/25, S. 394 f.

für Marx Hindenburg verhindern können.⁶⁷³ Aber der alleinige Grund für Hindenburgs Sieg war dies nicht, hatten doch auch linke Sozialdemokraten für Thälmann gestimmt und zahlreiche bürgerliche Wähler lieber Hindenburg als Marx gewählt. Es mag eine Mischung aus Trotz und dem Versuch, Optimismus zu verbreiten, gewesen sein, die den Kommentar der Rheinischen Zeitung zum Ausgang der Wahl bestimmte, aber die Folgerung, nur eine Minderheit wolle die Monarchie, eine Mehrheit dagegen eine »soziale oder gar eine sozialistische Republik«, verkannte die Realität.⁶⁷⁴ Die Wahl hatte vor allem gezeigt, dass viele bürgerliche Wähler zwar nicht unbedingt die Monarchie restaurieren wollten, aber jedenfalls dem Weimarer Parteienstaat nicht (mehr) viel abgewinnen konnten. Verlierer der Wahl waren alle, denen die Weimarer Demokratie mehr war als nur ein Provisorium, das es möglichst schnell entweder in eine linke oder rechte Form eines autoritären Regimes zu transformieren galt, und dies war in erster Linie die Sozialdemokratie und hier vor allem die Vertreter, die wie Sollmann im Bündnis mit dem republikanischen Bürgertum diese Republik bewahren und sozial ausgestalten wollten. Mit Hindenburg als Reichspräsident war dies nicht unmöglich, aber die Republik war nun deutlich konservativer geworden und es war zu befürchten, dass es der Sozialdemokratie unter diesem Reichspräsidenten deutlich schwerer fallen würde, ihren Einfluss auf die Staatsentwicklung in dem Maße geltend zu machen, wie sie es beabsichtigte.⁶⁷⁵

Dies zeigte sich auch im Verhältnis zum amtierenden Kabinett. Die Gegensätze zwischen der Sozialdemokratie und dem Kabinett Luther wurden schnell deutlich, betrieb die Regierung mit ihren Gesetzesinitiativen doch eine einseitige Interessenspolitik, die den besitzenden Schichten zu Gute kam, aber nicht der breiten Bevölkerung. So sah die Steuerreform eine Senkung des Spitzensteuersatzes bei gleichzeitiger Anhebung einiger Verbrauchssteuern vor, die besonders die unteren Einkommensschichten belasteten. Dies war aus Sicht der Sozialdemokratie, wie Sollmann es in der Debatte im Reichstag erklärte, eine Vorlage, die jedes soziale Gefühl vermissen lasse und daher insgesamt völlig ungeeignet sei. Er bestritt nicht die Notwendigkeit neuer Steuern und lehnte auch die indirekten Steuern nicht mehr völlig ab, aber die Mehrbelastung der breiten Bevölkerung durch die vorliegenden Gesetze war für die Sozialdemokratie untragbar.⁶⁷⁶ Schon den Etat des Innenministeriums hatte Sollmann zwei

---

673 RZ Nr. 98, 27. April 1925. Dies war der überwiegende Tenor in der Sozialdemokratie. So titelte der Vorwärts: »Hindenburg von Thälmanns Gnaden«, Vorwärts Nr. 196 a, 27. April 1925.
674 RZ Nr. 98, 27. April 1925.
675 Winkler: Schein der Normalität, S. 244. Erstaunlicherweise sah der Parteivorstand nur wenige Monate nach der Wahl Hindenburgs schon kein Problem mehr in dem neuen Reichspräsidenten, weil sich gezeigt hätte, dass Hindenburg und die ihn umgebenden Kreise nicht auf eine Wiederherstellung der Monarchie hinarbeiten würden, sondern eine konservative Republik anstrebten. Protokoll Parteitag 1925, S. 24.
676 Protokolle Reichstag, Bd. 387, 4. August 1925, S. 3969 f. Zur Haltung der Sozialdemokratie zur Steuerreform 1925 und ihren eigenen Vorstellungen siehe Leuschen-Seppel: Staatsverantwortung, S. 131–145.

Monate zuvor für die Sozialdemokratie kommentiert und dabei scharfe Kritik an der DVP und besonders der DNVP geübt. Die Verhandlungen des Hauptausschusses des Reichstags, dessen Mitglied Sollmann war, seien durch den verschleierten Vorstoß der Rechtsparteien gekennzeichnet gewesen, eine Verfassungsrevision einzuleiten. Dazu gehöre auch der Antrag, die Reichsfarben Schwarz-Weiß-Rot wieder einzuführen, denn die Fahne sei ein Symbol für gewisse staatspolitische Absichten. Die Ziele der Deutschnationalen kämen deutlich in einer Denkschrift der bayerischen Regierung zum Ausdruck, die einem möglichst weit gehenden Abbau der Demokratie das Wort rede. Der deutschnationale Innenminister des Reichs habe es nicht nur versäumt, sich davon zu distanzieren, sondern diese Denkschrift auch noch gelobt. Er selbst, so berichtet Sollmann, habe gegen den Protest der Deutschnationalen im Hauptausschuss gesagt, die Denkschrift sei ein Verstoß gegen die Grundlagen der Reichsverfassung. Die Deutschnationalen, so resümierte Sollmann, wollten zurück zu einem Obrigkeitsstaat, die Sozialdemokratie wolle mehr Volksrechte.[677]

Sollmanns Äußerungen stehen stellvertretend für das Verhältnis der Sozialdemokratie zur Regierung Luther. Auf allen Gebieten waren die jeweiligen Auffassungen meist weit voneinander entfernt, nur in einem Bereich gab es Übereinstimmungen und das war die Außenpolitik. Außenminister Stresemann verfolgte eine Strategie des friedlichen Ausgleichs mit dem Westen, die von der Sozialdemokratie unterstützt wurde und zu der sie selbst keine Alternative sah. Innerhalb der Koalition stellte dies jedoch den entscheidenden Konfliktpunkt dar, waren die Deutschnationalen doch nicht bereit, Stresemann zu folgen und favorisierten stattdessen eine nationalistische Außenpolitik. Diese Gegensätze führten anlässlich der Verhandlungen und der Unterzeichnung des Vertrags von Locarno zum Bruch des Regierungsbündnisses.[678] Der Vertrag war für Deutschland durchaus vorteilhaft, bedeutete er doch einen Schritt auf dem Weg zur internationalen Rehabilitation und ermöglichte es in gewissem Maße, die Nachkriegsordnung hinsichtlich der territorialen Regelungen in Frage zu stellen. Zudem war mit der deutschen Unterschrift die Räumung der Kölner Zone bis Januar 1926 verbunden. Dennoch gingen den Deutschnationalen die Zugeständnisse nicht weit genug und sie beschlossen daher, da sie den Vertrag als unannehmbar betrachteten, am 25. Oktober 1925 den Austritt aus der Koalition.[679]

Für die Ratifizierung des Vertrags war in dieser Lage die Zustimmung der SPD nötig, was angesichts der Haltung der Partei zu Locarno auch sicher schien.[680] Aber die Reichstagsfraktion stellte sich zunächst auf den Standpunkt, dass man die DNVP

---

677 Protokolle Reichstag, Bd. 386, 12. Juni 1925, S. 2219–2223; Sollmann: Zwei Welten, in: RZ Nr. 127, 3. Juni 1925. August 1924.
678 Zu den Entwicklungen der außenpolitischen Meinungsverschiedenheiten in der Koalition siehe Stürmer: Koalition, S. 107–127.
679 Ebd.: Koalition, S. 124–127.
680 Im Vorwärts wurde Locarno als weltgeschichtlich bedeutendes Ereignis gefeiert. Vorwärts Nr. 250, 17. Oktober 1925.

nicht aus der Verantwortung entlassen könne und befürwortete stattdessen eine Auflösung des Parlaments. Von den Neuwahlen glaubte man eine sichere Mehrheit für die Ratifizierung erwarten zu können, sodass der DNVP durch ihre Ablehnung der Eintritt in die neue Regierung erschwert würde.[681] Aber diese Haltung wurde relativ schnell aufgegeben, weil eine Reihe von Gründen doch für eine Zustimmung sprach.[682]

Mit dem Rücktritt der Regierung Luther am 5. Dezember 1925 stellte sich erneut die Frage, ob sich die SPD an einer Großen Koalition beteiligen werde. Noch vor der Demission des Kabinetts hatte Sollmann dies abgelehnt. Die Gegensätze zwischen den beteiligten Parteien in den innenpolitischen Fragen waren für ihn so groß, dass an eine gedeihliche Zusammenarbeit nicht zu denken war. Er ging davon aus, dass die SPD in einer Regierung schon bald wieder wie 1923 gegen eine Front von Volksparteilern mit Zentrumsleuten und Demokraten stehen werde. Die Koalition sei angesichts der unterschiedlichen Auffassungen nur eine Belastung für die Partei. Wenn die SPD ihre Reformpläne vorlege, werde sich zeigen, dass diese von der DVP abgelehnt würden. Die eigenen Ziele könne man so nicht durchsetzen und deshalb könne man den eigenen parlamentarischen Einfluss auch aus der Opposition heraus geltend machen.[683] Dies entsprach der Stimmung in weiten Teilen der Fraktion. Den Eintritt in eine Regierung hielt man nur auf Grundlage eines festen Programms für möglich, das dem Reichspräsidenten am 10. Dezember übermittelt wurde. Dieses war aber so gefasst, dass an eine Zustimmung der DVP nicht zu denken war, womit sich Sollmanns Prognose bewahrheitete, die DVP werde die Pläne der SPD ablehnen.[684]

Dies war ganz im Sinne der Kreise um den Reichspräsidenten, die eine Beteiligung der SPD nicht wünschten. Schon vor dem Rücktritt Luthers hatte man im Büro des

---

681 Rieseberg: »Locarno-Krise«, S. 151 f. So argumentierte auch die Rheinische Zeitung. Vgl. RZ Nr. 253, 28. Oktober 1925.

682 Die Partei hätte es in Erklärungsnöte gebracht, wenn sie im Reichstag die Ratifizierung abgelehnt, im Wahlkampf aber um die Zustimmung geworben hätte. Zudem erschien eine Veränderung der parlamentarischen Konstellation durch Neuwahlen nicht als gesichert. Weiterhin setzten sich sowohl die Gewerkschaften als auch die englische Labour Party für eine Zustimmung ein. Schließlich nahm die Ankündigung der Regierung, nach Unterzeichnung der Verträge zurückzutreten, der SPD auch die Möglichkeit, die Abstimmung zu einer Vertrauensfrage für das Kabinett Luther zu machen. Das Vertragswerk von Locarno wurde daher gegen die Stimmen der DNVP, der Völkischen, der Wirtschaftspartei und der Kommunisten am 27. November 1925 angenommen. Winkler: Schein der Normalität, S. 257 f.; Protokolle Reichstag, Bd. 388, 27. November 1925, S. 4659–4668.

683 Sollmann: Vor der Großen Koalition?, in: RZ Nr. 281, 1. Dezember 1925. Diese Haltung wurde in den Sondierungen für eine Koalition wahrgenommen. Der Ministerialdirektor in der Reichskanzlei Hermann Pünder stellte in einem Bericht am 4. Dezember fest, in der Sozialdemokratie sei man einer Großen Koalition derzeit überwiegend abgeneigt. Besonders Sollmann, der selbst in einer Großen Koalition Minister gewesen sei, habe sich in der Rheinischen Zeitung dagegen ausgesprochen. Abgedruckt bei Stürmer: Koalition, S. 290 f.

684 Ebd., S. 137–139.

Reichspräsidenten einen Plan ersonnen, der zunächst Verhandlungen mit der Sozialdemokratie vorsah, von deren Scheitern man aber angesichts der Gegensätze zwischen DVP und SPD überzeugt war, woraus sich die Notwendigkeit ergeben würde, erneut ein Kabinett der Mitte unter Luther zu bilden.[685]

Dies war für die Sozialdemokratie insofern nicht problematisch, als man in der Großen Koalition in der gegebenen Situation keine Option sah. Stellvertretend dafür war Sollmanns erneut ablehnende Stellungnahme in der Rheinischen Zeitung. Es war seiner Ansicht nach wie vor in den entscheidenden Punkten keine Einigung mit der DVP zu erzielen, sodass eine hinreichende Basis für die Große Koalition fehle. Es bestünde daher die Gefahr, die DVP würde nach Überwindung der wirtschaftlichen Krise die Regierung erneut platzen lassen. Dann wäre man ebenso weit wie vorher, aber der Koalitionsgedanke hätte seinen letzten Kredit bei den Massen verspielt.[686] In diesem Sinne äußerten sich die meisten führenden SPD-Politiker. Es war vor allem, wie es bei Sollmann deutlich hervortritt, die auf den Erfahrungen aus dem Jahr 1923 beruhende Einschätzung, die DVP stehe nicht auf dem Boden der Großen Koalition. Daher war die Ablehnung der Koalition unter Einschluss der DVP durch die Reichstagsfraktion am 12. Januar 1926 die logische Konsequenz, wodurch der Weg für ein Minderheitskabinett unter Reichskanzler Luther frei war.[687]

Angesichts der Pläne in den Kreisen um den Reichspräsidenten wäre eine andere Regierungsbildung auch kaum möglich gewesen. Aber das Verhalten der Sozialdemokratie und insbesondere Sollmanns mit der klaren Ablehnung der Großen Koalition ist dennoch zu hinterfragen. Gerade Sollmann hatte sich zuvor stets als einer der energischsten Befürworter der Regierungsbeteiligung der Sozialdemokratie hervorgetan. Seine Argumentation beruhte darauf, dass die Arbeiterschaft politisch und wirtschaftlich zu bedeutend war, als dass sie sich auf Dauer von der Verantwortung fernhalten könne. Den Koalitionsgegnern hatte er die Frage gestellt, was die Partei gewinnen würde, wenn sie die Entscheidungen über die Entwicklung der Republik den Kräften überließe, die nicht wie sie für einen Ausbau der Republik ständen. Daraus hatte er gefolgert, die Partei müsse sich wenn irgend möglich an Koalitionen beteiligen.[688] Auch im Winter 1925/26 stand zur Debatte, was es der Partei und der Republik brachte, wenn man sich von der Macht fernhielt. Otto Braun stellte als einer der Wenigen die Entscheidung der Partei in Frage. Für die SPD sah er in der Großen Koalition die Chance, für eine Linderung der Auswirkungen der wirtschaftlichen Notlage wirken

---

685 Dieser Plan stammte vom Staatssekretär Meißner und wurde am 2. Dezember in Form einer Denkschrift festgelegt. Ebd., S. 135 f., 288–290.
686 Sollmann: Dennoch Große Koalition?, in: RZ Nr. 4, 6. Januar 1926.
687 Ebenso wie Sollmann argumentierten etwa Breitscheid, Hilferding und Müller. Winkler: Schein der Normalität, S. 261 f. Vgl. auch den Artikel von Breitscheid in der RZ Nr. 296, 18. Dezember 1925.
688 Siehe dazu oben Kapitel IV.2.

und dafür sorgen zu können, dass die Locarno-Verträge unterzeichnet würden. Darüber hinaus hatte die Frage aber für ihn aber auch grundsätzliche Bedeutung:

»Die Sozialdemokratische Partei hat jahrzehntelang für das parlamentarische System gekämpft. Sie darf es jetzt nicht verneinen, indem sie ihre positive Mitarbeit versagt. […] Wir stehen wieder einmal vor einer Entscheidung, die für die weitere Entwicklung Deutschlands ausschlaggebend werden kann. Da muß auch die Sozialdemokratische Partei, die stärkste Partei des Reiches, Vertrauen zu ihrer inneren Kraft beweisen und den Mut zur Verantwortung finden. Wollte sie sich weiter von der Furcht vor der Verantwortung in ihrem Handeln leiten lassen, so würde sie dem parlamentarischen System einen vernichtenden Schlag versetzen und der Reaktion die Bahn ebnen. Das kann aber die Partei, das darf sie nicht tun.«[689]

Aus Brauns Sicht stellte die Weigerung der SPD, eine Große Koalition zu bilden, eine Destabilisierung des parlamentarischen Systems dar. Sollmann hatte zu Beginn der Weimarer Republik ganz ähnlich argumentiert. Tatsächlich hatte die Minderheit der Kritiker gute Argumente auf ihrer Seite. Zunächst konnte die Entscheidung der Sozialdemokratie als ein falsches Signal an die Kräfte im Bürgertum gesehen werden, die zu einer Zusammenarbeit bereit waren. Auf Seiten von Zentrum und DDP wurde das Scheitern der Großen Koalition der SPD zulasten gelegt und die Frage gestellt, warum die Partei für das parlamentarische System gekämpft habe, wenn sie sich nun den Spielregeln dieses Systems verweigere. Auch der Vorwurf der Verantwortungslosigkeit findet sich in den Kommentaren.[690] Ebenso war der Hinweis von Seiten der Koalitionsbefürworter, damit überlasse man die Führung des Staats allein konservativen Kräften und gefährde dadurch auch die außenpolitischen Errungenschaften von Locarno, nicht von der Hand zu weisen.[691]

Aber es spricht auch einiges für das Misstrauen Sollmanns und der Mehrheit der SPD gegenüber der DVP. Wenn Sollmann darauf hinwies, die DVP habe 1923 zweimal innerhalb weniger Wochen eine Große Koalition platzen lassen, dies 1924 in Preußen wiederholt und zwei Jahre lang auf Reichsebene leidenschaftlich gegen eine

---

689 RZ Nr. 9, 12. Januar 1926. Es handelt sich um einen Aufsatz aus dem Sozialdemokratischen Pressedienst, der in einer Reihe von Parteiblättern erschien. Neben Braun sprachen sich auch Eduard David, Philipp Scheidemann und Carl Severing für die Große Koalition aus. Vgl. Winkler: Schein der Normalität, S. 263. In einem Brief an Sollmann kritisierte auch Gustav Radbruch die Haltung der SPD: »Das Bild, das die Partei […] der Öffentlichkeit bietet, scheint mir nicht erfreulich zu sein! Erst eine Regierung stürzen und dann […] sich der Neubildung versagen.« Radbruch an Sollmann vom 31. Dezember 1925, HAStK 1120/538/II-9-3, 3 a–d.
690 Siehe hierzu Winkler: Schein der Normalität, S. 262 f. mit Zitaten aus der liberalen Presse und Zentrumsblättern.
691 So schreibt Carl Severing: »Das Scheitern der Großen Koalition wäre der erste Schritt, der uns wieder von Locarno, damit von Europa, entfernte. Das wäre kein Aufbau, das wären neue Trümmer.« Severing: Und wieder für die Große Koalition, in: SM 31 (1925), S. 731.

Wiederauflage der Großen Koalition gekämpft, so war damit ein wichtiger Punkt angesprochen, nämlich der Unwille in weiten Kreisen der bürgerlichen Parteien und insbesondere in der DVP, mit der SPD zusammenzuarbeiten, und der Wille, ihren Einfluss auf die Staatsmacht möglichst gering zu halten.[692] Der Plan aus dem Büro des Reichspräsidenten zeigt ja eindrücklich, dass man in der Umgebung Hindenburgs ebenso wie in der DVP eine Regierungsbeteiligung der SPD ablehnte.

Die Haltung der Sozialdemokratie im Winter 1925/26 ist kritisch hinterfragt worden, weil sie durch die Absage an die Koalition wie durch den Ruf nach Neuwahlen in der Regierungskrise nicht zur Stabilität der parlamentarischen Demokratie beigetragen habe und deshalb eine Mitverantwortung für die Labilität des politischen Systems von Weimar trage.[693] Aus Sollmanns Sicht stellte sich aber die Frage, welcher Schaden größer sei für das parlamentarische System: die Weigerung der SPD, in die Große Koalition einzutreten, oder das Scheitern dieses Bündnisses nach kurzer Zeit und damit die Diskreditierung der Koalitionspolitik.

»Wer für die Große Koalition sich einsetzt, hat die Pflicht, uns wenigstens einige Aussichten und Wahrscheinlichkeiten für ihre längere Dauer anzuführen. […] Wie aber, wenn die Große Koalition, nachdem wir das Gröbste geschafft haben, im April oder Mai an der doch wahrlich nicht geleugneten Unlust der Volkspartei, mit uns zu regieren, zusammenbricht? Dann sind wir soweit wie jetzt auch. Nur, daß der Koalitionsgedanke bei den Massen den letzten Kredit verloren hat und uns vermutlich eine Reichstagsauflösung aufzwingt, nachdem wir uns nutzlos monatelang belastet haben. Wäre das alles etwa zum Nutzen der Republik, um deren Schutz man uns so beweglich ansteht?«[694]

Gerade für Sollmann, einem grundsätzlichen Befürworter von Koalitionen mit den bürgerlichen Parteien, erschienen die langfristigen Folgen einer Schädigung des Koalitionsgedankens sehr bedenklich. Seine Befürchtung war, die sozialdemokratischen Wähler würden sich durch die weitere Diskreditierung der Koalitionspolitik antidemokratischen Experimenten zuneigen.[695] Aus dieser Sicht ist zu fragen, ob die Sozialdemokratie nicht zu viel aufs Spiel setzte, wenn sie ihrerseits auf weitreichende politische Forderungen verzichtete, um eine Große Koalition zu ermöglichen. War es für die Wähler der SPD glaubwürdiger, wenn die Partei um des Willens einer Regierungsbeteiligung mit der DVP bis an die Grenze der Selbstverleugnung ging? Hätte sie dadurch tatsächlich das parlamentarische System gestärkt, wo doch eine längere Dauer der Großen Koalition berechtigterweise angezweifelt werden musste? Nach

---

692 Sollmann: Dennoch Große Koalition?, in: RZ Nr. 4, 6. Januar 1926.
693 Winkler: Schein der Normalität, S. 263 f.
694 Sollmann: Dennoch Große Koalition, in: RZ Nr. 4, 6. Januar 1926.
695 Sollmann: Arbeitermassen und Staatspolitik, in: Deutsche Republik 2 (1926/27), S. 15–18, 16.

Sollmanns Argumentation war es weniger die Verantwortungsscheu der SPD als die Haltung der bürgerlichen Parteien, die für das Scheitern der Koalition und im Grunde auch für die Labilität des parlamentarischen Systems verantwortlich waren, weil die »bürgerlichen Koalitionsgenossen eben nicht mehr Koalitionspolitik, sondern verhüllte bürgerliche Klassenpolitik getrieben« hätten.[696]

Zweifelsohne stärkte die Haltung der Sozialdemokratie im Winter 1925/26 nicht die politische Stabilität der Weimarer Republik, aber die Frage ist, ob dies mit der Beteiligung an der Koalition gelungen wäre. Es gab zumindest gute Gründe dafür, warum die Gegner wie Sollmann daran zweifelten.

Sollmann vertrat diese Haltung auch bei der Regierungsbildung Ende des Jahres 1926, als das inzwischen amtierende Minderheitenkabinett unter Wilhelm Marx eine Erweiterung anstrebte.[697] Die Große Koalition war für Sollmann wohl nur noch eine Notlösung, die man wie im Herbst 1923 zur Rettung der Republik einging. Das eigentliche Ziel, auf das er seit Mitte der 20er-Jahre verstärkt hinarbeitete, war ein Bündnis mit den republikanischen Kräften des Bürgertums. Er wollte die Kräfte reaktivieren, die für die Weimarer Koalition gestanden hatten, um eine Regierungsbildung ohne die DVP zu ermöglichen. Insbesondere setzte er dabei auf eine Zusammenarbeit mit dem Zentrum.[698] Sollmann wollte also weiterhin die SPD an Regierungen beteiligen, aber in Koalitionen mit den Kräften aus Zentrum und DDP, die wie die Sozialdemokratie uneingeschränkt auf dem Boden der parlamentarischen Demokratie standen.[699]

---

696 Ebd., S. 17. In der RZ heißt es: »Der Sozialdemokratie fehlt nicht der Mut zur Verantwortung, aber vielen bürgerlichen Politikern fehlt der Mut, in ihren eigenen Reihen gegen die reaktionären und unsozialen Anschauungen mancher ihrer Parteigenossen mit Mut aufzutreten.« RZ Nr. 11, 14. Januar 1926.
697 Vgl. RZ Nr. 270, 19. November 1926. Zur Vorgeschichte und der Regierungsumbildung siehe Stürmer: Koalition, S. 162–190; Winkler: Schein der Normalisierung, S. 295–307. Anders als ein Jahr zuvor war die Parteiführung geneigt, eine Große Koalition einzugehen, konnte sich aber nicht gegen die Fraktion durchsetzen. Ebd., S. 306.
698 Schon im November 1923 hatte er in der Staatskrise geäußert: »Ich glaube, Deutschland kann aus seiner Not nur gerettet werden, wenn diese beiden größten Geistesmächte, Christentum und Sozialismus, ein gewaltiges Stück zusammengehen.« RZ Nr. 259, 5. November 1923.
699 Dazu führte er aus: »Wir wollen stark werden, den Willen des Staates selbst zu lenken und, solange wir nicht stark genug sind, bereit sein, Koalitionen einzugehen, die dem demokratischen und sozialen Fortschritt dienen.« Sollmann: Volkswohl im Volksstaat, in: Das Reichsbanner Schwarz-Rot-Gold, Berlin o. J., S. 11–15, 13. Anlässlich des Verfassungstags 1925 schreibt er angesichts der restaurativen Trends mit der Wahl Hindenburgs und der Bildung der Bürgerblock-Regierung: »Darum gilt unser Marsch und unser Ruf am Verfassungstag nicht dem republikanischen Staate, wie er unvollkommen und voller Gebrechen vor uns steht, sondern dem Staatswesen, daß die Parteien von Weimar wollten, als sie die Reichsverfassung schufen«. Sollmann: Einigkeit und Recht und Freiheit, in: Das Reichsbanner Nr. 15, 1. August 1925.

8   Klassen- oder Volkspartei? Bemühungen um eine Verständigung mit dem Katholizismus

Eine Gelegenheit zur Erörterung dieser Pläne eines Bündnisses republikanischer Kräfte bot sich anlässlich der Wahl des Reichspräsidenten, bei der sich Zentrum, DDP und SPD zum Volksblock zusammengeschlossen hatten, um Wilhelm Marx zum Sieg zu verhelfen. Nach der Wahlniederlage analysierte Sollmann in einem Artikel die Chancen, dem Volksblock zukünftig zum Sieg zu verhelfen. Er konstatierte, bisher hätten das gemeinsame Ziel und der Schwung mitreißender Gedanken gefehlt. Gegenseitiges Misstrauen habe zwischen den Parteien geherrscht. Nach der Wahl nähere sich nun für die drei republikanischen Parteien die Entscheidung, ob man auf längere Sicht zusammenarbeiten wolle. Das Reichsbanner Schwarz-Rot-Gold war für ihn das Beispiel eines möglichen Ansatzes zur Verständigung. Die Mitglieder sollten in einen Gedankenaustausch über Ziele und Grenzen republikanischer Politik treten. Die weiteren Schritte seien schwierig, aber in der Rettung durch den sozialen Volksstaat sah er eine Losung, die viele einen könne, ob sie nun in der demokratischen oder sozialen Republik das Endziel sehen würden.[700]

Das Reichsbanner Schwarz-Rot-Gold, Bund deutscher Kriegsteilnehmer und Republikaner, war im Februar 1924 gegründet worden, um einen Gegenpol republikanischer Kräfte gegen die monarchistischen, völkischen und faschistischen Kreise zu bilden, der durch Demonstrationen und Aufmärsche sowie durch Schutz von Veranstaltungen die Schlagkraft der Republik in der Auseinandersetzung mit ihren Gegnern unterstreichen sollte.[701] Das Reichsbanner entwickelte sich schnell zum größten republikanischen Kampfbund, der zwar grundsätzlich überparteilich war, dessen Mitglieder sich aber zum überwiegenden Teil aus Anhängern und Sympathisanten der SPD rekrutierten.[702]

Die Organisation, »eine nach ›rechts‹ verschobene Sozialdemokratie«[703], war für Sollmann ein geradezu ideales Betätigungsfeld, wurden hier doch ganz explizit Ansichten vertreten, für die Sollmann schon längere Zeit eintrat: die Betonung von Begriffen wie Nation und Vaterland, das Ideal einer abwehrbereiten Demokratie, die Unterordnung proletarischer Klasseninteressen unter die Verteidigung der Republik, die Bejahung der parlamentarischen Demokratie, ihrer Errungenschaften und Sym-

---

700 Sollmann: Dennoch Volksblock?, in: Frankfurter Zeitung Nr. 400, 31. Mai 1925. Sollmann schrieb diesen Artikel auf Einladung der Zeitung.
701 Zum Reichsbanner siehe Rohe: Das Reichsbanner. Das Reichsbanner verstand sich insbesondere als Gegenkraft des Stahlhelm, Bund der Frontsoldaten, der in eindeutiger Opposition zur Weimarer Republik stand. Zu den Intentionen der Gründung ebd., S. 44–66.
702 Die Mitgliederzahl wurde 1925 offiziell mit drei Millionen angegeben, tatsächlich waren es jedoch wohl nicht deutlich mehr als eine Millionen. Davon waren rund 90 Prozent aus dem Umfeld der SPD. Rohe: Das Reichsbanner, S. 73, 266.
703 Ebd., S. 279.

bole sowie die Zusammenarbeit mit dem republikanischen Bürgertum zur Sicherung der Demokratie. Aufgrund der inhaltlichen Nähe war es naheliegend, dass sich Sollmann von Beginn an stark für das Reichsbanner engagierte und auch Mitglied des Reichsausschusses war.[704]

In den genannten Leitsätzen kommt eine gewisse Abweichung von der sozialdemokratischen Programmatik zum Ausdruck, die wegen des Charakters einer Sammlungsbewegung unvermeidlich war. Bei Sollmann tauchen etwa immer wieder die Begriffe Volksstaat und Volksgemeinschaft auf;[705] insbesondere letzterer war im politischen Diskurs der Weimarer Republik weit verbreitet, auch auf Seiten der Rechten. Es ging daher auch darum, diese Begrifflichkeiten ihres reaktionären Charakters zu entkleiden, sie im Sinne der Republik zu interpretieren. So versuchte Sollmann wie andere Reichsbannermitglieder auch, Klassenkampf und Volksgemeinschaft miteinander zu versöhnen und damit den Widerspruch aufzulösen, der sich durch das Beharren auf klassenkämpferischen Positionen in den offiziellen Verlautbarungen der SPD gegenüber nationalen Positionen ergab. Von der Partei wurde nie versucht, die nationale Frage zu besetzen und eine Art sozialdemokratischen Patriotismus zu schaffen.[706] Für Sollmann spielte dies aber eine zentrale Rolle, konnte man damit doch sowohl dem Nationalismus der Rechten eine eigene Interpretation der Nation entgegensetzen als auch durch die Betonung gemeinsamer nationaler Interessen eine Basis für die Zusammenarbeit mit den bürgerlichen Parteien finden. Klassenkampf und Nation waren für ihn kein Widerspruch, wie er es in seinem Beitrag »Nation und Sozialismus« ausführte, der nicht nur dem Titel nach eine Nähe zur Schrift des Haupttheoretikers des Hofgeismarkreises Herman Heller »Sozialismus und Nation« aufweist, die 1925 erschien.[707] Gerade der Kampf um soziale Gerechtigkeit, so das Fazit beider Schriften, war ein nationaler Dienst. Wie in Hellers Interpretation war der Sozialismus auch für Sollmann eine Kulturbewegung, die durch ihren Kampf für soziale Gerechtigkeit erst die nationale Gemeinschaft ermöglichte:

---

704 Zur Mitgliedschaft im Reichsausschuss siehe: Das Reichsbanner Nr. 2, 15. Mai 1924.
705 Vgl. Sollmann: Volkswohl und Volksstaat, in: Das Reichsbanner Schwarz-Rot-Gold, Berlin o. J., S. 11–15; ders.: Demokratisch/sozial/national, in: Illustrierte Reichsbanner-Zeitung 18 (1925), S. 274; ders.: Zehn Jahre Reichsverfassung, in: Das Reichsbanner Nr. 32, 10 August 1929; Protokolle Reichstag, Bd. 395, 24. März 1928, S. 13962. Dort grenzte er die Republik als Volksstaat gegen das Kaiserreich als Klassenstaat bzw. Kastenstaat ab.
706 Vogt: Nationaler Sozialismus, S. 122 f.; Winkler: Schein der Normalität, S. 369. Zum Diskurs im Reichsbanner siehe Rohe: Das Reichsbanner, S. 248–253.
707 Sollmann: Nation und Sozialismus, in: Das Reichsbanner, Beilage zur Nr. 4, 19. Februar 1927; Heller: Sozialismus und Nation. Vgl. auch Schult: Staat und Sozialismus, in: Das Reichsbanner Nr. 4, 15. Februar 1925. Die Hofgeismarer standen dem Reichsbanner wie Sollmann nahe. Einige ihrer führenden Vertreter wie Theodor Haubach, Carlo Mierendorff und Franz Osterroth waren in der Organisation aktiv. Vogt: Nationaler Sozialismus, S. 120–125.

»Uneigennütziger, opfervoller Dienst am Volke, das allein ist national. [...] Nur aus der Tatsache freien gleichen Rechts, nur aus dem Massenstreben zur Eroberung deutscher Kultur kann eine starke und geschlossene deutsche Nation entstehen. [...] Der soziale Aufstieg ist Vormarsch zur Nation, zu einem Volke, das im Bewußtsein eigener Freiheit und Kraft auch die anderen geschichtlichen Nationen achtet und an ihnen liebt, was auch sie dem Fortschritt der Menschheit spendet.«[708]

Über die Betonung der gemeinsamen Interessen im Kampf für die Volksgemeinschaft sollte ein Grundkonsens gefunden werden, auf dem die politischen Parteien eine Basis für ein gemeinsames Vorgehen fanden. Betrachtet man Sollmanns Ausführungen zum Klassenkampf, so wird deutlich, dass der Begriff in seiner Interpretation nur noch wenig mit seiner ursprünglichen Bedeutung im marxistischen Sinne zu tun hat. Was Sollmann als Ziel ausgab, war in erster Linie die Abschwächung sozialer Gegensätze, der gemeinsame Kampf für eine soziale Demokratie.[709] Zwar war auch weiterhin die Überwindung der kapitalistischen Herrschaft das erklärte Fernziel, aber dieses verblasste doch deutlich gegenüber der vorrangigen Aufgabe, soziale Verbesserungen durchzusetzen. Dieser betont reformistische Standpunkt erlaubte es, den Klassenkampfbegriff mit dem Bekenntnis zur Volksgemeinschaft zu verbinden.

Ebenso wurden im Reichsbanner der Charakter der Frontkämpfervereinigung und die damit zusammenhängenden Begriffe und Werte wie »Frontgeist« und »Kameradschaft« hervorgehoben.[710] Die Kriegsgeneration für die Republik zu gewinnen, war angesichts der Denunziation des Weimarer Staats durch die politische Rechte als »Republik der Deserteure« und »Novemberverbrecher« sowie die verbreitete antidemokratische Haltung in der Frontkämpfergeneration eine zentrale Aufgabe des Reichsbanners. Sollmann begrüßte diese Ausrichtung explizit, weil er es als gefährlich ansah, die Kriegsteilnehmer und die ihnen eigenen Wertvorstellungen und Gefühle zu ignorieren, wie es durch den seiner Ansicht nach übertriebenen Pazifismus in der republikanischen Bewegung geschah.[711] Die großdeutsche Ausrichtung des Reichs-

---

708 Sollmann: Demokratisch/sozial/national, in: Illustrierte Reichsbanner-Zeitung 18 (1925), S. 274.
709 Vgl. auch Sollmann: Einigkeit und Recht und Freiheit! Unser Tag, in: Das Reichsbanner Nr. 15, 1. August 1925. Dort heißt es: »Aus demokratischen Formen mit demokratischen Mitteln soll der freie soziale Volksstaat erwachsen.«
710 Rohe: Das Reichsbanner, S. 128. Zur Verwendung des Begriffs Kameradschaft siehe bspw. Sollmann: Jungbanner voran!, in: Das Reichsbanner Nr. 23, 7. Juni 1930.
711 Sollmann lehnte die Ehrenmitgliedschaft im Reichsbanner ab, weil er kein Soldat gewesen und daher als Ehrenmitglied eines Frontkämpferbundes nicht geeignet sei. Bezeichnend für seine Einstellung zum Soldatentum ist, dass er eingehend erläuterte, er habe sich darum bemüht Soldat zu werden, habe aber wegen eines Herzklappenfehlers nicht dienen können. Er bat die Reichsbannerführung dafür Sorge zu tragen, »daß der Mollusken-Pazifismus, der mit wirklicher Friedenspolitik nichts zu tun hat, in der republikanischen Bewegung zurückdrängt wird. Er hat uns gerade in den willenskräftigsten Teilen unseres Volkes sehr geschadet.« Sollmann an den Bundesvorstand vom 10. März 1924, AsD, Nl. Franz Osterroth, Box 126/204.

8 Klassen- oder Volkspartei? Bemühungen um eine Verständigung mit dem Katholizismus

banners, die auch von Sollmann explizit vertreten wurde, war aber nicht mehr als »verbale Kraftmeierei«, weil die Sozialdemokratie außenpolitisch friedfertig war und daher die großdeutschen Forderungen nicht realistisch waren.[712]

Weiterhin gehörte zum Reichsbanner die von Sollmann verkörperte demonstrative Identifikation mit den politischen Symbolen der Weimarer Republik, insbesondere mit der schwarz-rot-goldenen Fahne.[713] Die Berufung auf Schwarz-Rot-Gold schuf die Möglichkeit der Solidarität jenseits von Meinungsunterschieden in politischen Fragen. Aus diesem Grunde legte Sollmann auch Wert darauf, nationale Feiertage mit Vertretern bürgerlicher Parteien zu begehen, um zu demonstrieren, dass es diesen Konsens gab.[714]

Das Reichsbanner vertrat eine Ideologie, die sich von der Programmatik der SPD in einigen Punkten klar unterschied und vor allem auf dem linken Flügel der Partei deutliches Misstrauen weckte. Man befürchtete eine Schädigung proletarischer Interessen und eine Übertünchung der Klassengegensätze durch die »kleinbürgerliche Volksgemeinschaftsideologie«[715]. Sollmann leugnete nicht, dass es zwischen Zentrum, DDP und SPD wesentliche Unterschiede in der politischen Programmatik gab. Die Eigenheiten der Parteien und ihre unterschiedlichen Ziele sollten durch das Reichsbanner auch nicht im Sinne einer Überpartei aufgelöst werden. Für Sollmann stellte sich vielmehr die Frage, inwiefern man zu einer Zusammenarbeit über Parteigrenzen hinweg bereit war. Angesichts der Kritik, die in Köln wegen eines geplanten Auftritts am Republikanischen Tag mit bürgerlichen Politikern an ihm geäußert wurde, erklärte er, in der SPD wie dem Zentrum gebe es noch viele Leute, die nicht aus dem »Parteipferch« hinauskämen und nicht eine Stunde gemeinsam für Schwarz-Rot-Gold demonstrieren wollten.[716]

Ihm ging es auch wie manch anderem führenden Reichsbannermitglied nicht nur um ein taktisches Bündnis, sondern er sah darin den Ansatz für eine weiter reichende Kooperation, die eine Verständigung über gemeinsame Ziele republikanischer Politik ermöglichen konnte. Mehrmals betonte er, die Idee des Reichsbanners sei, unter Anerkennung des parteipolitischen Pluralismus die überparteiliche Zusammenarbeit zu suchen und damit die Grundvoraussetzung für eine funktionierende Demokratie zu schaffen. Nur wenn man zu diesem Grundkonsens fand, war für ihn der Weimarer Staat auch lebensfähig. Daraus gewann auch das Reichsbanner für ihn seine herausragende Bedeutung als »die Auferstehungsbewegung der deutschen Demokratie«[717].

---

712 Winkler: Schein der Normalität, S. 382.
713 Vgl. Sollmann: Sternenbanner und Schwarzrotgold, in: Das Reichsbanner Nr. 1, 1. Januar 1926. Zur Stellung des Reichsbanners zu Schwarz-Rot-Gold siehe Rohe: Das Reichsbanner, S. 240–245.
714 RZ Nr. 151, 30. Juli 1924.
715 Zitiert nach Rohe: Das Reichsbanner, S. 325.
716 RZ Nr. 151, 30. Juli 1924.
717 Sollmann: Demokratisch/sozial/national, in: Illustrierte Reichsbanner-Zeitung 18 (1925), S. 274. In diesem Sinne auch Sollmann: Marsch in die neue Zeit, in: Das Reichsbanner Nr. 8, 21. Februar

Allerdings konnte das Reichsbanner diese Erwartungen nicht erfüllen. So richtig der Ansatz war, dass die Republik nur Bestand haben konnte, wenn die Sozialdemokratie mit dem Bürgertum zusammenarbeitete, brauchte es dafür die Unterstützung der maßgeblichen bürgerlichen Kreise. Trotz der Mitgliedschaft einiger führender bürgerlicher Politiker blieb das Reichsbanner aber eine sozialdemokratisch dominierte Organisation, auch wenn der überparteiliche Charakter niemals in Frage gestellt wurde. Sollmann war sich trotz seiner hohen Erwartungen des begrenzten Potenzials der Organisation durchaus bewusst. Das Reichsbanner konnte für ihn zwar Brücke zwischen Sozialisten und sozialen Republikanern aus dem Zentrum sein, aber er war überzeugt, dass nur eine Minderheit aus dem Zentrum Mitglied im Reichsbanner werden würde, weil die Distanz zur Mitte und dem rechten Flügel der Partei zu groß sei. Gerade aus diesem Grunde galt es für ihn, auf diese Minderheit Rücksicht zu nehmen und sie nicht für die Politik des Zentrums verantwortlich zu machen. Nur dann ließ sich aus einer Sicht die gewünschte Zusammenarbeit realisieren.[718]

Der exponierteste Vertreter dieser Minderheit in der Zentrumspartei war der ehemalige Reichskanzler Joseph Wirth, ein aktives Mitglied des Reichsbanners.[719] Wirth hatte im Juli 1926 in einem Artikel zur Gründung einer republikanischen Union aufgerufen. Dies stand im Zusammenhang mit dem für den Herbst des Jahres geplanten Start einer republikanischen Wochenschrift, die er gemeinsam mit Paul Löbe als Vertreter der SPD und Ludwig Haas von der DDP herausgeben wollte.[720] Sollmann griff diesen Aufruf auf, stand dem Vorschlag aber skeptisch gegenüber. Er begrüßte zwar das Ansinnen, merkte aber an, Wirth stehe nicht für das Zentrum, das immer eine taktisch flexible Haltung einnehmen werde, weil es sowohl Monarchisten als auch Republikaner unter dem Dach des Katholizismus zu vereinen versuche.[721] Dies war keine Absage an den Plan Wirths, aber vorsichtige Skepsis gegenüber der politischen Taktik des Zentrums, die eine Einigung aus seiner Sicht erschwere.[722] Die Rheini-

---

1931. Diese Wahrnehmung des Reichsbanners als »Demokratie-Erlebnis«, als positive Erfahrung der Zusammenarbeit findet sich bei einigen prominenten Mitgliedern, darunter Osterroth, Severing und Höltermann, dem stellvertretenden Vorsitzenden. Rohe: Das Reichsbanner, S. 331.
718 Sollmann: Reichsbanner und Zentrum, in: RZ Nr. 180, 3. August 1927.
719 Zu Wirth siehe Hörster-Philipps: Wirth; Küppers: Wirth.
720 Vgl. Berliner Tageblatt, 20. Juli 1926. Zu den Plänen zur Gründung einer Wochenschrift siehe Hörster-Philipps: Wirth, S. 322 f.
721 Sollmann: Das Zentrum und wir. Zum Aufruf Wirths, in: Vorwärts Nr. 347, 26. Juli 1926.
722 Einige Monate später sah er vor dem Hintergrund der Erfurter Tagung der Zentrumspartei zumindest Ansätze für eine Annäherung an die Sozialdemokratie aus der Erkenntnis verfehlter gesellschaftlicher Entwicklungen. Siehe dazu Sollmann: Schicksalsfragen des Zentrums, in: RZ Nr. 259, 5. November 1926. Auf der Tagung in Erfurt, die an Stelle eines Parteitages stattfand, hatte sich das Zentrum die Rolle einer Volks- und Staatspartei der Mitte auf die Fahne geschrieben und sich als Ziel die weitere Festigung der Staatsordnung gesetzt. Ebenso wollte sie sich um die Integration der Linken und Rechten bemühen, um dadurch einen »Staat für alle« zu schaffen, den man im »Geist christlicher Sitte und Ordnung in sozialer Gerechtigkeit« durchdringen wollte. Ruppert: Im Dienst am Staat von Weimar, S. 227–230. Die Zitate S. 228 f. Sollmanns Skepsis

sche Zeitung mahnte daher auch ein halbes Jahr nach Wirths Aufruf, man müsse sich fragen, ob man nur reden und anderen die politischen Taten überlassen wolle, oder eine Zusammenfassung der politisch-parlamentarischen Kräfte der republikanischen Parteien für soziale und demokratische Aktionen erstrebe. Man habe keine Zeit mehr zu verlieren, im Reichstag und zwischen den Fraktionen müsse sich zeigen, ob die republikanische Union eine Kraft sei oder nur ein Schaugebilde.[723]

Im Grunde sind hier die zentralen Probleme der Republikanischen Union angesprochen, die über gute Absichtserklärungen nie hinaus kam. Ein wichtiger Punkt war die ungenügende Vorbereitung und Abstimmung der Aktion durch den Initiator Wirth und dessen mangelnder Rückhalt in der eigenen Partei.[724] Auch deshalb wurde in der SPD und DDP der Aufruf nur mit geringem Interesse aufgenommen. Man sah dort aber auch grundsätzlich weder größere Erfolgsaussichten für eine Republikanische Union noch hielt man diese für zielführend.[725] Sollmann stand zwar der Idee Wirths nahe, seine vorsichtige Beurteilung beruhte aber auf der Befürchtung, dass die Republikanische Union lediglich ein Debattierclub würde, der Absichten proklamiere, die durch die Realpolitik der Parteien durchkreuzt würden. Wenn die Parteien nicht bereit seien, sich auf eine republikanische Politik zu verständigen, seien Vereinigungen wie die Republikanische Union sinnlos.[726] Tatsächlich blieb sie wegen der mangelnden Unterstützung eine Randerscheinung, die nur über ihre Wochenschrift Deutsche Republik von sich reden machte.[727]

---

gegenüber der Republikanischen Union wurde im Zentrum registriert. Wilhelm Marx notierte in einem Erinnerungsbericht, die Republikanische Union habe nicht Sollmanns unbedingte Zustimmung gefunden. HAStK, Nl. Wilhelm Marx, 1070/236, Bl. 20.

723 An die Republikanische Union! Offener Brief an die Abgeordneten Wirth, Haas und Löbe, in: RZ Nr. 285, 7. Dezember 1926.

724 Zur mangelnden Vorbereitung siehe Hörster-Philipps: Wirth, S. 322; Becker: Krise, S. 370. Zu Wirths Konflikten mit dem Zentrum siehe Hörster-Philipps: Wirth, S. 297–371; Küppers: Wirth, S. 215–254; Ruppert: Im Dienst am Staat von Weimar, S. 264–273.

725 Auf größere Resonanz stieß Wirth lediglich bei den Windthorstbunden, der katholischen Jugend und in intellektuellen Kreisen. Hörster-Philipps: Wirth, S. 324; Küppers: Wirth, S. 229. Wirth erklärte gegenüber Dritten, er habe führende Sozialdemokraten, darunter Sollmann, zur Mitarbeit gewonnen. Seiterich: Demokratische Publizistik, S. 62. Ob dies für Sollmann zutreffend ist, lässt sich nicht überprüfen. Aber seine gedämpfte Reaktion ist ein Indiz dafür, dass er eine Mitarbeit nicht vorbehaltlos zusagte.

726 In einem Beitrag für die Deutsche Republik, der von Wirth, Löbe und Haas herausgegebenen Wochenzeitschrift der Republikanischen Union, unterstrich er diese Haltung noch einmal. Sollmann: Arbeitermassen und Staatspolitik, in: Deutsche Republik 2 (1926/27), S. 15–18. Vgl. auch die Antwort Wirths, der sich zum gemeinsamen Kampf für eine soziale Demokratie bekannte. Wirth: Der Bürgerblock, in: Frankfurter Zeitung Nr. 924, 12. Dezember 1926.

727 Sollmann selbst engagierte sich nicht weiter für die Republikanische Union und verfasste auch keine weiteren Beiträge für die Deutsche Republik. Die Verbindungen zu Wirth blieben aber über das Reichsbanner bestehen. Sollmann sprach mehrmals mit ihm auf Reichsbannerveranstaltungen. Gemeinsam traten sie weiterhin für eine Zusammenarbeit zwischen Zentrum und Sozial-

Sollmanns skeptische Einschätzung der Möglichkeiten einer Zusammenarbeit mit dem Zentrum basierte auf einer intensiven Auseinandersetzung mit der inneren Entwicklung der Partei. Diese stand ja schon lange im Fokus seiner Auseinandersetzung mit den politischen und weltanschaulichen Kontrahenten der Sozialdemokratie, aber seit Mitte der 20er-Jahre widmete er sich diesem Thema besonders intensiv. Dies war in zweierlei Hinsicht von Bedeutung: Zum einen ging es ihm um die Frage, inwiefern mit dem Zentrum eine politische Zusammenarbeit zur Stärkung der sozialen Demokratie möglich sei. Zum anderen musste es angesichts von Sollmanns Plänen für einen Ausbau der SPD zur Volkspartei das Ziel sein, auch die katholischen Arbeiter für die Sozialdemokratie zu gewinnen.

Sollmann sah das Zentrum in einem Wandlungsprozess begriffen, der aus der zunehmenden Krise der Partei infolge des Versuchs, politisch und sozial sehr heterogene Gruppen unter dem Dach des politischen Katholizismus zu vereinen, entstanden sei. Es mehrten sich nach seiner Erkenntnis die Kräfte im Zentrum, die dem Kapitalismus kritisch gegenüber standen und daher gemeinsam mit der Sozialdemokratie für den sozialen Ausbau der Republik bereit seien. Auch dem Zentrum gehe es um die Verbesserung der Lebenssituation der Arbeiter, was aber nur über die Zertrümmerung des Wirtschaftsabsolutismus möglich sei. Stimmen in Zentrumskreisen würden sich dieser Ansicht nähern, es reife die Einsicht, dass sich nicht Christentum und Sozialismus sondern Christentum und Kapitalismus feindlich gegenüberstehen würden. Die Massen wollten eine feste Stellung gegen die mammonistische Wirtschaftsgewalt, dies sei aber vom Zentrum nicht zu erwarten, wenn es so leicht in den Rechtsblock einzufügen sei. Die gläubigen Klassen- und Volksgenossen würden sich davon nicht täuschen lassen und mit der SPD über die alten Parteigrenzen hinweg den wahren Volksblock der Arbeit zum Sturz des Wirtschaftsabsolutismus vorbereiten.[728]

Sollmann glaubte, dass die Rechtskoalition das Zentrum auf Dauer eher politisch beschädigen und dies zu einer Annäherung zwischen Teilen des Zentrums, insbesondere der Arbeiter und der Sozialdemokratie führen würde. Bestätigt sah er sich durch die Nominierung Joseph Wirths für die Reichstagswahlliste des Zentrums, worin er den »Respekt vor der Rebellion der christlichen Arbeiter« zu erkennen glaubte.[729]

---

demokratie und für die Entwicklung der Republik zu einem sozialen Volksstaat ein. RZ Nr. 128, 2. Juni 1927. Zu Wirths Engagement im Reichsbanner siehe Hörster-Philipps: Wirth, S. 312–320.

[728] Sollmann: Katholizismus und Sozialismus, in: Vorwärts Nr. 612, 28. Dezember 1927. Der Verweis Sollmanns auf den Rechtsblock bezog sich auf das vierte Kabinett Marx, das seit Januar 1927 Zentrum, BVP, DVP und DNVP in der Regierung vereinte. Siehe dazu Stürmer: Koalition, S. 299–303. Diese Argumentation Sollmanns findet sich auch in einer Reihe weiterer Artikel. Vgl. ders.: Tatchristen und Wortchristen. Auch eine Lehre des Volksbegehrens, in: Vorwärts Nr. 72, 26. März 1926; ders.: Über den Tag hinaus!, in: RZ Nr. 114, 16. Mai 1927; ders.: Konflikte, in: Holzarbeiter-Zeitung Nr. 7 (1928); ders.: Die schwarze Mitte, in: RZ Sonderausgabe 13. Mai 1928. Vgl. auch seine Ausführungen im Reichstag. Protokolle Reichstag, Bd. 389, 10. März 1926, S. 6134.

[729] Protokolle Reichstag, Bd. 395, 29. März 1928, S. 13914. Zur Kandidatur Wirths siehe Hörster-Philipps: Wirth, S. 364–369. Auch Georg Beyer kam zu der Erkenntnis, dass sich im katholischen

Sollmanns Analyse der innerparteilichen Entwicklung des Zentrums war durchaus zutreffend. Tatsächlich hatte es im Zentrum schon Mitte der 20er-Jahre einen Prozess der Selbstfindung gegeben, in dem die geistigen Grundlagen einer Prüfung unterzogen wurden. Maßgeblichen Anteil daran hatte Wirth, der die Partei angesichts der politischen Entwicklung der Rechten für ein klares Bekenntnis zur Republik und zur Zusammenarbeit mit gleichgesinnten Kräften für eine Stärkung der Demokratie gewinnen wollte. An der Jahreswende 1927/28 hatte ein Vorstoß der Christlichen Gewerkschaften gegen die Parteiführung die sozialen Gegensätze innerhalb der Partei deutlich gemacht. Der von Sollmann skizzierte zunehmende Widerspruch zwischen dem dominierenden Materialismus und der christlichen Ethik, die »Ökonomisierung der Politik«, stellte die Partei vor neue Herausforderungen. Die weltanschaulichen Grundlagen bedurften einer Aktualisierung, um den Entwicklungen des Zeitgeistes gerecht zu werden, ansonsten drohte die Bindekraft der Partei verloren zu gehen, weil auch die Katholiken vom Wertewandel in der modernen Massengesellschaft erfasst worden waren. Aber daraus resultierte nicht, wie von Sollmann erhofft, eine deutliche Wende in Richtung des linken Flügels um Wirth, sondern nur in Ansätzen ein Abweichen von althergebrachten Positionen. Ideell setzte man wieder stärker auf den Katholizismus als einende Formel, in der Wirtschaftspolitik orientierte man sich weiter an den alten Leitlinien, die im Grunde die kapitalistische Wirtschaft unter Berücksichtigung des gesellschaftlichen Nutzens und des Ausgleichs zwischen den wirtschaftlichen Kräften befürworteten. Neu war lediglich die Bereitschaft, sich stärker mit dem Wesen der kapitalistischen Wirtschaft auseinanderzusetzen.[730] Sollmanns Hoffnung, gemeinsam mit dem Zentrum einen starken republikanischen Block schmieden zu können, erfüllte sich daher nicht.

Von einer Annäherung zwischen Zentrum und Sozialdemokratie auf parteipolitischer Ebene konnte daher nicht die Rede sein. Die Differenzen blieben groß, dies zeigt exemplarisch die Debatte im Reichstag im März 1928 zwischen Sollmann und Adam Stegerwald, dem Vorsitzenden der Christlichen Gewerkschaften. Wenn Sollmann aufgrund der wirtschaftlichen Machtkonzentration in der »Tyrannei des Besitzes« eine Zusammenarbeit der christlichen und sozialistischen Arbeiter als Ausweg sah, stellte Stegerwald die große geistige Kluft zwischen den christlichen Arbeitern und der Sozialdemokratie heraus.[731]

Die von Stegerwald betonten weltanschaulichen Gegensätze ergaben sich für Sollmann aus einer Fehlinterpretation des Sozialismus. Dieser war für ihn keine Weltanschauung, sondern bestand aus einer wirtschaftlichen und einer sittlichen Seite. Als

---

Lager die Kritik am Kapitalismus verstärkte. Vgl. Beyer: Die Probleme zwischen Katholizismus und Sozialismus, in: SM 4 (1929), S. 284–292.
730 Siehe hierzu Ruppert: Im Dienst am Staat von Weimar, S. 264–287; 315–335. Zum Vorstoß der Christlichen Gewerkschaften siehe Forster: Stegerwald, S. 423–437.
731 Protokolle Reichstag, Bd. 395, 29. März 1928, S. 13892–13894 (Stegerwald), 13914 f. (Sollmann).

Wirtschafts- und Gesellschaftsordnung sei der Sozialismus für die Aufhebung des Privateigentums an den großen Produktionsmitteln, als sittliches Ziel habe er die Solidarität, die brüderliche, aber nicht absolute Gleichheit der Menschen im Unterschied zum Klassenkampf in der kapitalistischen Welt. Darin konnte er keinen Gegensatz zum Christentum erkennen, zumal der Sozialismus offenlasse, ob außerhalb der natürlichen Erkenntnisse weitere Kräfte wirkten, und die Existenz Gottes nicht verneint werde. Aus diesem Verständnis heraus konnte man aus verschiedenen Weltanschauungen Sozialist sein, wie Sollmann mit Verweis auf die englische Arbeiterbewegung und auf Beiträge in der Beilage der Rheinischen Zeitung »Die Tribüne – Aussprache zwischen Sozialisten und Christen« argumentierte.[732]

Dies war eine Interpretation, die gerade vom linken Flügel, von dem die Freidenker in der Partei ihren besonderen Rückhalt hatten, abgelehnt wurde. Hier sah man die Aufnahme christlicher Arbeiter als eine Verwässerung der eigenen Weltanschauung und lehnte diese daher strikt ab.[733] Es waren aber gerade diese dogmatischen Äußerungen, die den Anschein der Religionsfeindlichkeit der Sozialdemokratie und damit die Vorurteile auf Seiten der Katholiken bestätigten, wie Sollmann feststellte.[734] Dies erschwerte sowohl die Bemühungen, zu einer Verständigung mit dem Zentrum zu kommen, als auch die Sozialdemokratie für neue Schichten zu öffnen.

Sollmann war zweifelsohne ein Vorreiter dieser Bemühungen in der Sozialdemokratie. Ende der 20er-Jahre begann die SPD, sich grundsätzlich stärker um eine Verständigung mit dem Katholizismus zu bemühen. Dies war Teil der Anstrengungen, die soziale Basis der Partei zu verbreitern. Ein Impuls dafür war die Entschließung des Parteitags 1927, die religiöse Überzeugung und die weltanschauliche Meinung der Mitglieder seien unabhängig von den politischen und sozialen Zielen der Arbeiterbewegung.[735] Für Sollmann ging es dabei nicht nur um die Attraktivität der sozialistischen Arbeiterbewegung, sondern um die Grundsatzfrage, ob der Sozialismus zu einer Weiterentwicklung fähig sei:

---

[732] Sollmann: Religion und politischer Machtkampf, in: Die Gesellschaft 7, Juli 1927, S. 126–129; Religion und Sozialismus. Richtlinien für ein Rundfunkgespräch mit Herrn D. Mumm, MdR, HAStK 1120/322.

[733] Siehe dazu bspw. den Artikel des Mitglieds des sozialistischen Freidenkerverbandes Müller »Trost aufs Jenseits«, in: Der sozialistische Freidenker 2 (1927), S. 89, der sich gegen eine Koalition mit dem Zentrum wandte.

[734] Protokolle Reichstag, Bd. 395, 29. März 1928, S. 13915. Zur Haltung der Freidenker siehe Lösche/Walter: Die SPD, S. 56 f.

[735] Protokoll Parteitag 1927, S. 265 f. Sollmanns verstärkte Aktivitäten sind wohl auch auf diesen Beschluss zurückzuführen. Zur Haltung der SPD in dieser Frage siehe auch Lösche/Walter: Die SPD, S. 55 f.

8 Klassen- oder Volkspartei? Bemühungen um eine Verständigung mit dem Katholizismus

»Die Verständigung mit den religiösen und kirchlichen Arbeitermassen ist uns längst nicht nur die Frage größerer Werbekraft für den Sozialismus, sondern zugleich der Prüfstein für die gereifte Persönlichkeit des Sozialisten.«[736]

Die Bemühungen Sollmanns in dieser Hinsicht waren vielfältig. Neben seinen Aktivitäten im Reichsbanner, die gemeinsame Auftritte mit Zentrumspolitikern beinhalteten, seinen Artikeln, seinen Reden im Reichstag, dem Forum für den Austausch zwischen Sozialisten und Christen in der Rheinischen Zeitung unterhielt er auch einen Gesprächskreis, dem unter anderem der evangelische Pfarrer Georg Fritze und Wilhelm Elfes vom Zentrum angehörten, der die Kontakte zwischen katholischer und sozialdemokratischer Arbeiterbewegung vertiefen wollte.[737] In Zentrumskreisen nahm man das Engagement Sollmanns durchaus war. Neben Anerkennung für das ehrliche Bemühen um eine Verständigung überwog aber eine Abwehrhaltung angesichts der als Bedrohung des eigenen Wählerpotenzials empfundenen Öffnungsversuche gegenüber der katholischen Arbeiterschaft.[738]

Sollmanns Handeln ab Mitte der 20er-Jahre, sein verstärktes Bemühen um ein Bündnis der republikanischen Kräfte wie um die Weiterentwicklung der SPD, war wohl auch ein Reflex auf die Erkenntnis, dass sich die Gestaltung der Republik und der gesellschaftliche und wirtschaftliche Umbruch nicht so vollzogen hatten, wie anfangs erhofft, und dass die konservativen und rechten Kräfte an Einfluss gewonnen hatten. Die realpolitischen Gegensätze zwischen den Bürgerblock-Regierungen und der Opposition waren unverkennbar, besonders gegenüber dem vierten Kabinett Marx, in dem seit Januar 1927 Zentrum, DVP, BVP und die DNVP die Regierung stellten. Zwar fand sich die SPD in gewissen Punkten zur Zusammenarbeit bereit, so stimmte man dem Gesetz über Arbeitsvermittlung und Arbeitslosenversicherung sowie dem Beamtenbesoldungsgesetz zu. Vor allem das erstgenannte Gesetz, das die Erwerbslosenfürsorge in eine Arbeitslosenversicherung umwandelte, entsprach den ureigensten Interessen der Sozialdemokratie.[739] Das Beamtenbesoldungsgesetz brachte in erster Linie Vorteile für die unteren Beamten mit sich, eine Gruppe, bei der

---

736 Sollmann: Religion und politischer Machtkampf, in: Die Gesellschaft 7, Juli 1927, S. 130.
737 Der einzige Hinweis auf diesen Kreis ist ein Brief von Walter Kolb, dem späteren Oberbürgermeister von Frankfurt, an Sollmann vom 3. März 1927, HAStK 1120/550/III-3-45, 46. Vgl. auch Esser: Elfes, S. 75 f. Ob sich der Hinweis von Wilhelm Marx, Sollmann rühme sich, dass im Westen Treffen zwischen Sozialisten und katholischen Priestern stattfinden würden, auf diesen Kreis bezieht, ist unklar. Vgl. Wilhelm Marx an Bischof Buchberger vom 5. April 1929, HAStK 1070/243.
738 Sollmann stellte angesichts der Reaktionen fest: »Man sagt mir in der Zentrumspresse nach, ich würbe mit fanatischem Eifer um die christlichen Arbeiter.« Sollmann: Konflikte, in: Holzarbeiter-Zeitung Nr. 7 (1928).
739 Die Beratungen verliefen zwischen Opposition und Regierung sehr einvernehmlich, sodass sich die Annahme der Gesetzesvorlage weit gehend problemlos gestaltete. Stürmer: Koalition, S. 211 f.; Winkler: Schein der Normalität, S. 312. Zum Arbeitslosenversicherungsgesetz siehe Preller: Sozialpolitik, S. 363–376.

die SPD durch ihre Zustimmung Sympathien zu wecken hoffte. Gerade für Sollmann, der sich frühzeitig dafür ausgesprochen hatte, sich stärker den Interessen der Beamten zu widmen, musste dieser Schritt erfolgsversprechend sein.

Aber trotz dieser Übereinstimmung in einzelnen Punkten stand die Sozialdemokratie der Regierungskoalition von Beginn an in harter Opposition gegenüber. In gewisser Hinsicht zeigte sich die DNVP zwar stärker als zuvor zu einer Politik bereit, die Republik als gegeben hinzunehmen und auf dieser Basis vergleichsweise gemäßigt zu agieren, aber die Gräben waren immer noch groß, insbesondere gegenüber dem deutschnationalen Innenminister Walter von Keudell, der weiterhin eine betont rechte Politik betrieb. Sollmann, der als Mitglied des Haushaltsausschusses des Reichstags für die sozialdemokratische Fraktion regelmäßig Stellung zum Etat des Innenministeriums nahm, unterzog daher auch Keudells Vorlagen einer deutlichen Kritik. Er zollte ihm Anerkennung für sein Bekenntnis zum Schutz der Republik und der Verfassung im Haushaltsausschuss und im Reichstag, stellte aber in Frage, dass über dieses Bekenntnis hinaus diese Ziele auch realpolitisch von der DNVP verfolgt wurden. Dies zeigte sich für ihn etwa in der Frage der Stellung der Beamten zur Republik. Im Haushaltsausschuss habe der stellvertretende Fraktionsvorsitzende der DNVP Emil Berndt argumentiert, von den Beamten könne nur eine Bejahung des Staats, nicht der Staatsform verlangt werden. Dies war für Sollmann aber ein völlig falsches Signal, denn acht Jahre nach Verabschiedung der Verfassung durfte es aus seiner Sicht gerade in der Beamtenschaft keinen Zweifel mehr an der Staatsform geben. Wenn man die Republik wirklich festigen wolle, dann müsse sie auch von einem »neuen Geist des Beamtentums« getragen werden.[740] Von diesem Standpunkt aus kritisierte er auch scharf die Personalpolitik des Innenministers, der in seinem Ministerium gezielt Parteifreunde einsetzte. Insbesondere die Versetzung des Leiters der Verfassungsabteilung Arnold Brecht in den einstweiligen Ruhestand war für Sollmann ein alarmierendes Beispiel dafür, dass ein überzeugter Republikaner wegen seiner Gesinnung, nicht wegen seiner Fähigkeiten durch einen Parteimann des Innenministers ersetzt wurde.[741]

Auch in Kulturfragen klaffte ein großer Graben zwischen der Regierung und der Sozialdemokratie. Sollmann ergriff als Kulturexperte mehrfach das Wort. immer wieder übte er Kritik an der Höhe der Ausgaben für Kultur sowie deren Verteilung. Es handelte sich hier um vergleichsweise geringe Summen, weil die Kultur hauptsächlich Ländersache war, aber Sollmann ging es hier wie in vielen anderen Fragen um das Prinzip. Kulturförderung war für ihn kein Selbstzweck, sondern sollte dazu dienen, den Massen das Kulturerbe zugänglich zu machen und den kulturellen Staatsgedan-

---

740 Protokolle Reichstag, Bd. 392, 17. März 1927, S. 9623 f. Das Zitat auf S. 9624. Diese Forderung hatte Sollmann bereits ein Jahr zuvor noch während des zweiten Kabinetts Luther erhoben. Protokolle Reichstag, Bd. 6130, 10. März 1926, S. 6130 f.
741 Protokolle Reichstag, Bd. 395, 22. März 1928, S. 13626; ebd., 24. März 1928, S. 13693; ebd., 26. März 1928, S. 13741 f. Vgl. auch Vorwärts Nr. 29. April 1927.

ken zu stärken – und hier durfte das Reich nicht zurückstehen.[742] Dazu reichten die Ausgaben im Kulturetat aber nicht aus. Die von der SPD im Haushaltsausschuss eingebrachten Anträge zur Erhöhung der Kulturausgaben, etwa zur Förderung der Schulerziehung und der Fortbildung, Unterstützung von Museen und Lehrern, wurden aber häufig nicht berücksichtigt.[743]

Sollmann setzte sich zwar unermüdlich für kulturpolitische Themen ein, aber was ihre Umsetzung anbelangte, war dies für die realpolitischen Verhältnisse eher von untergeordneter Bedeutung, im Gegensatz zu anderen kulturpolitischen Fragen, wie sich in den Verhandlungen über das Reichsschulgesetz zeigte, dem die SPD ablehnend gegenüberstand.[744] Gegensätze in kulturpolitischen Fragen bestanden aber keineswegs nur zwischen Regierung und Opposition. In der Regierungskoalition gab es von Beginn an Spannungsmomente, die wegen der weltanschaulichen Fronten zwischen den Parteien nie aufgehoben werden konnten und für latente Konflikte sorgten. Es gab in diesem Kabinett, wie es das grundsätzliche Problem der Koalitionspolitik in Weimar war, keinen Grundkonsens, sondern nur die Übereinstimmung außerparlamentarischer Interessengruppen – vornehmlich aus Landwirtschaft und Industrie –, die in alle beteiligten Parteien hineinwirkten. Durch die fehlende Kompromissfähigkeit der Parteien untereinander war die Koalition permanent gefährdet. Die Koalitionskrise wurde schließlich durch das Reichsschulgesetz ausgelöst, wobei weniger das Gesetz selbst als die nicht mehr miteinander zu vereinbarenden Gegenkräfte in den Regierungsparteien den Bruch herbeiführten.[745] Die Sozialdemokratie hatte von Beginn an auf einen baldigen Sturz des Kabinetts gehofft, bis dahin aber keinen Ansatzpunkt gesehen, aktiv darauf hinzuarbeiten. Die Schulgesetzgebung war ein traditionell heikler Punkt, trafen hier doch weltanschaulich begründete Gegensätze aufeinander, die seit 1919 eine Einigung in dieser Frage immer verhindert hatten und sich auch jetzt als unüberwindbar erwiesen. Die SPD sah in der unterschiedlichen Interessenlage der Regierungsparteien eine Möglichkeit, den Bruch der Koalition herbeizuführen. Ganz deutlich wurde dies, als man im Januar 1928 bei der ersten Lesung des Gesetzesentwurfs einen Antrag der DVP unterstützte, der sich gegen die Interessen des Zentrums richtete und dazu benutzt wurde, den Konflikt zwischen den Regierungsparteien zu forcieren.[746] Zu diesem Zeitpunkt war eine Einigung der Regierungsparteien in der

---

742 Protokolle Reichstag, Bd. 389, 10. März 1926, S. 6129; Bd. 392, 17. März 1927, S. 9622.
743 Vgl. den Bericht Sollmanns. Protokolle Reichstag, Bd. 393, 5. April 1927, S. 10510 f.
744 Zentrum und BVP wollten die Rechtskoalition nutzen, um ein kirchenfreundliches Reichsschulgesetz durchzusetzen, das die DNVP zu unterstützen bereit war. Die SPD als Verfechterin überkonfessioneller Schulen stand diesen Bestrebungen naturgemäß von Beginn an in scharfer Opposition gegenüber. Siehe dazu Wittwer: Sozialdemokratische Schulpolitik, S. 136–161.
745 Siehe hierzu Stürmer: Koalition, S. 225–247.
746 Der scheidende Reichskanzler Marx fragte nach eigenen Angaben Sollmann, den er in der SPD als führend in der Schulfrage bezeichnete, warum die SPD einen schulpolitischen Antrag unterstützt hatte, obwohl dieser den eigenen Parteiinteressen entgegenlief. Darauf habe Sollmann nach anfänglichem Zögern geantwortet: »Nun, wenn Sie es durchaus wissen wollen, […], die Hauptsache war

Schulgesetzfrage, die besonders für das Zentrum besondere Bedeutung besaß, schon fast unmöglich geworden und der Bruch der Koalition nahezu besiegelt. Vollzogen wurde dieser Schritt dann im Februar 1928. Mit Festsetzung der Neuwahlen auf den 20. Mai 1928 war für die Sozialdemokratie die Hoffnung gegeben, nach über vier Jahren wieder in die Regierung zurückzukehren.[747]

9 Die Krise des Parlamentarismus: Der Weg zu den Präsidialkabinetten

Die Reichstagswahlen erweckten bei der SPD nach den langen Jahren ohne Regierungsverantwortung die große Hoffnung, wieder in die Exekutive zurückzukehren. »Regieren!«, das war das Ziel.[748] Der Wahlkampf wurde dementsprechend engagiert geführt. Die Zertrümmerung des Bürgerblocks war oberstes Ziel, besonders die DNVP wurde von Sollmann in Person des vormaligen Reichsinnenministers von Keudell, mit dem er sich schon in der vergangenen Legislaturperiode mehrfach duelliert hatte, scharf angegriffen. Im Mittelpunkt stand aber, wie in Köln schon traditionell, die Auseinandersetzung mit dem Zentrum. Sollmann baute – gemäß seinen in den Jahren zuvor aus der Analyse der Entwicklung des Zentrums gewonnenen Erkenntnissen – darauf, dass sich immer weniger katholische Arbeiter von der antisozialistischen Propaganda beeindrucken ließen. Ob sich das Zentrum für links oder rechts entscheide, war für ihn eine Frage des Wahlausgangs. Nur wenn die Sozialdemokratie bei den Wahlen siegreich sei, könne das Zentrum für die soziale Republik gewonnen werden.[749] Was den Wahlausgang betraf, war Sollmann recht skeptisch. Sorgen machte ihm die Masse der mindestens zwölf Millionen in der Weimarer Republik hinzugekommenen Neuwähler, die er mit den überkommenen Wahlkampfmethoden nicht zu erreichen glaubte. Das Wahlergebnis barg für ihn daher potenziell große Überraschungen.[750]

Der Wahlausgang war für die SPD aber in positiver Hinsicht überraschend, denn sie konnte deutliche Stimmengewinne im Reich wie auch in Köln und das beste Er-

---

für uns, daß wir auf diese Weise Ihren Sturz herbeizuführen hoffen durften.« Zitiert nach: Nachlaß Wilhelm Marx, Teil II, S. 402. Zur Haltung der SPD in den Beratungen über das Reichsschulgesetz siehe Wittwer: Sozialdemokratische Schulpolitik, S. 136–161. Sollmann hatte im Januar 1928 noch an eine Einigung zwischen den Regierungsparteien in der Schulfrage geglaubt, weil er der Meinung war, dass die DVP in Bildungsangelegenheiten weniger dogmatisch sei als in Wirtschaftsfragen. Sollmann: Kampf und wieder Kampf, in: Arbeiter-Jugend 1 (1928), S. 2.
747 Zum Bruch der Koalition siehe Stürmer: Koalition, S. 225–247.
748 So die Überschrift eines Artikels von Sollmann in einer Sonderausgabe zur Wahl: Sollmann: Regieren!, in: RZ Sonderausgabe, 6. Mai 1928.
749 Ebd.; Sollmann: Die schwarze Mitte, in: RZ Sonderausgabe, 13. Mai 1928; RZ Nr. 118, 19. Mai 1928.
750 Sollmann: Drei Tage vorher!, in: RZ Nr. 116, 17. Mai 1928.

gebnis seit 1919 erzielen.[751] Sollmann feierte den Wahlsieg mit der Aussage, diese Wahl habe den Kampf zwischen Republik und Monarchie für immer zugunsten der Republik entschieden.[752] Lediglich auf das Ergebnis der SPD und die großen Verluste der DNVP bezogen konnte die Wahl tatsächlich als Festigung der Demokratie verstanden werden. In den Verlusten des Zentrums in Köln und reichsweit erkannte Sollmann die zunehmende Attraktivität der Linksparteien auch für katholische Arbeiter.[753] Er übersah in seiner Euphorie allerdings, dass sich an den Verlusten des Zentrums und am Wahlergebnis insgesamt gravierende Probleme ablesen ließen, die in der Folge deutlich spürbar wurden. Zentrum und DDP als bürgerliche Mitte und wichtigste Koalitionspartner der Sozialdemokratie hatten deutliche Einbußen hinnehmen müssen, die KPD war erstarkt und die Parteienlandschaft noch stärker zersplittert als zuvor. Die Wahlen des Jahres 1928 waren daher kein Zeichen einer Stabilisierung der Demokratie, sondern Ausdruck ihrer fortwährenden Instabilität.[754]

Dies zeigte sich auch in den Verhandlungen über die Regierungsbildung. Die SPD sah im Wahlergebnis den klaren Auftrag zur Regierungsbildung, was innerparteilich unumstritten war und auch von den anderen Parteien kaum in Frage gestellt wurde. Aber es dauerte viele Wochen, bis nach schwierigen Sondierungen und Verhandlungen schließlich eine Große Koalition unter Führung des sozialdemokratischen Reichskanzlers Hermann Müller geschmiedet werden konnte. Besonders zwischen SPD und DVP gestalteten sich die Verhältnisse schwierig, was Sollmann darin bestätigte, dass die Volkspartei der »Schrecken jeder Koalition« sei.[755] Die Schwäche der neu gebildeten Regierung zeigte sich schon darin, dass sie nicht auf Grundlage einer Koalition zustande kam, sondern die beteiligten Parteien nur ihre Zustimmung zu einer Regierungsbildung gaben, aber die Fraktionen mit Ausnahme der DDP sich vorbehielten, bei anstehenden Entscheidungen in Opposition zum Kabinett zu treten.

---

751 Die SPD kam auf 29,8 Prozent und gewann gegenüber der letzten Wahl 3,8 Prozent hinzu. Zweitstärkste Partei mit großen Verlusten gegenüber 1924 wurde die DNVP mit 14,3 Prozent. Das Zentrum kam auf 12,1, die KPD auf 10,6, die DVP auf 8,7 und die DDP auf 4,9 Prozent. Im Wahlkreis Köln/Aachen erzielte die SPD 18,5 Prozent gegenüber 15,4 Prozent im Dezember 1924. Statistisches Jahrbuch des Deutschen Reichs 1928, S. 580 f.
752 RZ Nr. 118, 21. Mai 1928. Diese Euphorie war überall in der SPD spürbar, der Vorwärts feierte den Wahlausgang als »Gewaltige[n] Vormarsch der Sozialdemokratie«. Vorwärts Nr. 237, 21. Mai 1928.
753 Sollmann: Der Zentrumssturm, in: RZ Sonderausgabe, 3. Juni 1928. Allerdings kam diese Linkswanderung in erster Linie der KPD und nicht der SPD zugute, wie er es selbst auch zugeben musste. Vgl. auch Winkler: Schein der Normalität, S. 527.
754 Eine ausführliche Wahlanalyse bei Winkler: Schein der Normalität, S. 521–527.
755 Sollmann: Wohin?, in: RZ Nr. 143, 17. Juni 1928. Probleme warfen vor allem die Forderung der DVP, auch in Preußen an der Regierung beteiligt zu werden, was Ministerpräsident Braun strikt ablehnte, und die Frage des Baues des Panzerkreuzers A auf, was die SPD im Reichstag abgelehnt und auch zum Thema des Wahlkampfes gemacht hatte. Siehe zu den Verhandlungen Winkler: Schein der Normalität, S. 533–538.

Dies widersprach nicht nur den Grundsätzen einer parlamentarischen Demokratie, sondern stellte von Beginn an eine Gefährdung der neuen Regierung dar.[756]

Schon nach kurzer Zeit hatte die Koalition ihre erste Krise zu bestehen. Stein des Anstoßes war die Entscheidung des Kabinetts zum Bau des Panzerkreuzers A am 10. August 1928.[757] Für die sozialdemokratischen Minister war die Lage kompliziert. Die SPD hatte den Bau der Schiffe abgelehnt, aber aufgrund der Haltung der anderen Parteien hing von ihrem Votum der Bestand der Koalition ab. Wenn sie als Vertreter der größten Regierungspartei das neue Kabinett nicht schon nach wenigen Wochen an den Rand des Bruchs führen wollten, blieb ihnen nur die Zustimmung.[758]

In der Sozialdemokratie sorgte diese Entscheidung für einen Sturm der Entrüstung und es war Wilhelm Sollmann, der diesbezüglich die Initiative ergriff.[759] Ihn störten nicht die paar »Panzerkreuzerchen«[760], wie er es rückblickend ausdrückte, aber diese Entscheidung widersprach den Wahlkampfversprechen, in denen die SPD unter der Parole »Kinderspeisung statt Panzerkreuzer« gegen das Vorhaben Wahlkampf betrieben hatte. Aus Sollmanns Sicht diskreditierte derartiges Verhalten das Ansehen der Partei und der Koalition bei den Wählern, wie er es auf einer die Erregung in der Partei widerspiegelnden, völlig überfüllten Versammlung zur Panzerkreuzerfrage in Köln ausführte. Obwohl er das Verhalten der eigenen Minister missbilligte, wandte er sich gegen eine Resolution, die aber dennoch verabschiedet wurde und die das Verhalten der Minister in scharfer Form verurteilte.[761]

---

756 In seiner Regierungserklärung erklärte Hermann Müller über die neue Regierung: »Beruht sie auch nicht auf koalitionsmäßiger Grundlage, so hat doch ihre Zusammensetzung die Zustimmung der in Betracht kommenden Parteien gefunden.« Protokolle Reichstag, Bd. 423, 3. Juli 1928, S. 38.

757 AdR Müller II, Bd. 1, Dok. Nr. 15, S. 61–64. Der Versailler Vertrag erlaubte den Bau von Panzerkreuzern. Die Reichswehr hatte schon unter der Regierung Marx energisch auf den Bau gedrängt, der aber umstritten war. Der Reichsrat hatte sich im Dezember 1927 gegen den Bau ausgesprochen, wogegen der Reichstag gegen die Stimmen der SPD mit der Mehrheit der Bürgerblockparteien für den Bau stimmte, der damit Eingang in den Wehretat für das Jahr 1928/29 fand. Das neue Kabinett musste nur noch die Deckungsfrage prüfen. Siehe zur Vorgeschichte Wacker: Der Bau, S. 33–80.

758 DVP und Zentrum hatten sich für den Bau ausgesprochen, die DDP wollte ihr Votum von der SPD abhängig machen. Da beide zusammen über eine Mehrheit verfügten, hätte eine Ablehnung der SPD den Bau verhindert. Zudem hatte Reichswehrminister Wilhelm Groener sein Verbleiben im Kabinett von der Zustimmung abhängig gemacht und darin die Unterstützung des Reichspräsidenten gefunden. Daher war unzweifelhaft, dass die Koalition zerbrechen würde, wenn die SPD gegen den Antrag zum Bau der Panzerkreuzer stimmte. Wacker: Der Bau, S. 81–84; Winkler: Schein der Normalität, S. 541 f.

759 Carl Severing berichtet, Sollmann habe »das Alarmsignal gegen den Bau des Panzerkreuzers« gegeben. Severing: Mein Lebensweg Bd. II, S. 364.

760 Das Zitat findet sich in einem Brief Sollmanns aus der Zeit der Emigration. Sollmann an Sassnick vom 18. Juli 1938, HAStK 1120/565/V-2-16, 16 a.

761 RZ Nr. 210, 21. August 1928; Sollmann: Wir und die anderen, in: RZ Nr. 311, 2. Dezember 1928. Diese Resolution war nur eine von zahlreichen Entschließungen, die sich gegen die Entscheidung der Minister wandten. Siehe dazu Wacker: Bau, S. 85 f.

Sollmann begründete die Ablehnung damit, dass er die Stellungnahme der Fraktion in dieser Hinsicht für ausreichend hielt. Diese hatte bereits am 18. August deutliche Kritik an den eigenen Ministern geübt, weil diese ohne Fühlungnahme mit der Fraktion und des Parteiausschusses zugestimmt habe.[762] Aber dabei blieb es nicht. Nach Ende der parlamentarischen Sommerpause stellte die Reichstagsfraktion den Antrag, den Bau des Panzerkreuzers nicht zu verwirklichen und die Gelder für Kinderspeisungen zu verwenden. Zudem beschloss man, die Stimmabgabe müsse einheitlich erfolgen und legte damit die eigenen Minister darauf fest, im Reichstag gegen eine Entscheidung zu stimmen, die sie im Kabinett befürwortet hatten.[763]

Die Debatte über den Antrag der SPD, der abgelehnt wurde, hatte ein desaströses Presseecho. Berechtigterweise wurde die Rechtfertigung durch den Reichskanzler und die Fraktion in Frage gestellt.[764] Sollmann begründete das Verhalten der SPD mit ihren Aussagen im Wahlkampf. Politiker, die nach der Wahl vergessen würden, zu welchen Zielen man die Wähler aufgerufen habe, trieben Demokratie und Parlament in die Krise. Zudem sah er im Verhalten der SPD eine Politik der Stärke, die Ausdruck größerer Freiheit für ihre staatspolitische Taktik sei.[765] Ihm wie der SPD insgesamt muss man den Vorwurf machen, dass man nicht gleichzeitig Koalitionspolitik betreiben und der Basis verdeutlichen konnte, den bürgerlichen Parteien keine Zugeständnisse machen zu wollen. Denn mit ihrer Vorgehensweise stärkte man eben nicht die parlamentarische Demokratie, sondern schwächte sie. Sollmann wie die Mehrheit der Fraktion wollten nicht den Rücktritt ihrer Minister und konnten daher auch kein Interesse daran haben, die Regierungsvertreter ihrer eigenen Partei öffentlich bloßzustellen. Indem man sie aber dazu nötigte, gegen ihren eigenen Beschluss zu stimmen, ließ man durch diese Herabwürdigung der von einem sozialdemokratischen Reichskanzler geführten Regierung die staatspolitische Verantwortung vermissen, die Sollmann in dieser Handlungsweise erkennen wollte.[766]

Sein Verhalten erscheint auch deshalb fragwürdig, weil er ein grundsätzlicher Befürworter militärischer Landesverteidigung war und dafür eintrat, in der Sozialdemokratie ein positives Verhältnis zur Wehrfrage zu entwickeln. Wenn man eine aktive Wehrpolitik betreiben wollte, kam man als Regierungspartei um die Bewilligung von

---

762 Die Erklärung der Fraktion im Vorwärts Nr. 385, 16. August 1928.
763 Zu den Entscheidungen der Fraktion siehe Wacker: Bau, S. 108 f., 134 f.
764 Wacker: Bau, S. 128–140; Winkler: Schein der Normalität, S. 551. Zur Debatte siehe Protokolle Reichstag, Bd. 423, 15. und 16. November 1928, S. 324–384, zur Abstimmung S. 389–392. Für den Antrag stimmten nur die SPD und die KPD. Letztere wollte zuvor eine Volksabstimmung gegen den Panzerkreuzerbau auf den Weg bringen, erreichte aber nicht annähernd die dafür notwendige Zustimmung von zehn Prozent der Stimmberechtigten. Dies hätte für die SPD ein Zeichen sein müssen, dass eine Ablehnung des Panzerkreuzerbaus wenig Aussicht auf Erfolg hatte.
765 Sollmann: Wir und die anderen, in: RZ Nr. 311, 2. Dezember 1928. Zur Rechtfertigung der Ablehnung des Panzerkreuzerbaus siehe auch Sollmann. Hochpolitischer Winter, in: Arbeiter-Jugend 1 (1929), S. 6.
766 Vgl. Wacker: Bau, S. 109; Winkler: Schein der Normalität, S. 548.

Wehrvorlagen nicht herum. Wie aber wollte Sollmann den Wählern beibringen, dass man als staatstragende Partei auch ein sachliches Verhältnis zur Wehrpolitik einnehmen musste, wenn er selbst eine derartige Vorlage ablehnte? Ebenso musste er ein Glaubwürdigkeitsproblem bekommen, wenn er bei späteren Entscheidungen eine positive Haltung in dieser Frage einnahm.[767]

In der weiteren Debatte zur Wehrpolitik, die infolge der Panzerkreuzerfrage in der Sozialdemokratie in Gang gesetzt wurde, nahm Sollmann dann auch wieder eine andere Haltung ein. Er unterstützte den Entwurf des Wehrprogramms, der infolge der Diskussion um den Panzerkreuzerbau erarbeitet worden war, und der das Recht auf Landesverteidigung unterstrich.[768] Zur Diskussion des Entwurfs lud die Kölner Sozialdemokratie Julius Leber als Redner ein, der Mitglied der Programmkommission war. In der kontrovers geführten Aussprache befürwortete Sollmann die Programmvorlage zum Wehrprogramm als eine geeignete Grundlage für die Erörterung auf dem Parteitag. Eine grundsätzliche Ablehnung des Heeresetats, wie sie von Teilen der Partei gefordert wurde, kam für ihn nicht in Frage, weil die SPD sonst nicht mehr regierungsfähig sei. Wer das Heer ablehne, so Sollmann weiter, müsse im Grunde auch die bewaffnete Polizei ablehnen.[769] In einer weiteren Versammlung nahm die Kölner Sozialdemokratie auf Initiative von Sollmann den Entwurf der Programmkommission an.[770]

Auf dem Parteitag Ende Mai 1929 prallten die Meinungen über den Kommissionsentwurf und die grundsätzliche Haltung der SPD in der Wehrfrage aufeinander.[771] Vom linken Parteiflügel wurden Gegenentwürfe eingebracht, die die Landes-

---

[767] Es war bezeichnenderweise Sollmann, der im Jahr 1932 für eine wehrpolitische Offensive in der SPD eintrat. Siehe dazu Kapitel IV.11.

[768] Im September 1928 war eine Kommission beauftragt worden, ein Wehrprogramm als Grundlage für die Formulierung des Wehrprogramms auf dem Parteitag 1929 auszuarbeiten. Der Entwurf lag Ende Dezember 1928 vor und stellte einen Sieg der Reformer über die linken Mitglieder der Kommission dar. Das Recht auf Landesverteidigung wurde befürwortet und gefordert, die Wehrmacht zu einer demokratischen Armee umzuformen. Winkler: Schein der Normalität, S. 631. Zur Zusammensetzung der Kommission siehe Protokoll Parteitag 1929, S. 307. Zu den Ergebnissen der Kommissionsarbeit siehe ebd., S. 105–119.

[769] RZ Nr. 18, 18. Januar 1929. Es war wohl kein Zufall, dass von den Mitgliedern der Kommission mit Leber ein Vertreter der Reformer nach Köln eingeladen wurde, der ausdrücklich Anhänger einer aktiven Wehrpolitik war. Leber hatte als einer der wenigen Sozialdemokraten auch deutliche Kritik an der Haltung der Partei in der Panzerkreuzerfrage geübt. Siehe zu Lebers Haltung in der Wehrfrage Beck: Julius Leber, S. 72–87; Leber: Ein Mann geht seinen Weg, S. 180 f.

[770] RZ Nr. 28, 28. Januar 1929. Ganz im Sinne der außenpolitischen Kernaussagen des Entwurfs war eine Kundgebung der Kölner Ortsgruppe der Liga für Menschenrechte mit dem Präsidenten der französischen Liga Viktor Basch, Benedikt Schmittmann und Sollmann. Letzterer sprach sich bei dieser Gelegenheit für die deutsch-französische Verständigung als Voraussetzung europäischer Verständigung und für die paneuropäische Idee aus. Ebd.

[771] Dies war Ausdruck der leidenschaftlichen Diskussion über die Wehrfrage, die die ganze Partei seit Monaten beschäftigte und auch bei Sollmann in der Vorschau auf den Parteitag zum Ausdruck kam: »Es geht um Großes in dem Geistestreite, um die Wehrpolitik. Darum werden die

verteidigung im bürgerlichen Klassenstaat ablehnten und auf eine Beseitigung der Wehrmacht abzielten. Angenommen wurde schließlich eine veränderte Fassung des Kommissionsentwurfs, der in einigen Punkten der Opposition entgegenkam, aber die Anzahl der Gegenstimmen war beträchtlich.[772] Es ging aber nicht nur in der Wehrfrage kontrovers zu, sondern auch in der Debatte um die Koalitionspolitik. Auch hier fanden Anträge, die auf eine Beendigung der Koalition hinausliefen, bemerkenswerte Zustimmung. Sollmann mochte sich zwar auch nicht für die Koalitionspolitik begeistern, hielt den Kritikern am Verhalten der sozialdemokratischen Minister in der Panzerkreuzerfrage, insbesondere dem besonders hervortretenden Ernst Eckstein, aber entgegen, dass der Reichskanzler nicht einfach die Anordnung der Partei in der Regierung zu erfüllen habe, denn dann wäre Koalitionspolitik überflüssig. Den Ministern müsse eine gewisse taktische Beweglichkeit zugestanden werden. Zudem habe der Reichstag zweimal die Reichsregierung ausdrücklich beauftragt, den Bau des Kreuzers durchzuführen. Wenn die sozialdemokratischen Minister sich nicht in der Lage sehen würden, diesem Auftrag nachzukommen, müssten sie zurücktreten. Es bestünden zwar Grenzen für die Koalitionspolitik und auch die Minister könnten durch Fehler das Vertrauen der Wähler erschüttern, aber dies würde man auch durch verantwortungslose Kritik und Agitation tun. Sollmann gehörte damit trotz seiner Vorbehalte zu den entschiedenen Verfechtern der Koalitionspolitik. So sehr er für sich in Anspruch nahm, das Verhalten der Minister kritisieren zu dürfen, so wenig wollte er deswegen eine Regierungskrise heraufbeschwören. Die Panzerkreuzerfrage stellte für ihn nicht die Grenze des Zumutbaren in der Großen Koalition dar.[773]

Sollmanns eigentliches Anliegen auf dem Parteitag war aber weniger die Wehrfrage und die damit zusammenhängenden Fragen der Koalitionspolitik, als die weltanschauliche Ausrichtung der Sozialdemokratie. Sein Einsatz für die Öffnung der Partei, besonders im Hinblick auf die Religion, war kein Geheimnis. Er war, wie er es selbst auf dem Parteitag ausdrückte, in den Ruf gekommen, ein frommer Mensch zu sein. Er fand dies nicht anstößig, bekannte sich aber als unabhängig von jeder weltanschaulichen Bindung. Das Bekenntnis zu einer Religionsgemeinschaft sollte aber jedem in der Partei frei stehen. Eindringlich lehnte er die Forderungen einiger Orts-

---

Gegner innerhalb der Partei heftig aufeinanderstoßen. [...] Weil dem so ist, wollen wir grade in den Debatten um die Wehrpolitik jede sozialistische Meinung achten und uns kameradschaftlich bemühen, die Notwendigkeiten der Gegenwart mit dem sozialistischen Zukunftsglauben zu verbinden.« Sollmann: Parteitag-Parteiseele, in: RZ Nr. 141, 26. Mai 1929. Siehe zur Stimmung in der Partei auch Winkler: Schein der Normalität, S. 631 f.
772 Das Abstimmungsergebnis lautete 242 gegen 147 Stimmen. Protokoll Parteitag 1929, S. 269–272. Der Anteil der Opposition lag damit über den Ergebnissen anderer Parteitage. Winkler: Schein der Normalität, S. 635.
773 Protokoll Parteitag 1929, S. 75. Die Kritik von Eckstein ebd., S. 77. Damit befand sich Sollmann auf der Linie des Parteivorstands. Siehe dazu ebd., S. 12 f. (Wels), S. 84 f. (Müller), S. 160–165 (Breitscheid), S. 195–197 (Hilferding). Zur Diskussion auf dem Parteitag siehe auch Winkler: Schein der Normalität, S. 632–639.

verbände ab, ein Funktionär dürfe keiner Kirche angehören. Wer dies verlange, müsse dann auch konsequenterweise jedem kirchlich gebundenen Wähler verbieten, für die SPD zu stimmen. Unverständlich war Sollmann, wie man von einer politischen und ökonomischen Partei eine atheistische Grundauslegung verlangen könne. Mit seinem Sozialismusverständnis war dies nicht zu vereinbaren:

> »Der Sozialismus ist zunächst und zuerst ein Problem der Produktion, der Organisation von Produktion und Konsumtion. Er ist darüber hinaus freilich ein höchstes kulturelles Problem. Er will die Menschen aus den Tiefen des Egoismus zu den lichten Höhen des Gemeinschaftsgeistes führen. Aber dieses hohe ethische Ziel des Sozialismus kann ebensowohl aus einer atheistischen wie aus einer christlichen Weltanschauung begründet werden. Drum wehre ich mich dagegen, daß man die Partei zu einem philosophischen oder theologischen Seminar machen will. […] Wir jedenfalls, die wir die ganze arbeitende Menschheit, das Bauerntum und auch die arbeitenden Frauen in unsre Organisation bringen wollen, müssen mit höchstem Respekt religiösen Anschauungen gegenüberstehen, wenn diese Anschauungen sich wirklich religiös betätigen und insbesondere wenn sie mit in den Sozialismus eingespannt werden. […] Prüfen und achten wir einen Parteigenossen nur nach seinen politischen, sozialistischen Taten! Verlangen wir von jedem Parteigenossen, sei er revolutionärer oder reformistischer Marxist in irgendeiner Form, sei er Christ oder Atheist, zuerst und am meisten: höchsten Aktivismus, begeisterte Tatkraft für die sozialistische Idee.«[774]

Hier wiederholte er in verdichteter Form die in den Jahren zuvor von ihm immer wieder betonte Notwendigkeit weltanschaulicher Toleranz und setzte damit seine Bemühungen um eine Erweiterung der sozialdemokratischen Basis über das traditionelle Milieu hinaus fort. Er konnte diesbezüglich darauf verweisen, dass die katholischen Sozialisten in Köln das Rote Blatt der katholischen Sozialisten gegründet hatten.[775] Zwar

---

[774] Protokoll Parteitag 1929, S. 75–77. Die scharfe Ablehnung der Religion und Forderungen nach einem Kirchenaustritt wurden besonders von der Freidenkerbewegung formuliert, die ihren größten Rückhalt in Berlin und in Sachsen und Thüringen hatten. Siehe dazu Heimann/Walter: Religiöse Sozialisten und Freidenker, S. 51 f.

[775] Ebd., S. 76. Das Blatt erschien seit Anfang 1929 unter der Leitung von Heinrich Mertens, den Sollmann 1926 als Redakteur zur RZ geholt hatte. 1927 war er in Köln Mitinitiator eines »Aussprachekreises zwischen Katholiken, Protestanten und Sozialisten«. Im Auftrag Sollmanns war Mertens als Redakteur auch für die Beilage der RZ »Die Tribüne – Aussprache zwischen Katholiken und Sozialisten« verantwortlich. Die Sammlung der katholischen Sozialisten im Rheinland um den Herausgeber Mertens, die sich als Gruppe katholischer Sozialisten 1929 dem Bund der religiösen Sozialisten anschlossen und als deren Sprachrohr das Rote Blatt fungierte, war auf Anregung Sollmanns zustande gekommen. Mertens berichtet diesbezüglich, Sollmann habe mit seiner Berufung nach Köln den Zweck verfolgt, »die katholische Arbeiterschaft für die SPD zu gewinnen«. Zitiert nach Breitenborn: Bund religiöser Sozialisten, S. 273. Siehe zur Entstehung des

hatte schon der Parteitag 1927 beschlossen, das die »politischen und sozialen Ziele der Arbeiterbewegung völlig unabhängig von der religiösen Überzeugung und der weltanschaulichen Meinung ihrer einzelnen Glieder« sein sollten, aber Sollmanns Initiativen zugunsten der religiösen Sozialisten wurden von der Mehrheit der Partei skeptisch gesehen oder abgelehnt.[776] Auf dem Parteitag in Magdeburg entgegnete die Delegierte Marie Torhorst Sollmann, es sei die Pflicht der Partei, sich auf die Seite der Freidenker zu stellen. Der Freidenker Franz Voutta empfahl Sollmann, bei Bebel nachzulesen, dass sich Kirche und Religion wie Feuer und Wasser gegenüberstehen würden.[777] Die antikirchlichen Affekte in der Partei waren nach wie vor groß und dementsprechend gering war die Bereitschaft, die Bestrebungen zur Gewinnung der katholischen Arbeiter mittels der Förderung der religiösen Sozialisten zu unterstützen.

Die Diskussionen um die Wehrfrage und die Koalitionspolitik, die auf dem Parteitag und im Vor- und Nachhinein die Gräben zwischen der Parteimehrheit und der linken oppositionellen Minderheit offen zu Tage treten ließen, waren Symptome einer innerparteilichen Krise. Über die Grundsätze sozialdemokratischer Politik bestanden zwischen diesen Gruppen immer weniger Gemeinsamkeiten, eine Annäherung schien kaum möglich.[778] Aber auch die begrenzte Bereitschaft zur weltanschaulichen Öffnung der Partei, die geringe Resonanz, die den Ideen Sollmanns und anderer reformbewusster Sozialdemokraten beschieden war, festigte bei diesen schon seit geraumer Zeit den Eindruck, dass die SPD neue Impulse brauchte. Es handelte sich hier vorwiegend um die Jungsozialisten, die dem Hofgeismarkreis entstammten, wie Theodor Haubach, Carlo Mierendorff und August Rathmann, dazu eine Reihe weiterer Jungsozialisten, zudem die religiösen Sozialisten um Paul Tillich und seine Schüler, den Wirtschaftswissenschaftler Eduard Heimann, den belgischen Sozialisten Hendrik de Man und ihm nahestehende Vertreter der älteren Generation, wie Gustav Radbruch,

---

Roten Blattes auch Mertens: Bilanz – Unser Ursprung, in: Das Rote Blatt 11/12 (1929). Vgl. auch Kreppel: Entscheidung für den Sozialismus, S. 123. Sollmann förderte die Gründung des Blattes entscheidend. So schrieb er vor Erscheinen der ersten Nummer an führende Sozialdemokraten wie Müller, Braun, Severing, Wels, Scheidemann, Leipart, Stampfer und Meerfeld und warb um ein Grußwort. Sollmann an Müller-Franken vom 24. Dezember 1928, AsD, Nl. Hermann Müller-Franken, 1/HMAG000002, Bl. 98. Diese Bemühungen waren erfolgreich, alle Angesprochenen trugen ein Grußwort bei. Das Rote Blatt 1 (1929), S. 1. Das positive Echo auf das Blatt war daher auch Sollmann zu verdanken. Allerdings erwartete man davon nicht allzu große Wirkung. So antwortete Müller auf Sollmanns Anfrage: »Wenn die neue Bewegung auch nicht große Kreise ziehen wird, so ist sie als Diskussionsgelegenheit doch zu begrüssen. Solch geistiger Kampf kann neues Positives liefern.« Müller-Franken an Sollmann, AsD, Nl. Hermann Müller-Franken 17 HMAG000046, Bl. 450. Zur Reaktion auf das Rote Blatt auf katholischer Seite siehe u. a. Sollmann: Der Luftstoß der Bischöfe, RZ Nr. 204, 28. Juli 1929.

776 Heimann/Walter: Religiöse Sozialisten und Freidenker, S. 207. Zum Beschluss siehe das Protokoll des Parteitags 1927, S. 265.
777 Protokoll Parteitag 1929, S. 88 (Torhorst), S. 90 (Voutta).
778 Winkler: Schein der Normalität, S. 651–653. Zur Stellung der linken Opposition siehe Klenke: Die SPD-Linke, S. 92–95.

Hugo Sinzheimer und Sollmann.⁷⁷⁹ Hier liefen die Kontakte wieder zusammen, die Sollmann seit Beginn der Weimarer Republik zum Umkreis des Hofgeismarkreis besaß. Schon damals hatte er deren Ideen für eine geistige Erneuerung der Sozialdemokratie begrüßt. Auch wenn es keinen engen Austausch gab, blieben die Übereinstimmungen der inneren Überzeugung.⁷⁸⁰ Wie Sollmann waren fast alle Hofgeismarer Mitglied des Reichsbanner Schwarz-Rot-Gold und traten vehement für dessen Ziele ein. Es war wenig verwunderlich, dass sich nun zur Erörterung der »Krise des Sozialismus« die Bahnen wieder kreuzten. Was die »jungen Rechten«⁷⁸¹, anknüpfend an die im Hofgeismarer-Kreis entwickelten Ideen an Reformvorschlägen vorbrachten, entsprach in vielerlei Hinsicht Sollmanns Vorstellungen. Zwar gab es differierende Konzepte in der durchaus heterogen zusammengesetzten Gruppe, die Sollmann, der anders als viele der Beteiligten seine Auffassung auch nicht in größeren theoretischen Schriften niederlegte, nicht zielführend fand. Aber in den übergeordneten Zielen war man sich überwiegend einig. Man wandte sich gegen den orthodoxen Marxismus und die Klassenkampfrhetorik und propagierte stattdessen einen »ethischen« Sozialismus anstelle einer materialistischen Auffassung. Man bekannte sich emphatisch zur »Nation« und sah das Mittel zur Überwindung der Erstarrung der SPD in einem weltanschaulichen Pluralismus, in dem nicht nur der marxistische, sondern eine Vielfalt an Zugängen zum Sozialismus anerkannt wurde, ganz im Sinne von Sollmanns Plädoyer auf dem Magdeburger Parteitag 1929. Statt ideologischer Abkapselung sollte sich die Partei für neue Wählerschichten öffnen.⁷⁸²

---

779 Zu den Personenkreisen und ihren Verbindungslinien siehe Martiny: Entstehung und Bedeutung, S. 375–383; Rathmann: Ein Arbeiterleben, S. 144 f.; Vogt: Nationaler Sozialismus, S. 125–151. Rathmann hatte schon 1927 die Denkschrift »Die Krise im deutschen Sozialismus und ihre Überwindung« vorgelegt, in der er den Marxismus als weit gehend überholt bezeichnete und zu einer Überholung des sozialistischen Gedankenguts anregte, um eine »neue Bewegungslehre des Sozialismus« entstehen zu lassen, die »geistig-seelische Bindungen an den demokratisch-sozialen Staat, an eine dem Gemeinwohl dienende Wirtschaft, innerste Verflechtungen in eine werdende Volkskultur« erzeugen könne. Die Denkschrift ist abgedruckt in: Martiny: Die Entstehung und Bedeutung, S. 396–402. Der Hofgeismarkreis hatte sich 1926 aufgelöst. Siehe dazu Osterroth: Hofgeismarkreis, S. 559–562.
780 Kontakte zu den Vertretern der Jungsozialisten aus dem Hofgeismarkreis lassen sich zumindest in den Jahren zuvor nicht belegen.
781 »Junge Rechte« ist eine in der Literatur verwendete Bezeichnung für die aus dem Hofgeismarkreis der Jungsozialisten hervorgegangene Gruppe von jüngeren Sozialisten, die sich in der zweiten Hälfte der Weimarer Republik um eine Reform der SPD bemühten. Die Mitglieder dieser Gruppe sahen sich selbst nichts als »rechts« an, sondern einfach als aktive Sozialdemokraten.
782 Zum ideologischen Hintergrund der »jungen Rechten« siehe Martiny: Die Entstehung und Bedeutung; Vogt: Nationaler Sozialismus, S. 155–255; Winkler: Schein der Normalität, S. 653–658. Besonders Sollmanns Förderung der religiösen Sozialisten und die Bemühungen um die Vermittlung zwischen Christentum und Sozialismus traf die Zustimmung der »jungen Rechten«, wie es u. a. die zahlreichen Grußbeiträge aus ihrem Umkreis für das Rote Blatt belegen, etwa von Carl Mennicke, Eduard Heimann und Hendrik de Man. Letzter schreibt: »In der Art wie Sie das angepackt haben, finde ich die […] Eigenschaften wieder, die schon die früheren ähnlichen

Aus dem Umfeld der jungen Rechten stammte auch die Planung für die Tagung »Die Krise des Sozialismus«, die an Pfingsten 1928 in Heppenheim stattfand.[783] Auf der Tagung standen eher abstrakte Themen im Mittelpunkt.[784] Konkretes Ergebnis der Aktivitäten dieses Kreises war die Gründung einer Zeitschrift, die als Forum für die theoretische Erneuerung der Sozialdemokratie dienen sollte: die Neuen Blätter für den Sozialismus, deren erste Ausgabe im Januar 1930 erschien. Dies war in erster Linie auf die Bestrebungen der ehemaligen Hofgeismarer zurückzuführen, aber ohne die Unterstützung ihrer Mentoren wie Sollmann hätte sich dieses Projekt nicht verwirklichen lassen. Es war für die neue Zeitschrift sicher von Vorteil, dass sie mit Sollmann einen der profiliertesten Journalisten der Sozialdemokratie als Fürsprecher hatte, zudem war er auch der einzige aktive Politiker im Beirat der Zeitschrift.[785] Der Erfolg der Neuen Blätter war beachtlich, was wohl auf ihren neuartigen Charakter zurückzuführen ist, gehörten sie doch »zum Sprühendsten und Anregendsten von dem, was die republikanisch-sozialistische Intelligenz der späten Weimarer Jahre hervorgebracht hat«[786]. Die Reaktion der Parteiführung war gedämpft, der Vorwärts schrieb, die Zeitschrift sei »eigentlich überflüssig«. Dies war sie keineswegs, denn die große Resonanz in der Presse und die für ein Theorieorgan ansehnliche Auflage be-

---

Bestrebungen meiner Freunde Beyer und Sollmann kennzeichneten: einen offenen Geist und ein offenes Herz, Gefühl für die Notwendigkeit, sich von manchen sozusagen historischen Vorurteilen zu befreien, neue Dinge auch neu zu sehen, eine erfreuliche Weitherzigkeit Andersdenkenden gegenüber und ein daraus geborener Takt.« Das Rote Blatt 2 (1929), S. 15.

783 Diese Tagung entsprang Überlegungen im Kreise der ehemaligen Hofgeismarer, die nach neuen Möglichkeiten suchten, ihre Ideen zu verwirklichen. Nachdem zunächst der Plan zur Gründung einer Zeitschrift gescheitert war, versuchte man über eine internationale Tagung neue Bewegung in den Meinungsaustausch über die Krise des Sozialismus zu bringen. Die Initiative dazu ergriffen Rathmann und de Man. Im Februar 1928 trafen in Frankfurt de Man, Rathmann, Sinzheimer, Radbruch, Carl Mennicke und Sollmann zu einer Vorbesprechung zusammen. Namentlich die älteren Vertreter Sinzheimer, Radbruch und Sollmann lehnten konkrete politische Themen ab, weil sie fürchteten, die Parteiführung könne in der Tagung und dem organisierenden Kreis den Ausgangspunkt für eine sich innerhalb der SPD konstituierende Fraktion oder eine konkurrierende Organisation erblicken. Rathmann: Ein Arbeiterleben, S. 144 f.; Vogt: Nationaler Sozialismus, S. 138. Zu den vorausgehenden Plänen zur Gründung einer Zeitschrift und den Verbindungen zwischen den an der Tagung beteiligten Personen siehe ebd., S. 125–138.

784 Das Protokoll der Tagung wurde im folgenden Jahr unter dem Titel »Sozialismus aus dem Glauben« veröffentlicht. Eine Teilnahme Sollmanns lässt sich nicht belegen.

785 In den Planungen war Sollmann als verantwortlicher Mitarbeiter im Gespräch. Siehe Eduard Heimann an Fritz Klatt vom 29. Mai 1929, abgedruckt bei Martiny: Entstehung und Bedeutung, S. 403–406, S. 405. Zur Zusammensetzung des Beirats siehe Vogt: Nationaler Sozialismus, S. 146.

786 Mommsen: Einführung, S. VIII. Die Auflage der Neuen Blätter lag zwischen 3.000 und 6.000 Exemplaren, was für eine theoretische Zeitschrift erstaunlich hoch war. Schriftleiter der Zeitschrift wurde August Rathmann, als Herausgeber fungierten Eduard Heimann, Fritz Klatt und Paul Tillich. Zum Beirat gehörte neben Sollmann u. a. auch Heinrich Mertens, der Herausgeber des Roten Blattes. Zur Gründungsgeschichte der Neuen Blätter siehe Borinski: »Die Neuen Blätter für den Sozialismus«; Martiny: Die Entstehung und Bedeutung, S. 375–385; Vogt: Nationaler Sozialismus, S. 125–146.

wiesen das Gegenteil. Allerdings blieben die Neuen Blätter trotz ihres publizistischen Erfolgs in der SPD eine Randerscheinung. Sie wurden getragen von einer überschaubaren Gruppe, die sich eine Erneuerung der geistigen Grundlagen der Sozialdemokratie auf die Fahne geschrieben hatte, mit der sie aus der politischen Erstarrung herausgeführt werden sollte, aber sie waren zu spät gegründet worden, um die Partei noch mit ihren Ideen durchdringen zu können.[787]

Es ging Wilhelm Sollmann aber nicht nur um die Reform der eigenen Partei, den Zustand der politischen Parteien und ihres Verhältnisses untereinander, die politische Kultur der Weimarer Republik allgemein betrachtete er mit Sorge. Schon zu Beginn der Weimarer Republik hatte er kritisiert, die Parteien würden noch in den politischen Kategorien des Kaiserreichs denken und agieren und hätten die Anpassung an die parlamentarische Demokratie, in der die Bereitschaft zum Kompromiss Voraussetzung für eine Koalitionsbildung war, noch nicht vollzogen.[788] Diese Feststellung war weiterhin aktuell. Schon die Regierungsbildung 1928 hatte die Probleme des deutschen Parteiwesens deutlich aufgezeigt. Hier trafen keine Verhandlungspartner zusammen, deren oberstes Ziel die Bildung einer handlungsfähigen Regierung durch Verzicht auf Maximalforderungen war. Stattdessen wurden Glaubenskämpfe ausgetragen, die kaum Spielraum für Verhandlungen ließen und schließlich als einzigem Ausweg in der Bildung eines »Kabinetts der Persönlichkeiten« mündeten, auf dessen Unterstützung sich die Fraktionen der Regierungsparteien nicht festlegen lassen wollten und das auf ein Vertrauensvotum des Reichstags verzichtete. Das Ergebnis war ein »Kabinett mit eingebauter Dauerkrise«, wie das Berliner Tageblatt schon nach seiner Konstituierung schrieb, und die weitere Entwicklung bestätigte diese Einschätzung.[789]

An die Debatte um den Bau des Panzerkreuzers schloss sich der Ruhreisenstreit an, der Beleg für die sozialpolitischen Konfliktlinien und die größer werdende Kluft zwischen Arbeitgebern und Gewerkschaften und die sie vertretenden Parteien DVP und SPD war.[790] Weitere Belastungsproben des Kabinetts folgten. Im Winter 1929

---

[787] Zum publizistischen Echo auf die Neuen Blätter siehe Martiny: Die Entstehung und Bedeutung, S. 384 f.; Winkler: Schein der Normalität, S. 659 f.; Vorwärts Nr. 64, 7. Februar 1930. In der RZ wurden die Neuen Blätter selbstverständlich äußerst positiv aufgenommen. Siehe dazu RZ Nr. 276, 8. Oktober 1930.
[788] Siehe Kapitel IV.2.
[789] Zitiert nach Schulze: Weimar, S. 306.
[790] Der Ruhreisenstreit war ein Lohnkonflikt zwischen den Gewerkschaften und den Schwerindustriellen des Ruhrgebiets. Ziel letzterer war die endgültige Beseitigung der Zwangsschlichtung und die Aushandlung »marktgerechter« Löhne. Nach langwierigen Verhandlungen wurde schließlich Innenminister Severing als Sonderschlichter eingesetzt, dessen Entscheidung am 22. Dezember 1929 den Streit beendete. Auch wenn die Ruhrindustriellen ihr eigentliches Ziel nicht erreicht hatten, zeigte der Konflikt, dass die radikalen Kräfte im Unternehmertum bereit waren, die Konfrontation mit dem demokratischen Staat zu suchen, und dies umso mehr in wirtschaftlichen Krisenzeiten. Zum Ruhreisenstreit siehe Weisbrod: Schwerindustrie, S. 415–457; Schneider: Unternehmer und Demokratie, S. 76–85.

verdichteten sich die Anzeichen einer wirtschaftlichen Krise durch einen Anstieg der Arbeitslosen und sinkende Steuereinnahmen, was die Frage aufwarf, wie diese Mindereinnahmen kompensiert werden konnten – durch Steuererhöhungen, wie es Finanzminister Hilferding wollte, oder durch Kürzung sozialer Leistungen, wie die DVP forderte. Zugleich stockten die zwischenzeitlich wieder aufgenommenen Verhandlungen über eine Umwandlung des »Kabinetts der Persönlichkeiten« in eine formelle Große Koalition, was im Rücktritt des Verkehrsministers Theodor von Guérard vom Zentrum im Februar 1929 gipfelte.[791] Auch in der DVP, wo Stresemann verstärkt unter den Druck des rechten Flügels geriet, mehrten sich die Anzeichen für eine kompromisslose finanzpolitische Linie, die eine Einigung erschwerte.[792]

Zwar einigte man sich schließlich in den drängenden finanzpolitischen Fragen, aber dann brachte die Weigerung der sozialdemokratischen Fraktion, für die zweite Rate des Panzerkreuzers A zu stimmen, die Verhandlungen wieder an den Rand des Scheiterns. Die Große Koalition konnte schließlich nur gerettet werden, weil die bürgerlichen Parteien angesichts der gerade begonnenen Reparationsverhandlungen in Paris, die in dem Young-Plan mündeten, und der innenpolitischen Lage keine Verschärfung der Lage durch den Rücktritt der Regierung riskieren wollten. Am 13. April bildete sich das Kabinett zu einer Großen Koalition um. Die Einigung war jedoch nicht zustande gekommen, weil die beteiligten Parteien die Koalition unbedingt gewollt hatten, sondern weil man unter den gegebenen Rahmenbedingungen keine andere Möglichkeit sah. Mehr als ein Provisorium war diese Große Koalition nicht und ihre Zukunft nach Bewältigung der unmittelbar anstehenden Probleme sehr fraglich.[793]

Angesichts dieser Entwicklungen mehrten sich die Stimmen, die von einer Krise des Parlamentarismus sprachen.[794] Wurde dies bei Sozialdemokraten und bürgerlichen Republikanern als Warnzeichen interpretiert, sahen es Kreise von der DNVP über Teile der DVP bis ins Zentrum hinein als Bestätigung dafür, dass die Republik

---

791 Zum Streitpunkt des Reichshaushalts siehe bspw. die erste Beratung des Haushalts im Reichstag. Protokolle Reichstag, Bd. 424, 14. März 1929, S. 1402–1442. Zu den Problemen in den Koalitionsverhandlungen siehe Winkler: Schein der Normalität, S. 573–576. Das Zentrum war unter dem neuen Parteivorsitzenden Prälat Ludwig Kaas nach rechts gerückt und forderte in den Verhandlungen drei Ministerposten statt bisher nur einem. Zum Führungswechsel in der Zentrumspartei und seinen Auswirkungen siehe: Im Dienst am Staat von Weimar, S. 335–357.
792 Winkler: Schein der Normalität, S. 577 f.
793 Zu den Verhandlungen und ihren jeweiligen Problemfeldern ebd., S. 573–583. Zu den Erwartungen an die Reparationsverhandlungen aus sozialdemokratischer Sicht siehe auch Sollmann: Paris-Berlin, RZ Nr. 34, 3. Februar 1929.
794 Reichskanzler Müller hatte wegen der stockenden Verhandlungen über die Große Koalition schon im Februar 1929 geäußert: »Kommen wir im Reich nicht zu gesicherten Regierungsverhältnissen, so ist das der Bankrott des auf der Weimarer Verfassung gegründeten Parlamentarismus im Reich.« Hermann Müller an Otto Wels vom 12. Februar 1929, AsD, Nl. Hermann Müller-Franken IV, Nr. 538. Gustav Stresemann erklärte kurze Zeit später vor dem Vorstand der DVP: »Täuschen wir uns nicht darüber: wir stehen in einer Krise des Parlamentarismus, die schon mehr als eine Vertrauenskrise ist.« Stresemann: Vermächtnis, S. 428.

gescheitert war. Joseph Wirth warnte unter Verweis auf die Entwicklung in Italien eindringlich vor der Bedrohung des Parlamentarismus. Auch für Sollmann waren die Anzeichen nicht zu übersehen, die der Demokratie von rechts drohten. Er mahnte anknüpfend an Wirths Aufruf, der von diesem für möglich angenommene Faschismus werde von den Deutschnationalen bereits als sicher ausgerufen. Dies sei nicht nur die Hoffnung der Deutschnationalen, sondern reiche auch bis in Reihen der DVP und sogar des Zentrums. Viele glaubten, dass die Stunde des Faschismus in Deutschland nahe sei. Die Gefahr dieser Bestrebungen sah er nicht in einem Umsturz, einem »Marsch auf Berlin«. So einfältig seien die ernsthaften Gegner der Demokratie nicht.

> »Sie rechnen damit, daß ihnen die parlamentarischen Parteien durch ewiges tatenloses Koalitions-Palaver die Plattform zum Staatsstreich schaffen werden. Warten und Unterwühlen und Herabwürdigen des Parlaments durch tausende Zeitungen ist bis dahin ihre Taktik. Und der Staatsstreich selbst? Keiner der Verfechter solcher Pläne erwägt hochdramatische Auftritte. Je ›legaler‹, je stiller, je unauffälliger – desto besser. […] Wer einigermaßen die staatsrechtlichen Auslegungsfähigkeiten und die, mindestens vorübergehend, als streng verfassungsmäßig erscheinenden Möglichkeiten kennt, weiß, daß ohne einen Gewehrschuss der Staatsstreich eingeleitet und auf weiterm Wege der Entwicklung verschleiert werden kann. […] Nicht zuletzt mit dem Ausblick auf solche Möglichkeiten ist Herr von Hindenburg vor vier Jahren zum Reichspräsidenten gewählt worden.«

Als Garant gegen diese Entwicklung galt ihm der schwarz-rot-goldene Block in Preußen. Zudem begeistere das Parlament die Arbeiterklasse nicht, aber der Hass gegen den Faschismus sei viel stärker als die Enttäuschung über Parlamentarismus. Das Gerede vom Staatsstreich werde verschwinden, wenn endlich eine feste Regierungsmehrheit gebildet werde. Ein Ende der schleichenden Regierungskrise sei das Ende aller Staatsstreichträume.[795]

Sollmanns Worte waren Mahnruf und zugleich ein ziemlich genauer Ausblick darauf, wie sich die politischen Verhältnisse in den folgenden Monaten und Jahren entwickeln könnten. Bekanntermaßen gelang es nicht, die Regierungskrise zu überwinden. Mit dem Übergang zum Präsidialkabinett unter Brüning und mithilfe der von Sollmann skizzierten verfassungsrechtlichen Möglichkeiten wurde der Übergang

---

795 Wirth: Ende des Vertrauens, in: Deutsche Republik 3(1928/29), S. 609; Sollmann: Staatsstreich, in: RZ Nr. 24. Februar 1929. Die Ansicht, dass die eigentliche Gefahr einer Machtergreifung durch faschistische Kreise nicht von einem Putsch ausging, sondern vor allem drohte, wenn der legale Weg beschritten werde, behielt Sollmann auch angesichts des Aufstiegs der NSDAP. Auf dem Parteitag 1931 sagte er: »Wer diese Panzertürme der Staatsgewalt erobern und für sich einsetzen will, muß ihre Besatzung kommandieren, also legal in sie eindringen […]. Der Nationalsozialismus, der das begriffen hat, scheint mir eine viel größere Gefahr zu sein als der lächerliche Putschismus des Jahres 1923.« Protokoll Parteitag 1931, S. 114.

zur Diktatur schließlich ermöglicht. Aber zu diesem Zeitpunkt waren dies für ihn nur warnende Worte, auch wenn er die Bedrohung durchaus ernst nahm.

Zwei Probleme wurden zumeist für die Regierungskrise angeführt. Das Wahlrecht, das im Reichstag keine klaren Mehrheiten zulasse und das Verhalten der Parteien, die untereinander zu keinem vernünftigen Verhältnis fänden.[796] Für Sollmann lag die Ursache für die labilen Regierungsbündnisse auf der Hand. In den Beratungen über den Haushalt des Reichsinnenministeriums richtete er einen Appell an alle Parteien, der in aller Deutlichkeit die Parteien als Grund für die Krise des Parlamentarismus nennt:

»Es wird immer geredet, daß Wahlrecht habe das Parlament erstarren lassen. [...] Der Grund liegt viel tiefer. Sie können das Wahlrecht ändern, wie sie wollen, technisch kommen sie dem Problem nicht bei, wenn es nicht gelingt, die Erstarrung der politischen Parteien, nein der politischen Kirchen in Deutschland zu ändern. [...] Wie ist es denn? Man hört es Jahr für Jahr und Tag für Tag im Parlament. Derjenige, der das Wort ›National‹ im Firmenschild hat, bezeichnet oft genug, mindestens öffentlich, jeden, der die internationale Verbundenheit stärker betont, als einen Bürger zweiten Ranges, manchmal sogar als einen lumpigen Landesverräter. Derjenige, der das Internationale mehr in den Vordergrund rückt, der hält schon jeden für einen Chauvinisten, der etwa, wie mein Parteifreund Karl Bröger, bekennt: Land, mein Land, wie leb ich tief aus dir! Viele von den Christen halten beinahe jeden Freidenker für ein sittlich bedenkliches Subjekt. Der Freidenker auf der anderen Seite hält vielfach jeden Christen für einen Heuchler oder für einen beschränkten, unwissenden Menschen. Der Pazifist hält vielfach jeden für einen Barbaren, der die Landesverteidigung heute noch für notwendig hält. Der Patriot dagegen sieht in jedem Pazifisten einen Feigling, einen Menschen, der vielleicht im Dienst des Auslandes steht. Ja, meine Herren, solange man diese Engstirnigkeit pflegt, können Sie ein Wahlrecht bringen, wie Sie wollen, so lange werden Sie niemals das deutsche Volk zum politischen Denken bringen. Auf diesen starren Erkenntnissen erwächst der blöde, unwissende und rohe Fanatismus, der sich vielfach in wirklich tierischen Roheitsakten äußert. Vielleicht darf ich einmal ein altes bekanntes Lied variieren, das heute beinahe alle Parteien singen könnten und das abgeschafft werden muss: Üb' immer das Parteiprogramm bis an dein stilles Grab, und weiche keinen Finger breit von seiner Lehre ab –, auch wenn du noch so sehr

---

796 So etwa Carl Severing, der im Januar 1929 beklagte, »daß sich auch in geschichtlich bedeutungsvollen Augenblicken parteipolitische Krähwinkelei oft stärker erweist als der Wille, in gemeinsamer Arbeit mit anderen Parteien die dringendsten Gegenwartsaufgaben zur Lösung zu bringen [...]«. Severing: Verpaßte Gelegenheiten, in: SM 35 (1929), S. 1–4. Auch Stresemann und Wirth hatten die Parteien in ihren Ausführungen für die verfahrenen parlamentarischen Verhältnisse verantwortlich gemacht. Vgl. auch die Rede Rudolf Breitscheids auf einer Mitgliederversammlung in Köln zum Thema »Parlamentarismus oder Diktatur«. RZ Nr. 94, 6. April 1929.

davon überzeugt bist, daß es längst geändert werden müßte. (Zuruf Breitscheid) [...] Ich freue mich, daß gerade unser Parteitag in Magdeburg gute Ansätze gezeigt hat, die auf eine Neugestaltung des deutschen Parteiwesens hinweisen, auf eine gewisse Auflockerung, auf eine gewisse Toleranz hinzielen. Wir müssen uns sagen: Meinungsverschiedenheiten in der Diskussion, aber einig in der Tat, in der Aktion. Darauf kommt es nämlich an.«[797]

Dies waren deutliche Worte der Kritik, die sich auch an die eigene Partei richteten. Aus der SPD gab es dazu kaum eine Reaktion. Man sah sich selbst wohl weniger in der Verantwortung als die anderen Parteien. Sollmanns Anklage gegen den Mangel an politischer Kultur galt aber auch für die SPD, trotz der von ihm erkannten und maßgeblich betriebenen Fortschritte hinsichtlich einer weltanschaulichen Toleranz. Gerade er selbst wusste, welche Mühen es kostete, in der Sozialdemokratie diese Positionen mehrheitsfähig zu machen. Was Sollmann hier ansprach, war ein grundlegendes Problem der Weimarer Parteienlandschaft, das schließlich auch maßgeblich zum Scheitern des parlamentarischen Systems beitrug. Ihrem Selbstverständnis nach hatten sich die Parteien auch zehn Jahre nach Gründung der Republik immer noch nicht ihrer Funktion in der parlamentarischen Demokratie angepasst. Die Bereitschaft, das eigene Parteiprogramm nicht mit dem Regierungsprogramm gleichzusetzen und zugunsten politischer Stabilität auch Kompromisse einzugehen, die der Klientel nur schwer zu vermitteln waren, war bei allen Parteien wenig ausgeprägt. Dies war ein Strukturproblem, aufgrund dessen sich selbst in den Jahren der relativen politischen Stabilität zwischen 1924 und 1929 das parlamentarische System nicht konsolidieren konnte. Dies lag auch an dem Verhalten der Fraktionen der Regierungsparteien, die dazu neigten, statt die von ihnen getragenen Regierungen zu stützen, Interessen auch gegen die eigenen Minister im Sinne einer Oppositionspartei zu verteidigen. Dieses

---

[797] Protokolle Reichstag, Bd. 425, 7. Juni 1929, S. 2168. Den Zustand des Parteiwesens hatte er schon Anfang der 20er-Jahre kritisiert. Siehe dazu Kapitel IV.2. Eine Wahlrechtsänderung nach englischem Vorbild war für ihn keine Lösung. Die größere politische Einsicht und Fairness der Engländer sei nicht Ergebnis der Wahlkreisarithmetik, sondern einer völlig anderen historischen Entwicklung ohne Kulturkampf, Sozialistengesetz, konfessionellen Verhetzung, atheistischen Fanatismus, weltanschauliche Trennung der Arbeiter, territoriale Zersplitterung, Halbabsolutismus mit Verkümmerung der politischen Willensbildung im Volke. Eine Wahlreform werde das Verhalten der Parteien bei der parlamentarischen Mehrheitsbildung nicht ändern. Bei Einzelwahlkreisen würden sich zudem die Gegensätze zwischen gewissen Parteien noch vertiefen, weil das schärfste Herausarbeiten der Parteigrenzen nötig sei. Zudem könne bei Einzelwahlkreisen der positiv tätige, verantwortungsbewusste und daher »belastete« Politiker leichter von einem Demagogen verdrängt werden. Sollmann: Wahlrecht und Parteien, in: Deutsche Republik 38 (1929), S. 1324–1330. Seine Einschätzung wird durch die Forschung unterstützt. Vgl. Kolb: Weimarer Republik, S. 183 f. Sollmann kritisierte im Zusammenhang mit der Kritik am Parteiwesen auch, es würden in Deutschland eine Parlamentsromantik und falsche Auffassungen über die Aufgaben eines Parlamentariers vorherrschen. Sollmann: Parlament und Persönlichkeit, in: RZ Nr. 68, 9. März 1930.

Spannungsverhältnis erschwerte eine verlässliche Koalitionspolitik deutlich. Dieser Vorwurf galt auch für Sollmann, denn sein Verhalten in der Panzerkreuzerfrage entsprach genau diesem Verhaltensmuster. Zwar gehörte er selbst zu den Befürwortern einer machtbewussten, staatstragenden Politik der SPD und hatte mehrfach gefordert, die Partei müsse sich stärker den Anforderungen der parlamentarischen Demokratie anpassen. Der Antagonismus zwischen Fraktion und Regierungsvertretern der SPD widersprach aber den parlamentarischen Spielregeln und nicht zuletzt daran scheiterte die Große Koalition schließlich.[798]

Je deutlicher sich aber die dauerhafte Labilität des parlamentarischen Systems in der Weimarer Republik zeigte, was in der Diskussion über die Krise des Parlamentarismus zur Zeit der Großen Koalition seinen Ausdruck fand, desto stärker rückte ein weiteres Problem in den Vordergrund: die Verlagerung der Macht hin zum Reichspräsidenten. In dem Maße, in dem das parlamentarische System seine Funktion nicht erfüllte, kam dem Reichspräsidenten mit seinen Befugnissen größere Bedeutung zu, ja wurde ein autoritäres Präsidialregime als Ausweg aus der Krise und der ungeliebten Parteiendemokratie gesehen. Angesichts der weit reichenden Befugnisse, die der Reichspräsident besaß, forderte Sollmann nachdrücklich, ein Ausführungsgesetz zum Artikel 48 zu verabschieden. In der bestehenden Form und wie er in den letzten Jahren angewandt worden sei, bedeute der Artikel in Krisenzeiten eine ständige Gefahr der Diktatur.[799] Dies war gerade vor dem Hintergrund der von Sollmann zuvor skizzierten Möglichkeiten eines Umsturzes auf legalem Wege von Bedeutung. Wenn sich die Regierungskrise nicht lösen ließ, so eröffnete der Artikel 48 die Tür zu diktatorischen Verhältnissen. Tatsächlich wurde aber ein Ausführungsgesetz zum Artikel 48 nicht mehr verabschiedet, sodass der Reichspräsidenten sehr weite und relativ unbestimmte Rechte hatte, was bei der weiteren politischen Entwicklung eine entscheidende Rolle spielte.[800]

Im August 1929 jährte sich die Verabschiedung der Weimarer Reichsverfassung zum zehnten Mal. Unter den Rahmenbedingungen fiel die Freude über das Jubiläum bei Sollmann verhalten aus. Nicht überall habe die Republik Liebe wecken können, aber der vor zehn Jahren schwache und gefährdete Staat habe nun Autorität. Viele hätten den Weg zur Republik gefunden, gerade auf sozialpolitischem Gebiet seien die Fortschritte groß, aber viele wüssten dies nicht, weil sie Anhänger eines politischen Messianismus seien, die von einer Illusion zur nächsten hüpften und schließlich bei der NSDAP angelangt seien. Niemand könne diese Narren lehren, man könne nur hoffen, dass es weniger seien, als es manchmal scheine.[801]

---

798 Zu den innenpolitischen Strukturproblemen der Weimarer Demokratie siehe zusammenfassend Kolb: Weimarer Republik, S. 74–77.
799 Protokolle Reichstag, Bd. 425, 7. Juni 1929, S. 2167.
800 In der Weimarer Verfassung war für die Ausnahmebefugnisse des Reichspräsidenten nach Artikel 48 die Konkretisierung durch ein Ausführungsgesetz vorgesehen, welches aber trotz mehrmaliger Anläufe nie erlassen wurde. Siehe dazu Boldt: Der Artikel 48.
801 Sollmann: Erinnert euch!, RZ Nr. 218, 11. August 1929.

Der weitere Verlauf der Großen Koalition änderte nichts am allgemeinen Eindruck, dass es sich um ein Kabinett auf Abruf handelte. Die Spannungen zwischen den Regierungsfraktionen hielten auch nach der formellen Erweiterung des Kabinetts zu einer Großen Koalition unvermindert an. Besonders in der Finanz- und Sozialpolitik gab es Konfliktpotenzial. Probleme bereiteten vor allem die steigende Zahl der Arbeitslosen und der dadurch entstehende Finanzbedarf bei der zuständigen Reichsanstalt. Die Reform der Arbeitslosenversicherung entwickelte sich zum Krisenherd des Kabinetts, der schließlich den Bruch herbeiführte. Seit dem Frühjahr 1929 diskutierten die Parteien über diese Frage und zwischenzeitlich schien die Koalition schon daran zu zerbrechen, bis am 3. Oktober 1929 aber doch das Gesetz zur Änderung der Arbeitslosenversicherung den Reichstag passierte. Diese Einigung war in besonderer Weise Gustav Stresemann zu verdanken gewesen, ohne den die DVP diesen Schritt zur Rettung der Koalition kaum gegangen wäre. Aber Stresemann starb am Morgen des 3. Oktobers und mit ihm einer der wenigen einflussreichen Anhänger der Großen Koalition in seiner Partei. In den Verhandlungen hatten sich tiefe Gräben zwischen der SPD, die Sparmaßnahmen im Bereich der Sozialpolitik strikt ablehnte, und der DVP, die Kürzungen der Sozialleistungen zum Ausgleich des Haushalts forderte, gezeigt. Der Kompromiss von Anfang Oktober konnte nicht darüber hinwegtäuschen, dass die Fronten verhärtet waren. Mit dem Tod von Stresemann sprach wenig dafür, dass es bei einer erneuten Krise noch einmal zu einer Einigung zwischen beiden Parteien kommen würde.[802]

Ein entscheidender Schritt zum Bruch der Großen Koalition war die von Heinrich Brüning initiierte Entscheidung des Vorstands der Zentrumsfraktion, die Zustimmung zum Young-Plan von der vorherigen Einigung auf eine Finanzreform oder zumindest auf Maßnahmen zur Sanierung der Kassen abhängig zu machen. Für dieses Junktim gab es durchaus gute Gründe, denn die Sanierung der Reichsfinanzen war für den Erhalt der Großen Koalition unabdingbar. Da die DVP und die sie stützenden wirtschaftlichen Kreise ein großes Interesse an der Verabschiedung des Young-Plans hatten, in der Frage der Reichsfinanzen aber wenig kompromissbereit waren, eröffnete die Verknüpfung beider Fragen die Möglichkeit, den Volksparteilern Zugeständnisse in finanzpolitischen Fragen abzuringen.[803]

Sollmann setzte sich als einer von wenigen Abgeordneten in der sozialdemokratischen Fraktion dafür ein, die vom Zentrum angestrebte Verbindung der Ratifizierung des Young-Plans mit der Reform der Reichsfinanzen zu unterstützen. Aber die überwältigende Mehrheit lehnte dies ab. Neben Einwänden, man dürfe das große

---

802 Zu den Verhandlungen über die Finanz- und Sozialpolitik siehe Winkler: Schein der Normalität, S. 598–605. Über Stresemanns Tod schreibt die RZ: »Stresemanns Tod ist ein politisches Ereignis von nicht abzuschätzenden Folgen.« RZ Nr. 271, 3. Oktober 1929.
803 Zur Entscheidung des Fraktionsvorstands des Zentrums siehe Protokolle der Reichstagsfraktion, S. 375–378; Morsey: Neue Quellen, S. 209 f.; Ruppert: Im Dienst am Staat von Weimar, S. 397 f.

außenpolitische Projekt nicht zum Gegenstand steuerpolitischer Schachereien machen, spielte diesbezüglich auch die Frage eine Rolle, inwieweit die SPD selbst dazu bereit sei, Kompromisse in der Finanz- und Sozialpolitik einzugehen und damit den Fortbestand der Großen Koalition über die eigenen politischen Ansprüche zu stellen. Da man sich darüber aber noch nicht einig war, lehnte man den Vorstoß des Zentrums ab und leitete damit auch den Bruch der Koalition ein.[804]

Sollmann hatte sich als einer der wenigen in der Fraktion für das Junktim des Zentrums ausgesprochen, weil er wohl erkannt hatte, dass ansonsten die Koalition vor dem Bruch stand. Die SPD konnte in der Koalition nämlich nur so lange auf Zugeständnisse in der Sozialpolitik hoffen, wie man sie für die Durchführung der Außenpolitik benötigte. Nach Verabschiedung des Young-Plans war bei den innenpolitischen Streitthemen eine Einigung zu Konditionen, die für die SPD akzeptabel waren, kaum noch zu erwarten.[805] Dass für ihn der Erhalt der Koalition vorrangig vor allen anderen Fragen war, zeigte sich auch auf der Jahreshauptversammlung der Kölner SPD, wo er wenige Tage nach der Entscheidung der SPD-Fraktion eine Bilanz der Koalition zog und sich ausdrücklich für deren Fortführung aussprach. Man sei zwar nicht zufrieden, so führte er aus, habe aber dennoch einiges erreicht. Wer den Austritt aus der Regierung fordere, solle die Folgen überdenken: ein Minderheitskabinett mit Unterstützung der SPD oder die Reichstagsauflösung. Letzteres sei nicht ausgeschlossen, aber ehe der Austritt mit allen seinen Konsequenzen erfolgen könne, müsse man mit allen Kräften versuchen, sich in der Regierung zu behaupten. Er konnte sich aber nicht mit einem Antrag zur Fortsetzung der Koalition durchsetzen. Angenommen wurde stattdessen ein abgeänderter Antrag, der kaum Spielraum für Kompromisse ließ und daher auf eine Beendigung der Regierungsbeteiligung hinauslief.[806] Hier zeigte sich, wie ungeliebt die Koalition an der Basis war und wie wenig Konzessionsbereitschaft man dort noch aufbrachte. Es war auch ein deutliches Zeichen, dass Sollmann, der in den Jahren zuvor seine politische Linie im Kölner Ortsverein hatte durchsetzen können, mit seinem Antrag keine Zustimmung fand. Die Einsicht in die realpolitischen Notwendigkeiten war bei der Mitgliedschaft schon immer geringer ausgeprägt gewesen, aber nun war der Punkt gekommen, an dem man dies auch gegen das Votum des eigenen Reichstagabgeordneten zum Ausdruck brachte.[807]

---

804 Winkler: Schein der Normalität, S. 776.
805 Mierendorff schreibt über die Ablehnung des Junktims durch die Fraktion, nur wenige Mitglieder der Fraktion hätten die politischen Zusammenhänge erkannt: »Ein dahingehender Antrag Landsberg-Sollmann-Hertz, ebenfalls das Junctim zu fordern, wurde fast einstimmig abgelehnt.« Mierendorff: Mit hundertfünfzig Mandaten in die Opposition, in: NBS 1 (1930), S. 276–279, 278.
806 RZ Nr. 41, 10. Februar 1930.
807 Wie unbeliebt die Koalition in Teilen des Kölner Parteibezirks war, zeigen die Diskussionen auf einer Funktionärsversammlung am 25. Mai 1930 und auf der Kreisgeneralversammlung am 31. Mai 1930. RZ Nr. 144, 27. Mai 1930; RZ Nr. 151, 3. Juni 1930.

Die Verhandlungen über eine Finanzreform brachten indessen trotz einer zwischenzeitlichen Einigung über Deckungsvorschläge für den Reichshaushalt kaum noch Fortschritte.[808] Mit der Verabschiedung des Young-Plans am 12. März 1930 fiel dann das letzte einigende Band der Koalition weg. Die Außenpolitik war der einzige Bereich, in dem eine weit gehende Einigkeit zwischen den Regierungsfraktionen geherrscht hatte. Nun traten wieder die Gegensätze in der Innenpolitik hervor. Für den rechten Flügel der DVP hatte das Kabinett Müller seine Schuldigkeit getan und auch in der Umgebung des Reichspräsidenten wurde energisch auf ein Ende der Großen Koalition hingearbeitet.[809]

Als entscheidendes Problem stellte sich die Reform der Arbeitslosenversicherung heraus. War die Mehrheit der Sozialdemokratie unterstützt von den Gewerkschaften nicht bereit, vor dem Hintergrund der steigenden Arbeitslosenzahlen Einsparungen bei den Sozialleistungen zu akzeptieren, setzte der schwerindustrielle Flügel der DVP auf eine Kürzung der Leistungen der Arbeitslosenversicherung und auf ein Ende der Koalition unter Beteiligung der SPD. Zum Schluss stand ein letzter Vermittlungsvorschlag Brünings im Raum, der weder eine Beitragserhöhung in der Arbeitslosenversicherung noch eine Senkung der Leistungen und Steuererhöhungen vorsah und die Regelung dieser Fragen in die Zukunft verwies. Die Fraktionen des Zentrums und der DDP fanden sich schnell bereit, dieser Kompromissformel zuzustimmen. In der DVP entschied man sich erst nach hitzigen Debatten für Brünings Vorschlag. Auch in der sozialdemokratischen Fraktion waren die Meinungen geteilt. Besonders Innenminister Severing kämpfte für eine Zustimmung, auch die Kabinettsmitglieder mit Ausnahme des Arbeitsministers Wissell plädierten dafür, aber die Mehrheit der Fraktion wollte nicht von der Regierungsvorlage vom 5. März abrücken und lehnte den Kompromiss ab. Damit war das Ende der Großen Koalition besiegelt. In der anschließenden Kabinettssitzung, die wegen letzter Rettungsversuche noch einmal unterbrochen wurde, kündigte Finanzminister Paul Moldenhauer die Koalition von Seiten der DVP auf und empfahl dem Kabinett den Rücktritt. Dem Reichskanzler blieb daraufhin nur die Demission.[810]

---

808 Der Kompromiss sah vor, die Belastung der Industrie, die mit der Annahme des Young-Plans entfallen sollte, einmalig auf 350 Millionen Mark zu erhöhen. Dadurch entsprach man der Forderung der SPD nach einer direkten Steuer, die den Besitz belastete. Hinsichtlich der Arbeitslosenversicherung wurde der Vorstand der zuständigen Reichsanstalt ermächtigt, den Beitrag von 3,5 auf vier Prozent zu erhöhen, eine weitere Forderung der SPD. Wichtigstes Zugeständnis der sozialdemokratischen Minister war ein langfristiges Sparprogramm, das Steuersenkungen für das Jahr 1931 ermöglichen sollte. Winkler: Schein der Normalität, S. 786–788.
809 Zu den Plänen der Kreise um den Reichspräsidenten siehe Politik und Wirtschaft in der Krise, Bd. 1: S. 87 f. Zur Haltung der DVP siehe Vogt: Finanzpolitik, S. 444–449.
810 Zur Debatte in der sozialdemokratischen Fraktion siehe Leber: Die Todesursachen, S. 288; Stampfer: Vierzehn Jahre, S. 515 f. Zur Entscheidung des Zentrums siehe Protokolle der Zentrumspartei, S. 425. Zum Ablauf der letzten Kabinettssitzung siehe AdR Kabinett Müller II, Bd. 2, S. 1608–1610.

Über Sollmanns Haltung in der entscheidenden Fraktionssitzung ist nichts bekannt. Zuvor hatte er sich als einer der wenigen Fraktionsmitglieder durch die Befürwortung des Junktims der Zentrumspartei für einen unbedingten Erhalt der Koalition ausgesprochen und vor den unabsehbaren Folgen eines Bruchs gewarnt. Im Nachhinein stellte Sollmann fest, die Koalition sei nicht an der Arbeitslosenversicherung gescheitert, sondern wäre früher oder später sowieso zerbrochen, weil die Konflikte nicht zu überbrücken waren, und schob besonders dem Zentrum die Verantwortung zu, weil die Partei sich in den letzten Jahren immer stärker nach rechts orientiert habe.[811] Die Ablehnung der Verantwortung für den Sturz der Regierung und die Verteidigung der Entscheidung vom 27. März entsprach dem überwiegenden Tenor in der Partei. Die Hauptverantwortung für das Ende der Großen Koalition sieht auch die Forschung nicht bei der Sozialdemokratie. Unbestritten ist, dass die Parteien der bürgerlichen Mitte mehr dem rechten als dem linken Flügel der Koalition zuneigten. Dies galt für die DDP und das Zentrum, das unter der Führung von Kaas und Brüning einen deutlichen Schwenk nach rechts unternahm und auch eine Präsidialregierung als Ausweg aus der Krise des Parlamentarismus in Betracht zog. Auch daran, dass Hindenburg und sein Umkreis, Vertreter der Schwerindustrie, der Großagrarier und der Reichswehr auf ein Ende der Großen Koalition hinarbeiteten, gibt es keinen Zweifel. Darin sind auch die Ursachen des Scheiterns des Kabinetts Müller und der parlamentarischen Demokratie zu sehen, nicht in der Entscheidung der sozialdemokratischen Reichstagsfraktion. Aber die Frage am 27. März 1930 war nicht nur die nach der Reform der Arbeitslosenversicherung, sondern auch die nach dem Bestand der parlamentarischen Demokratie. Die Pläne für eine Präsidialregierung in rechten Kreisen waren in der Sozialdemokratie nicht unbekannt. Wenn man dies in Betracht zieht, musste die SPD sich darüber im Klaren sein, welche Folgen ihre Entscheidung hatte. Dies galt umso mehr für Sollmann. Er hatte darauf hingewiesen, welche Gefahren der Demokratie durch die verfassungsrechtlichen Kompetenzen des Reichspräsidenten drohten, wenn dieser bereit war, sie in den Dienst einer Regierung zu stellen. Dennoch rechtfertigte er das Verhalten der SPD. Angesichts seiner vorher geäußerten Ansicht, die Bewahrung der Koalition habe oberste Priorität, erscheint seine nachträgliche Rechtfertigung des Verhaltens der Fraktion, die ihre sozialpolitischen Forderungen über den Bestand der Regierung stellte, als inkonsequent. Die Frage war nicht, ob das Regierungsbündnis früher oder später brechen musste, sondern ob man alles dafür getan hatte, diesen Bruch zu verhindern. Wenn Sollmann nun Ersteres in den Vordergrund rückte, dann übersah er dabei, dass die SPD einen taktischen Fehler begangen hatte, der zu den Entwicklungen führte, vor denen er selbst gewarnt hatte: Man gab die Koalition vorzeitig preis und begünstigte dadurch den Übergang von der parlamentarischen Demokratie zu einer Präsidialregierung. Hätte Sollmann sei-

---

811 So Sollmann in einer Rede auf einer Funktionärsversammlung in Köln. RZ Nr. 113, 25. April 1930.

nen Standpunkt konsequent beibehalten, hätte er zu dem Urteil Rudolf Hilferdings kommen müssen:

> »So außerordentlich wichtig aber die Frage der Arbeitslosenversicherung ist, so muß die Entscheidung der Fraktion doch noch von dem allgemeinen Gesichtspunkt der politischen Situation aus geprüft werden, in dem sie erfolgt ist. [...] So steht bei uns neben der durch das Vertrauen des Parlaments eingesetzten Regierung der Reichspräsident mit an sich weitgehenden Vollmachten, die zudem nicht immer juristisch ganz zweifelsfrei gefaßt sind und deshalb der Interpretation unterliegen. Und es unterliegt keinem Zweifel, daß, wenn das Parlament in seiner grundlegenden und wichtigsten Funktion versagt, nämlich eine Regierung zu bilden, die Macht des Reichspräsidenten sich auf Kosten und durch Schuld des Parlaments erweitert und der Reichspräsident Funktionen ausüben muß, die zu erfüllen sich der Reichstag versagt. Nimmt man hinzu, daß diese Lähmung des Parlaments von sehr starken Gruppen direkt gewünscht und gefördert wird, so wird man verstehen, daß die eigentliche Gefahr für die Zukunft des deutschen Parlamentarismus nicht von außen, nicht von einem gewaltsamen Putsch droht, sondern von innen her; [...]. Gerade diese Gefahr zu vermeiden, war ja stets ein zwingendes Moment für die Sozialdemokratie, in den schwierigsten Situationen die Verantwortung zu übernehmen.«[812]

10 Die Ära Brüning

Die neue Reichsregierung unter Heinrich Brüning, die seit dem 30. März 1930 amtierte, wies zwar eine recht hohe Kontinuität gegenüber dem vorherigen Kabinett auf, stellte aber zweifellos einen Ruck nach rechts dar.[813] Zudem machte der neue Kanzler von Beginn an deutlich, dass man sich von der bisherigen Regierungsweise distanzieren werde. In seiner kurz gehaltenen Regierungserklärung teilte Brüning mit, die Regierung sei gemäß dem vom Reichspräsidenten erteilten Auftrag an keine Koalition gebunden und sein Kabinett sei der letzte Versuch, »die Lösung mit diesem Reichstag durchzuführen«[814]. Diese kaum verhohlene Drohung, den Reichstag notfalls aufzulösen und auf

---

812 Hilferding: Der Austritt aus der Regierung, in: Die Gesellschaft 7 (1930), S. 386, 388 f. Zu den Erkenntnissen über Pläne für eine Präsidialregierung in der Sozialdemokratie siehe bspw. RZ Nr. 335, 6. Dezember 1929. Zu den innerparteilichen Beurteilungen des Bruchs der Großen Koalition siehe Winkler: Schein der Normalität, S. 810–815.
813 Durch den Austritt der SPD, den Wechsel zu Brüning als Reichskanzler und die Beteiligung der DNVP an der Regierung durch den Ernährungsminister Schiele war der politische Richtungswechsel zu erkennen. Zur Bildung der Regierung und zur Person Brünings siehe Koops, Einleitung, S. XIX–XCVII; Pyta: Hindenburg, S. 555–575.
814 Protokolle Reichstag, Bd. 427, 1. April 1930, S. 4728.

Grundlage des Artikels 48 zu regieren, stützte sich auf die Zusage des Reichspräsidenten, der neuen Regierung gegebenenfalls diesen Ausweg zu ermöglichen.[815]

Für die SPD erklärte Breitscheid, man werde mit allen Mitteln gegen die Anwendung des Artikels 48 kämpfen, stellte aber auch klar, dass seine Partei bereit sei, mit den bisherigen Koalitionspartnern erneut eine Regierung zu bilden. Die Kampfstellung gegen das Kabinett Brüning kam in einem Misstrauensantrag zum Ausdruck, der aber ebenso wie derjenige der KPD abgelehnt wurde. Zunächst war damit der Bestand der neuen Regierung gesichert. Aber dennoch blieb sie eine Minderheitsregierung, die sich bei den anstehenden Beratungen über den Reichshaushalt keinesfalls sicher sein konnte, im Reichstag Mehrheiten zu finden.[816]

Die verfahrene parlamentarische Situation führte im Reichstag bei den Beratungen zum Etat des Innenministeriums zu einer Grundsatzdebatte über die Krise des Parlamentarismus, in der Sollmann als Sprecher für die SPD das Wort ergriff. Anknüpfend an die Beratungen im Haushaltsausschuss, in denen sich Innenminister Wirth für eine Wahlreform ausgesprochen hatte, lehnte Sollmann dieses Ansinnen erneut ab, weil dadurch die Krise des Parlamentarismus nicht behoben würde.[817] Den bürgerlichen Parteien hielt er vor, sie hätten noch nicht erkannt, in welch schwere Krise sie geraten seien. Sie stünden der Proletarisierung weiter Bevölkerungsteile von der Intelligenz bis zu den Bauern hilflos gegenüber, weil sie versuchten, diese mit ihren überholten Idealen und Programmen anzusprechen, die über Monarchie und Nationalismus nicht hinausgingen. Eine zunehmende Zahl von Wählern der bürgerlichen Parteien wende sich vom Kapitalismus ab. Von den Nationalsozialisten könnten sie zumindest lernen, dass man die Massen nur gewinnen könne, wenn man auch sozialistische Ziele propagiere. Die Aufgabe der Sozialdemokratie sei es, die neuen proletarisierten Schichten für einen sozialistischen Gesellschafts- und Kulturaufbau zu gewinnen.[818]

Weiterhin griff Sollmann in scharfer Form die Nationalsozialisten an. Anlass war das Verhalten des neuen nationalsozialistischen Innenministers von Thüringen Wilhelm Frick, über dessen früheres Verhalten im Reichstag Sollmann ausführte:

---

815 Pyta: Hindenburg, S. 569.
816 Zur Rede Breitscheids siehe Protokolle Reichstag, Bd. 427, S. 4731–4739. Für die Misstrauensanträge stimmten lediglich SPD, KPD und NSDAP. Die Abstimmungsergebnisse ebd., S. 4774–4777.
817 Sollmann bediente sich in seinen Ausführungen der Argumente, die er bereits zur Ablehnung einer Wahlreform angebracht hatte. Siehe dazu Sollmann: Wahlrecht und Parteien, in: Deutsche Republik 38 (1929), S. 1324–1330. Vgl. Kapitel IV.9. Zu den Beratungen im Haushaltsausschuss siehe Verhandlungen des Ausschusses für den Reichshaushalt, IV. Wahlperiode 1928, 160. Sitzung, 20. Mai 1930, S. 5 (Sollmann); S. 12 f. (Wirth).
818 Protokolle Reichstag, Bd. 428, 16. Juni 1930, S. 5459–5463. Sollmann hatte schon zuvor geäußert, entscheidend für das Schicksal der SPD und für die Frage, ob Deutschland den sozialistischen oder faschistischen Weg beschreiten werde, sei, ob es gelinge, den Massen die regierungspolitischen und verwaltungspolitischen Taten der Partei als für sie geleistet klar zu machen. Sollmann: Kritik an der Partei, in: RZ Nr. 149, 1. Juni 1930.

»Jedes Wort dieses Mannes war in Haß und Hohn getaucht. Es gibt kein Symbol der deutschen Republik, es gibt keinen Führer der Republik, auch nicht diejenigen, die von seinen Geistesverwandten gemordet sind, es gibt keinen, den nicht Herr Dr. Frick von dieser Stelle aus verhöhnt und beschimpft hätte. Jede Rede war eine Provokation.«

Gegenüber Frick und dem politischen Terror der Nationalsozialisten forderte er ein hartes und entschlossenes Vorgehen, um dem Faschismus Einhalt zu gebieten, dessen wichtigstes Mittel die Gewalt sei:

»Das Gesetz des Faschismus – Sie (zu den Nationalsozialisten) sagen das ja jeden Tag – ist die Gewalt, sie ist der einzige Götze, an den Sie glauben und zu dem Sie beten.«[819]

Sollmanns Kritik an den bürgerlichen Parteien war durchaus zutreffend, aber sie galt auch für die Sozialdemokratie. Auf die wirtschaftlichen und gesellschaftlichen Veränderungen hatte auch sie noch keine Antwort gefunden und es dauerte nicht mehr lange, bis man merkte, dass man der Beeinflussung der Massen durch die Nationalsozialisten ratlos gegenüberstand.

Im Mittelpunkt der Politik stand im Frühjahr und Sommer aber die Frage, wie die Finanzlücken im Reichshaushalt geschlossen werden konnten.[820] Trotz intensiver

---

[819] Protokolle Reichstag, Bd. 428, 16. Juni 1930, S. 5461 f. Bereits im Haushaltsausschuss hatte Sollmann das Verhalten Fricks als skandalös bezeichnet und das Versagen der Reichsregierung in dieser Hinsicht beklagt. Protokolle der Verhandlungen des Ausschusses für den Reichshaushalt, IV. Wahlperiode 1928, 160. Sitzung, 20. Mai 1930, S. 5 f. Frick war seit Januar 1930 als erster Nationalsozialist in der Weimarer Republik als Staatsminister für Inneres und Volksbildung in Thüringen Minister geworden. Siehe zu Fricks Tätigkeit als Minister in Thüringen Neliba: Frick, S. 57–68. Bereits 1929 hatte er vom preußischen Innenminister Grzesinski ein hartes Vorgehen gegen die Nationalsozialisten gefordert und die Passivität des Staates kritisiert. Die Beleidigungen und Verleumdungen in der Presse und auf Veranstaltungen der Nationalsozialisten dürften nicht toleriert werden. Besonders angesichts des Volksbegehrens gegen den Youg-Plan müsse man in Preußen aktiv werden und der Demagogie der Nationalsozialisten Einhalt gebieten. Sollmann an Grzesinski vom 3. Oktober 1929, IISG, Albert Grzesinski Papers, Nr. 772.

[820] In dieser Frage gab es zwischen der SPD und der Regierung gewisse Übereinstimmungen. Am 23. Juni verabschiedete die Reichstagsfraktion der SPD ein »Programm zur Bekämpfung der Krise«, das auch einen Zuschlag zur Einkommenssteuer auf höhere Einkommen von zehn Prozent und ein Notopfer der Festbesoldeten vorsah, Maßnahmen, die auch von Regierungsseite geplant waren. Die vor allem von der DVP geforderte Bürger- oder Kopfsteuer lehnte sie dagegen grundsätzlich ab. Zum Programm der SPD siehe RZ Nr. 170, 24. Juni 1930. Zu den Beratungen der Regierung für die Sanierung des Haushalts siehe Winkler: Katastrophe, S. 158–170. Sollmann sprach sich im Ausschuss für den Reichshaushalt für Pensions- und Gehaltskürzungen der Beamten aus, weil angesichts der allgemeinen Wirtschaftslage u. a. die hohen Pensionen nicht zu vermitteln seien. Protokolle der Verhandlungen des Ausschusses für den Reichshaushalt, IV. Wahlperiode 1928, 185. Sitzung, 11. Juli 1930, S. 9.

Gespräche zwischen den Parteien, in denen die SPD abgesehen von der Bürgersteuer Kompromissbereitschaft gezeigt hatte, konnte in dieser Frage keine Einigung erzielt werden. Als am 16. Juli die Einzelberatung der Deckungsvorlage anstand, war bereits bekannt, dass Brüning im Falle der Ablehnung die Genehmigung Hindenburgs hatte, die Vorlage mittels des Artikels 48 in Kraft zu setzen. Dennoch wurde der erste zur Abstimmung stehende Teil der Vorlage vom Reichstag abgelehnt, worauf Brüning die gesamte Deckungsvorlage von der Abstimmung zurückzog und noch am selben Tag unter Einschluss der Bürgersteuer per Notverordnung durchsetzte. Wegen des Inhalts der Verordnung und besonders wegen des Vorgehens des Reichskanzlers, das man als verfassungswidrig ansah, beantragte die SPD daraufhin einen Tag später, die Notverordnungen aufzuheben. Am 18. Juli stimmten 236 Abgeordnete für die Aufhebung, 222 dagegen. Brüning verlas sofort danach die Verordnung Hindenburgs zur Auflösung des Reichstags. Damit war der Übergang zum Präsidialkabinett vollzogen.[821]

In der Rheinischen Zeitung gibt es keinen Zweifel, wer an dieser Entwicklung die Hauptschuld trug:

»Der Reichskanzler sah nur nach einer Richtung: nach rechts! […] Der Zentrumsmann ist ein Gefangener seiner Idee, das Zentrum aus der Nachbarschaft der Sozialdemokratie zu lösen, um jederzeit mit der Rechten Politik machen zu können, wenn die Sozialdemokratie für die heiligen Rechte des Arbeitsvolks auftrumpft. […] Was Brüning und die Seinen in diesen Wochen leisteten, war die Formierung einer Besitzbürgerfront gegen die Millionen des Arbeitsvolks. Der einzige Unterschied zwischen Brüning und Hugenberg besteht darin, daß der Kanzler hoffte und sich heiß bemühte, diesen agrarisch-kapitalistischen Block parlamentarisch zu bilden, während Hugenberg aufs ganze geht und die Demokratie mitsamt dem Parlamentarismus zerstören will.«[822]

Damit sind die Hintergründe der Reichstagsauflösung treffend umschrieben. Die Bürgersteuer war nicht der entscheidende Grund für die Auflösung des Reichstags, sondern nur der vordergründige Anlass. Eine Verständigung mit der SPD in der Finanzfrage war für Brüning nicht möglich, da seine Regierung auf dem Grundsatz beruhte, die SPD von den politischen Entscheidungen fernzuhalten. Wäre er auf die SPD zugegangen, hätte dies unweigerlich zum Bruch des Kabinetts geführt. Brüning hatte sich in die Abhängigkeit von Kräften begeben, die der Sozialdemokratie und der parlamentarischen Demokratie überhaupt kritisch bis feindlich gegenüberstanden. Wenn es ihm wie bei der Deckungsvorlage nicht gelang, eine Mehrheit im rechten Parteienspektrum zu finden, blieb ihm nur der Ausweg des Präsidialkabinetts. Der

---

821 Protokolle Reichstag, Bd. 4 Zu den Verhandlungen zwischen den Parteien im Vorfeld siehe Schulz: Von Brüning zu Hitler, S. 103–114; Winkler: Katastrophe, S. 158–173.
822 RZ Nr. 195, 19. Juli 1930.

Antrag auf Aufhebung der Notverordnung war aus Sicht der SPD nur konsequent, denn die Bürgersteuer war aus ihrer Sicht inakzeptabel, weil unsozial, und man hegte zu Recht schwere verfassungsrechtliche Bedenken gegen die Vorgehensweise des Reichskanzlers.[823]

Die durch die Auflösung des Reichstags notwendig gewordenen Neuwahlen wurden vom Kabinett auf den 14. September festgelegt. In der Auftaktveranstaltung der Kölner SPD griff Sollmann das Zentrum wegen seiner Wendung nach rechts scharf an. Brünings Notverordnungen seien ein Angriff auf die proletarischen Opfer der Wirtschaftskrise. Die Wahl sei eine Schicksalsfrage für Deutschland:

»Entweder parlamentarisch-demokratische Regierung, oder Bürgerkrieg mit vollendetem wirtschaftlichem Zusammenbruch.« [824]

Nur zwei Tage später folgte eine große Wahlkampfkundgebung, auf der Sollmann mit Carl Severing und Hans Böckler sprach. Während Severing die allgemeine politische Lage einer Analyse unterzog und Böckler die sozialpolitische Lage aus gewerkschaftlicher Sicht schilderte, betonte Sollmann die nationalen Verdienste der SPD, die gerade in den sozialpolitischen Errungenschaften der Republik liegen würden. Erst seit die SPD aus der Regierung ausgeschieden sei, würde eine Offensive gegen die mittellosen Teile der Gesellschaft geführt.[825] (☛ s. *rechts* Abb. 5)

Ein Schwerpunkt des Wahlkampfs der Kölner SPD lag auf der Warnung vor dem Nationalsozialismus. In einer Flugblattserie versuchte man unter dem Titel »Anti-Faschist« die Bevölkerung über das Wesen, die Ziele und die hinter der NSDAP stehenden Männer aufzuklären.[826] In einem scharfsinnigen Artikel in der Rheinischen Zeitung wird Hitler den Lesern als »Geschäftsführer der Gegenrevolution« vorgestellt. Sein Erfolg beruhe, so heißt es dort, auf seinen Methoden der Massenbeeinflussung, er verstehe es, »die Leute zu packen«, und appelliere an ihre Instinkte, nicht an ihre Vernunft. Den Wählergruppen verspreche er jeweils das, was diese hören wollten: dem national Denkenden Schutz vor dem Marxismus, dem Proletarier Kampf gegen den Kapitalismus, mal huldige er den abgedankten Fürsten, dann preise er die republikanische Verfassung, vor Christen huldige er Christus, vor Rassisten der Rasse. Damit sei er erfolgreich und die eigentliche Gefahr sei deswegen nicht Hugenberg, sondern Hitler:

---

823 Zum Hintergrund der Bindung Brünings an die Rechte und den Reichspräsidenten siehe Schulz: Von Brüning zu Hitler, S. 13–120; Winkler: Katastrophe, S. 173 f.
824 RZ Nr. Nr. 225, 18. August 1930. Zur Kritik an Brüning siehe auch RZ Nr. 214, 7. August 1930.
825 RZ Nr. 227, 20. August 1930.
826 Henseler: Die Kölner SPD, S. 166.

Abb. 5 Wilhelm Sollmann und Carl Severing. Undatierte Aufnahme (ca. 1928).

»Hitler frißt Hugenberg. Nicht nur, weil er die beste Organisation und die beste Propaganda hat, nicht nur, weil er mit unglaublicher Genialität seinen reaktionären Charakter verbirgt, sondern auch, weil er die Interessen der feudalen Klasse schärfer und weitgehender verficht als Hugenberg.«

Die meisten Anhänger der Nationalsozialisten entstammten laut dem Verfasser aus dem Mittelstand, darunter kleine und mittlere Bauern, der Kleinhandel und das Kleingewerbe, Angestellte und auch einige Beamte und Handwerker. Die wirtschaftliche Lage dieser Wähler sei kaum besser als die der Proletarier, Weltkrieg und Inflation hätten die kleinen Vermögen der Mittelständler vernichtet. Bis zuletzt hätten diese den rechten bürgerlichen Parteien wie der DNVP oder zumindest nationalen Ideen angehangen, auch wenn sie Nichtwähler waren. Als gesellschaftliche Gruppe würden sie sich streng von den Proletariern trennen und daher auch nicht SPD oder KPD wählen:

»Diesen nationalistischen Mittelständlern bietet Hitler alles, was ihr Herz begehrt: Er putzt den Nationalismus schön auf, spielt ihnen die schönste nationalistische Musik vor, rührt eifrig die Werbetrommel für den ›notleidenden Mittelstand‹ und – verspricht jede mögliche und unmögliche Hilfe für den Mittelstand. Und so fallen denn die nationalistischen und selbst manchmal politisch heimatlosen Mittelständler auf die Reklame Hitlers herein und wählen nationalsozialistisch.« [827]

Dies war ein bemerkenswert klarer Blick auf die Bewegung des Nationalsozialismus zu einem Zeitpunkt, als in der Sozialdemokratie eine tiefere Kenntnis über das Wesen und die Anhängerschaft der NSDAP noch nicht verbreitet war, was sich erst mit den Septemberwahlen 1930 änderte.[828]

Vor den Folgen der Auflösung der bürgerlichen Parteien außer dem Zentrum und dem Aufstieg der Nationalsozialisten warnte auch Sollmann in einem Beitrag für die Arbeiter-Jugend. Die Wahlen seien »die unmittelbare Auseinandersetzung zwischen Demokratie und einem Faschismus deutscher Prägung« und »die Feuerprobe für die demokratische Reife der deutschen Arbeitermassen«. Es drohe bei einer Wahlniederlage ein weiterer Abbau der Sozialpolitik. Dies gelte besonders für die Arbeiterjugend, der man weitere Leistungen kürzen wolle. Das Parteienspektrum sei durch den Erosionsprozess der liberalen und konservativen Parteien in Bewegung. Die NSDAP, auf der die Hoffnung der Kapitalisten beruhe, stürme von rechts in die Mitte. Man wolle der Demokratie den Garaus machen. Daraus ergebe sich die allgemeine Kampf-

---

827 RZ Nr. 223, 16. August 1930.
828 Vgl. Winkler: Katastrophe, S. 205.

stellung gegen die SPD und die Schonung der KPD. Daher bedeute jede Stimme für die KPD einen Sieg des Faschismus.[829]

Obwohl Sollmann, wie die Äußerungen im Wahlkampf zeigen, in gewissem Maße mit einem Aufstieg der NSDAP und Verlusten der bürgerlichen Parteien gerechnet hatte, so war das Wahlergebnis dennoch ein Schock für die Sozialdemokratie: »Das Bürgertum zertrümmert«, titelte die Rheinische Zeitung am 15. September.[830] Eindeutiger Gewinner der Wahl war die NSDAP, die reichsweit 18,3 Prozent erreichte und damit fast 16 Prozent zulegen konnte. Die KPD konnte sich auf 13,1 Prozent steigern, alle anderen bedeutenderen Parteien verloren teilweise deutlich, die SPD büßte über fünf Prozent ein und erreichte nur noch 24,5 statt 29,8 Prozent.[831] In Sollmanns Wahlkreis Köln/Aachen gestaltete sich das Ergebnis nur geringfügig besser. Der Zugewinn der NSDAP, die auf 14,5 Prozent kam, lag unter dem Reichsdurchschnitt, auch die Verluste der SPD, die 14,2 Prozent statt 18,5 Prozent erreichte, fielen etwas geringer aus. Allerdings fiel man hinter die KPD zurück, die 14,5 Prozent erzielte. Stärkste Partei blieb trotz größerer Verluste das Zentrum mit 36,4 Prozent.[832] Im Wahlbezirk Köln-Stadt konnte die SPD entgegen dem Reichstrend gegenüber 1928 sogar rund 2.000 Stimmen hinzugewinnen, was aber nur vordergründig ein Erfolg war.[833] Gewinner waren hier in erster Linie die NSDAP mit 17,6 Prozent und die KPD mit 17 Prozent, die SPD war in Köln nur noch viertstärkste Partei.[834]

---

829 Sollmann: Jugend in die Front!, in: Arbeiter-Jugend 9 (1930), S. 193 f. Die Zitate auf S. 192.
830 RZ Nr. 253, 15. September 1930.
831 Das Zentrum zeigte sich am stabilsten und erreichte 11,8 statt 12,1 Prozent, die DVP mit 4,5 Prozent und die DNVP mit sieben Prozent halbierten ihre Ergebnisse. Die Deutsche Staatspartei als Nachfolgerin der DDP erreichte 3,8 Prozent, die Wirtschaftspartei 3,9 Prozent. Statistisches Jahrbuch des Deutschen Reichs 1930, S. 562 f.
832 Der geringere Zugewinn der NSDAP erklärt sich aus der spezifischen Konfessionsstruktur des Wahlkreises Köln/Aachen. In katholischen dominierten Wahlkreisen schnitten die Nationalsozialisten stets deutlich schlechter ab als in protestantischen Kerngebieten. Zum Einfluss der Konfession auf das Wahlverhalten siehe Falter: Hitlers Wähler, S. 169–193. Rechnet man die beiden Arbeiterparteien zusammen, so war der Wahlkreis Köln/Aachen, abgesehen von den reichsweit einzigen beiden Wahlkreisen Oppeln und Niederbayern, wo es minimale Gewinne gab, der mit den geringsten Verlusten. Auch hier ist zu beobachten, dass die Arbeiterparteien in katholisch geprägten Gebieten geringere Verluste hinnehmen mussten. Winkler: Katastrophe, S. 190 f.
833 Da die Wahlbeteiligung 1928 nur bei rund 60 Prozent gelegen hatte, 1930 aber bei 74 Prozent und zudem die Zahl der Wahlberechtigten um 28.000 gestiegen war, wählten in Köln-Stadt insgesamt 92.000 Wähler mehr als 1928, wovon die SPD von den vier größten Parteien mit Abstand am wenigsten gewinnen konnte und daher im relativen Ergebnis mit 19,4 Prozent gegenüber 1928 ein Fünftel ihres Anteils einbüßte.
834 Offensichtlich profitierten in Köln vor allem NSDAP und KPD von der höheren Wahlbeteiligung, die rund 55.000 bzw. 24.000 Stimmen hinzugewinnen konnten, da ihre absoluten Stimmengewinne nicht durch den Verlust anderer Parteien gedeckt wurden. Dies entspricht dem allgemeinen Trend. Vgl. Winkler: Katastrophe, S. 190. Eine mögliche Erklärung für das abweichende Ergebnis in Köln-Stadt gegenüber dem Wahlkreis Köln/Aachen könnte sein, dass zum einen durch den Zuzug protestantischer Arbeiter im Zuge der Industrialisierung und Urbanisierung die katholische Dominanz in der Stadt Köln geringer war als in den ländlichen Gebieten des

Auch wenn die Kölner SPD den Stimmenzuwachs gegenüber 1928 als kleinen Erfolg verbuchen konnte, worauf Sollmann am Wahlabend auch mit Stolz hinwies, so konnte dies den Schrecken angesichts des unerwarteten Wahlergebnisses kaum verdecken. Mit einem derartigen Ausmaß der nationalsozialistischen Zugewinne hatte man keinesfalls gerechnet, aber man erkannte nun, dass hier eine neue Massenbewegung entstanden war, deren Klientel man offensichtlich politisch nicht erreichte und die mit Methoden für sich warb, über die man selbst nicht verfügte. Wie genau die Lehren aus dieser Erkenntnis auszusehen hatten, wie und ob man angesichts der eigenen Niederlage in die politische Offensive gehen sollte, darüber herrschte jedoch weder Klarheit noch Einigkeit.[835]

Ein wesentlicher Faktor für die Einschätzung des eigenen Handlungsspielraums waren die Möglichkeiten einer Regierungsbildung, wie sie sich aus den Wahlen ergaben, denn es blieben nur noch zwei Optionen zur Bildung einer parlamentarischen Mehrheit: Entweder einigten sich die an der Regierung Brüning beteiligten Parteien auf eine Verständigung mit der SPD, oder es bildete sich ein Kabinett unter Einbeziehung der NSDAP. Eine Beteiligung der SPD stand aber nicht zur Debatte, denn das Kabinett Brüning war ja installiert worden, um die Sozialdemokratie aus politischen Entscheidungsprozessen möglichst weit gehend auszuschließen. Eine Regierungsbeteiligung der NSDAP konnte aber keinesfalls im Interesse der SPD sein, die Handlungsoptionen waren dementsprechend gering.[836] In der ersten Sitzung nach der Wahl

---

Wahlkreises, zum anderen war die soziale Kontrolle auf dem Land größer als in der Stadt. In den ländlich geprägten, katholisch dominierten Wahlbezirken schnitt die NSDAP zumindest deutlich schlechter ab als in Köln. Siehe dazu auch Falter: Hitlers Wähler, S. 179–186, insbesondere die Tabelle auf S. 180. Zu den Zahlenangaben siehe Statistisches Jahrbuch des Deutschen Reichs 1930, S. 562 f.; RZ Nr. 253, 15. September 1930.

835 Sollmanns Bewertung der Wahl in: RZ Nr. 253, 15. September 1930. Zur innerparteilichen Reaktion auf das Wahlergebnis siehe Schäfer: Ära Brüning, S. 46; Winkler: Katastrophe, S. 200–206. Dazu gehörte auch eine ausführliche Wahlanalyse Georg Deckers in Form mehrerer Artikel, die auch in der RZ erschienen. Siehe RZ Nr. 264, 26. September 1930. Sollmann sprach sich erneut gegen eine Wahlreform aus. Zudem kritisierte er die Auffassungen über die Arbeit des Reichstags und sein Ansehen. Es würden völlig falsche Ansichten herrschen. Sollmann: Der verkannte Reichstag, in: RZ Nr. 270, 2. Oktober 1930.

836 Hindenburg hatte Brüning bereits am 15. September signalisiert, dass er eine Wiederbelebung der Großen Koalition ablehne. In zwei Sondierungsgesprächen zwischen Brüning und der SPD am 23. September und 30. September hatte sich herauskristallisiert, dass eine Regierungsbeteiligung der SPD nicht in Frage kam. In letzterer Unterredung gaben die Vertreter der SPD aber zu verstehen, dass man zu einer Unterstützung Brünings auch ohne eine Regierungsbeteiligung bereit sei, weil man eine diktatorische Regierung verhindern wolle. Man kann darin den Ursprung der Tolerierungspolitik sehen. Matthias: Die Sozialdemokratische Partei Deutschlands, S. 103–106. Zu Hindenburgs Haltung siehe Pyta: Hindenburg, S. 585 f. Einen großen Einfluss auf die Entscheidung für die Tolerierungspolitik hatten die Vertreter der preußischen SPD, besonders Braun, Severing und Heilmann, die um den Erhalt der Koalition mit dem Zentrum fürchteten. Zum Prozess der Entscheidungsfindung über die Tolerierungspolitik in der SPD siehe auch Schäfer: Ära Brüning, S. 46–61; Winkler: Katastrophe, S. 207–218.

des neuen Reichstags am 3. Oktober beschloss die Fraktion, die Regierung Brüning zu tolerieren. In erster Linie war dies dem Umstand geschuldet, dass man keine andere Möglichkeit sah, den Erhalt der parlamentarischen Demokratie zu sichern.[837] Sollmann unterstützte in der Folge diese Entscheidung vehement. Der Beschluss, die Regierung Brüning zu tolerieren, so führte er in der Rheinischen Zeitung aus, sei gefasst worden, um die Demokratie in einer unmittelbaren Krise auf Leben und Tod vor dem Sturz in den Abgrund zu retten. Wenn erst antidemokratische Mächte die Staatsgewalt an sich gerissen hätten, so sei ungewiss, wohin die entfesselten Kräfte Deutschland führen würden. Es gebe aber Grenzen des Entgegenkommens, man werde sich nicht einer arbeiterfeindlichen Politik der Regierung unterwerfen. Ziel sei es, die anstehenden Notverordnungen parlamentarisch zu prüfen. Sie müssten auf den Weg der ordentlichen Gesetzgebung gebracht werden, damit die SPD den Kampf gegen die unsozialen Teile aufnehmen könne. Wenn dies scheitere, sei die Zukunft ungewiss.[838]

Aber die Linie der Fraktion war auf der Funktionärsebene keineswegs unumstritten. Sollmann machte diese Erfahrung auf einer Versammlung in Köln, auf der er die Tolerierung Brünings der Kölner Parteiorganisation begründete. Sollmann führte aus, oberstes Ziel sei es gewesen, das Eindringen der Faschisten in die Regierung zu verhindern. In Berliner Parteikreisen verhöhne man zwar die »Faschistenangst«, dies sei aber ein schwerer Fehler:

> »Wer aus den Vorgängen in Italien, Polen, Jugoslawien, Finnland und Österreich nichts gelernt habe, sei von einem gefährlichen Optimismus.«

Außerparlamentarische Abwehrmittel gegen den Faschismus solle man mit Bedacht erörtern. Aber wenn notwendig, sei die Arbeiterbewegung bereit, sich auch physisch zu schützen. Man sei nicht um Brünings Willen, sondern um den Willen ihrer Wähler zur Mitarbeit bereit.

> »Wir wollen nicht die Regierung Brüning retten, die die Vermehrung der Volksnot im letzten halben Jahr zum guten Teil auf dem Gewissen hat, sondern die deutsche Wirtschaft, die Demokratie und die Republik.«[839]

---

837 Dass diese Entscheidung auf staatspolitischen Gründen beruhte geht auch daraus hervor, dass der Beschluss auf die zukünftige Haltung zur Regierung überhaupt nicht eingeht. Der Beschluss ist abgedruckt in: RZ Nr. 272, 4. Oktober 1930.
838 Sollmann: Gefahren und Ziele, in: RZ Nr. 274, 6. Oktober 1930. Laut eigener Aussage vertrat Sollmann diese Meinung auch in der Fraktionssitzung am 3. Oktober. Vgl. RZ Nr. 278, 10. Oktober 1930.
839 RZ Nr. 278, 10. Oktober 1930. Sein Verweis auf die Vorgänge in Berlin bezieht sich auf den Berliner Bezirksparteitag vom 4. Oktober, auf dem sich Rudolf Hilferding wegen seiner Befürwortung der Tolerierungspolitik Vorwürfen ausgesetzt sah, er sehe die Lage zu pessimistisch und die Tolerierungspolitik sei von einer falschen Angst vor dem Faschismus getrieben. Schäfer: Ära Brüning, S. 62.

Mit seinen Ausführungen traf er aber nicht die einhellige Zustimmung der Versammlung. Eine von Sollmann eingebrachte Resolution, der Fraktion freie Hand für ihre Entscheidungen gegenüber der Regierung zu lassen, war Gegenstand einer heftigen Diskussion. In der Rheinischen Zeitung heißt es dazu:

»Selten ist in der Kölner Parteibewegung so scharfe und deutliche Kritik geübt worden, als an diesem Samstagabend.«[840]

Im Laufe der Aussprache wurden mehrere Gegenentschließungen eingebracht. Die Opposition wollte den außerparlamentarischen Kampf gegen die Regierung führen – und dies nicht mit dem Reichsbanner, sondern mit einer rein sozialistischen Kampforganisation und verlangte zudem schärfsten Kampf gegen Brüning und seine Notverordnungen. Sollmann sah dafür aber keinen Raum:

»Wir brauchen auch nicht leise zu treten, sondern vorsichtig wollen wir auftreten. Die von mehreren Rednern geforderte ›Sammlung des Proletariats‹ ist nach meiner Auffassung zur Zeit eine Illusion. Die kommunistische Partei will die Einigung nicht, und sie hat damit recht, denn zwischen sozialdemokratischer mitteleuropäischer Politik und asiatischem Bolschewismus ist eine Kluft ohne Brücke.«

Eine rein sozialistische Kampforganisation hielt Sollmann schon wegen des Reichsbanners Schwarz-Rot-Gold für überflüssig. Keine der beiden Richtungen konnte jedoch im Laufe der Diskussion eine Mehrheit für sich gewinnen.[841] Die Vorgänge in Köln illustrieren die Stimmung in der Partei im Herbst 1930. Eine Tolerierung erschien so manchem Funktionär und Anhänger als der falsche Weg, die innerparteiliche Diskussion über die Taktik setzte sich daher unvermindert fort.

Die Reichstagsfraktion sah aber keine andere Möglichkeit, als gemäß ihrem Beschluss das Kabinett zu stützen. Als der neu gewählte Reichstag zusammentrat, lehnte die sozialdemokratische Fraktion die von KPD, NSDAP und DNVP gestellten Anträge auf Aufhebung der Notverordnung ab. In den Abstimmungen stimmte man den Gesetzesvorlagen der Regierung und dem Antrag, über die Misstrauensanträge hinweg zur Tagesordnung überzugehen, zu. Zum Abschluss der Sitzungen vertagte sich das Parlament mit den Stimmen der Sozialdemokraten bis zum 3. Dezember.[842]

---

840 RZ Nr. 281, 13. Oktober 1930.
841 Laut Rheinischer Zeitung herrschte schließlich große Einigkeit über die Forderung nach einem außerordentlichen Parteitag, der diese Frage erörtern sollte. Diese Entscheidung war aber auch ein Ausdruck der Uneinigkeit über die richtige Strategie gegenüber der Regierung Brüning in der Kölner Parteiorganisation. Die Aussprache ist vollständig abgedruckt in: RZ Nr. 282, 14. Oktober 1930.
842 Protokolle Reichstag, Bd. 444, S. 202–217. Siehe dazu auch Winkler: Katastrophe, S. 236–244.

Die SPD hatte damit dem Kabinett zu einem ersten Erfolg verholfen und ihm Zeit gegeben, sein weiteres Vorgehen zu planen.

Für Sollmann gab es zu dieser Strategie keine Alternative. Bei ihm hatte in der Situation des Herbstes 1930 die staatspolitische Verantwortung der SPD Vorrang vor allen anderen Erwägungen, auch wenn man dafür die eigenen parlamentarischen Einflussmöglichkeiten auf ein Minimum reduzierte. In einem Beitrag für die Arbeiter-Jugend legte er die Argumente dar, die für die Fraktion entscheidend waren. Die Frage sei, was nach dem Sturz Brünings komme. Ein Bündnis von Sozialdemokraten und Kommunisten scheide aus. Eine Möglichkeit sei, das Zentrum nach rechts zu drängen und der NSDAP dadurch die Regierung im Reich und in Preußen in die Hand zu geben. Preußen sei aber von elementarer Bedeutung. Die Nationalsozialisten wollten das Reichswehrministerium und das preußische Innenministerium besetzen, um die vereinte Macht von Militär und Polizei gegen die sozialistische Arbeiterklasse einzusetzen. Die SPD-Fraktion habe daher beschlossen, alle parlamentarischen Möglichkeiten anzuwenden, um dieses Unglück zu verhindern. Eine parlamentarische Lösung sei nach Brüning nicht möglich. Wenn aber keine neue Regierung gebildet werden könne und Neuwahlen keine Verbesserung der verfahrenen parlamentarischen Lage brächten, so hätten alle Feinde der Demokratie ihr Ziel erreicht: eine nationalsozialistisch-kapitalistische Diktatur. Die Erfolge der Tolerierungspolitik seien, dass man das Zentrum und die BVP an einem Abwandern nach rechts gehindert habe und der Reichskanzler und seine Unterstützer entgegen ihren Planungen, die SPD solle alle Notverordnungen schlucken, diese parlamentarisch behandeln lassen müsste. Um eine Rechtsdiktatur zur verhindern, habe man am 18. Oktober Misstrauensanträge verhindert. Dies sei kein Vertrauensbeweis für Brüning, sondern diene der Verhinderung schlimmerer Zustände. Wie lange dies gelinge, sei aber zweifelhaft. In der Fraktion gebe es eine Minderheit, die diese Taktik aus proletarisch-sozialistischen Erwägungen ablehne und auf die Stärkung der Organisation für den außerparlamentarischen Kampf setze. Wer recht behalte, ließe sich noch nicht sagen.[843]

Sollmann führte hier die zentralen Argumente an, die aus Sicht der Tolerierungsbefürworter für ihre Taktik sprachen und an deren Berechtigung es kaum Zweifel gibt. Zur Tolerierungspolitik, darüber ist man sich in der Forschung mittlerweile weitgehend einig, gab es kaum eine realistische Handlungsalternative. Durch die Wahlen vom 14. September gab es im Reichstag keine Möglichkeiten mehr, eine Koalition zu bilden. Eine Blockade der Regierung Brüning, die durch eine Zusammenarbeit mit NSDAP und KPD möglich gewesen wäre, hätte zu einer Staatskrise geführt, da in diesem Falle das Regieren mit Artikel 48 drohte. Neuwahlen waren auch kein Ausweg, weil eine weitere Stärkung der NSDAP zu befürchten war. Zudem bestand die

---

843 Sollmann: Um Leben und Tod, in: Die Arbeitsgemeinschaft, 1. Beilage der Arbeiter-Jugend 11 (1930), S. 249 f. Zur Haltung der Tolerierungsbefürworter siehe Schäfer: Ära Brüning, S. 63–72; Winkler: Katastrophe S. 241–251.

Gefahr, durch einen Sturz der Regierung im Reich auch die Regierung in Preußen zu Fall zu bringen und damit das zentrale parlamentarische Bollwerk zu verlieren, in dem die Sozialdemokratie noch Einfluss besaß. Ein Weiterbestehen der Koalition zwischen Zentrum und SPD war für diesen Fall ausgeschlossen. Wenn man den Vormarsch der NSDAP zur Macht verhindern und die Verfügungsgewalt über die staatlichen Machtmittel in Preußen halten wollte, gab es zur Tolerierungspolitik keine Alternative. Eine stärke Konzentration auf den außerparlamentarischen Kampf statt auf eine Tolerierung, wie es von Teilen der Partei gefordert wurde, barg erhebliche Risiken, denn es stand zu befürchten, dass dies nach einem Sturz Brünings in chaotische Verhältnisse münden würde. Sollmanns Mahnung, vorsichtig zu agieren, war daher berechtigt. Der Erfolg eines außerparlamentarischen Kampfs war nicht nur durch die Spaltung der Arbeiterbewegung fraglich. Die steigende Arbeitslosigkeit war der Widerstandsbereitschaft der Arbeiterschaft keineswegs zuträglich. Solange man sich aber der Unterstützung der breiten Masse der Arbeiter nicht sicher sein konnte, stand der außerparlamentarische Kampf auf sehr unsicherem Boden.[844]

Aber in Köln kam man zumindest dem Wunsch nach mehr Aktion aus den Reihen der Partei nach. Bereits im November 1930 existierte eine Antifaschistische Kampforganisation der Sozialdemokratischen Partei, der Gewerkschaften Kölns und der Kultur- und Sportorganisationen, die eine große Versammlung in der Kölner Messehalle gegen den Faschismus einberief, auf der Wilhelm Högner, Reichstagabgeordneter aus Bayern, und Sollmann als Redner auftraten. Sollmann betonte in seiner Rede, die Sozialdemokratie werde dem fortgehenden Terror der Nationalsozialisten nicht tatenlos zusehen:

> »Die Sozialdemokratie wird freiwillig keine Position in der Republik räumen. […] Wenn die Nationalsozialisten nicht aufhören, an die physische Kraft zu appellieren, dann werden wir unsere Jugend, unsere Gewerkschafter, unsere Sportler aufbieten – dann werden Arbeiter die Feinde des Volkes niederschlagen zu wissen.« [845]

Die Bildung einer neuen Abwehrorganisation war offenbar dem Wunsch der Basis geschuldet. Lange bevor im Dezember 1931 die Eiserne Front als Zusammenschluss von

---

844 Was die Chancen außerparlamentarischer Aktionen angeht, so stellt etwa Schönhoven in Frage, »ob eine Mobilisierung der sozialdemokratischen Parteimitglieder unter dem Druck von wachsender Arbeitslosigkeit und sinkenden Reallöhnen überhaupt noch denkbar gewesen wäre, und ob sich mit demoralisierten Arbeitern schlagkräftige Massenaktionen hätten durchführen lassen«. Schönhoven: Reformismus und Radikalismus, S. 149. Zur positiven Bewertung der Tolerierungspolitik vgl. Kolb: Sozialdemokratische Strategie; Schäfer: Ära Brüning, S. 65–84; Schönhoven: Strategie des Nichtstuns?; Winkler: Katastrophe, S. 250 f., 304 f.
845 RZ Nr. 325, 27. November 1930.

SPD, Reichsbanner, Freien Gewerkschaften und Arbeitersportbewegung gegründet wurde, gab es damit in Köln schon einen ähnlichen Zusammenschluss.[846]

Im Reichstag setzte die SPD ihre Strategie der Tolerierung Brünings weiterhin fort. Als das Parlament nach der Vertagung im Dezember wieder zusammentrat, um über den Haushaltsplan und die am 1. Dezember erlassene Notverordnung zu beraten, lehnte die sozialdemokratische Fraktion sowohl die Misstrauensanträge als auch die Anträge auf Aufhebung der Notverordnung ab.[847] Diese Linie setzte sich bei den Beratungen über das Reichshaushaltsgesetz im Februar 1931 fort. In den Debatten des Reichstags zeigten sich die begrenzten Handlungsmöglichkeiten der SPD. Man vermied es, auf die Notverordnung der Regierung, der man gemäß der Tolerierungsstrategie zur Durchsetzung verhelfen wollte, deren Inhalte mit der sozialdemokratischen Politik aber nicht im Einklang standen, näher einzugehen. Stattdessen bemühte man sich, die Verdienste der Sozialdemokratie für die Stabilisierung der Situation in der staatsbedrohenden Krise hervorzuheben.

Sollmann erörterte als Sprecher für die SPD daher auch weniger den Reichshaushalt, als die republikfeindliche Politik von Nationalsozialisten und Kommunisten, der er die staatserhaltende Politik der Sozialdemokratie gegenüberstellte. Auf den Haushalt ging er nur in einer kurzen Bemerkung ein, in der er weitere Einsparungen am Sozialetat als nicht hinnehmbar bezeichnete. Zu Goebbels, der vor ihm gesprochen hatte, bemerkte er, ihm sei nach dessen Rede nicht ganz klar, »wo die Grenzen der Politik aufhören und die Grenzen der Psychiatrie beginnen«. Goebbels wolle mit dem Gerede von der Arbeitsunfähigkeit des Parlaments nur eine neue Panikstimmung im In- und Ausland hervorrufen.

> »Wenn die Panik, die in Europa im September über die Wahlen ausgebrochen war, gebannt werden konnte, so hat daran, wie ich wohl sagen darf, die feste, klare und eindeutige Haltung der deutschen Sozialdemokratie entscheidenden Anteil.«

Man habe im letzten Winter der Rechten bewiesen, dass eine illegale Eroberung der Staatsmacht in Deutschland sowohl an der politischen Vernunft als auch an der Schlagkraft der Arbeiterklasse scheitern müsse. Nun wollten die vorgeblichen Patrio-

---

846 Henseler: Die Kölner SPD, S. 168. Bei Sollmann ist in Bezug auf die außerparlamentarische Aktion ein gewisser Sinneswandel festzustellen. In der Aussprache über die Tolerierungspolitik am 14. Oktober hatte er noch deutlich in Zweifel gezogen, ob die Bildung neuer Organisationen zielführend sei. Nur sechs Wochen später trat er als Redner auf einer Veranstaltung einer neugegründeten Organisation auf. Vgl. RZ Nr. 282, 14. Oktober 1930. Der Schritt ist nachvollziehbar, weil gegen eine Mobilisierung der Anhängerschaft nichts sprach, solange man die Tolerierungstaktik aufrecht erhielt. Eine begleitende Maßnahme zur parlamentarischen Tolerierung war sogar hilfreich, demonstrierte man damit doch der Basis, dass man es nicht bei der nicht leicht zu vermittelnden passiven Haltung im Reichstag beließ, sondern auch Bereitschaft zu einer aktiven Politik zeigte.
847 Protokolle Reichstag, Bd. 444, 6. Dezember 1930, S. 440–445. Am 12. Dezember vertagte sich der Reichstag auf den 3. Februar 1931. Ebd., S. 633.

ten neue Panik verbreiten, was die Anträge auf Reichstagsauflösung und das Volksbegehren zur Landtagsauflösung in Preußen beweisen würden. Die Sozialdemokraten seien gegen die Reichstagsauflösung, weil ein Wahlkampf im Winter die wirtschaftliche Lage weiter verunsichern würde.

Sollte wie von Brüning gewünscht eine Front der Vernünftigen und Besonnenen gebildet werden, müsse »das parteipolitische Pharisäertum zurücktreten gegenüber praktischen und wirtschaftlichen Maßnahmen«. Ulbricht habe erneut vom revolutionären Machtkampf gesprochen. Aber die KPD-Diktatur fürchte kein Mensch. Was drohe, sei die Diktatur des Monokapitalismus, die eine kapitalistisch gefesselte Wirtschaft und eine faschistisch gefesselte Arbeiterschaft wolle.[848]

Da man mit Kritik an Brüning vorsichtig sein musste, grenzte man sich umso deutlicher von den Gegnern der Tolerierungspolitik links und rechts ab. Allerdings war es für die SPD auf diesem Wege schwierig, Zugeständnisse zu erreichen, wie die Beratungen über den Marineetat, ein traditionell neuralgischer Punkt im Haushalt, zeigten. Der Wehretat hatte ja schon 1928 zu scharfen Auseinandersetzungen wegen des Panzerkreuzers A geführt, an denen Sollmann führend beteiligt gewesen war. Für den Haushalt 1931 war vom Reichswehrminister eine Baurate für ein weiteres Panzerschiff vorgesehen, den Panzerkreuzer B. Da sich gegenüber 1928 die sozialen Verhältnisse deutlich verschlechtert hatten, sprach nun der Argumentation von 1928 zufolge noch viel weniger für diese Rüstungsausgaben. Aber Brüning machte schnell deutlich, von diesem Vorhaben keinesfalls abrücken zu wollen und im Falle der Ablehnung zurückzutreten.[849]

Für die Sozialdemokratie, die durch die Abwesenheit der Rechtsparteien gemeinsam mit der KPD über eine Mehrheit im Reichstag verfügte, gab es in dieser Situation, wenn man weiter der Tolerierungspolitik Vorrang vor allen anderen Erwägungen gab, keine Wahl. Auch Sollmann, der zwei Jahre zuvor noch zu den Initiatoren des Sturms gegen den Panzerkreuzer gehört hatte, sah die Bewilligung der Baurate als alternativlos an. Auf einer Funktionärsversammlung in Köln erklärte er, die Tolerierungspolitik erfordere diesen Schritt. Kein Mitglied der Fraktion halte den Bau des Schiffes in den Notjahren für sinnvoll, aber dahinter stehe eine viel größere Frage, nämlich was nach einer Ablehnung komme. Man könne den Bau nicht verhindern, weil die oppositionelle Rechte ihn an der Seite der bürgerlichen Mittelparteien später sofort bewilligen würde, dies aber im Zeichen einer offenen Rechtsregierung mit Deutschnationalen und Nationalsozialisten. Unter dieser seien aber alle Errungenschaften gefährdet. All das zu verhindern, sei das politische Gebot der Stunde.[850]

---

848 Protokolle Reichstag, Bd. 444, 5. Februar 1931, S. 694–699. Die Zitate auf S. 694 f. Die Reden Ulbrichts und Goebbels' ebd., S. 683–687, 687–694.
849 Brüning war lediglich zu kleineren Zugeständnissen auf anderen Gebieten bereit. Zu den Verhandlungen Brünings mit der Sozialdemokratie siehe Schulthess 1931, S. 27 f.; Schulze: Braun, S. 651 f.; Winkler: Katastrophe, S. 289 f.
850 RZ Nr. 67, 16. März 1931.

Sollmanns Argumentation entsprach der Haltung der Fraktionsmehrheit und des Parteivorstands, sodass sich am 20. März in der entscheidenden Abstimmung über den Wehretat der Großteil der sozialdemokratischen Fraktion der Stimme enthielt und damit dem Wehretat zur Annahme verhalf. Aber die Entscheidung offenbarte auch, wie umstritten die Tolerierungspolitik in der Partei war. Bei der Abstimmung über den Panzerkreuzer B stimmten neun Abgeordnete der SPD entgegen dem Fraktionsbeschluss gegen den Bau, ein äußerst provokanter Disziplinbruch.[851] Allerdings repräsentierten trotz aller Kritik an der Tolerierungspolitik die Abweichler in der Reichstagsfraktion nur eine kleine Minderheit in der Partei. Die Gefahr einer Parteispaltung, die diesem Verhalten innewohnte, wollten die meisten Gegner der Tolerierungspolitik nicht riskieren.[852]

Dennoch gab es im Frühjahr 1931 weiterhin Diskussionen über die Politik der SPD und diese wurden keineswegs nur auf dem linken Flügel, sondern auch von rechter Seite her geführt, insbesondere im Kreis um die Neuen Blätter für den Sozialismus wurde kritisch hinterfragt, ob die Partei sich auf dem richtigen Weg befand.[853] Auch

---

851 Am 18. März fand die entscheidende Fraktionssitzung zum Wehretat statt. Dort warnte insbesondere Otto Braun vor den Folgen einer Ablehnung, auch der Vorsitzende Wels sprach sich in diesem Sinne aus. In der internen Abstimmung votierten 60 gegen 40 Stimmen für eine Enthaltung im Reichstag. Winkler: Katastrophe. S. 292 f. Der Vorwärts begründete diese Entscheidung am 19. März mit den gleichen Argumenten, wie sie in Köln von Sollmann vorgetragen worden waren. Vorwärts Nr. 131, 19. März 1931. Gegen die Bewilligung der Baurate für den Panzerkreuzer hatten ausschließlich »Linke« um Rosenfeld und Seydewitz, Vertreter der so genannten Klassenkampf-Gruppe gestimmt, 24 nahmen an der Abstimmung nicht teil. Zu der Abstimmung siehe Protokolle Reichstag, Bd. 444, 20. März 1931, S. 1848–1854. Zur Klassenkampf-Gruppe siehe Klenke: SPD-Linke, S. 107–112.
852 Auch in Köln war die Haltung der Reichstagsfraktion kritisiert worden. Am 19. März veröffentlichte die Rheinische Zeitung Beiträge zum Thema Panzerkreuzer von Erich Roßmann, einem Vertreter der »Rechten« und Tolerierungsbefürworter, sowie von Engelbert Graf, einem Vertreter der »Linken« und einer der neun Abgeordneten, die am 20. März gegen den Panzerkreuzer stimmten, um den Lesern und Parteimitgliedern »einen eigenen Standpunkt zu den verschiedenen Ansichten in der Reichstagsfraktion« zu ermöglichen. Die Beiträge Roßmanns und Grafs in: RZ Nr. 70. 19. März 1931. Zur Haltung der Parteilinken zur Tolerierungspolitik siehe Klenke: SPD-Linke, S. 98–127; Winkler: Katastrophe, S. 298 f.
853 Man stellte nicht nur den Erfolg der Tolerierungspolitik in Frage, sondern forderte auch eine neue Strategie, einen »positiven Radikalismus«, eine »militante Partei«, die in gewisser Weise von der NSDAP lernen und dadurch einen Gegenpol zum staatsfeindlichen Radikalismus der Nationalsozialisten bilden sollte. Man wollte mehr Aktivität, klare Führung und Machtbewusstsein und forderte, gegenüber der Regierung Brüning die sozialistischen Ziele deutlicher zu artikulieren und durchzusetzen. Ein besonderes Augenmerk legte man auch auf die Jugend, deren Bedürfnisse man in den letzten Jahren zu sehr vernachlässigt sah. Wie man im Rahmen der Tolerierungspolitik gegenüber der Regierung sozialistische Ziele durchsetzen wollte, dies blieb freilich offen. Zur Diskussion siehe Theodor Haubach: Die militante Partei, in: NBS 5 (1931), S. 208–213; Carlo Mierendorff: Tolerieren – und was dann?, in: SM 37 (1931), S. 315–318; Hanns Müller: Kritik an der Führung, in: NBS 2 (1931), S. 7–11; Walther Pahl: Verjüngung; Aktivierung, konstruktive Politik, in: NBS 5 (1931), S. 197–207; August Rathmann: Positiver Radikalismus, in: NBS

Sollmann gehörte zu denjenigen, die sich kritisch mit der Partei auseinandersetzten. Bereits Ende 1930 beschäftigte er sich in der Rheinischen Zeitung mit der Frage, wie die Sozialdemokratie auf die sich wandelnden Rahmenbedingungen reagieren solle. Einleitend stellte er fest, Wirtschaft und Gesellschaft befänden sich in einem grundsätzlichen Umformungsprozess, die Mittelschichten würden proletarisiert und geistig zersetzt, das alte und neue Proletariat radikalisiere sich. Die Erschütterungen der Zeit würden die Demokratie und auch die Sozialdemokratie nicht unberührt lassen. Die demokratischen Führer und die geschulten Anhänger hätten nun endlich verstanden, »daß Demokratie auf Dauer nur möglich ist, wenn sie starke Autoritäten hervorbringt und diese wirken läßt. [...] Demokratie ist der frei sich betätigende Volkswille zur Staatsführung.«

Dieser Wille dürfe nicht nur Kritik und Kontrolle aufbringen, er müsse auch »die schwere Kraft zum Vertrauen in die selbst gewählten Führerautoritäten entwickeln«. Sonst werde die Demokratie durch eine tyrannische Form abgelöst, weil ein großes Volk nicht durch Nachgeben an alle Interessenten und Stimmungen regiert werden könne.

> »Wer Augen hat zu sehen und Ohren zu hören, kann sich der Erkenntnis nicht verschließen, daß eine Sehnsucht nach Führung und Führern besteht. Demokratie und marxistischer Sozialismus haben in ihren Theorien, ihrem Tun und ihren Zielen keinen Grund, sich diesem Verlangen zu entziehen. [...] Die geistige Krise der Demokratie und des Sozialismus hat viele Ursachen und keine ist tödlich, wenn der Mut vorhanden ist, Schwächen auszumerzen und Fehler nicht weiter zu üben, nur weil sie jahrzehntelang gemacht worden sind. [...] Mehr und mehr zwingt uns die Zeit, aus analysierender Tätigkeit zu gestaltender Arbeit vorzudringen, und mehr und mehr wird uns Problem und Schicksal die Frage der Führung und der Führer werden.«[854]

Ein weiterer entscheidender Punkt für die Entwicklung der Partei, der im Zusammenhang mit der Frage der Führung stand, war für ihn das Verhältnis zur Jugendgeneration. Man hatte es aus seiner Sicht in der Weimarer Republik versäumt, die Interessen der Jugend zu berücksichtigen und damit die Grundlagen dafür zu schaffen, die jüngere Generation für die Partei zu gewinnen und sie in alle Ebenen der Organisation einzubinden. Stattdessen habe man sich vom Zeitgeist abgekapselt und biete der Jugend keine Perspektive. Er plädierte daher für eine Verjüngung der Partei. Die führenden Männer der SPD, so bemängelte er es, würden fast ausnahmslos noch

---

2 (1931), S. 1–7; Erich Winkler: Die Erneuerung der Partei und die Jugend, in: NBS 2 (1931), S. 11–16. Vgl. zu den NBS auch Schildt: National gestimmt, S. 377–384 Vogt: Nationaler Sozialismus, S. 316–318, 328–330; Winkler: Katastrophe, S. 300–303.
854 Sollmann: Mehr Führung!, in: Hamburger Echo Nr. 358, 28. Dezember 1930.

aus der Vorkriegszeit stammen. Das bringe größere Spannungen zwischen älterer und jüngerer Generation, die es zu lösen gelte:

»Ich will keine Rebellion der Jugend. Ich will ihre Eingliederung in die Partei, in die Gewerkschaften, in das Reichsbanner, daran fehlt es noch.«[855]

Viele Jungwähler würden wegen der mangelnden Erkenntnis über ihre Bedeutung für den Staatswillen und die Staatsführung und aus politischer Minderwertigkeit dem Kommando eines Führers folgen, nach einem Vormund suchen, der sie aus ihrer Not rette. Die Interessen und Vorstellungen dieser desillusionierten Jugend müsse man zu verstehen versuchen. Dies gelinge aber nur, wenn man ihr Raum zur Betätigung in der Partei gebe.[856]

Die SPD, darüber waren sich Sollmann und andere Autoren der NBS einig, dürfe über die tagesaktuelle Tolerierungspolitik die langfristigen Entwicklungen nicht aus den Augen verlieren. Stärker als ein Großteil der Partei nahmen sie den geistigen Wandel wahr, der sich im Aufstieg des Nationalsozialismus ausdrückte. Daraus galt es Konsequenzen zu ziehen, wenn man im Kampf um die Wähler nicht den Anschluss an die radikalen Parteien verlieren wolle.

Auf dem parteiinternen Prüfstand stand die Strategie der Sozialdemokratie auf dem Parteitag 1931. Im Vorfeld debattierte die Fraktion noch einmal über die Tolerierungspolitik. Anlass war die bevorstehende neue Notverordnung der Regierung. Im Fraktionsvorstand meldeten sich Stimmen zu Wort, man müsse Brüning verdeutlichen, dass die Grenze des Entgegenkommens durch die SPD erreicht sei, wenn die Notverordnung weitere Härten auf sozialem Gebiet vorsehe.[857] Sollmann vertrat auch in der Fraktionssitzung am 28. Mai die Meinung, man solle die bisherige Taktik beibehalten und der Fraktion freie Hand lassen, was von der Mehrheit befürwortet wurde.[858]

---

855 Sollmann: Verjüngung, in: RZ Nr. 335, 7. Dezember 1930.
856 Sollmann. Jungbanner voran!, in: Das Reichsbanner Nr. 23 (1930), S. 177 f.; Sollmann: Verjüngung, in: RZ Nr. 335, 7. Dezember 1930. Zur Frage der Einbindung der Jugend siehe auch Ders.: Jugend und Partei, in: NBS 5 (1931), S. 193–196; ders.: Die Jugend in die Front!, in: Arbeiter-Jugend 9 (1930), S. 193 f. Zur Attraktivität des Nationalsozialismus für die Jugend siehe auch Sollmanns Rede im Reichstag vom 5. Februar 1931. Protokolle Reichstag, Bd. 444, S. 699; RZ Nr. 35, 6. Februar 1931. Der SPD gelang es dagegen nicht, die Jugendlichen zu mobilisieren. Siehe dazu Pyta: Gegen Hitler, S. 438–450.
857 So warnten u. a. Aufhäuser, Hertz und Breitscheid im Fraktionsvorstand vor zu weit gehenden sozialpolitischen Zugeständnissen. Dahinter stand die Befürchtung, die SPD werde ansonsten weiteren Kredit bei den Wählern einbüßen. Sollmann und Severing mahnten dagegen zur Zurückhaltung, da sie an die Kompromissbereitschaft des Zentrums glaubten. Schäfer: Ära Brüning, S. 118; Winkler: Katastrophe, S. 323.
858 Die von Sollmann mitredigierte Resolution bescheinigte Brüning, seine bisherige Politik habe sich als unzureichend erwiesen, die Forderungen blieben aber allgemein. Die wichtigsten Aufgaben sah man u. a. in der Erhaltung des Reallohnes und des Arbeitsschutzes, der Steigerung der

Sollmann, der zu den entschiedenen Befürwortern der Tolerierungspolitik zählte, erstattete auf dem Parteitag den Bericht der Reichstagsfraktion. Seine Rechtfertigung der Tolerierungspolitik beruhte auf der bereits bekannten Argumentation, deren Erfolg er noch einmal deutlich hervorhob:

»Wir dürfen nicht vergessen, daß in jenen Oktobertagen der Nationalsozialismus in Deutschland unmittelbar vor der legalen Machtergreifung, wenigstens zum Teil, gestanden hat. [...] Der Nationalsozialismus ist durch uns von der Regierungsgewalt zurückgehalten worden, und wenn es im Oktober 1930 gelungen ist, die Auslieferung des Reichstagspräsidiums, die Auslieferung der Reichswehr und der Schupo an die Nationalsozialisten zu verhindern, dann glaube ich, sollte keine Kritik im einzelnen uns an der Feststellung hindern: das ist nicht nur ein großer, das ist ein europäischer Erfolg der deutschen Sozialdemokratie!«

Den Gegnern dieser Strategie gab er zu bedenken, welche Gefahren sie durch ihre Forderungen heraufbeschwören würden:

»Ich bitte euch, Genossen, in aller leidenschaftlichen Gegnerschaft doch um eins: sagt uns bitte nicht nur immer das, was wir zum Sturz Brünings tun sollen, sondern stellet euch auch einmal in allen Einzelheiten vor, was danach kommen würde! Seht die politischen Gefahren, die vor uns liegen, und übernehmt dann auch vor der Partei und vor dem Lande die politische Verantwortung für das, was dann geschieht. [...] Jeder, der eine andere Politik empfiehlt, muß wissen, daß das keine alltägliche parlamentarische Entscheidung ist, muß wissen, daß er damit unter Umständen die deutsche und die europäische Politik auf Jahrzehnte hinaus in die Gefahr schwerster und innerer und außenpolitischer Wirren bringen könnte.«

Er kritisierte diesbezüglich scharf das Verhalten der neun Fraktionsmitglieder, die gegen den Bau des Panzerkreuzers B gestimmt hatten. Dies sei unerträglich und äußerst schädlich gewesen. Vom Parteitag erwartete Sollmann eine Verurteilung dieses Schritts und Vorkehrungen, die für eine geschlossene Haltung der Fraktion in derartigen Fragen sorgen würden.[859]

Die Diskussion um die Tolerierung brachte kaum neue Argumente. Die Abweichler ließen sich nicht beeindrucken und gingen ihrerseits mit einer Rede von Max Seydewitz in die Offensive. Auch von der gemäßigten Linken wurde Kritik an

---

Massenkaufkraft und der Sicherung der Lebenshaltung der Arbeitslosen. Dies war keine Kampfansage an Brüning, sondern sollte hauptsächlich vor dem Parteitag verdeutlichen, dass es Grenzen des Entgegenkommens gab. Zugleich gestand man aber auch ein, dass die Zweifel an der Tolerierungspolitik nicht völlig unberechtigt waren. Zur Fraktionssitzung siehe Schäfer: Ära Brüning, S. 123–125; Winkler: Katastrophe, S. 323 f.

859 Zum Bericht Sollmanns siehe Protokoll Parteitag 1931, S. 108–123. Die Zitate S. 114, 116.

der Tolerierung geübt. Zwar wurde ein Antrag aus Berlin angenommen, der bei weiterem Leistungsabbau in der Arbeitslosenversicherung den Abbruch der Tolerierung androhte, aber die große Mehrheit der Delegierten erkannte die Argumente für die Tolerierungspolitik an.[860] Diskutiert wurde auf dem Parteitag auch das von Sollmann und anderen im Vorfeld angesprochene Problem des Verhältnisses der Partei zur Jugend. Inhaltlich brachte dies allerdings kaum Fortschritte hinsichtlich der von den Kritikern eingeforderten Reformen zur Einbindung und Mobilisierung der Jugend. Im Vordergrund stand die Diskussion um die Jungsozialisten, deren Auflösung vom Parteivorstand beantragt worden war und mit sehr großer Mehrheit angenommen wurde.[861]

Die Wahlen zum Vorstand verliefen zwar ohne öffentliche Diskussion, sind aber in Bezug auf Sollmann von Interesse. Im Vorfeld war er als Kandidat für die Nachfolge des im März 1931 verstorbenen Parteivorsitzenden Hermann Müller ins Spiel gebracht worden. Angeregt hatte dies interessanterweise der Chefredakteur der linken Leipziger Volkszeitung, Hugo Saupe. Er beklagte kurz vor dem Parteitag, dass über diese wichtige Frage in der Partei keine Diskussion stattgefunden habe und erörtert die Anforderungen an den Kandidaten:

»Der neue Parteivorsitzende muß geistig so beweglich sein, daß er den Aktionen der Partei jederzeit neue Antriebskraft verleihen kann. Er muß ferner imstande sein, die politischen Vorgänge in ihrer Totalität zu überblicken, um daraus die taktischen Schlußfolgerungen, im Bunde mit den übrigen Genossen des Partei-

---

860 Zur Diskussion um die Tolerierungspolitik auf dem Parteitag siehe Protokoll Parteitag 1931, S. 124–177. Die Abstimmungen ebd. S. 187, 299 f. Einem Antrag, der sich für ein Ende der Tolerierungspolitik aussprach, nahm Sollmann geschickt seine Stoßwirkung, indem er in seinem Schlusswort eine Passage zitierte: »Die politischen Folgen des Sturzes der Regierung Brüning dürfen nicht überschätzt werden. Das Zentrum kann unter starkem Druck zum Nachgeben bei wichtigen Tagesforderungen gezwungen werden, oder das Zentrum wird bei einer Koalitionsregierung mit dem Faschismus diesen hemmen, falls ein starker parlamentarischer und außerparlamentarischer Druck ausgeübt wird.« Er kommentierte dies unter lautstarker Zustimmung mit der Bemerkung: »Ich habe allen Respekt vor dem Radikalismus; aber soweit darf der Radikalismus nicht gehen, daß die Sozialdemokratische Partei eine Vertrauenskundgebung für das Zentrum annimmt.« Ebd., S. 180.
861 Protokoll Parteitag 1931, S. 190–231. Die Jungsozialisten hatten sich zu einem Rückhalt für die innerparteiliche Opposition entwickelt. Die Kölner Gruppe erlangte reichsweite Bedeutung durch den von ihr herausgegebenen Roten Kämpfer, eine Zeitschrift der Opposition. Zur Entwicklung der Jungsozialisten am Ende der Weimarer Republik siehe Walter: Jungsozialisten, S. 131–162. Sollmann, einer der entschiedensten Unterstützern der sozialistischen Jugend, war zunehmend mit den sich immer stärker nach links tendierenden Jungsozialisten in Konflikt geraten. Er sah in ihnen nicht mehr die Gemeinschaft jugendbewegter Lebensreformer, denen er so viel Sympathie entgegengebracht hatte. Er kritisierte, die frühere Jugendgeneration hätte sich nicht durch Reden und Angriffe gegen die Parteimeinung, sondern durch agitatorische und organisatorische Arbeit hinauf gearbeitet. RZ Nr. 37, 9. Februar 1931; Sollmann: Jugend und Partei, in: NBS 5 (1931), S. 194 f.

vorstandes, ziehen zu können. Er muß entsprechende Beziehungen zur Jugend haben, und was das wichtigste ist, in seiner Person die Eigenschaften verkörpern, die erforderlich sind, um den Organisationskörper zusammenzuhalten. [...] Die historisch großen Führer der Sozialdemokratischen Partei, die Bebel und Liebknecht, Singer und Haase, sind mit der Partei groß geworden. Ihre Führungstalente entwickelten sich mit dem Wachstum der Partei. Darum wird schwer ein Genosse aufzufinden sein, der hundertprozentig all den Anforderungen entspricht, die von den Organisationen und den Delegierten vertreten werden. Otto Braun ist in Preußen festgelegt. Desgleichen Severing. Wir glauben aber, daß Genosse Sollmann den gestellten Anforderungen im weitesten Maße entsprechen würde.«[862]

Ernst Heilmann lehnt im gleichen Heft den Vorschlag Saupes ab. Trotz seiner großen Wertschätzung für Sollmann und dessen journalistische Fähigkeiten war für ihn der Parteisekretär Hans Vogel besser geeignet. Sollmann sei ein »richtiger Pressemensch, hervorragend durch neue Gedanken und Anregungen«, aber für Heilmann war er nicht der Mann, der diese Anregungen auch umsetzen konnte. Das klarere politische Urteil und »eiserne Folgerichtigkeit« besitze Vogel.[863] Noch auf dem Parteitag setzte sich im Parteiausschuss die Diskussion über die beiden Kandidaten fort und wurde erst durch den Verzicht Sollmanns beendet. Damit war die Wahl Vogels ohne Gegenkandidat gesichert.[864]

Sollmanns Scheitern bei der Kandidatur für den Vorstand ist bezeichnend dafür, nach welchen Kriterien in der Partei Führungspositionen besetzt wurden. Sollmann war ein Vertreter der aktiven Politik, der mit seinen Ideen Akzente setzte, der Partei neue Wege wies und besonders für die junge Generation, die in der Partei nicht gerade

---

[862] Da Sollmann dem rechten Parteiflügel zuzuordnen war, schlug er vor, dafür einen Vertreter des linken Spektrums zum Sekretär zu ernennen. Saupe: Die Neuwahlen zum Parteivorstand. Stärkste Aktivierung der Partei, in: Freies Wort, Heft 22/23, 1931, S. 13–17. Das Zitat S. 15.
[863] Ebd., S. 17. Dieses Urteil ist fragwürdig, denn Sollmann verfügte gegenüber Vogel, der den Typus des fleißigen Parteifunktionärs verkörperte, über größere politische Erfahrung. Zudem ist es überraschend, dass Heilmann, mit dem Sollmann politisch viel verband und der ihm näher stand als Saupe, Sollmanns Kandidatur hintertrieb. Schäfer: Ära Brüning, S. 137 vermutet, dass persönliche Eifersüchteleien eine Rolle gespielt haben könnten. Zu Vogel siehe Appelius: Hans Vogel. Vogel war als Kandidat in Teilen der Partei im Vorfeld kritisch beurteilt worden. Siehe dazu Keil an Roßmann vom 29. März 1931, Roßmann an Keil vom 20. Mai 1931, AsD, Nl. Keil, Box 3, Mappe Roßmann.
[864] Zur Entscheidungsfindung auf dem Parteitag siehe Roßmann an Keil vom 2. Juni 1931, AsD, Nl. Keil, Mappe 30. Roßmann berichtet, Sollmann wäre im Parteiausschuss von ihm und einigen anderen Mitgliedern, Vogel vorwiegend von den Parteisekretären unterstützt worden. Sollmann habe es abgelehnt, als Kompromiss als Sekretär oder Beisitzer zu kandidieren. Laut Roßmann stieß Vogel bei zahlreichen Delegierten des Parteitags auf Ablehnung, wogegen es für Sollmann wohl mehr Sympathien gab. Vogel konnte aber auf die Rückendeckung des Parteivorsitzenden Wels zählen, der laut Wenzel Jaksch lieber einen Arbeiter als einen Intellektuellen neben sich haben wollte. Jaksch: Hans Vogel, S. 13. Zum Wahlergebnis siehe Protokoll Parteitag 1931, S. 242 f.

überrepräsentiert war, ein Signal gewesen wäre. Gerade in den Zeiten der Krise, in der von linker wie rechter Seite über Veränderungen in der Partei diskutiert wurde, wäre eine Wahl Sollmanns ein Zeichen gewesen.[865] Mit Hans Vogel setzte sich dagegen ein Mann des Apparats, der Organisation durch, der über keinerlei besondere Eigenschaften verfügte, der Typus des »loyalen, pflichtbewussten Parteiführers mit durchschnittlicher Begabung«[866]. Reformbewusste Politiker wie Sollmann, die auf Veränderungen drängten, machten sich im Parteiapparat eher verdächtig und stießen auf Ablehnung.[867]

Zwar hatte der Parteitag die Stellung der Parteiführung und ihres Kurses gefestigt, aber neue Impulse in den diskutierten Themen waren ausgeblieben. So wurde der Parteitag vielfach als Signal der Einigkeit interpretiert, aber es gab auch Kritik, die nicht nur die Tolerierungsgegner artikulierten.[868] Auch auf einer Versammlung in Köln diskutierten die Teilnehmer sehr kontrovers über den Leipziger Parteitag.[869] Der Konflikt

---

865 Schäfer weist zu Recht daraufhin, dass eine Wahl Sollmanns auch keine Richtungsentscheidung für den rechten Flügel gewesen wäre. Auch linke Vertreter wie Saupe hatten sich für ihn ausgesprochen mit dem Argument, er könne der Partei durch seine geistliche Beweglichkeit neue Antriebskraft verleihen. Schäfer: Ära Brüning, S. 137. Die Leipziger Volkszeitung sprach sich noch während des Parteitags für Sollmann aus: »Um Wilhelm Sollmann hat man als Kandidaten zum Parteivorsitzenden manche harte Stunde spintisiert und gekämpft. Sollmann sollte der politisch und journalistisch geschulte neue Kopf der Partei sein. An seine Wahl hat sich vor allem die Hoffnung der Jugend gehängt. Wilhelm Sollmann ist zwar nicht von Geburt Rheinländer – aber seit Jahrzehnten fußt er als Führer der rheinischen Sozialdemokratie in dem festlichen Köln. Der Ausbau der ›Rheinischen Zeitung‹ ist sein Werk. Darüber hinaus ist Wilhelm Sollmann aber der geistige Führer der jungen Generation und vor allem der Publizistik der Partei. Als Kenner der katholischen Bewegung im Rheinland und als Politiker von Format wird er in kurzem die Hoffnung all derer sein, die der Partei ganz neue Wege in die Zukunft weisen wollen.« LVZ Nr. 125, 2. Juni 1931. Dies unterstützt die These Schäfers, dass Sollmann von linker Seite nicht als Richtungswahl gesehen wurde, sondern für einen Aufbruch in der Partei stand.
866 Pyta: Gegen Hitler, S. 466.
867 Die Vorbehalte gegenüber Sollmanns Reformvorschlägen im Parteiapparat zeigten sich deutlich in der Diskussion um seinen Artikel »Positive Parteikritik«, in der ihm vorgeworfen wurde, er habe von Fragen der Organisation keine Ahnung. Siehe dazu das folgende Kapitel.
868 Zur Reaktion auf den Parteitag in der sozialdemokratischen wie bürgerlichen Presse siehe Schäfer: Ära Brüning, S. 138–151; Winkler: Katastrophe, S. 335–337. Besonders von den Reformsozialisten wurde bemängelt, dass es nicht gelungen sei, die Oppositionspolitik konstruktiv weiterzuentwickeln. Carlo Mierendorff kritisierte, man hätte deutlicher auf die Grenzen und Schwierigkeiten der Tolerierungspolitik hinweisen müssen und bemängelte in diesem Zusammenhang auch Sollmanns Referat, das sich voll auf die Verteidigung der bisher verfolgten Politik konzentriert hätte, statt durch Ankündigung einer härteren Linie mehr Druck auf Brüning auszuüben. Mierendorff: Das Fazit von Leipzig, in: NBS 7 (1931), S. 324–326.
869 Heinz Kühn wurde wegen seines Engagements gegen die Tolerierungspolitik abgemahnt und mit einem Redeverbot für öffentliche Veranstaltungen belegt, Fritz Maas wegen eines »ehrenkränkenden Zwischenrufs« auf Sollmanns Antrag hin aus der Partei ausgeschlossen. RZ Nr. 141, 15. Juni 1931. Bereits bei der Delegierten-Wahl zum Parteitag war es zu Konflikten zwischen der linken Opposition, die in Köln recht stark war, und der Kölner Parteiführung gekommen. RZ Nr. 102, 27. April 1931.

mit der äußersten Parteilinken, der in Leipzig erneut zu Tage getreten war, ließ sich schließlich nicht mehr eindämmen. Die Klassenkampf-Gruppe um Max Seydewitz und Kurt Rosenfeld verfolgte trotz eines Ultimatums des Parteiausschusses organisatorische Sonderbestrebungen, die auf eine Verselbstständigung hinausliefen und im Herbst zum Ausschluss aus der Partei führten. Sollmann bezog in dieser Angelegenheit klar Stellung und sprach sich vehement für ein Vorgehen gegen derartige Bestrebungen aus.[870] Auch in Köln stellte sich grundsätzlich die Frage, ob die Parteilinken für sich noch einen Platz in der SPD sahen. Ihre führenden Vertreter Fries und Runowski sprachen sich aber für einen Verbleib in der Partei aus, weil sie trotz ihrer Ablehnung der Tolerierungspolitik eine Parteispaltung, deren Problematik ihnen als ehemaligen USPD-Mitgliedern bekannt war, ablehnten. Daher war der Zulauf zur SAP in Köln sehr gering; die Partei blieb eine Randerscheinung mit wenigen Mitgliedern.[871]

Für Sollmann war die Geschlossenheit der Partei in der sich zuspitzenden Krise oberstes Gebot und der Grund, warum er so entschieden gegen die Opposition vorging.[872] Die Entwicklung seit dem Parteitag hatte mehr denn je verdeutlicht, in welch einer schwierigen Position sich die SPD befand. Da sie keine Alternative zur Tolerierung sah, hielt sie weiter unverändert an der bisherigen Strategie fest, obwohl Brüning seinen Kurs mit wenig Rücksicht auf die Sozialdemokratie verfolgte. Daher verzichtete die sozialdemokratische Reichstagsfraktion im Juni und Oktober darauf, die Notverordnungen der Regierung zu torpedieren, obwohl man besonders im Juni erhebliche Einwände hatte.[873]

---

870 Sollmann: »Mahnruf«, in: RZ Nr. 160, 7. Juli 1931; ders.: Klare Entschlüsse. Parteikörper und Opposition, in: RZ Nr. 225, 21. September 1931. Am 29. September erklärte der Parteivorstand, da die maßgeblichen Anführer Rosenfeld und Seydewitz nicht zum Einlenken bereit waren, beide aus der Partei auszuschließen. Daraus resultierte dann am 4. Oktober die Gründung der Sozialistischen Arbeiterpartei Deutschlands (SAP). Siehe dazu Klenke: SPD-Linke, S. 226–252; Winkler: Katastrophe, S. 370–372, 399–410. Auch die Kölner SPD sprach sich gegen Sonderorganisationen aus. RZ Nr. 231, 28. September 1931.
871 Fries hatte auf einer Mitgliederversammlung in Köln ausdrücklich vor einer Parteispaltung gewarnt: »Laßt euch nicht durch Verbitterung dazu hinreißen, die Partei zu verlassen. [...] Heute versuchen alle die Partei zu schwächen; da ist das Primäre, die Partei zu stärken und mit größter Energie für die sozialistische Idee zu kämpfen.« RZ Nr. 148, 23. Juni 1931. Die SAPD wurde in Köln Anfang Oktober 1931 gegründet und hatte wohl nie mehr als 150 Mitglieder. Im April 1932 mit 1.600 Stimmen bei der Preußenwahl ihr bestes Ergebnis erzielen. Henseler: Die Kölner SPD, S. 177.
872 So heißt es in seiner Begründung für die Ablehnung der Sonderorganisationen in der Partei: »Es sind ruhigere Zeiten denkbar, die gelockerte Parteiformen ermöglichen und ertragen. [...] An einer Überspannung der Disziplin ist mir nicht gelegen, erst recht nicht an einer Unterbindung der Parteidiskussion. Niemand will das. Aber das ist die Sorge: Die Partei, die stets straff zentralistisch organisiert war, kann die geschilderten Sonderorganisationen und die werdende Sonderpresse nicht dulden, wenn sie nicht zerreißen soll.« Sollmann: Klare Entschlüsse. Parteikörper und Opposition, in: RZ Nr. 225, 21. September 1931.
873 Die zweite Notverordnung zur Sicherung von Wirtschaft und Finanzen vom 5. Juni enthielt besondere soziale Härten. Die sozialdemokratische Fraktion beharrte zunächst auf der Einberufung

Die Argumente der Fraktion für diesen Kurs hatten sich nicht geändert, wie es Sollmanns Erläuterungen zu entnehmen ist. Er begründete die Entscheidung damit, die SPD habe eine Einberufung des Reichstags und des Haushaltsausschusses verhindert, um die Pläne zu einer Rechtsregierung zu durchkreuzen. Das Ziel sei eine Abänderung der Notverordnung und letztlich ihre Aufhebung. Man habe immerhin Verhandlungen über die Notverordnung erreicht und auch die Einberufung des Haushaltsausschusses sei geplant. Wer diese Taktik ablehne, solle bedenken, dass mit dieser Regierung, so schlecht sie auch sein möge, man noch zugunsten der Volksmassen Verbesserungen des Notgesetzes aushandeln könne. Mit einer Brüning folgenden Rechts- oder Militärregierung würde dies nicht mehr möglich sein.[874]

Aber auch bei Sollmann verstärkte sich der Eindruck, dass sich die Politik der SPD nicht allein in vorsichtiger Opposition zur Regierung Brüning erschöpfen konnte, sondern selbst stärker Akzente setzen musste. In einem Vortrag im Volkshaus in Köln verlangte er eine wirtschaftspolitische Offensive der gesamten Arbeiterbewegung. Man müsse mit einer konstruktiven Wirtschaftspolitik hervortreten, »die auch bei den Arbeitsbauern und den durch die hochkapitalistische Entwicklung bedrohten Gewerbetreibenden Unterstützung finden könnte[]«[875].

Die Frage der Strategie stellte sich verstärkt, als Anfang Oktober das Kabinett Brüning zurücktrat und die folgende Regierungsumbildung einen weiteren Schritt nach rechts vollzog.[876] Aber an der Tolerierung änderte dies nichts, weil die Harz-

---

    des Haushaltsausschusses. Brüning bot gewisse Zugeständnisse bei sozialen Härten an, drohte aber damit, zu demissionieren und dass das Zentrum die Preußen-Koalition platzen lassen werde, wenn man den Haushaltsausschuss einberufe. Daher entschloss sich die SPD zum Rückzug unter der Bedingung, dass Verhandlungen über Abänderungen der Verordnung aufgenommen würden. In der Notverordnung vom 6. Oktober wurden dann tatsächlich einige der beanstandeten Härten der Juni-Verordnung abgemildert. Zu den Verhandlungen zwischen Brüning und der SPD siehe Hömig: Brüning, S. 389; Schäfer: Ära Brüning, S. 151–166; Winkler: Katastrophe, S. 344–352, 424 f.

874 Sollmann: Gegen die Notverordnung! Die Entscheidung unsrer Reichstagsfraktion, in: RZ Nr. 143, 17. Juni 1931. Vgl. auch ders.: Politik am Abgrund, in: Arbeiter-Jugend 7 (1931), S. 146. Sollmann verschätzte sich wohl was die Bereitschaft Brünings anging, sich der Unterstützung der Sozialdemokratie zu versichern. Tatsächlich stellte sich für Brüning die Tolerierung durch die Sozialdemokratie seit dem Frühsommer 1931 nicht mehr als einzige Alternative dar, weil er die Möglichkeiten einer von rechts unterstützten Regierung positiv einschätzte. Hömig: Brüning, S. 275–283; Winkler: Katastrophe, S. 337. Die Entscheidung war in der Partei umstritten. In Köln gab es eine kontroverse Diskussion. Sollmann sah aber durch die Einwände sein Argument, dass bei einer Ablehnung durch die Rechtsregierung noch schlimmere Verhältnisse eintreten würden, nicht widerlegt. RZ Nr. 148, 23. Juni 1931. Vgl. zur Rechtfertigung der Entscheidung durch die Partei Schäfer: Ära Brüning, S. 158 f.; Winkler: Katastrophe, S. 352–357.

875 RZ Nr. 176, 25./26. Juli 1931.

876 Brüning war wegen der Tolerierung durch die SPD und seiner Bereitschaft zu Verhandlungen mit der Sozialdemokratie über die Notverordnungen zunehmend in die Kritik des schwerindustriellen Flügels der DVP und der Deutschnationalen geraten. Dies blieb nicht ohne Wirkung auf den Reichspräsidenten, dessen Ziel es ohnehin war, eine Regierung der nationalen Konzentration

burger Tagung aus Sicht der Sozialdemokratie einmal mehr offenbart hatte, dass die »faschistische Reaktion« die Demokratie beseitigen wolle.[877] Im Reichstag, der nach der Neubildung des Kabinetts am 13. Oktober zusammentrat, lehnte die Sozialdemokratie daher die Misstrauensanträge ab. Die Stoßrichtung ihrer Kritik in der Debatte war eindeutig: Man wollte die »nationale Opposition« unglaubwürdig machen, was besonders auf dem Vorwurf beruhte, ihre Wirtschaftspolitik würde wegen ihrer inflationären Wirkung die Wirtschaft ruinieren. Die Ablehnung inflatorischer Maßnahmen zielte nicht nur aus taktischer Sicht auf die Zustimmung des Kleinbürgertums, sondern gehörte zu den wirtschaftspolitischen Grundüberzeugungen der Sozialdemokratie, worin man sich mit dem Kanzler einig war. Sollmann warf den Nationalsozialisten vor, sie würden alle ihre alten außenpolitischen Forderungen, wie die Aufhebung des Versailler Vertrags und die Einstellung der Young-Zahlungen, preisgeben und sich vor der Abstimmung über außenpolitische Fragen drücken. Einmal an die Macht gekommen, würden sie sofort vor dem ausländischen Kapital kriechen, weil ihr ganzer Kampf der Vernichtung der Arbeiterrechte diene. Zudem würden sie wegen des Befehls ihrer Geldgeber nicht für die Beibehaltung des Tarifrechts stimmen.[878]

---

unter Einschluss von Deutschnationalen und Nationalsozialisten zu etablieren, wofür Brüning aus seiner Sicht nicht die richtige Wahl darstellte. Im Herbst 1931 kam eine Ablösung Brünings wegen der schwebenden außenpolitischen Verhandlungen und der Zerstrittenheit der »nationalen Opposition« aber noch nicht in Frage. Hindenburg übte aber Druck auf Brüning aus und bestand auf einer Umbildung des Kabinetts, wozu es nach dem Rücktrittangebot Brünings am 7. Oktober dann auch kam. Brüning übernahm im neuen Kabinett zusätzlich das Amt des Außenministers, zudem Groener zusätzlich zum Wehrministerium das Innenministerium, neu besetzt wurden weiterhin die Ressorts Wirtschaft, Justiz und Verkehr. Ausgeschieden war u. a. Innenminister Joseph Wirth, die DVP war im neuen Kabinett überhaupt nicht mehr vertreten. Zu den Hintergründen der Regierungskrise und der Kabinettsumbildung siehe Hömig: Brüning, S. 384–386, 390–395; Pyta: Hindenburg, S. 629–639.

877 Auf der Harzburger Tagung am 11. Oktober trafen die Führer der NSDAP, der DNVP, des Stahlhelms, des Reichslandbundes und des Alldeutschen Verbandes zusammen. Ziel der Tagung war eine Mobilisierung gegen alles, was von der nationalen Rechten abgelehnt wurde, wie die parlamentarische Demokratie und Marxismus sowie Liberalismus. Man einigte sich darauf, in den bevorstehenden Reichstagssitzungen eine Reihe von Anträgen einzubringen, darunter ein Misstrauensvotum gepaart mit dem Ersuchen an den Reichspräsidenten, den Reichstag aufzulösen und Neuwahlen einzuberufen. Hömig: Brüning, S. 399–404.

878 Sollmann hatte zuvor für die Sozialdemokratie den Wunsch geäußert, einen Antrag gegen die Aushöhlung des Tarifrechts ohne Ausschussberatungen sofort anzunehmen. Für die SPD hatten Breitscheid und Aufhäuser zur Wirtschaftspolitik Stellung genommen. Brüning hatte in seiner Regierungserklärung die Stabilität der Währung als zentrales Ziel seiner Politik benannt. Protokolle Reichstag, Bd. 446, 13. Oktober 1931, S. 2069–2077 (Brüning), 14. Oktober 1931, S. 2079–2087 Breitscheid, 15. Oktober 1931, S. 2155–2164 (Aufhäuser), 16. Oktober 1931, S. 2206, 2214 (Sollmann), 2231–2242 (Abstimmungen). Zur Kritik an inflationären Maßnahmen Borchardt: Inflationsgefahren. Sollmann führte die Kritik an den Nationalsozialisten in der Rheinischen Zeitung fort. Aus München sei kürzlich eine an die ausländische Presse gerichtete Schrift geschickt worden, die eine einzige Kriecherei vor dem Kapitalismus sei. Als Wirtschaftsprinzipien würden in dieser Anbiederungsschrift rein kapitalistische Grundsätze dargelegt. National-Sozialismus

An der defensiven Stellung der Sozialdemokratie konnte dies aber nichts ändern, denn auch wenn man wie Sollmann bemängelte, den Nationalsozialisten fehle ein klares wirtschaftliches Konzept, so galt dies nicht nur ebenso für die Sozialdemokratie, es war damit auch eine Fehleinschätzung der eigenen Politik verbunden. Wenn die SPD sich am Ende der Ära Brüning zunehmend in der Defensive befand, dann auch, weil man zum deflationären Kurs des Reichskanzlers keine überzeugende Alternative anzubieten vermochte. So protestierte man zwar stets gegen die sozialen Härten der Notverordnungen, teilte aber Brünings Ansatz seiner antidefizitären Wirtschaftspolitik, sodass man mit dessen rigorosem Deflationskurs identifiziert wurde.[879] Die bekannte Vorgehensweise zeigte sich erneut bei der Notverordnung vom 8. Dezember, die zwar auf scharfe Kritik in der Fraktion stieß, deren Ablehnung man aber dennoch verhinderte, da man in der gegebenen Situation nicht die Wirtschaftskrise verschärfen wollte und zudem weiterhin die Reichstagsauflösung drohte.[880] Den Nationalsozialisten bot sich dadurch die Möglichkeit, gegen die erfolglose Wirtschaftspolitik zu agitieren, was ihnen den Zulauf der von den etablierten Parteien enttäuschten Verlierer der Wirtschaftskrise sicherte.[881]

Die Sozialdemokratie geriet zusehends in eine Zwangslage, in der sie kaum noch über Handlungsoptionen verfügte, weil die wirtschaftliche Krise ihren taktischen Spielraum weiter einschränkte und das drohende Gefahrenpotenzial auf der Rechten zudem zur Zurückhaltung gegenüber Brüning zwang. Weiterhin hatte die Tolerierungsstrategie an Glaubwürdigkeit verloren, denn von der anfänglichen Hoffnung, dass bis zur Reichspräsidenten- und Landtagswahl in Preußen im Frühjahr 1932 eine Besserung der Wirtschaftslage und damit eine Normalisierung der politischen Lage,

---

sei daher ein Begriff tiefster Verlogenheit. Weder Nation noch Sozialismus kämen in dieser Bewegung zu ihrem Recht. Sollmann: Politische Hochstapler, in: RZ Nr. 254, 24./25. Oktober 1931.

[879] Winkler: Katastrophe, S. 582 f. Pläne zu einer alternativen Wirtschaftspolitik gab es durchaus. Der vom ADGB befürwortete – nach den Anfangsbuchstaben seiner Urheber benannte – WTB-Plan, der eine kreditfinanzierte Arbeitsbeschaffungsmaßnahme für eine Millionen Arbeitslose vorsah, wurde aber Anfang 1932 von der Mehrheit der maßgeblichen Vertreter der SPD abgelehnt. Der ADGB verzichtete daher darauf, mit diesem Plan an die Öffentlichkeit zu treten. Schäfer: Ära Brüning, S. 381–407; Schneider: Arbeitsbeschaffungsprogramm, S. 59–88. Inwiefern eine aktive Beschäftigungspolitik in der Ära Brüning tatsächlich Erfolg haben konnte und ob es dafür ausreichend Handlungsspielräume gab, ist in der Forschung weiterhin umstritten. Siehe zusammenfassend zur »Borchardt-Kontroverse« Kolb: Weimarer Republik, S. 233–235.

[880] In diesem Sinne Sollmann: Eiserne Front gegen den Faschismus. Vierte Notverordnung und Sozialdemokratie, in: Arbeiter-Jugend 1 (1932), S. 6 f. Die Notverordnung sah u. a. Kürzungen bei Löhnen und Preisen vor. Die SPD wehrte sich besonders gegen die weiteren Lohn- und Gehaltssenkungen. Zur Diskussion in Fraktion und Partei über die Notverordnung siehe Schäfer: Ära Brüning, S. 173–178; Winkler: Katastrophe, S. 456–461.

[881] Im Gegensatz zur SPD gelang es der NSDAP darüber hinaus im Mai 1932 ein Arbeitsbeschaffungsprogramm vorzulegen. Ebd., S. 638 f.

die Rückkehr zu geordneten parlamentarischen Verhältnissen möglich wurde, war nur wenig geblieben.[882]

Das Jahr 1932 wurde von vielen in der SPD als Jahr der Entscheidung über das Schicksal Deutschlands angesehen.[883] Die bevorstehenden Wahlen waren aus Sicht ihrer Verteidiger für das Schicksal der Republik von entscheidender Bedeutung. Im Sinne der Tolerierungspolitik ging es in der Hauptsache darum, den Nationalsozialisten den Zugang zu den staatlichen Machtpositionen zu verwehren. Für die Reichspräsidentenwahl hieß dies, dass man in der SPD um eine Unterstützung des ungeliebten Hindenburgs nicht umhin kam. In der Parteiführung stand dies außer Frage, aber es galt auch, die Anhänger auf diese Linie einzuschwören. Sollmann legte in der Rheinischen Zeitung die Konstellation dar. Die Wahl sei ein »Kampf um die Reichsgewalt«, weil der Reichspräsident als entscheidender Machtfaktor ganz »legal« die Demokratie durch diktatorische Maßnahmen aushöhlen könne. Darum wollten die Nationalsozialisten die Reichspräsidentschaft erobern, dies müsse allen klar sein. Es handle sich nicht, so Sollmann weiter, um eine Parteienwahl, nur eine überparteiliche Kandidatur könne Erfolg haben. Mit sozialistischen Parteikandidaturen sei ein Sieg über die geeinte Rechtsradikale nicht möglich. Hitlers Wahl sei nur durch Hindenburg zu verhindern und nur, wenn die Sozialdemokratie geschlossen für ihn stimme: Hindenburg sei kein Demokrat, nicht einmal überzeugter Republikaner, habe sich aber bisher an seinen Verfassungseid gehalten:

»Verfassung und Volk und Land standen ihm höher als die Erwartungen rechtsradikaler Wähler. Das ist sein geschichtliches Verdienst. […] Wir stimmen für ein freies Volk und gleichberechtigtes deutsches Volk. Wir Stimmen für den Freiheitskampf der Arbeiterklasse in diesem Volk durch den Schutz seiner Rechte. Wir stimmen für die Deutsche Republik. Das ist uns die Blockkandidatur aller vernünftigen Deutschen, der Wahlvorschlag Hindenburg.‹«[884]

---

[882] Angesichts der Dezember-Notverordnung hatte sich die Unzufriedenheit über die Tolerierungspolitik an der Basis weiter gesteigert und selbst in der Parteiführung waren deutliche Zweifel an der bisherigen Strategie zu verzeichnen, sodass mehr denn je die Frage im Raum stand, ob diese Politik noch Zukunft hatte. Ebd., S. 460 f.

[883] So titelte die Rheinische Zeitung in ihrem Ausblick auf das kommenden Jahr: »Jahr der Entscheidung 1932«. Über die außerparlamentarischen Herausforderungen heißt es: »Die Anpassung der sozialdemokratischen Organisationen und der sozialdemokratischen Menschen an Erfordernisse unserer Zeit ist dringend, und sie ist unendlich wichtiger als das Wortedreschen von Streithähnen und willensschwachen Stubengelehrten in unsern Versammlungen.« RZ Nr. 309, 31. Dezember 1931. Der Parteivorsitzende Otto Wels schreibt in seinem Neujahrsaufruf im Vorwärts: »Zwischen Sozialdemokraten und Nationalsozialisten fällt im Jahre 1932 die Entscheidung.« Vorwärts Nr. 1, 1. Januar 1932.

[884] Sollmann: Um die Reichsgewalt, in: RZ Nr. 55, 5./6. Februar 1932. In diesem Sinne hatten sich auch andere führende Vertreter der SPD geäußert. Vgl. Winkler: Katastrophe, S. 511 f. Vor der Wahl wurde schnell klar, dass die Kräfte der Harzburger Front gegen die Wahl Hindenburgs eintraten. An dessen Unterstützung durch die SPD waren dadurch alle Zweifel beseitigt. Die SPD

Die Wahl war auch die erste Gelegenheit für die Eiserne Front, ihre Schlagkraft unter Beweis zu stellen. Die im Dezember 1931 auf Initiative des Reichsbanners gegründete Organisation war dem wachsenden Bedürfnis an der Basis geschuldet, ein Gegengewicht zur Agitation der nationalen Rechten zu etablieren.[885] Als eine schlagkräftige republiktreue Organisation sollte die Eiserne Front mittels öffentlichkeitswirksamer Veranstaltungen und Massenaufmärsche die Kampfbereitschaft der republiktreuen Kräfte unterstreichen. Wichtiger Bestandteil dieser Offensive war ein neuer Propagandastil, der sich deutlich von traditionellen sozialdemokratischen Werbemethoden unterschied. Auf Veranstaltungen sollten statt der gewohnten Referate verstärkt die Gefühle der Besucher angesprochen werden, pathetische Reden mit eingängigen Parolen sollten die Masse mitreißen.[886] Auch wenn viele dieser Absichten über Anfänge nicht hinaus kamen, so verbreitete die Eiserne Front im Frühjahr 1932 noch eine Aufbruchsstimmung, die für den Präsidentenwahlkampf genutzt werden konnte. In Köln, wo bereits seit 1930 eine Vorläuferorganisation bestand, strömten Massen zu den Veranstaltungen.[887]

Die Mobilisierung der sozialdemokratischen Wähler für Hindenburg war in Köln erfolgreich. Zwar verfehlte er im ersten Wahlgang knapp die absolute Mehrheit, sodass

---

war ein unermüdlicher Wahlkämpfer für den Amtsinhaber und gegen Hitler. »Schlagt Hitler!« lautete die Überschrift des Aufrufs des Parteivorstands am 27. Februar im Vorwärts. Vorwärts Nr. 97, 27. Februar 1927. Am Abend vor der Wahl rief Sollmann noch einmal zur Wahl Hindenburgs auf. RZ Nr. 62, 14. März 1932.

885 Die Reichsbannerführung hatte Ende November 1930 alle Republikaner aufgefordert, sich zu einem gemeinsamen Kampf gegen den Nationalsozialismus zu organisieren. Bei den Freien Gewerkschaften stieß dies auf schnelle Zustimmung, wogegen sich der Vorstand der SPD zunächst abwartend verhielt. Am 16. Dezember trafen dann Vertreter des ADGB, der sozialdemokratischen Angestellten- und Beamtenverbände, der Arbeitersportler und des Reichsbanners in Berlin zusammen, was als eigentliches Gründungsdatum der Eisernen Front gilt. Die politische Führung übernahm dann der Parteivorstand, was einer Ausdehnung der Organisation über die sozialdemokratische Arbeiterbewegung entgegenstand. Mit der Absage der Christlichen Gewerkschaften erwies sich die ursprünglich intendierte Einbeziehung weiterer Organisationen dann bald als Illusion. Die Eiserne Front blieb daher eine fast ausschließlich auf die Arbeiterbewegung beschränkte Organisation. Zur Gründung der Eisernen Front siehe Schäfer: Ära Brüning, S. 295–321.

886 Der Propagandastil und die Symbolik gingen vor allem auf die Ideen des Exil-Russen Sergej Tschachotin zurück, der sich an den Methoden der Nationalsozialisten orientierend besonders der Frage der Massenpsychologie widmete. Die Umsetzung blieb jedoch häufig mangelhaft. Die Parteispitze sah diese Neuerungen skeptisch, zudem mangelte es an geeigneten Rednern, die in der Lage waren, diese Vorgaben umzusetzen. Vielfach verliefen die Veranstaltungen daher in traditionellen Bahnen, von mitreißenden Kundgebungen waren sie meist weit entfernt. Zu den Propagandamethoden der Eisernen Front siehe Schäfer: Ära Brüning, S. 345–364.

887 Am 21. Februar strömten laut der Rheinischen Zeitung zehntausend Menschen in die Kölner Messe. Bereits am 21. Januar hatte es eine große Kundgebung der Eisernen Front mit Karl Höltermann, dem Bundesvorsitzenden des Reichsbanners, und Ernst Heilmann, dem Fraktionsvorsitzenden im Preußischen Landtag, in der Kölner Messe gegeben. RZ Nr. 18, 22. Januar 1932. Am Abend vor der Wahl schwor Sollmann die Anhänger noch einmal auf einer weiteren Großkundgebung der Eisernen Front auf die Wahl Hindenburgs ein. RZ Nr. 44, 22. Februar 1932; RZ Nr. 62, 14. März 1932.

ein zweiter Wahlgang am 10. April notwendig wurde, aber im Wahlkreis Köln/Aachen und auch in Köln gewann Hindenburg deutlich.[888] Im zweiten Wahlgang, in dem nur noch Hindenburg, Hitler und Thälmann antraten, setzte sich dann Hindenburg mit 53 Prozent der Stimmen gegenüber Hitler mit 36,8 Prozent durch.[889] Die Rheinische Zeitung kommentierte das Kölner Wahlergebnis mit Genugtuung als »Sieg der Vernunft und der politischen Tradition in Köln« und sah darin einen hoffnungsvollen Wegweiser für die nur zwei Wochen später stattfindenden Wahlen in Preußen. Der Sieg Hindenburgs war in der Tat ein Verdienst der Sozialdemokratie, womit man zumindest ein erstes Etappenziel im Kampf gegen den Nationalsozialismus erreicht hatte.[890]

Mit der Preußenwahl erwies sich jedoch die Hoffnung, der Nationalsozialismus habe an Anziehungskraft verloren, als Trugbild. Die Weimarer Koalition aus SPD, Zentrum und Staatspartei verlor ihre Mehrheit, wogegen sich die NSDAP mit einem erdrutschartigen Sieg von neun auf 162 Mandate steigerte.[891] In einer Analyse der politischen Lage vor einer Mitgliederversammlung in Köln interpretierte Sollmann das Wahlergebnis dahingehend, es habe sich nicht nur um eine Krisenwahl gehandelt, vielmehr zeige die Wahl die Zersetzung und Auflösung des Gesellschaftskörpers. Lediglich noch drei politische Gruppen würden bestehen: der marxistische Sozialismus, der politische Katholizismus und der Nationalismus. Den Marxismus sah er im Nachteil, weil er gespalten sei und nicht die Autoritätsgläubigkeit entwickeln könne, die jetzt zahlreiche

---

[888] Auf Hindenburg entfielen auf Reichsebene 49,6 Prozent, auf Hitler 30,1 Prozent, auf Thälmann als Kandidat der KPD 13,2 Prozent, auf Düsterberg als Kandidat der DNVP und des Stahlhelms 6,8 Prozent. Im Wahlkreis Köln/Aachen erzielte Hindenburg 65,3 Prozent, Hitler 17,2 Prozent und Thälmann 14,6 Prozent. Im Stadtkreis Köln entfielen auf Hindenburg 60,8 Prozent, auf Hitler 19,2 Prozent und auf Thälmann 18,5 Prozent. Damit konnte Hindenburg auf Ebene des Wahlkreises Köln/Aachen entgegen dem Reichstrend mehr Stimmen auf sich vereinen, als die hinter seiner Kandidatur stehenden Parteien bei der Reichstagswahl 1930 erzielt hatten. Vor allem die Wähler von Zentrum und SPD folgten dem Wahlaufruf für Hindenburg geschlossen. Hitler konnte jeweils leichte Gewinne erzielen, Thälmanns Stimmenanteil entsprach ungefähr den Ergebnissen der KPD bei den letzten Reichstagwahlen. Statistisches Jahrbuch des Deutschen Reichs Bd. 1932, S. 546 f. Das überdurchschnittliche gute Ergebnis für Hindenburg im Rheinland erklärt sich wiederum aus der spezifischen Bevölkerungsstruktur. In allen Gebieten mit einem hohen Katholikenanteil erzielte Hindenburg gepaart mit der Unterstützung durch die SPD überdurchschnittlich gute Ergebnisse. Winkler: Katastrophe, S. 519.
[889] Hindenburg schnitt in Köln/Aachen mit 68,4 Prozent gegenüber Hitler mit 20,4 Prozent erneut deutlicher besser ab als auf Reichsebene. Statistisches Jahrbuch des Deutschen Reichs 1932, S. 546 f.
[890] Zur Kommentierung des Wahlergebnisses in Köln siehe RZ Nr. 85, 11. April 1932. Zur Interpretation des Wahlergebnisses aus Sicht der SPD siehe Winkler: Katastrophe, S. 531 f.
[891] Die SPD verlor 43 und besaß nur noch 94 Sitze im Landtag. Der einzige Trost war, dass die NSDAP keine Mehrheit besaß, um den neuen Ministerpräsidenten zu stellen. Neben Preußen fanden am 24. April noch in Bayern, Württemberg, Hamburg und Anhalt Wahlen statt, in denen die NSDAP ebenfalls jeweils deutliche Gewinne erzielen konnte, wogegen die SPD überall Stimmen einbüßte. Zu den Wahlergebnissen siehe Statistisches Jahrbuch des Deutschen Reichs 1932, S. 544 f.

Menschen mit messianischen Hoffnungen erfülle. In den anstehenden Regierungsverhandlungen mit dem Zentrum könnten die Nationalsozialisten nur in die Regierung kommen, wenn sie sich positiv zum »System« stellen würden. Eine Einigung sei aber nicht zu erwarten, fordere die NSDAP doch das Amt des Minister- und des Landtagspräsidenten, worauf sich das Zentrum nicht einlassen werde. Ein Problem sei aber, dass die NSDAP und die KPD mit ihrer Mehrheit im Landtag alle demokratischen Funktionen lahmlegen könnten, was im größten Land der Republik nicht lange zu ertragen sei. Es könnten daher sehr weit reichende Eingriffe durch das Reich erfolgen, die die Neugliederung und eventuell auch die Verfassungsfrage betreffen müssten. Was Sollmann gewisse Hoffnung gab, war die Aussicht, dass die nächste Reichstagwahl erst in zwei Jahren stattfand. In dieser Zeit müssten noch viele Probleme bekämpft werden, wozu die Nationalsozialisten nicht in der Lage seien. Man könne zwar durch Demagogie eine Massenbewegung der Deklassierten schaffen, aber es komme auch die Zeit, in der diese Betrogenen aus ihrem Rausch erwachen würden.[892] Sollmann ließ zwar die Frage offen, ob es nicht an der Zeit war, das Wagnis einer Regierungsbeteiligung der NSDAP einzugehen, wie es von manch prominenten Sozialdemokrat erwogen wurde, aber die Äußerung sprechen eher dafür, dass er dies nicht befürwortete.[893]

Mit der Schwächung der Position im »Bollwerk« Preußen, wo man bestenfalls mit einer Minderheitsregierung rechnen konnte, hatte sich die Lage für die Sozialdemokratie weiter zugespitzt, was durch die Entwicklung auf Reichsebene noch unterstützt wurde. Als der Reichstag Anfang Mai wieder zusammentrat, wusste Brüning bereits, dass er nicht mehr den Rückhalt Hindenburgs hatte, der auf ein weiter rechts stehendes Kabinett drängte.[894] Die Sitzungen waren von einer aufgeheizten Atmosphäre geprägt. Die Nationalsozialisten griffen Reichswehr- und Innenminister Groener scharf an, dessen Auftritt zum Debakel geriet und als Anlass für Rücktrittsforderungen genommen wurde. Nachdem die Deutschnationalen in Person des Abgeordneten Bruno Döhring, Hofprediger in Berlin, ein Verbot des Freidenker-Verbands und der Sozialistischen Arbeiterjugend mit der Begründung gefordert hatten, dass sie antichristlich und damit antinational seien, ergriff Sollmann für die SPD das Wort. Es sollte das letzte Mal im Reichstag sein. In seiner Rede, die von ständigen

---

892 RZ Nr. 102, 30. April/1. Mai 1932.
893 Mit Severing und Braun hatten zwei Vertreter der bisherigen preußischen Regierung eine Koalition aus Zentrum und NSDAP als mögliche Alternative thematisiert. Sollmanns Interpretation lag auf der Linie des Fraktionsvorsitzenden im preußischen Landtag Heilmann, der eine Minderheitsregierung als das kleinere Übel ansah. Zu den innerparteilichen Erwägungen nach der Preußenwahl siehe Winkler: Katastrophe, S. 547–553. Sollmanns Überlegungen hinsichtlich der möglichen Unregierbarkeit Preußens und daraus folgenden Eingriffen durch das Reich hatten einen realen Hintergrund, weil Brüning besonders wegen der ausstehenden Reparationsverhandlungen kein Interesse an einem Rechtsruck in Preußen hatte und Braun sich schon zuvor für eine Reichsreform im Sinne einer Stärkung der Zentralgewalt ausgesprochen hatte. Vgl. Hömig: Brüning, S. 548 f.; Winkler: Katastrophe, S. 552.
894 Siehe zu den Hintergründen Pyta: Hindenburg, S. 665–669, 685–698.

Zwischenrufen der Nationalsozialisten gestört wurde, fragte Sollmann die nationale Opposition nach ihren nationalen Taten. Ihr Verdienst sei, dass sie die Nation in zwei tödlich verfeindete Lager gespalten und Deutschland in den Bürgerkrieg getrieben habe. Auf ihrer Seite seien die nationalen Phrasen, auf Seiten der Sozialdemokraten die nationalen Taten. Als Rhein und Ruhr besetzt waren, hätten sich die Nationalsozialisten versteckt. Als die Arbeiter im Herbst 1923 tapfer gekämpft hätten, habe Hitler in München geputscht und den Franzosen und Separatisten Hilfsdienste geleistet. Die Nationalsozialisten wollten nicht nur die Freidenker im Dritten Reich verbieten, sondern auch das Christentum ausrotten. Als Beleg zog Sollmann Passagen aus Artikeln Alfred Rosenbergs im Völkischen Beobachter und aus seinem Buch »Mythos des 20. Jahrhunderts« heran. Niemals, so Sollmann weiter, habe ein Sozialist so etwas Schändliches über die katholische Kirche geschrieben:

> »Sie wollen Retter der deutschen Kultur sein? Sie sind ja nur ein Aufstand geistloser Barbarei gegen deutschen und europäischen Geist. Sie reden von Freiheit nach außen, Sie wollen unserem Vaterland die Freiheit erkämpfen. Sie? Sie haben ja nur die Sehnsucht nach dem alten Untertanentum, die Sehnsucht nach dem Krückstock, die Sehnsucht nach dem Kadavergehorsam der Leieigenen. Sie wollen ja kommandiert werden von einem Diktator, weil sie selber nicht die Kraft haben, verantwortlich zu denken.«[895]

In den Abstimmungen konnte sich Brüning ein letztes Mal mithilfe der SPD behaupten, die den von der Regierung eingebrachten Gesetzesvorlagen zustimmte und die Misstrauensanträge ablehnte.[896]

Aufgrund der verfahrenen Lage sah Sollmann nach den Reichstagssitzungen düster in die Zukunft. Das Verfassungsleben, so erläuterte er es in der Arbeiter-Jugend, sei unsicher und in einem Schwebezustand. Es werde mit halbdiktatorischen Verordnungen regiert, weil das Parlament gelähmt sei, und in Preußen sei auch keine Mehrheit abzusehen. Dies sei kein auf Dauer haltbarer Zustand:

---

[895] Protokolle Reichstag, Bd. 446, 11. Mai 1932, S. 2657–2659 (Döhring); S. 2659–2662 (Sollmann). Das Zitat auf S. 2662. Zu den Vorfällen um Groener, der daraufhin seinen Rücktritt als Reichswehrminister einreichte, siehe Hömig: Brüning, S. 540–542. In der Nacht auf den 12. Mai kam es zum Schluss der Debatte noch zu einem Schlagabtausch zwischen Ley und Sollmann über die Rolle der Nationalsozialisten während der Rheinlandbesetzung. In der Rheinischen Zeitung wird in einem Bericht über die Rede Sollmanns im Reichstag erwähnt, die Kölner Nationalsozialisten hätten laut verkündet, dass ihm »etwas passieren werde, wenn er nach Köln komme«. RZ Nr. 112, 13. Mai 1932. Das Protokoll der Sitzung gibt diese Äußerungen in dieser Form nicht wieder, verzeichnet aber fortlaufende Zwischenrufe der Nationalsozialisten und besonders von Robert Ley, der Leiter des Gaues Köln/Aachen war und als Herausgeber des Westdeutschen Beobachters die Kölner Sozialdemokraten fortlaufen diffamierte. Zu Ley siehe Smelser: Robert Ley.

[896] Protokolle Reichstag, Bd. 446, 11. Mai 1932, S. 2689–2695.

10 Die Ära Brüning

»Das politische Barometer nähert sich der Ankündigung von Sturm.«[897]

Dieser Sturm kam wohl schneller, als Sollmann erwartet hatte. In den Wochen nach der Reichstagssitzung spitzte sich die Lage zwischen Brüning und Hindenburg weiter zu, was schließlich am 30. Mai zum Rücktritt Brünings führte, wobei Schleicher eine Schlüsselrolle spielte.[898] Mit dem Antritt des neuen Kabinetts unter Franz von Papen, einem »Kabinett der Barone«, wie es der Vorwärts bezeichnete, war auch die Tolerierungspolitik der Sozialdemokratie an ihr Ende gelangt. Hatte es trotz weit gehend eingeschränkter politischer Handlungsmöglichkeiten dazu keine Alternative gegeben, so fiel umso stärker ins Gewicht, dass die SPD es versäumt hatte, ein eigenes Programm zur Bekämpfung der wirtschaftlichen Krise entwickelt zu haben. Wie Sollmann, so hatte auch sie darauf gesetzt, durch die Unterstützung von Brünings Deflationskurs zu geordneten wirtschaftlichen Verhältnissen und damit auch zur parlamentarischen Normalität zurückkehren zu können. Als sich zunehmend abzeichnete, dass dies nicht gelingen würde, führte dies jedoch nicht zu einem Prozess des Umdenkens. Als die Ära Brüning beendet war, bot man das Bild einer Partei, die der Krise weit gehend ratlos gegenüber stand.[899]

Sollmann gehörte zu den entschiedensten Verfechtern des Tolerierungskurses der SPD. Bis zum Schluss verteidigte er diese Strategie und trug sie mit, weil ihm die Erhaltung der parlamentarischen Demokratie, so sehr sie auch unter Brüning ausgehebelt wurde, nur auf diesem Wege möglich erschien. Aber je länger dieser Ausnahmezustand dauerte, je deutlicher sich herauskristallisierte, dass die erhoffte Normalisierung der Verhältnisse ausblieb, umso stärker setzte sich auch bei ihm die Einsicht durch, dass die Sozialdemokratie neue Wege gehen musste, um selbst wieder in die Offensive gelangen zu können. Wie dies gelingen konnte, darüber herrschten freilich in der Partei unterschiedliche Ansichten, und Sollmann nahm in dieser Hinsicht eine von der Parteimehrheit abweichende Haltung ein.

---

897 Sollmann: Parlamentarische Sturmtage, in: Arbeiter-Jugend 6 (1932), S. 165.
898 Die Reichswehrführung und die Deutschnationalen hatten verstärkt auf eine Ablösung Brünings gedrängt. Schleicher hatte bereits den Abgang Groeners betrieben und in Gesprächen mit Nationalsozialisten die Bedingungen für ein Rechtskabinett sondiert. Hitler forderte für die Tolerierung eines Rechtskabinetts die Reichstagsauflösung und die Aufhebung des SA-Verbots, das im April von Brüning verhängt worden war. Hindenburg war bereit, diese Bedingungen zu erfüllen. Schleicher versuchte nach dem Sturz Brünings, seine Rolle in diesem Spiel zu verschleiern. Siehe zum Sturz Brünings und der Politik der Reichswehr Hömig: Brüning, S. 561–575; Pyta: Hindenburg, S. 685–705.
899 Die Schlagzeile des Vorwärts beruhte darauf, dass dem Kabinett Papen sieben Adelige und nur drei Bürgerliche angehörten. Vorwärts Nr. 254, 1. Juni 1932. Die Minister waren nicht von den Parteien vorgeschlagen, sondern von Hindenburg und Schleicher ausgewählt worden. Sie repräsentierten in erster Linie den ostelbischen Großgrundbesitz und das Militär. Bereits bei Antritt des Kabinetts stand aber fest, dass es sich nur um eine Übergangsregierung bis zur Neuwahl des Reichstags handeln sollte, die von den Nationalsozialisten gefordert worden war. Pyta: Hindenburg, S. 700–709.

11 Kontroversen um den richtigen Kurs: Reparationen und Wehrpolitik

Mit dem Sturz Brünings war die SPD wieder in erster Linie vor die Frage gestellt, wie sie in Auseinandersetzung mit den anderen Parteien Wähler gewinnen wollte, um wieder entscheidenden Einfluss auf die Entwicklungen nehmen zu können. Der Kampfansage der SPD an das neue Kabinett und der sicheren Abstimmungsniederlage kam Papen mit der sofortigen Auflösung des Reichstags am 4. Juni zuvor. Neuwahlen wurden auf den 31. Juli festgesetzt. In Sollmanns Rede zum Wahlkampfauftakt in Köln zeigt sich, wie wenige konkrete Programmpunkte man für den Wahlkampf hatte. Zunächst stellte er in Verkennung der wahren Hintergründe fest, nicht Hindenburg trage die Hauptverantwortung für den Sturz Brünings, sondern Hitler habe das Kabinett gestürzt und trage daher Verantwortung für alles, was nach dem 31. Mai geschehen sei. Richtig war seine Einschätzung, dass Schleicher, den er seit 13 Jahren kenne, der stärkste Mann im Kabinett sei. Dessen Ziele vermochte er jedoch nicht einzuschätzen. Die Reichswehrgeneräle seien zwar Gegner der SPD, aber sie wollten auch nicht einer nationalsozialistischen Diktatur den Weg ebnen. Der Regierung kündigte er schärfste Opposition an, die man aber positiv gestalten wolle, da man möglichst rasch die innenpolitische Macht wiedergewinnen wolle. Allerdings blieben seine Vorstellungen, wie man bei den Wählern auf wirtschaftlichem Gebiet punkten wollte, sehr allgemein. Er führte aus, ohne weit gehende Eingriffe des Staats in die privatkapitalistische Wirtschaft sei die Krise nicht zu überwinden. Es könne nicht mehr lange gewartet werden, Wirtschaft und Gesellschaft bräuchten eine neue Ordnung. Der Sozialismus dränge zur Verwirklichung.[900] Die Aussichten für die Zukunft waren für ihn klar: Die Nationalsozialisten hofften auf einen großen Sieg bei der Reichstagswahl, um anschließend an der Regierung beteiligt zu werden. Daher sei das Ziel für die Reichstagwahl, die NSDAP als die Massenpartei der Kapitalisten zu schlagen.[901]

Waren die Verlautbarungen Sollmanns zu Beginn des Wahlkampfs noch ganz im Stile herkömmlicher sozialdemokratischer Wahlkampfrhetorik gehalten, schlug er bald Töne an, die von Seiten der SPD ungewöhnlich waren und zu einer innerparteilichen Polarisierung führten. Anders als der überwiegende Teil der Partei setzte er nun im Stile eines linken Populismus stärker auf die nationale Karte und brandmarkte die Regierung Papen als nationale Verräter und von den Nationalsozialisten getragene Hüter der die Volksmassen ins Elend treibenden kapitalistischen Wirtschaft und hob dagegen die nationalen Verdienste der Sozialdemokratie hervor. Dazu gehörte

---

[900] RZ Nr. 139, 15. Juni 1932. Sollmanns Hinweis, er kenne Schleicher seit 13 Jahren bezieht sich aller Wahrscheinlichkeit nach auf seine Tätigkeit als Regierungsvertreter bei der Obersten Heeresleitung im Februar 1919, wo er u. a. den damaligen Generalquartiermeister Wilhelm Groener kennengelernt hatte, zu dessen Stab Schleicher gehörte. Siehe Kapitel IV.1.

[901] Sollmann: Vom 31. Mai zum 31. Juli, in: Der Zimmerer Nr. 27, 2. Juli 1932, S. 1; vgl. auch ders.: Freiheit oder Untergang, in: Arbeiter-Jugend 7 (1932), S. 198–200.

auch eine Abkehr von der bisherigen außenpolitischen Linie der SPD, die der internationalen Verständigung Vorrang vor der Betonung nationaler Interessen gab. Ganz deutlich wurde dies erstmals in einer Wahlkampfveranstaltung in der Rheinlandhalle in Köln an dem Tag, an dem die Konferenz von Lausanne zu Ende gegangen war.[902] Sollmann griff Papen und Hitler scharf an. Letzterer habe einen Teilerfolg erzielt, weil mit seiner Unterstützung eine Rechtsregierung gebildet worden sei. Dem Gerede dieser Regierung über die Erziehung zum wahren nationalen Freiheitsgeist hält Sollmann entgegen:

> »Ich lehne es ab, an dem schwarzen Tage unsrer nationalen Niederlage von Lausanne mit Herrn von Papen über nationalen Freiheitswillen zu diskutieren.«

Wenn man frage, was die Sozialdemokratie denn erreicht habe, so sei es das, was jetzt abgebaut und zertrümmert werde.

> »Hitler hat die Arbeitslosen, Invaliden, Unfallrentner, die Arbeiter, den kleinen Mittelstand für die Paradefreiheit brauner Affenjacken an die Baronsregierung verkauft. Diese Regierung ist nur möglich durch Hitlers Tolerierungspolitik.« [903]

Über die Hintergründe der Regierungsbildung war Sollmann mittlerweile im Bilde. Er führte weiter aus, Hitler habe diese Regierung in langen Gesprächen mit Schleicher besprochen. Seine Bedingungen für die Tolerierung seien die Reichstagsauflösung und die Aufhebung des SA-Verbots gewesen. Die Nationalsozialisten seien daher verantwortliche Regierungspartei, aber würden sich schämen, dies einzugestehen, gerade nach dem Ergebnis der Konferenz von Lausanne. Die von der SPD tolerierte Regierung Brüning habe effektiv die Reparationszahlungen eingestellt und die von Hitler tolerierte Regierung Papen nehme nun neue Tributzahlungen auf. Die Nationalsozialisten müssten dafür geradestehen. Weil sie wüssten, dass sie unter Volkskontrolle nicht regieren könnten, wollten sie die Diktatur. An Schleicher spricht er eine deutliche Warnung aus:

> »Wer in Deutschland mit der Diktatur spielt, der spielt mit der Revolution. Die Eiserne Front ist in einem demokratischen Verfassungsstaate evolutionär, sie wird

---

[902] Auf der am 16. Juni 1932 beginnenden Konferenz war über die Reparationsverpflichtungen Deutschlands verhandelt worden. Im Zuge der Weltwirtschaftskrise hatten die im Young-Plan festgelegten Reparationen die deutsche Zahlungsfähigkeit überlastet. Vereinbart wurde in Lausanne schließlich, die noch ausstehenden Reparationsleistungen durch eine abschließende Zahlung in Höhe von drei Mrd. Reichsmark, die frühestens in drei Jahren und über einen längeren Zeitraum gezahlt werden sollten, abzulösen. Siehe dazu: Graml: Zwischen Stresemann und Hitler, S. 208-221.
[903] RZ Nr. 160, 9./10. Juli 1932.

aber in einer verfassungswidrigen Diktatur revolutionär sein mit allen Konsequenzen und Mitteln.«[904]

Auch an das Zentrum richtet er eine Mahnung. Die Koalitionen alten Stils kämen nicht wieder. Die kapitalistische Wirtschaft sei bankrott. Die wachsende sozialistische Volksbewegung wolle, dass daraus Folgerungen gesellschaftlicher Neuordnung gezogen werden. Das sei nicht mehr nur eine Sache der Arbeiter, sondern auch der Mittelschichten, Bauern und Handwerker, die auch die Entmachtung der Großindustrie forderten. Auch wenn Hindenburg sich schützend vor seine Standesgenossen stelle, die Eiserne Front werde den deutschen Osten für deutsche Arbeitsbauern und deutsche Arbeiterjungen erobern, die dieses deutsche Kolonialland neu besiedeln würden. Die Sozialdemokratie sei in den letzten Jahren zu einem Stahlblock geschweißt worden, nun würden die lange aufgestauten Energien zum Angriff vorrücken. Am 31. Juli werde sich die Stärke der Eisernen Front zeigen, werde sie die »Ehre des Goetheschen Kulturvolkes retten gegen die braunen Barbaren«[905].

Nationale Töne aus Sollmanns Mund waren nicht neu. Er war schon zuvor als Vertreter eines stark ausgeprägten Patriotismus in der SPD hervorgetreten und hatte sich besonders hinsichtlich des besetzten Rheinlands als Exponent dieser Richtung hervorgetan. Mit seinen Ansichten war er in der Partei auch vorher schon bisweilen auf Widerstand gestoßen, weil man sie als zu »nationalistisch« empfand. Aber nun gewannen seine Äußerungen eine andere Qualität. Sollmann argumentierte nicht mehr wie zuvor im Stile eines sozialdemokratischen Patriotismus, der sich bei ihm aus kulturellen Quellen speiste, sondern bediente sich einer Rhetorik, wie man sie von den bürgerlichen Rechten und den Nationalsozialisten kannte. Was bezweckte er mit dieser Wende? Alles deutet daraufhin, dass für ihn darin der Ansatz bestand, im Vorfeld der Wahlen der NSDAP ihre Vorherrschaft in nationalen Fragen streitig zu machen. Das Ziel dieser Taktik war es offensichtlich, mit einem linken Populismus, der Elemente der nationalsozialistischen Agitation mit einem sozialdemokratischem Einschlag verwendete, stärkere Wirkung bei den von ihm angesprochenen Mittelschichten, den Selbstständigen, Angestellten, Beamten, Handwerkern und Bauern zu erzielen, die keinen Zugang zur Sozialdemokratie fanden und sich überwiegend dem Nationalsozialismus zuwandten. Darin sah er den geeigneten Ansatz, um der SPD neue Wählergruppen zu erschließen, was Voraussetzung dafür war, wieder maßgeblichen Einfluss zurückzugewinnen. Die soziale Öffnung der Partei war in Sollmanns politischem Konzept kein neuer Aspekt, aber der Tonfall, mit dem er diese betrieb, war ein anderer geworden. Dazu gehörte auch die hier erstmals anklingende Idee der Bildung einer Art Volksfront gegen den Kapitalismus, die von Sollmann in den nächsten Monaten verstärkt thematisiert wurde. Die gesellschaftliche Neuordnung

---

904 Ebd.
905 Ebd.

sollte nicht nur durch die sozialistische Arbeiterschaft, sondern durch eine Front antikapitalistischer Kräfte in allen Bevölkerungsschichten bewältigt werden.[906]

Sollmann grenzte sich in der Beurteilung der Ergebnisse der Konferenz von Lausanne deutlich vom Kurs der SPD ab.[907] Dies kam insofern nicht überraschend, als Sollmann bereits Monate zuvor in der Reparationsfrage eine Minderheitsposition eingenommen hatte. Angeregt durch Forderungen der Freien Gewerkschaften, für ein Ende der Reparationen einzutreten, waren Ende des Jahres 1931 in der SPD Diskussionen um die Haltung zur Reparationsfrage aufgekommen. In einer Besprechung Anfang Januar bei Paul Löbe unterstützten dieser und Sollmann den ADGB-Vorsitzenden Theodor Leipart, stießen aber auf den Widerstand von Rudolf Breitscheid, Rudolf Hilferding und Otto Landsberg. Auch auf einer Sitzung des Fraktionsvorstands konnte sich die kleine Gruppe der Befürworter eines Schwenks in der Reparationsfrage nicht durchsetzen. Dort hatte besonders Wilhelm Keil, der sich schon zuvor eindeutig für die Linie des ADGB ausgesprochen hatte, ein Umdenken eingefordert. Sollmann unterstrich Keils Äußerungen und wandte sich gegen den Einwand, die Partei habe durch mehrfache Erklärungen gegen die Reparationen ihre Pflicht erfüllt. Dies sei mittlerweile in Vergessenheit geraten. Man habe als stärkste Partei die Pflicht, in dieser zentralen Frage der internationalen Politik eine führende Position einzunehmen. In der Abstimmung im Fraktionsvorstand erhielt Keil aber nur von Sollmann Unterstützung.[908] Sollmann war daher schon vor dem Sturz Brünings zu der Überzeugung gelangt, dass die SPD sich stärker auf nationale Fragen konzentrieren müsse, wenn sie in den politischen Kämpfen wieder Boden gewinnen wollte.

Verschärft wurde die Auseinandersetzung mit der Regierung Papen durch den Preußenschlag vom 20. Juli, mit dem die geschäftsführende Regierung unter Otto Braun durch einen Reichskommissar ersetzt wurde und damit die Staatsgewalt in Preußen auf das Reich überging.[909] Die SPD widersetzte sich dieser aus ihrer Sicht rechtswidrigen Handlung nicht, wofür sie auch aus den eigenen Reihen scharf kriti-

---

906 Zu Sollmanns Haltung in nationalen Fragen siehe Kapitel IV.2.
907 In seiner Beurteilung des Ergebnisses weicht Sollmann deutlich vom Vorwärts ab, der Papen gewisse Anerkennung für das Erreichte zollt. Winkler: Katastrophe, S. 635 f. In der Rheinischen Zeitung wurden die Verhandlungen in Lausanne mit scharfen Kommentaren begleitetet worden. So titelte man: »Die peinliche Verbeugung vor Frankreich. Mehr deutsch, Herr von Papen! Sieht so der nationale Freiheitskampf gegen nationale Tribute aus?«, RZ Nr. 149, 27. Juni 1932; »Papen-Hitler zahlen Tribute!« RZ Nr. 155, 4. Juli 1932; »Papen-Hitlers 3 Milliarden. Die Rechtsregierung für Erfüllungspolitik«, RZ Nr. 160, 9./10. Juli 1932. Im Vorwärts heißt es dagegen: »Verständigung siegt!« Vorwärts Nr. 310, 9. Juli 1932.
908 Zur Haltung des ADGB in der Reparationsfrage siehe Schneider: Arbeitsbeschaffungsprogramm, S. 115–118. Der Verlauf der Besprechung bei Löbe ist wiedergegeben in einem Brief Leiparts an Keil vom 8. Januar 1932, abgedruckt in: Politik und Wirtschaft, Bd. 2, S. 1206 f. Zur Diskussion im Fraktionsvorstand siehe Keil: Erlebnisse, Bd. 2, S. 429 f. Keil hatte in einem Zeitungsartikel die Forderungen des ADGB aufgenommen. Mittag: Keil, S. 305 f. Zur Haltung der Partei in der Reparationsfrage siehe Winkler: Katastrophe, S. 464–467.
909 Eine ausführliche Analyse der Ereignisse ebd., S. 646–664.

siert wurde, weil man untätig dem Staatsstreich zugeschaut habe. Sollmann verteidigte diese Entscheidung unmittelbar nach den Ereignissen. Er argumentierte damit, die Vorgänge seien zwar bezeichnend für die Reichsregierung, aber tatsächlich seien die sozialdemokratischen Minister bereits seit der Wahl vom 24. April nicht mehr im Amt, weil sie nur geschäftsführend tätig gewesen seien und daher ohne politische Entscheidungsbefugnisse agieren mussten. Eine Machtbastion hatte man demnach in Preußen nicht verloren. Was gegen einen gewaltsamen Widerstand sprach, lag für Sollmann auf der Hand. Dies hätte nur zu einem Bürgerkrieg, auf den die SA-Truppen nur gewartet hätten, und zur brutalen Niederschlagung der Arbeiterbewegung geführt, und schließlich den Vorwand dafür geliefert, die Reichstagswahlen abzusetzen. Damit hätte man sich aber aus Sicht der SPD der letzten Möglichkeit beraubt, Einfluss auf die Entwicklung nehmen zu können. Ganz in der legalen Tradition der Sozialdemokratie solle der Kampf mit dem Stimmzettel ausgefochten werden:

> »In Freiheit soll sich der Volkssturm gegen das stockrevolutionäre Bündnis Papen-Hitler entwickeln. [...] Die Sozialdemokratie, die Eiserne Front ruft alle, die das Sehnen der Menschen nach Arbeit und Brot und Bildung in sich fühlen, am 31. Juli eine Volksfront zu bilden gegen die dünne Oberschicht, die unter Mißbrauch einiger Millionen Untertanenseelen des Obrigkeitsstaates die Herrschaft über Deutschland sich anmaßt.«[910]

Was bei einer Deeskalation der Situation gedroht hätte, konnte man im Wahlkampf erkennen, in dem die NSDAP für bürgerkriegsähnliche Zustände sorgte. In Köln wie in vielen anderen Städten kam es zu Straßenschlachten zwischen Nationalsozialisten und Kommunisten.[911] Die nationalsozialistische Wahlkampfmaschinerie lief

---

910 Sollmann: Sturmtag: 31. Juli. Alle Kräfte auf ein Ziel!, in: RZ Nr. 171, 22. Juli 1932. Tatsächlich hätte die Sozialdemokratie keine Chance gehabt, sich dem Preußenschlag gewaltsam zu widersetzen, weil die preußische Polizei der Reichswehr und auch das Reichsbanner den Kräften von SA und SS unterlegen war. In Köln hatten sich zwar Hunderte Mitglieder des Reichsbanners versammelt, die auf Anweisungen für eine Gegenaktion warteten, was aber unterblieb. Henseler: Die Kölner SPD, S. 179. Sollmanns Argumentation, man habe Preußen bereits durch die Landtagswahlen verloren, wurde von führenden Sozialdemokraten wie Heilmann und Mierendorff geteilt und als Begründung für die Haltung des Parteivorstands herangezogen. Winkler: Katastrophe, S. 673. Zur innerparteilichen Beurteilung des Preußenschlags ebd., S. 671–680.
911 Die Polizei musste in Köln u. a. einen Panzerwagen und Maschinengewehre einsetzen, um Straßenkämpfe zu unterbinden. RZ Nr. 163, 13. Juli 1932. Provokationen gingen von beiden Seiten aus, wie etwa am 19. Juni, als zunächst Mitglieder NSDAP Polizeibeamte attackierten, anschließend griffen dann KPD-Anhänger die Nationalsozialisten an. RZ Nr. 143, 17. Juni 1931. Mitglieder von SA und SS waren für mehrere Morde verantwortlich. Vgl. RZ Nr. 174, 26. Juli 1932. Der Westdeutsche Beobachter hetzte unentwegt gegen die angeblichen Mordinstinkte der »Roten«. Auf dem Höhepunkt des Wahlkampfs forderte Joseph Goebbels bei einem Auftritt in Köln seine Anhänger auf, alles zusammenzuschlagen »was euch zwischen die Finger kommt«. RZ Nr. 165, 15. Juli 1932. Sollmann nahm die Vorfälle zum Anlass, sich in einem offenen Brief an den

auf Hochtouren. Mithilfe von Flugblättern, Plakaten, Transparenten und anderen Werbemitteln sowie des Westdeutschen Beobachters wurde ein Propagandageflecht aus Lügen, Terror und Verheißungen für die Zukunft entwickelt, gegen das man nur schwer ankämpfen konnte. Aber die Mobilisierungserfolge der Kölner Sozialdemokratie waren beachtlich. Man profitierte davon, dass mit der Eisernen Front ein organisatorischer Rahmen und eine Symbolik für Fahnen, Plakate, Aufmärsche und Versammlungen gegeben waren, die zumindest in gewissem Maße geeignet waren, Akzente zu setzen. Zudem fiel die Mobilisierung der Anhänger nach dem Ende der Tolerierungspolitik leichter, musste man in der Agitation doch keinerlei Zurückhaltung mehr gegenüber der Regierung üben.[912]

Die Frage, ob angesichts des Regierungswechsels und des zunehmenden nationalsozialistischen Einflusses ein gemeinsames antifaschistisches Aktionsbündnis von SPD und KPD gebildet werden sollte, wurde von Sollmann negativ beurteilt.[913] Die KPD war für ihn zwar nicht der entscheidende Gegner, aber an eine ehrliche Zusammenarbeit vermochte er nicht zu glauben, solange die KPD die Parole ausgebe, die SPD sei der Hauptfeind, den es zu besiegen gelte. Voraussetzung für jede Annäherung, die für ihn auch nur in einem Bündnis auf Zeit und für gewisse Kämpfe zur Debatte stand, war für ihn eine Art Burgfrieden in Versammlungen und der Presse, wofür er aber wegen der Haltung der KPD wenig Chancen sah.[914] Sollmann legte

---

Reichskanzler zu wenden. Er prangerte an, dass Papen nur von Terrorakten der Kommunisten spreche, was den Tatsachen widerspreche und wie eine Begünstigung der nationalsozialistischen Mordtaten wirke. Nach den Äußerungen der Regierung müsse davon ausgegangen werden, dass nur ein Einschreiten gegen die Kommunisten erwünscht sei. Er protestierte gegen die erst unter dieser Regierung sich in Köln häufenden politischen Gewalttaten und forderte, dass von Seiten der Regierung auch gegen Nationalsozialisten vorgegangen werde. Sollmann: Herr Reichskanzler. Offener Brief des Reichstagsabgeordneten Sollmann, in: RZ, Nr. 174, 26. Juli 1932.

912 Die Wahlkampfleitung wurde in Köln in verschiedenen Gliederungen unter Führung der Eisernen Front eingerichtet. Zur Wahlkampffinanzierung wurden u. a. Marken mit dem Symbol der Eisernen Front, den drei Pfeilen, angeboten. Vgl. RZ Nr. 139, 15. Juni 1932. Die zahlreichen Wahlkampfveranstaltungen der Kölner SPD waren sehr gut besucht. Man bemühte sich in Köln auch um eine größere Volksnähe, indem man die Kandidaten in Wahlsonderausgaben mittels Bildern und Lebensläufen vorstellte, um so die Abgeordneten dem Wähler näher zu bringen und dessen Bedürfnis nach Informationen nachzukommen. Auch in den Veranstaltungen bemühte man sich um eine volksnahe Gestaltung. Vgl. Das freie Wort 4 (1932), S. 21 f.

913 Die KPD hatte durch Thälmann Anfang Juni eine Zusammenarbeit gegen die Regierung Papen angeboten. Dies wurde in einigen Städten von den örtlichen Parteileitungen als Anlass genommen, den Organisationen von SPD und ADGB gemeinsame Aktionen anzubieten oder Einheitsfrontangebote auszusprechen, was auch vereinzelt erfolgreich war. In einem Rundschreiben vom 28. Juni wies der SPD-Parteivorstand aber alle nachgeordneten Instanzen an, jegliche Verhandlungen mit der KPD zu unterlassen, da die Regelung dieser Frage der Parteileitung vorbehalten sei. RZ Nr. 151, 29. Juni 1932.

914 So Sollmann in Mönchengladbach und Godesberg zum Thema der Einheitsfront. RZ Nr. 161, 11. Juli 1932. Einen Burgfrieden als Vorbedingung hatte zuvor bereits der Vorsitzende des AfA-Bundes Aufhäuser gefordert. Winkler: Katastrophe, S. 621. Die Kölner KPD lehnte einen Burgfrieden ab, weil dieser es angesichts der kommenden Reichstagswahlen unmöglich mache, sich als

hier die zentralen Probleme für die Bildung einer Einheitsfront dar. Tatsächlich wäre ein Burgfrieden oder Nichtangriffspakt auf Zeit angesichts der unüberbrückbaren Gegensätze das größte mögliche Maß der Zusammenarbeit gewesen, das man im Vorfeld der Reichstagswahl hätte erreichen können. Selbst wenn die Sozialdemokratie den Burgfrieden angestrebt hätte, so wäre dieser nur zu erreichen gewesen, wenn die Kommunisten ihre Hauptkampflinie gegen die SPD verlassen hätte.[915]

Die Wahl vom 31. Juli war ein großer Erfolg der Nationalsozialisten, die nun mit Abstand stärkste Partei vor der SPD waren, die knapp drei Prozentpunkte und zehn Mandate einbüßte.[916] Dennoch titelte die Rheinische Zeitung am 1. August: »Freiheit!«. Begründet wurde diese optimistische Aussage durch das Ergebnis in Köln/Aachen und die Tatsache, dass die SPD gegenüber den vorherigen Landtagswahlen keine Verluste hinnehmen musste und die NSDAP kaum hinzu gewonnen hatte, und es zudem keine Mehrheit für ein Rechtskabinett gab.[917]

Partei zu positionieren. SR 18. Juli 1932. Die zwiespältige Haltung der KPD hatte sich in Köln in einer Resolution der Antifaschistischen Aktion, dem Gegenstück zur Eisernen Front, gezeigt, in der es heißt, man wolle eine Zusammenfassung aller antifaschistischen Kräfte, aber zugleich die SPD für ihre Rolle als Wegbereiter des Faschismus angeprangert wurde. SR 11. Juni 1932.

915 Vgl. Winkler: Katastrophe, S. 625 f. Vor diesem Hintergrund ist die Ansicht, Sollmann habe nicht erkannt, dass ein gemeinsamer Kampf gegen den Faschismus nötig gewesen sei, fragwürdig. So die Argumentation von Hege: Die Kölner Arbeiterparteien, S. 274. Sollmann sah sehr wohl, dass die Spaltung der Arbeiterbewegung ein großes Hemmnis für den Kampf gegen den Nationalsozialismus war: »Daß in solcher Hochspannung die sozialistischen Arbeiter Deutschlands nicht geeint sind und nach wie vor die Kommunisten ihren Hauptfeind in der Sozialdemokratie sehen, ist das große Unglück der deutschen Arbeiter.« Sollmann: Parlamentarische Sturmtage, in: Arbeiter-Jugend 6 (1932), S. 165. Es waren vielmehr die Kommunisten, die ein zumindest temporäres Zusammengehen durch ihre Haltung verhinderten. Vordergründige Einheitsangebote konnten nicht darüber hinwegtäuschen, dass eine Zusammenarbeit wegen der gegensätzlichen Ziele kaum möglich war. Die SPD hätte sich unglaubwürdig gemacht, wenn sie mit der KPD zusammengearbeitet hätte, die als Ziel ausgab: »Der Kampf gegen die SPD ist eine Voraussetzung für die Schaffung der Einheitsfront mit den sozialdemokratischen Arbeitern.« SR 21. Juli 1932.

916 Die NSDAP konnte ihr Ergebnis von 1930 mehr als verdoppeln und kam nun auf 37,4 Prozent und 230 Mandate, die SPD erreichte 21,6 Prozent und 133 Sitze, die KPD gewann leicht hinzu auf 14,5 Prozent und 89 Mandate, das Zentrum gewann ebenfalls leicht und verfügte nun bei 12,5 Prozent über 75 Sitze, die DNVP verfügte über 40 Sitze und die BVP über 22. Statistisches Jahrbuch des Deutschen Reichs 1932, S. 542 f.

917 RZ Nr. 179, 1. August 1932. Im Wahlkreis Köln/Aachen konnte die SPD entgegen dem Reichstrend leichte Gewinne erzielen und kam auf 14,6 Prozent (1930: 14,2), die NSDAP erreichte 20,2 Prozent (14,5), das Zentrum 40,5 Prozent (36,4) und die KPD 17,3 Prozent (14,5). Bezogen auf die Preußenwahl konnte sich die SPD um 3,6 Prozent steigern, die KPD um 3,7 Prozent wogegen die NSDAP 2,3 Prozent verlor. Im Stadtkreis Köln waren die Ergebnisse: SPD 18,4 Prozent (1930: 19,3), NSDAP 24,5 Prozent (17,6), Zentrum 28,2 Prozent (24,9), und KPD 22 Prozent (17). Bezogen auf die Preußenwahl hatte sich die SPD um 2,9 Prozent gesteigert, die KPD um 4,3 Prozent, die NSDAP verlor 2,6 Prozent. RZ Nr. 179, 1. August 1932; Statistisches Jahrbuch des Deutschen Reichs 1932, S. 542 f. Die beiden Arbeiterparteien hatten in Köln/Aachen die höchsten Zugewinne aller Wahlkreise. Zur Analyse des Wahlergebnisses siehe Winkler: Katastrophe, S. 685–691. Gegenüber der Preußenwahl gewannen die Arbeiterparteien sogar 7,3 Prozent

Sollmann interpretierte die Wahl in einer ersten Stellungnahme als Abstieg des Faschismus in Deutschland und eine Erneuerung der Sozialdemokratie. Wohl durch das gute Ergebnis der Kölner SPD bei der Wahl in seiner Haltung bestätigt, führte Sollmann seine linkspopulistische Linie fort.[918]

Wichtigste Erkenntnis der Wahlen und Ansatzpunkt für die zukünftige Strategie war für ihn die wachsende Ablehnung der kapitalistischen Wirtschaftsweise. Bei den Wählern sei der Glaube an den Kapitalismus dahin, drei Viertel des Reichstags seien aufgrund antikapitalistischer Programme gewählt worden. Daraus ergab sich für ihn die Aufgabe der Sozialdemokratie, durch sozialistische Anträge und Aktionen den »nationalsozialistischen Volksbetrug« zu enttarnen und die Kräfte für den Sozialismus zu mobilisieren. Der Staat müsse nun Initiative zeigen und, statt wie bislang die Kosten des Bankrotts der kapitalistischen Wirtschaft aus den Steuermitteln zu bezahlen, im Bereich von Banken, Bergbau, Schwerindustrie, Elektrizitätswirtschaft und Großgrundbesitz »regelnd eingreifen«. Mit dementsprechenden Programmen werde man die NSDAP zwingen, sich für oder gegen den Sozialismus zu entscheiden. Zum Erfolg komme man nur, wenn man gewillt sei, »den Weg zur Nationalisierung großer Teile der Wirtschaft zu beschreiten«, um »so die Bahn für die kommende sozialistische Neugestaltung öffnen zu helfen«. Dafür müsse man die sozialistischen Kräfte, die in den Anhängern des Faschismus steckten, für die eigene Bewegung mobilisieren.[919]

(Wahlkreis) und 7,2 Prozent (Köln) hinzu. Das gute Abschneiden der Kölner SPD ist mit ihren Bemühungen um einen volksnahen Wahlkampf in Zusammenhang gebracht worden. Vgl. Pyta: Gegen Hitler, S. 468. Gerade wenn man die Preußenwahl als Bezugspunkt nimmt, erscheint dies plausibel, weil die SPD in Köln gegenüber der Landtagswahl deutlich hinzugewann. Dies spricht dafür, dass die Mobilisierung der Anhängerschaft in einem größeren Maße als an anderen Orten gelang, selbst wenn man in Rechnung stellt, dass die SPD Stimmen von ehemaligen Wählern der DDP bzw. DStP erhielt, die aus Ablehnung des Nationalsozialismus nun die SPD unterstützten. Die SPD gewann in Köln gegenüber den Landtagswahlen rund 17.400 Stimmen hinzu, die DDP verlor aber nur rund 5.500 Stimmen. Henseler: Die Köln SPD, S. 180. Hier ist noch die Wahlbeteiligung zu berücksichtigen. Bei der Reichstagswahl lag sie bei 76,9 Prozent.

918 RZ Nr. 179, 1. August 1932. Die Abwehr des faschistischen Ansturms wurde in der SPD allgemein als Erfolg bei der Wahl gesehen. Vgl. Winkler: Katastrophe, S. 694. In der RZ wurde der Erfolg in Köln explizit auf die im Wahlkampf gesetzten Akzente zurückgeführt: »Die Sozialdemokratie Kölns hat alle Ursache, dieses Ergebnis von unerhört geschichtlicher Bedeutung als den Erfolg gerade ihres von stürmischer Begeisterung vorgetragenen Gegenangriffs auf die Bastionen der Hitlerei zu buchen.« RZ Nr. 179, 1. August 1932.

919 Sollmann: Die Stunde naht. Sozialismus ist das Ziel, in: RZ Nr. 189, 12. August 1932. Vgl. auch die Rede Sollmanns zur politischen Lage vor einer Funktionärsversammlung in Köln. RZ Nr. 186, 9. August 1932. Inhaltlich bezog Sollmann sich hier auf die »Richtlinien zum Umbau der Wirtschaft«, die der ADGB im Juni veröffentlicht hatte, in deren in Anknüpfung an traditionelle sozialdemokratische Wirtschaftsziele planwirtschaftliche Maßnahmen und die Verstaatlichung der von Sollmann genannten Schlüsselindustrien gefordert wurden. Die Richtlinien sind abgedruckt bei Schneider: Geschichte der Gewerkschaften, S. 527–530.

Sollmann sah wie viele andere in seiner Partei in den Anhängern der Nationalsozialisten vorwiegend antikapitalistisch eingestellte Elemente, die sich infolge der Wirtschaftskrise einer vermeintlich antikapitalistischen Bewegung zugewandt hatten. Dies war aus seiner Sicht auch durch mangelnde politische Reife bedingt. Es war daher für Sollmann nicht nur denkbar, sondern absolut notwendig, die Wähler der NSDAP davon zu überzeugen, dass es sich bei der NSDAP in Wahrheit um eine reaktionäre Partei handele und die SPD die einzig wirkliche antikapitalistische Partei sei.

»Die sozialistische Idee muß nun aus dem Industrieproletariat in die neuen proletarischen Schichten, in die Reihen der Angestellten, der Akademiker, der entwurzelten Mittelschichten und die hoffnungslose Jugend vorgetragen werden.«

Stärker als zuletzt mussten dazu konkrete sozialistische Forderungen zum Umbau von Wirtschaft und Gesellschaft eingebracht werden, die schnell umzusetzen waren und den Wählern eine klare Alternative zu den diffusen Verheißungen der Nationalsozialisten anboten.[920]

»Die sozialistische Forderung ist jetzt viel wirklichkeitsnäher als 1918. Zwischen damals und jetzt liegt die Zersetzung und Zerreibung der Mittelschichten und die Revolutionierung großer Teile der bis dahin bürgerlichen Jugend, die keine wirtschaftlich gesicherte Zukunft mehr vor sich sehen. Antikapitalistisches Fühlen lebt in diesen Menschen, aber noch kein klares sozialistisches Denken. Darum verfallen sie dem nebelhaften ›Sozialismus‹ Hitlers. Vor uns steht die große und drängende Aufgabe in einem proletarisierten Deutschland den Sozialismus zum Volksziel zu machen.«[921]

In der Rückkehr zu einer konsequent sozialistischen Politik, die besonders die Wirtschaft in den Mittelpunkt rückte, erkannte man in der SPD allgemein ein geeignetes Mittel im Kampf gegen den Nationalsozialismus. Auf Grundlage des Umbauprogramms der Wirtschaft, wie es von ADGB und AFA-Bund ausgearbeitet worden war, startete man im Spätsommer eine »Sozialistische Aktion«, mit der man die antikapi-

---

[920] In der SPD mehrten sich zunehmend die Stimmen, die in einer ausgeprägten sozialistischen Politik die Möglichkeit sahen, die nationalsozialistischen Wähler an sich zu binden. Pyta: Gegen Hitler, S. 235–238. Sollmann glaubte wohl nicht, dass ein gewisser Konsens mit der NSDAP möglich war, wie es von Aufhäuser ins Spiel gebracht wurde. Ihm ging es wohl eher wie Paul Löbe darum, die Parteien im Reichstag, die sich auf den Sozialismus beriefen, durch praktische Vorschläge zu einer sozialistischen Politik zu zwingen, oder sie als nicht sozialistisch zu entlarven. Winkler: Katastrophe, S. 697 f.

[921] Sollmann: Sozialistische Aktion. Unsere Losung für den Wahlkampf, in: Arbeiter-Jugend 10 (1932), S. 303. Siehe auch Sollmann: Besinnt euch! – Einigt euch!, in: Der Zimmerer Nr. 43, 22. Oktober 1932.

talistischen Elemente der nationalsozialistischen Bewegung gewinnen wollte, und in deren Rahmen auch Sollmanns Äußerungen zu sehen sind.[922] Herrschte über dieses Ziel weit gehend Einigkeit, war doch die Frage, auf welchem Wege eine breite Bewegung zur Überwindung des Kapitalismus gebildet werden sollte, durchaus umstritten. Die Parteilinke sah in einer unverfälschten marxistischen Klassenkampfpolitik den Weg zur Gewinnung der nationalsozialistischen Wähler. Für Sollmann dagegen war der bislang ausgebliebene Erfolg bei den Mittelschichten gerade auch eine Folge des Festhaltens an der materialistischen Geschichtsauffassung. Der Marxismus hatte seiner Ansicht nach zwar auf der einen Seite mit seiner Analyse Recht behalten, dass der Nationalsozialismus ihn nicht besiegen könne, aber ihm sei es auf der anderen Seite bisher nicht gelungen, die neu entstandenen proletarischen Schichten an sich zu binden, weil er immer noch im rein rationalen und aufklärerischen Zeitalter von Marx und Engels verwurzelt sei. Er habe die irrationalen Kräfte im Menschen und in der Geschichte nicht erkannt. Dadurch habe man keinen Bezug zur Gefühlswelt und Geisteshaltung des Mittelstands gewinnen können. Wegen einer missverstandenen materialistischen Geschichtsauffassung und einer daraus resultierenden »Nivellierung der Geister« habe man das Problem der Führung vernachlässigt. Die Aufgabe, die sich aus nationalen Schicksalen und religiösen Bindungen speisenden irrationalen Kräfte stärker zu berücksichtigen, sei nun von jüngeren Politikern erkannt worden.[923] Sollmann wollte auch den Kapitalismus beseitigen und den entwurzelten, orientierungslosen Schichten den Sozialismus als Ausweg aus der Krise nahe bringen, aber ohne die überlieferten dogmatischen marxistischen Positionen und ohne Berührungsängste vor den bürgerlichen republikanischen Kräften und nur im Rahmen der demokratischen Ordnung:

»Der Weg des Sozialismus in Deutschland ist nur gangbar mit den Mitteln der Demokratie.«[924]

---

922 Pyta: Gegen Hitler, S. 241.
923 So die Ausführungen Sollmanns in einem Vortrag vor ausländischen Akademikern in Marburg. RZ Nr. 202, 27./28. August 1932. Die Frage der Führung hatte Sollmann ja bereits Ende 1930 aufgeworfen. Sollmann: Mehr Führung!, Hamburger Echo Nr. 358, 28. Dezember 1930. Sein Verweis auf jüngere Vertreter bezieht sich wohl auf den Kreis der Neuen Blätter für den Sozialismus. Was den Aspekt der Berücksichtigung »irrationaler« Faktoren angeht, befand sich Sollmann mit den Vertretern eines »militanten Reformsozialismus« wie Leber, Mierendorff, Haubach auf einer Linie. Sie kritisierten die Vernachlässigung irrationaler Faktoren in der Politik, besonders der Propaganda. Sie beklagten auch das Versäumnis, eine eigene Nationalidee zu entwickeln. Siehe dazu auch Grebing: Auseinandersetzung, S. 267 f. Julius Leber hatte diesbezüglich geäußert, »die Wichtigkeit des stimmungsmäßigen Glaubens in einer Massenbewegung« dürfe nicht vernachlässigt werden, man müsse die »positiven Möglichkeiten« dieser Formen politischer Arbeit zu würdigen wissen. Leber würdigte Sollmanns Bemühungen in dieser Hinsicht. Beck: Leber, S. 116.
924 Sollmann: Sozialistische Aktion. Unsere Losung für den Wahlkampf, in: Arbeiter-Jugend 10 (1932), S. 303 f.

Nur dann konnte es aus seiner Sicht gelingen, allen Schichten die Vorteile der sozialistischen Wirtschaftsweise zu verdeutlichen und nur dann war auch der Weg zur sozialen Demokratie möglich.[925]

Aus dieser Erkenntnis heraus drängte er die Partei weiter zu programmatischen Korrekturen. Ein Anlass dazu war die wieder aufflammende Diskussion über das Verhältnis der SPD zur Wehrfrage, das trotz der intensiveren Auseinandersetzung nach dem Bau des Panzerkreuzers A 1928 nicht geklärt war.[926] Neuen Auftrieb erhielt diese Frage durch die Bestrebungen der Regierung Papen, im Zuge einer zunehmend offensiv betriebenen Revision des Versailler Vertrags die militärische Gleichberechtigung Deutschlands durchzusetzen.[927] In einer Fraktionssitzung Ende August sorgte Sollmann für erhebliche Diskussionen, weil er im Sinne der Regierung argumentierte. Er wandte sich gegen die »doktrinär-pazifistische Auffassung gewisser Kreise der Partei« und stellte die Frage, ob die Partei nicht immer gerade dann bei Wahlen verloren habe, wenn sie gegen nationale Parolen Front gemacht habe. Man dürfe sich auf keinen Fall »für eine Rüstung alten Stils einsetzen«, aber die SPD als Staatspartei müsse auch eine »starke Staatsmacht wollen«, wozu die Wehrmacht gehöre. Daher müsse Deutschland in der Rüstungsfrage eine grundsätzliche Gleichberechtigung mit den Großmächten fordern und durchsetzen. Unterstützung erhielt er erneut von Wilhelm Keil, der noch weit gehender als er selbst die Wehrfrage zum Gegenstand propagandistischer Überlegungen machte. Zwar bekundeten laut Keil einige Fraktionsmitglieder ihre deutliche Zustimmung, aber die Mehrheit lehnte die Haltung Sollmanns und Keils als zu »nationalistisch« ab.[928]

In der Folge wurde diese Frage noch auf einer Sitzung des Fraktionsvorstands erörtert, zu der auch die Experten für Wehrfragen, unter ihnen Sollmann, hinzugezogen wurden. Rudolf Breitscheid äußerte zwar gewisses Verständnis für die Gruppe um Keil und Sollmann, hatte aber Bedenken, dass eine militärische Gleichberechtigung in einem Wettrüsten ende. Seinem Einwand, er setze nach wie vor seine Hoffnung auf die Abrüstung der übrigen Mächte, entgegnete Sollmann, man warte darauf seit 14 Jahren, ohne dass sich etwas getan hätte. Nur mit der Hoffnung auf Abrüstung käme man beim Volk in eine schwierige Lage. Man dürfe nicht nur auf die Meinung der Parteifunktionäre vertrauen, im Rheinland und in Ostpreußen, wo die Bevölkerung

---

925 Diese Strategie des rechten Flügels der SPD hat bereits Pyta unter Bezug auf Sollmann herausgearbeitet. Pyta: Gegen Hitler, S. 238.
926 Die Wehrfrage war zwar auf dem Magdeburger Parteitag auf Grundlage der Vorarbeiten einer Kommission ausgiebig erörtert worden, die gefundene Kompromisslösung hatte aber nicht die unterschiedlichen Auffassungen in der Partei beseitigen können. Siehe dazu Winkler: Schein der Normalität, S. 629–636.
927 Zur Außenpolitik unter Papen siehe Hildebrand: Das vergangene Reich, S. 548–554.
928 Keil: Erlebnisse, Bd. 2, S. 457–459. Severing stimmte zwar im Grunde mit Sollmanns und Keils Haltung überein, hielt aber den Zeitpunkt des Vorstoßes und auch Sollmann als Initiator für verfehlt. Severing: Lebensweg, Bd. 2, S. 364. Zur Haltung Keils in der Wehrfrage siehe Mittag: Keil, S. 302–311.

eine Invasion erlebt habe, habe man andere Auffassungen von der Sicherheitsfrage als in Berlin. Man müsse die Reichswehr für die Sozialdemokratie gewinnen, statt sie abzulehnen.[929]

Auf einer Versammlung der Eisernen Front in der Kölner Rheinlandhalle, auf der er gemeinsam mit dem vormaligen Berliner Polizeipräsidenten Albert Grzesinski sprach, erneuerte Sollmann seine in der Fraktion erhobenen Forderungen. Er kritisierte zwar, Papen habe vor allem durch die Duldung der nationalsozialistischen Privatarmeen seinen wehrpolitischen Vorstoß schlecht vorbereitet und dadurch das Misstrauen gegenüber Deutschland noch erhöht, aber die französischen Politiker und Militärs hätten auch kein Recht, sich über Deutschlands Vorgehen zu beschweren, weil Frankreich sich weigere, den Teil des Versailler Vertrags zu erfüllen, der die allgemeine Abrüstung zusage. Eine allgemeine Abrüstung auf dem Boden der Gleichberechtigung habe dem Nationalsozialismus auch in Deutschland einen schweren Schlag versetzt. Die Sozialdemokratie wolle keine Aufrüstung, man wolle aber auch nicht, dass auf irgendeinem Gebiet die Benachteiligung Deutschlands zementiert werde. Man wolle die volle Gleichberechtigung, die man für die Volksgenossen im Staate fordere, auch für ihre Nation.[930]

An der ablehnenden Haltung der Fraktion änderte sich freilich nichts. Zwar war der Fraktionsvorstand zu gewissen Zugeständnissen gegenüber der Gruppe um Sollmann und Keil bereit. Im Beschluss der Fraktion zur Wehrfrage vom 14. September wies man einleitend darauf hin, die SPD habe die einseitigen Bestimmungen des Versailler Vertrags abgelehnt und »die volle Gleichberechtigung auf dem Gebiet der allgemeinen Abrüstung« eingefordert. Kam man damit der Haltung der Kritiker vom rechten Flügel entgegen, so wurden jedoch im Folgenden die Pläne der Reichsregierung und ihr Vorgehen verurteilt.

> »Die sozialdemokratische Reichstagsfraktion protestiert mit aller Entschiedenheit gegen die Entfesselung nationalistischer und militaristischer Instinkte in allen Ländern, da sie darin eine Bedrohung der Freiheit der Arbeiterschaft und eine Gefährdung des Weltfriedens erblickt.«[931]

Damit war den Bestrebungen Sollmanns, die Wehr- wie die Reparationsfrage als Ansatzpunkt für eine stärker »national« akzentuierte Politik der Sozialdemokratie zu nutzen, eine Absage erteilt worden. Dieses Ansinnen rührte an den Grundfesten des sozialdemokratischen Selbstverständnisses, das stark vom Gedanken der internatio-

---

929 Zustimmung erhielten die Befürworter einer aktiven Wehrpolitik besonders von Julius Leber, der im Sinne von Keil und Sollmann ein Umdenken forderte. Ursprünglich war geplant, dass eine Kommission das Ergebnis der Besprechung in einer Erklärung für die Öffentlichkeit zusammenfasse. Dazu ist es aber wohl nicht mehr gekommen. Keil: Erlebnisse, Bd. 2, S. 460.
930 RZ Nr. 209, 5. September 1932. Siehe zu Sollmanns Rede auch Vogelsang: Reichswehr, S. 302 f.
931 Partei und Wehrfrage, in: Vorwärts Nr. 435, 15. September 1932.

nalen Verständigung und des Antimilitarismus geprägt war. Aber war die von Sollmann geforderte Abkehr von den traditionellen Leitlinien überhaupt eine realistische Alternative zur Haltung der Parteimehrheit? In der Forschung wurden die Versuche Sollmanns und seiner Mitstreiter überwiegend kritisch beurteilt. Der Umstand, dass es überhaupt zu der von Sollmann angezettelten Diskussion kommen konnte, wird von Winkler als »alarmierendes Zeichen« bewertet, weil die Unterstützung von Aufrüstungsforderungen in einer Zeit größter wirtschaftlicher und sozialer Not selbst für Sozialdemokraten vom rechten Flügel eine Zumutung gewesen sei.[932] Auch der Versuch, durch eine nationale Rhetorik Wähler aus den Mittelschichten anzusprechen, wird nicht als geeigneter Weg gesehen, die SPD politisch zu stärken, weil mit diesem Kurswechsel sozialdemokratische Grundprinzipien in Frage gestellt wurden, die zu einer innerparteilichen Polarisierung geführt und damit desintegrierend gewirkt hätten, wodurch auf dem linken Flügel mit großer Wahrscheinlichkeit Wähler verloren gegangen wären.[933]

Tatsächlich erscheint der Versuch, in Zeiten hoher Arbeitslosigkeit eine aktive Wehrpolitik zu befürworten, was auch das Recht auf Aufrüstung beinhaltet, als fragwürdig. Zwar wollten weder Sollmann noch Keil eine Aufrüstung, wie sie es auch klar zum Ausdruck brachten. Aber das Problem war, dass die Forderung einer militärischen Gleichberechtigung, wie sie von der Regierung erhoben wurde, auf eine Aufrüstung hinauslief. Selbst wenn man die militärische Gleichberechtigung in den Vordergrund der eigenen Argumentation rückte, war dies unter diesen Umständen den sozialdemokratischen Anhängern kaum zu vermitteln. Die Befürworter einer neuen Wehrpolitik sahen darin allerdings nicht nur einen taktischen Zug, um die SPD gegenüber den Mittelschichten zu öffnen. Es ging in dieser Frage auch um die grundsätzliche Einstellung der Partei zu den Herrschaftsinstrumenten der Republik, um den Willen zur politischen Machtausübung im demokratischen Staat.[934] Wenn die Sozialdemokratie der wahre Träger der Republik sein wollte, musste sie sich auch positiv zur Reichswehr stellen:

»Die Kriegsgegnerschaft der Sozialdemokratie hat sich bei manchem Sozialdemokraten zu einer Gegnerschaft gegen jeden Waffendienst und manchmal auch zu einer Diffamierung des Waffendienstes an sich entwickelt. Eine solche Auffassung ist mit politischem Machtwillen unvereinbar. [...] Welche Bedeutung insbesondere in Deutschland das Heer und seine Traditionen haben, ist uns in diesem Jahr hinreichend beigebracht worden, so weit wir es noch nicht begriffen haben sollten. [...] Eine Demokratie, die das Heer des Staates ihren Gegnern überläßt, eine De-

---

932 Winkler: Katastrophe, S. 725.
933 Lösche/Walter: Die SPD, S. 75; Groh/Brandt. Vaterlandslose Gesellen, S. 209.
934 Vgl. Mittag. Keil, S. 310 f., der dies unter Verweis auf Sollmann und Leber bereits herausgearbeitet hat.

mokratie, die nicht unbedingt und fest auch zur Ultima ratio der Kanone und des Maschinengewehrs sich bekennt, ist verloren. [...] Staatsmacht ohne Heeresgewalt ist einstweilen undenkbar. Man kann nicht die eine wollen und die andere verneinen. Sie gehören zusammen. Unser Machtwille muß sich auf beide erstrecken. Darin liegt eine wesentlich politisch-psychologische Vorbedingung für den neuen Aufstieg unsrer Partei zur Regierungsmacht.«[935]

Sollmann sah es als verhängnisvoll an, dass seine Partei der Reichswehr ablehnend gegenüberstand und sie somit dem Einfluss der republikfeindlichen Kräfte überlassen hatte. Damit hatte man sich nicht nur der Kontrolle eines eminent wichtigen Machtfaktors beraubt, sondern durch eine negative Wehrpolitik auch die Stimmungen in weiten Teilen der Bevölkerung ignoriert. Stattdessen forderte er, die SPD müsse sich für eine Reform der Reichswehr einsetzen, die das Heer demokratisiere und zum Träger einer friedlichen Außenpolitik mache.[936] Der Gedanke einer aktiven Wehrpolitik war also nicht nur ein dem Moment geschuldetes wahltaktisches Manöver Sollmanns – er hatte schon in den Jahren zuvor ein Umdenken in dieser Frage eingefordert –, sondern war Teil eines übergeordneten Konzepts, das darauf abzielte, die SPD wieder mehrheitsfähig zu machen. Seine Kritik an einer weltanschaulich motivierten Ablehnung des Militärs, die jede sachliche Auseinandersetzung unmöglich machte und die Befürworter einer solchen Haltung vorschnell in den Ruf eines Nationalisten brachte, war im Grunde auch berechtigt.[937] Eine Mehrheit der SPD dachte aber nicht in diesen Kategorien und verhinderte damit, dass die Partei im breiten Spektrum nationaler Themen Akzente setzen konnte.[938] Allerdings waren der Zeitpunkt und die Art und Weise, in der Sollmann nationale Themen besetzen wollte, kaum geeignet, die Sozialdemokratie zu stärken. Mit einer stellenweise übersteigerten national akzentuierten Rhetorik konnte man nicht schlagartig wettmachen, was man in den Jahren zuvor versäumt hatte. Es war zudem kaum zu erwarten, dass an der Basis in Zei-

---

935 Sollmann: Positive Parteikritik, in: RZ Sonderausgabe, 27. November 1932. Ähnlich äußerte er sich auch in einem unveröffentlichten Manuskript: »Es wird für immer als ein Versagen des politischen Machtinstinktes und Machtwillens der deutschen Arbeiterschaft in der Geschichte der deutschen Republik bestehen bleiben, daß die Arbeiterschaft sich in blindem Haß gegen einen in Wirklichkeit nicht mehr vorhandenen Militarismus dazu verleiten ließ, an dem Aufbau der neuen Reichswehr sich nicht zu beteiligen, ja ihr ostentativ fernzubleiben.« Sollmann: Wir und die Reichswehr. Eine historische Untersuchung, undatiertes Manuskript (1932/33), HAStK 1120/633/XIII-11-60, 61. Keil argumentierte auf der gleichen Linie: »Wer die Staatsmacht erobern will, [muß] in der heutigen Welt auch entschlossen sein [...], den Gedanken der Wehrmacht zu bejahen.« Zitiert nach Mittag: Keil, S. 311.
936 So Sollmann auf einer Kölner Parteiversammlung am 15. Januar 1933. RZ Nr. 13, 16. Januar 1933.
937 In einer Replik auf die oben zitierten Ausführungen Sollmanns von Franz Petrich heißt es: »Sollmann verkuppelt die proletarische Machteroberung und Machtausübung mit militärischen und nationalistischen Gedankengängen: eines hebt das andere auf!« Franz Petrich: Opposition und geistige Neuorientierung der Partei, in: Korrespondenz Schützinger Nr. 162, 11. Dezember 1932.
938 Zur Kritik an dieser Haltung siehe Pyta: Gegen Hitler, S. 460–463.

ten hoher Arbeitslosigkeit verstärkte Wehrausgaben akzeptiert wurden, weil damit Deutschlands internationale Gleichberechtigung zum Ausdruck kam. Zudem ist auch zu hinterfragen, ob Sollmanns Taktik überhaupt geeignet war, bei den umworbenen Mittelschichten Anklang zu finden. Sicherlich herrschten in diesen Bevölkerungsteilen andere Ansichten über nationale Themen, als sie von der SPD vertreten wurden. Aber selbst wenn sich die Partei wie von Sollmann gefordert hier anders positioniert hätte, so wäre keineswegs gesichert gewesen, dass dadurch viele Wählerstimmen gewonnen worden wären. Denn die SPD stand immer noch für einen spezifisch sozialdemokratischen Patriotismus und eine sozialistische Demokratie und für die Wähler gab es dazu politische Alternativen, die sowohl was die nationale Ausprägung als auch die Stellung zur Demokratie betraf, den Mentalitäten in den Mittelschichten stärker entgegenkamen als die sozialdemokratische Variante. Damit soll nicht in Abrede gestellt werden, dass Sollmanns Ansatz einer stärkeren Berücksichtigung von nationalen Fragen ihre Berechtigung hatte, schließlich hatte man es dadurch der NSDAP noch leichter gemacht, diese Felder für sich zu besetzen, aber er überschätzte im politischen Klima am Ende der Weimarer Republik die Möglichkeit, durch eine betont nationale Politik der SPD Zulauf aus der Mitte sichern zu können. Zugleich übersah er die Gefahren, die der Sozialdemokratie daraus bei den eigenen Anhängern erwuchsen.

Ein ähnliches Problem ergab sich auch im Rahmen der Sozialistischen Aktion. Es gelang der SPD im Vorfeld der Reichstagswahl vom 6. November nicht, das von ihr befürwortete Wirtschaftsprogramm populär zu machen und sich als Oppositionspartei zu profilieren, die eine klare Alternative zum Kurs der Regierung darstellte. Dies war neben den Rückwirkungen der Tolerierungspolitik besonders durch strukturelle Defizite in der Organisation begründet, die eine erfolgreiche Werbearbeit behinderten. Aber diese Offensive beruhte auch auf der Annahme, dass die antikapitalistische Stimmung in der von der Wirtschaftskrise betroffenen Bevölkerung in erster Linie der Sozialdemokratie zugutekommen müsse. Es gab mit der KPD und der NSDAP jedoch zwei weitere Parteien, die sich als Gegner des Kapitalismus positionierten und deren programmatische Angebote vielen Wählern mehr zusagten als der Sozialismus in der Form, wie er von der SPD propagiert wurde.[939]

Für Sollmanns Wahlkampf war die antikapitalistische Offensive aber von zentraler Bedeutung. Er setzte darauf, dass es der SPD gelingen würde, neue Kräfte zu entwickeln und hinter sich zu sammeln:

»Wir Sozialisten sind jetzt auf absehbare Zeit von der Verantwortung ausgeschlossen, aber wir sind dabei, eine machtvolle sozialistische Volksbewegung aufzubringen, die die Erneuerung Deutschlands herbeiführen soll.«[940]

---

939 Pyta: Gegen Hitler, S. 244.
940 Öffentlicher Anzeiger für den Kreis Bad Kreuznach Nr. 259, 2. November 1932.

Aber der Wahlkampf wurde mit weniger Schwung und Zuversicht betrieben als zuvor. Die Reihe von Wahlkämpfen erschwerte eine Mobilisierung der Basis und es fehlte der SPD, obwohl man glaubte, mit der Sozialistischen Aktion punkten zu können, eine zündende Idee, um ihre potenziellen Anhänger an die Wahlurnen zu bringen. Das Wahlergebnis vom November brachte die Wahlmüdigkeit und auch die Politikverdrossenheit zum Ausdruck. Davon war nicht nur die SPD betroffen, die leichte Verluste erlitt, sondern auch die NSDAP, die einen deutlichen Rückschlag hinnehmen musste.[941] Im Wahlkreis Köln/Aachen konnte die SPD dagegen minimal gewinnen, in Köln verlor die Partei jedoch Stimmen.[942] Trotz des mäßigen Ergebnisses der Sozialdemokratie feierte die Rheinische Zeitung den »Abschied vom Dritten Reich«. War dies angesichts des Abschneidens der NSDAP in gewisser Weise verständlich, so herrschten in Anbetracht des eigenen Wahlergebnisses doch auch Ernüchterung und eine gewisse Ratlosigkeit. Besonders in Köln war es offensichtlich nicht gelungen, die Wähler zu erreichen, hatte man hier doch gegenüber der letzten Wahl bei einer extrem niedrigen Wahlbeteiligung von 68,4 Prozent rund 13 Prozent weniger Stimmen erhalten.[943] Allgemein wusste man in der Partei nicht, wie das Ergebnis der Wahl einzuordnen war und welche Schlüsse man für die weitere Vorgehensweise daraus ableiten konnte. Am weiteren Kampf gegen Papen und für die Rückkehr zur parlamentarischen Regierungsweise gab es keinen Zweifel, aber damit war noch kein Ausweg aus der Staatskrise gefunden. Im Parteiausschuss erhoffte man sich durch die Einbringung eines Ausführungsgesetzes zum Artikel 48, das die Befugnisse der Präsidialregierung einschränkte, und durch im Reichstag geübte Kritik an der Regierung Papen größere Wirkung.[944]

Sollmann nahm in den Wochen nach der Wahl nicht an der Diskussion um die Strategie im Kampf gegen die Präsidialregierung teil. Er hatte sich nach den Anstrengungen des Wahlkampfs zur Erholung in die Berge zurückgezogen.[945] Möglicher-

---

941 Die NSDAP erreichte 33,1 Prozent (Juli 1932: 37,4), die SPD 20,4 Prozent (21,6), das Zentrum 11,9 Prozent (12,5). Gewinne erzielten sowohl die KPD mit 16,9 Prozent (14,5) und die DNVP mit 8,9 Prozent (5,9). Statistisches Jahrbuch des Deutschen Reichs 1932, S. 448 f. Eine ausführliche Wahlanalyse bei Winkler: Katastrophe, S. 774–780.
942 Das Ergebnis für Köln/Aachen: SPD 14,7 Prozent (14,6), NSDAP 17,4 Prozent (20,2), Zentrum 39,3 Prozent (40,5) und KPD 19,3 Prozent (17,3). Das Ergebnis für den Stadtkreis Köln: SPD 17,5 Prozent (18,4), NSDAP 20,4 Prozent (24,5), Zentrum 27,3 Prozent (28,2), KPD 24,5 Prozent (22). RZ Nr. 262, 7. November 1932.
943 Allerdings war die Wahlbeteiligung in Köln traditionell niedrig, was die RZ zu einem ironischen Kommentar verleitete. RZ Nr. 262, 7. November 1932. Dies war wohl Ausdruck von Ratlosigkeit angesichts einer knapp zwölf Prozent unter dem Reichsdurchschnitt liegende Wahlbeteiligung.
944 Zur Reaktion auf das Wahlergebnis und zur Diskussion im Parteiausschuss siehe Winkler: Katastrophe, S. 782 f., 786–789. Allerdings war kaum zu erwarten, dass der Reichstag längere Zeit tagte, da man damit rechnen musste, dass die von kommunistischer Seite gestellten Misstrauensanträge eine Mehrheit fanden oder die Regierung wegen der gegen sie eingebrachten Beschlüsse den Reichstag auflöste. Ebd., S. 789.
945 Dies berichtet Wilhelm Keil, der nach der Wahl eine private Reise ins Rheinland unternahm, wo er in Köln Sollmann zu seinem Bedauern nicht sprechen konnte: »Sollmann, auf dessen weitbli-

weise auch beeinflusst vom Ergebnis der Wahl, bei der sich die politische Außenseiterrolle der SPD verfestigt hatte, nutzte er diese Zeit, um sich grundlegend mit der Frage auseinanderzusetzen, warum seine Partei in eine Situation geraten war, die ihr kaum politischen Einfluss ermöglichte. Seine Erkenntnisse fasste er in einem Artikel unter der Überschrift »Positive Parteikritik« zusammen, in dem er nicht nur seine schon in den Monaten zuvor erhobene Kritik bündelte, sondern darüber hinaus den Zustand der Partei einer kritischen Betrachtung unterzog. Er bemängelte, die Organisationsform der SPD würde noch aus dem Kaiserreich stammen und ziehe nicht die geistigen Kräfte heran, die in dieser Zeit nötiger seien als je zuvor. Man habe wohl eine große Auswahl an geeigneten Organisationsleitern, es fehlten aber die Führer mit politischen Instinkten und Fantasie, mit politischer Willensrichtung und Suggestivkräften. Die Dominanz des »Organisatorischen« zeige sich schon in der Zusammensetzung des Parteivorstands. Die führenden Männer des Vorstands würden zudem mit organisatorischen Aufgaben überhäuft, weshalb ihnen kaum Zeit und Kraft für die politische Führung bleibe. In einer derart unübersichtlichen, von komplexen Problemen erfüllten Zeit koste es aber viel Mühe, um sich über die drängenden Fragenkomplexe einen Überblick zu verschaffen. Nur dann könne man der Aufgabe eines geistigen Führers gerecht werden. Er bezweifelte, dass die derzeitige Organisation des Parteivorstands eine Reform der Parteiführung ermögliche. Der Vorstand müsse unter Wahrung der organisatorischen Aufgaben auch seine politisch-geistigen Aufgaben schon in seiner Zusammensetzung widerspiegeln. Auch der Parteiausschuss bedürfe einer Erneuerung, da auch er vorwiegend durch Organisationsleiter geprägt sei. Der Ausschuss solle auch aufstrebenden, politischen Kräften Raum zur Mitarbeit geben. Überall sei die Führung der Organisationen in die Hände von Angestellten der Arbeiterbewegung gelangt. Dies sei erklärlich, aber dadurch würden viel zu wenig Ehrenamtliche zur Mitarbeit herangezogen:

> »Was ich will, ist die größere politische Nutzbarmachung wertvoller Kräfte, die es außerhalb des angestellten Funktionärskörpers in der Arbeiterbewegung gibt. […] Meine Warnung richtet sich gegen die Gefahr der Einseitigkeit, der Abkapselung von den frei wirkenden Kräften der Gesellschaft, der Wirtschaft und ihrer Geistigkeit. […] Manche Überraschung, nicht zuletzt das Staunen über das plötzliche Hereinbrechen der braunen Nazi-Flut, wäre uns erspart geblieben, wenn unsre Sicht und unser Gehör noch weit genug außerhalb des Rahmens unsrer Organisationen und unsrer eingeschworenen Anhänger erreicht hätten.«

Die Zusammensetzung der Fraktionen in Staats- und Gemeindeparlamenten seien nicht so, wie sie eine Volksbewegung mit dem Anspruch, Staat, Gesellschaft und Kul-

---

ckendes Urteil ich große Stücke hielt, traf ich in Köln nicht an. Er war zur Erholung von den Strapazen des Wahlkampfs ins Gebirge gereist.« Keil: Erlebnisse, Bd. 2, S. 468.

tur erneuern zu wollen, benötige. Dies sei die Folge ungenügender Volkspsychologie, nicht geglückter Führerauslese und politischer Fehlgriffe. Die Möglichkeit zum Aufstieg nur über die Organisation müsse durchbrochen werden.

»Unsere politische Schulung sollte vor allem auf die Steigerung des Machtwillens der Arbeiterklasse und auf die Entwicklung machtwilliger, bis zur Brutalität energischer Führerschaften gerichtet sein. Es hat uns in entscheidender Stunde an machtwilligen Massen und an machtwilligen Führern gefehlt.«

Man habe auch zu lange das Problem der Führung vernachlässigt und es versäumt, den Führergedanken im Rahmen der Demokratie zu entwickeln:

»Auch die Demokratie und gerade sie bedarf der Autorität für ihre frei gewählten Führer. Das gilt für die demokratische Partei wie für den demokratischen Staat. [...] Der Respekt vor der Leistung, ja die nacheifernde Bewunderung für die vorbildlichen Führer muß ganz anders als bisher in der Erziehung unserer Jugend genutzt werden.«

Der grotesk übersteigerte Führerkult der Faschisten sei nicht zuletzt die Folge des massenpsychologischen Versäumnisses der marxistischen Parteien.[946]

Diese fundamentale Kritik ist ein Ausdruck davon, welch tiefe Spuren die Entwicklungen der letzten Monate hinterlassen hatten, in denen die Sozialdemokratie von den politischen Entscheidungen ausgeschlossen war, und wie sehr von manchem Sozialdemokraten mittlerweile die Organisation, Taktik und Methoden der Partei in Frage gestellt wurden.[947] Sollmanns Äußerungen waren keineswegs singulärer Natur, viele Aspekte, die er in seinem Beitrag thematisierte, waren schon von anderer Seite angesprochen worden. Es war kaum verwunderlich, dass besonders aus dem Kreis um die Neuen Blätter für den Sozialismus ähnliche Gedanken geäußert wurden. Aspekte wie die Erstarrung und Überalterung der Partei, die mangelnde Herausbildung von Führungspersönlichkeiten und die Stärkung des Führergedankens waren dort mehrfach erörtert worden. Wie Sollmann sah man einen entscheidenden Grund für den Zulauf zum Nationalsozialismus in sozialpsychologischen Ursachen, die gerade bei der Jugend zum Vorschein kamen, was von der Sozialdemokratie aber verkannt worden war. Ebenso trat man für die Umbildung der SPD zu einer »militanten Partei« ein,

---

946 Sollmann: Positive Parteikritik. Erneuerung und Machtwille, in: RZ Sonderausgabe, 27. November 1932. Zum Schluss des Artikels ging Sollmann noch auf die bereits oben diskutierte Haltung der Partei zur Reichswehr ein, die für ihn einen weiteren Punkt darstellte, in dem die Partei umdenken musste.

947 August Rathmann, Schriftleiter der Neuen Blätter für den Sozialismus schreibt dazu: »Es ist keine Frage, daß Sollmann dies alles kaum vor dem 20. Juli 1932 hätte schreiben können.« Rathmann: Ein Arbeiterleben, S. 225.

die straff organisiert und geführt neue Stoßkraft in der Auseinandersetzung mit dem Nationalsozialismus und allen Gegnern der Republik gewinnen sollte.[948]

Viele dieser Ideen waren unverkennbar durch den Aufstieg des Nationalsozialismus und dessen Parteiorganisation beeinflusst. Sollmann und andere Sozialdemokraten erkannten, dass die strikte Ausrichtung auf eine Führungspersönlichkeit, die den ihr gegebenen Handlungsspielraum auszufüllen wusste und über die nötige charismatische Beredsamkeit verfügte, gegenüber der eigenen Organisation deutliche Vorteile hatte, nicht nur was Entscheidungskraft und Effizienz anbelangte. Es ging Sollmann selbstverständlich nicht um eine Kopie des nationalsozialistischen Führerprinzips. Aber er sah nicht nur bei den Massen ein Bedürfnis nach Führung, sondern bemängelte auch, dass viele Entscheidungen in der Partei zerredet und kritisiert wurden. Die explizite Herausstellung von Führungsfiguren und die Stärkung der Autorität der gewählten Führer sollte hier Abhilfe schaffen. Sollmann war im Gegensatz zur marxistischen Ideologie der Ansicht, dass der Gang der Geschichte nicht deterministisch durch die sozioökonomischen Rahmenbedingungen festgelegt war, sondern im viel stärkeren Maße von handelnden Personen abhing.[949] Gerade in den Wahlkämpfen hatte sich der Mangel an populären Persönlichkeiten schmerzlich bemerkbar gemacht, gab es in der gesamtem SPD doch kaum einen Politiker, der über entsprechende Eigenschaften verfügte. Die ganze sozialdemokratische Organisation war überhaupt nicht angelegt, Führungspersönlichkeiten hervorzubringen, weil der langwierige Aufstieg in der Organisation dies erschwerte und im gesamten Organisationsgefüge eine Abneigung gegen starke Persönlichkeiten herrschte, weil die Funktionäre darauf bedacht waren, ihre eigene Stellung zu verteidigten.[950]

Wie sehr die SPD sich Ende des Jahres 1932 in einer Phase der Selbstkritik und Neuorientierung befand, zeigte sich am innerparteilichen Echo auf Sollmanns »Positive Parteikritik«. Es gab in der Weimarer Republik wohl kaum einen Artikel, der ähnliches Aufsehen in der Partei erregte.[951] Die Reaktionen waren zwiespältig. Die

---

948 Siehe dazu mit Verweis auf die jeweiligen Artikel in den NBS Schildt: National gestimmt, S. 382–386; Vogt: Nationaler Sozialismus, insbesondere S. 224–232, 328–336. Was die Folgerungen aus diesen Forderungen angeht, so gab es durchaus Unterschiede. So sah etwa Mierendorff in der Ausbildung des Führergedankens ein wesentliches Argument gegen das Verhältniswahlrecht und forderte daher eine Wahlreform. Vogt: Nationaler Sozialismus, S. 229. Sollmann sprach sich stets gegen eine Änderung des Wahlrechts aus, weil er darin kein Hindernis für die Ausbildung von Persönlichkeiten sah.
949 Sollmann sprach schon 1927 von der Führerauslese und merkte an, dass es in der Partei an führenden Personen fehlt, mit denen die anstehenden Herausforderungen gemeistert werden können. Daher hatte er sich für die Gewinnung von Akademikern ausgesprochen. Sollmann: Ruf an die Geistesarbeiter.
950 Dies hatte sich auf dem Parteitag 1929 bei der Kandidatur Sollmanns für den Parteivorsitz gezeigt. Siehe oben Kapitel IV.10.
951 Zu dieser Wertung kommen Lösche/Walter: Die SPD, S. 67. Zahlreiche Parteiblätter druckten den Beitrag oder diskutierten über den Inhalt. Vielfach wurden Sonderdrucke bestellt. Die Reaktionen auf den Artikel füllen in Sollmanns Nachlass eine eigene Mappe. Siehe dazu HAStK 1120/552.

Parteiführung, die sich wohl auch durch die große Aufmerksamkeit für Sollmanns Beitrag zu einer Stellungnahme genötigt sah, konnte seinen Anmerkungen nichts abgewinnen. In einer Sitzung des Parteiausschusses wies der Vorsitzende Otto Wels daraufhin, die Partei sei organisatorisch gut aufgestellt. Ebenso fiel das Fazit von Wilhelm Dittmann, stellvertretender Vorsitzender der Reichstagsfraktion, aus. Die Partei habe zwar kleinere Mängel, aber dies sei in Organisationsapparaten unvermeidlich. Sollmann strebe auch zu sehr nach einem »Idealgenossen«. Alles in allem sei die Partei sehr gut aufgestellt:

> Ich bin in dem Kampfjahr 1932 [...] im Reich herumgekommen und habe dabei auch offene Augen gehabt für Mängel und Fehler, sachliche und persönliche in der Partei, aber mein Gesamteindruck ist doch der, daß im Zusammenspiel von Organisation, Agitation und politischer Führung die Partei geradezu Bewunderungswürdiges geleistet hat. Wir haben dabei den Boden gepflügt und aufgelockert und sollten jetzt uns nicht mit unnötigen Selbstvorwürfen quälen, sondern alle Kraft und Energie darauf verwenden, im Marx-Jahr 1933 den Samen des Sozialismus in die frischen Furchen zu sähen.[952]

Es zeigte sich erneut, wie stark die Beharrungskräfte in der SPD waren. Die Sozialdemokratie mochte sich in einer noch so schwierigen Situation befinden, organisatorische Mängel wollten gerade viele Parteifunktionäre nicht erkennen. Welch große Vorbehalte im Apparat gegenüber Impulsen für Veränderungen bestanden zeigt die Reaktion des Parteisekretärs Dietrich, der es als Problem ansah, »wenn ein Outsider auf einmal daherkommt und versucht, uns Vorschläge zur Verbesserung des Organisationslebens zu machen«[953]. Dies war ein Beweis dafür, dass Sollmanns Forderung nach einer geistigen Auffrischung der Organisation berechtigt war.

Abgedruckt wurde der Artikel u. a. in: Hessischer Volksfreund Nr. 290, 9. Dezember 1932, Leipziger Volkszeitung Nr. 305, 29. Dezember 1932; Hamburger Echo Nr. 6, 7. Januar 1933; Vorwärts Nr. 57, 3. Februar 1933; NBS 1 (1933), S. 25-33. Zur Diskussion siehe: Ernst Heilmann: Sollmanns »positive Parteikritik«, in: Das freie Wort Nr. 42 (1932), S. 31 f.; Franz Petrich: Opposition und geistige Neuorientierung der Partei, in: Korrespondenz Schützinger Nr. 162, 11. Dezember 1932; Wilhelm Dittmann: Positive Parteikritik. Eine Antwort an Sollmann, in: RZ Nr. 2, 3. Januar 1933.

952 Wilhelm Dittmann: Positive Parteikritik. Eine Antwort an Sollmann, in: RZ Nr. 2, 3. Januar 1933. Siehe zur Reaktion von Wels im Parteiausschuss das Protokoll der Sitzung vom 16. Dezember 1932, abgedruckt bei Schulze: Anpassung, S. 102 f.

953 Ebd., S. 106. Dietrich gestand zwar zu, dass eine Verlebendigung der Organisation nötig war und Wels in dieser Hinsicht zu verschlossen sei, aber Sollmann verfügte seiner Ansicht nach nicht über die Kenntnis, um dies beurteilen zu können. Von den Parteisekretären war ja 1931 schon der größte Widerstand gegen Sollmanns Wahl zum Parteivorsitzenden ausgegangen. Stattdessen hatten sie den aus ihren eigenen Reihen stammenden Hans Vogel unterstützt.

Aber die von Sollmann mit angestoßene Diskussion ließ sich nicht so leicht aus der Welt schaffen. Es gab neben der Kritik aus dem Parteivorstand und -ausschuss auch eine ganze Reihe zustimmender Rückmeldungen aus der Partei. Ortsvereine wie in Hamburg druckten nicht nur Sollmanns »Positive Parteikritik« im Parteiorgan ab, sondern nahmen dies zum Anlass, eigene Stellungnahmen zu veröffentlichen und Anträge für den im März 1933 geplanten Parteitag zu formulieren. Dass auch in Köln ein Antrag auf Bildung einer Kommission zur Überprüfung der Organisation gestellt wurde, verstand sich fast von selbst.[954] Auch aus dem Kreis der Neuen Blätter für den Sozialismus wurde Sollmanns Vorschlag aufgegriffen. Ein »Arbeitsausschuss« erarbeitete seit Ende 1932 »Vorschläge zur Reformierung des Parteiapparates«, die auf einem Treffen im Januar 1933 verabschiedet wurden und auf dem Parteitag zur Diskussion stehen sollten.[955] Darüber hinaus zeigen aber auch zahlreiche Zuschriften an Sollmann, dass es sich hier nicht nur um eine Expertendiskussion einer überschaubaren Gruppe reformbewusster Sozialdemokraten handelte.

> »In breiten Kreisen der Partei, nicht mehr nur in kleinen Zirkeln, herrschte eine Stimmung fundamentaler Selbstkritik; man war der Meinung, die Arbeiterbewegung stehe an der Schwelle einer ganz neuen Epoche; sie benötige neue Zielsetzungen, neue Taktiken, neue Methoden.«[956]

---

[954] Die Hamburger Sozialdemokratie gehörte wie die Kölner Organisation zum rechten Flügel der SPD, zu ihren bekannten Vertretern zählte Theodor Haubach aus dem Kreis der NBS. Zur Stellungnahme der Hamburger Sozialdemokratie siehe Hamburger Echo Nr. 6, 7. Januar 1933. Zu dem Antrag aus Köln siehe RZ Nr. 14, 17. Januar 1933. Hans Staudinger, seit November 1932 Reichstagsabgeordneter für den Wahlkreis Hamburg, schickte Sollmann im Januar 1933 die Hamburger Anträge für den Parteitag zu. Wie in Köln wurde auch in Hamburg gefordert, eine Kommission zur Überprüfung der Parteiorganisation einzusetzen. Allerdings war der Hamburger Antrag deutlich konkreter. Er enthielt auch einen Vorschlag für die Zusammensetzung. Sollmann war als Mitglied dieser Kommission vorgesehen. Staudinger an Sollmann vom 13. Januar 1933, HAStK 1120/554/III-9-16.

[955] Auch in den NBS war Sollmanns Artikel abgedruckt worden. In einer Anmerkung der Schriftleitung heißt es dazu: »Dieser Aufsatz unseres Freundes Sollmann ist bereits von einer Reihe sozialistischer Tageszeitungen veröffentlicht worden. Er hat darüberhinaus mit Recht die allerstärkste Beachtung gefunden. Wenn wir ihn trotzdem auch noch in unserer Zeitschrift bringen, so deshalb, weil 1. er in der Tat ganz ausgezeichnet eine Reihe von Forderungen formuliert, die wir gerade in den Neuen Blättern von Anfang an stets mit größtem Nachdruck erhoben […].« NBS 1 (1932), S. 25. Sollmann wurde in die Diskussion der Vorschläge mit einbezogen. Im Zuge der Entstehung hatte Rathmann Sollmann einen Entwurf der Vorschläge übermittelt und ihn gebeten, an der abschließenden Erörterung teilzunehmen. Rathmann an Sollmann vom 3. Januar 1932, HAStK 1120/552/III-8-168. Die Datierung des Briefs auf 1932 ist offensichtlich ein Schreibfehler Rathmanns. Der Brief hat einen direkten inhaltlichen Bezug zu einem Schreiben Rathmanns vom 28. Dezember 1932. Rathmann an Sollmann vom 28. Dezember 1932, HAStK 1120/552/III-8-169. Der Entwurf der Vorschläge befindet sich in Sollmanns Nachlass. HAStK 1120/552/III-8-178-188. Die endgültige Fassung ist abgedruckt bei Martiny: Entstehung, S. 415–419.

[956] Lösche/Walter: Die SPD, S. 68 f. Siehe zu den positiven Reaktionen bspw. die Schreiben des braunschweigischen Landtagsabgeordneten Rieke und des Vorsitzenden des Unterbezirks

Vor diesem Hintergrund und den bereits ausgearbeiteten Anträgen hätte die Parteiführung auf dem Parteitag 1933 eine grundlegende Debatte über diese Fragen wohl kaum vermeiden können. Die nationalsozialistische Machtübernahme verhinderte, dass die Ansätze für tief greifende Veränderungen in der Sozialdemokratie noch ihre Wirkung entfalten konnten. So blieb es bei vereinzelten Veränderungen auf lokaler Ebene. Auf der Jahreshauptversammlung der Kölner SPD wählte man etwa auf Sollmanns Anregung einige Neulinge in den Unterbezirksvorstand.[957] Ob Sollmanns Rolle in den Diskussionen um eine Reform der Partei dazu führten, dass er im Januar 1933 doch noch als Beisitzer in den Parteivorstand aufgenommen wurde, lässt sich nicht feststellen.[958] Praktische Auswirkungen hatte dies alles jedoch nicht mehr, denn die gesamte Diskussion um die Zukunft der Sozialdemokratie lief im Hintergrund einer realpolitischen Entwicklung ab, auf welche die Sozialdemokratie keinerlei Einfluss mehr hatte. Dies war wohl auch die Voraussetzung dafür, dass es überhaupt zu so weit reichenden Überlegungen kam, die als Konsequenz aus dem Scheitern als Basis für einen Neuanfang hätten dienen können.

12 Das Ende von Weimar

Die Staatskrise setzte sich auch mit dem Übergang der Präsidialregierung auf Kurt von Schleicher am 3. Dezember 1932 unvermindert fort. Zwar überstand das neue Kabinett die Sitzungen des Reichstags relativ unbeschadet, auch weil die SPD eine Abstimmung über die eingebrachten Misstrauensanträge abgelehnt hatte, aber die Lösung des eigentlichen Problems, die Bildung einer konstruktiven Mehrheit, war weiter nicht in Sicht. Schleichers Plan, durch Bildung einer Querfront bestehend aus Vertretern des Strasser-Flügels der NSDAP bis hin zu den Gewerkschaften eine Mehrheit im Reichstag zu erreichen, scheiterte ebenso wie der Versuch, die Unterstützung der SPD für eine verfassungswidrige Verschiebung von Neuwahlen nach einer Auflösung des Reichstags bis zum Sommer zu bekommen, um dann vom erwarteten wirtschaftlichen Aufschwung profitieren zu können.[959]

Aachen Beeck. Rieke an Sollmann vom 9. Dezember 1932; Beeck an Sollmann vom 1. Dezember 1932, HAStK 1120/552.
957 RZ Nr. 297, 19. Dezember 1932.
958 Sollmann nahm in dieser Funktion erstmals am 30. Januar an einer Sitzung des Parteivorstands teil. Vgl. Schulze: Anpassung, S. 134.
959 Zum Konzept der Querfront siehe Schildt: Militärdiktatur. Im ADGB sah man durchaus die Möglichkeit zur Zusammenarbeit, was die Parteiführung aber ablehnte, was zu Konflikten und einer Entfremdung führte. Zu den Verhandlungen mit der SPD und den Gewerkschaften und deren Haltung zu Schleicher siehe ebd., S. 166–173; Winkler: Katastrophe, S. 717–720, 794–797, 817–819, 821–825. Sollmann hatte sich vor dessen Regierungsübernahme recht wohlwollend über Schleicher geäußert, über die Möglichkeit einer Zusammenarbeit seit dem Herbst 1932 fehlen aber Aussagen. Vgl. Sollmann: Antwort an Schleicher. Auf seinen Rundfunkvortrag, in: RZ

Sollmann setzte nach wie vor darauf, dass es der SPD gelingen konnte, mit ihrer Offensive gegen den Kapitalismus und der Werbung um neue Wählerschichten eine Volksfront gegen die nationalen Kräfte in der Regierung bilden zu können. In einem programmatischen Vortrag in Köln unter dem Titel »Sozialistische Offensive« verteidigte er die Grundlinien der sozialdemokratischen Politik seit 1918. Dank ihr habe Deutschland die höchsten Löhne und die beste Sozialpolitik Europas gehabt. Die Weltwirtschaftskrise und die Politik der Nationalsozialisten würden diese Errungenschaften zerstören. Der Kapitalismus und Großgrundbesitz hätten sich unter Mithilfe der Nationalsozialisten und Kommunisten vom Druck der verhassten Sozialdemokratie befreit. Man werde die »nationale Konzentration« nicht abwarten, sondern ihr mit einer mächtigen Offensive gegen die Grundlagen des Kapitalismus zuvorkommen. In der Werbearbeit müsse man auf »die gefühlsmäßigen Urkräfte unsrer Bewegung zurückgehen, die im ewigen Erlösungsglauben der Menschen wurzeln«. Man brauche mehr Machtwillen bei den Massen und Führern. Mit seiner Parteikritik sei es ihm nicht um Paragrafenänderungen gegangen, sondern um »eine aktivistische Erneuerung« der Partei. Die Parteientwicklung sei im Fluss. Millionen Deutsche würden in naher Zukunft ihren politischen Standort wechseln. Für diese Menschen müsse die Partei vorurteilsfrei bereit sein, ihre Tore zu öffnen.[960]

Dies war noch einmal eine Skizzierung der Strategie, in der Sollmann nach dem Ende der Tolerierungspolitik den Weg sah, um die Sozialdemokratie wieder mehrheitsfähig zu machen. Eine Einheitsfront mit den Kommunisten lehnte er weiter ab, auch wenn an der Basis der Wunsch danach größer geworden war. Die Spaltung der Arbeiterbewegung empfand er weiterhin als tragisch, aber eine Einheitsfront mit der KPD sei nicht machbar, weil keine Vertrauensbasis herrsche.

»Man ist im Ringen mit einem Gegner besser allein, als in Gesellschaft eines ›Verbündeten‹, der einem nach dem Leben trachtet. Für unsern Fall bedeutet das: eine mißglückte Einheitsfront mit den Kommunisten müßte die Sozialdemokratie or-

---

Nr. 175, 27. Juli 1932; Sollmann (ungezeichnet): Der General, in: RZ Nr. 116, 19. Mai 1932. Die Urheberschaft Sollmanns für diesen Artikel ist gesichert, weil Schleicher sich bei Sollmann für die Übersendung des Artikels und dessen sachliche Darstellungsweise bedankte: »Sehr geehrter Herr Sollmann! Sie waren so freundlich mir den Artikel zu übersenden, den Sie in Ihrer Zeitung über mich geschrieben haben, und ich danke ihnen verbindlichst dafür. Ich kann zwar nicht allem zustimmen, was Sie in Ihrem Artikel über mich und insbesondere über die angeblich eigene Politik der Reichswehr sagen. Aber ich möchte es Ihnen aussprechen, daß es mich überaus wohltuend berührt hat, daß ich einmal von einer Seite, die glaubt, mich als ›Gegner‹ ansehen zu müssen, in so sachlicher und vornehmer Weise behandelt worden bin. Da es doch in Deutschland nachgerade Sitte geworden ist, jeden, der nicht derselben Meinung ist, mit der äußersten Gehässigkeit zu bekämpfen, möchte ich diese Art der Kampfesweise dankbar anerkennen.« Von Schleicher an Sollmann vom 23. Mai 1932, HAStK 1120/470.
960 RZ Nr. 13, 16. Januar 1933. Vgl. auch Sollmann: Aufwärts! Ausblick zum Jahresende, in: RZ Nr. 306, 30. Dezember 1932.

ganisatorisch und politisch schwächen, ohne daß dieser Rückschlag dem kommunistischen Arbeitsvolk nützte.«[961]

Zu dem Zeitpunkt, an dem dieser Artikel erschien, hatte sich die politische Lage aber schon in eine Richtung entwickelt, die alle weiteren Gedanken über Abwehrmaßnahmen ins Leere laufen ließ. Am 28. Januar trat das Kabinett Schleicher zurück, nachdem der Reichspräsident dem Kanzler das Vertrauen entzogen hatte. Während in Gesprächen zwischen Hitler, Göring, Papen und Hindenburg die Hindernisse für eine Kanzlerschaft Hitlers aus dem Weg geräumt wurden, trat der Parteivorstand der SPD mit Vertretern der Reichstagsfraktion und dem ADGB am 30. Januar 1933 zu einer Sitzung zusammen, bei der Sollmann erstmals als Beisitzer teilnahm. In Kenntnis der Gespräche über die Regierungsbildung wurde darüber debattiert, ob man zunächst abwarten oder konkrete Kampfmaßnahmen ins Auge fassen solle. Als man sich schließlich als Kompromiss auf einen im Vorwärts zu veröffentlichenden Aufruf geeinigt hatte, machte die Nachricht von der Ernennung Hitlers zum Reichskanzler die Runde.[962]

Sollmann erfuhr damit unmittelbar die Nachricht, mit der eine der tiefsten Zäsuren in der deutschen Geschichte verbunden war und die mit dem Untergang der ersten deutschen Demokratie auch das Scheitern all dessen bedeutete, wofür er als Politiker und Journalist gekämpft hatte. Die Feststellung, dass die Verteidiger der Weimarer Republik mit ihrem Bemühen um ihre Erhaltung nicht erfolgreich waren, impliziert auch die Frage nach den Ursachen dieser Entwicklungen. Über das Ende von Weimar ist in der Forschung ausgiebig diskutiert worden. Je nach Maßstab wurde entweder stärker das Versagen der demokratiefreundlichen Kräfte in ihrem Bestreben, die Republik zu verteidigen, in den Vordergrund gestellt, oder das Wirken der Gegner der parlamentarischen Demokratie, was die Republik letztlich in den Abgrund gestürzt habe.[963] Wenn man den Vorwurf des Versagens der Träger der Demokratie als Begründung heranzieht, so muss man diesen auch auf Wilhelm Sollmann anwenden, gehörte er als Vertreter des rechten Flügels seiner Partei doch zu den Sozialdemokraten, die sich vorbehaltlos auf den Boden der Weimarer Republik gestellt hatten und deren gesamtes politisches Wirken ihrer Erhaltung diente. Fraglich ist aber, ob man mit einer solchen Beurteilung dem Handeln Sollmanns gerecht wird. Maßstab für Sollmann war schon immer die Etablierung der parlamentarischen Demokratie gewesen. Daher vertrat er auch in der Revolution den Standpunkt, dass es nicht Aufgabe der Arbeiter- und Soldatenräte, sondern der Nationalversammlung sei, die wesentlichen Entscheidungen über die Ausgestaltung des neuen Staates zu treffen. Die Republik hatte in seinen Augen nur eine Chance,

---

961 Sollmann: Einheitsfront? Zunächst Klärung des Vorfeldes, in: RZ Nr. 24, 28./29. Januar 1933.
962 Zur Sitzung siehe das Protokoll, abgedruckt bei Schulze: Anpassung, S. 131–136. Zu den Hintergründen der Ernennung Hitlers siehe Pyta: Hindenburg, S. 791–805.
963 Zu den Positionen siehe Schulze: Weimar, S. 428; Winkler: Weimar, S. 597.

wenn die maßgeblichen Kräfte einen Grundkonsens fanden, der bei allen Unterschieden hinsichtlich Programmatik, Taktik und politische Ziele die Möglichkeit zum Kompromiss im Rahmen der demokratischen Grundordnung ließ. Dass dadurch am Anfang der Republik manch Weichenstellung nicht in dem Maße vorgenommen wurde, wie es im Nachhinein als wünschenswert erscheinen mochte, war eine Belastung für die weitere Entwicklung, aber es bestand die Möglichkeit, dies zu einem späteren Zeitpunkt zu verwirklichen, wenn die Sozialdemokratie den Weg ging, den Sollmann als zielführend ansah. Was ihm vorschwebte, war eine machtbewusste, koalitionsbereite Sozialdemokratie, die im Bündnis mit den progressiven Kräften des Bürgertums den demokratischen und sozialen Rechtsstaat ausbaute und festigte. Diese Erkenntnis war die wohl wichtigste Richtlinie für sein politisches Handeln und es blieb eines seiner zentralen Anliegen, das sich auch in seinem journalistischen Schaffen niederschlug, dieses Verständnis in der Arbeiterbewegung zu verankern. Die Integration der Arbeiterschaft in den neuen Staat war für ihn kein Automatismus, sondern konnte nur gelingen, wenn auch von ihr das Signal ausging, konstruktiv an seiner Gestaltung mitarbeiten zu wollen.

Daher plädierte er in den Anfangsjahren der Republik offensiv für eine Regierungsbeteiligung seiner Partei und war bereit, die Tore der Partei zur Mitte hin zu öffnen. Nach links zeigte er sich dagegen kompromisslos in seiner Ablehnung jeglicher Verbindungen zur KPD, deren Ruf nach einer Diktatur des Proletariats er als entschiedener Demokrat nichts abgewinnen konnte, darin zunächst eine ernsthafte Gefahr sah. Erst als die Sprengkraft der republikfeindlichen Agitation von rechter Seite im Kapp-Lüttwitz-Putsch zum Ausdruck kam, bestand für ihn fortan die eigentliche Bedrohung der Republik in der Agitation von rechts.

Nachdem er in der größten Krise der noch jungen Demokratie als Innenminister geholfen hatte, die Republik vor dem Sturz zu bewahren, befürwortete er es auch vor dem Hintergrund einer geringeren Konzessionsbereitschaft der bürgerlichen Parteien, dass sich seine Partei danach in die Opposition begab. In der Mittelphase der Republik plädierte er für eine sachliche und konstruktive Oppositionspolitik, die gemäß der Funktionsweise der parlamentarischen Demokratie eine klare Alternative zur Regierungspolitik bieten sollte. Die Beteiligung der SPD an der Großen Koalition unterstützte er dann ebenso wie die Tolerierungsstrategie, die zwar die Demokratie temporär aus den Angeln hob, aber angesichts der Stärke der republikfeindlichen Kräfte als einzige Möglichkeit erschien, den Nationalsozialisten den Weg zu den Schaltstellen der Macht zu versperren.

Aber auch bei ihm zeigt sich einer der Widersprüche, die selbst bei den überzeugten Befürwortern sozialdemokratischer Machtpolitik zu verzeichnen war. Trotz seines immer wieder geäußerten Bekenntnisses zu einer aktiven Mitarbeit an der Ausgestaltung der Republik, die durch eine sozialdemokratische Regierungsbeteiligung ihrer Stabilisierung dienen sollte, war er in Krisenzeiten allzu schnell bereit, die Oppositionsrolle der unbequemen Regierungsverantwortung vorzuziehen. Auch wenn man in Rechnung stellt, dass wie 1930 beim Ende der Großen Koalition der Sturz des Kabinetts früher oder später unvermeidbar war, so war dieses Verhalten in gewisser Weise inkonsequent. Einerseits redete Sollmann den Anhängern der Sozialdemokratie ins Gewissen, dass Koalitionspolitik notwendigerweise Kompromisse beinhalten musste, die nicht immer alle Erwartungen der Arbeiterschaft befriedigen konnten, aber die SPD dadurch die Geschicke der Republik immer noch besser beeinflussen konnte, als wenn sie die Regierungsverantwortung scheute. Andererseits handelte er selbst nicht immer nach diesen Maßstäben, sondern ließ in manchen Momenten die staatspolitische Verantwortung vermissen, die seine Partei seiner Ansicht nach zu übernehmen hatte.

Aber dennoch gehörte Sollmann in seiner Partei zu den Politikern, die als grundsätzliche Befürworter eines gouvernementalen Kurses und gemäß ihrem modernen Verständnis von der Funktionsweise und den Anforderungen eines parlamentarischen Regierungssystems der SPD die Rolle der staatstragenden Partei zuwiesen. In die gleiche Richtung zielte sein Engagement für den Ausbau der Sozialdemokratie zur Volkspartei. Nur wenn sie breitere Schichten der Bevölkerung repräsentierte, wenn sie sich programmatisch den Bedürfnissen der Mittelschichten öffnete, konnte sie seiner Ansicht nach wirkliche Repräsentantin des Volkswillens sein. Auf diesem Weg stand Sollmann nicht allein. Es gab eine Reihe von Sozialdemokraten, die in ähnlichen Kategorien dachten, darunter besonders die Vertreter aus Preußen, Otto Braun, Carl Severing und Ernst Heilmann, aber auch Wilhelm Keil, Paul Löbe und jüngere Parlamentarier wie Carlo Mierendorff und Julius Leber. Wenn es der SPD dennoch nicht gelang, die Aufgabe der staatstragenden Partei so auszufüllen, wie es diesen Politikern vorschwebte, so lag dies an den immer noch starken innerparteilichen Kräften, die andere Vorstellungen vertraten. Die Weimarer Sozialdemokratie vermittelt ein ambivalentes Bild in ihrer Einstellung zur Republik, weil es besonders auf dem linken Flügel eine starke Tendenz gab, sie nur als Durchgangsstation auf dem Weg zum sozialistischen Staat zu sehen und damit den Eigenwert der Demokratie gering zu schätzen. Dies ging einher mit einer geringen Kompromissbereitschaft und einer daraus folgenden Abneigung gegenüber Koalitionen mit den Parteien der bürgerlichen Mitte. Aber auch aus der Parteiführung und dem Organisationsapparat trafen reformfreudige Politiker wie Sollmann auf Ablehnung, wenn sie etwa in der Wehrfrage Vorstöße zu einer programmatischen Neuausrichtung wagten. Negativ wirkte sich auch aus, dass die Gruppe der reformbewussten Sozialdemokraten nicht als eine Einheit auftrat. Sie vertraten zwar ähnliche Ansichten, stimmten in ihren grundsätzlichen Überzeugungen über die von der Sozialdemokratie zu betreibende Politik überein, aber es fehlte ihnen an innerer Geschlossenheit, um als fester Block ihren Forderungen gegenüber der Parteimehrheit Nachdruck zu verleihen.

Eine Rolle mögen dabei wohl auch persönliche Eigenschaften gespielt haben. So wurde Sollmann aus den Reihen der Reformsozialisten zwar viel Wertschätzung entgegengebracht. So etwa von Wilhelm Keil, der Sollmann rückblickend als Politiker bezeichnete, »auf dessen weitblickendes Urteil ich große Stücke hielt«[964]. Als Julius Leber über die Todesursachen Weimars nachdachte und mit der Führungsschicht seiner Partei hart ins Gericht ging, verschonte er nur wenige Sozialdemokraten mit seiner Kritik:

> »Einer von diesen Führern mag eine Ausnahme sein: Wilhelm Sollmann. Er sah schon in den letzten Jahren mehr als die meisten anderen.«

Aber so sehr er Sollmanns Hellsichtigkeit schätzte, so fehlte ihm seiner Ansicht nach eine Eigenschaft, die es ihm ermöglich hätte, als Kopf des Reformflügels aufzutreten:

> »Es gab wirklich keine jüngere Generation. Es gab auch keine Führung, um die eine solche sich hätte sammeln können. Sollmann, der in den letzten zwei Jahren so etwas wie eine vorsichtige antihierarchische Bewegung entfesselte, scheiterte an einem persönlichen Mangel. Er konnte keine Menschen an sich fesseln. Seiner immerwährenden Bewegung und Geschäftigkeit fehlte jene feste und gesellige Ruhe, die das Heranziehen von Freunden und Anhängern so sehr erleichtert.«[965]

Sollmann war eben immer mehr der Individualist, ein Querdenker, dessen Stärke es war, die Entwicklungen kritisch zu hinterfragen. Führungseigenschaften besaß er jedoch nur bedingt.

Zieht man all dies in Betracht, so kann man das Scheitern der Republik wohl kaum an Politikern wie Sollmann festmachen. Vielmehr stand er wie kaum ein anderer Vertreter seiner Partei für eine Politik, die das Diktum von der Sozialdemokratie als staatstragende Partei rechtfertigt. Für Sollmann trifft weder der gegenüber der SPD erhobene Vorwurf zu, sie sei »für die Schwäche der Demokratie [...] nicht minder verantwortlich als die Gegner des Weimarer Staates«, noch »daß die führenden sozialdemokratischen Vertreter in der veränderten Welt noch immer die Maßstäbe ihres Handelns an dem engen Kreis der Anschauungen und Erfahrungen der Vorkriegssozialdemokratie entnahmen«[966]. Wenn man als Voraussetzung für die Lebensfähigkeit der Weimarer Demokratie ansetzt, dass »die Sozialdemokratie erstens bereit war, mit den bürgerlichen Kräften zusammenzuarbeiten, und wenn sie zweitens hierfür im Bürgertum hinreichend starke Partner fand«[967], dann hat Wilhelm Sollmann viel dafür getan, um der ersten deutschen Demokratie eine Perspektive zu geben.

---

964 Keil: Erlebnisse, Bd. 2, S. 468.
965 Julius Leber: Todesursachen, S. 183, 234.
966 Matthias: Die Sozialdemokratische Partei Deutschlands, S. 101.
967 Winkler: Katastrophe, S. 954.

V Stationen der Emigration

1 Der Weg in die Emigration

Die SPD reagierte auf die Ernennung Hitlers mit Appellen an die Geschlossenheit der Arbeiterbewegung und betonte in schärfster Opposition, aber weiter auf dem Boden der Verfassung, gegen diese Regierung kämpfen zu wollen. Außerparlamentarischen Aktionen, wie sie von der KPD durch den Aufruf zum Generalstreik gefordert wurden, erteilte man eine Absage. Nur wenige Stimmen erhoben sich auch in den Reihen der SPD, die zumindest einen befristeten Streik befürworteten. Die Aussichten auf Erfolg einer derartigen Aktion waren aber unsicher und ihre Wirkung ebenso. Konnte ein kurzer Ausstand als Schwäche der Arbeiterbewegung ausgelegt werden, so drohte bei einem unbefristeten Streik, der von der KPD befürwortet wurde, ein Bürgerkrieg, den die Opposition kaum gewinnen konnte. Dem Aufruf der Sozialistischen Republik zu Massenstreik und Massendemonstration hielt Sollmann daher entgegen:

»Nieder mit den Generalstreik-Phantasten!«[1]

Auch als am 15. Februar die Kölner KPD in einem offenen Brief ein Angebot zu einer Einheitsfront an die SPD richtete, lehnte diese ab. Sollmann erklärte dazu auf einer Funktionärsversammlung, man könne sich nicht mit Organisationen verbinden, auf die man nicht vertrauen könne.[2] Für diese Haltung gab es gute Gründe. Selbst wenn man außer Acht lässt, dass die KPD permanent gegen die SPD hetzte und sie als »gemäßigte[n] Flügel des Faschismus« und »Handlanger Hitlers« bezeichnete und es wohl außerdem an der Basis den Wunsch gab, gemeinsame Aktionen durchzuführen, so wäre dies aussichtslos gewesen. Zwar hätte man kurzfristig seine Kampfbereitschaft demonstriert, was aber sehr wahrscheinlich zu blutigen Auseinandersetzungen mit SA und SS geführt und der Regierung einen Vorwand geliefert hätte, gegen die Arbeiterbewegung vorzugehen. Man kann daher weder der Kölner SPD noch der

---

1   Sozialistische Republik 31. Januar 1933; RZ Nr. 26, 31. Januar 1933. Zur Stellungnahme der Partei zum Regierungswechsel und den Diskussionen um den Generalstreik siehe Winkler: Katastrophe, S. 867-875.
2   Der offene Brief der KPD ist abgedruckt in: SR 16. Februar 1933. Die Antwort in der RZ Nr. 45, 22. Februar 1933. Dort auch der Bericht über Sollmanns Rede auf der Versammlung. Zu den Angriffen der KPD gegen die SPD siehe SR 31. Januar 1933, 16. Februar 1933. Forderungen nach gemeinsamen Aktionen von KPD und SPD wurden auf einer Tagung der Kölner Betriebsräte und Gewerkschaftsvorstände laut. RZ Nr. 35, 11./12. Februar 1933.

Partei insgesamt oder den Gewerkschaften vorwerfen, sie habe nach dem 30. Januar »maßgeblich dazu bei[getragen], daß es nicht zu mächtigen gemeinsamen Aktionen der verschiedenen Organisationen der Arbeiterbewegung kam, die die Nazi-Diktatur doch noch hätten verhindern können«[3]. Damit überschätzt man den Einfluss, den die Arbeiterbewegung zu diesem Zeitpunkt noch hatte, hoffnungslos. So schwer es auch für viele Anhänger scheinen mochte, der Sozialdemokratie blieb in diesem Moment nichts zu tun, als sich für die Wahl zu rüsten und die Ruhe zu bewahren.[4]

Der Arbeiterbewegung blieb auch deswegen nur noch wenig Spielraum, weil die neue Regierung nun mit der systematischen Unterdrückung der Opposition begann. Als eine der ersten Maßnahmen löste das neue Kabinett den Reichstag auf, die Neuwahlen wurden auf den 5. März festgelegt. An einen normalen Wahlkampf war aber nicht zu denken. Bereits am 4. Februar erließ der Reichspräsident die »Verordnung zum Schutze des deutschen Volkes«, durch die der Reichsinnenminister sowie die Landesbehörden weitreichende Befugnisse erhielten, Versammlungen und Druckerzeugnisse zu verbieten; zudem unterlagen politische Veranstaltungen der Meldepflicht.[5] Schwerwiegender war noch ein Erlass des kommissarischen preußischen Innenministers Göring, der es erlaubte, SA, SS und den Stahlhelm als Hilfspolizei einzusetzen, was mit den angeblich um sich greifenden Ausschreitungen von linksradikaler Seite begründet wurde.[6]

Unter diesen Umständen konnte der nationalsozialistischen Agitation vonseiten der Sozialdemokratie kaum entgegengewirkt werden. Gegen Mitglieder von KPD,

---

3 So die Wertung von Vielbahn/Kuchta: Widerstand gegen die Nazidiktatur in Köln, S. 289.
4 In diesem Sinne auch eine Stellungnahme Sollmanns auf einer Kundgebung in der Rheinlandhalle. RZ Nr. 31, 6. Februar 1933. Die Rheinische Zeitung war am 4. Februar wie auch der Vorwärts wegen des Abdrucks eines Wahlaufrufs des Parteivorstands, der als Aufforderung zum Hochverrat interpretiert wurde, für drei Tage verboten worden. RZ Nr. 30, 6. Februar 1933.
5 Siehe dazu RZ Nr. 32, 7. Februar 1933: »Pressefreiheit aufgehoben«. Dies führte zu einer massiven Ausweitung von Presseverboten. Der Vorwärts wurde am 15. Februar wie die Rheinische Zeitung für eine Woche verboten. Der Oberpräsident der Rheinprovinz an die Rheinische Zeitung vom 15. Februar 1933, HAStK 1120/554/III-9-34, 34-39. Es wurde selbst untersagt, die Begründung des Verbots zu verbreiten. Sollmann: Sachlichkeit und Freiheit, in: RZ Nr. 44, 21. Februar 1933. Immerhin gelang es manchmal, sich gegen diese Praxis zur Wehr zu setzen. Das Reichsgericht in Leipzig gab der Klage der Rheinischen Zeitung gegen das Verbot vom 4. Februar statt und erklärte es für nicht rechtmäßig. RZ Nr. 45, 22. Februar 1933.
6 Broszat: Staat Hitlers, S. 95. Bereits am 17. Februar hatte Göring alle Polizeibehörden angewiesen, zu SA, SS und Stahlhelm »das beste Einverständnis herzustellen«, wogegen »dem Treiben der staatsfeindlichen Organisationen mit den schärfsten Mitteln entgegenzutreten« sei. Zitiert nach Broszat: Staat Hitlers, S. 93. Vor diesem Hintergrund lässt sich der Vorwurf der Tatenlosigkeit gegenüber der SPD nicht aufrechterhalten. Wie etwa in Köln gegen das Gewaltpotenzial von SA, SS und Stahlhelm sowie angesichts eines den Nationalsozialisten wohlgesonnenen Polizeipräsidenten Aktionen der Arbeiterbewegung zielführend und zu verantworten gewesen sein sollen, lässt sich kaum begründen. Zur Haltung des Kölner Polizeipräsidenten Lingens, der im Zuge des Preußenschlags eingesetzt wurde und zur reibungslosen NS-Machtübernahme in Köln beitrug, siehe Jung: Ein gleitender Übergang, S. 76-91.

SPD und auch des Zentrums wurde brutal vorgegangen, weshalb aufseiten der SPD besonders gefährdete Politiker nicht mehr öffentlich auftraten.[7] Eine Kundgebung in der Dortmunder Westfallenhalle wurde während einer Rede Sollmanns abgebrochen, nachdem er ausgeführt hatte:

> »Ihr Nationalsozialisten nennt euch Sozialisten, wogegen kämpft ihr? Ihr stürmt die Volkshäuser und brennt Arbeiterhäuser nieder! Ihr nennt euch Sozialisten und seid die Schutzgarde des deutschen Kapitalismus.«

Danach entzog der überwachende Polizeibeamte Sollmann das Wort und beendete die Veranstaltung.[8] Am Abend des selben Tages lieferte der Reichstagsbrand, der von den Nationalsozialisten sofort den Kommunisten angelastet wurde, den Vorwand für die am Tag darauf erlassene Notverordnung »zum Schutz von Volk und Staat«, mit der die wichtigsten Grundrechte und damit auch der Rechtsstaat abgeschafft wurden. Auf Grundlage der Verordnung erfolgten in den nächsten Tagen zahlreiche Verhaftungen, unter den Opfern war die Führungsspitze der KPD um Ernst Thälmann. Die Ausgabe der Rheinischen Zeitung vom 28. Februar, die über den Reichstagsbrand berichtete, wurde polizeilich beschlagnahmt. Das Blatt mit dem Abdruck der Beschlagnahmung vom selben Tag war die letzte Ausgabe, die von der Rheinischen Zeitung erschien.[9]

Der Wahlkampf fand somit unter schwierigsten Bedingungen statt und angesichts der Rahmenbedingungen fiel das Ergebnis der Wahlen vom 5. März für die Sozialdemokratie einigermaßen akzeptabel aus. Zwar verlor sie mit 18,3 Prozent rund zwei Prozentpunkte, deutlich stärker aber traf es die Kommunisten, die 4,6 Prozent verloren. Die NSDAP verfehlte mit 43,9 Prozent die erhoffte absolute Mehrheit, kam aber zusammen mit der DNVP auf 51,9 Prozent.[10] In Köln wurde die NSDAP erst-

---

7   Einige prominente Politiker wurden massiv bedroht oder entgingen nur knapp dem Tod. Winkler: Katastrophe, S. 878 f. Der Vorsitzende der Rheinischen Zentrumspartei, Hugo Mönnig, protestierte beim Reichspräsidenten und beim Vizekanzler Papen gegen den Terror im Wahlkampf. So war u. a. der ehemalige Reichsminister Adam Stegerwald, Vorsitzender der Christlichen Gewerkschaften, auf einer Veranstaltung niedergeschlagen worden. Widerstand und Verfolgung in Köln, Dok. Nr. 67, S. 73.
8   RZ Nr. 49, 27. Februar 1933. Vgl. auch Westfälische Allgemeine Nr. 49, 27. Februar 1933.
9   Zum Reichstagsbrand und seinen Folgen siehe Broszat: Staat Hitlers, S. 99-105. Zur Beschlagnahmung der Rheinischen Zeitung siehe RZ Nr. 50. 28. Februar 1933. Am folgenden Tag wurde das Erscheinen vorerst verboten, was schließlich zu einem dauerhaften Verbot wurde.
10 Im Wahlkreis Köln/Aachen bestätigten sich die Tendenzen der vorherigen Wahlen, aber auch hier war die NSDAP der Gewinner. Sie erzielte hier erneut reichsweit ihr schlechtestes Ergebnis, legte aber gegenüber der Novemberwahl 1932 um 13 auf 30,1 Prozent zu, das Zentrum erreichte 35,9 Prozent, die SPD 12 Prozent, die KPD 14,3 Prozent und die DNVP 5,7 Prozent. Die Verluste der Arbeiterparteien lagen damit über dem Reichsdurchschnitt, was wohl vor allem auf ihre labile Position in den ländlichen Gebieten des katholisch geprägten Wahlkreises zurückzuführen war. Der große Stimmengewinn der NSDAP war in erster Linie auf die extrem hohe Wahlbeteiligung, die in Köln/Aachen fast 11 Prozent höher war als im November 1932, und das Abwandern

mals stärkste Partei mit 33,1 vor dem Zentrum mit 25,6, der KPD mit 18,3 und der SPD mit 14,9 Prozent. Außer der NSDAP und der DNVP mussten alle Parteien Verluste hinnehmen.

Die NSDAP sah in ihrem Wahlsieg vor allem das Signal, um mit den »marxistischen Verbrechern« abzurechnen. In den Tagen nach der Wahl begann eine systematische Verfolgung der Kommunisten. Aber auch gegen die Sozialdemokratie richtete sich der nationalsozialistische Terror. Mehrere prominente Sozialdemokraten hatten sich schon zuvor ins Ausland abgesetzt. Welche Konsequenzen sie in Deutschland erwartet hätten, wurde am Schicksal von Wilhelm Sollmann deutlich. Warum er trotz des klaren Bedrohungsszenarios durch die Nationalsozialisten nicht floh, lässt sich nicht eindeutig erschließen, die Gefahr war ihm jedenfalls bewusst.[11] Mitte Februar schrieb er seiner Tochter Elfriede:

> »Wenn Du hier bist – und ich glaube nicht, daß dann für uns etwas besser sein wird, sondern noch schlechter –, wirst Du selber sehen, daß es am besten ist, in Köln zu bleiben. Wenigstens kannst Du mich ab und zu im Klingelpütz besuchen, wo ich sicher landen werde.«

Kurz nach den Wahlen rechnete er dann mit dem Schlimmsten:

> »Man muß jetzt mit allem rechnen. Man will uns, wie Minister Goering sagt, nicht gerecht behandeln, sondern ›ausrotten und vernichten‹.«[12]

Sollmann wollte aber wohl nicht dem nationalsozialistischen Terror weichen. Zwei Tage, nachdem er diese Zeilen zu Papier gebracht hatte, bewahrheiteten sich seine Befürchtungen. Am Nachmittag des 9. März überfielen ihn Mitglieder von SA und SS in seiner Wohnung in Köln. Sollmann hat in einem Bericht an den Parteivorstand die Stunden seiner Tortur detailliert geschildert. Mit Pistolen, Beilen und Messern bewaffnet drangen die Täter in die Wohnung ein, schlugen Sollmann sofort nieder und verwüsteten die Einrichtung. Anschließend zerrten sie ihn in ein Auto und fuhren mit ihm in einer entwürdigenden Zeremonie unter den Rufen »Das ist der große Sollmann – seht wie klein« in das sogenannte Braune Haus, den Sitz der Kölner Gauleitung. Dort wurde er in einen Raum gebracht, in dem sich bereits sein Redaktionskollege Hugo Efferoth befand, der etwa zeitgleich überfallen worden war. Es begann eine

---

von linken Protestwählern zur NSDAP zurückzuführen. Siehe hierzu und zur Wahlanalyse insgesamt Winkler: Katastrophe, S. 884-888.

11 Bereits am 3. Februar war eine größere Schar SA-Männer vor seinem Haus aufmarschiert, ein Polizeiaufgebot verhinderte jedoch Schlimmeres. RZ Nr. 29, 4. Februar 1933.
12 Sollmann an Elfriede Sollmann vom 7. März 1933, HAStK 1451/2. Seine Tochter befand sich zu diesem Zeitpunkt in Innsbruck, wo sie seit Herbst 1932 Medizin studierte. Nyassi-Fäuster: Der Weg, S. 165.

mehr als zwei Stunden dauernde Folterung, beide wurden mit Händen und Füßen malträtiert, auf den Boden geworfen, an den Haaren gerissen und mit den Köpfen zusammengeschlagen. Efferoth stach man ein Messer in die Seite, was nur durch Glück nicht tödlich endete. Zwischenzeitlich flößte man ihnen Rizinusöl ein. Als nach Sollmanns Vermutung die Polizei von den Vorgängen Kenntnis erhalten hatte, warf man ihn und Efferoth die Treppe herunter – ein SA-Mann versuchte dabei, ihn aus einem offenen Fenster zu stoßen –, und brachte die beiden in das Polizeipräsidium, wo man sie dem Polizeipräsidenten übergab, ohne dass die Täter behelligt wurden. Der Polizeipräsident schlug vor, dass sie sich in Schutzhaft in das Gefängnis begeben sollten, was Sollmann mit Hinweis auf seine parlamentarische Immunität zunächst ablehnte. Schließlich fügten sie sich dem Drängen und begaben sich ins Gefängnislazarett, wo im Laufe des Abends und des nächsten Morgens noch weitere Verfolgte, darunter Jean Meerfeld, der Beigeordnete Ernst Fresdorf und der frühere Polizeipräsident Otto Bauknecht, diese allerdings unverletzt, eingeliefert wurden.[13]

Wie groß die Illusion über den Fortbestand des Rechtsstaates war, zeigt ein Telegramm von Sollmanns Familie, mit dem sie bei Hermann Göring um Unterstützung bat:

»Mein Bruder Abgeordneter Sollmann soeben von SA verschleppt. Haus demoliert. Bitte dringend um Hilfe. Familie Sollmann.«[14]

Für Sollmann gab es keinen Zweifel mehr, dass sein Leben nicht mehr sicher war. Er ließ sich am nächsten Tag vom Polizeipräsidenten offiziell aus der Schutzhaft entlassen. Aufgrund der Vorkommnisse entschied nun auch er sich für eine Flucht aus Deutschland. Noch am gleichen Tag begab er sich nach Luxemburg, wo seine durch die Misshandlung entstandenen Verletzungen in einer Klinik behandelt wurden. In einem Attest des behandelnden Arztes heißt es über Sollmanns Zustand am 14. März:

»Er hat schwere Verletzungen an der Unterlippe, am Kinn, am rechten Auge, an der rechten Hand u. zahlreiche schmerzende, blutunterlaufene Stellen am ganzen

---

13 Konzept des Berichts an den Parteivorstand, HAStK 1120/531/III-3-16, 16 a–b. Abgedruckt in: Wilhelm Sollmann, Bd. 2, S. 64-66. Eine Kopie des Berichts sandte Sollmann auch an den Kölner Polizeipräsidenten und den Regierungspräsidenten, erhielt aber keine Antwort. Vgl. Sollmann an den Polizeipräsidenten vom 11. März 1933, HAStK 1120/554/III-9-42. Nach dem Zweiten Weltkrieg wurde der Vorfall von der Justiz untersucht und Sollmann dazu befragt. HAStK 1120/602/VIII-2-86, 86 a–m. Bei der Rettung spielte nach Sollmanns Angaben der Polizeipräsident Lingens eine wichtige Rolle: »Der Polizeipräsident alarmierte seine ganze freie Polizei. Er tat alles, um Efferoth und mich zu retten. Endlich gelang es.« Sollmann an Elfriede Sollmann vom 12. März 1933, HAStK 1451/2. Dies wird bestätigt durch eine eidesstaatliche Erklärung von Theo Burauen. Eidesstaatliche Erklärung von Theo Burauen für Louis Sollmann, September 1958, HAStK 1320/29.
14 GStPK, Rep. 77, Tit. 4043, Nr. 123. Abgedruckt in: Jung: Köln und der 30. Januar 1933, S. 31.

Körper, die von heftiger Mißhandlung herrühren. Der Heilungsprozeß macht günstige Fortschritte; jedoch ist der allgemeine Körperzustand u. das Nervensystem noch so angegriffen, dass Herr Sollmann lange Eisenbahnfahrten nicht unternehmen kann und anstrengenden Verhandlungen nicht gewachsen ist.«[15]

Die Saarbrücker Volksstimme, deren Chefredakteur Max Braun Sollmann in Luxemburg aufsuchte, berichtet über die Folgen der Misshandlung:

»Sein Aussehen war ein einziges furchtbares Zeugnis wider die viehische Rohheit, die ihn in der unmenschlichsten Weise brutalisiert hatte: Das Gesicht war dermaßen entstellt, zerschlagen und zerfetzt, daß man ihn zunächst nicht wiedererkannte. Dieses feingeistige, etwas asketisch und [mit] stärkster Willensenergie geladene Antlitz, wie wir es an ihm kannten, hatten Fußtritte und Faustschläge in nicht wiederzugebender Weise entstellt.«[16]

Mit der schnellen Flucht nach Luxemburg war Sollmann zwar persönlich zunächst in Sicherheit, aber wie es für ihn und seine Familie unter den gegebenen Umständen weitergehen sollte, blieb zunächst völlig unklar. Seine Frau war in Köln zurückgeblieben, Sollmann selbst rechnete vorerst nicht damit, nach Deutschland zurückkehren zu können und sah auch darüber hinaus schwere Zeiten aufziehen, »denn es ist noch gar nicht abzusehen, wie sich meine Existenz in Zukunft gestaltet«[17]. Nach zehn Tagen Aufenthalt in der Luxemburger Klinik siedelte er nach Saarbrücken über, wo er sich für die nächste Zeit aufhielt.[18] Er war aber nicht bereit, das ihm geschehene Unrecht

---

15 Krankenbescheinigung von Dr. Mouton für Sollmann vom 14. März 1933, HAStK 1120/554/III-9-47. Die Entlassung aus der Schutzhaft wurde vom Polizeipräsidenten bescheinigt: »Der Vorzeiger dieses Schreibens, Reichstagsabgeordneter Sollmann, ist auf seinen Wunsch am heutigen Tage nach entsprechender Anordnung des Herrn Regierungs-Präsidenten und mit Wissen des Herrn Ministers des Innern aus der Schutzhaft entlassen worden. Er kann reisen, wohin er will. Lingens.« HAStK 1120/363. Mit wessen Hilfe Sollmann sich nach Luxemburg begab, ist nicht eindeutig zu klären. Er selbst berichtet, ein befreundeter Arzt habe ihn dorthin transportiert. Konzept des Berichts an den Parteivorstand, HAStK 1120/531/III-3-16, 16 a–b. Es könnte sich um Dr. Mouton selbst handeln. Zumindest stand er mit Sollmann danach noch im persönlichen Briefkontakt. Vgl. HAStK 1120/554/IV-2-6; 554/V-1-22, 22 a; 554/V-3-94, 94 a. An anderer Stelle wird berichtet, seine beiden Brüder hätten ihm zur Flucht verholfen. Wilhelm Sollmann, Bd. 2, 95.
16 Volksstimme Nr. 65, 17. März 1933.
17 Sollmann Elfriede Sollmann vom 19. März 1933, HAStK 1451/2. Noch im Gefängnislazarett beauftragte er seine Brüder, sein Haus und sein gesamtes Hab und Gut möglichst unauffällig zu verkaufen. Konzept des Berichts an den Parteivorstand, HAStK 1120/531/III-3-16, 16 b. Gegenüber seiner Tochter machte er finanzielle Gründe geltend, weil die Familie vorerst ohne Einkommen war, zudem wollte er das Haus nach den Vorfällen nie wieder betreten. Sollmann an Elfriede Sollmann vom 16. und 19. März 1933, HAStK 451/2.
18 In Saarbrücken musste er sich noch einmal operieren lassen. Sollmann an Elfriede Sollmann vom 20. März 1933 und 8. April 1933, HAStK 1451/2. Das Saarland war für viele deutsche Flüchtlinge erster Anlaufpunkt. Deutschland hatte im Versailler Vertrag die Souveränitätsrechte über

kommentarlos hinzunehmen. In Briefen an den Kölner Regierungsvizepräsidenten und an Hermann Göring beschwerte er sich sowohl über die vom Westdeutschen Beobachter erhobenen Vorwürfe, er habe seine Beziehungen ins Ausland zur Hetze gegen Deutschland missbraucht, als auch über die Weigerung des Kölner Polizeipräsidenten, ihm einen Sichtvermerk für eine Reise zu seiner Tochter in Innsbruck zu erteilen. In beiden Briefen gab er deutlich zu verstehen, dass er es als »unerhörte Verleumdung« empfand, wenn man ihm unterstelle, er würde Deutschland schädigen wollen.[19]

In Deutschland berieten die verbliebenen Mitglieder der Parteiführung in der Zwischenzeit, wie es für die Partei weitergehen sollte. Manche wollten noch immer nicht glauben, dass es für die SPD unter der neuen Regierung keine Zukunft mehr gab. Im Zuge der als »nationale Revolution« gefeierten Gleichschaltung von Ländern, Städten und Gemeinden sowie Organisationen blieb dafür freilich wenig Hoffnung. Zumindest konnte die Sozialdemokratie als einzige Partei, die das Ermächtigungsge-

---

das Saargebiet für fünfzehn Jahre an den Völkerbund abgetreten, der eine Regierungskommission ernannte, die alle Regierungsbefugnisse besaß. Die Einwohner blieben aber deutsche Staatsbürger und das Saarland Teil des Reiches und stellte damit nach der Machtübernahme der Nationalsozialisten eine Art Insel dar, in der sich Flüchtlinge frei bewegen konnten. Von zur Mühlen: »Schlagt Hitler an der Saar«, S. 12 f., 168. Sollmann hielt sich wohl im Saargebiet auf, um mäßigend auf die dortige Parteiorganisation einzuwirken, die in scharfer Form die Regierung angegriffen hatte. Hitler bezeichnete die Berichterstattung der Volksstimme in Saarbrücken in seiner Rede im Reichstag anlässlich der Annahme des Ermächtigungsgesetzes als »landesverräterisch«. Der Parteivorstand war in der Folge bemüht, um die Arbeit der Partei in Deutschland nicht weiter zu erschweren, auf die sozialdemokratischen Parteien außerhalb des Reiches beschwichtigend einzuwirken. Der Parteivorsitzende Wels und einige andere Vertreter reisten diesbezüglich ins Ausland. Matthias: Die Sozialdemokratische Partei Deutschlands, S. 170. Einziger Beleg für Sollmanns Einsatz in dieser Angelegenheit im Saarland ist ein Bericht des saarländischen SPD-Vorsitzenden Max Braun. Laut Braun habe Sollmann ihm erklärt, er sei vom Parteivorstand beauftragt, die »wilde Opposition« der saarländischen SPD zu beenden. Dies hätten Hitler und Göring in einer Besprechung mit Vertretern der SPD zur Bedingung gemacht, über die Zukunft der Partei zu verhandeln. Paul: Max Braun, S. 64.
19 Sollmann an den Regierungsvizepräsidenten zur Bonsen vom 8. April 1933, HAStK 1120/554/III-9-69, 69-70; Sollmann an Göring vom 8. April 1933, HAStK 1120/554/III-9-67, 67- 68. Seine Beschwerde hinsichtlich der Reiserlaubnis war offensichtlich erfolgreich, denn er hat seine Tochter Ende April in Innsbruck besucht. Sollmann an Elfriede Sollmann 3. Mai, HAStK 1451/2. Aus einer Aussage von Paul Löbe lässt sich schließen, dass Göring den Übergriff auf Sollmann nicht gut hieß, aber auch darauf hingewiesen hat, die gefährdeten Personen hätten mit derartigen Aktionen rechnen und sich daher besser schützen müssen. Vgl. die Aussagen Löbes in der Sitzung des Parteiausschusses vom 14. März 1933, abgedruckt bei Schulze: Anpassung, S. 179. Sollmanns Schicksal hat zeitgenössisch große Aufmerksamkeit gefunden. So sandte Sollmann seiner Tochter zahlreiche Artikel aus der ausländischen Presse. Auch in Deutschland erregten die Vorfälle Aufsehen. So berichtet Ludwig Quidde, Historiker und Publizist, der 1927 für seine pazifistischen Bemühungen im Rahmen der Deutschen Friedensgesellschaft den Friedensnobelpreis erhielt, in seinen Erinnerungen ausführlich über Sollmanns Misshandlungen. Quidde: Deutschlands Rückfall, S. 48-50. Auch Harry Graf Kessler notierte in sein Tagebuch Schilderungen über Sollmanns Misshandlungen. Kessler: Tagebücher, Bd. 9, S. 719.

setz vom 23. März ablehnte, noch einen moralischen Sieg erringen, mit dem sie ihre Ehre als Verteidigerin der Demokratie rettete. Eine Anpassung an die neuen Verhältnisse, wie sie von den Gewerkschaften unternommen wurde, kam für die SPD nicht infrage.[20] Auf der an Stelle des Parteitages abgehaltenen Parteikonferenz am 26. April wurde eine Resolution verabschiedet, in der sie bekräftigte, an ihren Grundsätzen festzuhalten und »für geistige Freiheit« und »staatsbürgerliche Gleichberechtigung« auf Grundlage der gegebenen gesetzlichen Möglichkeiten kämpfen zu wollen, um dem Sozialismus zum Sieg zu verhelfen. Bei den Wahlen zum Parteivorstand waren Umbesetzungen nötig, da sich einige bisherige Mitglieder im Ausland befanden, andere nicht mehr die ausreichende Unterstützung erhielten. Neben vier Vertretern des linken Flügels, drei jüngeren Repräsentanten sowie Löbe als Vertreter der Parteimitte wurde Sollmann für den rechten Flügel gewählt. Ziel war es offensichtlich, durch die Einbindung aller Richtungen möglichst viel Rückhalt in der Partei zu gewinnen.[21]

Der neu gewählte Vorstand trat jedoch nur einmal zu einer Vollsitzung zusammen, am 4. Mai 1933. Zwei Tage zuvor waren die Freien Gewerkschaften mitsamt allen zugehörigen Organisationen von der Regierung zerschlagen worden. Daher beschloss man, alle hauptamtlichen Vorstandsmitglieder ins Ausland zu schicken. Eine knappe Woche später traf der Bannstrahl auch die SPD, als am 10. Mai das Vermögen der Partei ebenso wie das der Zeitungen und des Reichsbanners eingezogen wurden. Zwar war die SPD damit nicht offiziell verboten, die Möglichkeit zur politischen Betätigung war aber praktisch kaum noch gegeben.[22]

Die Trennung in den Restparteivorstand in Berlin und den sich im Ausland befindlichen Mitgliedern führte in der Folge zu internen Auseinandersetzungen. Die geflüchteten Vertreter trafen am 14. Mai zu einer Vorstandssitzung in Saarbrücken zusammen, an der auch Sollmann teilnahm. Die Teilnehmer empfahlen der Fraktion, die für den 17. Mai angesetzte Reichstagssitzung zu boykottieren und stattdessen eine öffentliche Erklärung abzugeben.[23] Die Abgesandten aus Saarbrücken konnten sich

---

20 Zu den internen Diskussionen nach den Reichstagswahlen vom 5. März und der Haltung der Gewerkschaften siehe Matthias: Die Sozialdemokratische Partei Deutschlands, S. 162-180; Schneider: Unterm Hakenkreuz, S. 56-72; Winkler: Katastrophe, S. 890-906, 916-925. Zum Ermächtigungsgesetz siehe Broszat: Staat Hitlers, S. 108-117.
21 Edinger: Exile politics, S. 24; Winkler: Katastrophe, S. 924 f. Wels hat Sollmann im März oder April in Saarbrücken aufgesucht. Ob bei dem Treffen auch über Sollmanns Wahl in den Parteivorstand gesprochen wurde, lässt sich nicht belegen. Konzept des Berichts an den Parteivorstand, HAStK 1120/531/III-3-16, 16 b.
22 Aus dem Parteivorstand verließen Wels, Stampfer, Crummenerl, Vogel, Hertz und Ollenhauer Deutschland. Zur Sitzung am 4. Mai siehe das Memorandum des Prager Parteivorstands vom 3. Juni 1933, abgedruckt bei Schulze: Anpassung, S. 181-187, 181 f.; Stampfer: Erfahrungen, S. 270.
23 Anlass war die für den 17. Mai einberufene Reichstagssitzung. Die Regierung wollte dort eine Erklärung zur Genfer Abrüstungskonferenz abgeben. Hintergrund war die vollständige außenpolitische Isolierung der neuen Regierung, die in Folge ihrer Innenpolitik sowie mit ihrem offenen Militarismus mit einer Niederlage in Genf rechnen musste. Eine einstimmige Willensbekundung des Reichstags für die Regierung sollte der Welt die Einigkeit des deutschen Volkes in der Ab-

damit jedoch in Berlin nicht durchsetzen. Da sich die Nationalsozialisten mit den bürgerlichen Parteien auf eine gemeinsame Erklärung geeinigt hatten und unverhohlene Morddrohungen gegenüber den Sozialdemokraten äußerten, stand die Fraktion vor einer schwer wiegenden Entscheidung. Sie entschloss sich schließlich für die Teilnahme an der Sitzung und für die Zustimmung zu der Regierungserklärung.[24]

Damit war auch ein Konflikt um die Führung der Partei ausgebrochen. Am 21. Mai tagten die emigrierten Parteivorstandsmitglieder erneut in Saarbücken und beschlossen, den Sitz des Vorstands nach Prag zu verlegen und die Organisation der Partei auf illegale Arbeit umzustellen. Aber auch dieser Entscheidung wollte man in Berlin nicht zustimmen. Zwar konnte man sich in nachträglichen Verhandlungen mit Vertretern des in Berlin weilenden Teils des Vorstands darauf einigen, die in Saarbrücken getroffenen Beschlüsse weitgehend umzusetzen, aber dies traf wiederum auf den Widerstand der restlichen Vorstandsmitglieder in Deutschland. In einer Fraktionssitzung am 10. Juni wurde der Kurs des Exilvorstands scharf kritisiert und schließlich Deutschland zum Sitz des Vorstands bestimmt.[25]

Bedingt waren diese Auseinandersetzungen durch die unterschiedlichen Perspektiven, wie es Löbe, Anführer der Berliner Fraktion, gegenüber Sollmann zum Ausdruck bringt:

»Und fast alle, die gingen, taten es, ohne ein Wort zu sagen und liessen uns, die wir diesen Schritt niemals machen werden, einfach sitzen. Nun erheben die Fortgegangenen auch noch den Anspruch auf die Führung der Partei von draussen – ein ganz unmöglicher Zustand. [...] Es ist eine geradezu kindliche Vorstellung, wenn man von draussen mit einem gewaltigen Paukenschlag (Manifest) einen neuen Kampf einleiten will, der unter diesen Umständen eben draussen erfolglos bleiben muss. [...] Unsere Arbeit hier erschöpft sich vorläufig noch darin, die Menschen frei zu bekommen; zu den beschlagnahmten Gütern sind wir dabei noch gar nicht gekommen. Es wäre gut, wenn die draussen Befindlichen etwas mehr an die Lage der Daheimgebliebenen denken. Die Millionen, die auf unser Wort gehört haben, können nicht auswandern und ihr Schicksal ist es, an das wir zuerst zu denken haben.«[26]

---

rüstungsfrage demonstrieren. Zur Sitzung in Saarbrücken sie das Memorandum des Prager Parteivorstands vom 3. Juni 1933, abgedruckt bei Schulze: Anpassung, S. 182 f.

24 Zur Entscheidung der Fraktion und zur Reichstagssitzung am 17. Mai siehe Matthias: Die Sozialdemokratische Partei Deutschlands, S. 180-184; Schneider: Unterm Hakenkreuz, S. 109-111; Winkler: Katastrophe, S. 933-936.

25 Matthias: Die Sozialdemokratische Partei Deutschlands, S. 185-187; Winkler: Katastrophe, S. 939-942. Sollmann, der sich weiterhin in Saarbrücken aufhielt, wurde von Paul Hertz aus Sicht des Exilvorstands und von Paul Löbe aus Sicht der Berliner Fraktion über die Meinungsverschiedenheiten informiert. Hertz an Sollmann vom 11. Juni 1933, AsD, Nl. Paul Hertz, Film XXIII; Löbe an Sollmann vom 13. Juni 1933, AsD, Nl. Paul Hertz, Film XXIII.

26 Löbe an Sollmann vom 13. Juni 1933, AsD, Nl. Paul Hertz, Film XXIII. Siehe dazu auch Matthias: Die Sozialdemokratische Partei Deutschlands, S. 185 f.

Entschieden wurde dieser Konflikt erst durch einen Erlass des Reichsinnenministers Wilhelm Frick vom 21. Juni, der wegen der angeblichen landesverräterischen Aktivitäten des Exilvorstands die SPD als »staats- und volksfeindliche Partei« einstufte und jegliche politische Betätigung, die Mitgliedschaft in Parlamenten und Vertretungskörperschaften sowie die Mitgliedschaft von Angestellten und Beamten des öffentlichen Dienstes in der SPD für nicht zulässig erklärte. Am Tag der Veröffentlichung des Erlasses, dem 22. Juni, wurden zahlreiche Sozialdemokraten verhaftet, unter ihnen Paul Löbe. Einige bezahlten die Verhaftungswelle mit ihrem Leben. Zwar erfolge das offizielle Verbot als politische Partei erst am 14. Juli, aber seit dem 22. Juni war den bisherigen Aktivitäten im Rahmen der Gesetze die Grundlage entzogen. Für die Partei konnte jetzt nur noch der Exilvorstand sprechen.

Sitz des Parteivorstands war nun unumstritten Prag, Sollmann jedoch blieb als Mitglied des Gremiums in Saarbrücken. Hintergrund war seine Tätigkeit als Schriftleiter der Deutschen Freiheit, der einzigen unabhängigen Tageszeitung Deutschlands, wie es in ihrem Zeitungskopf hieß, die seit dem 21. Juni 1933 erschien.[27] Gemeinsam mit ihm war sein langjähriger Redaktionskollege bei der Rheinischen Zeitung, Georg Beyer, tätig. Chefredakteur war der Leiter der Saarbrücker Volksstimme Max Braun, zu deren Verlag die Deutsche Freiheit gehörte. Aufgabe der Zeitung war es in erster Linie, an Stelle der verbotenen sozialdemokratischen Presse den Widerstand in den Grenzgebieten zu unterstützen.[28]

Nach den unruhigen Wochen seit seiner Flucht aus Deutschland war damit Sollmanns nähere Zukunft vorerst gesichert. Mittlerweile befand sich auch seine Frau Käthe in Saarbrücken, nachdem auch sie von den Behörden in Köln unter Druck

---

27 DF Nr. 1, 21. Juni 1933. Sollmann hatte zunächst ganz andere Pläne. Er wollte in Zürich Reklame für Geschäftshäuser machen und hatte sich zu diesem Zweck auch schon in der Schweiz aufgehalten. In Zürich traf er auch mit einem Abgesandten der Partei zusammen, der namentlich nicht genannt wird. Dieser brachte zunächst eine Reise in die USA ins Spiel. Als Sollmann ihm seine persönlichen Pläne schilderte, habe er darauf bestanden, dass Sollmann seine bisherige Tätigkeit fortsetze. Man wolle ihm unbedingt eine schriftstellerische Tätigkeit in Saarbrücken schaffen. Sollmann an Elfriede Sollmann vom 3. Mai 1933, HAStK 1451/2. Danach wurde offensichtlich die Gründung einer Zeitung zügig vorangetrieben. Hertz berichtet Sollmann Anfang Juni, mit den Plänen für die Deutsche Freiheit sei man im Parteivorstand in Prag zufrieden. Hertz an Sollmann vom 11. Juni 1933, AsD, Nl. Paul Hertz, Film XXIII.
28 Braun: Wille und Ziel, in: DF Nr. 1, 21. Juni 1933. Sollmann benutzte den Decknamen Alfred Schumann, wahrscheinlich, um die Behörden in Deutschland nicht über seine Tätigkeit zu informieren. In der Deutschen Freiheit veröffentlichte er keine namentlich gekennzeichneten Artikel. Die Behörden in Deutschland hatten auch erst Anfang 1934 Kenntnis von Sollmanns Tätigkeit. Das Regierungspräsidium Köln erhielt Anfang März 1934 auf Nachfrage bei der Staatspolizeistelle in Trier die Information, dass Sollmann für die Deutsche Freiheit tätig sei. GStPK, I HA Rep. 151 IA Nr. 7990, Bl. 144. Otto Wels zog wohl in Betracht, den nach Paris emigrierten Rudolf Hilferding mit der Leitung der Deutschen Freiheit zu betrauen. Sollmann riet davon ab. Hilferding sei zwar außerordentlich fähig und als Mitarbeiter gerne gesehen, aber er gelte als Vertreter einer Politik, die zur Niederlage geführt habe. Die Partei solle sich besser verstärkt an die Jugend wenden. Sollmann an Wels vom 7. Juli 1933, AsD, Sopade, Mappe 122.

gesetzt worden war. Das Haus in Köln konnten sie weit unter Preis verkaufen, ihre Sparguthaben wurden jedoch blockiert. Finanziell blieben die Verhältnisse der Familie für die nächsten Jahre angespannt, weil das Einkommen als Schriftleiter der Deutschen Freiheit recht bescheiden war. Sollmann meinte, dass es ihm eine »leidliche Existenz« ermögliche.[29]

Die Deutsche Freiheit erfüllte als Presseorgan der Exilsozialdemokratie eine wichtige Funktion, sowohl als Unterstützung des Widerstands durch ihre illegale Verbreitung in den westlichen Gebieten des Reichs als auch im Rahmen der auf Januar 1935 festgesetzten Abstimmung über die Frage, ob das Saargebiet wieder Deutschland eingegliedert werden oder weiter unter Kontrolle des Völkerbunds bleiben sollte.[30]

---

29 Käthe Sollmann war im Mai zur Polizei bestellt worden und hatte sich daraufhin nach Saarbrücken abgesetzt. Sollmann an Elfriede Sollmann vom 10. Mai 1933; Sollmann an Elfriede Sollmann vom 17. Mai 1933, HAStK 1451/2. Zum Verkauf des Hauses siehe ebd. Zum Einkommen als Schriftleiter siehe Sollmann an Elfriede Sollmann vom 25. Juni 1933, HAStK 1451/2. Das Vermögen Sollmanns, das bei der Bank der Arbeiter und Angestellten und Beamten deponiert war, wurde im Zuge der Einziehung des SPD-Vermögens blockiert. Seine Beschwerdeschreiben wurden deshalb an das preußische Innenministerium weitergeleitet, das die Beschlagnahmung angeordnet hatte. Bank der Arbeiter, Angestellten und Beamten an Sollmann vom 27. Juli 1933, HAStK 1120/554/III-9-86. Über die Freigabe der Konten entwickelte sich eine fast zwei Jahre dauernde Korrespondenz zwischen den beteiligten Behörden. Die beiden Brüder Sollmanns hatten diesem bei seiner Flucht aus Köln Geld vorgestreckt, nach ihren Angaben eine Summe von 4.500 RM, für die sie einen Schuldschein von ihm und seiner Frau erhielten. Wegen der Beschlagnahmung der Konten konnten sie diesen nicht einlösen, weshalb sie sich Anfang August 1933 an die Deutsche Arbeitsfront wandten, zu der die Bank der Arbeiter, Angestellten und Beamten mittlerweile gehörte. Im folgenden Briefwechsel, in den die Deutsche Arbeitsfront, das Preußische Finanzministerium, das preußische Innenministerium, das Regierungspräsidium Köln und die Geheime Staatspolizei involviert waren, wurde die Freigabe der Konten und die Zuständigkeiten dafür diskutiert. Das Regierungspräsidium Köln hatte frühzeitig signalisiert, dass man keine Bedenken mehr habe, da die Konten eindeutig privater Natur seien und das Geld an die in Köln lebenden Brüder übergehe. Es handelte sich insgesamt um eine Summe von 4.406 RM, in der auch eine Entschädigungszahlung der Allianz-Versicherung für die Schäden durch die Verwüstung von Sollmanns Wohnung am 9. März enthalten war. Die Freigabe wurde dann Anfang März 1934 neu bewertet, weil Sollmanns Tätigkeit für das »Hetzblatt Deutsche Freiheit« bekannt geworden war. Daraufhin wurde das auf Sollmann lautende Konto, das aber nur ein sehr geringes Guthaben aufwies, eingezogen, die Freigabe des Kontos von Käthe Sollmann zurückgestellt. Am 15. April 1935 teilt schließlich die Geheime Staatspolizei in Berlin mit, dass sie gegen die Freigabe von Käthe Sollmanns Vermögen keine Bedenken mehr habe. Siehe dazu den Schriftwechsel in GStPK, I HA Rep. 151 IA Nr. 7990, Bl. 126-148. Sollmann versuchte auch durch ein Schreiben an den Reichsfinanzminister Johann Ludwig Graf Schwerin von Krosigk, eine Freigabe der Gelder zu erreichen. Seine Bitte wolle er aber keinesfalls als Anbiederung verstanden wissen: »Politische Schlussfolgerungen werden Sie aus meinem Brief nicht ziehen.« Sollmann an Graf Schwerin von Krosigk vom 9. September 1933, HAStK 1120/554/III-9-88. Das verbleibende Vermögen Wilhelm und Käthe Sollmanns sowie das ihrer Tochter Elfriede wurde dann infolge ihrer Ausbürgerung im Dezember 1936 endgültig beschlagnahmt. Siehe dazu den Schriftwechsel über die Ausbürgerung und die Beschlagnahme des Vermögens in PAA, AA (Inland II A/B), 83-76.
30 Offizielles Parteiorgan der SPD war seit Juni 1933 der Neue Vorwärts, der in Prag vom Parteivorstand herausgegeben wurde. Edinger: Exile politics, S. 52 f.

Darüber hinaus baute die Sopade, so bezeichnete sich die Partei nach der Verlegung ihres Sitzes nach Prag, Grenzsekretariate auf, mit deren Hilfe Informationen, illegale Schriften und weiteres Propagandamaterial nach Deutschland geschleust wurden. Auch in Saarbrücken gab es ein Grenzsekretariat, das der ehemalige Redakteur der Rheinischen Zeitung Emil Kirschmann besetzte, zu dessen Aufgaben es zählte, die Verbreitung der Deutschen Freiheit in Deutschland zu organisieren.[31] Sollmann pflegte auch zum Grenzsekretär in Luxemburg Georg Reinbold enge Kontakte. Die Verbindungen Reinbolds zum Prager Parteivorstand liefen wohl hauptsächlich über Sollmann.[32]

Im Rahmen der Neuausrichtung der Exilsozialdemokratie auf die Aufklärungsarbeit über das Hitlerregime und die Unterstützung des Widerstands in Deutschland kam Sollmanns Aufgaben im Saarland große Bedeutung zu. Zudem war er als Mitglied des Parteivorstands wichtigster Repräsentant der Partei im Saargebiet. Gerade in dieser Funktion lag aber auch ein Problem begründet, das Sollmanns Tätigkeit außerordentlich erschwerte. Hintergrund dafür war das Verhältnis der Saar-SPD zur Mutterpartei. Der Vorsitzende der SPD im Saargebiet, Max Braun, hatte wie bereits erwähnt in den Wochen und Monaten zuvor scharfe Kritik an der nationalsozialistischen Regierung und auch am Verhalten des sozialdemokratischen Parteivorstands geübt; er hielt Versuche zu einer Verständigung mit den Nationalsozialisten für hoffnungslos und lehnte sie daher ab. Dies lief jedoch der auf Mäßigung ausgelegten Taktik der SPD im Reich zuwider, die ihrer prekären Lage geschuldet war. Sollmann intervenierte deshalb bei Braun, was diesen aber nur kurzzeitig einlenken ließ. Mit der faktischen Ausschaltung der SPD durch den Erlass Fricks vom 21. Juni brauchte man dann auch an der Saar keine Zurückhaltung mehr zu üben. Gelöst war der Konflikt dadurch aber keineswegs. Denn neben die inhaltlichen Differenzen traten nun auch organisatorische Probleme. Die Regierungskommission des Saarlands ordnete am 31. Mai 1933 die vereinsrechtliche Selbstständigkeit aller Parteien und Verbände im Saargebiet an, um diese vor der Gleichschaltung durch das nationalsozialistische Regime zu schützen. Zwar vollzog die saarländische SPD die formale Trennung erst auf einem außerordentlichen Parteitag am 12. November, aber bereits zuvor war sie im Begriff, sich zu einer eigenständigen Kraft zu entwickeln, die unabhängig von der früheren Mutterpartei agierte.[33]

---

31 Redmer: Wer draußen steht, sieht manches besser, S. 78. Es gab eine variierende Anzahl von Grenzsekretariaten, die über die Schweiz, Frankreich, Luxemburg, Belgien, Dänemark, die Tschechoslowakei und Polen verteilt waren. Grasmann: Sozialdemokraten gegen Hitler, S. 146 f.
32 Vgl. die Korrespondenz zwischen Reinbold und Sollmann. HAStK 112/557/90, 90–112.
33 Paul: Max Braun, S. 64-67; von zur Mühlen: »Schlagt Hitler an der Saar«, S. 81 f., 85 f. Der Schritt zur Verselbstständigung war in erster Linie auf das Betreiben Brauns zurückzuführen, der im Abstimmungskampf an der Saar möglichst unabhängig agieren wollte. Anscheinend gab es auch Gegner dieses Kurses im Parteivorstand der Saar-SPD, die sich aber gegen Braun nicht durchsetzen konnten. Ebd., S. 86.

Die Herausbildung einer unabhängigen Parteiorganisation im Saargebiet, zumal unter einem Vorsitzenden wie Max Braun, der ohne Rücksichtnahme auf die Interessen der Sopade agierte, brachte Sollmann in eine unangenehme Lage. Gegenüber Paul Hertz beklagte er Anfang 1934, als im Saarland lebender Sozialdemokrat sei er nun Mitglied der Saar-SPD, aber weiterhin auch Teil des Parteivorstands der Sopade, der er jedoch offiziell gar nicht mehr angehöre.[34] Sollmann stand vor dem Problem, Interessensvertreter der Sopade zu sein, der aber nicht unabhängig von der Saar-SPD agieren konnte. Verkompliziert wurde die Situation dadurch, dass es weiterhin organisatorische Verbindungen zwischen der Exil- und der Saar-SPD gab, die vor allem auf geschäftlicher Basis beruhten. Die Sopade besaß die Mehrheitsanteile am Verlag der Volksstimme, in dem auch die Deutsche Freiheit erschien. In der Redaktion des Blatts waren mit Max Braun als Chefredakteur und Sollmann als Schriftleiter Vorstandsmitglieder beider Parteiorganisationen vertreten. Grundsätzlich stellte sich dadurch zunächst einmal die Frage, ob die Deutsche Freiheit nun ein Organ der Sopade oder der Saar-SPD war. Zu einem ernsthaften Problem wurde diese Konstellation, weil die beiden Parteiorganisationen unterschiedliche politische Ziele verfolgten.

Tatsächlich erwies sich die Zusammenarbeit mit Max Braun als überaus konfliktbeladen. Sollmann beschwerte sich schon Ende September 1933 bei Hertz über Brauns Verhalten. Dieser benutze die Deutsche Freiheit allein für die politischen Zwecke der Saar-SPD und übergehe die Interessen der Sopade. Darauf aufmerksam gemacht, dass dies wegen der Besitzverhältnisse unhaltbar sei, habe Braun mit einem »Parteiaufstand« gedroht. Sollmann schlug vor, den Geschäftsführer des Volksstimme-Verlags darauf hinzuweisen, dass die Zeitung eine Gründung des Sopade-Vorstands sei. Kritik entzündete sich auch daran, dass anscheinend mit Geldern der ebenfalls klammen Deutschen Freiheit zunehmend die Verluste der Volksstimme ausgeglichen werden mussten.[35]

Die Gräben zwischen den Fraktionen vertieften sich in der folgenden Zeit zusehends, wobei die inhaltliche Ausrichtung der Deutschen Freiheit eine entscheidende Rolle spielte. Wie stark Sollmann in der Saar-SPD polarisierte, zeigte sich im Februar 1934, als mehrere Mitglieder der Sozialistischen Arbeiterjugend Saarbrückens ihm einen Drohbrief und in Anspielung auf seine Folterung im März 1933 eine Flasche Rizinusöl überbrachten, weil die Berichterstattung der Deutschen Freiheit ihnen nicht kämpferisch genug war.[36] Dies überlappte sich mit einer Affäre, in der Sollmann eine

---

34 Ebd., S. 86 f.
35 Ebd., S. 87.
36 Anlass war ein Artikel über den Februaraufstand von Teilen der Sozialdemokratischen Arbeiterpartei in Österreich gegen die autoritäre Dollfuß-Regierung, in dem angeblich vorschnell die Niederlage der Arbeiterpartei eingestanden wurde, anstatt den revolutionären Kampf zu unterstützen. Es handelt sich aller Wahrscheinlichkeit nach um den Bericht »Ruhmvolle Niederlage«, in: DF Nr. 38., 15. Februar 1934. Sollmann berichtet, von Friedrich Adler, Mitglied der Sozialdemokratischen Arbeiterpartei Österreichs (SDAP) und Generalsekretär der SAI informiert worden zu sein, dass der Aufstand gescheitert sei. Sollmann an den Vorstand der Sozialdemokratischen Partei vom

nicht klar zu bestimmende Rolle spielte. Im Mittelpunkt stand der Geschäftsführer des Verlags der Volksstimme, Ernst Klopfer, der sich von der Gestapo hatte anwerben lassen. Klopfer versuchte, Braun wegen des Vorwurfs der Unterschlagung von Geldern als Chefredakteur auszuschalten.[37] Einige Mitglieder des saarländischen Parteivorstands und die Sopade unterstützten Klopfer, was zu heftigen Auseinandersetzungen führte. Sollmann selbst behauptete, sich in dem Konflikt neutral verhalten zu haben. Von den Anhängern Brauns wurde er jedoch der Opposition zugerechnet. Im Februar 1934 bezichtige ihn diese deshalb auf einer Generalversammlung, die über die Anschuldigungen gegen Braun beriet, des Verrats. Sollmann wies dies in einem Brief an den Parteivorstand empört zurück und erklärte, sich aus dieser Angelegenheit herausgehalten zu haben.[38] Obwohl sich bald herausstellte, dass die Vorwürfe haltlos und Klopfer offensichtlich ein Agent der Deutschen war, hielt die Sopade zunächst an ihm fest. Allerdings scheint auch Braun weiter eine undurchsichtige Politik im Bezug auf die Deutsche Freiheit betrieben zu haben. Sollmann bestand deshalb auf einer Klärung.[39] Eine Gesellschafterversammlung Anfang Mai 1934, an der neben Sollmann auch Wels und Hertz teilnahmen und die über den Fall Braun tagte, wurde von dessen Anhängern gestürmt und den Anwesenden wurden Prügel angedroht.[40]

---

  19. Februar 1934, AsD, Sopade, Mappe 122. Sollmann sandte den Brief auch an den Vorsitzenden des ADGB Fritz Dobisch, der Max Braun aufforderte, derartige Aktionen zu unterbinden. Dobisch an Braun vom 22. Februar 1934, HAStK 1220/555/IV-1-2. Paul Siegmann, ehemals Redakteur des Hamburger Echo und in Saarbrücken Mitarbeiter der Saarländischen Gewerkschafts-Zeitung, berichtet in seinem Tagebuch, die Jungsozialisten wären zuvor in Sollmanns Wohnung eingedrungen und hätten Käthe Sollmann bedrängt, ihnen zu sagen, wo sich Sollmann aufhalte. Siegmann: Tagebuch-Auszüge, S. 261.
37 Dies war Teil einer Verleumdungskampagne gegen Max Braun, die in erster Linie von der »Deutschen Front«, dem Zusammenschluss der aufgelösten bürgerlichen Parteien, die eng mit der NSDAP im Saargebiet verbunden war, und auch die Organisationsstruktur der NSDAP übernahm. Dadurch vollzog sich auch im Saargebiet eine Gleichschaltung der Parteien und Verbände mit Ausnahme von SPD und KPD, die Zielscheibe der Agitation der Deutschen Front waren. Besonders Max Braun wurde als unumstrittener Anführer der SPD zum Gegenstand der Propaganda, die unverhohlen seine Ermordung zum Thema machte. Die Presse der Deutschen Front nahm die von Klopfer erhobenen Vorwürfe auf, um Braun als Betrüger zu entlarven. Von zur Mühlen: »Schlagt Hitler an der Saar«, S. 72–76; Paul: Max Braun, S. 76–78.
38 Sollmann an »Werter Genosse« vom 5. Februar 1934, AsD, Sopade, Mappe 122.
39 Ende April 1934 verlangte Sollmann in einem Brief an die Gesellschafter der Volksstimme die Einberufung einer Gesellschaftersitzung, an der auch Vertreter des Sopade-Vorstands teilnehmen sollten, um Treibereien, die gegen ihn im Gange seien, zu klären. In den letzten Tagen hätten mindestens zwei Sitzungen bei Rechtsanwalt Sender stattgefunden, die sich u. a. mit Plänen der Reorganisation und Zusammenlegung von der DF und der Volksstimme befasst hätten. Die Redaktion der DF sei absichtlich nicht eingeladen worden. Ein Teilnehmer dieser Sitzungen habe ihm mitgeteilt, dass er Sollmanns Einladung gewünscht habe, ihm aber gesagt wurde, mit Sollmann könne man nicht verhandeln. Sollmann an den Vorstand der Gesellschafter der »Volksstimme« vom 23. April 1934, HAStK 1120/55/IV-1-9.
40 Siegmann: Tagebuch-Auszüge, S. 268. Valentin Schäfer, innerparteilicher Gegenspieler Brauns in der Saar-SPD, berichtet in einem offenen Brief, Sollmann sei von einer Person angefallen worden,

Schließlich konnte aber an der Tätigkeit Klopfers für die Deutsche Front kein Zweifel mehr bestehen, sodass die ganze Affäre schließlich mit der Entlassung des Geschäftsführers und dem Rücktritt Valentin Schäfers, eines Unterstützers aus dem Vorstand der Saar-SPD, endete. Auch wenn Braun sich durch sein Verhalten in Bezug auf die Deutsche Freiheit angreifbar gemacht hatte, war die Opposition gegen ihn durch die Affäre um Klopfer kompromittiert. Braun ging als Sieger aus diesem Konflikt hervor und blieb unbestrittener Anführer der Saar-SPD, wogegen die Sopade sich fortan aus den Angelegenheiten im Saargebiet heraushielt.[41] Für Sollmann bedeutete dies, sich mit den Umständen abfinden und mit Max Braun arrangieren zu müssen. Die Unzufriedenheit mit dieser Situation scheint offensichtlich gewesen zu sein. Paul Siegmann berichtet von einem Gespräch, in dem Sollmann geäußert habe:

> »Ich wollte, ich wäre im Reich geblieben und hätte dort eine Bäckerei aufgemacht, ich wäre jedenfalls zufriedener und es wäre befriedigender!«[42]

Er zeigte sich auch zutiefst frustriert über die innerparteilichen Grabenkämpfe in Saarbrücken. Nachdem das ehemalige Vorstandsmitglied Schäfer einen offenen Brief veröffentlicht hatte, in dem er mit Max Braun abrechnete und der in der gleichgeschalteten Presse der Deutschen Front abgedruckt worden war, reagierte Sollmann laut einem Bericht Siegmanns entsetzt und habe geäußert, sich dafür zu schämen, in diesem Umfeld arbeiten zu müssen. Den Kampf gegen Hitler an der Saar hielt er unter diesen Umständen für aussichtslos:

> »Ich habe es schon einmal so formuliert: In Deutschland liegt der Goliath geschlagen am Boden, und hier im Saargebiet wackelt die kleine Zehe an seinem Fuße immer noch!«[43]

Grundsätzlich sah er in diesem Kampf für die Sozialdemokratie kaum etwas zu gewinnen:

> »Wenn wir mal wieder nach Deutschland zurückkehren, wie stehen wir da? Uns hängt doch immer das Stigma an, wir hätten mit französischem Geld gegen Deutschland gekämpft, wenn es auch tatsächlich nicht wahr ist.«[44]

---

die nur knapp am Zuschlagen gehindert worden war. Saarbrücker Abendblatt, 15. Juni 1934.
41 Von zur Mühlen: »Schlagt Hitler an der Saar«, S. 89.
42 Siegmann: Tagebuch-Auszüge, S. 267.
43 Ebd., S. 277. Der Brief Schäfers ist abgedruckt in: Saarbrücker Abendblatt, 15. Juni 1934.
44 Siegmann: Tagebuch-Auszüge, S. 277.

Dementsprechend passiv verhielt er sich auch im Kampf der Saar-SPD gegen den Anschluss des Saargebiets an Deutschland. Bis auf seine Mitarbeit bei der Deutschen Freiheit, die unter der Leitung von Braun dessen Kurs unterstützte, zog er sich weitestgehend aus dem öffentlichen Leben und der politischen Diskussion zurück.[45] Auch privat pflegte er kaum Kontakte. An seine Tochter schreibt er diesbezüglich:

> »Ich sehe fast niemanden mehr hier. Nur gegen Abend gehe ich meist allein eine Stunde in den Anlagen spazieren. Es ist hier so viel Klatsch, manchmal auch um mich, dass ich mich sehr zurückhalte und mich nur um meine eigene Arbeit kümmere.«[46]

Auch an den Diskussionen in der Emigration beteiligte er sich noch nicht.

> »Wie Sie bemerkt haben werden, habe ich mich bisher an den Diskussionen nicht beteiligt. Nicht nur, weil ich es für zweckmässig halte, als einer der alten SPD-Bonzen meine Sünden in aller Stille abzubüssen – ich hätte ja anonym schreiben können – sondern weil ich es einstweilen für verfrüht halte, das zu sagen, was nächstens einmal gesagt werden muss […].«[47]

Die Arbeit bei der Deutschen Freiheit scheint Sollmann stark beansprucht zu haben, Arbeitstage von 14 Stunden waren seinen Angaben zufolge die Regel. Die Redaktion war kaum in der Lage, die organisatorische Arbeit zu bewältigen. Auch in finanzieller Hinsicht war die Lage der Zeitung prekär. Die Auflage sank deutlich und die Verluste erreichten ein Ausmaß, das existenzbedrohend war. So musste Sollmann die Ausgabe von Freiexemplaren ablehnen, weil die Zeitung »vom Defizit« lebe. Die Gehälter und Honorare konnten, wenn überhaupt, nur mit Verspätung bezahlt werden. Zahlreiche Beiträger mahnten immer wieder die Auszahlung ihrer Honorare an. Entschuldigt wurde dies unter anderem mit einem »Maximum an Überlastung«[48]. Schwierigkeiten

---

45 Eine der Ausnahmen ist seine Teilnahme an der Neunkirchner Konferenz, auf der über die Situation im Reich, die politische Entwicklung und die Perspektiven der Partei diskutiert wurde. Vgl. Bericht über die Neunkirchner Konferenz vom 2. bis 4. Juni 1934, abgedruckt in: Buchholz/Rother: Der Parteivorstand, S. 439-454.
46 Sollmann an Elfriede Sollmann vom 24. März 1934, HAStK 1451/4. Einer der wenigen Emigranten, mit denen Sollmann Kontakt pflegte, war Paul Siegmann, der in seinen Tagebucheintragungen von Besuchen in der Wohnung der Familie Sollmann berichtet. Siegmann: Tagebuch-Auszüge, S. 287, 295.
47 Sollmann an Kreyssig vom 7. November 1934, HAStK 1120/557/IV-1-115, 115 q–s.
48 Zur finanziellen Lage siehe die Mitteilungen Crummenerls in der Sitzung des Parteivorstands vom 9. Februar und 22. Juni 1934, abgedruckt in: Buchholz/Rother: Der Parteivorstand, S. 34 f., 57. Die Auflage sank von anfangs 30.000 bis September 1934 auf 14.000 Exemplare ab. Protokoll der Sitzung des Parteivorstands vom 4. August 1933, abgedruckt in: ebd., S. 14; Fragebogen über die Verhältnisse der der SAI angeschlossenen illegalen Parteien, abgedruckt in: ebd.,

für den Absatz der Zeitung ergaben sich laut Sollmann auch durch die provinzielle Lage Saarbrückens. Ein angestrebtes Büro in Paris ließ sich nicht realisieren.[49]

Auch der Saarbrücker Parteiführung um Max Braun war bewusst, dass sie den Kampf alleine nicht gewinnen konnte, zumal sie durch die Agitation und den Terror der »Deutschen Front« sowie durch einen starken Mitgliederschwund geschwächt war. Zwar bildete sich im Juli 1934 eine Einheitsfront mit der KPD, aber die Arbeiterparteien stellten im Kampf um eine freie Saar eine klare Minderheit dar. Von den bürgerlichen Parteien scherte keine aus der Deutschen Front aus, was insbesondere durch die Haltung der katholischen Kirche verhindert wurde, die sich für den Anschluss an Deutschland aussprach. Die Einheitsfront erhielt lediglich von einigen Splittergruppen aus dem sozialistischen und katholischen Lager sowie von Intellektuellen Unterstützung.[50] Was die Größe und Schlagkraft der Bewegung anging, war man der Deutschen Front klar unterlegen, die unter anderem über ein Vielfaches an Presseerzeugnissen verfügte. Aber die Einheitsfront hatte auch ein Vermittlungsproblem. Das Saarstatut ließ drei Möglichkeiten offen: den Anschluss an Deutschland oder Frankreich oder die Beibehaltung des Status quo. Für die sozialistische Einheitsfront kam nur Letztere infrage. Das Werben für die Beibehaltung des Status quo an der Saar aber widersprach nicht nur den zuvor einhelligen Bekundungen für eine Rückkehr zu Deutschland und den nationalen Gefühlen der Bevölkerung. Die Verwaltung durch den Völkerbund, vertreten durch die Regierungskommission, die nicht demokratisch

---

S. 468. Zu den finanziellen Problemen siehe weiterhin das Schreiben Sollmanns an Buchwitz vom 5. September 1934, HAStK 11207555/IV-1-47. Vgl. auch Sollmann an den Parteivorstand vom 20. September 1934, HAStK 1120/555/IV-1-55. Zu den Beschwerden über die ausstehenden Honorare siehe bspw. Barth an Sollmann vom 7. und 15. Mai 1934, HAStK 1120/555/IV-1-15 a, HAStK 1120/555/IV-1-15 b; Bock an Sollmann vom 5. und 19. Juli 1934, HAStK 1120/557/IV-1-113 c, HAStK 1120/557/IV-1-113 e; Brückner an Sollmann vom 8. Oktober 1934, HAStK 1120/557/IV-1-100 d; Grossmann an Sollmann vom 1. August 1934, HAStK 1120/557/IV-1-102 c. Zur Begründung der verspäteten Überweisungen siehe Deutsche Freiheit an Friedländer vom 31. Juli 1934, HAStK 1120/556/IV-1-62 b. Der Deutschen Freiheit wurden vom Parteivorstand monatlich 10.000 französische Franc für Gehälter, Mitarbeiterhonorare und Telefonate zur Verfügung gestellt. Die Volksstimme GmbH erhielt 13.000 Franc. Crummenerl an Sollmann vom 4. Oktober 1934, HAStK 1120/556/IV-1-63. Die Gelder wurden vom Grenzsekretär Georg Reinbold verteilt. Die Gehälter machten wohl rund die Hälfte dieser Summe aus. Beyer erhielt 2050 Franc, Sollmanns Gehalt ist nicht bekannt, dürfte aber ähnlich hoch gewesen sein. Neben diesen beiden Redakteuren musste auch noch eine Sekretärin bezahlt werden. Sollmann an Hertz vom 1. Oktober 1934, HAStK 1120/557/IV-1-112, 112 j–k.

49 Sollmann an Kreyssig vom 7. November 1934, HAStK 1120/557/IV-1-115, 115 q–s.
50 Paul: Max Braun, S. 85 f.; Schneider: Saarpolitik, S. 486-495. Diese Umstände führten zu einem Erosionsprozess bei den sozialistischen Parteien, weil im Kampf gegen den überlegenen Gegner, der auch vor Gewalt nicht zurückschreckte, Abnutzungserscheinungen unvermeidbar waren und bis auf den harten Kern der Anhänger kaum jemand bereit war, diesen Weg zu gehen. Von zur Mühlen: »Schlagt Hitler an der Saar«, S. 160-167.

legitimiert war und die Selbstverwaltung auf die Kommunen beschränkte, wurde zudem als Fremdherrschaft empfunden und war äußerst unpopulär.[51]

Vor diesem Hintergrund standen die Chancen, den Anschluss des Saargebiets an das Deutsche Reich zu verhindern, von Beginn an schlecht. Aus Sollmanns Sicht verfolgte Braun aber auch eine falsche Strategie. Mit seinem eher revolutionär ausgerichteten, linkssozialistischen Kurs und seinem Bündnis mit den Kommunisten verkannte er seiner Meinung nach, wie es schon die Sozialdemokratie in Weimar getan hatte, die Bedeutung des nationalen und irrationalen Gedankenguts und überschätzte den revolutionären Willen in der Arbeiterbewegung.[52] Allerdings hätte auch eine andere Taktik wohl kaum das Blatt im Abstimmungskampf wenden können, denn mehr als 90 Prozent der Saarbevölkerung stimmten am 13. Januar 1935 für die Rückkehr des Saargebiets zum Deutschen Reich.[53]

Zwar wurde die Rückgliederung an Deutschland erst zum 1. März 1935 vollzogen, aber bereits direkt nach Bekanntgabe des Abstimmungsergebnisses begann eine Welle der Auswanderung. Angesichts der schon im Abstimmungskampf von nationalsozialistischer Seite ausgesprochenen Drohungen konnte es für die Angliederungsgegner keinen Zweifel darüber geben, welchen Gefahren sie fortan ausgesetzt waren.[54] Auch für Sollmann und seine Frau bedeutete dies, erneut flüchten zu müssen, ohne zu wissen, wo und wie ihr Leben weitergehen soll.

2   Im Wartestand in Luxemburg: Der Beginn der Diskussion um die Zukunft des Sozialismus

Sollmann begab sich zunächst in das Saarbrücken auf französischer Seite gegenüberliegende Städtchen Forbach. Dort wohnte er mit seiner Frau in einer Villa gemeinsam mit anderen Flüchtlingen, darunter Georg Beyer mit seiner Frau und ihren zwei Kindern sowie Beyers Schwiegermutter. Auch wenn er sich erneut auf eine Reise ins Ungewisse begeben hatte, so sah Sollmann die Flucht aus dem Saargebiet wohl weniger als Rückschlag, denn als Aufbruch in neue, aber keinesfalls schlechtere Zeiten. Gegenüber Paul Siegmann äußerte er laut dessen Erinnerungen kurz nach der Übersiedlung:

---

51 Soell: Der junge Wehner, S. 342; von zur Mühlen: »Schlagt Hitler an der Saar«, S. 195-221.
52 Sollmann (ungezeichnet): Marxismus und Volkstum, in: National-Zeitung Basel Nr. 61, 6. Februar 1935; Sollmann an Dittmer vom 21. Februar 1936, AsD, Dep. Henry Dittmer, Nr. 14. Nach Siegmann hatte Sollmann fest mit der Niederlage der Einheitsfront gerechnet, weil eine Bewegung, die gegen den Anschluss an das Vaterland kämpfe, aussichtslos gewesen sei. Siegmann: Tagebuch-Auszüge, S. 319. Zur gleichen Erkenntnis kam Herbert Wehner, der aufseiten der KPD in der Einheitsfront gegen den Anschluss gekämpft hatte. Soell: Der junge Wehner, S. 342.
53 Von zur Mühlen: »Schlagt Hitler an der Saar«, S. 228.
54 Dies wurde auch deutlich durch die Erklärung des Kommandeurs der internationalen Polizeieinheiten, die das Saarreferendum überwacht hatten, dass er nicht für den Schutz der Anhänger der Einheitsfront garantieren könne. Schneider: Saarpolitik, S. 500.

2 Im Wartestand in Luxemburg: Der Beginn der Diskussion um die Zukunft des Sozialismus

»Um halb neun hörte ich das Abstimmungsergebnis, und um neun Uhr saß ich schon im Zuge nach Forbach, und mit mir fuhren noch drei Flüchtlinge [...]; ich bin stolz darauf, der erste Emigrant aus dem Saargebiet zu sein, so leicht ist mir noch kein Abschied gefallen.«[55]

Auch wenn er die Umstände der Flucht in einem Brief an Siegfried Aufhäuser Monate später anders beschreibt, kommt doch auch dort deutlich zum Ausdruck, wie sehr ihm die Verhältnisse im Saargebiet missfielen:

»Vergessen Sie nicht, dass ich nun schon die zweite Emigration hinter mir habe, und das Ende im Saargebiet war in jeder Beziehung schlimmer, wobei ich meinen interessanten Aufenthalt im Braunen Haus zu Köln nicht ausschließe. Meine Lage war doch etwa so: Nachdem ich mit knapper Not einem Schiffsuntergang drüben entronnen war, musste ich im Saargebiet mit ansehen, wie haargenau nach den alten Methoden das Schiff, auf dem ich mich in Sicherheit gebracht hatte, wieder dem Untergang entgegengesteuert wurde. Warnungen waren zwecklos, da man mich höchstens vorzeitig über Bord geworfen hätte. So musste ich denn mit meiner armen Frau den Schlamassel bis zum Ende mitmachen und dann in einer bitterkalten Winternacht mit dem kümmerlichen Rest unsrer Brocken über die nahe französische Grenze gehen, mit dem bitteren Bewusstsein, dass Kassen, Maschinen, Möbel und alle, aber auch alle Werte der Bewegung in Feindeshand gelassen wurden.«[56]

Er stand nun erneut vor einer ungewissen Zukunft. Zunächst stellte sich die Frage des Aufenthaltsortes. Das Zimmer in Forbach mussten er und seine Frau schon Mitte März wieder verlassen, weshalb er überlegte, vorübergehend nach Paris zu ziehen. Schließlich entschied er sich aber für einen Aufenthalt in Luxemburg. Sowohl die geringeren Lebenshaltungskosten als auch die Möglichkeit, sich auf Deutsch verständigen zu können, erschienen ihm als bedeutende Erleichterung. Nach einigen Wochen zeigte er sich mit seiner Wahl sehr zufrieden:

»Seit nun fast vier Wochen bin ich hier und habe nicht zu klagen, abgesehen von der sehr unsicheren Existenzlage, aber das wäre in Paris ja viel schlimmer geworden. [...] Ich hoffe, dass ich dauernd hier bleiben kann.«[57]

---

55 Siegmann: Tagebuch-Auszüge, S. 321. Zur Beschreibung der Wohnverhältnisse Sollmanns siehe Sollmann an Elfriede Sollmann vom 19. Januar 1935, SCPC, DG 45 Wilhelm Sollmann, Box 18, Folder »Correspondence Sollmann Family 1933–1936«.
56 Sollmann an Aufhäuser vom 2. Dezember 1935, HAStK 1120/558/IV-2-51.
57 Sollmann an Wels 24. Mai 1935, AsD, Sopade, Mappe 122. Zu den Plänen nach Paris zu ziehen siehe Sollmann an Crummenerl vom 2. März 1935, AsD, Sopade, Mappe 122. Zu den Hintergründen der Übersiedlung nach Luxemburg siehe Sollmann an Crummenerl vom 11. April 1935,

Finanziell blieben seine Verhältnisse schwierig, wenn es ihm auch besser erging als den meisten anderen Emigranten. Da fast der gesamte Besitzstand der Deutschen Freiheit inklusive Material und Maschinen zurückgelassen werden musste, war an eine Fortsetzung der Zeitung nicht zu denken. Stattdessen arbeitete Sollmann wieder selbstständig als Journalist. Durch die Honorare, die er für seine Tätigkeit erhielt und mithilfe einer Pauschale, die ihm der Parteivorstand überwies, konnte er sich finanziell einigermaßen über Wasser halten.[58]

Zwar empfand er den Verlust der Deutschen Freiheit einerseits als schmerzlich, aber andererseits konnte er sich nun frei von Zwängen betätigen, denen er im Saargebiet durch die unglücklichen Rahmenbedingungen unterworfen gewesen war. Keinesfalls wollte er noch einmal unter solchen Verhältnissen arbeiten wie in den knapp zwei Jahren zuvor.[59] Sobald seine Lebensumstände es zuließen, plante er, mit seiner Meinung wieder an die Öffentlichkeit zu treten:

> »Die allerwenigsten haben den Mut, einzugestehen, was ist, und mich noch einmal mit allerlei Träumern, eitlen Fatzken, Tagesgrössen und Pimperln Wichtig herumzuschlagen, dafür habe ich keine Zeit mehr. Die paar Jahre, die vielleicht noch vor mir liegen, will ich besser nutzen. Ich hoffe, in einiger Zeit, mich wieder soweit in der Gewalt zu haben und, was bei einem Manne meines in Jahrzehnten [unleserlich] Lebens eben so wichtig ist, wieder so viel zu verdienen, dass ich mit einiger Ruhe die Probleme durchdenken und mir Tribünen suchen kann, auf denen ich ohne Rücksicht auf Dritte meine Meinung sagen kann. […] Ich kämpfe weiter, aber ich muss mir erst den neuen Standort suchen.«[60]

Die deutsche Emigration hatte zu diesem Zeitpunkt ein beträchtliches Ausmaß erreicht. Schätzungen zufolge gab es 1935 65.000 Juden, 5.000 bis 6.000 Sozialdemokraten, 6.000 bis 8.000 Kommunisten und rund 5.000 Vertreter anderer oppositioneller Richtungen, die aus Deutschland geflohen waren. In der Vorkriegszeit waren in erster Linie Frankreich, die Tschechoslowakei und bis Anfang 1935 das Saargebiet sowie die Niederlande Zentren der Emigration. Auch durch den Schub der Saarflüchtlinge lebte 1935 ein Gutteil der politischen Emigranten in Frankreich, einerseits wegen

---

AsD, Sopade, Mappe 122; Sollmann an Stephens vom 14. April 1935, HAStK 1120/559/IV-3-19, 19 a–c.

58 Sollmann erhielt von der Partei monatlich 600 französische Francs. Zu den Lebensumständen Sollmanns in dieser Zeit siehe Sollmann an Crummenerl vom 11. April 1935, 9. August 1935 und 6. Januar 1936, AsD, Sopade, Mappe 122; Sollmann an Stephens vom 14. April 1935, HAStK 1120/559/IV-3-19, 19 a–c; Sollmann an Crummenerl vom 4. Januar 193[6], HAStK 1120/558/IV-2-1. Die Datierung des Briefes auf 1935 ist offensichtlich falsch, da der Inhalt sich eindeutig auf Ereignisse nach Sollmanns Übersiedlung nach Luxemburg bezieht.

59 Sollmann an Stephens vom 14. April 1935, HAStK 1120/559/IV-3-19, 19 a–c.

60 Sollmann an »Liebe Genossin« [Else Reisner] vom 23. Mai 1935, BA-B-SAPMO RY 1/I 2/3/394, Bl. 4 f.

der geografischen Nähe, andererseits wegen der vergleichsweise liberalen französischen Asylpolitik. Nach Luxemburg flüchteten nach der Saarabstimmung rund 2.600 Reichsdeutsche.[61]

Politisch aktiv und an den Diskussionen in der Emigrationsszene beteiligt war aber nur eine Minderheit, die ausgesprochen heterogen und durch die Aufspaltung in viele Gruppen, die wiederum Querverbindungen durch Zusammenarbeit in Zeitungen, Komitees und anderen Organisationen hatten, sehr unübersichtlich war. Es gab nicht nur die SPD mit ihrem Exilvorstand als Vertreter der Sozialdemokraten, und die KPD, sondern eine Reihe von linken Zwischengruppen, darunter die Revolutionären Sozialisten und die Gruppe Neu Beginnen, weiterhin die Pariser Gruppe der SPD, in der sich Parteilinke in Opposition zum Parteivorstand zusammenschlossen, die Sozialistische Arbeiterpartei (SAP) und der Internationale Sozialistische Kampfbund (ISK). Weniger denn je war die politische Linke in der Emigration eine Einheit. Hinzu kamen noch die Vertreter aus dem demokratischen und katholischen Lager und dem Spektrum der »konservativen Revolution«, die in eigenen Gruppen agierten.[62]

Innerhalb und zwischen diesen Gruppierungen gab es von Beginn an Diskussionen und Überlegungen über den Kampf gegen den Nationalsozialismus, die Gründe für die politische Niederlage und Konzeptionen für ein Deutschland nach Hitler. Der Rumpfparteivorstand in Prag nahm für sich in Anspruch, als Treuhänder der Partei zu agieren, was weiter gehende politische Bindungen außerhalb der Tschechoslowakei kaum zuließ und auch die Beteiligung von Sozialdemokraten an Diskussionen, die Einfluss auf die zukünftige Ausgestaltung der Arbeiterbewegung hatten, praktisch ausschloss. Alle Versuche in dieser Hinsicht beobachtete Prag argwöhnisch und griff bei Verstößen gegen den Alleinvertretungsanspruch ein. So wurden Siegfried Aufhäuser und Karl Böchel seit Beginn des Jahres 1935 nicht mehr zu Parteivorstandssitzungen hinzugezogen, weil man ihnen organisatorische Sonderbestrebungen vorwarf. Oberstes Ziel der Mehrheit des Parteivorstands war die Wahrung der Einheit der Partei, was sich negativ auf die Kooperationsbereitschaft der Exil-SPD auswirkte.[63]

---

61 Der Begriff Emigrant wird hier als Synonym für Flüchtling verwendet. Unter Emigration werden daher alle Flüchtlinge verstanden, unterschieden nach politischer oder »rassisch« begründeter Emigration. Zur Problematik der Begrifflichkeiten siehe den kurzen Forschungsüberblick bei Langkau-Alex: Deutsche Volksfront I, S. 39-41. Siehe zu den Zielländern der Emigration die jeweiligen Artikel aus dem Handbuch der deutschsprachigen Emigration, u. a.: Mehringer: Sozialdemokraten; Mallmann: Kommunisten; Foitzik: Linke Kleingruppen. Zu den Flüchtlingszahlen in Luxemburg Hoffmann: Luxemburg, Sp. 308.

62 Einen Überblick über die linken Zwischengruppen und andere Oppositionsgruppen bei Mehringer: Widerstand und Emigration, S. 85-112.

63 Von den 20 Mitgliedern, die auf der Reichskonferenz vom 26. April 1933 in den Parteivorstand gewählt worden waren, emigrierten 13. Von diesen bildeten Wels, Vogel, Crummenerl, Hertz, Ollenhauer, Stampfer und Rinner als hauptamtliche Mitarbeiter das Sopade-Büro in Prag, drei weitere Mitglieder lebten ebenfalls in der CSSR. In den Westen emigrierten neben Sollmann nur Dietrich, der in der Schweiz lebte, und Marie Juchacz, die sich wie Sollmann zunächst im Saarland

Sollmann selbst befürwortete den Anspruch des Parteivorstands, auch wenn er nicht daran glaubte, dass die SPD in ihrer alten Form erhalten bleiben würde.[64] Er behielt sich aber vor, Kontakte zu knüpfen und Gespräche zu führen, weil er es für notwendig erachtete, über die Entwicklungen in den Emigrantenzirkeln informiert zu sein. Durch seine räumliche Nähe zu Frankreich, neben Prag das andere Zentrum der deutschsprachigen politischen Emigration, befand er sich in einer strategisch günstigen Lage. Als sich seit dem Frühjahr 1935 die Anzeichen für eine Zusammenarbeit von Emigrationsgruppen in Frankreich verdichteten, hielt er es für dringend angeraten, dass die Sopade sich beteilige. Er schreibt diesbezüglich im August an Paul Hertz:

»Haben Sie den Artikel von Schwarzschild über eine Art Emigranten-Direktorium gelesen? Es liegt was in der Luft, und wir müssen uns dranhalten.«[65]

In der folgenden Zeit war Sollmann direkt und indirekt an Gesprächen beteiligt, die sich um eine Zusammenarbeit der vielschichtigen Emigrationsgruppen drehten, vermied es aber im Sinne des Parteivorstands sich in irgendeiner Art und Weise festzulegen, sondern sondierte lediglich die Lage. Er wurde auch selbst ganz gezielt von Vertretern unterschiedlicher politischer Couleur angesprochen, die ihn für ihre Initiativen gewinnen wollten. Bereits im August 1935 wandte sich Otto Strasser, ehemaliges NSDAP-Mitglied und zusammen mit seinem bekannteren Bruder Georg Begründer des sozialrevolutionären Flügels der Partei, der nun als Führer der Schwarzen Front agierte, an Sollmann, um mit ihm in Austausch zu treten. Strasser hielt eine Aussprache für notwendig und sah in den Reihen der Sozialdemokratie Entwicklungen, die sich mit seinen eigenen Vorstellungen deckten.[66]

---

aufgehalten hatte und 1935 ins Elsass übersiedelte. Diese drei nahmen wegen der räumlichen Entfernung an keiner Vorstandssitzung teil. Der Kernvorstand bestand daher aus den Mitgliedern des Sopade-Büros, wogegen Sollmann zwar noch besoldet wurde, aber an der Arbeit des Vorstands nur am Rande beteiligt war. Zur Organisation des Parteivorstands im Exil und den innerparteilichen Strömungen siehe Buchholz/Rother: Der Parteivorstand, S. XIX-XXVI; Langkau-Alex: Deutsche Volksfront I, S. 116-141; Plum: Volksfront, S. 415-427.

64 Sollmann an Sievers vom 16. Juli 1936, HAStK 1120/535/I-7-17, 17 a.
65 Zitiert nach Langkau-Alex: Deutsche Volksfront I, S. 200. Gemeint ist Schwarzschilds Artikel »Eine Aufgabe wird sichtbar«, in: Neue Tage-Bücher Heft 31, 3. August 1935; wiederabgedruckt in: Mitteilungen der Deutschen Freiheits-Bibliothek Nr. 6, 1. November 1935. Schwarzschild forderte in diesem Beitrag, der eine Art Initialzündung war, ein Bündnis aller Gegner des Hitlerregimes. Siehe dazu und zu den Anfängen der Initiativen zur Bildung einer antifaschistischen Front 1935 ebd., S. 147-195.
66 Strasser an Sollmann vom 20. August 1935, HAStK 1120/558/IV-2-8. Strasser, vormaliges SPD-Mitglied, gehörte mit seinem Bruder Georg zu den Begründern des »linken« Flügels der NSDAP, der sein Zentrum in Berlin hatte und der sich ideologisch deutlich vom süddeutschen Flügel unter Hitler unterschied. 1930 trat er aus Protest gegen die Entwicklung der Partei aus der NSDAP aus. Strasser vertrat einen antikapitalistischen, vom Marxismus befreiten sozialrevolutionären Kurs, der sich ebenso gegen die Diktatur einer Partei wie das Führerprinzip stellte und stattdessen

2 Im Wartestand in Luxemburg: Der Beginn der Diskussion um die Zukunft des Sozialismus

Auch vonseiten der Kommunisten bemühte man sich um Sollmann. Besonders Willi Münzenberg, in der Weimarer Republik einer der einflussreichsten Vertreter der KPD, der das nach dem Hugenberg-Konzern zweitgrößte Medienunternehmen aufgebaut hatte, umwarb Sollmann in der Hoffnung, ihn für das Lutetia-Comité zu gewinnen.[67] Dies war Teil der Bestrebungen in der deutschen Emigration, eine antifaschistische Einheits- oder Volksfront zu gründen, in deren Rahmen seit dem Frühjahr 1935 mehrere Besprechungen zwischen Vertretern der Emigrantengruppen stattfanden, was unter anderem in der Gründung des Vorbereitenden Ausschusses zur Schaffung einer deutschen Volksfront resultierte.[68]

Sollmann stand diesen Plänen skeptisch bis ablehnend gegenüber. Zwar beteiligte er sich durchaus an Gesprächen, aber dies aus beobachtender Perspektive und um gewissen Tendenzen entgegenzuwirken. So schreibt er nach Prag über eine Anfrage Münzenbergs, der ihn bei einer interparlamentarischen Konferenz Ende Oktober in Brüssel treffen wollte:

---

einen großdeutschen organischen Ständestaat, eine Art antidemokratische Republik, anstrebte. Er lehnte auch die expansionistische Außenpolitik Hitlers ab, sein Ziel war ein Staatenbund der »Vereinigten Staaten von Europa«, dessen Kern Großdeutschland bildete. Strasser war Antisemit, lehnte aber den Radau-Antisemitismus ebenso wie Weltverschwörungstheorien ab und trat dafür ein, die Juden als nationale Minorität mit einem rechtlich gesicherten Status zu behandeln. Die Schwarze Front war von Strasser 1931 als Kampfbund ins Leben gerufen worden, dem neben dem Kreis um Strasser völkische und paramilitärische Gruppen angehörten. Strasser ging 1933 ins Exil, zuerst nach Wien, dann nach Prag. Nach dem Vorgehen gegen die SA und Röhm bemühte sich die Strasser-Gruppe dann verstärkt um ein Bündnis aller Hitlergegner. In diesem Rahmen sind auch die Kontakte zu Sollmann zu sehen. Zur Person Strassers, seiner Ideologie und dem Programm der Schwarzen Front siehe Bartsch: Zwischen drei Stühlen; Moreau: Nationalsozialismus von links.

67 Münzenberg an Sollmann vom 3. Oktober 1935, HAStK 1120/558-IV-2-15; Sollmann an den Parteivorstand vom 11. Oktober 1935, AsD, Sopade, Mappe 122; Sollmann an Wels vom 1. November 1935, AsD, Sopade, Mappe 122; Sollmann an Eichler vom 14. Februar 1936, AsD, ISK-Bestand, Box 29. Ende September fand im Pariser Hotel Lutetia die erste große politische Versammlung der deutschen Emigration statt, an der 45 bis 50 Vertreter verschiedenster politischer Kreise und Intellektuelle teilnahmen wie Heinrich Mann, der als Präsident fungierte. Münzenberg war eine der treibenden Kräfte hinter den Einigungsbestrebungen. Ergebnis des Treffens war u. a. ein Ausschuss, dem Mann als Vorsitzender, sowie Willi Münzenberg, Max Braun, Georg Bernhard, Leopold Schwarzschild, Otto Klepper und Emil Gumbel angehörten, und in dem je ein Sitz für einen Vertreter des SPD-Vorstands, der Katholiken und der Freien Gewerkschaften frei gehalten wurde. Sollmann war wohl ein Kandidat für die Mitgliedschaft als Vertreter des SPD-Vorstands. Zudem wollte die KPD auch wieder eine persönliche Aussprache zwischen den Parteiführungen vorbereiten, weshalb Münzenberg wohl auch den Kontakt zu Sollmann suchte. Langkau-Alex: Deutsche Volksfront I, S. 179-188, 278. Zu den Bemühungen Münzenbergs um eine Einheitsfront siehe ebd., S. 152-186; Gross: Münzenberg, S. 285-296.

68 Dieser Ausschuss wurde in erster Linie von überparteilichen Emigrantenorganisationen getragen, die Parteien wie KPD und SPD waren nicht offiziell vertreten. Das Lutetia-Comité knüpfte an diese Vorbereitungen an und es bestanden auch personelle Übereinstimmungen. Zu den vorbereitenden Gesprächen und der Gründung des Ausschusses sowie seinen Trägern siehe Langkau-Alex: Deutsche Volksfront I, S. 152-174.

»Ich denke, dass ich da einmal als Beobachter hinfahren kann [...]. Es scheint mir notwendig zu sein, dass ich mich etwas in diese Dinge einschalte, zumal M.[ax] Braun ziemlich da herum spuken zu scheint. Irgendwelche Bindungen werde ich nirgends übernehmen.«[69]

Sollmann lehnte dementsprechend alle Angebote zu einer Mitarbeit ab. Dies hatte zunächst ganz praktische Gründe, die aus seinem Status als Flüchtling in Luxemburg herrührten, wie er Willi Eichler, dem Leiter der Auslandszentrale des ISK in Paris, schreibt:

»Im Übrigen kommt bei mir, wie ich Ihnen schon schrieb, hinzu, dass ich hier nur ein sehr begrenztes Asylrecht geniesse und es einstweilen nicht in Gefahr bringen möchte.«

Hinzu kamen aber noch Einwände, die er Eichler gegenüber zum Ausdruck bringt:

»Lieber Genosse Eichler, Sie sind der fünfte, der mich seit zwei Monaten animiert, mich an solchen Einigungsbestrebungen zu beteiligen. Finden Sie nicht auch, dass das etwas zuviel ›Einigung‹ ist? Ich habe mich innerlich noch für keine dieser Gruppen entscheiden können, weil ich gegen alle Hemmungen habe, sachliche und persönliche.«[70]

Es waren in erster Linie diese Abneigungen gegen Inhalte und beteiligte Personen, die Sollmann von einer Mitwirkung an den Bestrebungen zur Gründung einer Volksfront abhielten. Seine Vorbehalte waren in beiderlei Hinsicht weitreichend. Von zentraler Bedeutung waren diesbezüglich sein tief verwurzeltes Misstrauen gegenüber den Kommunisten und die grundsätzliche Ablehnung ihrer politischen Ziele, was eine Zusammenarbeit für ihn stets ausgeschlossen hatte. Die neuen Bündnisangebote stellten für ihn keine Verhandlungsbasis dar, weil er bei den Kommunisten keine Wandlung erkennen konnte:

---

69 Sollmann an den Parteivorstand vom 11. Oktober 1935, AsD, Sopade, Mappe 122. Zu Max Braun hatte er seit der Zeit an der Saar ein gespanntes Verhältnis. Die von Braun herausgegebene Freiheits-Korrespondenz bezeichnete Sollmann als »schauerliches Zeug«. Die angesprochene Konferenz wurde dann auf Ende November verlegt. Vgl. Sollmann an Wels vom 1. November 1935, AsD, Sopade, Mappe 122; Sollmann an den Parteivorstand vom 26. November 1935, AsD, Sopade, Mappe 122.
70 Sollmann an Eichler vom 14. November 1935, AsD, Bestand ISK, Box 28. Zur Ablehnung der Zusammenarbeit mit dem ISK siehe auch Sollmann an Wels vom 1. November 1935, AsD, Sopade, Mappe 122.

»Hört man aber schärfer zu, so ist die Einheitsfront für die deutschen Kommunisten immer noch nur ein Mittel zur Erreichung ihrer Zwecke und Ziele.«[71]

Wenn es nur nach Worten ginge, so berichtete er Otto Wels nach einem Besuch von Franz Dahlem, seinem Mitstreiter in der Kölner Jugendbewegung und späteren erbitterten politischen Gegner, so könne er sofort bei der »Einheitsfront« mitmachen. Diese Leute verträten das, »was ich in all den Jahren in unserer Fraktion gepredigt habe und was damals als ›rechts‹ galt. In Bezug auf Nation, auf Religion, auf Bauerntum, Mittelstand etc. entwickeln die Kommunisten Perspektiven, denen jeder Reformist nur beipflichten kann.« Aber wirklich geändert hätten sie sich dennoch nicht, denn auf »Sowjetdeutschland« wollten sie nicht verzichten.[72] Für Sollmann blieben diese Angebote ein Vorwand, um letztlich doch wieder eine Politik bolschewistischer Prägung durchzusetzen. Mit Menschen, die ihre Direktiven aus Moskau erhielten, konnte man aus seiner Sicht keine Bündnisse eingehen.

Er verstand vor diesem Hintergrund auch seine Parteigenossen nicht, die immer noch ihre Hoffnungen auf eine Einheitsfront mit den Kommunisten setzten. Die Entwicklungen der letzten Jahre hatten aus seiner Sicht bewiesen, dass derartige Verbindungen in Deutschland keine Zukunft hatten und an diesem Punkt setzte auch seine Kritik an den Beteiligten der Volksfrontinitiative an:

»Auch diese Parole Einheitsfront beweist, wie schematisch unsere Genossen noch immer in den alten Parteischablonen denken. Ich bin für alle möglichen Einheitsfronten, die uns zur Macht führen können, aber ich kann nicht begreifen, dass dafür unbedingt die Einigung mit den Kommunisten vorausgehen muss. Ganz abgesehen davon, dass ich noch Zweifel in ihre Ehrlichkeit setze, frage ich mich auch, ob gerade sie uns die geistigen und organisatorischen Kräfte zuführen können, die man zur Eroberung Deutschlands braucht. Gerade der Saarkampf hat mir erneut bewiesen, dass die ›Einheitsfront‹ nur zur Isolierung von allen wirklichen grossen Volkskräften führt. Es ist die alte Überschätzung der aufgeregten Großstadtliteraten, dass sie die Blüte der Nation seien. Mein Blick und mein Suchen geht auf das wirkliche deutsche Volk, und ich glaube als alter deutscher Bauernjunge einfach nicht daran,

---

71 Sollmann an den Parteivorstand vom 26. November 1935, AsD, Sopade, Mappe 122. Sollmann an Eichler vom 14. Februar 1936, AsD, ISK-Bestand, Box 29. Voraussetzung für die neuen Bemühungen der Kommunisten um ein Bündnis mit der SPD war der VII. Weltkongress der Komintern vom Juli 1935, auf dem eine Abkehr von der bisherigen Linie beschlossen und eine Aktionseinheit mit den sozialistischen Parteien befürwortet wurde. Langkau-Alex: Deutsche Volksfront I, S. 233-235.
72 Sollmann an Wels vom 18. Februar 1936, AsD, Sopade, Mappe 122.

dass die Gespensterversammlungen, die sich jetzt da und dort mit Aufrufen an die Deutschen wenden, bei den kommenden Dingen führend sein werden.[73]

Es waren nicht nur die Kommunisten, denen Sollmann misstraute, auch auf eine Zusammenarbeit mit vielen beteiligten Sozialdemokraten, so etwa Max Braun, legte er keinen Wert. Die gestartete Initiative hielt er daher für falsch angelegt und sah kaum eine Möglichkeit, sie in andere Bahnen zu lenken, wobei seine Weigerung wie auch die des Parteivorstands insgesamt, in irgendeiner Art und Weise mitzuarbeiten, dies auch unmöglich machten.[74]

Eine Verständigung erschien aber schon deswegen ohne Aussicht auf Erfolg, weil Sollmann weitgehend andere Vorstellungen über die zukünftigen Inhalte und Aufgaben des Sozialismus hatte, als sie in den Kreisen der Volksfrontbefürworter vertreten wurden. Dies war auch das Ergebnis der unterschiedlichen Einschätzung der Ursachen des Untergangs der Weimarer Republik. Mit der Zerschlagung der Arbeiterbewegung begann eine Auseinandersetzung darüber, wie das Scheitern der Sozialdemokratie zu begründen sei. Diese Frage nahm in der Publizistik und im Schriftwechsel der Emigration breiten Raum ein, besaßen die Ergebnisse dieses Denkprozesses doch ganz entscheidende Bedeutung für die Frage, wie der Sozialismus sich aufstellen müsse, um den Faschismus zu besiegen und in einem Deutschland nach Hitler mehrheitsfähig zu sein.[75]

Sollmann fasste in einer Besprechung von Arthur Rosenbergs »Geschichte der deutschen Republik« noch einmal die Kritik an seiner Partei zusammen, die er bereits am Ende der Republik erhoben hatte, um seine Argumente in die Diskussion der Emigrantenszene einzubringen.[76] Er betonte, es habe der Partei an konstruktiver Vorbereitung und dem Willen zur Regierungs- und Machtausübung sowie den geeigneten politischen Führern gefehlt. Man habe sich nicht aus den Reihen der fleißigen Mitarbeiter des Parteiapparats lösen können, die nie mit Fragen der praktischen Politik »und Führung, von Masse und Autorität, von Idee und Waffengewalt« beschäftigt gewesen seien. Die materialistische Theorie und die Parteitradition hätten die Politiker an zu enge Vorgaben gebunden. Die Sozialdemokratie habe sich auch durch einen falsch verstandenen Pazifismus ausgezeichnet.

---

73 Sollmann Dittmer vom 21. Februar 1936, AsD, Dep. Henry Dittmer, Nr. 14. Vgl. auch Langkau-Alex: Deutsche Volksfront II, S. 15 f.
74 Sollmann an Münzenberg vom 20. Januar 1936, HAStK 1120/562/IV-4-25, 25 a; Sollmann an Breitscheid vom 4. März 1936, HAStK 1120/563/IV-4-69, 69 a–b; Sollmann an den Parteivorstand vom 26. November 1935, AsD, Sopade, Mappe 122.
75 Siehe hierzu Matthias: Sozialdemokratie und Nation, S. 53-85.
76 Sollmann: Sozialistische Machtpolitik, in: ZfS, Heft 24/25 (1935), S. 758-765. In einem Brief an Paul Hertz hatte er gefordert, seinen Beitrag in der Zeitschrift für den Sozialismus zu veröffentlichen: »Ob Ihr damit einverstanden seid, ist Nebensache. Hauptsache ist, daß das Tor zur Diskussion endlich kräftig aufgestoßen wird […].« Zitiert nach Langkau-Alex: Deutsche Volksfront I, S. 200.

»Wenn die Revolution sich keine Waffenmacht schuf, so mußte diese in der Gegenrevolution erstehen und alle soldatischen Menschen, die gerade für die Exekutive einer Umwälzung sehr wichtig und notwendig sind, ins andere Lager treiben, und zwar sehr rasch.«

Derartige Einsichten seien aber 1918 wegen der jahrzehntelangen Tradition der SPD in dieser Frage unmöglich gewesen. Es müsse zum Verständnis der weiteren sozialistischen Machtpolitik eingesehen werden, dass die maßgeblichen Politiker sich völlig zu Recht nicht getraut hätten, eine solche militärische Aufgabe zu bewältigen.[77] Verfehlungen sah er auch bei Einschätzung der Psyche der Frontsoldaten:

»Die Sozialdemokratie beging eine schwere Unterlassung, daß sie der Gründung von Frontkämpferbünden durch andere tatenlos zusah und erst mit siebenjähriger Verspätung und unter ganz unzulänglicher und ungeeigneter Führung die militärische Tradition des Weltkrieges im Reichsbanner Schwarzrotgold auch für die Republik nutzbar zu machen trachtete.«

Auch nationale Fragen seien durch die Sozialdemokratie vernachlässigt, eine stärkere Berücksichtigung der nationalen Gefühlswelt versäumt worden. In Teilfragen habe man vieles richtig gemacht, »die konstruktive Synthese und der Wille zu einer entschlossenen Staats- und Wirtschaftsführung aber fehlten«. Was man verkannt habe, sehe man jetzt in Deutschland missbraucht:

»Persönliche Führung, Staatsautorität, Nationalgefühl, Volkstradition, Arbeitsethos, wehrhafte Volks- und Arbeitserziehung, Romantik der Jugend, die propagandistische Klaviatur aller Sphären der Volksseele«.

Man habe den Menschen vor allem nach ökonomischen und soziologischen Kategorien beurteilt, aber seine Gefühlswelt vergessen. Die Aufgabe der Emigration bestand für ihn darin, die Voraussetzungen dafür zu schaffen, dass sich solche Fehler nicht wiederholten:

»Die deutsche sozialistische Emigration hat nur dann eine politische Aufgabe, wenn sie ihre Blicke fest auf ihr Volk und ihr Land gerichtet hält und aus deutschem Wurzelboden sich nährt. [...] Der Sozialismus in der Illegalität und in der Emigration braucht nicht nur die theoretische Durchleuchtung des deutschen Wirtschafts- und Gesellschaftskörpers, nicht nur eine überzeugende Programmatik für

---

77 Die Kritik an der mangelnden Reife der Sozialdemokratie, die man durch die Entwicklung der Partei im Kaiserreich bedingt sah, teilte Sollmann mit Rosenberg und anderen Zeitgenossen wie Georg Decker. Matthias: Sozialdemokratie und Nation, S. 55-57.

seine künftige Aufbauarbeit, er braucht vor allem machtwillige und machtfähige in Opposition und Regierung auch zur Gewalt entschlossene Männer und Ideenkünder, denen der Weg zur Seele des deutschen Arbeiter- und Bauernvolkes sich erschließt, weil sie es verstehen und bejahen, so wie dieses Volk nun einmal ist.«[78]

Besonders in der Absage an den Marxismus, der Ablehnung einer Zusammenarbeit mit den Kommunisten und der Betonung der nationalen Komponente lagen die Gründe, warum Sollmann weder mit den linken Zwischengruppen und ihren Sympathisanten, noch mit der Volksfrontbewegung hinsichtlich ihres politischen Programms zu einer Verständigung kam. So gab es zwar durchaus Übereinstimmungen mit den Zwischengruppen, die auch die Klassengrenzen überwinden und die Mittelschichten beziehungsweise das Bürgertum für den antifaschistischen Kampf gewinnen wollten, aber die Einigung der Arbeiterparteien als Voraussetzung dafür ansahen und sich als marxistische Sozialisten verstanden, denen auch Sollmanns Betonung der nationalen Gefühlswelt fremd war.[79]

Seine Ablehnung der Volksfrontbestrebungen gab er gegenüber deren Anhängern auch klar zu verstehen:

»Glauben Sie mir: Sie unterschätzen das Nationale verhängnisvoll und unterschätzen nicht minder die Lebenskräfte der katholischen Kirche, der ich nicht angehöre.«[80]

---

78 Sollmann: Sozialistische Machtpolitik, in: Zeitschrift für Sozialismus, Heft 24/25 (1935), S. 758-765. Vgl. auch Sollmann an Hertz vom 20. Januar 1936, HAStK 1120/562/IV-4-24, 24 a–b. »Wir haben aber bestimmt die Seele des Menschen vernachlässigt zu Gunsten der ewigen sozialen und ökonomischen Analyse. Das wirkte sich gerade bei unseren mittleren Funktionären, bei dem Durchschnitt der Abgeordneten und Gewerkschafts- und Parteiangestellten aus. Was waren das für lederne seelenlose Redner. Immer wieder zahlengespickte Referate. Glauben Sie nicht, dass es Mangel an Interesse gewesen wäre, wenn ich weniger über Steuern und mehr über Gefühlsdinge sprach. Ich wollte eben wirken und sah doch, was die Leute hören wollten.« Zur Kritik an der Sozialdemokratie hinsichtlich ihrer Stellung zur Wehrfrage und der damit verbundenen Isolierung von wichtigen Kräften im Volk, die Sollmann für einen ihrer Kardinalfehler hielt, siehe auch Sollmann (ungezeichnet): Deutsches Volk und deutsches Heer. Fehler der Sozialdemokratie, in: Der Bund, Nr. 294, 28. Juni 1935.
79 Langkau-Alex: Deutsche Volksfront, S. 278 f. Übereinstimmungen zwischen Sollmann und den linken Gruppen gab es auch darüber, dass die Sozialdemokratie in der Weimarer Republik nicht in der Lage war, die Ordnung des Kaiserreichs nicht nur formal durch die Demokratie abzulösen, sondern die neue Staatsform auch in der Bevölkerung zu verankern und gegen ihre Feinde zu sichern. Matthias: Sozialdemokratie und Nation, S. 58 f. Trotz der bestehenden Differenzen mit den Kommunisten und Einheitsfrontbefürwortern wurde von dieser Seite weiterhin der Kontakt zu ihm gesucht. So besuchten ihn hochrangige Vertreter der Kommunisten, darunter Franz Dahlem und Walter Ulbricht. Sollmann an Strasser vom 2. Juni 1936, HAStK 1120/536/I-8-10; Sollmann Wels vom 27. Juni 1936, AsD, Sopade, Mappe 122. Zu den Hintergründen von Ulbrichts Besuch siehe Langkau-Alex: Deutsche Volksfront II, S. 78-82.
80 Sollmann an Eichler vom 14. Februar 1936, AsD, ISK-Bestand, Box 29.

Sollmann sah sich durch den ausgeprägten Antikommunismus der Katholiken, der ihm in Gesprächen mit Vertretern katholischer Gruppen begegnete, darin bestätigt, eine Volksfront unter Einbeziehung der Kommunisten abzulehnen:

»Alle Leute der katholischen Emigration mit bekannten Namen halten sich zurück und erklären mir: mit Sozialdemokraten Ja, mit Kommunisten Nein.«[81]

Durch die Einheitsfront und durch das Festhalten am Marxismus isolierte sich die Bewegung aus Sollmanns Sicht von den Kräften der Mittelschichten und von den Katholiken, die für ihn von zentraler Bedeutung waren:

»Vielmehr glaube ich, dass unser entscheidendes Bemühen darauf gerichtet sein muss, soziologisch in die mittleren Schichten (Angestellte, Intellektuelle, Bauern) und geistig zu den vielen rebellischen Gefühlssozialisten vorzustossen, die der Marxismus mit seiner bisherigen Terminologie und Methodik nicht erreichen konnte. [...] Es sind Fragen, über die ich seit vielen Jahren nachdenke, und ich bin durch alle Ereignisse nur darin bestätigt worden, dass wir in Deutschland nichts schaffen, wenn wir nur die mechanische ›Einheitsfront‹ oder die ›Volksfront‹ nach französischem Muster machen.«[82]

Er wehrte sich daher gegen eine Verengung des Sozialismus auf den Marxismus und die dadurch bestimmten Klassengrenzen und lehnte eine Gleichsetzung von Sozialismus und Marxismus ab, denn aus seiner Sicht war der Sozialismus »umfassender und tiefer«[83]. Der Marxismus sei dagegen an seiner klassenmäßigen Enge, an »seiner Absonderung gegenüber den nichtproletarischen Volkskräften« und aus seinem »vollendeten Mangel an jeder Psychologie«[84] gescheitert.

Auch die durch den Einfluss der bürgerlichen Mitglieder liberal-demokratisch geprägte Kundgebung der Lutetia-Konferenz, die Anfang Februar 1936 tagte, lehnte

---

81 Sollmann Dittmer vom 21. Februar 1936, AsD, Dep. Henry Dittmer, Nr. 14. Vgl. auch Sollmann an den Parteivorstand vom 26. November 1935, AsD, Sopade, Mappe 122; Sollmann an Münzenberg vom 20. Januar 1936, HAStK 1120/562/IV-4-25, 25 a; Sollmann an Breitscheid vom 4. März 1936, HAStK 1120/563/IV-4-69, 69 a–b.
82 Sollmann an Münzenberg vom 20. Januar 1936, HAStK 1120/562/IV-4-25, 25 a. Zumindest scheint es auch gewisse Übereinstimmungen gegeben zu haben. Sollmann berichtet, Münzenberg habe über seinen Beitrag »Sozialistische Machtpolitik« gesagt, er »enthalte ›bittere Wahrheiten‹ und werde lebhaft diskutiert«. Zitiert nach Langkau-Alex: Deutsche Volksfront I, S. 279.
83 Sollmann an Hertz vom 9. Juli 1936, HAStK 1120/559/IV-3-46, 46 a.
84 Sollmann an Hertz vom 27. März 1936, HAStK 1120/563/IV-4-69, 69 c–f. Zur Kritik Sollmanns am Marxismus siehe auch Sollmann (ungezeichnet): Der Marxismus in Deutschland, in: NZZ Nr. 387, 11. August 1935.

er ab.⁸⁵ Sie war ihm zu sehr ein nationalliberales Zeugnis, ein Rückgriff auf das Demokratieverständnis von 1848. Er glaubte nicht, dass eine sozialistische Umgestaltung mit diesen Methoden durchgeführt werden könne. Statt einer Rückbesinnung auf das 19. Jahrhundert forderte er eine politische und soziale Revolution, die sich an den deutschen Verhältnissen der Mitte des 20. Jahrhunderts orientierte:

> »Aber unser Kampf für Deutschland geht von ganz anderen Voraussetzungen aus. […] Wir müssen uns schon die Arbeit machen für Deutschland etwas Neues schaffen und nicht Frankreich zu kopieren. Das sind die Fragen, die mich beschäftigen, über die ich mit einer Reihe von Menschen sehr verschiedener politischer Herkunft in dauerndem Gedankenaustausch stehe, und ich bin, wie ich freimütig gestehe, mit mir selbst noch keineswegs im Reinen.«⁸⁶

Sollmann entwickelte eigene Ideen für eine sozialistische Volksbewegung. Es war kein Zufall, dass er mit seinen Gedanken zu einem Zeitpunkt an die Öffentlichkeit trat, als sich die Initiativen der Volksfrontaktivisten für ein Bündnis verdichteten. Die Gegner dieser Bestrebungen sahen einerseits die Notwendigkeit, diese Pläne und ihre Anhänger, in erster Linie die innerparteiliche Opposition, zu diskreditieren, was bei Sollmann durch seine Kritik des Marxismus als Irrweg sozialistischer Politik zum Ausdruck kam. Andererseits galt es, verstärkt die eigenen Konzeptionen zu propagieren, um einen Gegenpol zu setzen.

Einen positiven Ansatz dafür erkannte er in den Überlegungen von Wenzel Jaksch, Vorstandsmitglied der Deutschen Sozialdemokratischen Arbeiterpartei in der Tschechoslowakischen Republik (DSAP) und ab 1938 ihr Vorsitzender, der unter dem Stichwort des »Volkssozialismus« dafür eintrat, dass nicht die Arbeiterklasse oder Klassen überhaupt, sondern die Nation durch die Einbindung der Mittelschichten in die Arbeiterbewegung zum Träger der sozialistischen Neugestaltung werden sollte.⁸⁷ In seinem Anfang 1936 veröffentlichten Buch »Volk und Arbeiter« legte er diese Konzeption ausführlich dar, die von Sollmann in einer ausführlichen Rezension gewürdigt wurde. Er lobte den Versuch von Jaksch, vom »proletarischen Sozialismus« zum »deutschen Volkssozialismus« vorzustoßen. Die von ihm aufgeworfenen Fragen müssten diskutiert und geklärt werden. Richtig sei, dass die nationalen Fragen nicht nur aus dem Klasseninteresse zu betrachten und zu lösen seien. Jeder Versuch, der im Frieden damit gemacht wurde, habe mit einer Niederlage des Sozialismus geendet, und im Kriege habe er zu einer Zersetzung geführt, von der sich die Bewegung nie

---

85 Sollmann an Eichler vom 14. Februar 1936, AsD, ISK-Bestand, Box 29. Zur Konferenz und der Kundgebung als ihr Resultat siehe Langkau-Alex: Deutsche Volksfront I, S. 325-353.
86 Sollmann an Münzenberg vom 20. Januar 1936, HAStK 1120/562/IV-4-25, 25 a (Zitat); Sollmann an Hertz vom 27. März 1936, HAStK 1120/563/IV-4-69, 69 c–f.
87 Zu Jaksch siehe Bachstein: Jaksch.

mehr ganz erholt habe. Jaksch sei der Ansicht, dass die Volksrevolution nicht alleine von der Arbeiterschaft, die eine Minderheit im deutschen Volke sei, getragen werden könne. Daher galt es für Sollmann, auf die keineswegs neue Frage über das Verhältnis von Klasse und Volk eine Antwort zu finden. Es gehe nicht, wie früher einen rein klassenmäßigen Anspruch auf die Alleinmacht in Wirtschaft und im Staate aufzustellen, in der Hoffnung, Bauern und kleinbürgerliche Schichten würden dies unterstützen.

Jaksch habe zwar auch keine Vorschläge, wie der Kampf um den Sozialismus und um die Nation geführt werden solle, aber es sei nicht zu leugnen, dass hier eine der Grundfragen berührt werde, die in sozialistischer Selbstkritik und Selbstverständigung zu klären sei, bevor man überhaupt wieder an die Möglichkeit sozialistischer Politik in Deutschland denken könne.[88]

Sollmann formulierte sowohl die bei Jaksch noch recht vagen Forderungen nach einer Revision der marxistischen Ideologie als auch den Widerspruch zwischen dem Marxismus als theoretischem Leitbild und der demokratischen Praxis sozialdemokratischer Politik prägnanter und stellte sie damit auf ein solides theoretisches Fundament. Wie er sich eine sozialistische Bewegung in Deutschland für die Zukunft vorstellte, skizziert er erstmals in der »Neuen Weltbühne«, in der im Januar 1936 eine Reihe von Emigranten ihre »Antwort auf drei Jahre Hitler« gab. Sollmann konstatierte, die Mehrheit der Deutschen sei antikapitalistisch, Millionen Deutsche seien aus Gefühl oder Bewusstsein Sozialisten, aber eben nur ein Teil dieser seien Kommunisten oder Sozialisten. Eine sozialistische Einheitsfront sei daher viel zu eng gefasst, wenn sie nur die alten Linksparteien umfasse.

> »Enge Parteifanatiker müssen da scheitern. [...] Nach den verheerenden Jahren des Krieges, nach den zersetzenden Jahren der schwach und ideenlos geführten Republik, nach den verworrenen und verwüstenden Jahren des Hitlerregimes ist der Aufbau einer neuen deutschen Ordnung nur möglich, wenn die besten, tüchtigsten und willensstärksten Kräfte der vielgestaltigen Opposition sich einigen auf politische Grundsätzen und Zielen, die wirklich von der gewaltigen Mehrheit des deutschen Volkes, nicht nur von einer Gesellschaftsgruppe allein – und sei ihre Zahl noch so groß – aus freiem Entschluß angenommen werden.«[89]

---

88 Sollmann: Volksrevolution und Volkssozialismus. Zu dem Buche von Wenzel Jaksch »Volk und Arbeiter«, in: NV Nr. 141, 23. Februar 1936. Gegenüber Otto Strasser, der selbst gute Kontakte zu Jaksch pflegte, äußerte Sollmann über das Buch: »Es ist der erste Marxist, der sich redlich bemüht, in einer größeren Arbeit Linien einer neuen überparteilichen Bündnispolitik zu ziehen.« Sollmann an Strasser vom 29. Januar 1936, HAStK 1120/562/IV-4-36. Sollmann hat Jaksch auch persönlich seine Ansicht zu seinem Buch mitgeteilt. Vgl. Sollmann an Jaksch vom 14. Februar 1936, HAStK 1120/562/IV-4-57, 57 a.
89 Sollmann (ungezeichnet): Umformung der deutschen Arbeiter, in: Der Bund Nr. 33, 21. Januar 1936.

Die sozialistische Freiheitsbewegung müsse daher nicht nur die alten Parteien erneuern, sondern neue sozialistische Schichten erobern. Dies sei mit dem Marxismus allein nicht möglich, der zwar die klarste ökonomische sozialistische Konzeption, aber nicht umfassend genug sei, um alle sozialistisch denkenden Menschen zu sammeln.

»Der Sozialismus für Deutschland muss auch die jungen nationalen und religiösen Idealisten, muss auch Soldaten aufrufen. Das ist nicht Romantik, sondern Realität für den politischen Machtwillen. Jedes Land schafft sich seine eigene sozialistische Prägung. [...] Absichtlich, mit bewusster Herausforderung stehen hier in fast jedem Satze die Worte deutsch oder Deutschland. Aus Nationalismus? Nein, aus der Erkenntnis, dass der Sozialismus kein internationales Abstraktum ist, hoch erhaben über den sehr kraftvoll lebenden Nationen, und weil wir darum unseren Teil für den Aufbau der sozialistischen Welt nur im Kampf für den Sieg des Sozialismus auf deutschem Boden, aus deutscher Wirtschaft und mit deutschen Menschen leisten können.«[90]

Dies verband er mit einer eindeutigen Absage an die Klassenkampftheorie, weil sie aus seiner Sicht mit demokratischer Politik nicht vereinbar war und im Widerspruch mit der sozialdemokratischen Realpolitik in der Weimarer Republik stand:

»Klassenkampftheorie ist eine für demokratische Politik und demokratische Entwicklung unmögliche Konzeption. Entweder muß sie auf geradem oder raschem Wege zur brutalen und totalen Diktatur führen, wie in Rußland, oder sie kompromittiert die Arbeiterbewegung und den Sozialismus, je länger, je mehr, weil Theorie und Praxis in einen unheilbaren Widerspruch geraten müssen. Man predigt Revolution und ist gezwungen zur Koalition. Man feiert den Klassenkampf und schließt Arbeitsgemeinschaften zwischen Kapital und Arbeit. Man verkündet den naturnotwendigen Untergang des Mittelstandes und der Bauern und preist sich ihnen gleichzeitig als Retter an. Man doziert eine atheistische Geschichtsauffassung und wirbt um die christlichen Arbeiter. Man schwört ewig Treue dem geeinten internationalen Proletariat und bereitet gleichzeitig die nationale Verteidigung vor.«[91]

Was Sollmann vorschwebte, war eine sozialistische Volksbewegung, die den spezifischen Eigenschaften des deutschen Volkes, der »Volkspsychologie«, Rechnung trug, deren Vernachlässigung er wohl als den entscheidenden Fehler der Weimarer Sozialdemokratie erachtete. Seine Erkenntnis war, dass die Deutschen antirevolutionär, na-

---

90 Sollmann: Für die Front deutscher Sozialisten, in: Neue Weltbühne Nr. 5, 30. Januar 1936, S. 141.
91 Sollmann: Einigung in Etappen, in: Deutsche Revolution Nr. 13, 15. Juli 1937.

tional, traditionsbewusst, autoritätsgläubig und irrational und daher anfällig für die »propagandistische Klaviatur aller Sphären der Volksseele«[92] waren.

Aus diesen Überlegungen heraus und um zu überprüfen, »inwieweit eine sozialistische Synthese zwischen so verschiedenen weltanschaulichen Richtungen« möglich war, hielt er auch den Kontakt zu Otto Strasser, nachdem dieser an ihn herangetreten war. Er selbst sah die Notwendigkeit, eine neue Volksbewegung schaffen zu müssen, wenn sie ihre Aufgabe für die Zukunft erfüllen wollten und dafür galt es aus seiner Sicht, für die Sozialdemokraten auch Kontakte zu Personen zu knüpfen, zu denen sonst keine Verbindungen bestanden und »die sonst weit von ihnen ab operierten«[93]. Unterstützt wurde dies durch den positiven Eindruck, den er von Strasser in den anfänglichen Gesprächen gewonnen hatte. Nach einem Treffen in Straßburg schrieb er Otto Wels, Strasser habe auf ihn den Eindruck »eines sehr energischen, temperamentvollen und sozialismusgläubigen Menschen« gemacht, dem aber tiefere sozialistische Erkenntnis fehle. Strassers Zuversicht sei für einen Skeptiker wie ihn selbst frappierend. Seine Angaben über die Organisation der »Schwarzen Front« im Reich und ihre Verankerung in den nationalsozialistischen Organisationen und der Reichswehr hielt Sollmann für glaubwürdig. Trotz seiner manchmal überschäumenden Phantasie beurteile Strasser die Lage im Reich nüchtern.[94] Sympathie aber auch deutliche Vorsicht sprechen auch aus einem Bericht an seine Tochter:

»Er ist ein außerordentlich sympathischer, aber etwas phantastischer Mensch, aber vielleicht hat er Recht. Mich liebt er sehr und will mich allen Ernstes zu einem seiner Revolutionsminister, wenn er deutscher Diktator wird, was er fest glaubt. Ich glaube es weniger. Immerhin hat er gute Beziehungen zur nationalbolschewistischen Jugend und zu Offizierskreisen etc. Natürlich nehme ich mich trotzdem auch vor ihm in Acht, obwohl ich ihm nicht misstraue. In ein Auto wäre ich nicht mit ihm gestiegen.«[95]

Sollmann spielte in Strassers bündnispolitischen Bestrebungen eine gewisse Rolle. Ziel der Schwarzen Front war, wie es auf ihrem Reichskongress im Dezember 1935 proklamiert wurde, ein Deutschland und Europa der nationalen Freiheit, der sozialen Gerechtigkeit und der europäischen Zusammenarbeit. Nach der Auflösung des NS-Regimes und aller anderen Parteien und Zwangsorganisationen sollte Deutschland

---

92 Sollmann: Sozialistische Machtpolitik, in: Zeitschrift für Sozialismus, Heft 24/25 (1935), S. 764; Sollmann (ungezeichnet): Marxismus und Volkstum, in: National-Zeitung Basel Nr. 61, 6. Februar 1935.
93 Sollmann an Hertz vom 27. März 1936, HAStK 1120/563/IV-4-69, 69 c–f (erstes Zitat); Sollmann an Wels vom 31. Dezember 1935, HAStK 1120/558/IV-2-98, 98 a (zweites Zitat).
94 Sollmann an Wels vom 1. November 1935, AsD, Sopade, Mappe 122.
95 Sollmann an Elfriede Sollmann vom 29. Oktober 1935, SCPC, DG 45 Wilhelm Sollmann, Box 18, Folder »Correspondence Sollmann Family 1933–1936«.

neu gegliedert, die Volkswirtschaft nationalisiert und ein föderatives Europa gebildet werden. Zur Erreichung dieses Ziels sollte eine »Revolutionsregierung« eingerichtet werden, die das Vertrauen des ganzen Volks besitzen und aus Persönlichkeiten bestehen sollte, die außerhalb der Parteien standen.[96] Träger dieses Bündnisses sollte die Trias Jugend, Wehrmacht und Arbeiterschaft sein, wie es Strasser Sollmann gegenüber ausführte:

> »Ich halte eine solche Vereinigung von Männern aus allen Lagern, jedoch mit einem einheitlichen Ziel für die einzig Erfolg versprechende Möglichkeit der kommenden ›Revolutionsregierung‹, die personell und inhaltlich eine willenmässig klare und zielbewusste Neuauflage jener einstigen Kombination ›Gregor-Strasser-Schleicher-Leipart‹ sein muss und so Jugend, Wehrmacht und Arbeiterschaft repräsentiert.«[97]

Strasser knüpfte damit an die Querfrontkonzeption an, die Kurt von Schleicher bereits 1932 durch eine Verbindung des Gewerkschaftsflügels der NSDAP – dessen Führer Georg Strasser, der Bruder Ottos, war 1934 der unter dem Deckmantel des »Röhm-Putsches« durchgeführten Mordaktion zum Opfer gefallen –, mit dem ADGB und den christlichen Gewerkschaften bis zur SPD etablieren wollte. Auch der Gedanke eines Revolutionskabinetts war nicht neu, dies hatte die Schwarze Front schon im Herbst 1932 gefordert.[98]

Als Bündnispartner kamen dafür auf sozialdemokratischer Seite besonders Vertreter wie Sollmann infrage, die sich vom Marxismus gelöst hatten und nationalen Fragen gegenüber offen waren. Neben Sollmann stand er auch in Verbindung zu Max Sievers, dem Vorsitzenden des deutschen Freidenker-Verbandes, in die er auch Sollmann einbeziehen wollte. Strasser wollte darüber hinaus die Gesprächsbereitschaft katholischer Kreise ausloten und bat Sollmann diesbezüglich bei Heinrich Imbusch vorzufühlen. Sollmann machte gemäß seiner Devise, keine Bindungen einzugehen, gegenüber Strasser keinerlei Zusagen und hatte auch gegenüber dessen Pläne gewisse Vorbehalte, etwa zur Bildung einer Revolutionsregierung, fand aber weitere Kontakte lohnenswert und bot Strasser an, ihn gelegentlich in Luxemburg zu besuchen und

---

96 Der vom Kongress veröffentliche Aufruf ist abgedruckt in Langkau-Alex: Deutsche Volksfront III, S. 79-82.
97 Strasser an Sollmann vom 23. November 1935, HAStK 1120/558/IV-2-33. Vgl. auch den Aufruf der Schwarzen Front vom Januar 1936.
98 Moreau: Nationalsozialismus von links, S. 154. Zu den Plänen Strassers siehe auch den Bericht von Otto Wels über ein Gespräch. Wels berichtet Sollmann, Strasser wolle offensichtlich an das Bündnis Georg Strasser, Leipart und Schleicher anknüpfen. Wels an Sollmann vom 3. Januar 1936, HAStK 1120/561/IV-4-5.

über seine Arbeit zu informieren. Zudem knüpfte er auch im Sinne Strassers Kontakte zu Sievers, Imbusch und dem Sopade-Vorstand.[99]

Großen Wert legte Sollmann darauf, im Einvernehmen mit Prag zu handeln, weshalb er den Parteivorstand stets über seine Aktivitäten informierte. Er fühlte sich dazu nicht nur als Mitglied des Vorstands verpflichtet, sondern auch aus einem Gefühl der Verbundenheit nach jahrzehntelangem gemeinsamem Kampf heraus. Trotz aller Schwächen war die Sopade für ihn die letzte sichtbare Fahne der alten Sozialdemokratie. Gegenüber Max Sievers äußerte er, er käme sich treulos vor, würde er sie jetzt verlassen. Dass sie, so wie sie war, keine Zukunft habe, dass sie als Organisation nicht mehr aufleben werde, sei eine andere Sache. Er sehe aber in der Emigration keine Gruppen, die das Recht hätten, sich über die »Prager« zu erheben.[100] Daher wollte er nichts unternehmen, was gegen Prag gerichtet war. Im Falle der Verhandlungen mit Strasser hätte er gerne Unterstützung aus Prag gehabt, war aber bereit, die Verantwortung zu übernehmen.

»Eventuell muss ich eben die Prügel alleine ertragen.«[101]

Aus den Gesprächen mit Strasser, Sievers und Imbusch ergaben sich Pläne für einen Aktionsausschuss der deutschen Revolution und ein Programm, das als Grundlage für die Sammlung dienen sollte. Sollmann begleitete diesen Prozess in beratender Funktion. Im Februar 1936 lag ein erster Entwurf für ein Programm vor, den Sollmann auf Grundlage von Vorarbeiten von Strasser und Sievers bearbeitet hatte und der in von Sievers abgeänderter Form in dem von ihm herausgegebenen Informationsbrief im März 1936 anonym veröffentlicht wurde.[102]

---

99 Heinrich Imbusch war Vorstandsmitglied des Gesamtverbands der christlichen Gewerkschaften gewesen und gehörte von 1927 bis 1933 dem Vorstand der preußischen Zentrumspartei an. Siehe zu Imbusch Schäfer: Imbusch. Zu den Kontakten siehe Sollmann an Wels vom 1. November 1935, AsD, Sopade, Mappe 122; Sollmann an den Parteivorstand vom 26. November 1935, AsD, Sopade, Mappe 122; Strasser an Sollmann vom 23. November 1935, HAStK 1120/558/IV-2-33; Sollmann an Strasser vom 2. Dezember 1935, HAStK 1120/558/IV-2-50; Strasser an Sollmann vom 9. Dezember 1935, HAStK 1120/558/IV-2-66, 66 a; Sollmann an Wels vom 31. Dezember 1935, HAStK 1120/558/IV-2-98, 98 a.
100 Sollmann an Sievers vom 16. Juli 1936, HAStK 1120/535/I-7-17, 17 a. Vgl. auch Sollmann an Wels vom 31. Dezember 1935, HAStK 1120/558/IV-2-98, 98 a.
101 Sollmann an Wels vom 31. Dezember 1935, HAStK 1120/558/IV-2-98, 98 a. In Prag wurde dies gebilligt. Dort hatte man schon seit 1934 Kontakte zu Strasser und Wels war der Meinung, dass sie vielleicht einmal von Nutzen sein könnten. Wels führte wie erwähnt auch selbst ein Gespräch mit Strasser, das wohl auf Vermittlung Sollmann zustande gekommen war. Wels an Sollmann vom 3. Januar 1936, HAStK 1120/561/IV-4-5; AsD, Sopade, Mappe 122, Bl. 16; Strasser an Sollmann vom 9. Dezember 1935, HAStK 1120/558/IV-2-66, 66 a.
102 Informationsbrief (Sievers-Korrespondenz), 1. März 1936, S. 1-3: Nur ein Weg führt zum Ziel. Zur Entstehung des Programms siehe die Korrespondenz zwischen Sollmann, Strasser und Sievers: Sievers an Sollmann vom 24. Dezember 1935, HAStK 1120/562/II-2-93; Sievers an Sollmann

Das Programm war in erster Linie von Sievers Vorstellungen geprägt. Sollmann hat stets betont, es sei nicht sein Entwurf, er habe nur die Vorschläge anderer in eine Form gegossen. Er selbst hielt von Programmen nicht viel und hätte es bevorzugt, wenn man sich auf einige Grundlinien geeinigt hätte.[103] Tatsächlich entwickelte sich aus diesen ersten Überlegungen auch keine vertiefte Zusammenarbeit. Es zeigte sich hier wie auch in anderen Emigrationszirkeln, dass der Wunsch nach einer Zusammenarbeit zwar gegeben war, bei einer genaueren Festlegung auf programmatische Grundsätze aber schnell Meinungsverschiedenheiten auftraten.[104] Sollmann selbst ging es in diesem Fall nicht um eine Forcierung der Angelegenheit, er wollte nur die Gesprächsmöglichkeiten mit Personenkreisen ausloten, die aus seiner Sicht interessant waren. Für organisatorische Bindungen war es aus seiner Sicht zu früh. Zudem befürchtete er, durch programmatische Festlegungen zu schnell potenzielle Mitstreiter abzuschrecken. Zweifellos gab es auch inhaltliche Differenzen zwischen Sollmann und den anderen Beteiligten, etwa was die Haltung zur Sopade anging.[105] Aber Sollmann hielt weiterhin Kontakt zu Strasser, obwohl er durchaus die Gefahren der Zusammenkünfte sah und daher stets vorsichtig blieb. Solange die Gespräche aber zwanglos blieben und man nicht mit einer gemeinsamen Erklärung an die Öffentlich-

---

vom 21. Januar 1936, HAStK 1120/562/IV-4-26; Sievers an Sollmann vom 11. Februar 1936, HAStK 1120/562/IV-4-54, 54 a–b; Sollmann an Sievers vom 7. Februar 1936, HAStK 1120/535/I-7-2, 2 a; Sollmann an Strasser vom 27. Februar 1936, HAStK 1120/563/IV-4-67; Sollmann an Wels vom 31. Dezember 1935, HAStK 1120/558/IV-2-98, 98 a; Sollmann an Wels vom 3. Februar 1936, HAStK 1120/562/IV-4-43, 43 a; Strasser an Sollmann vom 23. November 1935, HAStK 1120/558/IV-2-33; Strasser an Sollmann vom 16. Dezember 1935, HAStK 1120/558/IV-2-77; Strasser an Sollmann vom 22. Januar 1936, HAStK 1120/562/IV-4-29, 29 a. Von Sollmann handschriftlich korrigierte Programmentwürfe in: HAStK 1120/535/I-7-47, 47 a, 48, 48 a–d. Zur Beteiligung von Heinrich Imbusch an der Programmdiskussion siehe Schäfer: Imbusch, S. 279 f. Zu den Veränderungen, die Sievers gegenüber den Entwürfen Sollmanns vornahm, siehe Kaiser: Max Sievers, S. 43, Anm. 68. Zu den Inhalten des Programms siehe Langkau-Alex: Deutsche Volksfront II, S. 34 f. Das Programm ist abgedruckt in Langkau-Alex: Deutsche Volksfront III, S. 113-119.
103 Sollmann an Strasser vom 26. März 1936, HAStK 1120/536/I-8-5, 5 a; Sollmann an Buchwitz vom 27. April 1936, HAStK 1120/559/IV-3-25, 25 a. Sollmann versuchte anscheinend, das Programm in gewisser Hinsicht zu beeinflussen, in den Grundzügen entspricht das Programm aber Sievers Ansichten. Siehe zu dieser Einschätzung auch Langkau-Alex: Deutsche Volksfront II, S. 34; Kaiser: Max Sievers, S. 43.
104 So fand Strasser den programmtischen Entwurf von Sievers nur bedingt geeignet. Strasser an Sievers vom 2. April 1936, HAStK 1120/535/I-7-7, 5 a. Sievers dagegen empfand Strassers »Führerallüren« als befremdend. Sollmann an Wels vom 11. Juli 1936, HAStK 1120/559/3-54, 54 a. Zwischen Strasser und Sievers kühlten sich die Beziehungen in der nächsten Zeit ab, ohne aber völlig abzureißen. Sollmann an Hertz vom 25. Juli 1936, HAStK 1120/560/3-72, 72 a; Sollmann an Wels vom 18. September 1936, HAStK 1120/560/3-199, 199 b–c.
105 Mit Sievers kam es dann 1937 endgültig zum Zerwürfnis wegen Sollmanns volkssozialistischer Ansichten. Zu den Kontakten zwischen Sievers, Strasser und Sollmann und ihren Differenzen Kaiser: Max Sievers, S. 44-52; Saggau: Faschismustheorien, S 355-357.

keit trat, sah er darin jedoch kein Problem. So blieben diese Verbindungen informell und beschränkten sich auf persönlichen Austausch.[106]

Sollmanns Kontakte zu Strasser als auch seine Sympathien für den Volkssozialismus blieben nicht unkommentiert. Was Sollmanns Befürwortung volkssozialistischer Ansichten betraf, so stellte er sich damit gegen den Teil der sozialistischen Emigration, denen Marx näher stand als Lassalle und die daher an der Führungsrolle des Proletariats im Kampf gegen das NS-Regime festhalten wollten. Einig war man sich darüber, dass es einer Neuorientierung des Sozialismus bedurfte, wie es auch Richard Löwenthal in seinem Beitrag »Was ist Volkssozialismus«, der wohl gründlichsten Auseinandersetzung von marxistischer Seite mit dieser Thematik, anführte. Er stimmte auch Sollmanns Feststellungen zu, der Kampf gegen den Faschismus könne nur erfolgreich sein, wenn die Opposition sich der Eigenarten der deutschen Bewegung bewusst sei:

> »Die deutsche Opposition wird nie eine historische Chance nützen können, wenn sie nicht heute schon die gesamtnationalen Probleme konkret und verantwortlich zu durchdenken beginnt. Und niemand kann diese Arbeit leisten, der sich mit dem deutschen Kampfboden, mit der deutschen Bewegung, wie sie war und wie sie heute ist, nicht unzertrennlich verbunden fühlt. Wer die Geistesverfassung des Faschismus, wie so viele Emigranten, für ein unabänderliches Erbe deutscher Barbarei hält, wer nicht den Glauben an die geschichtliche Umwälzung dieser Geistesverfassung und den Willen zu ihr hat, ist kein Revolutionär; verbitterte Abwendung von den Realitäten, die unsere Aufgaben bestimmen, ist kein Weg zur Macht, sondern die versteinerte Haltung der Ohnmacht. All das ist wahr, und es zu sagen, wie Sollmann in seinen Artikeln, ist ein Verdienst.«[107]

Ebenso war man gemeinsam der Überzeugung, dass man die Mittelschichten für die Ziele des Sozialismus gewinnen musste, wenn dieser sich in Deutschland durchsetzen sollte. In der Diagnose der Probleme war man nicht weit voneinander entfernt, in den Konzepten für eine Lösung dieser dagegen schon. Für Löwenthal konnte eine Modernisierung der Arbeiterbewegung nur durch eine Rückbesinnung auf den Marxismus gelingen:

> »In jedem Land, wo die Demokratie der Interessenten in die Krise gerät, wird der Klassenkampf zum Entscheidungskampf um die Führung der Nation. Die Partei, die siegen will, muß ihren Führungsanspruch vor der ganzen Nation begründen,

---

106 Sollmann an Wels vom 20. Juni 1936, AsD, Sopade, Mappe 122; Sollmann an Wels vom 11. Juli 1936, HAStK 1120/559/3-54, 54 a; Sollmann an Hertz vom 25. Juli 1936, HAStK 1120/560/3-72, 72 a; Sollmann an Sievers vom 15. Juni 1936, HAStK 1120/535/I-7-10, 10 a; Sollmann an Sievers vom 20. November 1936, HAStK 1120/535/I-7-41.
107 Paul Sering (Richard Löwenthal): Was ist der Volkssozialismus, in: ZfS 36 (1936), S. 1105-1136, S. 1118.

muß eine konkrete Stellung zu allen gesamtnationalen Problemen besitzen. Ohne eine konkrete Außenpolitik, ohne eine Verbindung der Stellung zur Landesverteidigung mit dieser Außenpolitik, ohne Einordnung dieser Fragen in ein konkretes sozialistisches Tagesprogramm gibt es keine Machteroberung und Machtbehauptung. Dies von der Arbeiterpartei zu fordern, ist nicht volkssozialistisch. Es ist realistische, sozialistische Machtpolitik, ist die Wiederbelebung marxistischer Traditionen, die in langen Perioden reformistischer Selbstbeschränkung verschüttet waren. Volkssozialistisch ist es dagegen, zu verkennen, daß auch dieser Kampf um die Führung der Nation nur zum Sieg der Sozialisten führen kann, wenn er als rücksichtsloser Klassenkampf geführt wird.«[108]

Unter Berufung auf den Marxismus folgerte Löwenthal, dass die Arbeiterparteien ihre besondere Aufgabe, ihre historische Mission verlieren würden, wenn man den Klassenkampf im Sinne Sollmanns aufgebe. Sollmann reklamierte für sich aber andere, vormarxistische Traditionen des Sozialismus. Für ihn hatte die Arbeiterklasse auch nicht mehr die herausgehobene Position für die Durchsetzung des Sozialismus; was er wollte, zielte nicht auf eine proletarisch dominierte Arbeiterbewegung, sondern auf eine sozialistische Volkspartei ab. Man konnte mit Löwenthal kritisieren, dass diese Vorstellungen noch vage waren, es sich nur um eine Art »Gefühlssozialismus« handelte, deren konkreter Inhalt nicht benannt wurde, aber andererseits basierte die Annahme, dass der Klassenkampf die Zukunft der Arbeiterbewegung darstellte und die Mittelschichten den Wert des so ausgefochtenen antikapitalistischen Kampfs schon begreifen würden, wenn man ihn nur konsequent genug ausfocht, auch nur auf einer Theorie, die den Beweis ihrer Gültigkeit bislang schuldig geblieben war.

Es mangelte nicht an Kritik und an Auseinandersetzungen, zumal Sollmann vielen Emigranten als Begründer und Anführer des Volkssozialismus galt und daher besonders im Fokus der Kritik an diesen Vorstellungen stand. Auch von der Seite des eher liberal-demokratischen Sozialismus wurde der Volkssozialismus kritisiert.[109] Mit der

---

108 Ebd., S. 1112 f. Dieser Abschnitt bezieht sich direkt auf Sollmanns Beitrag »Sozialistische Machtpolitik«, in: ZfS 24/25 (1935), S. 758-765.
109 An Strasser schreibt Sollmann, er höre von allen Seiten, er sei der Gründer der volkssozialistischen Bewegung und sogar ihr Präsident. Sollmann an Strasser vom 28. April 1936, HAStK 1120/536/I-8-8. Vgl. auch Sollmann an Eichler vom 3. April 1937, AsD, ISK-Bestand, Box 31: »Zwar gelte ich in weiten Kreisen als einer der Väter des ›Volkssozialismus‹, aber es ist buchstäblich wahr: ich weiss von der ganzen Bewegung nichts.« Sollmanns Zuordnung zu den Volkssozialisten ist daher differenziert zu betrachten. Dabei ist zu beachten, dass es nicht eine homogene volkssozialistische Bewegung gab, sondern voneinander getrennte Strömungen zu unterscheiden sind. Die Volkssozialistische Bewegung Deutschlands in Prag, Otto Strasser und die Schwarze Front, und Sollmann, der zu Strasser in Verbindung stand und mit der Idee des Volkssozialismus sympathisierte, aber keinem fest umrissenen Kreis zuzuordnen ist. So unterschied auch Löwenthal Sollmann, bei dem die volkssozialistische Richtung nur anklinge, von Jaksch und Strasser, bei denen sie zum fest umrissenen Programm würde. Sering: Was ist der Volkssozialismus, in: ZfS 36 (1936), S. 1105.

Betonung des »Nationalen« geriet man schnell in den Verdacht, sozialistische Grundsätze preiszugeben und eine Kopie der nationalsozialistischen Volksgemeinschaft anzustreben. In die gleiche Richtung ging der Streit, welche Verbündeten im Kampf gegen Hitler gewonnen werden sollten. Sollmann pflegte Verbindungen zu Kreisen, die andere ablehnten. Was seine Beziehung zu Strasser betraf, so war es wenig verwunderlich, dass sie ihm übel genommen wurden. Trotz seines Kampfes gegen Hitler war Strasser Nationalsozialist, dessen politische Vorstellungen überwiegend auf Ablehnung stießen. Sollmann brachte dieser Kontakt den Vorwurf des Antisemitismus ein, der sich hartnäckig hielt. Zudem war die Verbindung immer wieder Gegenstand von Spekulationen über eine engere Zusammenarbeit.[110]

Was Sollmann propagierte, war indes im Grunde nichts Neuartiges, sondern stellte eine konkretisierte Form dessen dar, was er schon in der Weimarer Republik vertreten hatte und was sich in seinen theoretischen Elementen in den zeitgenössischen sozialistischen Diskussionen wiederfindet. Hier ist in erster Linie der Kreis um die Neuen Blätter für den Sozialismus zu nennen, in dem die Kernforderungen Sollmanns bereits Anfang der 30er-Jahre erörtert wurden. Die Absage an den Marxismus wurde verbunden mit einer Neubestimmung der programmatischen Grundlagen sozialistischer Politik, die sich nicht nur an der Arbeiterklasse, sondern an den Interessen des gesamten Volkes ausrichtete, um sie damit zu einer Volksbewegung auszubauen; Gefühle der breiten Masse ansprechen, gerade auch in nationalen Fragen, die Ablehnung einer Zusammenarbeit mit Kommunisten aber Kooperation mit bürgerlichen und kirchlichen Kreisen, dies alles war bereits vorher diskutiert worden.[111]

Das unter dem Stichwort Volkssozialismus gebündelte Gedankengut war auch keine isolierte Position, die nur von einem kleinen Kreis von Außenseitern, sondern zumindest in Teilen auch von der Sopade vertreten wurde. Eine klare Trennlinie zwischen Volkssozialisten und anderen nicht marxistischen Strömungen der sozialisti-

---

Zu den Gruppierungen des Volkssozialismus siehe auch Langkau-Alex: Deutsche Volksfront II, S. 18-20. Siehe zur Kritik des liberal-demokratischen Flügels etwa den Artikel »Volkssozialismus – Volksfront. Ein Diskussionsbeitrag zu Sollmanns Aufsatz«, in: Neuer Vorwärts, Nr. 144, 15. März 1936. Nach einer Mitteilung Curt Geyers stammte dieser Beitrag von Siegfried Marck. Geyer an Sollmann vom 18. März 1936, HAStK 1120/563/IV-4-74.

110 Zum Vorwurf des Antisemitismus siehe Sollmann an Buchwitz vom 27. April 1936, HAStK 1120/559/IV-3-25, 25 a; Hertz an Sollmann vom 14. Februar 1938, HAStK 1120/420,9. Siehe dazu auch unten Kapitel V.5. Richard Löwenthal behauptete, Sollmann arbeite für Strassers Zeitschrift Deutsche Revolution bzw. dass diese Artikel Sollmanns abdrucke. Sollmann trat diesen Gerüchten entgegen. Neuer Vorwärts Nr. 178, 8. November 1936: Eine Erklärung Sollmanns; Paul Sering: »Was ist der Volkssozialismus«, in: ZfS Nr. 36, September 1936.

111 Dass Sollmann diese Ideen weiter verfolgte, war daher auch für Parteigenossen keine Überraschung. Rudolf Breitscheid schreibt dazu an Hertz, dass die volkssozialistische Bewegung »so recht etwas für Politiker vom Schlage Sollmanns« sei. Zitiert nach Saggau: Faschismustheorien, Anm. 42, S. 544 f.

schen Emigration kann daher nicht gezogen werden.¹¹² Es ging jeweils darum, eine klassenlose sozialistische Volksbewegung zu etablieren. Unterschiede gab es hinsichtlich der Frage, ob diese Bewegung stärker unter dem liberal-demokratischen Ideal der »Freiheit« oder der Bindung an das Volk geschehen solle. Aber auch diese Punkte schlossen sich nicht gegenseitig aus.¹¹³ Sollmann beurteilte etwa Curt Geyers Schrift »Die Partei der Freiheit« äußerst positiv und bezeichnete seinen Beitrag »als eine ebenso notwendige wie mutige Schrift«, die für die geistige Neuorientierung des Sozialismus bedeutend sei. Was er bei Geyer vermisste, war die Antwort auf die Frage, wie der Sozialismus mit dem Streben nach einer freiheitlichen Gesellschaft vereinbar war:

> »Der sozialistische Demokrat steht vor der sehr schweren Frage, wie sich soziale und wirtschaftliche Bindung in der künftigen Gesellschaft mit unserem Freiheitswillen und Freiheitsbedürfnis in Einklang bringen lassen. Nicht die liberale, sondern die sozialistische Demokratie stehen auf der Tagesordnung. [...] Der Sozialismus ist in der ganzen Welt, auch in Russland, in der Defensive, weil er in der Kritik des Kapitalismus grösser war als in der positiven Gestaltung einer neuen geordneten und freiheitlichen Gesellschaft.«¹¹⁴

Auch für Sollmann besaß der Begriff der Freiheit daher prinzipielle Bedeutung für die Erneuerung des Sozialismus. Darüber hinaus befand sich aus seiner Sicht die Diskussion über die neue geistige und organisatorische Entwicklung, die der Sozialismus durchmachen müsse, erst in den Anfängen und hierfür spielten für ihn sowohl Ideen aus dem liberal-demokratischen wie dem volkssozialistischen Gedankengut eine Rolle. Es zeigt sich am Beispiel Sollmanns, dass sich die Tendenzen der sozialistischen Emigration gegenseitig ergänzten und durchdrangen und die jeweiligen Ausprägungen keine gegensätzlichen Entwicklungen waren, sondern »nur ein Symptom für die Richtung der Gesamtentwicklung«¹¹⁵.

---

112 In diesem Sinne hat schon Saggau darauf hingewiesen, dass es sich beim »Volkssozialismus« »um ein quasi theoretisch-ideologisches ›Extrakt‹ von Positionen [handelt], die die Parteiführung seit Beginn der faschistischen Diktatur aber auch schon in der Weimarer Republik vertreten hat«. Ebd., S. 388.
113 Matthias: Sozialdemokratie und Nation, S. 216-225, das Zitat S. 224.
114 Sollmann: Kein Sozialismus ohne Freiheit, in: NVZ Nr. 32, 12. August 1939. An anderer Stelle führte Sollmann aus: »Unser Gegensatz zu allen Diktatursystemen kommt aus unserem tiefen Glauben, dass der Mensch, das heisst die Freiheit und die Würde jedes Menschen Aufgabe und Ziel unserer Politik sein muss.« NVZ 23. September 1939.
115 Matthias: Sozialdemokratie und Nation, S. 233. Wie fließend die Grenzen waren und Zuordnungen zu bestimmten Gruppen erschweren, zeigt etwa die Beurteilung von Matthias, hinsichtlich der sozialistischen Selbstkritik stünde für die volkssozialistische Strömung die Überbetonung des Aspekts im Vordergrund, dass man es versäumt habe, über die Kernklientel hinaus die Volksmassen anzusprechen. Sollmann hat aber im gleichen Maße kritisiert, dass die Partei kein angemes-

3 Unsichere Zeiten: Das private Umfeld und die Probleme des Emigrantenlebens

Die Diskussion um die zukünftige Gestaltung des Sozialismus führte dennoch zu einem Prozess der Entfremdung Sollmanns von langjährigen Mitstreitern in der Sozialdemokratie. Namentlich mit Paul Hertz überwarf sich Sollmann, aber auch mit Friedrich Stampfer, Rudolf Breitscheid und Siegfried Aufhäuser fand er keine Übereinstimmung mehr.[116] Die Gründe hierfür sind in erster Linie in der unterschiedlichen Beurteilung der Lehren zu sehen, die man aus der Niederlage der Sozialdemokratie zog. Zugleich kamen hier aber auch Differenzen zum Tragen, die bereits in der Weimarer Republik bestanden hatten, aber unter den Bedingungen des gemeinsamen Kampfes für die SPD noch nicht offen ausgebrochen waren. In der Emigration fielen diese Schranken dann. Neben inhaltlichen spielten hier auch häufig persönliche Differenzen eine Rolle.

Es setzte sich hier der Prozess fort, der schon in der Weimarer Republik begann und im Laufe der Emigration zunehmend verdeutlichte, dass Sollmann in der Partei eine Außenseiterposition einnahm.

Die Auseinandersetzungen mit langjährigen Mitstreitern und auch die Anfeindungen, denen er sich wegen seiner Haltung ausgesetzt sah, gingen nicht spurlos an Sollmann vorüber:

»Es heißt, ich sei ein schlechter Menschenkenner, aber das stimmt nicht. Ich beurteile die Menschen nur anders als die meisten meiner Kritiker und erspare mir die Zeit, die andere mit Stänkereien vergeudeten. Ich pfeife auf alles, wenn ich vor mir selbst nicht bestehen kann und mich selber für einen Lumpen halten muss. Dann kann ich nämlich nichts mehr tun, während ich so meine Arbeitskraft noch

---

senes Verhältnis zur Macht entwickelt habe, was von Matthias als charakteristischer Kritikpunkt der sozialrevolutionären Richtung in der sozialistischen Emigration bezeichnet wird. Matthias: Sozialdemokratie und Nation: Anm. 136, S. 328 f.; Anm. 220, S. 335. Bei Matthias ist zu beachten, dass sein Untersuchungszeitraum nur bis 1938 reicht, wodurch Sollmanns spätere Äußerungen, die ein differenzierteres Bild ergeben, nicht mehr berücksichtigt werden und er daher lediglich zwei Artikel Sollmanns von 1935 und 1936 als Grundlage für dessen Beurteilung heranzieht. So lässt sich bei Sollmann unter dem Einfluss der Vereinigten Staaten eine Tendenz zu einer stärkeren Betonung freiheitlicher Aspekte feststellen. Zu Sollmanns weiteren Diskussionsbeiträgen siehe Kapitel V.5.

116 Vgl. Sollmann an Aufhäuser vom 2. Dezember 1935, HAStK 1120/558/IV-2-51; Sollmann an Breitscheid vom 4. März 1936, HAStK 1120/563/IV-4-69, 69 a-b; Breitscheid an Sender vom 23. April 1936, SAPMO RY 1/I 2/394; Sollmann an Hertz vom 9. Juli 1936, HAStK 1120/559/IV-3-46, 46 a. Zur Auseinandersetzung zwischen Sollmann und Hertz siehe aus dem umfangreichen Schriftwechsel exemplarisch Hertz an Sollmann vom 24. März 1936, HAStK 1120/563/IV-4-77, 77 a-d; Sollmann an Hertz vom 25. Mai 1936, HAStK 1120/563/IV-4-108. Zu den Differenzen mit Stampfer siehe Sollmann an Hertz vom 9. Juli 1936, HAStK 1120/559/IV-3-46, 46 a und Kapitel V.5.

einige Zeit erhalten werde, auch wenn ich es nicht so leicht habe, wie ich manchmal tue. Beyer ist vielleicht der einzige, der genau weiß, welche seelische Kraft ich seit Jahrzehnten aufbringen muss und unter welch schweren persönlichen Erlebnissen ich mich auch jetzt behaupte.«[117]

Dies spielte wohl nicht nur darauf an, dass er in seiner politische Tätigkeit häufig mit Widerständen ringen musste, sondern berührte auch den privaten Bereich. In der ohnehin schwierigen Situation als Emigrant wurden Sollmanns Sorgen noch durch die Krankheit seiner Frau verstärkt, was eine zusätzliche psychische wie finanzielle Belastung darstellte. Käthe Sollmann war offenbar eine körperlich labile Person, schon in jüngeren Jahren gibt es Hinweise auf längere Krankheitsphasen. Ihr Leiden war aber wohl auch psychisch bedingt und scheint sich in der Zeit der Emigration verschlimmert zu haben. Eine Untersuchung in Luxemburg bei Dr. Mouton, dem Arzt, der Sollmann 1933 nach dem Überfall von SA- und SS-Truppen behandelt hatte, ergab keinen Befund organischer Natur für ihre extreme Abmagerung, derzufolge sie lediglich noch 39 Kilo wog:

»Motoun sagt, irgendein organischer Fehler oder eine organische Erkrankung liegt nicht vor. Infolge der grossen Magerkeit, jetzt wieder nur noch 78 Pfund, sind die Bänder etc. so schlaff geworden, dass der Magen und die Eingeweide eine aussergewöhnliche Tieflage haben. Eine Operation kommt gar nicht in Frage. Mutter glaubte nämlich, hoffte beinahe, der Magen würde operativ repariert. Die Rückbildung könne nur durch Ruhe, vor allem durch Liegekur erfolgen. [...] Infolgedessen schlug er vor, dass Mutter ›zunächst‹ drei Wochen nach Enscheringen gehen solle.«[118]

Käthe Sollmann begab sich daher zur Erholung nach Enscheringen, einem kleinen Dorf im Norden Luxemburgs, wo sie sich zuerst im Dezember für einige Wochen und dann ab Januar noch einmal für acht bis neun Wochen aufhielt. Für nachhaltige Besserung sorgte dies aber wohl nicht, denn im Frühjahr 1936 weilte sie für mehrere Monate in einem Kloster bei St. Vith im Süden Belgiens.[119]

---

[117] Sollmann an Sievers vom 16. Juli 1936, HAStK 1120/535/I-7-17, 17 a. Sollmanns skeptisches Menschenbild kommt in seiner Korrespondenz häufiger zum Vorschein. Vgl. Sollmann an Hertz vom 21. September 1938, HAStK 1120/420,14; Sollmann an Herta von Schwerin vom 21. Juni 1950, Privatbesitz des Autors.
[118] Sollmann an Elfriede Sollmann vom 26. November 1935, HAStK 1451/3. Zur finanziellen Belastung durch die Erholungsaufenthalte siehe Sollmann an Crummenerl vom 6. Januar 1936, AsD, Sopade, Mappe 122.
[119] Sollmann an Elfriede Sollmann vom 1. Dezember 1935, HAStK 1451/3; Sollmann an Elfriede Sollmann vom 8. Dezember 1935, HAStK 1451/3; Sollmann an Elfriede Sollmann vom 14. Januar 1936, HAStK 1451/3 Sollmann an Breitscheid vom 4. März 1936, HAStK 1120/563/IV-4-69, 69

3 Unsichere Zeiten: Das private Umfeld und die Probleme des Emigrantenlebens

Wie sehr die Krankheit seiner Frau Sollmann belastete, wird in einem Brief an seine Tochter deutlich, in dem er aber auch zu verstehen gibt, dass er ihre Probleme in gewisser Weise als selbst verschuldet ansieht:

»Die Sache wird übrigens lange dauern und ich sehe voraus, dass sie monatelang ausspannen muss. Hoffentlich tut sie es. Um mich brauchst Du dir keine Sorgen zu machen, das, was ich brauche, kann ich mir zusammenkochen, und ab und zu kann ich ja draussen essen, wenn ich Lust habe.[...] Wenn Du Mutter einen Dienst erweisen willst, so schreibe ihr einen langen Brief, sie soll sich endlich von der Haushaltstyrannei frei machen und die paar alten Brocken möglichst in Ruhe lassen, ausserdem sich möglichst wenig um mich kümmern. Ich habe meine eigenen Sorgen und Aufgaben, bei denen sie mir nicht helfen kann, die aber nicht mit Sentimentalitäten und ewigen Gefühlsregungen erledigt werden können, sondern kühle Überlegung und einen harten Willen verlangen. Es ist mir unmöglich, mich auch noch immer mit all den eingebildeten Sorgen und Mühen und überflüssigen Arbeiten zu beschäftigen, mit denen sich Mutter das Leben verdirbt und nicht begreift, dass ich nicht auch noch in diese Welt von Töpfen und Pfannen und Fellen und Teppichen und Staublappen unterkriechen kann.«[120]

Es war offensichtlich keine leichte Zeit. Familiären Halt gab ihm in erster Linie seine Tochter, die er zwar selten sah, der er aber regelmäßig schrieb. Elfriede Sollmann siedelte im Herbst 1933 nach England über. Ihr Medizinstudium gab sie auf, weil ein Aufenthalt in Deutschland zu gefährlich erschien und in England, wo sich schließlich eine Möglichkeit zum Aufenthalt ergab, ihre Vorleistungen nicht anerkannt wurden. Sie absolvierte daher 1934 zunächst eine Ausbildung als Krankenschwester. Zwar versuchte ihr Vater noch einen Studienplatz für Medizin zu besorgen, was aber nicht von Erfolg gekrönt war, weshalb Elfriede schließlich ab Herbst 1935 in England Französisch und Spanisch studierte.[121]

Zu diesen Problemen gesellten sich auch finanzielle Sorgen. Zwar verfügte Sollmann mit seinen Einkünften aus der journalistischen Tätigkeit und den Zuwendungen des Parteivorstands anders als viele Emigranten über eine halbwegs stabile finanzielle

---

a–b. Im Januar 1936 berichtet Sollmann, seine Frau sei sehr leidend. Sollmann an Strasser vom 29. Januar 1936, HAStK 1120/562/IV-4-36.
120 Sollmann an Elfriede Sollmann vom 1. Dezember 1935, HAStK 1451/3. In ähnlicher Weise äußert er sich auch im Januar 1936. Sollmann an Elfriede Sollmann vom 22. Januar 1936, HAStK 1451/3.
121 Sollmann an Elfriede Sollmann vom 26. März 1934, SCPC, DG 45 Wilhelm Sollmann, Box 18, Folder »Correspondence Sollmann Family 1933–1936«; Elfriede Sollmann an »Liebe Eltern« vom 13. August 1935, SCPC, DG 45 Wilhelm Sollmann, Box 18, Folder »Correspondence Sollmann Family 1933–1936«; Sollmann an Elfriede Sollmann vom 3. September 1935, HAStK 1451/4; Sollmann an Elfriede Sollmann von 15. Oktober 1935, SCPC, DG 45 Wilhelm Sollmann, Box 18, Folder »Correspondence Sollmann Family 1933–1936«. Zu ihrem Lebenslauf siehe die Angaben bei Nyassi-Fäuster: Der Weg, S. 183.

Basis, aber eine sichere Existenzgrundlage war dies nicht, schon gar nicht auf lange Sicht, denn die Reserven der Partei waren nicht unerschöpflich und nur als Journalist war ein Auskommen nicht möglich.[122]

Das Gefühl der Unsicherheit der Existenz und der Ungewissheit über die Zukunft war daher für Sollmann in seiner Zeit in Luxemburg ein steter Begleiter. Vor diesem Hintergrund stellte sich im Laufe der Zeit verstärkt die Frage, welche Alternativen oder Auswege es gab, die eine bessere Perspektive boten. Eine wichtige Rolle spielten in dieser Hinsicht Überlegungen zu einer Reise in die USA, auch wenn diese zunächst nur als kürzerer Aufenthalt geplant war, sich im Nachhinein aber als ganz entscheidende Wegmarke für Sollmanns weiteren Lebensweg herausstellte. Pläne für einen Aufenthalt in den Vereinigten Staaten sind erstmals 1933 nachweisbar, wurden aber erst später konkret. Bevor er sich zum Aufenthalt im Saargebiet entschied, wurde ihm vom Parteivorstand angeboten, sofort zu einer nicht genauer beschriebenen Mission in die USA aufzubrechen, was Sollmann aber ablehnte:

»Es wäre eine interessante Reise durch ganz Amerika geworden, aber ich habe und hatte Bedenken, die ich brieflich nicht schildern will. Es ist möglich, aber nicht mehr wahrscheinlich, daß ich die Reise doch noch machen muß. Ich habe aus bestimmten Gründen keine Lust.«[123]

In den folgenden zwei Jahren scheint dieser Plan nicht mehr erörtert worden zu sein, aber im Herbst 1935 taucht eine Amerika-Reise wieder in den Überlegungen Sollmanns auf, der nach einem Aufenthalt in Paris berichtet:

---

122 Wie eng der finanzielle Spielraum war, zeigt auch, dass Sollmann seine Bibliothek verkaufte. Sollmann an den Parteivorstand vom 11. Oktober 1935, AsD, Sopade, Mappe 122. Sollmann erhielt weiterhin monatlich 600 französische Franc von der Partei. Sollmann an Crummenerl vom 21. Dezember 1935, HAStK 1120/558/IV-2-86; Sollmann an Crummenerl vom 6. Januar 1936, AsD, Sopade, Mappe 122. Ein Beispiel für die Schwierigkeiten von Emigranten, sich eine Existenz zu schaffen, ist der Fall von Georg Beyer, Sollmanns langjährigem Redaktionskollegen in Köln, der nach der gemeinsamen Zeit im Saarland nach Toulouse übergesiedelt war und dort vergeblich versuchte, ein Geschäft aufzubauen. Die zahlreichen Briefe Beyers und seiner Frau an die Familie Sollmann geben eindrucksvoll wieder, mit welch großen Belastungen auch psychischer Natur das Leben in der Emigration verbunden war. Siehe hierzu den Schriftwechsel mit der Familie Beyer im Nachlass Sollmanns.
123 Sollmann an Elfriede Sollmann vom 3. Mai 1933, HAStK 1451/2. In dem Brief heißt es, dies habe ihm ein »Herr aus B[erlin]« vorgeschlagen. Es ist anzunehmen, dass es sich um ein Mitglied des Parteivorstands handelte, da im Gespräch auch andere Möglichkeiten der Betätigung Sollmanns erörtert wurden, darunter eine Tätigkeit in Saarbrücken, die Sollmann dann ja im offiziellen Auftrag des Parteivorstands als Redakteur der Deutschen Freiheit ausübte.

3 Unsichere Zeiten: Das private Umfeld und die Probleme des Emigrantenlebens

»Dann war ich mit Seger zusammen, mit dem ich so halb und halb eine Amerikareise nächsten Herbst verabredete. Ich muss bis dahin einigermassen gut Englisch können und will in den nächsten Tagen anfangen.«[124]

Sollmann war offensichtlich gewillt, dieses Mal die Möglichkeit eines USA-Aufenthaltes wahrzunehmen, denn er begann kurze Zeit später tatsächlich, Englischunterricht zu nehmen und verfolgte dies mit großer Energie. Der Plan für eine Vortragsreise wurde dann in den nächsten Monaten weiter konkretisiert. Hintergrund war wohl der Wunsch des Parteivorstands, Sollmann solle dort politische Vorträge halten und das Interesse für die illegale Bewegung im Reich wecken.[125]

Diese Planungen sind im Kontext der Bemühungen der Sopade zu sehen, über direkte Kontakte zu Vertretern der westlichen Demokratien die Ziele der sozialdemokratischen Emigration, in erster Linie die Aufklärung über die deutsche Diktatur und Maßnahmen gegen eine Expansion Deutschlands, zu propagieren. Anfängliche Versuche in den Jahren 1933/34 über persönliche Beziehungen zu in der Regel sozialistischen Politikern in Europa Einfluss nehmen zu können, erwiesen sich als wirkungslos. So war Rudolf Breitscheid, der als renommiertester Außenpolitiker der Partei in England Gespräche geführt hatte, relativ schnell zu dem Schluss gekommen, dass auf diesem Wege kaum etwas auszurichten sei. Die von der Sopade zur Bekämpfung des NS-Regimes als notwendig angesehene Politik, ihre Empfehlungen und Warnungen etwa vor einer defensiven Außenpolitik der englischen Regierung gegenüber Hitler, fand kein Gehör, was zu Resignation und Inaktivität in der Sopade-Führung führte. Dies wurde begünstigt durch eine grundsätzlich eher unflexible Haltung ihrer maßgeblichen Vertreter. Breitscheid hatte wie Sollmann 1933 eine Vortragsreise in die USA abgelehnt. Auch Sollmanns Weigerung spricht nicht unbedingt für größere

---

124 Sollmann an Elfriede Sollmann, undatiert [September 1935], SCPC, DG 45 Wilhelm Sollmann, Box 18, Folder »Correspondence Sollmann Family 1933–1936«. Gerhart Seger, 1930 bis 1933 für die SPD Mitglied des Reichstages, war im März 1933 in »Schutzhaft« genommen und im Juni 1933 im KZ Oranienburg interniert worden, aus dem ihm im Dezember 1933 die Flucht gelang. Im Oktober 1934 emigrierte er in die USA und arbeitete ab 1935 als Redakteur für die in New York erscheinende Neue Volkszeitung, von 1936 bis 1949 war er ihr Chefredakteur. Zum Lebenslauf Segers siehe Ubbens: Gerhart Seger.
125 Für die Annahme, dass die Reise im Auftrag der Partei erfolgte, spricht auch, dass Sollmann die Kosten für den Englischunterricht erstattet bekam. In einem Brief an den Chefredakteur des Jewish Daily Forward berichtet Sollmann, der Parteivorstand habe schon länger den Wunsch, dass er eine Amerika-Reise aus den genannten Gründen unternehme. Dies erklärt möglicherweise auch den Hintergrund des Angebots vom Mai 1933. Sollmann an Cahan vom 17. Juli 1936, HAStK 1120/559/3-58. Er erhielt von der Partei monatlich 100 französische Francs zusätzlich wegen seiner Ausgaben für den Englischunterricht. Sollmann an Crummenerl vom 6. Januar 1936, AsD, Sopade, Mappe 122. Im September 1936 wurde ein Antrag Sollmanns auf Beihilfe zu einer Fortsetzung seines Englischstudiums vom Parteivorstand gewährt. Protokoll der Sitzung des Parteivorstands vom 18. September 1936, abgedruckt in: Buchholz/Rother: Der Parteivorstand, S. 168 f.

Flexibilität. In der Partei fehlte es an weltgewandten Politikern, die von ihren Fähigkeiten wie auch von der persönlichen Bereitschaft für eine Tätigkeit im Ausland infrage gekommen wären. Die Frage, warum man Sollmann, der kein Englisch sprach und sich dieses erst aneignen musste, für eine Vortragsreise auswählte, beantwortet sich dadurch, dass dieses Sprachdefizit für fast alle Mitglieder des Sopade-Vorstands galt. Als ehemaliger Reichsminister und wegen seiner spektakulären Verhaftung im März 1933 erschien Sollmann zudem besser als andere geeignet, Interesse im Ausland zu wecken. Die Vortragsreisen von Sopade-Mitgliedern stellten einen Versuch dar, die mangelnde Präsenz in den politischen Zentren der westlichen Demokratien und die dadurch mitbedingte unzureichende Propagierung der eigenen Ziele in gewisser Weise zu kompensieren.[126]

Die Verpflichtung Englisch zu lernen bereute Sollmann zwar nicht, aber er klagte mehrfach darüber, wie viel Mühe es ihn koste, in seinem Alter, er war immerhin 54, eine neue Sprache zu lernen, zumal er sich selbst als wenig sprachbegabt einschätzte. Mehrere Stunden täglich investierte er in den Unterricht mit einer Sprachlehrerin, Grammatikübungen und das Studium fremdsprachiger Zeitungen. Es war eine »Hundearbeit« und erforderte »ungeheure, zähe Energie«, wie er es selbst beschrieb und gegenüber vielen Korrespondenzpartnern betonte. Er zweifelte aber dennoch nicht daran, sich innerhalb eines Jahres die nötigen Grundlagen zu verschaffen und machte auch gute Fortschritte.[127]

Bereits im November 1935 gab es Terminplanungen, die aus Rücksprachen mit Gerhart Seger hervorgingen:

»Gestern bekam ich einen Brief meines Freundes aus Amerika. Er meint, wie auch ich schon angenommen hatte, dass ich wegen der amerikanischen Präsidentschaftswahlen erst im Januar 1937 meine Vortragsreise beginnen könne. [...] Seger meint, ich solle an die englischen Gewerkschaften schreiben, ob ich nicht zur Übung im Herbst nächsten Jahres in England Vorträge halten könnte. [...] Zunächst will ich fleissig Englisch lernen. Es kostet mich sehr viel Zeit und mithin wohl auch Geld, denn ich schreibe manches nicht, was ich sonst bestimmt schreiben würde, aber ich habe das Gefühl, dass mir diese Sprache noch einmal notwendig wird. Ich habe mich ja auch mein ganzes Leben geschämt, keine Fremdsprache zu beherrschen [...].«[128]

---

126 Behring: Demokratische Außenpolitik, S. 156-164. Zur Begründung für Sollmanns Reise in die USA siehe Sollmann an Bernhard vom 6. Juli 1936, HAStK 1120/559/IV-3-44 a.

127 Sollmann an Crummenerl vom 4. Januar 193[6], HAStK 1120/558/IV-2-1 (Zitate); Sollmann an Elfriede Sollmann von 15. Oktober 1935, SCPC, DG 45 Wilhelm Sollmann, Box 18, Folder »Correspondence Sollmann Family 1933–1936«; Sollmann an Strasser vom 28. April 1936, HAStK 1120/536/I-8-8; Sollmann an Crummenerl vom 8. Mai 1936, HAStK 1120/559/IV-3-30; Sollmann an Sievers vom 31. Oktober 1936, HAStK 1120/535/I-7-35, 35 a.

128 Sollmann an Elfriede Sollmann vom 17. November 1935, SCPC, DG 45 Wilhelm Sollmann, Box 18, Folder »Correspondence Sollmann Family 1933–1936«. Seger schrieb Sollmann zuvor,

3 Unsichere Zeiten: Das private Umfeld und die Probleme des Emigrantenlebens

Im Laufe der Planungen entwickelte sich bei Sollmann der Gedanke, über die Vortragsreise hinaus dauerhaft in den Vereinigten Staaten zu bleiben. Angesichts der ungewissen Zukunft in Luxemburg und vor dem Hintergrund, dass die Sicherung der Existenzgrundlage immer schwieriger zu werden drohte, erschienen die USA diesbezüglich neue Möglichkeiten zu eröffnen. Zwar war sich Sollmann bewusst, dass er zunächst einmal wieder von vorne anfangen müsse und auch ein Scheitern dieses Vorhabens möglich sei, aber er war anscheinend mittlerweile zu der Überzeugung gekommen, neue Wege gehen zu müssen.

> »Diese Einladung ist eine ziemliche Versuchung für mich, weil die Verhältnisse in Europa immer trostloser werden. Es wird so kommen, dass man in absehbarer Zeit nur noch dann von seiner Feder oder Schreibmaschine leben kann, wenn man sich nicht Münzenberg oder einer anderen Richtung verkauft. Das will ich aber nicht. Daher ist der amerikanische Gedanke für mich sehr verlockend. Wenn nur irgendwie die Möglichkeit besteht, den Unterhalt zu verdienen, will ich nach Amerika.«[129]

Da sich der Termin für die Reise in die USA verschoben hatte und es auch im Sinne des Sprachstudiums war, meldete sich Sollmann für einen mehrmonatigen Kurs an einem Quäkercollege in Birmingham an. Zudem sah er auch einen politischen Nutzen darin, da er es für wichtig hielt, dass ein Vertreter der Sopade auch einmal im englischen Sprachraum wirkte.[130]

Bevor er im Oktober 1936 nach England ging, bemühte er sich noch, die sich fast unmittelbar anschließende Reise nach Amerika vorzubereiten, was sich als problematisch herausstellte. Sein wichtigster Ansprechpartner war Gerhart Seger, der als Emigrant in den USA die Verhältnisse kannte und bereits über Kontakte verfügte. Dennoch blieb es lange fraglich, in welchem Rahmen die Reise, vor allem in finanziel-

---

dass seine Reise von Januar bis April 1937 geplant sei. Er müsse jedoch mit den Buchungen, bei denen Seger behilflich sein wollte, bereits im Sommer 1936 beginnen. Seger an Sollmann vom 8. November 1935, HAStK 1120/558/IV-2-23.
129 Sollmann an Seger vom 2. September 1936, HAStK 1120/560/3-107, 107 a–b. Schon vorher schreibt er an seine Tochter: »Hier in Europa ist ja wirklich nicht mehr viel los und eventuell müssen wir uns eben in Amerika niederlassen.« Sollmann an Elfriede Sollmann vom 28. August 1936, SCPC, DG 45 Wilhelm Sollmann, Box 18, Folder »Correspondence Sollmann Family 1933–1936«.
130 Seger schlug Sollmann bereits im November 1935 vor, zur Übung der Sprache nach England zu gehen. Bei Crummenerl fragte er an, ob man ihm vonseiten des Vorstands Vorträge bei den Gewerkschaften und der Labour Party vermitteln könne. Zu den Vorbereitungen der England-Reise siehe Seger an Sollmann vom 8. November 1935, HAStK 1120/558/IV-2-23; Sollmann an Elfriede Sollmann vom 26. November 1935 und 22. Januar 1936, SCPC, DG 45 Wilhelm Sollmann, Box 18, Folder »Correspondence Sollmann Family 1933–1936«; Sollmann an Strasser vom 28. April 1936, HAStK 1120/536/I-8-8; Sollmann an Crummenerl vom 8. Mai 1936, HAStK 1120/559/IV-3-30; Sollmann an Rosenfeld vom 2. Juni 1936, AdAK, Kurt-Rosenfeld-Archiv 237.

ler Hinsicht, ablaufen konnte. Anfängliche Versuche, über sogenannte lecture bureaus bezahlte Vorträge vermittelt zu bekommen, scheiterten.[131] Infolgedessen knüpfte er weiter Kontakte zu einer Reihe von Institutionen und Personen, darunter zu Hertha Kraus. Die ehemalige Leiterin des Kölner Wohlfahrtsamts, selbst Sozialdemokratin und mit Wilhelm Sollmann seit dieser Zeit befreundet, war bereits 1933 in die USA emigriert. Weiterhin hatte er Kontakt zum American Jewish Congress und zum Sekretariat des Völkerbundes in Genf.[132] Auch wenn es kaum konkrete Ergebnisse gab, so war die Resonanz auf die Bitte um Unterstützung doch beachtlich, besonders Hertha Kraus bemühte sich, ein Arrangement für Sollmanns Reise zu finden. Zwar blieben bis zur Abreise Sollmanns in die USA die Rahmenbedingungen seines Aufenthalts vage, aber er verfügte zumindest über eine Reihe von Kontakten vor Ort, die ihm nach der Ankunft behilflich sein wollten. Zudem gelang es Gerhart Seger schließlich auch noch, eine Reihe von bezahlten Vortragsengagements zu organisieren.[133]

Ende September 1936 siedelte er dann wie geplant für drei Monate nach England in das Woodbrooke Quaker Study Centre in der Nähe von Birmingham um. Kontakte zur Gemeinschaft der Quäker besaß er schon länger.[134] Der Aufenthalt in England diente aber nicht nur dem Sprachstudium, sondern auch politischen Kontakten. Über

---

131 Seger hatte ihm geraten, an eine Auswahl von Agenturen seinen Lebenslauf und mögliche Vortragstitel zu schicken. Seger an Sollmann vom 17. April 1936, HAStK 1120/559/IV-3-21. Sollmann schickte im Mai 1936 Unterlagen. Als Themenvorschläge gab er an: »Hitlerism the greatest danger for world peace; Europe heading towards war?; Hitler's fight against Christ; Will the Germans conquer Europe?; The german riddle and its solution; Has Hitler defeated Bolshevism?; Socialists and Christians in Europe; Destruction of Europe or its recovery by United States of Europe?« Sollmann an Open Forum Speakers Bureau Boston vom 22. Mai 1936, SCPC, DG 45 Wilhelm Sollmann, Box 18, Folder »Correspondence Sollmann Family 1933–1936«; Sollmann an Elfriede Sollmann vom 24. Mai 1936. Ebd. Zu den Absagen aus Amerika Sollmann an Elfriede Sollmann vom 11. Juni 1936. Ebd.
132 Sollmann an Bernhard vom 6. Juli 1936, HAStK 1120/559/IV-3-44 a; Sollmann an Hertha Kraus vom 17. Juli 1936, HAStK 1120/559/IV-3-58 a; Sollmann an Rosenfeld vom 2. Juni 1936, AdAK, Kurt-Rosenfeld-Archiv 237; Sollmann an Cahan vom 17. Juli 1936, HAStK 1120/559/3-58; Sollmann Crummenerl vom 1. September 1936, HAStK 1120/560/IV-3-105. Kraus war 1923 von Konrad Adenauer nach Köln geholt worden. Das Wohlfahrtsamt leitete sie bis zu ihrer Entlassung durch die Nationalsozialisten 1933. Im selben Jahr emigrierte sie in die USA, wo sie sich als Expertin für Wohlfahrtspolitik schnell einen Namen machte. Nach einem zweijährigen Aufenthalt in Pittsburgh wurde sie dann nach Bryn Mawr berufen. Zu Hertha Kraus und ihrer Bedeutung für Sollmann in der Emigration siehe das folgende Kapitel.
133 Sollmann an Elfriede Sollmann vom 28. August 1936, SCPC, DG 45 Wilhelm Sollmann, Box 18, Folder »Correspondence Sollmann Family 1933–1936«; Sollmann an Seger vom 2. September 1936, HAStK 1120/560/3-107, 107 a–b; Seger an Sollmann vom 11. September 1936, HAStK 1120/481,2. Seger hatte Sollmann gebeten, Material über sich zu senden. Sollmann besaß jedoch kaum gedrucktes Material, weil Vieles durch den zweimaligen Aufbruch in die Emigration verloren gegangen war. Sollmann an Seger vom 5. August 1936, HAStK 1120/560/3-80, 80 a.
134 Zur Gemeinschaft der Quäker stand Sollmann schon längere Zeit in Kontakt, unter anderem zu John Stephens, der in den 20er-Jahren im Büro der Quäker in Berlin gearbeitet hat. Auch seine Tochter besaß in England enge Verbindungen zu Quäkern und stellte wohl auch den Kontakt

den Parteivorstand und auch persönlich war mit Vertretern der Labour Party über die Reise korrespondiert worden. Von der Labour Party erging auch eine Einladung, vor ihrer Fraktion im House of Commons zu sprechen. In seiner Rede warnte Sollmann vor einem radikalen Pazifismus, worin auch die Erwartungshaltung der Sopade an die englische Politik gegenüber Hitler zum Ausdruck kam, wie er es auch in seinen anderen Vorträgen in England stets betonte:

»Ich lege aber in allen meinen Vorträgen grössten Nachweis auf die Tatsache, dass England aus Eigeninteresse nicht neutral bleiben kann, wenn es im Osten los geht. Im übrigen ist der Tenor meiner Vorträge immer darauf abgestimmt: Krieg verhindern durch eine starke englische Politik gegen Hitler und durch unzweideutige Drohung an jeden, der den Frieden in Europa stört.«[135]

Otto Wels setzte Hoffnungen darauf, dass es Sollmann gelingen würde, Verbindungen zu einflussreichen Politikern auch außerhalb der Labour Party, etwa zu Winston Churchill zu knüpfen, wozu es aber nicht kam.[136] Aber mittelfristig hätte sich dies vielleicht umsetzen lassen, denn die Resonanz auf seinen Auftritt war positiv, was sich in Einladungen zu weiteren Vorträgen und einer Versammlungstournee durch England ausdrückte. Sollmann wäre daher möglicherweise in der Lage gewesen, als ständiger Vertreter der Sopade in England größeren Einfluss ausüben zu können und damit das Problem zu lösen, dass es dort keinen Repräsentanten der deutschen Sozialdemokratie gab, der ihre Interessen nachhaltig in Erinnerung rief.[137] Sollmann selbst hielt dies für dringend angebracht, weil er auf seiner Reise feststellen musste, dass selbst in sozialistischen Kreisen die seltsamsten Ansichten herrschten:

»Es wäre wirklich notwendig, dass jemand von uns mehr oder weniger dauernd hier arbeitet. Sie machen sich keine Vorstellungen, auf was für Meinungen man hier in Labourkreisen stösst. [...] Alle Schuld liegt bei England und Frankreich. Hitler hat ganz recht daran getan, die Verträge zu brechen, weil sie auf Gewalt basierten,

---

zu Woodbrooke her. Vgl. hierzu die Korrespondenz Sollmanns mit Stephens. Zur Abreise nach England siehe Sollmann an Crummenerl vom 1. September 1936, HAStK 1120/560/IV-3-105.
135 Sollmann an Wels vom 7. Dezember 1936, AsD, Sopade, Mappe 122. Zur Einladung der Fraktion siehe die Korrespondenz Sollmanns mit William Gillies, HAStK 1120/561/IV-3-121, 121-122. Zur Rede vor der Fraktion siehe auch Sollmann an Sievers vom 20. Dezember 1936, HAStK 1120/535/I-7-41; Sollmann an Strasser vom 20. November 1936, HAStK/1120/535/I-7-40, 40 a.
136 Wels an Sollmann vom 4. November 1936, HAStK 1120/561/IV-3-123, 123 d–e; Sollmann an Wels vom 11. Dezember 1936, AsD, Sopade, Mappe 122.
137 Siehe zu diesem Problem und zu Sollmann als möglicher Lösung Behring: Demokratische Außenpolitik, S. 163-165. Zu den weiteren Einladungen und Sollmanns Eindrücken seiner Reise siehe Sollmann an Wels vom 20. November, 7., 11. und 19. Dezember 1936, AsD, Sopade, Mappe 122 Sollmann an Sievers vom 20. Dezember 1936, HAStK 1120/535/I-7-41; Sollmann an Strasser vom 20. November 1936, HAStK/1120/535/I-7-40, 40 a.

auch den Locarnovertrag, der eben durch das russisch-französische Bündnis gebrochen war. Die Regierung Baldwin sei ›halbfaschistisch‹, [...] Hitler müsse man entgegenkommen, um das Inferioritätsgefühl in Deutschland zu überwinden. [...] Was soll ich das alles aufzählen. [...] Ich werde mir hier große Geduld angewöhnen müssen.«[138]

Größere Aufmerksamkeit im Ausland wurde Sollmann während seines Aufenthalts in England auch durch den Umstand zuteil, dass er sowie seine Frau und seine Tochter am 3. Dezember 1936 gemeinsam mit 92 weiteren Personen, darunter Thomas Mann, Rudolf Olden, Siegfried Thalheimer, Georg Beyer und Max Braun vom NS-Regime ausgebürgert wurden. Wels schreibt diesbezüglich:

»Nachdem Ihre Ausbürgerung jetzt durch die ganze Weltpresse läuft, wachsen Ihre Chancen ja, weil man in England und Amerika nun noch mal mit der Nase darauf gestoßen wird, was für ein gemeingefährliches Subjekt Sie sind.«[139]

Dies hätte für sein weiteres Wirken in England einen Werbeeffekt haben können. Sollmann plante nach einem kurzen Aufenthalt in Luxemburg Anfang Januar, erneut für drei Monate nach England zu gehen. Angebote für Vorträge gab es in ausreichender Zahl. Als Seger von diesen Plänen erfuhr, teilte er Sollmann jedoch mit, er müsse bereits im Januar mit seinen Vorträgen in den USA beginnen, weil die beste Zeit für Vorträge im April bereits vorbei sei. Seger hatte bereits konkrete Planungen für Sollmanns erste öffentliche Rede nach seiner Ankunft, um ihm einen guten Einstieg ermöglichen zu können. Sollmann disponierte aufgrund dieser Informationen kurzfristig um und traf die Vorbereitungen für die Reise nach New York. Problematisch war in erster Linie, ein Visum für die USA zu erhalten, da der amerikanische Konsul in Luxemburg Garantien dafür forderte, dass Sollmann nach Luxemburg zurückkommen dürfe und dies auch tun werde. Zudem hatte er Bedenken wegen Sollmanns politischer Einstellung und musste erst überzeugt werden, dass Sollmann kein Kommunist sei.[140]

---

138 Sollmann an Wels vom 6. November 1936, AsD, Sopade, Mappe 122. Vgl. dazu auch Sollmann an Wels vom 20. November und 7. Dezember 1936, AsD, Sopade, Mappe 122.
139 Wels an Sollmann vom 4. November 1936, AsD, Sopade, Mappe 122. Hier liegt ein Datierungsfehler vor. Die Nachricht über Sollmanns Ausbürgerung wurde erst am 3. Dezember 1936 veröffentlicht. Siehe dazu die Ausbürgerungsliste Nr. 7, Deutscher Reichsanzeiger und Preußischer Staatsanzeiger Nr. 282, 3. Dezember 1936, abgedruckt in: Hepp (Hg.): Die Ausbürgerung deutscher Staatsangehöriger, S. 8 f. Ein Bericht darüber findet sich im Westdeutschen Beobachter Nr. 571, 4. Dezember 1936. Auch die Times und die New York Times berichteten am 4. Dezember darüber. The Times 4. Dezember 1936; New York Times 4. Dezember 1936.
140 Dies war Ausdruck der restriktiven amerikanischen Einwanderungspolitik, die unter anderem von einer ausgesprochenen Kommunistenfurcht geprägt war, weshalb Visa nur nach eingehender Prüfung erteilt wurden. Siehe dazu Krohn: »Nobody has the right to come into the United States«. Sollmann bekam in dieser Frage Unterstützung von Dr. Mouton, der sich für ihn beim

Er hatte daher kaum die Möglichkeit, sich auch innerlich auf diese Reise vorzubereiten. Zwar hatte er zuvor den Aufenthalt in den Vereinigten Staaten immer als Chance gesehen, aber kurz vor der Abreise sah er dieses Wagnis mit gemischten Gefühlen:

> »Im Übrigen empfinde ich jetzt, dass der Entschluss hier alle Brücken und Beziehungen abzubrechen und ins Ungewisse zu gehen, nicht ganz leicht ist. Ich hoffe, schnellstens von euch zu hören.«[141]

Anfang Januar begab er sich für kurze Zeit noch einmal nach Woodbrooke, wo er in der Annahme der baldigen Rückkehr nach England einige Sachen zurückgelassen hatte und brach Mitte Januar von Southampton aus per Schiff nach New York auf. Zu diesem Zeitpunkt war es nur eine Reise zu einer noch nicht vollständig organisierten Vortragstournee mit dem Ziel, politisches Interesse für die Vorgänge in Europa zu wecken und wenn möglich Geld für die illegale Arbeit in Deutschland zu sammeln. Es wurde aber der Aufbruch in ein neues Leben. Europäischen Boden betrat Wilhelm Sollmann erst elf Jahre später wieder als amerikanischer Staatsbürger.

4 Die Anfänge in den USA: Zwischen existenziellen Sorgen und persönlicher Begeisterung

Von Beginn an erwies sich der Schritt, die Reise nach Amerika anzutreten, als persönlicher Glücksfall für Wilhelm Sollmann. Großen Anteil daran hatten Gerhart Seger und Hertha Kraus, durch deren unermüdlichen Einsatz die Voraussetzungen dafür geschaffen wurden, dass ihm der Start in der neuen Umgebung leicht fiel. Seger fuhr Sollmann sogar mit Journalisten und Fotografen entgegen und hatte noch an Bord der »Berengaria« am Tag seiner Ankunft, dem 20. Januar, ein erstes kurzes Interview mit ihm geführt, das mit Bild am 23. Januar in der Neuen Volkszeitung erschien. Weiterhin organisierte er ein Wilhelm Sollmann Reception Committee und einen Empfangslunch, der Sollmann seine ersten Einnahmen für eine Rede brachte. (☞ s. Abb. 6, S. 480)

Sollmann war nicht nur aufgrund dieses warmen Empfangs tief beeindruckt:

> »Was ich in den drei Tagen hier schon alles erlebt habe, ist kaum zu erzählen. [...] Der Eindruck der Stadt ist noch überwältigender als vor 12 Jahren. Zum Beispiel

---

Konsul verbürgte. Zu den ursprünglichen Planungen für den weiteren Aufenthalt in England und der kurzfristigen Änderung der Reisepläne Sollmann an Wels vom 11. und 31. Dezember 1936, AsD, Sopade, Mappe 122; Seger an Sollmann vom 19. Dezember 1936.
141 Sollmann Wels vom 31. Dezember 1936, AsD, Sopade, Mappe 122.

Abb. 6 Wilhelm Sollmann mit Erika Mann und Gerhart Seger auf der Veranstaltung »Willkommen, Sohn deutscher Erde, daß ihr Freiheit werde« in New York anlässlich seiner Ankunft in den USA im Januar 1937.

das Empire State Gebäude, das doppelt so hoch ist wie der Kölner Dom und all die anderen Wolkenkratzer. Dann diese Geschäfte. Mutter würde aus dem Staunen nicht herauskommen, wenn sie diese Lebensmittelgeschäfte sähe, wo man sich z. B. selbst bedient und dann an der Kasse vorzeigt und bezahlt.«[142]

Auch zwei kleinere Vortragsreisen, die Sollmann im Februar und März unternahm, kamen durch Segers Engagement zustande. In diesen rastlosen Wochen pendelte er zwischen Vorträgen bis in den Mittleren Westen, New York und Philadelphia, wo er bei Hertha Kraus Unterkunft fand. Zwar beeinträchtigte ihn eine Magenerkrankung

---

142 Sollmann an Elfriede Sollmann vom 23. Januar 1937, HAStK 1451/4. Hier auch die Schilderung von Segers Besuch auf der »Berengaria«. Der Bericht darüber in: »Neue Volks-Zeitung« Nr. 4, 23. Januar 1937. Der Empfangslunch fand statt auf Einladung des »Wilhelm Sollmann Reception Committee« vom 13. Januar 193[7], HAStK 1120/481,1. Die Datierung auf 1936 ist falsch. Mitglieder des Reception Committee waren laut Briefkopf: Max Brauer, George Grosz, Alvin Johnson (New School of Social Research), Algernon Lee (Rand School), Felix Robert Mendelssohn, Reinhold Niebuhr, Frank Ritchie, Kurt Rosenfeld, Gerhart H. Seger, Toni Sender, Paul Tillich. Zu den Bemühungen Segers zur Bildung des Empfangskomitees siehe Seger an Sollmann vom 19. Dezember 1936, AsD, Sopade, Mappe 122; Sollmann an Wels vom 31. Dezember 1936, AsD, Sopade, Mappe 122. Zu den ersten Eindrücken in Amerika siehe auch Sollmann an Elfriede und Käthe Sollmann vom Februar 1937, SCPC, DG 45 Wilhelm Sollmann, Box 19, Folder »Correspondence Sollmann Family 1937–1938«; Sollmann an Hertz vom 3. Februar 1937, AsD, Nl. Paul Hertz, Film XIV.

infolge der Seereise gesundheitlich, seine Begeisterung über die neuen Lebensumstände konnte dies aber nicht trüben:

> »Es wiederholte sich, was schon bei meinem ersten Besuche in den USA der Fall war: ich fühlte mich sofort zuhause. Nicht einen Augenblick vermisste ich oder vermisse ich Europa. Zwischen Amerika und mir müssen irgendwelche mystischen Beziehungen bestehen. Ich liebe das Land, seine Städte und seine Menschen, zumal die meisten Amerikaner ganz anders sind als ihr Ruf.«[143]

Schon bald reifte bei Sollmann vor diesem Hintergrund der Gedanke, dauerhaft in den Vereinigten Staaten zu bleiben. Bereits Ende März, nach nur zwei Monaten, war er davon überzeugt, dass seine Zukunft nicht mehr in Europa lag:

> »Ich bin entschlossen einzuwandern und die Zelte in Europa abzubrechen.«[144]

Das für einen unbegrenzten Aufenthalt nötige Dauervisum – er besaß nur ein Besuchsvisum –, konnte nur im Ausland beantragt werden. Ursprünglich hatte er deswegen beabsichtigt, für einige Tage nach Kuba zu reisen. Schließlich gelang es ihm aber nach einigen kleineren Problemen und längeren Befragungen in Windsor, einer Detroit gegenüberliegenden kanadischen Grenzstadt, ein Visum zu erhalten. Damit besaß er nun unbegrenztes Aufenthaltsrecht in den Vereinigten Staaten. Zudem eröffnete dies auch die Möglichkeit, nach Ablauf von fünf Jahren die amerikanische Staatsbürgerschaft zu beantragen.[145]

Damit war eine Voraussetzung für den Aufbau einer neuen Existenz erfüllt. Problematisch blieb aber weiterhin die Frage nach der materiellen Sicherheit. Im Frühjahr 1937 arbeitete er auf Vermittlung von Hertha Kraus für zwei Monate als eine Art Volontär beim National Council of Prevention of War in Washington, einer Vereinigung von Friedensorganisationen. Dies ermöglichte ihm zwar, in der Hauptstadt Kontakte

---

143 Rundbrief Sollmanns an Freunde vom 25. Februar 1937, HAStK 1120/531/I-3-27, 27 a–b. Ähnlich äußerte er sich gegenüber seiner Tochter. Sollmann an Elfriede Sollmann vom 20. Februar 1937, HAStK 1451/4. Vorträge hatte er u. a. in Reading, New York, Pittsburgh, Cleveland, Detroit, Chicago und Milwaukee gehalten. Eine ausführliche Schilderung dieser Zeit findet sich in: Sollmann an Elfriede Sollmann vom 3. März 1937; Sollmann an Elfriede Sollmann vom 3. März 1937, SCPC, DG 45 Wilhelm Sollmann, Box 19, Folder »Correspondence Sollmann Family 1937–1938«; Sollmann an Carola und David Baumgardt vom 4. März 1937, LBI David Baumgardt Collection.
144 Sollmann an Elfriede Sollmann vom 28. März 1937, HAStK 1451/4.
145 Ebd.; Sollmann an Käthe und Elfriede Sollmann vom 20. April 1937, HAStK 1451/4. Das für ein Visum benötigte Affidavit, eine beglaubigte Bürgschaftserklärung, erhielt Sollmann nach eigenen Angaben in Detroit von einem sehr angesehen jüdischen Rechtsanwalt aus Detroit, dessen Namen er aber verschwieg. Weiterhin konnte er ein Empfehlungsschreiben von Mordecai Ezekiel vorweisen, einem leitenden Mitarbeiter des amerikanischen Landwirtschaftsministeriums.

zu knüpfen, aber die Hoffnung, bei der Organisation fest angestellt zu werden, zerschlug sich. Den Sommer über lebte er bei Hertha Kraus in Bryn Mawr bei Philadelphia, wo diese am gleichnamigen renommierten Frauencollege tätig war. In dieser Zeit arbeitete er weiter an der Verbesserung seiner Sprachkenntnisse und widmete sich der Vorbereitung der Vorträge, die weiterhin seine einzige Einnahmequelle waren. Obwohl er es genoss, viel Zeit und Ruhe zu haben, so blieb die Existenzunsicherheit sein ständiger Begleiter:

> »Das erste Jahr ist eben nicht angenehm. Es ist ein richtiges Lehrlingsjahr, und ich bin leider nicht mehr im Lehrlingsalter. Na, auch wenn es nichts wird, kann ich mich durch Vorträge über Wasser halten, aber ich hoffe, dass wenn nicht heuer, so nächstes Jahr irgend eine Anstellung herausspringt. Ich kann nur hoffen, dass H. K. [Hertha Kraus] gesund bleibt, denn ohne sie wüsste ich nicht, wie ich hier hineinkommen sollte.«[146]

Hertha Kraus war tatsächlich die Person, ohne die Wilhelm Sollmann es wohl nur schwerlich gelungen wäre, das Problem einer finanziell wie inhaltlich befriedigenden Anstellung zu lösen. Sie war durch ihr eigenes Schicksal besonders für die Probleme der Emigration sensibilisiert und engagierte sich ehrenamtlich mit bemerkenswerter Energie für die Flüchtlingshilfe. Ab 1937 arbeitete sie mit dem American Friends Service Committee (AFSC) der Quäker zusammen. Aber auch schon zuvor hatte sie auf privater Basis mit ihrer Lebensgefährtin Gertrud Schulz informell Flüchtlingen geholfen und alles in ihrer Macht stehende getan, um Unterstützung zu leisten. Dieses private Engagement führte sie auch neben der institutionalisierten Zusammenarbeit mit den Quäkern fort. Sollmann profitierte in besonderer Weise von ihrem Einsatz. Sie kümmerte sich in rührender Weise um ihn, gab ihm nicht nur über den Sommer und Herbst 1937 Unterkunft, sondern blieb ihm bis zu seinem Tode eng verbunden und setzte ihre ganzen Beziehungen ein, um ihm eine angemessene Verdienstmöglichkeit zu beschaffen.[147] Während seines Aufenthalts in Bryn Mawr wurde Sollmann wie selbstverständlich in das Leben der Hausbewohner integriert. Bei Hertha Kraus gingen nicht nur Studentinnen und Dozenten des Colleges, sondern auch führende Vertreter und Vertreterinnen der Quäker und aus dem Bereich der Sozialwissenschaf-

---

146 Sollmann an Käthe und Elfriede Sollmann vom 20. April 1937, HAStK 1451/4. Zu seinem Aufenthalt in Washington Sollmann an Elfriede Sollmann vom 6. Mai 1937, HAStK 1451/4; Sollmann an Elfriede Sollmann vom 10. Mai, 17. Mai, 3. Juni, 13. Juni, 22. Juni, SCPC DG 45 Wilhelm Sollmann, Box 19, Folder »Correspondence Sollmann Family 1937–1938«. Die Vortragsreisen im Sommer 1937 führten ihn von der kanadischen Grenze bis zum Golf von Mexiko. Sollmann an Strasser vom 23. August 1937, HAStK 1120/536/I-8-26, 26 a.
147 Zu Hertha Kraus siehe die instruktive Biografie von Schirrmacher: Hertha Kraus. Zum Leben von Kraus in Bryn Mawr, ihrem Engagement für die Flüchtlingshilfe und insbesondere ihre Beziehung zu Wilhelm Sollmann ebd., S. 195-198, 201-208; 492 f.

ten ein und aus. Sollmann stellte mit Bewunderung fest, über welch gute Beziehungen sie verfügte:

> »H. K. ist unermüdlich mit immer neuen Ideen und ich komme erst allmählich dahinter, welche Position sie hat. Neulich waren einige ältere Damen zum Essen hier, die ich zunächst für brave alte Tanten hielt, bis ich dahinter kam, daß es Autoritäten im amerikanischen Socialwerk sind. Auf dem Gebiete kennt jetzt schon jedermann H. K.«[148]

Man unternahm auch gemeinsame Ausflüge in die Umgebung, machte mit Studentinnen ein Gartenpicknick oder fuhr abends spazieren. Abgesehen von der schwierigen materiellen Lage fühlte sich Sollmann in dieser Umgebung ausgesprochen wohl:

> »Ich führe hier, von der Unsicherheit meiner Zukunft abgesehen, […], ein sehr schönes Leben, sitze viele Stunden in der Bibliothek, um mich in das Amerikanische einzuarbeiten und abends fährt mich entweder H. K. oder Frau Schulz oder eine alte hier wohnende Amerikanerin (hier fahren die ältesten Leute) eine Stunde ins Land.«[149]

Es war daher in ganz besonderer Weise Hertha Kraus zu verdanken, dass Wilhelm Sollmann die schwierigen ersten Monate des Neuanfangs in den Vereinigten Staaten bewältigen konnte, ohne die Hoffnung zu verlieren und in dem Bewusstsein, jederzeit auf ihre Hilfe zurückgreifen zu können.[150]

Ihren Beziehungen war es dann auch zu verdanken, dass sich Sollmann nach einem Jahr der Unsicherheit und vergeblichen Suche eine langfristige Perspektive eröffnete. Im Herbst 1937 fand er zunächst nur für das Wintersemester eine Anstellung als Part Time Lecturer am Quäker College Pendle Hill in Media bei Philadelphia, unweit von Bryn Mawr. Dies erwies sich als großer Glücksfall. Schon nach wenigen Wochen hatte er sich bestens eingelebt. Es war daher schon bald der Wunsch Sollmanns, in Pendle Hill dauerhaft zu bleiben. Auch vonseiten des Colleges war man interessiert,

---

148 Sollmann an Elfriede Sollmann vom 5. Juni 1937, HAStK 1451/4.
149 Ebd. Schilderungen des Lebens in Bryn Mawr auch in Sollmann an Elfriede Sollmann vom 4. und 31. Mai 1937, HAStK 1451/4; Sollmann an Elfriede Sollmann vom 10. Mai, 17. Mai, 3. Juni, 13. Juni, 22. Juni, SCPC DG 45 Wilhelm Sollmann, Box 19, Folder »Correspondence Sollmann Family 1937–1938«. Man unternahm auch längere Reisen zusammen. So besuchte er im Winter 1937 mit Hertha Kraus deren Bruder, der in Cambridge an der Harvard University arbeitete. Sollmann an Elfriede Sollmann vom 1. Dezember 1937. Ebd.
150 Sollmann wusste dies sehr zu schätzen und besaß große Hochachtung vor Kraus und ihrem Schaffen im akademischen Bereich wie auch in der Flüchtlingshilfe. Deutlich tritt dies in einem Brief an Kurt Rosenfeld hervor: »Hertha Kraus sehe ich öfter. Vielleicht niemand ausser mir weiss, was sie leistet; sie ist eine ganz grosse Frau.« Sollmann an Rosenfeld vom Oktober 1940, AdAK, Kurt-Rosenfeld-Archiv 239.

Sollmann weiter zu beschäftigen, es fehlten dafür jedoch noch die finanziellen Mittel. Kraus arbeitete unterdessen im Hintergrund daran, diese Mittel zu organisieren, was ihr schließlich auch gelang. Dank Spenden der New School of Social Research und einer Privatperson konnte Sollmann zunächst für ein Jahr als Dozent angestellt werden.[151]

Als Associate Staff Member erhielten er und seine Frau Kost und Logis in einem kleinen Apartment sowie 175 US-Dollar pro Tertial. Als Gegenleistung hielt er eine wöchentliche Vorlesung zu »current events« und einen wöchentlichen Kurs über »labor problems«. Darüber hinaus war es ihm freigestellt, seine Freiräume weiterhin für Vorträge zu nutzen.[152] Seine Frau lebte zu diesem Zeitpunkt zwar noch in Luxemburg, bei der Suche nach einer Festanstellung spielte sie aber eine wichtige Rolle. Ihre Ausreise befand sich zu diesem Zeitpunkt bereits in Planung. Mit der Anstellung in Pendle Hill war die Voraussetzung dafür gegeben, dass sie im Herbst 1938 in die USA einreisen konnte. Gemeinsam mit der Tochter Elfriede erreichte sie im September 1938 New York. Käthe Sollmann befand sich bei der Ankunft nach Wilhelm Sollmanns Aussage in einem »erbärmlichen körperlichen Zustand«, weshalb Mutter und Tochter zunächst auf Ellis Island interniert wurden, was eine wochenlange Verzögerung bedeutet hätte. Es kostete Sollmann zwei Tage, bis es ihm mit der Unterstützung von Hertha Kraus in New York gelungen war, sie freizubekommen.[153]

---

[151] Die New School of Social Research und Margaret Gage vom Bennett Junior College in Millbrook stellten jeweils 300 $ zur Verfügung. Staudinger an Kraus vom 14. April 1938, HAStK 1120/565/V-2-12, 12 e–f; Hertha Kraus an Margaret Gage vom 11. Mai 1938, Friends Historical Library, RG 4066 Pendle Hill Records, Ser. 2 Staff and Students Records, Box 48 Sollmann, William; Gerhart Colm an Kraus vom 2. Mai 1938 Friends Historical Library, RG 4066 Pendle Hill Records, Ser. 2 Staff and Students Records, Box 48 Sollmann, William. Staudinger berichtet, besonders Gerhart Colm habe sich für eine Unterstützung Sollmanns eingesetzt. Sollmann kannte Colm von einem im November 1937 gemeinsam mit Hertha Kraus auf der Rückreise aus Cambridge abgestatteten Besuch. Sollmann an Elfriede Sollmann vom 1. Dezember 1937, SCPC DG 45 Wilhelm Sollmann, Box 19, Folder »Correspondence Sollmann Family 1937–1938«. Die erst 1919 gegründete New School of Social Research nahm in der Unterstützung von deutschen Emigranten eine Sonderstellung ein, da sie mit der Graduate Faculty of Political and Social Science über eine Fakultät verfügte, die fast ausschließlich aus deutschen Wissenschaftlern bestand. Hier lehrten u. a. Emil Lederer, Hanns Eisler, Alfred Schütz, Albert Salomon Erich Fromm, Hans Staudinger, Arnold Brecht, Hannah Arendt, Eduard Heimann, Adolph Lowe und Hans Jonas. Sie war nicht nur der mit Abstand wichtigste Anlaufpunkt für deutsche Gelehrte in den USA, sondern engagierte sich auch stark in der Flüchtlingshilfe. Zur New School und ihrer Bedeutung für die wissenschaftliche Emigration siehe Krohn: Wissenschaft im Exil, insbesondere S. 70-98.

[152] Anna und Howard Brinton an Sollmann vom 19. April 1938, Friends Historical Library, RG 4066 Pendle Hill Records, Ser. 2 Staff and Students Records, Box 48 Sollmann, William.

[153] Zu den Vorbereitungen der Einwanderung von Käthe und Elfriede Sollmann siehe Sollmann an Elfriede Sollmann vom 28. März 1937, HAStK 1451/4; Sollmann an Elfriede Sollmann vom 13. Juni 1937, 22. Januar 1938, 1. August 1938; Sollmann an Käthe Sollmann, undatiertes Schreiben [1937]; Elfriede Sollmann an Sollmann vom 3. Juli 1938, 29 Juli 1938, 16. August 1938, SCPC DG 45, Correspondence Sollmann Family 1937–1938«; Hertha Kraus an Elfriede Sollmann vom 14. Oktober 1937, SCPC DG 45 Wilhelm Sollmann, Box 19, Folder »Elfriede Sollmann, biogra-

4 Die Anfänge in den USA: Zwischen existenziellen Sorgen und persönlicher Begeisterung

Hertha Kraus war über die besonderen Befindlichkeiten von Käthe Sollmann sehr gut informiert. Es zeugt von ihrer Umsichtigkeit, dass sie eine Lösung zu finden suchte, die auch ihren Bedürfnissen gerecht wurde. Wahrscheinlich war sie von Sollmann genauer in Kenntnis gesetzt worden. Dieser hatte selbst Befürchtungen hinsichtlich der Fähigkeit seiner Frau, sich auf die neuen Lebensbedingungen einlassen zu können.[154] In der Korrespondenz mit Hans Staudinger von der New School und Gerhart Seger, die beide optimistisch waren, Sollmann an einem College unterbringen zu können, betonte Kraus daher, Grundlage für eine Arbeitsstelle Sollmanns müsse sein, dass auch seine Frau sich dort wohl fühle. Sie teilte Segers und Staudingers Optimismus nicht, Sollmann bald an einem anderen College unterbringen zu können, wo er Aussicht auf längere Beschäftigung und eine befriedigende Betätigung hätte. Letzteres war aus ihrer Sicht sehr wichtig, weil sie wusste, dass ihn die Tätigkeit in Pendle Hill inhaltlich sehr befriedigte. Auch aus familiären Gründen befürwortete Kraus Pendle Hill. Sie ging davon aus, dass Sollmanns Frau sich in Amerika nur schwer zu Recht finden würde, da sie sehr schwächlich, wenig anpassungsfähig und nicht besonders lebenstüchtig sei. Die Umgebung von Philadelphia, wo zahlreiche Emigrantenfamilien in der Nähe wohnten und es viele deutsche Besucher gab, hielt Kraus daher für viel besser geeignet als etwa ein College im Mittleren Westen. Vor diesem Hintergrund erschien ihr Pendle Hill die beste Wahl zu sein und sie bat bei Staudinger und Seger um Unterstützung, damit über das kommende Jahr hinaus Sollmanns Verbleib dort gesichert werden konnte.[155]

Sollmann selbst wusste nicht, dass seine Anstellung auf Basis von Spenden zustande gekommen war, sondern ging davon aus, Pendle Hill bezahle ihn aus eigenen Mitteln. Hertha Kraus verschwieg ihm diesen Umstand, weil sie wusste, wie unangenehm ihm dies sein würde. Als er zwei Jahre später von der Unterstützung durch die New School erfuhr, begann er sofort mit der Rückzahlung der Spende. Er bat darum, den Mitgliedern der Fakultät seinen Dank für ihre Hilfsbereitschaft auszurichten,

---

phical material, non-family correspondence«. Zu den Schwierigkeiten bei der Ankunft Sollmann an Hertz vom 21. September 1938, HAStK 1120/420,14. Elfriede Sollmann hatte auf Vermittlung von Hertha Kraus eine Stelle in Washington gefunden. Hertha Kraus an Elfriede Sollmann vom 26. Mai 1938, SCPC, DG 45 Wilhelm Sollmann, Box 19, Folder »Elfriede Sollmann, biographical material, non-family correspondence«.

154 Sollmann an Käthe Sollmann, undatiertes Schreiben [1937], SCPC, DG 45 Wilhelm Sollmann, Box 19, Folder »Correspondence Sollmann Family 1937–1938«.

155 Kraus an Seger vom 22. April 1938, HAStK 1120/565/V-2-11, 11 a–c; Kraus an Staudinger vom 29. April 1938, HAStK 1120/565/V-2-12, 12 a–b. Seger und Staudinger wollten einen Reisefonds für Sollmann stiften, damit er sich an Colleges vorstellen konnte. Staudinger an Kraus vom 14. April 1938, HAStK 1120/565/V-2-12, e–f; Seger an Kraus vom 15. April 1938, HAStK 1120/565/V-2-12 d. Hertha Kraus sprach auch gegenüber den Direktoren von Pendle Hill an, dass Käthe Sollmann sich nur schwer auf neue Verhältnisse einstellen könne. Kraus an Anna und Howard Brinton vom 16. November 1937, Friends Historical Library, RG 4066 Pendle Hill Records, Ser. 2 Staff and Students Records, Box 48 Sollmann, William.

aber auch seine grundsätzliche Ablehnung solcher Hilfe. Er betrachtete den Beitrag von 1938 als rückzahlungspflichtige Anleihe.[156]

Tatsächlich ließ es sich ermöglichen, Sollmann dauerhaft in Pendle Hill anzustellen. Das einjährige Engagement wurde zunächst um drei Jahre zu den gleichen Bedingungen ausgedehnt und auch danach immer wieder verlängert, sodass er bis zu seinem Tode 1951 im Dienste des Colleges stand. Unterbrochen wurde dies in späteren Jahren von Gastaufenthalten an anderen Colleges, aber der Mittelpunkt seines Lebens war in dieser Zeit der Campus von Pendle Hill, wo er mit seiner Frau ein Apartment bewohnte. Er hielt in der Woche zwei Kurse. Einer behandelte unter dem Titel »World Events« aktuelle Ereignisse, im zweiten widmete sich Sollmann meist Themen aus dem Bereich der politischen Ethik wie »Moral power in politics« oder den internationalen Beziehungen wie »From world conflict to world cooperation«.[157] Darüber hinaus war man in Pendle Hill neben der Lehrtätigkeit auch in das Gemeinschaftsleben eingebunden. Das 1930 gegründete College verstand sich anders als die in der Hauptsache akademisch geprägten weiteren Quäker-Schulen und Colleges als Ort, wo die Ausbildung und das religiöse Leben miteinander verknüpft wurden. Pendle Hill war eine Schule, die auf dem Boden der Gemeinschaft der Quäker stand, wo Studenten und Mitarbeiter nach den Regeln und Praktiken der Quäker lebten. Das Quäkertum, auch Society of Friends genannt, stellt eine dritte Form des Christentums dar, in der sich Rationalismus und Mystik verbinden. Pendle Hill wurde in besonderer Weise von seinem Direktor Howard Brinton beeinflusst, in dessen Amtszeit auch Sollmann dort tätig war und der zu den einflussreichsten Quäkern des 20. Jahrhunderts gezählt wird. Er war vor allem darum bemüht, einen intellektuellen Rahmen für ein modernes, liberales Quäkertum zu entwickeln. Pendle Hill stellte in dieser Hinsicht den Versuch dar, durch eine neue Art der Pädagogik den Studenten diesen Glauben zu vermitteln.

Man konnte keine akademischen Abschlüsse erwerben, sondern es war als Experiment angelegt, durch gemeinsame Arbeit, Gebet und Studien zu leben und zu lernen. Man verstand sich als eine Alternative zu anderen Ausbildungsstätten, um die Studenten darauf vorzubereiten, für Frieden und Gerechtigkeit in der Welt zu wirken. Gleichzeitig war Pendle Hill ein Zentrum für spirituelle Selbstfindung, wo

---

156 Sollmann an Mayer o. D. [1940], HAStK 1120/578/VI-2-168, 168 a.
157 Für die jeweiligen Verlängerungen lassen sich nicht durchgehend Belege im offiziellen Schriftverkehr finden. Sollmanns Tätigkeit in Pendle Hill ist aber durch Vorlesungsverzeichnisse und Bescheinigungen über seine Tätigkeit zweifelsfrei belegt. Howard Brinton an Sollmann vom 11. Juli 1940, Friends Historical Library, RG 4066 Pendle Hill Records, Ser. 2 Staff and Students Records, Box 48 Sollmann, William; Howard Brinton vom 10. Mai 1944: Tätigkeitsbescheinigungen für Wilhelm Sollmann, desgleichen vom 26. Mai 1944, 18. Januar 1945, 14. Oktober 1947, Friends Historical Library, RG 4066 Pendle Hill Records, Ser. 2 Staff and Students Records, Box 48 Sollmann, William. Eine Übersicht über die von Sollmann gehaltenen Kurse befindet sich in: Friends Historical Library, RG 4066 Pendle Hill Records, Ser. 6 Courses, Programs & Students.

die Menschen sich über ihre eigene Berufung klar werden sollten. Als Grundwert der Ausbildung wurde daher angestrebt, alle Aspekte des Lebens mit einzubeziehen. Das Zusammenleben in der Gruppe, sowohl sozial als auch religiös, war ein grundlegender Baustein der Ausbildung. So wurden nicht nur die Mahlzeiten gemeinsam eingenommen und Gottesdienste gemeinsam gefeiert, es gab zahlreiche weitere Angebote des Gemeinschaftslebens und es wurde auch erwartet, dass sich alle Campusbewohner im Rahmen der anfallenden Aufgaben des Zusammenlebens engagierten.[158]

Sollmann lebte als Mitglied dieser Gemeinschaft. Er fühlte sich in ihren Reihen stets wohl und empfand es als großen Gewinn, Teil der Idee von Pendle Hill zu sein. Den Quäkern trat er aber trotz großer Sympathien für ihre Lehre nie bei. Dies stand seiner Integration jedoch nicht im Wege. Seine Mitarbeit wurde von Anfang an als ein großer Gewinn gesehen und er hatte sich bereits nach kurzer Zeit große Anerkennung erworben, wie Hertha Kraus Elfriede Sollmann berichtet:

»Er ist wirklich zufrieden in seiner Mönchsklause und hat sich in der Gemeinschaft drüben schon wieder einen warmen Platz geschaffen. Seine Heiterkeit, Freundlichkeit und Hilfsbereitschaft, seine grosse Schlichtheit und sein stets waches Interesse für alle Fragen auch gerade des amerikanischen Lebens gewinnen ihm überall gute Freunde. Wir alle bewundern, wie er mit seiner immerhin nicht einfachen Lage sich ohne Bitterkeit abfindet und mit eisernem Fleiss seine englischen und amerikanischen Fachkenntnisse ständig erweitert.«[159]

Mit der Anstellung in Pendle Hill fand er nicht nur eine Umgebung, in der er sich nach seinen Interessen betätigen konnte, es war damit auch das drängende Problem gelöst, eine langfristige Existenzgrundlage zu finden. Allein durch die Entlohnung konnte er seinen Lebensunterhalt aber nicht bestreiten. Deswegen hielt er weiterhin Vorträge, unterrichtete in den Semesterferien an anderen Colleges in Summer Schools oder ähnlichen Veranstaltungen und im Rahmen von Bildungskursen von Organisationen und Institutionen. So hielt er allein zwischen Oktober 1938 und September

---

158 Zur Geschichte von Pendle Hill und dem spezifischen Schulansatz siehe http://www.pendlehill.org/vision-mission-and-history.
159 Hertha Kraus an Elfriede Sollmann vom 14. Oktober 1937, SCPC, DG 45 Wilhelm Sollmann, Box 19, Folder »Elfriede Sollmann, biographical material, non-family correspondence«. Zu den Eindrücken in Pendle Hill Sollmann an Elfriede Sollmann vom 4. Oktober 1937, SCPC DG 45 Wilhelm Sollmann, Box 19, Folder »Correspondence Sollmann Family 1937–1938«. Über Pendle Hill hinaus gelang es Sollmann anscheinend recht schnell, sich bei den Quäkern einen Namen zu machen: »Mein ›Ruhm‹ in Quäkerkreisen wächst jedenfalls ständig. Wenn ich in ein Meeting komme, ist es beinahe wie in einer SPD-Versammlung. Alle Leute kennen mich, und ich erkenne die wenigsten, zumal es mir schwer fällt, die englischen Namen zu behalten.« Sollmann an Elfriede Sollmann vom 29. Januar 1938. Ebd. Seine Tochter Elfriede trat dagegen schon Anfang 1938 noch in England der Society of Friends bei. Elfriede Sollmann an Wilhelm Sollmann vom 8. Februar 1938. Ebd.

1939 annähernd 250 Vorträge in über 20 Staaten. Bis zum Ende seines Lebens hatte er in fast allen Bundesstaaten der USA gesprochen. Die Engagements bekam er entweder über eine Agentur oder über private Kontakte. In dieser Hinsicht profitierte Sollmann erneut von den Beziehungen und Bemühungen von Hertha Kraus, aber auch des Direktorenehepaares von Pendle Hill Howard und Anna Brinton sowie weiteren Helfern wie Hans Staudinger. Dies war besonders in den Anfängen wichtig, denn die Vermittlung von Aufträgen über eine Agentur erwies sich als weitgehend erfolglos. Erst nach einem Wechsel zu einer anderen Agentur scheint sich dies verbessert zu haben. Aber die Mehrzahl der Engagements kam, soweit sich dies feststellen lässt, über private Kontakte zustande. Mit der Zeit institutionalisierten sich manche dieser Verbindungen, etwa zum Rotary Club, für den Sollmann über Jahre hinweg tätig war.[160]

Sollmann ist es somit trotz gewisser Schwierigkeiten vergleichsweise schnell gelungen, in Amerika Fuß zu fassen und sich in einem neuen Lebensumfeld nicht nur zurecht zu finden, sondern sich vorbildhaft zu integrieren. Dies war nicht in erster Linie dem Zwang geschuldet, eine Existenz aufbauen zu müssen, was eine gewisse Anpassung unumgänglich machte, sondern dem ausdrücklichen Willen, sich in die amerikanische Gesellschaft einzupassen. Wie erklärt sich diese positive Haltung, die in der schnellen Entscheidung für einen dauerhaften Verbleib in den Vereinigten Staaten, zu einem Zeitpunkt, als noch unklar war, ob er sich eine Existenzgrundlage würde schaffen können, ihren deutlichen Ausdruck fand?

Verhaltens- und Reaktionsmuster der Emigranten waren durch eine Vielzahl von Faktoren bestimmt wie Alter, Herkunft, Ausbildung und die Persönlichkeit, aber auch die Umstände der Flucht aus Deutschland. Es war ein Unterschied, ob man das Land freiwillig verlassen hatte, weil man nicht unter dem NS-Regime leben wollte, oder man zur Flucht gezwungen wurde. Sollmann hatte keine Wahl gehabt, ob er emigrieren sollte oder nicht. Insofern bestand auch bei ihm die Gefahr, dass er, wie viele andere Emigranten auch, die Vertreibung aus Deutschland als Unrecht und persönliches Unglück empfand und die Loslösung von der Heimat nicht verwinden konnte. Auch Sollmann haderte zwar einige Zeit lang damit, Deutschland verlassen zu haben. Erst in seiner Zeit in Luxemburg, wohl auch bedingt durch die Erkenntnis, dass das NS-Regime keine kurzzeitige Erscheinung darstellte, war bei ihm zu erkennen, dass

---

160 Eine Übersicht über die Vorträge im Jahr 1938/39 findet sich in HAStK 1120/609/IX-2-195. Anderthalb Jahre nach seiner Ankunft hatte er nach eigenen Angaben bereits in 40 von 48 Staaten gesprochen. Sollmann an Sassnick vom 18. Juli 1938, HAStK 1120/565/V-2-16, 16 a. Zu den Beziehungen zum Rotary Club HAStK 1120/608/IX-2-50; Hines an Sollmann vom 20. April 1939, HAStK 1120/608/IX-2-96; Sollmann an Anna Brinton vom 16. Juli 1941. Zu den Problemen, Aufträge über eine Agentur zu bekommen siehe Sollmann an Elfriede Sollmann vom 22. November 1937, SCPC, DG 45 Wilhelm Sollmann, Box 19, Folder »Correspondence Sollmann Family 1937–1938«; Seger an Sollmann vom 29. September 1937, HAStK 1120/481,3. Einer neuen Agentur gelang es dann, mehr Aufträge zu vermitteln. Vgl. Alber & Wickes an Sollmann vom 28. September 1938, HAStK 1120/376. Vgl. auch Lamothe an Sollmann vom 18. September 1938, HAStK 1120/376.

er sich damit abgefunden hatte, vorerst als Emigrant leben zu müssen. Ab diesem Zeitpunkt ging es für ihn hauptsächlich um die Frage, wie er die Herausforderungen bewältigen konnte.

In Luxemburg war Sollmann dies vergleichsweise gut gelungen. Zumindest litt er nicht unter materieller Not, wie dies Alltag vieler Emigranten war. Für Sollmann stellte sich aber dennoch die Frage, was er zu gewinnen hatte, wenn er in Luxemburg blieb. Die Einkünfte aus seiner journalistischen Tätigkeit waren nicht ausreichend und die Unterstützung durch die Partei endlich. Eine Besserung durch einen Ortswechsel hatte in Europa kaum Aussichten auf Erfolg. Aus materieller Sicht gab es daher keine Anreize für Sollmann, in Europa zu bleiben. In dieser Hinsicht begriff er den Aufenthalt in den USA, der ja zunächst nur auf wenige Monate angelegt war, von Beginn an als eine Chance, ein neues Leben beginnen zu können.

Für Sollmann waren die Vereinigten Staaten daher nicht ein erzwungenes Exil, das den letzten Ausweg darstellte, sondern ein freiwillig gewähltes Ziel in der Hoffnung, neue Perspektiven zu finden. Dies unterschied ihn von der Vielzahl der Emigranten, die nach ihm in die USA auswanderten. Er kam zu einem Zeitpunkt, als die Hauptströme der Emigranten noch auf Europa konzentriert waren. Bis dahin waren es vor allem Wissenschaftler, die den Weg über den Atlantik gegangen waren. Die Masse der Emigranten suchte erst ab 1938 Zuflucht in Übersee, als in Folge der Reichspogromnacht und dem Anschluss Österreichs eine neue Auswanderungswelle einsetzte.[161]

Sollmann empfand es von Beginn an als Gewinn, im Umfeld der amerikanischen Gesellschaft leben zu können, wodurch ihm die Anpassung an die amerikanische Lebensweise leicht fiel. Dies hatte spezifische Gründe, die in seiner politischen und gesellschaftlichen Prägung und den daraus resultierenden Erfahrungen in der Weimarer Republik zu sehen sind. Die Begeisterung für das Exilland USA entsprang dem Vergleich der politischen und gesellschaftlichen Verhältnisse in Deutschland und Amerika und den Erfahrungen seines bisherigen Exils.

Sollmann war in der Weimarer Sozialdemokratie ein Querdenker, dessen geistiger Horizont nicht an der Parteigrenze endete, sondern der stets auf der Suche nach Anknüpfungspunkten zu anderen gesellschaftlichen Strömungen war. Er machte die Erfahrung, mit seinen Ideen schnell auf Widerstand zu stoßen, gerade auch in seiner eigenen Partei hatte er sich häufig für seine Haltung rechtfertigen und verteidigen müssen. Die fragmentierte Gesellschaft und Parteienlandschaft der Weimarer Republik sowie die unterentwickelte politische Kultur waren ihm ein stetes Ärgernis gewesen. Er hat dies vielfach thematisiert und befand sich diesbezüglich in einem andauernden, aber erfolglosen Ringen um Veränderungen, was über die Jahre auch zu einer

---

161 Bis 1938 wurde die Quote für deutsche Einwanderer, die von den amerikanischen Behörden 1929 auf rund 26.000 pro Jahr festgesetzt worden war, nicht annähernd ausgeschöpft. Die Nettoeinwanderung betrug bis dahin lediglich knapp 20.000. Krohn: Vereinigte Staaten von Amerika, S. 449 f.

gewissen Frustration führte. Aus einem Brief an Max Sievers lässt sich heraushören, dass die politische Betätigung und die damit zusammenhängenden persönlichen Auseinandersetzungen und Anfeindungen ihn über die Jahre viel Energie kosteten:

> »Beyer ist vielleicht der einzige, der genau weiß, welche seelische Kraft ich seit Jahrzehnten aufbringen muss und unter welch schweren persönlichen Erlebnissen ich mich auch jetzt behaupte.«[162]

In der Emigration hatte sich dies nicht gebessert. Die Grüppchenbildung der Emigranten, die Grabenkämpfe zwischen den weltanschaulichen Richtungen, die aus seiner Sicht verfehlten Versuche zur politischen Einigung waren für ihn nur der Beweis, dass man die Fehler wiederholte, die bereits in Weimar gemacht worden waren. Hinzu kam die Erfahrung, als Emigrant in Europa nur geduldet zu sein, den Status des Fremden kaum ablegen zu können.

Vor diesem Hintergrund haben die Vereinigten Staaten Sollmann tief beeindruckt, unterschieden sie sich doch in vielerlei Hinsicht von den Verhältnissen in Deutschland und boten auch hinsichtlich des Status' als Emigrant ganz andere Möglichkeiten als Europa. Es gab daher viele Gründe, warum er sich von Beginn an von diesem Land angezogen fühlte. Dies betraf zunächst einmal die Bewunderung für den technischen Fortschritt und den hohen Lebensstandard.[163]

Entscheidender war aber die Erkenntnis, in den Vereinigten Staaten auf eine Gesellschaft zu treffen, die ihm einen völlig neuen Kosmos eröffnete:

> »Man stellt sich das Freiheitsgefühl kaum vor. Es gibt Reiche und Arme, aber kein richtiges Klassengefühl, weil auch die Arbeiter etc. sich gleichberechtigt fühlen und zwar von einer Stunde zur anderen entlassen werden, aber niemand im Betriebe lässt sie fühlen, dass er ›mehr‹ ist, auch nicht die Milliardäre. Es kommt vor, dass ein Arbeiter einen Milliardär in seinem Car mitnimmt und umgekehrt, oder dass ein ganz reicher Fabrikherr mit seinen Arbeitern im Restaurant zu Mittag ist und Geschäfte mit ihnen diskutiert etc. Irgendein Gefühl der Unterdrückung hat keiner. Da sieht man erst, wie weit wir in Deutschland zurück sind. Mittags oder morgens sitzt man in der Bar neben einem Bauarbeiter, der von der Strasse, d. h. vom Bau in Dreck und Staub hereinkommt. Daneben sitzt ein elegantes Dämchen oder ein Gelehrter und niemandem fällt etwas auf. Natürlich gibt es auch Lokale, wo die Reichen unter sich sind, aber nur weil die Preise recht hoch sind. Ich bin

---

162 Sollmann an Sievers vom 16. Juli 1936, HAStK 1120/535/I-7-17, 17 a.
163 Siehe hierzu die bereits zitierten Briefe an Elfriede Sollmann. Sollmann an Elfriede Sollmann vom 3. März 1937. SCPC, DG 45 Wilhelm Sollmann, Box 19, Folder »Correspondence Sollmann Family 1937–1938«.

aber überzeugt, dass jeder Arbeiter, der hineinkommt und bezahlen kann, ganz als gleichberechtigt behandelt würde.«[164]

Trotz mancher Übertreibungen Sollmanns, die wohl dem als überaus stark empfundenen Kontrast gegenüber den Erfahrungen aus Deutschland geschuldet waren, ist diese Begeisterung für die USA durchaus kein Einzelfall, sondern bei vielen Emigranten zu erkennen, vornehmlich bei Intellektuellen und Wissenschaftlern. Auch vorher skeptisch eingestellte Emigranten zeigten sich von der Gesellschaft ohne Klassenschranken und dem Realitätssinn und Fortschrittsoptimismus der Amerikaner beeindruckt. Verstärkt wurde dies durch die Aufbruchsstimmung, die das Land im Gefolge der Politik des New Deal unter Franklin D. Roosevelt erfasst hatte, was als gelungenes Beispiel dafür gesehen wurde, wie die in Deutschland zerstörerisch wirkende Wirtschaftskrise dazu dienen konnte, die Demokratisierung einer Nation weiter voranzutreiben. In den USA erschien damit schon manches verwirklicht und auf den Weg gebracht zu sein, was man auch für Deutschland erhofft hatte, aber nicht durchsetzbar gewesen war. Dies galt gerade auch für Sollmann, denn hier erlebte er eine fest verankerte Demokratie und eine politische Kultur, die im starken Kontrast zu der parteipolitisch zerrissenen Weimarer Republik stand:

> »Vieles zieht mich in dieser grossen Demokratie an. Leider komme ich dreissig Jahre zu spät. [...] Ich würde seelisch nicht mehr im Stande sein, dass gehässige und kleinliche und neidische Gezänk mitzumachen, mit dem ich mich in Deutschland jahrzehntelang herumgeschlagen habe.«[165]

Es war ein Schlüsselerlebnis für Sollmann, dass in den USA die Demokratie nicht nur eine Staatsform war, sondern auch von den Menschen gelebt wurde, im täglichen Umgang erfahrbar war. Zwar war er nicht so naiv, die Missstände in der gesellschaftlichen Entwicklung Amerikas zu übersehen. Aber im Vergleich zu Deutschland erschienen sie ihm nicht als zentral. Die Faszination des neuen Umfeldes, die ungekannte Freiheit und die zivilen Umgangsformen ließen ihn die offenkundigen Widersprüche der Gesellschaft, die Diskriminierung Farbiger, die Fremdenfeindlichkeit und den latenten Antisemitismus als geringeres Problem ansehen oder nicht in dem Maße erkennen, wie sie tatsächlich wirksam waren:

---

164 Sollmann an Elfriede Sollmann vom 20. Februar 1937, HAStK 1451/4.
165 Sollmann an Heinz Kühn vom 10. Oktober 1939, HAStK 1120/569/V-3-212, 212 b–c. Zu den Eindrücken von Wissenschaftlern und Intellektuellen in den USA und der Bedeutung Roosevelts und der Politik des New Deal Krohn: Wissenschaft im Exil, S. 24 f., 201 f.; Radkau: Die deutsche Emigration in den USA, S. 73-79.

»Sie kommen aber zu Menschen, die im allgemeinen turmhoch an Kultur über den Europäern stehen, was einem mit vielem Unangenehmen, ja Hässlichen in diesem Land versöhnt. Auch diese unangenehmen Seiten sind historisch zu erklären, sie betreffen Dinge nicht Menschen. [...] Hier herrscht die Atmosphäre: Take it easy! Dont worry! Keep smiling! Nimm es leicht! Graeme dich nicht, lächle. [...] Ich liebe Amerika und die Amerikaner [...].«[166]

Die Perspektive des Emigranten, der von außen auf das Heimatland und seine politischen und gesellschaftlichen Traditionen zurückblickt und den Vergleich mit den Verhältnissen des Gastlandes besitzt, führte zu neuen Erkenntnissen über die spezifischen Eigenarten der gesellschaftlichen Entwicklung Deutschlands. Sie waren für Sollmann unter anderem das Ergebnis der unterschiedlichen politischen Rahmenbedingungen, die in Deutschland dazu geführt hätten, dass die Menschen infolge des Mangels an freiheitlicher Tradition nicht in der Lage gewesen seien, eine fortgeschrittene politische Kultur aufzubauen:

»Wenn ich mich manchmal in die Vergangenheit zurückversetze, weiß ich manchmal nicht mehr, wie ich das ausgehalten habe. Natürlich gibt es auch hier sehr sehr dunkle Stellen, aber jedenfalls ist der ganze Verkehr der Menschen miteinander, soweit sie nicht gerade zur Hefe gehören, von einer Höflichkeit und einer Freiheit, wie man es in Deutschland nie gekannt hat. [...] Da macht sich eben geltend, dass sie, ebenso wie die Engländer in Jahrhunderten frei gewesen sind und nicht auf dem Kasernenhof erzogen wurden.«[167]

---

[166] Sollmann an Kern vom 13. Februar 1938, AsD, Nl. Helmut Kern, Box 1. Von der Wertschätzung als Persönlichkeit zeigte er sich positiv überrascht: »Es ist bezeichnend, dass die als so berechnend verschrienen Amerikaner viel mehr Wert auf Charakter legen als auf Kenntnisse, mindestens setzen sie Charakter gleich.« Sollmann an Elfriede Sollmann vom 4. Oktober 1937 SCPC, DG 45 Wilhelm Sollmann, Box 19, Folder »Correspondence Sollmann Family 1937–1938«. An anderer Stelle schreibt er: »Es ist ein Takt und eine Toleranz, von der man sich in Deutschland keine Vorstellungen macht. Wenn ich bedenke, wie man mich in Deutschland als Redner behandelt hat, wie ein Stück Holz. Hier ist es ganz selbstverständlich, dass man jedem Redner das Leben so angenehm wie möglich macht. Die allgemeine Höflichkeit ist überhaupt erstaunlich.« Sollmann an Elfriede und Käthe Sollmann, undatiert [1937]. Ebd. Die Einschätzung, dass zwar auch in den USA Probleme unverkennbar waren, diese aber aufgrund des anderen kulturellen Umfeldes weniger schwer wogen, war unter Emigranten verbreitet. Zum gleichen Schluss kam etwa der bekannte deutsche Historiker Hans Baron: »Missstände, im sozialen Leben wie in den politischen Parteimaschinen [...], aber der gute Wille und die immer wieder sich bildenden Protest- und Reformbewegungen sind so stark in diesem Lande, dass Optimismus und Vertrauen, dass man zuletzt mit dem Bösen fertig werden wird, nicht sterben. Der wilde Hass, den man aus Europa, und vor allem aus Deutschland, kennt, existiert hier nicht, oder ist wenigstens viel geringer. Dadurch erscheint einem von hier aus Europa in vieler Hinsicht verkrampft, muffig und provinziell; man kann nicht mehr tauschen wollen.« Zitiert nach Große Kracht: »Bürgerhumanismus«, S. 257.
[167] Sollmann an Elfriede Sollmann vom 29. Januar 1938, SCPC, DG 45 Wilhelm Sollmann, Box 19, Folder »Correspondence Sollmann Family 1937–1938«.

4 Die Anfänge in den USA: Zwischen existenziellen Sorgen und persönlicher Begeisterung

Wie es auch bei Wissenschaftlern häufig der Fall war, so eröffnete das neue Umfeld neue Perspektiven und Einsichten. Dazu gehörte auch die Erkenntnis, durch eine neue Sicht auf Europa dessen Probleme besser zu verstehen und dadurch »europäischer« zu werden, das Gefühl zu gewinnen, ein besserer Europäer zu sein.[168]

Angesichts der so überaus positiven Erfahrungen mit dem Gastland erschien Sollmann schon kurz nach seiner Ankunft die Aussicht, nach Europa zurückzukehren zu müssen, das aus der Perspektive der USA klein und provinziell erschien, als wenig verlockend.[169] Demgegenüber wirkte das neue Gastland tatsächlich als Land der unbegrenzten Möglichkeiten. Dieser Eindruck verfestigte sich bald und nach einem halben Jahr hatte er sich bereits fest entschieden, die Zelte in Europa dauerhaft abzubrechen. Gegenüber Paul Hertz äußerte er, entweder er setze sich in Amerika durch oder er gehe zugrunde. Eine andere Wahl gebe es für ihn nicht.[170]

Vor diesem Hintergrund erklärt sich Sollmanns fester Wille, sich in den Vereinigten Staaten eine neue Existenz zu schaffen. Dass ihm dies so überaus gut gelang, war keine Selbstverständlichkeit, wie die Probleme zahlreicher Emigranten zeigen, die nicht Fuß fassen konnten, sei es, weil sie keine Arbeitsstelle fanden oder sich im neuen Umfeld nicht zurechtfanden. Wichtige Voraussetzungen für den Erfolg waren bei Sollmann die für sein Alter bemerkenswert große psychische und soziale Anpassungsfähigkeit und geistige Flexibilität, die nötige Energie und Ausdauer, auch die anfängliche Durststrecke zu überwinden und der eiserne Wille die nötigen sprachlichen Kenntnisse zu erwerben. Gerade die Sprachbarriere war für viele Emigranten ein unüberwindbares Hindernis. Man darf dabei nicht vergessen, dass es für Sollmann besonders in den Anfängen keinesfalls eine einfache und sorgenfreie Zeit war, als die Begeisterung über die vorgefundenen gesellschaftlichen Rahmenbedingungen von ständigen Existenzsorgen begleitet wurden und er auch mit der Sprache noch hart zu kämpfen hatte. Er empfand es selbst manchmal als »reichlich viel, was mir in meinem Alter zugemutet wird«[171].

---

168 Zur Sicht auf Europa siehe Sollmann an Jaksch vom 18. August 1938, HAStK 1120/427,3 (Zitat); Sollmann an Hertz vom 4. November 1937, HAStK 1120/420/3; Sollmann an Hertz vom 21. September 1938, HAStK 1120/420,14. Siehe zu diesem Eindruck bei den Emigranten auch Krohn: Wissenschaftler im Exil, S. 24. Zur Beeinflussung Sollmanns durch das amerikanische Umfeld in seinen politischen Ansichten siehe Kapitel V.6.

169 In den ersten Wochen seines Aufenthaltes schreibt Sollmann: »Es ist aber wirklich schwer, sich an den Gedanken zu gewöhnen, man gehe für dauernd nach L[uxemburg] zurück, wenn man das hier gesehen hat.« Sollmann Elfriede und Käthe Sollmann, undatiert [1937], SCPC, DG 45 Wilhelm Sollmann, Box 19, Folder »Correspondence Sollmann Family 1937–1938«. Vgl. auch Sollmann an Elfriede Sollmann vom 28. März 1937, HAStK 1451/4: »Im Allgemeinen fällt mir alles hier leicht und ich liebe Land und Leute. Es ist alles so grosszügig, und Europa kommt einem von hier sehr kleinlich vor.«

170 Sollmann an Hertz vom 4. November 1937; HAStK 1120/420/3.

171 Sollmann an Elfriede Sollmann vom 17. Mai 1937, HAStK 1451/4. Zu den seelischen Belastungen in den Anfangsjahren vgl. auch Sollmann an Elfriede Sollmann vom 3. März 1937; Sollmann an Elfriede Sollmann vom 22. Januar 1938, SCPC, DG 45 Wilhelm Sollmann, Box 18, Folder »Cor-

Auch der Faktor Glück spielte eine wichtige Rolle. Nur wenige Emigranten hatten so gute Beziehungen und so viel Unterstützung, wie Sollmann durch Hertha Kraus, aber auch Gerhart Seger und Hans Staudinger. Wie schwierig es war, eine Existenzgrundlage zu finden, zeigt der Umstand, dass es trotz des unermüdlichen Einsatzes dieser Personen über ein Jahr dauerte, bis er zumindest mittelfristig Planungssicherheit hatte und zwei Jahre, bis schließlich langfristig eine Anstellung gefunden war. Dass er zu den prominenteren Emigranten gehörte, half ihm in dieser Hinsicht wenig. Problemlos fanden im Grunde nur bekanntere Wissenschaftler, die von den amerikanischen Universitäten und Colleges gerne aufgenommen wurden, und Künstler von Rang ein Auskommen. Sollmanns Stellung als Politiker und ehemaliger Reichsminister in Deutschland war dagegen keineswegs eine Qualifikation, die ihm Tür und Tor öffnete. Wirkliches Ansehen hatten nur wenige Politiker wie Brüning, der in Harvard eine Anstellung fand. Bei diesem kam aber als wichtiger Umstand hinzu, dass er promoviert war. Bei Sollmann machte sich der fehlende akademische Abschluss negativ bemerkbar, der eine Anstellung als Dozent deutlich erleichtert hätte. So hat er es auch bereut, die ihm angetragene Ehrendoktorwürde der Universität Köln abgelehnt zu haben.[172]

Zu den glücklichen Umständen zählte auch, dass er bei den Quäkern und auch mit Hertha Kraus ein soziales Umfeld fand, das ihm das Einleben erleichterte und ihn zum Teil einer Gemeinschaft werden ließ, die er persönlich sehr schätzte. Seine Arbeit als Dozent an einer Bildungsstätte, die ihren Schülern neue Perspektiven vermitteln wollte, entsprach wohl Sollmanns persönlichen Neigungen in fast idealer Weise. Er

---

respondence Sollmann Family«. Über Sollmanns Schwierigkeiten mit der englischen Sprache schreibt Hertha Kraus: »Die Arbeit selbst, lange, unpolitische und auch vom amerikanischen Gesichtspunkt aus gedankenreiche Vorträge vorzubereiten, ist sehr anstrengend für ihn, besonders, weil er doch noch immer schwer mit der Sprache ringen muss, auch wenn man es beim Sprechen weniger merkt. Er ist zeitweise optimistisch, zeitweise das Gegenteil, wenn er an die wirtschaftliche Sicherung seiner Zukunft denkt.« Hertha Kraus an Elfriede Sollmann vom 14. Oktober 1937, SCPC, DG 45 Wilhelm Sollmann, Box 19, Folder »Elfriede Sollmann, biographical material, non-family correspondence«. Zum Problem der Sprachbarrieren in der Emigration Maimann: Sprachlosigkeit. Krohn hat dargelegt, wie die Integration von Emigranten scheitern konnte. Krohn: Wissenschaft im Exil, S. 201-212.

172 Es gab allerdings in den USA auch gegenüber den Wissenschaftlern kritische Stimmen, weil man den eigenen akademischen Nachwuchs benachteiligt sah. Zur Anstellung von Wissenschaftlern an amerikanischen Universitäten siehe ebd. Zum Problem des fehlenden akademischen Abschlusses Sollmanns siehe Kraus an Seger vom 22. April 1938, HAStK 1120/565/V-2-11, 11 a-c; Kraus an Staudinger vom 29. April 1938, HAStK 1120/565/V-2-12, 12 a–b. Sollmann selbst schreibt dazu: »Wenn ich damals den Ehrendoktor angenommen hätte, wäre alles leichter. Niemand würde mich danach fragen, wie ich ›Doktor‹ bin.« Sollmann an Elfriede Sollmann vom 6. Mai 1937, HAStK 1451/4. Zur Frage, inwiefern ihm sein Ruf als namhafter deutscher Politiker half, äußerte Sollmann gegenüber Helmut Kern: »Sie überschätzen mich gewaltig, wenn sie glauben, dass mir mein europäischer Name hier etwas nützte. Es sind nur zwei deutsche Politiker in diesem Lande berühmt und geachtet: Stresemann und Brüning.« Sollmann an Kern vom 13. Februar 1938, AsD, Nl. Helmut Kern, Box 1.

kam ursprünglich aus der Jugendarbeit, von dort aus hatte seine politische Karriere ihren Anfang genommen und Sollmann hatte es stets als eine seiner wichtigsten Aufgaben empfunden, die Jugend politisch zu bilden, sie zu mündigen Wählern zu entwickeln. Sein Wissen zu vermitteln, aufklärend wirken zu können waren ihm immer wichtiger, als politische Ämter und Macht. Er war mehr ein Anreger denn ein Entscheider. In dieser Funktion konnte er sich nun völlig frei von politischen Bindungen und parteipolitischen Rücksichtnahmen und Streitigkeiten betätigen und diese Rolle lag ihm offensichtlich sehr. Alle Quellen hinsichtlich seiner Tätigkeit in Pendle Hill deuten darauf hin, dass er bei seinen Studenten wie Kollegen überaus geschätzt wurde. Die Wertschätzung war umgekehrt nicht geringer. Seinem Freund Georg Beyer schrieb er in Bezug auf Pendle Hill, dass er sich dort sehr wohlfühlen würde und die Menschen dort eine so vornehme Gesellschaft seien, dass er sich manchmal frage, ob er dazugehören dürfe.[173]

So empfand Sollmann seine Existenz auch nicht als Statusverlust. Zwar war er in der Emigration finanziell deutlich schlechter gestellt und er hatte auch kein Amt oder eine herausgehobene Position mehr inne, aber dies war für ihn schon immer von nachrangiger Bedeutung gewesen. Wichtiger war für ihn, sich auf eine Art und Weise betätigen zu können, die ihn persönlich erfüllte, was in Pendle Hill zweifellos gegeben war. Man wird wohl so weit gehen können, dass die Lebensumstände dort ihm mehr zusagten, als es jemals zuvor in seinem Leben der Fall gewesen war.[174] Er lebte daher nicht in einem Wartezustand »mit dem Gesicht nach Deutschland«, wie es viele Emigranten taten, die hofften möglichst schnell nach Deutschland heimkehren zu können, darunter Friedrich Stampfer, dem Sollmann diesbezüglich schreibt:

> »Wiederholt haben Sie mir gesagt, wie sehr Sie an Deutschland hängen, im Gegensatz zu mir, der ich mich damit abgefunden habe, mir hier eine neue Existenz zu gründen.«[175]

Zwar blieb auch Sollmann brennend an den Entwicklungen in Deutschland interessiert, aber nicht weil er umgehend zurückkehren wollte. Aus Sollmanns Perspektive gab es kein Bedauern über die Auswanderung, sondern darüber, erst so spät diesen Schritt gewagt zu haben:

---

173 Sollmann an Beyer vom 3. September 1938, HAStK 1120/384/7-8.
174 So schreibt er an Kurt Rosenfeld über sein Dasein in Pendle Hill: »Es ist ein sehr bescheidener Posten, aber er gibt mir eine Existenzbasis, und mehr als das das unerhörte Glück, unter Bäumen und zwischen Blumen zu leben und die feinsten Menschen zu treffen, die man sich denken kann.« Sollmann an Rosenfeld vom 12. Oktober 1940, AdAK Kurt-Rosenfeld-Archiv 239.
175 Sollmann an Stampfer vom 3. April 1941, AsD, Nl. Friedrich Stampfer, Box 13, Bl. 655.

»Schade, dass ich nicht vor vierzig Jahren auswanderte. Ich bin der geborene Amerikaner.«[176]

Er empfand die Vereinigten Staaten daher auch nicht als Land des Exils, sondern als eine neue Heimat. Infolge der gelungenen Integration schwand zunehmend das Gefühl, Emigrant zu sein:

»Von der Emigration entferne ich mich immer mehr, von einigen Persönlichkeiten abgesehen. Bin ich eigentlich noch Emigrant? Am 16. April 1942 werde ich beantragen, amerikanischer Bürger zu werden.«[177]

Der Entschluss, für immer in den USA zu bleiben, kam nicht über Nacht, sondern war das Ergebnis eines schleichenden Prozesses, der einige Jahre dauerte, aber mit der Einbürgerung das folgerichtige Ende der Entwicklung Sollmanns in den Vereinigten Staaten fand. Der Einbürgerungsprozess selbst erwies aber noch einmal als eine Geduldsprobe, denn zwischen seinem Antrag und der Bewilligung verging über ein Jahr. Sollmann hatte in der Zwischenzeit zwei Anhörungen zu überstehen. Am 10. Juni 1943 erhielt er dann schließlich die Einbürgerungsurkunde. Dies war nicht nur eine Formalie, denn er fühlte sich fort an als Amerikaner und schloss daher aus, in Deutschland noch einmal politisch tätig zu werden.[178]

Resümiert man Sollmanns Schicksal seit seiner Übersiedlung in die Vereinigten Staaten, so gehörte er zweifellos zu der Gruppe der »Emigrationsgewinnler«, wie Adolph Lowe, selbst in die USA emigrierter Wissenschaftler, einmal sich und seine

---

176 Sollmann an David und Carola Baumgardt vom 4. März 1937, LBI David Baumgardt Collection.
177 Sollmann an Prinz zu Löwenstein-Wertheim-Freudenberg vom 4. Juni 1941, BA-K, Nl 1222/12. Die genaue Festlegung des Datums bezieht sich darauf, dass man fünf Jahre nach Erhalt eines permanenten Visums, das Sollmann im April 1937 erhalten hatte, den Antrag auf Einbürgerung stellen konnte.
178 Die Einbürgerungsurkunde befindet sich in HAStK 1120/370. Sie ist ausgestellt auf »William Frederick Sollmann«. Sollmann hatte sich schon seit 1937 auf Anraten Kraus' Friedrich W.[ilhem] Sollmann genannt, da zwei Vornamen amerikanische Sitte seien und der Name »Wilhelm« für amerikanische Ohren seltsam klinge. Sollmann an Elfriede Sollmann vom März 1937, HAStK 1451/4. Die lange Dauer seines Verfahrens führte er auf seine vorherige Tätigkeit als Politiker in Deutschland zurück, was ihn verdächtig mache. Sollmann an David Baumgardt vom 19. April 1943, LBI David Baumgardt Collection. Zum Einbürgerungsverfahren siehe auch den umfangreichen Schriftwechsel mit Marjorie Page Schauffler vom American Friends Service Committee. HAStK 1120/585, 586, 587, 588/VI-6-109/VI-6-114/VI-6-131/VI-6-140/VI-6-168/VII-1-6/VII-1-11, 11-12/VII-1-16/VII-1-21/VII-1-24/VII-1-30/VII-1-63. Was die Ablehnung einer politischen Tätigkeit in Deutschland anging, schreibt er 1945: »Schon seit dem 10. Juni 1943, dem Tage an dem ich Bürger der Vereinigten Staaten wurde, habe ich mich nicht mehr als Mitglied des Vorstands der Sozialdemokratischen Partei Deutschlands betrachtet. Ich bin der Ansicht, dass der Bürger eines fremden Staates nicht Mitglied einer deutschen Partei sein kann.« Sollmann an Vogel vom 26. Mai 1945, HAStK 1120/593/VII-3-60 a.

Kollegen der New School bezeichnete. Für diese wie für Sollmann galt, dass sie sich ohne Probleme integrieren konnten und weder beruflich noch sozial ihre Rolle im Gastland, das für viele auch neue Heimat wurde, als Abstieg gegenüber ihrem früheren Leben in Deutschland empfanden. Sollmann war diesbezüglich also kein Einzelfall, aber er ist sicherlich ein besonders gutes Beispiel dafür, wie ein erfolgreicher Integrationsprozess dazu führen konnte, dass aus dem Emigranten ein Amerikaner wurde.[179]

Die Emigration, die ihn aus seiner Existenz herausgerissen und eine völlige Neuorientierung im fortgeschrittenen Alter erzwungen hatte, war auch für ihn zunächst ein Kontinuitätsbruch und der Beginn einer Suche nach einer neuen kulturellen Identität, die er auf seinen ersten Stationen der Emigration nicht fand. Mit der Übersiedlung in die Vereinigten Staaten öffnete sich dann aber die Tür zu einem Neuanfang. Die »Erfahrung der Fremde« endete hier und es begann ein zweites Leben.

5 Das sozialistische Exil in den Vereinigten Staaten

Die ursprünglich mit Sollmanns Reise in die Vereinigten Staaten verbundenen Aufgaben, für die Belange der SPD zu werben und Geld für die illegale Arbeit im Reich zu sammeln, erwiesen sich als überaus schwierig. Diese Situation war nicht unerheblich durch Eigenverschulden entstanden, denn man hatte es vonseiten der Sopade seit 1933 versäumt, Kontakte in die USA zu knüpfen, obwohl es Angebote gegeben hatte, Verbindungen zu den ebenso einflussreichen wie finanzkräftigen amerikanischen Gewerkschaften herzustellen. Es ist frappierend, mit welchem Desinteresse an Unterstützung der Prager Parteivorstand jahrelang in Tatenlosigkeit verharrte, obwohl das ins Ausland gerettete Restvermögen der Partei zusehends schwand. Die anfängliche Hoffnung auf ein schnelles Ende der Diktatur mit der damit verbundenen illusionären Fixierung auf Deutschland spielten hier ebenso eine Rolle wie der generelle Immobilismus der Parteiführung, deren Engagement sich in der Verwaltung der Rumpforganisation erschöpfte. Verschärft wurde das Problem durch die besondere Struktur des deutschen Exils. Es gab weder ein Zentrum noch ließ sich bedingt durch deren weltanschauliche Differenzen zwischen den geografisch verstreuten Exilgruppen eine Einigung erzielen, die es erlaubt hätte, in den Exilländern als einheitlich auftretende Gruppierung des anderen Deutschlands Gehör zu finden. Stattdessen lähmten die andauernden Rivalitäten ihre Aktivitäten dort, wo sie durch zahlenmäßige Stärke Einfluss hätten nehmen können. In den Vereinigten Staaten zeigte sich in besonders deutlicher Weise, zu welch weitreichenden Konflikten dies führen konnte.[180]

---

179 Die Einschätzung Lowes in: ders.: Die Hoffnung, S. 145.
180 Krohn: Exilierte Sozialdemokraten, S. 81-84.

Die Fronten verliefen zwischen den Vertretern der Sopade und der Gruppe Neu Beginnen, die schon länger mit dem Parteivorstand über Kreuz lag.[181] Im Gegensatz zum Vorstand hatte die Gruppe bereits frühzeitig Verbindungen in die USA aufgebaut. Eine Schlüsselfigur war Karl Frank, Leiter der Auslandsorganisation von Neu Beginnen, der im Exil unter dem Pseudonym Paul Hagen auftrat. Dieser hatte sofort auf die Angebote aus den USA reagiert und bald Kontakte zu den amerikanischen Gewerkschaften geknüpft, besonders zu den im Jewish Labor Committee (JLC) organisierten und europäisch geprägten Gewerkschaften. Diese verfügten mit dem Jewish Daily Forward, dessen Titel nicht zufällig an den Vorwärts erinnerte, über ein eigenes Sprachrohr und beste Verbindungen in die politische Szene des Landes. Da die Sopade kein Interesse an der Zusammenarbeit mit dem JLC zeigte, was deren Repräsentanten auch bei ihren Besuchen in Europa feststellen mussten, konzentrierte man die Unterstützung auf die Gruppe Neu Beginnen. Frank, eine umtriebige Erscheinung, dessen Aktivität für den illegalen Widerstand Anklang bei den jüdischen Gewerkschaftlern fand, reiste auf Einladung des Vorsitzenden des JLC und Geschäftsführers des Jewish Daily Forward, Baruch Vladek, 1935 das erste Mal in die USA. Dies erwies sich nicht nur in finanzieller Hinsicht als Erfolg, mit der Gründung der American Friends of German Freedom gelang es ihm auch, eine von einflussreichen Personen der amerikanischen Linken gestützte Organisation zu gründen, die als Stützpunkt für Neu Beginnen in den Vereinigten Staaten diente und durch ihre gute Vernetzung Frank eine Schlüsselstellung in der politischen Emigration in den USA sicherte.[182]

Vor diesem Hintergrund ist es nicht verwunderlich, wenn Sollmann nach seiner Ankunft feststellen musste, dass sich für die Sopade niemand interessierte. Jetzt rächte sich die ignorante Haltung des Parteivorstands gegenüber Kooperationsangeboten in den letzten Jahren.[183] Allerdings machte Sollmann weniger dies als Hauptgrund für seine Schwierigkeiten aus, als eine gezielte Verleumdungskampagne durch Karl Frank:

---

[181] Die Gruppe war zunächst vom Parteivorstand mitfinanziert worden, was aufgrund von Differenzen über die illegale Arbeit aber 1934 eingestellt wurde. Der Vorstand lehnte jegliche illegale Tätigkeit ab, wogegen Neu Beginnen die konspirative Untergrundarbeit fördern wollte und dafür auch im Ausland bei Organisationen der Arbeiterbewegung um Unterstützung bemüht war. Diese Aktivitäten waren der Sopade ein Dorn im Auge. Besonders Karl Frank war unbeliebt, was schon auf die Weimarer Republik zurückging, als er mit einer umstrittenen Aktion die Zustimmung zum Bau des Panzerkreuzers A verhindern wollte. Zur Entstehung und Entwicklung von Neu Beginnen und dem Verhältnis zur Sopade siehe Foitzik: Zwischen den Fronten, S. 70-85, 130-140.

[182] Ebd., S. 84-87.

[183] Sollmann hatte zwar im Vorfeld seiner Reise den Parteivorstand in Prag gebeten, Kontakte zu Vladek und dem American Jewish Congress aufzunehmen, was aber offensichtlich ohne Resonanz blieb.

»Lieber Wels, [...]. Ich habe es hier nicht leicht, werde mich aber schon durchsetzen. Heute erhielt ich den Beweis dafür, dass die Verleumdungsaktion gegen mich (ich sei Antisemit etc.) von der Gruppe ›Neu Beginnen‹, und zwar von Karl Frank, gestartet worden ist. Die Aktion ist planmässig auf alle wesentlichen jüdischen Organisationen ausgedehnt worden. Ich habe auch den Genossen Dr. Paul Hertz von dieser Schurkerei verständigt.«[184]

Dies war der Auftakt einer heftigen Auseinandersetzung, die zum einen Sollmann durch die angeblichen Anschuldigungen ganz persönlich, zum anderen das Problem der Konkurrenz zwischen den Vertretern der Sopade in den USA und Karl Frank als führendem Vertreter von Neu Beginnen betraf. Hinsichtlich der persönlichen Anschuldigungen besaß Sollmann Informationen, nach denen vonseiten Franks und Neu Beginnen schon vor seiner Ankunft Gerüchte in die Welt gesetzt worden waren, er sei wahlweise Antisemit, Faschist, Militarist und Vorkämpfer der Außenpolitik Hitlers. Zudem sei gegen den Parteivorstand und die Sozialdemokratie gehetzt worden, dies alles mit dem Ziel, ihnen den Zugang zu den Geldquellen aus jüdischen Kreisen zu blockieren.[185] In diesem Vorgang spielte auch Paul Hertz eine Rolle, Mitglied des Parteivorstands, aber auch Sympathisant von Neu Beginnen. Sollmann warf Hertz vor, an der Aktion gegen ihn beteiligt gewesen zu sein, was ihm von mehreren Personen bestätigt worden sei. Der ausführliche Briefwechsel zwischen den beiden, sie kannten sich seit rund 30 Jahren, war in der Emigration durch unterschiedliche Ansichten über die Zukunft des Sozialismus schon zuvor kontrovers. In den Jahren 1937 und 1938 war er von persönlicher Schärfe und menschlicher Enttäuschung geprägt, riss aber dennoch nicht ab.[186]

Dass Gerüchte über Sollmann in Umlauf gesetzt wurden, ist unzweifelhaft. In mehreren Briefen, unter anderem von Norman Thomas, dem Führer der American Socialist Party, wurde eine Zusammenarbeit mit Sollmann abgelehnt, weil dieser Anti-

---

184 Sollmann an Wels vom 11. März 1937, HAStK 1120/648/XV-7-55.
185 Angaben dazu finden sich in Sollmann an Hertz vom 3. Februar 1937, AsD, Nl. Paul Hertz, Film XIV; Sollmann an David und Carola Baumgardt vom 4. März 1937, LBI David Baumgardt Collection; Sollmann an den Parteivorstand vom 12. April 1937, AsD, Sopade, Mappe 122; Sollmann an Hertz vom 11. Mai 1937, HAStK 1120/648/XV-7-56; Sollmann an Reinbold vom 12. Oktober 1937, HAStK 1120/463, 2; Sollmann an Wels vom 13. November 1937, HAStK 1120/512,1; Sollmann an Crummenerl vom 3. Dezember 1937, HAStK 1120/398,2; Sollmann an Wels vom 2. September 1938, HAStK 1120/512,3. Vgl. auch die Erklärung Sollmanns über die Gerüchte, die von Neu Beginnen gestreut worden sein sollen. HAStK 1120/573/V-1-135, 135 a–b.
186 Zur Auseinandersetzung Sollmanns mit Hertz siehe Sollmann an Hertz vom 11. Mai 1937, HAStK 1120/648/XV-7-56; Sollmann an Hertz vom 5. Januar 1938, HAStK 1120/420,5; Sollmann an Hertz vom 16. Januar 1938, HAStK 1120/420,6; Sollmann an Hertz vom 3. April 1938, HAStK 1120/420,10.

semit sei.[187] Inwiefern die Angaben Sollmanns hinsichtlich der Urheber im Einzelnen zutreffend sind, lässt sich im Nachhinein nicht mehr eindeutig feststellen. Es scheint aber sicher, dass aus dem Umfeld der Gruppe Neu Beginnen darauf hingearbeitet wurde, die Sopade und Sollmann als ihren Vertreter in den USA in ein schlechtes Licht zu rücken, zumal die teilweise recht detaillierten Anschuldigungen Sollmanns mit Verweis auf Quellen und Berichte von Korrespondenzpartnern den Schluss zulassen, dass diese nicht aus der Luft gegriffen waren.[188] Ob die dahinter vermutete systematische Verleumdung des Parteivorstands und Sollmanns aber tatsächlich in diesem Ausmaß betrieben wurde, muss mangels Quellen offen bleiben.

Eine Klärung konnte auch eine Untersuchungskommission nicht herbeiführen, die 1940 eingesetzt worden war, um die Vorwürfe gegen Hagen, er habe Sollmann als Antisemiten verleumdet und gegen die Sopade gearbeitet, zu prüfen. Es stand Aussage gegen Aussage, sodass die Kommission ohne Ergebnis auseinanderging.[189] Allerdings ist davon unabhängig festzuhalten, dass die gegen Sollmann gerichteten Vorwürfe nicht völlig unberechtigt waren, denn es liegen Aussagen von ihm vor, die fragwürdig waren und Widerspruch herausforderten. Dies bezog sich in der Zeit der Emigration in erster Linie auf seine Haltung gegenüber Otto Strasser. Als Sollmann sich 1940 in der Neuen Volkszeitung erneut positiv über diesen äußerte und davor

---

187 Seger schreibt an Thomas als Antwort auf dessen Brief: »This is to acknowledge with great appreciation receipt of your letter of Jan. 23rd. There seems to have been spread a rumor about Comrade Sollmann among various people and your letter is only one sign of it.« Seger an Thomas vom 27. Januar 1937, HAStK 1120/565/V-1-8, 8 a. Die emigrierte Wirtschaftswissenschaftlerin Frieda Wunderlich lehnte eine Einladung zum Empfangsdinner für Sollmann ab, weil sie gehört habe, dass Sollmann nicht Gegner des Nationalsozialismus sei und die antijüdische Politik billigen würde. Wunderlich an Seger vom 21. Januar 1937, HAStK 1120/565/v-1-7, 7 a. Ebenso hatte Rabbi Stephen Wise Seger mitgeteilt, er habe aus Europa gehört, Sollmann sei Antisemit und politisch unzuverlässig. HAStK 1120/573/V-1-135, 135 a–b.
188 So berichtet Gustav Ferl, Hertz habe ihm von antisemitischen Ausfällen Sollmanns erzählt. Ferl an Sollmann vom 28. Dezember 1937, HAStK 1120/405,1. Max Brauer schrieb ihm ebenfalls über Gerüchte, er sei Antisemit. Brauer an Sollmann vom 27. Dezember 1937, HAStK 1120/387. Siehe dazu auch Sollmann an Hertz vom 5. Januar 1938, HAStK 1120/420,5 Sollmann an Hertz vom 11. Mai 1937, HAStK 1120/648/XV-7-56: »Mein jüdischer Gewährsmann ist über jeden Zweifel erhaben.«
189 Ein Protokoll der Sitzungen der Kommission in: AsD, Nl Paul Hertz, Film XIX. Hertz sagte vor der Kommission, es gebe nach seinen Informationen keinen Beweis für die Vorwürfe gegen Frank. In Unterredungen mit ihm sei der Name Sollmann nicht einmal gefallen. Ebd., Bl. 82. Auch Frank selbst hat die Anschuldigungen zurückgewiesen. Ebd. Sollmann gab eine Erklärung ab, in der er berichtet, er habe von Abraham Cahan gehört, dass Vladek durch Neu Beginnen darüber informiert worden sei, Sollmann sei politisch unglaubwürdig und ein Antisemit. Als er Vladek darauf angesprochen habe, dass Neu Beginnen Briefe an einflussreiche Leute geschrieben habe, um Sollmann zu diskreditieren, habe dieser nur gelächelt und mit den Schultern gezuckt aber nicht verneint, dass Neu Beginnen Urheber der Gerüchte um Sollmann sei. HAStK 1120/573/V-1-135, 135 a–b.

warnte, dessen Ideen vorschnell zu verdammen, distanzierte sich die Redaktion mit deutlichen Worten von dieser Haltung:

> »Strasser ist ein Nazi, seine politischen Konzeptionen haben mit unserem Sozialismus nichts zu tun. Was den Antisemitismus Strassers angeht, so erscheint er zwar gegenüber der gegenwärtigen Praxis Hitlers modifiziert, aber wir vermögen auch einem modifizierten Antisemitismus nicht zuzustimmen oder ihn auch nur in Erwägung zu ziehen. Es ist richtig, wenn Sollmann auf die verschiedenen Auffassungen unter den Juden selbst hinweist, aber man kommt auf die schiefe Ebene, die in dem Pfuhl Hitlers endet, wenn man überhaupt die staatsbürgerliche und menschliche Gleichberechtigung der Juden auch nur zur Diskussion stellt.«[190]

Es war tatsächlich ein schmaler Grat, auf dem man sich bewegte, wenn man wie Sollmann Strasser als Gegner eines rassischen Antisemitismus darstellte, aber es versäumte, sich von dessen Ansichten, die darauf hinausliefen, den Juden im Sinne der völkischen Idee eine rechtliche Sonderstellung als Minderheit zuzuweisen, zu distanzieren.[191] Stattdessen warnte er davor, jeden einen Antisemiten zu nennen, der eine andere Lösung anstrebe, als die liberale. Sollmann machte sich zwar Strassers Ansichten nicht zu Eigen, aber er lehnte sie eben auch nicht offen ab:

> »Für den einzelnen von uns – ich rechne mich dazu – mag es in seiner persönlichen Haltung ein jüdisches Problem gar nicht geben. Das ändert aber nichts an der Tatsache, dass in der gegenwärtigen Geschichtsperiode für Juden und Nichtjuden die Judenfrage ein weltweites Problem geworden ist. Im Augenblick besteht jedenfalls wenig Aussicht, dass es uns gelingen könnte, diese Frage im Geiste der liberalen Revolutionen des 19. Jahrhunderts zu lösen.«[192]

Warum die Judenfrage ein weltweites Problem sein solle und wieso eine liberale Lösung nicht möglich sei, ließ er freilich offen. Selbst wenn Sollmann den Eindruck hatte, dass der Antisemitismus nicht nur ein deutsches Phänomen sei, so konnte die Antwort darauf ja nicht heißen, deswegen die Gleichstellung der Juden zu überdenken. Mit solchen Aussagen trug er nicht dazu bei, die Diskussion um ihn zu entschärfen.

---

[190] NVZ, 7. September 1940. Dies war eine Reaktion auf Sollmann: Otto Strasser, Führer der »Schwarzen Front«, in: NVZ 17. August 1940. Bereits am 24. August hatte Hedwig Wachenheim Sollmanns Äußerungen in der NVZ scharf kritisiert.
[191] Wolfgang Abendroth bezeichnet Strassers Antisemitismus auf »verschwommen-romantischen Volksvorstellungen« basierend, dessen Ziel »die Behandlung der Juden als nationale Minderheit mit rechtlich gesichertem Minoritätsstatus« gewesen sei. Abendroth: Das Problem der Widerstandstätigkeit, in: VfZ 8 (1960), S. 182 f.
[192] Sollmann: Noch einmal Otto Strasser, in: NVZ 31. August 1940. Dieser Artikel war eine Replik auf die Kritik Hedwig Wachenheims.

Es stellt sich auch die Frage, inwiefern dies mit Sollmanns Freiheitsbegriff vereinbar sein sollte, der für sein Sozialismusverständnis eine wichtige Grundlage darstellte. Es war ein Widerspruch, für alle Menschen gleiche Rechte und bürgerliche Freiheiten zu fordern, für die Juden aber Überlegungen hinsichtlich eines Sonderstatus nicht grundsätzlich zurückzuweisen.[193]

Sollmanns undurchsichtige Haltung in dieser Hinsicht war nicht neu. Bereits in der Weimarer Republik gab es Aussagen von ihm, die nachdenklich stimmen. So hat Wilhelm Keil, der ganz ähnliche Ansichten vertrat, in seinen Erinnerungen ein Gespräch mit Sollmann überliefert, in welchem sich die beiden negativ über die Stellung der Juden in der Partei äußerten:

»Die Beherrschung aller wichtigen Positionen in der Partei ging aber dem toleranten Kollegen doch über die Hutschnur, und ich konnte ihm nur zustimmen. Der erste Theoretiker der Partei ein Jude und im Parteivorstand; der Chef, der Außen- und der Wirtschaftspolitiker des Vorwärts Juden, der Geschäftsführer der Reichstagsfraktion, die Leiter der Jugendzentrale und der Wirtschaftsforschungsstelle Juden. Wenn Sollmann meint, diese Vorherrschaft der Juden übersteige doch alles Maß, so brachte er nur die gleiche Stimmung zum Ausdruck, die ich in Gesprächen mit Wels und Breitscheid wiederholt kundgegeben hatte. Wels wollte von solchem ›Antisemitismus‹ nicht etwas wissen. Breitscheid dachte in diesem Punkt ähnlich wie ich und gab seinen Empfindungen auch in Anwesenheit von Juden durch gepfefferte antisemitische Witze Ausdruck.«[194]

Antijüdische Ressentiments waren, wie diese weiteren Hinweise zeigen, in der Sozialdemokratie keine völlig ungewöhnliche Erscheinung.[195] Sollmann war sicherlich kein Antisemit. Er zählte viele Juden zu seinen Freunden und ihm wäre es nie eingefallen, im persönlichen Umgang einen Unterschied zwischen einem Juden und einem Nichtjuden zu machen, geschweige denn es zu befürworten, Juden in irgendeiner Weise zu benachteiligen. Die Kategorie der Rasse spielte für ihn diesbezüglich überhaupt keine Rolle. Er bezeichnete sich selbst des Öfteren auch als Philosemiten und der Vorwurf

---

193 Ebenso wenig überzeugend war seine Argumentation gegenüber Paul Hertz zur Rechtfertigung seiner Kontakte mit Strasser, als er fragte, warum nicht auch ein Antisemit Kämpfer gegen Hitler sein können sollte. Sollmann an Hertz vom 3. April 1938, HAStK 1120/420,10. Dies war zwar möglich, aber das bedeutete ja nicht, dass man sich mit ihm verbünden musste.
194 Zitiert nach Mittag: Keil, S. 397. Auch Ernest Hamburger berichtet unter Verweis auf den Verlagsdirektor der Breslauer Volkswacht, Sollmann habe »antisemitische Anwandlungen« gehabt: Hamburger: Juden im öffentlichen Leben Deutschlands, S. 150.
195 Aus der Zeit der Emigration lassen sich weitere Beispiele hinzufügen, in denen sich Sozialdemokraten über die starke Präsenz von Juden in Vereinigungen und Komitees auslassen oder sich kritisch über Juden äußern. Vgl. Ferl an Sollmann vom 29. November 1935, HAStK 1120/558/IV-2-46; Reinbold an Sollmann vom 23. September 1937, HAStK 1120/463,1.

des Antisemitismus enttäuschte und traf ihn sehr.[196] Dies war aber insofern von ihm selbst mit verschuldet, als er sich in missverständlicher Weise geäußert hatte, was zwar den Vorwurf des Antisemitismus nicht rechtfertigte, aber doch eine kritische Distanzierung von diesen Aussagen.[197]

Seine kontroverse Haltung in dieser Frage sorgte freilich für Unmut, aber nachhaltig geschadet hat ihm dies anscheinend nicht. Zwar trennte er sich infolge der Auseinandersetzung von der Neuen Volkszeitung, aber dies stellte für Sollmann kein Problem dar.[198] Die Auseinandersetzung mit Karl Frank und Neu Beginnen war mit der Untersuchungskommission aber keineswegs beendet, sondern ging unvermindert fort. Dies war in erster Linie durch die anhaltende Konkurrenz um Geldmittel begründet. Für die Sopade war kaum Geld aufzutreiben. Eine der Schlüsselfiguren auf amerikanischer Seite, der JLC-Vorsitzende Vladek, gab Sollmann ausdrücklich zu verstehen, dass allein für den Parteivorstand kein Geld gegeben würde. Das Ansehen der Sozialdemokratie war allgemein schlecht, so stellte Sollmann fest, und dementsprechend gering war die Bereitschaft, die Restorganisation einer Partei zu unterstützen, die für den Untergang der Weimarer Republik mitverantwortlich gemacht wurde. Als der Parteikassierer Crummenerl im November 1937 anfragte, ob Soll-

---

[196] Sollmann gehörte auch zu den Beiträgern eines 1932 veröffentlichten Sammelbandes, der sich explizit gegen den Antisemitismus wandte. Vgl. Sollmann: Der politische Antisemitismus. Gegenüber Hugo Efferoth äußerte er, dass er es als »Riesenlumperei« empfinde, wenn ihm nach 30 Jahren Kampf für Recht und Freiheit der Juden nachgesagt werde, er sei Antisemit. Sollmann an Efferoth vom 15. Januar 1938, HAStK 1120/401,3. Paul Hertz machte er bittere Vorwürfe, dass dieser den Vorwurf des Antisemitismus nicht entkräftete. Er schrieb ihm, er wolle einfach nicht glauben, dass Hertz, der vor 30 Jahren ihn in Köln gegen die Antisemiten kämpfen sah, und der genau wisse, dass ihm sein Philosemitismus nur geschadet habe, selbst in der Partei, wirklich annehmen könne, er sei verrückt geworden. Sollmann an Hertz vom 5. Januar 1938, HAStK 1120/420,5. Zu seiner Selbstsicht als Philosemit Sollmann an Crummenerl vom 3. Dezember 1937, HAStK 1120/398,2; Sollmann an Hertz vom 3. April 1938, HAStK 1120/420,10.

[197] Lange nach Sollmanns Tod ist die Frage nach seiner antisemitischen Haltung noch einmal von Zeitgenossen diskutiert worden. Hans Staudinger sandte 1937 Ernest Hamburger das biografische Essay von Felix Hirsch über Sollmann und fragte diesbezüglich nach, ob Hamburger tatsächlich Sollmann als Antisemit bezeichnet hätte, weil er dies für abwegig hielt. Staudinger an Hamburger vom 27. November 1973, SUNY, Nl. Hans Staudinger, Box 2, Mappe Hirsch, Felix E. Auch Hirsch konnte nicht glauben, dass dieser Vorwurf zutreffend sei. Hamburger habe aber die in seinem Buch geäußerte Ansicht bestätigt, nach der Sollmann zwar kein Antisemit sei, aber antisemitische Äußerungen gemacht habe. Hirsch an Staudinger vom 30. November 1973, SUNY, Nl. Hans Staudinger, Box 2, Mappe Hirsch, Felix E.

[198] Finanziell war dies für ihn zu verkraften, inhaltlich hielt er nicht viel von der Zeitung. Vgl. Sollmann an Strasser vom 23. August 1937, HAStK 1120/536/I-8-26, 26 a. Radkau charakterisiert die Zeitung als ein »deutsch-amerikanisches Winkelblättchen«, über das die Emigranten keine hohe Meinung hatten. Radkau: Die deutsche Emigration in den USA, S. 146 f. Für das Verhältnis zu Gerhart Seger, dem Chefredakteur der NVZ, hatte dies keinerlei Konsequenz. Sollmann stand weiterhin im regen Briefkontakt mit ihm.

mann 4.000 US-Dollar monatlich auftreiben könnte, musste Sollmann dies als utopisch zurückweisen.[199]

Seine weitgehend erfolglosen Bemühungen verdeutlichen, dass die Vorbereitung seiner Reise ungenügend war und es dringend einer Intensivierung und besseren Koordinierung der Aktivitäten der Sopade in den USA bedurfte. Anfang 1939 reiste Friedrich Stampfer in die USA, um Kontakte zur amerikanischen Arbeiterbewegung zu knüpfen und Zugang zu Geldquellen zu erschließen. Als organisatorische Basis für diese Aufgabe und um dem Einfluss Franks und der American Friends of German Freedom ein Gegenwicht entgegenzustellen, konstituierte sich im März 1939 die German Labor Delegation (GLD) als Sonderausschuss des amerikanischen Gewerkschaftsbunds American Federation of Labor (AFL), im Einvernehmen mit dem Jewish Labor Committee und der Social Democratic Federation. Sie bestand zunächst nur aus sieben ehemaligen Mitgliedern der SPD, darunter Albert Grzesinski, Max Brauer und Gerhart Seger. Sollmann wurde noch im Gründungsjahr 1939 kooptiert, später erweiterte sich dieser Kreis unter anderem durch die ebenfalls in die USA emigrierten Stampfer, Aufhäuser und Rinner. Die GLD verstand sich als Hilfs- und Vertrauensorganisation des Sopade-Vorstands. Zwar vertrat sie zunächst mangels einer demokratischen Legitimation nicht den Anspruch, die einzige Vertretung des Parteivorstands in den USA zu sein. Da sie aber den Zweck ihrer Gründung nur erfüllen konnte, wenn sie im offiziellen Auftrag der Sopade agierte, bezog sie sich schließlich doch auf deren Mandat und trat als ihre alleinige Repräsentantin und als Hüterin der Parteitradition in den USA auf.[200]

---

[199] Crummenerl an Sollmann vom 10. November 1937, HAStK 1120/398,1. Sollmann antwortete, er glaube nicht, dass sich ohne Vladek etwas erreichen ließe. Er selbst habe nach seiner Ankunft erst einmal die Verhältnisse überblicken müssen, da nicht eine einzige Gruppe hinter ihm gestanden hätte. Bei Neu Beginnen sei es genau anders. Sie würden durch Norman Thomas, Vladek und einige reiche jüdische Freunde gefördert, die die Sozialdemokratie mit Hass und Verachtung betrachteten. Daher fragte er sogar beim Parteivorstand an, ob zum Zweck des gemeinsamen Werbens um Geld nicht eine Einheitsfront sozialdemokratischer Gruppen ohne die Kommunisten gebildet werden könnte oder wenigstens ein Komitee aus Persönlichkeiten, in dessen Namen er dann gemeinsam mit Vladek Geld einwerben könne. Sollmann an Crummenerl vom 3. Dezember 1937, HAStK 1120/398,2. Zur Aussage von Vladek, für den Parteivorstand allein kein Geld zur Verfügung zu stellen, siehe Sollmann an Wels vom 13. November 1937, HAStK 1120/512,1. Zum Ansehen der Sozialdemokratie in den USA siehe auch Sollmann an Hertz vom 21. September 1938, HAStK 1120/420,14.

[200] Zur Gründung der GLD siehe: Mit dem Gesicht nach Deutschland, S. 34-36. Zuvor waren die Sozialdemokraten in der deutschsprachigen Gruppe der Social Democratic Federation organisiert, die 1936 aus der Spaltung der Socialist Party entstanden war. Auch Sollmann war Mitglied dieser Gruppe und gehörte nach Angaben Kuehls zum Vorstand der deutschen Sprachgruppe. Kuehl: Die exilierte Linke, S. 278 f. Wann er der Organisation beigetreten ist, ließ sich nicht ermitteln. Ein Hinweis auf seine Mitgliedschaft von ihm selbst datiert erst aus dem Jahr 1945. Sollmann an Vogel vom 26. Mai 1945, HAStK 1120/593/VII-3-60 a.

Dieser Anspruch auf alleinige Vertretung der sozialdemokratischen Arbeiterbewegung in den USA war in erster Linie eine Folge der Konkurrenz mit Neu Beginnen um finanzielle Unterstützung. Die GLD versuchte, mit einer Kampagne gegen Karl Frank die amerikanischen Geldgeber davon zu überzeugen, dass Neu Beginnen eine unbedeutende Gruppe verkappter Kommunisten sei, schadete sich dadurch aber selbst am meisten. Die Gegensätze zwischen den Emigrantengruppen führten auch dazu, dass die deutsche Emigration in den Vereinigten Staaten nicht in der Lage war, durch ein gemeinsames Auftreten ihren Anliegen mehr Gewicht zu verleihen. Während sich in England, wo der Sopade-Vorstand seit 1940 seinen Sitz hatte, die Gegensätze zwischen den Vertretern der sozialistischen Emigration abschwächten und 1941 in der Kooperation in der Union deutscher sozialistischer Organisationen in Großbritannien mündete, blieben die Fronten in den USA bis zum Ende verhärtet. Die GLD lehnte eine Zusammenarbeit auf Basis der Gleichberechtigung mit anderen sozialistischen Gruppen ab, die wiederum ihrerseits durch Alleingänge wenig dazu beitrugen, die Querelen zwischen den konkurrierenden Organisationen zu beenden.[201]

Sollmann hat sich trotz seiner Mitgliedschaft in der German Labor Delegation kaum in der Emigrantenszene engagiert. Dies war zum einen durch Meinungsverschiedenheiten bestimmt. Er war zwar noch Mitglied des Parteivorstands und hat sich auch als solches verstanden. Aber diese Mitgliedschaft bestand im Grunde schon lange Zeit nur noch auf dem Papier, denn durch die von Anfang an bestehende räumliche Trennung hatte er nie an den Sitzungen des Vorstands teilgenommen und diesen zwar über seine Aktivitäten informiert und versucht, im Einvernehmen mit ihm zu handeln, aber letztendlich agierte er doch für sich allein. Besonders nach der Übersiedlung in die USA hatte Sollmann den Eindruck gewonnen, in erster Linie für sich selbst kämpfen zu müssen, da er sich von der Sopade im Stich gelassen fühlte in dem Bemühen, in den USA eine neue Existenz aufzubauen und für die Partei zu wirken:

»Ich habe im Gegensatze zu Euch allen im letzten Jahr aus eigener Kraft ohne jede finanzielle und moralische Unterstützung der Partei drüben oder hier etwas geleistet und gedenke das fortzusetzen. Wenn das der Parteivorstand nicht schätzt, ist es sein Schaden, nicht meiner. Ich bin der Partei loyal, aber keiner der im Parteivorstand tätigen Personen gestehe ich in Zukunft das Recht zu, mit einem politischen Urteil aufzutreten, dass Autorität beansprucht. Breitscheids Bankrott ist vollständig. Hilferding ist jammervoll passiv. Seine Artikel sind provinziell unbeachtlich. Die anderen? Schwamm drüber! Von Stampfer hätte ich wenigstens menschlichen

---

201 Zu den Entwicklungen des deutschen Exils in den USA nach Gründung der GLD siehe Bungert: Deutsche Emigranten im amerikanischen Kalkül; Krohn: Der Council for a Democratic Germany; ders.: Exilierte Sozialdemokraten, S. 87–95; Mit dem Gesicht nach Deutschland, S. 36–41; Radkau: Die deutsche Emigration in den USA, S. 144–213. Zum sozialistischen Exil in Großbritannien Röder: Exilgruppen in Großbritannien.

Anstand erwartet. Er scheint selbst dazu zu müde zu sein. Traurig wie das Erbe der grossartigsten politischen Bewegung, die es je in der Welt gegeben hat, von kleinen Seelen verwüstet wird.«[202]

In dem Maße, in dem es ihm gelang, sich in den USA durchzusetzen, wuchs auch sein Unabhängigkeitsgefühl. Paul Hertz schrieb er, er sei stolz darauf, dass er niemandem etwas schuldig sei. Hertz müsse verstehen, dass sein Selbstbewusstsein gewachsen sei, gerade weil er sich gegen eine Verleumdungsflut habe durchsetzen müssen. Er würde gerne einmal miterleben, in welcher Gemütsverfassung er oder jemand anderes aus dem Parteivorstand wäre, wenn er hätte mitmachen müssen, was er im letzten Jahr durchgestanden habe.[203] Aus diesen Worten sprach der Emigrant, der den Weg in ein neues Leben gefunden hatte und daraus auch ein gewisses Gefühl der Überlegenheit ableitete.

In den Spannungen mit dem Parteivorstand spielten aber auch politische Meinungsverschiedenheiten eine Rolle. In einem Briefwechsel mit Friedrich Stampfer, der im Neuen Vorwärts veröffentlicht wurde, bekräftigte Sollmann einmal mehr in Auseinandersetzung mit einem Beitrag Stampfers, dass die Überlegungen für die Zukunft des Sozialismus sich zu sehr in alten Bahnen bewegen würden, und kritisierte jegliche Ansätze, die mit der Kategorie der Klasse operierten.[204]

Diese Differenzen hinderten ihn aber nicht daran, den Parteivorstand als Vertretung der Sozialdemokratie zu verteidigen. Er habe, so schrieb er Paul Hertz, gegen die Persönlichkeiten im Vorstand manche Vorbehalte, aber er sei mehr als die zufällig zusammengeratenen Gruppen, die von keiner Seite der alten Partei einen Auftrag hätten. Es gehe nicht um Personen, sondern um das letzte Organisatorische, was einmal ihre große Partei war. Nicht um der Personen willen, sondern um dessen willen, was

---

[202] Sollmann an Hertz vom 4. November 1937, HAStK 1120/420,3. Gegenüber Erich Rinner äußerte er, es werde dauern, bis er sich Verbindungen geschaffen habe, aber der Vorstand wüsste seine Arbeit anscheinend nicht zu schätzen. Sollmann an Rinner vom 14. Oktober 1937, HAStK 1120/466,2. An Efferoth schrieb er, er sei zwar Mitglied des Parteivorstands, aber wohl bei den großen Männern in Ungnade gefallen. Er erhalte keine Informationen mehr, aber von diesen Leuten habe keiner in den letzten fünf Jahren so viel getan, wie er in einem Jahr. Sollmann an Efferoth vom 15. Januar 1938, HAStK 1120/401,3. Vom Parteivorstand forderte er, ihn wieder enger in seine Arbeit einzubinden. Sollmann an den Parteivorstand vom 2. September 1938, HAStK 1120/491,3.
[203] Sollmann an Hertz vom 3. April 1938, HAStK 1120/420,10.
[204] Vom Deutschland, das werden soll. Ein Briefwechsel zwischen Wilhelm Sollmann und Friedrich Stampfer, in: Neuer Vorwärts Nr. 284, 27. November 1938. Abgedruckt in: Mit dem Gesicht nach Deutschland, S. 367-374. Dies war auch Gegenstand der Diskussionen mit Walther Victor und Heinz Kühn (Georg Hellmuth), die er 1939 über die »Sozialistische Warte« führte. Hellmuth: Brief an Wilhelm Sollmann, in: Sozialistische Warte Nr. 5 (1939), S. 117; Sollmann: Meine Antwort, in: Sozialistische Warte Nr. 12 (1939), S. 295; Victor: Zur »Klassenkampf-Ideologie«: Eine Antwort an W. Sollmann, in: Sozialistische Warte Nr. 16 (1939), S. 389; Sollmann: Antwort an W. Victor und andere Marxisten, in: Sozialistische Warte Nr. 20 (1939), S. 489.

ihm die Erinnerung an die Partei sei, wehre er sich dagegen, dass der letzte Parteivorstand mit Gruppen gleichgestellt werde, über die er sich nicht äußern wolle. Er habe seit Jahren bedauert, dass der Vorstand so passiv sei. Er hätte viel eher klar Stellung nehmen müssen zu den Gruppenbildungen. Man könne aber nicht die Personen des Parteivorstands preisgeben, ohne gleichzeitig die Sozialdemokratie preiszugeben:

> »Das wird nämlich erwartet, und das tue ich nicht. Ich stehe zu Weimar und zu seinen Idealen, und wenn ich die jämmerliche Politik aller Zweige der Internationale, Spanien ausgenommen, mit ansehe, frage ich mich, wer noch das Recht hat, über uns den Stab zu brechen.«[205]

Auch Sollmann berief sich daher auf die Mandatstheorie, die der Vertretung der Exilsozialdemokratie einen Vorrang vor allen anderen Gruppen zusprach. Zugleich kommt hier der Stolz auf die Leistungen der Partei in der Weimarer Republik zum Ausdruck. Auch aus diesem Grunde sah er geringschätzig auf die anderen Exilvereinigungen, bestanden sie doch aus seiner Sicht aus Personen, die politisch nichts geleistet und allenfalls durch ihre Tätigkeit auf kommunistischer Seite dazu beigetragen hatten, die Weimarer Republik zu destabilisieren.

Daraus leitete Sollmann aber keineswegs ab, dass es den Vertretern der alten SPD vorbehalten war, die zukünftigen Geschicke Deutschlands im Rahmen einer erneuerten sozialdemokratischen Partei zu bestimmen. Sollmanns Zurückhaltung hinsichtlich einer Mitarbeit in den Organisationen der Emigration war nämlich auch durch eine grundsätzliche Geringschätzung geprägt, die sich auch auf den Einfluss des Exilparteivorstands bezog. Politisch hielt er die ganze »Konzentriererei« für bedeutungslos. Keine der Gruppen, der Parteivorstand eingeschlossen, konnte seiner Ansicht nach wegen ihres persönlichen und sachlichen Zustands irgendeinen Einfluss auf die kommende Entwicklung in Deutschland ausüben.[206] Dies war aus seiner Sicht auch schon deshalb der Fall, weil er davon ausging, dass eine Mitarbeit der Weimarer Politikergeneration in einem zukünftigen Deutschland gar nicht mehr gefragt sei:

> »Ich kann mir nicht denken, daß wirkliche Staatsmänner in London und in Washington uns als einen Machtfaktor ernst nehmen und etwa Grzesinski, Sie, Vogel, Paul Hertz, mich und einige andere als Vertreter eines künftigen Deutschlands ansehen.«[207]

---

205 Sollmann an Hertz vom 21. September 1938, HAStK 1120/420,14 (Zitat); Sollmann an Hertz vom 19. August 1938, HAStK 1120/420,12.
206 Sollmann an Hertz vom 19. August 1938, HAStK 1120/420,12.
207 Sollmann an Stampfer vom 14. Juli 1941, AsD, Nl. Stampfer, Mappe 13, Bl. 658. Es war daher nur folgerichtig, wenn er eine politische Tätigkeit in einem Deutschland nach Hitler ausschloss: »Unsere politische Laufbahn drüben ist zu Ende. Je zurückhaltender wir zur Zeit sind, desto besser. Irgendwie und irgendwann wird man uns vielleicht noch einmal als Ratgeber brauchen, aber

Diese Einsicht wurde von Beobachtern positiv hervorgehoben und als herausragendes Beispiel für eine realistische und sachliche Betrachtung unter den Emigranten beurteilt:

»Sollmann is among the best of the refugees, having a very shrewd and realistic view of things, and being among the very few who hold – and are reconciled to the view – that no refugee will ever play any part in post-war germany.«[208]

Die Bereitschaft der amerikanischen Regierungsstellen zur Zusammenarbeit mit den Organisationen der Emigration war eher gering und wurde durch die unübersehbaren Konflikte nicht gesteigert. Zwar gab es durchaus Überlegungen von amerikanischer Seite, inwiefern eine Zusammenarbeit mit den Organisationen der Emigration nützlich sein könnte und einzelne Emigranten wurden auch als Mitarbeiter und Informationsquelle von Behörden herangezogen, aber eine offizielle Anerkennung von Organisationen stand nie zur Debatte. Man wollte sich weder in innerdeutsche Angelegenheiten einmischen, noch Präzedenzfälle schaffen, auf die sich andere ethnische Gruppen in den USA und ihre Organisationen berufen konnten. Hinzu kam ein grundsätzliches Misstrauen gegenüber der politischen Einstellung der Emigranten, die zwar Gegner des Nationalsozialismus sein mochten, dadurch aber nicht zwangsläufig auch Anhänger der politischen und gesellschaftlichen Werte waren, wie sie in den USA vertreten wurden. Daher wahrten die Behörden eine meist wohlwollende Neutralität gegenüber den Emigranten, die sich überwiegend in der Überwachung ihrer Aktivitäten und punktueller Zusammenarbeit erschöpfte.[209]

---

aufdrängen können wir uns nicht.« Sollmann an Stampfer vom 1. Juni 1942, AsD, Nl. Stampfer, Mappe 13, Bl. 671. Mit dieser Einschätzung kam er der Beurteilung der deutschen politischen Emigranten durch die amerikanischen Behörden recht nahe, wie die Aussage eines Mitarbeiters des Office of War Information (OWI) belegt, als er ausführte: »OWI's feeling about most Germans is, that while they may personally be all right, they represent groups who never enjoyed any great success before their exile, and that while we can now use them for propaganda purposes there is no thought of using them as future leaders of the german people«. Zitiert nach Peterson: Das Umfeld, S. 67.

208 German Political Refugee Groups in U.S. A., Report von John Wheeler-Bennett vom British Information Service vom 24. Juni 1942, NARA, RG 226, INT-13 GE-243, Entry 100, Box 42. Der British Information Service diente der Koordinierung der englischen Propagandaaktivitäten in den USA. Cull: Selling war, S. 131. Die positive Einschätzung war keine Überraschung, weil Sollmann Wheeler-Bennett persönlich kannte. Schon 1939 schreibt Heinrich Brüning an Sollmann: »Es war für mich eine grosse Freude, Sie wieder zu sehen und Ihr Zusammentreffen mit Wheeler-Bennett arrangieren zu können. Die Unterhaltung mit Ihnen hat ihn sehr beeindruckt.« Brüning an Sollmann vom 18. Februar 1939, HAStK 1120/534/I-6-1.

209 Allgemeine Aussagen zur Haltung gegenüber den Emigranten werden dadurch erschwert, dass die beteiligten Regierungsstellen keineswegs immer zu einheitlichen Urteilen kamen. Siehe dazu Peterson: Das Umfeld, insbesondere S. 66-73; ders.: Zwischen Mißtrauen und Interesse; Bungert: Deutsche Emigranten im amerikanischen Kalkül.

Insofern war auch Sollmanns Einschätzung, dass in Gruppen organisierte Emigranten – das war für ihn eine Erfahrung aus der Geschichte – noch nie Einfluss ausgeübt hätten, nicht ganz falsch. Es seien immer nur Vereinzelte, so schrieb er Paul Hertz, die in der Emigration politisch klar denken könnten. Was Engels und auch Marx über die Emigration geschrieben hätten, treffe auf jede Emigration zu. Man müsse dem Einzelnen helfen, aber dürfe sich nicht in ihren Sumpf hineinziehen lassen. Er zog es daher vor, sich aus den aus seiner Sicht nutzlosen Diskussionen herauszuhalten.[210] Diese Interpretation war maßgeblich durch die Erfahrung bestimmt, selbst Gegenstand von Auseinandersetzungen gewesen zu sein. Die Verbitterung über die Grabenkämpfe in der Emigration mit persönlichen Anfeindungen, gegenseitigen Verdächtigungen und polemischen Beschuldigungen – Sollmann war hier nur ein Beispiel von vielen –, kommt in zahlreichen seiner Briefe zum Ausdruck. Er selbst erhob öffentlich, sei es in Zeitungsartikeln oder in anderer Form, nie Anschuldigungen. Derartige Angelegenheiten regelte er im persönlichen Briefverkehr.

Es war aufgrund dieser Einstellung nur konsequent, dass er im Rahmen der German Labor Delegation kaum Aktivitäten entfaltete. Zwar war die GLD von der Intention ihrer Gründung durchaus in Sollmanns Interesse gewesen, sie beraubte sich aber durch ihre starre Haltung gegenüber den anderen Emigrantengruppen möglicher Handlungsspielräume und verlor zusehends Mitglieder, die ihren Kurs nicht mehr mittragen wollten. Auch Sollmann trat 1941 wegen Meinungsverschiedenheiten über die Haltung zu Deutschland aus.[211]

Neben der GLD war Sollmann noch Teilnehmer an Treffen der sogenannten Goldsmith-Group, deren Name auf Arthur Goldsmith, einen Amerikaner deutsch-jüdischer Abstammung zurückgeht. Sie traf sich in unregelmäßigen Abständen und in wechselnder Besetzung. Aus Sollmanns Sicht waren diese losen Treffen wohl besser geeignet, um über die Zukunft Deutschlands zu diskutieren als die fest umrissenen Emigrationsorganisationen. Besonders interessant ist die Zusammensetzung dieser Gruppe. Neben Sollmann und weiteren ehemaligen Sozialdemokraten wie Max Brauer und Hans Staudinger gehörten auch Mitglieder von Neu Beginnen und von diesen auch Karl Frank zu den Teilnehmern. Obwohl Letzterer wohl nicht zu Unrecht für die oben thematisierten Verleumdungen verantwortlich gemacht wurde und Sollmann dies mit großer Verbitterung zur Kenntnis genommen hatte, war die Verärgerung darüber aber offensichtlich nicht so groß, als dies einen persönlichen

---

210 Sollmann an Hertz vom 5. Januar 1938, HAStK 1120/420,5; Sollmann an die Redaktion der »Sozialistischen Warte«, Paris vom 16. Januar 1938, HAStK 1120/402,1; Sollmann an Hertz vom 21. September 1938, HAStK 1120/420,14; Sollmann an Landauer vom 4. Dezember 1939, HAStK 1120/570/V-3-256, 256 a.
211 Über die Hintergründe siehe das folgende Kapitel V.6.

Umgang mit Frank ausschloss. Es zeigte sich sogar, dass man in wichtigen Punkten Übereinstimmung erzielen konnte.[212]

Nur in einem Bereich hat sich Sollmann in der Emigrationsszene mit viel Energie engagiert, und dies war die Flüchtlingshilfe. Wie bereits beschrieben, war er zu einem Zeitpunkt in die Vereinigten Staaten gekommen, als die Flüchtlinge aus Deutschland sich noch auf Europa konzentrierten. Die Situation spitzte sich infolge des »Anschlusses« Österreichs, der Besetzung des Sudetengebietes, der »Reichskristallnacht« und des Beginns des Weltkriegs weiter zu. Weil kaum noch Fluchtwege offen blieben und auch in den Zufluchtsländern wie Frankreich durch die deutsche Besatzung die Verhaftung drohte, suchten immer mehr Flüchtlinge ihre Rettung außerhalb Europas. Tausende versuchten nun, sich in die USA zu retten.[213]

Für die Bewilligung eines Visums mussten jedoch hohe Hürden überwunden werden. Eine Quotenregelung verhinderte, dass überhaupt alle Antragsteller zum Zuge kommen konnten. Wer keine Berücksichtigung fand, wurde auf eine Liste gesetzt, die Wartezeit betrug nicht selten mehrere Jahre, viel zu lang für die von der Auslieferung bedrohten jüdischen Flüchtlinge. Zwar gab es eine Reihe von Visa außerhalb der Quotenregelung wie ein Besuchsvisum, aber auch diese waren restriktiven Bestimmungen unterworfen, die viele nicht erfüllen konnten. Selbst die »Emergency Visa«, die 1940 eingeführt wurden, um sofortige Einreisebewilligungen zu ermöglichen, erforderten noch Bürgschaften für die politische Unbedenklichkeit und für die wirtschaftliche Unabhängigkeit sowie dafür, dass eine politische Verfolgung vorlag.[214]

So wurde die Beschaffung der nötigen Bürgschaften für die in der Flüchtlingshilfe tätigen Organisationen zu einem zentralen Betätigungsfeld. Die Arbeit dieser Organisationen und ihrer Unterstützer und Helfer war ein Kampf gegen die Zeit und die bürokratischen Mühlen der amerikanischen Behörden, die trotz der Zusage, nicht mehr auf Quoten achten zu wollen, nichts dafür taten, die Einreise zu vereinfachen. Es galt vor allem Personen zu finden, die entsprechende Bürgschaften und Empfehlungen aussprechen konnten und zugleich in den Augen der amerikanischen Behörden glaubwürdig erschienen. Als prominenter Vertreter der deutschen Arbeiterbewegung und in den USA etablierter Emigrant, der zu den in der Flüchtlingshilfe besonders engagierten Quäkern beste Beziehungen besaß, war Sollmann ein wichtiger

---

212 Sollmann kam zu dem Urteil, dass »in den Diskussionen, die wir einige Zeit im Hause Arthur Goldsmith's in Waldorf Astoria hatten, hat er [d. i. Hagen] neben Brauer, Staudinger, Brecht und mir den stärksten Standpunkt für eine vernünftige Lösung der deutschen und europäischen Frage eingenommen.« Sollmann an Stampfer vom 20. August 1943, AsD, Nl. Stampfer, Mappe 13, Bl. 682. Zur Goldsmith Group siehe das Interoffice Memo »Arthur Goldsmith Group«, 1. Juli 1942, NARA, RG 226, GE 181-190, Entry 100, Box 42.
213 Zur Flüchtlingsproblematik seit 1940 siehe Krohn: »Nobody has the right to come into the United States«, S. 130-142.
214 Zu den Bestimmungen der amerikanischen Behörden für die Einreise siehe Peterson: Das Umfeld, S. 49-52.

Ansprechpartner sowohl für die Rettungsorganisationen als auch für die um Hilfe Suchenden, für die er als Mittler agierte. Er stand hauptsächlich mit der Refugee Section des American Friends Service Committee (AFSC), der Flüchtlingshilfe der Quäker, für die, wie erwähnt, auch Hertha Kraus tätig war, und auch mit dem Emergency Rescue Committee (ERC), das 1940 vor dem Hintergrund der Folgen des deutschen Einmarsches in Frankreich auf Initiative von Karl Frank und Varian Fry ins Leben gerufen worden war, in Verbindung. Beide Organisationen gehörten zu den wichtigsten Flüchtlingshilfegruppen.[215] Bei Sollmann liefen zahlreiche Anfragen für die Ausstellung von Affidavits oder die Vermittlung von dafür geeigneten Personen ein. Es wurde um Bürgschaftsberichte für die politische Unbedenklichkeit von Personen, um Auskünfte und biografische Angaben sowie Kontakte gebeten, die nützlich sein konnten. Ebenso wandten sich viele Flüchtlinge direkt an ihn und baten um Unterstützung. Sollmann bemühte sich nach Kräften, den Bitten nachzukommen. Unter den Personen, für die er sich einsetzte, waren Rudolf Breitscheid, Rudolf Hilferding, Siegfried Thalheimer, Wilhelm Solzbacher, Georg Beyer, Johannes Hoffmann, Hannah Kirchner, Maria Victor-Gleit und Walther Victor, Herbert und Elsbeth Weichmann, Eugen Prager, Else und Konrad Reisner und Irma Fechenbach.[216]

In Sollmanns Korrespondenz offenbaren sich die Nöte und Hoffnungen der Flüchtlinge wie die Bemühungen und die Ohnmacht der Helfer. Als Sollmann etwa wegen des Falls Eugen Prager, der sich 1941 noch in Berlin befand, beim AFSC nachhakte, wurde er darauf hingewiesen, dass er offensichtlich keine Vorstellung habe, was für ein riesiges Problem der Transport in die USA wäre, würden doch allein in England 5.000 Flüchtlinge auf ihre Überfahrt warten und ab Lissabon 10.000 vorausbezahlte Tickets vorliegen, die für eine Auslastung der Schiffe auf 15 Monate sorgten.[217] Die Bemühungen zur Rettung stießen somit oft auf unüberwindliche Hindernisse, weil die Zahl der Flüchtlinge so groß war, dass nur einem kleinen Teil geholfen

---

215 Es gab zahlreiche Organisation der Flüchtlingshilfe, die seit 1933 tätig waren. Einen Überblick bietet Erichsen: Fluchthilfe. Zur Gründung des ERC siehe Klein: Flüchtlingshilfe, S. 100-110. Zur Rolle des AFSC und Sollmanns Verbindungen siehe Langkau-Alex: Hertha Kraus; Pickett: For more than a bread.
216 Siehe dazu den umfangreichen Schriftwechsel Sollmanns mit dem AFSC und dem ERC sowie den genannten Personen in dessen Nachlass. Zu seiner Rolle als Vermittler ist ein Brief Sollmanns an Stampfer aufschlussreich, der eine Antwort auf dessen Schilderung der Probleme der Emigranten in Frankreich war: »Natürlich bin ich durch zahlreiche Briefe über die Not der Emigranten dort einigermaßen unterrichtet, jedoch hat Ihr Brief einige neue Lichter auf das Bild geworfen. Mit meinen Freunden von den Quäkern habe ich schon seit Wochen verhandelt, und wohl auch nicht ganz erfolglos, zumal in Einzelfällen. Inzwischen waren auch Grzesinski und Seger im American Friends Service Committee in Philadelphia. Ich werde morgen in Ph[iladelphia] sein und sofort mit den führenden Leuten noch einmal sprechen. Außerdem will ich versuchen, Gr[zesinski] und Seger mit dem führenden amerikanischen Quäker Clarence Pickett in einigen Tagen zusammenzubringen.« Sollmann Stampfer vom 4. September 1940, AsD, Nl. Stampfer, Mappe 13, Bl. 642.
217 Annelise Thieman an Sollmann vom 11. April 1941, HAStK 1120/581/VI-4-49.

werden konnte. Aus diesem Grund wurden Listen mit Namen von Personen erstellt, die als besonders gefährdet galten.

Trotz der intensiven Bemühungen erwiesen sich viele Rettungsaktionen als erfolglos, so im Falle von Breitscheid und Hilferding, die vom Vichy-Regime an die Gestapo ausgeliefert wurden. Auch für das Ehepaar Prager, das 1942 nach Riga deportiert und dort ermordet wurde, ließ sich keine Hilfe mehr organisieren. Ebenso misslang die Rettung von Hannah Kirchner, die ebenfalls von Frankreich an die Gestapo ausgeliefert und 1944 in Berlin-Plötzensee nach Verurteilung durch den Volksgerichtshof hingerichtet wurde.[218] Ein für Sollmann besonders trauriger Fall war Georg Beyer, der alte Weggefährte aus Kölner Zeiten, der zu seinen engsten Freunden zählte. Beyer hatte sich nach der gemeinsamen Flucht aus dem Saarland mit seiner Familie in Toulouse niedergelassen, wo er vergeblich versuchte, ein Geschäft in Gang zu bringen. Zudem erkrankte Beyer an multipler Sklerose, was schließlich zu einer völligen Lähmung führte. Der rege Briefwechsel mit Beyer und seiner Frau Ellie gibt einen erschütternden Einblick in die bedrückenden materiellen und psychischen Bedingungen, unter denen viele Emigranten ihr Dasein fristen mussten. So schilderte Ellie Beyer die hoffnungslose Lage der Familie, die finanziell am Abgrund stand und durch die Krankheit Georgs, für dessen Behandlung kein Geld zur Verfügung stand, zusätzlich belastet war und daher keinen Ausweg aus ihrem Elend sah.[219] Gemeinsam mit Paul Hertz, Hertha Kraus und anderen hat Sollmann sich jahrelang intensiv um die Familie Beyer bemüht und unter anderem Geld für die Behandlung Georg Beyers beschafft. Bis zuletzt hoffte er, eine Ausreise arrangieren zu können. Der letzte Beleg dafür ist ein Telegramm Sollmanns nach Marseille an das Centre Américain de Secours:

»Glad to continue financial aid for Georg Beyer Toulouse also preparing immigration Wilhelm Sollmann«[220]

---

218 Zum Schicksal des Ehepaars Prager siehe Fischer/Zimmermann: Eugen Prager, S. 156-176. Hanna Kirchner hatte Sollmann ihre Situation schon Jahre vorher düster geschildert: »Ihre Arbeit und ihre Zukunft zeigen den Silberstreif am Horizont; für mich sehe ich leider keinen [...]. Hanna Kirchner an Sollmann vom 6. Oktober 1938, HAStK 1120/435.

219 Ellie Beyer an Sollmann vom 18. Oktober 1937, HAStK 1120/384/3. Zur Schilderung der Lebensumstände siehe u. a. Beyer an Sollmann vom 14. August 1936, HAStK 1120/560/IV-3-89, 89 a–b; 26. und 7. Juli 1939, HAStK 1120/567/IV-3-118, 118 a–d; 14. Januar 1940, HAStK 1120/571/VI-1-12, 12 a–f.

220 Das Telegramm ist undatiert. HAStK 1120/579/VI-3-11 a. Das Centre Américain des Secours war von Varian Fry, der sich zur Koordinierung der Tätigkeit des ERC in Frankreich nach Marseille begeben hatte, als Anlaufstelle für die Flüchtlinge in der Stadt gegründet worden. Klein: Flüchtlingshilfe, S. 172-215. Zu den Bemühungen um Beyers siehe Sollmann an Hertz vom 4. November 1938, HAStK 1120/420,3; Hertz an Sollmann vom 17. Januar 1938, HAStK 1120/420;7, Hertha Kraus und Sollmann an Melon vom 30. Oktober 1937, HAStK 1120/439,1; Sollmann an Stampfer vom 4. September 1940, abgedruckt in: Mit dem Gesicht nach Deutschland, Dok. Nr. 104, S. 468 f.

Die Krankheit Beyers verhinderte aber eine Ausreise. Er starb 1943 in einem Kloster in der Nähe von Toulouse. Für seine Frau und seine Tochter konnten 1945 schließlich »Immigration Visa« besorgt werden.[221]

Es gab freilich auch Erfolgserlebnisse, wie die erfolgreiche Einreise von Siegfried Thalheimer, Walther Victor und Maria Victor-Gleit, dem Ehepaar Weichmann und Else und Konrad Reisner zeigen.[222] Weiterhin ist die finanzielle Unterstützung zu nennen, mit der den Flüchtlingen in Europa zumindest vorübergehend die Existenz gesichert wurde, und die Hilfe, die man den Neuankömmlingen nach der Ankunft in den USA gewährte. Denn nach der geglückten Flucht stellten sich oft neue Hindernisse, die sich bei dem Versuch, in der neuen Umgebung Fuß zu fassen, ergaben. Dazu gehörten die Suche nach einer Arbeitsstelle, Behördengänge und andere Fragen des täglichen Überlebens.[223]

Das Engagement in der Flüchtlingshilfe gehört zu den großen Verdiensten, die sich die deutsche Emigration in den USA erworben hat. In diesem Punkt spielten die sonst trennenden Gegensätze keine Rolle. Politisch mochte man weder mit allen in der Flüchtlingshilfe engagierten Emigranten noch mit den auf Rettung Hoffenden auf einer Linie liegen, aber der Maßstab war in Bezug auf die Flüchtlingshilfe nicht die politische Einstellung, sondern die Wertvorstellungen von Humanität und Solidarität, aus denen heraus es galt, das Leben des Einzelnen zu retten. Getrieben von dem Wunsch, die Verfolgten dem Zugriff des NS-Regimes zu entziehen, fand man sich in einer zivilen Form des Widerstands zusammen. Gerade in der Gewissheit, selbst der Verfolgung entgangen zu sein, fühlten sich die Emigranten auch moralisch in der Pflicht, den in Europa auf Rettung Harrenden zu helfen:

»Wir, die wir schon fünf Jahre oder länger hier sind, haben es natürlich besser, aber auch wir haben unsere Sorgen. [...] bitte grüßen Sie die Genossen alle, und sagen

---

221 Eva Lewinski an Sollmann vom 21. November 1945, HAStK 1120/595/VII-3-112.
222 Zum Ehepaar Gleit stand Sollmann in freundschaftlichem Kontakt. Zu den Bemühungen Sollmanns vor und nach der Einreise in die USA siehe Sollmann an das AFSC vom 10. April 1940, HAStK 1120/572/VI-1-92 b; Maria Victor-Gleit an Sollmann vom 11. Juli 1939, HAStK 1120/568/V-3-129, 129 a; 19. August 1939, HAStK 1120/568/V-3-151, 151 a–c; 23. Februar 1941, HAStK 1120/579/VI-3-20, 20 t–z. Zum Ehepaar Weichmann siehe die Briefe Herbert Weichmanns an Sollmann mit Dank für die Hilfe. Weichmann an Sollmann vom 12. und 17. Dezember 1940, HAStK 1120/574/VI-1-185 und 192, 192 a. Für die Unterstützung der Reisners siehe Else Reisner an Sollmann vom 17. Dezember 1939, HAStK 1120/570/V-3-268, 268 a–c; 30. Juli 1940, HAStK 1120/576/VI-2-59, 59 a; 14. Oktober 1940, HAStK 1120/573/VI-1-151, 151 a–c.
223 Zur finanziellen Unterstützung siehe etwa Erich Jacoby, ehemaliges Reichsbannermitglied aus Köln; Jacoby an Sollmann vom 23. März 1941, HAStK 1120/579/VI-3-9, 9 a–b, und Georg Reinbold, Reinbold an Sollmann vom 19. Juli 1939, HAStK 1120/568/V-3-134, 134 a. Zu Problemen und Hilfe bei der Arbeitssuche und bei Behörden siehe Kirschmann an Sollmann vom 28. Januar 1945, HAStK 1120/594/VII-3-87, 87 n–p.

Sie ihnen, daß nicht nur ich, sondern ich glaube, die allermeisten hier sich ihnen gegenüber schuldig fühlen.«[224]

Das Gefühl der Verpflichtung war zudem besonders ausgeprägt, weil man die Verfolgten persönlich kannte. Daraus erwuchs auch eine psychische Belastung, zum einen, weil man in steter Sorge war, ob die Hilfe noch rechtzeitig kam, zum anderen, weil viele Rettungsversuche scheiterten. So schreibt Emil Kirschmann angesichts der Verhaftung von Hanna Kirchner und Richard Kirn an Sollmann:

»Seit Tagen frage ich mich, wäre es nicht möglich gewesen, auch diese Leute, die nun ihre Gesinnung und ihre Arbeit in der Emigration in schrecklicher Weise vergolten bekommen, zu retten? [...] Ich prüfe mich selber, ob ich etwas unterlassen haben könnte. Es ist nun eben einmal so, von der Verantwortung gegenüber dem einzelnen Menschen kommt man auch nicht los in Zeiten, in denen es Menschenopfer unerhört kostet.«[225]

Vor diesem Hintergrund war die Flüchtlingshilfe für Wilhelm Sollmann bis zum Ende des Zweiten Weltkriegs ein wichtiges persönliches Anliegen, dem er sich mit viel Energie widmete.

6 »Für Deutschland, gegen Hitler.« Vorstellungen und Konzeptionen für die internationale Friedensordnung und ein Deutschland nach Hitler

Dem Widerstand der politischen Emigration aus dem Ausland heraus standen nur begrenzte Möglichkeiten zur Verfügung. Seine wichtigsten Aufgaben sah man in der Unterstützung der illegalen Arbeit in Deutschland und der Beeinflussung der öffentlichen Meinung des Auslands über den verbrecherischen Charakter der Hitlerherrschaft, wozu insbesondere die Warnung vor der drohenden Gefahr eines Kriegs zählte. Dabei zeigte sich die publizistische Offensive gegen Hitlerdeutschland erfolgreicher als die eher wirkungslose Unterstützung des innerdeutschen Widerstands.[226] Nach Ausbruch des Kriegs änderten sich die Voraussetzungen für den Widerstand von Außen. Die Sozialdemokraten verstanden sich nun als Verbündete der Westmächte im Kampf gegen das NS-Regime, aber als politisch eigenständige Vertreter der nationalen Interessen des deutschen Volkes; in stärkerem Maße als die Vorstands-

---

224 Sollmann an Richter vom 23. Oktober 1943, HAStK 1120/586.
225 Kirschmann an Sollmann vom 3. September 1942, HAStK 1120/586.
226 Matthias: Sozialdemokratie und Nation, S. 23 f.; Mehringer: Widerstand und Emigration, S. 126 f.; Röder: Exilgruppen in Großbritannien, S. 103 f.

gruppe in London sahen die Sozialdemokraten in den Vereinigten Staaten darin ihre wichtigste Bestimmung. Dies war aber keineswegs der Ausgangspunkt für eine nationalistisch gesinnte Politik, sondern Ausdruck eines Patriotismus, der die Interessen des Vaterlandes auf dem Weg des Ausgleichs und der friedlichen Kooperation mit den anderen europäischen Nationen vertreten wollte.[227]

Während des Weltkriegs standen Fragen der zukünftigen Ausgestaltung der internationalen Beziehungen und Deutschlands Neugestaltung sowie dessen Platz in der neuen Weltordnung nach der erwarteten deutschen Niederlage im Mittelpunkt der Diskussion in der Exilsozialdemokratie. Wilhelm Sollmann beteiligte sich intensiv daran und setzte eine Reihe von Akzenten, die teilweise zukunftsweisenden Charakter hatten.

Für die Sozialdemokratie stand die friedliche Kooperation der Völker immer an oberster Stelle ihrer außenpolitischen Leitvorstellungen. Dementsprechend große Bedeutung maß sie der vom NS-Regime ausgehenden Kriegsgefahr zu. Über die kriegerischen Absichten Deutschlands unter der Führung Hitlers bestand in der Emigration von Anfang an kaum ein Zweifel. »Hitler ist der Krieg«, so oder ähnlich lauteten ihre Parolen.[228] Der Charakter der NS-Außenpolitik wurde recht präzise erfasst. Aus zahlreichen Beiträgen aus dem Umfeld der Sopade lässt sich schon in den Jahren bis 1936 erkennen, dass – bei allen auftretenden Fehlinterpretationen – aufgrund genauer Beobachtung die grundlegenden Ziele und taktischen Manöver durchschaut und die weiteren Entwicklungen einigermaßen zutreffend vorhergesagt werden konnten.[229] Dazu bedurfte es keiner besonderen Quellen oder geheimen Auskünfte, man kam zu dieser Erkenntnis aufgrund allgemein zugänglicher Dokumente. So schrieb Sollmann 1936, Hitlers innen- und außenpolitische Taten lägen seit drei Jahren vor. Man müsse ihm zugutehalten, dass er abgesehen von seinem »Sozialismus« sich und seiner

---

227 Sollmann definierte »national gesinnt« 1943 folgendermaßen: »The ›national‹-minded man loves his country and is loyal to it, but would have it to co-operate with other nations on basis of liberty and equality for all. He ›nationalistic‹-minded man, on the other hand, proclaims the superiority of his own nation and desires to see that superiority demonstrated by a policy of oppression and exploitation of other nations.« Sollmann: German Labor – Hitler's Nemesis, in: The Christian Century, 2. Juni 1943. Rainer Behring verweist zurecht darauf, dass diese Definition wohl fast von jedem Sozialdemokraten unterschrieben worden wäre und daher die Gruppe der Sozialdemokraten in den USA, die sich besonders für die nationalen Interessen Deutschlands einsetzte, nicht notwendigerweise Nationalisten waren, wie es von Radkau: Die deutsche Emigration in den USA, S. 168, und Ragg: German Socialist Emigration, S. 398, behauptet wird. Vgl. Behring: Demokratische Außenpolitik, S. 492.
228 Vgl. etwa »Hitler ist der Krieg«, Neuer Vorwärts Nr. 144, 15. März 1936; »Hitler führt zum Krieg«, Neuer Vorwärts Nr. 93, 24. März 1935.
229 Siehe dazu die präzise Zusammenfassung der Wahrnehmung und Interpretation der nationalsozialistischen Außenpolitik durch die Sozialdemokratie bei Behring: Demokratische Außenpolitik, S. 88-107.

Programmschrift »Mein Kampf« treu geblieben sei. Man solle nur endlich aufhören, ihn anders sehen zu wollen, als er sei.[230]

Ein halbes Jahr später meinte Sollmann in einem Interview nach seiner Ankunft in den Vereinigten Staaten zur Kriegsgefahr, jedes brutale System habe bisher Krieg provoziert, warum sollte Hitler eine Ausnahme sein. Er predige dies schon in »Mein Kampf«. Europa stehe dank ihm am Rande des Kriegs. Auch die innerdeutschen Oppositionellen seien einmütig der Meinung, dass der Krieg kommen werde. Die Losung heiße »Gegen Hitler, für Deutschland«.[231] Auch über den Ausbruch des Kriegs hatte Sollmann schon klare Vorstellungen, die den weiteren Verlauf recht genau vorwegnahmen. Der Krieg, so Sollmann, werde plötzlich als Blitzkrieg eröffnet, ohne Ultimaten und Kriegserklärungen. Es sei ständig von der Tschechoslowakei als Aufmarschgebiet für Russland zu lesen. Vielleicht werde die Tschechoslowakei das Belgien des Ostens. Unter dem Vorwand eines angeblichen, in Szene gesetzten Angriffs auf Deutschland werde Hitler in einem Blitzangriff die Welt vor vollendete Tatsachen stellen.[232]

Sollmann wie die anderen emigrierten Sozialdemokraten rechneten seit 1937 mit einem durch das NS-Regime provozierten Ausbruch des Kriegs. Welch detaillierte Erkenntnisse man im Laufe der Jahre über die Ziele und Taktik Hitlers gewonnen hatte, beweist die bestechend klare Analyse Sollmanns aus dem Frühjahr 1938, mit der er noch einmal dem Ausland die Pläne Hitlers vor Augen führen und die drohende Kriegsgefahr verdeutlichen wollte:

> »Adolf Hitler ist einer der gerissensten und erfindungsreichsten Lügner aller Zeiten. Er ist raffiniert und gewissenlos im Betrügen seiner innenpolitischen und außenpolitischen Gegner. Aber er war und ist unbedingt ehrlich in der Proklamierung und in der Verfolgung seiner politischen und weltanschaulichen Ziele. Es hat nie einen Staatsführer gegeben, der offenherziger seine letzten Ziele enthüllte und ihnen näher zustrebte. [...] Hitlers politische Vision ist die kriegerische Eroberung Osteuropas durch das deutsche Schwert und die Kultivierung des Landes durch den deutschen Pflug. Seine politische Taktik ist, von England und von Italien für diesen Eroberungskrieg nach dem Osten freie Hand zu bekommen und dafür Englands Vorherrschaft zur See zu tolerieren und Italien in dessen Ausdehnung rund um das Mittelmeer zu helfen. Er kalkuliert, daß England bei aller Ablehnung der hitlerdeutschen Methoden, wie jetzt im Falle Österreichs, doch immer wieder versuchen wird, sich mit Deutschland ohne Krieg zu verständigen, solange Deutschlands Ziele Englands Seemacht nicht bedrohen. Und schließlich glaubt Hitler nicht daran, daß das hochkapitalistische England jemals dem bolschewistischen Rußland zu Hilfe kommen werde. Frankreich aber wird in Hitlers Buch immer wieder mit

---

230 Sollmann an Gertrude Baer vom 26. Mai 1936, HAStK 1120/559/IV-3-33, 33 a.
231 Neue Volkszeitung, Nr. 4, 23. Januar 1937.
232 Neue Volkszeitung, Nr. 5, 30. Januar 1937.

abgrundtiefer Verachtung als ein vernegertes Mulattenvolk behandelt, das durch das deutsche Schwert vernichtet werden müsse. England als Seemacht, Italien als Mittelmeermacht, Deutschland als Beherrschende europäische Kontinentalmacht – das ist Hitlers Außenpolitik. Ob in späteren Jahrzehnten dann Deutschland unter Besiegung Englands sich zur Weltherrschaft emporschwingen wird, überläßt er kommenden Generationen. Nur die Rücksicht auf England hindert ihn, klar auszusprechen, daß dies sein mythischer Glaube ist. Europa hat nur noch eine Wahl: entweder die europäische Vorherrschaft Deutschlands, auf die Hitler mit Riesenschritten losmarschiert, zu dulden, oder sich in einem allgemeinen europäischen Kriege gegen die deutsche Diktatur zu wehren.«[233]

Es mangelte in den Reihen der Exilsozialdemokratie daher nicht an Erkenntnissen über die nationalsozialistische Außenpolitik. Diese Ansichten wurden publiziert und damit für alle interessierten Zeitgenossen offen gelegt, sofern ihnen die entsprechenden Zeitschriften und Zeitungen zugänglich waren. Zudem nutzte Sollmann auch seine zahlreichen Vortragsreisen, um die amerikanische Öffentlichkeit über Ziele und Wesen des nationalsozialistischen Deutschlands aufzuklären. Ein Großteil seiner Vortragsthemen bezog sich vor 1939 auf die Kriegsvorbereitungen Deutschlands. Indem man immer wieder auf die Absichten der NS-Regimes hinwies, leisteten die sozialdemokratischen Emigranten ihren Beitrag für den Widerstand. Man konnte sich zugutehalten, klar und deutlich vor den Gefahren gewarnt zu haben. Dass diese Art des Widerstands durchaus von Deutschland aus ernst genommen und als problematisch eingeschätzt wurde, zeigen die Berichte und Reaktionen über Sollmanns Tätigkeit in den USA durch die deutsche Botschaft und Konsulate. Wie die politischen Emigranten insgesamt, so wurde auch Sollmann fortlaufend überwacht. Schon direkt nach seiner Ankunft berichtete das Konsulat in New York über seine erste Rede. Aus den folgenden Jahren liegen zahlreiche Berichte über seine Vortragsreisen vor, die mit Kommentaren und Auszügen der Reden weitergeleitet wurden. Aus dem Zitat eines Schreibens aus dem Jahr 1938 wird deutlich, dass Sollmann es bei seinen Vorträgen nicht an deutlichen Hinweisen auf die Absichten Hitlers fehlen ließ:

»Manchmal möchte ich Hitler wegen der Freimütigkeit verteidigen, mit der er seine Ziele gegenüber Russland, Osteuropa, Frankreich und den Juden ausspricht. Die in ›Mein Kampf‹ mitgeteilten Pläne sind natürlich nichts Neues, sondern das Programm der alten Pan-Germanisten, der deutschen Schwerindustriellen, die Mittel- und Osteuropa beherrschen wollen. Man lasse sich durch die Kolonialforderungen

---

233 Nehmt Hitler ernst! Typoskript HAStK 1120/647/XV-6-77, 77-82. Ob dieser Text publiziert wurde, ließ sich nicht ermitteln.

nicht täuschen, sie sind nur Propaganda. Was Hitler will, ist die Erwerbung von Rohstoffgebieten nahe der Grenzen, die er für Kriegsmaterial braucht.«[234]

An anderer Stelle heißt es:

»Der frühere sozialdemokratische Minister und nunmehr ausgebürgerte Emigrant Wilhelm Sollmann zieht bereits seit mehreren Jahren als Hetzredner gegen das nationalsozialistische Deutschland im Lande umher. Er ist auch gelegentlich schon früher in meinem Amtsbezirk aufgetaucht.«[235]

Allerdings war die Resonanz auf diese Warnungen aus Sicht der Emigranten enttäuschend. So blieb der Einfluss auf die Westmächte gering, es gelang nicht, sie zu einer unnachgiebigen Haltung gegenüber Hitler zu bewegen. Für die Westmächte war bis in die erste Phase des Kriegs die deutsche Regierung der einzig legitime Ansprechpartner und es war aus dieser Sicht nicht angebracht, den Vertretern der Exilorganisationen, die nur eine Minderheit vertraten und machtpolitisch unbedeutend waren, größere Aufmerksamkeit zu schenken.[236] Dies war Sollmann wie den meisten Sozialdemokraten auch bewusst. Er war sehr schnell zu der Erkenntnis gelangt, dass er zwar mit seinen Vorträgen auf viel Interesse stieß, aber keinerlei Einfluss auf die amerikanische Außenpolitik hatte. So konnte man in den Vereinigten Staaten fast unbehelligt seine Meinungen äußern und fand auch zahlreiches Publikum für Vorträge und Versammlungen, konnte eifrig publizieren und Interviews geben. Sollmann verkehrte auch in Kreisen durchaus einflussreicher Amerikaner, die ihm auch ihre Wertschätzung signalisierten, aber die mit viel Aufwand betriebenen Aktionen standen in keinem Verhältnis zu dem Einfluss, den man dadurch ausüben konnte. Die respektvolle und wohlwollende Behandlung von deutschen Emigranten wie Sollmann und die zahlreichen Einladungen zu Vorträgen waren Ausdruck der von Sollmann vielfach beschriebenen Höflichkeit und des regen kulturellen Lebens. Aber in der riesigen amerikanischen Medienlandschaft gingen diese Meinungsäußerungen unter. So berichtete Sollmann, er habe in wenigen Monaten 70 Vorträge vor über 50.000

---

234 Deutsches Generalkonsulat San Francisco an die Deutsche Botschaft in Washington D. C. vom 1. August 1938, PAA, AA (Inland II A/B), 83-76. Einleitend heißt es in dem Bericht: »[…] Wilhelm Sollmann hielt am 26. Juli d. J. vor dem stark besuchten Mittagstisch des Commonwealth Clubs von San Francisco und gleichzeitig über den Rundfunk eine Hetzrede ›Realpolitik und das europäische Schachspiel‹.«
235 Deutsches Generalkonsulat Chicago an die Deutsche Botschaft in Washington D. C vom 6. Februar 1940, PAA, AA (Inland II A/B), 83-76.
236 Behring: Demokratische Außenpolitik, S. 168.

Amerikanern gehalten, aber bei einer Bevölkerung von über 130 Millionen konnte davon kaum Wirkung ausgehen.²³⁷

Dies führte auch zu unübersehbaren Frustrationserscheinungen. Wenn Sollmann sich etwa bitter über das Versagen der Westmächte beschwerte, die durch ihre nachsichtige Haltung gegenüber Hitler vor Kriegsausbruch maßgeblich dazu beigetragen hätten, dass es soweit kommen konnte, dann versteckte sich dahinter eindeutig auch die Enttäuschung darüber, mit den Warnungen vor dem Weltkrieg kein Gehör gefunden zu haben.²³⁸

Die Meinungsäußerungen Sollmanns und anderer emigrierter Sozialdemokraten und die damit verbundenen Versuche zur Beeinflussung der amerikanischen Öffentlichkeit und der Regierung sind daher in erster Linie unter dem Gesichtspunkt von Interesse, welche Vorstellungen in der Emigration über die Entwicklung Deutschlands herrschten.

Ein wichtiger Bestandteil von Sollmanns publizistischer Tätigkeit war die Verteidigung des deutschen Volkes gegenüber den Vorwürfen einer Kollektivschuld. Die Schuld für den Ausbruch des Kriegs lag nach Ansicht der Sozialdemokraten aus dem Umfeld der Sopade unzweifelhaft bei Deutschland. Gleichzeitig war man auch überzeugt, dass das deutsche Volk den Krieg nicht wollte, eine Haltung, an der man bis zum Ende des Kriegs festhielt.²³⁹ Nationalsozialistische Diktatur und deutsches Volk wurden klar unterschieden, um dadurch einer deutschen Kollektivschuld entgegen-

---

237 Sollmann an Stampfer vom April 1941, HAStK 1120/583/VI-5-3, 3 a–c. Zu seinen Einschätzungen seines Ansehens in Amerika siehe Sollmann an Hertz vom 6. Mai 1937, AsD, Nl. Hertz, Film XIV; Sollmann an Hertz vom 4. November 1937, HAStK 1120/420,3.

238 In einem unveröffentlichten Manuskript in Sollmanns Nachlass heißt es: »Wie furchtbar die Verbrechen Hitlers und ihre Verherrlichung oder Duldung durch viele Deutsche auch sein mögen, nicht geringer ist die Verantwortung der europäischen Staatsmänner und Völker, die geduldig und manchmal sogar wohlwollend zugesehen haben. Welches Recht haben diejenigen eine Bestrafung und eine dauernde Entrechtung des deutschen Volkes zu verlangen, die keinen Finger rührten, als Hitler seine Ausrottung der fortschrittlichen Männer und Frauen in Deutschland begann, als er vertragswidrig das Rheinland militarisierte, als er und Mussolini die spanische Demokratie erwürgten, als er die Österreicher vergewaltigte, als er die Sudetendeutschen raubte und Frankreich, Polen und die Balkanstaaten sturmreif machte? Für das Aufsteigen Hitlers zur Macht tragen die Deutschen die entscheidende, wenn auch nicht die alleinige Verantwortung. Die Duldung der deutschen Aufrüstung und die widerstandslose Hinnahme von 6 Jahren hitlerdeutscher Angriffspolitik ist eine Verantwortung, die von Europa und Amerika solidarisch getragen werden muss.« HAStK 1120648/XV-6-83, 83-87. Ähnliche Schlüsse zog Friedrich Stampfer im Entwurf einer Denkschrift aus dem Sommer 1938. Hinsichtlich der Wirkungen der Propaganda gegen das NS-Regime kommt er zu der Einschätzung, dass diese weitgehend erfolglos geblieben sei. Stampfer: Die deutsche Sozialdemokratie im Exil. Entwurf einer Denkschrift vom Sommer 1938, abgedruckt in: Mit dem Gesicht nach Deutschland, S. 309-321.

239 Sollmann zweifelte zwar nicht daran, dass die deutsche Mobilmachung zum Krieg erfolgreich sein würde, aber nicht, weil die Mehrheit den Krieg wolle, sondern weil man unter den Zwängen der Diktatur keine andere Wahl habe. NVZ 30. Januar 1937.

zutreten.²⁴⁰ Gerade Sollmann wehrte sich vehement dagegen, Nationalsozialisten und die deutsche Bevölkerung gleichzustellen. Für ihn war die Mehrheit der Deutschen allenfalls politisch fehlgeleitet und durch die Heilsversprechungen verführt, aber nicht überzeugter Anhänger der NS-Ideologie. Zentraler Bestandteil dieser Argumentation war die Betonung, dass es auch das »andere Deutschland« gab, als deren Vertreter er und die anderen Sozialdemokraten in den USA sich verstanden. Zur Erklärung zog Sollmann mit Vorliebe das Bild von »Potsdam« und »Weimar« heran. Er versuchte immer wieder zu verdeutlichen, dass Deutschland nicht, wie oftmals behauptet, ein Volk von Militaristen sei, sondern auch ein Kulturvolk mit demokratischen Traditionen. Potsdam stand für die monarchische, militaristische Tradition und Weimar für das demokratische, das kulturelle, das andere Deutschland:

> »There was a lasting struggle between ›Potsdam‹ and ›Weimar‹. […] ›Potsdam‹ and ›Weimar‹ divided Germany in the camps of autocracy and democracy, nationalism and internationalism. The division was so irreconcilable that ›Potsdam‹ blamed not the foreign victors for the defeat in the great war, but ›Weimar‹, which, supposedly by its humanism, had weakened the ruthless force of german militarism. […] The conflict between Potsdam and Weimar has been Germany's fate for a long time. It still is. Potsdam is ruling Germany. Weimar is exiled, imprisoned, terrorized, silenced.«²⁴¹

Millionen von Deutschen, dies sollte auch durch Berichte über den Widerstand innerhalb Deutschlands bekräftigt werden, waren aber Anhänger des demokratischen Deutschlands und Opfer der Diktatur. Diese Argumentation war allein aus politischen Gründen notwendig, denn nur wenn es überzeugte Hitlergegner gab, war die Propaganda der Emigranten auch plausibel, aber ein national gesinnter Vertreter wie Sollmann vertrat diese Auffassung nicht nur aus taktischen Motiven, sondern aus Überzeugung. Er vermochte auch bis in den Krieg hinein nicht zu verstehen, warum die Deutschen im Vergleich mit anderen Nationen besonders schwere Schuld auf sich geladen haben sollten. Immer wieder wies er darauf hin, dass vor Deutschland auch andere Nationen Angriffskriege geführt hätten, und führte als Beispiel die Kolonialkriege an. Deutschland hätte den Nachteil, dass es im Zentrum Europas liege und dadurch von ihm ausgehende Kriege sofort einen besonders explosiven Charakter hätten:

> »Ich kann mich Ihrer Ansicht nicht anschließen, dass die Deutschen besonders schwere Sünder sind. Das ist der Punkt, wo ich mich wahrscheinlich von den

---

240 Behring: Demokratische Außenpolitik, S. 199 f.; Röder: Exilgruppen in Großbritannien, S. 111-115.
241 Sollmann: Potsdam und Weimar, Reprint from The Friend, Eleventh Month 30 (1939).

meisten Emigranten tief unterscheide, und ich fühle, dass ich da mehr objektiv urteilen kann, weil ich keinerlei Aspirationen habe, die auf Deutschland gerichtet sind. Ich weiss genau, dass England und Amerika als Ganzes gesehen zurzeit eine höhere politische Kultur haben als die Deutschen, wieder als Ganzes gesehen. In Einzelheiten könnte man auch über diese These streiten. Was aber die kriegerischen Aktionen der Deutschen viel ›böser‹ erscheinen lässt, ist einfach Deutschlands geographische Lage. Deutschland kann keine Kolonialkriege gegen Indianer, Neger, Inder, Chinesen etc. führen. Jeder Schritt über seine Grenzen führt zu einer Weltexplosion. Wir wussten das und taten alles, es zu verhindern. Die deutschen Nationalisten begreifen das nicht und werden daher immer wieder gezüchtigt, bis sie das Spiel aufgeben müssen. Grundsätzlich ist aber zwischen dem deutschen Imperialismus und dem andrer Völker kein Unterschied. Der Burenkrieg unterschied sich in nichts von einem deutschen Raubkrieg. Nur die Schlachtfelder waren weit außerhalb der europäischen Explosionszone.«[242]

Sollmann blendete mit dieser Argumentation den Charakter der nationalsozialistischen Diktatur völlig aus und bewegte sich mit seinem problematischen Vergleich in unhistorischen Kategorien. Es zeigt sich hier, wie sehr Sollmann davon überzeugt war, dass Deutschland keinen Sonderfall darstellte und in welchem Maße dies den Blick für die tatsächlichen Begebenheiten vernebelte.[243]

Hinsichtlich der Beurteilung der Hintergründe des Kriegsausbruchs distanzierte sich Sollmann von der Haltung des Vorstands in Paris. Dieser hatte die alleinige Schuld für den Weltkrieg Hitler und seinem Regime angelastet. Aus Sollmanns Sicht ging dies zu weit, da Stalin mindestens im gleichen Maße verantwortlich zu machen sei. Zu den Kriegsursachen führte er aus:

»Rußland wollte den Krieg. Es brauchte ihn. Sowjetrußland ist interessiert an einer Schwächung der faschistischen und demokratischen Mächte. Jeder Tag in Europa unter Rußlands Neutralität macht Rußland stärker und erhöht die Möglichkeiten eines europäischen Chaos. Eine mobilisierte Armee von 10 Millionen Russen in Osteuropa kann eines Tages von ungeheurem, wie ich glaube, von verheerendem Einfluß auf die Geschicke Europas werden.«[244]

---

242 Sollmann an Stampfer vom 14. Juli 1941, AsD, Nl Stampfer, Mappe 13. Vgl. auch Sollmann: Für ein freies, einiges Europa, in: NVZ, Nr. 18, 3. Mai 1941; Sollmann: Facing the german people, Reprinted from April 1943 Dalhousie Review, Halifax, Canada; Sollmann: German unrest said to be growing, in: The New York Times, 4. Februar 1940.
243 Sollmann war diesbezüglich auch in der Sozialdemokratie kein Einzelfall. Vgl. Röder: Exilgruppen in Großbritannien, S. 113 f.
244 Unsere Versammlung in Yorkville, NVZ 23. September 1939.

Aus dieser Haltung heraus lehnte Sollmann auch zunächst eine Besatzung durch die Alliierten und eine einseitige Entwaffnung ab, was für ihn den Verlust der Souveränität Deutschlands bedeutete. Wenn die Deutschen, wie er es sah, keine besondere Schuld traf, gab es auch keinen Grund, Deutschland härter zu bestrafen als andere Völker wegen ihrer Kriege. Wegen Meinungsverschiedenheiten in dieser Frage kam es auch zum Bruch mit der German Labor Delegation. Als deren Vorsitzender Albert Grzesinki im Sommer 1941 gemeinsam mit einigen Mitgliedern ein Friedensprogramm unterzeichnete, in dem die Entwaffnung Deutschlands unter internationaler Aufsicht befürwortet wurde, sah Sollmann auf dieser Basis keine Möglichkeit einer weiteren Zusammenarbeit:

»Ich kann nach meinem Gefühl mit deutschen Sozialdemokraten nicht über die Versklavung Deutschlands diskutieren. Es scheint mir, dass jene Verfasser des Programms für den Frieden gar nicht überlegt haben, dass einseitige Entwaffnung Deutschlands, wenn sie wirksam werden sein soll, eine nahezu vollkommene internationale Kontrolle der deutschen Wirtschaft, Finanzen, Politik und Erziehung voraussetzt.«[245]

Eine Entwaffnung war mit militärischer Besetzung verbunden und dafür sah Sollmann keinen Anlass. Im Verlaufe des Kriegs revidierte er diese Meinung dann aber, wohl auch durch die Erkenntnis der Andersartigkeit der deutschen Kriegsziele und -führung. Schon 1943 sprach er von der kommenden Besetzung Deutschlands, ohne dies negativ zu beurteilen. Ein Jahr später hielt er eine Besetzung Deutschlands für notwendig:

»The Germans need a rest period under a firm allied military government. This does not exclude the development of local, provincial and finally nationwide democratic movements. In due course, they may rule the country under a constitution which knows freedom as well as authority and provides for stable governments. [...] Military Government need by no means be oppressive, as the American and the British amply proven in my home province the Rhineland, after 1918. The problem is not so much the military occupation itself, but the policy behind it. If the USA, Great Britain, Russia and France can agree on the future of Germany and western Europe, the problem of occupation becomes one of secondary importance. Occupation forces soon can be so small as to be hardly noticeable. [...] It is use-

---

245 Sollmann an Stampfer vom 20. August 1941, AsD, Nl. Stampfer Mappe 13, Bl. 660. Vgl. auch Sollmann an Stampfer vom April 1941, HAStK 1120/583/VI-5-3, 3 a–c und vom 3. August 1941, AsD, Nl. Stampfer, Mappe 13, Bl. 659. Das Programm »War Aims«, auf das sich Sollmann bezog, war von einer internationalen Gruppe von Sozialisten verfasst und in der NVZ am 2. und 9. August auszugsweise angedruckt worden.

less to discuss wether one-sided disarmament and international military control of Germany is wise or not. The German crime of invading so many countries makes its a necessity. Many millions of Germans will accept disarmament cheerfully, exactly as they did after 1918.²⁴⁶

Sollmann ging davon aus, dass eine vorübergehende Besetzung Deutschlands hilfreich sein würde, um die demokratische Entwicklung voranzutreiben:

»It will be the task of a mature diplomacy on the side of the victors to help the Germans to build up, step by step, an administration of democratic principles. The American and British occupation armies migth contribute to this development, if they again show the same liberal attitude which they showed after 1918 during the years of occupation in the Rhineland. The Germans may learn form the Anglo-Americans that liberal civil rights and a strong leading government are quite compatible in the frame work of democracy.«²⁴⁷

Aber die Wiedereinordnung Deutschlands in die europäische Staatenwelt und eine dauerhafte friedliche Koexistenz eines demokratischen Deutschlands mit seinen Nachbarn konnte aus Sollmanns Sicht nur durch eine Neuordnung der europäischen Beziehungen gelingen. Er gehörte in den Diskussionen der Emigration zu den Vordenkern einer europäischen Einigung. Der Grundgedanke einer europäischen Kooperation spielte in der Sozialdemokratie schon während der Weimarer Republik als Mittel zur Friedenssicherung und Überwindung der Rivalität der bürgerlich-kapitalistischen Nationalstaaten eine Rolle und im Heidelberger Programm von 1925 formulierte man als erste und einzige Partei die »Vereinigten Staaten von Europa« als ein Ziel der Außenpolitik. Auch Sollmann gehörte schon damals zu den Befürwortern der europäischen Verständigung und einer weiter gehenden europäischen Zusammenarbeit.²⁴⁸ Es waren demnach nicht erst die Erfahrungen der Herrschaft

---

246 Sollmann: Essentials for a democratic germany, in: Worldover Press, Vol. XIII, Nr. 9 (1944), S. 3-5. Zu den vorherigen Überlegungen siehe Sollmann: How Revolution Will Come to Germany, in: The Saturday Evening Post, 13. November 1943. Zur Frage der Besetzung vgl. auch Sollmann: Germany meets occupation armies. How it was 1918 – How will it be this time? Unveröffentlichtes Manuskript, HAStK 1120/639/XIV-2-177, 177-188; ders.: Militärische Besetzung einst und jetzt, in: NVZ 25. November 1944; ders.: Military Occupation and German Revolution, in The American Political Science Review, Vol. XXXVIII, Nr. 5 (1944); ders.: German Demerits and Democracy, in: The Guardian. A Christian Weekly Journal of Public Affairs, Vol. XXII, No. 41, 12. Oktober 1944, S. 370.
247 Sollmann: German Demerits and Democracy, in: The Guardian. A Christian Weekly Journal of Public Affairs, Vol. XXII, No. 41, 12. Oktober 1944, S. 370.
248 Sollmann war bspw. Ehrenmitglied im »Komitee für europäische Zusammenarbeit« und hat für diese Bewegung geworben. Vgl. Sollmann an Müller-Franken vom 2. Mai 1929, AsD, Nl. Hermann Müller-Franken, 1/HMAG000002, Bl. 99. Wegen seines Bekenntnisses zu Europa trat

Hitlers und des verheerenden Weltkriegs, die ihm ein geeintes Europa als Idee für eine Verbesserung der zwischenstaatlichen Beziehungen näher brachten. Aber die Zeit der Emigration wirkte doch wie ein Katalysator für seine diesbezüglichen Ansichten. Er intensivierte seine konzeptionellen Überlegungen und propagierte konsequent ein vereintes Europa als Ziel der politischen Neuordnung des Kontinents. Sowohl in seinen Vorträgen als auch in zahlreichen Beiträgen warb er für diese Idee. Schon direkt nach seiner Ankunft gab er in seiner ersten öffentlichen Ansprache

»Freiheit und Sozialismus für Deutschland, Demokratie für ein geeintes Europa und Frieden für die Welt.«[249]

als Ziel aus.

Das eigentliche Kriegsziel war für ihn daher nicht der Sturz Hitlers, der nur eine Etappe auf dem Weg zu seinem Fernziel, der europäischen Einigung war. Er versprach sich davon ein Ende des Zeitalters der miteinander konkurrierenden Großmächte und den Beginn einer neuen Zeit friedlicher Koexistenz auf der Basis der Gleichberechtigung:

»Wer den militärischen Krieg durch einen geistigen Feldzug unterstützen will, muss große europäische Ziele aufstellen. Der Sturz Hitlers ist nur eine Vorbedingung für die Neuordnung Europas, aber keineswegs das Ziel. [...] Wir in einem Freundesbunde mit Angehörigen aller europäischen Nationen sollten als unmittelbares Kriegsziel aufstellen: nie mehr Wiederkehr des alten Europas rivalisierender Großmachtsystems! Seit langem wissen und verkünden wir Sozialdemokraten: Europäische Föderation, die Vereinigten Staaten von Europa sind das einzige Mittel, europäische Kriege zu vermeiden. Die Vereinigten Staaten sind auch die Voraussetzung für einen ökonomischen und sozialen Wiederaufbau Europas. [...] Wir verlangen Gerechtigkeit und Frieden und Freiheit für alle europäischen Nationen, auch für die Deutschen. Die Grundlage einer neuen europäischen Ordnung Zivilisation ist ein Bund freier europäischer Völker mit einer neuen Gesellschaftsordnung im Geiste sozialer Demokratie.«[250]

---

auch Coudenhove-Kalergi an Sollmann heran. Coudenhove-Kalergi an Sollmann vom September 1925, HAStK 1120/397.
249 NVZ 30. Januar 1937.
250 NVZ 23. September 1939. Abdruck des Vortrags von Sollmann: Kriegsursachen und Kriegsziele, Vortrag im Yorkville Casino, New York, 15. September 1939, HAStK 1120/644/XV-3-53, 53-59. Ein vereintes Europa blieb fortan sein Leitbild. Er vermisste jedoch bei den westlichen Demokratien eine Vision für die Zeit nach Hitler: »Was aber ist die Antwort der kämpfenden Demokratien auf die europäische Frage? Da ist ein tiefes Schweigen in London und Washington. Aber gewisse Tatsachen reden laut, und eine davon ist, dass niemand ernstlich glaubt: Nach diesem Kriege ist ein Europa möglich mit dreissig oder mehr selbständigen Staaten, dreissig Zollgrenzen, dreissig Währungen, dreissig Regierungen, dreissig Staatsoberhäuptern, dreissig Armeen und dreissig

Die europäische Einigung diente damit der Friedenswahrung ebenso wie die der Überwindung der alten Gesellschaftsstrukturen. Zugleich sollte sie der gleichberechtigten Wiedereingliederung Deutschlands in die europäische Staatenwelt dienen. Denn die einzelstaatliche Souveränität war für ihn die Voraussetzung dafür, dass man Souveränitätsrechte an eine europäische Föderation abtrat. Deutschland sollte daher wie alle anderen europäischen Nationen nach dem Krieg das nationale Selbstbestimmungsrecht erhalten.[251]

Die Vereinigten Staaten von Europa waren für Sollmann auch die Lösung für eines der Hauptprobleme der Nachkriegszeit, nämlich wie man dauerhaft verhindern konnte, dass Deutschland jemals wieder sein großes wirtschaftliches und militärisches Potenzial für eine aggressive nationale Politik missbrauchte. Durch die Einbindung in eine europäische Föderation, in der durch Abtretung nationalstaatlicher Souveränitätsrechte der Ausgleich zwischen den Staaten garantiert wurde, schien ihm eine dauerhafte Befriedung Deutschlands möglich:

> »Europes reconstruction is only possible by a supernational European Federation aiming at the creation of the United States of Europe. In its wide scope Germany's immense energies could be used in their full dynamic power. [...] Saving Europe means to invite the Europeans to create a Federation of all European states on the basis of equality and solidarity.«[252]

Geografisch konnte es sich für Sollmann nur um ein westeuropäisches Bündnis handeln. Für die Sowjetunion gab es aus seiner Sicht keinen Platz in der Union. Dies begründete er weniger aus seinem ausgeprägten Antibolschewismus heraus, sondern er rückte geopolitische Aspekte in den Mittelpunkt seiner Argumentation. Russland stelle für sich gesehen bereits eine Föderation dar und sei ein eigenständiges politisches und wirtschaftliches Gebilde, das von einer Beteiligung an einer europäischen Union keine Vorteile habe.

---

vollständig bankrotten Staatskassen. [...] Wo ist der verantwortliche Staatsmann auf der Seite der Demokratien, der mutig und einsichtig genug wäre, den Europäern, insbesondere der europäischen Jugend ein grosses mitreissendes Ziel für diesen Krieg zu setzen? [...] Zweimal in unserem Leben hat Europa einen Weltkrieg verursacht. Die Lehre daraus ist, dass Europa eine gründliche politische Kur notwendig hat.« Sollmann: Für ein freies, einiges Europa, in: NVZ Nr. 18, 3. Mai 1941.

251 Dazu schreibt Sollmann: »We are told that one of the war aims of the Allies is to restore the independence of Poland, Czecho-Slovakia and Austria. Certainly the people of these countries have the right to decide their own fate and to be delivered from any kind of ›protectorate‹. But it seems neither just nor wise to announce at the same time that Germans will have to be put under some sort of protectorate after they are defeated.« Sollmann: German unrest said to be growing, in: The New York Times 4. Februar 1940.

252 Sollmann: Potsdam und Weimar, Reprint from The Friend, Eleventh Month 30 (1939).

»Our plan would leave Russia out of the picture because under any economic or political system she will gravitate more to Asia than to Europe. One cannot extend a European system to the very shores of Alaska. Russia is a continental federation in herself and could live in very close economic and political relations with a European Federation.«[253]

Es ist aber unzweifelhaft, dass neben diesen geopolitischen Argumenten auch seine ausgeprägte Abneigung gegenüber der Sowjetunion eine Rolle spielte. Für einen überzeugten Antikommunisten wie Sollmann war es nicht vorstellbar, eine Föderation unter Einschluss Russlands zu bilden. Zu groß war das Misstrauen gegenüber der kommunistischen Führung und ihren wahren Absichten. Vor allem schien das Ziel einer Einigung unter demokratischen Staaten in dieser Hinsicht kaum durchführbar.

Eine europäische Föderation konnte sich daher für Sollmann nur in Westeuropa bilden. Ausgangspunkt, so hoffte Sollmann, sollte die britisch-französische Union sein, die sich nach Beginn des Kriegs 1939 abzeichnete. Mittels eines gemeinsamen Oberkommandos und eines einheitlichen Wirtschafts- und Finanzprogramms sollte sich der Kern der zukünftigen Union herausbilden. Der nächste wichtige Schritt war dann die Aussöhnung zwischen diesen beiden Nationen und Deutschland. Mit diesen drei Ländern war dann der entscheidende Grundstock für den weiteren Ausbau der Föderation gelegt, der alle anderen Staaten westlich der Sowjetunion angehören sollten.[254] In dieser deutlichen Fixierung auf die westeuropäischen Demokratien, die für Sollmann politisch und kulturell geborene Partner Deutschlands waren, distanzierte er sich deutlicher von der Sowjetunion als die sozialdemokratische Gruppe in Großbritannien. Zwar wollte Sollmann wie die anderen Sozialdemokraten in den Vereinigten Staaten friedliche Beziehungen zur östlichen Großmacht, aber stärker als der Rumpfvorstand in London betonten sie, dass die Zukunft Deutschlands ausschließlich in der Orientierung an den demokratischen Westmächten liegen konnte.[255]

Später hat er dieses anfängliche Konzept einer westeuropäischen Union noch gewissen Korrekturen unterzogen. Er beschränkte sie geografisch auf das europäische Festland. Großbritannien, so argumentierte er wie auch im Fall der Sowjetunion in geopolitischer Dimension, sei durch seinen Kolonialbesitz eine eigene Föderation. Aber der wahre Grund wird wohl gewesen sein, dass er davon ausging, dass Großbritannien die Rolle der Weltmacht über den Weltkrieg hinaus behalten würde und

---

253 Sollmann: How to deal with Germany, Reprint of World Affairs, Vol. 105, Nr. 2 (1942). Vgl. auch den Bericht über Sollmann: Former Reich Cabinet Officer in Favor of European Union, in: The Sun, Baltimore, 31. Dezember 1939, HAStK 1120/223.
254 Former Reich Cabinet Officer in Favor of European Union, in: The Sun, Baltimore, 31. Dezember 1939, HAStK 1120/223. Vgl. Behring: Demokratische Außenpolitik, S. 517 f.
255 Ebd., S. 496-498.

daher in der Europäischen Union zu dominant wäre, eine Haltung, die viele Sozialdemokraten teilten.[256]

Auf dieser Grundlage legte er dann noch einmal genauer dar, wie durch eine wirtschaftliche Zusammenarbeit Deutschland in ein System der Kontrolle integriert und der Grundstein für eine weiter gehende Kooperation gelegt werden könnte. Sein Plan enthielt bereits die wesentlichen Elemente, die nach dem Weltkrieg den Ausgangspunkt für den europäischen Einigungsprozess bildeten, ein Beleg nicht nur für die Weitsicht Sollmanns, sondern auch den klaren Blick auf die internationalen Beziehungen:

> »As the economic unification of Western Europe through customs union is not under consideration at present, we should strive for the internationalization of the coal and iron districts of Eastern France, Belgium, Luxembourg, Saar and Ruhr across the political frontiers that remain. Germans may be prevented from having any decisive influence in the administration. It may well be that this powerful economic bloc will develop into the nucleus of a general European system of co-operation.«[257]

Auch hinsichtlich der institutionellen Ausgestaltung einer europäischen Föderation hatte Sollmann schon recht genaue Vorstellungen. Als Vorbild dienten ihm die USA. Von diesen könne man lernen, so seine Erkenntnis, wie eine Föderation von Staaten funktioniere. Sollmann war sich bewusst, dass die kulturell eigenständigen Staaten nicht aufgelöst werden konnten, die Kulturen der jeweiligen Länder sich nicht angleichen sollten. Die Nationalstaaten sollten bestehen bleiben, wie auch die USA aus 48 Staaten bestehen würden. Allerdings übersah Sollmann bei diesem Vergleich, dass die USA sich nicht aus langer Zeit eigenständigen Nationen mit ausgeprägtem kulturellem Eigenleben zusammensetzten, sondern aus Territorialstaaten bestanden, die im Gegensatz zu dem von Sollmann gewünschten Ziel eine Auflösung kultureller Eigenarten begünstigten.[258]

Insofern taugten die USA weniger als Vorbild für die von Sollmann angestrebte Föderation. Anders war dies im Bereich der politischen Institutionen, die er ähnlich der amerikanischen Verfassung gestalten wollte. Eine Zentralregierung, ein europäisches Parlament und eine Zoll- und Verkehrsgemeinschaft hielt er für notwendig. Bisweilen sprach er auch von einer Währungsunion, einem gemeinsamen Rechtsrahmen und einer europäischen Staatsbürgerschaft.[259] Mit derartigen Überlegungen griff Soll-

---

256 Ebd., S. 518.
257 Sollmann: Essentials for a democratic Germany, in: Worldover Press, Vol. XIII, Nr. 9 (1944), S. 4 f.
258 Behring: Demokratische Außenpolitik, S. 519.
259 Former Reich Cabinet Officer in Favor of European Union, in: The Sun, Baltimore, 31. Dezember 1939, HAStK 1120/223.

mann der zukünftigen Entwicklung weit voraus. Aber die Pläne für eine europäische Föderation sind Beleg für die durchaus realistischen Einschätzungen der internationalen Beziehungen durch die sozialdemokratischen Emigranten.

Ebenso wichtig wie die Eingliederung Deutschlands in ein System der internationalen Kooperation war die Frage nach der inneren Verfasstheit Deutschlands. An einer freiheitlich-demokratischen Grundordnung für ein Deutschland nach Hitler gab es bei den Sozialdemokraten im amerikanischen Exil keinen Zweifel. Die politische Kultur der Vereinigten Staaten erschien Sollmann und den meisten anderen Sozialdemokraten als Vorbild dafür, wie eine lebendige Demokratie funktionierte. Die Erfahrung der Toleranz und der Freiheit in den politischen Diskussionen und der Gesellschaft insgesamt war für ihn prägend und beeinflusste seine Vorstellungen für die zukünftige Gestaltung Deutschlands maßgeblich. Geprägt durch die Erfahrung der bürgerlichen Freiheiten wurde die Demokratie zu einem grundsätzlichen Ziel, zu einem Wert an sich, der nicht unter dem Vorzeichen des Sozialismus stand, sondern unabhängig davon zu betrachten war. Demokratie war für Sollmann mehr als ein politisches System, es war eine Lebenseinstellung, eine Lebensphilosophie, eine Religion.[260]

Oberstes Gebot war die politische Freiheit, der alle weiteren Zielsetzungen untergeordnet wurden:

> »Eine Gesellschaft, die nicht Freiheit und Fülle für ihre Mitglieder schaffen kann, erfüllt ihren Zweck nicht. [...] Ohne Freiheit für das Individuum und die Befriedigung seiner sozialen und körperlichen Bedürfnisse wird das gewaltige Gebäude, das wir für unser Wohlleben schaffen, nur ein Hohn sein.«[261]

Der Freiheitsbegriff stellte in Diskussionen des sozialistischen Exils, nicht nur in der Sopade, einen zentralen Aspekt dar. Man war sich weitgehend einig, dass es unabhängig von Klasseninteressen die Aufgabe des demokratischen Staates sei, die Freiheitsrechte zu schützen, ohne sich auf eine einheitliche Begründung oder ein gemeinsames Konzept einigen zu müssen.[262]

Trotz der vielfach als vorbildhaft empfundenen politischen Kultur gab es doch auch Kritik und Vorbehalte gegenüber den gesellschaftlichen und wirtschaftlichen Verhältnissen in den Vereinigten Staaten. So betonte Sollmann die Notwendigkeit, die politische zu einer sozialen Demokratie weiterzuentwickeln. Dies konnte aus seiner

---

[260] Sollmann: Contempt of democracy because of its shortcoming aids axis, in: The New Leader, 5. Oktober 1940. Vgl. auch Sollmann: Deutschlands politische Wiedergeburt, in: Deutsche Blätter für ein europäisches Deutschland/gegen ein deutsches Europa, Heft 6/1944, S. 17-19. Dies war typisch für die Sozialdemokraten in den USA. Behring: Demokratische Außenpolitik, S. 494 f.
[261] Sollmann: Menschen von Morgen, in: NVZ, Welt-Ausstellungs-Sonderbeilage Nr. 17, 29. April 1939.
[262] Klotz: Das »kommende Deutschland«, S. 236 f.

Sicht zumindest anfänglich nicht ohne planwirtschaftliche Eingriffe vonstattengehen, weil die wirtschaftliche Not dies erfordern würde. Als Vorbild dienten ihm die wirtschaftsdemokratischen Elemente der Weimarer Republik:

> »Ich bin ganz deiner Meinung, dass die Gewerkschaften eine bedeutende Aufgabe haben werden. In den letzten Jahren bin ich immer skeptischer geworden gegenüber Staatskapitalismus sowohl wie gegenüber dem Staatssozialismus. Die wirtschaftliche Macht der Zentralinstanzen muss begrenzt werden zugunsten freier wirtschaftlicher Körperschaften. Der Rätegedanke in der Weimarer Verfassung war ganz gut. Er war nur unmöglich als ein Appendix zu einem parlamentarischen System nach 48er Ideal. Ich bin auch überzeugt, dass die Idee der Arbeitsgemeinschaften und sehr ausgebauter Schlichtungsordnungen wiederkommen wird, denn keine kommende Wirtschaft kann sich einen Krieg aller gegen alle leisten.«[263]

Die planmäßige Lenkung galt den meisten Sozialdemokraten als geeignetes Mittel, um die kapitalistischen Machtverhältnisse durch eine gemeinwohlorientierte Wirtschaft zu ersetzen.[264] Hinsichtlich der wirtschaftlichen Lenkung bestand aber auch ein Problem, denn es galt jegliche Einschränkungen der Freiheit zu vermeiden. Vor diesem Hintergrund war für Sollmann eine entscheidende Frage, wie sozialistische Planung und persönliche Freiheit miteinander vereinbar waren.

> »Der sozialistische Demokrat steht vor der sehr schweren Frage, wie sich soziale und wirtschaftliche Bindung in der künftigen Gesellschaft mit unserem Freiheitswillen und Freiheitsbedürfnis in Einklang bringen lassen.«[265]

Nur wenn es gelang, dieses Problem zu lösen, konnte man nach Sollmanns Ansicht auch die politische zur sozialen Demokratie weiterentwickeln. Derartige Konzeptionen eines demokratischen Sozialismus hatten sich weit von der marxistischen Ideologie entfernt. Es manifestierte sich darin Sollmanns Forderung nach einer Neubestimmung des Sozialismus, der sich von alten Leitbildern wie dem Klassenkampf lossagte.

Hinsichtlich der Frage, welchen verfassungsrechtlichen Rahmen ein zukünftiges Deutschland sich geben sollte, fand Sollmann erneut zu den USA als Vorbild zurück. In der amerikanischen Präsidialverfassung erblickte er ein geeignetes Muster, da er darin eine Gewähr für größere politische Stabilität erblickte, als es der aus seiner Sicht überholte europäische Parlamentarismus leisten konnte. Er hatte sich ja bereits zum

---

263 Sollmann an Tarnow vom 20. November 1939, HAStK 1120/569/V-3-244, 244 a. Vgl. auch Sollmann: Deutschlands politische Wiedergeburt, in: Deutsche Blätter für ein europäisches Deutschland/gegen ein deutsches Europa, Heft 6/1944, S. 17-19.
264 Klotz: Das »Kommende Deutschland«, S. 237-239.
265 Sollmann: Kein Sozialismus ohne Freiheit, in: NVZ Nr. 32, 12. August 1939. Siehe dazu auch Fn. 114 oben.

Ende der Republik und auch in den Jahren der Emigration für eine stärker autoritär ausgerichtete Demokratie ausgesprochen, die der Exekutive mehr Gewicht einräumen sollte. Im amerikanischen Präsidenten fand er das passende Vorbild für diese Überlegungen:

»Ganz abgesehen von meinen europäischen Erfahrungen hat mich auch meine Tätigkeit hier im Lande sehr skeptische gemacht gegenüber dem unbegrenzten Parlamentarismus. Du weißt wohl, dass hier der Präsident für vier Jahre gewählt wird. Er stellt seine Regierung und kein Parlament kann ihn und seine Minister stürzen, wenn sie nicht geradezu politische Verbrechen begehen. So ist eine politische Kontinuität gesichert, die bei uns von politischen dummen Jungen jeden Tag gestört werden konnte.«[266]

Allerdings lassen sich für diese Überlegungen keine Parallelen bei anderen Sozialdemokraten finden. Angesichts der Rolle des Reichspräsidenten in der Weimarer Republik wäre eine Verfassung, die einer Person weitgehende Vollmachten zusprach, auch nicht mehrheitsfähig gewesen.

Weitverbreitet war die Ansicht, dass die Arbeiterschaft alleine nicht stark genug war, um den demokratischen Wiederaufbau zu bewerkstelligen. Dies entsprach Sollmanns Vorstellungen, der schon in der Weimarer Republik stets ein breites Bündnis von Kräften befürwortet hatte. Er sah auch forthin im »Bündnis zwischen Arbeitern, Bauern und Mittelständlern, zwischen Freidenkern und religiösen Kräften« die beste Möglichkeit, »die Diktatur einer einzelnen politischen und sozialen Gruppe zu verhindern, und die einzige Möglichkeit, die Freiheit zu sichern«[267].

Auch im amerikanischen Parteiensystem sah Sollmann eine gewisse Vorbildfunktion. Er ging davon aus, dass als Parteirichtungen Sozialdemokraten mit dem Charakter einer Volkspartei, christliche Konservative die eventuell in eine katholische und evangelische Gruppierung unterteilt seien, Kommunisten und vielleicht eine Gruppe Liberaler mit starken nationalen Tendenzen nach dem Ende des NS-Regimes eine Rolle spielen würden. Kommunisten hätten nur bei einem großen russischen Sieg und dementsprechenden Einfluss in Europa eine Bedeutung. Wenn die Deutschen eine gewisse Selbstbestimmung bei der Rekonstruktion des politischen Lebens bekämen, so glaubte Sollmann, sei es möglich, zu einem System mit nur zwei oder drei Parteien in einer moderaten Demokratie mit einer Verfassung zu gelangen, die die Regierung davor beschütze, zum Spielball der Opposition zu werden. Das amerikanische Präsidialsystem mit einigen Modifikationen könne viel besser zu Deutschland passen

---

266 Sollmann an Tarnow vom 20. November 1939, HAStK 1120/569/V-3-244, 244 a.
267 Sollmann: Und dennoch Demokratie, NVZ 15. November 1938. Vgl. auch: Wilhelm Sollmann refutes Rorty charge, The New Leader.

als ein Parlamentssystem französischer Prägung.²⁶⁸ Sollmanns Vorstellung von einem Zweiparteiensystem war wohl aus den Erfahrungen der Weimarer Republik mit ihrer zersplitterten Parteienlandschaft und dem amerikanischen Vorbild entstanden, das zumindest für die Regierungsbildung eindeutige Mehrheiten brachte.

Unabhängig von gewissen Vorbehalten gegenüber den amerikanischen Verhältnissen war sein neues Heimatland für Sollmann die Nation, dessen historische Aufgabe es war, die Welt in eine friedliche Zukunft zu führen und er warb darum, dass es sich dieser Mission auch bewusst wurde.

> »This country is the leading material power in the world. The British Empire, Russia, China, all the impoverished countries set their hope in America's material resources. From my long European experience and from the five years of studies and traveling in this country, it is my firm believe that this country during and after this war will also contribute the great ideas for the reconstruction of the world: cooperation of social groups in the spirit of democracy and cooperation of all nations under democratic international law. The United States of America is destined for world leadership.«²⁶⁹

In besonderer Weise hoffte er auf amerikanische Unterstützung beim demokratischen Neuaufbau in mentaler Hinsicht. Allerdings sah er die von alliierter Seite geäußerten Pläne zu einer »Umerziehung« der Deutschen kritisch. Er bemängelte den in den USA sehr populären Glauben, die Deutschen seien fügsam und unterwürfig, militaristisch und antidemokratisch. Allerdings bestünden durchaus moralische Defizite in Deutschland. Dies seien in erster Linie zwei. Sie beteten ihre technische Effizienz und ihr Organisationstalent an und betrachteten alle anderen Nationen als rückständig, die in dieser Hinsicht weniger begabt seien und keine mächtigen zentralen Institutionen aufgebaut hätten. Sie überschätzten materielle Organisation und unterschätzten die menschlichen Aspekte und Werte, die diesen Institutionen innewohnten.

> »The essence of education is guiding the individual towards the understanding and mastering of the art of living.«²⁷⁰

Zweitens hätten die Deutschen einen schwerwiegenden Mangel im Bereich der menschlichen Beziehungen. Dies gelte für die Individuen wie für die sozialen, politischen und religiösen Gruppen. Sie würden nur selten wissen, wann es gelte, Kom-

---

268 Sollmann: Facing the German people, Reprinted from April 1943 Dalhousie Review, Halifax, Canada.
269 Sollmann: The Hope of the World, in: Delaware County Magazine, January 1942.
270 Sollmann: Educational Reconstruction in Germany, Reprint form Schoolmen's Week Proceedings 1944, University of Philadelphia.

promisse zu schließen, da sie Extremisten wären. Dies gelte für die Nationalisten wie Internationalisten, für die Kapitalisten wie Sozialisten. Den Deutschen wäre es nicht gelungen, politische Freiheit zu handhaben. Es sei ihr Mangel an Gemeinschaftsgeist, an Toleranz und Verständigungsbereitschaft, aber keinesfalls ihre Unterwürfigkeit, die es so schwierig mache, die Deutschen zu regieren. Im Mittelpunkt der Erziehung müsse die Anleitung zu den Tugenden der Staatsbürgerschaft stehen.

Es seien aber noch viele Fragen offen, welche genauen Ziele die Erziehung haben solle. Auch bestehe die Gefahr, dass die Verbrechen des NS-Regimes die Siegermächte dazu verleiten könne, die Erziehung in Deutschland zu stark zu kontrollieren. Aber psychologische Abrüstung und die Entwicklung einer der internationalen Kooperation und Frieden dienlichen Haltung sei nur möglich durch die Entwicklung und Respektierung der menschlichen Würde in allen Nationen. Nach dem zerstörerischen Krieg sei die Bevölkerung in vielfacher Weise demoralisiert. Für die Jugend sei vor allem internationaler Austausch wichtig. Sie müsse ein Licht am Ende des Tunnels sehen können, das eine bessere Zukunft in Frieden und Freiheit verheiße.

Amerika sprach er bei diesen Aufgaben die Führungsrolle zu:

> »Re-education of Germany or any country will be hampered or helped by nothing more than the attitude and the policy of the oldest, greatest and richest democratic power on earth, the United States of America.«[271]

Wilhelm Sollmanns Ideen und Konzepte für ein Deutschland nach Hitler sind ein Beleg für die intensiven Diskussionen der sozialdemokratischen Emigration. Allen diesen Überlegungen war aber gemein, dass sie isoliert von Deutschland und nur innerhalb eines überschaubaren Kreises von Personen angestellt wurden, von denen nicht sicher war, in welchem Maße sie tatsächlich im Nachkriegsdeutschland politischen Einfluss haben würden. Man bewegte sich gewissermaßen im luftleeren Raum, denn es war weder absehbar, ob man Gelegenheit dazu bekommen würde, diese Vorstellungen auch umzusetzen, noch, ob die siegreichen Westmächte auf die Anregungen eingehen würden, die von der Emigration für eine deutsche Nachkriegsordnung ausgingen. Für Sollmann ging es in erster Linie um die Frage, wie er dazu beitragen konnte, die innerdeutsche Entwicklung im Sinne seiner Vorstellungen zu beeinflussen.

---

271 Ebd. Diese Argumentation findet sich einer ganzen Reihe von Veröffentlichungen Sollmanns. Vgl. Essentials for a democratic germany, in: Worldover Press, Vol. XIII, Nr. 9 (1944), S. 3-5; German Demerits and Democracy, in: The Guardian. A Christian Weekly Journal of Public Affairs, Vol. XXII, No. 41, 12. Oktober 1944, S. 370; Facing the german people, Reprinted from April 1943 Dalhousie Review, Halifax, Canada.

7 Im Zeichen des demokratischen Wiederaufbaus: Die letzten Lebensjahre

Mit der deutschen Niederlage setzten die Bemühungen um die Reorganisation der SPD ein. Schon als sich der Untergang Hitlers abzeichnete, hatte der Rumpfparteivorstand von London aus begonnen, die Kräfte für den demokratischen Neuaufbau zu sammeln.[272] Auch die Rekonstruktion des Parteivorstands wurde in die Wege geleitet. Sollmann hatte bereits Jahre zuvor eine dauerhafte Rückkehr nach Deutschland und damit auch eine politische Betätigung für sich ausgeschlossen. Auf Anfrage von Hans Vogel brachte er dies gegenüber der Partei zum Ausdruck, bot aber auch seine Mitarbeit und Unterstützung an:

»Schon seit dem 10. Juni 1943, dem Tage an dem ich Bürger der Vereinigten Staaten wurde, habe ich mich nicht mehr als Mitglied des Vorstandes der Sozialdemokratischen Partei Deutschlands betrachtet. Ich bin der Ansicht, dass der Bürger eines fremden Staates nicht Mitglied einer deutschen Partei sein kann. Ich hoffe, dass werden alle Genossen verstehen. Geistig natürlich bleibe ich der internationalen Sozialdemokratie verbunden, heute mehr denn je. Ich habe nie einer anderen Partei angehört und gedenke, der Sozialdemokratie bis zum Ende meiner Tage treu zu bleiben.«[273]

Er hoffte daher, dass sein Brief nicht als Abschied aus einer alten Kampfgemeinschaft verstanden würde. Hinsichtlich Deutschlands Zukunft war er aber pessimistischer denn je.

»Existiert Deutschland überhaupt noch? Es gibt nur noch einen russischen und einen westlich beherrschten Teil. Ob sich die beiden Teile während unseres Lebens

---

272 Im September 1944 fragte Ollenhauer bei Sollmann nach Genossen und anderen demokratische Gesinnten, mit denen man im Rheinland nach Einmarsch der Alliierten in Verbindung treten könne. Ollenhauer an Sollmann vom 17. September 1944, HAStK 1120/591/VII-2-51, 51 a. Sollmann kam dieser Bitte nach. Sollmann an Ollenhauer vom 11. Oktober 1944, SCPC, DG 45 Wilhelm Sollmann, Box 19, Folder »General Correspondence 1943–1945«. Auch Fritz Heine wandte sich an Sollmann betreffend den Wiederaufbau der Parteipresse. Heine an Sollmann vom 14. Dezember 1944, HAStK 1120/592/VII-2-103.
273 Sollmann an Vogel vom 26. Mai 1945, HAStK 1120/593/VII-3-60 a. Vogel hatte am 16. März einen Rundbrief an die Mitglieder des Parteivorstands geschrieben, um dessen Rekonstruktion in die Wege zu leiten. Vogel an die Mitglieder des Parteivorstands vom 16. März 1945, HAStK 1120/593/VII-3-60, 60 d–f. Zur Reorganisation der SPD in Deutschland und der Rolle des Exilparteivorstands siehe Klotzbach: Der Weg zur Staatspartei, S. 39–97. Sollmanns Entscheidung nicht zurückzukehren, war unter den politischen Emigranten keine Seltenheit. Ungefähr die Hälfte kehrte zurück, über 30 Prozent blieben im Exilland, die übrigen Prozente verteilen sich auf die in der Zeit der Emigration Verstorbenen und die Dunkelziffer. Foitzik: Die Rückkehr aus dem Exil, S. 257.

noch einmal vereinigen dürfen, ist mir zweifelhaft. Wir sehen eine zielklare, energische und rücksichtslose russische Politik, der die Westmächte einstweilen nichts Ebenbürtiges entgegenzusetzen wissen. Unter solchen Umständen ist die weitere Entwicklung ziemlich düster zu bewerten. Wenn sich die Westmächte, vor allem auch Frankreich aufrappeln und von ihrer Germanophobie zu einer westeuropäischen Politik vorschreiten, kann sich noch alles zum Besseren wenden. Solange man aber z. B. hier zu Lande vorgibt, dass man keine richtigen Antinazis in Deutschland findet, ist an eine vernünftige Politik nicht zu denken. Wenn ihr überhaupt in absehbarer Zeit nach Deutschland zurückkehren und dort arbeiten dürft, d. h., so wie ein Sozialdemokrat überhaupt nur arbeiten kann, dann gebt mir bitte Gelegenheit, mich schriftlich oder mündlich an die Parteigenossen zu wenden. Ich möchte nicht den Eindruck aufkommen lassen, als wäre ich je in der Emigration ein Fahnenflüchtiger gewesen. Auch wenn Ihr mich manchmal nicht verstanden habt, war ich immer im Sinne der sozialen Demokratie tätig, die für mich keine Partei ist, sondern meine ganze Weltanschauung. Auch in diesem Lande, und namentlich in meiner lehrenden Tätigkeit, ist alles auf die Entwicklung der sozialen Demokratie abgestellt.«[274]

Seine Sorge um die alte Heimat verstärkte den Wunsch, unbedingt aktiv daran mitwirken zu dürfen, dass Deutschland sich zu einer sozialen Demokratie entwickelte:

»I am ready for any kind of work for the reconstruction of democracy in Germany and especially for the reconstruction of a democratic labor movement, of course this always on the basis of my american citizenship. There would be no personal hardship and no personal danger, which I would not risk in order to hasten the downfall of the Hitler regime and the rebirth of social democracy and unionism in Germany.«[275]

Seine Aufgabe sah er vor allem darin, aufklärend, erziehend, ausgleichend und versöhnend zwischen den deutschen Gruppen und den Besatzungsbehörden zu wirken.[276] Vor diesem Hintergrund bemühte er sich intensiv darum, eine Möglichkeit zur Mitarbeit zu bekommen. Dies war keine Frage des guten Willens, sondern der Erlaubnis durch die amerikanischen Behörden, die ihre Bedingungen für eine Rückkehr über die Jahre veränderten. So musste man als Emigrant für ein Visum entweder besondere Qualifikationen besitzen, die für die Besatzungsbehörden von Nutzen waren, oder eine Einladung von deutschen Verwaltungsbehörden aus der amerikanischen Zone oder ein Beschäftigungsangebot haben beziehungsweise ein Geschäft angeben, das für

---

274 Sollmann an Vogel vom 26. Mai 1945, HAStK 1120/593/VII-3-60 a. Sollmann legte dem Schreiben noch einen Scheck über 10 $ zur Unterstützung der Partei bei.
275 Sollmann an Ollenhauer vom 11. Oktober 1944, SCPC, DG 45 Wilhelm Sollmann, Box 19, Folder »General Correspondence 1943–1945«.
276 Sollmann an Heine vom 10. November 1945, HAStK 1120/595/VII-3-107, 107 a–b.

die Entwicklung der deutschen Wirtschaft von Bedeutung war. Zudem musste man noch eine Wohnung am Zielort vorweisen, die Kosten der Rückkehr übernehmen und eine Genehmigung des Zonenbefehlshabers nachweisen können.[277]

Sollmann bat seine Parteifreunde, sie sollten die Besatzungsbehörden überzeugen, dass seine Anwesenheit in Deutschland im allgemeinen Interesse sei. Er selbst versuchte, bei den amerikanischen Behörden das seinige zu tun, um eine Genehmigung für eine Reise zu erhalten. Aber in den ersten Nachkriegsjahren ließ sich trotz intensiver Bemühungen sein Vorhaben nicht in die Tat umsetzen.[278]

In der Zwischenzeit lebten alte Kontakte wieder auf. Zu zahlreichen Weggefährten und Parteigenossen, die Deutschland nicht verlassen hatten, war die Verbindung in der Emigration abgerissen, konnte aber nun wieder aufgenommen werden. Neben dem Austausch mit Paul Löbe und Kurt Schumacher galt sein Interesse besonders dem Kölner Umfeld. Die Nachrichten aus der alten Heimatstadt waren aber wenig ermutigend. Robert Görlinger schilderte ihm in einem pessimistischen Brief die Zustände in Köln und im Rheinland.[279] Auch zu Konrad Adenauer knüpfte er wieder Verbindung. Von ihm erhielt Sollmann ebenfalls eine düstere Einschätzung der Lage in Deutschland:

»Ich erhielt ihren Brief vom 20.11.45 und habe mich lange nicht mehr über einen Brief so gefreut. Ich hatte sehnlichst gehofft sie in Köln zu sehen. […] Ich glaube, dass gerade Menschen wie Sie und Fräulein Kraus viel Gutes hätten tun können, insbesondere auch in politischer Hinsicht. Wie es bei uns aussieht, werden Sie ja in

---

277 Foitzik: Die Rückkehr aus dem Exil, S. 259-261. Sollmann schildert die Probleme, eine Genehmigung der Behörden zu erhalten, in dem bereits zitierten Brief an Heine. Sollmann an Heine vom 10. November 1945, HAStK 1120/595/VII-3-107, 107 a–b.
278 Zu seinen Anfragen um Unterstützung von Parteigenossen siehe Heine an Sollmann vom 21. Oktober 1945, HAStK 1120/595/VII-3-96, 96 a; Sollmann an Heine vom 10. November 1945, HAStK 1120/595/VII-3-107, 107 a–b; Robert Görlinger wollte sich für Sollmann einsetzen. Görlinger an Sollmann vom 14. Juni 1946, HAStK 1120/596/VIII-1-56, 56 a–b. Zu seinen Bemühungen bei den amerikanischen Behörden siehe den Schriftwechsel mit dem Department of State von September bis November 1946, HAStK 1120/599/VIII-2-180, 180 a–s. Sollmann nannte darin als Personen, die ihn nach Deutschland eingeladen haben: Grimme: Minister für Volksbildung, Kunst und Wissenschaft, Hannover; Kopf: Ministerpräsident des Landes Hannover, Andreé: Direktor des Landesjugendamtes Hannover; Radbruch: Universitätsprofessor Heidelberg; Strecker: Universitätsprofessor Gießen; Kuske: Universitätsprofessor Köln; Adenauer: früherer Oberbürgermeister Köln; Goldschagg: Hg. und Chefredakteur der Süddeutschen Zeitung in München; Löbe: früherer Präsident des Deutschen Reichstags. Siehe zu seinen Kontakten zu amerikanischen Behörden auch den Schriftwechsel mit Fritz Karsen vom Military Government. HAStK 1120/599/VIII-1-197, 197 a; HAStK 1120/601/VIII-2-61, 61 b–i.
279 Görlinger an Sollmann vom 14. Juni 1946, HAStK 1120/VIII-1-56, 56 a–b. Zur Lage der Sozialdemokratie in Köln vgl. auch den Brief des ehemaligen Redaktionskollegen Schneider, der bei der wiederbegründeten RZ tätig war. Schneider an Sollmann vom 8. Juni 1946, HAStK 1120/596/VIII-1-56, 56 a. Zu den Kontakten mit Löbe siehe bspw. den Brief Löbes vom Februar 1946, in dem er das Schicksal zahlreicher gemeinsamer Freunde und Bekannter schilderte. Löbe an Sollmann vom 21. Februar 1946, HAStK 596/VIII-1-8, 8 a–c.

der Zwischenzeit aus Schilderungen Ihrer Verwandten und Freunde gehört haben. Das deutsche Volk ist seelisch und materiell in einer Tiefe angelangt, die Schrecken erregend ist. Es wird einer sehr langen, sehr mühsamen und sehr planmässigen Aufbauarbeit bedürfen, die natürlich in erster Linie vom deutschen Volke selbst geleistet werden muss, bei der es aber der Hilfe anderer Nationen bedarf. [...] Ich habe immer gern an Sie zurückgedacht, auch wenn wir manchmal verschiedener Meinung waren. Geistige Auseinandersetzungen gehören zum Leben und sie sind notwendig zu jedem Fortschritt. Die geistigen Auseinandersetzungen mit Ihnen waren mir immer eine Freude. Ich hoffe sehr, dass wir uns noch einmal wiedersehen.«[280]

Durch die zahlreichen Kontakte bekam Sollmann recht detaillierte Schilderungen der innerdeutschen Verhältnisse. Solange ihm die Reise nach Deutschland verwehrt blieb, konnte er sich nur schriftlich in die Diskussion um den Wiederaufbau einbringen. Ein zentraler Aspekt, der Sollmanns Sicht über die weitere politische Entwicklung entscheidend beeinflusste, war die Restrukturierung des deutschen Parteiwesens und ganz besonders die Neuausrichtung der Sozialdemokratie. In einem programmatischen Brief an Jean Meerfeld fasste er noch einmal die Ansichten zusammen, die er in den letzten Jahrzehnten in verschiedener Form geäußert hatte. Der Parteiname, so führte er aus, den die Gründer ihrer Partei gegeben hätten, sei klug gewählt. Soziale Demokratie habe nichts mit Marxismus oder einer einengenden Theorie zu tun. Es sei auch nicht der Name einer Klassenbewegung, die sich auf industrielle Arbeiter und ihre Nachbargruppen beschränke. Sozialdemokratie könne das Bannerwort der größten Volksbewegung in jeder Nation werden und alle Kräfte sammeln, die für eine neue gerechtere Sozialordnung und für die Gleichberechtigung jedes Menschen eintreten. Dies könnten im philosophischen Sinne Materialisten und Idealisten sein, Freidenker, Christen und Juden, Bauern, Arbeiter, Gelehrte und Geschäftsleute. Dann wäre es freilich notwendig, dass man damit aufhöre, die uralten Ideen des Sozialismus durch Klassenkampfideologien einzuengen. Das stieße alle ab, die die materialistische Geschichtsdialektik ablehnten oder ihr geringe Bedeutung zuerkannten. Marx und Engels repräsentierten nur eine, wenn auch wichtige Linie der sozialistischen Geistesgenealogie. Es gebe aber vor und nach Lassalle eine lange Liste von Sozialisten, die keine Marxisten waren: Proudhon, Weitling, Kingsley, Keir Hardie, Jaurès und viele mehr. Man könne fragen, ob nicht einige von ihnen einen gesünderen demokratischen Instinkt offenbarten, weil sie totalitäre Ansprüche vermieden. Die einzige sozialistische Partei, die in einer Großmacht in relativ kurzer Zeit die Macht erobert habe, sei die British Labour Party, die immer absolut antimarxistisch gewesen sei. Deshalb habe sie stets reiche Kräfte aus der bürgerlichen Intelligenz und große Teile von Kirchenchristen angezogen. So habe der für beide Seiten verhängnisvolle Kampf zwischen Christen und Sozialisten vermieden werden können. Ohne Streitereien hät-

---

280 Adenauer an Sollmann vom 16. März 1946, HAStK 1120/596/VII-1-21, 21 a.

ten die britischen Sozialisten alte parlamentarische und monarchische Traditionen übernommen. Sie hätten sich nicht über Lappalien gezankt, die viele Jahre das deutsche Parteileben gekennzeichnet hätten. Kleinlichkeit sei eine der Charakteristiken der deutschen Sozialdemokratie wie der Deutschen überhaupt gewesen.

In der Sozialdemokratie sei aus einer allzu selbstsicheren »wissenschaftlichen« sozialistischen Haltung eine Art marxistische Theologie geworden. Man habe über vielen Disputationen die Entwicklung des politischen Machtwillens und die Vorbereitung demokratischer Verwaltungsaufgaben und sozialistischer Wirtschaftsplanung vernachlässigt.

> »Allzu gründliche Theoretisiererei macht politisch impotent.«

Die Debatten vor 1918 waren für ihn ein Beleg, dass die Sozialdemokratie in der deutschen und internationalen Politik genauso provinziell, rechthaberisch, ungewandt und steril gewesen sei wie die herrschenden Schichten. Man habe viel gearbeitet und erreicht, aber an weiser politischer Taktik, kühner Strategie und dem politischen Machtwillen habe es gefehlt. So sei man 1918 völlig unvorbereitet an die gestellten Aufgaben gegangen. Wie hätte man eine sozialdemokratische Republik aufbauen können, wenn innerhalb der eigenen Partei von »sogenannter« oder »formaler« Demokratie die Rede gewesen sei. Man habe dadurch den faschistischen und kommunistischen Todfeinden geholfen.

Die derzeitige Situation würde das Verständnis für eine sozialistische Wirtschaft heben. Es sei die Aufgabe der Sozialdemokratie, die Kriegsverlierer zu einer sozialistischen Volksgemeinschaft zu sammeln.

> »In diesem neuen Sozialismus müssen, wie in dem Hause des Gottes der Christen, viele Wohnungen sein.«

In Deutschland wirke von außen alles provisorisch. Alles liege darnieder. Unter diesen Umständen sei unabsehbar, welche Formen die Sozialdemokratie nehme. Man müsse aufgeschlossen sein und manchen Vorschlag diskutieren, der früher abgelehnt worden sei. Sogar christliche Sozial- und Wirtschaftsreformer könnten einen Baustein beitragen. Nur in einem Punkt dürfe es keine Diskussionsmöglichkeit geben: die Frage einer Staats-, Partei- Klassen- oder Rassendiktatur. Jeder habe das Recht, sein eigenes Leben aus seiner besten Erkenntnis selbst zu gestalten. Er und Meerfeld hätten gewusst, dass sie mehr wollten als eine neue politische Verfassung oder soziale Ordnung. Sie hätten den Glauben an unbegrenzte Möglichkeiten des geistigen und moralischen Menschen gehabt und würden ihn weiter haben:

> »Ich weiss das, weil Sie genau wie ich die soziale Demokratie niemals nur gedanklich erfasst, sondern sie erlebt haben, wenn wir von der ›Partei‹ sprachen, deren

Name noch heute die tiefsten seelischen Schwingungen in uns auslöst, war unsere ganze Persönlichkeit beteiligt, und wir wussten, auch wenn wir es nie formulierten, dass das viel mehr war als eine politische Verfassung oder eine soziale Ordnung. Es war der Glaube an unbegrenzte Möglichkeiten des geistigen und moralischen Menschen, nicht nur durch materielle Verbesserung und Reichtümer von Kenntnissen, sondern durch ein ununterbrochenes Streben nach seelischer Vervollkommnung.«

Sollmann schloss damit, er habe sich keinen besseren Adressaten für diesen Brief vorstellen können als seinen Vorgänger bei der Rheinischen Zeitung. Ihm sei bewusst, wie sehr unter Meerfelds und seiner eigenen Leitung die Rheinische Zeitung von ihrem Gründer Marx abgewichen sei, aber jeder müsse sich schließlich seine eigene Position erarbeiten.[281]

Diese Äußerungen stellen eine Art politisches Vermächtnis Sollmanns dar. Brennpunktartig sind hier noch einmal die Aspekte zusammengefasst, die charakteristisch für seine politische Lebenslinie waren. Er teilte seine Ansichten für den politischen und geistigen Wiederaufbau aber nicht nur alten Parteigenossen mit. Auch Konrad Adenauer schilderte er seine Ansichten über die deutsche Politik. In einem Brief führt Sollmanns aus, er könne in vielen Briefen, nicht nur von Sozialdemokraten, spüren, dass zu viele versuchten, wieder dort anzufangen, wo sie 1933 aufgehört hätten. Das werde sich als unmöglich erweisen. Er war davon überzeugt, dass die politischen Gruppierungen in Deutschland und anderen Ländern noch ganz provisorisch seien. Die große Läuterung und Umschichtung stehe erst noch bevor. Er habe mehrfach gefordert, dass eine Vereinfachung des deutschen Parteiensystems unerlässlich sei. Man brauche höchstens drei oder vier große Gruppierungen, die großzügig genug sind, viele Menschen mit verschiedenen Ansichten aufzunehmen. Mit Parteigezänk könne in Deutschland einstweilen nichts bewirkt werden. Entweder gehe man den Weg der Russen und erzwinge mehr oder weniger ein Einparteiensystem, oder man entwickele die Demokratie durch einige große demokratische Gruppenbildungen. Demokratie existiere aber nicht nur bei der Linken, sondern habe viele Schattierungen.

»Die üble und gedankenlose Schablonierung, jeden konservativen oder stark nationalen Mann als einen Faschisten zu bezeichnen oder jeden Anhänger des Ständesystems als einen ›Halbfaschisten‹ ist genauso einfältig wie jeden radikalen Sozialreformer als einen Kommunisten zu verschreien. Das neue Deutschland kann weder die Sozialdemokraten noch die Konservativen aller Richtungen entbehren. […] Ich

---

281 Sollmann an Meerfeld vom 11. August 1946, HAStK 1120/340. Sollmann betont eingangs, dass dieser Brief so gehalten sei, dass er ihn auch an andere Freunde schicken könnte, die ihn um seine Meinung bitten würden. Auszüge aus dem Brief sind abgedruckt in: Sozialistische Rundschau Nr. 14, 1. Dezember 1946. Diese Gedanken hat er in vertiefter Form ausgeführt in Sollmann: Zwischen Krieg und Frieden.

bin nicht Katholik, aber die Rettung der europäisch-christlichen Kulturgüter liegt mir so sehr am Herzen wie Ihnen. Wenn ich nach Deutschland käme, nicht nur die Gespräche mit meinen eigenen früheren Parteifreunden, sondern vor allem Unterhaltungen mit christlichen Führern, namentlich Katholiken, wären das erste, was ich suchen würde. Wie gründlich missverstanden ist Deutschland, wie einfach macht man sich hier die schwierigsten innerdeutschen Probleme, dieses Jahrhunderte alte Ringen einer schweren, dunklen, suchenden Volksseele. Ich glaube nur Menschen wie ich, aus Jahrhunderte altem deutschen Stamme und doch aus Dankbarkeit und Erkenntnis liebend mit der neuen Heimat verbundene Menschen können beginnen Brücken zu schlagen. Lieber Herr Adenauer, das ist nicht ein Sprachproblem, sondern eine seelische Frage. Einer kann Deutsch und Englisch meistern und alle Statistiken aus beiden Ländern wissen, aber er weiss nichts und leistet nichts für die Verständigung, wenn er nicht demütig verstehen wollend beide Länder und ihre Kulturen zu umfassen sucht. […] Geduld mit irrenden, schwachen, verzweifelten Seelen ist jetzt die Hauptsache. Die Katholiken brauchen einige Kettelers, die Sozialisten einige Lassalles, d. h. Menschen, die die Politik nur als einen Teil, nicht einmal den wichtigsten des menschlichen Gemeinschaftslebens erkennen. Sie werden noch immer sagen ›Omnia restorare in Christo‹. Darf ich sehr bescheiden Sie und andere Katholiken bitten, viel Betonung auf das ›Omnia‹ zu legen, nicht nur seelisch, sondern wirtschaftlich und sozial. Deutschland hat eine grosse Möglichkeit, wenn es aus seiner Armut und Demütigung etwas wirklich Neues im besten und im christlichsten Sinne Revolutionäres entwickelt. […] Die Deutschen müssen aus ihrer Not eine Tugend machen nicht für einen Revanchekrieg, der ja Wahnsinn wäre, sondern eine tiefe Umkehr und auf der Basis einer kooperativen Wirtschaftsordnung und Haltung, die vorbildlich werden könnte. Sie glauben nicht wie rasch und gründlich die Deutschen sich die Weltmeinung wieder erobern können, wenn sie nicht nur den Militarismus, sondern den Nationalismus überwinden – warum nicht als erste Nation – der in Deutschland jünger ist als anderwärts, sich gründlicher verirrt und daher vielleicht auch rascher abgewirtschaftet hat.«[282]

Wie schon in der Weimarer Republik legte Wilhelm Sollmann seine Hoffnung in die Zusammenarbeit von Christen und Sozialisten. Darin sah er nach wie vor die beste Möglichkeit, um eine stabile Demokratie zu etablieren, weil es für ihn die beiden politischen Richtungen waren, die grundlegende Menschheitswerte bewahrten und jede Diktatur ablehnten.[283] Zugleich versuchte er, mit seinen Beiträgen einer Entwick-

---

282 Sollmann an Adenauer o. D. [1946], HAStK 1120/599/VII-1-215, 216.
283 Siehe dazu auch Sollmann an Marianne Kühn vom 27. Januar 1946, HAStK 1120/339; Sollmann an Görlinger vom 30. Januar 1948, HAStK 905/40/230 A. Vgl. auch seine Zuschrift an den Tagesspiegel vom Januar 1948, in der seine Haltung folgendermaßen begründet: »In dem Artikel ›Christen und Marxisten von Philipp Marnix (Nr. 232/1947) werde ich als der geistige Urheber einer Bewegung bezeichnet, die vor etwa zwanzig Jahren in Deutschland eine Annäherung zwi-

lung vorzubeugen, wie sie sich aus seinen Informationen heraus darstellte. Er wollte verhindern, dass die alten Parteien und mit ihnen auch die parteipolitischen Gräben wieder entstehen, anstatt neue Wege zu gehen. In der Nachkriegssozialdemokratie wollte man ebenfalls einen Neuanfang, »Nicht Wiederaufbau, sondern Neubau« war das Motto, unter dem Kurt Schumacher und seine Mitstreiter den Aufbau der Partei angingen. Auch die weltanschauliche Pluralität der neuen Partei, die es Menschen ermöglichen sollte, aus unterschiedlichen Motiven der Sozialdemokratie beizutreten, war beiden ein wichtiges Ziel. Wenn Sollmann davon spricht, im »neuen Sozialismus müssen, wie in dem Hause des Gottes der Christen, viele Wohnungen sein«, heißt es bei Schumacher, die SPD »sollte viele Wohnungen für viele Arten von Menschen«[284] kennen. Parallelen gab es auch, was die Bedeutung der Sozialdemokratie für den demokratischen Neubeginn betraf. Schumacher wie Sollmann sahen die Sozialdemokratie in einer zentralen Rolle für diesen Prozess, aber anders als Sollmann reklamierte Schumacher für die SPD einen Führungsanspruch, der sich für ihn aus der Haltung der Partei zum Nationalsozialismus begründete. Weil diese sich als Einzige gegenüber dem Nazismus immun gezeigt und durch ihren Widerstand und die damit verbundenen Opfer als der eigentliche Widerpart zur Diktatur profiliert hatte, besaß sie für ihn eine besondere Legitimation für den politischen Neubeginn. Anders als Sollmann, der im Christentum einen gleichberechtigten Verbündeten erkannte, der dieselben Werte verteidigte, und daher im Bündnis von Christen und Sozialisten die beste Gewähr für einen demokratischen Neuanfang sah, wollte Schumacher der Nachfolgeorganisation der Zentrumspartei nur eingeschränkt eine Partnerrolle zukommen lassen. Auch über die Frage der Aufarbeitung der Politik der Partei in der Weimarer Republik gab es unterschiedliche Ansichten. Sollmann redete einer rücksichtslosen Auseinandersetzung mit den Versäumnissen der Sozialdemokratie im Weimarer Staat das Wort, wogegen Schumacher eine derartige innerparteiliche Rückbesinnung unterdrückte. Die meisten Mitglieder waren nur zu gerne bereit, dieser Vorgabe zu folgen. Damit wurden eine grundlegende Aufarbeitung der eigenen Vergangenheit und eine daran orientierte Einordnung in die politische Landschaft nach dem Weltkrieg verhindert. Mit seiner Haltung hätte sich Sollmann daher, so er sich denn in Deutschland politisch wieder betätigt hätte, trotz einiger Übereinstimmungen mit Kurt Schumacher wohl

---

schen demokratischen Sozialisten und Katholiken herbeiführen wollte. Das ist richtig, und ich stehe auch heute noch zu dem, was ich damals gesagt und geschrieben habe. Eine klare und dauernde christlich-sozialistische Front hätte nicht nur in Deutschland, sondern überall in Europa viel Unheil verhindern können, und sie könnte es noch heute.« Sollmann: Christen und Marxisten, in: Der Tagesspiegel Nr. 15, Beiblatt, 18. Januar 1948. Der Gedanke, dass reformierte Parteien, die breitere Bevölkerungsgruppen und Weltanschauungen repräsentierten, besser geeignet waren, politische Stabilität zu gewährleisten, findet sich auch bei Emigranten anderer politischer Herkunft wie bei Joseph Wirth, der eine christliche gefärbte Labour-Party ins Spiel brachte. Siehe dazu und zu Überlegungen hinsichtlich eines demokratischen Neuanfangs in der Emigration Becker: Demokratie, S. 37-47.

284 Schumacher: Programmatische Erklärungen, S. 18.

kaum durchsetzen können. Wo Sollmann auf der Suche nach Ausgleich und Versöhnung war, zeigte sich Schumacher kompromisslos. Für ihn besaß die Sozialdemokratie weiterhin eine historische Mission, die sie gegenüber den anderen Parteien in eine besondere Position brachte. Sollmann hatte sich von derartigen Gedanken schon lange verabschiedet. Die Arbeiterbewegung für sich allein, dies war seine Erkenntnis der letzten Jahrzehnte, war nicht in der Lage, die Demokratie zu schützen. Diese Aufgabe konnte nur im Bündnis mit anderen Kräften bewältigt werden und aus dieser Sicht erschien es prekär, dass Schumacher die Arbeiterbewegung moralisch über die anderen Parteien erhob, weil man dadurch der Kooperationsbereitschaft Grenzen setzte.[285]

Die Frage nach der zukünftigen Gestaltung Deutschlands trieb Sollmann fortwährend um. Es war aber nicht nur die Sorge um die alte Heimat, die ihn antrieb, nach Deutschland zu reisen, sondern auch sentimentale Zuneigung und die Hoffnung, noch einmal die Stätten seines Wirkens wiederzusehen. Marianne Kühn, der Ehefrau des späteren nordrhein-westfälischen Ministerpräsidenten, die er wie ihren Mann aus Kölner Zeiten kannte, schrieb er, er besitze eine schwarz-rot-goldene Fahne, die er durch fünf Länder gerettet habe. Wenn sie nach Köln komme, solle sie zum Ursulaplatz 6, wo früher die Rheinische Zeitung ihren Sitz hatte, und zur Severinstraße 97-99 gehen, wo das Volkshaus stand, und ihm je ein Steinchen von den Trümmern zusenden. Er wolle diese mit in seinen Sarg nehmen.[286]

Die zahlreichen Verbindungen nach Deutschland ermöglichten es Sollmann, sich trotz der geografischen Entfernung ein recht gutes Bild von der innerdeutschen Lage zu verschaffen. Was er hörte, bestätigte ihn in seiner Auffassung, dass seine Hilfe gebraucht wurde.[287] Nach langem Warten konnte schließlich 1948 das Vorhaben einer Reise nach Deutschland verwirklicht werden. Ermöglicht wurde dies durch das Ame-

---

[285] Zur innerparteilichen Diskussion um die Neuorientierung und die Haltung Schumachers siehe Klotzbach: Der Weg zur Staatspartei, S. 54-58.
[286] Sollmann an Marianne Kühn vom 27. Januar 1946, HAStK 1120/339.
[287] Zudem wurde er von verschiedenen Seiten auch um Unterstützung gebeten. So schreibt Kurt Schumacher: »Wir würden uns alle freuen, wenn Sie für einige Zeit nach Deutschland kämen. Dabei würden wir allerdings nicht wünschen, dass Sie der Politik aus dem Wege gehen. Dass diese Politik ein grosses Umlernen sein muss, weiss ich. Und dass Sie der Sozialdemokrat Sollmann sind, den ich von früher kenne, weiss ich auch. Am meisten würde mich freuen, aus Ihrem Munde Aufklärung und die Entwicklung von Zusammenhängen zu hören, die uns allen fehlen.« Schumacher an Sollmann vom 17. September 1946, HAStK 1120/598/VIII-1-132, 132 a. Vgl. zum Angebot Sollmanns für Hilfe Sollmann an Schumacher vom 20. November 1945, AsD, Nl. Kurt Schumacher, Nr. 68. Auch die materielle Hilfe, die im Rahmen der Flüchtlingshilfe im Weltkrieg geleistet wurde, setzte sich fort. So bat Marie Juchacz regelmäßig Sollmann um Unterstützung, etwa für Gustav Radbruch, Anfragen, denen Sollmann gerne nachkam. Juchacz an Sollmann vom 10. Januar 1946, HAStK 1120/602/VIII-2-70 m; Juchacz an Sollmann vom 15. März 1946, HAStK 1120/596/VIII-1-18; Juchacz an Sollmann vom 28. April 1946, HAStK 1120/596/VIII-1-34; Juchacz an Sollmann vom 17. August 1946, HAStK 1120/597/VIII-1-100, 100 c-d. Zu Sollmanns Hilfsleistungen siehe auch Anna von Harnack an Sollmann vom 29. Dezember 1946, HAStK 1120/418.

rican Friends Service Committee, das ihn als »Spezialgesandten guten Willens« nach Deutschland delegierte.[288]

Im Vorfeld hatte Sollmann zahlreiche Einladungen erhalten, so von der Universität Köln, was ihn besonders freute, hatte er doch an deren Wiederbegründung 1919 tatkräftig mitgewirkt. Er begab sich Ende Juni 1948 nach Deutschland. Sein Ziel und seine Aufgabe war es, im Sinne deutsch-amerikanischer Verständigung zu wirken und mit Vertretern von möglichst allen sozialen Gruppen und Überzeugungen Gespräche zu führen. Sein besonderes Augenmerk galt dabei der Jugend und den Studenten.[289]

Sollmann absolvierte ein beachtliches Pensum während seines Aufenthaltes. Ihm gelang es, sein Ziel, möglichst mit allen gesellschaftlichen relevanten Gruppen in Kontakt zu treten, in die Tat umzusetzen. Er sprach im ganzen Land mit Vertretern der Jugend, der Wirtschaft, der Politik, der Wissenschaft und der Kirchen. Außerdem nahm er als Beobachter an den Verhandlungen der Nürnberger Prozesse teil und bekam, weil er Robert Kempner kannte, Gelegenheit mit Angeklagten zu sprechen.[290] Seine Reise führte ihn auch nach Köln, wo er zwei Vorträge an der Kölner Universität hielt. Selbstverständlich nutzte er auch die Gelegenheit, um mit den alten Kölner Weggefährten zu sprechen, darunter Jean Meerfeld. Auch die wiederbegründete Rheinische Zeitung besuchte er, die nun von Heinz Kühn und Willi Eichler geleitet wurde.[291]

Er sammelte in den knapp drei Monaten seines Aufenthaltes eine Fülle von Eindrücken. Zu seiner Enttäuschung waren sie aber fast ausnahmslos negativ, wie er desillusioniert Friedrich Stampfer berichtet:

»Meine Eindrücke von Deutschland, soweit das politisch-geistige in Betracht kommt, sind ungünstig, viel mehr als ich erwartet habe. Von Ausnahmen abgesehen: provinziell, nationalistisch, auch wenn sie glauben international zu sein, eingebildet auf ihre ›Kultur‹ im Vergleich zu den Amerikanern, überkritisch wie immer (nur sich selbst nehmen sie natürlich aus), doktrinär, parteifanatisch. Ich weiss natürlich alle Gründe, die man zur Erklärung und Entschuldigung gerechterweise aufführen kann. Ich bete sie mir täglich vor, um meine Geduld nicht zu verlieren, habe sie noch nicht verloren. Wie soll ein solches Volk und mit einem solchen Parteijammer eine Demokratie aufbauen, zumal sie innerlich weder die Armut noch

---

288 So Sollmanns Umschreibung seiner Tätigkeit. Sollmann an Kroll vom 13. April 1948, UAK Zug. 28/628.
289 Sollmann an Kroll vom 13. April 1948, UAK Zug. 28/628.
290 Über seine Aktivitäten in Deutschland fertigte er für das AFSC mehrere Berichte an. SCPC, DG 45 Wilhelm Sollmann, Box 18, Folder »Writings of William F. Sollmann«, AFSC Reports Nr. 1-12.
291 Zu seinem Besuch in Köln siehe den AFSC Report Nr. 9, S. 1-3. Zu seinem Besuch bei der RZ siehe Kühn: Aufbau und Bewährung, S. 53, 59. Die Themen seiner Vorträge in Köln lauteten: »Erfahrungen und Gedanken in den USA«, und »Deutschland aus amerikanischer Sicht«, UAK Zug. 28/628.

Abb. 7 SPD-Parteitag 1948 in Düsseldorf: Otto Braun, Carl Severing, Wilhelm Sollmann, Paul Löbe (v. l. n. r.).

den andauernden niedrigen Lebensstandard angenommen haben? Ich warne sie, noch einmal zurückzukehren. Viele gute und weise Genossen schliessen sich dem an. Bleiben Sie doch drüben und geben sie Gastrollen, wie ich es vorhabe.«[292]

Er äußerte seine Kritik aber nicht nur intern, sondern auch öffentlich, wie etwa im Gespräch mit der Rheinischen Zeitung. Sollmann bemängelte erneut die mangelnde demokratische Gesinnung der Deutschen und ihre Klagen über die Besatzung.[293] Auch von der eigenen Partei zeigte sich Sollmann enttäuscht. Über seine Teilnahme am Düsseldorfer Parteitag berichtete er in einem weiteren Brief an Stampfer, das einzig Revolutionäre sei Beethovens Neunte gewesen. Von einem geistigen Aufbruch konnte er in der Sozialdemokratie nichts erkennen. Rückblickend auf seine Erfahrungen in den letzten drei Monaten stellte Sollmann fest, er habe eigentlich in keinem Moment den Wunsch verspürt, dauerhaft zurückzukehren.[294] (☞ s. *oben* Abb. 7)

---

292 Sollmann an Stampfer vom 6. August 1948, AsD, Nl. Friedrich Stampfer, Mappe 13, Bl. 715.
293 RZ 21. Juli 1948.
294 Sollmann an Stampfer vom 15. September 1948, AsD, Nl. Friedrich Stampfer, Mappe 13, Bl. 716. Der Parteitag der SPD fand vom 11. bis 14. September 1948 in Düsseldorf statt.

Dies änderte jedoch nichts an seinem Ziel, die festgestellten Defizite zu bekämpfen. Was er an positiver Erkenntnis mitnahm, war die Erfahrung, dass das Vertrauen in die Society of Friends größer war als je zuvor. Dies sollte aus seiner Sicht genutzt werden, um neben den laufenden Fürsorgemaßnahmen weiter gehende Erziehungs- und Bildungsmaßnahmen zu fördern. Direkten Erziehungsmaßnahmen, so seine Erkenntnis, würde misstraut, man brauche Vermittlungsorganisationen, die willkommen seien. Auch der Austausch zwischen Deutschland und den USA müsse verstärkt werden. Es sei ein weites Feld offen für Arbeit im Geiste des internationalen guten Willens, was nach Sollmanns Wunsch mit der Lösung der ökonomischen Probleme einhergehen sollte. Dies werde helfen, Verständnis für die internationalen Zusammenhänge zu schaffen. Auch gebildete Deutsche neigten zu Selbstmitleid und Selbstbezogenheit und müssten dementsprechend aufgeklärt werden.[295]

Im Zentrum von Sollmanns Wahrnehmung der Verhältnisse in Deutschland stand die Frage, inwiefern der Übergang vom totalitären zu einem demokratischen System fortgeschritten war. Seine Ergebnisse stimmen überein mit denen anderer Emigranten wie Hannah Arendt und Arnold Brecht. Sie alle konstatieren in ihren Betrachtungen Deutschlands den Mangel an einer demokratischen Kultur, was sie mit den nachwirkenden antidemokratischen Denkstrukturen erklären. Die Begründungszusammenhänge differieren zwar, aber letztlich gibt es doch eine hohe Übereinstimmung in den Ergebnissen.[296]

Ein Jahr später begab sich Sollmann erneut für mehrere Monate nach Deutschland. Dieses Mal waren seine Aktivitäten anders als 1948, als er vorwiegend die Stimmungslage sondiert hatte, stärker darauf abgestellt, die von ihm als notwendig erkannten Erziehungs- und Bildungsmaßnahmen zu fördern. Sein Augenmerk galt der Frage, wie der Demokratisierungsprozess gefördert werden konnte. Die amerikanischen Besatzungsbehörden waren zu der Erkenntnis gelangt, dass die Demokratisierung nicht allein durch die militärischen Behörden eingeleitet werden konnte. Wenn die deutsche Nachkriegsgesellschaft nachhaltig demokratisiert werden sollte, musste dies von den Deutschen selbst in die Hand genommen werden, allerdings in enger Zusammenarbeit mit den westlichen Siegermächten. Besonders Kontakte zwischen Deutschen und Amerikanern auf Basis privater Organisationen und Institutionen gewannen an Bedeutung und wurden vom Department of State gefördert. In diesen Kontext gehörte auch die Anwesenheit der Quäker in Deutschland, für die Sollmann im Jahr zuvor in Deutschland tätig war. Weiterhin gab es eine ganze Reihe weiterer Organisationen wie die American Federation of Labor, die League of Women Voters, der American Council on Education und die American Civil Liberties Union. Dank

---

295 Sollmann: Summary of lecture. SCPC, DG 45 Wilhelm Sollmann, Box 18, Folder »Writings of William F. Sollmann«.
296 Zu den Erkenntnissen Arendts und Brechts siehe Söllner: Zwischen totalitärer Vergangenheit, S. 167.

ihnen entwickelte sich ein transatlantisches Netzwerk, das abseits der militärischen Besatzung einen regen Austausch ermöglichte und eine Fülle von Reforminitiativen auf den Weg brachte.²⁹⁷ Wenn Sollmann, wie erwähnt, davon sprach, dass die deutsche Bevölkerung den Erziehungsmaßnahmen der Besatzungsbehörden misstrauen würde und daher Vermittlungsorganisationen, die willkommen wären, benötigt würden, dann zielte er auf diese privaten Institutionen ab, die eine andere Ebene des Austauschs ermöglichten.

Eine wichtige Rolle spielte die einflussreiche American Civil Liberties Union (ACLU). Als Bürgerrechtsbewegung war sie sowohl darauf aus, die amerikanische Besatzungspolitik zu überwachen als auch den demokratischen Neuaufbau zu befördern. Im Herbst 1948 stattete der Direktor der ACLU, Roger Baldwin, zusammen mit weiteren Vertretern Deutschland einen Besuch ab und traf auch mit General Lucius Clay, Militärgouverneur der amerikanischen Zone, zusammen. Aus den Gesprächen ergaben sich Überlegungen zu Initiativen für eine Bürgerrechtsbewegung in Deutschland. Anfang 1949 wurden dann durch Clay die Weichen für ein durch das Office of Military Government for Germany U.S. (OMGUS) finanziertes Programm zur Begründung einer deutschen Bürgerrechtsorganisation gestellt.²⁹⁸ Baldwin knüpfte während seines Aufenthaltes schon eine Reihe von Kontakten zu möglichen Kooperationspartnern aus Politik und Gesellschaft. Für den Ausbau seines innerdeutschen Netzwerkes kam dann Wilhelm Sollmann entscheidende Bedeutung zu, der wohl schon 1948 Verbindungen zu Sozialdemokraten hergestellt hatte. Eine intensivere Kooperation gab es dann seit 1949. Seit Anfang des Jahres stand Baldwin mit Sollmann und der Democratic Branch der Civil Administration Division (CAD) der OMGUS bezüglich der Gründung einer deutschen Bürgerrechtsbewegung in Kontakt. Sollmann ging dann als Visiting Expert der CAD nach Deutschland. Zudem war er erneut von der Universität Köln eingeladen worden. Allerdings weilte er 1949 nicht nur zu Vorträgen in Köln, sondern unterrichtete als Gastdozent im Sommersemester.²⁹⁹

Während seines Aufenthaltes warb er für die Idee der Bürgerrechtsbewegung und half auf lokaler Ebene bei der Gründung von Bürgerrechtsgruppen. Seine Bemühungen in Kooperation mit Baldwin und Harold Landin, Mitarbeiter der Civil Affairs Division der OMGUS, führten dann am 20. September 1949 zur Gründung

---

297 Rupieper: Der Bund für Bürgerrechte, S. 88 f.
298 Ebd., S. 91 f.
299 Zur Vorbereitung des Gastaufenthaltes siehe den Schriftwechsel zwischen Sollmann und dem Rektor Kroll in der Zeit vom 14. Januar 1949 und dem 5. März 1949. UAK Zug. 28/628; UAK Zug. 285/1, Bl. 567, 569. Der Aufenthalt war allerdings schlecht vorbereitet. So waren Sollmanns Vorlesung und seine Seminare nicht im Vorlesungsverzeichnis angekündigt, von den Studenten wusste kaum jemand von seiner Anwesenheit im Sommersemester. Sollmann an Elfriede Sollmann vom 12. Mai 1949, SCPC, DG 45 Wilhelm Sollmann, Box 18, Folder »Biographical Materials«. Eine Übersicht über seine Vorlesungsthemen in HAStK 1120/532/I-4-7, 7-8.

des Bundes für Bürgerrechte. Ziel des Bundes war es, die Gewährung der in der Verfassung garantierten Bürgerrechte zu überwachen, die Bürger vor Übergriffen des Staates zu bewahren und sie für die Verteidigung der demokratischen Grundordnung zu gewinnen.[300]

Für Sollmann stellte der Bund gemeinsam mit dem kulturellen Austauschprogramm zwischen Deutschland und den USA das wichtigste Projekt für den Aufbau einer demokratischen Gesellschaft dar. Er erhoffte sich wohl davon, bei den Deutschen ein Gefühl für die demokratischen Rechte und die Demokratie im Allgemeinen zu entwickeln, wie er es in den Vereinigten Staaten kennengelernt hatte und in Deutschland vermisste:

»Und doch fragt man sich als alter Kämpfer für Demokratie in Deutschland, nachdem man lange in Amerika gelebt hat, ob nicht etwas ganz Entscheidendes den demokratischen Bewegungen drüben gefehlt hat? Mir wenigstens ist das erst in Nordamerika aufgegangen. [...] In Deutschland war uns Demokratie vor allem ein politisches und wirtschaftliches und soziales System mit seinen gesetzlichen Einrichtungen, seinen Wahlen und der öffentlichen Kontrolle der Gewählten und den anderen Bürgerrechten, was wichtig genug ist. Das alles gibt es natürlich in den Vereinigten Staaten auch. Darüber hinaus ist hier die Demokratie viel mehr: etwas Unwägbares und doch Großes. Es ist die persönliche demokratische Haltung, die Demokratie als tägliches lebenslanges Erlebnis, der demokratische Geist in den menschlichen Beziehungen [...]. Demokratie beginnt nicht auf dem Rathause und im Ministerium, sondern in jedem von uns und in jeder unserer Handlungen. Ob endlich die meisten Deutschen das begreifen und danach zu handeln versuchen, ist die große Schicksalsfrage, die uns alle beschäftigen sollte.«[301]

Allerdings gab es in der deutschen Bevölkerung offenbar nur wenig Interesse daran, sich mit diesen Fragen auseinanderzusetzen. Insgesamt zeigte er sich von den gewonnenen Eindrücken ähnlich enttäuscht wie im Jahr zuvor.[302]

Neben seinen Aktivitäten für die Bürgerrechtsbewegung hatte Sollmann auch noch Gelegenheit für politische Kontakte, die ihn aber auch nicht positiv stimmten.

---

300 Zu den Kontakten zwischen Sollmann und Baldwin vor seiner Reise 1949 siehe den Schriftwechsel in HAStK 1120/604/VIII-4-2, 2 a; HAStK 1120/604/VIII-4-24, 24 j–n. Zur Förderung der Bewegung während seiner Reise und zur Gründung des Bundes siehe Sollmann: The »Bund für Bürgerrechte« in Germany, SCPC, DG 45 Wilhelm Sollmann, Box 18, Folder »Writings of W. Sollmann«. Vgl. auch Rupieper. Der Bund für Bürgerrechte, S. 94 f. Sollmann selbst trat 1949 der ACLU bei. Huebsch an Sollmann vom 8. November 1949, HAStK 1120/604/VIII-4-24 b.
301 Sollmann: Demokratie von Amerika gesehen, in: Süddeutsche Zeitung Nr. 11, 25. Januar 1947.
302 Sollmann an Elfriede Sollmann vom 24. August 1949, SCPC, DG 45 Wilhelm Sollmann, Box 18, Folder »Biographical Materials«.

Eine Ausnahme war Konrad Adenauer. Nicht ohne Stolz berichtete er seiner Tochter, dass dieser sich besonders viel Zeit für ein Treffen genommen habe:

> »Er sagte alles andere ab und behielt mich zwei Stunden in seinem Arbeitszimmer, wir aßen auch da vertraulich. Dann zeigte er mir das ganze Gebäude, in dem fieberhaft für die Parlamentseröffnung am 7. September gearbeitet wird. [...] Es gab ziemliches Aufsehen, als er mich selber überall durchführte, da er natürlich als Bundeskanzler im Zentrum des Aufsehens steht. Wir wurden gefilmt etc. Die Presse dachte wunder, was wir alles besprochen hätten. Aber ich sagte natürlich, dass es ein rein privates Gespräch war. In Wirklichkeit habe ich ihn auf außenpolitische Fehler aufmerksam gemacht und ihm einen langen Vortrag über Amerika gehalten. Er ließ sich ganz anders als andere Deutsche vieles sagen. Dann sagte er mir seine Meinung und ich werde das Nichtvertrauliche an die Regierung weiterleiten. Auf Schumacher ist er gar nicht gut zu sprechen, [er] ist ja auch als Parteiführer ziemlich unmöglich. Ich werde darauf hinwirken, dass A [denauer] sobald als möglich nach Amerika eingeladen wird.«[303]

Auf Adenauers Einladung nahm er auch als Gast an der Eröffnung des Bundestages teil.[304]

Nach der Rückkehr aus Deutschland setzte er seine Arbeit für den Bund für Bürgerrechte fort. Die noch junge Bewegung brauchte dringend weitere Unterstützung. Roger Baldwin wollte den Bundeskanzler für die Idee interessieren und ihn für die Gründung eines Büros für Bürgerrechtsfragen im Justizministerium gewinnen und bat Sollmann diesbezüglich um Hilfe. In einem Begleitschreiben zum Brief Baldwins legte er Adenauer seine Bewertung des Vorhabens dar. Die Anregung Baldwins, so Sollmann, habe für Deutschland mehr Bedeutung als Adenauer wohl ahnen würde, weil die Amerikaner das Bürgergefühl als selbstverständlich voraussetzten, egal wel-

---

303 Sollmann an Elfriede Sollmann vom 24. August 1949. Ebd.. In Aufzeichnungen über seine Reise heißt es, am Ende einer mehrstündigen Konversation mit Adenauer habe Sollmann gefragt: »How could we Americans help the German youth? He answered: ›Take many of our young people as working guests to the U.S.A. Not only students but also young laborers and farmers. They must widen their horizon.‹ This is the opinion of one of the greatest European leaders.« HAStK 1120/637/XIV-1-421-424. Dies hat er in seinem offiziellen Bericht über seine Tätigkeit in Deutschland bestätigt. SCPC, DG 45 Wilhelm Sollmann, Box 18, Folder »Writings of W. Sollmann«, Report Nr. I. Zu seinem Gespräch mit Adenauer siehe auch Sollmann an Schumacher vom 29. Oktober 1949, AsD, Nl. Kurt Schumacher, Box 81, Korrespondenz 1947–1952, R 3. Sein Gespräch mit Adenauer erregte wohl tatsächlich großes Aufsehen. Fritz Heine schreibt ihm im November 1949: »Ihr Gespräch mit Adenauer hatte seinerzeit grosse Sensation erregt und es war viel hineingeheimnist worden.« Heine an Sollmann vom 11. November 1949, HAStK 1120/604/VIII-4-33 b.
304 Sollmann an Schumacher vom 29. Oktober 1949, AsD, Nl. Kurt Schumacher, Box 81, Korrespondenz 1947–1952, R 3.

cher Partei sie auch angehörten. Der Bürger sei in Amerika die Grundlage des nationalen Gemeinschaftslebens und niemand könne sich dort etwas darunter vorstellen, wenn man von »bürgerlichen Parteien« spreche. Es sei seine tiefste amerikanische Erfahrung, dass in dem mangelhaften Bürgergefühl eine der größten Klippen für die deutsche Demokratie liege. Irgendetwas müsse doch einer Nation über alle Gegensätze hinweg gemeinsam sein. In Amerika sei das: »I am an american citizen.«[305]

Der Bund für Bürgerrechte spielte dann auch eine wichtige Rolle für seine dritte und letzte Deutschlandreise 1950. Die Vorbereitungen begannen bereits kurz nach seiner Rückkehr. Im Herbst 1949 bekam er von der Universität Köln erneut die Einladung als Gastdozent für das kommende Sommersemester, die er gerne annahm.[306] Parallel dazu bemühte er sich um eine Förderung durch das Department of State, weil der Lehrauftrag nicht ausreichend dotiert war, um seine Ausgaben zu bestreiten. Als mögliche Arbeitsfelder nannte er die Weiterentwicklung des Bundes für Bürgerrechte gemeinsam mit Roger Baldwin, Gastvorlesungen über die Vereinigten Staaten an Universitäten in der amerikanischen und französischen Zone und in Berlin sowie Konferenzen mit Vertretern der deutschen Presse, der Gewerkschaften, Jugendgruppen, Kirchen, Lehrern und anderen Berufsgruppen. Diese Bemühungen waren erfolgreich, sodass er als Spezialist für Bürgerrechte im Rahmen des Austauschprogramms des Departments eine finanzielle Förderung erhielt, die ihm den Aufenthalt ermöglichte. Wegen der damit verbundenen Aufgaben reduzierte er seinen Aufenthalt an der Universität Köln auf wenige Gastvorlesungen statt der geplanten Dozentur.[307]

Die Vorbereitungen der Reise intensivierten sich in der Folge. Bereits zuvor war Sollmann mit Baldwin und Jay Westcott, Mitarbeiter des High Commissioner for Germany, in einen Austausch über das Governmental Affairs and Cultural Exchange Program getreten, in dessen Rahmen die Förderung der Bürgerrechtsbewegung stattfand. Auch mit Vertretern des Bundes für Bürgerrechte stand er in Kontakt.[308]

---

305 Sollmann an Adenauer vom 14. November 1949, HAStK 1120/604/VIII-4-31, 31 b–c.
306 Als Thema für seine Dozentur schlug er vor: Die Vereinigten Staaten. Volk und Regierung, Wirtschaft und Ideen. Sollmann an Schalk vom 21. Dezember 1949, HAStK 1120/604/VIII-4-32, 32 a.
307 Zu den Vorschlägen für seine Aktivitäten siehe Sollmann an Kellerman, Department of State, vom 11. Dezember 1949, HAStK 1120/604/VIII-3-34, 34 i–j. Zur Bewilligung der Förderung Sollmann an Caldwell, Department of State, vom 18. Februar 1950, HAStK 1120/604/VIII-5-35; »U. S. Department of State. Authorization of Office Travel: William F. Sollmann«, HAStK 1120/604/VIII-5-43 g. Zur Dozentur in Köln siehe Sollmann an Mommsen vom 26. Februar 1950, HAStK 1120/605/VIII-5-38.
308 Baldwin an Sollmann vom 12,. Januar, 8. Februar und 23. März 1950; Sollmann an Baldwin vom 18. Januar, 15. und 17. Februar, 30. März 1950; Sollmann an Mommsen vom 26. Februar 1950, HAStK 1120/605/VIII-5-38; Sollmann an Partsch vom 5., 8. und 14. Februar 1950, PUL, Roger Baldwin Papers, Box 1170, Folder 9; Sollmann Westcott vom 14. Januar und 23. März 1950, HAStK 1120/605/VIII-5-7, 7 a–e, 1120/605/VIII-5-49. Auch Konrad Adenauer schrieb er im Vorfeld seiner Reise und bat um ein Gespräch über die Bürgerrechtsbewegung. Sollmann an Adenauer vom 23. Februar 1950, HAStK 1120/605/VIII-5-39.

In Deutschland, wo er sich seit April 1950 aufhielt, entfaltete Sollmann zahlreiche Aktivitäten zur Förderung der Bürgerrechtsbewegung mit dem Ziel der Erweiterung und Vertiefung des öffentlichen Interesses an den Bürgerrechten, der Unterstützung des Bundes für Bürgerrechte bei der Konsolidierung und Ausweitung seiner Tätigkeit und der Vorbereitung der ersten nationalen Tagung für Bürgerrechte in Frankfurt. Dazu war er präsent auf Konferenzen, hielt Vorträge und fertigte Memoranden an. Er reiste quer durch das Land und führte Gespräche unter anderem mit Bundespräsident Heuss, dem Bundeskanzler, zahlreichen Parlamentariern und anderen Vertretern der Politik, darunter Kurt Schumacher, Erich Ollenhauer, Carlo Schmid, Heinrich von Brentano, Eugen Gerstenmaier, Ernst Reuter, Paul Löbe und Jakob Kaiser. Im Büro des Bundes für Bürgerrechte koordinierte er zudem ab Juli die Planungen für die große Konferenz im September 1950.[309]

Seinem regen Einsatz für die Belange der Bürgerrechtsbewegung wurde jedoch Ende Juli abrupt ein Ende gesetzt. Bei einer Untersuchung – ob es eine Routineuntersuchung war oder ob sie wegen akuten Problemen durchgeführt wurde, ließ sich nicht recherchieren – stellten Ärzte in Frankfurt eine fortgeschrittene Magenkrebserkrankung fest. Auf eine Operation wurde verzichtet, da man es für besser hielt, wenn Sollmann diese in den USA durchführen ließ. Dieser verließ Deutschland daher umgehend und begab sich zur Behandlung nach Amerika. Nach intensiven Untersuchungen war nach Ansicht der Ärzte die wahrscheinlichste Entwicklung, dass ihm der größte Teil oder der ganze Magen entfernt werden müsse, er aber Aussicht habe, noch jahrelang verhältnismäßig normal weiterleben zu können. Doch eine Operation wurde nach kurzer Zeit abgebrochen, da erst dann festgestellt wurde, dass der Krebs so weit fortgeschritten war, dass eine Besserung durch einen Eingriff ausgeschlossen werden konnte.[310]

Trotz dieser Diagnose hoffte er anfangs noch, seine Tätigkeit in Pendle Hill zumindest für kurze Zeit fortsetzen und im folgenden Jahr eventuell wieder nach Deutschland gehen zu können.[311] Aber sein Zustand verschlechterte sich zusehends.

---

309 Zu seinen Aktivitäten siehe seine Berichte über seinen Aufenthalt: Sollmann an Pendle Hill vom 20. April 1950, HAStK 1120/377/2; Sollmann: Scope of Activities, HAStK 1120/532/I-4-1, 1 a–o. Sollmann an Baldwin vom 27. April, 18. und 24. Juli 1950. PUL, Roger Baldwin Papers, Box 1170, Folder 9. Laut Roger Baldwin war es möglicherweise auch auf Sollmanns Initiative zurückzuführen, dass er kurze Zeit nach dessen Ankunft eine Einladung erhielt, als offizieller Mitarbeiter des Department of State in Deutschland tätig zu werden. Siehe dazu den Erinnerungsbericht Baldwins, S. 593, in: PUL, Roger Baldwin Papers, Box 1170, Folder 9.
310 Zur Erkrankung Sollmanns und den Diagnosen siehe die ärztliche Bescheinigung vom 30. Juli 1950, HAStK 1120/373; Sollmann an Freunde und Verwandte vom 5. August 1950, HAStK 1120/524; Sollmann an »Pendle Hillers«, vom 7. August 1950, Sollmann an Adenauer vom 1. Januar 1951, HAStK 1120/374/3; Katharina Sollmann an Walter Hammer vom 18. Februar 1951, IfZ, Nl. Walter Hammer.
311 Sollmann an Grant o. D. [August 1950], HAStK 1120/606/VIII-5-94 h; Sollmann an Turner vom 6. September 1950, Friends Historical Library, RG 4066 Pendle Hill Records, Ser. 2 Staff and Students Records, Box 48 Sollmann, William.

Er lebte für die letzten Monate in einem angemieteten Haus in Mount Carmel in Connecticut in der Nähe des behandelnden Arztes. Seine Tochter, gelernte Krankenschwester, pflegte ihn in dieser Zeit. Seine letzten Kräfte verwendete er auf die Abfassung seines Berichts über seine Tätigkeit in Deutschland. Wie in den Jahren zuvor, so fiel auch dieses Mal seine Bewertung pessimistisch aus. Seiner Überzeugung nach sei das mangelnde Verständnis für Rechte und Pflichten des Bürgers das Hauptproblem bei der Entwicklung Deutschlands zu einer Demokratie. Die Tatsache, dass eine funktionierende Demokratie bürgerliche Beteiligung auf allen Ebenen der Gesellschaft und vom Dorf bis ins Parlament brauche, sei immer noch nicht ausreichend von den Führern und den Massen erkannt. Es fehle wie in der Weimarer Republik an genügend Menschen, die begriffen, dass alle Ebenen der Gesellschaft durchsetzt sein müssten von demokratischen Ideen und Methoden. Die politische Führung liege bei 60- bis 70-Jährigen mit veralteten Ideen und Überzeugungen. Junge Leute würden davon enttäuscht. Nur eine Minderheit der jungen Leute, die politische Aspirationen habe, wisse, dass die Zukunft sich sehr von alten Zeiten unterscheiden würde. Sie sei politisch nicht klar zuzuordnen, aber immer noch ignorant gegenüber Bürgerrechten und ihrer entscheidenden Bedeutung für einen sozialen Wandel. Unter den wirtschaftlichen Rahmenbedingungen sei das Interesse schwierig zu wecken. Vor diesem Hintergrund könne die Bürgerrechtsbewegung keine Versprechen für Besserungen machen, sondern lediglich gleiche Rechte und Freiheit und Gerechtigkeit für alle als Basis für Reformen einfordern und die Bürger einladen, alle ihre politischen Möglichkeiten zu nutzen.[312] Was Deutschlands Zukunft betraf, so sah Sollmann die weitere Entwicklung mit Sorge. In diesen Wochen und Monaten trafen viele Briefe mit Genesungswünschen bei ihm ein. Aus Pendle Hill, von amerikanischen Freunden, besonders von Hertha Kraus und Felix Hirsch, aus Deutschland, darunter von Walter Hammer und Robert Görlinger und aus dem Kreis des Bundes für Bürgerrechte, erreichten ihn zahlreiche Schreiben.[313] Auch von den amerikanischen Besatzungsbehörden, für die er in den letzten Jahren tätig war, erreichten ihn gute Wünsche. Sollmann schrieb an seine Freunde in Pendle Hill, es sei das größte Lob seines Lebens gewesen, dass ein Mitarbeiter von McCloy gesagt habe:

»You are unique because you are acceptable to the Americans and the Germans.«

Zugleich vergaß er nicht zu erwähnen, wem er dies zu verdanken habe:

---

[312] Sollmann: Scope of Activities, HAStK 1120/640/XIV-2-271. Er entwickelte auch noch Vorschläge für die weitere Ausgestaltung des »Bundes für Bürgerrechte«, die Roger Baldwin an Theodor Heuss übermittelte. Baldwin an Heuss vom 17. November 1950, HAStK 1120/407,3.

[313] Anna Brinton an Sollmann vom 9. August 1950, HAStK 1120/390,3; Felix Hirsch und Frau an Sollmann vom 20. November und 22. Dezember 1950, HAStK 1120/423, 1-2; Görlinger an Sollmann vom 25. November 1950, HAStK 1120/411; Hammer an Sollmann vom 11. August 1950, HAStK 1120/417,2; Krauss an Sollmann vom 11. August 1950, HAStK 1120/439, 2.

»I am very conscious of the fact that I never could have achieved what I did in Germany without my long training in Pendle Hill. There are fundamentals in which I disagree with many Pendle Hillers. That does not alter the fact that the idea of Pendle Hill was the greatest teacher of my live, and it has affected me more than the Pendle Hillers ever knew.«[314]

Seine Arbeit in Deutschland fand auch von anderer Seite viel Lob. Arnold Brecht schrieb ihm:

»Wir sind in Deutschland noch viel Ihren Spuren begegnet. Es ist kein Zweifel, dass das Werk, dass Sie dort mit so viel Intensität unternommen und in die Wirklichkeit überführt haben, wirklich dasteht und sich segensreich entfaltet. […] Also da lebt etwas weiter von Ihrem Geiste und wird noch lange Früchte tragen.«[315]

Allerdings war dem Bund für Bürgerrechte kein langes Leben beschert. Nach dem Ende der finanziellen Förderung durch die öffentliche Hand 1952 gingen die Aktivitäten schnell zurück. Nur wenige Jahre später war der Bund von der Bildfläche verschwunden.[316]

Sollmann blieb diese Enttäuschung erspart. Er selbst nutzte die ihm verbleibende Zeit, um sich von Freunden und Weggefährten zu verabschieden und seine Beerdigung vorzubereiten. Hertha Kraus, neben Anna und Howard Brinton, den Direktoren von Pendle Hill seine wohl engste Vertraute seit seiner Übersiedlung in die USA, schrieb er in einem Abschiedsbrief, sie solle wissen, dass er sie in Dankbarkeit und Freundschaft um sich habe. Er rechne mit seinem baldigen Tod. Sie könne diskret den »Pendle Hillern« sagen, alles vorzubereiten, damit nach seinem Tode nicht zu viele Schwierigkeiten überwunden werden müssten.[317]

Besorgt um seine alte Heimat ging einer seiner letzten Briefe an Konrad Adenauer, in dem er noch einmal seine politischen Ansichten darlegt:

»Sehr verehrter Herr Bundeskanzler, lieber Herr Adenauer!
Vielen Dank für Ihren Brief. Leider schreiben Sie nichts über Ihre eigene Gesundheit. Die New York Times hat mehrmals angedeutet, dass Sie leidend seien. Ich bin am 1. August zurückgeflogen, da zwei hervorragende Ärzte in Frankfurt Magenkrebs feststellten. Diese Diagnose wurde hier bestätigt. Es wurde versucht zu operieren, aber der Leib wurde sofort wieder zugenäht, da nach Meinung der Ärzte

---

314 Sollmann an Pendle Hill vom 7. August 1950, HAStK 1120/457.
315 Brecht an Sollmann vom 6. Januar 1951, HAStK 1120/389. Auch von Theodor Heuss kamen anerkennende Worte. Heuss an Baldwin vom 20. November 1950, PUL, Roger Baldwin Papers, Box 1170, Folder 9.
316 Rupieper: Der Bund für Bürgerrechte, S. 98 f.
317 Sollmann an Kraus vom 2. Januar 1951, HAStK 1120/439,5

ich nach der Operation dauernd Schmerzen haben würde und mein Leben nicht verlängert werden könnte. Vielleicht darf ich Ihnen sagen, dass ich jetzt langsam verhungere und verdurste. Seit Wochen habe ich buchstäblich weder gegessen noch getrunken. Ich lebe von einigen Litern Salz und Zuckerlösung, die mir täglich in die Adern gegeben werden. [...] Ich bin schon sehr schwach und diktiere diesen Brief mit Schwierigkeiten meiner Tochter.

Ich hätte politisch viel auf dem Herzen und weiss, dass ich noch immer klar denke, aber physisch geht es zu Ende. Es bleibt mein Wunsch, dass sich in Deutschland ein Zwei-Parteien-System entwickeln möge. Das ist durchaus möglich, wenn die sehr vielgestaltigen Gruppen, die in Ihrer Partei leidlich zusammen arbeiten sich ein paar ganz grossen Notwendigkeiten unterwerfen lernen. Dasselbe ist wahr für meine eigene Partei. Dogmen gehören in die Religion und nicht in den politischen, sozialen und wirtschaftlichen Tageskampf.

Nun leben Sie wohl. Ich empfinde es tragisch, dass ich jetzt gehen muss, denn jetzt würde ich, wenn der 3. Weltkrieg vermieden wird, in einer Atmosphäre wirken können, wie man sie zu einer Freundschaft zwischen den Vereinigten Staaten und Deutschland braucht. Meine Frau, meine Tochter, die mich Tag und Nacht umgeben, lassen Sie herzlich grüssen.

Mit freundschaftlichen Grüssen und allen guten Wünschen für Sie und Ihre Familie bleibe ich

Ihr William F. Sollmann«[318]

Vier Tage später, am 6. Januar 1951, verstarb Wilhelm Sollmann. Seine Asche wurde am 14. Januar auf dem Friedhof des Providence Friends Meeting House in Media bei Philadelphia beigesetzt, wo später auch seine Frau und seine Tochter ihre letzte Ruhe fanden. Am gleichen Tag fand eine Gedächtnisveranstaltung für ihn statt, in der seine amerikanischen Weggefährten, besonders aus dem Kreise der Quäker, ihre tiefe Wertschätzung für den Verstorbenen zum Ausdruck brachten.[319]

Die Nachrufe auf ihn zeugen ebenso von der großen Anerkennung, die Sollmann für sein Lebenswerk fand. Allen gemeinsam ist die Betonung eines außergewöhnlichen Charakters, der besonders durch seine menschliche Tiefe und Wärme Eindruck hinterließ. Erinnert wurde an eine »Individualität von persönlichem und politischem

---

318 Sollmann an Adenauer vom 1. Januar 1951, HAStK 1120/374/3. Adenauer hatte erst Ende 1950 durch Hertha Kraus von Sollmanns Erkrankung erfahren. Vgl. Hertha Kraus an Adenauer vom Dezember 1950, abgedr. in: Adenauer-Briefe 1949–1951, S. 576; Adenauer an Sollmann vom 23. Dezember 1950, HAStK 1120/374/2.

319 Memorial Meeting for William Sollmann, January 14th, 1951, SCPC, DG 45 Wilhelm Sollmann, Box 18, Folder »Biographical Material«. Das hohe Ansehen Sollmanns bei den Quäkern zeigt sich dadurch, dass u. a. Clarence E. Pickett teilnahm, der von 1929 bis 1950 Generalsekretär des American Friends Service Committee war und 1947 für die Organisation den Friedensnobelpreis entgegengenommen hat.

Rang«, einen »von tiefster Menschenliebe und von echter souveräner Heiterkeit« erfüllten Mann, der »Güte und menschliches Verstehen ausstrahlte«[320], dessen »sittlicher Ernst, seine menschliche Weisheit und seine großen Perspektiven«[321] beeindruckten. Wer ihn kannte, habe seine »Herzlichkeit gespürt, die Wärme, die nicht nur seine Reden und seine klaren Diskussionsbeiträge, sondern auch seine ganze Persönlichkeit ausströmte«[322]. Hervorgehoben wurde auch stets sein Bemühen um die deutsch-amerikanische Verständigung: »Er wollte Mittler sein zwischen der Alten und der Neuen Welt.«[323]

Der ausführlichste und persönlichste Nachruf stammt von Jean Meerfeld, der von Wilhelm Sollmann in »ihrer« Rheinischen Zeitung in bewegenden Worten Abschied nahm:

> »Sollmann, dieser wahre Sozialist, dieser warmherzige und kluge Mensch, dieser gute Deutsche, gute Weltbürger, und schon seit Jahren auch gute Amerikaner, hätte noch eine bedeutende irdische Mission gehabt. Zum Sterben war es in jeder Hinsicht zu früh. Wir betrauern ihn tief; er lebt in unseren Herzen für immer fort. [...] Wilhelm Sollmanns Name ist mit Köln und dem gesamten Rheinland, ja mit der jüngeren Geschichte ganz Deutschlands eng verbunden und spätere Historiker werden ihn rühmend hervorheben. Und nun nehmen wir Abschied von dir, mein lieber Freund.«[324]

---

320 Schwering: Zum Tode von Wilhelm Sollmann, in: Der Städtetag, Jg. 4 (1951), S. 82.
321 Hirsch: Wilhelm Sollmann, in: Der Aufbau 12. Januar 1951.
322 Mommsen: Abschied von Wilhelm Sollmann, in: Recht und Freiheit, Nr. 1 (1951).
323 Dehio: Prof. Wilhelm Sollmann, in: Amerika-Haus Marburg-Lahn, Programm Nr. 89, Januar 1951.
324 Meerfeld: Wilhelm Sollmann. Persönliches und Menschliches, in: RZ Nr. 8, 10. Januar 1951.

VI Fazit: Vom Jungsozialisten zum amerikanischen Politologen: Ein Sozialdemokrat zwischen den Zeiten

»So habe ich ihn immer gesehen: ein jugendbewegter Parteigenosse mit ausserordentlichem Talent, seine Leidenschaft in Rede und Schrift zu übertragen. Er war sicher kein Staatsmann und hat, soweit ich sehen kann, auch keinen staatspolitischen Beitrag gebracht. Er hat gut und heftig kritisiert und war immer ein bewegter Anhänger der in ihm feurig lebenden Prinzipien, die im Grunde genommen, so wie ich ihn kannte, immer eine ethische Basis hatten. Daneben war er stark beschäftigt mit der Frage des ethischen Seins im Menschen. [...]. Schade nur, dass er im Großen und Ganzen als politische Persönlichkeit nie ganz ernst und voll genommen wurde, obwohl er so viel Gutes in seiner oft fanatischen Prinzipienhaftigkeit getan hat. [...] Sollmann war ein eigenartiger Mensch, der weitere historische Betrachtung verdient.«[1]

Wilhelm Sollmanns öffentliches Wirken reicht vom ersten Jahrzehnt des 20. Jahrhunderts bis in die frühe Bundesrepublik und umfasst damit fast ein halbes Jahrhundert. Wie kaum ein anderer Zeitabschnitt der deutschen Geschichte sind diese Jahrzehnte durch einschneidende politische, wirtschaftliche und gesellschaftliche Umbrüche geprägt. Der Obrigkeitsstaat des Kaiserreichs geht im Ersten Weltkrieg unter und wird durch die Revolution von der ersten deutschen Demokratie abgelöst, der Weimarer Republik, die wiederum in ihrer kurzen Dauer eine Fülle krisenhafter Zuspitzungen in sich birgt. Es folgen die nationalsozialistische Diktatur, die Vertreibung und Emigration, der Zweite Weltkrieg und der demokratische Wiederaufbau in der Bundesrepublik. Sollmann erlebte diese Zäsuren nicht nur, er war unmittelbar involviert, stand in politischer Verantwortung und versuchte, Einfluss zu nehmen. Es ist gerade diese enge Verknüpfung des Lebenswegs Sollmanns mit den großen Umbrüchen der deutschen Geschichte des 20. Jahrhunderts, die für die handelnden Personen ja auch immer tief greifende persönliche Veränderungen waren, die seine Biografie so interessant macht.

Nimmt man als Einstieg in eine Bewertung Sollmanns die oben zitierte Selbst- und Fremdeinschätzung, so fällt auf, dass die am Anfang der Untersuchung zitierte selbst zugesprochene Außenseiterrolle auch von dem Zeitgenossen Staudinger so empfun-

---

1 Staudinger an Hamburger vom 17. November 1973, SUNY, Hans Staudinger Papers, Box 2.

den wurde. Dass es sich bei Wilhelm Sollmann um einen außergewöhnlichen Sozialdemokraten handelte, der innerhalb seiner Partei zu den Querdenkern gehörte und mit seinen Ideen aneckte, ist wohl unzweifelhaft. Fraglich ist aber, ob auch die von Staudinger konstatierte Einflusslosigkeit, der fehlende staatspolitische Beitrag zutreffend ist, oder ob hier nicht aus der späten Rückschau des Zeitgenossen ein verfälschtes Bild entsteht. Abschließend werden daher noch einmal systematisch die wichtigsten Stationen des Lebenswegs Sollmanns unter Berücksichtigung der eingangs aufgeworfenen Fragestellungen zusammengefasst und die grundlegenden Anschauungen und Überzeugungen, die charakteristisch für sein Wirken waren, herausgearbeitet.

Als gebürtiger Thüringer aus kleinbürgerlichem Hause wuchs Sollmann in einem kleinstädtisch-ländlichen Umfeld auf. Die Abstammung aus einer bäuerlichen Familie und die damit verbundenen Prägungen bezeichnete Sollmann selbst als grundlegend für seine politischen Ansichten. Tatsächlich blieb Sollmann zeit seines Lebens eher einem bürgerlichen denn einem proletarischen Weltbild verhaftet, nicht nur, was seine klassischen Bildungsvorstellungen betraf; revolutionäre Anwandlungen blieben ihm ebenso fremd wie die Vorstellung einer Herrschaft der Arbeiterklasse. Seine politischen Aktivitäten begann er jedoch erst nach seiner Übersiedlung nach Köln. Für seinen weiteren Werdegang war der Wechsel ins Rheinland von entscheidender Bedeutung, denn erst hier kam er mit den Ideen und Organisationen in Verbindung, die ihn sein weiteres Leben lang begleiteten. Dies war zunächst die christliche Lehre von Carl Jatho, dessen undogmatisches Christentum Sollmanns Ansichten einer freien Entfaltung des Menschen, die Orientierung seines Handelns an ethischen Werten und seinem Glauben an Fortschritt durch vernunftorientiertes Handeln beeinflusste. Seine Auffassung, dass der Mensch eine Mission habe und sein Handeln ethischen Pflichten unterliege, entwickelte sich in den Jahren nach der Jahrhundertwende in der Auseinandersetzung mit der Lebensreform und christlich-ethischen Aspekten. Und daraus erklärt sich auch sein Einsatz für eine Aussöhnung des Sozialismus mit der Religion und den christlichen Kirchen und für weltanschauliche Toleranz in seiner Partei. Sozialismus und Religion standen sich nach seinem Verständnis nicht feindlich gegenüber, sondern suchten beide auf ihre Weise nach einem Weg, dem menschlichen Handeln eine ethische Grundlage zu geben.

Sollmann selbst glaubte, seine Mission am besten in der Arbeiterbewegung verwirklichen zu können. Hier fand er das Umfeld, das dem jungen und noch etwas ungestümen Mann die Möglichkeit bot, seine Ansichten mit Leben zu füllen. Als Jungsozialist rebellierte er gegen die Bevormundung der Jugendbewegung durch die Partei und kämpfte für Freiräume der Jugendlichen. Er wollte diese dabei unterstützen, durch eine freie persönliche Entwicklung zu mündigen Menschen zu werden, die in ihrem Leben Sinnstiftung finden konnten und wussten, wofür sie eintraten. Die Frage nach der Freiheit der Person spielte auch für seine politischen Grundansichten eine wichtige Rolle, denn im Obrigkeitsstaat des Kaiserreichs machte Sollmann wie die Sozialdemokraten insgesamt die Erfahrung, dass die Menschen eben nicht frei waren, das zu tun, wovon sie überzeugt waren. Daher war für Sollmann wie für die Sozialdemokratie die Etablierung der parlamentarischen Demokratie das oberste Ziel. Da der demokratische, pluralistische und soziale Rechtsstaat am besten geeignet war, die Freiheit des Einzelnen zu gewährleisten, wurde er zum Leitthema für sein politisches Handeln. Sein Wirken als Politiker ist nur vor dem Hintergrund der parlamentarischen Demokratie als seinem staatspolitischen Ideal zu verstehen. Deutlich wird dies anhand seiner Haltung in den Tagen des Umbruchs 1918/19. Als mit der Revolution der Weg für die Republik frei wurde, lehnte es Sollmann ab, auf Grundlage der Arbeiter- und Soldatenräte Entscheidungen für die Ausgestaltung des neuen Staats zu treffen. Diese Aufgabe kam nach seinem Verständnis einzig und allein der demokratisch legitimierten Nationalversammlung zu und in diesem Sinne wirkte er in Köln darauf hin, den Arbeiter- und Soldatenrat lediglich als Instrument zur Sicherung der öffentlichen Ordnung im Übergang zur Republik zu nutzen. Als Parlamentarier kämpfte er dann in der Folge dafür, den Parlamentarismus zu festigen. Die Weimarer Republik war für ihn kein Provisorium, das lediglich als Übergang zum sozialistischen Zukunftsstaat diente, sondern ein prinzipiell funktionsfähiger Staat, der alle Möglichkeiten bot, die Ziele des Sozialismus zu verwirklichen. Der Kompromisscharakter des Parteienstaats war für ihn auch, anders als für viele Parteigenossen, kein notwendiges Übel, löste bei ihm kein Unbehagen aus. Wenn seine Partei sich oftmals auf ihre Rolle im Obrigkeitsstaat zurückziehen wollte, sich nicht vom ideologischen Ballast des Kaiserreichs freimachen konnte, verteidigte er die Republik gegen die aus seiner Sicht fatalen Schlagworte wie jenes der »formalen Demokratie«. Wie sollte an der Basis ein gesundes Verhältnis zur ersten deutschen Demokratie entwickelt werden, so fragte er sich, wenn von der Partei das Signal ausging, diesen Staat nur halbherzig zu befürworten? Die parlamentarische Demokratie war für Sollmann die Staatsform, in der sich die Ziele der Arbeiterbewegung am besten verwirklichen ließen. Dazu bedurfte es aber des Willens, programmatisch darauf hinzuarbeiten, sie zu einer sozialen Demokratie weiterzuentwickeln. Nicht zögerliches Abwarten oder Lamentieren über die noch unvollkommene Republik, sondern Mut zu einer machtbewussten und reformwilligen Politik war für Wilhelm Sollmann die Antwort auf die von ihm keineswegs verleugneten Defizite des Weimarer Staats. Er kritisierte immer wieder, dass seine Partei die nötige staatspolitische Verantwortung vermissen ließ, kein Verständnis für die Anforderungen einer modernen parlamentarischen Demokratie besaß.

Dies stand wiederum im Zusammenhang mit seinen parteipolitischen Vorstellungen. Sollmann wollte den freiheitlichen parlamentarisch-demokratischen Staat auf eine sichere Basis stellen und dabei kam der Sozialdemokratie als der aus seiner Sicht staatserhaltenden Partei eine zentrale Aufgabe zu. Frühzeitig, schon während des Ersten Weltkriegs, war er zu der Überzeugung gelangt, dass seine Partei diesen Anspruch erfüllen könne, wenn sie sich auch bürgerlichen Kreisen öffnete, die über fachliche Kenntnisse verfügten, die in der Sozialdemokratie vielfach fehlten. Die Sozialdemokratie solle sich daher um diese Schichten bemühen, auch programmatisch über die Arbeiterschaft hinausgreifen, die körperlich und geistig Schaffenden gewinnen, namentlich auch kleinere und mittlere Gewerbetreibende, geistige Arbeiter, Beamte, Angestellte und die Bauern. Sollmann wollte die SPD von der Klassen- zur linken Volkspartei weiterentwickeln.

Dazu sollte sie ideologischen Ballast abwerfen, besonders die marxistische Parole des Klassenkampfs erschien Sollmann als Hindernis für eine Transformation. Er verwies stets darauf, der Sozialismus habe auch andere Vordenker gehabt, die ohne Klassenkampfparolen auskamen – ihm stand Lassalle näher als Marx –, und bemühte sozialistische Schwesterparteien als Vorbild, die wie die Labour Party eine nicht marxistische, undogmatische Reformpolitik betrieben. Ebenso setzte er sich dafür ein, dass seine Partei zur Bildung von Mehrheiten im Reichstag fähig war. Die Regierungsbeteiligung grundsätzlich anzustreben, war für ihn ein Gebot für seine Partei, weil nur auf diesem Wege die Entwicklung der Republik im Sinne sozialdemokratischer Ziele beeinflusst werden konnte. Da er eine Klassenherrschaft ablehnte, suchte er die Zusammenarbeit mit den sozial und demokratisch geprägten Elementen des Bürgertums. Wenn man nach den übergeordneten politischen Handlungsmotiven Sollmanns fragt, so waren dies zum einen, die Anhänger der Sozialdemokratie dafür zu gewinnen, den Kurs einer staatstragenden Partei, die prinzipiell die Führung des Staats in einer Koalition anstrebte, zu unterstützen, und zum anderen, die Parteien des republikanisch gesinnten Bürgertums für ein dauerhaftes Bündnis zu gewinnen. Diese beiden Punkte waren seiner Meinung nach entscheidend dafür, ob die Republik von Weimar eine Zukunft habe.

Diese Auffassung von den Notwendigkeiten sozialdemokratischer Politik kann nicht losgelöst von seiner Heimat, dem Rheinland gesehen werden. Die spezifischen sozioökonomischen Strukturen Kölns und seines Umlands beeinflussten Sollmanns politische Ansichten maßgeblich. Wegen des unterdurchschnittlichen Anteils von Industriearbeitern und dem hohen katholischen Bevölkerungsanteil hatte die Arbeiterbewegung hier traditionell einen schweren Stand. Mit einer klassenkämpferischen, auf die traditionelle Klientel der Industriearbeiter zugeschnittenen Strategie konnten keine Mehrheiten gewonnen werden. Es galt stattdessen, stärker Rücksicht auf die Belange von Bevölkerungsgruppen außerhalb des sozialdemokratischen Milieus zu nehmen. Statt alte Konfliktlinien und Gegensätze wie das Verhältnis zur Religion zu verschärfen, wollte Sollmann gesellschaftlichen Ausgleich schaffen, eine moderate, reformbewusste Politik betreiben, die geeignet war, auch bei den bürgerlichen Mittelschichten und den konfessionell gebundenen Wählern Anklang zu finden. Aus dieser Sicht erklärt sich nicht nur Sollmanns Bestreben, die SPD mit der Kirche zu versöhnen, sondern auch seine Sensibilität für die nationale Gefühlswelt in vielen Bevölkerungsschichten. Das mangelnde Verständnis seiner Partei für die Bedeutung der Nation und die Vernachlässigung der damit zusammenhängenden politischen Fragen erkannte er besonders zum Ende der Weimarer Republik als einen ihrer schwerwiegendsten Fehler.

Sein spezifisches Verhältnis zum Katholizismus wurde aber nicht nur durch das prägende Umfeld Kölns, sondern auch durch seine persönliche Überzeugung beeinflusst. Obwohl er frühzeitig aus der Kirche austrat, besaß die Religion für ihn einen besonderen Wert, nicht im Rahmen einer institutionellen Kirche, sondern wegen ihrer ethischen Fundierung. Daher sah er besonders in der Zusammenarbeit von Christen und Sozialisten die beste Gewähr, denn beide sahen in der Freiheit des Menschen das höchste Gut, das es zu verteidigen galt, und lehnten daher jede Diktatur ab.

Sein politisches Wirken ist nicht zu trennen von seiner Tätigkeit als Journalist. Der Einstieg in die Redaktion der Rheinischen Zeitung stellte den eigentlichen Beginn seiner politischen Tätigkeit dar. Die Parteipresse war für ihn dann das Sprungbrett für die parlamentarische Karriere, ein nicht unüblicher Karriereweg innerhalb des Parteiapparats. Die journalistische Tätigkeit war darüber hinaus ein wichtiges Medium, um seine politischen Ansichten, seine programmatischen Vorstellungen zu verbreiten und zu begründen. Ganz deutlich wird dies daran, dass Sollmann den religiösen Sozialisten in der Rheinischen Zeitung ein Forum bot. Für ihn, der es sich zur Aufgabe gemacht hatte, die Masse zu schulen, sie für seine Ideen zu begeistern, war die Zeitung als Medium von großer Bedeutung. Zahllose Artikel aus seiner Feder – seine Tochter schätzte die Zahl der Beiträge, die er in seinem Leben verfasste, auf mehrere tausend – und Berichte über seine Reden im Reichstag und auf Parteiveranstaltungen sind Ausdruck des Bemühens, seine politischen Positionen zu verbreiten. Er selbst verstand sich immer mehr als politischer Publizist denn als Politiker. Diese mussten aus seiner Sicht auch immer gute Psychologen sein, sie mussten verstehen, was die Wähler bewegte. Insofern kommt hier auch ein spezifisches Verständnis von den Aufgaben eines Politikers zum Vorschein. Politische Entscheidungen mussten für den Wähler nachvollziehbar und transparent sein und diesbezüglich kam der Presse eine ganz entscheidende Rolle als Vermittlungsorgan zu. Für seine journalistische Tätigkeit kam ihm sein rhetorisches Talent zugute, er galt unter den Journalisten seiner Zeit als einer der begabtesten. Seine Artikel waren pointiert, feinsinnig und klar in der Aussage, weil nie theoretisch überfrachtet. Seine Reden konnten mitreißen. Weil für ihn die Arbeiterpresse so große Bedeutung für die Vermittlung von politischen Inhalten besaß, bemühte er sich auch intensiv um ihre Reform. Ebenso wie er für eine programmatische Modernisierung der Partei eintrat, wollte er auch der Parteipresse ein neues Gewand verleihen. Als Mitbegründer des sozialdemokratischen Pressedienstes legte er den Grundstein für den Aufbau eines modernen Nachrichtenbüros der Arbeiterpresse. Durch die stärkere Berücksichtigung der Interessen der Leser, eine Anpassung an den Zeitgeist was das Informations- und Unterhaltungsbedürfnis anging, wollte Sollmann der deutlich erfolgreicheren bürgerlichen Presse ein konkurrenzfähiges Produkt entgegenstellen. Auch dies ist untrennbar mit der Frage verbunden, wie man die Sozialdemokratie für neue Wähler attraktiv machen könne. Die Parteipresse als Vermittlungsorgan sozialdemokratischer Politik konnte diese Aufgabe nur erfüllen, wenn sie nicht in Agitationsformen des 19. Jahrhunderts verharrte, sondern Inhalt und Erscheinungsform so gestaltete, wie es ein massenmediales Umfeld erforderte.

Trotz seiner tiefen Verwurzelung in der Sozialdemokratie, seiner Einbindung in die Organisation war Sollmann kein typischer Parteipolitiker, kein Mann des Parteiapparats. Wie kaum ein anderer Sozialdemokrat fühlte er sich nicht an Parteigrenzen gebunden, war bereit, traditionelle Denkschemata zu verlassen und neue Ideen einzubringen. Er war stets wachsam, wenn es darum ging zu hinterfragen, ob seine Partei programmatisch und organisatorisch den Anforderungen der Zeit entsprechend aufgestellt war. Mit dieser Haltung eckte er oftmals an. Sein im Bezug auf Koalitionen pragmatischer Ansatz machte ihn bei den innerparteilichen Dogmatikern ebenso unbeliebt, wie seine religionsfreundliche Politik bei den Freidenkern auf harsche Kritik stieß. Auch wenn er selbst eher eine auf Ausgleich bedachte Person war, scheute er den Konflikt nicht, wenn es galt, seine politischen Prinzipien zu verteidigen. Seit Beginn seiner politischen Tätigkeit im Ersten Weltkrieg wies er immer wieder auf Defizite seiner Partei hin. Durch sein Engagement erwarb er sich einen Ruf in der Partei, der ihn Ende der 20er-Jahre fast in den Parteivorsitz geführt hätte. Aber hier zeigte sich, dass die Beharrungskräfte in der Partei groß waren. Statt des unbequemen Querdenkers Sollmann wählte man lieber den erfahrenen Parteisekretär Hans Vogel, einen Mann des Parteiapparats. Zum Ende der Weimarer Republik gehörte Sollmann dann zu den Sozialdemokraten, die am grundlegendsten der Frage nachgingen, ob ihre Partei nicht einer Erneuerung bedurfte, ob sie geistig und organisatorisch auf der Höhe der Zeit war. Möglicherweise hätte die von ihm maßgeblich mit in Gang gebrachte parteiinterne Diskussion zu einer Reform der Sozialdemokratie geführt, sie wurde indes durch die Machtübernahme Hitlers abrupt beendet.

Den Charakter der nationalsozialistischen Bewegung erkannte Sollmann früh. An Kampfesmut und Einsatz zur Verteidigung des Parlamentarismus ließ er es nicht fehlen. Er sah nicht tatenlos zu, wie die Republik dem Abgrund näher rückte, sondern entwickelte in der Auseinandersetzung mit den Nationalsozialisten eine Konzeption, die im Stile eines linken Populismus mit autoritären Anleihen der Agitation von rechts das Wasser abgraben wollte. So fragwürdig allerdings war, ob man mit einem derartigen Ansatz Erfolg haben konnte, so wenig mehrheitsfähig erwies er sich in der Partei. Sein vehementer Einsatz für die Demokratie blieb nicht nur erfolglos, er bezahlte ihn auch mit dem infolge seiner Misshandlung erzwungenen Gang in die Emigration. Dort setzte er nicht nur den Kampf gegen das NS-Regime auf publizistische Weise fort, er beteiligte sich auch rege an den Diskussionen der Emigration über die Ursachen für die Niederlage der Arbeiterbewegung und die Zukunft des Sozialismus. Obwohl er 1933 Mitglied des Parteivorstands wurde und zahlreiche Kontakte pflegte, blieb er im sozialistischen Exil eher ein Einzelgänger. Seine konzeptionellen Überlegungen, die noch deutlicher als zuvor eine Abkehr von der in der Weimarer Republik betriebenen Politik der Sozialdemokratie einforderten, führten zu einer Entfremdung von seiner Partei. Die Einigungsversuche der linkssozialistischen Zirkel waren für ihn ebenso Ausdruck dafür, dass weiterhin mit Ideen der Vergangenheit versucht wurde, die Probleme der Zukunft zu lösen. Mehr denn je zuvor erschien ihm der Marxismus als Irrweg sozialistischer Politik. Fatal erschien ihm das Festhalten an der Theorie des Klassenkampfs, die für ihn im Widerspruch zu einer demokratischen Entwicklung stand. Letztendlich kam er zu der Überzeugung, dass marxistische Politik früher oder später zur Diktatur führen müsse. Er selbst propagierte stattdessen einen Sozialismus, dessen Bezugspunkt nicht mehr die Arbeiterschaft, sondern das deutsche Volk war, der uneingeschränkt auf dem Boden der Demokratie stand und klassenübergreifend für eine sozialistische Reformpolitik eintrat. Was ihn bis zuletzt umtrieb, war jedoch die Frage, inwiefern überhaupt sozialistische Planung mit der Freiheit des einzelnen Menschen vereinbar sei.

Wichtige Einflüsse für sein Konzept einer zukünftigen deutschen Demokratie erfuhr er durch sein Gastland, die Vereinigten Staaten, die auch seine neue Heimat wurden. Das Erlebnis einer gefestigten Demokratie, die nahezu unbegrenzte gesellschaftliche Freiheit bot und in der Demokratie nicht nur ein Schlagwort, sondern täglich erfahrbar war und gelebt wurde, war für Sollmann im Kontrast mit seinen Erfahrungen aus der Weimarer Republik eine Art Erweckungserlebnis. Vor diesem Hintergrund bekam er einen ganz neuen Blick auf die Fehlentwicklungen der ersten deutschen Republik. Die Vereinigten Staaten erschienen ihm in vielerlei Hinsicht als geeignetes Vorbild für den demokratischen Wiederaufbau in Deutschland.

Auch die Lehre der Quäker prägte zweifellos seine persönliche Auffassung. Er bewunderte ihre tiefe Humanität und ihren Einsatz für Versöhnung, Frieden und Verständigung in der Welt. Auch für ihn rückten diese Fragen in seinen letzten Lebensjahren verstärkt in den Vordergrund. Weniger denn je dachte Sollmann im amerikanischen Exil noch in parteipolitischen Kategorien. Zwar fühlte er sich nach wie vor als Sozialdemokrat, aber ihn trieb vor allem die grundsätzliche Frage um, wie es in Deutschland gelingen könne, ein stabiles demokratisches System zu etablieren. Dazu bedurfte es aus seiner Sicht in erster Linie einer Revolution des Denkens, einer Absage an politische und geistesgeschichtliche Mentalitäten, die erst die Diktatur ermöglicht hatte. In der Vermittlung dieser Erkenntnis sah er die Hauptaufgabe seiner letzen Lebensjahre. Mit seinen Aktivitäten in Deutschland wollte er dazu beitragen, dass die Demokratie nicht nur als Staatsform betrachtet wurde, sondern der Erhalt und Ausbau der Demokratie auch auf den diskursiven Willensbildungsprozessen der Staatsbürger aufbauten. Er hatte jedoch nicht das Gefühl, dass sich in Deutschland ein neuer demokratischer Geist entwickelte und dies ließ ihn skeptisch in die Zukunft blicken. Auch der Weg der Sozialdemokratie erfüllte ihn mit Sorge. Die Entwicklung zur modernen sozialen Volkspartei, die im Bündnis mit dem Bürgertum agierte – hier war vor allem die christlich-sozialdemokratische Koalition sein Ideal –, sah er unter Kurt Schumacher, der an der historischen Mission der Arbeiterbewegung festhielt und Koalitionen mit den Christdemokraten ablehnte, gefährdet.

Auch wenn der Versuch, vor dem Hintergrund der zahlreichen Tätigkeitsfelder eine abschließende Bewertung abzugeben, die der Person Wilhelm Sollmanns gerecht wird, mit gewissen Schwierigkeiten verbunden ist, weil immer die Gefahr der Pauschalisierung droht, so gibt es doch einen Kern von Grundanschauungen, die in allen Teilbereichen seiner Biografie zum Vorschein kommen.

An vorderster Stelle steht Sollmanns jahrzehntelanger Kampf für die Demokratie und den Parlamentarismus. Vom Kaiserreich bis in die frühe Bundesrepublik agierte er als Kommunalpolitiker, Reichstagsmitglied, Journalist und schließlich als amerikanischer Politologe immer als vorbildlicher und leidenschaftlicher Demokrat. Es war nicht nur die Fülle der Aufgaben, die er im Dienste der Demokratie übernahm, seine unermüdliche Arbeit nicht nur auf der großen Bühne der Politik, sondern auch in den Niederungen der Organisation der Arbeiterbewegung, es war auch die Art und Weise, wie er agierte, die ihn aus der Masse der Politiker hervorhob. Er war nie Mitläufer, sondern befruchtete die Arbeiterbewegung und das politische System mit Ideen und Konzepten, die oft zukunftsweisend waren. Er besaß nicht nur für die Zeit ein modernes Verständnis für die Funktionsweise einer parlamentarischen Demokratie und propagierte dies, er wies der Sozialdemokratie auch den Weg zur Volkspartei, Jahrzehnte, bevor diese so weit war, diesen Schritt zu gehen. Dabei darf nicht übersehen werden, dass auch Wilhelm Sollmanns Handeln nicht frei von Widersprüchen war, er manchen Irrweg betrat. Hier ist in erster Linie sein manchmal überbordender Patriotismus zu nennen, der ihm bisweilen den Blick für das politisch Vertretbare verklärte, etwa was seine Strategie einer betont nationalen Politik am Ende der Weimarer Republik betraf, die der Basis kaum zu vermitteln war. Er vergaß, dass man in der aufgeheizten Atmosphäre der 20er- und frühen 30er-Jahre die nationale Karte nicht unbefangen ausspielen konnte. Auch sein vorbehaltloser Umgang mit dem Nationalsozialisten und Antisemiten Strasser und seine fragwürdige Rechtfertigung dieser Kontakte waren mit dem Wertemaßstab, den er sonst seinem Handeln zugrunde legte, nicht vereinbar. Sein politisches Grenzgängertum barg auch immer die Gefahr in sich, einen Schritt zu weit zu gehen. Der sonst prinzipienfeste Sollmann zeigte sich in diesen Fällen erstaunlich unsensibel dafür, wie weit man gehen konnte, ohne sich außerhalb des noch vertretbaren Rahmens zu bewegen.

Aber diese Fehltritte, die auch vor dem Hintergrund seines Bemühens um eine programmatische Weiterentwicklung sozialdemokratischer Politik zu sehen sind, können seine großen Verdienste nur unwesentlich beeinträchtigen. Durch sein Wirken trug er dazu bei, das fragile demokratische Fundament der Weimarer Republik zu stabilisieren; seine langfristigen politischen Konzeptionen waren darauf angelegt, die Funktionsfähigkeit der parlamentarischen Demokratie zu sichern, das Demokratiebewusstsein in der Arbeiterbewegung zu stärken und die Republik sukzessive im Sinne einer sozialen Demokratie auszubauen. Vor diesem Hintergrund ist auch die Feststellung zurückzuweisen, Sollmann habe keinen staatspolitischen Beitrag erbracht. Auch wenn er nur kurzfristig als Reichsinnenminister ein höheres Amt innehatte und er auch nicht zu den herausragenden theoretischen Köpfen seiner Partei gehörte, war er kein zweitrangiger Politiker. Er steht in einer Reihe mit Sozialdemokraten wie Otto Braun, Carl Severing, Paul Löbe, Albert Grzesinski und Wilhelm Keil. In diesem Sinne war Wilhelm Sollmann auch Vertreter eines bestimmten Politikertypus. Sie dachten in den gleichen Kategorien, waren praxisorientiert, machtbewusst und besaßen ein strategisches Konzept, an dem sie ihr politisches Handeln ausrichteten. Gemeinsam waren ihnen die strikte Orientierung an der parlamentarisch-demokratischen Grundordnung, die Befürwortung der Zusammenarbeit mit dem demokratischen Bürgertum und das Ziel der Weiterentwicklung der Republik durch eine maßvolle Reformpolitik. Sie stehen dafür, dass es in der Sozialdemokratie, der man häufig und auch zu Recht eine zögerliche Haltung und mangelnde staatspolitische Verantwortung vorgeworfen hat, Politiker gab, die ein anderes Verständnis von den Aufgaben ihrer Partei hatten.

Aber Wilhelm Sollmann verdient nicht nur als Vertreter dieser Gruppe von Politikern Beachtung, er ragte auch als Einzelpersönlichkeit heraus. Es waren seine originellen Denkansätze, die ihm schon bei den Zeitgenossen den Ruf als Persönlichkeit eigenen Formats einbrachten. Es spricht für ihn, dass auch seine politischen Gegner innerhalb und außerhalb seiner Partei mit großem Respekt von der Person Sollmann sprachen. Man konnte leidenschaftlich mit ihm streiten, ohne dass sich dies auf die persönliche Ebene auswirkte. Sein Verhältnis zu Konrad Adenauer und dessen Hochachtung vor Sollmann zeugen von der großen Anerkennung, die er über die Sozialdemokratie hinaus genoss. In seiner Partei tat man sich nicht leicht mit ihm, er war, und hier ist seiner Selbsteinschätzung zuzustimmen, ein Querdenker und Individualist, der häufig gegen Widerstände ankämpfen musste. Die nötige Energie für diese Auseinandersetzungen und sein überaus umfangreiches Schaffen im Dienste der Arbeiterbewegung zog er weniger als andere Politiker aus persönlichem Ehrgeiz oder Machtstreben – seine eigene Karriere, Ämter und Auszeichnungen waren ihm nicht wichtig. Sein Antrieb entsprang dem aus seiner lebensreformerischen Überzeugung herrührenden Willen zur permanenten persönlichen Weiterentwicklung und zur Mitarbeit an der Behebung gesellschaftlicher Missstände. Die beste Möglichkeit, diese persönliche Mission erfüllen zu können, stellte für ihn die Betätigung in der Arbeiterbewegung dar. In diesem Sinne war das Dasein als Politiker für ihn auch weniger Beruf, denn eine Berufung. Er agierte in dem Glauben, dass politische Betätigung nicht nur der Kampf für die Beseitigung sozialer Ungleichheiten, für eine materielle Verbesserung der Lebensbedingungen war, sondern auch das Streben danach, die beste Form des gesellschaftlichen Zusammenlebens zu finden. So blieb er ein Idealist, der bis zuletzt angetrieben wurde von seiner Überzeugung, dass die Demokratie mehr war, als nur eine Staatsform, sondern eine großartige Idee, die man nicht als gegeben hinnehmen durfte, sondern die man selbst immer wieder mit Leben erfüllen musste.

Anhang

Abkürzungsverzeichnis

Abt.	Abteilung
AdAK	Archiv der Akademie der Künste
AfS	Archiv für Sozialgeschichte
AdR	Akten der Reichskanzlei
AsD	Archiv der sozialen Demokratie
AJ	Arbeitende Jugend
Anm.	Anmerkung
ASR	Arbeiter- und Soldatenrat
Aufl.	Auflage
BA-B	Bundesarchiv Berlin
BA-K	Bundesarchiv Koblenz
bearb.	bearbeitet
Bl.	Blatt
DAAB	Deutscher Arbeiter-Abstinentenbund
DF	Deutsche Freiheit
Dok.	Dokument
erw.	erweiterte
GG	Geschichte und Gesellschaft
GiK	Geschichte in Köln
GStPK	Geheimes Staatsarchiv Preußischer Kulturbesitz
GWU	Geschichte in Wissenschaft und Unterricht
HAStK	Historisches Archiv der Stadt Köln
hg.	herausgegeben
Hg.	Herausgeber
IfZ	Institut für Zeitgeschichte
IWK	Internationale wissenschaftliche Korrespondenz zur Geschichte der deutschen Arbeiterbewegung
JB	Jungsozialistische Blätter
Jg.	Jahrgang
KStA	Kölner Stadtanzeiger
KöZ	Kölnische Zeitung
LAVD	Landesarchiv Düsseldorf
LHAK	Landeshauptarchiv Koblenz
LVZ	Leipziger Volkszeitung
MdI	Minister des Inneren
MdVA	Mitteilungen des Verbands Arbeiterpresse
MEKGR	Monatshefte für Evangelische Kirchengeschichte des Rheinlandes
NBS	Neue Blätter für den Sozialismus
Nl.	Nachlass
NV	Neuer Vorwärts
NVZ	Neue Volkszeitung
NZ	Die Neue Zeit
NZZ	Neue Zürcher Zeitung
o. J.	ohne Jahr
o. O.	ohne Ort
o. S.	ohne Seitenzählung
RAG	Rheinische Aktiengesellschaft für Braunkohlenbergbau und Brikettfabrikation
RdI	Reichsverband der Deutschen Industrie
RhVjbll	Rheinische Vierteljahrsblätter
RZ	Rheinische Zeitung
SAG	Sozialdemokratische Arbeitsgemeinschaft

SAI	Sozialistische Arbeiterinternationale
SCPC	Swarthmore College Peace Collection
SM	Sozialistische Monatshefte
Sp.	Spalte
SR	Sozialistische Republik
StBKA	Stiftung Bundeskanzler-Adenauer-Haus
StJb	Statistisches Jahrbuch
SUNY	State University of New York
UAK	Universitätsarchiv Köln
unveränd.	unverändert
USPD	Unabhängige Sozialdemokratische Partei Deutschlands
VfZ	Vierteljahrshefte für Zeitgeschichte
VStVK	Verhandlungen der Stadtverordnetenversammlung zu Köln
ZfS	Zeitschrift für Sozialismus

Abbildungsnachweis

Umschlag:	*Abb. links:* Archiv der sozialen Demokratie/Friedrich-Ebert-Stiftung, FA037478; *Abb. rechts.* Rechteinhaber unbekannt
Abb. 1 (S. 22):	Historisches Archiv der Stadt Köln, 1120 A 3
Abb. 2 (S. 203):	Archiv der sozialen Demokratie/Friedrich-Ebert-Stiftung, FA017970
Abb. 3 (S. 208):	Rechteinhaber unbekannt
Abb. 4 (S. 322):	Archiv der sozialen Demokratie/Friedrich-Ebert-Stiftung, FA0067125
Abb. 5 (S. 375):	Historisches Archiv der Stadt Köln, 1120 B 44
Abb. 6 (S. 480):	Archiv der sozialen Demokratie/Friedrich-Ebert-Stiftung, FA037428
Abb. 7 (S. 543):	Archiv der sozialen Demokratie/Friedrich-Ebert-Stiftung, FA009130

Trotz intensiver Bemühungen konnten nicht alle Rechteinhaber ermittelt werden. Mögliche Rechteinhaber von in diesem Band abgedruckten Bildern bitten wir, sich mit dem Verlag in Verbindung zu setzen.

Quellen- und Literaturverzeichnis

1 Ungedruckte Quellen

Archiv der Akademie der Künste

Kurt Rosenfeld-Archiv

Archiv der sozialen Demokratie, Bonn

Dep. Henry Dittmer
Nl. Carl Giebel
Nl. Wilhelm Keil
Nl. Helmut Kern
Nl. Hermann Müller-Franken
Nl. Franz Osterroth
Nl. Paul Hertz
Nl. Kurt Schumacher

Nl. Friedrich Stampfer
Bestand Sopade-Emigration
Bestand ISK

Bundesarchiv Berlin (BA-B)

Nl. 2014: Konrad Haenisch
R 43: Akten der Reichskanzlei
R 601: Büro des Reichspräsidenten/Präsidialkanzlei
Nl. 1027: Eduard David

Bundesarchiv Berlin: Stiftung Archiv der Parteien und Massenorganisationen der DDR (SAPMO)

NY 4072: Nl. Franz und Käthe Dahlem
RY 1: Kommunistische Partei Deutschlands

Bundesarchiv Koblenz (BA-K)

Nl. 1222: Prinz zu Löwenstein-Wertheim-Freudenberg

Friends Historical Library, Swarthmore College, Swarthmore Pennsylvania

RG 4066: Pendle Hill Records, Ser. 2 Staff and Students Records

Geheimes Staatsarchiv Preußischer Kulturbesitz (GStPK), Berlin

I HA, Rep. 151 IA Nr. 7990 (Finanzministerium)
I HA, Rep. 77, Tit. 4043, Nr. 123 (Innenministerium)

Historisches Archiv der Stadt Köln (HAStK)

Bestand 902: Akten des Oberbürgermeisters Adenauer
Nl. 905: Robert Görlinger
Nl. 1120: Wilhelm Sollmann
Nl. 1320: Theo Burauen
Nl. 1451: Elfriede Sollmann

Institut für Zeitgeschichte (IfZ), München

ED 106: Nl. Walter Hammer

Internationaal Instituut voor Sociale Geschiedenis (IISG), Amsterdam

ARCH 01359: Wilhelm Sollmann Papers (Fragmente)

ARCH 00497: Albert Grzesinski Papers

Landesarchiv Düsseldorf (LAVD)

Bestand Regierung Köln
Bestand Landgericht und Staatsanwaltschaft Köln

Landeshauptarchiv Koblenz (LHAK)

Abtl. 403: Akten des Oberpräsidiums der Rheinprovinz

Leo Baeck Institut (LBI), New York

AR 797: David Baumgardt Collection

National Archives Record Administration (NARA), Washington D.C.

RG 226: Records of the Office of Strategic Services (OSS)

Politisches Archiv des Auswärtigen Amtes (PAA), Berlin

AA, Inland II A/B
AA, Deutsche Friedensdelegation in Versailles
Nl. Brockdorff-Rantzau

Princeton University Library (PUL), Mudd Manuscript Library

MC 005: Roger Nash Baldwin Papers

State University of New York, Albany (SUNY). M. E. Grenander Department of Special Collections and Archives, German and Jewish Intellectual Émigré Collection

GER-024: Arnold Brecht Papers
GER-087: Hans Staudinger Papers

Stiftung Bundeskanzler-Adenauer-Haus (StBKAH), Rhöndorf

Nl. Konrad Adenauer

Swarthmore College Peace Collection (SCPC), Swarthmore Pennsylvania

DG 45: Wilhelm Sollmann Papers

Anhang

Universitätsarchiv Köln (UAK)

Zug. 28/628

2 Schriftenverzeichnis Wilhelm Sollmann[1]

Abschied von England. Zum Abmarsch der Engländer aus Köln, in: Vorwärts Nr. 581, 9. Dezember 1925.
Abrüstung? Gegensätze in der Interparlamentarischen Union, in: RZ Nr. 218, 16. September 1927.
Akten, in: RZ Nr. 288, 9. November 1928.
Alarm, in: RZ Nr. 117, 24. Mai 1919.
Alles für die Partei!, in: RZ Nr. 269, 21. Oktober 1928.
Amerikanische Prohibition. Das Buch eines Prohibitionsfeindes im Urteil eines Alkoholgegners, in: Der Abend. Beilage zur Spätausgabe des Vorwärts Nr. 154, 1. April 1930.
An die katholischen Priester. Antwort des »groben Verleumders« Sollmann auf eine katholische Herausforderung, in: RZ Nr. 233, 15. September 1928.
Angestelltenpolitik und Sozialdemokratie, in: Die Glocke 47 (1917), S. 779–785.
Anti-Semitism in Europe, in: Friends Intelligencer, Second Month 26, 1938.
Antwort an Schleicher. Auf seinen Rundfunkvortrag, in: RZ Nr. 175, 27. Juli 1932.
Antwort an W. Victor und andere Marxisten, in: Sozialistische Warte 20 (1939), S. 489–491.
Arbeitermassen und Staatspolitik, in: Deutsche Republik 2 (1926/27), S. 15–18.
Auf dem Staffelberg, in: Arbeiter-Jugend 16 (1918), S. 124 f.
Auf dem Wege zur Zeitung, in: MdVA Nr. 283, 1. Februar 1925, S. 1 f.
Auf Maifahrten, in: Arbeiter-Jugend 9 (1920), S. 24 f.
Aufwärts! Ausblick zum Jahresende, in: RZ Nr. 306, 30. Dezember 1932.
Ausblick, in: Rheinischer Beobachter, 1. Januarheft 1926, S. 5 f.
Aus altem Bauernstamm. Ein Blatt Coburger Familiengeschichte. Für alle Namensvettern und Namensbasen in der Heimat und der Fremde von Wilhelm Sollmann, Redakteur und Stadtrat in Köln, in: Coburger Tageblatt, Nr. 8, 10. Januar 1918.
Aus dem dunkelsten Deutschland, in: Arbeiter-Jugend 5 (1911), S. 72.

Bakschisch, in: RZ Nr. 230, 3. Oktober 1913.
Bauern und Arbeiter (ungezeichnet), in: Der Bund Nr. 555, 29. November 1935.
Befreiung!, in: RZ Nr. 253, 15. September 1929.
Besinnt euch! – Einigt euch!, in: Der Zimmerer Nr. 43, 22. Oktober 1932.
Blick auf den Balkan, in: RZ Nr. 31. Oktober/1. November 1931.
Blitzlichter im Nebeltage, in: RZ Nr. 262, 9. November 1921.
Blut und Eisen, in: Holzarbeiter-Zeitung Nr. 11, 12. März 1927.
Botschaft und Tat, in: Das Rote Blatt 1 (1930), S. 11–13.
Briefkasten, Briefwechsel, Sprechstunde, in: MdVA Nr. 158, Mai 1917, S. 5 f.
Bürgerliche und sozialdemokratische Redakteure, in: MdVA Nr. 163, Oktober 1917.
Bungling in Germany, in: The Christian Century, 3. April 1946.

Christen und Marxisten, in: Der Tagesspiegel Nr. 15, Beiblatt, 18. Januar 1948.
Christian Statesmanship, in: The Friend, Vol. 114, Nr. 24 (1941), S. 443 f.
Coburg. Von einem ehemaligen Coburger, in: Beilage zu Nr. 188 des Thüringer Volksfreund, 13. August 1908.
Conditions in Germany. Dr. Luther's Denial of Political Disunion Received With Some Scepticism, in: New York Times Nr. 19, 23. April 1937.
Conflicting Tensions Within Germany, in: Friends Intelligencer, Fifth Month 6, 1944, S. 297 f.

---

1 In das Verzeichnis wurden alle Artikel, Aufsätze, Beiträge etc. aus Sollmanns Feder aufgenommen, die bei der Recherche gefunden wurden. Weder erhebt diese Auflistung Anspruch auf Vollständigkeit noch werden alle aufgeführten Schriften in der Arbeit zitiert.

Contempt of Democracy Because of Its Shortcoming Aids Axis, in: The New Leader, 5. Oktober 1940.
Cunos Aufruf (ungezeichnet), in: RZ Nr. 56, 7. März 1923.

Darauf kommt es an. Keine Kommunisten – keine Parteisplitter, in: Das Reichsbanner Nr. 9, 15. April 1928.
Das Ende der Koalition!, in: RZ Nr. 139, 22. Juni 1920.
Das Ringen um die Jugend, in: Arbeiter-Jugend 27 (1910), S. 218.
Das sichere Muß, in: RZ Nr. 139, 24. Juni 1919.
Das Zentrum und wir. Zum Aufruf Wirths, in: Vorwärts Nr. 347, 26. Juli 1926.
Dem Kaiser, in: RZ Nr. 27, 27. Januar 1927.
Demokratie von Amerika gesehen, in: Süddeutsche Zeitung Nr. 11, 25. Januar 1947.
Demokratisch/sozial/national, in: Illustrierte Reichsbanner-Zeitung Nr. 18 (1925), S. 274.
Den katholischen Genossen!, in: Das Rote Blatt 1 (1929), S. 1.
Dennoch Große Koalition?, in: RZ Nr. 4, 6. Januar 1926.
Dennoch Volksblock?, in: Frankfurter Zeitung Nr. 400, 31. Mai 1925.
Der 30. Juni. Es ist unser Tag, in: RZ Nr. 175, 29. Juni 1930.
Der deutsche Arbeiter (ungezeichnet), in: National-Zeitung Basel Nr. 265, 13. Juni 1935.
Der Exkronprinz. Was hat er Stresemann versprochen?, in: RZ Nr. 118, 21./22. Mai 1932.
Der Lösung näher? (ungezeichnet), in: RZ Nr. 91, 18. April 1923.
Der Marsch an die Ruhr. Mehr Kohle, mehr Gold! (ungezeichnet), in: RZ Nr. 8, 10. Januar 1923.
Der Marxismus in Deutschland (ungezeichnet), in: NZZ Nr. 1387, 11. August 1935.
Der Mensch, in: Gedenkblatt für Eduard Bernstein, 2. Beilage zum Lübecker Volksboten Nr. 300, 22. Dezember 1932.
Der Parlamentarier, in: Der Fackelreiter 1 (1929), S. 3–6.
Der politische Antisemitismus, in: Der Jud ist schuld…? Diskussionsbuch über die Judenfrage, Basel u. a. 1932.
Der Polizeiknüppel als Erzieher, in: Arbeiter-Jugend 11 (1914), S. 161–162.
Der Referent. Etlichen zum Trotze – Vielen zum Nachdenken, in: RZ Nr. 288, 10. Dezember 1926.
Der rote Novembertag, in: Arbeiter-Jugend 11 (1928), S. 241 f.
Der Schatz im Schrank, in: Arbeiter-Jugend 23 (1917), S. 176.
Der »Sozialdemokratische Pressedienst«, in: Volk und Zeit 8 (1925).
Der Sozialismus in der Verteidigung. Rezension von Norman Thomas: »Socialism on the Defense«, in: NVZ 25. März 1939.
Der Untergang Nordamerikas, in: Neuland. Blätter für alkoholfreie Kultur Nr. 17, 25. April 1926.
Der verkannte Reichstag, in: RZ Nr. 270, 2. Oktober 1930.
Der Zentrumssturm, in: RZ Sonderausgabe 3. Juni 1928.
Deutschland bleibt naß. Das Schankstättengesetz, in: Vorwärts Nr. 101, 1. März 1930.
Deutsch-Amerikaner, in: RZ Nr. 277, 26. November 1925.
Deutsche Kriegsmaschine und deutsche Arbeiter (ungezeichnet), in: National-Zeitung Basel Nr. 398, 28. August 1936.
Deutsche Lohntüten (ungezeichnet), in: National-Zeitung Basel Nr. 224, 17. Mai 1935.
Deutsche Schicksalsmächte (ungezeichnet), in: Nationalzeitung Basel Nr. 297, 2. Juli 1935.
Deutsches Volk und deutsches Heer. Fehler der Sozialdemokratie (ungezeichnet), in: Der Bund, Nr. 294, 28. Juni 1935.
Deutschlands innere Front (ungezeichnet), in: National-Zeitung Basel Nr. 121, 13. März 1935.
Deutschlands politische Wiedergeburt, in: Deutsche Blätter für ein europäisches Deutschland/gegen ein deutsches Europa, Heft 6/1944, S. 17–19.
Deutschland von innen her gesehen (ungezeichnet), in: NVZ Nr. 46, 16. November 1935.
»Deutschland über alles«, in: Free Europe, Nr. 94, 18. Juni 1943.
Die »Arbeiter-Jugend« zu hoch?, in: Arbeiter-Jugend 23 (1917), S. 183.
Die Auflösung der Kölner Jugendbewegung bestätigt, in: Arbeiter-Jugend 13 (1911), S. 199.
Die Beschränkung der Machtbefugnis Deutschlands durch den Friedensvertrag von Versailles, in: Schnee, Heinrich/Draeger, Hans (Hg.): Zehn Jahre Versailles. II. Band: Die politischen Folgen des Versailler Vertrages, Berlin 1929, S. 1–24.
Die deutschen Bischöfe beraten (ungezeichnet), in: National-Zeitung Base Nr. 365, 4. August 1936.
Die deutsche Sozialdemokratie angeklagt, in: NVZ, 7. August 1937.

Die Ermächtigung, in: RZ Nr. 242, 15. Oktober 1923.
Die Freiheit ist das höchste Gut!, in: NVZ Nr. 21, 25. Mai 1940.
Die finanzielle Überwachung Deutschlands. Man muß verhandeln! (ungezeichnet), in RZ Nr. 71, 24. März 1922.
Die Gehaltsfrage und ihre tiefere Bedeutung«, in: MdVA Nr. 162, September 1917, S. 2 f.
Die große Wende, in: RZ Nr. 288, 9. November 1928.
Die Jugend in die Front!, in: Arbeiter-Jugend 9 (1930), S. 193 f.
Die Jugendbewegung der Guttempler, in: Beilage zur Arbeiter-Jugend 19 (1910), S. 292.
Die Jugendbewegung in Köln, in: Arbeiter-Jugend 6 (1910), S. 83.
Die Jugend im neuen Deutschland, in: Das Weimar der arbeitenden Jugend. Niederschriften und Bilder vom ersten Reichsjugendtag der Arbeiterjugend vom 28. bis 30. August 1920 in Weimar. Bearb. von E. R. Müller, 2., ergänzte Aufl., Berlin 1923, S. 42–46.
Die Katholiken unter Hitler (ungezeichnet), in: NVZ Nr. 22, 30. Mai 1936.
Die katholische Arbeiterjugend und wir, in: Arbeiter-Jugend 5 (1919), S. 34 f.
Die klassenlose Gesellschaft eine Gefahr?, in: NVZ, 9. November 1940.
Die Kölner freie Jugendbewegung im Jahre 1910, in: Arbeiter-Jugend 3 (1911), S. 38.
Die Kriegserklärung in Köln, in: Arbeiter-Jugend 5 (1911), S. 65.
Die letzte Kompagnie, in: RZ Nr. 175, 29. Juni 1930.
Die Revolution in Köln. Ein Bericht über Tatsachen, Köln 1918.
Die rheinische Sozialdemokratie und der Artikel 18 R. V., in: Der getreue Eckart 13 (1922). Sonderheft: Artikel 18 der Reichsverfassung, S. 487–490.
Die rote Fahne im Großen Hauptquartier, in: RZ Nr. 266, 14. November 1918.
Die Schicksalsstunde Deutschlands. Scheidemanns Rücktritt, in: RZ Nr. 136, 20. Juni 1919.
Die schwarze Mitte, in: RZ Sonderausgabe, 13. Mai 1928.
Die schwarzweißroten Reichsverderber, in: RZ Nr. 75, 24. November 1924.
Die Sicherungsfalle, in: Vorwärts Nr. 193, 26. April 1923.
Die Sicherungsfalle, in: RZ Nr. 99, 27. April 1923.
Die Sonntagsausgabe, in: MdVA Nr. 155, 1. Februar 1917, S. 6.
Die Staatsanwälte und Polizeipräsidenten, in: Arbeiter-Jugend 14 (1911), S. 215.
Die Stunde naht. Sozialismus ist das Ziel, in: RZ Nr. 189, 12. August 1932.
Die Toten von Berlin, in: RZ Nr. 162, 16. Juni 1929.
Die unruhige Nacht in Paris, in: RZ Nr. 199, 27. August 1927.
Die Wahl des Kölner Oberbürgermeisters (ungezeichnet), in: RZ Nr. 219, 19. September 1917.
Die Wahl des Kölner Oberbürgermeisters (ungezeichnet), in: RZ Nr. 346, 17. Dezember 1929.
Dr. Carl Sonnenschein, in: Dierkes, Johannes (Hg.): Dr. C. Sonnenschein. Zum Dank und Gedenken. Gesammelte Erinnerungsblätter, Paderborn 1929, S. 73.
Drei Tage vorher!, in: RZ Nr. 116, 17. Mai 1928.
Durch Sozialismus zur Freiheit, in: RZ Nr. 225, 23. September 1932.

Ebert und das Reichsbanner, in: Das Reichsbanner Nr. 8, 22. Februar 1930.
Educational Reconstruction in Germany, Reprint form Schoolmen's Week Proceedings 1944, University of Philadelphia.
Ein außenpolitischer Führer, in: RZ Nr. 255, 7. Oktober 1928.
Eine Sommersonnenwendfahrt, in: Arbeiter-Jugend 17 (1910), S. 259.
Einheitsfront der Schaffenden! (ungezeichnet), in: RZ Nr. 9, 11. Januar 1923.
Einheitsfront? Zunächst Klärung des Vorfeldes, in: RZ Nr. 24, 28./29. Januar 1933.
Einigkeit und Recht und Freiheit! Unser Tag, in: Das Reichsbanner Nr. 15, 1. August 1925.
Einigung in Etappen, in: Die Deutsche Revolution Nr. 13, 15. Juli 1937.
Ein Rückzug, in: Arbeiter-Jugend 12 (1910), S. 180.
Ein Schritt vorwärts, in: Fränkischer Volksfreund Nr. 274, 29. November 1912.
Einst und jetzt, in: RZ Nr. 75, 1. April 1919.
Ein Weltparlament, in: RZ Nr. 230, 1. Oktober 1925.
Ein Wintertag im Siebengebirge, in: Arbeiter-Jugend 3/4 (1918), S. 20 f.
Ein Wort für unsere Mitteilungen, in: MdVA Nr. 165, Dezember 1917, S. 1.
Ein wunder Punkt in der Politik der Arbeiterbewegung: Unser Verhältnis zum Heere, in: NVZ Nr. 18, 4. Mai 1940.

Eiserne Front gegen den Faschismus. Vierte Notverordnung und Sozialdemokratie, in: Arbeiter-Jugend 1 (1932), S. 6 f.
Emigration und Krieg, in: NVZ, 14. Januar 1939.
Entmilitarisierte Zonen, in: RZ Nr. 122, 27. Mai 1925.
Entweder – Oder! Zum 18. November, in: RZ Nr. 283, 4. November 1928.
Erinnert euch!, in: RZ Nr. 218, 11. August 1929.
's ist gut so!, in: RZ Sonderausgabe, 29. April 1928.
Es lebe der Kampf!, in: RZ Nr. 77, 30. März 1928.
Es mußte sein, in: RZ Nr. 139, 24. Juni 1919.
Essentials for a democratic Germany, in: Worldover Press, Vol. XIII, Nr. 9 (1944), S. 3–5.

Facing the german people, Reprinted from April 1943 Dalhousie Review, Halifax, Canada.
Fränkische Dorfkirchweih, in: Arbeiter-Jugend 22 (1917), S. 170–174.
Frankreichs Sicherheitsforderungen, in: Deutsche Rundschau XLIX (1923), S. 1–3.
Frei Heil! (ungezeichnet), in: RZ Nr. 204, 3. September 1920.
Frei Heil in Köln, in: Illustrierte Reichsbanner-Zeitung Nr. 2, 20. März 1926.
Freiheit oder Untergang, in: Arbeiter-Jugend 7 (1932), S. 198–200.
Freiheit und Friede am Rhein, in: Arbeiter-Jugend Nr. 8 (1930), S. 179 f.
»Freut euch des Lebens?« (ungezeichnet), in: National-Zeitung Basel Nr. 347, 30. Juli 1936.
Friedrich Ebert, in: Friedrich Eberts zwanzigster Todestag. Gedächtnisfeier in New York am 2. März 1945, S. 18 f.
Frisch-fröhliche Jugend, in: Arbeiter-Jugend 1 (1911), S. 1 f.
Für den Lokalen, in: MdVA Nr. 249, 1. Januar 1926, S. 1 f.
Für die Front deutscher Sozialisten, in: Neue Weltbühne Nr. 5, 30. Januar 1936, S. 141.
Für ein freies, einiges Europa, in: NVZ Nr. 18, 3. Mai 1941.
Für künftige Tage, in: Arbeiter-Jugend 18 (1915), S. 142.
Für die Reform der Parteien, in: Das Neue Werden, Beilage zur RZ Nr. 218, 11. August 1929.
Für Staatsanwälte und Polizeipräsidenten, in: Arbeiter-Jugend 14 (1911), S. 215.

Gedanken zur Betreuung deutscher Kriegsgefangener, in: New Yorker Staats-Zeitung und Herold, 18. Januar 1944.
Gedenkblatt für Wilhelm Bebel, in: NVZ, 3. September 1938.
Gefahren und Ziele, in: RZ Nr. 274, 6. Oktober 1930.
Gegen den Hinweis, in: MdVA Nr. 166, 1. Januar 1918, S. 2 f.
Gegen die Notverordnung! Die Entscheidung unsrer Reichstagsfraktion, in: RZ Nr. 143, 17. Juni 1931.
Gegen die Unversöhnlichen, in: Die Glocke 25 (1917), S. 979–983.
Gegen schwarze Diktatur! Zum Kampf um Köln, in: RZ Nr. 306, 7. November 1929.
Geistige Wandlungen im deutschen Sozialismus (ungezeichnet), in: Der Deutsche in Polen Nr. 3, 19. Januar 1936.
German Demerits and Democracy, in: The Guardian. A Christian Weekly Journal of Public Affairs, Vol. XXII, No. 41, 12. Oktober 1944, S. 370.
German labor and nazism, in: New Europe, Vol. IV, Nr. 5 (1944).
German Labor – Hitler's Nemesis, in: The Christian Century, 2. Juni 1943.
German Student's Today, in: Friends Intelligencer, Volume 106, Nr. 50 (1949).
German unrest said to be growing, in: The New York Times, 4. Februar 1940.
Germany's crime and salvation, in: New Europe, Vol. V, Nr. 2/3 (1945).
Germany's Youth speaks up, in: The Christian Century, March 22 (1950), S. 368 f.
Geschäftskrise und geistige Arbeiter, in: MdVA Nr. 327, 1. Juli 1932, S. 4 f.
Gewerkschaften und Tagespresse, in: Gewerkschafts-Zeitung Nr. 13, 31. März 1928, S. 196–198.
Gröner. Ein Wort zur Klärung, in: RZ Nr. 269, 11. November 1931.
Grundsätzliches zur Gehaltsfrage, in: MdVA Nr. 159, Juni 1917, S. 5–7.

Have the german churches broken with Hitler?, in: The Christian Century, 29. März 1939.
Have we any real peace program? In: Friends Intelligencer, Ninth month 11 (1943), S. 603 f.
Hindenburg, in: RZ Nr. 37, 15. Februar 1919.
Hochpolitischer Winter, in: Arbeiter-Jugend 1 (1929), S. 6.
Hochsaison, in: MdVA Nr. 174, September 1918, S. 2–4.

How to deal with Germany, Reprint from World Affairs, Vol. 105, Nr. 2 (1942).
How Revolution Will Come to Germany, in: The Saturday Evening Post, 13. November 1943.

Ideal und System, in: National-Zeitung Basel Nr. 562, 3. Dezember 1937.
Illusionen über den Kirchenkampf, in: NVZ, 21. August 1937.
Im befreiten Köln. Eine Stresemann-Rede mit Begleitmusik, in: Vorwärts Nr. 51, 2. März 1926.
Im Großen Hauptquartier, in: Vorwärts Nr. 89, 18. Februar 1919.
Im Krisenzustande, in: RZ Nr. 272, 20. November 1922.
In der verschneiten Eifel, in: Arbeiter-Jugend 27 (1916), S. 212 f.
In die Gewerkschaft, in: Arbeiter-Jugend 14 (1918), S. 105 f.
In Weimar, in: RZ Nr. 31, 8. Februar 1919.

Jahrtausendjubel – Jahrtausendkampf, in: Die Glocke 15 (1925), S. 449–452.
Jugendausschüsse und Jugendabteilungen der Gewerkschaften, in: Die Neue Zeit 28/2 (1910), S. 933–935.
Jugendgenosse Allwissend, in: Arbeiter-Jugend 17 (1918), S. 130 f.
Jugend und Partei, in: NBS 5 (1931), S. 193–196.
Jugendverfehlung und Jugendgericht, in: Arbeiter-Jugend 11 (1918), S. 81 f.
Jungbanner voran!, in: Das Reichsbanner Nr. 23, 7. Juni 1930, S. 177 f.
Junge Garde, in: RZ Nr. 165, 19. Juli 1907.

Kaiser und Revolution, in: RZ Nr. 263, 9. November 1922.
Kamerad Severing, in: Das Reichsbanner Nr. 20 (1926), S. 151 f.
Kampf dem System des 30. Januar, in: Arbeiter-Jugend 3 (1933), S. 51–54.
Kampf und wieder Kampf!, in: Arbeiter-Jugend 1 (1928), S. 1 f.
Kampf und Ziel, in: Die Glocke 47 (1923), S. 1189–1192.
Kann man im Totalitätsstaat »Nein« stimmen? (ungezeichnet), in: National-Zeitung Basel Nr. 140, 24. März 1936.
Karl Legien. Zum zehnjährigen Todestag am 26. Dezember, in: RZ Nr. 352, 24. Dezember 1930.
Katholische Mädchenerziehung I, in: Arbeiter-Jugend 3 (1912), S. 38 f.
Katholische Mädchenerziehung II, in: Arbeiter-Jugend 4 (1912), S. 53 f.
Katholizismus und Kapitalismus, in: RZ Nr. 24, 29. Januar 1927.
Katholizismus und Sozialismus. Ein Versuch zur Klärung, in: Vorwärts Nr. 612, 28. Dezember 1927.
Katzenjämmerliches aus den evangelischen Jünglingsvereinen, in: Beilage zur Arbeiter-Jugend 2 (1911), S. 24.
Kautsky saw despotism incompatible to socialism, in: The New Leader, 5. November 1938.
Kein Sozialismus ohne Freiheit!, in: NVZ Nr. 32, 12. August 1939.
Kinship of Spirit, in: The Christian Century, 13. September 1939, S. 1099 f.
Klare Entschlüsse. Parteikörper und Opposition, in: RZ Nr. 225, 21. September 1931.
Klassenkampf in Köln, in: Jugendblätter des Zentralverbands der Angestellten, Nr. 5, Mai 1927, S. 82 f.
Köln in Gefahr, in: Arbeiter-Jugend 8 (1910), S. 116.
Konflikte, in: Holzarbeiter-Zeitung Nr. 7 (1928).
Kriegsfahrten in Belgien I, in: Arbeiter-Jugend 22 (1914), S. 306 f.
Kriegsfahrten in Belgien II, in: Arbeiter-Jugend 25 (1914), S. 335 f.
Kritik an der Partei, in: RZ Nr. 149, 1. Juni 1930.

Lebensreform und sozialistische Kultur. Vortrag gehalten an der 29. Abgeordnetenversammlung des sozialdemokratischen Abstinentenbundes der Schweiz (S. A.B.) am 30. August 1931, in der Hochschule Bern, o. O., o. J.
Luftstoß der Bischöfe, in: RZ Nr. 204, 28. Juli 1929.

»Mahnruf«, in: RZ Nr. 160, 7. Juli 1931.
Marsch in die neue Zeit, in: Das Reichsbanner Nr. 8, 21. Februar 1931, S. 61 f.
Marxismus und Volkstum (ungezeichnet), in: National-Zeitung Basel Nr. 61, 6. Februar 1935.
»Men are defeated, not the idea« – Nations need Democratic socialism, in: The New Leader, 29. April 1939.
Mehr Auslandskunde für Journalisten!, in: MdVA Nr. 158, 1. Mai 1917, S. 4 f.
Mehr Führung!, in: Hamburger Echo Nr. 358, 28. Dezember 1930.
Mehr Mut! (ungezeichnet), in: RZ Nr. 87, 13. April 1923.

Mehr Praxis, in: MdVA Nr. 161, August 1917, S. 2 f.
Meine Antwort, in: Sozialistische Warte Nr. 12 (1939), S. 295–299.
Menschen von Morgen, in: NVZ, Weltausstellungsbeilage 29. April 1939.
Militärische Besetzung einst und jetzt. Politische Bemerkungen zum Buche eines Rechtsgelehrten, in: NVZ, 25. November 1944.
Military Occupation and German Revolution, in: The American Political Science Review, Vol. XXXVIII, Nr. 5 (1944), S. 976–980.
Moral Power in Politics. Communism, Facism or Democracy, Rezension von Eduard Heimann: in: The Friend, Nr. 7, 1938.
Moselfahrten, in: Arbeiter-Jugend 19 (1917), S. 148–150.

Nach 25 Jahren, in: Unser Weg und Ziel. Festschrift zum 25jährigen Bestehen des Deutschen Arbeiter-Abstinenten-Bundes hg. vom Bundesvorstand, o. O. 1928, S. 14–17.
Nationale Regierungskünste, in: RZ Nr. 36, 12 Februar 1925.
Nationaler Geist, in: RZ Nr. 192, 17. August 1927.
Nation und Sozialismus, in: Das Reichsbanner, Beilage zu Nr. 4 (1927).
News into Germany, in: Worldover Press, Vol. XIII, Nr. 38 (1945).
Nicht Zentrum, sondern Marx, in: RZ Nr. 85, 10. April 1925.
Nieder mit dem Steuer-Partikularismus, in: RZ Nr. 168, 28. Juli 1919.
Nieder mit der Nachtarbeit, in: Arbeiter-Jugend 9 (1912), S. 133 f.
Noch einmal Otto Strasser, in: NVZ, 31. August 1940.
No more empires!, in: Case, Leland D. (Hg.): A world to live in, Chicago o. J., S. 62–65.
Notverordnungen gegen die Pressen in: MdVA Nr. 317. 1. September 1931, S. 1 f.

Opposition und Opposition. Positive oder negative Politik?, in: RZ Nr. 143, 26. Juni 1920.
Otto Strasser, der Führer der »Schwarzen Front«. Rezension von Douglas Reed: »Nemesis? The story of Otto Strasser and the Black Front«, in: NVZ, 17. August 1940.

§ 193, in: MdVA Nr. 169, 1. April 1919, S. 1.
Paris, in: RZ Nr. 205, 1. September 1927.
Paris-Berlin, in: RZ Nr. 34, 3. Februar 1929.
Parlamentarische Sturmtage, in: Arbeiter-Jugend 6 (1932), S. 163–165.
Parlament und Persönlichkeit, in: RZ Nr. 68, 9. März 1930.
Parlament und Presse, in: Pressa-Sondernummer der RZ, 12. Mai 1928.
Parteitag-Parteiseele, in: RZ Nr. 141, 26. Mai 1929.
Peace Action in America First, in: Friends Intelligencer, Eight Month 9 (1941), S. 507 f.
Plebiscite for Germany?, in: New York Herald Tribune, 17. Juni 1945.
Politik am Abgrund, in: Arbeiter-Jugend 7 (1931), S. 146.
Politische Hochstapler, in: RZ Nr. 254, 24./25. Oktober 1931.
Positive Parteikritik. Erneuerung und Machtwille, in: RZ Sonderausgabe, 27. November 1932.
Potsdam und Weimar, Reprint from The Friend, Eleventh Month 30 (1939).
Predigen hilft nicht! An die katholische Arbeiter-Internationale, in: RZ Nr. 215, 9. September 1931.
Presse und Stadtverwaltung, in: MdVA Nr. 144, 1. März 1916, S. 2.

Redakteurkonferenzen, in: MdVA Nr. 162, 1. September 1917, S. 1 f.
Regieren!, in: RZ Sonderausgabe, 6. Mai 1928.
Regierung und Reichstag, in: RZ Nr. 99, 27. April 1923.
Regiert von Ahnungslosen! (ungezeichnet), in: RZ Nr. 112, 15. Mai 1923.
Regierungsreife, in: RZ Nr. 109, 21. April 1929.
Reichsbanner und Zentrum, in: RZ Nr. 180, 3. August 1927.
Reichsinnenministerium. Wahlreform – »Kulturbolschewismus«, »Gottlosigkeit« und Toleranz, in: RZ Nr. 63, 11. März 1931.
Reichspolitik und Sozialdemokratie. Ein offenes Wort an denkende Wähler und Wählerinnen. Vortrag auf dem Bezirksparteitag zu Köln am 17. Februar 1924, Köln 1924.

Reichstags-Ausklang (ungezeichnet), in: RZ Nr. 92, 19. April 1923.
Reichstag und Reichskabinett angelogen?, in: RZ Nr. 282, 2. Dezember 1922.
Rein bürgerliche Regierung. Eine unbefriedigende Lösung – Aussprechen, was ist (ungezeichnet), in: RZ Nr. 273, 21. November 1922.
Religion and Politics. (Pendle Hill Pamphlet 14), Wallingford 1941.
Religion und politischer Machtkampf, in: Die Gesellschaft 7, Juli 1927, S. 123–130.
Religionszwang in den Fortbildungsschulen?, in: Arbeiter-Jugend 2 (1917), S. 9 f.
Religion und Sozialismus, in: Die Tribüne. Aussprache zwischen Christen und Sozialisten, Beilage zur RZ Nr. 159, 9. Juli 1927.
Reparationen und Räumung. Genf – Paris – Haag, in: Rheinischer Beobachter, 1. Juniheft 1930, S. 181–183.
»Revolutionäre Geduld?« (ungezeichnet), in: National-Zeitung Basel Nr. 363, 9. August 1935.
Revolutions-Protokoll, in: RZ Nr. 6, 6. Januar 1929.
Rhein und Republik, in: Fünf Jahre deutsche Reichsverfassung: 1919–1924. Reichsverfassungsfeier am 10. August 1924 in Weimar. Hg. im Auftrag des Reichsbanners Schwarz-Rot-Gold von R. Mund, Jena 1924.
Rheinwanderung, in: Arbeiter-Jugend 16 (1917), S. 124 f.
Rot und Schwarz-Rot-Gold!, in: Arbeiter-Jugend 11 (1927), S. 241 f.
Rückwärts immer! Das unbefriedigende Schankstättengesetz, in: RZ Nr. 143, 21. Juni 1927.
Ruf an die Geistesarbeiter, in: Mitteilungsblatt des Verbandes sozialdemokratischer Akademiker 9 (1926/27), S. 7 f.

Sachlichkeit und Freiheit, in: RZ Nr. 44, 21. Februar 1933.
Sachsen, in: RZ Nr. 129, 12. Mai 1929.
Scheidemann. Ein umstrittener Mensch – Ein umstrittenes Buch, in: RZ Nr. 318, 9. Dezember 1928.
Schicksalsfragen des Zentrums, in: Vorwärts Nr. 523, 5. November 1926; RZ Nr. 259, 5. November 1926.
Schluß mit den Strolchen!, in: RZ Nr. 167, 20. Juli 1925.
Schwarzweißrot in Amerika. Zur Psychologie der Deutschamerikaner, in: Vorwärts Nr. 551, 21. November 1925.
Separatismus?, in: RZ Nr. 135, 10. Juni 1932.
Singt!, in: Beilage zur Arbeiter-Jugend 15 (1912), S. 234.
»So kann es nicht weitergehen« (ungezeichnet), in: National-Zeitung Basel Nr. 507, 1. November 1935.
Sollmann disagrees with New Europe on the Class Nature of Facism, in: New Europe, Juni 1944, S. 17.
Some problems of peace policy, in: The Friend, Vol. 12, Nr. 15 (1939).
Sozialdemokratische Einheitsfront?, in: RZ Nr. 297, 21. Dezember 1918.
Sozialdemokratische Politik und sozialistische Ziele. Vortrag von Wilhelm Sollmann auf dem Bezirksparteitag zu Köln am 11. Juni 1922, hg. vom Vorstand der Sozialdemokratischen Partei für den Bezirk Obere Rheinprovinz, Köln 1922.
Sozialdemokratie und Rheinpolitik, in: Rheinischer Beobachter, 1. Januarheft 1925, S. 2 f.
Sozialdemokratischer Bruderkampf, in: RZ Nr. 175, 30. Juli 1917.
Sozialismus der Tat, Berlin 1925.
Sozialistische Aktion. Unsere Losung für den Wahlkampf, in: Arbeiter-Jugend 10 (1932), S. 301–304.
Sozialistische Machtpolitik, in: Zeitschrift für Sozialismus, Heft 24/25 (1935), S. 758–765.
Staatsstreich?, in: RZ Nr. 55, 24. Februar 1929.
Stadtverwaltung und Presse, in: MdVA Nr. 170, 1. Mai 1918, S. 5.
Stillgestanden!, in: Arbeiter-Jugend 21 (1912), S. 326.
Stimme aus der Reichswehr (ungezeichnet), in: National-Zeitung Basel Nr. 53, 1. Februar 1936.
Stresemann. Romantiker und Realist, in: RZ Nr. 351, 22. Dezember 1929.
Sturmtag: 31. Juli. Alle Kräfte auf ein Ziel!, in: RZ Nr. 171, 22. Juli 1932.

Tatchristen und Wortchristen. Auch eine Lehre des Volksbegehrens, in: Vorwärts Nr. 72, 26. März 1926.
The German Press After V-Day, in: The Public Opinion Quarterly, Winter 1944/45, S. 537–543.
The Great Dream, in: Reed College Quest, 4. April 1946.
The Hope of the World, in: Delaware County Magazine, January 1942.
The Mind of the Young German Behind Barbed Wire, in: Motive, November 1943, S. 11–13.
Treu dem Ziel!, in: RZ Nr. 105, 30. April 1931.
Trockenlegung! Zum Kampf um das Gemeindebestimmungsgesetz, in: Vorwärts Nr. 48, 26. Februar 1926.
Tust du deine Pflicht?, in: Beilage zur Arbeiter-Jugend 22 (1910), S. 343.

Über den Tag hinaus!, in: Vorwärts, Nr. 226, 14. Mai 1927; RZ Nr. 114, 16. Mai 1927.
Über die Religion, in: Die Tribüne, Beilage zur RZ Nr. 255, 29. Oktober 1927.
Um das Reich!, in: RZ Nr. 224, 24. September 1923.
Um die Jugend, in: Die Glocke 35 (1917), S. 348–351.
Um die Reichsgewalt, in: RZ Nr. 55, 5./6. Februar 1932.
Umformung der deutschen Arbeiter (ungezeichnet), in: Der Bund Nr. 33, 21. Januar 1936.
Um Leben und Tod, in: Die Arbeitsgemeinschaft, 1. Beilage der Arbeiter-Jugend 11 (1930), S. 249 f.
Umwandlung und Umwertung, in: Abstinenter Sozialist, Organ des Sozialistischen Abstinentenbundes der Schweiz Nr. 11, 1. November 1935.
Understanding Germany, in: The Friend, September I, 1939.
United States of Europa, in: Baltimore Sun, 31. Dezember 1939.
Unser Sozialismus, in: RZ, Sonderausgabe Nr. 7 – Zur Reichstagswahl, Juli 1932.
Unser Wille – Unser Vertrauen, in. Rheinischer Beobachter, 1. Juniheft 1927, S. 161 f.

Verantwortlicher oder Ressortzeichnung, in: MdVA Nr. 175, Oktober 1918, S. 3 f.
Verjudet, in: RZ Nr. 332, 23. Dezember 1928.
Verjüngung, in: RZ Nr. 335, 7. Dezember 1930.
Verständigung und Besatzung, in: Die Hilfe 1 (1927), S. 14 f.
Versteht endlich die Kommunisten, in: NVZ, 12. März 1940.
Verwüstete Gebiete, in: Vorwärts Nr. 6, 6. Februar 1923.
Volk und Staat und wir, in JB 2/1923, S. 66 f.
Volksrevolution und Volkssozialismus. Zu dem Buche von Wenzel Jaksch »Volk und Arbeiter«, in: NV Nr. 141, 23. Februar 1936
Volkswohl im Volksstaat, in: Das Reichsbanner Schwarz-Rot-Gold, Berlin o. J., S. 11–15.
Vom 31. Mai zum 31. Juli, in: Der Zimmerer Nr. 27, 2. Juli 1932, S. 1.
Vom Exerzierplatz zum Landheim, in: Die Glocke 27 (1917), S. 27–32.
Vom Reden und Zuhören, in: Arbeiter-Jugend 7 (1916), S. 54 f.
Von deutschen Kriegsgefangenen, in: Aufbau, Juni 1944.
Von Kapp bis Schacht!, in: Arbeiter-Jugend Nr. 3 (1930), S. 57 f.
Vor der Großen Koalition? (ungezeichnet), in: RZ Nr. 187, 11. August 1923.
Vor der Großen Koalition?, in: RZ Nr. 281, 1. Dezember 1925.

Wahlrecht und Parteien, in: Deutsche Republik 38 (1929), S. 1324–1330.
Wahlreform? Aussprechen was ist!, in: RZ Nr. 293, 14. Dezember 1927.
Wander- Regeln, in: Arbeiter-Jugend 12 (1909), S. 138 f.
Warnung an die Deutschnationalen, in: RZ Nr. 122, 24. Mai 1924.
Was die Jugend braucht, in: Arbeiter-Jugend 23 (1917), S. 177 f.
Was uns droht! Ein Mahnruf Sollmanns, in: RZ Nr. 122, 27. Mai 1920.
Weimarer Brief, in: RZ Nr. 33, 11. Februar 1919.
Wetterleuchten!, in: RZ Nr. 277, 27. November 1926.
What Germany Forgot, Rezension von James T. Shotwell, in: Friends Intelligencer, Fourth Month (1940).
Which way german revolution?, in: The Christian Century, 21. Februar 1945.
Who is to Blame for Aggression, in: The Friend, Sixth Month 27, 1940.
»Who the Devil is Carl Schurz?«, in: NVZ, 12. Juni 1938.
Widerstand bei den deutschen Arbeitern? (ungezeichnet), in: Der Bund Nr. 450, 27. September 1935.
Wie arbeitet die Nationalversammlung, in: Arbeiter-Jugend 5 (1919), S. 30 f.
Wie es war, in: Freie Jugend – Neues Welt, Beilage zur RZ Nr. 72, 25. März 1932.
Wintertag im Siebengebirge, in: Arbeiter-Jugend 3/4 (1918), S. 20 f.
Wir und die andern, in: RZ Nr. 311, 2. Dezember 1928.
Wir und die Leserwelt. Vortrag auf einer Konferenz der sozialdemokratischen Redakteure am 16. Januar 1926 im Reichstagsgebäude zu Berlin, Berlin o. J.
Wir und die Reichswehr. Eine historische Untersuchung, HAStK 1120/633/XIII-11-60, 61.
Wissen Sie eigentlich was der Klassenkampf ist?, in: RZ, Sonderausgabe Nr. 5 zur Reichstagswahl, Juli 1932.
Wohin?, in: RZ Nr. 143, 17. Juni 1928.

Zehn Jahre Reichsverfassung, in: Das Reichsbanner Nr. 32, 10. August 1929.
Zeitungsabende, in: Arbeiter-Jugend 18 (1910), S. 276.
Zigaretten, in: Arbeiter-Jugend 6 (1911), S. 95.
Zu neuem Aufstieg, in: Die Glocke 36 (1923), S. 883–893.
Zum Ausbau des lokalen Teils, in: MdVA Nr. 141, 1. Dezember 1915, S. 1 f.
Zum Ausbau unserer Jugendbewegung, in: Die Neue Zeit 29/2 (1911), S. 813–816.
Zur Gerichtsberichterstattung, in: MdVA Nr. 166, Januar 1918, S. 3 f.
Zur Geschichte des Ruhrkampfes, in: Gewerkschafts-Zeitung Nr. 7 (1925), S. 102 f.
Zur Kriegsgeschichte unserer Parteipresse, in: MdVA Nr. 152, 1. November 1916, S. 6 f.
Zur Religionsfrage, in: Die Glocke 2 (1918), S. 59–63.
Zwanzig Jahre Kölner Arbeiterjugend, in: Arbeiter-Jugend 6 (1927), S. 124.
Zwei Welten, in: RZ Nr. 127, 3. Juni 1925.
Zwischen Krieg und Frieden. Fragen zur Verständigung und Versöhnung. Wallingford 1948.

3 Gedruckte Quellen und Literatur

Adenauer-Briefe 1949–1951, bearb. von Hans Peter Mensing, Berlin 1985.
Abendroth, Wolfgang: Das Problem der Widerstandstätigkeit der »Schwarzen Front«, in: VfZ 8 (1960), S. 181–187.
Akten der Reichskanzlei. Das Kabinett Müller II. 28. Juni 1928 bis 27. März 1930, 2 Bände, bearb. von Martin Vogt, Boppard/Rh. 1970.
Akten der Reichskanzlei. Das Kabinett Scheidemann. 13. Februar bis 20. Juni 1919, bearb. von Hagen Schulze, Boppard/Rh. 1971.
Akten der Reichskanzlei. Das Kabinett Stresemann I und II. 13. August bis 6. Oktober/6. Oktober bis 30. November 1923, bearb. von Karl Dietrich Erdmann und Martin Vogt, Boppard/Rh. 1978.
Akten der Reichskanzlei. Das Kabinett Wirth I und II. 10. Mai 1921 bis 26. Oktober 1921/26. Oktober 1921 bis 22. November 1922, bearb. von Ingrid Schulze-Bidlingmaier, Boppard/Rh. 1973.
Akten der Reichskanzlei. Das Kabinett Cuno. 22. November 1922 bis 12. August 1923, bearb. von Karl-Heinz Harbeck, Boppard/Rh. 1968.
Akten zur deutschen auswärtigen Politik 1918–1945. Serie A: 1918 bis 1925, Band II: 7. Mai bis 31. Dezember 1919, bearb. von Peter Grupp, Göttingen 1984.
Albrecht, Thomas: Für eine wehrhafte Demokratie. Albert Grzesinski und die preußische Politik in der Weimarer Republik (Politikgeschichte und Gesellschaftsgeschichte 51), Bonn 1999.
Alexander, Thomas: Alexander: Carl Severing. Sozialdemokrat aus Westfalen mit preußischen Tugenden, Bielefeld 1992.
Allgemeiner Kongreß der Arbeiter- und Soldatenräte Deutschlands. Vom 16. bis 21. Dezember 1918 im Abgeordnetenhaus zu Berlin. Stenographische Berichte. Eingeleitet von Friedrich Helm und Peter Schmitt-Egner, unveränd. Nachdruck der Ausgabe Berlin 1919, Glashütten i. Ts. 1972.
Angress, Werner T.: Die Kampfzeit der KPD 1921–1923, Düsseldorf 1973.
Anpassung oder Widerstand? Aus den Akten des Parteivorstands der deutschen Sozialdemokratie 1932/33 (Archiv für Sozialgeschichte, Beiheft 4), hg. und bearb. von Hagen Schulze, Bonn-Bad Godesberg 1975.
Anschütz, Gerhard: Die Verfassung des Deutschen Reiches vom 11. August 1919 – ein Kommentar für Wissenschaft und Praxis, Neudr. d. 14. Aufl. von 1933, Aalen 1987.
Apelt, Willibald: Weimarer Verfassung, München 1964.
Appelius, Stefan: Gegen den Strom. Hans Vogel (1881–1945), in: Einsichten und Perspektiven. Bayrische Zeitschrift für Politik und Geschichte 1/2009 (Online-Publikation. Abgerufen am 3. August 2011).
Arbeiterklasse siegt über Kapp und Lüttwitz. Quellen ausgewählt und bearb. von Erwin Könnemann, Brigitte Berthold und Gerhard Schulze (Archivalische Forschungen zur Geschichte der deutschen Arbeiterbewegung, Band 7/I u. II), Glashütten i. Ts. 1971 [Originalausgabe Berlin (O) 1970].
Arns, Günter: Die Krise des Weimarer Parlamentarismus im Frühherbst 1923, in: Der Staat 8 (1969), S. 180–216.
Arns, Günter: Regierungsbildung und Koalitionspolitik in der Weimarer Republik 1919–1924, Tübingen 1971.
Außerordentlicher Sozialistenkongreß zu Basel 24.–25.11.1912, Berlin 1912.

Baechler, Christian: Gustave Stresemann (1878–1929). De l'impérialisme à la sécurité collective, Straßburg 1996.

Bähr, Johannes: Staatliche Schlichtung in der Weimarer Republik. Tarifpolitik, Korporatismus und industrieller Konflikt 1919–1932, Freiburg 1986.

Bachstein, Martin K.: Wenzel Jaksch und die sudetendeutsche Sozialdemokratie, München/Wien 1974.

Bariéty, Jacques: Les relations franco-allemandes après la première guerre mondiale. 10 Novembre 1918–10 janvier 1925, de l'exécution à la négociation, Paris 1977.

Bariéty, Jacques: Vom Ersten zum Zweiten Weltkrieg, in: Poidevin, Raymond/Ders. (Hg.): Frankreich und Deutschland. Die Geschichte ihrer Beziehungen 1815–1975, München 1982, S. 293–420.

Beck, Dorothea: Julius Leber: Sozialdemokrat zwischen Reform und Widerstand, Berlin 1983.

Becker, Josef: Joseph Wirth und die Krise des Zentrums während des IV. Kabinetts Marx (1927–1928). Darstellung und Dokumente, in: Zeitschrift für die Geschichte des Oberrheins 109 (1961), S. 361–482.

Becker, Winfried: Demokratie, Zentralismus, Bundesstaat und Staatenbund in den Verfassungsplänen von Emigranten, in: Krohn, Claus-Dieter/Schumacher, Martin (Hg.): Exil und Neuordnung. Beiträge zur verfassungspolitischen Entwicklung in Deutschland nach 1945 (Dokumente und Texte, Kommission für Geschichte des Parlamentarismus und der politischen Parteien 6), Düsseldorf 2000, S. 33–62.

Behring, Rainer: Demokratische Außenpolitik für Deutschland. Die außenpolitischen Vorstellungen deutscher Sozialdemokraten im Exil 1933–1945 (Beiträge zur Geschichte des Parlamentarismus und der politischen Parteien 117), Düsseldorf 1999.

Bers, Günther: Der Bezirk Mittelrhein/Saar der Kommunistischen Partei Deutschlands (KPD) im Jahre 1922, Wentorf 1975.

Bers, Günter (Hg.): Die Kölner Sozialdemokratie im Jahre 1914, Wentorf 1974.

Bers, Günter/Klöcker Michael: Die sozialdemokratische Arbeiterbewegung im Kölner Raum 1890–1895, Wentorf 1976.

Bers, Günther (Hg.): Die Sozialdemokratische Partei im Agitationsbezirk Obere Rheinprovinz 1897–1918. Rechenschaftsberichte und Parteitagsprotokolle, Teil I (1897–1905), Köln 1973.

Bermbach, Udo: Das Scheitern des Rätesystems und der Demokratisierung der Bürokratie 1918/19, in: Politische Vierteljahresschrift 8 (1967), S. 445–460.

Berthold, Lothar/Neef, Helmut: Militarismus und Opportunismus gegen die Novemberrevolution. Das Bündnis der rechten SPD-Führung mit der Obersten Heeresleitung November und Dezember 1918. Eine Dokumentation, Berlin 1958.

Beyer, Georg: Auf Befehl des Gouverneurs, in: 40 Jahre RZ, Sonderausgabe, 30. April 1931.

Beyer, Georg: Katholizismus und Sozialismus, Berlin 1927.

Biewer, Ludwig: Reichsreformbestrebungen in der Weimarer Republik. Fragen zur Funktionalreform und zur Neugliederung im Südwesten des Deutschen Reiches, Frankfurt a. M. 1980.

Billstein, Reinhold: Krieg und Revolution. Die Kölner Sozialdemokratie in den Jahren 1914 bis 1918, in: Ders. (Hg.): Das andere Köln. Demokratische Traditionen seit der Französischen Revolution, Köln 1979, S. 189–223.

Bischof, Erwin: Rheinischer Separatismus 1918–1924. Hans Adam Dortens Rheinstaatsbestrebungen (Europäische Hochschulschriften, Reihe 3: Geschichte und ihre Hilfswissenschaften 4), Bern 1979.

Bloch, Max: Albert Südekum (1871–1944). Ein deutscher Sozialdemokrat zwischen Kaiserreich und Diktatur. Eine politische Biographie (Beiträge zur Geschichte des Parlamentarismus und der politischen Parteien 154), Düsseldorf 2009.

Bloch, Max: »Arbeiterverräter«, »Sozialchauvinisten«, »Lakaien der Bourgeoisie«. Der sozialdemokratische Reformismus in Kaiserreich und Weimarer Republik als Desiderat einer postideologischen Forschung, in: Mitteilungsblatt des Instituts für Soziale Bewegungen 45 (2011), S. 89–98.

Boldt, Hans: Der Artikel 48 der Weimarer Reichsverfassung, in: Stürmer, Michael (Hg.): Die Weimarer Republik. Belagerte Civitas, Königstein i. T. 1993, S. 288–309.

Boll, Friedhelm: Frieden ohne Revolution? Friedensstrategien der deutschen Sozialdemokratie vom Erfurter Programm 1891 bis zu deutschen Revolution 1918 (Politik- und Gesellschaftsgeschichte 8), Bonn 1980.

Boll, Friedhelm: Massenbewegungen in Niedersachsen 1906-1920. Eine sozialgeschichtliche Untersuchung zu den unterschiedlichen Entwicklungstypen Braunschweig und Hannover (Veröffentlichungen des Instituts für Sozialgeschichte e. V.), Bonn 1981.

Borchardt, Knut: Inflationsgefahren in der Weltwirtschaftskrise? Zu den Spielräumen der Brüningschen Wirtschaftspolitik 1930–1932, in: Engels, Wolfram u. a. (Hg.): International Capital Movements, Debt and Monetary Systems/Internationale Kapitalbewegungen, Verschuldung und Währungssystem, Festschrift für Wilfried Guth, Mainz 1984, S. 21–42.

Bourdieu, Pierre: Die biographische Illusion, in BIOS 3 (1990), S. 75–88.
Borinski, Fritz: Die »Neuen Blätter für den Sozialismus«. Ein Organ der jungen Generation von 1930 bis 1933, in: Jahrbuch des Archivs der deutschen Jugendbewegung 13 (1981), S. 65–97.
Brandt, Dieter: Die Anfänge der sozialistischen Jugendbewegung in Köln, in: Billstein, Reinhold (Hg.): Das andere Köln. Demokratische Traditionen seit der Französischen Revolution, Köln 1979, S. 170–188.
Brandt, Peter/Rürup, Reinhard (Bearb.): Arbeiter-, Soldaten- und Volksräte in Baden 1918/19 (Quellen zur Geschichte der Rätebewegung in Deutschland 3), Düsseldorf 1980.
Braun, Bernd: Die »Generation Ebert«, in: ders./Schönhoven, Klaus (Hg.): Generationen in der Arbeiterbewegung (Schriftenreihe der Stiftung Reichspräsident-Friedrich-Ebert-Gedenkstätte 12), München 2005, S. 69–86.
Braun, Max: Wille und Ziel, in: DF Nr. 1, 21. Juni 1933.
Brecht, Arnold: Aus nächster Nähe. Lebenserinnerungen 1884–1927, Stuttgart 1966.
Breitenborn, Konrad: Bund der religiösen Sozialisten., in: Fricke, Dieter (Hg.): Lexikon zur Parteiengeschichte, Band 1, Leipzig 1983, S. 271–277.
Broch, Ernst-Detlef: Katholische Arbeitervereine in der Stadt Köln 1890–1901 (Die Arbeiterbewegung in den Rheinlanden 7), Wentorf 1977.
Brockdorff-Rantzau, Ulrich von: Dokumente und Gedanken um Versailles. 3., wesentlich erw. u. verm. Aufl., Berlin 1925.
Broszat, Martin: Der Staat Hitlers. Grundlegung und Entwicklung seiner inneren Verfassung (DTV-Weltgeschichte des 20. Jahrhunderts 9), 11. Aufl., München 1986.
Buchholz, Marlis/Rother, Bernd: Der Parteivorstand der SPD im Exil. Protokolle der Sopade 1933–1940 (Archiv für Sozialgeschichte, Beiheft 15), Bonn 1995.
Büttner, Ursula: Weimar. Die überforderte Republik 1918-1933. Leistung und Versagen in Staat, Gesellschaft, Wirtschaft und Kultur, Stuttgart 2008.
Bungert, Heike: Deutsche Emigranten im amerikanischen Kalkül. Die Regierung in Washington, Thomas Mann und die Gründung eines Emigrantenkomitees 1943, in VfZ 46 (1998), S. 253–268.
Brunn, Gerhard: Vom politischen Kellerkind zur Mehrheitspartei. Die SPD in Köln 1875 bis 1914, in: Ders. (Hg.): Sozialdemokratie in Köln. Ein Beitrag zur Stadt- und Parteiengeschichte, Köln 1986, S. 49–82.

Christov, Alexander: »Wir sind die junge Garde des Proletariats!« Arbeiterjugendbewegung im Kölner Raum 1904–1919 (Ortstermine 18), Siegburg 2007.
Cull, John Nicolas: Selling War. The British Propaganda Campaign Against American »Neutrality« in World War II, New York/Oxford 1995.

Dahlem, Franz: Jugendjahre. Vom katholischen Arbeiterjungen zum proletarischen Revolutionär, Berlin 1982.
Damerius, Michael/Hartmann, Günter: Entstehungszusammenhänge der selbstständigen Arbeiterjugendbewegung in Deutschland und die Auseinandersetzung um den Erhalt der Selbstständigkeit (Sozialdemokratische Jugend- und Erziehungsarbeit in ihren historischen und aktuellen Zusammenhängen Teil 1), Bielefeld 1979.
Das Kommunal-Programm der Sozialdemokratie Preußens. Erläutert von Paul Hirsch, Berlin 1911.
Das Weimar der arbeitenden Jugend. Niederschriften und Bilder vom ersten Reichsjugendtag der Arbeiterjugend vom 28. bis 30. August 1920 in Weimar, bearb. von E. R. Müller, 2., ergänzte Aufl., Berlin 1923.
Dehio, Ludwig: Prof. Wilhelm Sollmann, in: Amerika-Haus Marburg-Lahn, Programm Nr. 89, Januar 1951.
Depkat, Volker: Ein schwieriges Genre: Zum Ort der Biografik in der Arbeitergeschichtsschreibung, in: Mitteilungsblatt des Instituts für Soziale Bewegungen 45 (2011), S. 21-35.
Der Nachlaß des Reichskanzlers Wilhelm Marx. Teil I–IV, bearb. von Hugo Stehkämper (Mitteilungen aus dem Stadtarchiv von Köln 52–55), Köln 1968.
Diekmann, Klaus-Dieter: Die Sozialdemokratische Partei Deutschlands und der Ruhrkampf 1923, Examensarbeit Münster 1977 (Fundort: Bibliothek der Friedrich-Ebert-Stiftung, Bonn).
Die Protokolle der Reichstagsfraktion und des Fraktionsvorstandes der Deutschen Zentrumspartei 1926–1933, bearb. von Rudolf Morsey, Mainz 1969.
Dierichs, Paul: Der Zeitungsmarkt in Deutschland: unter besonderer Berücksichtigung der Verhältnisse in Westfalen und am Niederrhein, München 1928.
Dittmann, Wilhelm: Erinnerungen, bearb. und eingeleitet von Jürgen Rojahn, Bände 1–3, Frankfurt a. M./New York 1995.

Dokumente und Materialien zur Geschichte der deutschen Arbeiterbewegung, hg. vom Institut für Marxismus-Leninismus beim Zentralkomitee der Sozialistischen Einheitspartei Deutschlands, Reihe II: 1914–1945, Bd. 1, Juli 1914–Oktober 1917, Berlin 1958.

Düwell, Kurt: Universität, Schulen und Museen. Adenauers wissenschafts- und bildungspolitische Bestrebungen für Köln und das Rheinland (1917–1932), in: Stehkämper, Hugo (Hg.): Konrad Adenauer. Oberbürgermeister von Köln. Festgabe zum 100. Geburtstag ihres Ehrenbürgers am 5. Januar 1976, Köln 1976, S. 167–206.

Dussel, Konrad: Deutsche Tagespresse im 19. und 20. Jahrhundert (Einführungen Kommunikationswissenschaften I), 2., erw. Aufl., Berlin 2011.

Ebert, Simon: Konrad Adenauers Beziehungen zur Sozialdemokratie in Köln in der Weimarer Republik, in: GiK 53 (2006), S. 99–120.

Edinger, Lewis J.: German Exile Politics. The Social Democratic Executive Committee in the Nazi Era, Berkeley/Los Angeles 1956.

Eggerstedt, Otto: Nochmals »Nachdenkliche Betrachtungen«, in: Die Neue Zeit 27/2 (1912/13), S. 607–610.

Ehlert, Hans Gotthard: Die wirtschaftliche Zentralbehörde des Deutschen Reiches 1914 bis 1919. Das Problem der »Gemeinwirtschaft« in Krieg und Frieden, Wiesbaden 1982

Eimers, Enno: Das Verhältnis von Preußen und Reich in den ersten Jahren der Weimarer Republik (1918–1923), Berlin 1969.

Eisfeld, Gerd: Titelverzeichnis der sozialdemokratischen Presse 1863–1945, in: Ders./Koszyk, Kurt (Hg.): Die Presse der deutschen Sozialdemokratie. Eine Bibliographie, 2., überarb. und erw. Aufl., Bonn 1980, S. 59–206.

Elben, Wolfgang: Das Problem der Kontinuität in der deutschen Revolution 1918–1919. Die Politik der Staatssekretäre und der militärischen Führung vom November 1918 bis Februar 1919 (Beiträge zur Geschichte des Parlamentarismus und der politischen Parteien 31), Düsseldorf 1965.

Eppe, Heinrich: 100 Jahre Sozialistische Jugend in Deutschland im Überblick, in: Ders./Hermann, Ulrich (Hg.): Sozialistische Jugend im 20. Jahrhundert. Studien zur Entwicklung und politischen Praxis der Arbeiterjugendbewegung in Deutschland, Weinheim/München 2008, S. 43–68.

Eppe, Heinrich: Selbsthilfe und Interessenvertretung. Die sozial- und jugendpolitischen Bestrebungen der sozialdemokratischen Jugendorganisationen 1904–1933, Bonn 1983.

Epstein, Klaus: Matthias Erzberger und das Dilemma der deutschen Demokratie, Berlin u. a. 1962.

Erdmann, Karl Dietrich: Adenauer in der Rheinlandpolitik nach dem Ersten Weltkrieg, Stuttgart 1966.

Erger, Johannes: Der Kapp-Lüttwitz-Putsch. Ein Beitrag zur deutschen Innenpolitik 1919/20, Düsseldorf 1967.

Eröffnungsfeier der Universität Köln. Reden gehalten bei dem Festakt im großen Saal des Gürzenich am 12. Juni 1919 und bei der Akademischen Feier im Aula der Universität am 20. Juni 1919, Köln 1919.

Esser, Albert: Wilhelm Elfes 1884–1969. Arbeiterführer und Politiker (Veröffentlichungen der Kommission für Zeitgeschichte, Reihe B: Forschungen 53), Mainz 1990.

Falter, Jürgen W.: Hitlers Wähler, München 1991.

Fasel, Peter: Dr. Adolf Braun (1862–1929). Grundriß zu einer politischen Biographie. Diss. Würzburg 1990.

Faust, Manfred: Krieg, Revolution, Spaltung. Die Kölner Sozialdemokratie 1914 bis 1920, in: Brunn, Gerhard (Hg.): Sozialdemokratie in Köln. Ein Beitrag zur Stadt- und Parteiengeschichte, Köln 1986, S. 83–104.

Faust, Manfred: Sozialer Burgfrieden im Ersten Weltkrieg. Sozialistische und christliche Arbeiterbewegung in Köln, Essen 1992.

Feldman, Gerald D./Steinisch, Irmgard: Die Weimarer Republik zwischen Sozial- und Wirtschaftsstaat. Die Entscheidung gegen den Achtstundentag, in: AfS 18 (1978), S. 353–439.

Feldman, Gerald D./Steinisch, Irmgard: Industrie und Gewerkschaften 1918–1924. Die überforderte Zentralarbeitsgemeinschaft, Stuttgart 1985.

Fetz, Bernhard (Hg.): Die Biographie – Zur Grundlegung ihrer Theorie, Berlin 2009.

Feucht, Stefan: Die Haltung der Sozialdemokratischen Partei Deutschlands zur Außenpolitik während der Weimarer Republik (1918–1933), Frankfurt a. M. 1998.

Fischer, Conan: The Ruhr-Crisis, 1923–1924, Oxford u. a. 2003.

Fischer, Ilse/Zimmermann, Rüdiger: »Unsere Sehnsucht in Worte kleiden«. Eugen Prager (1876–1942). Der Lebensweg eines sozialdemokratischen Journalisten, Bonn 2005.

Foitzik, Jan: Die Rückkehr aus dem Exil und das politisch-kulturelle Umfeld der Reintegration sozialdemokratischer Emigranten in Westdeutschland, in: Briegel, Manfred/Frühwald, Wolfgang (Hg.): Die Erfahrung der

Fremde. Kolloquium des Schwerpunktprogramms »Exilforschung« der Deutschen Forschungsgemeinschaft, Weinheim u. a. 1988, S. 255–270.

Foitzik, Jan: Linke Kleingruppen, in: Handbuch der deutschsprachigen Emigration 1933–1945, hg. von Claus-Dieter Krohn u. a. unter redaktioneller Mitarbeit von Elisabeth Kohlhaas, Darmstadt 1998, Sp. 506–518.

Foitzik, Jan: Zwischen den Fronten. Zur Politik, Organisation und Funktion linker politischer Kleinorganisationen im Widerstand 1933 bis 1939/40 unter besonderer Berücksichtigung des Exils (Politik- und Gesellschaftsgeschichte 16), Bonn 1986.

Forster, Bernhard: Adam Stegerwald (1874–1945). Christlich-nationaler Gewerkschafter; Zentrumspolitiker, Mitbegründer der Unionsparteien (Forschungen und Quellen zur Zeitgeschichte 41), Düsseldorf 2003.

Fraenkel, Ernst: Military Occupation and the Rule of Law. Occupation Government in the Rhineland 1918–1923, London 1944.

Franke, Arno: Die Parteipresse auf dem Parteitag, in: Die Neue Zeit 1 (1913/14), S. 25.

Fricke, Dieter: Zur Organisation und Tätigkeit der deutschen Arbeiterbewegung (1890 bis 1914), Leipzig 1962.

Frohn, Hans-Werner: Arbeiterbewegungskulturen in Köln 1890 bis 1933 (Düsseldorfer Schriften zur Neueren Landesgeschichte und zur Geschichte Nordrhein-Westfalens 45), Essen 1997.

Fuchs, Peter: Das Kampfblatt. Die »Rheinische Zeitung« von 1892 bis 1933, in: Brunn, Gerhard (Hg.): Sozialdemokratie in Köln. Ein Beitrag zur Stadt- und Parteiengeschichte, Köln 1986, S. 105–126.

Fülberth, Georg: Konzeption und Praxis sozialdemokratischer Kommunalpolitik 1918–1933. Ein Anfang (Schriftenreihe der Studiengesellschaft für Sozialgeschichte und Arbeiterbewegung 47), Marburg 1984.

Fülberth, Georg: Vom Reformismusstreit bis zum Ausbruch des Ersten Weltkrieges (1899–1914), in: Ders. u. a. (Hg.): Geschichte der deutschen Sozialdemokratie, Köln 1989, S. 38–52.

Gebert, Marko: Festung und Stadt Köln. Das Ende eines Bollwerks 1919 bis 1930 (Rostocker Schriften zur Regionalgeschichte 6), Münster 2013.

Gehlen, Boris: Paul Silverberg (1876–1959). Ein Unternehmer (Vierteljahrschrift für Sozial- und Wirtschaftsgeschichte, Beiheft 194), Stuttgart 2007.

Gellinek, Christian: Philipp Scheidemann. Eine biografische Skizze, Köln u. a. 1994.

Gestrich, Andreas: Einleitung: Sozialhistorische Biographieforschung, in: Ders./Knoch, Peter/Merkel, Helga (Hg.): Biographie – sozialgeschichtlich. Sieben Beiträge, Göttingen 1928, S. 5–28.

Gilcher-Holthey, Ingrid: Das Mandat des Intellektuellen. Karl Kautsky und die Sozialdemokratie, Berlin 1986.

Graml, Hermann: Zwischen Stresemann und Hitler: die Außenpolitik der Präsidialkabinette Brüning, Papen und Schleicher (Schriftenreihe der Vierteljahrshefte für Zeitgeschichte 83), München 2001.

Grasmann, Peter: Sozialdemokraten gegen Hitler, München 1976.

Grebing, Helga: Arbeiterbewegung. Sozialer Protest und kollektive Interessenvertretung bis 1914, 3. Aufl., München 1993.

Grebing, Helga: Abwehr gegen rechts und links. Zentrismus – ein aussagekräftiger Begriff?, in: Rojahn, Jürgen/Schelz, Till/Steinberg, Franz-Josef (Hg.): Marxismus und Demokratie. Karl Kautskys Bedeutung in der sozialistischen Arbeiterbewegung, Frankfurt a. M. 1991, S. 140–150.

Groener, Wilhelm: Lebenserinnerungen. Jugend. Generalstab. Weltkrieg (Deutsche Geschichtsquellen des 19. und 20. Jahrhunderts 41), hg. von Friedrich Freiherr Hiller von Gaertringen, Göttingen 1967.

Groh, Dieter: Negative Integration und revolutionärer Attentismus. Die deutsche Sozialdemokratie am Vorabend des Ersten Weltkrieges, Frankfurt a. M./Berlin/Wien 1973.

Groh, Dieter/Brandt, Peter: Vaterlandslose Gesellen. Sozialdemokratie und Nation, 1860–1990, München 1992

Große Kracht, Klaus: »Bürgerhumanismus« oder »Staatsräson«. Hans Baron und die republikanische Intelligenz des Quattrocento, in: Keßler, Mario (Hg.): Deutsche Historiker im Exil (1933–1945). Ausgewählte Studien, Berlin 2005, S. 243–263.

Groschopp, Horst (Hg.): »Los von der Kirche!«. Adolph Hoffmann und die Staat-Kirche-Trennung in Deutschland (Schriftenreihe der Humanistischen Akademie Berlin 2), Aschaffenburg 2009.

Gross, Babette: Willi Münzenberg. Eine politische Biographie, Stuttgart 1967.

Hägel, Helmuth: Die Stellung der sozialdemokratischen Jugendorganisationen zu Staat und Partei in den Anfangsjahren der Weimarer Republik, in: IWK 12 (1976), S. 166–216.

Haenisch, Konrad: Zur Lage der Partei. Unveränderter Abdruck aus dem Hamburger Echo Nr. 304 und 305, Jg. 1915, Hamburg 1916.

Hagspiel, Hermann: Verständigung zwischen Deutschland und Frankreich. Die deutsch-französische Außenpolitik der zwanziger Jahre im innenpolitischen Kräftefeld beider Länder (Pariser Historische Studien 24), Bonn 1987.

Hamburger, Ernest: Juden im öffentlichen Leben Deutschlands. Regierungsmitglieder, Beamte und Parlamentarier in der monarchischen Zeit 1848–1918 (Schriftenreihe wissenschaftlicher Abhandlungen des Leo Baeck Instituts), Tübingen 1968.

Handbuch der Reichstagswahlen 1890–1918. Bündnisse, Ergebnisse, Kandidaten, bearb. von Carl-Wilhelm Reibel, erster Halbband (Handbücher zur Geschichte des Parlamentarismus und der politischen Parteien 15), Düsseldorf 2007.

Handbuch des Vereins Arbeiterpresse, hg. vom Vorstand des Vereins Arbeiterpresse, 3. Jg. 1914, 4. Folge, Berlin 1927.

Harscheidt, Michael: Biographieforschung: Werden und Wandel einer komplexen Methode, in: Historical Social Research 14 (1989), S. 99–142.

Hartenstein, Wolfgang: Die Anfänge der Deutschen Volkspartei 1918–1920, Düsseldorf 1962.

Haubach, Theodor: Die militante Partei, in: NBS 5 (1931), S. 208–213.

Haupt, Georg: Der Kongreß fand nicht statt. Die sozialistische Internationale 1914, Wien 1967.

Haupts, Leo: Deutsche Friedenspolitik 1918–1919. Eine Alternative zur Machtpolitik des Ersten Weltkrieges, Düsseldorf 1976.

Heenemann, Horst: Die Auflagenhöhen der deutschen Zeitungen. Ihre Entwicklung und ihre Probleme, Leipzig/Berlin 1930.

Hege, Ingrid: Vor der Machtergreifung des Faschismus. Die Kölner Arbeiterparteien in der Endphase der Weimarer Republik, in: Billstein, Reinhold (Hg.): Das andere Köln. Demokratische Traditionen seit der Französischen Revolution, Köln 1979, S. 257–282.

Heilmann, Ernst: Sollmanns »positive Parteikritik«, in: Das freie Wort Nr. 42 (1932), S. 31 f.

Heimann, Siegfried/Walter, Franz: Religiöse Sozialisten und Freidenker in der Weimarer Republik. Solidargemeinschaft und Milieu: Sozialistische Kultur- und Freizeitorganisationen in der Weimarer Republik, Band 4 (Politik- und Gesellschaftsgeschichte 31), Bonn 1993.

Heine, Wolfgang: Bakschisch, in: NZ 32/1 (1913/14), S. 593–599.

Heitzer, Horstwalter: Der Volksverein für das katholische Deutschland im Kaiserreich 1890–1918, Mainz 1979.

Heller, Hermann: Sozialismus und Nation, Berlin 1925.

Hellmuth, G. (Heinz Kühn): Brief an Wilhelm Sollmann, in: Sozialistische Warte Nr. 5 (1939), S. 117–120.

Henning, Friedrich-Wilhelm: Die Stadterweiterung unter dem Einfluss der Industrialisierung (1871–1914), in: Kellenbenz, Hermann (Hg.): Zwei Jahrtausende Kölner Wirtschaft, Band 2: Vom 18. Jahrhundert bis zur Gegenwart, Köln 1975, S. 267–357.

Henning, Friedrich-Wilhelm: Die finanzpolitischen Vorstellungen und Maßnahmen Konrad Adenauers während seiner Kölner Zeit (1906–1933), in: Stehkämper, Hugo (Hg.): Konrad Adenauer. Oberbürgermeister von Köln. Festgabe zum 100. Geburtstag ihres Ehrenbürgers am 5. Januar 1976, Köln 1976, S. 123–153.

Henseler, Andreas: Die Kölner SPD in der Endphase der Weimarer Republik (1928–1933). Auseinandersetzungen mit der KPD – Kampf gegen die NSDAP, in: Brunn, Gerhard (Hg.): Sozialdemokratie in Köln. Ein Beitrag zur Stadt- und Parteiengeschichte, Köln 1986, S. 149–191.

Hepp, Michael (Hg.): Die Ausbürgerung deutscher Staatsangehöriger 1933–1945 nach den im Reichsanzeiger veröffentlichten Listen. Band 1: Listen in chronologischer Reihenfolge, eingeleitet von Hans Georg Lehmann und Michael Hepp, München u. a. 1985.

Hermann, Walther: Wirtschaftsgeschichte der Stadt Köln 1914 bis 1970, in: Kellenbenz, Hermann (Hg.): Zwei Jahrtausende Kölner Wirtschaft, Band 2: Vom 18. Jahrhundert bis zur Gegenwart, Köln 1975, S. 359–473.

Hildebrand, Klaus: Das vergangene Reich. Deutsche Außenpolitik von Bismarck bis Hitler 1871–1945, 2. Aufl., Stuttgart 1996.

Hillgruber, Andreas: Unter dem Schatten von Versailles – Die außenpolitische Belastung der Weimarer Republik: Realität und Perzeption bei den Deutschen, in: Erdmann, Karl Dietrich/Schulze, Hagen (Hg.): Weimar. Selbstpreisgabe einer Demokratie. Eine Bilanz heute. Kölner Kolloquium der Fritz-Thyssen-Stiftung. Juni 1979, Düsseldorf 1980, S. 51–67.

Hilferding, Rudolf: Der Austritt aus der Regierung, in: Die Gesellschaft 7 (1930), S. 385–392.

Hirsch, Felix E.: Memories of William Sollmann, in: The American German Review, April 1953, S. 14–16.

Hirsch, Felix E.: Wilhelm Sollmann (1881–1951), in: Rheinische Lebensbilder, Band 6, Köln 1975, S. 257–285.

Hirsch, Felix E.: Wilhelm Sollmann, in: Der Aufbau 12. Januar 1951.

Hirsch, Felix E.: William Sollmann. Wanderer between two Worlds, in: The South Atlantic Quarterly, Vol. 52 (1953), S. 207–227.
Hirsch, Felix E.: Stresemann. Ein Lebensbild, Göttingen 1978.
Hirsch, Paul: Das Kommunalprogramm der Sozialdemokratie Preußens, Berlin 1910.
Hirsch, Paul: Aufgaben der Deutschen Gemeindepolitik nach dem Kriege, Berlin 1917.
Hömig, Herbert: Brüning. Politiker ohne Auftrag. Zwischen Weimarer und Bonner Republik, Paderborn 2005.
Hörster-Philipps, Ulrike: Joseph Wirth. 1879–1956. Eine politische Biographie (Veröffentlichungen der Kommission für Zeitgeschichte, Reihe B: Forschungen 82), Paderborn u. a. 1998.
Hoffmann, Serge: Luxemburg, in: Handbuch der deutschsprachigen Emigration 1933–1945, hg. von Claus-Dieter Krohn u. a. unter redaktioneller Mitarbeit von Elisabeth Kohlhaas, Darmstadt 1998, Sp. 307–311.
Hofman, Wolfgang: Zwischen Rathaus und Reichskanzlei. Die Oberbürgermeister in der Kommunal- und Staatspolitik des Deutschen Reiches von 1890 bis 1933 (Schriften des Deutschen Instituts für Urbanistik 46), Stuttgart u. a. 1974.
Hohorst, Gerd/Kocka, Jürgen/Ritter Gerhard A.: Sozialgeschichtliches Arbeitsbuch II: Materialien zur Statistik des Kaiserreichs 1870–1914. München 1978.
Holtfrerich, Karl-Ludwig: Die deutsche Inflation 1914–1923. Ursachen und Folgen in internationaler Perspektive, Berlin 1980.
Huber, Ernst Rudolf (Hg.): Dokumente zur deutschen Verfassungsgeschichte, Band 4: Deutsche Verfassungsdokumente 1918–1933, 3., neubearb. Aufl., Stuttgart/Berlin/Köln 1992.
Huber, Ernst Rudolf/Huber Wolfgang (Hg.): Staat und Kirche im 19. und 20. Jahrhundert. Dokumente zur Geschichte des deutschen Staatskirchenrechts, Band 3, Berlin 1983.
Hürten, Heinz (Bearb.): Zwischen Revolution und Kapp-Putsch. Militär und Innenpolitik 1918–1920 (Quellen zur Geschichte. Zweite Reihe Militär und Politik 2), Düsseldorf 1977.

Jaksch, Wenzel: Hans Vogel (Schriftenreihe Demokratie und Sozialismus 4), Offenbach 1946.
Jasper, Karlbernhard: Der Urbanisierungsprozess dargestellt am Beispiel der Stadt Köln (Schriften zur Rheinisch-Westfälischen Wirtschaftsgeschichte 30), Köln 1977.
Jatho, Carl: Persönliche Religion. Predigten. Neue Folge, Köln 1906.
John, Matthias: Konrad Haenisch (1876–1925) – »und von Stund an war er ein anderer« (Kleine Reihe Biographien 2), Berlin 2003.
Juchacz, Marie: Leben und Werk der Gründerin der Arbeiterwohlfahrt, hg. vom AWO-Bundesverband e. V., 2. Aufl., Bonn 2004.
Jung, Werner: Ein gleitender Übergang. Die Kölner Polizeiführung zwischen »Preußenschlag« und Machtergreifung, in: Buhlan, Werner/Ders. (Hg.): Wessen Freund und wessen Helfer? Die Kölner Polizei im Nationalsozialismus (Schriften des Dokumentationszentrums der Stadt Köln 7), Köln 2000, S. 64–144.
Jung, Werner: Köln und der 30. Januar 1933. Von der Ernennung Hitlers zum Reichskanzler bis zur Machtübernahme in Köln (13. März 1933), in: Bilz, Fritz/Ders. (Hg.): Köln und der 30. Januar 1933. Von der Ernennung Hitlers zum Reichskanzler bis zur Machtübernahme in Köln (13. März 1933), Köln 1993, S. 3–37.

Kaiser, Jakob: Wir haben Brücke zu sein. Reden, Äußerungen und Aufsätze zur Deutschlandpolitik, hg. von Christian Hacke, Köln 1988.
Kaiser, Jochen-Christoph: Max Sievers in der Emigration 1933–1944, in: IWK 1 (1980), S. 33–57.
Kampffmeyer, Paul: Der Sozialdemokratische Pressedienst. Eine Betrachtung über die Entwicklung, den Aufbau und die Aufgaben des sozialdemokratischen Pressedienstes, Berlin 1929.
Kastning, Alfred: Die deutsche Sozialdemokratie zwischen Koalition und Opposition 1919–1923, Paderborn 1970.
Kautsky, Karl: Nachbemerkungen, in: NZ 31/2 (1912/13), S. 662–664.
Kautsky, Karl: Nachgedanken zu den nachdenklichen Betrachtungen, in: NZ 31/2 (1912/13), S. 558–568.
Kautsky, Karl: Sozialisten und Krieg. Ein Beitrag zur Ideengeschichte der Sozialisten von den Hussiten bis zum Völkerbund, Prag 1937.
Keil, Wilhelm: Erlebnisse eines Sozialdemokraten, Bände 1–2, Stuttgart 1947/48.
Keller, Dietrich: Carl Jatho, Prediger der Leibe und Lebensfreude, MEKGR 78 (1979), S. 217–238.
Keller, Dietrich: Verantwortung der Kirche für rechte Verkündigung, Düsseldorf 1972.
Kessler, Harry Graf: Das Tagebuch 1880–1937, Band 9: 1926–1937, hg. von Sabine Gruber und Ulrich Ott, Stuttgart 2010.

Kist, Eugene Harold: William Sollmann: A Teacher, in: Quaker History 60 (1971), S. 88–119.
Kist, Eugene Harold: William Sollmann. The Emergence of a Socialdemocratic Leader, Philadelphia 1969 (Mikrofiche).
Klein, Adolf: Hundert Jahre Akten – Hundert Jahre Fakten. Das Landgericht Köln ab 1879. in: Ders./Rennen, Günter (Hg.) Justitia Coloniensis. Landgericht und Amtsgericht Köln erzählen ihre Geschichte(n), Köln 1981, S. 89–194.
Klein, Anne: Flüchtlingspolitik und Flüchtlingshilfe 1940–1942. Varian Fry und die Komitees zur Rettung politisch Verfolgter in New York und Marseille (Dokumente – Texte – Materialien 61), Berlin 2007.
Klein Gotthard: Der Volksverein für das katholische Deutschland 1890–1933. Geschichte, Bedeutung, Untergang (Veröffentlichungen der Kommission für Zeitgeschichte, Reihe B: Forschungen 75), Paderborn u. a. 1996.
Kleinertz, Everhard: Konrad Adenauer als Beigeordneter der Stadt Köln (1906–1917), in: Stehkämper, Hugo (Hg.): Konrad Adenauer. Oberbürgermeister von Köln. Festgabe zum 100. Geburtstag ihres Ehrenbürgers am 5. Januar 1976, Köln 1976, S. 33–78.
Klenke, Dietmar: Die SPD-Linke in der Weimarer Republik: eine Untersuchung zu regionalen und organisatorischen Grundlagen und zur politischen Praxis und Theoriebildung des linken Flügels der SPD in den Jahren 1922–1932, Münster 1983.
Klöcker, Michael: Aufbruch der katholischen Jugendbewegung nach der Wende zum 20. Jahrhundert, in: Jahrbuch des Archivs der Deutschen Jugendbewegung 20 (2002/03), S. 94–110.
Klotz, Johannes: Das »Kommende Deutschland«. Vorstellungen und Konzeptionen des sozialdemokratischen Parteivorstandes im Exil 1933–1945 zu Staat und Wirtschaft, Köln 1983.
Klotzbach, Kurt: Der Weg zur Staatspartei. Programmatik, praktische Politik und Organisation der deutschen Sozialdemokratie 1945 bis 1965 (Die deutsche Sozialdemokratie nach 1945 1), Bonn 1982.
Kluge, Ulrich: Die deutsche Revolution 1918/19. Staat, Politik und Gesellschaft zwischen Weltkrieg und Kapp-Putsch, Frankfurt a. M. 1985.
Kluge, Ulrich: Soldatenräte und Revolution. Studien zur Militärpolitik in Deutschland 1918/19 (Kritische Studien zur Geschichtswissenschaft 14), Göttingen 1975.
Kocka, Jürgen: Klassengesellschaft im Krieg. Deutsche Sozialgeschichte 1914–1918. Göttingen 1973.
Köhler, Henning: Autonomiebewegung oder Separatismus? Die Politik der Kölnischen Volkszeitung 1918/19 (Studien zur europäischen Geschichte 10), Berlin 1974.
Köhler, Henning: Adenauer. Eine politische Biographie. Band 1, Berlin 1997.
Kohte, Wolfgang: Die Gedanken zur Neugliederung des Reiches 1918–1945 in ihrer Bedeutung für Nordwestdeutschland, in: Westfälische Forschungen 6 (1943/52), S. 182–196.
Kolb, Eberhard: Die Arbeiterräte in der deutschen Innenpolitik 1918–1919 (Beiträge zur Geschichte des Parlamentarismus und der politischen Parteien 23), Düsseldorf 1962.
Kolb, Eberhard: Die sozialdemokratische Strategie in der Ära des Präsidialkabinetts Brüning – Strategie ohne Alternative?, in: Büttner, Ursula (Hg.): Das Unrechtsregime. Festschrift für Werner Jochmann, Band 1, Hamburg 1986, S. 157–176.
Kolb, Eberhard: Die Weimarer Republik (Oldenbourg Grundriss der Geschichte 16), 6., überarb. und erw. Aufl., München 2002.
Kolb, Eberhard: Einleitung, in: Ders. (Hg.): Vom Kaiserreich zur Weimarer Republik, Köln 1972, S. 9–34.
Kolb, Eberhard: Literaturbericht Weimarer Republik, Teil 2: Biographien und biografische Nachschlagewerke, in: GWU 10 (1992), S. 636–651.
Koops, Tilman: Einleitung, in: AdR, Kabinette Brüning I und II, Band 1, S. XIX–XCVII.
Koszyk, Kurt: Die Geschichte der sozialdemokratischen Presse im Überblick, in: Eisfeld, Gerhard/Ders. (Hg.): Die Presse der deutschen Sozialdemokratie. Eine Bibliographie, 2., überarb. und erw. Aufl., Bonn 1980, S. 3–58.
Koszyk, Kurt: Zwischen Kaiserreich und Diktatur. Die sozialdemokratische Presse von 1914 bis 1933 (Deutsche Presseforschung 1), Heidelberg 1958.
Kotowski, Georg: Friedrich Ebert. Eine politische Biographie. Band 1: Aufstieg eines deutschen Arbeiterführers 1871 bis 1917, Wiesbaden 1963.
Köster, Helmut/Nyassi, Ulrike: Vaterlandslose Gesellen. Sozialdemokratie und Sozialistengesetze in Köln (1888–1890), in: Billstein, Reinhold (Hg.): Das andere Köln. Demokratische Traditionen seit der Französischen Revolution, Köln 1979, S. 135–155.
Korn, Karl: Die Arbeiterjugendbewegung. Eine Einführung in ihre Geschichte, Münster 1982.

Koszyk, Kurt: Die sozialdemokratische Arbeiterbewegung 1890-1914, in: Reulecke, Jürgen (Hg.): Arbeiterbewegung an Rhein und Ruhr. Wuppertal 1974, S. 149–172.
Krabbe, Wolfgang R.: Gesellschaftsveränderung durch Lebensreform. Strukturmerkmale einer sozialreformerischen Bewegung im Deutschland der Industrialisierungsperiode, Göttingen 1974.
Krabbe, Wolfgang R.: Lebensreform/Selbstreform, in: Krebs, Diethard/Reulecke, Jürgen (Hg.): Handbuch der deutschen Reformbewegungen 1880–1933, Wuppertal 1998, S. 73–75.
Kreppel, Klaus: Entscheidung für den Sozialismus. Die politische Biographie Pastor Wilhelm Hohoffs 1848–1923 (Schriftenreihe der Friedrich Ebert-Stiftung 114), Bonn 1974.
Krieg dem Kriege (Sozialdemokratische Flugschriften 15), Berlin 1912.
Krohn, Claus-Dieter: Der Council for a Democratic Germany, in: Langkau-Alex, Ursula/Rupprecht, Thomas (Hg.): Was soll aus Deutschland werden? Der Council for a Democratic Germany in New York 1944–1945. Aufsätze und Dokumente (Quellen und Studien zur Sozialgeschichte 15), Frankfurt a. M/New York 1995, S. 17–48.
Krohn, Claus-Dieter: Exilierte Sozialdemokraten in New York. Der Konflikt der Germand Labour Delegation mit der Gruppe Neu Beginnen, in: Grunewald, Michel/Trapp, Frithjof (Hg.): Autour du »Front Populaire Allemand«. Einheitsfront – Volksfront (Contacts; Serie 3, Etudes et documents; Vol. 9), Bern u. a. 1990, S. 81–98.
Krohn, Claus-Dieter: »Nobody has the right to come into the United States«. Die amerikanischen Behörden und das Flüchtlingsproblem nach 1933, in: Exilforschung 3 (1985), S. 127–142.
Krohn, Claus-Dieter: Vereinigte Staaten von Amerika, in: Handbuch der deutschsprachigen Emigration 1933–1945, hg. von Ders. u. a. unter redaktioneller Mitarbeit von Elisabeth Kohlhaas, Darmstadt 1998, Sp. 446–466.
Krohn, Claus-Dieter: Wissenschaft im Exil. Deutsche Sozial- und Wirtschaftswissenschaftler in den USA und die New School for Social Research, Frankfurt a. M./New York 1987.
Krüger, Peter: Die Außenpolitik der Republik vom Weimar, 2. Aufl., Darmstadt 1993.
Krüger, Peter: Das Reparationsproblem der Weimarer Republik in fragwürdiger Sicht, in: VfZ 29 (1981), S. 21–47.
Kruse, Wolfgang: Krieg und nationale Integration. Eine Neuinterpretation des sozialdemokratischen Burgfriedensschlusses 1914/15, Essen 1993.
Kühn, Bruno: Zur Entwicklung unserer Parteipresse, in: MdVA 10 (1910), S. 3.
Kühn, Heinz: Aufbau und Bewährung. Die Jahre 1945-1978, Hamburg 1981.
Kühn, Heinz: Widerstand und Emigration. Die Jahre 1928–1945, Hamburg 1980.
Kühn, Heinz: Wilhelm Sollmann. Rheinischer Sozialist, Kölner Patriot, demokratischer Weltbürger (Kölner Biographien 16), Köln 1981.
Kühne, Thomas: Handbuch der Wahlen zum Preussischen Abgeordnetenhaus 1867–1918. Wahlergebnisse, Wahlbündnisse und Wahlkandidaten (Handbücher zur Geschichte des Parlamentarismus und der politischen Parteien 6), Düsseldorf 1994.
Kuehl, Michael: Die exilierte deutsche demokratische Link in den USA, in: Zeitschrift für Politik, Neue Folge 4 (1957), S. 273–289.
Küppers, Heinrich: Joseph Wirth. Parlamentarier, Minister und Kanzler der Weimarer Republik (Historische Mitteilungen, Beihefte 27), Stuttgart 1997.
Kuhlmann, Alfred: Das Lebenswerk Benedikt Schmittmanns, 2. Aufl., Berlin 2008.
Kuske. Bruno: »Was bedeutet uns die Großstadt«, in: RZ 6. Mai 1928, Sondernummer zur Pressa.

Lademacher, Horst: Die nördlichen Rheinlande 1815–1953, in: Droege, Georg/Petri, Franz (Hg.): Rheinische Geschichte, Band 2: Neuzeit, Düsseldorf 1976, S. 475–866.
Lademacher, Horst: Vom Arbeiterverein zur Massenpartei, in: Först, Walter (Hg.): Politik und Landschaft (Beiträge zur neueren Landesgeschichte des Rheinlandes und Westfalen 3), Köln/Berlin 1969, S. 53–102.
Lässig, Simone: Die historische Biographie auf neuen Wegen?, in: GWU 60 (2009), S. 540-553.
Langkau-Alex, Ursula: Deutsche Volksfront 1932–1939. Zwischen Berlin, Paris, Prag und Moskau. Erster Band: Vorgeschichte und Gründung des Ausschusses zur Vorbereitung einer deutschen Volksfront, Berlin 2004.
Langkau-Alex, Ursula: Deutsche Volksfront 1932–1939. Zwischen Berlin, Paris, Prag und Moskau. Zweiter Band: Geschichte des Ausschusses zur Vorbereitung einer deutschen Volksfront, Berlin 2004.
Langkau-Alex, Ursula: Hertha Kraus, die Flüchtlingshilfe der Quäker und die Perzeption von Verfolgten/Geretteten, in: Feustel, Adriane/Hansen-Schaberg, Inge/Knapp, Gabriele (Hg.): Die Vertreibung des Sozialen, München 2009, S. 115–129.
Leber, Julius: Die Todesursachen der deutschen Sozialdemokratie, in: Beck, Dorothea/Schoeller, Wilfried F. (Hg.): Julius Leber. Schriften, Reden, Briefe, München 1976, S. 179–246.

Leber, Julius: Ein Mann geht seinen Weg. Schriften, Reden und Briefe, hg. von seinen Freunden, Frankfurt 1952.

Lehnert, Detlef: Reform und Revolution in den Strategiediskussionen der klassischen Sozialdemokratie. Zur Geschichte der deutschen Arbeiterbewegung von den Ursprüngen bis zum Ausbruch des 1. Weltkrieges, Bonn-Bad Godesberg 1977.

Lehnert, Detlef: Sozialdemokratie und Novemberrevolution. Die Neuordnungsdebatte 1918/19 in der politischen Publizistik von SPD und USPD, Frankfurt a. M./New York 1983.

Lepper, Herbert (Bearb.): Volk, Kirche, Vaterland. Wahlaufrufe, Aufrufe, Satzungen und Statuten des Zentrums 1870–1933. Eine Quellensammlung zur Geschichte insbesondere der Rheinischen und Westfälischen Zentrumspartei (Handbücher zur Geschichte des Parlamentarismus und der politischen Parteien 9), Düsseldorf 1998.

Leuschen-Seppel, Rosemarie: Zwischen Staatsverantwortung und Klasseninteresse. Die Wirtschafts- und Finanzpolitik der SPD zur Zeit der Weimarer Republik unterbesonderer Berücksichtigung der Mittelphase 1924–1928/29 (Politik- und Gesellschaftsgeschichte 9), Bonn 1981.

Liebknecht, Karl: Die Jugend und der Kampf gegen den Militarismus, in: Gesammelte Reden und Schriften, Band I, Berlin 1958, S. 80–84.

Link, Werner: Die Beziehungen zwischen der Weimarer Republik und den USA, in: Knapp, Manfred u. a. (Hg.): Die USA und Deutschland 1918–1975. Deutsch-amerikanische Beziehungen zwischen Rivalität und Partnerschaft, München 1978, S. 62–106.

Löbe, Paul: Der Weg war lang. Erinnerungen, 4. Aufl., Berlin 1990.

Löbe, Paul: Wilhelm Sollmann, in: Sozialdemokratischer Pressedienst, Heft 7 (1951), S. 5.

Lösche Peter: Ernst Heilmann, in: Rexin, Manfred (Hg.): Preußen und die Sozialdemokratie (Schriftenreihe des Franz-Neumann-Archivs 3), Berlin 1981, S. 88–103.

Lösche, Peter/Walter, Franz: Die SPD: Klassenpartei–Volkspartei–Quotenpartei. Zur Entwicklung der Sozialdemokratie von Weimar bis zur deutschen Vereinigung, Darmstadt 1992.

Lösche, Peter/Scholing, Michael/Walter, Franz: Vorwort, in: Dies. (Hg.): Vor dem Vergessen bewahren: Lebenswege Weimarer Sozialdemokraten, Berlin 1988, S. 7–14.

Lösche, Peter/Walter, Franz: Zur Organisationskultur der sozialdemokratischen Arbeiterbewegung in der Weimarer Republik. Niedergang der Klassenkultur oder solidargemeinschaftlicher Höhepunkt?, in: GG 15 (1989), S. 511–536.

Loth, Wilfried: Katholiken im Kaiserreich. Der politische Katholizismus in der Krise des wilhelminischen Deutschlands (Beiträge zur Geschichte des Parlamentarismus und der politischen Parteien 75), Düsseldorf 1984.

Lüpke, Reinhard: Zwischen Marx und Wandervogel. Die Jungsozialisten in der Weimarer Republik 1919–1931, Marburg 1984.

Luther, Hans: Politiker ohne Partei. Erinnerungen, 2. Aufl., Stuttgart 1960.

Luxemburg, Rosa: Das Offiziösentum der Theorie, in: NZ 31/2 (1912/13), S. 828–843.

Luxemburg, Rosa: Taktische Fragen, in: LVZ Nr. 145–147, 26.–28. Juni 1913.

Maimann, Helene: Sprachlosigkeit. Ein zentrales Phänomen der Exilerfahrung, in: Frühwald, Wolfgang/Schieder, Wolfgang (Hg.): Leben im Exil. Probleme der Integration deutscher Flüchtlinge im Ausland 1933–1945 (Historische Perspektiven 18), Hamburg 1981, S. 31–38.

Mallmann, Klaus-Michael: Kommunisten, in: Handbuch der deutschsprachigen Emigration 1933–1945, hg. von Claus-Dieter Krohn u. a. unter redaktioneller Mitarbeit von Elisabeth Kohlhaas, Darmstadt 1998, Sp. 493–506.

Marhefka, Edmund/Hammerstein, Hans/Stein, Otto (Hg.): Der Waffenstillstand 1918–1919. Das Dokumentenmaterial der Waffenstillstandsverhandlungen von Compiègne, Spa, Trier und Brüssel. Notenwechsel, Verhandlungsprotokolle, Verträge, Gesamttätigkeitsbericht, Berlin 1928.

Martiny, Martin: Die Entstehung und politische Bedeutung der »Neuen Blätter für den Sozialismus« und ihres Freundeskreises, in: VfZ 25 (1977), S. 373–419.

Matthias, Erich/Pikart, Eberhard (Bearb.): Die Reichstagsfraktion der deutschen Sozialdemokratie 1898–1918, 2 Bände, Düsseldorf 1966.

Matthias, Erich: Die Sozialdemokratische Partei Deutschlands, in: Ders./Morsey, Rudolf (Hg.): Das Ende der Parteien 1933. Darstellungen und Dokumente, veränd. Nachdruck der Aufl. 1960, Düsseldorf 1984, S. 101–278.

Matthias, Erich: Sozialdemokratie und Nation. Ein Beitrag zur Ideengeschichte der sozialdemokratischen Emigration in der Prager Zeit des Parteivorstandes 1933–1938, Stuttgart 1952.

May, Georg: Ludwig Kaas. Der Priester, der Politiker und der Gelehrte aus der Schule von Ulrich Stutz. 3 Bände, Amsterdam 1981.
Mayer, Paul: Vom Vereinsorgan zur modernen Zeitung. Die sozialdemokratische Presse im Wandel der Zeit, in: Vorwärts 1876–1956. Sonderausgabe 1. Oktober 1956.
Meerfeld, Jean: Der Bezirk Obere Rheinprovinz, in: 40 Jahre Rheinische Zeitung, Sonderausgabe der RZ, 30. April 1931.
Meerfeld, Johann: Nachdenkliche Betrachtungen, in: Die Neue Zeit 27/2 (1912/13), S. 398–401.
Mehringer, Hartmut: Sozialdemokraten, in: Handbuch der deutschsprachigen Emigration 1933–1945, hg. von Claus-Dieter Krohn u. a. unter redaktioneller Mitarbeit von Elisabeth Kohlhaas, Darmstadt 1998, Sp. 475–493.
Mehringer, Hartmut: Widerstand und Emigration. Das NS-Regime und seine Gegner, 2. Aufl., München 1998.
Meier, Gerd: Vom Parteiorgan zur modernen Zeitung? Die sozialdemokratische Tagespresse im östlichen Westfalen zwischen Kaiserreich und Bundesrepublik, in: Westfälische Forschungen 47 (1997), S. 265–292.
Meier, Gerd: Zwischen Milieu und Markt: Tageszeitungen in Ostwestfalen 1920–1970 (Forschungen zur Regionalgeschichte 27), Paderborn 1999.
Mergel, Thomas: Zwischen Klasse und Konfession. Katholisches Bürgertum im Rheinland 1794–1914 (Bürgertum. Beiträge zur europäischen Gesellschaftsgeschichte 9), Göttingen 1994.
Mertens, Heinrich: Bilanz – Unser Ursprung, in: Das Rote Blatt 11/12 (1929).
Metzmacher, Helmut: Der Novemberumsturz 1918 in der Rheinprovinz, in: Annalen des historischen Vereins für den Niederrhein 168/169 (1967), S. 135–265.
Meyer, Gertrud: Die Gründung unserer Zeitung »Die Sozialistische Republik«, in: Beiträge zur Geschichte der Arbeiterbewegung 18 (1976), S. 87–91.
Mierendorff, Carlo: Das Fazit von Leipzig, in: NBS 7 (1931), S. 324–326.
Mierendorff, Carlo: Mit hundertfünfzig Mandaten in die Opposition, in: NBS 1 (1930), S. 276–279.
Mierendorff, Carlo: Tolerieren – und was dann?, in: SM 37 (1931), S. 315–318.
Miller, Susanne: Burgfrieden und Klassenkampf. Die deutsche Sozialdemokratie im Ersten Weltkrieg (Beiträge zur Geschichte des Parlamentarismus und der politischen Parteien 53), Düsseldorf 1974.
Miller, Susanne: Die Bürde der Macht. Die deutsche Sozialdemokratie 1918–1920 (Beiträge zur Geschichte des Parlamentarismus und der politischen Parteien 63), Düsseldorf 1978.
Miller, Susanne: Die Sozialdemokratie in der Spannung zwischen Oppositionstradition und Regierungsverantwortung in den Anfängen der Weimarer Republik, in: Mommsen, Hans (Hg.): Sozialdemokratie zwischen Klassenbewegung und Volkspartei. Verhandlungen der Sektion »Geschichte der Arbeiterbewegung« des Deutschen Historikertages in Regensburg, Oktober 1972, Frankfurt a. M. 1974, S. 84–105.
Miller, Susanne: Die USPD in der Revolution 1918, in: Salewski, Michael (Hg.): Die Deutschen und die Revolution, 17 Vorträge, Göttingen/Zürich 1984, S. 346–359.
Miller, Susanne: Wilhelm Sollmann, in: Först, Walter (Hg.): Politik und Landschaft (Beiträge zur neueren Landesgeschichte des Rheinlandes und Westfalen 3), Köln/Berlin 1969, S. 119–125.
Mit dem Gesicht nach Deutschland. Eine Dokumentation über die sozialdemokratische Emigration. Aus dem Nachlaß von Friedrich Stampfer ergänzt durch andere Überlieferungen, hg. von Erich Matthias, bearb. von Werner Link, Düsseldorf 1968.
Mittag, Jürgen: Wilhelm Keil (1870–1968). Sozialdemokratischer Parlamentarier zwischen Kaiserreich und Bundesrepublik. Eine politische Biographie (Beiträge zur Geschichte des Parlamentarismus und der politischen Parteien 131), Düsseldorf 2001.
Möller, Horst: Ernst Heilmann. Ein Sozialdemokrat in der Weimarer Republik, in: Jahrbuch des Instituts für Deutsche Geschichte, Band XI (1982), S. 261–294.
Möller, Horst: Parlamentarismus in Preußen 1919–1932 (Handbuch der Geschichte des deutschen Parlamentarismus), Düsseldorf 1985.
Mommsen, Konrad: Abschied von Wilhelm Sollmann, in: Recht und Freiheit, Nr. 1 (1951).
Moreau, Patrick: Nationalsozialismus von links. Die »Kampfgemeinschaft Revolutionärer Nationalsozialisten« und die »Schwarze Front« Otto Straßers 1930–1935 (Studien zur Zeitgeschichte 28), Stuttgart 1985.
Morsey, Rudolf: Die Deutsche Zentrumspartei 1917–1923 (Beiträge zur Geschichte des Parlamentarismus und der politischen Parteien 32), Düsseldorf 1966.
Morsey, Rudolf: Die Rheinlande, Preußen und das Reich, in: RhVjbll 30 (1965), S. 176–220.

Morsey, Rudolf: Neue Quellen zur Vorgeschichte der Reichskanzlerschaft Brünings, in: Hermens, Ferdinand A./Schieder, Theodor (Hg.): Staat, Wirtschaft und Politik in der Weimarer Republik. Festschrift für Heinrich Brüning, Berlin 1967, S. 207–231.
Morsey, Rudolf: Karl Trimborn (1854–1921), in: Poll, Bernhard (Hg.): Rheinische Lebensbilder 3, Düsseldorf 1968, S. 235–248.
Mühlhausen, Walter: Der Typus Ebert – Anmerkungen zur Biografie des Parteiführers im Staatsamt der Weimarer Republik, in: Mitteilungsblatt des Instituts für soziale Bewegungen 45 (2011), S. 99–118.
Mühlhausen, Walter: Friedrich Ebert 1871–1925. Reichspräsident der Weimarer Republik, Bonn 2006.
Müller, Hanns: Kritik an der Führung, in: NBS 2 (1931), S. 7–11.
Müller, Michael: Trost aufs Jenseits, in: Der sozialistische Freidenker 2 (1927), S. 89.

Neidiger, Bernhard: »Von Köln aus kann der Sozialismus nicht proklamiert werden!« Der Kölner Arbeiter- und Soldatenrat im November/Dezember 1918. Darstellung und Edition neu aufgefundener Quellen (Kölner Schriften zur Geschichte und Kultur 11), Köln 1985.
Neliba, Günter: Wilhelm Frick. Der Legalist des Unrechtsstaates. Eine politische Biographie, Paderborn 1992.
Neuhaus, Georg: Die Entwicklung der Stadt Cöln von der Errichtung des Deutschen Reiches bis zum Weltkriege, in: Die Stadt Cöln im ersten Jahrhundert Preußischer Herrschaft 1815–1915, Band 1, II. Teil, Köln 1916.
Niedhart, Gottfried: Die Außenpolitik der Weimarer Republik (Enzyklopädie Deutscher Geschichte 53), 2., aktual. Aufl., München 2006.
Nyassi, Ulrike (Bearb.): Der Nachlass Wilhelm Sollmann (Mitteilungen aus dem Stadtarchiv Köln 68), Köln/Wien 1985.
Nyassi-Fäuster, Ulrike: Der Weg des sozialdemokratischen Politikers Wilhelm Sollmann in die Emigration im Jahre 1933. Dargestellt von Wilhelm und Käthe Sollmann in Briefen an ihre Tochter, in: Rechtsrheinisches Köln 18 (1992), S. 163–185.
Nyassi-Fäuster, Ulrike: »Hier sind mir viele Freundlichkeiten erwiesen worden«: der sozialdemokratische Politiker Wilhelm Sollmann im Exil in Luxemburg, in: Galerie 12 (1994), S. 69–94.

Ollenhauer, Erich: Arbeiterjugend und Republik, Berlin 1922.
Osterroth, Franz: Biografisches Lexikon des Sozialismus. 1 Teil: Verstorbene Persönlichkeiten, Hannover 1960.
Osterroth, Franz: Der Hofgeismarkreis der Jungsozialisten, in: AfS IV (1964), S. 525–569.

Pabst, Klaus: Adenauers Personalpolitik und Führungsstil, in: Stehkämper, Hugo (Hg.): Konrad Adenauer. Oberbürgermeister von Köln. Festgabe zum 100. Geburtstag ihres Ehrenbürgers am 5. Januar 1976, Köln 1976, S. 249–294.
Pahl, Walther: Verjüngung; Aktivierung, konstruktive Politik, in: NBS 5 (1931), S. 197–207.
Patemann, Reinhard: Der Kampf um die preußische Wahlreform im Ersten Weltkrieg, Düsseldorf 1964.
Paul, Gerhard. Max Braun. Eine politische Biographie, 2. Aufl., St. Ingbert 1987.
Pickett, Clarence: For More Than a Bread. An Autobiographical Account of Twenty-Two Year's Work with the American Friends Service Committee, Boston 1953.
Peterson, Walter F.: Das Umfeld: Die Vereinigten Staaten und die deutschen Emigranten, in: Langkau-Alex, Ursula/Rupprecht, Thomas (Hg.): Was soll aus Deutschland werden? Der Council for a Democratic Germany in New York 1944–1945. Aufsätze und Dokumente (Quellen und Studien zur Sozialgeschichte 15), Frankfurt a. M./New York 1995, S. 49–73.
Peterson, Walter F.: Zwischen Mißtrauen und Interesse. Regierungsstellen in Washington und die deutsche politische Emigration 1939–1945, in: Briegel, Manfred/Frühwald, Wolfgang (Hg.): Die Erfahrung der Fremde. Kolloquium des Schwerpunktprogramms »Exilforschung« der Deutschen Forschungsgemeinschaft, Weinheim u. a. 1988, S. 45–59.
Petrich, Franz: Opposition und geistige Neuorientierung der Partei, in: Korrespondenz Schützinger Nr. 162, 11. Dezember 1932.
Plum, Günter: Volksfront, Konzentration und Mandatsfrage. Ein Beitrag zur Geschichte der SPD im Exil 1933–1939, in: VfZ 18 (1970), S. 410–442.
Politik und Wirtschaft in der Krise 1930–1932. Quellen zur Ära Brüning, eingeleitet von Gerhard Schulz, bearb. von Ilse Maurer und Udo Wengst unter Mitwirkung von Jürgen Heideking (Quellen zur Geschichte des Parlamentarismus und der politischen Parteien. Dritte Reihe, Die Weimarer Republik 4/I), Düsseldorf 1980.

Potthoff, Heinrich/Weber, Hermann (Bearb.): Die SPD-Fraktion in der Nationalversammlung 1919–1920 (Quellen zur Geschichte des Parlamentarismus und der politischen Parteien, Dritte Reihe, Die Weimarer Republik 7), Düsseldorf 1986.
Potthoff, Heinrich: Das Weimarer Verfassungswerk und die deutsche Linke, in: AfS 12 (1972), S. 433–483.
Prager, Eugen: Das Gebot der Stunde. Geschichte der USPD, 4. Aufl., Berlin 1980.
Preller, Ludwig: Sozialpolitik in der Weimarer Republik, 2. Aufl., Düsseldorf 1978.
Preußische Gesetzessammlung 1919, Berlin 1919.
Preußische Gesetzessammlung 1921, Berlin 1921.
Preußische Verordnung über die Verhütung eines die gesetzlichen Freiheit und Ordnung gefährdenden Missbrauchs des Versammlungs- und Vereinigungsrechts, in: Gesetz-Sammlung für die Königlich-Preußischen Staaten 1850, Nr. 20, Berlin o. J.
Preußisches Verwaltungsblatt. Wochenschrift für Verwaltung und Verwaltungsrechtspflege in Preußen Band 31 (1910), Berlin 1910.
Protokoll der Reichskonferenz der Sozialdemokratie Deutschlands vom 21., 22. und 23. September 1916, hg. vom Vorstand der Sozialdemokratischen Partei Deutschlands, Nachdruck Glashütten i. TS. 1977.
Protokoll über die Verhandlungen der Reichskonferenz der Sozialdemokratischen Partei Deutschlands. Abgehalten in Berlin am 5. und 6. Mai 1920, Berlin 1980.
Protokoll der 2. ordentlichen Generalversammlung des Deutschen Arbeiter-Abstinenten-Bundes nebst Bericht an die Delegierten. Stattgefunden in Hamburg Pfingsten 1907, Berlin o. J.
Protokolle der Sitzungen des Parteiausschusses der SPD 1912 bis 1921, inkl. Protokoll der Parteikonferenz in Weimar am 22. und 23. März 1919, Protokoll über die Verhandlungen der Reichskonferenz der SPD in Berlin am 5. und 6. Mai 1920. Nachdrucke, hg. von Dieter Dowe, mit einer Einleitung von Friedhelm Boll, 2 Bände, Berlin/Bonn 1980.
Protokoll der Verhandlungen des sechsten Kongresses der Gewerkschaften Deutschlands, abgehalten zu Hamburg vom 22. bis 27. Juni 1908, Berlin 1908.
Protokoll über die Verhandlungen des Parteitages der Sozialdemokratischen Partei Deutschlands, abgehalten zu Köln a. Rh. vom 22. bis 28. Oktober 1893, Nachdruck Berlin/Bonn 1978.
Protokoll über die Verhandlungen des Parteitags der Sozialdemokratischen Partei Deutschlands, abgehalten in Nürnberg vom 13. bis 19. September 1908, Nachdruck Berlin/Bonn 1982.
Protokoll über die Verhandlungen des Parteitages der Sozialdemokratischen Partei Deutschlands, abgehalten in Jena vom 14. bis 20. September 1913, Nachdruck Berlin/Bonn 1984.
Protokoll über die Verhandlungen des Parteitages der Sozialdemokratischen Partei Deutschlands, abgehalten Weimar vom 10. bis 15. Juni 1919, Nachdruck Berlin/Bonn 1973.
Protokoll über die Verhandlungen des Parteitages der Sozialdemokratischen Partei Deutschlands, abgehalten in Berlin 1924, Nachdruck Berlin/Bonn 1974.
Protokoll über die Verhandlungen des Parteitages der Sozialdemokratischen Partei Deutschlands, abgehalten in Magdeburg vom 26. bis 31. Mai 1929, Nachdruck Berlin/Bonn 1974.
Protokoll über die Verhandlungen des Gründungsparteitages der USPD vom 6. bis 8. April 1917 in Gotha, hg. von Emil Eichhorn, Berlin 1921.
Pyta, Wolfram: Biografisches Arbeiten als Methode, in: Christian Klein (Hg.): Handbuch Biographie, Stuttgart 2009, S. 331–338.
Pyta, Wolfram: Gegen Hitler und für die Republik. Die Auseinandersetzung der deutschen Sozialdemokratie mit der NSDAP in der Weimarer Republik (Beiträge zur Geschichte des Parlamentarismus und der politischen Parteien 87), Düsseldorf 1989.
Pyta, Wolfram: Hindenburg. Herrschaft zwischen Hohenzollern und Hitler, München 2007.

Quidde, Ludwig: Deutschlands Rückfall in die Barbarei. Texte des Exils 1933–1941, hg. und eingeleitet von Karl Holl, Bremen 2009.

Radkau, Joachim: Die deutsche Emigration in den USA. Ihr Einfluß auf die amerikanische Europapolitik 1933–1945 (Studien zur modernen Geschichte 2), Düsseldorf 1971.
Ragg, Albrecht: The German Socialist Emigration in the United States, 1933 to 1945, Ann Arbor 1977.
Rakenius, Gerhard W.: Wilhelm Groener als erster Generalquartiermeister. Die Politik der Obersten Heeresleitung 1918/19 (Militärgeschichtliche Studien 23), Boppard a. Rh. 1977.

Raithel, Thomas: Das schwierige Spiel des Parlamentarismus. Deutscher Reichstag und französische Chambre des Députés in den Inflationskrisen der 1920er Jahre (Quellen und Darstellungen zur Zeitgeschichte 62), München 2005.

Rathmann, August: Ein Arbeiterleben. Erinnerungen an Weimar und danach, hg. von Jürgen Reulecke, Wuppertal 1983.

Rathmann, August: Positiver Radikalismus, in: NBS 2 (1931), S. 1–7.

Rebentisch, Dieter: Deutsche Sozialdemokratie und kommunale Selbstverwaltung: Ein Überblick über Programmdiskussion und Organisationsproblematik 1890–1975, in: AfS 25 (1985), S. 1–78.

Rebentisch, Dieter: Rezension: Der Nachlaß Wilhelm Sollmann, bearb. von Ulrike Nyassi (Mitteilungen aus dem Stadtarchiv Köln 68), Köln/Wien 1985, in: AfS 29 (1989), S. 619–621.

Rebentisch, Dieter: Programmatik und Praxis sozialdemokratischer Kommunalpolitik in der Weimarer Republik, in: Die alte Stadt 12 (1985), S. 33–56.

Recker, Marie-Luise: Adenauer und die englische Besatzungsmacht (1918–1926), in: Stehkämper, Hugo (Hg.): Konrad Adenauer. Oberbürgermeister von Köln. Festgabe zum 100. Geburtstag ihres Ehrenbürgers am 5. Januar 1976, Köln 1976, S. 99–121.

Redmer, Axel: Wer draußen steht, sieht manches besser. Biographie des Reichstagsabgeordneten Emil Kirschmann (Mitteilungen des Vereins für Heimatkunde im Landkreis Birkenfeld, Sonderheft 51), Birkenfeld 1987.

Reichsgesetzblatt 1921 und 1922, hg. vom Reichsministerium des Innern, Berlin 1921/1922.

Reimer, Klaus: Rheinlandfrage und Rheinlandbewegung (1918–1933). Ein Beitrag zur Geschichte der regionalistischen Bestrebungen in Deutschland (Europäische Hochschulschriften, Reihe 3: Geschichte und ihre Hilfswissenschaften 119), Frankfurt a. M./Bern/Las Vegas 1979.

Richter, Ludwig: SPD, DVP und die Problematik der Großen Koalition, in: Möller, Horst/Kittel, Manfred (Hg.): Demokratie in Deutschland und Frankreich 1918–1933/40. Beiträge zu einem historischen Vergleich, München 2002, S. 153–181.

Rieseberg, Klaus E.: Die SPD in der »Locarno-Krise« Oktober/November 1925, in: VfZ 30 (1982), S. 130–161.

Ritter, Gerhard A.: Kontinuität und Umformung des deutschen Parteiensystems 1918–1920, in: Ders. (Hg.): Arbeiterbewegung, Parteien und Parlamentarismus. Aufsätze zur deutschen Verfassungsgeschichte des 19. und 20. Jahrhunderts (Kritische Studien zur Geschichtswissenschaft 23), Göttingen 1976, S. 116–157.

Ritter, Gerhard A.: Staat, Arbeiterschaft und Arbeiterbewegung in Deutschland, Bonn 1980.

Ritter, Gerhard A.: Die Sozialdemokratie im Deutschen Kaiserreich in sozialgeschichtlicher Perspektive, in: Ders. (Hg.): Arbeiter, Arbeiterbewegung und soziale Ideen in Deutschland. Beiträge zur Geschichte des 19. und 20. Jahrhunderts, München 1996, S. 183–226.

Röder, Werner: Die deutschen sozialistischen Exilgruppen in Großbritannien 1940–1945. Ein Beitrag zur Geschichte des Widerstandes gegen den Nationalsozialismus (Schriftenreihe des Forschungsinstituts der Friedrich-Ebert-Stiftung 58), 2. Aufl., Bonn-Bad Godesberg 1973.

Rohe, Karl: Das Reichsbanner Schwarz-Rot-Gold. Ein Beitrag zur Geschichte und Struktur der politischen Kampfverbände zur Zeit der Weimarer Republik (Beiträge zur Geschichte des Parlamentarismus und der politischen Parteien 34), Düsseldorf 1966.

Rojahn, Jürgen/Schelz, Till/Steinberg, Hans-Josef (Hg.): Marxismus und Demokratie. Karl Kautskys Bedeutung in der sozialistischen Arbeiterbewegung (Quellen und Studien zur Sozialgeschichte 9), Frankfurt/New York 1992.

Rosenberg, Artur: Geschichte der Weimarer Republik (Nachdruck der 1928 erschienenen Originalausgabe »Die Geschichte der Weimarer Republik«), Frankfurt a. M. 1961.

Ruck, Michael: Die Freien Gewerkschaften im Ruhrkampf 1923, (Schriftenreihe der Otto-Brenner-Stiftung 39), Köln 1986.

Rudloff, Michael (Hg.): Sozialdemokratie und Nation. Der Hofgeismarkreis in der Weimarer Republik und seine Nachwirkungen. Eine Dokumentation. Protokollband zum Symposium der Friedrich-Ebert-Stiftung in Zusammenarbeit mit der Kurt-Schumacher-Gesellschaft vom 22. bis 24. April in Leipzig, Leipzig 1995.

Rudolph, Karsten: Die sächsische Sozialdemokratie vom Kaiserreich zur Republik (1871–1923), Weimar/Köln 1995.

Rupieper, Hermann-Josef: Der Bund für Bürgerrechte, in: Wetzel, David (Hg.): International Politics and German History, Westport 1997, S. 87–102.

Rupieper, Hermann-Josef: The Cuno-Government and Reparations 1922–1923. Politics and Economics, The Hague 1979.

Ruppert, Karsten: Im Dienst am Staat von Weimar. Das Zentrum als regierende Partei in der Weimarer Demokratie 1923–1930 (Beiträge zur Geschichte des Parlamentarismus und der politischen Parteien 96), Düsseldorf 1992.
Rürup, Reinhard: Probleme der Revolution in Deutschland 1918/19, Wiesbaden 1968.

Saggau, Wolfgang: Faschismustheorien und antifaschistische Strategien in der SPD. Theoretische Einschätzungen des deutschen Faschismus und Widerstandskonzeptionen in der Endphase der Weimarer Republik und in der Emigration (Pahl-Rugenstein Hochschulschriften, Gesellschafts- und Naturwissenschaften 82), Köln 1981.
Saupe, Hugo: Die Neuwahlen zum Parteivorstand. Stärkste Aktivierung der Partei, in: Freies Wort, Heft 22/23, 1931, S. 13–17.
Schäfer, Heinrich: Tagebuchblätter eines rheinischen Sozialisten, Bonn 1919.
Schäfer, Michael: Heinrich Imbusch. Christlicher Gewerkschaftsführer und Widerstandskämpfer, München 1990.
Schäfer, Rainer: SPD in der Ära Brüning. Tolerierung oder Mobilisierung? Handlungsspielräume und Strategien sozialdemokratischer Politik 1930–1932, Frankfurt a. M./New York 1990.
Scheidemann, Philipp: Memoiren eines Sozialdemokraten, ungekürzte Volksausgabe, Dresden 1930.
Schildt, Axel: Militärdiktatur mit Massenbasis? Die Querfrontkonzeption der Reichswehrführung um General von Schleicher am Ende der Weimarer Republik, Frankfurt a. M. 1981.
Schildt, Axel: National gestimmt, jugendbewegt und antifaschistisch – die Neuen Blätter für den Sozialismus, in: Bock, Manfred/Grunewald, Michel (Hg.): Das linke Intellektuellenmilieu in Deutschland (1890–1960), Bern u. a. 2002, S. 363–390.
Schirrmacher, Gerd: Hertha Kraus – Zwischen den Welten. Biografie einer Sozialwissenschaftlerin und Quäkerin (1897–1968), Frankfurt a. M. 2003.
Schlemmer, Martin: »Los von Berlin.« Die Rheinstaatbestrebungen nach dem Ersten Weltkrieg (Rheinisches Archiv 152), Köln/Weimar/Wien 2007.
Schlechter-Bonnesen, Käthe: Erinnerungen, in: »… vergessen kann man die Zeit nicht, das ist nicht möglich …« – Kölner erinnern sich an die Jahre 1929-1945. Zum 40. Jahrestag des Kriegsendes hg. von der Stadt Köln, bearb. im Historischen Archiv von Horst Matzerath unter Mitarbeit von Brigitte Holzhauser, Köln 1985, S. 32–35.
Schlimper, Jürgen: Eine sozialistische Antwort auf die Generalanzeiger. Zum Wandel konzeptioneller Vorstellungen bei der »Leipziger Volkszeitung« und deren praktischer Umsetzung, in: Ders. (Hg.): »Natürlich – die Tauchauer Straße!« Beiträge zur Geschichte der »Leipziger Volkszeitung«, Leipzig 1997, S. 17–99.
Schneider, Dieter Marc: Saarpolitik und Exil 1933–1955, in VfZ 25 (1977), S. 467–545.
Schneider, Michael: Das Arbeitsbeschaffungsprogramm des ADGB. Zur gewerkschaftlichen Politik in der Endphase der Weimarer Republik, Bonn 1975.
Schneider, Michael: Die christlichen Gewerkschaften 1894–1933 (Politik- und Gesellschaftsgeschichte 10), Bonn 1982.
Schneider, Michael: Kleine Geschichte der Gewerkschaften. Ihre Entwicklung in Deutschland von den Anfängen bis heute, 2., überarb. und aktualisierte Aufl., Bonn 2000.
Schneider, Michael: Unterm Hakenkreuz. Arbeiter und Arbeiterbewegung 1933 bis 1939 (Geschichte der Arbeiter und der Arbeiterbewegung in Deutschland seit dem Ende des 18. Jahrhunderts 12), Bonn 1999.
Schneider, Michael: Unternehmer und Demokratie. Die Freien Gewerkschaften in der unternehmerischen Ideologie der Jahre 1918 bis 1933, Bonn 1975.
Schölzel, Christian: Walther Rathenau. Eine Biographie, Paderborn 2006.
Schönhoven, Klaus: Reformismus und Radikalismus. Gespaltene Arbeiterbewegung im Weimarer Sozialstaat, München 1989.
Schönhoven, Klaus: Strategie des Nichtstuns? Sozialdemokratischer Legalismus und kommunistischer Attentismus in der Ära der Präsidialkabinette, in: Winkler, Heinrich August (Hg.): Die deutsche Staatskrise 1930–1933. Handlungsspielräume und Alternativen (Schriften des Historischen Kollegs, Kolloquien 26), München 1992, S. 59–75.
Schröder, Wilhelm Heinz: Sozialdemokratische Parlamentarier in den deutschen Reichs- und Landtagen 1867–1933. Biographien, Chronik, Wahldokumentation, ein Handbuch. (Handbücher zur Geschichte des Parlamentarismus und der politischen Parteien 7), Düsseldorf 1995.
Schuckmann, Gunnar von: Die politische Willensbildung in der Großstadt Köln seit der Reichsgründung im Jahr 1871. Eine Längsschnittstudie politischer Gemeindesoziologie, Diss. Köln 1965.

Schümann, Carl-Wolfgang: Adenauers Ansichten zur Architektur im Spiegel der Akten, in: Stehkämper, Hugo (Hg.): Konrad Adenauer. Oberbürgermeister von Köln. Festgabe zum 100. Geburtstag ihres Ehrenbürgers am 5. Januar 1976, Köln 1976, S. 155–166.

Schult, Johannes: Staat und Sozialismus, in: Das Reichsbanner Nr. 4, 15. Februar 1925.

Schulthess' Europäischer Geschichtskalender 1919, 1931, München 1923/1932.

Schulz, Gerhard: Zwischen Demokratie und Diktatur. Verfassungspolitik und Reichsform in der Weimarer Republik. Band 1: Die Periode der Konsolidierung und der Revision des Bismarckschen Reichsaufbaus 1919–1930, 2., durchgesehene und ergänzte Aufl., Berlin/New York 1987.

Schulz, Günther (Hg.): Konrad Adenauer 1917–1933. Dokumente aus den Kölner Jahren. Bearbeitet von Simon Ebert und Bettina Hinterthür, Köln 2007.

Schulze, Hagen: Die Biographie in der »Krise der Geschichtswissenschaft«, in: GWU 29 (1978), S. 508–518.

Schulze, Hagen: Otto Braun oder Preußens demokratische Sendung. Eine Biographie, Frankfurt a. M./Berlin/Wien 1977.

Schulze, Hagen: Weimar. Deutschland 1917–1933, Berlin 1994.

Schumacher, Kurt: Programmatische Erklärungen auf der Konferenz in Hannover am 5. Oktober 1945. Leitsätze zum Wirtschaftsprogramm, o. O., o. J.

Schumacher, Martin/Lübbe, Katharina/Schröder, Wilhelm Heinz: M. d. R. Die Reichstagsabgeordneten der Weimarer Republik in der Zeit des Nationalsozialismus. Politische Verfolgung, Emigration und Ausbürgerung, 1933–1945. Eine biografische Dokumentation. 3. Aufl., Düsseldorf 1994.

Schwarz, Hans-Peter: Adenauer. Der Aufstieg 1876–1952, Stuttgart 1986.

Schwarzschild, Leopold: Eine Aufgabe wird sichtbar, in: Neue Tage-Bücher Heft 31, 3. August 1935.

Schwering, Ernst: Zum Tode von Wilhelm Sollmann, in: Der Städtetag, Jg. 4 (1951), S. 82.

Seiterich, Bernhard; Demokratische Publizistik gegen den deutschen Faschismus: Die Deutsche Republik, eine politische Wochenschrift der späten Weimarer Republik. Ein Beitrag zur Geschichte der demokratischen Presse (Europäische Hochschulschriften, Reihe III, Geschichte und ihre Hilfswissenschaften 337), Frankfurt a. M. u. a. 1988.

Sering, Paul (Richard Löwenthal): Was ist der Volkssozialismus, in: ZfS 36 (1936), S. 1105–1136.

Severing, Carl: Mein Lebensweg, Band I: Vom Schlosser zum Minister, Köln 1950.

Severing, Carl: Mein Lebensweg, Band II: Im Auf und Ab der Republik, Köln 1950.

Severing, Carl: Und wieder für die Große Koalition, in: Sozialistische Monatshefte 31 (1925), S. 731.

Severing, Carl: Verpaßte Gelegenheiten, in: Sozialistische Monatshefte 35 (1929), S. 1–4.

Sieger, Walter: Das erste Jahrzehnt der deutschen Arbeiterjugendbewegung 1904–1914, Berlin-Ost 1958.

Siegmann, Paul: Vor vierzig Jahren. Der Kampf um den 13. Januar 1935. Tagebuch-Auszüge, in: Zeitschrift für die Geschichte der Saargegend 22 (1974), S. 224–325.

Siemann, Joachim: Der sozialdemokratische Arbeiterführer in der Weimarer Republik. Göttingen 1956.

Sigel, Robert: Die Lensch-Cunow-Haenisch-Gruppe. Eine Studie zum rechten Flügel der SPD im Ersten Weltkrieg (Beiträge zu einer historischen Strukturanalyse Bayerns im Industriezeitalter 14), Berlin 1976.

Sitzungsberichte des Preußischen Landtags, Berlin 1923.

Smelser, Ronald: Robert Ley. Hitlers Mann an der »Arbeitsfront«. Eine Biographie, Paderborn 1989.

Soell, Hartmut: Der junge Wehner. Zwischen revolutionärem Mythos und praktischer Vernunft, Stuttgart 1991.

Söllner, Alfons: Zwischen totalitärer Vergangenheit und demokratischer Zukunft. Emigranten beurteilen die deutsche Entwicklung nach 1945, in: Exilforschung 9 (1991), S. 146–170.

Stalmann, Volker (Bearb.): Bernhard Falk (1867–1944). Erinnerungen eines liberalen Politikers (Quellen zur Geschichte des Parlamentarismus und der politischen Parteien, Dritte Reihe, Die Weimarer Republik 12), Düsseldorf 2012.

Stampfer, Friedrich: Die vierzehn Jahre der ersten deutschen Republik, 3. Aufl., Hamburg 1947.

Stampfer, Friedrich: Erfahrungen und Erkenntnisse. Aufzeichnungen aus meinem Leben, Köln 1957.

Statistisches Jahrbuch der Stadt Cöln 1915, 1916, 1924, 1933, hg. vom Statistischen Amte der Stadt, Köln 1912, 1917, 1918, 1924, 1934.

Statistisches Jahrbuch für das Deutsche Reich, hg. vom Statistischen Reichsamt, Berlin 1919–1933.

Steegmans, Christoph: Die finanziellen Folgen der Rheinland- und Ruhrbesetzung 1918–1930 (Beiträge zur Wirtschafts- und Sozialgeschichte 89), Stuttgart 1999.

Steinberg, Hans-Josef: Sozialismus und deutsche Sozialdemokratie. Zur Ideologie der Partei vor dem 1. Weltkrieg (Internationale Bibliothek 99), 5., erw. Aufl., Berlin/Bonn 1979.

Stoecker, Walter: Die belgische Reise der Kölner Freien Jugend, in: Arbeiter-Jugend 20 (1910), S. 314 f.
Stoecker, Walter: Wander- und Reisesparkassen, in: Arbeiter-Jugend 16 (1910), S. 250.
Stolleis, Michael: Geschichte des öffentlichen Rechts in Deutschland. Weimarer Republik und Nationalsozialismus, München 2002.
Stresemann, Gustav: Vermächtnis, Band 1, hg. von Henry Bernhard, Berlin 1932.
Stürmer, Michael: Koalition und Opposition in der Weimarer Republik 1924–1928, Düsseldorf 1967.
Sühl, Klaus: SPD und öffentlicher Dienst in der Weimarer Republik (Schriften des Sozialinstituts für sozialwissenschaftliche Forschung der Freien Universität Berlin 53), Opladen 1988.
Stoecker, Helmuth: Walter Stoecker – Die Frühzeit eines deutschen Arbeiterführers 1891–1920, Berlin 1970.
Szöllösi-Janze, Margit: Fritz Haber 1868–1934. Eine Biographie, München 1998.

Tanera, Karl: Aus der Prima nach Tientsin. Erzählung aus unseren Tagen. Der reiferen Jugend gewidmet, 4. Aufl., Leipzig 1906.
Trimborn, Peter: Vom Parteiblatt zur Zeitung, in: Sonderbeilage 40 Jahre Rheinische Zeitung, RZ Nr. 105, 30. April 1931.
Trotnow, Helmut: Karl Liebknecht. Eine politische Biographie, Köln 1980.

Ubbens, Irmtraud: Gerhart Seger, in: Spalek, John M./Feilchenfeld, Konrad/Hawrylchak, Sandra H. (Hg.): Deutschsprachige Exilliteratur seit 1933. USA, Band 3, Teil 4, München 2003, S. 170–195.
Uellenberg-van Dawen: Schwierige Zeiten. Kommunalpolitik der SPD zwischen Mitverantwortung und Opposition (1922–1928), in: Brunn, Gerhard (Hg.): Sozialdemokratie in Köln. Ein Beitrag zur Stadt- und Parteiengeschichte, Köln 1986, S. 127–147.
Ullrich, Volker: Die Hamburger Arbeiterbewegung vom Vorabend des Ersten Weltkrieges bis zur Revolution 1918/19, Hamburg 1976.
Ullrich, Volker: Die schwierige Königsdisziplin, in: Die Zeit Nr. 15, 4. April 2007.
Ullrich, Volker: Kriegsalltag und deutsche Arbeiterschaft 1914–1918, in: GWU 3 (1992), S. 220–230.
Ursachen und Folgen. Vom deutschen Zusammenbruch 1918 und 1945 bis zur staatlichen Neuordnung Deutschlands in der Gegenwart, hg. und bearb. von Herbert Michaelis und Ernst Schräpler, Band 5: Die Weimarer Republik. Das kritische Jahr 1923, Berlin 1961.

Verhandlungen der Stadtverordnetenversammlung zu Köln 1907, 1914, 1916, 1917, 1918, 1919, 1920, 1921, 1922, Köln o. J.
Verhandlungen der verfassunggebenden deutschen Nationalversammlung, Stenographische Berichte, Berlin 1919 f.
Verhandlungen des Ausschusses für den Reichshaushalt. Reichstag IV. Wahlperiode. Niederschriften von der 93. Sitzung am 29. Oktober 1929 bis zur 190. Sitzung am 17. Juli 1930 nebst Sachregister und Rednerliste, Berlin 1932.
Verhandlungen des Reichstags. Stenographische Berichte und Anlagen 1920–1933, Berlin 1920–1933.
Sitzungsberichte und Drucksachen des Preußischen Landtags 1921–1933, Berlin 1921–1933.
Vestring, Sigrid: Die Mehrheitssozialdemokratie und die Entstehung der Reichsverfassung von Weimar 1918/19 (Arbeiterbewegung und Arbeiterkultur 18), Münster 1987.
Victor, Walther: Kehre wider über die Berge – eine Autobiographie. Berlin 1982.
Victor, Walther: Zur »Klassenkampf-Ideologie«: Eine Antwort an W. Sollmann, in: Sozialistische Warte Nr. 16 (1939), S. 389–392.
Vielbahn, Wilfried/Kuchta, Walter: Widerstand gegen die Nazidiktatur in Köln, in: Billstein, Reinhold (Hg.): Das andere Köln. Demokratische Traditionen seit der Französischen Revolution, Köln 1979, S. 283–361.
Vogelsang, Thilo: Reichswehr, Staat und NSDAP. Beiträge zur deutschen Geschichte 1930–1932 (Quellen und Darstellungen zur Zeitgeschichte 11), Stuttgart 1962.
Vogt, Stefan: Nationaler Sozialismus und Soziale Demokratie. Die sozialdemokratische Junge Rechte 1918–1945 (Politik- und Gesellschaftsgeschichte 70), Bonn 2006.
Vogt, Martin: Die Stellung der Koalitionsparteien zur Finanzpolitik 1928–1930, in: Mommsen, Hans/Petzina, Dietmar/Weisbrod, Bernd (Hg.): Industrielles System und politische Entwicklung in der Weimarer Republik, Düsseldorf 1974, S. 439–462.
Voigt, Werner: Walther Victor. Ein Weg nach Weimar. Lebens- und Gefühlswelt eines leidenschaftlichen Publizisten, Berlin 1998.

von zur Mühlen, Patrik: »Schlagt Hitler an der Saar«. Abstimmungskampf, Emigration und Widerstand im Saargebiet 1933–1935 (Politik- und Gesellschaftsgeschichte 7), Bonn 1979.

Wacker, Wolfgang: Der Bau des Panzerschiffes »A« und der Reichstag (Tübinger Studien zur Geschichte und Politik 11), Tübingen 1959.

Walter, Franz: Der Deutsche Arbeiter-Abstinenten-Bund (DAAB), in: Ders./Denecke, Viola/Regin, Cornelia (Hg.): Sozialistische Gesundheits- und Lebensreformverbände (Politik- und Gesellschaftsgeschichte 24), Bonn 1991, S. 97–239.

Walter, Franz: Jungsozialisten in der Weimarer Republik. Zwischen sozialistischer Lebensreform und revolutionärer Kaderpolitik, Kassel 1983.

Walter, Franz: Wilhelm Sollmann (1881–1951). Der Parteireformer, in: Lösche, Peter/Scholing, Michael/Ders.: (Hg.): Vor dem Vergessen bewahren: Lebenswege Weimarer Sozialdemokraten, Berlin 1988, S. 362–390.

Walter, Franz: Nationale Romantik und revolutionärer Mythos. Politik und Leben im frühen Weimarer Jungsozialismus, Berlin 1986.

Walther, Henri/Engelmann, Dieter: Zur Linksentwicklung der Arbeiterbewegung im Rhein-Ruhrgebiet unter besonderer Berücksichtigung der Herausbildung der USPD und der Entwicklung ihres linken Flügels vom Ausbruch des Ersten Weltkrieges bis zum Heidelberger Parteitag der KPD und dem Leipziger Parteitag der USPD. Juli/August 1914–Dezember 1919, 3 Bände, Leipzig 1965.

Watzinger, Karl Otto: Ludwig Frank. Ein deutscher Politiker jüdischer Herkunft. Mit einer Edition Ludwig Frank im Spiegel neuer Quellen, bearb. von Michael Caroli, Jörg Schadt und Beate Zerfaß (Quellen und Darstellungen zur Mannheimer Stadtgeschichte. Band 3), Sigmaringen 1995.

Weber, Hermann/Herbst, Andreas (Hg.): Deutsche Kommunisten. Biografisches Handbuch 1918 bis 1945, 2. Aufl., Berlin 2008.

Wegener, Gertrud: Die Wahl Konrad Adenauers zum Oberbürgermeister von Köln im Jahre 1917, in: Stehkämper, Hugo (Hg.): Konrad Adenauer. Oberbürgermeister von Köln. Festgabe zum 100. Geburtstag ihres Ehrenbürgers am 5. Januar 1976, Köln 1976, S. 79–98.

Weisbrod, Bernd: Schwerindustrie in der Weimarer Republik. Interessenpolitik zwischen Stabilisierung und Krise, Wuppertal 1978.

Weymar, Paul: Konrad Adenauer. Die autorisierte Biographie, München 1955.

Widerstand und Verfolgung in Köln 1933–1945. Katalog zur Ausstellung des Historischen Archivs der Stadt Köln 1974, hg. vom Historischen Archiv der Stadt Köln, Köln 1974.

Wilhelm Sollmann. Zum hundertsten Geburtstag am 1. April 1981, hg. vom Historischen Archiv der Stadt Köln, 2 Bände, Köln 1981.

Winkler, Erich: Die Erneuerung der Partei und die Jugend, in: NBS 2 (1931), S. 11–16.

Winkler, Heinrich August: Von der Revolution zur Stabilisierung: Arbeiter und Arbeiterbewegung in der Weimarer Republik 1918–1924 (Geschichte der Arbeiter und der Arbeiterbewegung in Deutschland seit dem Ende des 18. Jahrhunderts 9), Berlin/Bonn 1984.

Winkler, Heinrich August: Der Schein der Normalität. Arbeiter und Arbeiterbewegung in der Weimarer Republik 1924–1930 (Geschichte der Arbeiter und der Arbeiterbewegung in Deutschland seit dem Ende des 18. Jahrhunderts 10), 2. Aufl., Berlin/Bonn 1988.

Winkler, Heinrich August: Der Weg in die Katastrophe. Arbeiter und Arbeiterbewegung in der Weimarer Republik 1930–1933 (Geschichte der Arbeiter und der Arbeiterbewegung in Deutschland seit dem Ende des 18. Jahrhunderts 11), 2. Aufl., Bonn 1990.

Winkler, Heinrich August: Klassenbewegung oder Volkspartei? Zur Programmdiskussion in der Weimarer Sozialdemokratie 1920–1925, in: GG 8 (1982), S. 9–54.

Winkler, Heinrich August: Weimar 1918–1933. Die Geschichte der ersten deutschen Demokratie, München 1993.

Winstel, Tobias: Der Geschichte ins Gesicht sehen, in: Aus Politik und Zeitgeschichte 25/26 (2010), S. 41–46.

Wirsching, Andreas: Koalition, Opposition, Interessenpolitik. Probleme des Weimarer Parteiparlamentarismus, in: Recker, Marie-Luise (Hg.): Parlamentarismus in Europa. Deutschland, England und Frankreich im Vergleich, München 2004, S. 41–64.

Wirth, Joseph: Ende des Vertrauens, in: Deutsche Republik 3 (1928/29), S. 609.

Witt, Peter-Christian: Friedrich Ebert. Parteiführer, Reichskanzler, Volksbeauftragter, Reichspräsident, 4. Aufl., Bonn 2008.

Wittwer, Wolfgang W.: Die sozialdemokratische Schulpolitik in der Weimarer Republik. Ein Beitrag zur politischen Schulgeschichte im Reich und in Preußen (Historische und Pädagogische Studien 12), Berlin 1980.

Wolter, Hans-Wolfgang: Generalanzeiger – das pragmatische Prinzip. Zur Entwicklungsgeschichte und Typologie des Pressewesens im späten 19. Jahrhundert (Bochumer Studien zur Publizistik und Kommunikationswissenschaft 31), Bochum 1981.

Wright, Jonathan: Gustav Stresemann. Weimar's Greatest Statesmen, Oxford 2002.

Wunderer, Hartmann: Arbeitervereine und Arbeiterparteien. Kultur- und Massenorganisationen in der Arbeiterbewegung (1890–1933), Frankfurt a. M./New York 1980.

Wunderer, Hartmann: Noch einmal. Niedergang der Klassenkultur oder solidargemeinschaftlicher Höhepunkt. Anmerkungen zu einem Beitrag von Peter Lösche und Franz Walter in GG 15 (1989), S. 511–536; in: GG 18 (1992), S. 88–93.

Zeitungs-Katalog 1933, hg. von der Annoncen-Expedition Rudolf Mosse, Berlin 1933.

Zentralstelle für die arbeitende Jugend Deutschlands (Hg.): Jahresbericht für die Zeit vom 1. Juli 1911 bis 30. Juni 1912, Berlin 1912.

Zentralstelle für die Arbeitende Jugend Deutschlands (Hg.): Protokoll der Konferenz der Jugendausschüsse. Abgehalten am 18. und 19. April 1910 zu Berlin, Berlin 1910.

Zetkin, Clara: Die Jugendorganisation. Leitsätze, in: Ausgewählte Schriften und Reden, Band I: Auswahl aus den Jahren 1889–1917, Berlin 1957, S. 426 f.

Zunkel, Friedrich: Industrie und Staatssozialismus. Der Kampf um die Wirtschaftsordnung in Deutschland 1914–1918, Düsseldorf 1974.

Zweiter Kongress der Sozialistischen Arbeiter-Internationale, Marseille, 22. bis 27. August 1925. Bericht des Sekretariats und Verhandlungsprotokoll (Kongreß-Protokolle der Sozialistischen Arbeiter-Internationale 2). Unveränd. Nachdr. d. Ausg. Berlin 1925, Glashütten i. Ts. 1974.

Zymek, Bernd: Schule, Hochschulen, Lehrer, in: Handbuch der deutschen Bildungsgeschichte. Band V 1918–1945. Die Weimarer Republik und die nationalsozialistische Diktatur, hg. von Dieter Langewiesche, München 1989, S. 155–208.

4 Internetquellen

http://www.pendlehill.org/vision-mission-and-history. Aufgerufen am 12.08.2011.

Personenregister

A

Ackermann, Henriette .... 101 f., 291
Adenauer, Konrad ... 12, 17, 114–117, 120 f., 123, 135, 140, 142, 144 f., 155, 157, 167, 169–171, 213, 239, 243, 253, 273–279, 282, 285, 289–298, 316, 476, 535, 538 f., 547 f., 551 f., 563
Adler, Friedrich 441
Andrée, Ernst .... 62, 302 f., 535
Arendt, Hannah 484, 544
Auer, Erhard 246
Auer, Ignaz 60
Aufhäuser, Siegfried 387, 394, 407, 410, 447, 449, 469, 504

B

Baldwin, Roger Nash 545–550
Baldwin, Stanley 478
Baron, Hans 492
Barth 21
Basch, Viktor 354
Bauer, Gustav 74
Bauknecht, Otto 433
Baylay, Elfriede 98
Bebel, August ...... 43, 66, 68 f., 93, 137, 179, 357, 390
Becker, Jakob 145
Beeck, Lorenz 423
Beethoven, Ludwig van 194, 543
Behrend, Felix 60
Behring, Rainer 15
Bernhard, Georg 451
Bethmann Hollweg, Theobald von 92, 100
Beyer, Ellie .... 446, 472, 512 f.
Beyer, Georg ... 17, 35, 107, 116 f., 153, 287, 321 f., 344 f., 359, 438, 445 f., 470, 472, 478, 490, 495, 511
Beyer, Gisela 446, 513
Böchel, Karl 449
Böckler, Hans 374
Böttger, Hugo 138
Bonsen, Rudolf zur 435
Brandler, Heinrich 255
Brass, Otto 190

Brauer, Max .... 480, 500, 504, 509 f.
Braun, Adolf ... 73, 125, 299, 302–305, 307, 320
Braun, Max ...... 434 f., 438, 440–446, 451 f., 454, 478
Braun, Otto ...... 201, 204, 223, 243, 249, 252, 254, 301, 330, 334 f., 351, 357, 378, 385, 390, 399, 405, 427, 543, 562
Brauns, Heinrich 225, 236, 248, 263
Brecht, Arnold 348, 484, 510, 544, 551
Breitscheid, Rudolf ... 79, 102, 208, 225, 228, 233, 316, 334, 355, 363 f., 371, 387, 394, 405, 412, 467, 469, 473, 502, 505, 511 f.
Brentano, Heinrich von 549
Brinton, Anna 485, 488, 551
Brinton, Howard .... 485 f., 488, 551
Brockdorff-Rantzau, Ulrich von .... 168, 170 f., 173, 177
Bröger, Karl 363
Brüning, Heinrich ... 17, 362, 366, 368–371, 373 f., 378–385, 387–389, 391–395, 399–403, 405, 494, 508
Burauen, Theo 433

C

Cahan, Abraham 473, 500
Churchill, Winston 477
Clay, Lucius D. 545
Cleff, Franz Wilhelm 287
Clemenceau, George 206
Clive, Sir George Sidney 170
Colm, Gerhart 484
Coudenhove-Kalergi, Richard Nikolaus 524
Crispien, Arthur 208
Crummenerl, Siegmund ... 436, 444, 449, 475, 503
Cuno, Wilhelm .... 225 f., 228, 231 f. 234–236
Cunow, Heinrich 129, 132

D

D'Abernon, Edgar Vincent 1. Viscount 240
Dahl, Konrad .... 321 f.

Dahlem, Franz .... 48, 51 f., 83 f., 86, 94, 280
    291, 453, 456
David, Eduard 102, 180, 201, 222, 335
Davidsohn, Georg 134, 175
Decker, Georg 377, 455
Dietrich, Georg 421, 449
Dittmann, Wilhelm 186, 264, 421
Dobisch, Fritz 442
Döhring, Bruno .... 399 f.
Drouvé, Paula 322
Düsterberg, Theodor 398

E

Ebermayer, Ludwig
    (Oberreichsanwalt) 329
Ebert, Friedrich ... 40, 43, 45, 80 f., 90, 143,
    147, 151, 161, 185, 208, 211, 223, 226, 236 f.,
    244, 246, 250, 256–261, 264, 329
Eckert, Christian 276
Eckstein, Ernst 355
Efferoth, Hugo .... 321, 432 f., 503, 506
Eichhorn, Emil 160
Eichler, Willi 452, 542
Eisler, Hanns 484
Elfes, Wilhelm 347
Engels, Friedrich 179, 194, 411, 509, 536
Erdmann, August 33–35, 101
Erkes, Heinrich ... 101 f., 117, 270, 275, 277,
    290
Erzberger, Matthias ...... 178 f., 183, 218–220,
    285 f., 289
Ezekiel, Mordecai 481

F

Falk, Bernhard 118, 120, 141, 145, 168,
    276 f.
Faust, Manfred 15
Fechenbach, Irma 511
Fehrenbach, Konstantin 191, 210, 235
Fellisch, Alfred 195
Fergusson, Sir Charles 148
Ferl, Gustav 500
Fichte, Johann Gottlieb 179, 194
Fischer, Antonius Hubert 54
Foch, Ferdinand 220
Frank, Karl 498–500, 503–505, 509–511
Frank, Ludwig .... 70, 74 f.
Franke, Arno 300

Fresdorf, Ernst 433
Frick, Wilhelm .... 371 f., 438, 440
Freiligrath, Ferdinand 194
Fries, Philipp ... 72, 76, 94, 97, 144, 222, 238,
    291, 392
Fritze, Georg 347
Frölich, Paul 256
Frohn, Hans-Werner 15
Fromm, Albert Salomon Erich 484
Fry, Varian .... 511 f.
Fryda, Hymann 97
Fuchsius, Kaspar 97, 142, 145
Fuchs, Johannes .... 236 f., 253

G

Gage, Margaret 484
Gerstenmaier, Eugen 549
Geßler, Otto ... 236 f., 244–246, 249, 254–257,
    260–263
Geyer, Curt .... 467 f.
Giebel, Karl 163
Gillies, William 477
Gilsbach, Heinrich .... 34, 79, 110, 311 f.
Goebbels, Joseph .... 383 f., 406
Göring, Hermann ...... 425, 430, 432 f., 435
Görlinger, Robert 211, 295, 535, 550
Goethe, Johann Wolfgang von ... 27, 49, 179,
    194, 404
Goldschagg, Edmund 535
Goldsmith, Arthur 510
Gradnauer, Georg 255, 258
Graf, Engelbert 385
Grimme, Adolf Berthold Ludwig 535
Groener, Wilhelm ... 146, 164, 352, 384, 394,
    399–402
Grosz, Georg 480
Grzesinski, Albert ... 81, 151, 201, 372, 413,
    504, 507, 511, 562
Guérard, Theodor von 361
Gumbel, Emil 451

H

Haas, August .... 112 f., 117, 270, 275,
    277–279
Haas, Ludwig .... 342 f.
Haase, Hugo 65, 98, 161, 390
Haenisch, Konrad 128, 132, 134, 276
Här, Hans 322

Hagen, Louis 171, 273, 294
Hagen, Paul *siehe:* Frank, Karl
Hamburger, Ernest .... 502 f.
Hamm, Eduard 238
Hammer, Walter .... 549 f.
Hannemann 77
Hardie, Keir 66, 536
Haubach, Theodor ... 196, 339, 357, 411, 422
Hebbel, Friedrich 194
Hecker, Peter 140
Hegel, Georg Wilhelm Friedrich 194
Heile, Wilhelm 176
Heilmann, Ernst ... 133 f., 201, 378, 390, 397, 399, 406, 427
Heimann, Eduard 357–359, 484
Heine, Fritz 533, 535, 547
Heine, Heinrich 49, 194
Heine, Wolfgang .... 60, 77 f., 201
Heinig, Max 110
Heinze, Rudolf .... 225 f., 259 f., 264
Helfferich, Karl .... 219 f.
Heller, Hermann 196, 339
Hellpach, Willy 330
Hengsbach, Klemens 101
Hergt, Oskar 220
Hertz, Hanna 208
Hertz, Paul .... 17, 208, 316, 367, 387, 436–438, 441 f., 449 f., 454, 467, 469, 493, 499 f., 502 f., 506 f., 509, 512
Heuss, Theodor 549–551
Hilferding, Rudolf ... 152, 208, 236, 244, 247, 268, 316, 334, 355, 361, 370, 379, 405, 438, 505, 511 f.
Hindenburg, Paul von ... 145 f., 148, 163 f., 209, 330 f., 334, 336 f., 362, 369, 373, 378, 393 f., 396–399, 401 f., 404, 425
Hirsch, Ernst 97
Hirsch, Felix 14, 17, 23, 237, 259, 268, 503, 550
Hitler, Adolf .... 229, 317, 324, 374, 376, 396–398, 400–403, 406, 410, 425, 429, 435, 443, 449–451, 454, 459, 467, 473, 477 f., 499, 501 f., 507, 515–519, 521, 524, 528, 532–534, 560
Hoch, Gustav 175
Höfle, Anton .... 236, 244 f.
Högner, Wilhelm 382
Höltermann, Karl 342, 397
Hoffmann, Adolph 160, 165
Hoffmann, Johannes 511
Hofrichter, Adolf 31, 33–36, 71, 76, 86, 94, 98–100, 102
Horcks, Rudolf .... 97 f., 100
Hugenberg, Alfred .... 373 f., 376

I

Imbusch, Heinrich 462–464

J

Jacoby, Erich 513
Jahreis, Paul von 141, 143
Jaksch, Wenzel .... 390, 458 f., 466
Jarres, Karl 243, 330
Jatho, Carl .... 26 f., 130 f., 556
Jaurès, Jean 65, 195, 536
Johnson, Alvin 480
Jonas, Hans 484
Juchacz, Marie 17, 89, 106, 123, 126, 449, 541

K

Kaas, Ludwig .... 171, 176 f., 361, 369
Kahr, Gustav Ritter von .... 245 f., 257
Kaiser, Jakob 145, 549
Kant, Immanuel .... 26 f., 179, 194
Kapp, Wolfgang .... 185, 187 f., 218, 426
Karsen, Fritz 535
Kastert, Bertram 169
Katz, Rudolf 17
Katzenstein, Simon 51
Kautsky, Karl ...... 43, 66, 68 f., 88, 126, 137, 152
Kautsky, Luise 208
Keil, Wilhelm .... 151, 201, 208, 316, 405, 412–415, 417 f., 427 f., 502, 562
Kempgens, Reiner .... 66 f.
Kempner, Robert 542
Kern, Helmut 494
Kessler, Harry Graf 435
Ketteler, Wilhelm Emmanuel von 539
Keudell, Walter von 348, 350
Kewer 77
Kingsley, Charles 536
Kirchner, Hannah .... 511 f., 514
Kirn, Richard 514
Kirschmann, Emil 322, 440, 514

Kist, Eugene .... 14 f.
Klatt, Fritz 359
Klepper, Otto 451
Klopfer, Ernst 441–443
Knilling, Eugen Ritter von ... 229, 239, 245 f.
Köster, Adolf 203
Kolb, Eberhard 14
Kolb, Walter 347
Kopf, Hinrich Wilhelm 535
Korn, Karl 45, 56, 134
Kraus, Hertha ...... 476, 479–485, 487 f., 494, 496, 511 f., 535, 550–552
Kroll, Josef 545
Kruge 140–145
Kuckhoff, Josef .... 79 f., 169
Kübler, Fritz 140
Kühn, Heinz ... 14, 24, 321, 391, 506, 541 f.
Kühn, Marianne 541
Kulm 97
Kuske, Bruno 316, 535

L

Landin, Harold 545
Landsberg, Otto 183, 367, 405
Langkau-Alex, Ursula 15
Lassalle, Ferdinand ... 179, 194, 309, 465, 536, 539, 558
Leber, Julius .... 354, 411, 413 f., 427 f.
Lederer, Emil 484
Lee, Algernon 480
Leipart, Theodor 232, 357, 405, 462
Lensch, Paul 132
Lentzen, Edmund 101
Lessing, Gotthold Ephraim .... 26 f., 49
Ley, Robert 400
Liebknecht, Karl ... 51, 57, 81–83, 94, 97–100, 102 f., 161
Liebknecht, Wilhelm 390
Lincoln, Abraham .... 19 f.
Lingens, Walter .... 430, 433 f.
Löbe, Paul ... 9, 14, 126, 176, 249, 261, 303, 316, 342 f., 405, 410, 427, 435–438, 535, 543, 549, 562
Loenartz, Friedrich 171
Lösche, Peter 314
Löwenthal, Richard 465–467
Lossow, Otto von .... 246, 256 f.
Lowe, Adolph .... 484, 496 f.

Lüttwitz, Walther von .... 185, 187 f., 218, 426
Luther, Hans ... 226, 236 f., 252 f., 261, 263, 329, 331–334, 348
Luxemburg, Rosa ... 65, 73–76, 83, 85, 161

M

Madsack, August 308
Man, Hendrik de 357–359
Mangin, Charles 169, 225
Mann, Erika 480
Mann, Heinrich 451
Mann, Thomas 478
Marck, Siegfried 467
Matthias, Erich .... 468 f.
Max von Baden, Prinz 135, 143
Marnix, Philipp 539
Marx, Karl 118, 137, 152, 179, 194
Marx, Wilhelm ... 16, 324, 330 f., 337 f., 343 f., 347, 349, 352, 411, 465, 509, 536, 538, 558
McCloy, John Jay 550
Meerfeld, Johann (Jean) ...... 10, 17, 24, 34 f., 49, 67 f., 76, 78, 80, 86, 95, 97–99, 101–104, 124, 134, 147, 159, 163, 168 f., 173, 182 f., 187, 189, 231, 253, 276–279, 292, 322, 357, 433, 536–538, 542, 553
Mehlich, Ernst 243
Meißner, Otto Lebrecht Eduard 334
Mendelssohn, Felix Robert 480
Mennicke, Carl .... 358 f.
Mertens, Heinrich 356, 359
Mertz 77
Meyer, Gertrud 104
Mierendorff, Carlo ... 196, 339, 357, 367, 391, 406, 411, 420, 427
Miller, Susanne 14
Minster, Karl 100
Mönnig, Hugo 145, 277, 288, 295, 431
Moldenhauer, Paul 253, 368
Molkenbuhr, Hermann 79, 224
Mouton, Chr. .... 433 f., 470, 478
Mozart, Wolfgang Amadeus 194
Müller, Alfred 256
Müller, Bernhard 34
Müller, Hermann ... 14, 43, 188, 203, 208, 223, 227, 235, 237, 248 f., 251, 260–263, 283, 334, 351 f., 355, 357, 361, 368 f., 389
Müller, Karl .... 225 f.

Müller, Otto Hermann 97, 102
Müller 346
Müller 283
Münzenberg, Willi 451, 457, 475

N

Niebuhr, Reinhold 480
Noske, Gustav .... 133 f., 163 f., 185–187
Nyassi-Fäuster, Ulrike 14

O

Oeser, Rudolf .... 236, 244 f.
Olden, Rudolf 478
Ollenhauer, Erich ... 197, 436, 449, 533, 549
Osterroth, Franz .... 196 f., 339, 342

P

Papen, Franz von ... 401–403, 405–407, 412 f., 417, 425, 431
Petrich, Franz 415
Pickett, Clarence 511, 552
Poincaré, Raymond ... 218–220, 226, 230, 243, 252, 270
Prager, Eugen .... 511 f.
Preuß, Hugo 166, 176
Proudhon, Pierre-Joseph 536
Pünder, Hermann 333
Pyta, Wolfram 10, 412

Q

Quidde, Ludwig 435

R

Radbruch, Gustav ... 224, 236, 244, 251, 257, 260, 268 f., 316, 335, 357, 359, 535, 541
Rathenau, Walther 217–222
Rathmann, August 357–359, 419, 422
Raumer, Hans von 236
Reinbold, Georg 440, 445, 513
Reisner, Else 511, 513
Reisner, Konrad 511, 513
Reuter, Ernst 549
Rieke, Wilhelm 422
Rings, Johannes 283, 287, 295
Rinner, Erich 17, 449, 504, 506
Ritchie, Frank 480
Röhl, Elisabeth 86, 159, 163, 173, 183
Rosenberg, Alfred 400

Rosenberg, Arthur .... 151, 454 f.
Rosenfeld, Kurt 385, 392, 480, 483, 495
Roßmann, Erich 385, 390
Roosevelt, Franklin D. 491
Rühle, Otto 98
Runge, Paul 97, 117, 120, 139, 142, 163, 277, 292
Runowski, Bruno 29, 38, 94, 104, 392
Ryan, Rupert 171

S

Saemisch, Moritz 243
Saupe, Hugo 389–391
Schäfer, Heinrich ...... 145 f., 149, 155, 278 f., 282 f., 292
Schäfer, Valentin .... 442 f.
Schauffler, Marjorie Page 496
Scheidemann, Philipp ... 72–74, 111, 127, 170, 172 f., 175, 182, 185, 201, 219, 228 f., 316, 335, 357
Schiele, Martin 370
Schiller, Friedrich 27, 47, 49, 179, 194
Schlechter-Bonnesen, Käthe 321
Schleicher, Kurt von 401–403, 423–425, 462
Schlimper, Jürgen 308, 315
Schmid, Carlo 549
Schmidt, Robert ... 236, 247 f., 251, 255, 257, 263
Schmittmann, Benedikt 354
Schneider, Max .... 321 f., 535
Scholz, Ernst 238, 248
Schubarth 76, 97
Schütz, Alfred 484
Schulte, Georg August 142, 145, 154
Schulte, Anna Maria 283
Schulz, Gertrud .... 482 f.
Schulz, Heinrich 73
Schumacher, Fritz 276
Schumacher, Kurt ...... 535, 540 f., 547, 549, 561
Schwarzschild, Leopold .... 450 f.
Schwerin von Krosigk,
    Johann Ludwig Graf von 439
Schwink, Otto .... 169 f.
Seeckt, Hans von 244, 257
Seger, Gerhart ... 17, 473–476, 478–480, 485, 494, 500, 503 f., 511

Sender, Rechtsanwalt 442
Sender, Toni 480
Sering, Paul *siehe:* Löwenthal, Richard
Severing, Carl ...... 14, 81, 201, 241, 268, 335, 342, 352, 357, 360, 363, 368, 374 f., 378, 387, 390, 399, 412, 427, 543, 562
Seydewitz, Max 385, 388, 392
Shaw, Tom 241
Siegmann, Paul 442–444, 446
Sievers, Max 17, 462–464, 490
Silverberg, Paul 123
Simons, Walter 171, 217
Singer, Paul 390
Sinzheimer, Hugo .... 175, 230, 358 f.
Skomorowski, Boris 208
Skomorowski, Rosa 208
Sömmerau 97
Sollmann, Alma 19
Sollmann, Christiane 19, 25
Sollmann, Christian-Louis ... 19, 96, 434, 439
Sollmann, Elfriede .... 16, 24, 63, 96, 432, 434 f., 439, 444, 461, 471, 475 f., 478, 484 f., 487, 547, 550, 552, 559
Sollmann, Johann Jakob 19, 20–23
Sollmann, Katharina (Käthe) ... 19, 24–27, 48, 58, 63, 237, 434, 438 f., 442, 446 f., 470 f., 478, 480, 484–486, 552
Sollmann, Louis-Georg ... 19, 96, 433 f., 439
Solzbacher, Wilhelm 511
Sprick 56
Stalin, Josef 521
Stampfer, Friedrich ...... 17, 87, 316, 357, 436, 449, 469, 495, 504–507, 511, 519, 542 f.
Starck, Carl von 135, 145, 148, 169–171
Staudinger, Hans ... 422, 484 f., 488, 494, 503, 509 f., 555 f.
Stedman, Karl von 253, 270
Stegerwald, Adam 345, 431
Steinmeister, Otto ...... 58, 60 f., 78, 103, 123
Stephenson, John .... 476 f.
Stinnes, Hugo ... 216 f., 219, 221, 223, 324 f.
Stoecker, Helmut 38, 41, 98
Stoecker, Walter ...... 29, 38, 42, 44 f., 48, 50, 64, 67, 72, 76, 82 f., 91, 94, 98, 104, 159 f.
Storm, Theodor 312
Strasser, Georg 450, 462
Strasser, Otto ...... 17, 450 f., 459, 461–467, 500–502, 562

Strecker, Reinhard 535
Stresemann, Gustav ... 10, 168, 232, 236–246, 250 f., 253–266, 268 f., 324 f., 332, 361, 363, 366, 494
Stresemann, Joachim 236
Strick 101
Südekum, Albert 201

T
Tanera, Karl 49
Thälmann, Ernst .... 330 f., 398, 407, 431
Thalheimer, Siegfried 478, 511, 513
Thomas, Norman .... 499 f., 504
Tillich, Paul 357, 359, 480
Torhorst, Marie 357
Trimborn, Karl .... 30–32, 176 f.
Trimborn, Peter 319–322
Tromm, Emma 48
Tschachotin, Sergej 397

U
Ulbricht, Walter 384, 456

V
Vaillant, Édouard .... 65 f.
Victor, Walther ... 256, 259, 310, 506, 511, 513
Victor-Gleit, Maria 310, 511, 513
Vladek, Baruch .... 498, 500, 503 f.
Vogel, Hans ... 390 f., 421, 436, 449, 507, 533, 560
Voutta, Franz 357

W
Wachenheim, Hedwig 501
Wallraf, Max 114–116
Walter, Franz 15
Weegmann, Karl von .... 59 f., 77 f.
Weichmann, Elsbeth 511, 513
Weichmann, Herbert 511, 513
Weitling, Wilhelm 536
Wels, Otto ...... 183, 185, 208, 224, 238, 355, 357, 385, 390, 396, 421, 435 f., 438, 442, 449, 453, 461–463, 477 f., 499, 502
Welser, Johann Michael Freiherr von ... 238
Westcott, Jay 548
Westphal, Max 197
Wheeler-Bennett, John 508
Wilhelm II., Kaiser .... 138 f., 143, 147

Winkler, Heinrich-August 15, 414
Winnen, Peter 38
Winnig, August 126
Wirth, Joseph .... 203, 210–213, 215–219, 222–224, 226, 321, 342–345, 362 f., 371, 394, 540
Wissell, Rudolf 316, 368

Wunderer, Hartmann 314
Wunderlich, Frieda 500

Z

Zeigner, Erich .... 245, 254–256, 258–260, 264 f.
Zetkin, Clara 82

Über den Autor

Simon Ebert, geb. 1974, Historiker, arbeitet als Studiengangsmanager am Institut für Geschichtswissenschaft der Universität Bonn.

Willi Eichler – Vordenker der »ethischen Revolution«

Wer war Willi Eichler? Der »Cheftheoretiker« der deutschen Nachkriegssozialdemokratie stand als geistiger Vater hinter dem Godesberger Programm von 1959, mit dem aus der marxistischen »Klassenpartei« SPD die »Volkspartei« SPD wurde.

Bis 1945 leitete Eichler eine sozialistische Splittergruppe, den Internationalen Sozialistischen Kampfbund (ISK), und war dafür 1925 aus der SPD ausgeschlossen worden. Bei Kriegsende kehrte der Außenseiter in die Partei zurück und stieg während der 1950er- und 1960er-Jahre in eine der wichtigsten politischen Positionen der deutschen Sozialdemokratie auf. Wie war das möglich und wie lassen sich die Widersprüche zwischen dem Godesberger Programm und Eichlers früheren Positionen im ISK auflösen?

Ernesto Harder
VORDENKER DER »ETHISCHEN REVOLUTION«
Willi Eichler und das Godesberger Programm der SPD

Reihe Politik- und Gesellschaftsgeschichte, Bd. 95

232 Seiten, Hardcover
32,00 Euro
ISBN 978-3-8012-4217-6

Verlag J.H.W. Dietz Nachf. – www.dietz-verlag.de